2015 年 12 月 28 日，人力资源社会保障部部长尹蔚民在全国人力资源和社会保障工作会议上作工作报告。

2015 年 4 月 22 日，人力资源社会保障部部长尹蔚民视察腾讯创业孵化基地。

2015 年 10 月 16 日，人力资源社会保障部部长尹蔚民到安徽省金寨县双河镇就业和社保服务所调研。

2015 年 2 月 28 日，人力资源社会保障部副部长杨志明在国新办主持国务院农民工工作领导小组办公室举办的农民工工作专题新闻发布会。

2015 年 5 月 14 日，人力资源社会保障部副部长杨志明到广西壮族自治区北海市调研劳动就业和社会保障服务平台、农民工返乡创业工作。

2015 年 3 月 31 日，人力资源社会保障部副部长何宪出席在重庆市召开的全国人力资源和社会保障宣传工作座谈会并讲话。

2015 年 2 月 6 日，人力资源社会保障部副部长何宪到四川省调研保障农民工工资支付工作。

2015 年 3 月 10 日，人力资源社会保障部副部长胡晓义出席十二届全国人大三次会议记者会，对就业和社会保障相关问题回答记者提问。

2015 年 4 月 23 日，人力资源社会保障部副部长胡晓义到江西省南昌市红谷滩新区调研社保经办工作。

2015 年 1 月 20 日，人力资源社会保障部副部长、国家公务员局局长信长星出席全国公务员管理工作会议并作会议总结。

2015 年 10 月 20 日，人力资源社会保障部副部长、国家公务员局局长信长星到吉林省长春市摆渡创新工场调研。

2015 年 7 月 16 日，人力资源社会保障部副部长、国家外国专家局局长张建国出席外专局务虚会并讲话。

2015 年 1 月 19 日，人力资源社会保障部副部长、国家外国专家局局长张建国到国家核电技术公司调研。

2015 年 1 月 15 日，人力资源社会保障部副部长邱小平出席并主持做好春节前保障农民工工资支付工作视频会议。

2015 年 12 月 10 日，人力资源社会保障部副部长邱小平到河南省焦作市基层劳动就业和社会保障公共服务平台调研。

2015 年 4 月 21 日，中纪委驻人力资源社会保障部纪检组组长袁彦鹏到河北省人力资源社会保障厅参加座谈会。

2015 年 7 月 7 日，中纪委驻人力资源社会保障部纪检组组长袁彦鹏到基层联系点山西省大同市天镇县开展对口扶贫工作调研。

2015 年 12 月 1 日，人力资源社会保障部副部长汤涛出席全国博士后工作会议并讲话。

2015 年 5 月 23 日，人力资源社会保障部副部长汤涛到广东省机械技师学院调研。

2015 年 6 月 10 日，人力资源社会保障部副部长孔昌生率中国代表团出席第 104 届国际劳工大会，并作题为“塑造更加美好的未来劳动世界”的大会发言。

2015 年 5 月 13 日，人力资源社会保障部副部长孔昌生到安徽省怀宁县政务服务中心社保经办窗口调研。

2015 年 8 月 12 日，人力资源社会保障部副部长游钧到福建省调研城乡居民医疗保险工作。

2015 年 8 月 14 日，人力资源社会保障部副部长游钧到山东省调研社保经办服务工作。

2015 年 9 月 16 日，人力资源社会保障部副部长张义珍到广东省珠海市珠海医院调研事业单位人事管理和收入分配工作。

2015 年 10 月 14 日，人力资源社会保障部副部长张义珍到陕西省西安市莲湖区人力资源市场调研。

2015 年 1 月 20 日，全国公务员管理工作会议在北京召开。

2015 年 4 月 23 日，人力资源社会保障部部长尹蔚民与上海市市长杨雄共同签署部市合作备忘录。

2015 年 5 月 21 日，人力资源社会保障部会同全国总工会、中国企联、全国工商联联合召开贯彻落实《关于构建和谐劳动关系的意见》视频会议。

2015 年 6 月 12 日，人力资源社会保障部副部长孔昌生在巴黎会见法国劳动、就业、职业培训与社会对话部部长弗朗索瓦·雷沙曼，双方签署了两部门间关于劳动、就业和职业培训领域合作的谅解备忘录。

2015 年 7 月 22—23 日，人力资源社会保障部年中务虚会在北京召开。

2015 年 9 月 30 日，人力资源社会保障部部长尹蔚民和瑞士联邦委员兼内政部部长阿兰·贝尔塞分别代表两国政府在北京签署《中华人民共和国政府和瑞士联邦政府社会保障协定》。

2015 年 11 月 2 日，人力资源社会保障部召开部党组扩大会议，传达贯彻党的十八届五中全会精神。

2015 年 12 月 16 日，人力资源社会保障部部长尹蔚民与广西壮族自治区人民政府主席陈武共同签署《人力资源社会保障部与广西壮族自治区人民政府共同推进广西人力资源和社会保障事业改革与发展备忘录》。

2015 年 12 月 28—29 日，全国人力资源和社会保障工作会议在北京召开。

中国人力资源和社会保障
年　鉴
（文献卷）

CHINA HUMAN RESOURCES AND SOCIAL SECURITY YEARBOOK

2016

中国劳动社会保障出版社
中国人事出版社

图书在版编目(CIP)数据

中国人力资源和社会保障年鉴. 2016/人力资源和社会保障部组织编写. —北京：中国劳动社会保障出版社：中国人事出版社，2017

ISBN 978-7-5167-2846-8

Ⅰ.①中…　Ⅱ.①人…　Ⅲ.①人力资源管理-中国-2016-年鉴②社会保障-中国-2016-年鉴　Ⅳ.①F249.23-54②D632.1-54

中国版本图书馆 CIP 数据核字(2017)第 049177 号

中国劳动社会保障出版社
中　国　人　事　出　版　社 出版发行

(北京市惠新东街 1 号　邮政编码：100029)

*

北京新华印刷有限公司印刷装订　　新华书店经销

880 毫米×1230 毫米　16 开本　61.25 印张　1.25 彩色印张　1490 千字

2017 年 4 月第 1 版　　2017 年 4 月第 1 次印刷

定价：498.00 元

读者服务部电话：(010) 64929211/64921644/84626437

营销部电话：(010) 64961894

出版社网址：http://www.class.com.cn

《中国人力资源和社会保障年鉴》
编辑委员会成员

《中国人力资源和社会保障年鉴》
编辑部成员

编辑说明

一、《中国人力资源和社会保障年鉴（2016）》是关于人力资源和社会保障工作的专业性史料工具书。全书收录了2015年度我国人力资源社会保障工作重要文献、资料和数据，记录了2015年度我国人力资源社会保障事业发展概况，客观反映了人力资源社会保障工作改革发展成就、经验以及今后需要继续研究解决的问题。该书是对党政机关领导干部和各部门工作人员、人力资源社会保障系统工作者、企业领导和人力资源管理者，以及人力资源社会保障科研理论工作者有价值的参考用书和工具书。

二、本年鉴分文献卷、工作卷两卷。文献卷包括人力资源和社会保障重要文献、2015年人力资源和社会保障大事记。工作卷包括人力资源和社会保障工作概览、全国人力资源和社会保障工作、地方人力资源和社会保障工作、人力资源和社会保障统计资料。

三、本年鉴中，全国人力资源和社会保障工作分为28个部分：就业工作、人力资源市场建设与管理、职业能力建设、军转安置、专业技术人才工作、事业单位人事管理、公务员管理、养老保险、失业保险、医疗保险、工伤保险、生育保险、城乡居民基本养老保险、社会保险经办管理、社会保险基金监督、劳动关系、劳动人事争议调解仲裁、机关事业单位工资福利离退休工作、农民工工作和发展家庭服务业促进就业工作、法制建设、劳动保障监察、规划统计、信息化建设、科学研究、窗口单位作风建设与干部教育培训和评选表彰、新闻宣传政务信息报刊与出版、国际及与港澳台地区交流合作、社团活动；地方人力资源和社会保障工作 47 篇。

《中国人力资源和社会保障年鉴（2016）》的编辑出版是在全国人力资源社会保障系统的共同努力下完成的。在此，向所有参加编辑出版工作的领导和同志表示衷心的感谢。

《中国人力资源和社会保障年鉴》编辑部

2017 年 2 月

目　录

文献卷

人力资源和社会保障重要文献

一、党和国家领导人关于人力资源和社会保障工作的活动和讲话

三、重要文件

(一) 中共中央、国务院文件

（二）人社部文件

人力资源和社会保障大事记

工作卷

人力资源和社会保障工作概览

全国人力资源和社会保障工作

地方人力资源和社会保障工作

统 计 资 料

文献卷

人力资源和社会保障重要文献

一、党和国家领导人关于人力资源和社会保障工作的活动和讲话

习近平在庆祝“五一”国际劳动节暨表彰全国劳动模范和先进工作者大会上的讲话（节选）

（2015年4月28日）

党和国家要实施积极的就业政策，创造更多就业岗位，改善就业环境，提高就业质量，不断增加劳动者特别是一线劳动者劳动报酬。要建立健全党和政府主导的维护群众权益机制，抓住劳动就业、技能培训、收入分配、社会保障、安全卫生等问题，关注一线职工、农民工、困难职工等群体，完善制度，排除阻碍劳动者参与发展、分享发展成果的障碍，努力让劳动者实现体面劳动、全面发展。要面对面、心贴心、实打实做好群众工作，把人民群众安危冷暖放在心上，雪中送炭，纾难解困，扎扎实实解决好群众最关心最直接最现实的利益问题、最困难最忧虑最急迫的实际问题。

劳动关系是最基本的社会关系之一。要最大限度增加和谐因素、最大限度减少不和谐因素，构建和发展和谐劳动关系，促进社会和谐。要依法保障职工基本权益，健全劳动关系协调机制，及时正确处理劳动关系矛盾纠纷。我国工人阶级和广大劳动群众要发扬识大体、顾大局的光荣传统，正确认识和对待改革发展过程中利益关系和利益格局的调整，正确处理个人利益和集体利益、局部利益和全局利益、眼前利益和长远利益的关系，树立法治观念，增强法律意识，自觉维护社会和谐稳定。

在前进道路上，我们要始终高度重视提高劳动者素质，培养宏大的高素质劳动者大军。劳动者素质对一个国家、一个民族发展至关重要。劳动者的知识和才能积累越多，创造能力就越大。提高包括广大劳动者在内的全民族文明素质，是民族发展的长远大计。面对日趋激烈的国际竞争，一个国家发展能否抢占先机、赢得主动，越来越取决于国民素质特别是广大劳动者素质。要实施职工素质建设工程，推动建设宏大的知识型、技术型、创新型劳动者大军。（新华社北京2015年4月28日电）

习近平在部分省区党委主要负责同志座谈会上强调 加大支持力度 增强内生动力 加快东北老工业基地振兴发展（节选）

中共中央总书记、国家主席、中央军委主席习近平7月17日下午在长春召开部分省区党委主要负责同志座谈会，听取对振兴东北地区等老工业基地和“十三五”时期经济社会发展的意见和建议。

习近平指出，抓民生也是抓发展。要在保障基本公共服务有效供给基础上，积极引导群众对居家服务、养老服务、健康服务、文体服务、休闲服务等方面的社会需求，支持相关服务行业加快发展，培育形成新的经济增长点，使民生改善和经济发展有效对接、相得益彰。要着力保障民生建设资金投入，全力解决好人民群众关心的教育、就业、收入、社保、医疗卫生、食品安全等问题，保障民生链正常运转。民生工作直接同老百姓见面、对账，来不得半点虚假，既要积极而为，又要量力而行，承诺了的就要兑现。（新华社长春2015年7月19日电）

李克强代表国务院向第十二届全国人民代表大会第三次会议作政府工作报告（节选）

（2015年3月5日）

我们要把握好总体要求，着眼于保持中高速增长和迈向中高端水平“双目标”，坚持稳政策稳预期和促改革调结构“双结合”，打造大众创业、万众创新和增加公共产品、公共服务“双引擎”，推动发展调速不减势、量增质更优，实现中国经济提质增效升级。

推动大众创业、万众创新。这既可以扩大就业、增加居民收入，又有利于促进社会纵向流动和公平正义。我国有13亿人口、9亿劳动力资源，人民勤劳而智慧，蕴藏着无穷的创造力，千千万万个市场细胞活跃起来，必将汇聚成发展的巨大动能，一定能够顶住经济下行压力，让中国经济始终充满勃勃生机。

着力促进创业就业。坚持就业优先，以创业带动就业。今年高校毕业生749万人，为历史最高。要加强就业指导和创业教育，落实高校毕业生就业促进计划，鼓励到基层就业。实施好大学生创业引领计划，支持到新兴产业创业。做好结构调整、过剩产能化解中失业人员的再就业工作。统筹农村转移劳动力、城镇困难人员、退役军人就业，实施农民工职业技能提升计划，落实和完善失业保险支持企业稳定就业岗位政策。全面治理拖欠农民工工资问题，健全劳动监察和争议处理机制，让法律成为劳动者权益的守护神。

加强社会保障和增加居民收入。企业退休人员基本养老金标准提高10%。城乡居民基础养老金标准统一由55元提高到70元。推进城镇职工基础养老金全国统筹。降低失业保险、工伤保险等缴费率。完善最低工资标准调整机制。落实机关事业单位养老保险制度改革措施，同步完善工资制度，对基层工作人员给予政策倾斜。在县以下机关建立公务员职务和职级并行制度。加强重特大疾病医疗救助，全面实施临时救助制度，让遇到急难特困的群众求助有门、受助及时。对困境儿童、高龄和失能老人、重度和贫困残疾人等特困群体，健全福利保障制度和服务体系。继续提高城乡低保水平，提升优抚对象抚恤和生活补助标准。提高工资和保障标准等政策的受益面广，各级政府一定要落实到位。民之疾苦，国之要事，我们要竭尽全力，坚决把民生底线兜住兜牢。

加快健全基本医疗卫生制度。完善城乡居民基本医保，财政补助标准由每人每年320元提高到380元，基本实现居民医疗费用省内直接结算，稳步推行退休人员医疗费用跨省直接结算。全面实施城乡居民大病保险制度。（新华社北京2015年3月5日电）

李克强在中国科学院和中关村创业大街考察时强调　着力推动大众创业万众创新汇聚经济社会发展强大新动能（节选）

5月7日，中共中央政治局常委、国务院总理李克强先后来到中国科学院和北京中关村创业大街考察调研。他强调，推动大众创业、万众创新是充分激发亿万群众智慧和创造力的重大改革举措，是实现国家强盛、人民富裕的重要途径，要坚决消除各种束缚和桎梏，让创业创新成为时代潮流，汇聚起经济社会发展的强大新动能。

众创空间是互联网时代促进创新创业的新平台。李克强来到中关村创业大街3W咖啡屋，与众多“创客”交流，询问他们的创业经历和创新想法，听到拉勾网介绍通过“互联网＋”的方式促进100多万人就业，李克强予以肯定。他说，稳增长为的是保就业，创业创新是稳增长保就业的重要基础。全社会要积极创造条件，促进众创空间蓬勃兴起，推动各类创新要素融合互动，让一代“创客”的奋斗形象伴随着中国经济的升级，成为创新中国、智慧经济的重要标识。

李克强来到联想之星，考察为科技人员创业创新服务情况，并与来自全国各地参加培训的创业者交流，李克强称赞这里不仅创造财富，而且培养创造财富的人。他说，当今时代，创业创新不再是少数人的专业，而是多数人的机会，要通过“双创”使更多的人富起来，实现人生价值。对创新创业的呵护和扶助，是最现实、最长远的发展之道和惠民之策。要使各类孵化器不当盆景，而是做苗圃成基地，为初创企业解燃眉之急，筑发展基础，让破土的幼苗长成参天大树。

李克强来到中关村创业大街创业会客厅，对他们为小微企业和创业者提供法律、金融、人力资源、知识产权保护、创业场所等便捷优惠服务表示赞许。李克强说，当前中国经济发展正处于新旧动力转换的关键时期，要保持经济运行在合理区间，使新的增长点破茧而出，简政放权、放管结合、强化服务改革必须跑出加速度，这是政府的应尽职责，我们不仅要简政有力，把该放的放到位，更要在监管和服务上下功夫，持续为大众创业、万众创新清障搭台，释放中国经济的无限活力。（中国政府网2015年5月7日）

李克强对全国就业创业工作电视电话会议作出重要批示强调 以大众创业万众创新拓展就业空间 以服务业新兴产业加快发展扩大就业容量

全国就业创业工作电视电话会议5月19日在京召开。中共中央政治局常委、国务院总理李克强作出重要批示，批示指出：就业是民生之本，就业稳则心定、家宁、国安。近年来，各地区各部门积极作为，在经济下行压力加大的情况下实现了就业的持续增加，成绩来之不易。当前，我国经济发展进入新常态，处于动能转换“衔接期”，确保就业稳定面临新的机遇和挑战。要坚持实施更加积极的就业政策，突出抓好高校毕业生、就业困难人员等重点群体就业；坚持以大众创业、万众创新拓展就业空间，以服务业、新兴产业加快发展扩大就业容量；坚持简政放权、放管结合、优化服务，用改革的办法搭建更优创业平台，用市场的力量创造更多就业机会，推动经济持续健康发展，促进社会公平正义。中共中央政治局委员、国务院副总理刘延东，中共中央政治局委员、国务院副总理马凯出席会议并讲话。（中国政府网2015年5月19日）

李克强对第五届全国残疾人职业技能竞赛暨第二届全国残疾人展能节作出重要批示强调加强职业教育和技能培训　落实完善扶持政策帮助每一个有条件的残疾人实现就业创业梦想

第五届全国残疾人职业技能竞赛暨第二届全国残疾人展能节7月11日在武汉开幕。中共中央政治局常委、国务院总理李克强作出重要批示，批示指出：提升残疾人职业技能、促进他们就业和增收，既是保障基本民生、加快残疾人小康进程的要求，也是践行大众创业、万众创新的生动体现。各地区、各部门要进一步加强残疾人职业教育和技能培训，让他们掌握更多实用技术，进一步落实和完善残疾人就业创业的各项扶持政策，督促用人单位依法安排残疾人就业，进一步加大农村残疾人扶贫开发力度，兜住和筑牢底线，帮助每一个有条件的残疾人实现就业创业梦想，通过劳动创造更加幸福美好的生活。国务委员、国务院残疾人工作委员会主任王勇宣布第五届全国残疾人职业技能竞赛暨第二届全国残疾人展能节开幕，并参加了开幕式相关活动。（中国政府网2015年7月11日）

李克强会见2015年度“友谊奖”获奖外国专家

国务院总理李克强9月30日下午在人民大会堂会见荣获2015年度中国政府“友谊奖”的外国专家和他们的亲属。

李克强代表中国政府，向获奖外国专家表示热烈祝贺，并向所有在华工作的外国专家、支持中国现代化建设的国际友人和他们的亲属致以诚挚问候和衷心感谢。

李克强表示，“友谊奖”不仅体现了中国人民同各国人民的友谊，也承载着维护世界和平、促进共同发展的重要责任。中国愿与各国共同努力，以真挚的友谊和真诚的合作，建设美好和谐的世界。

李克强指出，当前中国正在实施创新驱动发展战略，倡导大众创业、万众创新，调动社会方方面面的积极性和创造力，使中国经济发展方式由过度依赖自然资源转向更多依靠人力资源，推动实现更高质量、更优结构、更可持续的发展。欢迎外国人才在中国为志趣而创新，为发展而创业，开展多种形式的合作。

李克强强调，中国政府努力保障外国人的合法权益。我们实施简政放权、放管结合，破除阻碍人才流动发展的体制机制桎梏，提供更多国际化、个性化的服务，在签证、居留等方面创造更加宽松和便利的环境。中国将进一步扩大开放外国人才承担国家科研项目、参与国家科技奖励评选、评定专业职称资格、评选外籍院士等，对中外人才一视同仁，为各类人才提供自由发展的空间、自主创新的条件和实现自我价值的环境。希望外国专家继续为中国的发展建言献策，作出特有的贡献。

获奖外国专家感谢李克强会见和中国政府授奖，表示将继续支持和参与中国的发展，积极出智出力。他们还与到场的亲属一道，应李克强邀请出席了庆祝中华人民共和国成立66周年招待会。

国务院副总理张高丽、马凯参加会见。

（中国政府网2015年9月30日）

李克强在出席全国大众创业万众创新活动周时强调 坚持创新驱动 扎实推进“双创” 不断激发市场活力潜力和社会创造力（节选）

10月19日，中共中央政治局常委、国务院总理李克强在北京出席首届“全国大众创业万众创新活动周”，考察了主题展区，并发表即席讲话。

他说，当前，我国发展进入新常态，正处在发展方式和新旧动能转换的关键期，要以大众创业、万众创新这一结构性改革激发全社会创造力，打造发展新引擎，今年在世界经济低迷和金融市场动荡的情况下，前三季度我国经济增长6.9%，保持在7%左右，尤其是就业比较充分，其中“双创”起了重要支撑作用。“双创”也有力促进结构调整，将推动发展从过度依赖自然资源转向更多依靠人力资源，促进经济中高速增长、迈向中高端水平。

李克强分别来到科技人员、基层群体和青年创业项目展区，他勉励大家说，大众创业、万众创新首要在“创”，核心在“众”。在今天的互联网时代，无论“草根”还是精英，都可以投身创业创新，一展长才。“双创”也是收入分配改革和促进社会公正的切入点，可以增加大量就业岗位，为创业创新者提供更加公平的机会和通畅的上升通道，特别是让青年人有广阔的空间驰骋，让更多人通过自己的努力富起来。

在大型企业创业平台展区，李克强说，“双创”不是小微企业的专利，也是大企业的优势，要主动拥抱“双创”，通过众创、众包、众扶、众筹等新模式，带来大中小企业生产方式和组织管理模式变革，催生新的工业革命，这不仅将促进传统产业改造升级，也会推动现代服务业等新兴业态加快成长。

在听取几位海归博士的项目介绍后，李克强指出，“双创”需要全方位对外开放，不能闭门造车，要登高望远、放开胸怀，面向全球引进各种要素资源尤其是人才资源，发展颠覆性技术，与世界科技革命和产业变革深度融合，与各国创新彼此对接，实现合作共赢。

随着李克强现场按下按钮，全国首个专门服务于创新创业的网络众扶平台正式启动上线。他说，政府要做创业创新者的“后台服务器”，通过不断完善所需的公共产品和服务，不断清除制约“双创”的障碍，不断织牢民生保障之网，增强创业创新者试错的底气和勇气。同时推动“双创”要注重实效，提高政策的协调性和针对性，把“双创”与简政放权、放管结合、优化服务有机结合，防止一阵风、走过场，尊重市场规律，注意保护知识产权，保护消费者权益，维护公平竞争，使产品和服务质量有保证、可提升，让“双创”扎扎实实向前推进。

李克强向围拢过来的创客们说，以创新赢得未来已成为这个时代的新共识，“双创”精神正在塑造当代中国人的新品格。“双创”活动周要成为创意交流、思想碰撞和成果转化的平台。祝愿那些优秀的初创项目，能在这里遇见各自的“天使”。希望大家用更多创业创新的故事为我们这个时代立传，续写中国发展新辉煌。（中国政府网 2015 年 10 月 19 日）

李克强在会见中国博士后青年创新人才座谈会代表时强调　着力培育更多高层次青年人才　实施创新驱动　促进双创发展

11 月 30 日，中共中央政治局常委、国务院总理李克强会见中国博士后青年创新人才座谈会代表，并发表重要讲话。他首先代表党中央、国务院对我国博士后制度实施 30 周年取得的成绩表示祝贺，向全国博士后青年创新人才表示问候，向为博士后事业作出贡献的人们表示感谢！

李克强说，30 年来，在各方面高度重视和共同努力下，博士后制度从无到有、从小到大，走过了不平凡的历程，博士后群体已成为国家创新型人才中的一支骨干力量。目前，博士后科研流动站和工作站覆盖全部学科门类和经济社会发展主要领域，广大博士后活跃在经济发展、社会事业、科学研究、产业升级一线，作出了独特贡献。

李克强指出，我国最大的国情是人口众多，最大的优势是可以培养全世界规模最大的人才队伍。“十三五”时期，我们要有效应对发展面临的能源资源和环境等刚性约束，提高全要素劳动生产率，在世界新一轮科技革命和产业变革中抢占先机，实现跨越“中等收入陷阱”，都必须把创新驱动放在更加突出的位置，更多依靠人才资源支撑，以大众创业万众创新增强发展新动能，在供给和需求两个方面推进结构性改革，促进经济中高速增长、迈向中高端水平。

李克强说，博士后具有深厚知识基础和探索创新能力，是实施创新驱动发展战略的高层次人才群体。他提出三点希望：一要争做创新突破的探索者。瞄准国际前沿，在基础研究领域以十年磨一剑、甘坐冷板凳的精神，沉下心来潜心向学，进行探索性创新研究，不断向未知领域进军、向科技和学术高峰攀登。二要争做创业创新的践行者。聚焦经济社会发展需要，推动产学研用紧密结合，更多深入基层实际，更多发挥企业作为创新主体的作用，将创新成果加快转化为现实生产力。与各地众创空间有机对接，促进大众创业、万众创新上水平，让更多人拥有施展才华的平台，创造就业岗位，创造社会财富。三要争做世界创新潮流的弄潮者。树立世界眼光，加强国际交流与合作，敢于在国际上参与竞争，在开放发展中提升自身能力。

李克强指出，博士后制度是改革开放的产物，要在深化改革中实现更好发展。进一步解放思想，开拓思路，以提高博士后研究人员培养质量为核心，构建符合青年人才成长规律的管理制度。完善评估机制和创新创业激励政策，资助创业孵化和科技成果转化。着力营造有利于尊重人才、尊重创造、鼓励创新、宽容失败的氛围。广大博士后导师要奖掖后学、甘为人梯，为国家未来发展培育更多人才种子。

刘延东、马凯、赵乐际、杨晶、万钢参加会见。会见结束后，马凯主持召开了中国博士后青年创新人才座谈会。（中国政府网 2015 年 11 月 30 日）

张德江在河南检查职业教育法实施情况时强调 严格开展执法检查 确保职业教育法正确有效实施

中共中央政治局常委、全国人大常委会委员长张德江在河南省开展职业教育法执法检查时强调，在全面推进依法治国的新形势下，要加大监督力度，严格执法检查，实行正确监督、有效监督，让法律规定得到全面落实，让法律作用得到充分发挥，让法律威严得到切实尊重。

4月12日至15日，张德江率全国人大常委会执法检查组先后到开封、许昌、郑州开展执法检查。他指出，检查职业教育法实施情况，是今年全国人大常委会第一项执法检查任务。要深入了解实施情况，抓住关键问题，提出解决对策，确保职业教育法正确有效实施。

在医药技师、农业、机电、轨道交通、技术经济等职业院校，张德江与学生们亲切交谈，鼓励他们牢固树立人人能成才、行行出状元的观念，增强自信，勤奋学习，服务社会，实现人生价值。在黄河水利职业技术学院、许昌学院，张德江说，我国经济发展进入新常态，在转型升级、创新发展中需要大量的高素质技术技能人才。在宇通客车公司、许继集团等企业的实训基地，张德江强调，校企联合育人是一种好方法，有利于学生实训实践，掌握一技之长，实现职业教育和企业发展双赢。

张德江来到河南省人才市场服务大厅，与企业招聘方和应聘学生沟通交流。他指出，河南是人口大省，在职业教育方面已经走在全国前列，应继续推动人力资源从数量型向技能数量型转变，使人力资源大省成为人力资源强省。就业是民生之本，发展职业教育首先要解决好就业问题，让劳动者掌握专门技能，实现充分就业。

检查期间，张德江在开封召开基层代表座谈会，在郑州主持河南省职业教育法实施情况工作汇报会。他指出，执法检查是人大监督的法定形式和重要途径。执法检查要坚持党的领导，围绕中心任务，抓住重大问题，开展法律实施监督；要坚持依法行使职权，增强执法检查的针对性、实效性和权威性；要坚持问题导向，抓住法律实施中的突出问题和薄弱环节，推动问题解决、工作改进、法律实施；要坚持监督与支持相统一，正确处理好监督与支持的关系，寓支持于监督之中，形成推动工作的合力。

张德江强调，每一次执法检查，都要认真审视法律，总结实施经验，主动适应事业进步和时代发展要求，让法律制度更加健全完善。要大力宣传法律，树立法治观念，弘扬法治精神，形成尊法学法守法用法的社会氛围，落实好全面推进依法治国各项任务。（新华社郑州2015年4月15日电）

张德江在重庆检查职业教育法实施情况时强调
深入实施职业教育法
推动现代职业教育健康持续发展

中共中央政治局常委、全国人大常委会委员长张德江4月25日至27日率全国人大常委会职业教育法执法检查组在重庆市开展执法检查。他强调，开展职业教育法执法检查，就是要落实全面推进依法治国的战略部署，加大监督力度，保证职业教育法正确有效实施，依法促进现代职业教育健康持续发展。

张德江来到重庆工商学校、能源职业学院，与教师和学生亲切交谈，详细询问专业设置、学生就业等情况。他强调，职业教育必须以市场需求为导向、以促进就业为目标，按照社会需要设置专业，着力培养高素质的技术技能型人才。

在重庆立信职教中心、医药高等专科学校，张德江鼓励学生们勤奋钻研、学好技术。他说，技工技师是社会主义现代化建设不可缺少的人才。读职业技术学校，能使你们一技在身、终身受益。

在重庆公共运输职业学院、潍柴汽车有限公司，张德江走进实训中心、生产车间，观看学生模拟演练和岗位实习。他指出，企业是职业教育办学促学的重要主体，也是受益者。要调动行业企业参与和支持职业教育发展的积极性，鼓励企业依法办职业院校或实训基地，促进产教深度融合、校企共同育人。

张德江来到沙坪坝区人力资源市场，了解就业指导和求职应聘情况。他说，近年来重庆发展职业教育成效十分显著。要继续高度重视、大力宣传职业教育，树立正确的就业观、价值观，为职业学校的学生提供更好的就业服务、创造更好的就业环境，在全社会形成崇尚劳动、崇尚技能、崇尚贡献的良好氛围。

检查期间，张德江听取了重庆市职业教育法实施情况工作汇报，在江津区主持召开座谈会。他强调，我国职业教育正处在加快发展、大有可为的关键时期。要紧紧围绕“四个全面”战略布局，充分发挥职业教育促进经济、社会发展和劳动就业的重要作用，结合执法检查，继续深入实施职业教育法，切实把发展职业教育抓紧抓好。要加强统筹规划、顶层设计，依法将职业教育纳入本地区经济社会发展规划中，制定切实有效的法规和政策。要通过多种渠道依法筹集发展职业教育的资金，加大对农村和贫困地区的支持力度，完善经费稳定投入机制，健全资助政策体系。要遵循职业教育发展规律，改革创新管理和办学体制机制，积极搭建职业教育与普通教育有机互通的“立交桥”，构建现代职业教育体系，走出一条中国特色职业教育发展之路。（新华社重庆2015年4月27日电）

张高丽在大众创业万众创新高峰论坛上强调
加快实施创新驱动发展战略
深入推进大众创业万众创新（节选）

中共中央政治局常委、国务院副总理张高丽10月19日出席在北京举办的2015年大众创业万众创新高峰论坛并讲话。

张高丽说，党的十八大作出了实施创新驱动发展战略的重大部署。习近平总书记指出，实施创新驱动发展战略刻不容缓，必须紧紧抓住科技创新这个“牛鼻子”，切实营造实施创新驱动发展战略的体制机制和良好环境，加快形成我国发展新动源。李克强总理多次对加快实施创新驱动发展战略，推动大众创业万众创新作出指示批示和进行重要部署。在党中央、国务院正确领导下，通过实施一系列重大举措，极大地调动了广大人民群众的创业创新热情，大众创业万众创新热潮正在中国大地蓬勃兴起，取得的成绩值得充分肯定。

张高丽强调，我国经济发展进入新常态，必须加快实施创新驱动发展战略，在更大范围、更高层次、更深程度上推进大众创业万众创新，促进经济持续健康发展。要以大众创业万众创新激发新活力、新动力，使各种要素更加公平、自由、快捷地进行有效配置，促进经济保持中高速增长。要以大众创业万众创新培育新产业、新业态，结合实施“互联网+”行动计划和“中国制造2025”，着力把一批新兴产业培育成主导产业，促进移动互联网、云计算、大数据、物联网等与现代制造业融合，推动经济迈向中高端水平。要以大众创业万众创新催生新职业、新岗位，实现更加充分更高质量的就业，让更多的人富起来，实现机会公平、权利公平、人人参与又人人受益的包容性增长。要完善体制机制、加大政策支持、强化人才支撑、营造良好氛围，为大众创业万众创新提供有力保障。

张高丽表示，国家的繁荣发展离不开人民群众的创造力。我们要更加紧密地团结在以习近平同志为总书记的党中央周围，加快实施创新驱动发展战略，持续推进大众创业万众创新，为全面建成小康社会、实现中华民族伟大复兴的中国梦作出新的更大贡献。（新华社北京2015年10月19日电）

刘延东在深化职业教育改革创新座谈会上强调
深化改革创新　提升服务能力
推动职业教育发展实现新跨越

中共中央政治局委员、国务院副总理刘延东在深化职业教育改革创新座谈会上强调，要贯彻落实党中央、国务院决策部署，深化改革、创新模式、完善政策，加快构建现代职业教育体系，为促进大众创新创业和国家现代化建设提供有力人才支撑。

刘延东指出，“十二五”以来，职业院校为各行业输送近5 000万高素质劳动者和技术技能人才，其释放的人才红利，有力促进了经济转型升级和民生改善。

刘延东强调，要面向经济社会发展和国际竞争大局，将职业教育摆在更加突出位置，加大支持力度，纳入总体规划。要创新人才培养模式，重视培养崇尚劳动、敬业守信、创新务实等职业精神和“匠人精神”，鼓励企业参与人才培养全过程，形成行业企业等多方深度参与的质量评价机制。要推进依法治教，以全国人大常委会开展职业教育法执法检查为契机，推动职业教育法修订工作，进一步完善配套法律法规和政策，努力形成职业教育可持续发展的制度标准体系。要统筹好政府和市场“两只手”，鼓励社会力量参与和举办职业教育，大力弘扬劳动光荣、技能宝贵、创造伟大的时代风尚，形成“崇尚一技之长、不唯学历凭能力”氛围，让尊重和发展职业教育在全社会蔚然成风。（新华社北京2015年6月1日电）

马凯在全国机关事业单位养老保险制度改革工作电视电话会议上强调 精心组织 统筹安排 稳步推进机关事业单位养老保险制度改革

国务院1月15日召开全国机关事业单位养老保险制度改革工作电视电话会议，中共中央政治局委员、国务院副总理马凯出席会议并讲话。

马凯指出，改革现行的机关事业单位退休养老制度，有利于实现社会化的养老保险全民覆盖，建立更加公平、可持续的社会保障制度；有利于深化收入分配制度改革，逐步化解"待遇差"的矛盾；有利于促进机关事业单位改革，推动人力资源合理流动，意义十分重大。

马凯指出，改革的基本原则是：坚持公平与效率相结合，权利与义务相对应，保障水平与经济发展水平相适应，改革前与改革后待遇水平相衔接，解决突出矛盾与保证可持续发展相促进。改革的基本思路是"一个统一、五个同步"，即机关事业单位与企业等城镇从业人员统一实行社会统筹与个人账户相结合的基本养老保险制度；机关与事业单位同步改革，职业年金与基本养老保险制度同步建立，养老保险制度改革与完善工资制度同步推进，待遇调整机制与计发办法同步改革，改革在全国范围同步实施。改革的方法是实行"老人老办法、新人新制度、中人逐步过渡"。对改革前已退休的"老人"，保持现有待遇并参加今后的待遇调整；对改革后参加工作的"新人"，通过建立新机制，实现待遇的合理衔接；对改革前参加工作、改革后退休的"中人"，通过将改革前的工作年限"视同缴费年限"和实行过渡性措施，保持待遇水平不降低。

马凯强调，推进机关事业单位养老制度改革，涉及面广，政策性强，必须加强领导，精心组织，统筹安排。要切实落实好国家已经确定的首次统一提高全国城乡居民基础养老金最低标准、第11次调整企业退休人员基本待遇、适当提高城乡低保对象补助水平、增加机关事业单位离退休人员离退休费以及乡镇机关事业单位人员建立乡镇工作补贴等政策措施，使相关人员基本生活得到保障并不断得到改善。要严格控制机关事业单位编制，严肃财经纪律，确保改革顺利进行。（中国政府网2015年1月15日）

马凯在中国国际人才交流大会上强调 深化改革 扩大开放 健全法治 大力促进各类人才创业创新创造

第十三届中国国际人才交流大会暨“深圳论坛”4月18日在深圳召开，中共中央政治局委员、国务院副总理马凯出席开幕式并讲话。

马凯指出，人才资源是第一资源。中国政府高度重视人才工作，大力实施人才强国战略，实行对外开放的人才政策，充分开发利用国内、国际两类人才资源、两个人才市场，为中国现代化建设提供了强有力的人才保障。中国经济社会发展取得的巨大成就，凝聚着中国人民的自身努力，也与世界各国优秀人才的参与和支持密不可分。

马凯强调，中国人民正在为实现中华民族伟大复兴的中国梦而努力奋斗，中国经济正在实施创新驱动战略、实现提质增效升级、打造增长新引擎，发展的中国为国内外人才施展才华提供了更加宽广的舞台。要全面深化改革，破除不利于人才发展、束缚人才成长的体制机制障碍，极大激发各类人才创业创新创造活力。要实行更加积极开放、更加有效的人才政策，降低国外人才引进门槛，为国内外人才交流合作打通更加便捷的道路。要全面推进依法治国，健全人才领域立法，严格知识产权保护执法，切实保护人才的合法权益，为中外人才发展营造公平、公正、公开的法治环境。希望中外优秀人才抓住难得的历史机遇，奋发有为、开拓创新，在中国实现事业发展的美好未来。（中国政府网2015年4月18日）

马凯 张阳出席全国军转安置工作电视电话会议并讲话

全国军队转业干部安置工作电视电话会议4月27日在北京召开。中共中央政治局委员、国务院副总理马凯，中央军委委员、总政治部主任张阳出席会议并讲话。

会议指出，军转干部是党和国家的宝贵财富。做好军转安置工作，事关党和国家工作全局、事关改革发展稳定大局和国防军队建设，意义十分重要。要统筹兼顾、突出重点，树立正确安置导向，健全完善公平公正科学合理的安置机制，进一步提高计划分配军转干部安置质量。健全完善自主择业政策制度，加强就业创业培训服务，大力促进军转干部就业创业。加强舆论宣传引导，继续做好部分企业军转干部解困工作，营造全社会关心支持军转工作的良好氛围。按照全面深化改革要求，深化军转安置制度改革，完善退役军官安置政策制度。

会议强调，军转安置工作是一项重要的政治任务，各地区、各部门、各单位要加强组织领导，严格落实责任，强化使命担当，严肃工作纪律，发挥优良传统，密切协调配合，不讲条件，不讲价钱，不搞变通，不折不扣落实好中央关于军转安置工作的方针政策和规定。要按照“三严三实”要求，切实改进作风，继续推行“阳光安置”，坚决防止和纠正不正之风，满腔热情做好军转安置各项工作任务。（中国政府网2015年4月27日）

马凯与第 43 届世界技能大赛中国代表团座谈时强调　为技能人才成长提供广阔空间

第 43 届世界技能大赛中国代表团载誉归来。中共中央政治局委员、国务院副总理马凯接见代表团成员并与他们座谈。

马凯首先代表党中央、国务院对第 43 届世界技能大赛中国代表团取得的优异成绩表示热烈祝贺。他指出，代表团为祖国和人民赢得了荣誉，体现了当代青年朝气蓬勃的精神风貌、顽强拼搏的意志品格、精益求精的职业精神、技能报国的理想信念。希望当代青年努力向获奖选手学习，脚踏实地、刻苦钻研，在自己的工作岗位上实现人生价值；也希望各位选手珍惜荣誉，再接再厉，为现代化建设作出更大贡献。

马凯强调，技能人才是人才队伍的重要组成部分，在经济发展和社会进步中发挥着不可或缺的重要作用。全面建成小康社会和实现中华民族伟大复兴的中国梦，为技能人才施展才华、事业发展提供了广阔舞台，技能人才可以大有所为，也应当大有作为。要加强组织领导，规划引导，深化改革，完善政策，创造良好环境。加强职业教育，加大技能培训，全面提升技能人才素质和水平。完善收入分配和激励政策，畅通发展和晋升路径，发挥技能人才在企业中的重要作用。广泛开展国际交流合作，学习借鉴国外先进经验、先进工艺、先进标准。加大宣传力度，表彰先进典型，营造劳动光荣、崇尚技能、尊重技能人才的良好社会氛围。

据悉，世界技能大赛被誉为“世界技能奥林匹克”。8 月 11 日至 16 日，在巴西圣保罗举行的第 43 届世界技能大赛上，我国选手获得 4 枚金牌、6 枚银牌、3 枚铜牌和多项优胜奖，创造了我国参加此项赛事以来的最好成绩，实现了金牌零的突破。（中国政府网 2015 年 8 月 20 日）

马凯出席中国政府“友谊奖”颁奖大会并讲话

2015年度中国政府“友谊奖”颁奖大会9月29日下午在北京人民大会堂隆重举行。国务院副总理马凯向获奖外国专家颁奖并讲话。

马凯首先代表中国政府向获奖专家表示热烈祝贺，向所有在华工作的外国专家及其亲属表示诚挚问候。他指出，每年60余万来华工作的外国专家，已经成为中国现代化建设的一支重要力量，中国政府和人民将永远铭记外国专家为中国发展进步作出的积极贡献和对中国人民的深厚情谊。

马凯强调，中国经济进入提质增效升级的重要时期，为外国专家事业发展提供了难得机遇，热忱欢迎国外各类优秀人才积极投入其中，做中国经济实现“双中高”的推动者，“大众创业、万众创新”的参与者，“一带一路”建设和国际产能合作的促进者，中外文化交流的友好使者。中国政府将实行更加积极开放有效的引才政策，开辟高效便捷、公开透明的用才通道，完善知识产权、收益分配等惠才机制，营造和谐包容的爱才环境，为外国专家施展才华、实现梦想提供更加广阔的舞台。

中国政府“友谊奖”是为表彰在中国现代化建设中做出突出贡献的外国专家而设立的最高荣誉奖项。本年度共有来自21个国家的50名外国专家获得“友谊奖”。（中国政府网2015年9月29日）

马凯在“中国创翼”青年创业创新大赛总决赛颁奖式上强调　掀起青年创业创新热潮汇聚经济发展强大动能

中共中央政治局委员、国务院副总理马凯在“中国创翼”青年创业创新大赛总决赛颁奖式上强调，要认真贯彻落实党中央、国务院决策部署，把青年人的智慧发挥出来、积极性调动起来，使青年创业创新、草根创业创新、大众创业创新蔚然成风，为实现中国经济“双中高”和中华民族伟大复兴的中国梦作出更大贡献。

10 月 22 日下午，马凯参观了“全国大众创业万众创新活动周”主题展示，向“中国创翼”青年创业创新大赛总决赛获奖者颁奖。他充分肯定了大赛取得的积极成果，指出青年人有朝气、有活力，富于开创和探索精神，是国家的未来、创业创新的希望，要顺应时代潮流，抓住历史机遇，积极投身创业创新实践，勇当大众创业、万众创新的先锋队和主力军。

马凯强调，创业创新是历史的选择、时代的召唤，要汇聚全社会力量，共同推动形成青年人创业创新的热潮。各级政府要加快构建有利于大众创业、万众创新蓬勃发展的政策环境、制度环境和公共服务体系。各人民团体和社会公益组织要积极关心和支持创业创新工作，共同助力创业创新者茁壮成长。广大企业、创业服务平台和投资机构要主动为青年人提供个性化、多元化的指导和帮助。新闻媒体要积极营造有利于创业创新的良好舆论环境。（中国政府网 2015 年 10 月 22 日）

马凯在中国博士后青年创新人才座谈会上强调 深入实施人才优先发展战略 努力开创博士后事业发展新局面

中国博士后青年创新人才座谈会 11 月 30 日在北京召开，中共中央政治局委员、国务院副总理马凯出席会议并讲话。

马凯指出，中国博士后制度建立 30 年来，在党中央、国务院正确领导下，在各级党委政府、有关部门和社会各方面的大力支持下，在科研院所、高校、企业和博士后研究人员的共同努力下，博士后事业在改革中创新、在创新中发展，培养了一大批高层次创新人才，取得了一大批重要科研成果，在建设人才强国、推动改革开放和社会主义现代化建设中发挥了重要作用。

马凯强调，博士后工作是建设人才强国的重要内容，肩负着为国选才育才的光荣使命。要全面贯彻党中央、国务院决策部署，深入实施创新驱动和人才优先发展战略，以解决制约博士后事业发展的重大问题为导向，以提高博士后研究人员培养质量为核心，聚焦创新引领发展，深化体制机制改革，积极扩大国际合作，加大政策支持力度，大力扶持创新创业，更好发挥博士后制度在培养创新型青年人才、推动大众创业万众创新中的重要作用。他希望博士后研究人员自觉融入中国梦的伟大实践，争做科技创新的排头兵、大众创业的时代先锋和科学精神的传承者、践行者、弘扬者，为全面建成小康社会和实现中华民族伟大复兴的中国梦作出新的更大贡献。（新华社北京 2015 年 11 月 30 日电）

二、人力资源和社会保障部领导的讲话

在贯彻落实《关于构建和谐劳动关系的意见》视频会议上的讲话

尹蔚民

（2015 年 5 月 21 日）

这次会议的主要任务是，全面贯彻落实中共中央、国务院印发的《关于构建和谐劳动关系的意见》，部署推进新时期构建和谐劳动关系工作。

一、充分认识构建和谐劳动关系的重要性和紧迫性

党中央、国务院高度重视构建和谐劳动关系。党的十八大和十八届三中、四中全会对构建和谐劳动关系提出了明确要求。习近平总书记、李克强总理对构建和谐劳动关系工作多次作出重要指示批示。日前，中共中央、国务院印发了《关于构建和谐劳动关系的意见》，系统阐述了构建中国特色和谐劳动关系的重大意义、指导思想、基本原则、目标任务和政策措施，是指导新时期劳动关系工作的纲领性文件，为我们做好构建和谐劳动关系工作提供了基本遵循。

劳动关系是生产关系的重要组成部分，是最基本、最重要的社会关系之一。新中国成立之后，我国建立了以公有制为基础的崭新的劳动关系。改革开放以来，随着我国实行以公有制为主体、多种所有制经济共同发展的基本经济制度，建立和完善社会主义市场经济体制，劳动关系相应地发生了深刻变化。与此相适应，党和国家制定了一系列调整劳动关系的法律法规和政策，各地区、各部门认真抓好贯彻落实，推动劳动关系工作制度机制逐步完善，总体上保持了全国劳动关系和谐稳定。但是，我们也要清醒地看到，劳动关系领域仍然存在一些突出问题，用人单位侵害劳动者权益的现象仍然存在，特别是不依法与职工签订劳动合同、拖欠职工特别是农民工工资、不为职工缴纳社会保险费等问题还比较多，导致一些地区劳动争议案件居高不下，集体停工和群体性事件时有发生，对当地经济发展和社会稳定造成影响。当前，我国正处于全面建成小康社会的关键时期，随着经济发展进入新常态，劳动关系主体构成更加复杂，企业用工形式和分配方式更加多样化，劳动者利益诉求及其表达方式更加多元化，劳动关系问题与其他经济社会问题的关联性、传导性不断增强，劳动关系矛盾已进入凸显期和多发期，构建和谐劳动关系面临着诸多压力与挑战。这些劳动关系问题如果处置不当、解决不好，就会影响劳动关系和谐稳定，影响企业发展，甚至影响国家发展稳定。

在新的历史条件下，努力构建和谐劳动关系，具有重要的意义。一是通过构建和谐劳动关系，处理好经济发展新常态下调结构、转方式中的劳动关系问题，有利于充分调动广大企

业和职工的积极性、推动经济结构调整顺利进行，有利于提升人力资本质量、为企业创新发展提供不竭动力，是经济持续健康发展的重要保证。在当前经济下行压力加大的形势下，更需要积极构建和谐劳动关系，推动职工与企业共同应对挑战，为稳定经济增长作出贡献。二是通过构建和谐劳动关系，妥善解决影响劳动关系和谐稳定的突出问题，维护好职工群众的切实利益，有利于全社会的发展、稳定、和谐，是建设社会主义和谐社会的重要基础。三是通过构建和谐劳动关系，协调好企业和职工的利益关系，实现职工群众和企业经营者共同发展，有利于增强党的阶级基础、扩大党的群众基础，把各方面力量紧紧团结在党的周围，是增强党的执政基础和巩固党的执政地位的必然要求。

要从战略和全局的高度，充分认识构建和谐劳动关系的重要性和紧迫性，自觉把思想和行动统一到中央的决策部署上来，进一步增强政治责任感和历史使命感，将构建和谐劳动关系工作摆在更加突出的位置，采取有力措施抓实抓好。

二、扎实做好构建和谐劳动关系各项工作

中共中央、国务院印发的《关于构建和谐劳动关系的意见》，从依法保障职工基本权益、健全劳动关系协调机制、加强企业民主管理制度建设、健全劳动关系矛盾调处机制、营造构建和谐劳动关系的良好环境等五个方面明确了具体任务和措施，对加强组织领导和统筹协调提出了要求。我们要坚持加强劳动关系矛盾系统治理、依法治理、综合治理、源头治理的思路，全面把握、科学谋划，立足当前、着眼长远，突出重点、统筹推进。

（一）着力解决当前劳动关系突出矛盾。构建和谐劳动关系是一个不断解决劳动关系矛盾、最大限度减少不和谐因素和增加和谐因素的动态过程。当前，要有效防范和妥善处理三个方面的突出矛盾。一是全面治理拖欠农民工工资问题。这是当前劳动关系领域最为突出的矛盾。要坚持标本兼治、综合施策，加快建立健全从源头上治理拖欠农民工工资问题的长效机制，开展全面治理专项行动，着力解决部分企业工资支付行为不规范、工资支付监控手段不完备、工资支付保障机制不健全等问题，努力实现农民工工资基本无拖欠的目标。二是妥善解决部分企业不依法缴纳社会保险费的问题。随着广大劳动者的社会保险权利意识日益增强，因部分企业历史欠缴社会保险费等问题引发的劳动关系矛盾逐步增多，成为影响劳动关系和谐稳定的重大隐患。要在加强摸底排查、全面掌握情况的基础上，既坚持依法依规处理，又注意从实际出发，兼顾考虑各种因素，推动企业和职工双方充分协商，分类妥善解决。三是加强对产业结构调整过程中劳动关系处理的指导规范。要依法规范淘汰落后产能、企业转型升级和兼并重组中的劳动关系处理工作，加强事前指导、事中监督和事后检查，切实维护职工合法权益。

（二）创新构建中国特色和谐劳动关系体制机制。加强调整劳动关系的体制机制建设，是促进劳动关系长期和谐稳定的根本保证。要坚持从中国的国情出发，着眼于劳动关系建立、运行全过程，通过不断改革创新，加快健全完善构建中国特色和谐劳动关系的体制机制。一是创新劳动关系协调机制。要下功夫建立畅通有序的职工表达合理诉求渠道，从源头上有效预防和减少劳动关系矛盾。要完善并全面实行劳动合同制度，为职工与企业协商确定双方权利义务提供制度保障。要加快完善并推行集体协商制度，健全以职工代表大会为基本形式的企业民主管理制度，探索和推行劳资协商会、劳资恳谈会等多种民主管理形式，推进劳动关系双方沟通协商制度化、常态化。要进一步健全协调劳动关系三方机制，完善职能职责，健全工作制度，加强政府人力资源社会保障等部门、工会和企业代表组织的沟通合作，充分发挥共同研究解决有关劳动关系重大问题的重要作用。二是完善劳动关系矛盾调处机制。要坚持“鼓励和解、强化调解、加快仲

裁、衔接诉讼”的方针，大力加强劳动争议调解工作，健全专业性调解与人民调解、行政调解、仲裁调解、司法调解联动工作体系；着力探索完善仲裁办案制度和机制，创新仲裁办案方式，加强裁审衔接与工作协调，提高仲裁效率和公信力。要依托协调劳动关系三方机制，建立完善协调处理集体协商争议的办法，有效调处因签订集体合同发生的争议和集体停工事件。要健全群体性事件应急联动处置机制，妥善处置群体性事件。三是健全劳动保障监察体制机制。要改革劳动保障监察执法体制，推进综合执法，理顺不同层级执法职能，推动监察执法重心下移，建立权责统一、权威高效的劳动保障监察执法体制。创新劳动保障监察执法方式，坚持受理举报投诉和主动监督检查并重，推进劳动保障监察“网格化、网络化”管理全覆盖。要完善监察执法与刑事司法衔接机制，建立与相关部门的协同监管机制。加强劳动用工领域诚信建设，加大对违法失信行为的惩戒力度。

（三）全面推进劳动关系领域法治建设。社会主义市场经济本质上是法治经济。注重运用法治思维和法治方式解决劳动关系矛盾，是实现劳动关系治理体系和治理能力现代化的必然要求。一是进一步加强劳动关系领域立法工作。要积极推动将基本劳动标准、集体协商和集体合同、工资支付保障等方面的法律法规列入立法规划，不断健全劳动保障法律法规体系。二是全面落实劳动保障法律法规。要坚持依法行政，大力加强行政执法和法律监督，依法纠正和惩处各类劳动保障违法行为，切实保障职工劳动报酬、休息休假、劳动安全卫生保护、社会保险等各项基本权利。三是加强普法宣传教育。要广泛宣传、普及劳动保障法律法规和规章。以中小微企业及其职工为重点，大力加强劳动保障法律知识教育培训和法律服务，不断提高企业依法用工和职工依法维权的意识和能力。

（四）努力营造构建和谐劳动关系的良好环境。良好的社会环境，是构建和谐劳动关系的基础。一是加强对企业经营者和职工的教育引导。要引导企业和职工树立利益共同体意识，企业经营者积极履行社会责任，自觉维护职工合法权益，加强对职工特别是农民工的人文关怀，强化对职工的职业技能培训，拓宽职工的发展渠道；企业职工要有良好的职业道德，增强对企业的责任感、认同感和归属感，认真学习文化知识和岗位技能，自觉遵守单位的各项规章制度，爱岗敬业、诚实守信，理性合法表达利益诉求、维护自身权益。要深入推进和谐劳动关系创建活动，推动企业和职工共同培育合作共赢、共谋发展的理念和文化，形成企业关爱职工、职工热爱企业的良好局面。二是支持企业健康发展。没有企业的发展，改善职工的报酬福利待遇和劳动条件就没有基础。要认真贯彻落实国务院关于简政放权、放管结合、转变职能的部署和要求，进一步改进和加强对企业的支持与服务，激发市场主体创造活力。要全面落实国务院近期出台的一系列对企业特别是中小企业的政策措施，助推企业发展壮大。三是加大宣传力度。要充分运用报刊、电视、广播等主流媒体和网络，广泛深入宣传构建和谐劳动关系的重大意义，宣传有关方针政策、法律法规，营造全社会共同关心、支持和参与构建和谐劳动关系的良好氛围。要重视总结并大力宣传各地各部门构建和谐劳动关系的成功经验，大力宣传企业关爱职工、职工奉献企业的先进事迹和模范人物，充分发挥先进典型的示范带动效应。

三、切实加强构建和谐劳动关系的组织实施工作

当前和今后一个时期构建和谐劳动关系的目标任务已经明确，关键是要狠抓落实。

（一）形成工作合力。构建和谐劳动关系涉及方方面面，是一项系统工程，需要进一步健全党委领导、政府负责、社会协同、企业和职工参与、法治保障的工作体制，形成全社会共同参与的工作合力。各级人力资源社会保障部门作为政府主管劳动关系的职能部门，要切实发挥好在构建和谐劳动关系中的主导作用，认真履行好统筹协调、指导服务、检查督促等工作职责。要积极争取党委、政府的领导和支持，推动当地党委、政府在2015年年底前制定出台贯彻落实中央文件的实施意见，细化目标任务和政策措施，明确责任分工和时间进度安排，切实把中央的部署和要求变成可操作的行动计划。要加强工作调度和督导检查，及时了解掌握贯彻落实中央文件的进展情况，注意研究解决贯彻落实中遇到的新情况、新问题。要依托协调劳动关系三方机制，加强与工会、企业代表组织的协调配合，落实企业和劳动者构建和谐劳动关系的主体责任，实现劳动关系政府治理和社会治理良性互动。

（二）加强能力建设。各地要积极创造条件，加强劳动关系协调、劳动保障监察机构以及劳动人事争议仲裁委员会和仲裁院建设，配备必要的工作力量，争取更多经费投入，保障构建和谐劳动关系工作顺利开展。要大力推进劳动关系协调工作基层平台建设，通过政府购买服务等多种途径，合理配置并整合劳动关系协调员、劳动争议调解员、劳动监察协管员队伍，积极承担劳动保障法律政策咨询、企业用工信息备案、劳动纠纷排查、劳动争议调解等任务。加强劳动关系工作人员培训，提升队伍的专业化水平，不断改进工作作风。积极推进劳动争议调解仲裁、劳动保障监察管理等信息化建设，改进和加强劳动关系领域统计调查工作。

（三）深化改革创新。构建中国特色和谐劳动关系是一项开创性的事业，既要借鉴国际经验，更要坚持立足中国的具体国情，不断深化对社会主义市场经济条件下劳动关系发展规律的认识，把遵循劳动关系一般规律与适应我国基本政治制度、基本经济制度以及文化传统等结合起来，积极推进理论、体制、制度、机制和方法创新。要坚持问题导向，勇于打破思维定式，大胆探索实践，不断寻求破解劳动关系领域难题的新举措新办法。要大力推进构建和谐劳动关系综合试验区建设，为全面深化劳动关系领域改革创造可复制、可推广的经验。

在第43届世界技能大赛参赛总结大会暨第2届中国青年技能夏令营开营仪式上的讲话

尹蔚民

（2015年9月14日）

今天，召开这次会议，主要是对第43届世界技能大赛参赛工作进行总结，同时启动以“技能成就梦想”为主题的第2届中国青年技能夏令营活动。首先，我代表人力资源社会保障部向第43届世界技能大赛中国代表团取得的优异成绩表示热烈祝贺！向全体参赛选手、技术团队以及为大赛工作作出贡献的单位和个人致以亲切慰问和崇高敬意！向参加夏令营的全体营员表示热烈欢迎！

在第43届世界技能大赛中，我国派出的32位选手，参加了29个比赛项目，最终获得了5枚金牌、6枚银牌、3枚铜牌和12个优胜奖的好成绩，实现了金牌零的突破，创造了我国参加世界技能大赛以来的最好成绩。8月20日，中央政治局委员、国务院副总理马凯同志与全体选手和金牌项目的技术团队进行了座谈，称赞代表团为祖国和人民赢得了荣誉，体现了当代青年朝气蓬勃的精神风貌、顽强拼搏的意志品格、精益求精的职业精神、技能报国的理想信念，希望当代青年努力向获奖选手学习，脚踏实地、刻苦钻研，在自己的工作岗位上实现人生价值。这充分体现了党中央、国务院对参加世界技能大赛工作和高技能人才队伍建设的高度重视。

世界技能大赛被誉为“世界技能奥林匹克”，是最高层级的世界性职业技能赛事，引领和代表着职业技能发展的世界先进水平。我国的参赛选手大都是技工院校培养出来的青年技能人才，能够代表祖国参赛并且取得优异成绩，说明技工教育大有可为，也从一个侧面展示了我国技能人才队伍建设所取得的成绩。大家技能成才、为国争光的经历，将激励更多的青年学习一技之长、成就出彩人生。大家用汗水换来的沉甸甸奖牌，将作为中国青年技能人才攀登世界技能大赛巅峰的见证，永久载入我国征战世界技能大赛的史册。希望各位获奖选手珍惜荣誉，再接再厉，在今后的工作中继续发扬参赛的良好作风，实现更高的人生理想；希望各位专家教练和所有参与大赛工作的同志，继续保持昂扬斗志，不断弘扬大赛理念，为加强我国技能人才队伍建设再立新功。

我国2010年加入世界技能组织后，这是第三次参加世界技能大赛，也是参赛人数最多、参赛项目最多、取得成绩最好的一次。回顾五年来我国参赛的历程，可以得出这样几点启示：一是党中央、国务院高度重视，为做好技能人才工作奠定了重要基础。习近平总书记指出：“工业强国都是技师技工的大国，我们要有很强的技术工人队伍”、“作为一个制造业大国，我们的人才基础应该是技工”，要求“大力培育支撑中国制造、中国创造的高技能人才队伍”。李克强总理强调，打造中国经济升级版，要靠数亿掌握知识和技能的人才大军。2014年，国务院召开全国职业教育工作会议，对加快发展现代职业教育作出全面部署。2015年，全国人大常委会启动《职业教育法》执法检查，张德江委员长亲自担任组长。这些都体现出党和国家对技能人才工作的高度重视，为做好技能人才工作指明了方向。二是实施创新驱动发展战略，对做好技能人才工作提出了更高的要求。党的十八大提出，实施创新驱动发展战略，要坚持走中国特色自主创新道路，以全球视野谋划和推动创新，提高原始创新、集成创新和引进消化吸收再创新能力。实施创新驱动发展战略的本质是人才驱动，核心是提高人力资本素质。创新不仅需要加快建设高素质专业技术人才队伍，也需要加快建设高素质技能人才队伍。创新驱动发展战略为加强技能人才队伍建设搭建了广阔平台。三是国家不断完善相关政策制度，为做好技能人才工作提供了有力保障。近年来，围绕构建劳动者终身职业培训体系、加强职业教育，国务院出台了一系列政策措施，进一步完善了技能人才培养选拔、评价使用、表彰激励等政策。各级党委和政府、各有关部门认真贯彻中央要求，狠抓政策落实。这些都为加强技能人才队伍建设提供了政策和制度保障。

在肯定成绩、总结经验的同时，必须清醒地认识到，我国技能人才发展总体水平与世界先进水平相比还有较大差距，与我国经济社会发展需要相比还有很多不适应的地方。从总体情况看，我国技能劳动者仅占就业人员的20%，高技能人才数量还不足5%，技能人才的素质、规模、结构难以满足经济社会发展需要，技能人才断档现象严重，供需矛盾比较突出。技能人才培养投入总体不足，培养能力薄弱，技能人才还存在发展渠道窄、待遇偏低、地位不高等问题。从参加世界技能大赛情况看，与世界其他国家相比，我们在技能人才的培养模式、教学标准、培养质量等方面，都有一定差距。在参赛环节上，也还存在着完善相关制度、扩大参赛项目、健全选手和基地选拔机制、加强技术团队建设等问题，需要在今后工作中逐步解决。

当前，我国正处在全面建成小康社会的关键阶段。加快转变经济发展方式，建设创新型国家，迫切需要一大批适应技术进步、生产方式变革和社会公共服务要求的技能人才。我们要认真总结这次世界技能大赛的宝贵经验，进一步加大工作力度，围绕加快构建劳动者终身职业培训体系，更好地推动我国技能人才工作。要完善政策措施。继续实施好国家高技能人才振兴计划，抓紧研究提出“十三五”期间高技能人才队伍建设规划，进一步完善技能人才有关政策，着力提高技能人才的待遇水平，增强技能人才的职业荣誉感和吸引力。要加大培养力度。大力推进技工院校改革创新，提高办学水平和培养质量。充分发挥世界技能大赛的引领作用，促进技工院校在师资培养、课程标准、教学要求等方面与世界先进标准对接。发挥企业在技能人才培养中的主体作用，实施企业新型学徒制，深化企校合作，切实加大后备技能人才培养工作。要优化竞赛机制。深入开展企业岗位练兵、技术比武活动，广泛开展各级各类职业技能竞赛。借鉴世界技能大赛的理念、标准、模式，办好中国技能大赛并形成品牌。要提早研究下届世界技能大赛参赛工作，增加参赛项目，完善集训基地和选手的选拔机制、规则、流程，确保选拔出最优秀的选手、最具实力的集训基地。同时，要研究谋划我国申办世界技能大赛事宜。要扩大社会影响。大力宣传高技能人才典型事迹，弘扬工匠精神、树立职业英雄，进一步加大对世界技能大赛特别是大赛获奖选手的宣传报道，在全社会进一步营造“劳动光荣、技能宝贵、创造伟大”的良好氛围。

同志们，青年朋友们，青年技能人才是我国技能人才队伍的重要组成部分，是高技能人才的后备军，肩负着技能强国的重要历史使命。我们今天以参加世界技能大赛的选手和后备选手为主体，邀请各地技工院校的优秀学生代表和香港、澳门地区的青年学生代表参加，举办第2届中国青年技能夏令营，主题是“技能成就梦想”，目的是传播世界技能大赛理念，弘扬世界技能大赛精神，为青年朋友们搭建展示技能、切磋技艺的平台，搭建交流学习、深化友谊的桥梁，营造更加重视青年技能人才培养的良好氛围。希望全体营员珍惜这次难得的机会，在丰富多彩的活动中相互学习、加强交流、携手并进、共同提高，使这届夏令营取得更加丰硕的成果。

深入贯彻落实党的十八届五中全会精神 开创人力资源和社会保障事业发展新局面

尹蔚民

（2015 年 12 月 28 日）

这次全国人力资源和社会保障工作会议，是在“十二五”收官之时、“十三五”开局之际召开的一次重要会议。会议的主要任务是，全面贯彻落实党的十八大和十八届三中、四中、五中全会以及中央经济工作会议精神，总结“十二五”时期事业发展成就，分析“十三五”时期面临的形势，部署 2016 年工作。

一、关于 2015 年和过去五年人力资源和社会保障工作的简要回顾

2015 年是“十二五”收官之年。在党中央、国务院的坚强领导下，在各级党委、政府和社会各方面的重视和支持下，我们系统上下积极进取，锐意改革，圆满完成各项工作任务。就业目标任务超额完成，预计全年城镇新增就业 1 300 万人，城镇登记失业率保持在较低水平。社会保障制度建设取得重要进展，机关事业单位养老保险制度改革启动实施，基金投资管理办法等改革举措相继出台，参保人数继续增加，保障水平稳步提高。人才队伍建设进一步加强，各项人才工程扎实开展，中小学教师职称制度改革全面推开，博士后制度改革稳步推进。引智工作力度不断加大，重大引智工程深入实施。人事制度改革稳步推进，公务员分类管理、考录制度改革继续深化，聘用制试点取得成效，考核奖励、培训监督工作取得新进展，事业单位人事管理政策法规体系不断完善，机关事业单位“吃空饷”问题专项治理成效明显，军转干部安置任务顺利完成。工资制度改革积极推进，机关事业单位调整基本工资标准兑现落实，县以下机关建立公务员职务与职级并行制度加快推进，深化国有企业负责人薪酬制度改革取得积极进展，最低工资标准稳慎调整。为农民工服务和劳动关系协调工作进一步加强。争议调解仲裁、劳动保障监察工作力度进一步加大。

2015 年各项工作的成绩，是在以往工作的基础上取得的。“十二五”时期，特别是党的十八大以来，以习近平同志为总书记的党中央，着眼于实现中华民族伟大复兴的中国梦，协调推进“四个全面”战略布局，对人力资源和社会保障工作作出一系列重大决策部署。各级人力资源社会保障部门坚决贯彻中央的决策部署，勇于担当、改革创新，积极作为、稳中求进，圆满完成“十二五”时期各项任务，多个领域取得突破性进展，事业发展又上了一个新的台阶。

——就业规模持续扩大，就业格局发生重大变化。连续五年城镇新增就业人数在 1 200 万人以上，累计新增就业超过 6 400 万

人，失业人员再就业 2 789 万人，就业困难人员就业 890 万人，城镇登记失业率保持在 4.1%左右，低于 5%的控制目标。三次产业就业比重持续优化，从 2010 年的 36.7∶28.7∶34.6 转变为 2014 年的 29.5∶29.9∶40.6，第三产业就业人数在 2011 年首次超过第一产业，并呈逐年增长势头。2014 年，全国农民工总量 2.74 亿人，其中外出农民工 1.68 亿人，比“十一五”期末分别增加 3 172 万人和 1 486 万人。开展政府补贴的职业培训 9 700 万人次，比“十一五”增加了 2 300 万人次。

——社会保障制度运行平稳，覆盖城乡居民的社会保障体系基本建成。制度建设取得突破，覆盖面不断扩大，基金规模持续增长，待遇水平稳步提高。2015 年年底参加基本养老、城镇基本医疗、失业、工伤、生育保险人数将分别达到 8.58 亿人、6.66 亿人、1.73 亿人、2.14 亿人、1.78 亿人左右，均比“十一五”期末有较大幅度增加，其中养老保险参保人数增长近 5 亿人，医疗保险基本实现全民覆盖。基金总收入 4.6 万亿元、总支出 3.9 万亿元，分别比“十一五”期末增加 2.67 万亿元、2.4 万亿元。这五年，连续调整企业退休人员基本养老金水平，月人均养老金由“十一五”期末的 1 362 元增长到 2 200 多元，并首次调整城乡居民基础养老金最低标准，广大群众从社保制度中享受到更多发展成果。社会保障卡持卡人数达到 8.84 亿人，比“十一五”期末增加了 7.8 亿人，已成为公共服务领域的重要载体。基层平台建设覆盖中西部 60%的县，受益人群超过 5 亿人。

——重大人才工程持续推进，人才队伍建设取得新进展。人才队伍规模不断扩大，素质进一步提高。国家百千万人才工程选拔 1 206 人，新增享受国务院政府特殊津贴人员近 1 万人，招收博士后研究人员 6.94 万人，留学回国人员 158.65 万人，培训高层次、急需紧缺和骨干专业技术人才 670 多万人，引进海外高层次人才 3 万多人、外国专家 200 万人次。2014 年年底，全国技能劳动者总量达到 1.57 亿人，其中高技能人才 4 137 万人，分别比“十一五”期末提高了 40%和 45%。国家层面建成 100 个专业技术人员继续教育基地、400 个高技能人才培训基地和 500 个技能大师工作室。完成国家职业分类大典修订工作。技能大赛蓬勃开展，先后有 60 人获得中华技能大奖、2 100 人获得全国技术能手称号，连续参加三届世界技能大赛并取得优异成绩，在第 43 届上实现金牌零的突破，展示了我国技能人才队伍建设取得的积极成果。

——公务员队伍建设不断加强，事业单位人事管理进一步规范，军转安置工作扎实推进。公务员分类管理取得新进展，考录、考核、表彰奖励、培训监督等各项工作全面加强，争做人民满意公务员活动扎实开展。累计招录公务员 93 余万人，公开遴选省级以上机关工作人员 1.6 万人，公务员来源结构逐步优化。事业单位人事管理条例出台实施，处分、申诉等配套政策进一步健全，聘用制度、岗位管理和公开招聘制度基本实现全覆盖。计划安置军转干部方式不断创新，自主择业安置方式吸引力逐步增强，军转教育培训探索取得新经验。

——工资制度进一步健全，收入分配秩序逐步规范。机关事业单位工作人员工资正常调整机制逐步完善，津贴补贴发放逐步规范，工资水平稳步提高，全面启动实施县以下机关建立公务员职务与职级并行制度，出台乡镇工作补贴政策，基层、艰苦边远地区和乡镇工作人员工资待遇进一步提高。企业薪酬调查、公务员和企业相当人员工资水平调查比较制度研究取得阶段性成果。事业单位绩效工资工作稳步实施。最低工资标准稳慎调整，企业工资集体协商扎实推进，企业工资支付保障制度逐步完善，工资分配指导调控进一步加强。

——劳动关系总体和谐稳定，劳动者合法权益得到有效维护。深入贯彻中央关于构建和谐劳动关系的意见，劳动合同制度全面推行，集体协商和集体合同覆盖范围进一步扩大，三方机制作用进一步发挥，劳动标准体系进一步健全。劳动人事争议处理效能建设显著增强，基层调解组织组建率预计达到80%以上，共建立仲裁院2 919家，建院率达到91.1%，全国各级调解仲裁机构共处理争议案件约756.6万件。劳动保障监察“两网化”地市覆盖率达到93%，劳动保障监察执法成效明显，累计查处违法案件196万件，追发劳动者工资等待遇1 339亿元，督促补缴社会保险费185亿元。落实国务院进一步做好为农民工服务工作的意见，农民工劳动保障等各项权益得到有效维护。

五年来，我们坚持“民生为本、人才优先”的工作主线，把握工作规律，拓宽工作思路，创新方式方法，提高工作科学化规范化水平，系统上下都为之付出了巨大努力，做了大量工作，积累了不少新经验。归纳起来，主要有以下几个方面值得认真总结，并在今后的工作中继续加以坚持。

（一）坚持围绕中心、服务大局。自觉围绕中心、服务大局，在大局下谋划和行动，这是过去五年我们的事业能取得进展、能对大局有所贡献的前提。我们始终把保持就业局势稳定作为首要政治任务，大力实施就业优先战略，将鼓励创业与促进就业有机结合，助力大众创业、万众创新，加大职业培训和就业扶持力度，进一步丰富和发展了中国特色积极就业政策。坚持把高校毕业生就业作为重中之重，深入实施高校毕业生就业促进计划和创业引领计划，在高校毕业生数量逐年增加的情况下，保持了就业率的稳定。统筹做好失业人员再就业工作，推进农村劳动力转移就业，对城镇困难人员和残疾人开展就业援助。不断加强公共就业服务，开展就业失业信息监测。我们统筹做好社会保障、劳动关系、人才队伍建设等工作。通过系统上下和社会各方面的共同努力，在经济增速放缓、结构深度调整背景下，就业局势保持基本稳定，有效保障和改善了民生，为经济平稳运行和社会和谐稳定作出积极贡献。

（二）坚持深化改革、开拓创新。把改革摆在突出位置，以改革为动力，这是过去五年我们能够破解一个又一个难题，推动事业创新发展的重要法宝。特别是党的十八届三中全会以来，按照中央总体部署，我们制定改革规划，围绕牵头的改革任务，逐项制定时间表、路线图，明确责任主体，一个方案一个方案有序推出，一个节点一个节点扎实推进，先后出台多项改革成果，特别是一批重大改革启动实施，效果显著。在全面实施新农保和城居保基础上，建立了统一的城乡居民基本养老保险制度，实现了制度平等和管理资源共享。启动实施机关事业单位养老保险制度改革，破解了社会上热议多年的“双轨制”问题。出台基本养老保险基金投资管理办法，开辟基金市场化多元化投资新渠道。加强养老保险顶层设计，为进一步推进改革奠定基础。医疗保险城乡统筹积极推进，异地就医结算办法出台实施。国有企业负责人薪酬制度改革全面启动，机关事业单位完善工资制度取得初步成效，县以下机关建立公务员职务与职级并行制度全面实施。聘任制公务员、健全法官检察官职业保障制度等一批改革试点项目启动实施。分类推进职称制度改革，深化中小学教师职称制度改革取得新进展。不断加大审批制度改革力度，分5批取消272项中央部门设置的职业资格。各地对国家层面推出的改革举措结合实际狠抓落实，对于事权在地方的改革项目积极推进，经过共同努力，形成了主动作为、上下联动、蹄疾步稳、协同推进的良好局面。

（三）坚持直面难题、化解矛盾。坚持问题导向、底线思维，着力补短板，积极化解工作中的矛盾和风险，这是守住民生底线的一条重要经验。我们推进城乡居民大病保险全面实施，对减轻群众高额医疗费用负担发挥重要作用。先后降低失业、工伤、生育保险费率，每年企业可减少缴费600多亿元。妥善化解一些经济体制转轨过程中的问题，将集体所有制企业退休人员、“五七工”、“家属工”、农垦职工等群体纳入职工养老保险制度，将800多万名关闭破产企业退休人员和困难企业职工纳入医疗保险制度，将300多万名国有企业“老工伤”人员纳入工伤保险统筹管理，充分发挥了社会保障补短板、兜底线的作用。我们注重防范风险，加强社会稳定风险评估和应对工作，及时妥善处理因历史欠缴社会保险费等问题引发的集体停工事件。我们注重从源头上预防化解侵害劳动者权益的突出问题，出台劳务派遣暂行规定、推进建筑业参加工伤保险意见，加强对经济结构调整和国有企业改制中劳动关系处理工作的指导，加大调解仲裁和监察执法力度，劳动者权益得到有效维护。推进人力资源市场整合，有效解决人才市场和劳动力市场分割问题。降低公务员考录门槛，有效解决了艰苦边远地区基层招人难突出问题。针对人事考试作弊、“萝卜招聘”、“绕道进人”、“吃空饷”等群众反映强烈的突出问题，开展专项整治，加大打击力度，维护社会公平正义。

（四）坚持夯实基础、改进作风。不断加强基层基础工作，加强系统作风建设，这是推动事业发展的重要保证。我们加大工作力度，不断提升信息化水平，推进基层服务平台建设，公共服务体系进一步健全，为群众提供更为方便快捷的服务。我们坚决贯彻执行中央关于改进工作作风、密切联系群众八项规定，特别是把调查研究、督导检查作为推进工作的重要手段和方法，部党组坚持每年开展两次集中调研，各地广泛开展多种形式调研督导，推动重点工作、重大改革落实落地。我们全面加强系统干部教育培训，干部队伍素质进一步提高。我们以党的群众路线教育实践活动和“三严三实”专题教育为契机，以窗口单位作风建设专项活动为抓手，推动系统行风明显转变，服务能力和水平不断提升，树立了部门为民务实良好形象。

“十二五”时期事业发展取得的成绩，离不开各级党委、政府的高度重视，离不开各有关部门单位的大力支持，也凝结着全系统广大干部职工的智慧、心血和汗水。在此，我代表部党组向各有关部门单位，向全系统干部职工表示崇高的敬意和衷心的感谢！

我们也清醒地认识到，人力资源和社会保障领域的改革和发展还面临不少困难和问题。从制度建设和事业发展看，就业创业政策体系有待进一步完善，社会保障安全网尚未完全织密扎牢，人才工作体制机制还不能很好适应发展需要，人事和工资制度改革尚需进一步推进，构建中国特色和谐劳动关系有待加强，基层基础建设仍然薄弱。从自身工作来看，宏观指导和改革推进力度还不够，各地推动发展和工作落实不平衡，政策宣传解读和舆论引导还需加强。这些都需要我们在今后的工作中认真加以改进和解决。

二、关于“十三五”时期人力资源和社会保障事业发展的形势和任务

到2020年全面建成小康社会，是我们党作出的庄严承诺。党的十八届五中全会对全面建成小康社会决胜阶段目标任务作出了全面部署，提出了新的要求。具体到人力资源和社会保障领域，就是要坚持以人民为中心的发展思想，把增进人民福祉、促进人的全面发展作为我们的根本任务，实现就业比较充分、社会保障更加健全、收入差距缩小、劳动关系和谐、就业和社保等公共服务体系更加健全的目标。这实际上就是习近平总书记提出的人民对美好生活的向往就是我们奋斗目标的具体体现。同时，加快人才队伍建设、深化人事制度改革，也是全面建成小康社会的重要支撑和保证。今后五年，系统上下必须聚焦全面建成小康社会这个根本目标，深刻认识人力资源和社会保障工作在党和国家全局中的地位和作用，深刻认识我们所肩负的重大历史责任和光荣使命。

展望“十三五”，我国发展仍处于可以大有作为的重要战略机遇期，但战略机遇期的内涵已经发生深刻变化，概括地说面对的就是一种经济发展新常态。在新常态下，人力资源和社会保障事业发展面临一系列机遇、风险和挑战。应该看到，我国经济长期向好的基本面没有改变，这将为就业、社会保障、收入分配、劳动关系等民生工作提供坚实的物质基础。加上经过多年改革发展，我们的法规制度日趋完备、政策框架更加健全、服务体系基本建立，这些都为今后的工作提供了有利条件。同时也要看到，经济领域一些深层次矛盾和问题已经不同程度地传导到社会管理和公共服务领域中来。在就业方面总量压力不减而结构性矛盾更加突出，社会保障方面公平性和可持续性受到来自老龄化加剧的严峻挑战。尤其是推进供给侧结构性改革，去产能、处置“僵尸企业”要求妥善安置下岗失业人员，降低企业成本需要深入研究最低工资标准和社保费率问题，增强企业活力亟须提高劳动力市场灵活性，产业结构调整要求进一步加大人力资本投入。落实全面从严治党要求，实现国家治理体系和治理能力现代化，也对我们加强人才队伍建设、深化人事制度改革提出了新的更高要求。我们必须准确把握人力资源和社会保障工作面临的形势，既要增强机遇意识，充分利用各种积极因素和有利条件，又要增强忧患意识，清醒认识、沉着应对困难和挑战。要坚定信心，敢于担当，按照适应新常态、把握新常态、引领新常态的要求，谋划事业发展。

“十三五”时期，推进人力资源和社会保障事业发展的总体要求是：全面贯彻党的十八大和十八届三中、四中、五中全会精神，以邓小平理论、“三个代表”重要思想、科学发展观为指导，深入贯彻习近平总书记系列重要讲话精神，按照“五位一体”总体布局和“四个全面”战略布局，牢固树立和贯彻落实创新、协调、绿色、开放、共享的发展理念，适应经济发展新常态，坚持“民生为本、人才优先”工作主线，促进就业创业，建立更加公平更可持续社会保障制度，加快人才队伍建设，深化人事制度改革，完善工资收入分配制度，构建和谐劳动关系，推进公共服务体系建设，促改革、补短板、兜底线、防风险，推动人力资源和社会保障工作整体跃升，为全面建成小康社会作出积极贡献。

完成“十三五”时期各项目标任务，要着力做好十个方面的重点工作：

（一）以充分就业为目标，更加注重解决结构性就业矛盾。就业是民生之本。实现充分就业是全面建成小康社会的内在要求。今后一个时期，就业领域最突出的特征，就是就业总量问题依然存在，结构性矛盾更为突出，并已上升为主要矛盾。从总量上看，我国劳动年龄人口虽有所减少，但供给总量仍处高位，特别是以高校毕业生为重点的青年群体规模依然庞大。从结构上看，新成长知识群体供求不匹配，一线技工和青年普工长期短缺，但大龄、低技能劳动者实现稳定就业困难。实现充分就业，必须继续深入实施就业优先战略和更加积极的就业政策，创造更多就业岗位，着力解决结构性就业矛盾。这是解决新时期就业问题的基本方略。习近平总书记明确指出，就业是永恒的主题，牵动着千家万户的生活，任何时候都要抓好，更何况我们处在现在这个发展阶段。我们要坚持把促进就业创业作为第一位的任务，在已有政策措施基础上，进一步创新完善就业创业政策体系。当前特别要做好结构调整中的失业人员再就业工作，提早介入，全程参与，通过采取稳定岗位、职业培训、就业帮扶、就业服务等综合性措施，妥善安置好分流职工。要积极防范和化解失业风险，加强就业形势分析研判，完善预警监测机制，做好应对预案。

（二）以更加公平更可持续为目标，更加注重深化社会保障制度改革。从公平性上看，当前部分人群还没有实现应保尽保，城乡统筹问题日益凸显；从可持续性上看，随着经济下行和结构调整，加上老龄化加剧，社会保险基金尤其是养老保险和医疗保险基金长期稳定运行面临挑战。历史经验告诉我们，越是经济波动的时候，越是社会保障制度建设的关键时期；越是经济结构深刻调整的时候，越要注重发挥社会保障的再分配功能。当前及今后一个时期，正是我们抓紧顶层设计、推进制度成熟定型的重要窗口期。习近平总书记明确提出，结构性改革要深化，应对人口老龄化要做好，构建公平、可持续的养老保险制度至关重要。

我们要加强养老保险改革总体设计，立足制度的长远发展，扎实推进各项重大改革，着力解决筹资能力弱化而支付需求又在扩大的尖锐矛盾，建立长效机制。要在加快医药卫生体制改革中，更加积极主动地发挥医疗保险制度改革的作用，推动医疗、医保、医药联动，在保基本、强基层的基础上，进一步完善基本医疗保险制度，深化医疗保险支付方式改革，健全稳定可持续筹资和报销比例调整机制。积极探索建立长期护理保险制度。要以人人享有为目标，实施全民参保计划，推动社会保障由制度全覆盖到人群全覆盖。当前，特别要围绕促进实体经济发展，帮助企业降低成本，适当降低社会保险费率。失业、工伤、生育保险费率已经降低，要认真落实到位。我国养老保险费率偏高是历史形成的，主要是因为承担了企业改制成本和解决历史遗留问题。对降低养老保险费率问题，我们要深入进行研究，要采取包括完善个人账户、全国统筹、投资运营等综合措施统筹考虑。

（三）以迈进人才强国行列为目标，更加注重高层次和高技能人才队伍建设。人才资源是第一资源，创新驱动实质上是人才驱动，人才战略就是强国战略。要服务创新发展，实施人才优先发展战略，推进人才发展体制机制改革和政策创新。要聚焦突出问题和补齐短板，创新人才培养、使用、引进、评价、激励保障机制，减除人才流动障碍。特别要以深化职称制度和职业资格制度改革为重点，力求在人才评价激励等方面取得突破，形成优秀人才能够脱颖而出的体制机制。要推动人才结构战略性调整，突出“高精尖缺”导向，作出体现高端人才价值的政策安排，提高技能人才的地位和待遇水平，做大做强高层次专业技术创新人才和高技能人才两支队伍，全面提升人力资本素质，为全面建成小康社会提供坚强的人才支撑和保证。在推进供给侧结构性改革中，要结合我们的职能职责，创造良好制度环境，形成对企业家、创新人才、各级干部的激励机制，注重调动其积极性、主动性、创造性。要统筹国际国内两个市场，形成具有国际竞争力的人才制度优势，聚天下英才而用之。

（四）以全面提高劳动者素质为目标，更加注重提高人力资本质量、改善人力资本结构。劳动者的素质，直接关乎劳动生产率、产业结构调整和供给侧结构性改革，而对劳动者本人而言，直接关乎就业的质量和收入。因此，提高劳动者素质十分重要且紧迫。而提高劳动者素质的重要途径就是加强职业培训。要把职业培训摆在更加突出的位置，力争有一个大的发展、质的提升。要推行终身职业技能培训制度，建立覆盖城乡全体劳动者、贯穿劳动者学习工作终身、适应劳动者需求的职业培训制度。实施新生代农民工职业技能提升计划，开展贫困家庭子女、未升学初高中毕业生、农民工、失业人员和转岗职工、退役军人免费接受职业培训行动。促进技工院校改革发展，更好发挥企业主体作用，推行工学结合、校企合作的技术工人培养模式，推行企业新型学徒制，切实提高职业培训的针对性和有效性。同时，要在开展新成长劳动力就业前培训的基础上，大力加强失业人员再就业培训，提高就业能力和职业转换能力，促进再就业，使劳动者更好适应变化了的市场环境。

（五）以缩小工资收入差距为目标，更加注重健全分配机制。当前，基层工作人员收入不高，一线企业职工收入偏低，缺乏有效的激励机制。不同行业、不同地区、不同群体之间的工资差距不合理现象比较突出。要推进工资制度改革，统筹平衡好各方面群体的利益关系。要健全工资水平决定、正常增长和支付保障机制，切实发挥薪酬分配的激励导向作用，规范企业工资分配的制度环境，完善适应机关事业单位特点的工资制度。要在企业劳动生产率提高和财政收入提高的基础上，稳步提高一线企业职工、基层机关事业单位工作人员工资水平，调控一些行业企业以非市场因素获取的过高收入。

（六）以提高人事管理科学化水平为目标，更加注重深化人事制度改革。深化干部人事制度改革，是全面从严治党的内在要求，关系到国家治理体系和治理能力的现代化。要进一步推动公务员管理改革创新，深化分类改革，全面实施职务与职级并行制度，健全聘任制政策体系，推进招录培养制度改革，加强能力和作风建设，打造一支忠诚干净担当的公务员队伍。要深化事业单位人事制度改革，深入研究突出矛盾和问题，努力形成符合事业单位特点、规范有序、充满活力的人事管理制度。中央决定裁减军队员额 30 万，这是推进我国军队和国防现代化建设的重大举措。我们务必按照中央统一部署，立足职能职责，推进军转安置制度改革等相关工作，全力落实裁军期间的转业干部安置任务。

（七）以建立和谐劳动关系为目标，更加注重维护职工和企业合法权益。今后一个时期，劳动关系进入矛盾凸显期和多发期，健全劳动关系协调体制机制任务更加繁重。当前形势下，随着经济下行和结构性改革力度加大，欠薪、欠保、规模裁员、经济补偿金等引发的劳动关系矛盾纠纷呈上升趋势，集体停工等群体性事件可能增多，特别是去产能、处置“僵尸企业”，会有大量企业职工安置问题。我们要高度重视劳动关系风险防控工作，加强分析研判，建立防控预案，做好政策储备，采取针对性措施，做好职工安置工作。要特别重视依法规范劳动关系处理，发挥劳动监察和调解仲裁在职工分流安置及维护社会稳定中的作用。要创新劳动监察执法方式，主动作为，及时发现和纠正违法行为，加大对突出违法问题的整治力度。要坚持预防为主、基层为主、调解为主，健全社会矛盾纠纷预防化解机制，促进调解、仲裁和诉讼的有机衔接，大力加强专业性劳动争议调解工作，发挥协商调解在争议处理中的基础性作用，将多数争议案件终结在调解仲裁阶段，把问题化解在萌芽状态。要引导职工合理设定预期，依法理性维权。我们务必要坚决守住底线、守好阵地，努力建立规范有序、公正合理、互利共赢、和谐稳定的中国特色劳动关系。

（八）以有序推进农民工市民化为目标，更加注重做好为农民工服务工作。农民工是我国产业工人的主体，为我国经济社会发展作出了巨大贡献。保障农民工权益，推进农民工市民化，是推进新型城镇化的核心任务。农民工市民化，将大幅减少周期性返乡，稳定劳动力市场，增加非农产业劳动力供给。同时，也会进一步提高资源配置效率，扩大内需，有利于形成新的经济增长点。我们作为为农民工服务的综合协调部门，要充分发挥作用，把促进有能力在城镇稳定就业和生活的常住人口有序实现市民化作为首要任务，协调推动农民工在城镇落户，平等享受市民待遇。对不能在城镇落户的农民工，也要加大力度，推动他们逐步同等享受子女教育、住房保障、医疗卫生、劳动就业等城镇基本公共服务，促进他们更好融入城镇。农村贫困人口脱贫，是全面建成小康社会一个最突出的短板。实施脱贫攻坚工程，在我们领域最重要的就是促进贫困地区农业劳动力转移就业。要高度重视转移就业工作，通过加强职业培训、就业服务和劳务对接等，加大贫困地区劳务输出工作力度，支持返乡农民工创业和引导就近就地就业。

（九）以法治人社为目标，更加注重推动依法行政。要把依法行政作为我们履职的基本理念，运用法治思维和法治方式推进改革发展，做到法定职责必须为、法无授权不可为。要加强立法，坚持立改废释并举，着力解决法律空缺和不配套、不协调等问题，适时将实践证明行之有效的经验做法及时上升为政策法规，推进制度更加成熟定型，实现各项行政活动全面纳入法制化轨道。要深入推进执法体制改革，充分发挥劳动保障监察综合执法职能作用，坚持严格规范公正文明执法，加大执法力度，提高执法效率和规范化水平。要深化行政审批制度改革，建立权力清单和责任清单，保证权力规范运行、高效透明，有效防控廉政风险。

（十）以为群众提供更加方便快捷、优质高效的公共服务为目标，更加注重加强基层基础建设。公共服务能力滞后于群众需求是我们领域的一大短板。要以健全就业、社保等公共服务体系为重点，扎实推进基本公共服务均等化。要加强公共服务有效供给，解决公共服务领域城乡发展不平衡、服务场所分散、设施设备落后、服务流程不规范等突出问题。大力加强信息化建设，扎实推进金保工程二期，推动“互联网+”与各项工作的结合，推进业务协同、跨地区衔接的信息化管理服务体系。要进一步转变职能，该放尽放，加强事中事后监管，创新公共服务方式，持续推进简政放权、放管结合、优化服务。要进一步加强基层队伍建设，推进窗口单位作风建设常态化、机制化，解决群众办事难的问题。通过持续加强公共服务能力建设，提高公共服务效率和质量，增强人民群众的获得感。

实现上述目标，任务艰巨而繁重。一系列重点工作需要攻坚，一系列重大改革急需突破，一系列难点问题亟待破解，一系列风险挑战必须应对。我们务必要牢固树立并贯彻落实创新、协调、绿色、开放、共享的发展理念，结合人力资源和社会保障工作实际，针对当前阶段性特征，努力把握事业发展内在规律，以敢于涉险滩、敢于啃硬骨头的精神，以“三严三实”的作风推动改革的深入和事业发展。在实际工作中尤其要注重把握好以下五个关键词：

一是改革创新。改革创新是推进事业发展最根本的动力。中央把改革创新摆在国家发展全局的核心位置，这是针对我国发展中的突出矛盾和问题提出来的，对我们的工作同样具有很强的针对性。无论立足职能职责服务创新驱动发展，还是解决自身体制机制中的重点难点问题，都需要改革创新。全面建成小康社会决胜阶段，正是全面深化改革的攻坚时期。我们必须始终把改革创新摆在更加突出的位置，不断增强改革创新意识，打破思维定式，提高方案质量，推动落地见效，以改革创新统领各项工作，以改革创新助推全面建成小康社会各项目标任务的实现。

二是公平正义。公平正义是社会和谐的基本条件，也是共享发展的重要基础。我们领域就业、社会保障、收入分配、人事考试、公务员考录、事业单位招聘等许多工作都直接关乎公平正义。不论是在制度安排上，还是在工作推进上，我们都必须牢牢把握公平正义这一尺度。要注重机会公平，保障基本民生，以制度的公平来保障群众的权利公平，以政策的有效落实来保证群众权利的实现，努力维护和平衡好各类群体的权益，推动实现人人参与、人人尽力、人人享有。

三是可持续。可持续是制度稳健运行的根本要求，也是稳定群众预期的重要前提。我们的政策尤其是社会保障政策，必须从基本国情出发，立足当前、着眼长远，尽力而为、量力而行，使各项民生工作与经济社会发展相适应。特别是在经济下行压力加大、财政收入放缓的情况下，我们既要让城乡居民更多更公平地共享改革发展成果，又不能脱离财力作难以兑现的过高承诺，必须引导形成符合经济社会发展实际的合理预期。要综合施策，通过建立长效机制，推动基本制度可靠运行、事业永续发展。

四是统筹协调。统筹协调是事业发展的内在要求，也是有效推进工作的基本方法。我们的工作头绪多、领域宽、战线长，涉及的群体利益关系协调难度大、要求高，加之区域发展不平衡，各地工作面临着不同的情况和特点，必须加强统筹协调。要统筹谋划工作的方方面面，统筹兼顾不同群体的利益关切，充分考虑地区发展差异，在纵向上瞻前顾后，在横向上兼顾左右，促进政策间的衔接平衡，增强工作的系统性、整体性和协同性，推动事业更协调更全面地发展。

五是坚守底线。坚守底线是保障和改善民生的重大原则，体现了社会政策要托底的基本要求。作为重要的民生部门，必须牢牢守住保障群众基本权益这一底线。要下大力气补短板、兜底线，多一些雪中送炭，想方设法解决困难群体的就业问题，努力减轻群众大病就医负担，有效化解企业兼并重组中的劳动关系矛盾等问题。要把防控风险放在重要位置，特别是在经济下行压力、结构调整阵痛和动力转换衔接过程中，一些矛盾和风险也可能在民生领域集中显现，必须加强分析研判，提高应对能力，未雨绸缪，保障劳动关系领域不发生大规模集体停工等群体性事件，切实守住不发生系统性区域性风险的底线。

三、关于2016年工作任务

2016年是全面建成小康社会决胜阶段的开局之年，也是推进结构性改革的攻坚之年。做好2016年工作，开好局、起好步，对于完成全面建成小康社会目标任务具有十分重要的意义。中央经济工作会议对2016年工作作了全面部署，明确提出一系列重点改革和重要任务，我们要围绕中心、服务大局，坚持稳中求进工作总基调，切实把涉及我们领域的各项工作任务落实好，实现“十三五”时期人力资源和社会保障事业发展“开门红”。

（一）扎实做好就业托底工作。2016年就业的目标是城镇新增就业1 000万人以上、城镇登记失业率控制在4.5%以内。在经济下行压力进一步加大、形势更为复杂的情况下，落实这些目标，难度大、任务重。我们要坚持把促进就业作为事关全局第一位的工作，全力以赴、扎实推进，确保就业局势稳定。一要落实和完善就业创业政策。要加强政策解读，完善配套措施，加大调度力度，强化督促问责，推动一系列促进就业创业政策落地见效，将政策用好用足。要针对形势变化，积极探索实践，进一步丰富和完善促进就业创业的政策措施。二要积极化解结构性失业矛盾。密切关注就业形势变化，加强分析研判和政策储备，围绕去产能、处置“僵尸企业”这一重点任务，指导企业多渠道、多方式，规范、有序、有效地统筹做好人员安置工作，保持劳动关系和谐稳定。要制定应对规模性失业风险预案，采取稳定就业岗位、及时提供失业保险、开展职业培训等针对性措施，推进失业人员再就业。各地要会同有关部门，采取盘活存量土地等办法，积极筹措资金，做好资金测算，制定职工安置方案。同时，要深入研究如何更好发挥就业专项资金、失业保险基金在安置职工中的作用。尤其是一些传统重化工业占比大、能源资源依存度高的地区，要主动作为，积极应对，切实把工作做细做实做到位。三要重点抓好高校毕业生就业工作。2016年高校毕业生将达到765万人，任务更重。要深入实施高校毕业生就业促进计划和创业引领计划，引导和鼓励高校毕业生到基层工作，扎实开展技能就业和就业服务专项活动，做好实名制就业服务等工作，促进高校毕业生多渠道就业创业。同时，推动农民工返乡创业，加强对灵活就业、新就业形态的扶持，托底帮扶就业困难人员，特别是对残疾人和零就业家庭要重点帮扶。四要促进创业带动就业。要加强部门协调，优化政策环境，强化创业培训，搭建服务平台，提升服务能力，提高创业成功率，以创业带动更多的就业。

（二）织密扎牢社会保障安全网。2016年社会保障的关键词就是改革，这也是2016年推进结构性改革中具有重大牵引作用的四大改革之一。要通过关键环节改革突破，进一步筑牢社会保障安全网。一方面，要推出养老保险制度总体改革方案等重大改革举措。在总体改革方案基础上，制定出台职工基础养老金全国统筹方案、完善职工养老保险个人账户政策、遗属待遇和病残津贴政策等重大改革举措。要加强政策解读，做好实施前的各项准备工作。另一方面，要继续扎实推进已出台重点改革举措落实落地。要全面推动机关事业单位养老保险制度改革实施，抓紧出台相关配套政策，加快工作进度，确保稳健运行。要抓紧制定基本养老保险基金投资管理配套措施和具体办法，稳步推进基金投资运营。2016年还要继续提高退休人员基本养老金待遇水平，机关事业单位退休人员和企业退休人员同步调整，各地要严格按照统一部署，加强测算，制定实施方案，做好组织实施，确保及时足额发放到位，把好事办好。要实现大病保险全覆盖，适当提高人均筹资水平和支付比例，加强与医疗救助等制度衔接，有效减轻大病患者就医负担。城乡居民基本医疗保险财政补助标准将进一步提高，各地要做好相关组织实施工作。城乡居民基本医保制度整合，中央已经作出专门部署，各地要积极作为，主动协调推进。要全面推进医保支付方式改革，加快推进基本医疗保险异地就医结算，研究医疗保险和生育保险合并实施的办法，着手研究探索长期护理保险制度。要深入推进全民参保计划，将更多的人纳入社会保障。

（三）继续加强人才队伍建设。一是加强人才制度建设。重点是完善人才评价机制，制定分类推进人才评价机制改革的指导意见，制定深化职称制度改革的意见，全面推进中小学教师职称制度改革，研究建立职业资格目录清单管理制度。加强人才激励机制建设，制定提高技术工人待遇等措施，推广技能等级同大城市落户挂钩的做法。完善人才培养措施，修订博士后管理规定，研究深化技工院校校企合作的措施，推行企业新型学徒制试点。二是实施重大人才工程。重点做好专业技术人才知识更新工程和高技能人才振兴计划、新生代农民工职业技能提升计划、政府特殊津贴专家等实施工作，开展高技能人才表彰活动。三是加大引进海外人才和国外智力工作力度。加快引进“高精尖缺”人才，完善外国专家管理及留学人员回国服务体系。

（四）深化人事制度改革。一是重点做好公务员制度相关改革。建立职务与职级并行制度是畅通公务员职业发展通道的重要激励措施，在县以下机关实施已取得良好效果，在此基础上，2016年将在地市以上机关开展试点，要尽早提出试点意见，做好与相关政策的衔接配套。要开展公务员分类改革，出台行政执法类、专业技术类公务员管理规定，并做好实施工作，按照“成熟一个、纳入一个”的原则，稳慎推进。要积极开展聘任制试点，配合做好人民警察相关制度改革。统筹做好公开遴选、考录、考核、培训监督和表彰奖励等工作。二是继续加强事业单位人事管理。进一步完善配套政策体系，制定事业单位管理岗位职员等级晋升的实施意见、高校和公立医院编制管理改革后的人事管理创新办法，研究制定鼓励事业单位专业技术人员创新创业的意见，研究编外用人问题政策思路，提高事业单位人事管理的科学化规范化水平。三是妥善做好军转安置工作。2016年是军队裁减员额30万的第一年，安置任务十分繁重，要认真研究制定政策措施，确保平稳有序完成任务。要拓宽军转干部安置渠道，完善军转干部自主择业政策。

（五）稳慎推进工资收入分配制度改革。一是完善机关事业单位收入分配制度。调整机关事业单位基本工资标准，完善人民警察工资待遇政策，研究实施地区附加津贴制度和完善公务员奖金制度的意见，健全机关事业单位工资正常调整机制。开展完善公立医院薪酬制度试点，组织实施中央事业单位绩效工资工作。二是做好企业工资分配工作。重点是深入推进国有企业负责人薪酬制度改革。这项改革既涉及中央企业、部门企业，还有省和省以下企业，要进一步加强督促检查，切实推动落实。要健全企业职工工资正常增长机制，研究制定改革国有企业工资决定机制的意见，建立企业薪酬调查和信息发布制度，完善工资支付保障政策。

（六）积极构建和谐劳动关系。一是解决劳动关系领域突出矛盾。要积极开展经常性矛盾纠纷排查，及时发现，有效应对。要妥善处理劳动关系问题，将矛盾化解在萌芽状态。二是推进劳动关系协调机制建设。完善劳动标准，推动出台特殊工时管理规定。健全协调劳动关系三方机制，推进实施集体合同制度攻坚计划，深入开展和谐劳动关系创建活动。三是加大调解仲裁和劳动保障监察力度。推进专业性争议调解工作，进一步提高仲裁院建院率，完善争议仲裁制度，加强集体劳动争议处理。推进劳动监察执法体制改革，加大违法失信行为惩戒力度。加强统筹协调，做好为农民工服务工作。当前尤其要高度重视解决拖欠农民工工资问题。各地务必高度重视，既要治标，更要治本。要按照统一部署，认真开展专项整治行动，加大查处力度，加强协同配合，严厉打击恶意欠薪犯罪行为，切实保障农民工工资及时足额支付。

同时，抓紧开展人力资源和社会保障事业发展“十三五”规划纲要编制工作，着手制定就业、社会保障等国家重点专项规划。各地也要认真编制本地区事业发展规划，努力将重要指标和项目列入当地经济社会发展总体规划。要加强基层平台和信息化建设，加大社会保障卡发放力度，进一步提升基层工作人员素质，努力提高服务群众的能力和水平。

四、关于2016年工作的几点要求

2016年工作的目标已经明确，任务十分艰巨，各级人力资源社会保障部门要振奋精神，凝聚共识，勇于创新，积极进取，确保完成各项目标任务。

（一）统一思想，坚定信心。思想是行动的先导，认识是前进的指南。当前和今后一个时期最重要的任务，就是不断深化对五中全会精神和中央经济工作会议精神的学习领会，重点是学深悟透习近平总书记系列重要讲话精神，在思想上行动上自觉与中央保持高度一致。面对新常态，要切实转变观念，用新的发展理念武装头脑，引领行动，正确看待当前面临的矛盾和困难，有坚如磐石的信心，有乱云飞渡仍从容的战略定力，有决战必胜的精神和勇气，锲而不舍地推动发展，坚韧不拔地推进改革创新，使人力资源和社会保障事业迈上新台阶。

（二）履职担当，主动作为。面对艰巨复杂的改革发展任务，必须提高我们系统同志的履职能力，做到主动作为、善于作为。要进一步开阔视野，善于从宏观上审视把握、微观上创新落实。要更好地吃透“两头”，在结合上做文章，既要注重学习，吃透中央精神，不断提高战略思维、辩证思维、创新思维和底线思维能力，又要注重调查研究，摸清基层实情，努力提升发现问题、研究问题、解决问题的能力。要更加注重在实践中锻炼干部，给干部以充分的谋事干事平台，以任务带干部，以实践促能力提升。要增强干事创业的责任感和使命感，把工作当事业去追求，更加主动作为，始终保持一种奋发有为、积极向上的精神状态，敢于直面矛盾和问题，增强工作的主动性和预见性。

（三）突出重点，狠抓落实。全面完成各项目标任务，关键在于抓落实。要坚持目标导向，健全责任制，按照任务要求制定时间表和路线图，倒计时安排工作，确保每项工作都有人去管、去盯、去做。要加强督促检查，抓住关键时点和重要环节问责问效，对执行不力、落实不到位的，抓住典型追究责任，不护短、不遮丑。要突出重点，全力以赴落实重点目标任务，统筹推进各项工作任务完成。各地要积极探索，在大的制度框架内，紧密结合地方实际，大胆创新实践，创造更多可复制可推广的新鲜经验。要加强政策宣传解读和舆论引导，推进政务公开，为重大改革和重点工作营造良好社会氛围。

（四）从严治党，改进作风。落实从严治党责任，把握正确政治方向，是完成目标任务的政治保证。要坚决落实中央全面从严治党要求，建立健全党建工作责任制，真正把管党治党责任落到实处。要强化党的观念、严明党的纪律，学习贯彻好廉洁自律准则和纪律处分条例，把纪律和规矩挺在前面。要巩固和深化“三严三实”专题教育成果，把“三严三实”要求体现到履职尽责、做人做事的方方面面。要切实加强党风廉政建设和反腐败工作，严格落实主体责任和监督责任。各级领导干部要认真履行“一岗双责”，既要抓好业务工作，又要带好队伍。对党员干部要严格教育、管理和监督。要持之以恒抓好系统作风建设，维护人力资源社会保障部门为民务实清廉的良好形象。

加强服务　规范管理
开创农民工工作和发展家庭服务业工作新格局

——在全国农民工工作暨家庭服务业工作办公室主任座谈会上的讲话

杨志明

（2015 年 4 月 1 日）

这次会议的主要任务是，深入贯彻党的十八大和十八届三中、四中全会精神和《国务院关于进一步做好为农民工服务工作的意见》（国发［2014］40 号，以下简称国发 40 号文件），落实国务院农民工工作领导小组第三次全体会议和发展家庭服务业促进就业部际联席会议第七次全体会议工作部署，总结 2014 年工作，分析当前形势，部署 2015 年重点工作。

一、2014 年农民工工作和家庭服务业工作取得显著成效

（一）农民工就业规模持续扩大。公共就业服务平台建设取得重大进展，全国招聘信息服务网已覆盖 29 个省、154 个地区的 196 家公共就业服务机构，为农民工提供免费的就业信息和政策咨询。各地组织开展以农民工为主要服务对象的“春风行动”，实现农村劳动者转移就业 1 376 万人。2014 年全国农民工总量 2.74 亿人，比上年增加 501 万人，增长 1.9%；其中外出农民工 1.68 亿人，比上年增加 211 万人，增长 1.3%。

（二）实施农民工职业技能提升计划取得明显成效。国务院农民工办会同人社、科技、教育、住建、农业、扶贫、工青妇等部门（单位）编制了 2014 年农民工职业技能培训综合计划，2014 年全国共培训农民工 2 293 万人次；其中人社部门组织实施的“春潮行动”培训农民工 1 069 万人次。山东省实施农民工职业技能提升 3 年行动计划，统一培训规划、统筹培训资金；广东省打破省内外、城乡户籍限制，实行均等化的职业培训补贴制度。

（三）农民工劳动权益得到进一步保障。各地积极开展小微企业劳动合同签订专项行动和农民工劳动合同签订“春暖行动”，进一步提高农民工劳动合同签订率。19 个省份调整了最低工资标准，促进了农民工工资水平稳步提高，全国外出农民工月平均收入 2 864 元，比上年增加 255 元，增长 9.8%。全国清理拖欠农民工工资力度进一步加强，2014 年向公安机关移交以拖欠农民工工资为主的涉嫌拒不支付劳动报酬犯罪案件 3 551 件。2014 年全国开展日常检查和专项检查共为 335.9 万农民工补发被拖欠工资及赔偿金 265.4 亿元。2014 年，被拖欠工资的农民工所占比重为 0.8%，比 2013 年下降 0.2 个百分点。

（四）农民工参加社会保险覆盖面持续扩大。2014年年底，农民工参加城镇职工基本养老保险5 472万人、医疗保险5 229万人、工伤保险7 362万人、失业保险4 071万人，比2013年年末分别增长11.8%、4.2%、1.3%、8.9%。2014年全国为农民工办理基本养老保险关系跨省转移接续46.9万人次。福建等27个省份建立省内异地就医结算系统。出台《关于进一步做好建筑业工伤保险工作的意见》，对不能按用人单位参保的建筑业农民工可以按项目参保。江苏等10个省份统一了城镇职工和农民工参加失业保险政策。

（五）子女教育、住房保障、医疗卫生等重点领域的农民工公共服务有新提升。2014年中央财政安排农民工随迁子女接受义务教育奖励资金99.6亿元，农民工随迁子女在公办学校就学比例达到80%以上。28个省份的5.6万名符合条件的随迁子女在流入地参加高考。将农民工及其随迁子女纳入基本公共卫生计生服务范围。浙江省组织实施“建设外来务工人员宿舍计划”，四川省开展“进城农民工住房保障专项行动”，努力拓宽农民工住房保障渠道。河北、江苏等地开展示范性农民工综合服务中心创建活动，山东省建立了42个农民工综合服务中心和灵活务工市场，受到农民工的广泛好评。

（六）推进农民工在城镇落户取得新进展。各地认真贯彻落实《国务院关于进一步推进户籍制度改革的意见》，江西、河南等13个省区出台了实施意见。四川省除成都市以外，全面放开大中城市的落户限制；江西省凡办理居住证满两年并按规定参加城镇社会保险的人员，即可申请在南昌市落户。2014年，陕西110.8万农业转移人口进城落户。各地进一步完善居住证制度，推动农民工及其家属持居住证享受规定的城镇基本公共服务。

（七）促进农民工社会融合取得新成效。各地将农民工文化建设纳入常住地公共文化服务体系，吉林、山西等地举办农民工文艺活动，湖北省开展“全民阅读进工地”活动。重庆等地大力开展新市民培训。广东、北京等地资助农民工上大学。

（八）家庭服务业规范化职业化建设全面推开。各地积极推进“两化”建设，北京市组织开展家政服务星级门店等级评定，查处取缔“黑职介”、“黑家政”47户；广东省工商行政管理系统推行实施经营异常名录及“黑名单”公示制度；福州市探索通过扫描上岗证的二维码，逐步建立完善家政人员的诚信系统。人社部修订发布《家政服务员国家职业技能标准》，将家庭服务培训纳入农民工职业技能提升计划——“春潮行动”，河北省开展省级示范性家政服务员培训输出基地建设，建立华北家政服务市场。

（九）中心城市家庭服务体系建设和“千户百强”家庭服务企业（单位）创建活动取得新进展。各地进一步完善工作机制，加强政策扶持，扩大家庭服务网点站点，提升家庭服务供给能力。包头市每年安排2 000万元专项用于发展家庭服务业，青岛市建立4个家庭服务就业创业广场，安排1 500万元用于相关岗位补贴和社会保险补贴。各地深入开展“千户百强”家庭服务企业（单位）创建活动，提升家庭服务企业经营水平。家庭服务企业进一步壮大，湖北木兰花家政公司在全国中小企业股份转让系统挂牌融资，互联网企业“58同城”投资3亿美元成立“58到家”家政服务公司。

（十）发展家庭服务业基础工作得到加强。联席会议办公室会同成员单位大力推广“中国家庭服务”标识，各地普遍组织开展户外广告宣传。全国总工会、共青团中央、全国妇联推动各地开展家庭服务业职业大赛，录制家政服务节目在电视媒体上播出。人社部组织开展“十三五”家庭服务业发展、家政服务劳动用工政策等重大课题研究，部统计调查中心研究开展家庭服务业统计调查，部出版集团创办了《家庭服务》杂志。

在看到成绩的同时，也要看到存在的问题：一是农民工接受职业技能培训的总量偏低、质量有待提高，相关扶持措施有待加强。

二是维护农民工权益仍面临“三低两多”的突出问题。小微企业农民工劳动合同签订率、工资收入水平、社会保险参保率偏低，在一些高危行业和污染企业，农民工职业病和工伤事故较多。三是拖欠农民工工资问题有所反弹，欠薪问题多数发生在工程建设领域和困难企业。四是农民工的子女教育、改善住房、医疗卫生、文化生活等公共服务方面的突出问题需进一步解决。五是家庭服务业产业规模偏小、服务质量偏低与社会需求多样化、群众期盼高的矛盾比较突出，促进家庭服务业发展的政策落实不够到位、支持家庭服务业发展的措施不够多等问题需要引起高度重视。

二、农民工工作和家庭服务业工作面临新形势、新要求

以习近平同志为总书记的党中央提出“四个全面”的战略布局是我们党治国理政的总方略，也是我国各项事业改革发展的基本遵循，更是进一步做好为农民工服务工作和家庭服务业工作的指南。

（一）“四个全面”对农民工工作和家庭服务业工作提出了新的要求。全面建成小康社会要求改善民生，实现“学有所教、劳有所得、病有所医、老有所养、住有所居”，都与农民工工作息息相关，农民工既是建设小康社会的最大受益群体，也是建设小康社会的最大奋斗群体。全面深化改革要求坚持问题导向，用改革的办法来解决好农民工和家庭服务业面临的突出矛盾和问题。国发40号文件对农民工随迁子女教育、住房保障、建立农民工市民化成本分担机制等方面的改革任务进行了全面部署。在发展家庭服务业方面，实施中央确定的养老家政等六大消费工程，需要探索通过政府购买服务、公建民营、民办公助等多种形式，引导社会力量提供多样化、多层次家庭服务，扩大居民消费。全面依法治国要求用法治的思维和法治的方式，切实把农民工工作和家庭服务业工作全面纳入国家有关法律、法规和规章的法治化轨道，维护农民工的合法权益。全面从严治党要求在农民工工作和家庭服务业工作系统内，加强党员干部队伍建设，深入推进党风廉政建设，以优良的作风保障农民工工作和家庭服务业工作不断有新发展。

（二）新常态下农民工工作和家庭服务业工作面临新挑战新机遇。目前，我国经济发展进入新常态，增速下降，结构调整，创新驱动，有些过剩的行业要收缩，有些竞争力差的企业要退出，有些吸纳农民工就业多的新业态将会产生，这将直接对农民工就业规模、行业分布、工资收入、技能提升、社会保险等方面产生重要影响。一是经济增速放缓给农民工就业总量增长带来影响，但就业招工“两难”尤其是招工难的结构性矛盾将成为常态。二是农民工工资收入增长放缓，由以往的大幅增长向随着劳动生产率的提高进入稳步增长。三是产业结构的优化升级呼唤农民工技能提升。新常态是经济转型升级加速期，也是农民工技能提升的新机遇。四是经济增速放缓，困难企业特别是部分中小企业经营困难，对农民工社保扩面和基金征缴带来影响。五是电子商务等新的业态和家庭服务业逆势上扬，家庭服务业面临前所未有的新机遇。

三、扎实做好2015年农民工工作和家庭服务业工作

（一）抓紧制定出台国发40号文件配套政策措施和实施意见。请领导小组各成员单位抓紧出台配套政策措施，也便于地方研究制定紧密衔接、相互协调的实施意见；各地要结合本地实际，对国发40号文件的各项政策进行细化，对专项行动提出具体可操作的实施方案。

（二）进一步加强农民工职业技能培训和促进就业创业工作。实施好2015年农民工职业技能培训综合计划，完成农民工就业技能培训1 000万人次，岗位技能提升培训1 000万人次，高技能人才培训100万人次的目标任务。加快发展农村新成长劳动力职业教育，落实中等职业教育农村学生免学费政策和资助政策。要完善和落实促进农民工就业创业的政策措施。

（三）切实维护农民工劳动保障权益。研究完善全面治理拖欠农民工工资问题的政策措施，加大对拒不支付劳动报酬罪惩戒力度。将保障农民工工资支付工作纳入对地方政府绩效考核指标。贯彻落实《中共中央 国务院关于构建和谐劳动关系的意见》。推动小微企业依法与农民工签订劳动合同。进一步完善快速处理农民工劳动争议长效机制，加强劳动保障监察执法工作。

（四）努力扩大农民工参加城镇职工社会保险覆盖面。依法将与用人单位建立稳定劳动关系的农民工纳入城镇职工基本养老保险和基本医疗保险。落实《关于进一步做好建筑业工伤保险工作的意见》，组织实施以建筑企业为重点的高风险企业参加工伤保险专项扩面行动。推动农民工与城镇职工平等参加失业保险、生育保险并平等享受待遇。

（五）逐步推动农民工平等享受城镇基本公共服务。贯彻落实《国务院关于进一步推进户籍制度改革的意见》，制定和落实《居住证管理办法》，推动农民工持居住证享受规定的基本公共服务。保障农民工随迁子女平等接受义务教育权利，进一步完善和落实农民工随迁子女接受义务教育后在输入地参加中高考的政策。加强农民工医疗卫生和计划生育服务工作，全面实施国家免疫规划。采取公共租赁住房、租赁补贴等方式，多渠道改善农民工居住条件。

（六）促进农民工社会融合。加大“两看一上”工程实施力度，开展“共圆中国梦”农民工主题摄影大赛等示范性农民工文化活动。加强对农民工的人文关怀，开展“人文关怀进企业、进一线”活动，加强新市民培训。组织开展第二届全国优秀农民工和农民工工作先进集体评选表彰工作，加强农民工工作宣传，努力营造为农民工服务的社会氛围，促进农民工融入城市社会生活。

（七）夯实农民工工作基础。加强农民工中的党、团组织建设，依法保障农民工享有民主政治权利。多渠道推进农民工较为集中的地、市、县及所辖街道、社区基本建立农民工综合服务平台，为农民工提供便捷、高效、优质的服务。积极推动各地把为农民工服务工作纳入当地经济社会发展总体规划和政府目标考核内容，探索开展农民工工作绩效考核评估。组织开展好第九次全国农民工工作督察。

（八）大力开展家庭服务业规范化职业化建设。各地要认真贯彻《关于开展家庭服务业规范化职业化建设的通知》，及时制定“两化”建设的实施办法，规范家庭服务企业的经营行为，引导企业、从业人员增强诚信意识。发挥好行业协会的作用，强化行业自律管理。要加大培训工作力度，把家庭服务从业人员培训纳入职业技能培训规划，作为农民工职业技能提升计划的一个重点。积极支持妇联、民政等部门（单位）实施巾帼家政服务、养老护理员、病患陪护员等专项培训工程。要加强家庭服务职业培训基地建设，部里2015年开始将指导和支持一批全国家庭服务职业培训示范基地。

（九）进一步扶持“千户百强”家庭服务企业做大做强。各地区要加大政策扶持和引导，通过创建活动扶持百强家庭服务龙头企业做大做强、千户家庭服务企业做精做专。要加强品牌建设，“千户百强”企业要率先创出知名品牌。72个家庭服务体系建设工作联系点城市及其他工作基础较好的地区，要率先培育扶持一批市场开拓能力强、辐射带动作用大、管理服务水平高的企业群体，为其他地区作出示范。要加强家庭服务产品品牌化和标准化建设。

（十）加强中心城市家庭服务体系建设。各地要努力创造条件，积极构建家庭服务体系。要大力推动城市社区家庭服务站点建设，将家庭服务延伸到城市的各个角落，服务到需要的群众家庭。建立家庭服务从业人员输出地输入地对接机制，努力缓解家庭服务供给不足压力。

四、全力做好全国优秀农民工和农民工工作先进集体评选表彰工作

国务院农民工工作领导小组领导研究决

定，2015年将组织开展第二届全国优秀农民工和农民工工作先进集体评选表彰工作。这是对广大农民工作出重大贡献的充分肯定，是贯彻落实国发40号文件精神、推动农民工工作深入发展的重大举措。各地区、各成员单位要把这项工作摆到重要位置，作为一项重大的政治任务，集中精力组织开展好评选表彰活动。要制定好评选表彰方案，抓好评选表彰工作的关键环节，加强领导，明确责任；自下而上，严格审核；明确时限，按时报送；广泛宣传，努力营造全社会关心、关爱和尊重农民工的和谐氛围。

深入推进依法行政　加快法治人社建设

——在全国人社系统法治人社建设工作座谈会上的讲话

杨志明

（2015年4月15日）

这次会议的主要任务是，深入贯彻党的十八届三中、四中全会精神，按照全国人力资源社会保障工作会议的部署，总结近年来全国法治人社工作情况，交流经验，分析形势，部署下一步深入推进人社系统加快法治人社建设的工作任务。

一、近年来法治人社工作取得新成效

近年来，全国各级人社部门在人社立法、行政执法、行政监督、人社普法、强化法治人社建设方面取得了明显成效。

（一）人社法律法规体系建设取得新突破。全国人大常委会修订了劳动合同法；国务院出台了《事业单位人事管理条例》，填补了事业单位人事管理无法可依的空白。部里制定了《社会保险费申报缴纳管理规定》、《劳务派遣暂行规定》、《公务员公开遴选办法》、《事业单位工作人员申诉规定》等一系列配套规章和规范性文件。各地也在人力资源市场、农民工权益保障、失业保险、医疗保险、工伤保险等领域制定和修订了一批地方性法规和政府规章，为具体贯彻落实国家法律法规做出了积极努力。

（二）依法履行职责取得新成效。一是积极清理行政审批事项。各级人社部门认真贯彻落实国务院关于行政审批制度改革的要求，积极推进人社部门职能转变，下放或取消了一大批行政审批事项。二是积极推进建立权力清单。按照国务院的要求，各级人社部门全面梳理了行政权力事项，研究建立权力清单制度，着力管住权力“任性”，切实做到行使人社行政权力公开透明。三是积极完善依法行政决策机制。各级人社部门建立健全了立法和重大行政决策机制，普遍制定了规范性文件管理办法；一些地区探索建立了法律顾问制度，发挥法律顾问在制定重大政策和行政决策中提供法律意见的积极作用。四是积极规范公正文明执法。各地认真履行法定职责，建章立制，制定一系列行政管理规章制度和行政程序规定，对行政许可、行政确认、行政征收、行政检查、行政处罚、行政强制等具体行政行为进行规范，力争做到符合法定权限、法定程序和法定期限。五是积极开展基层依法为民服务。各地在从严规范行政执法的同时，充分发挥基层服务平台的作用，注重依法规范各项人社服务行为，执法水平和服务质量都得到了明显提高。

（三）加强行政监督取得新进展。各地认真开展行政复议和应诉工作，加强对行政行为

的行政监督。一些地区制定了行政复议和行政应诉案件办理规程；一些地区创新复议工作方式方法，引入实地调查取证、召开质证会和听证会等形式；一些地区利用案件通报、行政复议建议书等形式，对复议案件中存在的普遍性、突出性问题，进行督导纠正；许多地方每年坚持典型案件分析，通过举办培训班、案例研讨会和专题会商等形式，不断提高行政复议办案水平和参与行政应诉的工作能力。近年来，全国各地每年办理行政复议案件达 6 000 多件，参加应诉案件达 10 000 多件。

（四）坚持普法宣传教育取得新成绩。全系统认真贯彻落实“六五”普法规划，不断创新普法形式，为人社法治实施创造良好氛围。一些地区突出领导干部学法用法，把法治理论学习列入理论学习中心组学习的重要内容；一些地区有计划、分层次、分行业、分专题开展有针对性的普法活动；一些地区注重普法宣传平台建设，通过门户网站、报纸杂志、广播电视、12333 热线、微博、微信、服务大厅等多种渠道，广泛普及人社法律法规以及法治人社成果，推进全社会的法治人社观念不断增强。

应当看到，法治人社建设虽然取得很大成效，但与人民群众期盼严格依法办事的要求相比，仍然存在较大距离。存在的主要问题有：人社法律规范体系亟待健全，仍有一些法治工作制度执行还不到位，行政乱作为、不作为的行为依然存在，法治人社理念亟须进一步加强，人社法制机构人员配备还不适应工作需要等。这些问题应当引起高度重视，要采取有效措施，在贯彻落实四中全会精神和深化改革中切实加以解决。

二、全面推进法治人社建设的总体要求和重点工作

全面推进法治人社建设，要对中央提出的“四个全面”战略布局和当前我国经济新常态有一个清醒的认识。做好人社工作必须按照全面建成小康社会、全面深化改革、全面依法治国、全面从严治党战略布局谋划，统筹推进、综合施策。

现阶段，我国经济发展进入新常态。新常态与人社工作直接相关，人社工作与改善民生紧密相连，每项人社改革，牵一发而动全身。因此，面对新形势新任务，各级人社部门要更加自觉地用法治观念审视人社发展改革问题，用法治思维凝聚人社发展改革共识，用法治方式营造人社发展改革环境，用法治办法破解人社发展改革难题，用法治规范保障人社发展改革成果。以更有力的措施，加快推进法治人社建设。

全面推进“法治人社”建设的总体要求是：深入贯彻落实党的十八大和十八届三中、四中全会精神以及习近平总书记系列重要讲话精神，根据“四个全面”战略布局，紧紧围绕全面推进依法治国的总目标，立足服务人社事业发展全局，坚持深化人社制度改革和法治人社建设共同推进，坚持立法、执法、守法、普法一体建设，坚持问题导向，以体制机制创新为突破口，加快形成完备的人社法律规范体系、高效的人社法治实施体系、严密的人社法治监督体系、有力的人社法治保障体系，为全面推进人社事业科学发展提供坚实的法治保障。

当前，应当做好以下六个方面的重点工作：

（一）坚持科学民主立法，重点推进人社法律规范体系建设。建设中国特色社会主义的人社法律规范体系，必须坚持立法先行，充分发挥立法的引领和推动作用。一是加快就业创业、劳动关系、社会保险、人才开发、人事管理、收入分配等方面的立法和配套法律法规体系建设。二是加强科学民主立法。健全立法立项、起草、论证、协调、审议机制，健全立法机关和社会公众沟通机制，广聚社会共识。三是严格执行规范性文件制定规则。没有法律法规的依据，规范性文件不得作出减损公民、法人和其他组织权利或者增加其义务的规定。四是建立健全人社法治体系与深化人社制度改革相衔接。在推进各项人社改革任务中，做到重

大改革于法有据。五是加快推进人社立法进程。下一步将重点做好国家勋章和国家荣誉称号法、《失业保险条例》（修订）、《外国人在中国工作管理条例》、《全国社会保障基金条例》的配合修改审议工作，加强社会保险法、劳动合同法和公务员法配套法规规章的制定工作。各地也要结合实际，配合立法机关，积极推进地方立法。

（二）依法全面履行人社部门职责，重点坚持严格规范公正文明执法。各级人社部门要坚持做到法定职责必须为，法无授权不可为，依法全面履行人社部门职能。一是理顺行政执法体制。根据不同层级人社部门的事权和职能，创新行政执法体制，推进综合执法。严格实行人社行政执法人员持证上岗和资格管理制度。加强与其他部门、司法机关的沟通协作，建立联合执法和信息共享机制，健全行政执法和刑事司法衔接机制，提高执法效能。二是严格规范公正文明执法。全面规范各项人社行政执法行为，建立执法全过程记录制度、重大执法决定法制审核制度、行政裁量权基准制度，试行人社行政执法案例指导制度。完善人社部门行政执法程序规定，明确具体操作流程，重点规范各级人社部门实施的行政许可、行政确认、行政征收、行政收费、行政检查、行政处罚、行政强制等执法行为。落实行政执法责任制，严格责任追究。三是依法履行人社领域公共管理与公共服务职责。省级人社厅局要履行好统筹推进区域内促进就业、社会保险和人才人事管理等基本公共服务均等化的职责，指导市县级人社局强化贯彻落实各项人社法规政策措施的执行职责。四是健全社会矛盾纠纷预防化解机制。要积极构建人社领域的群体性社会矛盾预警机制、利益表达机制、协商沟通机制、救济救助机制，引导当事人理性表达诉求。把信访纳入法治化轨道，建立行政调解、行政处罚、行政复议、行政诉讼等有机衔接、相互协调的多元化纠纷解决机制，努力让人民群众在每一个案件中感受到公平正义。

（三）积极推进人社部门职能转变，重点建立权力清单和责任清单制度。全面推进人社权力依法设置和公开透明运行机制建设。一是深化行政审批制度改革。切实规范行政审批行为，将审批事项集中到“一个窗口”受理，积极推行网上审批。要编制服务指南，列明法定内容，实行办理时限承诺制。要制定审查工作细则，探索实行行政审批绩效管理。二是推进建立权力清单和责任清单。要对直接面对公民、法人和其他组织行使的行政职权进行梳理，逐项列明设定依据，汇总形成部门行政职权目录。对拟保留的行政职权要按照严密的程序和标准，逐条逐项进行合法性、合理性和必要性审查；经确认保留后，要抓紧制定行政职权运行流程图；除保密事项外，行政职权要以清单形式在政府网站上公布。在建立权力清单的同时，要按照权责一致的原则，逐一厘清与行政职权相对应的责任事项，建立责任清单，明确责任主体。健全问责机制，对不按权力清单履行职权的单位和人员，依纪依法追究责任。

（四）依法建立行政决策机制，重点健全部门内部重大决策合法性审查机制。完善人社部门重大行政决策程序规定，把公众参与、专家论证、风险评估、合法性审查、集体讨论决定确定为重大人社决策的法定程序落到实处。要建立行政机关内部重大决策合法性审查机制，未经合法性审查或经审查不合法的，不得提交决策讨论。要建立健全规范性文件合法性审查制度，明确合法性审查的范围、方式、程序和法律责任。积极推行法律顾问制度。

（五）自觉接受社会各方监督，重点强化对行政权力的制约。人社行政职权的行使直接关系群众利益，必须形成科学有效的权力运行制约和监督体系。要加强部门行政监督，通过改进行政复议工作体制，强化对各级人社部门内部层级监督，完善纠错问责机制，充分发挥行政复议案件处理在规范行政行为、推动依法行政中的重要作用。要自觉接受司法监督，依照行政诉讼法的规定，认真做好行政应诉工作，尊重并严格执行生效的法院裁决。要自觉接受上级机关的审计监督，加强内部审计工作。要增强接受社会监督和舆论监督的意识，认真贯彻实施《政府信息公开条例》，全面推进人社决策公开、执行公开、管理公开、服务公开、结果公开。自觉依法接受社会监督。

（六）深入开展法治人社宣传教育，重点推动全社会树立法治人社意识。坚持把人社领域的普法和守法作为依法治国的长期基础性工作，深入开展法治人社宣传教育。要做好“七五”人社普法规划的准备工作。一方面，要提高全系统广大干部运用法治思维和法治方式深化改革、推动发展、化解矛盾、维护稳定的工作能力，做学法尊法守法用法的模范；另一方面，要积极推动全社会树立“法治人社”意识，通过各级门户网站和各类新闻媒体，及时发布人社法律政策，及时围绕公众关切解疑释惑，多渠道、多形式进行法制宣传教育，增进社会各界对人社法律政策的了解，使尊法守法成为公民和各类单位的共同追求和自觉行动，通过多种形式营造法治人社的良好环境。

2015年是“十二五”收官、谋划“十三五”、全面建成小康社会奠基之年，是全面深化改革的关键之年，是全面推进依法治国的开局之年。做好今年的法治工作至关重要。为此，提出三点工作要求：

第一，切实加强对法治人社工作的组织领导。加强法治建设是整个人社系统所有单位共同的工作任务。各地人社厅局要建立健全法治工作领导机构，厅局长作为第一责任人，要加强对法治人社工作的领导。各地要紧紧围绕中心工作，结合本地实际，制定加快推进法治人社建设的具体措施，确定不同阶段的重点，有计划、分步骤、扎扎实实地推进法治人社工作。

第二，切实抓好法治人社各项制度的落实。全面推进法治人社工作，不仅要建立健全法治人社的各项工作制度，分解到责任单位和责任人，更重要的是抓好落实。要加强对法治人社工作的考核评价和督促检查，不断增强法治人社制度建设的针对性和实效性。要坚持问题导向，经常深入基层、深入群众开展调查研究，认真总结、宣传和推广各地加强法治人社建设的好经验、好做法，推进法治人社建设不断深入。

第三，切实加强人社厅局法制机构和队伍建设。各级人社部门主要负责人要高度重视发挥法制机构在法治建设中的统筹规划、综合协调、督促指导、考核评价作用，高度重视法制机构对重大文件起草及重大行政决策进行合法性审查的主导作用，切实加强法制机构建设，使机构设置和人员配备与法治人社建设任务相适应，同时给予经费保障。法制机构要加强自身队伍建设，不断提高工作人员的思想政治素质和法律专业能力，努力当好本部门领导在依法行政方面的参谋、助手和法律顾问。

健全完善公平公正科学合理的安置机制 进一步做好军转安置考试考核工作

何 宪

（2015 年 2 月 12 日）

我们召开军转安置考试考核工作座谈会，军地军转部门的同志在一起研究交流考试考核工作的做法和经验，对推动军转安置工作改革发展，很有意义。听了大家的发言，结合当前工作实际，我就健全完善公平公正科学合理的安置机制，进一步做好军转安置考试考核工作，谈点意见。

一、考试考核工作是军转安置工作改革发展的积极成果

健全完善公平公正科学合理的安置机制，做好军转安置考试考核工作，是中央对军转工作的明确要求。2001 年，中央颁布实施《军队转业干部安置暂行办法》（中发［2001］3 号），正式提出采用考试考核等办法安置军队转业干部。2007 年，《关于进一步做好军队转业干部安置工作的意见》（中发［2007］8 号）进一步明确提出，要“积极总结探索与服役期间德才表现、贡献挂钩和考核选调、考试考核、双向选择相结合的分配办法”。2012 年，《关于进一步改进计划分配军队转业干部安置办法若干问题的意见》（国转联［2012］1 号）又对改进和完善分配办法、推行“阳光安置”，作出了一系列具体规定。各地按照中央的部署，贯彻公开公平公正的原则要求，结合工作实际，经过不断实践探索，初步建立了军转安置考试考核制度，创新发展了统一考试、考核赋分、积分选岗等一系列“阳光安置”的工作措施。这项工作的成效是显著的，军地双方是认可的，军队转业干部是满意的。

一是增强了军转安置的透明度和公信力。在过去相当长的一个时期，由于没有普遍实行公开透明、具体有效的安置办法，军转安置中也存在一些托人找关系的现象。但在实施考试考核办法以后，安置靠的不是关系，而是在部队的表现、贡献和考试的成绩，透明度和公信力大幅度提高，从根本上改变了安置工作中托人找关系的现象。通过考试考核办法安置军队转业干部，全面推行“阳光安置”，实现安置信息公开，引导军队转业干部参与公平竞争，加强了对安置工作的监督，有效杜绝了安置过程中的不正之风，体现了公平公正，营造了风清气正的安置环境。

二是形成了军转安置的正确导向。安置工作搞得好不好，方向对不对，对军队现役干部的影响非常大。各地实行考试考核办法以来，正确导向作用彰显，得到部队的充分肯定。一方面，考核使军队转业干部服役期间的德才表现和贡献在安置工作中得到更好体现，对激励和引导军队干部安心服役发挥了积极作用；另

一方面，考试方法的实施，使军队转业干部利用确定转业到报到前的相当长一段时间，认真学习补充地方工作必备的知识技能，有针对性地做好到地方工作的准备，对他们加快角色转换，促进岗位胜任起到了很好的导向作用。

三是促进了军队转业干部的合理安置。军转工作不断进行改革和完善，就是要努力使每个军队转业干部得到合理的安置和使用。从实际情况来看，考试考核对促进合理安置作用明显。考试考核方法的引入，使军队转业干部在部队的表现、贡献和能力得到了量化，在此基础上，增强军队转业干部岗位选择上的自主性，可以使军队转业干部个人特长、能力素质与安置岗位需要更好地结合起来。同时，考试考核的实施，也有利于用人单位更好地了解和使用军队转业干部，从而推动了军队和地方干部队伍建设的融合协调发展。

二、进一步做好军转安置考试考核工作具有重要意义

在肯定考试考核工作成绩的同时，我们要进一步认识军转安置考试考核工作的重要意义，同时还要看到，这项工作还处在探索发展的阶段，需要根据新形势的要求，不断进行改进完善。

第一，进一步做好考试考核工作是完善“阳光安置”机制的内在要求。实现公开公平公正的“阳光安置”机制，考试考核工作是很重要的一个环节。实践证明，考试考核工作搞好了，“阳光安置”就有了可靠保障。要充分认识考试考核工作对实现“阳光安置”的重要性，把考试考核工作抓出成效，通过考试考核工作进一步推动和完善“阳光安置”。当前各地在考试考核工作的开展中形成了各自的特色，这应当说是结合当地的实际，大胆开拓创新的结果。但无论具体怎么做，都要体现“阳光安置”要求，努力实现“阳光安置”目标。大家提出的一些问题，如存在考试内容不够科学、考核标准不够统一、考试考核结果运用不够充分等问题，需要在实践中继续探索、完善和发展，进一步完善“阳光安置”机制。

第二，进一步做好考试考核工作是提高安置工作科学化、规范化水平的客观需要。考试考核是推动安置工作科学化、规范化的一个重要手段。这些年考试考核方法的实施，应当说使安置工作科学化、规范化水平大幅度提高。但考试考核工作本身也有一个科学化和规范化的问题，也需要在实践的基础上进行系统总结，不断完善。各地在普遍认可现行考试考核工作的同时，也希望在国家层面出台指导性的意见，使地方考试考核工作有章可循、有规可依。这就需要我们在前一个时期各地探索创新的基础上，加强相关问题的研究，提高考试考核工作科学化、规范化水平。

第三，进一步做好考试考核工作是推进军转安置制度改革的有益探索。党的十八届三中全会提出了军转改革的明确要求，我们要充分认识军转改革的重要意义，高度重视和认真做好军转改革的各项工作。进一步做好考试考核工作，是军转安置制度改革的一项重要内容，是实现人尽其才、各得其所的有效途径。这些探索实践，将对未来军官职业化条件下的退役军官安置机制建设奠定基础、提供经验。同时，军转安置制度改革需要一定的过渡期，需要我们从制度层面对考试考核工作进行完善，做好衔接工作，实现平稳过渡。

三、进一步改进完善军转安置考试考核工作

改进和完善军转安置考试考核工作总的要求，就是要把干部人事考试考核工作的普遍性要求与落实军转安置政治任务的特殊要求有机结合起来，健全科学规范的考试考核工作机制，完善考试考核办法，努力实现公平公正的“阳光安置”与科学合理的人才配置的有机统一。

一是要改进和规范安置考试工作。军队转业干部安置考试，是干部人事制度改革在军转安置工作中的实际运用。要正确运用考试手段，改进完善考试内容，综合考虑军队转业干部特点和接收安置岗位需要，合理设置和确定考试要素。大家对考试内容完善提出的意见有一定道理，应加强这方面的研究和指导。还可以探索按照军队转业干部人才特征、专业类型和安置岗位需要分类考试的路子，推动军队转业干部分类安置、科学配置。要加强考务组织管理，严明考试纪律，确保做到公平公正、科学规范、安全高效。

二是要健全和完善考核评价体系。军队转业干部安置考核，除了要体现干部考核的一般要求外，还要体现军转安置的特色。大家在会上对考核评价体系提出了很多很好的意见，不少同志提出实行统一的考核项目和赋分标准可以避免实际工作中的一些矛盾，也可使考核工作更加公平。下一步要认真研究和吸收，进一步完善考核评价的要素、体系和机制。考核可以与考试结合量化赋分，作为接收安置的积分依据；也可以纳入干部综合考察内容，作为量才使用的重要参考。

三是要完善考试考核相结合的安置办法。考试考核结果的运用是建立公平公正、科学合理的安置机制的关键。要坚持按照考试考核结果接收安置军队转业干部，确保结果运用与安置使用相衔接，完成安置任务与落实安置政策相统一。要健全规范考试考核的程序，建立健全考试考核结果公开制度，及时发布军队转业干部考试考核情况，着力促进安置工作公开透明。要坚持培训与安置相结合，把军队转业干部参加培训情况和了解掌握培训内容一并纳入综合性考试考核的范畴。有条件的地区，可在考试考核安置的基础上，结合自身实际，探索实施选调安置的办法。

需要特别强调的是，开展军转安置考试考核工作，还要把握好目的与手段的统一。我们的目的是更好地落实军转安置任务，把军队转业干部安排好、使用好。考试考核只是具体的手段和方法。各地要继续把圆满完成军转安置任务放在各项工作的首位，按照军转工作的总体要求，在考试考核总体制度框架原则下，根据实际情况，因地制宜做好这项工作。要勤于实践、勇于探索、不断完善考试考核办法，努力推动军队转业干部安置工作创新发展。

在中央单位军转安置工作会议上的讲话

何 宪

（2015年5月22日）

今天，我们召开中央单位军队转业干部安置工作会议，主要是传达贯彻中央的部署和要求，对2015年中央单位的军转安置工作进行安排。

2014年是军转安置工作具有特殊意义的一年。第六次全国军转表彰大会成功召开，习近平总书记和李克强总理、刘云山同志等中央领导亲切接见与会代表，习近平总书记发表重要讲话，为做好新形势下军转安置工作指明了方向，提供了根本遵循。中央各部门、各单位认真学习贯彻习近平总书记重要讲话精神，坚持把军转安置工作作为重要政治任务，带着强烈的责任、深厚的感情，做了大量扎实细致的工作，中央在京单位共接收安置了742名军转干部，超额完成了军转安置任务。在这里，我代表国务院军队转业干部安置工作小组，向各部门、各单位所有关心、支持特别是从事军转安置工作的同志们，表示衷心的感谢！

一、以习近平总书记重要指示精神为统领，进一步强化军转安置责任意识和担当精神

习近平总书记强调指出，军转安置工作十分重要，关系改革发展稳定全局和国防军队建设，是实现“两个一百年”目标、实现中华民族伟大复兴的中国梦的重要力量。总书记把做好军转安置工作与党和国家工作全局直接联系起来，与党和国家战略发展目标直接联系起来，深刻阐述了做好军转安置工作的极端重要性。

当前，世界形势正在发生深刻变化，不稳定不确定因素明显增加，我国正面临着多元复杂的安全威胁和挑战。建设一支听党指挥、能打胜仗、作风优良的人民军队，建设一个巩固强大的国防，是维护国家主权、安全和发展利益的根本保障。军转安置工作关系国防和军队建设，关系军队和地方干部队伍建设。做好军转安置工作，有利于把转业干部这一重要人才资源开发好利用好，充分发挥他们在经济社会发展中的优势和作用；做好军转安置工作，有利于优化军地人才资源配置，推动军民融合深入发展；做好军转安置工作，有利于激发军队干部队伍活力，激励广大官兵献身国防事业，实现党在新形势下的强军目标。

中央单位在党和国家的工作全局中，地位特殊，工作重要，在贯彻落实中央的决策部署、接收安置军转干部方面一直发挥着示范和表率作用。仅2001年以来，中央单位就接收安置了9 942名军转干部，对中央单位各项事业发展发挥了很大的促进作用，许多同志已经成为单位的骨干力量，有的还走上了领导岗位。在新的历史时期，中央单位要保持和发扬过去一贯的优良传统和作用，坚持以习近平总书记关于军转工作的重要指示精神为统领，进一步深化思想认识，以高度的政治自觉和使命

担当精神，把军转安置工作这项重要政治任务扎扎实实落到实处，以实际行动支持国防和军队现代化建设，维护国家改革发展稳定大局。

二、牢记“两个倍加”，满腔热情地做好2015年中央单位军转安置工作

习近平总书记强调指出，军转干部是党和国家的宝贵财富，我们要倍加关心、倍加爱护；各级党委和政府、军队各级组织要高度重视并满腔热情做好军转安置工作。总书记的重要指示，是对我们进一步做好军转安置工作的极大激励和鼓舞。2015年，全国将接收安置3.7万余名军队转业干部，进京安置的军队转业干部有3 500余名，数量继续排在全国第一位。中央领导同志对中央单位军转安置工作非常重视，中央政治局委员、国务院副总理马凯同志亲自批准了2015年中央单位军转干部安置计划。我们要按照中央的部署和要求，继续加大工作力度，带头做好军转安置工作，确保顺利完成2015年中央单位军转安置任务。

一是着力抓好安置计划和安置政策的落实。2015年中央单位接收安置650名军转干部，数量比2014年略有减少。根据军队通报的情况，国防和军队改革即将展开，随着军官职业化制度的建立和实施，军官退役安置的情况也将发生变化。但无论怎样改革、怎样调整，中央单位接收军转干部的好传统好作风不能丢，为全国做示范做表率的要求不能变，要继续当好贯彻落实中央决策部署的“领头羊”，把军转工作做得更好。要按照妥善安置、合理使用、人尽其才、各得其所的要求，继续把中央单位的军转干部接收安置工作，与本部门、本单位干部队伍建设有机结合起来，安置好使用好每一位军转干部。要坚持把师团职军转干部、功臣模范，以及长期在艰苦边远地区和特殊岗位工作的军转干部突出出来，树立正确的安置导向。要牢记习近平总书记嘱咐的“两个倍加”，热情欢迎军转干部到中央单位工作，安排好他们的工作和生活，帮助他们解决好到地方工作中遇到的实际困难，使他们切实感受到党和政府的关怀和厚爱。

二是着力完善阳光安置的工作机制。贯彻公平公正公开的要求，建立阳光安置的工作机制，是安置工作的内在要求，也是推进军转干部人才资源合理配置的关键所在。经过四年的不断探索、改进和完善，目前中央单位接收安置军转干部，采取行政事业单位“统一考试”和中央企业“网上双选”的办法，形成了一整套行之有效的政策措施和程序规定，已经比较规范和成熟。2015年，要在进一步实现安置办法的科学化、规范化上下功夫。国务院军转办要在做好军转安置政策、制度和信息公开的基础上，进一步规范安置工作流程，完善阳光安置具体措施，实现中央单位阳光安置工作机制的全面覆盖。各单位也要结合实际，积极借助报名系统网络平台或本单位官方网站，向军转干部提供透明、规范的接收安置服务，进一步增强中央单位接收安置军转干部的透明度和示范性，使中央单位的安置工作成为全国工作的榜样和标杆。

三是着力加强军转干部的教育培训。军队干部转业到地方，面临工作转轨、事业转型、人生转段，是人生的一个重要转折。在这个关节点上，军转干部非常需要组织的关心和爱护，需要把他们作为宝贵的人才资源开发好、培养好、使用好。因此，搞好军转干部的教育培训，为他们尽快适应地方工作、充分发挥作用提供帮助，尤为迫切和重要。各部门、各单位要对他们进行必要的培训，使他们尽快熟悉业务，成为工作中的人才和骨干。要继续发挥好、利用好本部门、本行业系统的培训优势和条件，抓好军转干部定岗定位后的培训，不断提高他们适应岗位、胜任工作、继续发展的能力。

三、加强组织领导，确保中央单位军转安置任务落到实处

2015年中央单位的安置任务已经部署，要求也十分明确。各单位要加强领导，精心组织，抓好各项工作落实。

一要强化责任落实。各单位要切实把军转安置工作摆到重要位置，列入工作日程，加大工作力度。要健全军转安置工作领导责任制，特别是要建立专人负责、分级负责的工作责任制，把2015年的安置任务分解到部门、具体到单位、落实到岗位、量化到责任人，以责任制促落实、以责任制确保安置任务按时完成。具体从事军转安置工作的同志，要恪尽职守，以对国防和军队建设，对干部和人才队伍建设高度负责的精神，扎实做好军转干部接收安置中的各项工作，圆满完成好2015年的安置任务。

二要严肃安置纪律。军转干部安置计划是指令性计划，是政治任务。中央单位要带头落实政治任务，带头维护中央的权威，确保中央政令畅通。在安置工作中，任何部门、任何单位都要做到不讲条件、不讲价钱、不搞变通，都不能以任何理由拒绝接收军转干部，或者变相拒绝接收军转干部，这要作为一项重要的原则和严肃的工作纪律。要大力推进阳光安置，坚决防止和纠正工作中的不正之风，切实维护军转安置工作的良好形象。

三要改进工作作风。长期以来，各部门、各单位积极弘扬军转安置工作的光荣传统和优良作风，大局意识、群众观念和服务理念都很强，得到了军转干部的普遍好评。对此，我们要坚持下去，把作风建设贯穿军转安置工作始终，2015年要结合“三严三实”专题教育，进一步改进中央单位军转安置工作作风，切实以好的作风做好军转安置每一项工作，解决好接收安置工作中的突出矛盾和困难，推动军转安置工作健康发展。

坚持问题导向 注重长短结合 扎实做好工伤保险工作

——在2015年全国工伤保险工作座谈会上的讲话

胡晓义

（2015年4月21日）

这次全国工伤保险工作座谈会的主要任务是：深入学习贯彻党的十八大和十八届三中、四中全会精神，按照全国人力资源社会保障工作会议的要求，总结2014年工伤保险工作，研究当前工伤保险的重大问题，安排部署2015年工作任务。

一、2014年工伤保险工作取得明显进展

2014年工伤保险工作落实中央全面深化改革和依法治国重大部署，完善政策，推进扩面，不断提高保障能力和保障水平，各项工作取得了明显进展。

（一）持续发力，参保扩面跨上新台阶。2014年年底参保人数20 639万人，首次突破2亿人，比上年增加722万人。2014年工作的一大亮点是在建筑业参保政策上取得重大突破。在中央领导的高度重视和直接关心下，我部与有关部门联合印发《关于进一步做好建筑业工伤保险工作的意见》（人社部发［2014］103号），针对建筑业特点，从改进参保方式和加大参保推进力度、明确缴费资金来源和完善征缴方式、简化工伤认定鉴定流程、确保待遇支付等方面明确了建筑施工企业参加工伤保险的一系列政策措施，为全面推进建筑业企业参保、实现工伤保险全覆盖奠定了政策基础。

（二）稳步推进，保障能力和保障水平有了新提高。2014年全国工伤保险基金收入695亿元，支出560亿元，分别比上年增长13%和16%，基金累计结存（含储备金）1 129亿元。工伤保险市级统筹进一步规范，已有10个省份实现了省级统筹。全年共有198万人享受工伤保险待遇，28个省份对伤残津贴、供养亲属抚恤金、生活护理费等待遇进行了调整提高。

（三）完善机制，制度体系和政策标准体系建设取得新进展。工伤预防试点工作在50个试点地区有序推开，利用预防资金大力开展工伤保险政策宣传和业务培训，从源头上预防工伤事故的作用开始显现。工伤康复试点工作稳步推进，完善标准，规范管理，工伤康复服务覆盖人群不断扩大。管理规范和技术标准进一步完善，颁布了《工伤职工劳动能力鉴定管理办法》，修订发布了《劳动能力鉴定 职工工伤与职业病致残等级》国家标准，颁布了《工伤保险职业康复操作规范（试行）》。各地在完善政策标准方面也取得新成绩。

（四）创新方式，政策宣传工作取得新成效。在加强日常宣传的同时，结合《工伤保险条例》实施十周年，组织开展全国工伤保险集中宣传活动。各地共发送工伤保险公益短信1 510多万条，印发宣传资料750多万份，深入企业宣传3万余次，举办培训班5 000余次，直接接受培训和咨询的人数超过230万人。在集中宣传活动中，首次利用互联网开展了全国工伤保险知识网上竞答活动，共有106万人参与答题，取得了较好效果，工伤保险知晓度进一步提升。

同时也要看到，工伤保险工作仍存在一些不足，与建立更加公平可持续的社会保障制度的要求仍有不小差距。主要是参保扩面还有死角，一些重特大事故暴露出仍有部分企业未参保；建筑施工等领域工伤职工权益落实难问题仍较突出；社会上反映工伤认定鉴定程序还比较复杂、周期较长；基金统筹层次较低，基金结存不平衡，费率机制不完善，特别是浮动费率机制还不落实；管理服务的科学化、规范化水平有待进一步提高等。这些问题应给予高度重视，通过加大政策落实力度和深化体制机制改革予以解决。

二、坚持问题导向，长短结合地谋划推进工伤保险工作

党中央作出了“四个全面”战略部署，这对工伤保险工作也提出了新的要求。面对新的形势和工伤保险工作中的突出矛盾，当前及今后一段时间，工伤保险要集中解决四方面重点问题，推进工伤保险工作全面、健康、可持续发展。

（一）进一步扩大覆盖面。“十二五”以来，工伤保险参保人数增加4 466万人，平均每年增加1 100多万人，扩面成绩是显著的。但近两年衰减到900多万人和700多万人。而城镇新增就业人员每年都达1 300万人，表明我们工作还有差距。我们决不能有松口气、缓缓劲的念头，要顺应城镇化、新型工业化的趋势，抓机遇、补空白、查死角，千方百计寻找扩面资源。

资源之一是，依法应当参保而游离在外的那些死角。2014年几起重特大事故，都暴露出还有部分企业没有参保。我们要认真追责，看看漏洞到底在哪儿，有没有不作为、少作为的问题？建筑施工企业作为一个高风险的大行业，目前参保率明显低于制造业和服务业，特别是农民工工伤保险权益不落实的问题相当突出。全国具有资质等级以上的建筑企业总数超过10万家，从业人员4 500万人，而参加工伤保险人数仅为1 000万人。这些明显的空白和死角，我们必须正视、重视，下大力气、用真功夫解决。

资源之二是，随着大众创业、万众创新的格局形成和“互联网+”的发展，新业态大量涌现。这些企业从业人员的职业伤害保障问题，应当立即纳入我们扩面的视野。首先是与网购相关的物流配送发展很快，大量配送人员走街串巷，遭遇交通事故等的风险很大，要针对其特点，及时研究制定相应政策措施，保障他们的工伤保险权益。

资源之三是，随着机关事业单位工作人员养老保险制度改革的启动实施，为推进公务员参加工伤保险创造了更好条件。目前已有三分之一的省份出台了公务员参保办法，尚未动作的地区要积极创造条件，尽早提上日程。部里也将积极与有关部门协调，在全国层面推进。

还有一些其他扩面资源，如新型职业农民的保障问题，又如2015年全国政协将重点调研环卫工人的职业保障问题。这些都是很好契机。各地要结合实际情况，努力在“十三五”期间实现工伤保险对职业人群的全覆盖。

（二）进一步完善费率机制。费率是工伤保险防控和分散风险最重要的政策工具。目前主要存在三个问题：一是费率行业分档过粗，不能够准确反映行业间的工伤风险差异。二是费率偏高，基金结存过多。有14个省份基金累计结存超过24个月支付额。这既不利于提高基金的使用效率，也加重了企业负担。三是浮动费率机制未落实，对企业加强工伤预防的

激励作用不足。

当前，我国经济发展进入中高速增长的新常态，经济下行压力大，相当部分企业生产经营出现困难，社会各界对降低社保费率的呼声强烈。2015 年《政府工作报告》明确提出“降低失业保险、工伤保险费率”的任务，近期国务院分析一季度经济形势，再次提出了要求。失业保险已率先启动。

客观分析工伤保险基金运行状况和外部条件，应当说，适当降低费率是可行的。一是《工伤保险条例》实施十多年来，绝大部分地区工伤保险基金运行平稳，长期收大于支，从未遭遇透支穿底风险。二是大多数地区基金累计结存较多，即使按保持 12 个月支付额的安全结存量计算，也有足够的压减空间。三是近年来我国安全生产形势总体稳定向好，工伤事故发生率和伤亡人数呈逐年减少趋势，全国享受工伤保险待遇人数连续 3 年维持在 190 多万人的稳定水平。四是有多种保障机制和政策手段控制基金收支风险。如通过提高统筹层次、实行省级统筹，增强基金共济保障能力；通过完善浮动费率机制，上浮重大事故企业的费率；当基金结存跌破安全底线后，适时调整行业基准费率等。

我们要从全局的高度提高认识，统一思想。一方面坚决落实国务院的部署，及时降低费率、压减过多结存，为当前经济社会稳定发展作出应有贡献；另一方面完善行业基准费率和企业浮动费率机制，促进工伤保险制度健康持续发展。

（三）进一步推进“三位一体”制度体系建设。预防、补偿、康复“三位一体”是工伤保险制度体系的理想架构。目前的现实情况是预防和康复两头明显偏弱。立足当前，着眼“十三五”时期，我们要把巩固中段、补强两头作为发展目标。在工伤预防方面，要扩大试点范围，丰富试点内容，规范工作流程，完善管理制度，使工伤预防费的使用真正发挥促进安全生产、减少伤亡事故的效应。在工伤康复方面，要着眼充分利用现有社会资源，大力发展协议康复服务机构，健全管理规范和技术标准，以医疗康复为基础、以职业康复为特色，构建多层次的康复服务网络，努力实现有需要的工伤职工人人享有康复服务的目标。

（四）进一步优化认定鉴定程序。《工伤保险条例》修订后，工伤认定鉴定程序长的问题有较大改进，各地也采取了建立绿色通道、实行简易程序等很多以人为本的办法，取得了较好效果。但仍有一些案例程序复杂、周期长，甚至影响到工伤职工特别是农民工及时享受工伤保险待遇，引起社会反响。对此，我们要正确认识和对待，从两方面做好工作：一方面要加强宣传，使社会各界了解，必要的程序是依法保障各方权益的有效措施，不能随意减省；同时通过网上公示、服务窗口咨询等方式，使相关程序进一步透明化，让用人单位和工伤职工熟知认定鉴定的政策规定、办理机构、办事流程，并公开整个认定鉴定程序，做到有据可查，以减少误解和争议。另一方面要进一步简化程序，对农民工等有特殊需求的群体开辟绿色通道，对事实清楚、关系明确的案子实行简易程序，进一步缩短工伤认定鉴定周期；大力提升信息化水平，尽可能采用网上快速办理方式，提高效率；同时要加强对认定鉴定工作人员的政策业务能力培训，切实提高服务水平。

三、扎实做好 2015 年工伤保险工作

2015 年是全面深化改革的关键之年，是全面依法治国的开局之年，又是“十二五”规划的收官之年，做好 2015 年的工伤保险工作，对推进建立健全更加公平可持续的社会保障制度意义重大，也可以为“十三五”时期工伤保险事业发展奠定良好基础。2015 年的重点工作任务是：

（一）周密组织实施“同舟计划”，推进建筑企业全面参加工伤保险。这是 2015 年工作的重中之重。部里已经印发了“同舟计划”——建筑业工伤保险专项扩面行动计划，并作为全民参保登记计划的重要内容，目标是用 3 年左右时间实现建筑业从业人员全部参加工伤保

险。2015年的硬指标是全年新开工项目全部参保，同时大力推进在建工程项目参保。就此提出四项要求：①坚定信心。客观地讲，建筑施工企业流动性特点突出，参保扩面难度不小。但党中央、国务院高度重视，相关部门联手推进，我们作为主管部门要勇于担当，迎难而上，认真领会和严格执行103号文件的各项政策措施，不能有丝毫退缩和“打折”。②周密策划。103号文件确定的一系列创新举措——工伤优先、项目参保、概算列支、一次提取、全员覆盖、前置约束等，与一般用人单位参保有很大差别，仅靠以往工作经验不行，要在登记、征缴、核对、认定、统计、信息系统应用等环节研究更具针对性的措施，环环相扣，扎实有效地推进。③出门宣传。建设项目是变化的，施工人员是流动的，我们坐在办公室推进扩面肯定不行。必须走出去，进入工地，进入现场，进入建筑施工企业“老板”的办公室，不厌其烦、不厌其详地宣传、说明、引导，使更多的人理解这是有利于劳动者权益保障和企业健康发展的好政策，得到他们的支持。今年工伤保险集中宣传活动的重点就是推进建筑企业参保和维护建筑职工工伤权益。各地要利用各种形式、各类人员集中场所公告政策、公示企业参保情况，提高知晓率，扩大影响力。④协调配合。在人社系统内部要加强与劳动用工管理、劳动保障监察的协同；在外部要密切与住建部门、安监部门及工会组织的配合，加强学习沟通和情况交流，及时研究解决疑难问题。部里通过调研、交流、通报等形式推进计划实施，并从7月份开始实行按月调度，年中和年底还将组织多部门联合督导。

（二）完善费率机制，降低工伤保险费率。落实国务院的要求，部里初步考虑：一是按照“总体降低、细化分类、健全机制”的思路，将行业基准费率细化为8个档次，总体降低0.2左右，各统筹地区要真正把浮动费率机制用好用活；二是针对当前经济稳增长、企业减负担的需要，各省对基金结存较多的地区，可以在保持安全结存量的基础上，阶段性适当减征工伤保险费，可以考虑根据企业参保时间长短确定减征比例，以利在减轻企业负担的同时保持参保激励机制。

（三）加快推进省级统筹步伐。部里规划在“十三五”期间全面实现省级统筹。2015年将制定推进省级统筹工作的指导意见。要求已实行了省级统筹的省份进一步完善落实各项制度措施，真正实现基金统筹调剂；尚未实行省级统筹的地区要积极创造条件加快推进省级统筹，特别是已经出现部分统筹地区当期基金收不抵支的省份以及参保人数规模小、市级统筹支撑能力差的中西部省份，更要加快进度；暂不具备条件的省份，要切实规范市级统筹，在年底前全面实现全市范围内基金统收统支。

（四）提高工伤保险工作科学化、规范化水平。针对工伤保险政策性、技术性强的特点，2015年部里要统一制定工伤伤残辅助器具管理办法、贯彻《工伤保险条例》若干政策问题、非因工评残办法和标准等政策标准。各地要严格依法依规操作，推进工伤保险的规范管理服务。工伤预防试点地区，要按照部里统一要求，坚持项目管理和预算管理，规范和加强工伤预防费提取和使用管理，推进工伤预防工作规范化开展。在工伤康复方面，部里已组织制定了工伤康复区域示范平台标准，在征求各地意见进一步完善后，将组织工伤康复区域示范平台的确定工作。各地要切实落实各项管理规范和技术标准，在进一步规范医疗康复的同时，积极探索开展职业康复。

在做好上述重点工作的同时，2015年还要认真研究“十三五”时期的工伤保险规划，为2020年实现“全面建成覆盖城乡居民的社会保障体系”的目标提前做好谋划。

坚持创新驱动 迈出信息化建设新步伐

——在全国人力资源和社会保障信息化工作座谈会上的讲话

胡晓义

（2015年4月23日）

这次全国人力资源和社会保障信息化工作座谈会的主要任务是，深入贯彻党的十八届三中、四中全会精神，落实全国人力资源和社会保障工作会议部署，总结2014年信息化工作，分析面临的形势，研究当前信息化人社面临的重大问题，部署2015年的工作。下面，我以坚持创新驱动为主题讲四点意见。

一、2014年信息化工作取得显著成效

体现为五个“新”：

（一）统筹兼顾，构建信息化发展新格局。经过不断学习、分析研判、实践验证，2014年以来，“省集中”、“一体化”已成为人社系统信息化工作的主导理念，在就业、劳动关系领域进展明显，在社保领域也加快了推进步伐，信息化建设和运行的格局正从以地市分散实施为主体向全省统一实施为主体转变。2015年3月，社会保障卡持卡人员基础信息库正式上线运行，10个试点省份完成部署实施，标志着基础信息全国范围集中、统一和动态管理取得重大突破，将进一步推进人社系统信息化建设一体化、规模化、集约化发展。

（二）全力推进，实现社会保障卡建设新突破。2014年社保卡发行连续突破6亿、7亿大关，2015年3月底实际持卡人数已达7.37亿人，覆盖了全国一半以上人口。11个省份提前完成“十二五”发卡任务。与此同时，社保卡工作重点转向发用并举，部里确定了102个用卡项目，47个地区正在开展综合应用试点。从医保结算应用到人社各项工作，再到政府其他公共服务领域，这一推进扩展路径，表明社保卡朝着“一卡多用、全国通用”的目标迈出了新步伐。

（三）多措并举，顺应人社领域改革新要求。中央确定的全面深化改革任务中，人社部门涉及项目多，仅2014年以来就相继出台了统一城乡居民养老保险制度、实施职工与居民养老保险跨制度衔接、推进医保监控和异地就医结算、促进落实高校毕业生就业创业扶持政策、机关事业单位养老保险制度改革等重大举措。信息化工作表现出主动进取的姿态：在改革谋划阶段，提前介入、模拟测算，为方案设计提供翔实数据支撑；伴随改革全过程，又积极跟进，为改革实施提供技术保障和验证分析。在劳动关系协调、收入分配、人事人才管理等工作中，信息化也发挥出越来越重要的支

撑作用。

（四）多方协同，取得跨层级、跨地区应用新成效。社保、就业、劳动保障监察联网监测等领域信息化手段应用覆盖率明显提高，多项业务的入库率已实现或接近“十二五”规划目标。社保关系转移、异地待遇资格协助认证、基本养老保险待遇状态比对查询、全国公共就业信息服务平台等跨地区系统的接入地区持续增加，业务量显著增长，应用效果显现。

（五）开拓进取，推动公共信息服务新发展。12333 咨询服务在全部省份开通，已基本完成“十二五”覆盖 90% 地市的任务要求，成为广大群众熟知和认可的人社系统又一便捷服务平台。一些地区积极拓展信息服务功能，实现了电话、网站、短信、自助一体机等电子服务渠道的综合应用，形成了以 12333 为品牌的信息服务体系。“掌上 12333”移动应用的开发和推广，开启了新一代信息技术在人社领域应用的先河。

二、信息化工作要高举创新的旗帜

党中央作出了“四个全面”的战略布局，对人社工作提出了一系列新的要求，人社领域的信息化工作也面临许多新形势、新机遇和新挑战。从人社事业自身发展来看，全面深化改革处于深水区和攻坚期，一系列重大制度改革、政策完善及其绩效追踪，都需要全面、及时、真实的数据作支撑，需要完备、高效、安全的信息系统作保障，需要多渠道、一体化的公共服务体系来推动。而且，改革冲破固有观念束缚和体制机制障碍，要求人社工作发展具有更强的整体性、协调性和更高的科学化、规范化水平。信息化建设必须适应这些新要求，在互联互通、共享协同和全过程参与上迈出更大步伐。从所面临的外部技术环境来看，随着云计算、大数据、物联网、移动互联等新一代信息技术的出现和普及，信息化对社会生活的渗透，比以往任何时候都更加全面、迅速、深入。2015 年“两会”政府工作报告明确提出了实施“互联网＋”行动计划，体现了国家迎接互联网和大数据时代的政策导向。人社领域的管理模式和工作机制必须跟上这一变革和创新的步伐，不断满足人民群众日益增长的公共服务需求。

2014 年，我们提出了“信息化人社”的战略构想，基本思路是“三全一领”，即全面信息化、全国一体化、全方位应用、引领业务发展。这是“互联网＋”在人社领域的具体体现。要使这一构想变为现实，必须时时处处把“创新”作为信息化工作的旗帜高高举起，具体做到四个创新：

第一，思想理念创新。新中国成立 60 多年，跨越了农耕社会、工业社会、信息社会三个大时代。对我们这一代人来说，既是幸运，也是挑战。思想观念跟上时代脚步，就能把握命运，开创未来；反之就会举步维艰，被时代抛弃。从事信息化工作的同志更要有这种深刻认识和紧迫感。“信息化人社”就是一个新理念，它意味着信息化在人社工作领域的重新定位，不是仅作为外在的、辅助性、技术性工具，而是内在的、总体性、机制性构成；“互联网＋人社”不等于信息技术与人社业务工作的物理叠加，而要对各项业务工作发挥更加主动的引领作用，以期产生效率倍增的化学反应。我要强调的另一个理念创新是，按照平等、开放的互联网思维，要在信息化建设和应用上牢固树立以服务对象为中心的观念。在建设思想上，从为人社部门自己建系统转变为广大群众建系统；在建设内容上，从以支持内部的经办为主转变为经办管理服务并重，高度重视服务对象的切身体验；在建设方法上，从只在内部进行设计论证转变为广泛吸收各方意见，发动群众参与创造。

第二，体制机制创新。省集中、一体化、一卡通等，既是信息化工作目标，更蕴含着全部人社工作新的体制机制。其内在要求是统一规范、完整准确、横向可流动、纵向能贯通。按照这一要求，以往分散割裂的管理体制和封闭运行的工作机制不再适用，必须打破重塑。

人社领域政策的制定和完善、业务模式的设计和优化、管理体制的改革和调整，都要从信息化的角度来思考和践行。各级人社部门、首先是领导层要有变革的决心和勇气，坚持整体思维，加强顶层设计；信息化工作机构要在这一变革中发挥主动作用，当好促进派，还要加强自身学习研究，提高支持和保障变革的能力。

第三，工作内容创新。回顾以往，人社领域的信息化经历了从重硬件到重软件、从实现流程到优化流程的发展，是一个创新过程；展望未来，在互联网和大数据时代，我们要在信息化工作内容上继续创新，更加注重数据的应用，实现从传统 IT（信息技术）向 DT（数据技术）的转变，使其在业务决策、实施、评估、完善中发挥更大效用。一是积极探索云技术在人社领域的应用，适应“省集中”对数千万甚至上亿人员数据集中管理、交叉比对、动态调整的需要。二是推动大数据资源深度应用，通过大数据技术与云计算的融合，构建大数据平台，挖掘大数据更多利用价值，为公共服务和社会管理提供更有力支撑。三是大力推广移动技术在人社领域的应用，为广大群众提供随时随地随需的服务。

第四，工作形态创新。推进信息化人社，信息化工作本身要不断创新方法，更重要的是，发挥信息化的动力机制，引领人社工作整体创新。要确立三个目标：一是“人本人社”，就是以群众的服务需求为出发点，用信息化来推动各业务之间的高度协同，各地区之间的广泛协作，政策制定与经办服务的统筹设计，窗口大厅与网络平台的联动服务、“线上”与“线下”的有机结合，让百姓办事方便、舒心；二是“智慧人社”，就是通过实时的大数据应用，提高决策支持的科学性、适用性，经办服务的针对性、有效性，监察监管的及时性、精准性；三是“透明人社”，就是通过网络平台和移动技术，公布充分的政策信息和经办程序，开放非涉密数据，提供咨询查询服务，接受社会监督，促进权力公开运行。

三、全力做好2015年信息化工作

2015年是全面深化改革的关键之年，全面依法行政的开局之年，也是“十二五”收官之年。做好2015年的工作至关重要。部里印发的信息化工作要点已经对全年任务进行了部署。按照创新的布局和要求，我强调几点。

（一）“省集中”要有新进展。省集中已经迈出坚实步伐，只能前进，不能后退。2015年的任务是：在区域布局上，西部地区全面开展省集中建设，东中部地区普遍制定省集中方案，并有2～3个省份迈出实质步伐。全部省份都要完成社会保障卡持卡人员基础信息库的集中部署，入库人数达到实际持卡人数的80%以上。在业务布局上，继续推进各项业务系统向省级的集中，机关事业养老保险系统从一启动就要全省集中部署，全部省份要完成省级集中的劳动关系一体化系统建设部署，支持劳动保障监察和调解仲裁信息化。在协同推进上，要结合省集中积极推进业务整合，特别是要建立就业失业登记、社会保险登记、劳动用工备案之间的信息共享和业务协同机制。要探索云计算技术在省集中中的应用。

（二）“一卡通”要有新局面。社会保障卡的规模优势和实用价值初步显现，要乘势而上，继续坚持发行与应用并重的工作思路。在发卡方面，2015年要确保完成“十二五”全国发卡8亿张的任务。在用卡方面，部里确定的102项用卡目录，今年计划开通50%。各地要全力推进拓展应用领域，实现养老保险和医疗保险业务的普遍用卡，基本实现省内异地持卡就医结算，有条件地区要积极推动在就业领域用卡，让人民群众切实感受到“一卡在手、保障无忧”的便利。部里将组织社保卡应用专项督导。

（三）确保重点改革任务要有新实效。对已经出台、2015年要付诸实施的重大改革政策，信息化要全力配合，加快信息系统的部署实施，为政策落地、规范操作提供支持。特别是机关事业单位养老保险制度改革，是人社领域社会保险、人事管理、收入分配三大业务板块的交集，信息系统建设必须统筹谋划，做好与相关系统的衔接。对于2015年计划推出的重点改革任务，信息化要及时跟进，早做准备，确保信息系统随政策和规程出台同步到位。要按照全面依法治国和全面从严治党的要求，大力推行人社系统的“阳光政务”建设。

（四）信息服务能力要有新提升。最近，部里印发了《人力资源和社会保障电话咨询服务规范》。各地要在实现12333平台全面覆盖的基础上，扩大电话咨询服务范围，丰富服务内容，进一步巩固和充实咨询队伍，提高咨询人员的服务能力和规范化服务水平。要以群众需求为导向，探索建立多元化的信息服务机制和一体化的公共服务体系，逐步实现大厅、网上、自助、电话、移动服务的有机联动。

（五）信息资源利用要有新举措。要扩大数据采集规模。既要重视经办过程中产生的业务数据，又要关注互联网、12333等公共服务渠道来源的数据，还要积极共享外部门数据，探索引入第三方社会数据，逐步形成支持大数据应用的数据资源基础。要提升数据质量。抓住持卡库建设、全民参保登记等契机，清洗数据，剔除垃圾，补正错漏，使数据的准确性有较大幅度提高。要加强数据分析。紧紧围绕深化改革的需要，为政策的制定提供更多实际数据支持。

2015年，在全面完成“十二五”规划的各项建设任务的基础上，要通盘谋划“十三五”期间的信息化工作。基本要求是，盯住2020年全面建成小康社会的目标，深入分析和牢牢把握“十三五”时期人社领域改革发展的需要，按照“信息化人社”的总体战略部署，注重发挥信息化的顶层统合、创新驱动、提质增效的重要作用，着力强化信息互通与业务协同，主动促进业务与技术的融合创新。加快金保工程二期立项步伐，力争资金早日到位，尽早启动建设。

四、强化风险意识，构筑廉洁、安全的信息化工程

在信息化快速推进的同时，我们要高度重视和严密防范两个风险，即廉政风险和安全风险。

在廉政风险方面，随着信息化建设所涉及的资金和纳入系统管理的业务信息越来越多，廉政风险也在增加。分析以往工作人员违法违纪案例，最突出的，一是在招标采购过程中收受贿赂；二是私自修改系统数据，冒领、骗取社保基金。信息化工作部门的领导者，要始终绷紧廉政这根弦，工程建设与廉政建设两手抓、两手都要硬。建立健全和落实相关管理制度，特别是在招标采购环节严格执行国家有关规定，不能图省事、绕道走，给腐败留空子；在系统运行中，要严格落实权限、责任规定，形成岗位间、人员间相互制约监督的工作机制，切实防范监守自盗等行为。要加强对工作人员的教育，常修职业操守，谨怀戒惧之心。

在安全风险方面，要以国内外不断发生的黑客事件，包括我们系统遭侵入、受损失的案件为警示，增强人民利益大如天的责任心，提高信息安全重于泰山的使命感，树立全国网络一盘棋的全局观，决不心存侥幸，决不疏漏懈怠，决不放过瑕疵，上下一致，群防群治，固长补短，切实将系统的安全水平提升到一个新台阶。还要跟踪新的安全技术发展，逐步采用自主可控产品，满足网络和信息安全的新要求。

争做一名人民满意的公务员

——在2015年中央机关初任培训公务员先进模范事迹报告会上的讲话

信长星

（2015年8月20日）

这次中央机关初任培训公务员先进模范事迹报告会暨新录用公务员宣誓仪式，是由中央组织部、人力资源社会保障部、国家公务员局共同组织的，这既是一堂公务员职业意识培养的强化课，也是一堂鲜活的公务员职业生涯规划的指导课。刚才，大家面对国旗进行了宪法宣誓，向党和国家、向人民作出了庄严承诺。夏志国、陈维、张惠领、高晓力、曹雷五位同志与大家分享了他们谋事创业、成长成功的宝贵经验，我听后感到很受教育。这几位同志，都是近年来受到表彰的人民满意公务员、先进工作者或先进集体代表，他们忠于职守、敢于担当、务实为民、勇于创新，在平凡的岗位上创造了一流的工作业绩，展现了高尚的思想境界和优良的工作作风是，我们大家学习的楷模。希望大家在今后的职业生涯中，自觉以他们为榜样，努力争做一名人民满意的公务员。

公务员是党治国理政的主体，是保证中国特色社会主义建设各项事业顺利推进的中坚力量。经过组织严格挑选，你们有幸成为这个队伍的一员，你们有理由为之自豪。更应该感到庆幸的是，我们正处在一个伟大的时代，一个变革的时代。对青年同志来讲，这就是一个激情燃烧的时代，一个奋斗的时代。以习近平同志为总书记的党中央，站在时代和全局的高度，作出了协调推进全面建成小康社会、全面深化改革、全面依法治国、全面从严治党的战略布局，明确了实现“两个一百年”奋斗目标、走向中华民族伟大复兴的“路线图”。我们比历史上任何时期都更接近、也更有信心和能力实现中华民族伟大复兴中国梦的目标。对于青年人来讲，还有什么比能够投身于这样一个注定要在中华民族光辉历史上留下浓墨重彩一章的伟大事业更值得庆幸呢？这同时又是一个充满挑战的时代。改革进入攻坚期和深水区，国际形势复杂多变，改革发展稳定任务之重前所未有，矛盾风险挑战之多前所未有。在这样一个重要的历史时期，贯彻落实“四个全面”战略布局，应对各种机遇挑战，更需要建设一支信念坚定、为民服务、勤政务实、敢于担当、清正廉洁的公务员队伍，为夺取全面建成小康社会新胜利、开创中国特色社会主义事业新局面提供坚强的组织保证。

习近平总书记指出：“青年有着大好机遇，关键是要迈稳步子、夯实根基、久久为功。”迈稳步子、夯实根基、久久为功这12个字，对新录用的公务员来讲，尤其要深刻领悟之，努力践行之。公务员是一份职业，但又不是一份普通的职业。选择了当公务员，就要牢记为人民服务的宗旨，就要始终以让党放心、让人民满意来要求自己。怎样才能做到让党放心、让人民满意呢？我想，至少要做到以下几点：

一要绝对忠诚。是什么支撑着作为“全国人民满意的公务员集体”红其拉甫海关的同志们在有“死亡之谷”、“生命禁区”之称的高海拔严酷地区兢兢业业地坚守？是忠诚。这也是其他几位同志在报告中都讲到的两个字，一个神圣的词汇。忠诚是对公务员最基本的政治要求，也是必须遵守的政治纪律。作为一名公务员，绝不允许在忠诚上打折扣，绝不允许与党离心离德，绝不允许背叛国家和人民的利益。

要忠于党、忠于国家，自觉做政治上的明白人。作为一名公务员，要时刻把牢政治方向，坚定政治立场，坚定对马克思主义的信仰，坚定走中国特色社会主义道路的信心，自觉在思想上、行动上与党中央保持高度一致，不断增强政治敏锐性和政治鉴别力，在大是大非面前保持头脑清醒、旗帜鲜明，经得起大风大浪的考验，在任何情况下都做到政治立场不移，政治方向不偏。

要忠于宪法，自觉做依法行政的排头兵。党的十八大和十八届四中全会对全面推进依法治国作出了战略部署。中央机关公务员更要带头学法、带头用法、带头守法，以上率下，在推动法治国家、法治政府、法治社会建设中发挥示范引领作用。为此就要不断增强依法行政意识，加强对宪法和相关法律法规知识的学习，严格按照法定权限和程序行使权力、处理问题。

要忠于人民，自觉做党的宗旨的践行者。负责便衣打扒的张惠领同志是怎么成为“神探亨特张”的？就是心里有群众，他认为，当警察，就不应当让群众提心吊胆地过日子，就要当群众依靠的一座山。这就是使命感、责任感。作为一名公务员，就要时刻把人民群众放在心中最重要的位置，把人民利益作为一切工作的出发点和落脚点，以让人民满意作为我们工作的价值追求，真正做到权为民所用、情为民所系、利为民所谋，全心全意为人民服务，努力实现好、维护好、发展好最广大人民根本利益。

二要敢于担当。敢于担当是习近平总书记提出的好干部的重要标准之一，是一种必备的履职能力，一种良好的精神状态，更是一种高尚的政治品格。习近平总书记还特别强调青年人要有担当，指出：“青年一代有理想、有担当，国家就有前途，民族就有希望，实现我们发展目标就有源源不断的强大力量。”一个人有多大担当才能干多大事业，尽多大责任才会有多大成就。只想当官不想干事、只想揽权不想担责、只想出彩不想出力的想法是要不得的。当前，在改革发展新的高度上爬坡过坎，更加需要我们增强责任感和使命感，贯彻“严”和“实”的要求，攻坚克难，推动改革大业取得新进展。

要敢于担责。责任重于泰山。大家要把全部心思都用在干事创业上，把全部精力放在履职尽责上。一个人要有所成就，就要勇于任事，遇事不推诿、不避责；就要热爱工作，雷厉风行、兢兢业业，以极端负责的精神对待工作，不懈怠、不敷衍。

要事不避难。越是重大任务或者艰苦环境，越是人才大显身手的好机会，也是培养人才、考验人才的最佳平台。中央机关经常遇到重大任务、重要工作和应急事项，要不怕吃苦，知难而进，把承担急难险重任务作为经风雨见世面的机会，在关键时刻豁得出来、顶得上去。

要开拓创新。创新是一个国家兴旺发达的不竭源泉，也是我们事业不断进步的根本动力。习近平总书记讲，“生活从不眷顾因循守旧、满足现状者，从不等待不思进取、坐享其成者，而是将更多的机遇留给善于和勇于创新的人们”。还特别讲到，“青年是社会上最富活力、最具创造性的群体，理应走在创新创造前列”。作为一名年轻公务员，就要保持昂扬向上的朝气，不因循守旧，不满足现状，开动脑筋，敢于创新。

三要甘于奉献。有付出才有回报。习近平总书记讲，“人的一生只有一次青春。现在，青春是用来奋斗的；将来，青春是用来回忆的”。希望大家以此来激励自己，趁着年轻多干事、多学习，在付出和奉献中增长才干，成就梦想。

要敬业爱岗。大家选择了公务员这份职业，就要热爱这份职业，全身心地投入工作。一个人要干好工作，前提是要严肃认真地对待工作，无论大事小事，都要尽最大努力，把事情做到最好；无论办文办事，都要一丝不苟、精益求精。陈维同志作为一名80后青年，能取得突出的工作业绩，获得诸多荣誉，她的体会就是四个“多一点”：多一点付出、多一点用心、多一点坚持、多一点创造。希望大家向她学习，下功夫钻研业务，注重学习思考，探寻工作规律，逐步成为业务上的行家里手、专家权威。

要从小事做起。大家进入机关后，过一段时间，可能会有“落差”，发现中央机关并不像想象的那样“高、大、上”，而是经常面对一些琐碎、细小、繁杂的事务。对此，有的同志可能会认为大材小用，甚至可能做事不上心、不用心、不精心。这种想法要不得。“天下难事，必作于易；天下大事，必作于细。”小事做圆满，才有做大事的基础。夏志国同志的公务员生涯就是从扫大街起步的，从一名环卫工人成长为朝阳市环卫局副局长、城市道路清扫保洁管理大队大队长。希望大家向他学习，摆正心态，立足岗位，从小事做起，从身边事做起，于细微处显精神，在细节中显水平。

要久久为功。空谈误国，实干兴邦。习近平总书记讲，“无数人生成功的事实表明，青年时代，选择吃苦也就选择了收获，选择奉献也就选择了高尚”。还特别讲到，“青年时期多经历一点摔打、挫折、考验，有利于走好一生的路”。大家到机关工作，要有激情，更要踏实，有韧劲，像总书记要求的那样，迈稳步子、夯实根基、久久为功，按照“三严三实”的要求做好每一件事。

四要勤于学习。学习能力是一种核心能力，也就是一种不断获得新能力的能力。好学才能上进，才能不断提高本领。高晓力同志之所以能成为一名优秀法官，成为涉外民商事审判领域的骨干，重要的一点就是她肯学习，爱钻研，勤于思考，善于把握工作规律。古人尚且讲活到老学到老，处在当今这样一个知识更新日新月异的时代，更需要终身学习。虽然大家都有比较高的学历，但学校学到的知识与实际工作遇到的东西还是有不小的差距，且不说刚进入机关要学，不学无法“入门”；今后更要学，不学就难以完成工作，更遑论开拓创新。只有学会学习、终身学习，才能不断提高，才能跟上时代发展的潮流，履行好岗位职责。

在学习内容上，要全面系统学习中国特色社会主义理论，学习党的路线方针政策和法律法规，同时要勤于学习业务知识和实际工作经验，广泛学习经济、法律、科技、文化、历史等方面的知识，以学益智、以学修身、以学增才。

在学习方法上，既要向书本学，又要向周围同志学、向实践学，关键是要有学习的意识，要做“有心人”，勤于实践，学以致用，善于思考。要把学习当作工作和生活的一种方式。只有下得苦功夫，才能求得真学问。也希望大家能够挤出时间，舍得放下一会儿手机，静下心来，平心静气地看看书，少看点八卦，多看几部经典和新书，不断优化知识结构，不断开阔思路视野，切实打牢履职尽责的基础。

五要严以律己。落实全面从严治党要求，必须从严管理公务员。作为一名公务员，就要对自己有更高的要求、更严的要求，甚至更苛刻的要求。有些事情，普通公民能做，作为公务员就是不能做；有些话，普通公民能讲，作为公务员就是不能讲。为什么？因为你是一名公务员，你的一言一行代表着党和政府的形象，必须“严”字当头，严以律己。

要严守纪律。要自觉遵守党章、党纪和国

家法律法规，时刻绷紧遵规守纪这根弦。要守规矩，机关里有很多优良传统和工作惯例，虽然不成文，但经过实践检验约定俗成、行之有效，也是我们做好工作的重要遵循。要自觉服从和执行上级依法作出的决定和命令，遵守组织程序、听从组织安排，做到令行禁止。

要严以用权。权力是把双刃剑，用得好可以为民造福，用不好就伤己害人。无论什么人、什么职位，滥用权力、以权谋私都逃脱不了党纪国法的惩处。一些贪官“苦难的童年、奋斗的青年、上升的中年、悲惨的晚年”的堕落轨迹，就是深刻的教训。大家要敬畏权力，坚持为民用权、依法用权、秉公用权，确保权力行使不偏向、不变质、不越轨。

要清正廉洁。在人情世故中纠缠，在糖衣炮弹前拱手而降，既会毁了事业，也会毁了自己。当公务员就不要想发财，想发财就不要当公务员。大家要珍惜来之不易的事业和人生，常思贪欲之害、常怀律己之心，如临深渊、如履薄冰地守住廉洁奉公的底线。要时刻检点自己的行为，对人情、面子、利益等问题，看得淡、放得下，不要以小节无碍宽容自己，不要以下不为例开脱自己，慎独慎微慎初，坚决把言行举止约束在法律红线之内。要自觉培养高尚生活情趣，管好娱乐圈、生活圈和交友圈，在业余时间和独处时刻也决不放纵自己。要自觉自愿接受人民群众的监督，慎言慎行，注意形象，努力做到言不出格、行不逾矩。

以上五点，只是做一名合格的公务员应当做到的几个主要方面，而不是全部，希望大家以更高的标准要求自己，坚定理想信念，锤炼品德意志，增长知识本领，矢志奋斗拼搏，在中央机关的广阔舞台上充分施展自己的聪明才智，担负起党和人民赋予的历史重任，在实现中国梦的伟大实践中书写无愧于时代的壮丽篇章！

在全国人力资源和社会保障工作会议上的总结讲话

信长星

（2015 年 12 月 29 日）

这次会议全面贯彻党的十八大和十八届三中、四中、五中全会精神，深入贯彻习近平总书记系列重要讲话精神，认真落实中央经济工作会议部署，在总结“十二五”、分析当前形势的基础上，勾画了“十三五”发展蓝图，对 2016 年工作作了全面部署，内容十分重要，是一次承前启后、继往开来的重要会议。马凯副总理的重要批示，对我们的工作给予了充分肯定，对做好 2016 年工作提出了明确要求和殷切希望，大家感到倍受鼓舞、倍加振奋。蔚民部长的讲话，总结成绩实事求是，分析形势视野宏远，讲“十三五”立意高远、重点突出，安排 2016 年工作任务明确、思路清晰，具有很强的思想性、指导性和可操作性，听后很解渴。大家感到，这次会议主题突出、内容丰富，达到了统一思想、凝聚共识，坚定信心、明确任务的目的，表示一定要认真贯彻好会议精神，扎实做好工作，全面完成各项任务。

2016 年及“十三五”时期的主要目标任务和工作要求已经明确，关键在于抓好落实。下面，我从抓好会议精神贯彻落实的角度讲几点意见。

一、统一思想

抓好落实，统一思想是前提。统一思想才能坚定信心，上下同欲，步调一致。党的十八届五中全会对全面建成小康社会决胜阶段目标任务作出了全面部署；中央经济工作会议对如何更好地适应和引领新常态进行了再动员，对 2016 年的经济工作作出安排部署。两次重要会议都对我们工作提出了许多新任务新要求，这些都已经充分体现在蔚民部长的讲话中。蔚民部长的讲话在全面把握中央精神、深入分析形势的基础上，明确了当前和今后一个时期我们工作的基本思路、目标任务和工作要求，明确了我们这个系统落实五中全会精神和中央经济工作会议精神的路线图和时间表。我们要把思想认识统一到中央的决策部署上来，统一到这次会议的具体安排上来，切实落到实处。要在全系统及时传达会议精神，重点是传达学习马凯副总理重要批示精神和蔚民部长讲话精神，进一步统一思想、提高认识、增强信心、明确任务。要尽快向当地党委政府汇报，提出落实意见，主动争取党委政府对我们工作的重视和支持，摆在经济社会发展的重要位置。要按照这次会议的要求和部署，紧密结合实际，进一步明确本地区工作的主要目标任务和工作措施，抓紧作出具体部署。

二、突出重点

抓好落实，最根本的是要落实好重点指

标、重点任务。这是硬任务。蔚民部长在讲话中提出了“十三五”时期十个方面的重点任务和明年六个板块的重点工作。各地要远近结合，统筹作出安排，以“钉钉子”精神抓落实。特别是对于明年的重点任务、重点指标，要逐项分解细化，明确责任分工和落实措施，早部署、早启动、早落实。

重中之重还是要把就业工作抓好，确保就业局势的稳定。这对经济社会发展来讲是优先目标，对我们这个系统来讲是政治责任，是第一位的任务。完成明年城镇新增就业 1 000 万人以上、城镇登记失业率控制在 4.5%以内的目标，既有不少有利条件和积极因素，也有不小的难度。有利条件在于，随着经济规模扩大、服务业占比增加和改革红利释放，经济增长的就业弹性在提高，中高速经济增长将对扩大就业保持较强的拉动力。难度在于，经济下行压力对就业需求的影响将进一步显现，而高校毕业生数量的增加、结构性改革中失业人员的增加这两大因素又将抬高劳动力供给，劳动力供求总量矛盾和结构性矛盾仍将叠加交织，其中结构性矛盾会更加凸显，对此要有清醒的认识和足够的重视。

抓好这项工作，从面上讲，还是要在推动就业创业扶持政策落实上下功夫，落实好援企稳岗、社保补贴、税费减免等政策，进一步拓宽就业渠道，开展失业人员再就业培训，加强就业服务，推进失业人员再就业。要加强社会保障制度的衔接，对困难人员及时提供基本生活兜底保障。配合处置“僵尸企业”等结构性改革措施，2016 年及今后几年要特别重视做好职工安置工作，要提早介入，摸清情况，做好测算，全程参与，妥善分流安置职工、处理好劳动关系。要积极防范和化解失业风险，针对重点地区可能出现的情况，要研究制定应对规模性失业风险预案。

三、锐意改革

抓好落实，改革也是硬任务，且更具挑战性。蔚民部长强调，要把改革创新摆在更加突出的位置，以改革创新统领各项工作。目前看，2016 年和 2017 年的改革任务非常繁重。已经出台的一系列重大改革举措需要认真落实，还要牵头制定多项改革成果形式，其中包括养老保险制度总体改革方案、基础养老金全国统筹、地市以上机关公务员建立职务与职级并行制度、公务员分类改革、职称制度改革等重大改革举措。讨论中许多同志都谈到，完成这些任务，时间紧、难度大、要求高，必须以敢于涉险滩、敢啃“硬骨头”的精神，采取有力措施，找准关键点，蹄疾步稳，全力推进落实。

要把握好质量和进度。一方面要切实提高改革方案质量，着力增强改革方案的问题针对性、内容关联性、程序完整性。针对我们许多改革方案面向职工群众的特点，还要做到通俗易懂、简便易行，易于理解和落实。另一方面要合理把握工作节奏，按照既定的时间表和路线图，有计划有步骤地扎实推进。从这两年情况看，一些改革项目没有按时完成，一些改革项目进展缓慢，前松后紧，淤积在年底，时间非常赶。必须在提高改革方案质量的同时，把握好时间进度，在时间上留有余地，在运转程序上留有空间，尽量把工作往前赶。地方在推进上也要及时跟进，合理把握时间安排和工作步骤。

要注重形成改革合力。部里在制定改革举措时将会注意两点：一是充分听取和吸收地方的意见建议，尽可能将各地发展的差异性考虑全、估计足；二是注意把较为成熟的改革思路适时向地方交交底、通通气，便于地方提前热身。各地也要制定好事权在地方的改革方案。在落实改革举措时，要加快制定配套政策措施，加强分类指导。同时，各地也要及时制定实施细则和工作方案，在实施中及时发现新情况、解决新问题，加强反馈沟通。还要加强协调，使各项改革举措相互间能有效衔接、相互促进、良性互动。

要加强宣传解读和舆论引导。我们的改革大都直接涉及人的利益，高度敏感、十分复杂，平衡利益关系协调难度大，社会关注度高，处理不好就有可能引发舆情事件，影响改革的进程。要伴随改革方案的出台实施，同步制定宣传和舆论引导方案，用群众喜闻乐见的方式做好宣传解读，让群众明白改在何处、利在哪里、惠从何来，合理引导预期，增进对改革举措的理解、认同和支持，同时要密切关注舆情，及时释疑解惑，回应社会关切，为顺利实施营造良好舆论氛围。

四、编制好“十三五”规划

抓好落实，规划是引领。“十三五”规划是全面建成小康社会决胜阶段的战略规划，意义尤为重要。要牢固树立和贯彻落实创新、协调、绿色、开放、共享发展理念，并融入人力资源和社会保障事业发展规划编制工作中。结合人力资源和社会保障工作实际和阶段性特征，蔚民部长提出了要坚持改革创新、公平正义、可持续、统筹协调、坚守底线，并提出了“十三五”时期十个方面的重点任务，可以说确立了编制我们这个领域“十三五”规划的四梁八柱，为编制好规划明确了基本思路。

要坚持目标导向和问题导向，紧紧围绕全面建成小康社会目标，深入分析研判经济发展新常态提出的新形势新任务新要求，深刻认识和把握我们领域存在的主要问题和面临的主要矛盾，谋划好未来五年的发展。要进一步明确主要指标、重点任务，研究提出一些具有标志性的重点政策、重大项目、重要举措，着力解决突出问题，切实补齐明显短板，增强规划的前瞻性、指导性、针对性和可操作性。

要按照国家规划编制工作的总体要求，在全面总结评估“十二五”规划纲要执行情况的基础上，深入研究、科学论证，加强沟通、注重协调，汇聚众智、凝聚众力，抓紧编制人力资源和社会保障事业发展“十三五”规划纲要和相关专项规划。希望各地对部里规划编制工作积极建言献策，结合部里总体规划和当地实际，抓紧制定本地区规划，为今后一个时期事业持续健康发展谋好篇、布好局。

五、创造性地开展工作

抓好落实，必须创造性地开展工作。落实不是层层传达、层层照转，不是以文件贯彻文件、以会议落实会议，落实应当是一个创新的过程，一个经过自己的艰难探索“把信送给加西亚”的过程。中央强调，要让创新贯穿党和国家一切工作，就是要求我们各项工作都要充分发挥主观能动性，发扬首创精神，以创新破解各种难题。讨论中，大家普遍感到，当期及今后一个时期，人力资源和社会保障工作形势更加复杂严峻、任务更加艰巨繁重，不少领域还面临着“两难”的选择，做好工作的要求更高、难度更大。这就需要创新。从落实的角度看，许多工作在实施中也都需要进一步创新，因为我们的许多政策都是框架性、原则性的，各地情况千差万别，必须用创新的办法、管用的措施，创造性地开展工作，这样才能让政策在本地落地生根。

要结合实际、因地制宜，创造性地落实重点工作和重大改革任务。深入实际开展调查研究，在吃透中央精神基础上，摸清实情，找准工作中的突出问题和矛盾，发挥创造性，探索适合当地实际的措施和办法。要充分尊重群众的首创精神，鼓励基层勇于实践、大胆去试，差异化探索，并及时总结可复制可推广的好经验好做法，提炼带有规律性的东西，充分发挥典型示范作用。

要求真务实、奋发有为，以更加饱满的精神状态抓好落实。近年来，国务院开展多次专项督查，今年分三批对不作为、懒政怠政行为进行了严肃问责，其中对我们在督查中掌握的几起事例的问责处理，目前正在核实研究过程中。今后，督查问责将常态化，我们要高度重视，引以为戒。要持之以恒地加强作风建设，增强责任感使命感，敢于担当，保持攻坚克难的锐气，激发干事创业的积极性主动性，以“三严三实”作风落实好各项工作。要加强学习，不断提高能力、素质和水平，打破思维定式、行为惯性、路径依赖，创造性地提出解决问题的新思路新办法，使我们的思维方式、认识水平、工作方法都能更好适应新形势新任务新要求。

抓住新机遇　适应新常态
引智要为我国现代化建设发挥更大作用

张建国

（2015 年 1 月 27 日）

这次会议的主要任务是，深入学习贯彻党的十八大和十八届三中、四中全会精神以及习近平总书记系列重要讲话，特别是在上海与外国专家座谈会上的重要讲话和今年 1 月习近平总书记等中央领导同志的重要批示精神，落实中央经济工作会议、中央外事工作会议部署，总结 2014 年主要工作，分析引进国外人才和智力工作面临的形势，部署 2015 年重点任务。

一、关于 2014 年引进国外人才和智力工作的简要回顾

2014 年，是党和国家各项事业开创新局面的重要一年，也是引进国外人才和智力工作改革创新，锐意进取，具有里程碑意义的一年。一年来，全国外专系统深入学习习近平总书记关于引进国外人才和智力工作的系列重要讲话，认真贯彻党中央、国务院的决策部署，以“一个服务、三项建设”为主要着力点，全面落实国家引智“十二五”规划，履职尽责，真抓实干，圆满完成了各项目标任务。

（一）党中央、国务院高度重视引进国外人才和智力工作。

2014 年 5 月 22 日，习近平总书记在上海主持召开外国专家座谈会，并发表重要讲话。讲话深刻把握国际国内发展大局，全面、深刻、系统地阐述了在中国特色社会主义建设进程中引进国外人才和智力以及改革创新引智体制机制等重大问题；提出中国要始终做一个学习大国，择天下英才而用之，以更加开放包容的姿态，不唯地域引进人才，不求所有开发人才，不拘一格用好人才；要遵循国际人才流动规律，切实保护知识产权，保障国外人才合法权益，让有志于来华发展的外国人才“来得了、待得住、用得好、流得动”。习近平总书记的重要讲话，充分体现了新一届中央领导集体对引进国外人才和智力工作的高度重视和殷切期望，是新时期引进国外人才和智力工作的科学指南，具有划时代意义。

金秋九月，新中国成立 65 周年国庆前夕，李克强总理会见 2014 年度中国政府“友谊奖”获奖专家、刘云山同志出席中华人民共和国成立 65 周年外国专家招待会、马凯副总理出席中国政府“友谊奖”颁奖大会，多位中央领导同志先后对引进国外人才和智力工作发表重要讲话。中央领导同志充分肯定了外国专家在我国现代化建设和改革开放中作出的重要贡献，充分展示了中国政府积极发展与世界各国互利合作、友好交流的坚定决心，对我们做好新时期引进国外人才和智力工作提出了更高要求。

（二）高端人才引进和培养取得新进展。

1. 国外高端紧缺人才引进工作扎实开展。一是围绕国家重大战略、重点工程、重大科技专项以及高校重点学科和科研基地建设，深入推进“外专千人计划”和高端外国专家项目。“外专千人计划”短期项目启动实施，第五批“外专千人计划”平台评审工作顺利完成。继续做好入选专家配套政策落实、联络服务和成果总结工作。2014 年批复经技类和文教类高端外国专家项目 686 项，项目执行率大幅提高。在引进专家个人的同时，更多专家团队被整体引进，引进形式更加多样化。二是立足服务产业转型升级、区域协调发展、两型社会建设、促进农业现代化，大力引进国外高层次人才和急需紧缺人才。全年批复经技类专家项目 2 723 项，资助聘请专家 11 132 人次；批复文教类专家项目 11 900 项，资助聘请专家 42 887 人次。独联体与东欧国家引智专项、软件与集成电路引智专项、首批“高校国际化示范学院推进计划”等重点项目稳步实施。三是各地区各部门把引进国外高端紧缺人才作为服务经济提质增效升级的重要抓手，结合工作实际制订实施了“外专百人计划”、高端外国专家团队引进计划、海外人才聚集工程等各具特色的国外高端人才引进计划，高层次外国专家服务机制不断完善，初步形成了协调推进的良好局面。

2. 出国（境）培训项目结构进一步优化，管理更加规范。一是服务国家重大人才培养工程。紧密结合经济社会发展重点领域、国家优先发展产业需求，加大对重大人才工程、重大科技专项高层次人才培养以及专业技术人才中长期培训项目的支持力度。二是认真贯彻中央关于出国（境）培训工作的新要求，从严制定、严格落实 2014 年出国（境）培训项目计划。全年批准培训项目计划 4.8 万人，总量较上年压缩 35%，党政干部类项目压缩 50%。三是贯彻落实中办、国办关于贯彻执行中央八项规定情况报告的通知要求，会同相关部委开展“加强对出国培训监督管理，压缩培训规模，提高质量”专项工作，深入调研摸底，建立会商机制，集中研究解决突出问题，规范化管理水平明显提高。联合中组部等部委完成《关于进一步加强因公出国（境）培训管理的意见》初稿起草工作。印发《关于改进出国（境）培训项目执行审批方式、提高审批效率的通知》，强化分级管理，实行网上报送、在线审批，审批效率大幅提高。

（三）引智法治化建设稳步推进。

1. 调研起草新时期引进国外人才和智力综合性指导文件。按照 2014 年中央文件和党内法规制订计划要求，我局负责牵头起草《关于加强新形势下引进国外人才和智力工作的意见》。局党组高度重视，加强组织领导，联合参与起草部门，以习近平总书记同外国专家座谈时的重要讲话精神统领起草工作。坚持以问题为导向，注重深入调查研究，努力把握国际国内形势，统筹考虑发展需要和现实能力、长远目标和近期工作，用改革的思路、创新的思维，努力在政策创新和破解体制机制障碍等方面提出新举措。目前，已完成《意见》（试拟稿）起草，待进一步征求意见、修改完善后，按照程序上报审议。

2. 统筹推进引智立法工作。会同人力资源和社会保障部，按照“吸引高端、控制一般、打击非法”的原则起草《外国人在中国工作管理条例》，拟建立标准统一、程序规范、公开透明、高效便捷的人才准入许可制度，使之与人才签证和居留制度有机衔接。组织开展外国人在中国境内工作指导目录及计点积分制度研究和试点工作，推动建立以市场需求为导向的人才引进及评价制度。与中组部人才局共同举办“国际人才交流和技术移民政策国际研讨会”，借鉴发达国家技术移民的有益经验，探索制定符合我国国情的技术移民法律制度。

3. 积极推进引智行政审批制度改革。严格执行国务院取消调整行政许可项目的决定，将原定 2015 年取消的“介绍外国文教专家来华工作的境外组织资格认可”事项提前至 2014 年完成。认真做好非行政许可审批事项清理调整工作，拟取消“境外培训承办机构资格认定”事项，其余四项非行政许可审批事项拟调整为政府内部审批事项，有关调整方案已上报，待国务院审改办批复。积极推进行政审批事项下放工作，将《外国专家来华工作许可》和《外国专家证》的申请受理、证件发放等工作逐步移交中国国际人才市场。建设“外国专家服务大厅”，为外国专家提供“一个窗口”规范化的便捷服务。制定实施《重点引智项目巡视检查工作暂行办法》，加强重点项目执行和经费使用的监督管理，及时堵塞管理漏洞。

（四）开发利用国外智力资源能力建设得到加强。

一是巩固、整合已有引智渠道，积极开辟更多高层次专家渠道。先后与国际马铃薯中心、匈牙利国家创新署、韩国职业能力开发署、美国规划协会、国际城市管理协会、英国皇家化学会签署人才合作备忘录；与加拿大里贾纳大学、瑞典乌普萨拉大学和新西兰梅西大学等续签人才合作备忘录，国际人才交流合作空间和领域不断拓展。二是继续做好外国专家建言工作。积极开拓建言渠道，加强与国内专家学者和智库合作，重视发挥建言咨询委员会作用，外国专家建言机制逐步完善，建言质量得到新提升。三是充分发挥驻外机构作用。立足服务国内引才需求，深化对外交流合作，开辟高层次引智渠道，加强对所在国人才政策调研，驻外机构前沿优势和窗口作用进一步发挥。四是加强“国际高端人才交流基金”建设。中国国际人才交流基金会获得非营利组织免税资格，与一些企业、社会组织签署捐助达5 000余万元的协议。五是围绕企业需求和高端人才培养，大力引进推广国外先进、适用和成熟的知识体系。参加美国项目管理、美国注册管理会计师培训的人数较上年有较大幅度增长。

（五）引智成果共享体系建设进一步加强。

加强国家级和省市两级引智基地体系建设，引智资源向发展现代农业、引进标准化高产高效种植模式、农作物优良品种和先进农业技术等方向聚焦用力。抓好基地带头人培训，组织重点国家级培训基地专题调研，努力发掘、培育重大引智成果。引智成果共享体系建设取得初步成效，引智成果共享平台进一步完善，专家库、项目库和成果库建设初具规模。外国专家来华工作证件系统功能逐步优化。全国引智信息管理系统开发和全国引智信息数据中心建设取得积极进展。第十届中美工程技术研讨会成功举办。“新中国65年十大引智成果”、“外籍人才眼中最具吸引力城市”、“建局60周年十大功勋外教”等评选活动的举办，使引智成果得到进一步体现。

（六）各地加快引智体制机制和政策创新步伐。

北京、上海、天津、福建、甘肃、宁夏等地积极探索，推动引进国外人才管理体制创新，实现了由一个部门统一负责外国人来华工作管理事务。北京、天津、黑龙江、青岛等地外专局联合当地公安、工商、教育等部门加大执法检查力度，净化市场环境，维护市场秩序。天津外专局出台《天津市文教专家聘请单位分类管理暂行办法》，探索外国专家分类管理新举措。福州海西引智试验区率先开展对台引智政策先行先试，实现对台港澳专家分类管理和服务；探索建立外国专家创新创业扶持政策，建立全国首个国际人才项目孵化器。山东日照引智试验区围绕重点产业大力引进高端外国专家团队，助推产业集群发展。

在肯定成绩的同时，我们也应该看到，当前引智改革发展中仍然存在一些问题，主要是：国外人才工作管理体制职能交叉分散、管理多头、政出多门，工作效率不高；引进国外人才法律制度缺失，相关政策不配套、不规范，透明度不高；开发利用国外高端人才智力资源的能力不足，市场主体不到位，国际人才评价标准不完善；外国人才出入境及居留不够便利，服务保障工作需要改善；出国（境）培训工作的针对性和实效性有待进一步提高；有些地方对引智工作还未给予足够重视等。这些问题需要我们在今后的工作中深入研究、积极探索、认真改进。

回顾2014年的工作，成绩来之不易。这得益于党中央、国务院对引进国外人才和智力工作的亲切关怀和正确领导，得益于各级地方政府的高度重视和各有关部门的支持配合，更凝聚着全国外专系统广大干部职工的辛勤劳动和汗水。在此，我代表国家外国专家局党组，向有关单位和部门，向全国外专系统广大干部职工致以崇高的敬意和衷心的感谢！

二、科学把握引进国外人才和智力工作面临的新形势新要求

2015年新年伊始，习近平总书记等中央领导同志在新华社《外国专家来华状况调研报告》上，就引进国外人才和智力工作作出重要批示。这是党的十八大以来，继两次外国专家座谈会后，总书记对引进国外人才和智力工作的又一次直接关怀和厚爱，是对全国外专系统的巨大鼓舞，更是激励我们深入推进新时期引进国外人才和智力工作改革发展的强大动力。

当前，我国经济发展进入新常态，中国经济将从要素驱动、投资驱动转向创新驱动。经济新常态下的创新与转型，首在人才。正如习近平总书记指出的“引进和用好海外人才，是创造人才红利、推动创新发展的重要手段”。我们在大力培养国内人才的同时，也要吸引、汇聚天下英才而用之，更加积极主动地引进国外人才特别是高层次创新型人才参与中国的改革发展和现代化建设。

经济新常态蕴含着新挑战新机遇，为我们事业健康发展创造了有利条件。习近平总书记的重要批示为推动我们事业发展进一步指明了努力方向。我们需要深入学习、准确把握这些新特征新要求，调整工作方向，聚焦工作重点，铆足工作干劲，务求工作实效。具体来讲，要着重实现三个方面的转型升级：

一是适应全面深化改革的需要，进一步发挥市场需求的导向作用。总书记强调，引进海外人才，要“进一步发挥市场需求的导向作用和用人单位的主体作用”。新常态下，政府将大力简政放权，进一步释放市场活力，这对于我们加快政府职能转变，放开政府这只看得见的手，用好市场这只看不见的手，推动实现国外人才智力资源的高效配置具有重要意义。

——在引进重点方面，把引进高层次创新型科技人才和经济社会发展重点行业、关键领域人才作为重中之重。总书记的重要批示深刻揭示了人才与创新的关系，指明了实施创新驱动战略的突破口和着力点。随着我国创新型国家建设和全面建成小康社会的深入实施，战略科学家、科技顶尖人才的严重匮乏，以及高新技术产业和现代服务业高层次人才的短缺，已成为制约我国提升自主创新能力和国际竞争力的关键因素。我们必须聚焦国家战略目标，瞄准世界科技前沿，大力引进世界顶尖人才和国外青年科学家来华创新创业。要进一步加强出国（境）培训的统筹规划，立足创新驱动、产业转型升级的紧迫需求，突出抓好我国创新型人才队伍出国培训工作，加大科技领域学科带头人和青年科技创新人才培养力度。

——在引才机制方面，逐步将市场机制作为主要方式。过去我国引进外国专家，实行的是计划审批制度，并通过政策手段直接推动和实施引才项目。随着改革开放的深入推进，这种政府主导的引才理念和模式也产生了引才指标化、项目碎片化、竞争同质化等副作用，需要着力向方向引导、规则制定、实施监督、优化服务转变，更加注重发挥市场、用人单位和中介组织的作用，逐步实现角色和定位的转型。要按照用人单位的实际需求和发展重点，不拘一格地引进和使用人才，灵活运用全职引进和柔性引才等多种形式，实现国外人才资源利用效率的最大化。要大力加强国际人才市场建设，积极发展人才中介机构，突出其社会化、市场化功能，提升专业化水平，培育运行有效的国际化人才市场体系。要整合分散的国外人才智力信息与资源，全面提升引智工作的效率和水平。要支持引导企业及社会有关方面健全多元化引智投入机制，积极鼓励有条件的地区、部门适时建立区域性、行业性国际人才交流双边基金。

二是适应深入推进依法行政、加快建设法治政府的要求，依法全面履行外国专家主管部门的职能。党的十八届四中全会指出，“各级政府必须坚持在党的领导下、在法治轨道上开展工作，加快建设职能科学、权责法定、执法严明、公开公正、廉洁高效、守法诚信的法治政府”。总书记强调，引进海外人才工作，“要坚持问题导向，紧紧抓住机遇，进一步健全政策法规、理顺管理体制”。落实全会精神和总书记重要批示，关键要把依法行政作为我们履职尽责的基本方式，运用法治思维和法治方式，以改革创新体制机制作为主要着力点，推动引智事业在法治轨道上健康发展。

——积极推进立法工作。目前我国还没有一部专门的引进国外人才方面的法律法规，这与世界上主要发达国家通过成熟完备的法律制度吸引人才的方式存在较大差距，是制约我们事业改革发展的最大瓶颈。当务之急是加强与相关部门的沟通协调，推进《外国人在中国工作管理条例》尽快出台，着重解决管理体制、评价标准、许可准入和服务保障、管理手段等方面的问题。从长远看，我们还需要尽快启动技术移民法立法进程，推动建立透明的、可预期的制度环境。同时，还要注意调动地方推动引智法治化建设的积极性，鼓励和支持地方大胆创新、先行先试，及时总结完善成功的经验，上升到法律制度层面。

——进一步理顺管理体制。现行引智管理体制不尽符合深化行政管理体制改革的要求，协调难度大、工作效率低，也给项目单位和外国专家来华工作带来诸多不便。当前，要以总书记重要讲话和重要批示为指导，积极推动《关于加强新形势下引进国外人才和智力工作的意见》出台，力争在破解引智体制机制障碍方面实现新突破。要借鉴世界主要国家的有益经验，最大限度减少多头管理、避免政出多门，整合分散的引智管理职责和公共资源，理顺部门职责关系，强化部门间协调配合，推动建立权责统一、运转高效、法治保障的引智管理体制。

——依法全面履行职责。坚持法定职责必须为、法无授权不可为。对职责范围内的事项，不管面临什么样的困难和挑战，都要勇于负责、敢于担当；对职责范围外的事项，绝不能乱作为。要进一步简政放权，对取消和下放的行政审批事项，加强事中事后监管，坚持放管并重，放而不乱；对保留的审批事项，优化程序，简化条件，推进阳光审批，接受社会监督。

三是适应构建开放型经济新体制和不断拓展深化外交战略布局的总体要求，深入实施更加开放的人才政策。习近平总书记强调，“要以海纳百川的姿态，实行更积极、更开放、更有效的政策，加快形成具有国际竞争力的人才制度优势，广泛汇聚海外英才，为我国现代化建设发挥更大作用”。这些重要论述，进一步明确了在全方位扩大开放的形势下，引进国外人才和智力工作的基本方针和发展方向。我们必须以更宽的视野、更广的胸怀，进一步优化吸引国外人才的政策环境，让有志于来华发展的国外人才“来得了、待得住、用得好、流得动”。

——增强人才政策开放度，择天下英才而用之。要在全球视野下谋划人才问题，敞开大门，与不同社会制度、经济模式和文化传统的国家深化人才交流合作，大力引进我国改革发展需要的各类高层次和急需紧缺人才。要积极创新引才模式，树立“不求所有，但求所用”的柔性引才观念，搭建高层次人才智力交流合作国际平台，拓宽高层次引智渠道，鼓励各国、各领域优秀人才以各种方式为我国经济社会发展服务。要进一步完善便捷高效的国外人才管理服务体系，加强门户网站建设，设立“一站式”窗口服务，为外国专家开辟出入境、居留、医疗保险、子女入学等方面的“绿色通道”，及时了解并帮助解决他们遇到的实际问题。

——遵循国际人才资源流动规律，在用好用活国外人才、提高国外人才效能上下功夫，推动形成具有国际竞争力的人才制度优势。要坚持需求导向，及时编制并动态调整国外人才在中国境内工作指导目录，提高人才引进培养与创新驱动发展需求的契合度。要借鉴国际通行做法，与有关部门配合，在科研教学等方面探索对国外人才实行国民待遇。要研究建立完善国外人才评价体系和激励保障机制，最大限度地调动国外人才的积极性和创造性。要通过引导规范外国人才中介服务，建设外国人才库与外国人才需求信息对接平台，简化外国人才流动办理程序，完善社会保障权益接续制度、知识产权保护制度等，为外国人才在国内流动创造条件。要继续推动完善人才签证、绿卡等管理办法，不断提升国外人才来华工作的吸引力。

三、关于2015年引进国外人才和智力工作的主要任务

2015年是全面深化改革的关键之年，是全面推进依法治国的开局之年。引进国外人才和智力工作的总体要求是：深入贯彻党的十八大和十八届三中、四中全会精神，认真落实习近平总书记关于引进国外人才和智力工作的系列重要讲话和重要批示精神，主动适应经济发展新常态下引进国外人才和智力工作的新特点，坚持改革创新，坚持依法行政，坚持问题导向，按照“抓管理、抓重点、抓成果”的基本思路，以“一个服务、三项建设”为主要着力点，大力引进国外高端紧缺人才和智力资源，进一步提高出国（境）培训质量和效益，持续推进引进国外人才和智力体制机制改革和政策创新，全面完成国家引智“十二五”规划目标任务，不断开创引进国外人才和智力工作新局面。

（一）深入学习贯彻习近平总书记关于引进国外人才和智力工作的系列重要讲话和重要批示精神，切实把思想和行动统一到中央部署和要求上来。

党的十八大以来，习近平总书记、李克强总理等中央领导同志高度重视引进国外人才和智力工作，先后发表一系列重要讲话、作出重要批示，为推动新时期引进国外人才和智力改革发展提供了基本遵循，指明了努力方向。全国外专系统特别是各级领导干部，要把学习贯彻习近平总书记重要讲话和重要批示作为当前和今后一个时期首要的政治任务，围绕中央部署和要求，抓住和用好历史机遇，努力把工作提高到一个新水平。

通过学习，进一步统一思想、提高认识、坚定信心，切实增强做好引进国外人才和智力工作的政治责任感和历史使命感；进一步明确引进国外人才和智力工作的战略定位，把引进和用好国外人才作为创造人才红利、推动创新发展的重要手段，切实增强为经济社会发展服务的大局意识和责任意识；进一步把握引进国外人才和智力工作的努力方向，以加快形成具有国际竞争力的人才制度优势为目标，积极完善政策和服务体系，切实增强创新意识和服务意识；进一步聚焦引进国外人才和智力工作的重点难点问题，坚持问题导向，理顺管理体制，持续攻坚克难，着力解决好制约工作发展的突出矛盾和薄弱环节。

各地区各部门要加强组织领导，结合工作实际，对学习贯彻工作作出专题部署，提出具体要求，务求取得实效。要大力弘扬理论联系实际的学风，坚持学以致用、用以促学，重点领会讲话和批示的重大意义，准确把握精神实质和丰富内涵。要加强与有关部门的密切配合，有效发挥企业、高校、科研机构等用人单位的主体作用，形成推动工作的整体合力。

（二）主动服务和融入国家发展战略大局，全力做好经济新常态下的引进国外人才和智力工作。

1. 积极服务创新推动产业结构优化升级。围绕实施创新驱动发展战略，以国家重大工程建设、重点基础性研究、关键技术攻关和重大装备开发为载体，重点引进一批能够引领突破前沿领域和战略技术能力的科学家和领军人才，推动国家重点领域建设和关键核心技术实现突破。围绕支持产业转型升级，加大新一代信息技术发展，重点支持电子商务、文化创意、互联网金融等服务业高层次人才引进和培养力度，推动新兴业态发展壮大。围绕加快转变农业发展方式，加大强农惠农引智项目支持力度，大力引进消化吸收国外先进实用种业、种植养殖技术和生产经营方式，继续深入推进农业引智成果示范推广体系建设。

2. 积极服务国家优化经济发展空间格局。主动融入“一带一路”、京津冀协同发展、长江经济带三大战略建设。坚持互惠互利、合作共赢的原则，深化与“一带一路”沿线国家的人文技术交流，建立完善向沿线和周边国家辐射和输出引智成果的新模式，促进国际区域友好合作交流。加强与国外相关部门和机构的合作，引进环境治理、防治大气污染、节能减排、规划建设等方面的管理经验和先进技术，为推动京津冀绿色发展、健康发展发挥积极作用。加大沿长江经济带各省市在生态环保、产业对接、基础设施等方面的引智项目支持力度，深化引智区域合作，助力长江经济带一体发展。继续围绕中央出台的一系列推动内陆和沿边开放的举措，加强和推进统筹国家区域发展的重大引智项目，为促进各地区协调发展、协同发展、共同发展作出新贡献。

3. 积极服务国家构建开放型经济新体制。科学把握国家对外投资快速发展的新形势，为更多国内产业、企业、装备加快“走出去”步伐服务，大力引进和学习国际先进技术、管理经验、品牌战略和海外销售渠道，积极支持企业培养更多适应“走出去”需要的各类人才，提高全球化经营水平。推动引智、引技与引资相结合，培育主动参与国际人才合作和竞争的新优势。围绕服务国家自贸园区建设，深入调研引智需求，研究提出切实可行的政策措施。

（三）积极推进引智法治化建设，全面提升管理服务水平。

1. 全力推动《关于加强新形势下引进国外人才和智力工作的意见》出台。以习近平总书记重要讲话和重要批示为指导，强化顶层设计，加快《意见》修改工作，谋划好新时期引智工作的总体思路、主要目标、重点任务、保障措施和实施机制。积极协调有关部门，推动《意见》尽快出台。认真研究《意见》贯彻落实的配套措施，着力构建更积极、更开放、更有效的引进国外人才和智力政策体系。

2. 加快推进引智法规制度建设。稳步推进《外国人在中国工作管理条例》起草工作，积极参与《人才工作条例》制定工作，努力为高层次外国人才来华工作提供良好的法治环境。继续推动《外国人在中国境内工作指导目录及计点积分方案》的试点和完善。加强技术移民立法研究，为适时启动技术移民立法进程做好准备。主动参与做好《干部教育培训工作条例》修订工作。改革完善中国政府“友谊奖”评审办法。

3. 进一步提升引智管理服务水平。规范引智行政审批，加强受理窗口建设，实行“一个窗口”服务。建立统一的行政审批网上受理平台，逐步实现引智项目网上申报和受理。建立完善外国专家来华工作许可和分类管理制度，在国家新闻出版广电总局和北京、天津、重庆等7个地区开展外国文教专家分类管理服务试点，研究探索外国专家管理服务工作新模式。规范外国专家建言工作机制，采取多种方式收集选题，强化建言措施落实。持续推进全国引智资源管理系统建设，完善网上供需对接平台，为用人单位提供更加优质的信息服务。

4. 高质量全面完成引智“十二五”规划目标任务。2015年是“十二五”规划收官之年。通过对引智“十二五”规划实施情况第三方评估，全面分析规划实施取得的效果，认真研究遇到的新问题以及存在的薄弱环节，研究提出有针对性的改进措施，确保规划任务目标顺利完成。加强对经济新常态下引智重大问题的调查研究，统筹谋划好引智“十三五”规划编制工作。

（四）加强高端人才引进和培养，深入实施人才发展规划，为全面深化改革服务。

1. 以深入实施“外专千人计划”和高端外国专家项目为引领，统筹推进各项重大引智工程。做好2015年度“外专千人计划”、高端外国专家项目工作。对“外专千人计划”实施情况进行评估，对政策落实情况加强督查。出台《高端外国专家项目管理办法》，建立高端专家需求收集发布制度，搭建对接平台，完善高端项目专家服务体系。坚持扶优扶强的原则，加大重点项目、引智专项支持力度，压缩常规项目规模。推进重点项目绩效评价工作，探索建立评价结果与引智资源分配挂钩机制。适时启动“高校国际化示范学院推进计划”第二批试点工作。

2. 进一步优化项目结构，加强监督管理，统筹抓好各类人才出国（境）培训工作。深入贯彻习近平总书记重要批示精神，严格控制出国（境）培训规模，科学制订出国（境）培训计划，切实提高培训质量和效益。有效利用国（境）外优质教育培训资源，加快培养我国高层次人才，大力支持专业技术人才和中长期出国（境）培训，从严控制党政干部出国（境）培训。继续开辟高层次专业化境外培训机构，探索新的合作方式和管理模式，科学引导组团单位择优选择境外培训机构，增强培训针对性和实效性。完善全国出国培训管理会商机制，在加强宏观规划、联合督查调研、数据统计报告、违规违纪查处等方面形成合力。积极推进出国（境）培训质量评估，强化对培训团组在境外期间的监管。

3. 大力开发利用国外智力资源，积极做好引智成果示范和推广工作。加强对国外智力资源开发利用的深入研究，进一步整合提升我们在渠道、系统、平台等方面积累的各类引智资源。巩固传统渠道，与更多高层次专家组织、境外培训机构建立合作关系。探索实施引智渠道分类管理办法。驻外机构要密切跟踪所在国科技创新、经济转型对人才资源开发利用的影响，积极向国内提出政策建议，推荐人才智力资源。精心组织好各项重大外事活动及第十三届中国国际人才交流大会。继续推进国际高端人才交流基金建设。完善评审机制，做好国家引智基地和示范单位评审工作。加快引进国外技术、管理人才项目管理系统建设，丰富专家库、项目库、成果库资源。做好优秀引智成果示范推广和共享工作。各地外专局也要进行积极探索，及时总结经验，切实提高开发利用国外智力资源和引智成果示范推广的能力和水平。

（五）巩固和拓展教育实践活动成果，以求真务实、善做善成的工作作风狠抓落实。

1. 凝心聚力，以改革创新精神推进各项工作。习近平总书记指出，“在新一轮全球增长面前，惟改革者进，惟创新者强，惟改革创新者胜”。新形势下实现引智事业改革发展新突破，必须用改革的精神、改革的举措消除引智工作的体制机制障碍。在引智实践中，要注意统筹谋划，积极稳妥，能改的先改，能试的先试，务求取得实效。对中央有明确部署、实践中条件成熟的，及时制定出台相关意见，全力抓好落实。对符合党的十八届三中全会精神，可以进行探索的改革事项，在一些地方先行先试，在积累总结经验的基础上逐步推广。要深入研究事关引智事业改革发展的前瞻性战略性重大问题，深化规律性认识，使引智工作在创新实践中不断丰富和完善。

2. 真抓实干，以“钉钉子”的精神确保目标任务顺利完成。“抓落实”、“抓到位”是习近平总书记强调最多的关键词。实现新时期引智事业健康发展，必须牢记我们肩负的职责，勇于担当、攻坚克难，把学习贯彻总书记重要讲话的成果转化为促进引智事业科学发展的政策措施和广大引智干部的自觉行动。要按照“三严三实”的要求，大力弘扬“钉钉子”的精神，进一步加大抓落实的力度，完善抓落实的机制，形成一级抓一级，层层抓落实的工作局面。要以教育实践活动带来的作风转变为动力，对一些重点任务、难点问题在抓具体、抓深入、抓成效上下功夫，坚持不懈地把难题攻下来，把任务完成好，切实做到善始善终、善做善成。

3. 学法用法，不断提高引智干部法治思维和依法办事能力。党的十八届四中全会强调，“要提高党员干部法治思维和依法办事能力”。这一要求赋予了新形势下党员干部素质能力新的内涵。作为引智工作的管理者和服务者，广大引智干部必须加强法律法规的学习培训，切实增强制度意识、规则意识，提高制度的执行力和约束力。要潜心钻研引智工作法律法规，增强依法管理能力，做好引智政策宣传，确保工作不出纰漏、服务不出差错，努力为项目单位和外国专家提供便捷高效的服务。要加强廉洁自律，强化大局意识，切实提高遵守党的政治纪律和政治规矩的自觉性和坚定性。

认真践行“三严三实”要求
为推动引智事业改革发展注入强大动力

张建国

（2015年5月5日）

党中央决定，2015年在县处级以上领导干部中开展“三严三实”专题教育。这是贯彻落实全面从严治党要求、巩固和拓展党的群众路线教育实践活动成果、持续深入推进党的思想政治建设和作风建设的重要部署，体现了党中央驰而不息推进从严治党的决心和态度。4月21日，中央召开“三严三实”专题教育工作座谈会，深入学习贯彻习近平总书记系列重要讲话精神，对开展专题教育工作进行安排部署。座谈会后，局党组迅速传达贯彻，研究制定实施方案，决定从4月底开始，在全局开展“三严三实”专题教育。按照中央要求，结合这次专题教育动员部署，我带头讲一次党课。主要讲三个方面的问题。

一、深刻理解“三严三实”的丰富内涵和重大意义

党的十八大以来，习近平总书记多次强调，党员干部特别是各级领导干部要严以修身、严以用权、严以律己，谋事要实、创业要实、做人要实。“三严三实”贯穿着马克思主义政党建设的基本原则和内在要求，体现着共产党人的价值追求和政治品格，明确了领导干部的修身之本、为政之道、成事之要，丰富和发展了党的建设理论，为加强新形势下党的思想政治建设和作风建设提供了重要遵循。

严以修身，就是要加强党性修养，坚定理想信念，提升道德境界，追求高尚情操，自觉远离低级趣味，自觉抵制歪风邪气；严以用权，就是要坚持权为民所用，按规则、制度行使权力，把权力关进制度的笼子里，任何时候都不搞特权，不以权谋私；严以律己，就是要心存敬畏、手握戒尺，慎独慎微、勤于自省，遵守党纪国法，做到为政清廉。谋事要实，就是要从实际出发谋划事业和工作，使点子、政策、方案符合实际情况、符合客观规律、符合科学精神，不好高骛远，不脱离实际；创业要实，就是要脚踏实地、真抓实干，敢于担当责任，勇于直面矛盾，善于解决问题，努力创造经得起实践、人民和历史检验的实绩；做人要实，就是要对党、对组织、对人民、对同志忠诚老实，做老实人、说老实话、干老实事，襟怀坦荡，公道正派。“三严”，体现了我们党的核心价值、独特优势、优良传统，蕴含的是马克思主义信仰、共产主义远大理想、中国特色社会主义共同理想等严肃的政治追求，是完善组织生活、贯彻民主集中制等严格的组织原则，是懂规矩、守底线、拒腐败、永不沾等严明的纪律要求。如果离开了“严”，就会导致信仰迷失、组织涣散、纪律松弛，最终失去凝

聚力、战斗力。“三实”，体现了我们党的思想路线，蕴含的是一切从实际出发、理论联系实际、在实践中检验真理和发展真理的思想路线，是尊重实践、注重实效的工作方法，是忠诚老实、认真踏实的处事态度。如果离开了“实”，就会脱离实际、贻误事业，最终失去民心民意、失去执政基础。中国共产党成立94年、执政66年的历史告诉我们，什么时候做到了“严”和“实”，党就坚强有力、坚如磐石，不断从胜利走向胜利；离开了“严”和“实”，党员干部就会出现问题，党的事业就会受到挫折。可以说，“三严三实”涵盖修身用权律己、谋事创业做人等多个方面，体现了世界观和方法论的有机统一、内在规律和外在约束的有机统一，是全面从严治党的重要内容，是协调推进“四个全面”的重要保证。

在县处级以上领导干部中开展“三严三实”专题教育，是党的群众路线教育实践活动的延展深化，是持续深入推进党的思想政治建设和作风建设的重要举措，是严肃党内政治生活、严明党的政治纪律和政治规矩的重要抓手，对于进一步增强党的创造力凝聚力战斗力，推进全面建成小康社会、全面深化改革、全面依法治国、全面从严治党，具有十分重要的意义。

第一，开展“三严三实”专题教育是深化作风建设、巩固党的群众路线教育实践活动成果的必然要求。经过党的群众路线教育实践活动，“四风”蔓延势头得到有效遏制，党风政风呈现出许多新变化新气象。同时也要清醒地看到，“四风”问题的病原体还没有根除，顶风违规违纪现象时有发生，许多深层次问题还需要进一步解决。可以说，转作风改作风正处在一个关键点、节骨眼上，乘势而上、持续用力，才能巩固和扩大成果；稍有放松、稍有懈怠，就可能故态复萌、前功尽弃。所以，我们要充分认识到，开展“三严三实”专题教育，就是要在已有基础上，再添把火、再加把力，巩固和拓展教育实践活动成果，把作风建设良好态势保持和发展下去，使好的作风成为党员干部的思想自觉和行动自觉。

第二，开展“三严三实”专题教育是加强思想政治建设、营造良好政治生态的迫切要求。当前，一些党员干部不守纪律、不讲规矩的现象，一些地方政治生态不好的问题比较突出，一个重要原因就是言行上失规失矩，管理上过宽过软。解决这些问题，也要从严上入手、从实处着力。所以，我们要充分认识到，开展“三严三实”专题教育，就是要加强思想政治建设、严肃党内政治生活，进一步明规矩、严纪律、强约束，形成从严从实的氛围，营造风清气正的政治生态。

第三，开展“三严三实”专题教育是锻炼过硬队伍、推进事业不断发展的现实需要。现在，我们正在协调推进“四个全面”战略布局，改革发展稳定任务之重前所未有，矛盾风险挑战之多前所未有，对我们党治国理政的考验之大前所未有。推进新常态下的引进国外人才和智力工作，不断提高工作的科学化规范化水平，迫切需要建设一支践行“三严三实”的引智干部队伍。所以，我们要充分认识到，开展“三严三实”专题教育，就是要大力弘扬从严从实精神，造就“三严三实”干部队伍，凝聚起团结奋进、攻坚克难的强大力量，以“钉钉子”的精神保证各项目标任务的完成。

第四，开展“三严三实”专题教育是对党的优良传统和思想作风的继承与发展。在革命、建设和改革的不同时期，我们党一贯高度重视思想政治建设和作风建设，坚持以全心全意为人民服务为根本宗旨，形成了理论联系实际、密切联系群众和批评与自我批评的“三大作风”，提出了务必保持谦虚、谨慎、不骄、不躁作风和务必保持艰苦奋斗作风的“两个务必”要求，为实现党的历史使命提供了根本保障。党的十八大以来，以习近平同志为总书记的党中央以作风建设为突破口，在全党深入开展以为民务实清廉为主要内容的群众路线教育实践活动，在县处级以上领导干部中开展“三严三实”专题教育，显示了我们党在作风建设上一鼓作气、一抓到底的决心和恒心。我们要认真学习领会“三严三实”的丰富内涵，充分认识开展“三严三实”专题教育的重要意义，把思想和行动统一到中央部署和要求上来，以饱满的热情和有力的举措做好各项工作。

二、充分认识“不严不实”的具体表现和严重危害

习近平总书记强调，办好中国的事情，关键在党、关键在人，在于有一支思想上、政治上、作风上全面过硬的执政骨干队伍。从我局的情况看，党员干部队伍总体是好的，特别是通过开展党的群众路线教育实践活动，广大党员干部进一步提高了思想认识，转变了工作作风，更加积极主动地履职尽责、敬业奉献、锐意进取，为推进引智事业改革发展作出了积极贡献。这是主流，必须充分肯定。同时也要清醒地看到，对领导干部来讲，“三严三实”意味着更高的标准、更高的要求，对照“三严三实”，在涉及信仰信念、党性修养、权力行使、纪律规矩、做人做事等方面，我们还有一些领导干部，或多或少存在着要求不严、作风不实的问题。

在严以修身方面，主要是理想缺失、信念动摇、精神迷茫、思想滑坡。有的精神懈怠、理想信念不坚定，不注重党性修养；有的政治意识不强，理论学习欠缺，不钻研经典原著，不真学真信真用；有的对中央精神的认识和理解浮于表面，对贯彻落实中央八项规定要求没有形成自觉，甚至还存在一定的错误认识；有的宗旨意识淡薄，忽视基层项目单位和群众利益，等等。分析这些问题，归根到底是理想信念发生了动摇。这些年来，一些腐败分子在忏悔时，无一例外地讲到，他们走向违法犯罪的根源，是理想信念出了问题。我局虽然没有发生违法涉刑案件，但 2012 年所属事业单位个别工作人员利用职务便利，弄虚作假骗取引智资金，严重违纪，给引智事业造成了不良影响。这也警示我们，放松世界观改造、不注重党性锻炼和道德修养，是导致违纪的根本原因。古人讲“修身、齐家、治国、平天下”，修身是排在第一位的。历代志士仁人身体力行，在修身方面留下了许多感人事迹。在延安时期，毛泽东同志就号召全党学习白求恩精神，做“一个高尚的人，一个纯粹的人，一个有道德的人，一个脱离了低级趣味的人，一个有益于人民的人”。事实证明，坚定理想信念，坚守共产党人的精神追求，始终是共产党人安身立命的根本。思想上的滑坡是最严重的病变，精神上缺钙就会得软骨病，理想信念动摇之际，就是自我要求放松之时，就会抵不住诱惑、禁不住考验、抗不住风险。

在严以用权方面，主要是滥用权力、公器私用、设租寻租、以权谋私。随着党风廉政建设和反腐败斗争的深入推进，大量贪污腐败案件被查处。这些违法违纪问题的发生，归根到底是当事人的权力观发生了扭曲，把公权力作为谋取个人私利的工具。习近平总书记指出，“我们的各级领导干部是人民的勤务员，我们的职权是人民赋予的，我们的责任就是向人民负责。所以，每一名领导干部要拎着乌纱帽为民干事，而不能捂着乌纱帽为己做官”。县委书记的好榜样焦裕禄就是这方面的典范。当他得知儿子看戏未买票，便严厉训斥并责令他拿钱到剧院补票；女儿中学毕业，被安排到食品加工厂腌咸菜。前不久，中央提出，推行各级政府部门权力清单制度。制定权力清单，就是要使行政权力在合法的行使范围，不能随意进入“禁区”；就是要治理庸政懒政、贪污腐败，管住权力任性。这些都启示我们，必须始终坚持为民用权、依法用权、廉洁用权。

在严以律己方面，主要是纪律松弛、组织涣散、我行我素、团团伙伙。有的自由散漫，纪律和规矩意识不强，对自身要求不严；有的事业心、责任感不强，工作有畏难情绪，干劲、闯劲有所减退；有的摆不正个人与组织的关系，特别在职务晋升上过多考虑个人利益，等等。近期中纪委网站曝光了一批违反中央八项规定的典型案例，我们局虽然没有发现这些现象，但仍要时刻以“吾日三省吾身”的精神警醒自己、鞭策自己，防止小毛病演变成大问题。我们党是以民主集中制为原则建立起来的政治组织，党的伟大，就在于能够自我净化、自我完善、自我革新、自我提高。一个党员干部，解决自己的问题首先要靠自己，常思律己之益、常思放纵之害，在管住自己的同时，还要管好自己的亲属和身边的工作人员，防止别有用心的人在他们身上打开缺口。周恩来总理总是叮嘱自己的侄辈，“不能因为伯父是国家总理，你们就有任何特权思想，更不能要求特殊照顾，这是我们共产党与其他政党的不同所在”。在看待个人与组织的关系上，要时刻记得个人的成长进步归根到底是组织教育培养的结果，没有组织提供的机会、岗位和平台，自己纵有再大的本事也没有用武之地。

在谋事要实方面，主要是本领恐慌、虑事不周、脱离实际、急功近利。有的学习不深、钻研不透、能力不足，面对新常态新任务感到无所适从；有的对重大改革任务如何实施研究不深不透，落实无招无力；有的执行中央政策和局党组部署打折扣、搞变通；有的重部署、轻落实，开会、发文、提要求较多，开展分类指导、有针对性地帮助项目单位和地方外专局解决实际问题做得不够；有的“一岗双责”意识不强，没有做到党风廉政建设工作和业务工作同研究、同部署、同落实，存在“一手硬一手软”的现象。谋事是做事的开始、成事的前提，只有一切从实际出发，求真务实，不好高骛远，不急功近利，不迷恋形式，不贪图显绩，才能把握好工作规律，谋成大事、谋成实事。云南保山原地委书记杨善洲同志就是求真务实、真抓实干的典范。他长期身居要职，为一方发展殚精竭虑，为群众利益鞠躬尽瘁，身后却没有为家庭留下什么物质遗产，将价值数亿元的林场交给了国家。他用自己一生的实践，铸造了一座谋事要实的丰碑。福建东山县原县委书记谷文昌同志，坚持为官一任、造福一方，带领东山人民苦干 14 年，终于把一个“沙滩无草光溜溜，风沙无情田屋休”的荒凉沙岛，变成了如今漫山木麻黄的绿色宝岛，用自己的实际行动赢得了百姓的信任和敬仰。习近平总书记撰文称赞他“在老百姓心中树起了一座不朽的丰碑”。我们要以此为镜，把心思多用在研究掌握引智政策法规上，多用在虚心听取干部群众意见上，多用在系统思考工作中存在的突出问题上，多用在有效推动重点任务落实上，多用在关心干部群众思想生活上，以更加务实的作风推动引智事业改革发展。

在创业要实方面，主要是为官不为、回避问题、不负责任、不敢担当。有的锐意进取、艰苦奋斗的精神减退，面对繁重的改革任务消极无为，不敢直面矛盾和问题，遇到难题绕着走；有的抢抓机遇的意识不强，工作主动性不够，责任心不强，不敢啃“硬骨头”；有的做思想政治工作不够深入细致，布置工作多，与干部职工开展经常性的谈心谈话少；有的单位副职对自身要求不高，当“二传手”，不能严格把关，怕越权越位，有畏难情绪，不愿多承担工作；有的单位在干部管理上失之于宽、失之于软，当“老好人”，等等。这些现象表明，不敢承担责任，就不是一名尽心尽责的好干部，更与共产党员求真务实、勇于担当的作风格格不入。“为官有为”是官之本分。如果只想当官不想干事，只想揽权不想担责，只想出彩不想出力，是没有资格做领导工作的。邓小平同志在“文化大革命”结束后再度出来工作时讲：“我出来工作，可以有两种态度，一个是做官，一个是做点工作。我想，谁叫你当共产党人呢？既然当了，就不能做官，不能够有私心杂念，不能够有别的选择。”这番意味深长的话，体现了一个共产党人的精神境界和宽广胸怀，为我们每一名党员干部干事创业树立了光辉典范。

在做人要实方面，主要是对党不忠诚、做人不老实，阳奉阴违、自行其是。有的热衷于摆花架子，做表面文章，报喜不报忧，工作不落实；有的为人虚假，两面人格，阳奉阴违，欺上瞒下，人前一样，人后变样；有的不如实申报个人重大事项，等等。这些都是做人不实的表现。党章明确规定，对党忠诚老实是党员必须履行的义务。每个党员在入党时，都庄严宣誓对党忠诚、永不叛党。如果背离了入党时立下的誓言，党员就不成其为党员，党的干部也不成其为干部。薄熙来、徐才厚等一贯以廉洁自律标榜自己，实际上却当面一套、背后一套。这些都充分暴露了其道德品质低下和“两面人”的真实面目。党员领导干部如果在道德情操上打开了缺口、出现了滑坡，就很难对党忠诚老实，很难做到清正廉洁。

以上这些现象，都是干部不良作风的突出表现，如果任其发展，就会像病毒一样侵害党的肌体，后果不堪设想。我们必须从思想上高度重视起来，扎实开展好“三严三实”专题教育，着力解决“不严不实”问题，努力在深化“四风”整改、巩固和拓展党的群众路线教育实践活动成果上见实效，在守纪律讲规矩、营造良好政治生态上见实效，在真抓实干、推动引智事业改革发展上见实效，努力建设一支政治坚定、能力过硬、作风优良、奋发有为的高素质引智干部队伍。

三、以“三严三实”的作风，凝聚推动引智事业改革发展的正能量

严字当头，从严从实，是党的群众路线教育实践活动的宝贵经验和重要启示。我们要以从严从实的作风认真开展专题教育，把专题教育作为一项重大政治任务融入领导干部经常性学习教育，坚持以知促行、知行合一，从严从实开展学习研讨，从严从实开好专题民主生活会，从严从实抓好整改落实，坚决防止和杜绝形式主义，把“三严三实”要求体现到履职尽责、做人做事的方方面面，为推动新时期引智事业改革发展提振精神状态、集聚更多正能量。

（一）切实打牢思想根基。作风方面存在的“不严不实”问题，都可以从思想上找到根源。践行“三严三实”，必须用好思想建党这个传家宝，在学习教育上下足功夫，以思想自觉引领行动自觉。一是深入学习习近平总书记系列重要讲话精神。要重点学习《习近平谈治国理政》、《习近平关于党风廉政建设和反腐败斗争论述摘编》，把握贯穿其中的立场、观点、方法，拧紧思想上的“总开关”；要重点学习习近平总书记关于引进国外人才和智力工作的系列重要讲话和批示精神，领会核心要义和精神实质，明确新形势下引智工作的总体目标、战略重点和努力方向，切实增强推动引智事业改革发展的责任感、使命感和紧迫感。二是认真学习党章和党的纪律规矩。党章是党的根本大法，集中体现了党的性质和宗旨，明确规定了党员的权利义务和对领导干部的基本要求，是全党必须遵循的总规矩。党员干部学好党章，就能明确言行的基本规范，弄清楚自己该做什么、不该做什么，能做什么、不能做什么。可以说，对党章了然于胸，是对每一名党员领导干部的起码要求。三是积极践行社会主义核心价值观。弘扬中华民族优秀传统美德，恪守社会公德、职业道德、家庭美德和个人品德，自觉远离低级趣味，始终保持健康生活情趣和高尚道德情操，不断夯实中国特色社会主义的思想道德基础。四是充分发挥先进典型的示范作用和反面教材的警示作用。认真学习焦裕禄、谷文昌、杨善洲、沈浩等先进典型，从中找到差距、见贤思齐，深学细照笃行；从周永康、薄熙来、徐才厚、令计划、苏荣等违纪违法事件中吸取教训，明底线、知敬畏，切实做到警钟长鸣。

（二）切实加强制度机制建设。解决“三严三实”问题，既要向思想建党要自觉，也要向制度建党要约束，向两者结合要长效，积极推进实践基础上的制度创新，探索建立践行“三严三实”的制度机制。一是严格党内政治生活制度。党内政治生活是党组织教育管理党员和党员进行党性锻炼的主要平台。要把“三严三实”专题教育与党组中心组学习、“三会一课”、年度民主生活会结合起来。要充分谈心交心，既主动说出自己的问题，也点出对方的问题，把问题谈深谈透。要拿起批评和自我批评的武器，开展积极健康的思想斗争，出以公心、与人为善，出汗排毒、使人受益。要努力形成和谐融洽的同志关系和风清气正的工作环境，使每一名干部能够聚精会神干事创业。二是严格党的纪律和规矩。要通过严格的纪律和规矩约束，保证干部在用权、谋事、创业中不谋私利、不尚空谈、不求浮夸、不图享乐，牢记自己的第一身份是共产党员、第一职责是为党工作，带头讲政治、顾大局，懂规矩、守纪律，时刻做到心中有党、对党忠诚。三是严格干部管理制度。要按照“三严三实”的要求，进一步完善竞争上岗制度，研究加强平时考核办法，研究落实主要负责人考核方式方法，加大干部培训和实践锻炼力度，加强干部监督管理，引导干部重实干、出实绩，让努力践行“三严三实”的干部有舞台、有位子，成为激励他们积极进取的强大动力。

（三）注重坚持以上率下。这是教育实践活动的一条成功经验。这次专题教育，中央政治局带头开展，并明确提出坚持以上率下、示范带动。作为党组书记，我要承担起专题教育第一责任人的责任，既要率先垂范，带头参加教育、接受教育，又要站在一线、靠前指挥、具体指导，全力抓好各项重点工作，自始至终把责任扛在肩上。党组其他成员，也要坚持高标准、严要求，紧密联系实际带头学习提高，带头查摆解决“不严不实”的问题，发挥带学促学作用。也要适时给分管单位处级以上干部讲党课。各单位主要负责同志要时时处处带好头，带头整改抓好整改落实，力争学习研讨更深入、党性分析更深刻、整改问题更彻底、执行制度更严格，从而带动专题教育有效开展。各单位其他班子成员要进一步锤炼过硬作风，强化责任担当，以更高的标准、更严的纪律，规范自己的言行，在作风建设上走在前面，为普通党员干部树标杆、做表率。各单位的领导班子不仅要把班子建设好，还要带好队伍，起到示范作用。处级干部要从我做起，对照党章等党内规章制度、法律法规和党的优良传统，对照正反两方面典型，联系个人思想、工作实际，深入查摆“不严不实”问题，进行党性分析，积极参加专题组织生活会，严肃认真开展批评和自我批评。

（四）注重突出问题导向。“三严三实”是针对党的思想政治建设和作风建设中的突出问题提出来的，专题教育也要针对问题来开展，这是确保专题教育取得实效的关键。一是把问题意识、问题导向贯穿全过程。无论是专题党课、专题学习研讨、专题民主生活会和组织生活会，还是整改落实，都要聚焦问题、对准问题，把发现问题、解决问题作为出发点和落脚点。二是从具体事情抓起、改起。紧紧盯住不严不实的问题和具体表现，一条条梳理、一项项分析，弄清事情性质、找准症结所在，以解决问题的成果检验专题教育的成效。要坚持边学边查边改，坚持思想问题和实际问题一起改，大问题和小问题都不放过。三是持续深入开展专项整治。既要落实好教育实践活动确定的重点整治任务，又要把机关干部、项目单位、外国专家和基层党员群众反映集中的“不严不实”问题纳入专项整治内容，集中施策治理，加强跟踪问效，切实把干部群众和服务对象满意不满意作为检验专题教育成效的重要标准。

（五）注重“两手抓、两促进”。当前和今后一个时期，党和国家的工作大局是落实好“四个全面”的战略布局。引智工作在“四个全面”战略布局中要乘势而上、主动作为，发挥积极作用。开展“三严三实”专题教育，要切实做到专题教育与引智业务工作有机结合、相互促进，两手抓、两不误。一要以勇于担当的精神“两手抓”。当前，外专局面临重要历史机遇和艰巨的发展任务，尤其需要广大党员干部保持奋发有为、勇于担当的精神。精气神上不去，就解决不了难题，应对不了挑战。要通过开展专题教育，促进领导干部提振好精神、锤炼好作风、展现新作为，勇于直面和解决矛盾和问题，切实肩负起推动引智事业改革发展的重任。二要以科学有效的方法“两手抓”。坚持问题导向，加强顶层设计，打破思维定式，把握工作规律，狠抓党和国家各项方针政策、工作部署要求的落实，这些都是我们的工作职责，与“三严三实”的高标准、严要求是内在一致的。要把“三严三实”的要求贯彻落实到引智工作的各项任务中，进一步提高工作的科学化规范化水平，把中央的决策部署不折不扣落实到位。三要以锲而不舍的作风“两手抓”。发扬“钉钉子”的精神，以踏石留印、抓铁有痕的劲头，一抓到底，抓出成效。要加强重点工作的督促检查和跟踪问效，强化引智工作各关键环节的有效监督，推动各项工作取得实实在在的成效，把党和人民赋予我们的职责履行好、担当好！

攻坚克难　开拓创新
努力推动争议处理效能建设取得新发展

邱小平

（2015年3月25日）

这次会议的主要任务是，学习贯彻党的十八大和十八届三中、四中全会精神以及党中央、国务院关于构建和谐劳动关系的决策部署，落实全国“两会”和全国人力资源社会保障工作会议的要求，总结2014年的劳动人事争议调解仲裁工作，分析面临的形势，交流学习江苏等地区的经验做法，进一步安排部署今年的工作任务。

一、2014年调解仲裁工作取得的成绩

2014年，全国人力资源社会保障系统和各级调解仲裁机构面对复杂的劳动人事争议处理形势，勇于担当、主动作为，圆满完成了年度各项目标任务，调解仲裁质量和效率进一步提高。全国各级调解仲裁机构共处理争议案件155.9万件，结案136.2万件。其中，调解组织结案65.1万件，仲裁机构结案71.1万件，仲裁结案率为95.2%。调解仲裁作为重要的劳动纠纷解决机制，在构建和谐劳动关系和维护社会稳定中发挥了不可替代的重要作用。

一年来，各地积极推进劳动人事争议处理效能建设，取得了新的明显成效，为公正及时解决争议创造了有利条件。一是基层调解组织及其规范化建设取得新进展。截至2014年年底，全国街道（乡镇）劳动就业社会保障服务平台调解组织组建率超过70%，大中型企业和商会（协会）劳动争议调解组织组建率进一步提高。企业劳动争议预防调解示范工作深入开展，示范引领作用逐步发挥。认真落实部里关于加强基层调解工作规范化建设和启用调解组织标识的通知要求，推动基层专业性调解组织标识、名称、工作职责、工作程序、调解员行为规范及调解员证书“六统一”工作取得重要进展。二是仲裁机构实体化建设取得新突破。截至2014年年底，全国仲裁院建院率达到82.7%，其中市级建院率达到88.8%、县区级达到81.7%，分别比上年提高了7.2个和10个百分点。一些仲裁院建设先行地区积极推进标准化建设，在规范仲裁庭设置、人员配备、工作流程、内部管理等方面提升了水平。三是仲裁办案制度建设取得新成果。一些地区从立案、庭审、调解、送达等环节入手，完善管理制度，健全工作标准，重塑工作流程。有的地区依法细化了纳入终局裁决的争议范围，统一了裁审标准。一些地区创新仲裁办案方式，围绕争议案件焦点问题进行庭前指导、审理和拟制仲裁文书，有效提高了仲裁办案效率。四是调解仲裁信息化建设取得新成效。截至2014年年底，全国所有省区市都启动了调解仲裁办案系统推广使用工作，有9个

省区市已正式上线运行。一些地区通过使用办案系统，推动了办案程序标准化、规范化，加强了对案件处理的全程指导和监督，实现了仲裁工作精细化管理。五是调解仲裁队伍建设取得新成果。各地按照部里出台的仲裁员任职培训大纲，建立分级培训制度，创新培训工作方式，加大了业务培训力度，增强了培训的针对性和实效性。同时，积极开展调解仲裁机构改进作风专项行动，增强服务意识，改进服务措施，提高服务能力，服务效率和质量明显提升。

二、2015年调解仲裁工作的重点任务

当前，劳动人事争议调解仲裁工作的历史发展机遇和挑战并存。一方面，党的十八大和十八届三中、四中全会将这项工作摆在改善民生和社会建设的重要位置，提出了一系列新任务、新要求。中共中央、国务院日前刚刚印发的《关于构建和谐劳动关系的意见》（中发［2015］10号），明确了当前和今后一个时期健全劳动争议调解仲裁机制的政策措施。2015年的《政府工作报告》也强调，要健全劳动监察和争议处理机制，让法律成为劳动者权益的守护神。党中央、国务院作出的战略部署，为调解仲裁工作创新发展提供了基本遵循，指明了发展方向。另一方面，我国仍处在社会转型关键期、结构调整阵痛期和增长速度换挡期“三期叠加”，新生代劳动者的权益诉求及其表达方式也发生了明显变化，劳动关系矛盾已进入凸显期和多发期。特别是随着经济发展进入新常态，经济下行压力还在加大，企业生产经营困难增多，结构调整和国有企业改革阵痛显现，这些都将增加劳动关系的不稳定性，劳动争议案件可能居高不下，集体劳动争议增多，调处任务艰巨繁重。我们既要增强机遇意识和责任意识，又要增强忧患意识，更加积极主动地做好工作。

2015年是全面深化改革的关键之年，是全面推进依法治国的开局之年，也是“十二五”规划的收官之年。面对新的形势，今年调解仲裁工作的总体要求是：认真贯彻落实党中央、国务院的决策部署和全国人力资源社会保障工作会议要求，紧紧围绕“四个全面”的战略布局，继续以加强劳动人事争议处理效能建设为工作主线，主动适应经济发展新常态，坚持“鼓励和解、强化调解、加快仲裁、衔接诉讼”的方针，坚持稳中求进工作总基调，坚持问题导向、改革创新，加大推进调解仲裁组织机构、制度机制、人员队伍、基础保障和信息化建设力度，全面完成“十二五”规划目标任务，进一步提升调解仲裁服务能力和社会公信力，及时有效预防化解争议，维护劳动关系和谐稳定。

（一）依法公正及时解决劳动人事争议。要以劳动报酬、社会保险、终止和解除劳动合同争议为重点，加大调解仲裁力度。主动把握企业改革和结构调整等提出的新要求，妥善化解因企业停产倒闭、提前解散、兼并重组、转移搬迁等引发的劳动争议。落实重大集体劳动争议调处机制，对于发生的集体劳动争议，要会同工会、企业代表组织及时介入，尽量引导双方通过调解化解，调解不成及时引导进入仲裁程序。对于涉及农民工、女职工、残疾人等特殊群体的争议案件，要开辟“绿色通道”，做到优先受理、优先调处、快速结案。通过努力，使50％以上的争议通过调解方式得到解决，仲裁结案率达到90％以上。

（二）全面完成“两基”建设目标任务。目前，基层劳动争议调解组织建设和劳动人事争议仲裁院基本建设在地区之间进展不平衡，一些地区覆盖范围仍然不大，全国总体上离部里提出到“十二五”期末的建设目标还有差距，一些已建街道（乡镇）劳动就业社会保障服务平台的调解组织和仲裁院工作基础也还比较薄弱，需要继续下功夫加以解决。一是要加大分类推进仲裁院建设力度。各地要对照今年全国基本完成仲裁院建设目标的要求，制订完善工作计划，采取“台账销号”办法，狠抓贯彻落实，建院进度滞后的地区尤其要加快推进步伐，确保年底全国市级建院率达到90％以

上、县区级达到85%以上。已建仲裁院要着力加强办案场所、工作制度、仲裁员队伍、信息化等建设，逐步提高规范化、标准化水平。二是要继续加大基层调解组织建设力度。各地要进一步推进街道（乡镇）劳动就业社会保障平台调解组织建设，确保年底全国街道（乡镇）调解组织组建率达到80%以上。同时，要会同工会、企业代表组织继续贯彻落实《企业劳动争议协商调解规定》，进一步提高企业、商会（协会）劳动争议调解组织组建率。

（三）大力推进专业性调解工作规范化建设。各地要针对当前一定程度上存在的企业劳动争议调解委员会作用虚化、街道（乡镇）调解组织人员弱化、人社部门在调解工作中主导作用发挥不够等问题，积极推进基层专业性劳动人事争议调解工作规范化建设，提高调解组织工作效能和社会公信力，切实发挥调解在争议处理中的基础性作用。一是要加快实施基层调解工作规范。要指导督促尚未落实部里关于调解工作规范化建设要求的各类基层专业性调解组织，尽快实现"六统一"，并将调解工作程序、调解组织工作职责和调解员行为规范在办公地点上墙公布，完成调解组织标识制作悬挂和调解员证书制作发放工作。二是继续做好企业劳动争议预防调解示范工作。要制定量化考核指标，及时对开展示范的非公有制企业、商会（协会）进行检查验收。做好第二批国有企业劳动争议预防调解示范工作。同时，采取措施加大对示范单位的宣传推广力度，进一步发挥示范引领作用。三是要完善调解工作机制。要完善并落实调解建议书、委托调解、调解协议仲裁审查确认等工作制度，使劳动人事争议更多通过调解得到化解，提升调解协议的执行力。要创新调解工作方式方法，善于根据争议复杂程度和当事人具体情况分类开展调解，努力提高成功率。各地要会同综治部门加强对专业性劳动争议调解工作的指导，推动健全人社部门主导、有关部门和单位共同参与的专业性调解联动工作机制，不断提高专业性调解能力。

（四）进一步创新完善仲裁办案制度。各地要着力探索完善仲裁办案制度和机制，解决仍然存在的终局裁决规定落实不到位、诉讼化倾向明显、裁审衔接不畅等问题，为当事人提供优质高效的仲裁服务，提高仲裁公信力。一是要切实落实终局裁决规定。要研究细化终局裁决范围，统一终局裁决裁审标准，提高争议案件终局裁决比例。二是要创新仲裁办案方式。完善仲裁委员会工作规则，推广"三方驻会办案"做法。加强对争议案件的分类处理，对于小额、简单争议案件，普遍适用简易程序。改进庭审方式，进一步围绕争议案件焦点问题审理案件。三是要优化仲裁办案程序。要着眼于提高仲裁效率和质量，进一步完善立案、庭审、送达等重点环节的制度规范，搞好各环节的有机衔接。在立案环节，探索实行导诉制、立案登记制和预约立案、网上立案等方法，做到有案必立、有诉必理，保障当事人申诉权，方便当事人申请仲裁；在庭审环节，规范和改进庭审程序，缩短庭审时间；在送达环节，可开设邮政仲裁专递，采用网上和布告送达等灵活方式。四是要加大仲裁办案指导监督力度，加强裁审衔接。要探索建立典型案例指导制度，加强对疑难复杂案件的办案指导。要健全仲裁委员会内部监督和错案责任追究机制，积极推进仲裁公开，打造开放、动态、透明、便民的阳光仲裁。要加强裁审工作协调，建立健全仲裁机构与法院定期沟通协商、疑难复杂案件研讨、案件信息交流等制度，搞好裁审衔接，统一法律适用标准和裁审尺度。

（五）加快调解仲裁信息化建设。要进一步加大推广使用调解仲裁办案系统的力度，切实提高调解仲裁工作信息化水平，实现仲裁办案规范化、监控管理透明化、公共服务便捷化。一是要推动尚未使用办案系统地区尽快启用。要将推广使用办案系统作为今年"信息化人社"建设的重点，年内处于测试或试用阶段的地区要正式上线运行，处于筹备阶段的地区要启动实质建设，确保完成本地化开发，具备上线运行条件，力争年底前实现地市级调解仲裁机构全覆盖。二是要统一省级集中建设模式。尚未开始系统建设的地区，必须按照省级集中模式建设；已按照地市集中模式完成系统建设的地区，今年底前要制定改造方案。三是要督促开展线上办案。要加大督促检查力度，推动所有已完成系统建设的调解仲裁机构通过办案系统实现线上办案。研究建立办案监测信息上报制度，加强对办案系统使用情况的监测，逐步实现部、省、市三级都能全面、动态地掌握辖区内的争议案件处理情况。

（六）切实加强调解仲裁队伍建设。我国调解仲裁队伍总量不足、专业化程度整体偏低的问题仍然比较突出，与当前的争议处理形势不相适应。各地要持续加强调解仲裁队伍建设，努力建立一支政治素养高、业务能力强、工作作风好的专门队伍。一是要进一步充实调解仲裁力量。要通过调剂事业编制、政府购买服务、开发公益岗位等多种途径，充实街道（乡镇）调解员队伍。要合理配备仲裁员队伍，优化仲裁员结构，采取公开选聘方式把好专职仲裁员入口关，充实具有法律背景的人员，提高仲裁队伍专业化水平。二是要进一步加强培训工作。各地要认真落实部里下发的调解员、仲裁员培训规划和仲裁员任职培训大纲，加大培训工作力度，落实分级培训责任，进一步增强培训的针对性和实效性。三是要进一步加强行风建设。要落实部里关于建立窗口单位作风建设长效机制的要求，巩固、延续和拓展调解仲裁机构改进作风专项行动成果，不断完善服务规范、服务用语和纪律要求，持续提升服务能力和水平。

三、做好 2015 年工作的几点要求

面对繁重的调解仲裁工作任务，我们要按照习近平总书记关于“三严三实”的要求，锐意进取，真抓实干，确保完成全年各项任务。

（一）加大工作落实力度。2015 年的调解仲裁任务已经明确，我们要以奋发有为的精神状态、扎实有效的工作措施抓落实，按照“四个明确”（明确任务、明确责任、明确时限、明确要求）的要求，建立健全工作目标责任制，一抓到底、抓出成效。要加强对工作落实情况的督促检查，2015 年部里将组织开展争议处理效能建设督查活动，各地也要加大督查力度，对发现的问题要拉清单、建台账，限期整改，对账销号，以“钉钉子”的精神推动各项工作落到实处。

（二）增强改革创新意识。我们要勇于打破思维定式，深入研究争议处理中的前瞻性、倾向性问题，结合实际创造性地提出新思路、新办法。要坚持问题导向，抓住影响争议处理效率和公信力的关键问题，积极开展理论研究和实践探索，提出切实可行的改革举措。当前要重点研究如何更好地发挥调解仲裁制度优势，力争将多数争议案件终结在调解仲裁阶段。要尊重基层首创精神，鼓励基层大胆探索创新，注意总结推广实践经验。2015 年将编制“十三五”规划，我们要集中全系统的智慧，深入研究“十三五”时期深化调解仲裁体制改革的总体思路、目标任务和政策建议。

（三）提高法治思维能力。运用法治思维和法治方式化解社会矛盾，是党的十八届四中全会提出的明确要求。我们要弘扬法治精神，增强法治思维和法治意识，自觉推动劳动人事争议调解仲裁事业在法治轨道上健康发展。要加强法治宣传教育，引导争议当事人自觉通过法律渠道解决争议、维护权益；提高调解仲裁队伍依法履行职责的能力，将合法原则贯穿调解仲裁工作始终。要进一步加强争议处理法律制度建设，推动完善调解仲裁法律法规体系，为依法处理劳动人事争议提供法律支撑。

深化体制改革　加强能力建设 全面推进劳动保障监察事业新发展

——在全国劳动保障监察工作座谈会上的讲话

郎小平

（2015年4月14日）

这次会议的主要任务是：学习贯彻党的十八大和十八届三中、四中全会精神，认真执行党中央、国务院关于构建和谐劳动关系的决策部署，落实全国“两会”和全国人力资源社会保障工作会议的要求，总结2014年的劳动保障监察工作，分析面临的形势，交流学习湖北等地区的经验做法，进一步安排部署今年工作任务。

一、2014年劳动保障监察工作回顾

2014年，各级人力资源社会保障部门及其劳动保障监察机构认真贯彻落实党中央、国务院决策部署和部里的要求，积极进取，主动作为，劳动保障监察各项工作都取得了新的成绩，为构建和谐劳动关系、促进经济发展和维护社会稳定作出了重要贡献。

（一）劳动保障监察执法工作成效明显。各级劳动保障监察机构主动加强对重点企业的日常巡查和书面审查，及时受理和查处举报投诉案件，大力开展清理整顿人力资源市场秩序、用人单位遵守劳动用工和社会保险法律法规情况、农民工工资支付情况等专项执法检查，依法处置因劳动保障违法行为引发的各类群体性事件，切实维护了劳动者合法权益和社会稳定。全国共主动检查用人单位431.5万户次，办结案件40.6万件，督促用人单位与409.5万名劳动者补签劳动合同，为劳动者追发工资等待遇345.5亿元，补缴社会保险费27.9亿元。

（二）劳动保障监察制度机制建设取得新成果。各地积极完善执法程序和操作流程，制定行政处罚自由裁量标准，落实监察执法责任制，执法效率和规范化水平进一步提升。一些地区还探索建立劳动保障监察举报投诉案件联动处理机制，实现一地举报投诉、区域联动受理。各地认真落实部里和最高人民法院、最高人民检察院、公安部联合下发的《关于加强涉嫌拒不支付劳动报酬犯罪案件查处衔接工作的通知》要求，健全监察执法与刑事司法衔接机制。全年各地共移送涉嫌拒不支付劳动报酬犯罪案件3 551件，公安机关立案2 320件，分别比2013年增长60%和50%。

（三）劳动保障监察“两网化”管理取得新进展。各地继续扩大劳动保障监察“两网化”管理覆盖面，严格网格建设标准，加强监察协管员配备、业务培训和工作考核，推进监

察管理信息系统建设，开发移动执法、网上办案、监测预警等应用功能，“两网化”管理的运行质量和效率不断提高。一些地区还探索建设省、市监察执法指挥中心，实现了执法数据大集中和区域内执法力量统一指挥调度。截至去年底，全国劳动保障监察“两网化”管理地级城市覆盖率达到87.2%，其中，江苏、上海等11个省市已基本实现地级城市全覆盖。

（四）劳动保障监察队伍建设取得新成效。各地继续以劳动保障监察“机构标准化、执法规范化、人员专业化”为目标，努力健全机构、充实力量、提升素质、强化保障，取得了新的进展。特别是按照人社系统窗口单位改进作风专项行动的统一部署，积极推行监察执法服务规范、纪律要求和文明用语，服务质量明显提升，涌现出了以广西南宁市江南区监察大队副大队长陈美杏为代表的一大批优秀监察员。积极开展分级分类培训，完善培训制度、丰富培训内容、改进培训方式，劳动保障监察队伍素质有了新的提高。

这些成绩的取得，得益于各级党委政府和有关部门的高度重视和大力支持，凝聚着劳动保障监察系统全体干部职工的辛勤付出。在此，我代表部党组，向各地党委政府、各有关部门和单位，向劳动保障监察系统广大干部职工特别是辛勤工作在执法一线的同志们致以崇高的敬意和衷心的感谢！

二、劳动保障监察工作面临的新形势

当前，劳动保障监察工作既面临维权维稳形势的严峻挑战，更面临难得的历史发展机遇。党的十八大强调要加强劳动保障监察，构建和谐劳动关系。党的十八届三中、四中全会作出了全面深化改革、全面推进依法治国的战略部署，明确了深化行政执法体制改革的任务。中共中央、国务院日前刚刚印发的《关于构建和谐劳动关系的意见》，对健全劳动保障监察制度、加强劳动保障监察机构建设、促进各项劳动保障法律法规贯彻实施提出了具体要求。党中央、国务院作出的一系列战略部署，为劳动保障监察事业改革发展指明了方向，提供了基本遵循。我们要从国家发展战略和全局的高度，深刻认识做好新时期劳动保障监察工作的重要性和紧迫性，进一步增强机遇意识和责任感、使命感，准确把握新形势新任务新要求，努力推动劳动保障监察事业科学发展。

（一）新的维权维稳形势对劳动保障监察提出了新任务新要求。当前，我国劳动关系总体保持和谐稳定。但部分用人单位不与劳动者签订劳动合同、拖欠劳动者特别是农民工工资、不缴纳社会保险费、违反规定安排劳动者超时加班等违法问题依然比较突出，人力资源市场秩序不规范的问题仍然存在，影响了劳动关系和谐和社会稳定。随着我国经济发展进入新常态，经济下行压力还在加大，企业生产经营困难增多，侵害劳动者合法权益的现象可能更加易发多发，加上劳动者维权意识逐步增强、集体主张权利诉求的趋势日益明显，处理不好就很可能引发区域性、系统性不稳定风险，劳动保障监察执法维权维稳任务将更加艰巨繁重。我们必须不断强化劳动保障监察的职能作用，大力宣传劳动保障法律法规和规章，严厉查处用人单位的违法行为，加大对突出违法问题的整治力度，综合施策、惩防并举，切实维护劳动者合法权益。

（二）深化行政执法体制改革对劳动保障监察提出了新任务新要求。党的十八届三中、四中全会都明确提出了深化行政执法体制改革的任务，要求整合执法主体，相对集中执法权，推进综合执法，着力解决权责交叉、多头执法问题，建立权责统一、权威高效的行政执法体制；要按照减少层次、整合队伍、提高效率的原则，合理配置执法力量，特别强调要加强劳动保障领域基层执法力量；要严格实行行政执法人员持证上岗和资格管理制度，健全行政执法和刑事司法衔接机制。2014年6月印发的《国务院关于促进市场公平竞争维护市场正常秩序的若干意见》，进一步明确了整合优化执法资源、减少执法层级、健全协作机制的政策措施。我们必须认真贯彻落实党中央、国务院的决策部署，把深化劳动保障监察执法体制改革作为当前和今后一个时期的重要任务，通过创新完善监察执法体制，逐步解决一些地区存在的机构设置和职能配置不够规范、不同层级监管职责划分不尽合理、监察执法部门协作机制不够健全等问题，着力消除权责交叉、多头执法、重复执法现象，力争到2020年建立权责统一、权威高效的劳动保障监察执法体制，监察执法能力得到明显提升。

（三）严格规范公正文明执法对劳动保障监察提出了新任务新要求。严格规范公正文明执法是建设法治政府、廉洁政府和服务型政府的内在要求，是增强行政执法公信力的迫切需要，也是人民群众的新期待。党的十八届三中、四中全会都明确提出，要完善行政执法程序，规范执法自由裁量权，加强执法监督，全面落实行政执法责任制，做到严格规范公正文明执法。国务院印发的《关于促进市场公平竞争维护市场正常秩序的若干意见》，进一步明确细化了创新执法方式、强化执法监督和行政问责的政策措施。我们必须按照党中央、国务院的要求，进一步完善劳动保障监察执法制度机制，创新执法方式，着力解决一定程度上仍然存在的预防和查处违法行为能力不强、效率不高，以及执法不严格、不规范、不透明、不文明等问题，努力提高公正执法水平，不断增强监察执法效率和社会公信力。

三、2015年劳动保障监察工作的主要任务

2015年是全面深化改革的关键之年，是全面推进依法治国的开局之年，也是全面完成“十二五”规划的收官之年。2015年的《政府工作报告》明确提出，要健全劳动监察和争议处理机制，让法律成为劳动者权益的守护神。为贯彻党中央、国务院关于加强劳动保障监察执法的决策部署和要求，4月7日部务会审议并原则通过了《关于加强劳动保障监察执法能力建设的意见》，即将会同中央编办、财政部联合印发，各地要认真抓好贯彻实施。2015年工作的总体要求是：全面贯彻党的十八大和十八届三中、四中全会精神，落实全国“两会”和全国人力资源社会保障工作会议要求，主动适应经济发展新常态，坚持稳中求进工作总基调，继续围绕加强劳动保障监察能力建设工作主线，加大突出违法问题整治力度，推进体制改革和制度机制创新，夯实“两网化”管理基础，加强机构队伍建设和基础保障，全面提升监察执法能力和社会公信力，努力推进劳动保障监察事业实现新发展，为“十三五”期间更好推动事业科学发展奠定基础。

（一）进一步加强劳动保障监察执法。各地劳动保障监察机构要以易发、频发劳动保障违法问题的行业和企业为重点，进一步扩大日常巡视检查和书面审查范围，及时发现和纠正违法行为，努力做到主动执法不留死角、不存盲区。进一步畅通举报投诉渠道，加强突出违法问题专项整治，联合有关部门和单位，在全国范围组织开展清理整顿人力资源市场秩序、遵守劳动用工与社会保险法律法规以及农民工工资支付情况三项专项执法检查活动。要将劳务派遣用工情况作为主动执法的重要内容，加强对重点企业的监督检查和督导。要进一步加强拖欠农民工工资问题的综合治理、源头治理。有效预防、及时处理群体性事件。

（二）积极稳妥推进劳动保障监察执法体制改革。各地要按照中央要求和省级党委、政府的部署，积极稳妥开展改革试点。一是整合规范劳动保障监察执法主体，推进和强化劳动保障监察机构在人力资源社会保障领域的综合执法职能，着力解决一些地区存在的多头执法问题。二是按照原则上实行属地监管的要求，进一步厘清不同层级人力资源社会保障部门的劳动保障监察职能，推进减少执法层级，消除多层重复执法问题，加强基层执法力量。三是规范和完善监管执法协作机制，加快推进与其他相关执法部门间各司其职、各负其责、相互配合、齐抓共管的工作机制建设。要进一步健全监察执法与刑事司法衔接机制，推动劳动保障领域犯罪案件及时进入司法程序，坚决克服有案不移、有案难移、以罚代刑现象。

（三）创新完善劳动保障监察制度和机制。各地要继续以提高执法效率、增强执法公信力为目标，进一步加强劳动保障监察制度和机制建设。一是要加快省级劳动保障监察举报投诉案件联动处理机制建设。《关于建立省级劳动保障监察举报投诉案件联动处理机制的意见》将很快正式印发，各地要按照部里的统一部署，结合本地区实际研究制定具体实施方案，积极组织实施，力争到2017年年底在各省级行政区域内基本实现“一点举报投诉、全网联动处理”的目标。二是要进一步创新劳动保障监察执法方式，强化执法监督问责。要完善监察执法程序，探索建立执法全过程记录制度；进一步健全监察执法裁量权基准制度，严格限定和合理规范裁量权行使；全面落实监察执法责任制，坚决纠正不作为、乱作为等问题。三是要进一步建立健全劳动保障守信激励和失信惩戒机制。加快劳动用工领域信用平台建设，建立健全用人单位劳动保障守法诚信档案、诚信等级评价制度和重大违法行为社会公示制度，加大对违法失信行为的惩戒力度；积极配合有关部门制定部门间监管执法信息共享标准，实现信息互通共享。

（四）全面推进劳动保障监察“两网化”管理。各地要进一步加大工作力度，采取有效有力措施，努力完成目标任务。一是要推进实现全覆盖。尚未实现地级城市覆盖目标的地区，要加快推进步伐，确保年底全国地级城市覆盖率达到95%以上。在此基础上，积极将“两网化”管理向县级行政区域扩展，力争在全国乡镇（街道）一级基本实现全覆盖。二是要抓好“两网化”管理规范化建设。要加强建章立制，明确工作职责，健全网格监管体系。三是要加快劳动保障监察信息网络建设。全面启用劳动保障监察管理信息系统，使网络延伸到乡镇街道，建立全省集中统一的劳动保障监察信息数据库。四是要加大劳动保障监察“两网化”管理运行的投入力度，提高协管员队伍稳定性。

（五）切实加强劳动保障监察机构队伍建设。各地要抓住当前贯彻落实中央关于构建和谐劳动关系和深化行政执法体制改革精神的历史机遇，积极争取编制管理、财政等部门的支持，推动劳动保障监察机构队伍建设不断取得进展。一是要进一步健全机构，充实力量。依法建立健全县级以上各级劳动保障监察机构，逐步规范机构设置和名称，根据工作需要合理配备监察员，重点加强基层执法力量。落实财政保障劳动保障监察经费制度，争取更多经费投入支持，加强监察基础设施建设。二是要进一步提升劳动保障监察队伍业务素质和能力。严格监察员资格管理，全面落实持证上岗制度，加大监察员和协管员培训力度。三是要进一步加强监察队伍作风建设。认真落实部里关于建立窗口单位作风建设长效机制的意见，不断完善执法服务规范和纪律要求，切实提升作风建设水平。

认真落实党风廉政建设主体责任
扎实推进系统党风廉政建设

——在2015年全国人社系统党风廉政建设工作座谈会上的讲话

袁彦鹏

（2015年4月3日）

这次人社系统党风廉政建设工作座谈会的主要任务是，深入贯彻落实十八届中央纪委第五次全会和国务院第三次廉政工作会议精神，回顾总结2014年系统党风廉政建设工作，交流经验体会，研究部署2015年系统党风廉政建设工作。我代表部党风廉政建设工作领导小组讲两个方面的问题。

一、2014年系统党风廉政建设工作取得新成效

2014年，各级人力资源社会保障部门认真贯彻落实中央关于党风廉政建设和反腐败工作的决策部署，紧紧围绕全面完成2014年全国人力资源和社会保障工作会议部署要求，充分发挥作风纪律建设对业务工作的保障作用，深入推进党风廉政建设和反腐败工作，转作风、严纪律、强监管，党风廉政建设各项工作取得新成效。

（一）加强监督检查，确保政令畅通。各级人社部门自觉把贯彻党的十八届三中、四中全会决定中对人社工作的要求和落实全国人社工作会议的部署，推动人社领域的改革和依法行政，作为年度监督检查工作的重点，认真进行跟踪问效，推动落实。持续推进人社部门职能转变和简政放权，减少行政审批事项，对保留的行政审批事项，进一步规范管理、简化程序，公开目录清单和办理流程，提高透明度和审批效率，全面接受社会监督。全面清理取消非行政许可审批事项。统筹推进职业资格管理改革，继续做好减少资格许可和认定有关工作。通过深化行政审批制度改革，从源头上减少腐败的发生。严肃政治纪律，坚持依法行政，努力做到令行禁止，保证政令畅通，以严明的纪律确保了中央有关人力资源和社会保障重大决策部署的贯彻落实。

（二）开展专项行动，推动窗口作风转变。结合教育实践活动整改，推动政风行风建设，切实解决涉及群众利益的突出问题。作为党的群众路线教育实践活动整改措施之一，在全系统开展窗口单位改进作风专项行动，加强窗口单位服务规范，强化纪律要求，推广服务用语，部和各地人社部门通过派督查组或互查等方式开展明察暗访，监督检查专项行动开展情况，督促服务规范、纪律要求和文明用语的落实，努力让到窗口办事的群众少跑一趟路、少排一次队、少等一分钟，为群众提供优质便捷

的服务。深入开展创建优质服务窗口活动，广泛学习宣传2011—2013年度全国人社系统优质服务窗口的典型事迹，促使党员干部牢固树立宗旨意识，提高服务效率和质量，努力培养和造就为民务实清廉的人社干部队伍。

（三）紧盯热点难点问题，加强改进监督管理。各级人社部门把群众反映强烈、社会关注度高的工作领域作为重点，开展专项治理，最大限度降低重点业务领域的廉政风险。以社会保险财政补助资金监管和社会保险基金管理为重点，开展社会保险基金安全专项检查。全面推进社会保险基金非现场监督工作，完善社会保险基金运行分析和预警制度，推进基金安全评估和社会监督试点。建立完善与公安等部门联动机制，严厉打击诈取骗取社保基金行为；以规范技能培训补助资金的管理使用为重点，进一步完善就业专项资金管理办法和就业资金分配使用监督、跟踪问效等制度，增强就业资金使用的安全和效益；按照五部委印发的《关于纠正公务员考录和国有企事业单位招聘中不正之风的实施意见》，在加强政策宣传和案例警示教育力度的同时，开展整治事业单位公开招聘突出问题专项行动，切实加大“近亲繁殖”、“因人画像”、“绕道进人”等问题的查处力度；按照国务院的统一部署，组织开展机关事业单位“吃空饷”问题集中治理工作，并对人社系统机关事业单位“吃空饷”问题进行了集中治理，严格按政策开展了自查自纠；继续整治人事考试环境，加强人事考试管理，严肃考风考纪，继续巩固与公安、工信、工商、税务等部门开展人事考试环境综合治理专项行动成果，探索建立人事考试环境综合治理长效机制。

（四）坚持综合施策，防范决策和管理风险。健全完善人社工作重大行政决策程序规则，把公众参与、专家论证、风险评估、合法性审查和集体讨论决定作为必经程序。对涉及群众切身利益的重要改革方案、重大决策措施、重点工程项目，在决策前广泛征求群众意见，增强行政决策及业务工作各环节风险管理意识，建立辨识风险、分析风险、化解风险和应对风险机制，提高风险控制能力。结合形势发展和任务需要，继续扎实推进廉政风险防控机制建设，注重成果运用，将廉政风险防控工作纳入领导班子和领导干部考核评价体系，作为述廉、任职廉政谈话、干部教育培训和监督检查的内容，增强防控实效。推行“阳光政务”，全面落实《人力资源社会保障部关于深化政务公开的意见》，积极推进人力资源和社会保障各项权力运行公开化、规范化。进一步加强政务公开平台建设，加强新闻发布、政府网站、服务热线建设和管理。加强人社法规建设和业务培训，加强监督考核，不断提升人社干部依法办事能力和水平。

在肯定成绩的同时，我们也必须清醒地看到，人社领域的党风廉政建设和反腐败工作面临的形势仍比较复杂。有些人社部门对党风廉政建设主体责任的认识和传导不够，内部管理和业务监督还存在不少漏洞。贪污挪用或内外勾结侵占骗取社会保险基金和就业专项资金等损害群众利益的案件，人事考试和事业单位公开招聘中弄虚作假、暗箱操作等影响社会公平公正的问题仍时有发生，腐败滋生蔓延的势头尚未得到有效遏制。防止“四风”问题反弹的压力仍然比较大，懒政怠政等“为官不为”的问题有所抬头，解决联系服务群众“最后一公里”的问题仍然是制约人社事业改革发展的突出矛盾，政风行风建设面临很大挑战。党风廉政建设永远在路上，一丝一毫也不能放松。

二、认真落实党风廉政建设主体责任，扎实推进系统党风廉政建设

2015年人社系统党风廉政建设的总体要求是，认真贯彻《人力资源社会保障部关于全系统2015年党风廉政建设工作的意见》，紧紧抓住全面落实党风廉政建设主体责任这个“牛鼻子”，坚持从严治党，依法行政，严明纪律，改进作风，深入推进政风行风建设，深入推进专项治理，对人社工作重点领域存在的问题进行综合整治，严肃查处违纪违法案件，切实维

护群众利益，以优良的党风政风完成好人社领域改革和发展任务。

（一）逐级传导，勇于担当，全面落实党风廉政建设主体责任。各级人社部门党组织要深刻认识到，落实主体责任是党要管党、从严治党的政治责任。要树立不抓党风廉政建设就是严重失职的意识，做到守土有责、守土尽责。领导干部既要洁身自好、管住自己，更要敢于担当，切实抓好党风廉政建设和反腐败工作。班子主要负责人要以身作则，切实担负起第一责任人组织领导、教育监管、选人用人、示范带动的责任，要坚持党风廉政建设与业务工作同研究、同部署、同检查、同考核，重要工作亲自部署、重大问题亲自过问、重点环节亲自协调、重要案件亲自督办，支持纪检监察机构查处违纪违法问题；领导班子成员根据工作分工，抓好分管范围内的党风廉政建设工作，督促分管单位落实好主体责任；处室负责人要对职责范围内的党风廉政建设负主要领导责任，当好排头兵，自觉带好队伍。一级带一级、一级抓一级，层层传导压力，用责任落实带动工作落实。要健全完善领导干部党风廉政建设工作考核和责任追究制度，切实把履行党风廉政建设责任制情况纳入领导班子和领导干部综合考核评价体系，作为领导干部业绩评定、奖励惩处、选拔任用的重要依据，对因党风廉政建设责任制落实不力、造成严重后果的，要严格责任追究。相关部门要切实承担起部门党组履行主体责任的日常工作，建立健全落实主体责任的内部协调机制，加强部门间的沟通协调，互相配合，形成落实主体责任的合力。

（二）简政放权，惩防并举，防范人社工作重点领域的廉政风险。人社部门是就业、社保、收入分配、人事管理等业务的主管部门，损害群众利益和影响社会公正两类问题仍然是我们防范廉政风险的重点。一要进一步简政放权，源头防腐。继续深入推进行政审批制度改革，按照中央要求取消下放行政许可和审批事项，进一步减少人社部门对微观事务的管理。及时更新公布保留的行政审批事项目录清单，提高审批过程透明度，不断优化审批程序，提高审批效率。要坚持放管并举的原则，既要把该放的权力放开放到位，也要把该监管的管住管好管出水平。二要健全廉政风险防控体系。针对新形势下出现的廉政风险，及时完善制度措施，进行重点防控。要坚持标本兼治、注重预防，不断健全完善本部门惩治和预防腐败体系。要建立责任追究倒查机制，用问题导向来推动反腐败工作的扎实开展，以制度的刚性约束，减少直至杜绝违纪违法问题的发生。三要对症下药，分类防控。对内部工作人员违纪违法的，要发现一起查处一起，利用身边人和身边事有针对性地开展警示教育，力求查办一案、教育一片，充分发挥查办案件的震慑作用和警示教育功能。要深刻分析案件发生的原因，采取制度加科技的方法，自觉查堵制度漏洞。对重点岗位人员，要通过加强监管和轮岗交流等措施减少廉政风险。对外部违法犯罪行为，要与有关部门建立联动机制，共同防范，严厉打击。对内外勾结的情况，要通过规范和严格程序，完善监督制约机制和制度措施，切断勾连链条。要清权限权控权，防止弄虚作假、暗箱操作和一个人说了算，消除滋生腐败的条件。

（三）严肃纪律，创新机制，持续推动作风转变。不良作风是滋生腐败的温床。要抵御和防止腐败，全面完成 2015 年人社工作改革发展任务，必须转作风、转机制、严纪律。一是要继续深入开展窗口单位作风建设。以部印发的《关于建立窗口单位作风建设长效机制的意见》为抓手，不断加强服务规范、强化纪律要求、推广服务用语，切实解决“门难进、脸难看、话难听、事难办”的问题，要认真回应群众关切，防止发生突破社会心理底线的问题。要坚决整治特权思想和衙门作风，坚持为人民群众办好事，让人民群众好办事，努力为人民群众提供优质高效便捷的服务。二是要把“为官不为”纳入“四风”整治和贯彻国务院第三次廉政工作会议精神的重要内容，贯穿到干部管理和监督工作的全过程，对庸政懒政、惰政怠政，漠不关心群众利益等“为官不为”现象，要强化教育、正面引导，增强广大干部的责任意识和担当精神，自觉履职尽责；要通过深入调研并找到本地区所属干部队伍中不作为不担当的主要问题，深入剖析问题产生根源，制定整改措施；要严格监督，严肃问责。对消极懈怠、避事逃责的人员及时进行批评诫勉，对造成不良影响的人员严肃问责。三是要创新管理服务机制。将政务公开与简政放权、效能提升、完善制度、廉政风险防控、便民服务和干部日常考核等各项工作有机结合，实现整体联动、同步推进、相互促进。要健全完善政府信息主动发布机制，以关系群众切身利益的就业、社会保障等事项为重点，深入推进政府信息公开，搭建倾听民声、汇聚民智的交流平台。要利用现代信息技术改进政务和服务流程，积极推进电子政务建设，要进一步加强新闻发言人制度建设，加强政府网站建设和管理，加强12333等服务热线建设和管理，着力建设基于新媒体的政府信息发布、与公众互动交流和便民服务的新渠道。

（四）突出重点，周密组织，深入开展专项治理。针对当前人社工作领域存在的突出问题，重点抓好五个方面的治理。一是深入开展机关事业单位“吃空饷”问题的治理。在前一段时间集中治理的基础上，各级人社部门要针对发现的问题，进一步改进人事管理，建立防治“吃空饷”的长效机制，不断巩固扩大专项治理成果，革除人事管理上的积弊，努力为人事制度改革创造良好环境。二是继续深入开展整治事业单位公开招聘突出问题专项行动。要把专项整治作为转变作风、提升政府公信力的重要抓手。要把重点放在基层，按照谁组织谁把关、谁管理谁监督、谁指导谁负责的原则，明确责任主体，落实主体责任。对存在问题的单位零容忍，以高压态势严格查处、严肃问责。同时，要着力完善政策、规范程序，建立整治事业单位公开招聘突出问题的长效机制。三是进一步强化对社保基金、就业专项资金的监管。继续开展社会保险基金安全专项检查，加大基金监管软件应用力度，全面推进社保基金非现场监督工作，完成社保基金社会监督试点工作，开展社保基金安全评估试点。要以规范技能培训补助资金管理为重点，进一步增强就业资金的使用效益。四是开展清理拖欠农民工工资问题专项行动。要抓住重要时间节点，继续严厉打击拖欠农民工工资的违法犯罪行为，形成有力震慑，并努力探索解决拖欠农民工工资的治本之策，切实保障农民工等劳动者的应有权益。五是继续开展人事考试安全治理专项行动。通过多部门联动，严厉打击人事考试中各类违法犯罪行为，有效遏制涉考违法犯罪活动，净化人事考试环境，保障人事考试安全。切实加强内部管理，严格防范内部工作人员作弊和内外勾结作弊问题的发生。

各级人社部门要结合本地实际，贯彻落实好《人力资源社会保障部关于全系统2015年党风廉政建设工作的意见》，坚定信心，保持定力，深入推进人力资源社会保障系统党风廉政建设工作。

在部务虚会上的发言

袁彦鹏

（2015年7月23日）

2015年上半年，各级人社部门在推动人社领域重点改革任务及各项工作的同时，积极承担起全面从严治党的政治责任及党风廉政建设的主体责任，充分发挥作风纪律建设对业务工作的保障作用，深入推进党风廉政建设和反腐败工作。突出反映在：大力推进行政审批制度改革、放管并举、综合施策，重点领域的廉政风险得到较好管控；深入开展窗口单位作风建设，改进完善人社服务，持续推动作风转变；认真开展“吃空饷”、社保基金监管、人事考试等专项治理，一些群众反映强烈的突出问题正在逐步得到解决。

根据当前面临的形势，下半年的党风廉政建设，要在现有的基础上，紧紧围绕深化改革这个主题，重点抓好以下三个方面的工作。

一、认真完成“五个专项治理”，防范人社重点领域的风险

年初部署的“吃空饷”、事业单位公开招聘、社保基金和就业资金监管、拖欠农民工工资、人事考试等五个方面的专项治理，都是中央关心、社会关注、事关人民群众切身利益和社会公平正义的突出问题。凡是尚未完成的，要认真负责地组织实施，切实抓出成效；凡是已经完成集中治理阶段工作的，要通过落实主体责任、完善政策措施、加强监督等措施，推动问题防治的常态化、规范化，不断扩大治理成果，建立防治的长效机制；凡涉及体制机制问题的，要通过深化改革推动解决。比如，社会保险领域资金密集、工作战线长、管理分散，风险越来越大。从我们系统内部看，廉政的风险明显增多，有的领导干部或经办人员利用手中的权力和工作便利，在社保基金收支管理、医保待遇审核、特岗病退审批、药品目录调整、定点医药机构审批等环节，收受利益人贿赂或贪污挪用社保基金的问题易发多发。再就是社保基金管理的外部环境日趋复杂，社会上一些机构和人员运用各种手段骗取蚕食社保基金的问题日益猖獗。同时，随着社保基金投资政策的逐步放开，人社部门的监管责任越来越大。这从一个侧面反映出，人社工作一些领域的问题和矛盾仍然比较突出和复杂。因此，我们要坚持问题导向，对症下药，分类防控，综合施策，对年初部署的五个方面的专项治理，一项一项地抓紧抓实，努力抓出成效，回应社会关切。通过专项治理，力争解决一批长期制约人社事业健康发展的突出问题。

二、清权、限权、控权，有效惩治和预防腐败

许多腐败问题都与权力配置不科学、使用不规范、监督不到位有关。人社系统在行政审批、项目管理、资金运作等方面还有一些权

力。近年来，我们系统在权力运行中发生的问题出现增多的趋势，应当引起我们的高度警觉和重视。一要进一步简政放权，源头防腐。继续深入推进行政审批制度改革，按照中央要求取消下放行政许可和审批事项，并及时更新公布保留的行政审批事项目录清单，提高审批过程透明度，不断优化审批程序，提高审批效率。要坚持放管并举的原则，既要把该放的权力放开放到位，也要把该监管的管住管好管出水平。二要进一步严明党纪政纪，加强对权力运行过程的监督管理。要克服对违纪行为失之于软、失之于宽的倾向，对在权力行使中谋取私利、违反纪律、不守规矩的，发现一起查处一起，并充分利用身边人和身边事有针对性地开展警示教育，力求查办一案、教育一片，充分发挥查办案件的震慑作用和警示教育功能。要注意抓早抓小，针对苗头性问题，早提醒早打招呼，防止由“破纪”走向“破法”。三要完善并创新工作机制，加强廉政风险防控。根据权力运行过程中出现的新情况，调整完善廉政风险防控措施，加大对各项行政权力和内部管理权力的监控。对重点岗位的人员，要通过加强监管和轮岗交流等措施减少廉政风险；对外部侵犯人社事业安全的问题，要与有关部门建立联动机制，共同防范，严厉打击；对内外勾结的问题，要通过规范和严格程序，完善监督制约机制和制度措施，切断勾连链条。特别是注重把“数字人社”、“阳光政务”等新的工作运行模式引入人社工作的管理之中，更加有效地防范干部队伍中的廉政风险和人社业务领域中的安全风险。

三、深入转变作风，以良好的政风行风促进中心任务的完成

在党的群众路线教育实践活动中，系统上下认真纠“四风”转作风，2014 年以来，又在全系统开展了窗口单位改进作风专项行动，无疑促进了作风转变，政风行风建设取得了很大成效。但我们必须清醒地看到，一些干部作风不正的问题尚未得到有效解决，“四风”反弹的压力仍然比较大，懒政怠政等“为官不为”的问题有所抬头，政风行风建设面临很大挑战。目前人社事业改革和发展的任务十分繁重，特别是在经济发展新常态的形势下，人社工作面临的机遇和挑战前所未有，深入转变作风，加强政风行风建设显得更加重要和迫切。一是要结合正在开展的“三严三实”专题教育，认真分析和查找不严不实的思想和行为，提振各级干部的精气神，努力打造为民务实清廉的干部队伍，特别要把“人社为民”的理念内化于心、外化于行，以良好的作风保障和促进人社工作的完成。二是要继续深入开展窗口单位作风建设。以部印发的《关于建立窗口单位作风建设长效机制的意见》为抓手，不断加强服务规范、强化纪律要求、推广服务用语，切实解决“门难进、脸难看、话难听、事难办”的问题，要认真回应群众关切，防止发生突破社会心理底线的问题。要坚决整治特权思想和衙门作风，坚持为人民群众办好事，让人民群众好办事，努力为人民群众提供优质高效便捷的服务。三是要把“为官不为”纳入“四风”整治和贯彻国务院第三次廉政工作会议精神的重要内容，贯穿到干部管理和监督工作的全过程，对庸政懒政、惰政怠政，漠不关心群众利益等“为官不为”现象，要强化教育、正面引导，增强广大干部的责任意识和担当精神，自觉履职尽责；要深入调研并找到本地区所属干部队伍中不作为不担当的主要问题，深入剖析问题产生根源，制定整改措施；要严格监督，严肃问责。对消极懈怠、避事逃责工作不在状态的人员及时进行批评诫勉，对造成不良影响的人员严肃问责。

在第43届世界技能大赛集训冲刺动员视频会上的讲话

汤　涛

（2015年5月13日）

今天是第43届世界技能大赛开幕倒计时的第91天，我们召开第43届世界技能大赛集训冲刺动员会，主要目的就是为参赛选手和参与世赛集训的同志们鼓劲加油，鼓励大家进一步提高认识，明确任务，树立信心，科学训练，努力拼搏，全力以赴投入到赛前最后阶段的集训中去，为在世界技能大赛中取得优异成绩奋力冲刺。

从2014年8月本届大赛参赛集训工作启动以来，各项目技术指导专家团队、集训基地、基地主管单位和选手选送单位密切配合、协同作战，围绕选拔集训，做了大量卓有成效的工作。前不久，我们完成了29个项目32名最终参赛选手的选拔工作，参赛选手的名单已经公布，这标志着我们顺利进入赛前集训冲刺阶段。

第43届世界技能大赛于2015年8月11日在巴西圣保罗市举行，我国代表团将于8月4日启程参赛。为做好赛前各项工作，第43届世界技能大赛中国组委会前不久召开了全体会议，梳理了当前工作，分析了存在问题和困难，明确了下一步工作重点，特别提出了集中精力做好集训冲刺阶段有关工作的任务和要求。

一、进一步明确第43届世界技能大赛参赛任务

2010年10月，我国加入世界技能组织，并于2011年、2013年分别参加了第41届、第42届世界技能大赛，累计取得2枚银牌、3枚铜牌和18个优胜奖的良好成绩，在国际技能舞台上展示了我国青年人才的技能水平和精神风貌，为祖国和人民赢得了荣誉。

世界技能大赛是一种竞赛，既然是竞赛，就有竞争择优、取得更好名次的问题。因此，我们参加世界技能大赛，其参赛目标就是通过不懈努力，奋勇拼搏，夺金摘牌，在世界职业技能舞台上展示我国技能竞技实力和青年技能人才的职业风采。夺金摘牌有六个有利因素：一是各级领导高度重视，各有关单位精诚合作；二是各参赛选手克服困难、顽强拼搏；三是赛前对选手严格选拔、强化训练；四是积极开展技术交流活动，学习借鉴先进经验；五是服务保障工作有效，确保参赛工作顺利开展；六是宣传工作明显加强，营造了舆论环境。就参赛目的而言有四个方面：一是拓宽视野。中国的发展离不开世界、世界的进步不能缺少中国。作为一个制造业大国，我们的人才基础是技工。我国要实现由工业大国向工业强国的转变，从制造业大国向制造业强国发展，让中国制造变成中国创造，必须要有一支强大的技能人才队伍做有力支撑。参加世界技能大赛，为我国技能人才走出国门创造了良好条件和机

会，我们应抓住机遇，让优秀青年技能人才走向世界舞台，广泛接触外面的世界，进一步开阔眼界，拓宽国际视野。二是学习借鉴。世界技能组织成立于20世纪50年代，成员现已发展到73个，并已成功举办了42届大赛。但因种种原因，2010年10月我国才加入世界技能组织，仅参加了两届大赛。相对于世界技能组织其他成员，我们加入世界技能组织并组团参加世界技能大赛时间较晚，对于大赛思想理念、竞技导向、技术标准、竞赛规则、工作流程和组织方式等的理解掌握还远远不够，基础工作还比较弱，需要向世界技能组织其他成员学习的东西还很多。参加世界技能大赛，我们就要学习借鉴别人的长处和经验，弥补自己的短处和不足，实现世赛标准与国内竞赛标准对接，达到以世赛引领、促进、提升国内竞赛质量的目的。三是提升水平。世界技能大赛是最高层级的世界性职业技能赛事，被誉为“技能界的奥林匹克”，其竞技水平代表了当今世界职业技能发展的最高水平。我们国家组织开展全国职业技能竞赛已有几十年时间，积累了不少经验，但在世界技能大赛集训和参赛工作方面，我们还是新手。参加世界技能大赛，将有助于提升我们集训和参赛工作的组织领导水平和驾驭管理水平，有助于改进选手和基地的选拔、集训方式，有助于加强技术指导专家团队建设。四是锻炼队伍。通过两届世界技能大赛选拔、集训和参赛工作，我们发现和培养了一批优秀青年技能人才，不少获奖选手已被吸纳到第43届世界技能大赛技术指导专家团队并发挥了重要作用。因此，参加世界技能大赛，有利于选拔、培养和锻炼青年技能人才，促使优秀青年技能人才脱颖而出。

二、精心组织第43届世界技能大赛集训冲刺工作

参加第43届世界技能大赛，是我国第三次参赛，能不能夺金摘牌，是对我们选拔集训成果的检验。中央领导同志和人社部党组高度重视，对我国在第43届世界技能大赛取得优异成绩寄予厚望。我们要坚定信心，在战略上藐视它，对我们的长处和优势保持足够的自信，对各集训基地、选手、专家团队形成强有力的正面激励，激发各方正能量和顽强斗志，充分调动一切积极有利因素，举全国之力为集训冲刺工作提供坚强保障。在战术上重视它，要找问题、找差距、找弱势，通过精心组织实施集训冲刺工作，强化和提升技术技能，使问题逐一加以解决。

（一）深入钻研吃透技术标准和竞赛规则。世界技能大赛技术标准和竞赛规则是竞赛必须遵守的准则，各参赛项目技术指导专家、选手、教练、技术翻译务必要深入钻研，弄懂吃透。距离参赛还有短短3个月时间，大家要时不我待，抓紧梳理、对照技术标准和规程，深入分析集训中发现的各种问题，扫清各种技术障碍，解决关键技术难点。专家、教练要首先做到真正吃透、百分之百地领会技术标准和竞赛规则。技术翻译要当好“高参”，及时协助专家、教练在第一时间获取比赛最新最准确信息。参赛选手要熟悉掌握技术标准和竞赛规则，并在实践中熟练运用。总之，要吃透规则、理解规则、利用规则，少走弯路，做到有针对性备战。

（二）苦练真练实现技能水平进一步提升。通过前一阶段的选拔，我们确定了32名选手代表我国参赛。冲刺阶段是集训最为关键的时期，大家要争分夺秒、锲而不舍地坚持训练，不但要练技能，更要练意志、练毅力、练体能、练心理、练应变能力。要在训练中摸索和掌握规律，在技术技能上以最高标准要求自己，精益求精，时刻审视、检讨自己训练过程中的问题，有针对性地加以解决和提高。在训练节奏上要注意科学安排、劳逸结合，争取赛前将竞技状态调整到最佳。集训冲刺除了强化训练，还要精细化训练。细节决定成败。各技术指导专家组要根据各自项目要求和参赛选手特点，制定“一对一”精细化训练方案，对参赛选手进行有效指导。要找准技术难点和选手技能弱点，力争解决选手技能操作及其他薄弱环节；要找到备战主攻方向和冲刺训练突破口，力争提高选手在关键技术环节上的得分能力；要尽可能模拟比赛真实环境，突出实战化训练，提高选手适应国际大赛比赛环境的综合能力。此外，组委会技术支持组、大赛中国研究中心的同志要对参赛选手心理素质、体能状态、语言能力等情况进行动态跟踪，及时疏导，为选手冲刺提供有力的技术指导和支持。

（三）有效开展国内外技术交流活动。加强技术交流是提升参赛能力的一条重要途径。一方面，专家、翻译、教练、选手之间应加强沟通交流；专家组与相关院校、行业、企业之间应加强技术交流和沟通，听取意见建议；新参赛项目、工作基础较为薄弱的项目应向已参赛项目、工作开展较为成熟的项目学习借鉴。另一方面，各基地和技术指导专家组要想方设法，采取各种形式抓紧开展国际技术交流。前不久，我们组织13个项目赴新西兰参加了大洋洲技能大赛，效果不错，既检验了集训成果，锻炼了队伍，又发现了问题和不足。5月17日，我们还将组织5个项目参加英国国内选拔赛。有些项目若没有时间走出去，还可采取请进来交流、创造国内比赛机会的方式锻炼选手，实现以赛代练、以赛促练。专家组要充分利用世赛技术论坛，积极参与技术交流，及时获取大赛最新标准、竞赛规程、试题样题等核心资源。组委会各工作组要积极帮助集训基地和专家组寻求技术交流途径，力争使每个参赛项目赛前至少开展一次国际技术交流。

（四）扎实做好集训基地技术和生活保障。集训基地承担着大赛全程集训工作和基地人员日常服务的双重繁重任务，前期提供了大量的人力物力财力等支撑。特别是一些集训基地，不但配合大赛组委会公平公正选拔出参赛选手，更是在自己的选手落选后毫无怨言，继续无条件保障选手做好最后阶段的冲刺训练工作。这种以国家利益为重的大局意识和奉献精神值得大力弘扬，但对只关注局部团体利益、对非本基地选送的选手重视、训练不够的现象，要坚决反对并给予严厉批评和严肃处理。希望各集训基地树立为国争光、为国家和全局做贡献，为基地自身建立荣誉的意识，全力以赴做好集训基地各项保障工作。尚未落实到位的工作，会后组委会和集训基地主管单位要第一时间督促检查。大赛组委会会后要抓紧将今年集训基地专项补助资金划拨下去，支持集训基地全面落实集训各项保障任务。

三、统筹推进第43届世界技能大赛赛前其他各项工作

今天的动员会，也标志着我们的赛前各项工作同时进入全面冲刺阶段。从现在起，各地、各有关部门和单位全面进入赛前倒计时备战状态，要做到统一部署、整体谋划，具体工作统筹安排，重要资源及时共享，关键问题协同解决。下一步，部里将重点抓好以下工作：

一是组织开展集训冲刺阶段工作督查活动。集训冲刺阶段的工作至关重要，事关我们能否取得好成绩，能否实现夺金摘牌目标，必须加以高度重视。要对29个项目逐项目开展督查活动。要科学、细化、准确分析各项目备战情况，有针对性地开展分类指导，督促开展科学、高质量训练，并着力解决困难和问题，协调好各方关系。对曾获得奖牌和有获奖基础的项目，如焊接、美发、数控铣、印刷媒体技术、制冷与空调和数控车等项目，要制定更高目标，力争取得更好成绩。对曾获得优胜奖的项目和个别新参赛项目，如网站设计、汽车技术、机电一体化和平面设计等项目，要有针对性地突破难点问题，弥补薄弱环节，力争取得奖牌突破。对新参赛项目和优势不明显项目，如网络系统管理、电子技术等项目，要明确努力目标，向更高标准看齐，争取获得优胜奖及以上成绩。希望各项目高度重视，明确责任，完成使命。

二是做好代表团、技术保障团组团和出国工作。第43届世界技能大赛我代表团105人，技术保障团47人，规模庞大，人员复杂，组团任务繁重，赴巴西办理护照、签证手续又非常烦琐，今年我部将尝试集中办理送签手续，这就需要各项目主动与我部加强联系，服从统一指挥。组委会对外工作组、保障服务组和秘书处要紧急行动起来，与外交部和有关单位加强协调，形成合力，确保组团、出国工作高效、规范、顺利。

三是加强宣传工作。职业技能竞赛特别是世界技能大赛是重大的新闻宣传题材。为此，部有关单位、各基地、基地主管单位要全力做好新闻宣传工作，加大对竞赛活动的宣传力度，包括选拔、集训、参赛等环节，都要有具体方案并切实落实。宣传中心已经有了一个很好的方案，一定要抓落实，使竞赛工作和高技能人才工作的宣传有机结合，进一步大力宣传我国技能人才队伍建设成就和职业培训成果，宣传高技能人才典型，激励广大劳动者和青年学生学习技能的积极性，营造崇尚技能、尊重创新、尊重技能人才的良好社会氛围。

四是统筹安排好行前各项工作。如召开参赛行前动员会，开展外事纪律教育，开展技术培训，确保服装、宣传品到位，加强组团管理，协调好出发时间和参赛、观赛活动安排等。请组委会相关部门提早考虑、做好落实。

服务发展大局　锐意改革创新
努力开创博士后工作新局面

——在全国博士后工作会议上的讲话

汤　涛

（2015 年 12 月 1 日）

今天，我们召开全国博士后工作会议，会议的主要任务是：贯彻落实党的十八届五中全会精神，总结交流 30 年来博士后工作成绩和经验，宣传表扬博士后工作先进典型，研究部署今后一个时期博士后工作。党中央、国务院对这项工作高度重视，11 月 30 日下午，李克强、刘延东、马凯、赵乐际、杨晶等党和国家领导人接见了出席中国博士后青年创新人才座谈会的与会代表，李克强总理发表了重要讲话，马凯同志出席了座谈会并提出了工作要求，我们要认真学习领会领导同志的重要讲话精神，在今后博士后工作中切实贯彻落实。

一、博士后制度实施 30 年来的主要成绩和宝贵经验

我国博士后制度是由邓小平同志亲自决策，经国务院批准，于 1985 年建立起来的。在党中央、国务院的高度重视下，经过 30 年的发展，博士后制度从无到有，博士后队伍逐步发展壮大。目前，我国设立 3 011 个博士后科研流动站、3 405 个博士后科研工作站，覆盖了全部一级学科和国家经济社会发展的主要领域。累计招收了 14 万多名博士后人员，一大批优秀青年人才脱颖而出，成长为我国高层次人才队伍的骨干力量，取得了一批高水平的科研创新成果。博士后制度已成为国家层面有规划、有目标、有手段、有特色的培养创新型青年人才的重要制度，为加强高层次专业技术人才队伍建设，推动创新驱动发展战略和人才强国战略的实施发挥了重要作用。30 年来，我国的博士后工作积累了宝贵经验，这也是今后我国博士后事业发展的宝贵财富。

（一）坚持服务经济社会发展大局，推进人才强国和创新驱动发展战略，是博士后事业发展的正确方向。我国博士后制度的发展史，就是不断适应经济社会发展要求，不断改革和完善的历史。广大博士后研究人员在科研实践中，承担了大量与我国经济和社会发展关系密切的科研课题，为促进我国经济社会发展发挥着重要的引领带动作用，成为推动创新驱动发展战略和人才强国战略的重要力量。事实证明，只有坚持围绕中心、服务大局的正确方向，博士后制度才能在全局工作中发挥更重要的作用。

（二）坚持体制机制创新，不断完善具有中国特色的政策体系，是博士后事业发展的根本动力。惟改革者进，惟创新者强。只有依靠

改革创新，博士后制度才能始终保持旺盛的生命力。实践表明，只有坚持制度创新，才能调动激发各方的积极性、创造性，更有力地推动博士后事业的持续发展。

（三）坚持培养与使用相结合，尊重创新型人才成长规律，是博士后事业发展的有效途径。培养与使用相结合是我国博士后制度的一个鲜明特色。这种培养与使用结合的有效育才模式，既遵循人才的成长规律，又坚持实践标准和以问题为导向的务实精神，是培养创新型人才的成功之道。

（四）坚持产学研相结合，推动企业成为市场创新主体，是博士后事业发展的重要方向。我国博士后制度的一个突出特点就是注重产学研结合。开展企业博士后工作，形成了企业与高等学校、科研院所的合作新机制，使人才培养、成果转化、企业技术进步融合为一个有机整体。

（五）坚持加强党和政府的领导，调动发挥各方积极性，是博士后事业发展的根本保证。党和国家领导人历来高度重视和关心博士后事业。在党中央、国务院的正确领导下，有关部门组成全国博士后管委会，大家齐心协力，共同推动博士后事业的发展。各地区党委政府也高度重视，把博士后制度作为实施人才战略、加强高层次人才队伍建设的重要抓手，纳入人才工作的总体布局。这些都为博士后事业的发展提供了有力的保证。

二、以改革创新精神做好今后一个时期的博士后工作

创新驱动实质上是人才驱动。博士后工作作为一项重要的创新型人才培养制度，必须顺应形势发展的需要，不断改革创新，努力为我国经济建设和社会发展提供更多、更优秀的高层次创新型人才。

当前和今后一个时期博士后工作的总体思路是：全面贯彻党的十八大和十八届三中、四中、五中全会精神，贯彻落实习近平总书记关于人才工作的重要讲话精神，按照李克强总理、马凯副总理对博士后工作的指示要求，全面实施人才强国战略和创新驱动发展战略，支持创新创业，改革体制机制，提高管理水平，加强国际交流，促进多元投入，提升服务保障，把博士后制度建设成为国家高层次创新型青年人才培养的重要制度，为全面建成小康社会提供强有力的人才支撑。

（一）深化博士后制度改革。一是推进博士后分类改革。支持设站单位对博士后研究人员按照不同的目标实施分类培养。鼓励设站单位对流动站和工作站、自然科学和社会科学、基础研究和应用研究类博士后研究人员实行分类评价，要研究制定不同类型博士后考核奖惩、薪酬待遇、成果评价等方面的差别化政策。鼓励设有国家重点科研平台、承担国家重大科技项目的非设站单位依托国家重大科研项目招收博士后。二是要创新博士后政策措施。明确博士后研究人员身份定位，将博士后纳入社会保障体系。强化设站单位在博士后管理工作中的主体地位，发挥博士后合作导师在博士后招收、培养、考核、薪酬等方面的主导作用。三是不断完善博士后制度体系。要启动《博士后工作条例》研究制定工作，按照国务院关于将博士后科研流动站、工作站审批事项由非行政许可审批调整为行政许可事项的处理意见，推动博士后工作立法取得新进展。要开展好博士后“十三五”规划制定工作，启动重点项目改革试点工作。

（二）大力扶持创新创业。一是以重大项目和团队建设为依托培养创新人才。要结合国家重大科技项目、国家重点实验室等国家级科技平台招收博士后研究人员。要充分发挥博士后研究人员在科研团队中的作用，逐步提高博士后研究人员在科研团队中的比例。要鼓励企业依托博士后研究人员，组建适合企业发展需要的科研创新团队。二是加强创新创业平台建设。要围绕国家重大创新攻关领域、重点产业领域、重大区域发展战略的需要，建设一批高水平的博士后科研流动站、工作站。要鼓励支持高校、科研院所、企业围绕重点优势学科和

战略新兴产业建立跨领域、跨行业的博士后创新示范中心。三是加快推进企业博士后工作发展。要加大支持力度，鼓励涉及国家重大战略、重点领域的企业和具有创新能力的中小型民营企业设立博士后科研工作站。博士后国际交流计划、博士后科学基金资助要向企业博士后工作站倾斜，引导优秀博士后人才向企业流动。四是加大对博士后创新创业的支持力度。博士后科学基金要进一步向创新性研究倾斜。鼓励符合条件的企业通过股权、期权、分红等激励方式，调动博士后研究人员创新积极性。探索建设国家级博士后科研成果转化基地，支持博士后研究人员到一线基地开展科研、创办企业，促进博士后科研成果转化和应用。

（三）提升博士后流动站、工作站建设管理水平。一是要完善博士后设站和培养方式。要开展博士后科研流动站设站方式改革试点。要完善博士后科研流动站、工作站联合培养方式，规范联合培养程序，密切双方联系，明确各自权责。二是加强博士后日常管理工作。要建立择优遴选、绩效考核、奖惩激励、动态跟踪、连续培养的管理机制。健全日常管理的各项规章制度，强化专家学术委员会在考核管理中的主导作用。要建立以“科研计划书”为主要内容的科研管理制度，规范博士后人员在站期间科研工作管理。继续加强博士后培养质量动态跟踪，及时收集汇总博士后研究成果，加强后续服务。三是完善对设站单位的评估工作。要完善博士后科研流动站、工作站分类评估办法，坚持五年一次的博士后流动站、工作站综合评估，对评估结果优秀的单位，国家、地方在经费投入等方面给予倾斜，对评估不合格的单位，坚决取消设站资格。

（四）促进博士后国际合作交流。一方面，要加大外派和国际交流力度。进一步实施好香江学者计划、中德博士后交流计划，选派更多优秀年轻博士后赴国（境）外从事研究和开展学术交流。支持有条件的地方和设站单位设立博士后国际交流项目。鼓励设站单位和国际教学科研机构签订博士后交流协议。另一方面，要大力吸引海外优秀青年人才。简化外籍青年人才进出站手续，畅通博士后签证居留政策渠道，大力吸引海外博士来我国从事博士后研究。要继续办好中国博士后学术论坛，支持各地、各部门、各单位开展各具特色的学术交流活动。

（五）加快博士后服务体系建设。一是强化服务措施。要建立博士后人员进出站工作服务协调机制，建设一站式、个性化博士后服务窗口。要加大博士后公寓建设力度，努力解决博士后研究人员在站期间住房问题。二是大力推进信息化建设。要加强博士后进出站服务信息平台建设。加快大数据应用，不断完善博士后网上办公系统，开发全国博士后人才科技交流信息服务系统。三是培育博士后社会组织。要探索建立全国博士后协会，支持各地区、设站单位成立博士后协会和研究会等组织。要发挥好博士后社团组织在加强学术交流、成果转化、人才交流等方面的积极作用。

三、扎实抓好博士后工作各项任务的落实

推进博士后事业健康发展，关键在落实。我们必须以高度的政治责任感和锐意进取的精神，抓住机遇，抓出成效。

（一）提高思想认识。从事博士后工作的同志，要深入学习领会中央领导同志对人才工作的重要讲话精神，充分认识推进博士后事业发展在深入实施人才优先发展战略和创新驱动发展战略中的重要意义，自觉把博士后工作放到人才工作大局和人力资源社会保障工作全局中去思考、去谋划、去推进；要明确目标任务，注重把握博士后研究人员成长成才规律性，重视发挥博士后制度的优势，进一步解放思想，更新观念，创新思路，不断提高做好博士后工作的责任感、使命感。

（二）抓好《意见》落实。30 年前即 1985 年，国务院下发《国务院批转国家科委　教育部　中国科学院关于试办博士后科研流动站报告的通知》，这标志着我国博士后制度的诞生。30 年后的今天，就在本次会议召开前，国务

院办公厅印发了《关于改革完善博士后制度的意见》。《意见》是我们今后一个时期扎实做好博士后工作，推动博士后事业创新发展的重要文件。各级人力资源社会保障部门和博士后工作相关单位要认真学习，深入领会，要按照《意见》的精神，研究制定本地区、本部门、本单位落实《意见》的具体措施办法，结合实际，切实抓好落实。

（三）加强组织协调。人力资源社会保障部门作为博士后工作主管部门，要积极争取党委、政府的重视支持，充分发挥职能优势，做好牵头抓总、综合协调工作，要与组织、教育、科技、财政等相关部门密切配合，充分调动各方面积极性，齐心协力把博士后工作搞好。要以“博士后制度 30 周年”纪念活动为契机，积极做好宣传工作，营造良好氛围。

（四）强化自身建设。打铁还需自身硬。要努力建设一支政治过硬、业务精通、作风优良的博士后管理人员队伍。今天，我们通报表扬了 442 家博士后设站单位和 140 名博士后管理工作者，我们要以他们为榜样，学习他们的好经验和好做法，加强对人才政策理论的学习，不断提高业务能力和管理服务水平。把各项工作做好，努力开创我国博士后事业的新局面。

深入推进人社系统党风廉政建设和反腐败工作为推动人社事业改革发展提供坚强保证

——在2015年全国人社系统党风廉政建设工作座谈会上的讲话

孔昌生

（2015年4月3日）

党风廉政建设和反腐败斗争，是全面从严治党的重要内容和有力支撑。经部党组同意，今天我们在南京市召开2015年全国人社系统党风廉政建设工作座谈会，总结2014年工作，交流各地经验，部署2015年工作任务。刚才，彦鹏同志代表部党风廉政建设工作领导小组全面总结了2014年的工作，深刻分析了面临的形势，并从全面落实主体责任、防范重点领域的廉政风险、持续推动作风转变、深入开展专项治理4个方面部署了2015年全系统党风廉政建设工作的任务，内容全面，重点突出，要求明确。彦鹏同志的报告，与年初部里下发的《关于全系统2015年党风廉政建设工作的意见》一起，构成人社部党组对全系统一年的党风廉政建设工作的基本要求。大家要认真学习领会，并结合实际抓好落实。

一、提高思想认识，切实增强做好党风廉政建设和反腐败工作的责任感使命感

党的十八大以来，以习近平同志为总书记的党中央坚持党要管党、从严治党，把党风廉政建设和反腐败斗争提到新的高度。习近平总书记在十八届中央纪委第五次全会上指出，当前反腐败斗争形势依然严峻复杂，党风廉政建设和反腐败斗争永远在路上。李克强总理在国务院第三次廉政工作会议上指出，政府系统廉政建设仍存在不少问题，廉政建设任重道远。王岐山同志多次强调，要抓住落实主体责任这个“牛鼻子”，深入推进党风廉政建设和反腐败斗争。人社系统认真贯彻落实中央精神，扎实推进党风廉政建设工作，总体上看，落实主体责任的意识在逐步增强，各项措施正在逐步完善。但也要看到，我们的思想认识离中央要求还有差距，对党风廉政建设和反腐败斗争形势的认识还不够全面深刻，特别是对主体责任的认识还没有完全到位。在忙业务工作的时候，容易忽略肩负的党风廉政建设职责，存在“一手硬一手软”的现象。我们一定要克服这种倾向，充分认识党风廉政建设工作的极端重要性，以更坚定的决心和更有力的举措，把党风廉政建设工作推向深入。一要强化责任意识。为了推动党风廉政建设主体责任的落实，部党组研究制定了5个方面15条措施，这些措施对整个人社系统也有一定的指导意义。各级人社部门党组要强化责任意识，制定切实可行的措施，层层传导压力，层层抓好落实。二

要坚持协调推进。最近，部党组调整充实了党风廉政建设工作领导小组，并明确，每年两次专题研究部署党风廉政建设工作。各地在工作摆布上，要把党风廉政建设工作和业务工作一起谋划、一起部署、一起检查、一起落实，做到“两手抓、两手硬”。三要严格考核追责。部党组明确，今后部里干部年终考核，都要把落实主体责任作为重要内容，正在研究制定具体办法。各地也要加大对党风廉政建设的考核力度，对履职不到位、措施不得力的，及时进行诫勉谈话、限期整改；对出现严重问题的，不仅不能评优，还要进一步追究领导责任，推动党风廉政建设各项任务落到实处。

二、坚持上下联动，形成推进党风廉政建设和反腐败工作的合力

党风廉政建设工作是一项复杂的系统工程，需要全系统上下协调一致，齐心协力下好“一盘棋”。结合党的群众路线教育实践活动，我们在全系统开展了窗口单位改进作风、清理拖欠农民工工资、整治事业单位公开招聘突出问题和治理人事考试安全等四项专项行动，着力解决群众反映强烈的突出问题，取得了重要阶段性成果。这是系统上下共同努力的结果。但是，我们也要看到，取得的成果还是初步的，基础还不稳固，一些深层次的问题还没有从根本上解决，在有些方面系统上下还没有形成合力。从部机关看，作风还不够深入，有些政策出台前论证不够充分，广泛深入听取基层一线和广大群众的意见不够；对地方情况了解有的不够及时，开展分类指导、有针对性地解决基层实际问题方面做得不够。从地方情况看，有的对政策把握不够准确，没有聚焦到群众反映的突出问题上，在抓落实上还存在“以文件落实文件、以会议落实会议”的现象；有的基层窗口单位仍然存在“庸、懒、松、散”现象，人员素质和工作作风需要改进。对此，需要进一步加强人社系统的沟通协调和上下联动，进一步聚焦突出问题，回应群众关切，以上带下、以下促上，攻坚克难、务求实效。一要紧扣专项治理任务。刚才彦鹏同志部署了5项专项治理任务，包括集中治理机关事业单位“吃空饷”问题、整治事业单位公开招聘突出问题、清理拖欠农民工工资问题、人事考试安全治理、强化对社保基金和就业专项资金的监管，这些都是需要系统上下联动加强整改的重点项目。各地要制定具体方案，明确任务、明确要求、明确时限、明确责任，高质量完成好这些“硬任务”。二要聚焦窗口作风建设。部党组认为要把群众路线真正贯彻到位，重点在一线，关键在窗口。各地要继续认真落实《关于建立窗口单位作风建设长效机制的意见》，进一步健全制度体系，改进服务方式，加强队伍建设，完善工作机制，聚焦群众反映的突出问题，抓住要害、持续整改，努力实现“服务上形成品牌”的目标。三要上下形成合力。部机关要做出表率，进一步改进作风，主动查找、认领“病症在下面，病根在上头”的问题，深入细致开展研究论证，进一步提高决策科学化民主化水平。各地要按照部里的统一部署，细化分解任务，结合实际创造性地开展工作，促进各项惠民政策在基层落地生根。

三、从严管理干部，建设清正廉洁、务实为民的人社干部队伍

蔚民部长多次强调，人社部门全部工作涉及人，大部分工作涉及民生，廉政风险点多，社会关注度高。我们既要做好就业、社保、人事人才等业务工作，又要营造良好的环境和氛围，保证干部队伍的清正廉洁。在去年年底召开的全国人社工作会议上，蔚民部长进一步明确了“清正廉洁、务实为民”的要求。我们要认真加以落实。总体上看，人社系统广大干部牢记党的宗旨，履职尽责，奋发有为，廉洁自律，为推进人社事业改革发展作出了贡献。但也要看到，有的同志工作劲头不足，精神懈怠，存在“只要不出事，宁愿不做事”和“不求过得硬，只求过得去”的为官不为思想；有的工作人员的能力和作风与提供优质服务的要求还有一定差距；近几年，人社系统出现了一些违法违纪案件，影响恶劣，教训深刻。对这些问题必须引起高度重视，切实加以解决。一要强化宗旨意识。2015年中央要在全党开展“三严三实”专项教育活动，部党组将根据中央要求作出全面部署。各地也要及早准备，按当地党委的要求，体现人社部门的特点，坚持高标准严要求，组织开展好党员领导干部讲党课、专题民主生活会和专题学习研讨活动。要通过各种学习教育活动，教育党员干部始终保持共产党人的精气神。二要守住工作底线。我们在推进工作的过程中，要坚持依法行政，做到法定职责必须为、法无授权不可为。要把守纪律讲规矩摆在首位，特别是在涉及人财物的管理，比如社保基金管理、就业专项资金管理、职业技能鉴定培训等领域，都要严格依法依规办事，不能搞违规操作、徇私枉法。三要提高履职能力。要加强干部的政治思想建设和业务能力建设，大力加强系统干部特别是基层干部业务培训，使广大干部不仅敢于负责、敢于担当，还要成为行家里手，不断提高履行职责的能力和水平，更好地适应繁重的改革发展任务要求。

四、狠抓制度建设，建立健全党风廉政建设和反腐败工作的长效机制

抓好党风廉政建设任务落实，既要治标，更要治本，向制度建设要成效。近年来，部里陆续出台了《社会保险工作人员纪律规定》、《就业专项资金管理纪律规定》等一系列制度规定，进一步完善了党风廉政建设制度体系。总的看，党风廉政建设体制机制已经基本建立，但在落实和执行上还存在一些问题。从部机关和系统近年来发生的一些违纪违法案件中，也可以看出反腐倡廉制度建设方面还存在漏洞，迫切需要进一步扎紧制度的笼子。一要建立健全权力规范运行机制。按照职能科学、权责法定、执法严明、公开公正、廉洁高效、守法诚信的要求，继续深化行政审批制度改革，推进简政放权，切实减少行政审批事项，对保留的行政审批事项要推行权力清单制度，公开审批流程，提高透明度，压缩自由裁量权。二要建立健全廉政风险防控机制。加强对重点领域的廉政风险防控，特别是对损害群众利益和影响社会公正这两类问题的防控。加强对典型案例的剖析，深入查找原因，最大限度减少体制缺陷和制度漏洞，不断铲除腐败现象滋生蔓延的土壤。三要建立健全监督检查机制。加强内部监督，重点是内部管理、财务管理、人事管理、外事管理，健全内部协调机制，形成监督合力。自觉接受外部监督，要习惯和善于接受各种监督，包括党内监督、人大监督、政协民主监督、行政监督、司法监督、审计监督、社会监督和舆论监督，通过接受监督改进我们的工作，让权力在阳光下运行。

坚持从严从实　强化问题导向 扎实深入推进“三严三实”专题教育

——在部属各单位、公务员局“三严三实”专题教育工作座谈会上的讲话

孔昌生

（2015 年 9 月 9 日）

今天召开座谈会，主要任务是深入学习贯彻习近平总书记系列重要讲话精神，特别是关于“三严三实”专题教育的重要指示，推动运用正反两方面的典型，进一步深化各项措施，把我部“三严三实”专题教育工作不断引向深入。

一、坚持从严从实，强化问题导向，我部“三严三实”专题教育开局良好，进展顺利

部党组高度重视“三严三实”专题教育，把开展专题教育当作从严治党的重大政治任务来抓。坚持以上率下、示范带动，坚持高标准、严要求，带头学习提高，带头查摆和解决“不严不实”问题，紧密联系实际深学细照笃行，以坚定的信念、决心、行动做出表率。前不久，蔚民同志代表我部在省区市和部分部门单位“三严三实”专题教育座谈会上作了典型发言（已印发各单位），从深化学习教育、查摆解决问题、推动改革发展三个方面汇报了我部开展“三严三实”专题教育情况。总的看，我部“三严三实”专题教育有这样几个特点：一是行动迅速，重点突出。按照部党组的部署，各单位一把手切实履行第一责任人责任，带领班子成员和处以上干部统一思想、积极行动，迅速制定工作方案，认真筹备启动开局。突出抓好学习教育这个重点，采取个人自学、专题辅导、集体研讨等形式，深入学习习近平总书记系列重要讲话精神，学习党章和党的纪律规定，坚持原原本本地学、原汁原味地学，坚持学思结合、学用结合，用讲话精神武装头脑、指导实践、推动工作，取得较好成效。二是专题党课有深度有质量，效果比较好。4 月 29 日，蔚民同志以“学习‘三严三实’、践行‘三严三实’”为题讲党课，阐述了“三严三实”的丰富内涵和重大意义，要求知行合一、在解决问题上下功夫，强调要以从严从实的作风认真践行“三严三实”，推动各项工作取得实实在在的成效。蔚民同志专题党课高屋建瓴、思想深刻，特别是查找问题方面，指出了我部党员干部 6 个方面 23 种“不严不实”问题的具体表现，大家对号入座，反思自身，有一种坐不住的感觉，深受教育和启发。在部党组示范带动下，各单位主要负责同志反复修改党课讲稿，充分征求大家意见，使党课讲稿的起草过程转变为学习讨论、查找问题、增进共识、改进工作的过程。大家反映，这次专题党

课质量普遍较高，弘扬了党的优良传统，提振了党员干部的精气神。三是学习研讨比较充分。5月26日和7月30日，部党组分别进行2次学习研讨，党组同志紧扣第一专题“严以修身”、第二专题“严以律己”，紧密联系思想、工作和作风建设方面存在的问题，敞开胸怀、各抒己见，交流互动、严肃认真。从各单位的情况看，目前都已完成第一专题学习研讨，部分单位已进行了第二专题学习研讨。大家普遍反映，通过学习研讨，进一步加强了党性修养、坚定了理想信念，在解决好“总开关”问题上有了更加清醒的认识，特别是联系周永康等反面典型，深刻剖析他们严重违法违纪的原因，从中吸取教训，查找存在的问题，在思想上警醒起来，在行动上自觉起来。

在肯定前段工作的同时，也要清醒地看到，各单位专题教育进展还不平衡，如有的单位重视不够、抓得不紧、推动不力，存在松懈心理；有的个人自学没有很好落实，研讨交流也不充分；有的联系实际不够，没有把自己摆进去，发言没有深度，触及思想灵魂、触及实际问题不够，等等。对这些问题，必须引起高度重视，采取措施加以解决。

二、深入学习领会习近平总书记重要指示精神，紧密联系正反典型及个人和工作实际，深入开展学习研讨

刘云山同志指出，推进“三严三实”专题教育，首先要及时跟进学习习近平总书记重要指示精神，更好地把思想统一到中央要求上来。通过学习，使领导干部深刻领会习近平总书记关于领导干部要可信、做人干事都让组织放心的要求，把“三严三实”融入修身做人、用权律己和干事创业的方方面面，始终做到心中有党、心中有民、心中有责、心中有戒，做政治的明白人、发展的开路人、群众的贴心人、班子的带头人，努力成为党和人民信赖的好干部；要深刻领会习近平总书记关于学习老一辈革命家崇高品德的要求，检身正己、见贤思齐，从老一辈革命家崇高风范和先进典型中接受教育，汲取力量，保持共产党人情怀，心系党和人民事业，忠诚一辈子、奉献一辈子；要深刻领会习近平总书记关于把“三严三实”贯穿改革全过程的要求，大力弘扬实事求是、求真务实精神，理解改革要实，谋划改革要实，落实改革也要实，既当改革的促进派，又当改革的实干家；要深刻领会习近平总书记关于领导干部要带头搞好专题教育的要求，讲党性、重品行、做表率，清清白白做人、干干净净做事、堂堂正正做官。要深刻领会习近平总书记关于必须加快转变作风，更加注重按“三严三实”要求做好经济工作的指示精神，高度重视应对经济下行压力，防范和化解系统性风险，完善社会保障体系和社会安全网，把就业放在突出位置，切实加强民生保障。我们要在领会核心要义上下功夫，在打牢思想根基上下功夫，在坚持知行合一上下功夫，以思想自觉引领行动自觉。

目前，各单位正在围绕“严以律己”进行第二专题学习研讨。要紧密联系正反典型深入思考。正面典型是正能量，发挥着榜样和标杆的作用；反面典型是负能量，具有警醒警示作用，要充分运用“两种教材”、“两面镜子”，教育领导干部从先进典型中获取精神力量，从反面典型中总结深刻教训，见贤思齐、见不贤而自省，真正在思想上、政治上、作风上严起来实起来。这几年，中央严肃查处了周永康、薄熙来、郭伯雄、徐才厚、令计划、苏荣等严重违纪违法案件。剖析这些被查处的反面典型，都是严重违反党的政治纪律和政治规矩，政治野心膨胀，目无党纪国法，背离党的性质和宗旨，政治上变质、经济上贪婪、道德上堕落、生活上腐化，具有很强的警示作用。最近，部党组连续发了三个党员干部违纪违法问题的通报，各单位也要以这些发生在我们身边的违纪违法案件为反面教材，深入开展研讨，从理想信念、纪律规矩、党性原则等方面，剖析根源、吸取教训、引以为戒，教育党员干部坚定理想信念，补足精神之“钙”，解决好世界观、人生观、价值观这个“总开关”问题，坚守法纪底线，重视小事小节，做到身有所正、行有所止。

根据《实施方案》安排，下一步，要围绕“严以用权”进行第三专题学习研讨。年底前，要以践行“三严三实”为主题，召开2015年度专题民主生活会和组织生活会。处级以上党员干部都要对照党章等党内规章制度、党的纪律、国家法律、党的优良传统和工作惯例，对照正反两方面典型，联系个人思想、工作、生活和作风实际，联系个人成长进步经历，联系教育实践活动中个人整改措施落实情况，深入查摆“不严不实”问题，进行党性分析，严肃认真开展批评和自我批评。

三、按照“三严三实”要求，认真查找和解决不严不实问题，把专题教育不断引向深入

开展“三严三实”专题教育，目的是解决问题，解决问题也是最好的教育，要把问题意识、问题导向贯穿教育的全过程，认真查找和解决“不严不实”问题。按照部党组和蔚民同志的要求，在修身上，要认真查找是否存在理想缺失、信念动摇、精神迷茫、思想滑坡等问题；在用权上，要认真查找是否存在私心作祟、滥用权力，设租寻租、以权谋私等问题；在律己上，要认真查找是否存在政治纪律和政治规矩意识不强，纪律松弛、组织涣散、自由散漫等问题；在谋事上，要认真查找是否存在脱离实际、缺乏实效，调查研究不够，业务学习不深，掌握实情不足，工作钻研不透，缺乏事业心和责任感，工作不在状态，做一天和尚撞一天钟等问题；在创业上，要认真查找是否存在不负责任、不敢担当，回避问题、消极怠工、“为官不为”等问题；在做人上，要认真查找是否存在对组织不坦诚，对同志不真诚，为人虚假、两面人格，对上对下不一样，人前人后不一样，弄虚作假，欺上瞒下等问题。各单位也要结合本单位实际，进一步查找不严不实问题。对查找出来的问题，要一条一条梳理，一项一项分析，列出问题清单，明确整改责任。要不等不拖，能改的马上就改。要把“三严三实”专题教育同党的群众路线教育实践活动整改工作衔接好，持续深入地向“四风”问题开刀，向不严不实问题问斩，以永远在路上的劲头，把思想政治建设和作风建设抓下去。

开展“三严三实”专题教育是巩固拓展群众路线教育实践活动成果、深化作风建设的重要措施，是严肃政治纪律和政治规矩的关键举措，也是今年党建工作的一项重要任务，各单位领导班子特别是主要负责同志要切实负起责任，投入足够的时间和精力，加强组织领导，抓好统筹协调，重要工作要亲自部署、严格把关。领导班子成员要以身作则、带头示范，积极推动专题教育深入开展。要坚持专题教育与日常工作两手抓、两促进。面对人社工作艰巨繁重的改革发展任务，特别是应对经济下行压力，要主动适应经济发展新常态，深入分析研判经济发展趋向，提高政策质量和可操作性，扎扎实实把事情办好，切实肩负起促进改革发展、保障和改善民生的重任。这次专题教育不派督导组，机关党委要加强督促检查指导，拧紧螺丝，上紧发条，把压力传导到位。要发扬讲认真的精神，确保专题教育不虚不空不偏，不走过场，取得扎扎实实的成效。

前不久，部党组审议通过机关党建工作三个文件：一是上半年党风廉政建设和反腐败工作形势分析，二是贯彻落实全面从严治党要求实施意见，三是机关党建工作考核办法（试行），这三个文件是我部加强机关党建和党风廉政建设工作的重要依据，希望大家要认真学习领会。这里我再强调几点：一是认真履行“一岗双责”。2015年年初，部里成立党建工作领导小组，调整充实党风廉政建设领导小组，两个小组由蔚民同志任组长，办公室设在机关党委。实施意见明确了机关司局党支部书记和直属单位党组织书记落实全面从严治党要求的五项具体责任。只有把这五项责任履行好，才是一名合格的支部书记。二是切实抓好党风廉政建设和反腐败工作。针对党组近期印发的三个违纪违法问题通报，各单位在认真学习讨论的基础上，要注意从中吸取教训，全面自查自纠，强化问题导向，深挖根源，堵塞漏洞，坚决杜绝此类事件的发生。三是认真做好机关党建述职评议考核工作。按照述职述党建、评议评党建、考核考党建、任用干部看党建的要求，党组决定，从 2015 年年底开始，每年开展一次述职评议考核。党建工作述职与每年年底开展的业务工作述职相结合，评出“优秀”、“较好”、“一般”、“较差”四个等次，考核小组提出初步意见，报部党组审定。希望大家高度重视，把这项工作做好。

四、认真贯彻落实《党政领导干部选拔任用工作条例》，进一步推动我部干部选拔任用工作科学规范有序

2014 年 1 月，中央颁发了新修订的《党政领导干部选拔任用工作条例》。新修订的条例体现了中央对干部工作的新精神新要求，是做好干部选拔任用工作的基本遵循，也是干部制度建设的基本依据。部党组对学习贯彻条例高度重视，蔚民同志作出重要批示。我们一定要把条例学深学透，贯彻落实好，推动我部干部选拔任用工作科学化规范化制度化。第一，要进一步深化条例学习。各单位要进一步加大学习领会条例精神的力度，坚持集中学习和个人自学相结合，把条例学习引向深入，增强对条例精神、政策规定的理解和把握。人事司将在年底前召开干部人事工作座谈会，进一步组织对条例和人事工作新政策的学习。第二，坚持用好干部标准选人用人。习近平总书记提出了新时期干部“二十字”标准和“三严三实”、忠诚干净担当、“四有”等要求，为我们做好干部选拔任用工作指明了方向。部党组在干部选拔任用工作中，认真贯彻习近平总书记的要求，始终注重看干部的品德品行，选拔政治上靠得住的人；注重看干部的担当精神，选拔遇事敢负责的人；注重看群众的公认，选拔群众基础好的人；注重看干部的实绩，选拔工作肯务实的人；注重看干部的廉洁情况，选拔要求自身严的人。部党组不折不扣地坚持这些标准选人用人，各单位更要准确把握好这些要求，结合本单位的实际进行细化，确保把人选准用好，树立良好导向，为人社事业的发展提供坚强的组织保证。第三，严格执行干部选拔任用工作程序。《党政领导干部选拔任用工作条例》对动议、推荐、考察、讨论决定、交流回避、免职辞职等各个环节，作出严密的程序规定。部党组认真贯彻条例要求，规矩选人，规范做事，出台了二十几项制度，对干部的“进、管、出”各个环节进行了明确，保证了干部人事工作有序开展。下一步要修订好部机关公务员职务任免升降办法，起草好事业单位领导人员管理办法。同时，各单位领导班子要坚持民主集中制，按照“集体领导、民主集中、个别酝酿、会议决定”原则，讨论决定干部，履行好管干部用干部的主体责任，绝不能搞个人或少数人说了算。第四，坚持从严监督管理干部。这是中央全面从严治党的重要举措，部党组和蔚民同志非常重视，在多次会议上提出明确要求。在干部选拔任用工作中，我部认真贯彻中央要求，将个人有关事项核查、档案审查、任职公示、征求纪检监察部门意见等作为前置关口，加强干部监督，取得了明显效果。但在工作中，仍有个别单位和个别干部对从严监督管理干部不够重视，有的单位对群众反映的本单位干部选拔任用问题不能正确对待，有的填写个人有关事项报告不如实，有的不及时上交因私出国证照。2015 年就有 7 名拟提拔对象因个人有关事项未如实报告没有被任用；有的同志在出国回来 10 天内没有及时归还个人证照，所在单位也没有催问，这种现象还比较普遍。今后，部里还要继续加大从严管理干部力度，按照中央的要求，做到干部档案“凡提必审”，提拔副处级以上干部个人有关事项报告“凡提必核”，纪检监察机关的意见“凡提必听”，反映考察对象有关问题的信访举报“凡提必查”，切实防止干部“带病提拔”。

开展“三严三实”专题教育，是一项重大政治任务，是对各级党组织履行党建工作主体责任的直接检验。各单位党组织特别是领导干部要带好头、做示范，自觉把自己摆进去，把职责和工作摆进去，把思想摆进去，从内心深处查找和解决不严不实问题，真正从思想上、工作上、作风上严起来、实起来，把“三严三实”要求落实到履职尽责、做人做事的各个方面，为推动人社事业科学发展作出应有的贡献！

明确任务　狠抓落实
确保今年全面实施居民大病保险

游　钧

（2015 年 8 月 25 日）

这次视频会的主要任务，是对贯彻落实国务院办公厅《关于全面实施城乡居民大病保险的意见》（国办发［2015］57 号，以下简称国办 57 号文件）进行专题部署。

一、充分认识全面实施城乡居民大病保险的重要意义

医疗保障工作是一项重要的民生工作，要从党和国家全局、大局的角度，立足于全面建成小康社会，立足于消除贫困的国家战略，充分认识大病保险的重要意义。习近平总书记提出，消除贫困、改善民生、实现共同富裕，是社会主义本质要求，是我们党的重要使命。李克强总理多次对大病保险工作作出重要批示，要求将大病保险作为社会托底和医改的重要内容抓紧推进和完善，既要兜住底，又要盖住面，切实发挥雪中送炭、扶危济困的效果。全面实施大病保险，完善医疗领域的托底保障机制和制度体系，是党中央、国务院的统一部署，是国家扶贫战略的重要组成部分和中央深化改革的重要内容。

党的十八大以来，中央十分重视社会托底保障机制建设。特别是近两年来出台一系列社会救助法律法规和政策措施，包括建立和完善疾病应急救助、城乡医疗救助等措施。全面实施城乡居民大病保险，是建立健全社会托底保障机制的重要一环和关键举措。有关资料显示，全国仍有 7 000 万贫困人口，其中 1 000 多万人口是因病致贫，占到了 14.29%。我国虽然已实现全民基本医保覆盖目标，但解决“因病致贫、因病返贫”仍是当前脱贫工作重点。

我国目前已基本建立起的全民医保体系，是医疗保障领域最大的安全保障网，发挥着保障全体国民基本医疗权益的强大功能。在此基础上，全面实施城乡居民大病保险，着力解决困难群众高额医疗费用负担问题，是当前阶段健全全民医保体系的重大改革措施。自 2012 年开展建立城乡居民大病保险试点以来，各地积极探索，取得了显著成效。截至 2015 年 6 月底，全国 90%的地市州已经启动实施，近 80%开始待遇支付。大病保险对患者高额医疗费用的支付比例在基本医保之上平均提高 10～15 个百分点。在构建社会安全网、维护社会稳定、健全兜底保障机制方面发挥了重要作用，全面实施大病保险既十分必要，也具备了条件。我们要立足全局，总体谋划，狠抓落实，不折不扣地执行好、完成好国务院关于全面实施大病保险的部署。

二、准确把握大病保险的政策要点

贯彻好国办57号文件，关键要准确把握文件精神实质和政策要点。

（一）要准确把握制度功能定位。大病保险是基本医疗保险的制度延伸和功能拓展，主要发挥守住民生底线的托底保障作用。一是制度属性还是基本保障范畴，要与基本保障的制度规定、基本政策和管理规范相衔接。二是主要功能是定向、精准的减负济困作用，要做到雪中送炭，而不是锦上添花。三是作用机制要与基本保障、社会救助等项目之间衔接好，协同发力。四是责任在政府，大病保险是公共产品，原则上委托商保机构承办，但不能改变公共产品性质和削弱政府应承担的责任。

（二）要精准制定核心政策。大病保险的核心政策集中体现在“四保”：保什么人、拿什么保、保什么和保多少。

一是大病保险要覆盖所有城乡居民基本医疗保险参保人员，保障政策要向困难群体倾斜。对一般人群要立足于补充保障的功能，着力解决基本医疗保险政策范围内、基本医保支付之外的高额医疗费用负担。对困难群众要立足于托底保障的功能，与医疗救助政策相衔接，在一般补偿措施之外采取倾斜政策，从制度政策上缓解因病致贫。

二是要完善筹资机制，实现基本医保和大病保险基金的总体平衡和可持续发展。大病保险资金来源于基本医保基金。这体现了大病保险的制度属性，是稳定大病保险资金来源的需要，也便于总体平衡医疗保险的成本负担与政府责任。这次国办57号文件强调多渠道筹资，是对试点政策的重要完善。2015年中央提高城乡居民基本医保筹资补助标准，明确各级财政补助与个人缴费分别不低于380元和120元，提高幅度比往年都有所增加，就是统筹考虑了全面实施大病保险的需要。各地要统筹考虑基本医保与大病保险需要，完善基本医保多渠道筹资机制，并合理划分政府补助和个人缴费比重。

三是要精准施策，合理确定支付范围和待遇水平。保障政策是制度设计的灵魂和功能作用的核心。范围过宽、水平过高、不分人群、不聚焦社会最大关切，就可能导致泛福利化倾向，刺激了过度医疗，却不能实现精准减负的作用。

1. 合规医疗费用范围问题。从制度上讲，合规医疗费用范围就是医保的政策支付范围。今后医保目录的调整要统筹考虑基本医保与大病保险的合规费用范围，当前大病保险的支付范围原则上要与现行政策衔接，对困难群众可以适当放宽，但也要在范围上有目录、在准入上有授权、在使用上有规则。

2. 大病保险起付线问题。大病保险起付线可以参照基本医保封顶线和当地上年度城乡居民人均可支配收入加以确认。如果对一般人群和困难人群确定差别支付政策，则要综合考虑基金和困难群众承受能力，可以对困难人群进一步降低起付标准。

3. 支付比例问题。按照文件要求，2015年大病保险支付比例应达到50%以上，这是基本要求，也是起步标准，今后还要逐步提高。各地制定支付比例还是要坚持低水平起步，同时向困难人群倾斜。

（三）加强各类医疗保障制度的衔接。要发挥基本保险、大病保险、医疗救助、疾病应急救助、商业健康保险和社会慈善等各项保障制度的协同互补作用，关键要在制度功能、政策设计和管理措施上做好有机衔接，在部门合作上统筹协调，真正做到制度协同、政策协调、部门协作，形成合力。同时，要进一步完善职工补充医疗保障措施。对涉及困难群体切身利益的关键政策，如高额医疗费用起付水平和合规医疗费用支付范围等，要与大病保险保持总体的平衡。有条件的地方可以探索建立覆盖城乡、政策统一的大病保险制度。

（四）要积极探索委托承办。大病保险业务原则上由商保机构承办，是社会保险领域开展创新公共服务的有益尝试。既有助于改善社保经办人员短缺状况，也有利于商保适应市场不断做大做强，发挥对基本医疗保障的补充作用。对此，社保部门要从战略高度、长远目光，以创新思维和积极主动的态度，努力探索和大力推进大病保险委托商保机构承办业务。既要探索委托管理的具体内容、路径和运行规则，学会委托管理，善于委托监管，也要守住底线，忠实履行政府职责，提高管理水平和效能。

一是规范委托程序和合同管理，做好业务衔接和信息共享，加强运行评估和业务监管。要利用政府统一招标平台，严格招投标程序。要明确业务目标和各方责任，合理确定盈利水平和奖惩措施，建立风险评估和考核机制。要规范和优化流程，努力实现“一站式”费用结算，提供方便快捷服务。要发挥基本医保信息系统、社会保障卡基础平台作用，做好信息系统对接和实现必要信息交换，同时要加强监管，维护信息数据安全。

二是要切实履行管理职责，提高管理服务和业务监管水平。委托商保机构承办不是责任转交，各级人社部门及其社保经办机构，要履行职责，严格监管。要建立大病保险统计信息制度、运行分析报告制度和基金收支社会信息披露制度，将大病保险纳入总额控制、协议管理和智能监控等范围，与基本医保业务协同，建立联合巡查，加强考核评估。

对于一些地区难以通过正常招投标方式确定承办机构的，社保经办机构要勇于承担。不能因为没有承办机构而延迟这项重要的民生工程的实施，延迟人民群众获得大病保险政策的实惠。

三、确保年内完成全面大病保险的任务

2015 年年底前全面实施大病保险，是 2015 年国务院政府工作报告的要求，也是国办 57 号文件明确的任务。全面实施的标志有两项：所有地区启动实施，所有城乡居民基本医保参保人群兑现待遇。时间紧、任务重，各级人社部门同志要从贯彻中央精准扶贫的战略高度，以高度的自觉，精心组织实施，扎实细致工作，确保年内完成全面实施大病保险的工作任务。

一是要马上行动，统筹安排。会后各省区市同志要根据会议精神，抓紧向当地党委政府汇报，并抓紧制定工作方案，要对全省全面实施大病保险进行规划部署，明确时间表、路线图，确保全面实施各项指标的落实。居民医保城乡统筹地区要制定城乡一体化大病保险办法。

二是要分类指导，完善措施。未启动地区要按照兑现待遇的要求倒计时安排工作部署。各省区市要及时提出大病保险合规费用范围的意见，为保证各地如期实施并让群众及时享受大病保险待遇，条件不成熟的可以先执行国家基本医保目录。地市在制定方案之初就要整体考虑政策设计、业务流程和委托管理等事项，要有经办业务的应急预案以保证及时启动实施。对原已探索其他各类大病保障措施和已经启动实施的地方，要按照国办 57 号文件精神，进一步完善政策和配套措施。部里将于 9 月份对未启动地区的进展情况进行调度，11 月份进行督查。

三是要加强部门配合和政策宣传。人社部门要在当地党委政府统一领导下，以主动担当的精神，加强部门配合和协调。经办机构要切实履行管理职责，提高监管水平，加强与承办机构的业务协同和衔接。各地要始终加强医疗保障制度的宣传，大力宣传和正确解读大病保险的意义和政策，正确引导舆论，广泛形成共识。

最后，利用这个机会，就 2015 年医疗生育保险工作谈点意见。

一是要加强医保基金运行风险预警防范。当前，我国城镇基本医疗保险基金运行状况可以概括为：总体安全、隐患增加、长期风险不容乐观。各地要高度重视，及早谋划，立足当前，着眼长远，综合施策。一要深挖扩面潜力，加强基金征缴，确保应收尽收。二要严格基金预算管理，加强基金运行分析预警。三要深化支付方式等改革，加强医疗服务监管和费

用控制。从长远看，还要研究通过系统改革建立实现可持续的长效保障机制。

二是要在医药卫生体制改革中发挥作用。今年以来，深化医药卫生体制改革工作快速推进，各地要更加积极参与、主动把握契机、切实发挥作用、推进机制建设。一要完善基本医疗保险的作用机制，立足于购买服务，发挥对医药服务行为和医疗卫生资源配置的引导作用。二要深入参与医药卫生体系长远机制建设的政策研究，主动提出适应市场经济体制、可持续发展的意见建议。三要加强协调，主动配合，上下沟通。

三是积极推进城乡居民基本医疗保险制度整合。整合城乡居民基本医疗保险制度，是党的十八大提出的任务。各地整合城乡居民基本医疗保险制度取得突破性进展。部医保司要认真总结并推广经验，加强宣传，加大示范效应。各地要把思想统一到党的十八大和十八届三中全会决定精神上来，推动地方党委政府及早研究部署，果敢决策，力争在整合城乡居民基本医疗保险制度工作上取得新进展新突破。

四是关于取消定点医药机构行政审批。按照国务院“简政放权”的总体要求，2015 年将取消所有非行政许可类行政审批项目，涉及定点医疗机构、定点零售药店定点资格的行政审批。对此，部里已经制定了相关文件，待国务院决策后，将及时印发各地。各地要在取消定点行政审批的同时，完善协议管理，提升管理效能。

五是关于生育保险降费率工作。按照国务院的统一部署，7 月份我部和财政部共同印发了《关于适当降低生育保险费率的通知》（人社部发［2015］70 号），明确提出生育保险基金累计结余超过 9 个月待遇支付额的地区，费率调整到 0.5％以内。各地要树立大局意识，切实负起责任，尽快行动起来，开展摸底调查，指导统筹地区制定实施方案，确保 2015 年 10 月 1 日前调整到位。

贯彻五中全会精神
加快推进全民参保登记计划试点工作

——在全民参保登记计划扩大试点工作视频会议上的讲话

游　钧

（2015年11月23日）

这次全民参保登记计划扩大试点工作视频会议召开的时机选择得非常好。正值各地都在学习贯彻党的十八届五中全会精神，总结“十二五”，谋划“十三五”和2016年工作，研究贯彻落实的具体意见之际，部里召开这次视频会，总结交流全民参保试点经验，动员部署下一步扩大试点工作，就是我们人社系统贯彻落实五中全会精神的一项重大举措和实际行动。刚才，地方发言的同志也讲到了这一点。五中全会“十三五”规划建议稿第七章第六条关于“建立更加公平更可持续的社会保障制度”专题论述中，开宗明义地提出“实施全民参保计划，基本实现法定人员全覆盖”。选择这个时机动员部署全民参保扩大试点工作，这说明我们人社系统贯彻落实全会精神态度是坚决的，行动是迅速的。刚才，云南、宁夏、甘肃、海南省（区）和南京市的同志介绍了实施全民参保登记计划的做法、体会和打算，讲得都很好，值得各地认真学习和借鉴。

一、试点工作取得积极进展，总结经验，正视问题

2014年5月，部里印发了《关于实施“全民参保登记计划”的通知》（人社部发［2014］40号），决定自2014年至2017年在全国范围内逐步实施“全民参保登记计划”，随后确定了浙江、重庆及南京、昆明等50个首批试点地区。2015年，试点工作要扩大到全国50％的地区。一年多来，按照部里要求，各地人社部门和经办机构高度重视，各试点地区应该说都锐意进取，开拓创新，做了大量细致艰苦的工作，部社保中心、信息中心等单位也和各地同志协同作战，推动全民参保登记计划试点取得了积极进展，也积累了丰富的、有益的经验。

一是建章立制基本完成。以下发40号文件为标志，一年来，围绕全民参保登记计划，以部或部办公厅名义下发的文件已经达到9个，基本涵盖了基础信息管理、信息系统建设、联络调度机制、具体经办规程等规范标准与工作机制。各试点地区都以政府、政府办公厅或人社厅名义下发文件，明确具体实施方案。二是信息化建设稳步推进。各地全方位打造“全民登记＋互联网”，依托金保工程开发本地全民参保登记信息系统，通过对全地区人口综合信息和参保登记信息进行收集、对比、

整理，一些地区已建立起信息容量大、内容完整准确的参保人群基础信息数据库。三是逐步摸清了底数。各地普遍反映通过全民参保登记达到了整理家当、整合资源、摸清家底的目的，提高了信息使用效率，提高了数据质量，并正在逐步形成最全、最准、最新的数据信息。

在试点实践过程中也存在着一些问题，影响了参保计划的顺利实施。一是思想认识不到位。一些同志将全民参保登记计划定位为简单的信息采集、参保扩面工作，没有充分认识到全民参保登记计划对实现2020年全覆盖目标、实现社会保险精确管理的重大意义；也有一些地方还存在畏难情绪。二是缺乏整体性安排。一些地区在试点中存在片面注重宣传造势、信息比对、入户调查等一个方面或几个方面工作，缺乏整体性、系统性；还有一些地方还没有将全民参保登记计划纳入人社整体工作中加以部署、整体推进。三是部门间沟通衔接机制不够通畅。有的地方人社部门在内部社保与就业之间，行政、业务经办、信息部门之间配合不够，在外部与公安、发改、民政、卫计委等部门之间协调不够。数据交换机制尚不健全，全国乃至省内社保数据共享程度不高。实现“全民参保登记基础数据库”的动态更新存在诸多障碍。这些问题如果不能及时解决，可能影响我们全面推进全民参保登记计划的进程，各地要意识到问题的严重性。认识方面问题就需要我们结合学习贯彻五中全会精神统一思想、提高认识；有些问题，比如部门之间的协作问题，在一些试点地区，如浙江、重庆、昆明、南京等地都有很好的经验可资借鉴；还有些问题有待于我们在不断推进工作中逐步予以解决。

二、认真学习贯彻五中全会精神，研判形势，明确方向

五中全会通过的“十三五”规划建议提出，要建立更加公平更可持续的社会保障体系，实施全民参保计划，基本实现法定人员全覆盖。这说明，全民参保登记计划已经从人社部门的重点工作任务上升为党中央、国务院的重大决策。这项工作已白纸黑字地写入第十三个五年规划的建议中，是我们今后五年必须完成的硬性任务，没有丝毫回旋的余地。能不能完成党中央确定的目标任务，如何圆满地完成好，就成为摆在我们人社部门面前的一项重大任务。因此，我们要按照习近平总书记所强调的那样，以适应新常态、把握新常态、引领新常态的总要求进行战略谋划，瞄准2020年社会保险全覆盖目标，认真研判完成任务所面临的形势和条件，谋划好、实施好“十三五”时期全民参保登记计划。

“十三五”时期，我们面临怎样的发展环境呢？发展的不平衡、不协调、不可持续问题依然突出，发展动力不足，创新能力不强，产能过剩，环境恶化趋势依然存在，人口老龄化加快等。因素很多，但直接影响社保的因素主要有三个方面：一是经济发展新常态。受经济下行压力和结构、制度调整因素影响，一批落后和产能过剩企业可能面临关停并转，工人转岗或自谋职业，缴费能力下降，社会保险欠费和断保的趋势在加大，从这两年和今年1—10月份的数据来看，已初现端倪，整个参保缴费率在持续下降。二是人口老龄化。2014年我国60周岁以上人口是2.12亿，占人口比例已达到15.5%，预计2020年将接近20%，2050年将达到峰值38%。近一两年，社保基金收入从前几年平均增幅20%左右降至现在的10%左右，支出增幅仍居高不下，各险种均出现支出增幅高于收入增幅的情况。中国老龄化总量、程度、速度都是惊人的，必然对社会保障体系提出前所未有的挑战。三是群众诉求多元化。第一类是公平性诉求，要求缩小群体、地区乃至城乡之间保障水平的差距；第二类是公开性诉求，主要是提高制度运行的透明度和公众的知情权；第三类是便捷性诉求，主要表现为跨地区、跨制度之间的社保关系的转续顺畅。“十三五”时期的这些特征，就要求我们不断地完善制度，不断地创新工作方法，一方面要加强扩面，坚持不懈，驰而不息，使社保全覆盖目标尽早实现；另一方面还要改进完善制度机制，力求已参保的群体不流失或少流失，尽可能不出现断保现象，更好地保障权益，保证制度的可持续性。

正像中央所判断的那样，虽然我国面临诸多矛盾叠加、风险隐患增多的严峻挑战，但我国发展仍处于可以大有作为的重要战略机遇期。全民参保登记计划是实现社会保险全覆盖、惠及民生的基础性工程，是适应经济发展新常态、应对人口老龄化的重要举措。在社保事业取得迅猛发展的背景下，推进这一计划，我认为具备许多有利条件：一是“十三五”规划纲要以共享理念为引领，明确要求实施全民参保登记计划，基本实现法定人员全覆盖。这是最强有力的政治保障和社会基础。二是社会保险法正式实施五年多，配套法规陆续出台，相关政策不断完善，依法扩大参保覆盖面应该说有了更牢固的法律和政策基础。三是社会保险经办管理服务规范化、信息化、专业化水平显著提高，基层服务网点不断发展，社会保障卡正在加快普及，10 月份已经超过 8 亿张。全国统一的信息交换、核查、比对平台初步搭建，为全民参保登记提供了组织和技术基础。四是 50 个先行试点地区所进行的探索、取得的成效和经验，为在全国范围内开展全民参保登记奠定了实践基础。我们要统一思想、明确任务，在现有工作基础上加快推进全民参保登记计划的实施是有基础、有条件、有信心的。

三、准确把握试点关键着力点，加强协调，精心实施

当前和今后一个时期，各地要认真学习、深刻领会五中全会精神，并结合社会保险“十三五”规划的实施，尽快安排和启动全民参保登记计划扩大试点工作。各级人社部门分管领导和社保经办机构负责同志首先自己要熟悉并掌握关于全民参保登记计划系列文件的主要内容，充分借鉴试点积累的成功经验，把握住关键环节深耕细作，力求取得新的突破。这里，对扩大试点工作，我再提几点具体要求。

一是着力推进信息系统建设。全民参保的关键是参保人员信息的充分采集、向上集中、交叉比对、动态管理、促进参保和扩大应用，这些都离不开信息系统支持。部里已启动全民参保登记信息系统建设工作，目前正在梳理需求、开发程序，力争在 2016 年一季度上线，并支持省级应用，帮助各地直接运用信息平台开展工作。各地要抓住国家实施基层服务平台建设项目、金保工程二期、信息惠民工程等重大举措的有利时机，结合加快发行社保卡和建设持卡人员基础信息库，与中央数据库信息系统建设统筹安排，同步推进，相互支撑，建设好地方功能完备的全民参保登记信息管理系统，实现信息采集和更新的全面准确，信息传递和交换的及时顺畅，信息系统运行的安全可靠。

二是切实加强部门协调合作。全民参保登记计划离不开党委、政府的高度重视，也离不开相关部门的支持和配合，如需要财政部门资金支持，需要发改部门立项支持，需要公安、民政等部门信息支持。从先期试点情况看，绝大多数地区建立了有效的部门协调机制，有力地推动了试点工作的开展。在部际层面，人社部已分别和卫计、民政部门签订了部际数据交换协议，和公安部门建立了信息交换机制，这些都为各地建立部门间信息交换协作机制打下了很好的基础。各地要充分认识和其他部门建立协作、加强应用的重要性，争取政府支持，加强部门协调，推动增进共识，积极推进部门间信息资源共享，促进政府公共服务和社会管理能力全面提升。

三是做好入户调查。入户调查是全民参保登记的重点和难点。要把握四点：第一，尽量减少入户调查的数量，更多通过已有信息比对完成参保登记确认。南京的做法值得大家借鉴。第二，充分结合人社部门参保扩面等相关工作，结合当地党委、政府重点工作任务，整合多方面资源，一并推进，形成合力。比如，与就业实名制工作相衔接，与计生情况入户调查相结合，与国家人口库数据比对相结合，争取政府支持，抓住2016年“两节”期间外出人员纷纷回乡的有利时机，开展入户调查，力争以最小投入获取最大产出。第三，充分利用现有信息技术手段，如使用手机APP等，提高入户调查效率。第四，通过购买服务等方式，解决入户调查阶段人手不足等问题。为指导各地开展工作，部里将于年底前制定下发《全民参保登记入户调查规程》，规范入户调查形式、程序，采取多种手段严控调查数据质量。各地要创新工作思路，因地制宜研究解决如何将全民参保登记与其他工作联合推进。

实施全民参保计划是一项浩大的系统工程，事关百姓权益，事关社会保障事业的长远发展和可持续发展。希望各地要认真学习、深入领会党的五中全会精神，把实施全民参保计划作为今后几年工作的一个重要抓手，切实加强领导，创新体制机制，加强部门协作，精心组织实施，推动全民参保计划早出成效。现在离年底还有一个多月时间，也希望各地抓紧收官工作，全面完成2015年社保的各项目标任务。

全面深化中小学教师职称制度改革为基础教育发展提供有力人才支撑

——在深化中小学教师职称制度改革工作部署电视电话会议上的讲话

张义珍

（2015年9月7日）

在我国第31个教师节即将来临之际，经国务院同意，人力资源社会保障部、教育部共同召开深化中小学教师职称制度改革工作部署会，主要任务是学习领会国务院常务会议决定精神，贯彻落实两部关于深化中小学教师职称制度改革的指导意见，交流改革扩大试点经验，对在全国全面推开改革工作进行动员部署。刚才，吉林、山东、陕西等三个省介绍了试点经验做法，都很好，供大家学习借鉴。教育部刘利民副部长对改革实施工作提出了明确要求，大家要抓好落实。

一、深刻学习领会国务院常务会议精神，充分认识深化中小学教师职称制度改革工作的重大意义

我国中小学教师队伍有1 290多万人，超过专业技术人才队伍总量的1/5，是支撑基础教育发展，实施科教兴国、人才强国战略的基础力量。现行的中小学教师职称制度是1986年建立的，分中学和小学两个系列，中学最高等级为副高级，小学最高等级仅为中级。这项制度实施29年来，对于调动广大中小学教师的积极性、提高队伍整体素质、促进教育事业发展，发挥了重要作用。但是，实践中也存在着等级设置不够合理、评价标准不够科学、评价机制不够完善、与事业单位岗位聘用制度不够衔接等突出问题，影响了中小学教师队伍稳定和发展。近年来，广大中小学教师希望改革职称评定制度的呼声很高，国务院对此高度重视。

2009年1月，经国务院常务会议讨论通过，人力资源社会保障部、教育部在山东潍坊、吉林松原和陕西宝鸡开展了中小学教师职称制度改革试点。2011年9月，为进一步积累经验，探索解决改革试点中的突出问题，国务院常务会议研究决定，全国各省、自治区、直辖市各选择2～3个地级市，开展改革扩大试点工作，同时，已进行试点的吉林、山东、陕西三省在全省开展改革工作，为在全国范围内推开改革做准备。

在两部指导下，各试点省市包括先行全面推开的三个试点省都顺利完成扩大试点工作，为全面改革探索了路子，验证了在全国全面推开的必要性和可行性。扩大试点涉及11.2万所中小学校（含幼儿园）、387.2万名中小学教职工。扩大试点过程中，329.3万名中小学

教师进行了职称（职务）过渡，按照新的评价标准和办法新晋升正高级教师806名、高级教师3.98万名。改革受到了广大中小学校和教师欢迎，得到了社会广泛认可，取得了显著成效。一是把握了中小学教师职业特点和成长规律，形成了统一的中小学教师职称制度。新的制度更加符合中小学教育工作实际、符合人才评价规律、符合中小学教师成长规律，对中小学教师的评价更加有效。二是提高了中小学教师的职业地位，激励更多优秀人才长期从教。新的职称制度使中小学教师拥有和高等院校、科研院所科技人员同样的职业发展空间，特别优秀的，有可能享受教授、研究员相类似的待遇水平，让广大中小学教师感到从事基础教育事业工作更有动力、更有奔头，一定程度上解决了“船到码头车到站”的职业倦怠现象，有利于吸引和鼓励优秀人才长期从教、终身从教。例如，仅山东2013年在改革扩大试点中，就吸引3 452名硕士以上学历人才投身基础教育，这是过去没有过的。三是完善了中小学教师评价标准，树立了正确的用人导向。改革引导教师更加注重师德素养，更加注重教育教学业绩，让广大教师潜心教育教学工作，克服了“论资排辈”、“熬年头”的现象，形成了一股讲师德、比业务的良好风气。四是提高了评价结果的公信力，进一步营造公平公正的选人用人环境。新的职称制度强调同行评价和业内认可，严格标准程序，严格公示、回避等监督检查制度，评审结果得到了广大教师的认可。五是推动了中小学教师合理流动，促进了教师资源优化均衡配置。改革试点鼓励教师在出现岗位空缺时跨校竞聘，在制度上解决了教师不愿从中学到小学、从城镇学校到农村学校任教的问题，有利于中小学教师资源优化配置，促进了教育公平。改革扩大试点中，通过跨校评聘实现教师流动2 293人。

8月26日，李克强总理主持召开国务院第103次常务会议，研究中小学教师职称制度改革工作。会议认为，深化中小学教师职称制度改革，对于优化配置资源、加强基础教育师资保障具有重要意义。经过几年来的大面积试点，全面实施改革的时机已成熟，决定将中小学教师职称制度改革在全国全面推开，并从统一制度、评价标准、评价机制、评聘结合等四个方面对改革提出了明确要求。国务院常务会议专门就全面深化中小学教师职称制度改革作出决定，体现了党中央、国务院对广大中小学教师的关心和重视，标志着中小学教师职称制度进入全面推开的发展阶段，也是我国职称制度分类改革的一个重大突破。对此，我们要深刻领会，充分认识。

第一，深化中小学教师职称制度改革是分类推进职称制度改革的重大探索。

职称是中国特色人事制度的重要组成部分，是专业技术人员管理的一项基本制度。习近平总书记强调要发挥人才评价“指挥棒”作用，李克强总理在2015年《政府工作报告》中要求改革职称评定制度，党的十八届三中全会提出“完善人才评价机制”。目前，人力资源社会保障部按照中央要求，正在抓紧研究制定深化职称制度改革的总体意见。职称制度改革敏感复杂，牵一发而动全身，必须在统筹规划、整体设计的同时，分类推进、分步实施、试点先行。应该说，这项改革担当了整个职称改革的开路先锋，是分系列推进职称制度改革的重大突破，对于探索积累改革经验，凝聚改革共识，推动职称改革向纵深推进，具有重要的示范和带动意义。

第二，深化中小学教师职称制度改革是加强中小学教师队伍建设的重要举措。

没有高素质的教师队伍，就办不好人民满意的教育。习近平总书记指出，国将兴，必贵师而重傅。李克强总理强调，最重要的教育资源不是楼房，不是课桌，是教师，要深化职称评定制度改革，加强教师队伍建设，提高教师职业地位，使更多优秀人才长期从教，特别是到农村、边远地区从教。职称是衡量中小学教师专业技术水平和能力的标尺，是教师职业发展的阶梯和通道，承担着引导激励中小学教师不断提高教书育人水平的重要功能。从这个意义上讲，深化中小学教师职称制度改革是事关全局、影响未来的事业，对于完善教师评价机制、推进教育改革发展、提升教师队伍素质、提高中小学教师职业地位，都具有重要而深远的意义。

第三，深化中小学教师职称制度改革是优化资源配置、促进教育事业公平发展的必然要求。

教育公平是社会公平的基础。深化中小学教师职称制度改革，在制度上统一中学和小学教师职称系列，统一设置初、中、高级职称；在评价标准上对农村和边远贫困地区教师进行倾斜，要求城镇中小学教师评聘高级职称要有在薄弱学校或农村学校任教的经历；鼓励中小学教师跨校竞聘，引导教师合理流动；支持民办中小学校教师参照指导意见评聘职称。从试点实践效果看，城镇学校教师到乡村学校任教、支教、交流的积极性更高了，促进了城乡教师、公办和民办教师在发展机会上的公平，薄弱学校和乡村的孩子也有机会接触更多优质教师资源。从这个意义上讲，深化中小学教师职称制度改革对于优化资源配置、加强基础教育师资保障、促进教育公平发展具有重要意义。

二、认真贯彻《改革指导意见》，准确把握深化中小学教师职称制度改革的基本原则和主要内容

深化中小学教师职称制度改革总的要求是，全面贯彻落实党的十八大和十八届三中、四中全会精神，按照党中央、国务院部署，遵循教育发展规律和教师成长规律，按照深化职称制度改革的方向和总体要求，建立与事业单位聘用制度和岗位管理制度相衔接，符合教师职业特点，统一的中小学教师职称制度。

改革主要遵循以下五项原则：一是坚持以人为本，遵循中小学教师成长规律和职业特点，提高中小学教师职业地位，促进中小学教师全面发展；二是坚持统一制度，分类管理，建立统一的制度体系，兼顾中学和小学的不同特点；三是坚持民主、公开、竞争、择优，鼓励优秀人才脱颖而出；四是坚持重师德、重能力、重业绩、重贡献，激励中小学教师提高教书育人水平；五是坚持与中小学教师岗位聘用制度相配套，积极稳妥，协同推进，妥善处理改革发展稳定的关系。这些原则，体现了党的教育方针和人才工作方针，是我们研究和处理改革问题的基本出发点，必须牢牢把握，贯彻始终。

这次改革的主要内容包括四个方面：

（一）健全制度体系。建立了统一的中小学教师职称系列，设置从正高级职称到员级5个等级，依次为正高级教师、高级教师、一级教师、二级教师、三级教师。除新设的正高级职称外，新的职称系列与原中学和小学教师职称系列都有直接对应关系，并与事业单位专业技术岗位等级相对应。从试点情况看，在构建新的制度体系中，要注意把握好两个问题。

一是正高级教师评审问题。中小学教师中增设正高级职称，是提升中小学教师社会地位、拓展职业发展空间的有力举措，是这次改革的一大亮点、一大突破，也是一项大的政策调整。正高级教师是中小学教师的领军人才，各地要按照培养和造就教育家的政策导向评价好正高级教师，严格控制数量，确保标准质量，树立中小学教师发展标杆和楷模，发挥“传、帮、带”作用，带动形成一支高素质专业化的中小学教师队伍。国家对于正高级教师数量实行总量控制，全面推开改革后各省首次评审正高级教师的数量由两部统一确定，正高级教师占中小学教师总数的比例不高于扩大试点时的控制比例，同时还要兼顾考虑各地中小学教师队伍总体状况、区县数量、人口规模和经济社会发展水平等因素，具体数量由两部批复各地改革方案时进一步明确。中小学教师职称评审进入常态化后，两部将对正高级职称评审进行年度部署，对比例结构进行动态调整。与前期试点不同，两部对正高级教师评审结果不再审批，改为备案管理。高级教师比例及控制数量，由各地按照国家中小学岗位设置管理有关规定确定。

二是人员过渡问题。人员过渡是确保改革

顺利进行的关键环节。现有在岗中小学教师按照现聘的职务等级，直接过渡到统一后的职称体系。过渡工作由各地政府和学校统一办理过渡手续，不增加中小学教师的负担，更不能影响正常的教学工作。各地要专门制定人员过渡办法，把工作做细做实，确保人员过渡平衡有序。

（二）完善评价标准。新颁布的中小学教师水平评价基本标准条件，牢牢把握了立德树人的本质要求，充分体现了中小学教师的职业特点，考虑了教书育人工作的专业性、实践性、长期性，重师德、重能力、重业绩、重贡献，改变了原来过分强调论文和学历的倾向，把教书育人的工作实绩作为评价的重要依据。评价标准问题是个重点难点和焦点问题，两部在制定基本标准条件时花了很大精力，多次征求了专家、教师和各方面意见，试点实践证明现在的基本标准条件是符合中小学教师实际的。从社会反映看，大家对这个基本标准特别是淡化论文、学历的要求普遍赞同，认为这有利引导广大教师专心从教、潜心从教。各地要依据国家基本标准，结合实际制定具体评价标准，要注意把握好五个方面：一是注重师德，树立正确用人导向，引导教师立德树人，师德问题“一票否决”。二是注重教育教学能力水平与工作实绩，强调从事一线教育教学工作经历与工作成果，不片面强调论文、学历，不单纯考虑科研成果、奖项。当然我们也不能把论文、学历“一棍子打死”，完全走向另一个极端，各地要根据职务层级实事求是地确定具体评价标准条件。三是注重正高级教师、高级教师对青年教师的指导能力和教育教学带头人作用。四是注重处理好学历与经历的关系。对不同学历教师在毕业后首次确定职称等级和晋升初、中级职称时，适当体现学历差异；在晋升高级职称时，不同学历的基本任职年限原则上不再区分。五是对农村和边远地区教师实行倾斜，城镇中小学教师晋升高级职称要有到农村学校和薄弱学校任教的经历。

（三）创新评价机制。中小学教师的评价重在社会和业内认可，改革坚持公开、公平、公正，突出以同行专家评审为基础的水平和能力评价，充分发挥广大教师的主体作用，落实学校用人自由权，完善评委会组织管理办法，注重遴选教育专家和经验丰富的一线教师参加评审，采取说课讲课、面试答辩、专家评议等多种评价方式，健全评委会工作程序和工作规则，增强评价结果的科学性和公信力。要注重把握好以下五个方面：一是严格评审条件，严格按照标准条件进行评审，公平对待每位教师；二是严格评审程序，按规则、按程序办事，让“潜规则”无处遁形；三是严格评审数量，要在核定的岗位结构比例内进行评审，特别是正高级职称要严格控制，宁缺毋滥；四是创新评审方式，由同行专家组建评审委员会，采取多种评价方式，对中小学教师的业绩、能力进行有效评价；五是强化监督机制，严格执行公示制度和回避制度，充分发挥纪检监察部门、教师和社会的监督作用。

（四）与事业单位岗位聘用制度相衔接。中小学教师职称与岗位、评价与使用紧密结合。这次改革明确中小学教师职称评审是岗位聘用的重要依据和关键环节，岗位聘用是职称评审结果的主要体现。根据事业单位岗位设置管理办法和中小学岗位设置管理的有关规定，科学设置中小学教师岗位。职称评审严格在核定的岗位结构比例内进行，不再进行与岗位聘用相脱离的资格评审。出现岗位空缺，教师可以跨校评聘。同时，还要认真落实指导意见中关于完善中小学教师考核制度和聘后管理制度的要求，通过岗位聘用、岗位考核、竞争上岗、解聘辞聘，建立退出机制，使中小学教师在岗位聘用中实现能上能下。

关于如何处理历史遗留的“具有资格未聘相应岗位”问题。改革指导意见作出了明确规定，对于改革前已经取得中小学教师专业技术职务任职资格但未被聘用到相应岗位的人员，原有资格继续有效，聘用到相应岗位时不再需要经过评委会评审。试点期间，各地依据这条政策探索采取了一系列有效措施，比如原有资格予以保留、竞聘时对这部分人员予以一定政策倾斜、着力开发空岗、空岗中拿出一定比例用于消化存量等，取得了较好效果。目前，部分地区存在的评了资格未聘相应岗位的问题会随着教育事业发展和职称制度改革的推进，逐步加以解决。各地要按照国家政策要求，借鉴试点省份经验，结合实际有针对性地制定具体办法，确保中小学教师队伍稳定。

三、强化责任担当，精心做好改革组织实施工作

深化中小学教师职称制度改革工作政策性强，涉及面广，事关广大教师的切身利益，各地情况又差别很大，工作复杂艰巨，必须以强烈的责任担当意识抓好组织实施。

（一）加强组织领导。中小学教师职称改革从试点、扩大试点到全面推开，国务院三次召开常务会议部署，为改革工作的次第推进提供了根本保障。从各地试点看，各级党委、政府也都高度重视、领导有力。按照国务院常务会议的要求，两部成立了改革领导小组，统一领导改革工作。各省、地市要积极争取当地党委、政府的支持，成立由相关领导同志担任组长的改革工作领导机构，将中小学教师职称制度改革纳入本地区工作总体布局，作为一项重点改革工作，加大领导和协调力度，切实抓实、抓好。

（二）周密部署实施。本项改革涉及制度统一、人员过渡、标准制定、开展评审及监督管理等诸多环节，各省要按照《改革指导意见》的要求，结合本地区实际，抓紧研究制定本省改革方案，精心组织实施工作，确保按时完成改革任务。总的要求是：2015 年 12 月底前，各省改革实施方案报两部审批；2016 年，完成人员过渡和首次评审；经过两年左右的努力，实现常态化评审，新制度完全入轨。没有开展前期试点的西藏自治区，要与全国同步推开。在改革实施过程中，各地要吃透文件精神，深入调查研究，全面动员部署，做好政策宣传解读，使每位教师了解改革、支持改革、参与改革；要坚持以问题为导向推进改革，针对试点中出现的新情况新问题，突出重点，抓住关键，解决矛盾。大家要充分认识到，早改革、早受益，越晚改越被动，要通过改革，使广大中小学校教师在职业发展上有更多获得感，让我们的孩子能够得到更好的教育。

（三）密切协同配合。各级人力资源社会保障、教育部门是这项改革的共同责任主体，要密切配合，协同作战。人力资源社会保障部门要发挥好职称制度改革和综合管理的职能作用，统筹职称改革整体和中小学职称改革专项工作，主动与教育部门沟通协调，更好发挥职称评价杠杆作用支持教育事业发展。要牢固树立大局意识，坚持全国一盘棋、上下一条心，坚持国家政策的统一性与地方政策的灵活性相结合，同一辖区的不同部分、不同学校要协同政策，上下左右要衔接配套，推进步骤大体统一，绝不允许自行其是、各自为政。

（四）强化服务监管。中小学教师职称制度改革不仅是评价机制的转换，更是管理服务方式的改革。国务院决定和两部印发的《改革指导意见》已经打通了改革的“最先一公里”，但还有大量后续工作要落实。各地要按照简政放权、放管结合、优化服务的要求，切实转变政府职能，突出职称评价的服务功能，加强事中事后监管，减轻教师负担，营造公平竞争的良好环境。要明确任务、明确责任、明确时限、明确要求，加强工作督查，破除“中梗阻”，解决基层政策落地的“最后一公里”问题。要实行阳光评审，实现全过程监督，结果公示，维护职称评审的公平公正。

同志们！中小学教师职称制度改革是一项打基础、利长远的光荣事业。我们要对照“三严三实”标准，切实转变作风，从严从实要求，同心协力、勇于担当、开拓进取、扎实工作，把中小学教师职称制度改革工作各项任务完成好！

第 31 个教师节就要到了，借此机会，代表人社部，向全国包括中小学教师的广大教师以及广大为中小学教师服务奉献的同志们致以崇高的敬意。

把握新机遇　适应新要求
做好新时期人事人才科学研究工作

——在2015年度全国人事人才科研工作交流会上的讲话

张义珍

（2015年10月24日）

在全党上下学习贯彻十八届五中全会精神、深入开展“三严三实”专题教育之际，召开全国人事人才科研工作交流会，主要目的是进一步学习五中全会精神，交流学习体会，进一步推动贯彻落实，也进一步交流大家在人事人才科研工作的新思考、新探索和新成效，互相启发，共同进步。

上午的会议对前一阶段的工作进行了简要的总结和回顾，对年度优秀成果进行了表彰，听取了部分省市同志介绍的推进科研工作的经验和思路。比如，北京的科研工作有规划、有制度、有安排，特别是提出要在规划上下功夫，要在转化上下功夫，要在能力提升上下功夫，还要在协作机制上下功夫，非常有见地。河北的科研贴近改革前沿，服务重大决策，调动各方资源，推进协作创新。上海研究室和研究所协同配合共同攻关，加强领导、完善机制、加强保障等几个主要措施都非常实在。浙江对三个“平衡”的思考，提出了提高科研工作绩效中的三个关系的处理，本身就是一个研究成果等。在此，我代表人力资源社会保障部党组向获奖的同志表示祝贺，对一年来大家在科研工作中付出的辛勤劳动表示崇高的敬意。

最近一年来，全国人事人才科研机构和科研人员紧密围绕改革的重点难点问题，为全面深化改革服务，取得了较为丰硕的成果。突出表现在以下几个方面：一是聚焦重点难点问题出谋划策。2014—2015年，是我国人事人才领域重大改革取得重要进展的一年。机关事业单位养老保险制度改革、工资制度改革、国有企业领导人员薪酬制度改革、县级以下公务员职务职级并行制度的实行、中小学教师职称制度改革等重大改革方案相继印发并实施。在这一过程中，我们站在改革的前沿，为改革出谋划策，发挥了重要作用。例如，我们参与了同步推进机关事业单位养老保险制度改革的研究，参与了职务职级并行制度改革的先期调研，提出了实行职务职级并行的多种备选方案，开展了公务员和企业相当人员工资水平比较分析，一些研究成果得到了中央领导和部领导的充分肯定。二是围绕“十三五”规划开展前瞻性研究。为做好“十三五”人力资源和社会保障事业发展规划的编制工作，部党组去年下半年决定组织力量开展“十三五”人社事业发展规划重大政策研究。人科院和各地人事人才科研机构参与了人社事业总体规划思路的研究，承担了人才发展规划思路、人事制度改革规划思路、“十三五”人社事业发展规划主要目标监测评估等课题的调研，提出了“十三五”人才发展和人事制度改革主要目标和任务的建议，为“十三五”人社事业发展规划的编制提供了支持。三是合作研究取得新进展。以人科院牵头开展的合作研究为例，课题从去年的14个增加到了18个，80%以上的课题进行了专门的数据分析和问卷调查分析，具有较强的实证性和应用性。四是人事人才科研的影响力不断提高。通过积极为社会和基层提供直接的咨询服务，依托书刊和网络平台，扩大国际学术交流，人事人才科研的影响力逐步提高。我们成功举办了国际行政科学专家委员会、亚洲公共行政网络年会、东部地区公共行政组织年会，积极向国外学者宣传我国人事制度改革和人才发展的成果，有效地扩大了我国在相关领域的国际影响力。

在总结成绩的同时也要看到，面对人社事业发展的新形势和新任务，我们的科研力量还不够强、科研能力还有很大的提升空间、科研成果的质量和成果的应用水平还有待提高。我们要全面领会党的十八届五中全会精神，以“三严三实”专题教育活动的深入开展为契机，不断提高科研素养，以更高的标准，履行好科研工作的使命和职责。

一、把握新机遇，适应“十三五”人事人才科研工作的新要求

“十三五”时期是我国全面建成小康社会决胜阶段，也是人事人才科研工作大有可为的重要时期。党的十八届五中全会通过的“十三五”规划建议，明确了“十三五”时期我国经济社会发展的总体思路、目标任务和重大举措，描绘了未来5年国家发展的新蓝图，提出了创新、协调、绿色、开放、共享的发展新理念和人才优先发展的新战略，进一步突出了人民群众普遍关心的就业、教育、社保、住房、医疗等民生指标，强调要把更多公共资源用于完善社会保障体系。

新形势、新要求为科研工作提供了用武之地，为发挥科研工作的价值和作用提供了新的重要机遇。我们要从协调推进“四个全面”战略布局的高度，切实把思想和行动统一到中央的精神和要求上来，进一步增强责任感、紧迫感和使命感，更好地把握经济新常态下人力资源发展的新态势，努力做好人才队伍建设、人事制度改革等领域的重大课题研究，落实好中央提出的实施人才优先战略、创新驱动战略的要求，为全面深化人事制度改革、推进人社事业发展服务。

（一）科学研判新常态下人力资源发展的新态势。经济新常态下，我国经济发展表现出速度变化、结构优化、动力转换三大特点。增长速度要从高速转向中高速，发展方式要从规模速度型转向质量效率型，经济结构调整要从增量扩能为主转向调整存量、做优增量并举，发展动力要从主要依靠资源和低成本劳动力等要素投入转向创新驱动。习近平总书记指出，这些变化不依人的意志为转移，是我国经济发展阶段性特征的必然要求。我们开展“十三五”时期的人事人才科研工作，必须充分考虑这些趋势和要求，按照适应新常态、把握新常态、引领新常态的总要求，密切关注新常态下我国人力资源和人才状况的变化趋势，为全面推进人力资源和社会保障工作提供科学的依据和基础。

在新的历史时期，我国人力资源和人才结构的总体状况也呈现出新的特征。以经济持续快速发展为依托，人才培养规模和力度不断加大，人力资源素质日益提高，人力资本积累日趋丰厚，人才资源市场化配置的机制逐步完善，同时也存在人口老龄化、劳动年龄人口递减等新问题，人口结构呈现明显的高龄少子等特征。正是基于对这种人力资源趋势的判断，中央提出要在“十三五”期间全面实施一对夫妇可生育两个孩子政策。而“二孩”政策的实施，又必将反过来带来我国人力资源总量和结构的新变化。人事人才研究的对象就是人，科学研判人力资源发展的最新动态和趋势，是新常态下人力资源发展的新的重大课题。研究人力资源的重大变化及其联动效应，既是我们的职责，也是我们的机遇。

（二）贯彻实施人才优先发展的新战略。“民生为本、人才优先”是人社工作的两大主线。中央提出的规划建议将“迈进人才强国行列”纳入了“十三五”发展的主要目标之中，提出要加快建设人才强国，深入实施人才优先发展战略。这是党中央从全局和战略高度对我国人事人才工作提出的新要求，也是人事人才科研工作在“十三五”必须关注和研究的重点方向。

实施人才优先战略，包括人才资源开发多方面的目标和任务：一是要推进人才发展体制改革和政策创新，形成具有国际竞争力的人才制度优势。这是人才工作和人才研究长期以来面临的重点难点课题之一，需要我们在“十三五”期间着力去破解。二是要研究推动人才结构战略性调整的有效机制，突出“高精尖缺”导向，实施重大人才工程，促进发现、培养、集聚战略科学家、科技领军人才、企业家人才、高技能人才队伍的发展。三是要实施更开放的创新人才引进政策，更大力度引进急需紧缺人才，聚天下英才而用之。在发挥政府投入引导作用的同时，必须要研究鼓励企业、高校、科研院所、社会组织、个人等有序参与人才引进的有效机制和途径。四是要深入研究如何推动人力资本的优化配置，进一步清除人才流动障碍，提高社会横向和纵向流动性。五是要进一步深化完善人才评价激励机制和服务保障体系的研究，推动全社会形成有利于人人皆可成才和青年人才脱颖而出的良好环境，健全有利于人才向基层、中西部地区流动的政策体系。

（三）努力破解全面深化改革的新课题。“十三五”时期是人事人才工作贯彻落实党和国家全面深化改革战略部署的关键时期。贯彻落实中央关于全面深化改革的战略部署，人力资源和社会保障工作使命光荣，任务艰巨。党的十八届三中全会确定了336项改革任务，其中人社部门承担的改革任务共有76项，牵头的改革任务达23项。2015年，机关事业单位养老保险制度等重大改革相继实施，我们既要全力推动已出台政策举措的落实落地，还要抓好各项新的改革举措的研究制定。人社方面的改革是多么的敏感和重要，我们深有体会。几乎每一项改革都涉及多个群体的切身利益，每一项改革都需要瞻前顾后、左顾右盼，都需要统筹协调、促进和谐稳定。我们已经推出的重大改革，面临进一步落实的新课题，而新推出的一系列的改革也还面临着进一步完善的新要求。所以人事人才科研工作要继续做到理论先行，履行好出谋划策的重要职责。

如在完善公务员制度方面，基层公务员职位考试计划取消率仍然很高，迫切需要建立更加分级分类的考录制度体系；公务员平时考核改革试点在逐步推进，但还需进一步探索有效的考核标准和方法；县级公务员职务职级并行办法实施后，如何在市级以上公务员中实行，如何衔接。

在事业单位人事制度改革方面，《事业单位人事管理条例》、《事业单位领导人员管理暂行规定》虽已颁布实施，但事业单位奖励、考核、聘用合同管理的配套规章体系尚未建立。特别是聘用合同管理和编外人员的管理，实践中存在着较严重的管理失范问题，需从根本上提出解决之道。

在人才队伍建设方面，人才总量和结构指标缺乏严密的统计基础，人才发展目标难以科学量化确定；人才评价机制、激励机制仍是制约人才成长的重要体制机制障碍；人才流动的市场化配置机制仍有待完善；人才服务的产业化发展空间需进一步拓展。

（四）探索培育创新驱动发展的新动力。实施创新驱动发展战略是我们这次会议研讨的主题之一。这个选题非常好，是我们学习和落实中央关于“十三五”经济社会发展新理念的一个重要体现。

中央“十三五”规划建议强调，创新是引领发展的第一动力，必须把创新摆在国家发展全局的核心位置，不断推进理论创新、制度创新、科技创新、文化创新等各方面创新，让创新贯穿党和国家一切工作，让创新在全社会蔚然成风。人事人才科研既关系理论创新，又直接关系制度和实践创新，还可以为科技创新、文化创新提供保障，对于培育创新驱动的动力机制具有十分重要的意义。

在实施创新驱动方面，中央提出要促进发展动力从主要依靠资源和低成本劳动力等要素投入转向主要依靠创新驱动。一是要研究如何深化科技体制改革，推进有特色高水平大学和科研院所建设，鼓励企业开展基础性前沿性创新研究，重视颠覆性技术创新。要扩大高校和科研院所自主权，赋予创新领军人才更大人财物支配权、技术路线决策权。二是要实施一批国家重大科技项目，在重大创新领域组建一批国家实验室，打造聚集国内外一流人才的高地，组织具有重大引领作用的协同攻关，形成代表国家水平、国际同行认可、在国际上拥有话语权的科技创新实力，成为抢占国际科技制高点的重要战略创新力量。三是要构建普惠性创新支持政策体系，加大金融支持和税收优惠力度。实行以增加知识价值为导向的分配政策，提高科研人员成果转化收益分享比例，鼓励人才弘扬奉献精神。这些都与人事人才研究的领域直接相关，是我们在今后一段时期必须面对的重大课题。

随着人社事业“十三五”规划的编制与实施，人事人才科研工作的目标和任务将进一步明确，科研工作的地位和重要性将进一步提升，我们的一项好的改革建议，可以造福百姓，激励千百万优秀人才创新创业。因此，人事人才科研工作者必须敢于担当、勇于探索，履行好神圣的职责和使命。

二、适应新要求，着力提高人事人才科研成果的质量

科研成果的质量是科研工作的生命线。我们对改革问题的认识、对管理规律的把握、对改革对策和方案的设计，能否满足决策需要和改革实践的要求，决定着科研工作作用发挥的程度，决定了科研工作的地位和价值。近年来，我们虽然开展了不少具有创新性和有实践价值的研究，但也存在调研不深入、方法不科学、方案不可行等突出问题，成果质量与决策的需求和改革的要求不相匹配。我们应该正视问题，认识到发挥好决策咨询、决策论证、决策技术支持和政策研究储备库的作用，还有很大的空间。我们的各级人事人才研究机构，都要至少成为同级人事人才工作的智库，这是一个基本要求。当然，我们还可以做得更好。为此，我提几点意见。

（一）瞄准改革的重点难点问题，寻求破解之道。提升科研成果质量，前提是立题要准，要听从时代的呼唤，坚持做有效管用的研究。要坚持问题导向，紧紧围绕人社部门中心工作的需求，紧密跟踪人力资源社会保障工作的重点、难点、热点问题，将解决问题作为科研工作的着力点，作为推动我们前进的动力，选好科研课题，提高研究的针对性和社会价值。

首先，要明确人事人才研究的主攻方向。要根据中央要求、社会期盼和实践需要，搞好研究定位，确定科研目标。当前，我国全面改革进入攻坚期和深水区，在人事人才领域，无论是实施人才优先发展战略这样新的重大课题，还是推进职称制度改革、工资制度改革、人才发展体制改革等长期的老大难问题，都需要我们迎难而上，深入研究，提出应对之策。

其次，要围绕中心谋划科研布局。要逐步改变课题研究头绪纷乱、力量分散、疲于应付的状况，集中骨干力量和优势资源，在重大改革的研究上下功夫、使力气。要突出工作重点，理清轻重缓急，将科研人员从事务性、管理性的工作中解放出来，集中精力攻坚克难。要把有限的科研资源、科研力量整合起来，聚集到我们关注的重大课题上来，集中攻关。希望以此培养出一批大师级的科研骨干、不仅在中国而且在全球都有影响的大理论家、大师级人才。这就需要我们有一定的引导和支持，要把这种过多过散的局面进行一些调整和改变。

最后，要切实提高科研成果的应用价值。我们的一些研究工作做得非常辛苦，但是成果并不解渴，这是学术研究容易出现的一个弊病。我个人也做过一些科研，也有这方面的体会。作为一个科研工作者，能够提出一些有价值、可转化的科研成果，这是他的梦想。但往往是做得很辛苦，却不能转化。作为政府部门所属的研究机构，紧密结合实际工作是天然优势，我们一定要与时代的脉搏、中心工作结合得更紧一些，努力避免科研成果缺乏实用和徒劳无功，不断提高政策建议和改革方案的可行性、针对性和实效性。

（二）探索改革发展的内在规律，推动科学决策。科研工作的本质，就在于坚持真理，发现规律。解决改革中面临的问题，一方面，应树立问题意识，让解决问题倒逼改革；另一方面，需要正本清源，透过表象，把握制度本身所蕴含的管理规律。对规律的把握程度，决定着决策的科学化水平。正如习近平总书记所说，改革需要在实践中深化对规律的认识，而不是踩西瓜皮，滑到哪里算哪里。

把握规律，一是要辨析管理行为的法律性质，深入分析制度本身的客观特征和功能目的。例如职称评聘能否分开取决于职称是什么；聘用合同能否适用劳动合同法，取决于聘用合同所代表的人事法律关系的性质。只有明了管理行为的法律属性与制度规范对象或客体的内涵和本质，才能使制度设计奠定于坚实的基础上。形式和内容有时候容易分离，我们一定要注意内在的规律、本质的要求和客观的定位。

二是要以发展的眼光发现制度变迁的规律。把握规律不能仅仅基于现状，仅仅看到眼前的问题，而是要理清问题的源流和脉络，发现改革发展的总体态势，研究查找制度问题的内在根源，明确问题的关键和症结，对症下药，化解难题。

三是要把握改革的整体性和关联性，从事物的相互关系和互动过程中发现规律，注重从全局角度看问题、提建议。例如公务员工资增长问题，就要将公务员工资待遇调整和增资幅度与经济社会发展水平、经济增长速度、社会平均工资的变化结合起来，将社会其他职业群体的收入联系起来进行关联分析，作出科学测算和决策。

（三）强化基础研究，打造科研精品。把握规律，提升成果质量，必须加强人事人才理论和实践领域重大基础性课题的研究，建立全面系统的信息数据库，夯实基础，厚积薄发，打造经得起时间考验和实践检验的科研精品。不要因为一些短平快的需求，放弃了一些长期的基础性的重大研究。

一是要加强基本制度、基础数据和案例资料的积累与分析研究。要全面搜集国内外人事人才管理的法规政策、统计数据、理论成果和实践案例等，为政策研究提供真实、及时、充分的信息情报和文献资料。

二是要重视学科基础理论的研究，构建完善的人事人才学科体系和理论方法。改革离不开理论指导，推进改革离不开理论共识。多年来，我们有些领域的改革之所以难以顺利推进，就是我们对改革基本问题和原则的认识还不到位，甚至存在争议，这样就容易忽左忽右，漂泊不定。对于这些有争议的新问题，不能总是似是而非，必须要用有中国特色社会主义理论的基本观点，通过研究予以分析判断。

三是要做好前瞻性研究。凡事预则立，不预则废。改革发展中的很多问题都是长期性问题，既需要关注现状，也需要从长远发展的角度进行持续研究。必须要有战略眼光，增强工作预见性，集中精力对人力资源社会保障工作中的典型现象、重点政策进行持续跟踪，把握其发展趋势性、影响性，针对可能出现的问题，进行预判，提出预案。类似“二孩”政策这样的重大问题，我们就要对人口政策及其对人力资源的联动效应进行长期研究。

四是要加强国际比较研究。人事人才工作作为治国理政的重要内容，是古今中外普遍的管理现象，存在着大量的共性问题，也存在一些共通的解决之道，需要比较鉴别，寻找改革对策。人事人才研究必须以开阔的视野、开放的思维，及时了解和掌握国外本领域的最新进展和前沿信息，学习借鉴国外好的经验和做法；要向本领域的国际一流成果看齐，树立创造国际一流成果的决心和抱负；要在国际上真正代表中国的人事科研水平，提高我国人事人才科研的国际影响力。在这方面，我们要提振信心，提升目标。

（四）完善科研技术方法，促进科研创新。探索规律、解决问题，必须以科学的方法为保障。政策创新很重要的就是解决“船”和“桥”的问题。人事制度改革和人才优先发展不仅需要价值理念更新，更需要技术方法升级换代。现代科学技术的发展，促进了科研理念和方法的创新，新的调查方法、预测方法、政策试验工具都在不断应用，例如大数据分析、云计算等，我们必须积极学习运用，为科研质量的提高、为人社工作的科学决策提供技术支持和保障。

三、践行人才优先，加强高素质科研队伍建设

建设高素质的科研人才队伍是促进科研创新的基础和保证。研究人才问题，首先要践行人才优先原则，加强科研人才的引进和培养，关心科研人员的工作和生活，不断提高科研人员的政治素质、职业素养、专业能力，建设一支信得过、用得上、过得硬的人事人才科研队伍。

（一）重视科研人才引进和培养。近年来，在部党组和各地人社厅局的大力支持下，人事人才科研机构人才引进和人才培养力度不断加大，一大批高学历人才、海归人才、复合型人才作为科研的新生力量加入我们的科研行列中，科研人员的年龄结构、专业结构、学历结构、职称结构有了很大改善。但总体看，人事人才科研力量还比较薄弱，省市科研机构人手少、能力不足、分布不均衡等问题依然存在。“十三五”期间，我们也要有一个科研人才的发展规划，在加强人才引进的同时，通过专项培训、项目锻炼等方式，加强科研人才培养，着力培养各专业方向的优秀专家，特别是中青年科研骨干人才，壮大科研人才队伍。

（二）加强科研人员职业精神的培育。提升科研机构的人才实力，关键在于提高科研人员服务国家、促进改革的责任感，培育和提升科研人员的职业素养。

一是要树立正确的理想和信念，提高政治鉴别力。尹蔚民部长在“三严三实”第三专题学习研讨会上强调，要始终拧紧理想信念这个“总开关”，必须真正把中国特色社会主义道路自信、理论自信、制度自信融化到自己的思想深处。科研工作者要以此为定盘星，立根固本，把握人事人才科研为中心工作服务的大方向。要把学习中国特色社会主义理论放在首位，正确理解中国特色社会主义道路、理论和制度的精神实质与内在关系。准确把握党和政府的大政方针和战略部署，并以此确定研究方向、目标、内容，不断强化政治敏感性，面对互联网时代的信息传播，努力提高政治鉴别能力，把握人事人才政策科学内涵和准确的价值导向。

二是要以严实精神为指导，端正科研作风。科研要求真务实，“三严三实”是科研工作作风建设的“导航仪”。践行“三严三实”，我们要心有所畏、言有所戒、行有所止，用好公共经费、公共财产、公共资源使用权和政策建议话语权，端正治学态度，防止心浮气躁，防止投机取巧，防止华而不实。课题研究不能重数量、轻质量，重发表、轻转化，重表面、轻实效，更要杜绝学术不端行为。

三是要深入改革实践，在实践中锻炼人才。要促进科研人员将理论与实践相结合，在实践中发现问题、解决问题，通过调研，集民意、汇民智、献良策。各地科研机构要充分利用当地资源和地缘优势，真正深入基层，多看多听，不要走马观花、以偏概全，将实证精神应用于对策研究。要善于开发和运用新技术，进一步拓展调研渠道、丰富调研手段、创新调

研方式，通过调研实现认识的深化与飞跃。

（三）促进形成科研人才成长的良好环境。要完善人才选拔培养机制，关心爱护科研人员，让踏实肯干、真抓实干的人才得到重用，形成能者上、庸者下、劣者汰的用人导向。坚持学以致用、用以促学的评价导向，将政策应用程度、建议的采纳程度、解决实际问题的程度等作为科研人才评价的关键条件。同时，要充分关心科研人员利益诉求，完善岗位绩效工资制度，努力提高科研人员工资待遇，促进科研人员的职业发展。

要积极为科研人员搭建事业发展的平台，形成人事人才科研的专家品牌。现在，党和国家正在推动具有中国特色的新型智库建设，要重点建设一批具有较大影响力和国际知名度的高质量智库。人事人才科研机构也应按照现代智库的标准，打造适应现代智库要求的高水平专家队伍，塑造智库品牌，建设专业化的高端智库。

（四）深化交流合作，促进共同进步。现代科研进入了协同创新的新时代。面对日益繁重的科研任务，必须强化科研合作意识和开放意识，进一步加大人事人才科研合作网科研交流合作的力度，继续探索开展国际合作研究，整合科研力量，形成科研合力。要大力推进科研机构与各级人社部门、企业、事业单位的合作，建设依托地方和企事业单位的科研基地，搭建协同创新平台，帮助科研人员开阔视野、增长见识，提升创新能力，在合作中促进各科研院所人才的共同成长和进步。

在这里，我也要对各地人社部门提一点要求。当前人事人才工作不仅任务越来越重，专业化程度也越来越高，各地人社部门要真正认识到人事人才科研对实践工作的重要推动和支撑作用，将科研作为决策先置程序，作为科学决策不可或缺的重要环节，高度重视科研机构建设，加大科研投入，主动出题目、交任务。在此过程中，一方面是大胆地压担子、交任务；另一方面还可以通过一些重大课题的招标、课题研究指南的发布等方式，形成科研合力。

同志们，科研工作非常辛苦，能够沉下心来研究问题也是一种快乐。当前，人事人才事业仍处于深化改革的重要战略机遇期，也正是人事人才科研工作者可以大有作为的时期。做好当前及今后一个时期的人事人才研究工作，我们责任重大，使命光荣。广大人事人才研究工作者要认真学习习近平总书记系列重要讲话，贯彻落实中央精神，坚定信念，不辱使命，以更大的担当、魄力和智慧，努力开创人事人才科研工作新局面，为我国人事人才事业的科学发展作出新的更大的贡献！

三、重 要 文 件

（一）中共中央、国务院文件

中共中央　国务院关于构建和谐劳动关系的意见

中发〔2015〕10号

为全面贯彻党的十八大和十八届二中、三中、四中全会精神，构建和谐劳动关系，推动科学发展，促进社会和谐，现提出如下意见。

一、充分认识构建和谐劳动关系的重大意义

劳动关系是生产关系的重要组成部分，是最基本、最重要的社会关系之一。劳动关系是否和谐，事关广大职工和企业的切身利益，事关经济发展与社会和谐。党和国家历来高度重视构建和谐劳动关系，制定了一系列法律法规和政策措施并作出工作部署。各级党委和政府认真贯彻落实党中央和国务院的决策部署，取得了积极成效，总体保持了全国劳动关系和谐稳定。但是，我国正处于经济社会转型时期，劳动关系的主体及其利益诉求越来越多元化，劳动关系矛盾已进入凸显期和多发期，劳动争议案件居高不下，有的地方拖欠农民工工资等损害职工利益的现象仍较突出，集体停工和群体性事件时有发生，构建和谐劳动关系的任务艰巨繁重。

党的十八大明确提出构建和谐劳动关系。在新的历史条件下，努力构建中国特色和谐劳动关系，是加强和创新社会管理、保障和改善民生的重要内容，是建设社会主义和谐社会的重要基础，是经济持续健康发展的重要保证，是增强党的执政基础、巩固党的执政地位的必然要求。各级党委和政府要从夺取中国特色社会主义新胜利的全局和战略高度，深刻认识构建和谐劳动关系的重大意义，切实增强责任感和使命感，把构建和谐劳动关系作为一项紧迫任务，摆在更加突出的位置，采取有力措施抓实抓好。

二、构建和谐劳动关系的指导思想、工作原则和目标任务

（一）指导思想。全面贯彻党的十八大和十八届二中、三中、四中全会精神，以邓小平理论、“三个代表”重要思想、科学发展观为指导，深入贯彻习近平总书记系列重要讲话精神，贯彻落实党中央和国务院的决策部署，坚持促进企业发展、维护职工权益，坚持正确处理改革发展稳定关系，推动中国特色和谐劳动关系的建设和发展，最大限度增加劳动关系和谐因素，最大限度减少不和谐因素，促进经济持续健康发展和社会和谐稳定，凝聚广大职工为实现“两个一百年”奋斗目标、实现中华民族伟大复兴的中国梦贡献力量。

（二）工作原则。

——坚持以人为本。把解决广大职工最关心、最直接、最现实的利益问题，切实维护其根本权益，作为构建和谐劳动关系的根本出发点和落脚点。

——坚持依法构建。健全劳动保障法律法规，增强企业依法用工意识，提高职工依法维权能力，加强劳动保障执法监督和劳动纠纷调处，依法处理劳动关系矛盾，把劳动关系的建

立、运行、监督、调处的全过程纳入法治化轨道。

——坚持共建共享。统筹处理好促进企业发展和维护职工权益的关系，调动劳动关系主体双方的积极性、主动性，推动企业和职工协商共事、机制共建、效益共创、利益共享。

——坚持改革创新。从我国基本经济制度出发，统筹考虑公有制经济、非公有制经济和混合所有制经济的特点，不断探究和把握社会主义市场经济条件下劳动关系的规律性，积极稳妥推进具有中国特色的劳动关系工作理论、体制、制度、机制和方法创新。

（三）目标任务。加强调整劳动关系的法律、体制、制度、机制和能力建设，加快健全党委领导、政府负责、社会协同、企业和职工参与、法治保障的工作体制，加快形成源头治理、动态管理、应急处置相结合的工作机制，实现劳动用工更加规范，职工工资合理增长，劳动条件不断改善，职工安全健康得到切实保障，社会保险全面覆盖，人文关怀日益加强，有效预防和化解劳动关系矛盾，建立规范有序、公正合理、互利共赢、和谐稳定的劳动关系。

三、依法保障职工基本权益

（四）切实保障职工取得劳动报酬的权利。完善并落实工资支付规定，健全工资支付监控、工资保证金和欠薪应急周转金制度，探索建立欠薪保障金制度，落实清偿欠薪的施工总承包企业负责制，依法惩处拒不支付劳动报酬等违法犯罪行为，保障职工特别是农民工按时足额领到工资报酬。努力实现农民工与城镇就业人员同工同酬。

（五）切实保障职工休息休假的权利。完善并落实国家关于职工工作时间、全国年节及纪念日假期、带薪年休假等规定，规范企业实行特殊工时制度的审批管理，督促企业依法安排职工休息休假。企业因生产经营需要安排职工延长工作时间的，应与工会和职工协商，并依法足额支付加班加点工资。加强劳动定额定员标准化工作，推动劳动定额定员国家标准、行业标准的制定修订，指导企业制定实施科学合理的劳动定额定员标准，保障职工的休息权利。

（六）切实保障职工获得劳动安全卫生保护的权利。加强劳动安全卫生执法监督，督促企业健全并落实劳动安全卫生责任制，严格执行国家劳动安全卫生保护标准，加大安全生产投入，强化安全生产和职业卫生教育培训，提供符合国家规定的劳动安全卫生条件和劳动保护用品，对从事有职业危害作业的职工按照国家规定进行上岗前、在岗期间和离岗时的职业健康检查，加强女职工和未成年工特殊劳动保护，最大限度地减少生产安全事故和职业病危害。

（七）切实保障职工享受社会保险和接受职业技能培训的权利。认真贯彻实施社会保险法，继续完善社会保险关系转移接续办法，努力实现社会保险全面覆盖，落实广大职工特别是农民工和劳务派遣工的社会保险权益。督促企业依法为职工缴纳各项社会保险费，鼓励有条件的企业按照法律法规和有关规定为职工建立补充保险。引导职工自觉履行法定义务，积极参加社会保险。加强对职工的职业技能培训，鼓励职工参加学历教育和继续教育，提高职工文化知识水平和技能水平。

四、健全劳动关系协调机制

（八）全面实行劳动合同制度。贯彻落实好劳动合同法等法律法规，加强对企业实行劳动合同制度的监督、指导和服务，在用工季节性强、职工流动性大的行业推广简易劳动合同示范文本，依法规范劳动合同订立、履行、变更、解除、终止等行为，切实提高劳动合同签订率和履行质量。依法加强对劳务派遣的监管，规范非全日制、劳务承揽、劳务外包用工和企业裁员行为。指导企业建立健全劳动规章制度，提升劳动用工管理水平。全面推进劳动用工信息申报备案制度建设，加强对企业劳动用工的动态管理。

（九）推行集体协商和集体合同制度。以非公有制企业为重点对象，依法推进工资集体协商，不断扩大覆盖面、增强实效性，形成反映人力资源市场供求关系和企业经济效益的工资决定机制和正常增长机制。完善工资指导线制度，加快建立统一规范的企业薪酬调查和信息发布制度，为开展工资集体协商提供参考。推动企业与职工就工作条件、劳动定额、女职工特殊保护等开展集体协商，订立集体合同。加强集体协商代表能力建设，提高协商水平。加强对集体协商过程的指导，督促企业和职工认真履行集体合同。

（十）健全协调劳动关系三方机制。完善协调劳动关系三方机制组织体系，建立健全由人力资源社会保障部门会同工会和企业联合会、工商业联合会等企业代表组织组成的三方机制，根据实际需要推动工业园区、乡镇（街道）和产业系统建立三方机制。加强和创新三方机制组织建设，建立健全协调劳动关系三方委员会，由同级政府领导担任委员会主任。完善三方机制职能，健全工作制度，充分发挥政府、工会和企业代表组织共同研究解决有关劳动关系重大问题的重要作用。

五、加强企业民主管理制度建设

（十一）健全企业民主管理制度。完善以职工代表大会为基本形式的企业民主管理制度，丰富职工民主参与形式，畅通职工民主参与渠道，依法保障职工的知情权、参与权、表达权、监督权。推进企业普遍建立职工代表大会，认真落实职工代表大会职权，充分发挥职工代表大会在企业发展重大决策和涉及职工切身利益等重大事项上的重要作用。针对不同所有制企业，探索符合各自特点的职工代表大会形式、权限和职能。在中小企业集中的地方，可以建立区域性、行业性职工代表大会。

（十二）推进厂务公开制度化、规范化。进一步提高厂务公开建制率，加强国有企业改制重组过程中的厂务公开，积极稳妥推进非公有制企业厂务公开制度建设。完善公开程序，充实公开内容，创新公开形式，探索和推行经理接待日、劳资恳谈会、总经理信箱等多种形式的公开。

（十三）推行职工董事、职工监事制度。按照公司法规定，在公司制企业建立职工董事、职工监事制度。依法规范职工董事、职工监事履职规则。在董事会、监事会研究决定公司重大问题时，职工董事、职工监事应充分发表意见，反映职工合理诉求，维护职工和公司合法权益。

六、健全劳动关系矛盾调处机制

（十四）健全劳动保障监察制度。全面推进劳动保障监察网格化、网络化管理，实现监察执法向主动预防和统筹城乡转变。创新监察执法方式，规范执法行为，进一步畅通举报投诉渠道，扩大日常巡视检查和书面审查覆盖范围，强化对突出问题的专项整治。建立健全违法行为预警防控机制，完善多部门综合治理和监察执法与刑事司法联动机制，加大对非法用工尤其是大案要案的查处力度，严厉打击使用童工、强迫劳动、拒不支付劳动报酬等违法犯罪行为。加强劳动保障诚信评价制度建设，建立健全企业诚信档案。

（十五）健全劳动争议调解仲裁机制。坚持预防为主、基层为主、调解为主的工作方针，加强企业劳动争议调解委员会建设，推动各类企业普遍建立内部劳动争议协商调解机制。大力推动乡镇（街道）、村（社区）依法建立劳动争议调解组织，支持工会、商（协）会依法建立行业性、区域性劳动争议调解组织。完善劳动争议调解制度，大力加强专业性劳动争议调解工作，健全人民调解、行政调解、仲裁调解、司法调解联动工作体系，充分发挥协商、调解在处理劳动争议中的基础性作用。完善劳动人事争议仲裁办案制度，规范办案程序，加大仲裁办案督查力度，进一步提高仲裁效能和办案质量，促进案件仲裁终结。加强裁审衔接与工作协调，积极探索建立诉讼与仲裁程序有效衔接、裁审标准统一的新规则、新制度。畅通法律援助渠道，依法及时为符合条件的职工提供法律援助，切实维护当事人合法权益。依托协调劳动关系三方机制完善协调处理集体协商争议的办法，有效调处因签订集体合同发生的争议和集体停工事件。

（十六）完善劳动关系群体性事件预防和应急处置机制。加强对劳动关系形势的分析研判，建立劳动关系群体性纠纷的经常性排查和动态监测预警制度，及时发现和积极解决劳动关系领域的苗头性、倾向性问题，有效防范群体性事件。完善应急预案，明确分级响应、处置程序和处置措施。健全党委领导下的政府负责，有关部门和工会、企业代表组织共同参与的群体性事件应急联动处置机制，形成快速反应和处置工作合力，督促指导企业落实主体责任，及时妥善处置群体性事件。

七、营造构建和谐劳动关系的良好环境

（十七）加强对职工的教育引导。在广大职工中加强思想政治教育，引导职工树立正确的世界观、人生观、价值观，追求高尚的职业理想，培养良好的职业道德，增强对企业的责任感、认同感和归属感，爱岗敬业、遵守纪律、诚实守信，自觉履行劳动义务。加强有关法律法规政策宣传工作，在努力解决职工切身利益问题的同时，引导职工正确对待社会利益关系调整，合理确定提高工资收入等诉求预期，以理性合法形式表达利益诉求、解决利益矛盾、维护自身权益。

（十八）加强对职工的人文关怀。培育富有特色的企业精神和健康向上的企业文化，为职工构建共同的精神家园。注重职工的精神需求和心理健康，及时了解掌握职工思想动态，有针对性地做好思想引导和心理疏导工作，建立心理危机干预预警机制。加强企业文体娱乐设施建设，积极组织职工开展喜闻乐见、丰富多彩的文化体育活动，丰富职工文化生活。拓宽职工的发展渠道，拓展职业发展空间。

（十九）教育引导企业经营者积极履行社会责任。加强广大企业经营者的思想政治教育，引导其践行社会主义核心价值观，牢固树立爱国、敬业、诚信、守法、奉献精神，切实承担报效国家、服务社会、造福职工的社会责任。教育引导企业经营者自觉关心爱护职工，努力改善职工的工作、学习和生活条件，帮助他们排忧解难，加大对困难职工的帮扶力度。建立符合我国国情的企业社会责任标准体系和评价体系，营造鼓励企业履行社会责任的环境。加强对企业经营者尤其是中小企业经营管理人员的劳动保障法律法规教育培训，提高他们的依法用工意识，引导他们自觉保障职工合法权益。

（二十）优化企业发展环境。加强和改进政府的管理服务，减少和规范涉企行政审批事项，提高审批事项的工作效率，激发市场主体创造活力。加大对中小企业政策扶持力度，特别是推进扶持小微企业发展的各项政策落实落地，进一步减轻企业负担。加强技术支持，引导企业主动转型升级，紧紧依靠科技进步、职工素质提升和管理创新，不断提升竞争力。通过促进企业发展，为构建和谐劳动关系创造物质条件。

（二十一）加强构建和谐劳动关系的法治保障。进一步完善劳动法、劳动合同法、劳动争议调解仲裁法、社会保险法、职业病防治法等法律的配套法规、规章和政策，加快完善基本劳动标准、集体协商和集体合同、企业工资、劳动保障监察、企业民主管理、协调劳动关系三方机制等方面的制度，逐步健全劳动保障法律法规体系。深入开展法律法规宣传教育，加强行政执法和法律监督，促进各项劳动保障法律法规贯彻实施。

八、加强组织领导和统筹协调

（二十二）进一步加强领导，形成合力。各级党委和政府要建立健全构建和谐劳动关系的领导协调机制，形成全社会协同参与的工作合力。各级党委要统揽全局，把握方向，及时研究和解决劳动关系中的重大问题，把党政力量、群团力量、企业力量、社会力量统一起

来，发挥人大监督、政协民主监督作用。各级政府要把构建和谐劳动关系纳入当地经济社会发展规划和政府目标责任考核体系，切实担负起定政策、作部署、抓落实的责任。完善并落实最低工资制度，在经济发展基础上合理调整最低工资标准。各级人力资源社会保障等部门要充分履行职责，认真做好调查研究、决策咨询、统筹协调、指导服务、检查督促和监察执法等工作。各级工会要积极反映职工群众呼声，依法维护职工权益，团结和凝聚广大职工建功立业。各级工商业联合会、企业联合会等企业代表组织要积极反映企业利益诉求，依法维护企业权益，教育和引导广大企业经营者主动承担社会责任。

（二十三）加强劳动关系工作能力建设。重视加强各级政府劳动关系协调、劳动保障监察机构建设以及劳动人事争议仲裁委员会和仲裁院建设，配备必要的工作力量。统筹推进乡镇（街道）、村（社区）等基层劳动就业社会保障公共服务平台建设，完善基层劳动关系工作职能，充实基层劳动关系协调、劳动争议调解和劳动保障监察人员。加强劳动关系工作人员业务培训，提高队伍素质。各级政府要针对劳动关系工作机构和队伍建设方面存在的问题，从力量配置、经费投入上给予支持，保障构建和谐劳动关系工作顺利开展。

（二十四）加强企业党组织和基层工会、团组织、企业代表组织建设。加强各类企业党建工作，重点在非公有制企业扩大党的组织覆盖和工作覆盖。坚持企业党建带群团建设，依法推动各类企业普遍建立工会，进一步加强非公有制企业团建工作。指导和支持企业党群组织探索适合企业特点的工作途径和方法，不断增强企业党群组织活力，充分发挥在推动企业发展、凝聚职工群众、促进和谐稳定中的作用。深入推进区域性、行业性工会联合会和县（市、区）、乡镇（街道）、村（社区）、工业园区工会组织建设，健全产业工会组织体系。完善基层工会主席民主产生机制，探索基层工会干部社会化途径，健全保护基层工会干部合法权益制度。建立健全县级以上政府与同级总工会联席会议制度，支持工会参与协调劳动关系。加强基层企业代表组织建设，支持企业代表组织参与协调劳动关系，充分发挥企业代表组织对企业经营者的团结、服务、引导、教育作用。

（二十五）深入推进和谐劳动关系创建活动。把和谐劳动关系创建活动作为构建和谐劳动关系的重要载体，总结创建活动经验，建立健全创建工作目标责任制，扩大创建活动在广大企业特别是非公有制企业和中小企业的覆盖面，推动区域性创建活动由工业园区向企业比较集中的乡镇（街道）、村（社区）拓展，努力形成全方位、多层次的创建局面。丰富创建内容，规范创建标准，改进创建评价，完善激励措施，按照国家有关规定定期表彰创建活动先进单位，把对企业和企业经营者评先评优与和谐劳动关系创建结合起来，不断推进创建活动深入开展。积极开展构建和谐劳动关系综合试验区（市）建设，为构建中国特色和谐劳动关系创造经验。

（二十六）加大构建和谐劳动关系宣传力度。充分利用新闻媒体和网站，大力宣传构建和谐劳动关系的重大意义、宣传党和政府的方针政策和劳动保障法律法规、宣传构建和谐劳动关系取得的实际成效和工作经验、宣传企业关爱职工和职工奉献企业的先进典型，形成正确舆论导向和强大舆论声势，营造全社会共同关心、支持和参与构建和谐劳动关系的良好氛围。

二〇一五年三月二十一日

事业单位领导人员管理暂行规定

中办发［2015］34号

第一章　总　　则

第一条　为加强和改进事业单位领导人员管理，健全选拔任用机制和管理监督机制，建设一支信念坚定、为民服务、勤政务实、敢于担当、清正廉洁的高素质事业单位领导人员队伍，根据《中国共产党章程》等党内法规和有关法律法规，制定本规定。

第二条　本规定适用于省级以上党委和政府直属以及部门所属事业单位领导班子成员，省级以上人大常委会、政协、纪委、人民法院、人民检察院、群众团体机关所属事业单位领导班子成员。

党内法规和法律法规对事业单位领导人员管理另有规定的，从其规定。

第三条　事业单位领导人员的管理，应当体现事业单位公益性、服务性、专业性、技术性等特点，遵循领导人员成长规律，激发事业单位活力，推动公益事业又好又快发展。

第四条　事业单位领导人员的管理，应当坚持下列原则：

（一）党管干部原则；

（二）德才兼备、以德为先原则；

（三）注重实绩、群众公认原则；

（四）分级分类管理原则；

（五）依法依规办事原则。

第五条　党委（党组）及其组织（人事）部门按照干部管理权限履行事业单位领导人员管理职责，负责本规定的组织实施。

第二章　任职条件和资格

第六条　事业单位领导人员应当具备下列基本条件：

（一）政治素质好，坚持以马克思列宁主义、毛泽东思想、邓小平理论、“三个代表”重要思想、科学发展观为指导，深入学习贯彻习近平总书记系列重要讲话精神，理想信念坚定，思想上、政治上、行动上同党中央保持高度一致，坚决执行党的基本路线和各项方针政策，坚持民主集中制，带头践行社会主义核心价值观，忠实履行公共服务的政治责任和社会责任；

（二）组织领导能力强，善于科学管理、沟通协调、依法办事、推动落实，有较强的公共服务意识和改革创新精神，工作实绩突出；

（三）有相关的专业素质或者从业经历，熟悉有关政策法规和行业发展情况，业界声誉好；

（四）事业心和责任感强，热爱公益事业，求真务实，团结协作，遵纪守法，廉洁从业，群众威信高。

担任党内领导职务的领导人员，应当牢固树立党建责任意识，熟悉党务，善于做思想政治工作。

正职领导人员，应当具有驾驭全局的能力，善于抓班子带队伍，民主作风好。

第七条　事业单位领导人员应当具备下列基本资格：

（一）一般应当具有大学本科以上文化程度。

（二）提任六级以上管理岗位领导职务的，一般应当具有五年以上工作经历。

（三）从管理岗位领导职务副职提任正职的，应当具有副职岗位两年以上任职经历；从下级正职提任上级副职的，应当具有下级正职岗位三年以上任职经历。

（四）具有正常履行职责的身体条件。

（五）符合有关党内法规、法律法规和行业主管部门规定的其他任职资格要求。

第八条 从专业技术岗位到管理岗位担任领导职务的，其任职资格应当符合第七条第（一）、（二）、（四）、（五）项规定，并且具有相应的专业技术职务（岗位）任职经历和一定的管理工作经历。

第九条 特别优秀或者工作特殊需要的，可以适当放宽任职资格。

放宽任职资格以及从专业技术岗位到管理岗位担任领导职务正职或者担任四级以上管理岗位领导职务的，必须从严掌握。

第三章 选拔任用

第十条 党委（党组）及其组织（人事）部门按照干部管理权限，根据事业单位不同领导体制和领导班子建设实际，提出启动领导人员选拔任用工作意见。

第十一条 事业单位领导人员的配备，必须严格按照核定或者批准的领导职数和岗位设置方案进行。

第十二条 选拔事业单位领导人员，根据行业特点和岗位要求，可以采取组织选拔、竞争（聘）上岗、公开选拔（聘）等方式进行，也可以探索委托相关机构遴选等方式进行。

第十三条 对事业单位领导职务拟任人选，必须依据选拔任用条件，结合行业特点和岗位要求，全面考察其德、能、勤、绩、廉。

第十四条 综合分析人选的考察考核、一贯表现和人岗相适等情况，全面历史辩证地作出评价，既重管理能力、专业水平和工作实绩，更重政治品质、道德品行，防止简单以票或者以分取人。

第十五条 任用事业单位领导人员，区别不同情况实行选任制、委任制、聘任制。对行政领导人员，逐步加大聘任制推行力度。

实行聘任制的，聘任关系通过聘任通知、聘任书、聘任合同等形式确定，所聘职务及相关待遇在聘期内有效。

第十六条 提任三级以下管理岗位领导职务的，应当在一定范围内进行公示，公示期不少于五个工作日。

第十七条 提任非选举产生的三级以下管理岗位领导职务的，实行任职试用期制度。试用期一般为一年。

第十八条 选拔任用工作具体程序和要求，参照《党政领导干部选拔任用工作条例》及有关规定，结合事业单位实际确定。

第四章 任期和任期目标责任

第十九条 事业单位领导人员一般应当实行任期制。

每个任期一般为三至五年，在同一岗位连续任职一般不超过十年。工作特殊需要的，按照干部管理权限经批准后可以适当延长任职年限。

第二十条 事业单位领导班子和领导人员一般应当实行任期目标责任制。

任期目标内容的设定，应当体现不同行业、不同类型事业单位特点，注重打基础、利长远、求实效。

第二十一条 任期目标由事业单位领导班子集体研究确定，领导班子的任期目标一般应当报经主管机关批准或者备案。

制定任期目标时，应当充分听取单位职工代表大会或者职工代表的意见，注意体现服务对象的意见。

第五章 考核评价

第二十二条 事业单位领导班子和领导人员的考核，分为平时考核、年度考核和任期考核。考核评价以任期目标为依据，以日常管理为基础，注重业绩导向和社会效益，突出党建工作实效。

积极推进分类考核，注意改进考核方法，简化程序，提高效率。

第二十三条 综合分析研判考核情况和日常了解掌握情况，客观公正地作出评价，形成考核评价意见，确定考核评价等次。

领导班子年度考核和任期考核的评价等次，分为优秀、良好、一般、较差；领导人员年度考核和任期考核的评价等次，分为优秀、合格、基本合格、不合格。

第二十四条 考核评价结果作为领导班子建设和领导人员培养、使用、奖惩等的重要依据。

第六章 职业发展和激励保障

第二十五条 完善事业单位领导人员培养教育制度，加强政治引领和能力培养，强化岗位培训，注重实践锻炼，提高思想政治素质和管理工作能力。

第二十六条 完善事业单位领导人员交流制度，统筹推进事业单位之间、事业单位与党政机关和国有企业之间领导人员的交流。注意选拔事业单位优秀领导人员进入党政领导班子。

第二十七条 任期结束后未达到退休年龄界限的事业单位领导人员，适合继续从事专业工作的，鼓励和支持其后续职业发展；其他领导人员，根据本人实际和工作需要，作出适当安排。

第二十八条 完善事业单位领导人员收入分配制度，根据事业单位类别，结合考核情况合理确定领导人员的绩效工资水平，使其收入与履职情况和单位长远发展相联系，与本单位职工的平均收入水平保持合理关系。

第二十九条 事业单位领导人员在本职工作中表现突出、有显著成绩和贡献的，在处理突发事件和承担专项重要工作中作出显著成绩和贡献的，或者有其他突出事迹的，按照有关规定给予表彰奖励。

第七章 监督约束

第三十条 党委（党组）及纪检监察机关、组织（人事）部门、行业主管部门按照管理权限和职责分工，履行对事业单位领导班子和领导人员的监督责任。

第三十一条 监督的重点内容是：贯彻执行党的理论和路线方针政策，依法依规办事，执行民主集中制，履行职责，行风建设，选人用人，国有资产管理，收入分配，职业操守，廉洁自律等情况。

第三十二条 发挥党内监督、民主监督、法律监督、审计监督和舆论监督等作用，综合运用考察考核、述职述廉、民主生活会、巡视、提醒、函询、诫勉等措施，对领导班子和领导人员进行监督。

严格实行干部选拔任用工作“一报告两评议”、领导干部报告个人有关事项、经济责任审计、问责和任职回避等制度。

第三十三条 事业单位领导人员有违反政治纪律和政治规矩、组织人事纪律、工作纪律、财经纪律、廉洁从业纪律的，以及违反社会公德、职业道德、家庭美德且造成不良社会影响等情形的，按照有关规定给予组织处理或者纪律处分；涉嫌违法犯罪的，按照国家有关法律规定处理。

第八章 退 出

第三十四条 事业单位领导人员有下列情形之一的，一般应当免职：

（一）达到任职年龄界限或者退休年龄界限的；

（二）年度考核、任期考核被确定为不合格的，或者连续两年年度考核被确定为基本合格的；

（三）受到责任追究应当免职的；

（四）因工作需要或者其他原因应当免职的。

第三十五条 实行事业单位领导人员辞职制度。辞职包括因公辞职、自愿辞职、引咎辞职和责令辞职。辞职程序参照有关规定执行。

第三十六条 事业单位领导人员的退休，按照有关规定执行。

第九章 附 则

第三十七条 中央有关行业主管部门根据本规定，制定本行业事业单位领导人员管理具体办法。

第三十八条 各省、自治区、直辖市党委根据本规定，制定市（地、州、盟）级以下党委和政府直属以及部门所属事业单位和人大常委会、政协、纪委、人民法院、人民检察院、群众团体机关所属事业单位领导人员管理办法。

第三十九条 本规定由中共中央组织部负责解释。

第四十条 本规定自 2015 年 5 月 28 日起施行。

二〇一五年五月二十八日

国务院关于机关事业单位工作人员养老保险制度改革的决定

国发［2015］2号

各省、自治区、直辖市人民政府，国务院各部委、各直属机构：

按照党的十八大和十八届三中、四中全会精神，根据《中华人民共和国社会保险法》等相关规定，为统筹城乡社会保障体系建设，建立更加公平、可持续的养老保险制度，国务院决定改革机关事业单位工作人员养老保险制度。

一、改革的目标和基本原则。以邓小平理论、“三个代表”重要思想、科学发展观为指导，深入贯彻党的十八大，十八届三中、四中全会精神和党中央、国务院决策部署，坚持全覆盖、保基本、多层次、可持续方针，以增强公平性、适应流动性、保证可持续性为重点，改革现行机关事业单位工作人员退休保障制度，逐步建立独立于机关事业单位之外、资金来源多渠道、保障方式多层次、管理服务社会化的养老保险体系。改革应遵循以下基本原则：

（一）公平与效率相结合。既体现国民收入再分配更加注重公平的要求，又体现工作人员之间贡献大小差别，建立待遇与缴费挂钩机制，多缴多得、长缴多得，提高单位和职工参保缴费的积极性。

（二）权利与义务相对应。机关事业单位工作人员要按照国家规定切实履行缴费义务，享受相应的养老保险待遇，形成责任共担、统筹互济的养老保险筹资和分配机制。

（三）保障水平与经济发展水平相适应。立足社会主义初级阶段基本国情，合理确定基本养老保险筹资和待遇水平，切实保障退休人员基本生活，促进基本养老保险制度可持续发展。

（四）改革前与改革后待遇水平相衔接。立足增量改革，实现平稳过渡。对改革前已退休人员，保持现有待遇并参加今后的待遇调整；对改革后参加工作的人员，通过建立新机制，实现待遇的合理衔接；对改革前参加工作、改革后退休的人员，通过实行过渡性措施，保持待遇水平不降低。

（五）解决突出矛盾与保证可持续发展相促进。统筹规划、合理安排、量力而行，准确把握改革的节奏和力度，先行解决目前城镇职工基本养老保险制度不统一的突出矛盾，再结合养老保险顶层设计，坚持精算平衡，逐步完善相关制度和政策。

二、改革的范围。本决定适用于按照公务员法管理的单位、参照公务员法管理的机关（单位）、事业单位及其编制内的工作人员。

三、实行社会统筹与个人账户相结合的基本养老保险制度。基本养老保险费由单位和个人共同负担。单位缴纳基本养老保险费（以下简称单位缴费）的比例为本单位工资总额的20%，个人缴纳基本养老保险费（以下简称个人缴费）的比例为本人缴费工资的8%，由单位代扣。按本人缴费工资8%的数额建立基本养老保险个人账户，全部由个人缴费形成。个人工资超过当地上年度在岗职工平均工资300%以上的部分，不计入个人缴费工资基数；低于当地上年度在岗职工平均工资60%的，按当地在岗职工平均工资的60%计算个人缴费工资基数。

个人账户储存额只用于工作人员养老，不得提前支取，每年按照国家统一公布的记账利率计算利息，免征利息税。参保人员死亡的，个人账户余额可以依法继承。

四、改革基本养老金计发办法。本决定实施后参加工作、个人缴费年限累计满15年的人员，退休后按月发给基本养老金。基本养老金由基础养老金和个人账户养老金组成。退休时的基础养老金月标准以当地上年度在岗职工月平均工资和本人指数化月平均缴费工资的平均值为基数，缴费每满1年发给1%。个人账户养老金月标准为个人账户储存额除以计发月数，计发月数根据本人退休时城镇人口平均预期寿命、本人退休年龄、利息等因素确定（详见附件）。

本决定实施前参加工作、实施后退休且缴费年限（含视同缴费年限，下同）累计满15年的人员，按照合理衔接、平稳过渡的原则，在发给基础养老金和个人账户养老金的基础上，再依据视同缴费年限长短发给过渡性养老金。具体办法由人力资源社会保障部会同有关部门制定并指导实施。

本决定实施后达到退休年龄但个人缴费年限累计不满15年的人员，其基本养老保险关系处理和基本养老金计发比照《实施〈中华人民共和国社会保险法〉若干规定》（人力资源社会保障部令第13号）执行。

本决定实施前已经退休的人员，继续按照国家规定的原待遇标准发放基本养老金，同时执行基本养老金调整办法。

机关事业单位离休人员仍按照国家统一规定发给离休费，并调整相关待遇。

五、建立基本养老金正常调整机制。根据职工工资增长和物价变动等情况，统筹安排机关事业单位和企业退休人员的基本养老金调整，逐步建立兼顾各类人员的养老保险待遇正常调整机制，分享经济社会发展成果，保障退休人员基本生活。

六、加强基金管理和监督。建立健全基本养老保险基金省级统筹；暂不具备条件的，可先实行省级基金调剂制度，明确各级人民政府征收、管理和支付的责任。机关事业单位基本养老保险基金单独建账，与企业职工基本养老保险基金分别管理使用。基金实行严格的预算管理，纳入社会保障基金财政专户，实行收支两条线管理，专款专用。依法加强基金监管，确保基金安全。

七、做好养老保险关系转移接续工作。参保人员在同一统筹范围内的机关事业单位之间流动，只转移养老保险关系，不转移基金。参保人员跨统筹范围流动或在机关事业单位与企业之间流动，在转移养老保险关系的同时，基本养老保险个人账户储存额随同转移，并以本人改革后各年度实际缴费工资为基数，按12%的总和转移基金，参保缴费不足1年的，按实际缴费月数计算转移基金。转移后基本养老保险缴费年限（含视同缴费年限）、个人账户储存额累计计算。

八、建立职业年金制度。机关事业单位在参加基本养老保险的基础上，应当为其工作人员建立职业年金。单位按本单位工资总额的8%缴费，个人按本人缴费工资的4%缴费。工作人员退休后，按月领取职业年金待遇。职业年金的具体办法由人力资源社会保障部、财政部制定。

九、建立健全确保养老金发放的筹资机制。机关事业单位及其工作人员应按规定及时足额缴纳养老保险费。各级社会保险征缴机构应切实加强基金征缴，做到应收尽收。各级政府应积极调整和优化财政支出结构，加大社会保障资金投入，确保基本养老金按时足额发放，同时为建立职业年金制度提供相应的经费保障，确保机关事业单位养老保险制度改革平稳推进。

十、逐步实行社会化管理服务。提高机关事业单位社会保险社会化管理服务水平，普遍发放全国统一的社会保障卡，实行基本养老金社会化发放。加强街道、社区人力资源社会保障工作平台建设，加快老年服务设施和服务网络建设，为退休人员提供方便快捷的服务。

十一、提高社会保险经办管理水平。各地要根据机关事业单位工作人员养老保险制度改革的实际需要，加强社会保险经办机构能力建设，适当充实工作人员，提供必要的经费和服务设施。人力资源社会保障部负责在京中央国家机关及所属事业单位基本养老保险的管理工作，同时集中受托管理其职业年金基金。中央国家机关所属京外单位的基本养老保险实行属地化管理。社会保险经办机构应做好机关事业单位养老保险参保登记、缴费申报、关系转移、待遇核定和支付等工作。要按照国家统一制定的业务经办流程和信息管理系统建设要求，建立健全管理制度，由省级统一集中管理数据资源，实现规范化、信息化和专业化管理，不断提高工作效率和服务质量。

十二、加强组织领导。改革机关事业单位工作人员养老保险制度，直接关系广大机关事业单位工作人员的切身利益，是一项涉及面广、政策性强的工作。各地区、各部门要充分认识改革工作的重大意义，切实加强领导，精心组织实施，向机关事业单位工作人员和社会各界准确解读改革的目标和政策，正确引导舆论，确保此项改革顺利进行。各地区、各部门要按照本决定制定具体的实施意见和办法，报人力资源社会保障部、财政部备案后实施。人力资源社会保障部要会同有关部门制定贯彻本决定的实施意见，加强对改革工作的协调和指导，及时研究解决改革中遇到的问题，确保本决定的贯彻实施。

本决定自 2014 年 10 月 1 日起实施，已有规定与本决定不一致的，按照本决定执行。

附件：个人账户养老金计发月数表

二〇一五年一月三日

附件

个人账户养老金计发月数表

退休年龄	计发月数	退休年龄	计发月数
40	233	56	164
41	230	57	158
42	226	58	152
43	223	59	145
44	220	60	139
45	216	61	132
46	212	62	125
47	207	63	117
48	204	64	109
49	199	65	101
50	195	66	93
51	190	67	84
52	185	68	75
53	180	69	65
54	175	70	56
55	170		

国务院关于加快推进残疾人小康进程的意见

国发［2015］7号

各省、自治区、直辖市人民政府，国务院各部委、各直属机构：

残疾人是一个特殊困难群体，需要格外关心、格外关注。长期以来，党和政府高度重视残疾人事业，大力推动残疾人事业与经济社会协调发展，残疾人收入水平较快增长，受教育程度稳步提高，康复服务不断拓展，权益得到有效维护，残疾人生存发展状况显著改善。但是，目前我国8 500万残疾人中，还有1 230万农村残疾人尚未脱贫，260万城镇残疾人生活十分困难，城乡残疾人家庭人均收入与社会平均水平差距还比较大。没有残疾人的小康，就不是真正意义上的全面小康。保障和改善残疾人民生，加快推进残疾人小康进程，是深入贯彻党的十八大和十八届二中、三中、四中全会精神，全面深化改革、全面推进依法治国的重要举措，是全面建成小康社会、实现共同富裕、促进社会公平正义的必然要求。为加快推进残疾人小康进程，现提出以下意见：

一、总体要求

（一）指导思想。以邓小平理论、“三个代表”重要思想、科学发展观为指导，健全残疾人权益保障制度，完善残疾人基本公共服务体系，使改革发展成果更多更公平惠及广大残疾人，促进残疾人收入水平大幅提高、生活质量明显改善、融合发展持续推进，让残疾人安居乐业、衣食无忧，生活得更加殷实、更加幸福、更有尊严。

（二）基本原则。

坚持普惠与特惠相结合。既要通过普惠性制度安排给予残疾人公平待遇，保障他们基本的生存发展需求；又要通过特惠性制度安排给予残疾人特别扶助和优先保障，解决他们的特殊需求和特殊困难。

坚持兜底保障与就业增收相结合。既要突出政府责任，兜底保障残疾人基本民生，为残疾人发展创造基本条件；又要充分发挥社会力量和市场机制作用，为残疾人就业增收和融合发展创造更好环境。

坚持政府扶持、社会帮扶与残疾人自强自立相结合。既要加大政府扶持力度、鼓励社会帮扶，进一步解决好残疾人生产生活中存在的突出困难；又要促进残疾人增强自身发展能力，激励残疾人自强自立。

坚持统筹兼顾和分类指导相结合。既要着眼于加快推进残疾人小康进程，尽快缩小残疾人生活状况与社会平均水平的差距；又要充分考虑地区差异，使残疾人小康进程与当地全面小康进程相协调、相适应。

（三）主要目标。到2020年，残疾人权益保障制度基本健全、基本公共服务体系更加完善，残疾人事业与经济社会协调发展；残疾人社会保障和基本公共服务水平明显提高，帮助残疾人共享我国经济社会发展成果。

二、扎实做好残疾人基本民生保障

做好基本民生保障，是解决残疾人基本生活困难，加快残疾人小康进程的必要基础。要进一步完善社会保障制度体系，强化各项保障制度在对象范围、保障内容、待遇标准等方面的有效衔接，在切实保障残疾人基本生活的同时，解决好残疾人的特殊需求和特殊困难。

（一）加大残疾人社会救助力度。对符合城乡最低生活保障条件的残疾人家庭应保尽保，靠家庭供养的成年重度残疾人单独立户的，按规定纳入最低生活保障范围。对纳入特困人员供养范围的残疾人，逐步改善供养条件。对纳入城乡医疗救助范围的残疾人，逐步提高救助标准和封顶线。精神障碍患者通过基本医疗保险支付医疗费用后仍有困难，或者不能通过基本医疗保险支付医疗费用的，应当优先给予医疗救助。社会救助经办机构对于残疾人申请社会救助的，应当及时受理并提供相应便利条件。

（二）建立完善残疾人福利补贴制度。建立困难残疾人生活补贴制度和重度残疾人护理补贴制度。补贴标准要与当地经济社会发展实际和残疾人基本需求相适应，与最低生活保障等制度相衔接。落实低收入残疾人家庭生活用电、水、气、暖等费用优惠和补贴政策。

（三）帮助残疾人普遍参加基本养老保险和基本医疗保险。落实贫困和重度残疾人参加城乡居民基本养老保险、城镇居民医疗保险、新型农村合作医疗个人缴费资助政策，有条件的地方要扩大资助范围、提高资助标准，帮助城乡残疾人普遍按规定加入基本医疗保险和基本养老保险。逐步扩大基本医疗保险支付的医疗康复项目。完善重度残疾人医疗报销制度，做好重度残疾人就医费用结算服务。

（四）优先保障城乡残疾人基本住房。将城镇低收入住房困难残疾人家庭纳入城镇基本住房保障制度。为符合住房保障条件的城镇残疾人家庭优先提供公共租赁住房或发放住房租赁补贴。各地在实施农村危房改造时，同等条件下要优先安排经济困难的残疾人家庭。按照农村危房改造的政策要求，采取制定实施分类补助标准等措施，对无力自筹资金的残疾人家庭等给予倾斜照顾。到2020年完成农村贫困残疾人家庭存量危房改造任务。

三、千方百计促进残疾人及其家庭就业增收

促进城乡残疾人及其家庭就业增收，是提高残疾人生活水平，加快残疾人小康进程的关键举措。要加大帮扶力度，努力帮助每一位有劳动能力和就业意愿的城乡残疾人参加生产劳动，使他们通过劳动创造更加幸福美好的生活。

（一）依法推进按比例就业和稳定发展集中就业。各地要建立用人单位按比例安排残疾人就业公示制度。除创业3年内、在职职工总数不超过20人的小微企业外，对达不到比例要求的严格依法征缴残疾人就业保障金；对超比例安排残疾人就业的，按规定给予奖励。各级党政机关、事业单位、国有企业应当带头招录和安置残疾人就业。完善残疾人集中就业单位资格认定管理办法，搭建残疾人集中就业单位产品和服务展销平台，政府优先采购残疾人集中就业单位的产品和服务，培育扶持吸纳残疾人集中就业的文化创意产业基地。通过税收优惠、社会保险补贴、岗前培训补贴，鼓励用人单位吸纳更多残疾人就业。

（二）大力支持残疾人多种形式就业增收。建立残疾人创业孵化机制，残疾人创办的小微企业和社会组织优先享受国家扶持政策，对其优惠提供孵化服务。对符合条件的灵活就业残疾人，按规定给予税费减免和社会保险补贴，有条件的地方可以帮助安排经营场所、提供启动资金支持。政府开发的公益性岗位优先安排符合就业困难人员条件的残疾人。对残疾人辅助性就业机构的设施设备、无障碍改造等给予扶持，吸纳更多精神、智力和重度肢体残疾人辅助性就业。探索残疾人驾驶符合国家标准的小型汽车在符合驾驶和运营安全要求的前提下，提供城乡社区与地铁站及公交站点间的短距离运输服务。

（三）加大农村残疾人扶贫开发力度。落实好《农村残疾人扶贫开发纲要（2011—2020年）》。把农村贫困残疾人作为重点扶持对象纳入精准扶贫工作机制和贫困监测体系，将农村贫困残疾人生活水平提高和数量减少纳入贫困县考核指标。统筹培训资源，加强培训工作，帮助扶贫对象家庭掌握更多实用技术。加大对农村残疾人扶贫的支持力度，落实好扶贫贷款贴息政策，支持农村残疾人扶贫基地发展和扶贫对象家庭参与养殖、种植、设施农业等增收项目。组织农村贫困残疾人家庭参与合作经济组织和产业化经营，保障残疾人土地承包经营权和土地流转合法收益。

（四）切实加强残疾人就业服务和劳动保障监察。加强全国残疾人就业服务信息网络建设。各级残疾人就业服务机构和公共就业服务机构要免费向残疾人提供职业指导、职业介绍等就业服务，对符合就业困难人员条件的残疾人提供就业援助。残疾人就业保障金对残疾人自主参加的职业培训可以按规定予以补贴。加强劳动保障监察，严肃查处强迫残疾人劳动、不依法与残疾劳动者签订劳动合同、不缴纳社会保险费等违法行为，依法纠正用人单位招用人员时歧视残疾人行为，切实维护残疾人劳动保障权益。

四、着力提升残疾人基本公共服务水平

加强和改进对残疾人的基本公共服务，是改善残疾人生活质量，提高残疾人自我发展能力，加快残疾人小康进程的有力支撑。要进一步健全残疾人基本公共服务体系，强化服务能力，为残疾人融合发展创造更加便利的条件和更加友好的环境。

（一）强化残疾预防、康复等服务。制订实施国家残疾预防行动计划，强化国家基本公共卫生服务，有效控制因遗传、疾病、意外伤害、环境及其他因素导致的残疾发生和发展。逐步建立残疾报告制度，推动卫生计生部门与残联信息共享。建立残疾儿童康复救助制度，逐步实现0～6岁视力、听力、言语、智力、肢体残疾儿童和孤独症儿童免费得到手术、辅助器具配置和康复训练等服务。实施重点康复项目，为城乡贫困残疾人、重度残疾人提供基本康复服务，有条件的地方可以对基本型辅助器具配置给予补贴。建立医疗机构与残疾人专业康复机构双向转诊制度，实现分层级医疗、分阶段康复。依托专业康复机构指导社区和家庭为残疾人实施康复训练，将残疾人社区医疗康复纳入城乡基层医疗卫生机构考核内容。

（二）提高残疾人受教育水平。落实好《特殊教育提升计划（2014—2016年）》及后续行动。特殊教育学校普遍开展学前教育，对残疾儿童接受普惠性学前教育给予资助。切实解决未入学适龄残疾儿童少年义务教育问题，提高残疾人教育普及水平，提升特殊教育教学质量。推行全纳教育，建立随班就读支持保障体系。各地要加大残疾学生就学支持力度，积极推进高中阶段残疾人免费教育；对符合学生资助政策的残疾学生和残疾人子女优先予以资助；建立完善残疾学生特殊学习用品、教育训练、交通费等补助政策。制定实施国家手语、盲文规范化行动计划，推广国家通用手语和通用盲文，完善残疾考生考试辅助办法。加强特殊教育教师队伍建设，加大对特殊教育学校教师、承担残疾学生教学和管理工作的普通学校教师的培训力度。完善特殊教育教师收入分配激励机制。制定加快发展残疾人职业教育的政策措施，推动发展以职业教育为重点的残疾人高中阶段教育。

（三）强化残疾人服务设施建设。统筹规划城乡残疾人服务设施配套建设，实现合理布局。加强残疾人康复、托养等服务设施建设。推动各县（市、区）建成一批残疾人体育健身示范点，通过社会体育指导员普及一批适合残疾人的体育健身项目。公共文化体育设施和公园等公共场所对残疾人免费或优惠开放，鼓励公共图书馆设立盲人阅览室，配备盲文图书、有声读物和阅听设备。各地对残疾人搭乘公共交通工具，应当根据实际情况给予便利和优惠。

（四）全面推进城乡无障碍环境建设。各地要按照无障碍设施工程建设相关标准和规范要求，对新建、改建设施的规划、设计、施工、验收严格监管，加快推进政府机关、学校、社区、社会福利、公共交通等公共场所和设施的无障碍改造，逐步推进农村地区无障碍环境建设。有条件的地方要对贫困残疾人家庭无障碍改造给予补贴。完善信息无障碍标准体系，逐步推进政务信息以无障碍方式发布、影像制品加配字幕，鼓励食品药品添加无障碍识别标识。鼓励电视台开办手语栏目，主要新闻栏目加配手语解说和字幕。研究制定聋人、盲人特定信息消费支持政策。

五、充分发挥社会力量和市场机制作用

实现残疾人普遍小康，是全社会的共同责任。要在发挥政府主导作用的基础上，充分发挥社会支持作用和市场推动作用，调动更加广泛的社会资源发展残疾人事业，为加快推进残疾人小康进程注入持久动力。

（一）大力发展残疾人慈善事业。鼓励和支持社会公众、社会组织通过捐款捐物、扶贫开发、助学助医等方式，为残疾人奉献爱心，提供慈善帮扶。鼓励以服务残疾人为宗旨的各类公益慈善组织发展，采取公益创投等多种方式，在资金、场地、设备、管理、岗位购买、人员培训等方面给予扶持，引导和规范其健康发展。大力培育“集善工程”等残疾人慈善项目品牌。倡导社会力量兴办以残疾人为服务对象的公益性医疗、康复、特殊教育、托养照料、社会工作服务等机构和设施。

（二）广泛开展志愿助残服务。健全志愿助残工作机制，完善志愿者招募注册、服务对接、服务记录、组织管理、评价激励、权益维护等制度，鼓励更多的人参加志愿助残服务。广泛开展“志愿助残阳光行动”、“万村千乡市场工程助残扶贫”、“手拉手红领巾助残”等群众性助残活动。提倡在单位内部、城乡社区开展群众性助残活动，鼓励青少年参与助残公益劳动和志愿服务。

（三）加快发展残疾人服务产业。充分发挥市场机制作用，加快形成多元化的残疾人服务供给模式，更好地满足残疾人特殊性、多样化、多层次的需求。统筹规划残疾人服务业发展，大力发展残疾人服务中小企业，培育一批残疾人服务龙头企业，在用地、金融、价格等方面给予优惠，在人才、技术、管理等方面给予扶持，支持研发具有自主知识产权的技术和产品。以培育推广残疾人服务品牌和先进技术为重点，加大政府采购力度。完善残疾人服务相关职业设置、专业技术人员和技能人员职业能力水平评价办法，加快培养残疾人服务专业人才。鼓励商业保险公司开发适合残疾人的康复、托养、护理等保险产品。扶持盲人读物、残疾人题材图书和音像制品出版。扶持发展特殊艺术，培育残疾人文化艺术品牌。制定残疾人服务行业管理制度，发挥残疾人服务行业组织自律监督作用，营造公平、有序的市场环境。

（四）加大政府购买服务力度。以残疾人康复、托养、护理等服务为重点，逐步建立完善政府购买服务指导性目录，加大政府购买服务力度，强化事前、事中和事后监管，实现政府购买服务对扩大残疾人服务供给的放大效应。

六、加强对推进残疾人小康进程的组织领导

（一）健全组织领导机制。地方各级政府要将加快推进残疾人小康进程纳入重要议事日程，列为政府目标管理和绩效考核内容，主要领导负总责，分管领导具体负责。各级政府残疾人工作委员会要进一步完善工作机制，切实发挥统筹协调和督促落实职能，及时解决突出困难和问题；各成员单位要各司其职、密切配合，形成合力；各级残联要进一步履行好“代表、服务、管理”职能，全心全意为残疾人服务，为实现残疾人小康铺路搭桥。

（二）完善工作保障机制。各级财政要按照支出责任合理安排所需经费，大力推进残疾人小康进程。各地要充分发挥公益慈善组织等社会力量作用，形成多渠道、全方位投入格局。有关政策、资金、项目要重点向中西部地

区、农村和基层倾斜。各地要将基层残疾人服务网络纳入以社区为基础的城乡基层社会管理和公共服务平台建设，改善服务条件，增强服务能力。要建立健全残疾人统计调查制度，完善残疾人人口综合信息。推进残疾人证智能化工作。要高度重视残疾人工作者队伍建设，进一步加强教育培训，强化职业素质，增强服务意识，更好地服务残疾人。

（三）强化残疾人权益保障机制。加快推进与残疾人权益保障、残疾人发展紧密相关的残疾人教育、残疾人康复等立法工作，制定完善配套政策和标准体系。完善残疾人权益保障机制，加强残疾人法律救助、法律服务和法律援助；建设全国统一的维权热线、残联系统网上信访工作平台；切实落实主体责任，维护残疾人合法利益诉求。广泛开展普法宣传教育，形成保障残疾人合法权益的良好社会氛围。

（四）做好宣传动员工作。充分利用报刊、广播、电视等媒体和互联网，以群众喜闻乐见的方式，大力弘扬人道主义思想和残疾人“平等、参与、共享”的现代文明理念，在全社会营造理解、尊重、关心、帮助残疾人的良好氛围。鼓励广大残疾人自尊、自信、自强、自立，不断增强自我发展能力，积极参与和融入社会，与全国人民一道共创共享小康社会。

各有关部门要根据本意见要求，按照职责和重点任务分工抓紧制定相关配套政策措施。省级人民政府要结合实际制定具体实施方案。国务院残疾人工作委员会要开展残疾人小康进程监测，督促检查本意见落实情况，重大情况及时向国务院报告。国务院将适时组织专项督查。

二〇一五年一月二十日

国务院关于取消和调整一批行政审批项目等事项的决定

国发［2015］11号

各省、自治区、直辖市人民政府，国务院各部委、各直属机构：

经研究论证，国务院决定，取消和下放90项行政审批项目，取消67项职业资格许可和认定事项，取消10项评比达标表彰项目，将21项工商登记前置审批事项改为后置审批，保留34项工商登记前置审批事项。同时，建议取消和下放18项依据有关法律设立的行政审批和职业资格许可认定事项，将5项依据有关法律设立的工商登记前置审批事项改为后置审批，国务院将依照法定程序提请全国人民代表大会常务委员会修订相关法律规定。《国务院关于取消和下放一批行政审批项目的决定》（国发［2014］5号）中提出的涉及修改法律的行政审批事项，有4项国务院已按照法定程序提请全国人民代表大会常务委员会修改了相关法律，现一并予以公布。

各地区、各部门要继续坚定不移推进行政审批制度改革，加大简政放权力度，健全监督制约机制，加强对行政审批权运行的监督，不断提高政府管理科学化规范化水平。要认真落实工商登记改革成果，除法律另有规定和国务院决定保留的工商登记前置审批事项外，其他事项一律不得作为工商登记前置审批。企业设立后进行变更登记、注销登记，依法需要前置审批的，继续按有关规定执行。

附件：

1. 国务院决定取消和下放管理层级的行政审批项目目录（共计94项）（略）
2. 国务院决定取消的职业资格许可和认定事项目录（共计67项）
3. 国务院决定取消的评比达标表彰项目目录（共计10项）（略）
4. 国务院决定改为后置审批的工商登记前置审批事项目录（共计21项）（略）
5. 国务院决定保留的工商登记前置审批事项目录（共计34项）（略）

二〇一五年二月二十四日

附件 2

国务院决定取消的职业资格许可和认定事项目录

（共计 67 项）

一、取消的专业技术人员职业资格许可和认定事项（共计 28 项，其中准入类 4 项，水平评价类 24 项）

序号	项目名称	实施部门（单位）	资格类别	设定依据	处理决定	备注
1	矿山建设工程质量监督工程师	中国煤炭建设协会	准入类	《建设工程质量管理条例》（国务院令第 279 号） 《建设工程质量监督工程师资格管理暂行规定》（建人教［2001］162 号）	取消	原实施单位为国资委管理的行业协会
2	冶金监理工程师	中国冶金建设协会	准入类	《关于印发〈冶金工业部工程建设监理（试行）办法〉等三个文件的通知》（［1994］冶建字第 451 号）	取消	
3	危险物品的生产、经营、储存单位以及矿山主要负责人和安全生产管理人员的安全资格认定	安全监管总局	准入类	《中华人民共和国安全生产法》	取消	
4	期货公司董事、监事和高级管理人员任职资格核准	证监会	准入类	《期货交易管理条例》（国务院令第 627 号）	取消	
5	建筑保温工程项目经理	住房城乡建设部	水平评价类	《关于进一步加强项目经理职业化建设的指导意见》（建协［2006］7 号）	取消	
6	地面供暖工程项目经理	住房城乡建设部	水平评价类	《关于进一步加强项目经理职业化建设的指导意见》（建协［2006］7 号）	取消	
7	建筑防水工程项目经理	住房城乡建设部	水平评价类	《关于进一步加强项目经理职业化建设的指导意见》（建协［2006］7 号）	取消	
8	古建园林工程项目经理	住房城乡建设部	水平评价类	《关于进一步加强项目经理职业化建设的指导意见》（建协［2006］7 号）	取消	

续表

序号	项目名称	实施部门（单位）	资格类别	设定依据	处理决定	备注
9	装饰（住宅）监理（师）	住房城乡建设部	水平评价类	《关于开展建筑装饰装修从业资格培训的通知》（中装协［2003］21号）	取消	
10	装饰项目经理	住房城乡建设部	水平评价类	《关于开展建筑装饰装修从业资格培训的通知》（中装协［2003］21号）	取消	
11	装饰材料管理师	住房城乡建设部	水平评价类	《关于开展建筑装饰装修从业资格培训的通知》（中装协［2003］21号）	取消	
12	装饰资料管理师	住房城乡建设部	水平评价类	《关于开展建筑装饰装修从业资格培训的通知》（中装协［2003］21号）	取消	
13	装饰施工管理师	住房城乡建设部	水平评价类	《关于开展建筑装饰装修从业资格培训的通知》（中装协［2003］21号）	取消	
14	装饰质量管理师	住房城乡建设部	水平评价类	《关于开展建筑装饰装修从业资格培训的通知》（中装协［2003］21号）	取消	
15	建筑装饰设计师（含室内陈设、家具与厨卫、幕墙设计）	住房城乡建设部	水平评价类	《关于开展建筑装饰装修从业资格培训的通知》（中装协［2003］21号）	取消	
16	建筑表现制作师	住房城乡建设部	水平评价类	《关于开展建筑装饰装修从业资格培训的通知》（中装协［2003］21号）	取消	
17	民族（古）建筑维护师	住房城乡建设部	水平评价类	无	取消	
18	民族（古）建筑修缮师	住房城乡建设部	水平评价类	无	取消	
19	中国古建营造师	住房城乡建设部	水平评价类	无	取消	
20	民族建筑设计师	住房城乡建设部	水平评价类	无	取消	
21	室内设计师	住房城乡建设部	水平评价类	《关于重新印发〈全国室内设计师资格评定暂行办法〉的通知》（中室协［2007］026号）	取消	
22	景观设计师	住房城乡建设部	水平评价类	《关于开展全国景观设计师技术岗位能力考核认证工作的通知》（中装协［2007］007号）	取消	

续表

序号	项目名称	实施部门（单位）	资格类别	设定依据	处理决定	备注
23	建设行业专业技术管理职业资格	住房城乡建设部	水平评价类	无	取消	
24	建筑业企业法务总监（法务经理）、法务助理	住房城乡建设部	水平评价类	《关于推进建筑业企业法务工作的指导意见》（建协［2007］16号）	取消	
25	房地产置业法律顾问（咨询师）	住房城乡建设部	水平评价类	无	取消	
26	全国电气智能应用水平考试	住房城乡建设部	水平评价类	无	取消	
27	水土保持方案编制上岗资格	水利部	水平评价类	《水土保持方案编制资格证单位考核办法》（水利部水保［1997］410号）	取消	
28	农村水电安全监察员资格	水利部	水平评价类	《关于建立农村水电安全监察员制度和进行培训发证工作的通知》（电生字［1994］7号）	取消	

二、取消的技能人员职业资格许可和认定事项（共计39项，均为水平评价类）

序号	项目名称	实施部门（单位）	资格类别	设定依据	处理决定	备注
1	航空摄影冲洗员	中国民航局	水平评价类	《关于印发民航行业飞机维护机械员等79个工种〈国家职业技能鉴定规范〉的通知》（劳社培就司发［1999］60号）	取消	民航行业已依照有关规章实施人员内部管理
2	航空摄影照相设备员	中国民航局	水平评价类	《关于印发民航行业飞机维护机械员等79个工种〈国家职业技能鉴定规范〉的通知》（劳社培就司发［1999］60号）	取消	
3	计算机系统及网络设备机务员	中国民航局	水平评价类	《关于印发民航行业飞机维护机械员等79个工种〈国家职业技能鉴定规范〉的通知》（劳社培就司发［1999］60号）	取消	
4	空调设备机务员	中国民航局	水平评价类	《关于印发民航行业飞机维护机械员等79个工种〈国家职业技能鉴定规范〉的通知》（劳社培就司发［1999］60号）	取消	
5	气象传真设备机务员	中国民航局	水平评价类	《关于印发民航行业飞机维护机械员等79个工种〈国家职业技能鉴定规范〉的通知》（劳社培就司发［1999］60号）	取消	

续表

序号	项目名称	实施部门（单位）	资格类别	设定依据	处理决定	备注
6	气象电传设备机务员	中国民航局	水平评价类	《关于印发民航行业飞机维护机械员等79个工种〈国家职业技能鉴定规范〉的通知》（劳社培就司发［1999］60号）	取消	民航行业已依照有关规章实施人员内部管理
7	气象对空广播员	中国民航局	水平评价类	《关于印发民航行业飞机维护机械员等79个工种〈国家职业技能鉴定规范〉的通知》（劳社培就司发［1999］60号）	取消	
8	气象雷达设备机务员	中国民航局	水平评价类	《关于印发民航行业飞机维护机械员等79个工种〈国家职业技能鉴定规范〉的通知》（劳社培就司发［1999］60号）	取消	
9	气象填图员	中国民航局	水平评价类	《关于印发民航行业飞机维护机械员等79个工种〈国家职业技能鉴定规范〉的通知》（劳社培就司发［1999］60号）	取消	
10	气象卫星云图接收设备机务员	中国民航局	水平评价类	《关于印发民航行业飞机维护机械员等79个工种〈国家职业技能鉴定规范〉的通知》（劳社培就司发［1999］60号）	取消	
11	气象无线电设备机务员	中国民航局	水平评价类	《关于印发民航行业飞机维护机械员等79个工种〈国家职业技能鉴定规范〉的通知》（劳社培就司发［1999］60号）	取消	
12	气象自动观测系统机务员	中国民航局	水平评价类	《关于印发民航行业飞机维护机械员等79个工种〈国家职业技能鉴定规范〉的通知》（劳社培就司发［1999］60号）	取消	
13	气象自动填图设备机务员	中国民航局	水平评价类	《关于印发民航行业飞机维护机械员等79个工种〈国家职业技能鉴定规范〉的通知》（劳社培就司发［1999］60号）	取消	
14	全向信标机务员	中国民航局	水平评价类	《关于印发民航行业飞机维护机械员等79个工种〈国家职业技能鉴定规范〉的通知》（劳社培就司发［1999］60号）	取消	

续表

序号	项目名称	实施部门（单位）	资格类别	设定依据	处理决定	备注
15	甚高频收、发信机务员	中国民航局	水平评价类	《关于印发民航行业飞机维护机械员等79个工种〈国家职业技能鉴定规范〉的通知》（劳社培就司发［1999］60号）	取消	
16	塔台集中控制机务员	中国民航局	水平评价类	《关于印发民航行业飞机维护机械员等79个工种〈国家职业技能鉴定规范〉的通知》（劳社培就司发［1999］60号）	取消	
17	通用航空报（话）务员	中国民航局	水平评价类	《关于印发民航行业飞机维护机械员等79个工种〈国家职业技能鉴定规范〉的通知》（劳社培就司发［1999］60号）	取消	
18	无线电短波收、发信机务员	中国民航局	水平评价类	《关于印发民航行业飞机维护机械员等79个工种〈国家职业技能鉴定规范〉的通知》（劳社培就司发［1999］60号）	取消	
19	显示设备机务员	中国民航局	水平评价类	《关于印发民航行业飞机维护机械员等79个工种〈国家职业技能鉴定规范〉的通知》（劳社培就司发［1999］60号）	取消	民航行业已依照有关规章实施人员内部管理
20	一次雷达机务员	中国民航局	水平评价类	《关于印发民航行业飞机维护机械员等79个工种〈国家职业技能鉴定规范〉的通知》（劳社培就司发［1999］60号）	取消	
21	仪表着陆系统机务员	中国民航局	水平评价类	《关于印发民航行业飞机维护机械员等79个工种〈国家职业技能鉴定规范〉的通知》（劳社培就司发［1999］60号）	取消	
22	油机机务员	中国民航局	水平评价类	《关于印发民航行业飞机维护机械员等79个工种〈国家职业技能鉴定规范〉的通知》（劳社培就司发［1999］60号）	取消	
23	有线机务员	中国民航局	水平评价类	《关于印发民航行业飞机维护机械员等79个工种〈国家职业技能鉴定规范〉的通知》（劳社培就司发［1999］60号）	取消	

续表

序号	项目名称	实施部门（单位）	资格类别	设定依据	处理决定	备注
24	着陆雷达机务员	中国民航局	水平评价类	《关于印发民航行业飞机维护机械员等79个工种〈国家职业技能鉴定规范〉的通知》（劳社培就司发〔1999〕60号）	取消	民航行业已依照有关规章实施人员内部管理
25	自动转报机务员	中国民航局	水平评价类	《关于印发民航行业飞机维护机械员等79个工种〈国家职业技能鉴定规范〉的通知》（劳社培就司发〔1999〕60号）	取消	
26	自动转报控制席报务员	中国民航局	水平评价类	《关于印发民航行业飞机维护机械员等79个工种〈国家职业技能鉴定规范〉的通知》（劳社培就司发〔1999〕60号）	取消	
27	飞机维护机械员	中国民航局	水平评价类	《关于印发民航行业飞机维护机械员等79个工种〈国家职业技能鉴定规范〉的通知》（劳社培就司发〔1999〕60号）	取消	
28	木地板导购员	中国物流与采购联合会	水平评价类	无	取消	
29	木地板工程监理师	中国物流与采购联合会	水平评价类	无	取消	
30	化工操作工	中国石油和化学工业联合会	水平评价类	无	取消	
31	化学清洗防腐蚀工	中国石油和化学工业联合会	水平评价类	无	取消	
32	旋涡炉工	中国有色金属工业协会	水平评价类	《中华人民共和国工种分类目录》（1992）	取消	
33	陈设艺术设计师	中国轻工业联合会	水平评价类	无	取消	
34	罐头封口技能师	中国轻工业联合会	水平评价类	无	取消	
35	罐头杀菌技能师	中国轻工业联合会	水平评价类	无	取消	

续表

序号	项目名称	实施部门（单位）	资格类别	设定依据	处理决定	备注
36	室内装饰材料师	中国轻工业联合会	水平评价类	无	取消	
37	室内装饰监理师	中国轻工业联合会	水平评价类	无	取消	
38	室内装饰施工企业项目经理	中国轻工业联合会	水平评价类	无	取消	
39	中国轻工业设计师	中国轻工业联合会	水平评价类	无	取消	

国务院关于进一步做好新形势下就业创业工作的意见

国发〔2015〕23号

各省、自治区、直辖市人民政府，国务院各部委、各直属机构：

就业事关经济发展和民生改善大局。党中央、国务院高度重视，坚持把稳定和扩大就业作为宏观调控的重要目标，大力实施就业优先战略，积极深化行政审批制度和商事制度改革，推动大众创业、万众创新，创业带动就业倍增效应进一步释放，就业局势总体稳定。但也要看到，随着我国经济发展进入新常态，就业总量压力依然存在，结构性矛盾更加凸显。大众创业、万众创新是富民之道、强国之举，有利于产业、企业、分配等多方面结构优化。面对就业压力加大形势，必须着力培育大众创业、万众创新的新引擎，实施更加积极的就业政策，把创业和就业结合起来，以创业创新带动就业，催生经济社会发展新动力，为促进民生改善、经济结构调整和社会和谐稳定提供新动能。现就进一步做好就业创业工作提出以下意见：

一、深入实施就业优先战略

（一）坚持扩大就业发展战略。把稳定和扩大就业作为经济运行合理区间的下限，将城镇新增就业、调查失业率作为宏观调控重要指标，纳入国民经济和社会发展规划及年度计划。合理确定经济增长速度和发展模式，科学把握宏观调控的方向和力度，以稳增长促就业，以鼓励创业就业带动经济增长。加强财税、金融、产业、贸易等经济政策与就业政策的配套衔接，建立宏观经济政策对就业影响评价机制。建立公共投资和重大项目建设带动就业评估机制，同等条件下对创造就业岗位多、岗位质量好的项目优先安排。

（二）发展吸纳就业能力强的产业。创新服务业发展模式和业态，支持发展商业特许经营、连锁经营，大力发展金融租赁、节能环保、电子商务、现代物流等生产性服务业和旅游休闲、健康养老、家庭服务、社会工作、文化体育等生活性服务业，打造新的经济增长点，提高服务业就业比重。加快创新驱动发展，推进产业转型升级，培育战略性新兴产业和先进制造业，提高劳动密集型产业附加值；结合实施区域发展总体战略，引导具有成本优势的资源加工型、劳动密集型产业和具有市场需求的资本密集型、技术密集型产业向中西部地区转移，挖掘第二产业就业潜力。推进农业现代化，加快转变农业发展方式，培养新型职业农民，鼓励有文化、有技术、有市场经济观念的各类城乡劳动者根据市场需求到农村就业创业。

（三）发挥小微企业就业主渠道作用。引导银行业金融机构针对小微企业经营特点和融资需求特征，创新产品和服务。发展政府支持的融资性担保机构和再担保机构，完善风险分担机制，为小微企业提供融资支持。落实支持小微企业发展的税收政策，加强市场监管执法和知识产权保护，对小微企业亟须获得授权的核心专利申请优先审查。发挥新型载体聚集发展的优势，引入竞争机制，开展小微企业创业创新基地城市示范，中央财政给予综合奖励。创新政府采购支持方式，消除中小企业享受相关优惠政策面临的条件认定、企业资质等不合理限制门槛。指导企业改善用工管理，对小微企业新招用劳动者，符合相关条件的，按规定给予就业创业支持，不断提高小微企业带动就业能力。

（四）积极预防和有效调控失业风险。落实调整失业保险费率政策，减轻企业和个人负担，稳定就业岗位。将失业保险基金支持企业稳岗政策实施范围由兼并重组企业、化解产能过剩企业、淘汰落后产能企业等三类企业扩大到所有符合条件的企业。生产经营困难企业可通过与职工进行集体协商，采取在岗培训、轮班工作、弹性工时、协商薪酬等办法不裁员或少裁员。对确实要裁员的，应制定人员安置方案，实施专项就业帮扶行动，妥善处理劳动关系和社会保险接续，促进失业人员尽快再就业。淘汰落后产能奖励资金、依据兼并重组政策规定支付给企业的土地补偿费要优先用于职工安置。完善失业监测预警机制，建立应对失业风险的就业应急预案。

二、积极推进创业带动就业

（五）营造宽松便捷的准入环境。深化商事制度改革，进一步落实注册资本登记制度改革，坚决推行工商营业执照、组织机构代码证、税务登记证“三证合一”，年内出台推进“三证合一”登记制度改革意见和统一社会信用代码方案，实现“一照一码”。继续优化登记方式，放松经营范围登记管制，支持各地结合实际放宽新注册企业场所登记条件限制，推动“一址多照”、集群注册等住所登记改革，分行业、分业态释放住所资源。运用大数据加强对市场主体的服务和监管。依托企业信用信息公示系统，实现政策集中公示、扶持申请导航、享受扶持信息公示。建立小微企业目录，对小微企业发展状况开展抽样统计。推动修订与商事制度改革不衔接、不配套的法律、法规和政策性文件。全面完成清理非行政许可审批事项，再取消下放一批制约经济发展、束缚企业活力等含金量高的行政许可事项，全面清理中央设定、地方实施的行政审批事项，大幅减少投资项目前置审批。对保留的审批事项，规范审批行为，明确标准，缩短流程，限时办结，推广“一个窗口”受理、网上并联审批等方式。

（六）培育创业创新公共平台。抓住新技术革命和产业变革的重要机遇，适应创业创新主体大众化趋势，大力发展技术转移转化、科技金融、认证认可、检验检测等科技服务业，总结推广创客空间、创业咖啡、创新工场等新型孵化模式，加快发展市场化、专业化、集成化、网络化的众创空间，实现创新与创业、线上与线下、孵化与投资相结合，为创业者提供低成本、便利化、全要素、开放式的综合服务平台和发展空间。落实科技企业孵化器、大学科技园的税收优惠政策，对符合条件的众创空间等新型孵化机构适用科技企业孵化器税收优惠政策。有条件的地方可对众创空间的房租、宽带网络、公共软件等给予适当补贴，或通过盘活商业用房、闲置厂房等资源提供成本较低的场所。可在符合土地利用总体规划和城乡规划前提下，或利用原有经批准的各类园区，建设创业基地，为创业者提供服务，打造一批创业示范基地。鼓励企业由传统的管控型组织转型为新型创业平台，让员工成为平台上的创业者，形成市场主导、风投参与、企业孵化的创业生态系统。

（七）拓宽创业投融资渠道。运用财税政策，支持风险投资、创业投资、天使投资等发展。运用市场机制，引导社会资金和金融资本支持创业活动，壮大创业投资规模。按照政府引导、市场化运作、专业化管理的原则，加快设立国家中小企业发展基金和国家新兴产业创业投资引导基金，带动社会资本共同加大对中小企业创业创新的投入，促进初创期科技型中小企业成长，支持新兴产业领域早中期、初创期企业发展。鼓励地方设立创业投资引导等基金。发挥多层次资本市场作用，加快创业板等资本市场改革，强化全国中小企业股份转让系统融资、交易等功能，规范发展服务小微企业的区域性股权市场。开展股权众筹融资试点，推动多渠道股权融资，积极探索和规范发展互联网金融，发展新型金融机构和融资服务机构，促进大众创业。

（八）支持创业担保贷款发展。将小额担保贷款调整为创业担保贷款，针对有创业要求、具备一定创业条件但缺乏创业资金的就业重点群体和困难人员，提高其金融服务可获得性，明确支持对象、标准和条件，贷款最高额度由针对不同群体的5万元、8万元、10万元不等统一调整为10万元。鼓励金融机构参照贷款基础利率，结合风险分担情况，合理确定贷款利率水平，对个人发放的创业担保贷款，在贷款基础利率基础上上浮3个百分点以内的，由财政给予贴息。简化程序，细化措施，健全贷款发放考核办法和财政贴息资金规范管理约束机制，提高代偿效率，完善担保基金呆坏账核销办法。

（九）加大减税降费力度。实施更加积极的促进就业创业税收优惠政策，将企业吸纳就业税收优惠的人员范围由失业一年以上人员调整为失业半年以上人员。高校毕业生、登记失业人员等重点群体创办个体工商户、个人独资企业的，可依法享受税收减免政策。抓紧推广中关村国家自主创新示范区税收试点政策，将职工教育经费税前扣除试点政策、企业转增股本分期缴纳个人所得税试点政策、股权奖励分期缴纳个人所得税试点政策推广至全国范围。全面清理涉企行政事业性收费、政府性基金、具有强制垄断性的经营服务性收费、行业协会商会涉企收费，落实涉企收费清单管理制度和创业负担举报反馈机制。

（十）调动科研人员创业积极性。探索高校、科研院所等事业单位专业技术人员在职创业、离岗创业有关政策。对于离岗创业的，经原单位同意，可在3年内保留人事关系，与原单位其他在岗人员同等享有参加职称评聘、岗位等级晋升和社会保险等方面的权利。原单位应当根据专业技术人员创业的实际情况，与其签订或变更聘用合同，明确权利义务。加快推进中央级事业单位科技成果使用、处置和收益管理改革试点政策推广。鼓励利用财政性资金设立的科研机构、普通高校、职业院校，通过合作实施、转让、许可和投资等方式，向高校毕业生创设的小微企业优先转移科技成果。完善科技人员创业股权激励政策，放宽股权奖励、股权出售的企业设立年限和盈利水平限制。

（十一）鼓励农村劳动力创业。支持农民工返乡创业，发展农民合作社、家庭农场等新型农业经营主体，落实定向减税和普遍性降费政策。依托现有各类园区等存量资源，整合创建一批农民工返乡创业园，强化财政扶持和金融服务。将农民创业与发展县域经济结合起来，大力发展农产品加工、休闲农业、乡村旅游、农村服务业等劳动密集型产业项目，促进农村一二三产业融合。依托基层就业和社会保障服务设施等公共平台，提供创业指导和服务。鼓励各类企业和社会机构利用现有资源，搭建一批农业创业创新示范基地和见习基地，培训一批农民创业创新辅导员。支持农民网上创业，大力发展“互联网＋”和电子商务，积极组织创新创业农民与企业、小康村、市场和园区对接，推进农村青年创业富民行动。

（十二）营造大众创业良好氛围。支持举办创业训练营、创业创新大赛、创新成果和创业项目展示推介等活动，搭建创业者交流平台，培育创业文化，营造鼓励创业、宽容失败的良好社会氛围，让大众创业、万众创新蔚然成风。对劳动者创办社会组织、从事网络创业符合条件的，给予相应创业扶持政策。推进创业型城市创建，对政策落实好、创业环境优、工作成效显著的，按规定予以表彰。

三、统筹推进高校毕业生等重点群体就业

（十三）鼓励高校毕业生多渠道就业。把高校毕业生就业摆在就业工作首位。完善工资待遇进一步向基层倾斜的办法，健全高校毕业生到基层工作的服务保障机制，鼓励毕业生到乡镇特别是困难乡镇机关事业单位工作。对高校毕业生到中西部地区、艰苦边远地区和老工业基地县以下基层单位就业、履行一定服务期限的，按规定给予学费补偿和国家助学贷款代偿。结合政府购买服务工作的推进，在基层特别是街道（乡镇）、社区（村）购买一批公共管理和社会服务岗位，优先用于吸纳高校毕业生就业。对小微企业新招用毕业年度高校毕业生，签订1年以上劳动合同并缴纳社会保险费的，给予1年社会保险补贴。落实完善见习补贴政策，对见习期满留用率达到50%以上的见习单位，适当提高见习补贴标准。将求职补贴调整为求职创业补贴，对象范围扩展到已获得国家助学贷款的毕业年度高校毕业生。深入实施大学生创业引领计划、离校未就业高校毕业生就业促进计划，整合发展高校毕业生就业创业基金，完善管理体制和市场化运行机制，实现基金滚动使用，为高校毕业生就业创业提供支持。积极支持和鼓励高校毕业生投身现代农业建设。对高校毕业生申报从事灵活就业的，按规定纳入各项社会保险，各级公共就业人才服务机构要提供人事、劳动保障代理服务。技师学院高级工班、预备技师班和特殊教育院校职业教育类毕业生可参照高校毕业生享受相关就业补贴政策。

（十四）加强对困难人员的就业援助。合理确定就业困难人员范围，规范认定程序，加强实名制动态管理和分类帮扶。坚持市场导向，鼓励其到企业就业、自主创业或灵活就业。对用人单位招用就业困难人员，签订劳动合同并缴纳社会保险费的，在一定期限内给予社会保险补贴。对就业困难人员灵活就业并缴纳社会保险费的，给予一定比例的社会保险补贴。对通过市场渠道确实难以实现就业的，可通过公益性岗位予以托底安置，并给予社会保险补贴及适当岗位补贴。社会保险补贴和岗位补贴期限最长不超过3年，对初次核定享受补贴政策时距退休年龄不足5年的人员，可延长至退休。规范公益性岗位开发和管理，科学设定公益性岗位总量，适度控制岗位规模，制定岗位申报评估办法，严格按照法律规定安排就业困难人员，不得用于安排非就业困难人员。加强对就业困难人员在岗情况的管理和工作考核，建立定期核查机制，完善就业困难人员享受扶持政策期满退出办法，做好退出后的政策衔接和就业服务。依法大力推进残疾人按比例就业，加大对用人单位安置残疾人的补贴和奖励力度，建立用人单位按比例安排残疾人就业公示制度。加快完善残疾人集中就业单位扶持政策，推进残疾人辅助性就业和灵活就业。加大对困难人员就业援助力度，确保零就业家庭、最低生活保障家庭等困难家庭至少有一人就业。对就业困难人员较集中的地区，上级政府要强化帮扶责任，加大产业、项目、资金、人才等支持力度。

（十五）推进农村劳动力转移就业。结合新型城镇化建设和户籍制度改革，建立健全城乡劳动者平等就业制度，进一步清理针对农民工就业的歧视性规定。完善职业培训、就业服务、劳动维权“三位一体”的工作机制，加强农民工输出输入地劳务对接，特别是对劳动力资源较为丰富的老少边穷地区，充分发挥各类公共就业服务机构和人力资源服务机构作用，积极开展有组织的劳务输出，加强对转移就业农民工的跟踪服务，有针对性地帮助其解决实际困难，推进农村富余劳动力有序外出就业和就地就近转移就业。做好被征地农民就业工作，在制定征地补偿安置方案时，要明确促进被征地农民就业的具体措施。

（十六）促进退役军人就业。扶持自主择业军转干部、自主就业退役士兵就业创业，落实各项优惠政策，组织实施教育培训，加强就业指导和服务，搭建就业创业服务平台。对符合政府安排工作条件的退役士官、义务兵，要

确保岗位落实，细化完善公务员招录和事业单位招聘时同等条件优先录用（聘用），以及国有、国有控股和国有资本占主导地位企业按比例预留岗位择优招录的措施。退役士兵报考公务员、应聘事业单位职位的，在军队服现役经历视为基层工作经历，服现役年限计算为工作年限。调整完善促进军转干部及随军家属就业税收政策。

四、加强就业创业服务和职业培训

（十七）强化公共就业创业服务。健全覆盖城乡的公共就业创业服务体系，提高服务均等化、标准化和专业化水平。完善公共就业服务体系的创业服务功能，充分发挥公共就业服务、中小企业服务、高校毕业生就业指导等机构的作用，为创业者提供项目开发、开业指导、融资服务、跟踪扶持等服务，创新服务内容和方式。健全公共就业创业服务经费保障机制，切实将县级以上公共就业创业服务机构和县级以下（不含县级）基层公共就业创业服务平台经费纳入同级财政预算。将职业介绍补贴和扶持公共就业服务补助合并调整为就业创业服务补贴，支持各地按照精准发力、绩效管理的原则，加强公共就业创业服务能力建设，向社会力量购买基本就业创业服务成果。创新就业创业服务供给模式，形成多元参与、公平竞争格局，提高服务质量和效率。

（十八）加快公共就业服务信息化。按照统一建设、省级集中、业务协同、资源共享的原则，逐步建成以省级为基础、全国一体化的就业信息化格局。建立省级集中的就业信息资源库，加强信息系统应用，实现就业管理和就业服务工作全程信息化。推进公共就业信息服务平台建设，实现各类就业信息统一发布，健全全国就业信息监测平台。推进就业信息共享开放，支持社会服务机构利用政府数据开展专业化就业服务，推动政府、社会协同提升公共就业服务水平。

（十九）加强人力资源市场建设。加快建立统一规范灵活的人力资源市场，消除城乡、行业、身份、性别、残疾等影响平等就业的制度障碍和就业歧视，形成有利于公平就业的制度环境。健全统一的市场监管体系，推进人力资源市场诚信体系建设和标准化建设。加强对企业招聘行为、职业中介活动的规范，及时纠正招聘过程中的歧视、限制及欺诈等行为。建立国有企事业单位公开招聘制度，推动实现招聘信息公开、过程公开和结果公开。加快发展人力资源服务业，规范发展人事代理、人才推荐、人员培训、劳务派遣等人力资源服务，提升服务供给能力和水平。完善党政机关、企事业单位、社会各方面人才顺畅流动的制度体系。

（二十）加强职业培训和创业培训。顺应产业结构迈向中高端水平、缓解就业结构性矛盾的需求，优化高校学科专业结构，加快发展现代职业教育，大规模开展职业培训，加大创业培训力度。利用各类创业培训资源，开发针对不同创业群体、创业活动不同阶段特点的创业培训项目，把创新创业课程纳入国民教育体系。重点实施农民工职业技能提升和失业人员转业转岗培训，增强其就业创业和职业转换能力。尊重劳动者培训意愿，引导劳动者自主选择培训项目、培训方式和培训机构。发挥企业主体作用，支持企业以新招用青年劳动者和新转岗人员为重点开展新型学徒制培训。强化基础能力建设，创新培训模式，建立高水平、专兼职的创业培训师资队伍，提升培训质量，落实职业培训补贴政策，合理确定补贴标准。推进职业资格管理改革，完善有利于劳动者成长成才的培养、评价和激励机制，畅通技能人才职业上升通道，推动形成劳动、技能等要素按贡献参与分配的机制，使技能劳动者获得与其能力业绩相适应的工资待遇。

（二十一）建立健全失业保险、社会救助与就业的联动机制。进一步完善失业保险制度，充分发挥失业保险保生活、防失业、促就业的作用，鼓励领取失业保险金人员尽快实现就业或自主创业。对实现就业或自主创业的最低生活保障对象，在核算家庭收入时，可以扣减必要的就业成本。

（二十二）完善失业登记办法。在法定劳动年龄内、有劳动能力和就业要求、处于无业状态的城镇常住人员，可以到常住地的公共就业服务机构进行失业登记。各地公共就业服务机构要为登记失业的各类人员提供均等化的政策咨询、职业指导、职业介绍等公共就业服务和普惠性就业政策，并逐步使外来劳动者与当地户籍人口享有同等的就业扶持政策。将《就业失业登记证》调整为《就业创业证》，免费发放，作为劳动者享受公共就业服务及就业扶持政策的凭证。有条件的地方可积极推动社会保障卡在就业领域的应用。

五、强化组织领导

（二十三）健全协调机制。县级以上人民政府要加强对就业创业工作的领导，把促进就业创业摆上重要议程，健全政府负责人牵头的就业创业工作协调机制，加强就业形势分析研判，落实完善就业创业政策，协调解决重点难点问题，确保各项就业目标完成和就业局势稳定。有关部门要增强全局意识，密切配合，尽职履责。进一步发挥各人民团体以及其他社会组织的作用，充分调动社会各方促进就业创业积极性。

（二十四）落实目标责任制。将就业创业工作纳入政绩考核，细化目标任务、政策落实、就业创业服务、资金投入、群众满意度等指标，提高权重，并层层分解，督促落实。对在就业创业工作中取得显著成绩的单位和个人，按国家有关规定予以表彰奖励。有关地区不履行促进就业职责，造成恶劣社会影响的，对当地人民政府有关负责人及具体责任人实行问责。

（二十五）保障资金投入。各级人民政府要根据就业状况和就业工作目标，在财政预算中合理安排就业相关资金。按照系统规范、精简效能的原则，明确政府间促进就业政策的功能定位，严格支出责任划分。进一步规范就业专项资金管理，强化资金预算执行和监督，开展资金使用绩效评价，着力提高就业专项资金使用效益。

（二十六）建立健全就业创业统计监测体系。健全就业统计指标，完善统计口径和统计调查方法，逐步将性别等指标纳入统计监测范围，探索建立创业工作统计指标。进一步加强和完善全国劳动力调查制度建设，扩大调查范围，增加调查内容。强化统计调查的质量控制。加大就业统计调查人员、经费和软硬件等保障力度，推进就业统计调查信息化建设。依托行业组织，建立健全行业人力资源需求预测和就业状况定期发布制度。

（二十七）注重舆论引导。坚持正确导向，加强政策解读，及时回应社会关切，大力宣传促进就业创业工作的经验做法，宣传劳动者自主就业、自主创业和用人单位促进就业的典型事迹，引导全社会共同关心和支持就业创业工作，引导高校毕业生等各类劳动者转变观念，树立正确的就业观，大力营造劳动光荣、技能宝贵、创造伟大的时代风尚。

各地区、各部门要认真落实本意见提出的各项任务，结合本地区、本部门实际，创造性地开展工作，制定具体方案和配套政策，同时要切实转变职能，简化办事流程，提高服务效率，确保各项就业创业政策措施落实到位，以稳就业惠民生促进经济社会平稳健康发展。

二〇一五年四月二十七日

国务院关于大力推进大众创业万众创新若干政策措施的意见

国发［2015］32号

各省、自治区、直辖市人民政府，国务院各部委、各直属机构：

推进大众创业、万众创新，是发展的动力之源，也是富民之道、公平之计、强国之策，对于推动经济结构调整、打造发展新引擎、增强发展新动力、走创新驱动发展道路具有重要意义，是稳增长、扩就业，激发亿万群众智慧和创造力，促进社会纵向流动、公平正义的重大举措。根据2015年《政府工作报告》部署，为改革完善相关体制机制，构建普惠性政策扶持体系，推动资金链引导创业创新链、创业创新链支持产业链、产业链带动就业链，现提出以下意见。

一、充分认识推进大众创业、万众创新的重要意义

——推进大众创业、万众创新，是培育和催生经济社会发展新动力的必然选择。随着我国资源环境约束日益强化，要素的规模驱动力逐步减弱，传统的高投入、高消耗、粗放式发展方式难以为继，经济发展进入新常态，需要从要素驱动、投资驱动转向创新驱动。推进大众创业、万众创新，就是要通过结构性改革、体制机制创新，消除不利于创业创新发展的各种制度束缚和桎梏，支持各类市场主体不断开办新企业、开发新产品、开拓新市场，培育新兴产业，形成小企业“铺天盖地”、大企业“顶天立地”的发展格局，实现创新驱动发展，打造新引擎、形成新动力。

——推进大众创业、万众创新，是扩大就业、实现富民之道的根本举措。我国有13亿多人口、9亿多劳动力，每年高校毕业生、农村转移劳动力、城镇困难人员、退役军人数量较大，人力资源转化为人力资本的潜力巨大，但就业总量压力较大，结构性矛盾凸显。推进大众创业、万众创新，就是要通过转变政府职能、建设服务型政府，营造公平竞争的创业环境，使有梦想、有意愿、有能力的科技人员、高校毕业生、农民工、退役军人、失业人员等各类市场创业主体“如鱼得水”，通过创业增加收入，让更多的人富起来，促进收入分配结构调整，实现创新支持创业、创业带动就业的良性互动发展。

——推进大众创业、万众创新，是激发全社会创新潜能和创业活力的有效途径。目前，我国创业创新理念还没有深入人心，创业教育培训体系还不健全，善于创造、勇于创业的能力不足，鼓励创新、宽容失败的良好环境尚未形成。推进大众创业、万众创新，就是要通过加强全社会以创新为核心的创业教育，弘扬“敢为人先、追求创新、百折不挠”的创业精神，厚植创新文化，不断增强创业创新意识，使创业创新成为全社会共同的价值追求和行为习惯。

二、总体思路

按照“四个全面”战略布局，坚持改革推动，加快实施创新驱动发展战略，充分发挥市场在资源配置中的决定性作用和更好发挥政府作用，加大简政放权力度，放宽政策、放开市场、放活主体，形成有利于创业创新的良好氛围，让千千万万创业者活跃起来，汇聚成经济社会发展的巨大动能。不断完善体制机制、健全普惠性政策措施，加强统筹协调，构建有利于大众创业、万众创新蓬勃发展的政策环境、制度环境和公共服务体系，以创业带动就业、创新促进发展。

——坚持深化改革，营造创业环境。通过结构性改革和创新，进一步简政放权、放管结合、优化服务，增强创业创新制度供给，完善相关法律法规、扶持政策和激励措施，营造均等普惠环境，推动社会纵向流动。

——坚持需求导向，释放创业活力。尊重创业创新规律，坚持以人为本，切实解决创业者面临的资金需求、市场信息、政策扶持、技术支撑、公共服务等瓶颈问题，最大限度释放各类市场主体创业创新活力，开辟就业新空间，拓展发展新天地，解放和发展生产力。

——坚持政策协同，实现落地生根。加强创业、创新、就业等各类政策统筹，部门与地方政策联动，确保创业扶持政策可操作、能落地。鼓励有条件的地区先行先试，探索形成可复制、可推广的创业创新经验。

——坚持开放共享，推动模式创新。加强创业创新公共服务资源开放共享，整合利用全球创业创新资源，实现人才等创业创新要素跨地区、跨行业自由流动。依托“互联网＋”、大数据等，推动各行业创新商业模式，建立和完善线上与线下、境内与境外、政府与市场开放合作等创业创新机制。

三、创新体制机制，实现创业便利化

（一）完善公平竞争市场环境。进一步转变政府职能，增加公共产品和服务供给，为创业者提供更多机会。逐步清理并废除妨碍创业发展的制度和规定，打破地方保护主义。加快出台公平竞争审查制度，建立统一透明、有序规范的市场环境。依法反垄断和反不正当竞争，消除不利于创业创新发展的垄断协议和滥用市场支配地位以及其他不正当竞争行为。清理规范涉企收费项目，完善收费目录管理制度，制定事中事后监管办法。建立和规范企业信用信息发布制度，制定严重违法企业名单管理办法，把创业主体信用与市场准入、享受优惠政策挂钩，完善以信用管理为基础的创业创新监管模式。

（二）深化商事制度改革。加快实施工商营业执照、组织机构代码证、税务登记证“三证合一”、“一照一码”，落实“先照后证”改革，推进全程电子化登记和电子营业执照应用。支持各地结合实际放宽新注册企业场所登记条件限制，推动“一址多照”、集群注册等住所登记改革，为创业创新提供便利的工商登记服务。建立市场准入等负面清单，破除不合理的行业准入限制。开展企业简易注销试点，建立便捷的市场退出机制。依托企业信用信息公示系统建立小微企业名录，增强创业企业信息透明度。

（三）加强创业知识产权保护。研究商业模式等新形态创新成果的知识产权保护办法。积极推进知识产权交易，加快建立全国知识产权运营公共服务平台。完善知识产权快速维权与维权援助机制，缩短确权审查、侵权处理周期。集中查处一批侵犯知识产权的大案要案，加大对反复侵权、恶意侵权等行为的处罚力度，探索实施惩罚性赔偿制度。完善权利人维权机制，合理划分权利人举证责任，完善行政调解等非诉讼纠纷解决途径。

（四）健全创业人才培养与流动机制。把创业精神培育和创业素质教育纳入国民教育体系，实现全社会创业教育和培训制度化、体系化。加快完善创业课程设置，加强创业实训体系建设。加强创业创新知识普及教育，使大众创业、万众创新深入人心。加强创业导师队伍建设，提高创业服务水平。加快推进社会保障制度改革，破除人才自由流动制度障碍，实现党政机关、企事业单位、社会各方面人才顺畅流动。加快建立创业创新绩效评价机制，让一批富有创业精神、勇于承担风险的人才脱颖而出。

四、优化财税政策，强化创业扶持

（五）加大财政资金支持和统筹力度。各级财政要根据创业创新需要，统筹安排各类支持小微企业和创业创新的资金，加大对创业创新支持力度，强化资金预算执行和监管，加强资金使用绩效评价。支持有条件的地方政府设立创业基金，扶持创业创新发展。在确保公平竞争前提下，鼓励对众创空间等孵化机构的办公用房、用水、用能、网络等软硬件设施给予适当优惠，减轻创业者负担。

（六）完善普惠性税收措施。落实扶持小微企业发展的各项税收优惠政策。落实科技企业孵化器、大学科技园、研发费用加计扣除、固定资产加速折旧等税收优惠政策。对符合条件的众创空间等新型孵化机构适用科技企业孵化器税收优惠政策。按照税制改革方向和要求，对包括天使投资在内的投向种子期、初创期等创新活动的投资，统筹研究相关税收支持政策。修订完善高新技术企业认定办法，完善创业投资企业享受70%应纳税所得额税收抵免政策。抓紧推广中关村国家自主创新示范区税收试点政策，将企业转增股本分期缴纳个人所得税试点政策、股权奖励分期缴纳个人所得税试点政策推广至全国范围。落实促进高校毕业生、残疾人、退役军人、登记失业人员等创业就业税收政策。

（七）发挥政府采购支持作用。完善促进中小企业发展的政府采购政策，加强对采购单位的政策指导和监督检查，督促采购单位改进采购计划编制和项目预留管理，增强政策对小微企业发展的支持效果。加大创新产品和服务的采购力度，把政府采购与支持创业发展紧密结合起来。

五、搞活金融市场，实现便捷融资

（八）优化资本市场。支持符合条件的创业企业上市或发行票据融资，并鼓励创业企业通过债券市场筹集资金。积极研究尚未盈利的互联网和高新技术企业到创业板发行上市制度，推动在上海证券交易所建立战略新兴产业板。加快推进全国中小企业股份转让系统向创业板转板试点。研究解决特殊股权结构类创业企业在境内上市的制度性障碍，完善资本市场规则。规范发展服务于中小微企业的区域性股权市场，推动建立工商登记部门与区域性股权市场的股权登记对接机制，支持股权质押融资。支持符合条件的发行主体发行小微企业增信集合债等企业债券创新品种。

（九）创新银行支持方式。鼓励银行提高针对创业创新企业的金融服务专业化水平，不断创新组织架构、管理方式和金融产品。推动银行与其他金融机构加强合作，对创业创新活动给予有针对性的股权和债权融资支持。鼓励银行业金融机构向创业企业提供结算、融资、理财、咨询等一站式系统化的金融服务。

（十）丰富创业融资新模式。支持互联网金融发展，引导和鼓励众筹融资平台规范发展，开展公开、小额股权众筹融资试点，加强风险控制和规范管理。丰富完善创业担保贷款政策。支持保险资金参与创业创新，发展相互保险等新业务。完善知识产权估值、质押和流转体系，依法合规推动知识产权质押融资、专利许可费收益权证券化、专利保险等服务常态化、规模化发展，支持知识产权金融发展。

六、扩大创业投资，支持创业起步成长

（十一）建立和完善创业投资引导机制。不断扩大社会资本参与新兴产业创投计划参股基金规模，做大直接融资平台，引导创业投资更多向创业企业起步成长的前端延伸。不断完善新兴产业创业投资政策体系、制度体系、融资体系、监管和预警体系，加快建立考核评价体系。加快设立国家新兴产业创业投资引导基

金和国家中小企业发展基金，逐步建立支持创业创新和新兴产业发展的市场化长效运行机制。发展联合投资等新模式，探索建立风险补偿机制。鼓励各地方政府建立和完善创业投资引导基金。加强创业投资立法，完善促进天使投资的政策法规。促进国家新兴产业创业投资引导基金、科技型中小企业创业投资引导基金、国家科技成果转化引导基金、国家中小企业发展基金等协同联动。推进创业投资行业协会建设，加强行业自律。

（十二）拓宽创业投资资金供给渠道。加快实施新兴产业“双创”三年行动计划，建立一批新兴产业“双创”示范基地，引导社会资金支持大众创业。推动商业银行在依法合规、风险隔离的前提下，与创业投资机构建立市场化长期性合作。进一步降低商业保险资金进入创业投资的门槛。推动发展投贷联动、投保联动、投债联动等新模式，不断加大对创业创新企业的融资支持。

（十三）发展国有资本创业投资。研究制定鼓励国有资本参与创业投资的系统性政策措施，完善国有创业投资机构激励约束机制、监督管理机制。引导和鼓励中央企业和其他国有企业参与新兴产业创业投资基金、设立国有资本创业投资基金等，充分发挥国有资本在创业创新中的作用。研究完善国有创业投资机构国有股转持豁免政策。

（十四）推动创业投资“引进来”与“走出去”。抓紧修订外商投资创业投资企业相关管理规定，按照内外资一致的管理原则，放宽外商投资准入，完善外资创业投资机构管理制度，简化管理流程，鼓励外资开展创业投资业务。放宽对外资创业投资基金投资限制，鼓励中外合资创业投资机构发展。引导和鼓励创业投资机构加大对境外高端研发项目的投资，积极分享境外高端技术成果。按投资领域、用途、募集资金规模，完善创业投资境外投资管理。

七、发展创业服务，构建创业生态

（十五）加快发展创业孵化服务。大力发展创新工场、车库咖啡等新型孵化器，做大做强众创空间，完善创业孵化服务。引导和鼓励各类创业孵化器与天使投资、创业投资相结合，完善投融资模式。引导和推动创业孵化与高校、科研院所等技术成果转移相结合，完善技术支撑服务。引导和鼓励国内资本与境外合作设立新型创业孵化平台，引进境外先进创业孵化模式，提升孵化能力。

（十六）大力发展第三方专业服务。加快发展企业管理、财务咨询、市场营销、人力资源、法律顾问、知识产权、检验检测、现代物流等第三方专业化服务，不断丰富和完善创业服务。

（十七）发展“互联网＋”创业服务。加快发展“互联网＋”创业网络体系，建设一批小微企业创业创新基地，促进创业与创新、创业与就业、线上与线下相结合，降低全社会创业门槛和成本。加强政府数据开放共享，推动大型互联网企业和基础电信企业向创业者开放计算、存储和数据资源。积极推广众包、用户参与设计、云设计等新型研发组织模式和创业创新模式。

（十八）研究探索创业券、创新券等公共服务新模式。有条件的地方继续探索通过创业券、创新券等方式对创业者和创新企业提供社会培训、管理咨询、检验检测、软件开发、研发设计等服务，建立和规范相关管理制度和运行机制，逐步形成可复制、可推广的经验。

八、建设创业创新平台，增强支撑作用

（十九）打造创业创新公共平台。加强创业创新信息资源整合，建立创业政策集中发布平台，完善专业化、网络化服务体系，增强创业创新信息透明度。鼓励开展各类公益讲坛、创业论坛、创业培训等活动，丰富创业平台形式和内容。支持各类创业创新大赛，定期办好中国创新创业大赛、中国农业科技创新创业大赛和创新挑战大赛等赛事。加强和完善中小企业公共服务平台网络建设。充分发挥企业的创新主体作用，鼓励和支持有条件的大型企业发

展创业平台、投资并购小微企业等，支持企业内外部创业者创业，增强企业创业创新活力。为创业失败者再创业建立必要的指导和援助机制，不断增强创业信心和创业能力。加快建立创业企业、天使投资、创业投资统计指标体系，规范统计口径和调查方法，加强监测和分析。

（二十）用好创业创新技术平台。建立科技基础设施、大型科研仪器和专利信息资源向全社会开放的长效机制。完善国家重点实验室等国家级科研平台（基地）向社会开放机制，为大众创业、万众创新提供有力支撑。鼓励企业建立一批专业化、市场化的技术转移平台。鼓励依托三维（3D）打印、网络制造等先进技术和发展模式，开展面向创业者的社会化服务。引导和支持有条件的领军企业创建特色服务平台，面向企业内部和外部创业者提供资金、技术和服务支撑。加快建立军民两用技术项目实施、信息交互和标准化协调机制，促进军民创新资源融合。

（二十一）发展创业创新区域平台。支持开展全面创新改革试验的省（区、市）、国家综合配套改革试验区等，依托改革试验平台在创业创新体制机制改革方面积极探索，发挥示范和带动作用，为创业创新制度体系建设提供可复制、可推广的经验。依托自由贸易试验区、国家自主创新示范区、战略性新兴产业集聚区等创业创新资源密集区域，打造若干具有全球影响力的创业创新中心。引导和鼓励创业创新型城市完善环境，推动区域集聚发展。推动实施小微企业创业基地城市示范。鼓励有条件的地方出台各具特色的支持政策，积极盘活闲置的商业用房、工业厂房、企业库房、物流设施和家庭住所、租赁房等资源，为创业者提供低成本办公场所和居住条件。

九、激发创造活力，发展创新型创业

（二十二）支持科研人员创业。加快落实高校、科研院所等专业技术人员离岗创业政策，对经同意离岗的可在 3 年内保留人事关系，建立健全科研人员双向流动机制。进一步完善创新型中小企业上市股权激励和员工持股计划制度规则。鼓励符合条件的企业按照有关规定，通过股权、期权、分红等激励方式，调动科研人员创业积极性。支持鼓励学会、协会、研究会等科技社团为科技人员和创业企业提供咨询服务。

（二十三）支持大学生创业。深入实施大学生创业引领计划，整合发展高校毕业生就业创业基金。引导和鼓励高校统筹资源，抓紧落实大学生创业指导服务机构、人员、场地、经费等。引导和鼓励成功创业者、知名企业家、天使和创业投资人、专家学者等担任兼职创业导师，提供包括创业方案、创业渠道等创业辅导。建立健全弹性学制管理办法，支持大学生保留学籍休学创业。

（二十四）支持境外人才来华创业。发挥留学回国人才特别是领军人才、高端人才的创业引领带动作用。继续推进人力资源市场对外开放，建立和完善境外高端创业创新人才引进机制。进一步放宽外籍高端人才来华创业办理签证、永久居留证等条件，简化开办企业审批流程，探索由事前审批调整为事后备案。引导和鼓励地方对回国创业高端人才和境外高端人才来华创办高科技企业给予一次性创业启动资金，在配偶就业、子女入学、医疗、住房、社会保障等方面完善相关措施。加强海外科技人才离岸创业基地建设，把更多的国外创业创新资源引入国内。

十、拓展城乡创业渠道，实现创业带动就业

（二十五）支持电子商务向基层延伸。引导和鼓励集办公服务、投融资支持、创业辅导、渠道开拓于一体的市场化网商创业平台发展。鼓励龙头企业结合乡村特点建立电子商务交易服务平台、商品集散平台和物流中心，推动农村依托互联网创业。鼓励电子商务第三方交易平台渠道下沉，带动城乡基层创业人员依托其平台和经营网络开展创业。完善有利于中小网商发展的相关措施，在风险可控、商业可

持续的前提下支持发展面向中小网商的融资贷款业务。

（二十六）支持返乡创业集聚发展。结合城乡区域特点，建立有市场竞争力的协作创业模式，形成各具特色的返乡人员创业联盟。引导返乡创业人员融入特色专业市场，打造具有区域特点的创业集群和优势产业集群。深入实施农村青年创业富民行动，支持返乡创业人员因地制宜围绕休闲农业、农产品深加工、乡村旅游、农村服务业等开展创业，完善家庭农场等新型农业经营主体发展环境。

（二十七）完善基层创业支撑服务。加强城乡基层创业人员社保、住房、教育、医疗等公共服务体系建设，完善跨区域创业转移接续制度。健全职业技能培训体系，加强远程公益创业培训，提升基层创业人员创业能力。引导和鼓励中小金融机构开展面向基层创业创新的金融产品创新，发挥社区地理和软环境优势，支持社区创业者创业。引导和鼓励行业龙头企业、大型物流企业发挥优势，拓展乡村信息资源、物流仓储等技术和服务网络，为基层创业提供支撑。

十一、加强统筹协调，完善协同机制

（二十八）加强组织领导。建立由发展改革委牵头的推进大众创业万众创新部际联席会议制度，加强顶层设计和统筹协调。各地区、各部门要立足改革创新，坚持需求导向，从根本上解决创业创新中面临的各种体制机制问题，共同推进大众创业、万众创新蓬勃发展。重大事项要及时向国务院报告。

（二十九）加强政策协调联动。建立部门之间、部门与地方之间政策协调联动机制，形成强大合力。各地区、各部门要系统梳理已发布的有关支持创业创新发展的各项政策措施，抓紧推进“立、改、废”工作，将对初创企业的扶持方式从选拔式、分配式向普惠式、引领式转变。建立健全创业创新政策协调审查制度，增强政策普惠性、连贯性和协同性。

（三十）加强政策落实情况督查。加快建立推进大众创业、万众创新有关普惠性政策措施落实情况督查督导机制，建立和完善政策执行评估体系和通报制度，全力打通决策部署的“最先一公里”和政策落实的“最后一公里”，确保各项政策措施落地生根。

各地区、各部门要进一步统一思想认识，高度重视、认真落实本意见的各项要求，结合本地区、本部门实际明确任务分工、落实工作责任，主动作为、敢于担当，积极研究解决新问题，及时总结推广经验做法，加大宣传力度，加强舆论引导，推动本意见确定的各项政策措施落实到位，不断拓展大众创业、万众创新的空间，汇聚经济社会发展新动能，促进我国经济保持中高速增长、迈向中高端水平。

二〇一五年六月十一日

国务院关于印发基本养老保险基金投资管理办法的通知

国发〔2015〕48号

各省、自治区、直辖市人民政府，国务院各部委、各直属机构：

现将《基本养老保险基金投资管理办法》印发给你们，请认真贯彻执行。

二〇一五年八月十七日

基本养老保险基金投资管理办法

第一章 总 则

第一条 为了规范基本养老保险基金投资管理行为，保护基金委托人及相关当事人的合法权益，根据社会保险法、劳动法、证券投资基金法、信托法、合同法等法律法规和国务院有关规定，制定本办法。

第二条 本办法所称基本养老保险基金（以下简称养老基金），包括企业职工、机关事业单位工作人员和城乡居民养老基金。

第三条 各省、自治区、直辖市养老基金结余额，可按照本办法规定，预留一定支付费用后，确定具体投资额度，委托给国务院授权的机构进行投资运营。委托投资的资金额度、划出和划回等事项，要向人力资源社会保障部、财政部报告。

第四条 养老基金投资应当坚持市场化、多元化、专业化的原则，确保资产安全，实现保值增值。

第五条 养老基金投资委托人（以下简称委托人）与养老基金投资受托机构（以下简称受托机构）签订委托投资合同，受托机构与养老基金托管机构（以下简称托管机构）签订托管合同、与养老基金投资管理机构（以下简称投资管理机构）签订投资管理合同。

委托人、受托机构、托管机构、投资管理机构的权利义务，依照本办法在养老基金委托投资合同、托管合同和投资管理合同中约定。

第六条 养老基金资产独立于委托人、受托机构、托管机构、投资管理机构的固有财产及其管理的其他财产。委托人、受托机构、托管机构、投资管理机构不得将养老基金资产归入其固有财产。

第七条 委托人、受托机构、托管机构、投资管理机构因养老基金资产的管理、运营或者其他情形取得的财产和收益归入养老基金资产，权益归养老基金所有。

第八条 受托机构、托管机构、投资管理机构和其他为养老基金投资管理提供服务的法人或者其他组织因依法解散、被依法撤销或者被依法宣告破产等原因进行清算的，基金资产不属于其清算财产。

第九条 养老基金资产的债权，不得与委托人、受托机构、托管机构、投资管理机构和其他为养老基金投资管理提供服务的自然人、法人或者其他组织固有财产的债务相互抵销；养老基金不同投资组合基金资产的债权债务，不得相互抵销。

第十条 养老基金资产的债务由基金资产本身承担。非因养老基金资产本身承担的债务，不得对基金资产强制执行。

第十一条 养老基金投资按照国家规定享受税收优惠。具体办法由财政部会同有关部门另行制定。

第十二条 国家对养老基金投资实行严格监管。养老基金投资应当严格遵守相关法律法规，严禁从事内幕交易、利用未公开信息交易、操纵市场等违法行为，严禁通过关联交易等损害养老基金及他人利益、获取不正当利益。任何组织和个人不得贪污、侵占、挪用投资运营的养老基金。

第二章 委 托 人

第十三条 省、自治区、直辖市人民政府作为养老基金委托投资的委托人，可指定省级社会保险行政部门、财政部门承办具体事务。

第十四条 委托人应当履行下列职责：

（一）制定养老基金归集办法，将投资运营的养老基金归集到省级社会保障基金财政专户。

（二）与受托机构签订养老基金委托投资合同。

（三）向受托机构划拨委托投资资金；向受托机构下达划回委托投资资金的指令，接收划回的投资资金。

（四）根据受托机构提交的养老基金收益率，进行养老基金的记账、结算和收益分配。

（五）定期汇总养老基金投资管理情况，并以适当方式向社会公布。

（六）国家规定和合同约定的其他职责。

第三章 受托机构

第十五条 本办法所称受托机构，是指国家设立、国务院授权的养老基金管理机构。

第十六条 受托机构应当履行下列职责：

（一）建立健全养老基金受托投资内部管理制度、风险管理制度和绩效评估办法。

（二）选择、监督、更换托管机构、投资管理机构。

（三）制定养老基金投资运营策略并组织实施。

（四）根据委托投资合同接收委托人划拨的委托投资资金；根据委托人通知划出委托投资资金。

（五）接受委托人查询，定期向委托人提交养老基金管理和财务会计报告；发生重大事件时，及时向委托人和有关监管部门报告；定期向国务院有关主管部门提交开展养老基金受托管理业务情况的报告；定期向社会公布养老基金投资情况。

（六）根据托管合同、投资管理合同对养老基金托管、投资情况进行监督。

（七）按照国家规定保存养老基金受托业务活动记录、账册、报表和其他相关资料。

（八）国家规定和合同约定的其他职责。

第十七条 受托机构应当将养老基金单独管理、集中运营、独立核算，可对部分养老基金资产进行直接投资，其他养老基金资产委托其他专业机构投资。

同一个养老基金投资组合，托管机构与投资管理机构不得为同一机构。

第十八条 申请养老基金托管业务、投资管理业务的机构，需向受托机构提交申请。受托机构成立专家评审委员会，参照公开招标的原则对具备条件的养老基金托管业务、投资管理业务申请人进行评审。评审办法及评审结果报国务院有关主管部门备案。

建立健全受托机构、托管机构和投资管理机构竞争机制，不断优化治理结构，提升养老基金投资运营水平。

第十九条 受托机构及其董事（理事）、监事、管理人员和其他从业人员不得有下列行为：

（一）违反与委托人合同约定。

（二）利用养老基金资产或者职务之便谋取不正当利益。

（三）侵占、挪用受托管理的养老基金资产。

（四）泄露因职务便利获取的未公开信息，或者利用该信息从事或明示、暗示他人进行相关的交易活动。

（五）法律、行政法规和国务院有关主管部门规定禁止的其他行为。

第四章 托管机构

第二十条 本办法所称托管机构，是指接受养老基金受托机构委托，具有全国社会保障基金、企业年金基金托管经验，或者具有良好的基金托管业绩和社会信誉，负责安全保管养老基金资产的商业银行。

第二十一条 托管机构应当履行下列职责：

（一）安全保管养老基金资产。

（二）以养老基金名义开设基金资产的资金账户、证券账户和期货账户等。

（三）及时办理清算、交割事宜。

（四）负责养老基金会计核算和估值，复核、审查和确认投资管理机构计算的基金资产净值。

（五）按照规定监督投资管理机构的投资活动，并定期向受托机构报告监督情况。

（六）定期向受托机构提交养老基金托管和财务会计报告；定期向国务院有关主管部门提交开展养老基金托管业务情况的报告。

（七）按照国家规定保存养老基金托管业务活动记录、账册、报表和其他相关资料。

（八）国家规定和合同约定的其他职责。

第二十二条 托管机构发现投资管理机构依据交易程序尚未成立的投资指令违反法律、行政法规、其他有关规定或者合同约定的，应当拒绝执行，立即通知投资管理机构，并及时向受托机构和国务院有关主管部门报告。

托管机构发现投资管理机构依据交易程序已经成立的投资指令违反法律、行政法规、其他有关规定或者合同约定的，应当立即通知投资管理机构，并及时向受托机构和国务院有关主管部门报告。

第二十三条 有下列情形之一的，托管机构职责终止：

（一）违反与受托机构合同约定，情节严重的。

（二）利用养老基金资产为其谋取不正当利益，或者为他人谋取不正当利益的。

（三）依法解散、被依法撤销、被依法宣告破产或者被依法接管的。

（四）受托机构有充分理由认为托管机构应当被终止职责的。

（五）国务院有关主管部门有充分理由和依据认为托管机构应当被终止职责的。

（六）国务院有关主管部门规定和合同约定的其他情形。

第二十四条 托管机构职责终止的，应当妥善保管养老基金托管业务资料，在45日内办理基金托管业务移交手续，新的托管机构应当接收并行使相应职责。

第二十五条 托管机构及其董事、监事、管理人员和其他从业人员不得有下列行为：

（一）将托管的养老基金资产与其固有财产混合管理。

（二）将托管的养老基金资产与托管的其他财产混合管理。

（三）将托管的不同养老基金资产混合管理。

（四）侵占、挪用托管的养老基金资产。

（五）利用养老基金资产或者职务之便为他人谋取不正当利益。

（六）泄露因职务便利获取的未公开信息，或者利用该信息从事或明示、暗示他人进行相关的交易活动。

（七）法律、行政法规和国务院有关主管部门规定禁止的其他行为。

第五章　投资管理机构

第二十六条　本办法所称投资管理机构，是指接受受托机构委托，具有全国社会保障基金、企业年金基金投资管理经验，或者具有良好的资产管理业绩、财务状况和社会信誉，负责养老基金资产投资运营的专业机构。

第二十七条　投资管理机构应当建立良好的内部治理结构，明确股东会、董事会、监事会和高级管理人员的职责权限，确保独立投资运营；应当健全资产配置、风险管理和绩效评估等制度。

投资管理机构及其股东、董事、监事、管理人员和其他从业人员不得从事损害养老基金资产和受托机构利益的证券交易及其他活动；在行使权利或者履行职责时，应当遵循回避原则。

第二十八条　投资管理机构应当履行下列职责：

（一）按照投资管理合同，管理养老基金投资组合和项目。

（二）对所管理的不同养老基金资产分别管理、分别记账。

（三）及时与托管机构核对养老基金会计核算和估值结果。

（四）进行养老基金会计核算，编制养老基金财务会计报告。

（五）按照国家规定保存养老基金投资业务活动记录、账册、报表和其他相关资料。

（六）国家规定和合同约定的其他职责。

第二十九条　投资管理机构从当期收取的管理费中，提取20%作为风险准备金，专项用于弥补委托投资资产出现的投资损失。

第三十条　有下列情形之一的，投资管理机构应当及时向受托机构和国务院有关主管部门报告：

（一）养老基金资产市场价值大幅度波动。

（二）有可能使养老基金资产的价值受到重大影响的其他事项。

（三）国务院有关主管部门规定或者合同约定的其他报告事项。

第三十一条　有下列情形之一的，投资管理机构职责终止：

（一）违反与受托机构合同约定，情节严重的。

（二）利用养老基金资产为其谋取不正当利益，或者为他人谋取不正当利益的。

（三）依法解散、被依法撤销、被依法宣告破产或者被依法接管的。

（四）受托机构有充分理由认为投资管理机构应当被终止职责的。

（五）国务院有关主管部门有充分理由和依据认为投资管理机构应当被终止职责的。

（六）国务院有关主管部门规定和合同约定的其他情形。

第三十二条　投资管理机构职责终止的，应当妥善保管养老基金投资运营业务资料，在45日内办理基金投资运营业务移交手续，新的投资管理机构应当接收并行使相应职责。

第三十三条　投资管理机构及其董事、监事、管理人员和其他从业人员不得有下列行为：

（一）将其固有财产或者他人财产混同于养老基金资产从事证券投资。

（二）不公平对待养老基金资产与其管理的其他财产。

（三）不公平对待其管理的不同养老基金资产。

（四）利用养老基金资产或者职务之便为他人谋取不正当利益。

（五）向受托机构违规承诺收益或者承担损失。

（六）侵占、挪用养老基金资产。

（七）泄露因职务便利获取的未公开信息，或者利用该信息从事或明示、暗示他人进行相关的交易活动。

（八）从事可能使养老基金资产承担无限责任的投资。

（九）法律、行政法规和国务院有关主管部门规定禁止的其他行为。

第六章 养老基金投资

第三十四条 养老基金限于境内投资。投资范围包括：银行存款，中央银行票据，同业存单；国债，政策性、开发性银行债券，信用等级在投资级以上的金融债、企业（公司）债、地方政府债券、可转换债（含分离交易可转换债）、短期融资券、中期票据、资产支持证券，债券回购；养老金产品，上市流通的证券投资基金，股票，股权，股指期货，国债期货。

第三十五条 国家重大工程和重大项目建设，养老基金可以通过适当方式参与投资。

第三十六条 国有重点企业改制、上市，养老基金可以进行股权投资。范围限定为中央企业及其一级子公司，以及地方具有核心竞争力的行业龙头企业，包括省级财政部门、国有资产管理部门出资的国有或国有控股企业。

第三十七条 养老基金投资比例，按照公允价值计算应当符合下列规定：

（一）投资银行活期存款，一年期以内（含一年）的定期存款，中央银行票据，剩余期限在一年期以内（含一年）的国债，债券回购，货币型养老金产品，货币市场基金的比例，合计不得低于养老基金资产净值的 5%。清算备付金、证券清算款以及一级市场证券申购资金视为流动性资产。

（二）投资一年期以上的银行定期存款、协议存款、同业存单，剩余期限在一年期以上的国债，政策性、开发性银行债券，金融债，企业（公司）债，地方政府债券，可转换债（含分离交易可转换债），短期融资券，中期票据，资产支持证券，固定收益型养老金产品，混合型养老金产品，债券基金的比例，合计不得高于养老基金资产净值的 135%。其中，债券正回购的资金余额在每个交易日均不得高于养老基金资产净值的 40%。

（三）投资股票、股票基金、混合基金、股票型养老金产品的比例，合计不得高于养老基金资产净值的 30%。

养老基金不得用于向他人贷款和提供担保，不得直接投资于权证，但因投资股票、分离交易可转换债等投资品种而衍生获得的权证，应当在权证上市交易之日起 10 个交易日内卖出。

（四）投资国家重大项目和重点企业股权的比例，合计不得高于养老基金资产净值的 20%。

由于市场涨跌、资金划拨等原因出现被动投资比例超标的，养老基金投资比例调整应当在合同规定的交易日内完成。

第三十八条 养老基金资产参与股指期货、国债期货交易，只能以套期保值为目的，并按照中国金融期货交易所套期保值管理的有关规定执行；在任何交易日日终，所持有的卖出股指期货、国债期货合约价值，不得超过其对冲标的的账面价值。

第三十九条 根据金融市场变化和投资运营情况，国务院有关主管部门适时报请国务院对养老基金投资范围和比例进行调整。

第七章 估值和费用

第四十条 受托机构根据《企业会计准则第 22 号——金融工具确认和计量》、《证券投资基金会计核算业务指引》等规定，对养老基金进行会计核算和估值。

当月发生的委托投资资金划入、划出和投资收益分配，以上月末的估值结果作为核算依据。

第四十一条 托管机构提取的托管费年费率不高于托管养老基金资产净值的 0.05%。

第四十二条 投资管理机构提取的投资管理费年费率不高于投资管理养老基金资产净值

的0.5%。

受托机构应当在投资管理合同中规定投资管理机构的业绩基准，制定绩效考核办法。

第四十三条 根据养老基金管理情况，国务院有关主管部门适时对托管费、投资管理费率进行调整。

第四十四条 受托机构按照养老基金年度净收益的1%提取风险准备金，专项用于弥补养老基金投资发生的亏损。余额达到养老基金资产净值5%时可不再提取。

风险准备金与本金一起投资运营，单独记账，归委托人所有。

第八章 报告制度

第四十五条 受托机构、托管机构、投资管理机构应当按照本办法的规定报告养老基金投资运营的情况，保证报告内容没有虚假记载、误导性陈述或者重大遗漏，并对报告内容的真实性、完整性负责。

第四十六条 受托机构要按下列要求进行信息披露和报告有关事项：

（一）每年一次向社会公布养老基金资产、收益等财务状况。

（二）向委托人和国务院有关主管部门每季度提交养老基金财务会计报告、投资资产、收益等情况报告。

（三）向委托人和国务院有关主管部门、经济综合部门报送养老基金资产年度审计报告。

（四）养老基金发生重大事件的，应立即报告委托人和国务院有关主管部门，并编制临时报告书，经核准后予以公告。

第四十七条 托管机构应当按照托管合同和受托机构的要求，向受托机构提交养老基金托管月度报告、季度报告和年度报告；如发生特殊情况，还应当提供临时报告或者进行重大信息披露。托管机构应当对投资管理机构编制报告的有关内容进行复核，并根据需要出具复核意见。

第四十八条 投资管理机构应当按照投资管理合同及受托机构的要求，向受托机构提交养老基金投资运营月度报告、季度报告和年度报告；如发生特殊情况，还应当提供临时报告或者进行重大信息披露。

第四十九条 托管机构、投资管理机构应当向国务院有关主管部门提交养老基金季度报告和年度报告。

第五十条 有下列情形之一的，托管机构、投资管理机构应当及时向受托机构和国务院有关主管部门报告：

（一）减资、合并、分立、依法解散、被依法撤销、决定申请破产或者被申请破产的。

（二）涉及重大诉讼或者仲裁的。

（三）董事长、总经理及其他高级管理人员发生变动的。

（四）托管合同、投资管理合同规定的其他报告事项。

第五十一条 受托机构应当将委托管理合同、托管合同、投资管理合同报国务院有关主管部门备案。

第九章 监督检查

第五十二条 人力资源社会保障部、财政部依法对受托机构、托管机构、投资管理机构及相关主体开展养老基金投资管理业务情况实施监管，加强投资风险防范。

人民银行、银监会、证监会、保监会按照各自职责，对托管机构、投资管理机构的经营活动进行监督。

相关部门在监督过程中应加强沟通与信息共享。

第五十三条 人力资源社会保障部、财政部开展调查或者检查应当由两人以上进行，并出示有效证件，承担下列义务：

（一）依法履行职责，秉公执法，不得利用职务之便谋取私利。

（二）保守在调查或者检查时知悉的商业秘密。

（三）为举报人保密。

第五十四条 受托机构、托管机构、投资管理机构和其他为养老基金投资管理提供服务的自然人、法人或者其他组织应当积极配合监督检查，如实提供有关文件和资料，不得拒绝、阻挠或者逃避检查，不得谎报、隐匿或者销毁相关证据材料。

第五十五条 受托机构、托管机构、投资管理机构管理运营养老基金资产，其他自然人、法人或者组织为养老基金投资运营提供服务，应当严格遵守相关职业准则和行业规范，履行诚实信用、谨慎勤勉的义务。

第五十六条 养老基金投资管理从业人员应当遵守法律、行政法规和相关规章制度，恪守职业道德和行为规范。

第五十七条 养老基金投资运营情况应当通过报刊、网站等媒体定期向社会公布，保障公众知情权，接受社会监督。

任何组织和个人有权对违法违规行为进行举报、投诉，有关主管部门应当认真调查处理。

第十章 法律责任

第五十八条 受托机构及其董事（理事）、监事、管理人员和其他从业人员有本办法第十九条所列行为之一的，责令改正，给予警告，有违法所得的，没收违法所得。对直接负责的主管人员和其他直接责任人员给予相应处分，由所在机构暂停或者撤销其养老基金投资管理职务。

第五十九条 托管机构、投资管理机构及其董事、监事、管理人员和其他从业人员有本办法第二十五条和第三十三条所列行为之一的，责令改正，给予警告，并可暂停其接收新的养老基金托管或者投资管理业务。有违法所得的，没收违法所得，处以托管机构、投资管理机构违法所得1倍以上5倍以下管理费扣减；没有违法所得的，处以托管机构、投资管理机构50万元以下管理费扣减，情节严重的，可处以50万元以上、100万元以下管理费扣减。对直接负责的主管人员和其他直接责任人员给予警告，由所在机构暂停或者撤销其养老基金投资管理职务。

第六十条 投资管理机构违反本办法第三十七条和第三十八条规定，超出投资范围或者违反投资比例规定进行投资的，责令改正，给予警告，并可暂停其接收新的养老基金投资管理业务，同时处以50万元以下管理费扣减。对直接负责的主管人员和其他直接责任人员给予警告，由所在机构暂停或者撤销其养老基金投资管理职务。

第六十一条 托管机构、投资管理机构未能按照规定提供报告或者提供报告有虚假记载、误导性陈述、重大遗漏的，责令限期改正；逾期不改正的，给予警告，并处以10万元以下管理费扣减。

第六十二条 托管机构、投资管理机构违反本办法其他有关规定的，责令限期改正。逾期不改正的，给予警告，并可暂停其接收新的养老基金托管或者投资管理业务。

第六十三条 托管机构、投资管理机构受到3次以上警告的，由受托机构终止其养老基金托管或者投资管理职责，3年内不得再次申请。

第六十四条 受托机构、托管机构、投资管理机构及其董事（理事）、监事、管理和从业人员侵占、挪用养老基金资产取得的财产和收益，归入基金资产。

第六十五条 托管机构、投资管理机构违反本办法规定，给养老基金资产或者委托人造成损失的，应当分别对各自的行为依法承担赔偿责任；因共同行为给养老基金资产或者委托人造成损失的，应当承担连带赔偿责任；除依法给予处罚外，由受托机构终止其养老基金托管或者投资管理职责，5年内不得再次申请。

第六十六条 会计师事务所等服务机构出具的文件有虚假记载、误导性陈述或者重大遗漏的，责令限期改正，没收业务收入，并依法处以业务收入1倍以上5倍以下的罚款；对直接负责的主管人员和其他直接责任人员给予警告。

第六十七条 国家工作人员在养老基金投资管理、监督工作中滥用职权、玩忽职守、徇私舞弊的，依法追究责任。

第六十八条 本办法规定的处罚，由人力资源社会保障部、财政部或者人民银行、银监会、证监会、保监会按照各自职责作出决定。对违反本办法规定的同一行为，不得给予两次以上的处罚。

第六十九条 对违反本办法规定进行养老基金投资运营的相关单位和责任人，记入信用记录并纳入全国统一信用信息共享交换平台。

第七十条 违反本办法规定，情节严重，构成犯罪的，依法追究刑事责任。

第十一章 附 则

第七十一条 本办法由人力资源社会保障部、财政部会同有关部门负责组织实施。

第七十二条 本办法自印发之日起施行。

国务院关于加快构建大众创业万众创新支撑平台的指导意见

国发〔2015〕53号

各省、自治区、直辖市人民政府，国务院各部委、各直属机构：

当前，全球分享经济快速增长，基于互联网等方式的创业创新蓬勃兴起，众创、众包、众扶、众筹（以下统称四众）等大众创业万众创新支撑平台快速发展，新模式、新业态不断涌现，线上线下加快融合，对生产方式、生活方式、治理方式产生广泛而深刻的影响，动力强劲，潜力巨大。同时，在四众发展过程中也面临行业准入、信用环境、监管机制等方面的问题。为落实党中央、国务院关于大力推进大众创业万众创新和推动实施“互联网＋”行动的有关部署，现就加快构建大众创业万众创新支撑平台、推进四众持续健康发展提出以下意见。

一、把握发展机遇，汇聚经济社会发展新动能

四众有效拓展了创业创新与市场资源、社会需求的对接通道，搭建了多方参与的高效协同机制，丰富了创业创新组织形态，优化了劳动、信息、知识、技术、管理、资本等资源的配置方式，为社会大众广泛平等参与创业创新、共同分享改革红利和发展成果提供了更多元的途径和更广阔的空间。

众创，汇众智搞创新，通过创业创新服务平台聚集全社会各类创新资源，大幅降低创业创新成本，使每一个具有科学思维和创新能力的人都可参与创新，形成大众创造、释放众智的新局面。

众包，汇众力增就业，借助互联网等手段，将传统由特定企业和机构完成的任务向自愿参与的所有企业和个人进行分工，最大限度利用大众力量，以更高的效率、更低的成本满足生产及生活服务需求，促进生产方式变革，开拓集智创新、便捷创业、灵活就业的新途径。

众扶，汇众能助创业，通过政府和公益机构支持、企业帮扶援助、个人互助互扶等多种方式，共助小微企业和创业者成长，构建创业创新发展的良好生态。

众筹，汇众资促发展，通过互联网平台向社会募集资金，更灵活高效满足产品开发、企业成长和个人创业的融资需求，有效增加传统金融体系服务小微企业和创业者的新功能，拓展创业创新投融资新渠道。

当前我国正处于发展动力转换的关键时期，加快发展四众具有极为重要的现实意义和战略意义，有利于激发蕴藏在人民群众之中的无穷智慧和创造力，将我国的人力资源优势迅速转化为人力资本优势，促进科技创新，拓展就业空间，汇聚发展新动能；有利于加快网络经济和实体经济融合，充分利用国内国际创新资源，提高生产效率，助推“中国制造2025”，加快转型升级，壮大分享经济，培育新的经济增长点；有利于促进政府加快完善与新经济形态相适应的体制机制，创新管理方式，提升服务能力，释放改革红利；有利于实现机会公平、权利公平、人人参与又人人受益的包容性增长，探索一条中国特色的众人创富、劳动致富之路。

二、创新发展理念，着力打造创业创新新格局

全面贯彻党的十八大和十八届二中、三中、四中全会精神，按照党中央、国务院决策部署，加快实施创新驱动发展战略，不断深化改革，顺应“互联网＋”时代大融合、大变革趋势，充分发挥我国互联网应用创新的综合优势，充分激发广大人民群众和市场主体的创业创新活力，推动线上与线下相结合、传统与新兴相结合、引导与规范相结合，按照“坚持市场主导、包容创业创新、公平有序发展、优化治理方式、深化开放合作”的基本原则，营造四众发展的良好环境，推动各类要素资源集聚、开放、共享，提高资源配置效率，加快四众广泛应用，在更大范围、更高层次、更深程度上推进大众创业、万众创新，打造新引擎，壮大新经济。

——坚持市场主导。充分发挥市场在资源配置中的决定性作用，强化企业和劳动者的主体地位，尊重市场选择，积极发展有利于提高资源利用效率、激发大众智慧、满足人民群众需求、创造经济增长新动力的新模式、新业态。

——包容创业创新。以更包容的态度、更积极的政策营造四众发展的宽松环境，激发人民群众的创业创新热情，鼓励各类主体充分利用互联网带来的新机遇，积极探索四众的新平台、新形式、新应用，开拓创业创新发展新空间。

——公平有序发展。坚持公平进入、公平竞争、公平监管，破除限制新模式新业态发展的不合理约束和制度瓶颈，营造传统与新兴、线上与线下主体之间公平发展的良好环境，维护各类主体合法权益，引导各方规范有序发展。

——优化治理方式。转变政府职能，进一步简政放权，强化事中事后监管，优化提升公共服务，加强协同，创新手段，发挥四众平台企业内部治理和第三方治理作用，健全政府、行业、企业、社会共同参与的治理机制，推动四众持续健康发展。

——深化开放合作。“引进来”与“走出去”相结合，充分利用四众平台，优化配置国际创新资源，借鉴国际管理经验，积极融入全球创新网络。鼓励采用四众模式搭建对外开放新平台，面向国际市场拓展服务领域，深化创业创新国际合作。

三、全面推进众创，释放创业创新能量

（一）大力发展专业空间众创。鼓励各类科技园、孵化器、创业基地、农民工返乡创业园等加快与互联网融合创新，打造线上线下相结合的大众创业万众创新载体。鼓励各类线上虚拟众创空间发展，为创业创新者提供跨行业、跨学科、跨地域的线上交流和资源链接服务。鼓励创客空间、创业咖啡、创新工场等新型众创空间发展，推动基于“互联网＋”的创业创新活动加速发展。

（二）鼓励推进网络平台众创。鼓励大型互联网企业、行业领军企业通过网络平台向各类创业创新主体开放技术、开发、营销、推广等资源，鼓励各类电子商务平台为小微企业和创业者提供支撑，降低创业门槛，加强创业创新资源共享与合作，促进创新成果及时转化，构建开放式创业创新体系。

（三）培育壮大企业内部众创。通过企业内部资源平台化，积极培育内部创客文化，激发员工创造力；鼓励大中型企业通过投资员工创业开拓新的业务领域、开发创新产品，提升市场适应能力和创新能力；鼓励企业建立健全股权激励机制，突破成长中的管理瓶颈，形成持续的创新动力。

四、积极推广众包，激发创业创新活力

（四）广泛应用研发创意众包。鼓励企业

与研发机构等通过网络平台将部分设计、研发任务分发和交付，促进成本降低和提质增效，推动产品技术的跨学科融合创新。鼓励企业通过网络社区等形式广泛征集用户创意，促进产品规划与市场需求无缝对接，实现万众创新与企业发展相互促动。鼓励中国服务外包示范城市、技术先进型服务企业和服务外包重点联系企业积极应用众包模式。

（五）大力实施制造运维众包。支持有能力的大中型制造企业通过互联网众包平台聚集跨区域标准化产能，满足大规模标准化产品订单的制造需求。结合深化国有企业改革，鼓励采用众包模式促进生产方式变革。鼓励中小制造企业通过众包模式构筑产品服务运维体系，提升用户体验，降低运维成本。

（六）加快推广知识内容众包。支持百科、视频等开放式平台积极通过众包实现知识内容的创造、更新和汇集，引导有能力、有条件的个人和企业积极参与，形成大众智慧集聚共享新模式。

（七）鼓励发展生活服务众包。推动交通出行、无车承运物流、快件投递、旅游、医疗、教育等领域生活服务众包，利用互联网技术高效对接供需信息，优化传统生活服务行业的组织运营模式。推动整合利用分散闲置社会资源的分享经济新型服务模式，打造人民群众广泛参与、互助互利的服务生态圈。发展以社区生活服务业为核心的电子商务服务平台，拓展服务性网络消费领域。

五、立体实施众扶，集聚创业创新合力

（八）积极推动社会公共众扶。加快公共科技资源和信息资源开放共享，提高各类公益事业机构、创新平台和基地的服务能力，推动高校和科研院所向小微企业和创业者开放科研设施，降低大众创业、万众创新的成本。鼓励行业协会、产业联盟等行业组织和第三方服务机构加强对小微企业和创业者的支持。

（九）鼓励倡导企业分享众扶。鼓励大中型企业通过生产协作、开放平台、共享资源、开放标准等方式，带动上下游小微企业和创业者发展。鼓励有条件的企业依法合规发起或参与设立公益性创业基金，开展创业培训和指导，履行企业社会责任。鼓励技术领先企业向标准化组织、产业联盟等贡献基础性专利或技术资源，推动产业链协同创新。

（十）大力支持公众互助众扶。支持开源社区、开发者社群、资源共享平台、捐赠平台、创业沙龙等各类互助平台发展。鼓励成功企业家以天使投资、慈善、指导帮扶等方式支持创业者创业。鼓励通过网络平台、线下社区、公益组织等途径扶助大众创业就业，促进互助互扶，营造深入人心、氛围浓厚的众扶文化。

六、稳健发展众筹，拓展创业创新融资

（十一）积极开展实物众筹。鼓励消费电子、智能家居、健康设备、特色农产品等创新产品开展实物众筹，支持艺术、出版、影视等创意项目在加强内容管理的同时，依法开展实物众筹。积极发挥实物众筹的资金筹集、创意展示、价值发现、市场接受度检验等功能，帮助将创新创意付诸实践，提供快速、便捷、普惠化服务。

（十二）稳步推进股权众筹。充分发挥股权众筹作为传统股权融资方式有益补充的作用，增强金融服务小微企业和创业创新者的能力。稳步推进股权众筹融资试点，鼓励小微企业和创业者通过股权众筹融资方式募集早期股本。对投资者实行分类管理，切实保护投资者合法权益，防范金融风险。

（十三）规范发展网络借贷。鼓励互联网企业依法合规设立网络借贷平台，为投融资双方提供借贷信息交互、撮合、资信评估等服务。积极运用互联网技术优势构建风险控制体系，缓解信息不对称，防范风险。

七、推进放管结合，营造宽松发展空间

（十四）完善市场准入制度。积极探索交通出行、无车承运物流、快递、金融、医疗、教育等领域的准入制度创新，通过分类管理、

试点示范等方式，依法为众包、众筹等新模式新业态的发展营造政策环境。针对众包资产轻、平台化、受众广、跨地域等特点，放宽市场准入条件，降低行业准入门槛。（交通运输部、邮政局、人民银行、证监会、银监会、卫生计生委、教育部等负责）

（十五）建立健全监管制度。适应新业态发展要求，建立健全行业标准规范和规章制度，明确四众平台企业在质量管理、信息内容管理、知识产权、申报纳税、社会保障、网络安全等方面的责任、权利和义务。（质检总局、新闻出版广电总局、知识产权局、税务总局、人力资源社会保障部、网信办、工业和信息化部等负责）因业施策，加快研究制定重点领域促进四众发展的相关意见。（交通运输部、邮政局、人民银行、证监会、银监会、卫生计生委、教育部等负责）

（十六）创新行业监管方式。建立以信用为核心的新型市场监管机制，加强跨部门、跨地区协同监管。建立健全事中事后监管体系，充分发挥全国统一的信用信息共享交换平台、企业信用信息公示系统等的作用，利用大数据、随机抽查、信用评价等手段加强监督检查和对违法违规行为的处置。（发展改革委、工业和信息化部、工商总局、相关行业主管部门负责）

（十七）优化提升公共服务。加快商事制度改革，支持各地结合实际放宽新注册企业场所登记条件限制，推动“一址多照”、集群注册等住所登记改革，为创业创新提供便利的工商登记服务。简化和完善注销流程，开展个体工商户、未开业企业、无债权债务企业简易注销登记试点。推进全程电子化登记和电子营业执照应用，简化行政审批程序，为企业发展提供便利。加强行业监管、企业登记等相关部门与四众平台企业的信息互联共享，推进公共数据资源开放，加快推行电子签名、电子认证，推动电子签名国际互认，为四众发展提供支撑。进一步清理和取消职业资格许可认定，研究建立国家职业资格目录清单管理制度，加强对新设职业资格的管理。（工商总局、发展改革委、科技部、工业和信息化部、人力资源社会保障部、相关行业主管部门负责）

（十八）促进开放合作发展。有序引导外资参与四众发展，培育一批国际化四众平台企业。鼓励四众平台企业利用全球创新资源，面向国际市场拓展服务。加强国际合作，鼓励小微企业和创业者承接国际业务。（商务部、发展改革委牵头负责）

八、完善市场环境，夯实健康发展基础

（十九）加快信用体系建设。引导四众平台企业建立实名认证制度和信用评价机制，健全相关主体信用记录，鼓励发展第三方信用评价服务。建立四众平台企业的信用评价机制，公开评价结果，保障用户的知情权。建立完善信用标准化体系，制定四众发展信用环境相关的关键信用标准，规范信用信息采集、处理、评价、应用、交换、共享和服务。依法合理利用网络交易行为等在互联网上积累的信用数据，对现有征信体系和评测体系进行补充和完善。推进全国统一的信用信息共享交换平台、企业信用信息公示系统等与四众平台企业信用体系互联互通，实现资源共享。（发展改革委、人民银行、工商总局、质检总局牵头负责）

（二十）深化信用信息应用。鼓励发展信用咨询、信用评估、信用担保和信用保险等信用服务业。建立健全守信激励机制和失信联合惩戒机制，加大对守信行为的表彰和宣传力度，在市场监管和公共服务过程中，对诚实守信者实行优先办理、简化程序等“绿色通道”支持激励政策，对违法失信者依法予以限制或禁入。（发展改革委、人民银行牵头负责）

（二十一）完善知识产权环境。加大网络知识产权执法力度，促进在线创意、研发成果申请知识产权保护，研究制定四众领域的知识产权保护政策。运用技术手段加强在线创意、研发成果的知识产权执法，切实维护创业创新者权益。加强知识产权相关法律法规、典型案例的宣传和培训，增强中小微企业知识产权意

识和管理能力。(知识产权局牵头负责)

九、强化内部治理，塑造自律发展机制

(二十二) 提升平台治理能力。鼓励四众平台企业结合自身商业模式，积极利用信息化手段加强内部制度建设和管理规范，提高风险防控能力、信息内容管理能力和网络安全水平。引导四众平台企业履行管理责任，建立用户权益保障机制。(网信办、工业和信息化部、工商总局等负责)

(二十三) 加强行业自律规范。强化行业自律，规范四众从业机构市场行为，保护行业合法权益。推动行业组织制定各类产品和服务标准，促进企业之间的业务交流和信息共享。完善行业纠纷协调和解决机制，鼓励第三方以及用户参与平台治理。构建在线争议解决、现场接待受理、监管部门受理投诉、第三方调解以及仲裁、诉讼等多元化纠纷解决机制。(相关行业主管部门、行政执法部门负责)

(二十四) 保障网络信息安全。四众平台企业应当切实提升技术安全水平，及时发现和有效应对各类网络安全事件，确保网络平台安全稳定运行。妥善保管各类用户资料和交易信息，不得买卖、泄露用户信息，保障信息安全。强化守法、诚信、自律意识，营造诚信规范发展的良好氛围。(网信办、工业和信息化部牵头负责)

十、优化政策扶持，构建持续发展环境

(二十五) 落实财政支持政策。创新财政科技专项资金支持方式，支持符合条件的企业通过众创、众包等方式开展相关科技活动。充分发挥国家新兴产业创业投资引导基金、国家中小企业发展基金等政策性基金作用，引导社会资源支持四众加快发展。降低对实体营业场所、固定资产投入等硬性指标要求，将对线下实体众创空间的财政扶持政策惠及网络众创空间。加大中小企业专项资金对小微企业创业基地建设的支持力度。大力推进小微企业公共服务平台和创业基地建设，加大政府购买服务力度，为采用四众模式的小微企业免费提供管理指导、技能培训、市场开拓、标准咨询、检验检测认证等服务。(财政部、发展改革委、工业和信息化部、科技部、商务部、质检总局等负责)

(二十六) 实行适用税收政策。加快推广使用电子发票，支持四众平台企业和采用众包模式的中小微企业及个体经营者按规定开具电子发票，并允许将电子发票作为报销凭证。对于业务规模较小、处于初创期的从业机构符合现行小微企业税收优惠政策条件的，可按规定享受税收优惠政策。(财政部、税务总局牵头负责)

(二十七) 创新金融服务模式。引导天使投资、创业投资基金等支持四众平台企业发展，支持符合条件的企业在创业板、新三板等上市挂牌。鼓励金融机构在风险可控和商业可持续的前提下，基于四众特点开展金融产品和服务创新，积极发展知识产权质押融资。大力发展政府支持的融资担保机构，加强政府引导和银担合作，综合运用资本投入、代偿补偿等方式，加大财政支持力度，引导和促进融资担保机构和银行业金融机构为符合条件的四众平台企业提供快捷、低成本的融资服务。(人民银行、证监会、银监会、保监会、发展改革委、工业和信息化部、财政部、科技部、商务部、人力资源社会保障部、知识产权局、质检总局等负责)

(二十八) 深化科技体制改革。全面落实下放科技成果使用、处置和收益权，鼓励科研人员双向流动等改革部署，激励更多科研人员投身创业创新。加大科研基础设施、大型科研仪器向社会开放的力度，为更多小微企业和创业者提供支撑。(科技部牵头负责)

(二十九) 繁荣创业创新文化。设立“全国大众创业万众创新活动周”，加强政策宣传，展示创业成果，促进投资对接和互动交流，为创业创新提供展示平台。继续办好中国创新创业大赛、中国农业科技创新创业大赛等赛事活动。引导各类媒体加大对四众的宣传力度，普

及四众知识，发掘典型案例，推广成功经验，培育尊重知识、崇尚创造、追求卓越的创新文化。（发展改革委、科技部、工业和信息化部、中央宣传部、中国科协等负责）

（三十）鼓励地方探索先行。充分尊重和发挥基层首创精神，因地制宜，突出特色。支持各地探索适应新模式新业态发展特点的管理模式，及时总结形成可复制、可推广的经验。支持全面创新改革试验区、自由贸易试验区、国家自主创新示范区、战略性新兴产业集聚区、国家级经济技术开发区、跨境电子商务综合试验区等加大改革力度，强化对创业创新公共服务平台的扶持，充分发挥四众发展的示范带动作用。（发展改革委、科技部、商务部、相关地方省级人民政府等负责）

各地区、各部门应加大对众创、众包、众扶、众筹等创业创新活动的引导和支持力度，加强统筹协调，探索制度创新，完善政府服务，科学组织实施，鼓励先行先试，不断开创大众创业、万众创新的新局面。

二〇一五年九月二十三日

国务院办公厅关于发展众创空间推进大众创新创业的指导意见

国办发〔2015〕9号

各省、自治区、直辖市人民政府，国务院各部委、各直属机构：

为加快实施创新驱动发展战略，适应和引领经济发展新常态，顺应网络时代大众创业、万众创新的新趋势，加快发展众创空间等新型创业服务平台，营造良好的创新创业生态环境，激发亿万群众创造活力，打造经济发展新引擎，经国务院同意，现提出以下意见。

一、总体要求

（一）指导思想。全面落实党的十八大和十八届二中、三中、四中全会精神，按照党中央、国务院决策部署，以营造良好创新创业生态环境为目标，以激发全社会创新创业活力为主线，以构建众创空间等创业服务平台为载体，有效整合资源，集成落实政策，完善服务模式，培育创新文化，加快形成大众创业、万众创新的生动局面。

（二）基本原则。

坚持市场导向。充分发挥市场配置资源的决定性作用，以社会力量为主构建市场化的众创空间，以满足个性化多样化消费需求和用户体验为出发点，促进创新创意与市场需求和社会资本有效对接。

加强政策集成。进一步加大简政放权力度，优化市场竞争环境。完善创新创业政策体系，加大政策落实力度，降低创新创业成本，壮大创新创业群体。完善股权激励和利益分配机制，保障创新创业者的合法权益。

强化开放共享。充分运用互联网和开源技术，构建开放创新创业平台，促进更多创业者加入和集聚。加强跨区域、跨国技术转移，整合利用全球创新资源。推动产学研协同创新，促进科技资源开放共享。

创新服务模式。通过市场化机制、专业化服务和资本化途径，有效集成创业服务资源，提供全链条增值服务。强化创业辅导，培育企业家精神，发挥资本推力作用，提高创新创业效率。

（三）发展目标。到2020年，形成一批有效满足大众创新创业需求、具有较强专业化服务能力的众创空间等新型创业服务平台；培育一批天使投资人和创业投资机构，投融资渠道更加畅通；孵化培育一大批创新型小微企业，并从中成长出能够引领未来经济发展的骨干企业，形成新的产业业态和经济增长点；创业群体高度活跃，以创业促进就业，提供更多高质量就业岗位；创新创业政策体系更加健全，服务体系更加完善，全社会创新创业文化氛围更加浓厚。

二、重点任务

（一）加快构建众创空间。总结推广创客空间、创业咖啡、创新工场等新型孵化模式，充分利用国家自主创新示范区、国家高新技术产业开发区、科技企业孵化器、小企业创业基地、大学科技园和高校、科研院所的有利条件，发挥行业领军企业、创业投资机构、社会组织等社会力量的主力军作用，构建一批低成本、便利化、全要素、开放式的众创空间。发挥政策集成和协同效应，实现创新与创业相结合、线上与线下相结合、孵化与投资相结合，为广大创新创业者提供良好的工作空间、网络空间、社交空间和资源共享空间。

（二）降低创新创业门槛。深化商事制度改革，针对众创空间等新型孵化机构集中办公等特点，鼓励各地结合实际，简化住所登记手续，采取一站式窗口、网上申报、多证联办等措施为创业企业工商注册提供便利。有条件的地方政府可对众创空间等新型孵化机构的房租、宽带接入费用和用于创业服务的公共软件、开发工具给予适当财政补贴，鼓励众创空间为创业者提供免费高带宽互联网接入服务。

（三）鼓励科技人员和大学生创业。加快推进中央级事业单位科技成果使用、处置和收益管理改革试点，完善科技人员创业股权激励机制。推进实施大学生创业引领计划，鼓励高校开发开设创新创业教育课程，建立健全大学生创业指导服务专门机构，加强大学生创业培训，整合发展国家和省级高校毕业生就业创业基金，为大学生创业提供场所、公共服务和资金支持，以创业带动就业。

（四）支持创新创业公共服务。综合运用政府购买服务、无偿资助、业务奖励等方式，支持中小企业公共服务平台和服务机构建设，为中小企业提供全方位专业化优质服务，支持服务机构为初创企业提供法律、知识产权、财务、咨询、检验检测认证和技术转移等服务，促进科技基础条件平台开放共享。加强电子商务基础建设，为创新创业搭建高效便利的服务平台，提高小微企业市场竞争力。完善专利审查快速通道，对小微企业亟须获得授权的核心专利申请予以优先审查。

（五）加强财政资金引导。通过中小企业发展专项资金，运用阶段参股、风险补助和投资保障等方式，引导创业投资机构投资于初创期科技型中小企业。发挥国家新兴产业创业投资引导基金对社会资本的带动作用，重点支持战略性新兴产业和高技术产业早中期、初创期创新型企业发展。发挥国家科技成果转化引导基金作用，综合运用设立创业投资子基金、贷款风险补偿、绩效奖励等方式，促进科技成果转移转化。发挥财政资金杠杆作用，通过市场机制引导社会资金和金融资本支持创业活动。发挥财税政策作用支持天使投资、创业投资发展，培育发展天使投资群体，推动大众创新创业。

（六）完善创业投融资机制。发挥多层次资本市场作用，为创新型企业提供综合金融服务。开展互联网股权众筹融资试点，增强众筹对大众创新创业的服务能力。规范和发展服务小微企业的区域性股权市场，促进科技初创企业融资，完善创业投资、天使投资退出和流转机制。鼓励银行业金融机构新设或改造部分分（支）行，作为从事科技型中小企业金融服务的专业或特色分（支）行，提供科技融资担保、知识产权质押、股权质押等方式的金融服务。

（七）丰富创新创业活动。鼓励社会力量围绕大众创业、万众创新组织开展各类公益活动。继续办好中国创新创业大赛、中国农业科技创新创业大赛等赛事活动，积极支持参与国际创新创业大赛，为投资机构与创新创业者提供对接平台。建立健全创业辅导制度，培育一批专业创业辅导师，鼓励拥有丰富经验和创业资源的企业家、天使投资人和专家学者担任创业导师或组成辅导团队。鼓励大企业建立服务大众创业的开放创新平台，支持社会力量举办创业沙龙、创业大讲堂、创业训练营等创业培训活动。

（八）营造创新创业文化氛围。积极倡导敢为人先、宽容失败的创新文化，树立崇尚创新、创业致富的价值导向，大力培育企业家精神和创客文化，将奇思妙想、创新创意转化为实实在在的创业活动。加强各类媒体对大众创新创业的新闻宣传和舆论引导，报道一批创新创业先进事迹，树立一批创新创业典型人物，让大众创业、万众创新在全社会蔚然成风。

三、组织实施

（一）加强组织领导。各地区、各部门要高度重视推进大众创新创业工作，切实抓紧抓好。各有关部门要按照职能分工，积极落实促进创新创业的各项政策措施。各地要加强对创新创业工作的组织领导，结合地方实际制定具体实施方案，明确工作部署，切实加大资金投入、政策支持和条件保障力度。

（二）加强示范引导。在国家自主创新示范区、国家高新技术产业开发区、小企业创业基地、大学科技园和其他有条件的地区开展创业示范工程。鼓励各地积极探索推进大众创新创业的新机制、新政策，不断完善创新创业服务体系，营造良好的创新创业环境。

（三）加强协调推进。科技部要加强与相关部门的工作协调，研究完善推进大众创新创业的政策措施，加强对发展众创空间的指导和支持。各地要做好大众创新创业政策落实情况调研、发展情况统计汇总等工作，及时报告有关进展情况。

二〇一五年三月二日

国务院办公厅关于印发机关事业单位职业年金办法的通知

国办发〔2015〕18号

各省、自治区、直辖市人民政府，国务院各部委、各直属机构：

《机关事业单位职业年金办法》已经国务院同意，现印发给你们，请认真贯彻执行。

二〇一五年三月二十七日

机关事业单位职业年金办法

第一条 为建立多层次养老保险体系，保障机关事业单位工作人员退休后的生活水平，促进人力资源合理流动，根据《国务院关于机关事业单位工作人员养老保险制度改革的决定》（国发〔2015〕2号）等相关规定，制定本办法。

第二条 本办法所称职业年金，是指机关事业单位及其工作人员在参加机关事业单位基本养老保险的基础上，建立的补充养老保险制度。

第三条 本办法适用的单位和工作人员范围与参加机关事业单位基本养老保险的范围一致。

第四条 职业年金所需费用由单位和工作人员个人共同承担。单位缴纳职业年金费用的比例为本单位工资总额的8%，个人缴费比例为本人缴费工资的4%，由单位代扣。单位和个人缴费基数与机关事业单位工作人员基本养老保险缴费基数一致。

根据经济社会发展状况，国家适时调整单位和个人职业年金缴费的比例。

第五条 职业年金基金由下列各项组成：

（一）单位缴费；

（二）个人缴费；

（三）职业年金基金投资运营收益；

（四）国家规定的其他收入。

第六条 职业年金基金采用个人账户方式管理。个人缴费实行实账积累。对财政全额供款的单位，单位缴费根据单位提供的信息采取记账方式，每年按照国家统一公布的记账利率计算利息，工作人员退休前，本人职业年金账户的累计储存额由同级财政拨付资金记实；对非财政全额供款的单位，单位缴费实行实账积累。实账积累形成的职业年金基金，实行市场化投资运营，按实际收益计息。

职业年金基金投资管理应当遵循谨慎、分散风险的原则，保证职业年金基金的安全性、收益性和流动性。职业年金基金的具体投资管理办法由人力资源社会保障部、财政部会同有关部门另行制定。

第七条 单位缴费按照个人缴费基数的8%计入本人职业年金个人账户；个人缴费直接计入本人职业年金个人账户。

职业年金基金投资运营收益，按规定计入职业年金个人账户。

第八条 工作人员变动工作单位时，职业年金个人账户资金可以随同转移。工作人员升学、参军、失业期间或新就业单位没有实行职业年金或企业年金制度的，其职业年金个人账户由原管理机构继续管理运营。新就业单位已建立职业年金或企业年金制度的，原职业年金个人账户资金随同转移。

第九条 符合下列条件之一的可以领取职业年金：

（一）工作人员在达到国家规定的退休条件并依法办理退休手续后，由本人选择按月领取职业年金待遇的方式。可一次性用于购买商业养老保险产品，依据保险契约领取待遇并享受相应的继承权；可选择按照本人退休时对应的计发月数计发职业年金月待遇标准，发完为止，同时职业年金个人账户余额享有继承权。本人选择任一领取方式后不再更改。

（二）出国（境）定居人员的职业年金个人账户资金，可根据本人要求一次性支付给本人。

（三）工作人员在职期间死亡的，其职业年金个人账户余额可以继承。

未达到上述职业年金领取条件之一的，不得从个人账户中提前提取资金。

第十条 职业年金有关税收政策，按照国家有关法律法规和政策的相关规定执行。

第十一条 职业年金的经办管理工作，由各级社会保险经办机构负责。

第十二条 职业年金基金应当委托具有资格的投资运营机构作为投资管理人，负责职业年金基金的投资运营；应当选择具有资格的商业银行作为托管人，负责托管职业年金基金。委托关系确定后，应当签订书面合同。

第十三条 职业年金基金必须与投资管理人和托管人的自有资产或其他资产分开管理，保证职业年金财产独立性，不得挪作其他用途。

第十四条 县级以上各级人民政府人力资源社会保障行政部门、财政部门负责对本办法的执行情况进行监督检查。对违反本办法规定的，由人力资源社会保障行政部门和财政部门予以警告，责令改正。

第十五条 因执行本办法发生争议的，工作人员可按照国家有关法律、法规提请仲裁或者申诉。

第十六条 本办法自2014年10月1日起实施。已有规定与本办法不一致的，按照本办法执行。

第十七条 本办法由人力资源社会保障部、财政部负责解释。

国务院办公厅转发民政部等部门关于进一步完善医疗救助制度全面开展重特大疾病医疗救助工作意见的通知

国办发［2015］30号

各省、自治区、直辖市人民政府，国务院各部委、各直属机构：

民政部、财政部、人力资源社会保障部、卫生计生委、保监会《关于进一步完善医疗救助制度全面开展重特大疾病医疗救助工作的意见》已经国务院同意，现转发给你们，请认真贯彻执行。

二〇一五年四月二十一日

关于进一步完善医疗救助制度全面开展重特大疾病医疗救助工作的意见

为全面落实《社会救助暂行办法》有关规定，编密织牢保障基本民生安全网，根据国务院决策部署和有关工作安排，现就进一步完善医疗救助制度、全面开展重特大疾病医疗救助工作提出以下意见：

一、总体要求

（一）指导思想。深入贯彻党的十八大和十八届二中、三中、四中全会精神，以健全社会救助体系、保障困难群众基本医疗权益为目标，进一步健全工作机制，完善政策措施，强化规范管理，加强统筹衔接，不断提高医疗救助管理服务水平，最大限度减轻困难群众医疗支出负担。

（二）基本原则。

托住底线。按照救助对象医疗费用、家庭困难程度和负担能力等因素，科学合理制定救助方案，确保其获得必需的基本医疗卫生服务；救助水平与经济社会发展水平相适应。

统筹衔接。推进医疗救助制度城乡统筹发展，加强与基本医疗保险、城乡居民大病保险、疾病应急救助及各类补充医疗保险、商业保险等制度的有效衔接，形成制度合力。加强与慈善事业有序衔接，实现政府救助与社会力量参与的高效联动和良性互动。

公开公正。公开救助政策、工作程序、救助对象以及实施情况，主动接受群众和社会监督，确保过程公开透明、结果公平公正。

高效便捷。优化救助流程，简化结算程序，加快信息化建设，增强救助时效，发挥救急难功能，使困难群众及时得到有效救助。

（三）目标任务。城市医疗救助制度和农村医疗救助制度于 2015 年年底前合并实施，全面开展重特大疾病医疗救助工作，进一步细化实化政策措施，实现医疗救助制度科学规范、运行有效，与相关社会救助、医疗保障政策相配套，保障城乡居民基本医疗权益。

二、完善医疗救助制度

（一）整合城乡医疗救助制度。各地要在 2015 年年底前，将城市医疗救助制度和农村医疗救助制度整合为城乡医疗救助制度。要按照《城乡医疗救助基金管理办法》（财社[2013] 217 号）的要求，合并原来在社会保障基金财政专户中分设的“城市医疗救助基金专账”和“农村医疗救助基金专账”，在政策目标、资金筹集、对象范围、救助标准、救助程序等方面加快推进城乡统筹，确保城乡困难群众获取医疗救助的权利公平、机会公平、规则公平、待遇公平。

（二）合理界定医疗救助对象。最低生活保障家庭成员和特困供养人员是医疗救助的重点救助对象。要逐步将低收入家庭的老年人、未成年人、重度残疾人和重病患者等困难群众(以下统称低收入救助对象)，以及县级以上人民政府规定的其他特殊困难人员纳入救助范围。适当拓展重特大疾病医疗救助对象范围，积极探索对发生高额医疗费用、超过家庭承受能力、基本生活出现严重困难家庭中的重病患者（以下称因病致贫家庭重病患者）实施救助。在各类医疗救助对象中，要重点加大对重病、重残儿童的救助力度。

（三）资助参保参合。对重点救助对象参加城镇居民基本医疗保险或新型农村合作医疗的个人缴费部分进行补贴，特困供养人员给予全额资助，最低生活保障家庭成员给予定额资助，保障其获得基本医疗保险服务。具体资助办法由县级以上地方人民政府根据本地经济社会发展水平和医疗救助资金筹集情况等因素研究制定。

（四）规范门诊救助。门诊救助的重点是因患慢性病需要长期服药或者患重特大疾病需要长期门诊治疗，导致自负费用较高的医疗救助对象。卫生计生部门已经明确诊疗路径、能够通过门诊治疗的病种，可采取单病种付费等方式开展门诊救助。门诊救助的最高救助限额由县级以上地方人民政府根据当地救助对象需求和医疗救助资金筹集等情况研究确定。

（五）完善住院救助。重点救助对象在定点医疗机构发生的政策范围内住院费用中，对经基本医疗保险、城乡居民大病保险及各类补充医疗保险、商业保险报销后的个人负担费用，在年度救助限额内按不低于 70%的比例给予救助。住院救助的年度最高救助限额由县级以上地方人民政府根据当地救助对象需求和医疗救助资金筹集等情况确定。定点医疗机构应当减免救助对象住院押金，及时给予救治；医疗救助经办机构要及时确认救助对象，并可向定点医疗机构提供一定额度的预付资金，方便救助对象看病就医。

三、全面开展重特大疾病医疗救助

（一）科学制定实施方案。各地要在评估、总结试点经验基础上，进一步完善实施方案，扩大政策覆盖地区，全面开展重特大疾病医疗救助工作。对重点救助对象和低收入救助对象经基本医疗保险、城乡居民大病保险及各类补充医疗保险、商业保险等报销后个人负担的合规医疗费用，直接予以救助；因病致贫家庭重病患者等其他救助对象负担的合规医疗费用，先由其个人支付，对超过家庭负担能力的部分予以救助。合规医疗费用主要参照当地基本医疗保险的有关规定确定，已经开展城乡居民大病保险的地区，也可以参照城乡居民大病保险的有关规定确定。

（二）合理确定救助标准。综合考虑患病家庭负担能力、个人自负费用、当地筹资情况等因素，分类分段设置重特大疾病医疗救助比例和最高救助限额。原则上重点救助对象的救助比例高于低收入救助对象，低收入救助对象高于其他救助对象；同一类救助对象，个人自负费用数额越大，救助比例越高。对重点救助对象应当全面取消救助门槛；对因病致贫家庭重病患者可设置起付线，对起付线以上的自负费用给予救助。

（三）明确就医用药范围。重特大疾病医疗救助的用药范围、诊疗项目等，原则上参照基本医疗保险和城乡居民大病保险的相关规定执行。对确需到上级医疗机构或跨县域异地医院就诊的医疗救助对象，应按规定履行转诊或备案手续。对已明确临床诊疗路径的重特大疾病病种，可采取按病种付费等方式给予救助。

（四）加强与相关医疗保障制度的衔接。民政、财政、人力资源社会保障、卫生计生、保险监管等部门要加强协作配合，共同做好重特大疾病医疗救助与基本医疗保险、城乡居民大病保险、疾病应急救助、商业保险的有效衔接，确保城乡居民大病保险覆盖所有贫困重特大疾病患者，帮助所有符合条件的困难群众获得保险补偿和医疗救助。加强重特大疾病医疗救助与疾病应急救助制度的高效联动，将救助关口前移，主动对符合条件的疾病应急救助对象进行救助。民政部门要会同有关部门以及城乡居民大病保险承办服务机构，进一步完善信息共享和业务协作机制，共同做好重特大疾病医疗救助相关基础工作。

四、健全工作机制

（一）健全筹资机制。各地要根据救助对象数量、患病率、救助标准、医药费用增长情况，以及基本医疗保险、城乡居民大病保险、商业保险报销水平等，科学测算医疗救助资金需求，加大财政投入，鼓励和引导社会捐赠，健全多渠道筹资机制。县级财政要根据测算的资金需求和上级财政补助资金情况，合理安排本级财政医疗救助资金，并纳入年度预算。省级和地市级财政应加大对本行政区域内经济困难地区的资金补助力度。中央财政在分配医疗救助补助资金时，将进一步加大对地方各级财政筹资情况的考核力度。各地应根据年度筹资情况及时调整救助方案，提高资金使用效益。

（二）健全“一站式”即时结算机制。做到医疗救助与基本医疗保险、城乡居民大病保险、疾病应急救助、商业保险等信息管理平台互联互享、公开透明，实现“一站式”信息交换和即时结算，救助对象所发生的医疗费用可先由定点医疗机构垫付医疗救助基金支付的部分，救助对象只支付自负部分。结合医保异地就医工作的推进，积极探索重特大疾病医疗救助异地就医管理机制。

（三）健全救助服务监管机制。要在基本医疗保险定点医疗机构范围内，按照公开平等、竞争择优的原则确定医疗救助定点医疗机构。民政部门要与医疗救助定点医疗机构签订委托合作协议，明确服务内容、服务质量、费用结算以及双方的责任义务，制定服务规范，并会同财政、人力资源社会保障、卫生计生等部门及商业保险机构做好对医疗服务行为质量的监督管理，防控不合理医疗行为和费用。对不按规定用药、诊疗以及提供医疗服务所发生的费用，医疗救助基金不予结算。对违反合作协议，不按规定提供医疗救助服务，造成医疗救助资金流失或浪费的，要终止定点合作协议，取消医疗救助定点医疗机构资格，并依法追究责任。

（四）健全社会力量参与的衔接机制。各地要加强医疗救助与社会力量参与的衔接机制建设，落实国家有关财税优惠、费用减免等政策规定，支持、引导社会力量通过捐赠资金、物资积极参与医疗救助特别是重特大疾病医疗救助，形成对政府救助的有效补充。要搭建信息共享平台，及时提供救助需求信息，为社会力量参与医疗救助创造条件、提供便利，形成工作合力。要从困难群众医疗保障需求出发，帮助他们寻求慈善帮扶。要注重发挥社会力量的专业优势，提供医疗费用补助、心理疏导、亲情陪护等形式多样的慈善医疗服务，帮助困难群众减轻医疗经济负担、缓解身心压力。

五、加强组织领导

完善医疗救助制度、全面开展重特大疾病医疗救助工作，缓解因病陷入困境群众的“不能承受之重”，是政府的重要职责。县级以上地方各级人民政府要加强组织领导，细化政策措施，明确进度安排，落实管理责任，加大资金投入，强化督促检查，务求取得实效。要切实加强基层经办机构和能力建设，做到事有人管、责有人负，不断提高工作水平。

各级民政部门要主动加强与财政、人力资源社会保障、卫生计生、保险监管等部门的协调配合，做好医疗救助方案设计、政策调整等工作，更好地发挥医疗救助救急难作用。对于医疗救助政策难以解决的个案问题，要充分利用当地社会救助协调工作机制，专题研究解决措施，避免冲击社会道德和心理底线的事件发生。

国务院办公厅印发关于促进社会办医加快发展若干政策措施的通知

国办发［2015］45号

各省、自治区、直辖市人民政府，国务院各部委、各直属机构：

《关于促进社会办医加快发展的若干政策措施》已经国务院同意，现印发给你们，请认真贯彻执行。

二〇一五年六月十一日

关于促进社会办医加快发展的若干政策措施

新一轮医药卫生体制改革实施以来，国家出台多项措施促进社会办医发展，政策效应持续显现，但与形成多元办医格局的目标仍有不小差距，还有一些体制机制障碍和政策束缚需要破除。为加快推进社会办医疗机构成规模、上水平发展，不断满足人民群众多样化、多层次医疗卫生服务需求，为经济社会转型发展注入新的动力，各地区、各有关部门要在深入贯彻落实《国务院关于促进健康服务业发展的若干意见》（国发［2013］40号）和《国务院办公厅转发发展改革委 卫生部等部门关于进一步鼓励和引导社会资本举办医疗机构意见的通知》（国办发［2010］58号）的基础上，进一步实施以下政策措施。

一、进一步放宽准入

（一）清理规范医疗机构设立审批。明确并向社会公开公布举办医疗机构审批程序、审批主体和审批时限。各级相关行政部门要按照“非禁即入”原则，全面清理、取消不合理的前置审批事项，整合社会办医疗机构设置、执业许可等审批环节，进一步明确并缩短审批时限，不得新设前置审批事项或提高审批条件，不得限制社会办医疗机构的经营性质，鼓励有条件的地方为申办医疗机构相关手续提供一站式服务。完善社会办医疗机构设立审批的属地化管理，进一步促进社会办医，具体床位规模审批权限由各省（区、市）按照《医疗机构管理条例》自行确定。鼓励社会力量举办中医类专科医院和只提供传统中医药服务的中医门诊部、中医诊所，加快社会办中医类机构发展。

（二）公开区域医疗资源规划情况。各地要定期公开公布区域内医疗机构数量、布局以及床位、大型设备等资源配置情况，并将社会办医纳入相关规划，按照一定比例为社会办医预留床位和大型设备等资源配置空间，在符合规划总量和结构的前提下，取消对社会办医疗机构的具体数量和地点限制。出台或调整区域卫生规划和医疗机构设置规划，须及时向社会公开公布，并详细说明本区域可新增或拟调整的医疗资源的规模和布局。对涉及新增或调整医疗资源的，包括新建城区等，政府必须落实保基本的责任，同时支持由社会力量举办和运营医疗机构。未公开公布规划的，不得以规划为由拒绝社会力量举办医疗机构或配置医疗设备。

（三）减少运行审批限制。不将社会办医疗机构等级、床位规模等作为确定配置大型设备的必要前置条件，重点考核机构人员资质与技术服务能力等指标。优化大型设备配置使用程序，简化流程。严控公立医院超常配置大型医用设备；社会办医疗机构配置大型医用设备，凡符合规划条件和准入资质的，不得以任何理由加以限制。

（四）控制公立医院规模，规范公立医院改制。按照总量控制、结构调整、规模适度的原则，合理控制公立医疗机构数量和规模，拓展社会办医发展空间。总结地方实践经验，引导和规范公立医院改制，避免国有资产流失。各地要结合区域卫生规划和医疗机构设置规划制定工作，明确政府办医的范围和数量，落实政府投入责任，严格限制公立医院特需服务规模。在县域内，社会办医要和县级公立医院改革相结合，发挥公立医院主体作用和社会办医补充作用，相辅相成。在此基础上，在公立医疗资源丰富的地区，有序引导和规范包括国有企业办医院在内的部分公立医院改制。推动国有企业办医院分离移交或改制试点，建立现代法人治理结构。积极引入社会力量参与国有企业办医疗机构重组改制。

二、拓宽投融资渠道

（五）加强财政资金扶持。将提供基本医疗卫生服务的社会办非营利性医疗机构纳入政府补助范围，在临床重点专科建设、人才培养等方面，执行与公立医疗机构同等补助政策。通过政府购买服务方式，支持符合条件的社会办医疗机构承接当地公共卫生和基本医疗服务以及政府下达的相关任务，并逐步扩大购买范围。将符合条件的社会办医疗机构纳入急救网络，执行政府下达的指令性任务，并按与公立医疗机构同等待遇获得政府补偿。鼓励地方探索建立对社会办非营利性医疗机构举办者的激励机制。

（六）丰富筹资渠道。通过特许经营、公建民营、民办公助等模式，支持社会力量举办非营利性医疗机构，健全法人治理结构，建立现代医院管理制度。鼓励地方通过设立健康产业投资基金等方式，为社会办医疗机构提供建设资金和贴息补助。鼓励社会办医疗机构以股权融资、项目融资等方式筹集开办费和发展资金。支持符合条件的社会办营利性医疗机构上市融资或发行债券，对接多层次资本市场，利用多种融资工具进行融资。

（七）优化融资政策。鼓励金融机构根据医疗机构特点创新金融产品和服务方式，扩大业务规模。拓宽信贷抵押担保物范围，探索允许社会办医疗机构利用有偿取得的用于非医疗用途的土地使用权和产权明晰的房产等固定资产办理抵押贷款。鼓励社会办医疗机构在银行间债券市场注册发行非金融企业债务融资工具筹集资金，鼓励各类创业投资机构和融资担保机构对医疗领域创新型业态、小微企业开展业务。

三、促进资源流动和共享

（八）促进大型设备共建共享。探索以公建民营或民办公助等多种方式，建立区域性检验检查中心，面向所有医疗机构开放。大型设备配置饱和的区域不允许包括公立医疗机构在内的所有医疗机构新增大型设备，鼓励地方通过各种方式整合现有大型设备资源，提高使用效率。鼓励公立医疗机构与社会办医疗机构开展合作，在确保医疗安全和满足医疗核心功能前提下，实现医学影像、医学检验等结果互认和医疗机构消毒供应中心（室）等资源共享。

（九）推进医师多点执业。加快推进和规范医师多点执业，鼓励和规范医师在不同类型、不同层级的医疗机构之间流动，鼓励医师到基层、边远山区、医疗资源稀缺地区和其他有需求的医疗机构多点执业，医务人员在学术地位、职称晋升、职业技能鉴定、专业技术和职业技能培训等方面不因多点执业受影响。各地要根据实际，对开展医师多点执业涉及的人事管理、收入分配、社会保险等工作尽快研究制定试点方案，取得经验后逐步推开。鼓励探索区域注册和多点执业备案管理试点。

（十）加强业务合作。鼓励地方探索公立医疗机构与社会办医疗机构加强业务合作的有效形式和具体途径。鼓励公立医疗机构为社会办医疗机构培养医务人员，提高技术水平，并探索开展多种形式的人才交流与技术合作。鼓励具备医疗机构管理经验的社会力量通过医院管理集团等多种形式，在明确责权关系的前提下，参与公立医疗机构管理。

四、优化发展环境

（十一）落实医疗机构税收政策。积极落实社会办医疗机构各项税收政策。对社会办医疗机构提供的医疗服务，免征营业税；对符合规定的社会办非营利性医疗机构自用的房产、土地，免征房产税、城镇土地使用税；对符合规定的社会办营利性医疗机构自用的房产、土地，自其取得执业登记之日起，3年内免征房产税、城镇土地使用税。社会办医疗机构按照企业所得税法规定，经认定为非营利组织的，对其提供的医疗服务等符合条件的收入免征企业所得税。企业、个人通过公益性社会团体或者县级以上人民政府及其部门对社会办非营利性医疗机构的捐赠，按照税法规定予以税前扣除。

（十二）将社会办医纳入医保定点范围。将符合条件的社会办医疗机构纳入医保定点范围，执行与公立医疗机构同等政策。不得将医疗机构所有制性质作为医保定点的前置性条件，不得以医保定点机构数量已满等非医疗服务能力方面的因素为由，拒绝将社会办医疗机构纳入医保定点。规范各类医疗收费票据，非营利性医疗机构使用统一的医疗收费票据，营利性医疗机构使用符合规定的发票，均可作为医疗保险基金支付凭证，细化不同性质医疗机构收费和票据使用与医保基金的结算办法。

（十三）提升临床水平和学术地位。鼓励社会办医疗机构引进新技术、开展新项目，提供特色诊疗服务。支持社会办医疗机构积极引进中高端人才，组织开展多方面的科技交流与合作。社会办医在职称评定、科研课题招标和成果评价等方面与公立医疗机构享有同等待遇。鼓励符合条件的社会办医疗机构申报认定住院医师规范化培训基地、医师定期考核机构、医学高（中）等院校临床教学基地等。支持社会办医疗机构参与各医学类行业协会、学术组织、职称评定和医疗机构评审委员会，在符合标准的条件下，不断提高其人员所占比例，进一步保障社会办医疗机构医务人员享有担任与其学术水平和专业能力相适应的职务的机会。

（十四）规范收费政策。坚决执行国家行政事业收费相关政策，对社会办非营利性医疗机构免征行政事业性收费，对营利性医疗机构减半征收行政事业性收费。进一步清理和取消对社会办医疗机构不合理、不合法的收费项目，在接受政府管理的各类收费项目方面，对社会办非营利性医疗机构执行与公立医疗机构相同的收费政策和标准。

（十五）完善监管机制。加强对社会办医疗机构负责人及有关管理人员的培训，促进规范管理，提高经营水平。加大医疗机构信息公开力度，各级卫生计生行政部门定期公开公布区域内医疗机构服务情况及日常监督、处罚信息，接受社会监督。加强监管体系和能力建设，严厉打击非法行医，严肃查处租借执业证照开设医疗机构和出租承包科室等行为，严惩经查实的恶性医疗事故、骗取医保资金、虚假广告宣传、过度医疗、推诿患者等行为，探索建立医疗机构及其从业人员退出机制。建立健全医疗机构及其从业人员信用记录，依法推进信息公开并纳入国家统一的信用信息共享交换平台，对严重违规失信者依法采取一定期限内行业禁入等惩戒措施。加强医疗安全管理，引导参加医疗责任险。完善医疗机构分类管理政策，出台非营利性医疗机构管理细则，明确对经营性质、资金结余使用等的监管办法。

（十六）营造良好氛围。充分利用报纸、广播、电视、网络等媒体，大力宣传各地鼓励、引导社会办医疗机构发展的方针政策，宣传社会办医疗机构在医疗服务体系中的重要地位和作用，宣传和表彰社会办医疗机构中涌现出的先进典型，扩大社会办医疗机构的影响，形成有利于社会办医疗机构发展的良好社会氛围。

各地区、各有关部门要高度重视，把发展社会办医放在重要位置，加强沟通协调，密切协作配合，形成工作合力。各有关部门要根据本通知要求，及时制定或完善配套措施，同时为地方开展差别化、多样化改革探索留出空间。各省级人民政府要结合实际制定具体工作方案，细化政策措施，确保落到实处。各级发展改革委、卫生计生委等部门要对政策落实情况进行监督检查和跟踪分析，建立重点工作跟踪机制和定期督导制度，确保促进社会办医加快发展取得成效。

国务院办公厅关于支持农民工等人员返乡创业的意见

国办发［2015］47号

各省、自治区、直辖市人民政府，国务院各部委、各直属机构：

支持农民工、大学生和退役士兵等人员返乡创业，通过大众创业、万众创新使广袤乡镇百业兴旺，可以促就业、增收入，打开新型工业化和农业现代化、城镇化和新农村建设协同发展新局面。根据《中共中央 国务院关于加大改革创新力度加快农业现代化建设的若干意见》和《国务院关于进一步做好新形势下就业创业工作的意见》（国发［2015］23号）要求，为进一步做好农民工等人员返乡创业工作，经国务院同意，现提出如下意见：

一、总体要求

（一）指导思想。全面贯彻落实党的十八大和十八届二中、三中、四中全会精神，按照党中央、国务院决策部署，加强统筹谋划，健全体制机制，整合创业资源，完善扶持政策，优化创业环境，以人力资本、社会资本的提升、扩散、共享为纽带，加快建立多层次多样化的返乡创业格局，全面激发农民工等人员返乡创业热情，创造更多就地就近就业机会，加快输出地新型工业化、城镇化进程，全面汇入大众创业、万众创新热潮，加快培育经济社会发展新动力，催生民生改善、经济结构调整和社会和谐稳定新动能。

（二）基本原则。

——坚持普惠性与扶持性政策相结合。既要保证返乡创业人员平等享受普惠性政策，又要根据其抗风险能力弱等特点，落实完善差别化的扶持性政策，努力促进他们成功创业。

——坚持盘活存量与创造增量并举。要用好用活已有园区、项目、资金等存量资源全面支持返乡创业，同时积极探索公共创业服务新方法、新路径，开发增量资源，加大对返乡创业的支持力度。

——坚持政府引导与市场主导协同。要加强政府引导，按照绿色、集约、实用的原则，创造良好的创业环境，更要充分发挥市场的决定性作用，支持返乡创业企业与龙头企业、市场中介服务机构等共同打造充满活力的创业生态系统。

——坚持输入地与输出地发展联动。要推进创新创业资源跨地区整合，促进输入地与输出地在政策、服务、市场等方面的联动对接，扩大返乡创业市场空间，延长返乡创业产业链条。

二、主要任务

（三）促进产业转移带动返乡创业。鼓励输入地在产业升级过程中对口帮扶输出地建设承接产业园区，引导劳动密集型产业转移，大力发展相关配套产业，带动农民工等人员返乡创业。鼓励已经成功创业的农民工等人员，顺应产业转移的趋势和潮流，充分挖掘和利用输出地资源和要素方面的比较优势，把适合的产业转移到家乡再创业、再发展。

（四）推动输出地产业升级带动返乡创业。鼓励积累了一定资金、技术和管理经验的农民工等人员，学习借鉴发达地区的产业组织形式、经营管理方式，顺应输出地消费结构、产业结构升级的市场需求，抓住机遇创业兴业，把小门面、小作坊升级为特色店、连锁店、品牌店。

（五）鼓励输出地资源嫁接输入地市场带动返乡创业。鼓励农民工等人员发挥既熟悉输入地市场又熟悉输出地资源的优势，借力“互联网+”信息技术发展现代商业，通过对少数民族传统手工艺品、绿色农产品等输出地特色产品的挖掘、升级、品牌化，实现输出地产品与输入地市场的嫁接。

（六）引导一二三产业融合发展带动返乡创业。统筹发展县域经济，引导返乡农民工等人员融入区域专业市场、示范带和块状经济，打造具有区域特色的优势产业集群。鼓励创业基础好、创业能力强的返乡人员，充分开发乡村、乡土、乡韵潜在价值，发展休闲农业、林下经济和乡村旅游，促进农村一二三产业融合发展，拓展创业空间。以少数民族特色村镇为平台和载体，大力发展民族风情旅游业，带动民族地区创业。

（七）支持新型农业经营主体发展带动返乡创业。鼓励返乡人员共创农民合作社、家庭农场、农业产业化龙头企业、林场等新型农业经营主体，围绕规模种养、农产品加工、农村服务业以及农技推广、林下经济、贸易营销、农资配送、信息咨询等合作建立营销渠道，合作打造特色品牌，合作分散市场风险。

三、健全基础设施和创业服务体系

（八）加强基层服务平台和互联网创业线上线下基础设施建设。切实加大人力财力投入，进一步推进县乡基层就业和社会保障服务平台、中小企业公共服务平台、农村基层综合公共服务平台、农村社区公共服务综合信息平台的建设，使其成为加强和优化农村基层公共服务的重要基础设施。支持电信企业加大互联网和移动互联网建设投入，改善县乡互联网服务，加快提速降费，建设高速畅通、覆盖城乡、质优价廉、服务便捷的宽带网络基础设施和服务体系。继续深化和扩大电子商务进农村综合示范县工作，推动信息入户，引导和鼓励电子商务交易平台渠道下沉，带动返乡人员依托其平台和经营网络创业。加大交通物流等基础设施投入，支持乡镇政府、农村集体经济组织与社会资本合作共建智能电商物流仓储基地，健全县、乡、村三级农村物流基础设施网络，鼓励物流企业完善物流下乡体系，提升冷链物流配送能力，畅通农产品进城与工业品下乡的双向流通渠道。

（九）依托存量资源整合发展农民工返乡创业园。各地要在调查分析农民工等人员返乡创业总体状况和基本需求基础上，结合推进新型工业化、信息化、城镇化、农业现代化和绿色化同步发展的实际需要，对农民工返乡创业园布局作出安排。依托现有各类合规开发园区、农业产业园，盘活闲置厂房等存量资源，支持和引导地方整合发展一批重点面向初创期“种子培育”的返乡创业孵化基地、引导早中期创业企业集群发展的返乡创业园区，聚集创业要素，降低创业成本。挖掘现有物业设施利用潜力，整合利用零散空地等存量资源，并注意与城乡基础设施建设、发展电子商务和完善物流基础设施等统筹结合。属于非农业态的农民工返乡创业园，应按照城乡规划要求，结合老城或镇村改造、农村集体经营性建设用地或农村宅基地盘整进行开发建设。属于农林牧渔业态的农民工返乡创业园，在不改变农地、集体林地、草场、水面权属和用途前提下，允许建设方通过与权属方签订合约的方式整合资源开发建设。

（十）强化返乡农民工等人员创业培训工作。紧密结合返乡农民工等人员创业特点、需求和地域经济特色，编制实施专项培训计划，整合现有培训资源，开发有针对性的培训项目，加强创业师资队伍建设，采取培训机构面授、远程网络互动等方式有效开展创业培训，扩大培训覆盖范围，提高培训的可获得性，并按规定给予创业培训补贴。建立健全创业辅导制度，加强创业导师队伍建设，从有经验和行业资源的成功企业家、职业经理人、电商辅导员、天使投资人、返乡创业带头人当中选拔一批创业导师，为返乡创业农民工等人员提供创业辅导。支持返乡创业培训实习基地建设，动员知名乡镇企业、农产品加工企业、休闲农业企业和专业市场等为返乡创业人员提供创业见习、实习和实训服务，加强输出地与东部地区对口协作，组织返乡创业农民工等人员定期到东部企业实习，为其学习和增强管理经验提供支持。发挥好驻贫困村“第一书记”和驻村工作队作用，帮助开展返乡农民工教育培训，做好贫困乡村创业致富带头人培训。

（十一）完善农民工等人员返乡创业公共服务。各地应本着“政府提供平台、平台集聚资源、资源服务创业”的思路，依托基层公共平台集聚政府公共资源和社会其他各方资源，组织开展专项活动，为农民工等人员返乡创业提供服务。统筹考虑社保、住房、教育、医疗等公共服务制度改革，及时将返乡创业农民工等人员纳入公共服务范围。依托基层就业和社会保障服务平台，做好返乡人员创业服务、社保关系转移接续等工作，确保其各项社保关系顺畅转移接入。及时将电子商务等新兴业态创业人员纳入社保覆盖范围。探索完善返乡创业人员社会兜底保障机制，降低创业风险。深化农村社区建设试点，提升农村社区支持返乡创业和吸纳就业的能力，逐步建立城乡社区农民工服务衔接机制。

（十二）改善返乡创业市场中介服务。运用政府向社会力量购买服务的机制，调动教育培训机构、创业服务企业、电子商务平台、行业协会、群团组织等社会各方参与积极性，帮助返乡创业农民工等人员解决企业开办、经营、发展过程中遇到的能力不足、经验不足、资源不足等难题。培育和壮大专业化市场中介服务机构，提供市场分析、管理辅导等深度服务，帮助返乡创业人员改善管理、开拓市场。鼓励大型市场中介服务机构跨区域拓展，推动输出地形成专业化、社会化、网络化的市场中介服务体系。

（十三）引导返乡创业与万众创新对接。引导和支持龙头企业建立市场化的创新创业促进机制，加速资金、技术和服务扩散，带动和支持返乡创业人员依托其相关产业链创业发展。鼓励大型科研院所建立开放式创新创业服务平台，吸引返乡创业农民工等各类创业者围绕其创新成果创业，加速科技成果资本化、产业化步伐。鼓励社会资本特别是龙头企业加大投入，结合其自身发展壮大需要，建设发展市场化、专业化的众创空间，促进创新创意与企业发展、市场需求和社会资本有效对接。鼓励发达地区众创空间加速向输出地扩展、复制，不断输出新的创业理念，集聚创业活力，帮助返乡农民工等人员解决创业难题。推行科技特派员制度，建设一批“星创天地”，为农民工等人员返乡创业提供科技服务，实现返乡创业与万众创新有序对接、联动发展。

四、政策措施

（十四）降低返乡创业门槛。深化商事制度改革，落实注册资本登记制度改革，优化返乡创业登记方式，简化创业住所（经营场所）登记手续，推动“一址多照”、集群注册等住所登记制度改革。放宽经营范围，鼓励返乡农民工等人员投资农村基础设施和在农村兴办各类事业。对政府主导、财政支持的农村公益性工程和项目，可采取购买服务、政府与社会资本合作等方式，引导农民工等人员创设的企业和社会组织参与建设、管护和运营。对能够商业化运营的农村服务业，向社会资本全面开放。制定鼓励社会资本参与农村建设目录，探索建立乡镇政府职能转移目录，鼓励返乡创业人员参与建设或承担公共服务项目，支持返乡人员创设的企业参加政府采购。将农民工等人员返乡创业纳入社会信用体系，建立健全返乡创业市场交易规则和服务监管机制，促进公共管理水平提升和交易成本下降。取消和下放涉及返乡创业的行政许可审批事项，全面清理并切实取消非行政许可审批事项，减少返乡创业投资项目前置审批。

（十五）落实定向减税和普遍性降费政策。农民工等人员返乡创业，符合政策规定条件的，可适用财政部、国家税务总局《关于小型微利企业所得税优惠政策的通知》（财税［2015］34号）、《关于进一步支持小微企业增值税和营业税政策的通知》（财税［2014］71号）、《关于对小微企业免征有关政府性基金的通知》（财税［2014］122号）和《人力资源社会保障部　财政部关于调整失业保险费率有关问题的通知》（人社部发［2015］24号）的政策规定，享受减征企业所得税、免征增值税、营业税、教育费附加、地方教育附加、水利建设基金、文化事业建设费、残疾人就业保障金等税费减免和降低失业保险费率政策。各级财政、税务、人力资源社会保障部门要密切配合，严格按照上述政策规定和《国务院关于税收等优惠政策相关事项的通知》（国发［2015］25号）要求，切实抓好工作落实，确保优惠政策落地并落实到位。

（十六）加大财政支持力度。充分发挥财政资金的杠杆引导作用，加大对返乡创业的财政支持力度。对返乡农民工等人员创办的新型农业经营主体，符合农业补贴政策支持条件的，可按规定同等享受相应的政策支持。对农民工等人员返乡创办的企业，招用就业困难人员、毕业年度高校毕业生的，按规定给予社会保险补贴。对符合就业困难人员条件，从事灵活就业的，给予一定的社会保险补贴。对具备各项支农惠农资金、小微企业发展资金等其他扶持政策规定条件的，要及时纳入扶持范围，便捷申请程序，简化审批流程，建立健全政策受益人信息联网查验机制。经工商登记注册的网络商户从业人员，同等享受各项就业创业扶持政策；未经工商登记注册的网络商户从业人员，可认定为灵活就业人员，同等享受灵活就业人员扶持政策。

（十七）强化返乡创业金融服务。加强政府引导，运用创业投资类基金，吸引社会资本加大对农民工等人员返乡创业初创期、早中期的支持力度。在返乡创业较为集中、产业特色突出的地区，探索发行专项中小微企业集合债券、公司债券，开展股权众筹融资试点，扩大直接融资规模。进一步提高返乡创业的金融可获得性，加快发展村镇银行、农村信用社等中小金融机构和小额贷款公司等机构，完善返乡创业信用评价机制，扩大抵押物范围，鼓励银行业金融机构开发符合农民工等人员返乡创业需求特点的金融产品和金融服务，加大对返乡创业的信贷支持和服务力度。大力发展农村普惠金融，引导加大涉农资金投放，运用金融服务“三农”发展的相关政策措施，支持农民工等人员返乡创业。落实创业担保贷款政策，优化贷款审批流程，对符合条件的返乡创业人员，可按规定给予创业担保贷款，财政部门按规定安排贷款贴息所需资金。

（十八）完善返乡创业园支持政策。农民工返乡创业园的建设资金由建设方自筹；以土地租赁方式进行农民工返乡创业园建设的，形成的固定资产归建设方所有；物业经营收益按相关各方合约分配。对整合发展农民工返乡创业园，地方政府可在不增加财政预算支出总规模、不改变专项资金用途前提下，合理调整支出结构，安排相应的财政引导资金，以投资补助、贷款贴息等恰当方式给予政策支持。鼓励银行业金融机构在有效防范风险的基础上，积极创新金融产品和服务方式，加大对农民工返乡创业园区基础设施建设和产业集群发展等方面的金融支持。有关方面可安排相应项目给予对口支持，帮助返乡创业园完善水、电、交通、物流、通信、宽带网络等基础设施。适当放宽返乡创业园用电用水用地标准，吸引更多返乡人员入园创业。

五、组织实施

（十九）加强组织协调。各地区、各部门要高度重视农民工等人员返乡创业工作，健全工作机制，明确任务分工，细化配套措施，跟踪工作进展，及时总结推广经验，研究解决工作中出现的问题。支持农民工等人员返乡创业，关键在地方。各地特别是中西部地区，要结合产业转移和推进新型城镇化的实际需要，制定更加优惠的政策措施，加大对农民工等人员返乡创业的支持力度。有关部门要密切配合，抓好《鼓励农民工等人员返乡创业三年行动计划纲要（2015—2017 年）》（见附件）的落实，明确时间进度，制定实施细则，确保工作实效。

（二十）强化示范带动。结合国家新型城镇化综合试点城市和中小城市综合改革试点城市组织开展试点工作，探索优化鼓励创业创新的体制机制环境，打造良好创业生态系统。打造一批民族传统产业创业示范基地、一批县级互联网创业示范基地，发挥示范带动作用。

（二十一）抓好宣传引导。坚持正确导向，以返乡创业人员喜闻乐见的形式加强宣传解读，充分利用微信等移动互联社交平台搭建返乡创业交流平台，使之发挥凝聚返乡创业人员和交流创业信息、分享创业经验、展示创业项目、传播创业商机的作用。大力宣传优秀返乡创业典型事迹，充分调动社会各方面支持、促进农民工等人员返乡创业的积极性、主动性，大力营造创业、兴业、乐业的良好环境。

附件：鼓励农民工等人员返乡创业三年行动计划纲要（2015—2017 年）

二〇一五年六月十七日

附件

鼓励农民工等人员返乡创业三年行动计划纲要（2015—2017 年）

序号	行动计划名称	工作任务	实现路径	责任单位
1	提升基层创业服务能力行动计划	加强基层就业和社会保障服务设施建设，提升专业化创业服务能力	加快建设县、乡基层就业和社会保障服务设施，2017 年基本实现主要输出地县级服务设施全覆盖。鼓励地方政府依托基层就业和社会保障服务平台，整合各职能部门涉及返乡创业的服务职能，建立融资、融智、融商一体化创业服务中心	发展改革委、人力资源社会保障部会同有关部门
2	整合发展农民工返乡创业园行动计划	依托存量资源整合发展一批农民工返乡创业园	以输出地市、县为主，依托现有开发区和农业产业园等各类园区、闲置土地、厂房、校舍、批发市场、楼宇、商业街和科研培训设施，整合发展一批农民工返乡创业园	发展改革委、人力资源社会保障部、住房城乡建设部、国土资源部、农业部、人民银行

续表

序号	行动计划名称	工作任务	实现路径	责任单位
3	开发农业农村资源支持返乡创业行动计划	培育一批新型农业经营主体，开发特色产业，保护与发展少数民族传统手工艺，促进创业	将返乡创业与发展县域经济结合起来，培育新型农业经营主体，充分开发一批农林产品加工、休闲农业、乡村旅游、农村服务业等产业项目，促进农村一二三产业融合；面向少数民族农牧民群众开展少数民族传统工艺品保护与发展培训	农业部、林业局、国家民委、发展改革委、民政部、扶贫办
4	完善基础设施支持返乡创业行动计划	改善信息、交通、物流等基础设施条件	加大对农村地区的信息、交通、物流等基础设施的投入，提升网速、降低网费；支持地方政府依据规划，与社会资本共建物流仓储基地，不断提升冷链物流等基础配送能力；鼓励物流企业完善物流下乡体系	发展改革委、工业和信息化部、交通运输部、财政部、国土资源部、住房城乡建设部
5	电子商务进农村综合示范行动计划	培育一批电子商务进农村综合示范县	全国创建200个电子商务进农村综合示范县，支持建立完善的县、乡、村三级物流配送体系；建设改造县域电子商务公共服务中心和村级电子商务服务站点；支持农林产品品牌培育和质量保障体系建设，以及农林产品标准化、分级包装、初加工配送等设施建设	商务部、交通运输部、农业部、财政部、林业局
6	创业培训专项行动计划	推进优质创业培训资源下县乡	编制实施专项培训计划，开发有针对性的培训项目，加强创业培训师资队伍建设，采取培训机构面授、远程网络互动等方式，对有培训需求的返乡创业人员开展创业培训，并按规定给予培训补贴；充分发挥群团组织的组织发动作用，支持其利用各自资源对农村妇女、青年开展创业培训	人力资源社会保障部、农业部会同有关部门及共青团中央、全国妇联等群团组织
7	返乡创业与万众创新有序对接行动计划	引导和推动建设一批市场化、专业化的众创空间	推行科技特派员制度，组织实施一批“星创天地”，为返乡创业人员提供科技服务。充分利用国家自主创新示范区、国家高新区、科技企业孵化器、大学科技园和高校、科研院所的有利条件，发挥行业领军企业、创业投资机构、社会组织等作用，构建一批众创空间。鼓励发达地区众创空间加速向输出地扩展，帮助返乡人员解决创业难题	科技部、教育部

国务院办公厅关于全面实施城乡居民大病保险的意见

国办发〔2015〕57号

各省、自治区、直辖市人民政府，国务院各部委、各直属机构：

城乡居民大病保险（以下简称大病保险）是基本医疗保障制度的拓展和延伸，是对大病患者发生的高额医疗费用给予进一步保障的一项新的制度性安排。大病保险试点以来，推动了医保、医疗、医药联动改革，促进了政府主导与发挥市场机制作用相结合，提高了基本医疗保障管理水平和运行效率，有力缓解了因病致贫、因病返贫问题。为加快推进大病保险制度建设，筑牢全民基本医疗保障网底，让更多的人民群众受益，经国务院同意，现提出以下意见。

一、基本原则和目标

（一）基本原则。

1. 坚持以人为本、保障大病。建立完善大病保险制度，不断提高大病保障水平和服务可及性，着力维护人民群众健康权益，切实避免人民群众因病致贫、因病返贫。

2. 坚持统筹协调、政策联动。加强基本医保、大病保险、医疗救助、疾病应急救助、商业健康保险和慈善救助等制度的衔接，发挥协同互补作用，输出充沛的保障动能，形成保障合力。

3. 坚持政府主导、专业承办。强化政府在制定政策、组织协调、监督管理等方面职责的同时，采取商业保险机构承办大病保险的方式，发挥市场机制作用和商业保险机构专业优势，提高大病保险运行效率、服务水平和质量。

4. 坚持稳步推进、持续实施。大病保险保障水平要与经济社会发展、医疗消费水平和社会负担能力等相适应。强化社会互助共济，形成政府、个人和保险机构共同分担大病风险的机制。坚持因地制宜、规范运作，实现大病保险稳健运行和可持续发展。

（二）主要目标。2015年年底前，大病保险覆盖所有城镇居民基本医疗保险、新型农村合作医疗（以下统称城乡居民基本医保）参保人群，大病患者看病就医负担有效减轻。到2017年，建立起比较完善的大病保险制度，与医疗救助等制度紧密衔接，共同发挥托底保障功能，有效防止发生家庭灾难性医疗支出，城乡居民医疗保障的公平性得到显著提升。

二、完善大病保险筹资机制

（一）科学测算筹资标准。各地结合当地经济社会发展水平、患大病发生的高额医疗费用情况、基本医保筹资能力和支付水平，以及大病保险保障水平等因素，科学细致做好资金测算，合理确定大病保险的筹资标准。

（二）稳定资金来源。从城乡居民基本医保基金中划出一定比例或额度作为大病保险资金。城乡居民基本医保基金有结余的地区，利用结余筹集大病保险资金；结余不足或没有结余的地区，在年度筹集的基金中予以安排。完善城乡居民基本医保的多渠道筹资机制，保证制度的可持续发展。

（三）提高统筹层次。大病保险原则上实行市（地）级统筹，鼓励省级统筹或全省（区、市）统一政策、统一组织实施，提高抗风险能力。

三、提高大病保险保障水平

（一）全面覆盖城乡居民。大病保险的保障对象为城乡居民基本医保参保人，保障范围与城乡居民基本医保相衔接。参保人患大病发生高额医疗费用，由大病保险对经城乡居民基本医保按规定支付后个人负担的合规医疗费用给予保障。

高额医疗费用，可以个人年度累计负担的合规医疗费用超过当地统计部门公布的上一年度城镇居民、农村居民年人均可支配收入作为主要测算依据。根据城乡居民收入变化情况，建立动态调整机制，研究细化大病的科学界定标准，具体由地方政府根据实际情况确定。合规医疗费用的具体范围由各省（区、市）和新疆生产建设兵团结合实际分别确定。

（二）逐步提高支付比例。2015年大病保险支付比例应达到50%以上，随着大病保险筹资能力、管理水平不断提高，进一步提高支付比例，更有效地减轻个人医疗费用负担。按照医疗费用高低分段制定大病保险支付比例，医疗费用越高支付比例越高。鼓励地方探索向困难群体适当倾斜的具体办法，努力提高大病保险制度托底保障的精准性。

四、加强医疗保障各项制度的衔接

强化基本医保、大病保险、医疗救助、疾病应急救助、商业健康保险及慈善救助等制度间的互补联动，明确分工，细化措施，在政策制定、待遇支付、管理服务等方面做好衔接，努力实现大病患者应保尽保。鼓励有条件的地方探索建立覆盖职工、城镇居民和农村居民的有机衔接、政策统一的大病保险制度。推动实现新型农村合作医疗重大疾病保障向大病保险平稳过渡。

建立大病信息通报制度，支持商业健康保险信息系统与基本医保、医疗机构信息系统进行必要的信息共享。大病保险承办机构要及时掌握大病患者医疗费用和基本医保支付情况，加强与城乡居民基本医保经办服务的衔接，提供“一站式”即时结算服务，确保群众方便、及时享受大病保险待遇。对经大病保险支付后自付费用仍有困难的患者，民政等部门要及时落实相关救助政策。

五、规范大病保险承办服务

（一）支持商业保险机构承办大病保险。地方政府人力资源社会保障、卫生计生、财政、保险监管部门共同制定大病保险的筹资、支付范围、最低支付比例以及就医、结算管理等基本政策，并通过适当方式征求意见。原则上通过政府招标选定商业保险机构承办大病保险业务，在正常招投标不能确定承办机构的情况下，由地方政府明确承办机构的产生办法。对商业保险机构承办大病保险的保费收入，按现行规定免征营业税，免征保险业务监管费；2015年至2018年，试行免征保险保障金。

（二）规范大病保险招标投标与合同管理。坚持公开、公平、公正和诚实信用的原则，建立健全招投标机制，规范招投标程序。招标主要包括具体支付比例、盈亏率、配备的承办和管理力量等内容。符合保险监管部门基本准入条件的商业保险机构自愿参加投标。招标人应当与中标的商业保险机构签署保险合同，明确双方责任、权利和义务，合同期限原则上不低于3年。因违反合同约定，或发生其他严重损害参保人权益的情况，可按照约定提前终止或解除合同，并依法追究责任。各地要不断完善合同内容，探索制定全省（区、市）统一的合同范本。

（三）建立大病保险收支结余和政策性亏

损的动态调整机制。遵循收支平衡、保本微利的原则，合理控制商业保险机构盈利率。商业保险机构因承办大病保险出现超过合同约定的结余，需向城乡居民基本医保基金返还资金；因城乡居民基本医保政策调整等政策性原因给商业保险机构带来亏损时，由城乡居民基本医保基金和商业保险机构分摊，具体分摊比例应在保险合同中载明。

（四）不断提升大病保险管理服务的能力和水平。规范资金管理，商业保险机构承办大病保险获得的保费实行单独核算，确保资金安全和偿付能力。商业保险机构要建立专业队伍，加强专业能力建设，提高管理服务效率，优化服务流程，为参保人提供更加高效便捷的服务。发挥商业保险机构全国网络优势，简化报销手续，推动异地医保即时结算。鼓励商业保险机构在承办好大病保险业务的基础上，提供多样化的健康保险产品。

六、严格监督管理

（一）加强大病保险运行的监管。相关部门要各负其责，协同配合，强化服务意识，切实保障参保人权益。人力资源社会保障、卫生计生等部门要建立以保障水平和参保人满意度为核心的考核评价指标体系，加强监督检查和考核评估，督促商业保险机构按合同要求提高服务质量和水平。保险监管部门要加强商业保险机构从业资格审查以及偿付能力、服务质量和市场行为监管，依法查处违法违规行为。财政部门要会同相关部门落实利用城乡居民基本医保基金向商业保险机构购买大病保险的财务列支和会计核算办法，强化基金管理。审计部门要按规定进行严格审计。政府相关部门和商业保险机构要切实加强参保人员个人信息安全保障，防止信息外泄和滥用。

（二）规范医疗服务行为。卫生计生部门要加强对医疗机构、医疗服务行为和质量的监管。商业保险机构要与人力资源社会保障、卫生计生部门密切配合，协同推进按病种付费等支付方式改革。抓紧制定相关临床路径，强化诊疗规范，规范医疗行为，控制医疗费用。

（三）主动接受社会监督。商业保险机构要将签订合同情况以及筹资标准、待遇水平、支付流程、结算效率和大病保险年度收支等情况向社会公开。城乡居民基本医保经办机构承办大病保险的，在基金管理、经办服务、信息披露、社会监督等方面执行城乡居民基本医保现行规定。

七、强化组织实施

各省（区、市）人民政府和新疆生产建设兵团、各市（地）人民政府要将全面实施大病保险工作列入重要议事日程，进一步健全政府领导、部门协调、社会参与的工作机制，抓紧制定实施方案，细化工作任务和责任部门，明确时间节点和工作要求，确保2015年年底前全面推开。

人力资源社会保障、卫生计生部门要加强对各地实施大病保险的指导，密切跟踪工作进展，及时研究解决新情况新问题，总结推广经验做法，不断完善大病保险制度。加强宣传解读，使群众广泛了解大病保险政策、科学理性对待疾病，增强全社会的保险责任意识，为大病保险实施营造良好社会氛围。

二〇一五年七月二十八日

国务院办公厅关于推进分级诊疗制度建设的指导意见

国办发〔2015〕70号

各省、自治区、直辖市人民政府，国务院各部委、各直属机构：

建立分级诊疗制度，是合理配置医疗资源、促进基本医疗卫生服务均等化的重要举措，是深化医药卫生体制改革、建立中国特色基本医疗卫生制度的重要内容，对于促进医药卫生事业长远健康发展、提高人民健康水平、保障和改善民生具有重要意义。为贯彻落实《中共中央关于全面深化改革若干重大问题的决定》和《中共中央 国务院关于深化医药卫生体制改革的意见》精神，指导各地推进分级诊疗制度建设，经国务院同意，现提出如下意见。

一、总体要求

（一）指导思想。全面贯彻党的十八大和十八届二中、三中、四中全会精神，认真落实党中央、国务院决策部署，立足我国经济社会和医药卫生事业发展实际，遵循医学科学规律，按照以人为本、群众自愿、统筹城乡、创新机制的原则，以提高基层医疗服务能力为重点，以常见病、多发病、慢性病分级诊疗为突破口，完善服务网络、运行机制和激励机制，引导优质医疗资源下沉，形成科学合理就医秩序，逐步建立符合国情的分级诊疗制度，切实促进基本医疗卫生服务的公平可及。

（二）目标任务。

到2017年，分级诊疗政策体系逐步完善，医疗卫生机构分工协作机制基本形成，优质医疗资源有序有效下沉，以全科医生为重点的基层医疗卫生人才队伍建设得到加强，医疗资源利用效率和整体效益进一步提高，基层医疗卫生机构诊疗量占总诊疗量比例明显提升，就医秩序更加合理规范。

到2020年，分级诊疗服务能力全面提升，保障机制逐步健全，布局合理、规模适当、层级优化、职责明晰、功能完善、富有效率的医疗服务体系基本构建，基层首诊、双向转诊、急慢分治、上下联动的分级诊疗模式逐步形成，基本建立符合国情的分级诊疗制度。

——基层首诊。坚持群众自愿、政策引导，鼓励并逐步规范常见病、多发病患者首先到基层医疗卫生机构就诊，对于超出基层医疗卫生机构功能定位和服务能力的疾病，由基层医疗卫生机构为患者提供转诊服务。

——双向转诊。坚持科学就医、方便群众、提高效率，完善双向转诊程序，建立健全转诊指导目录，重点畅通慢性期、恢复期患者向下转诊渠道，逐步实现不同级别、不同类别医疗机构之间的有序转诊。

——急慢分治。明确和落实各级各类医疗机构急慢病诊疗服务功能，完善治疗—康复—长期护理服务链，为患者提供科学、适宜、连续性的诊疗服务。急危重症患者可以直接到二级以上医院就诊。

——上下联动。引导不同级别、不同类别医疗机构建立目标明确、权责清晰的分工协作机制，以促进优质医疗资源下沉为重点，推动医疗资源合理配置和纵向流动。

二、以强基层为重点完善分级诊疗服务体系

（一）明确各级各类医疗机构诊疗服务功能定位。城市三级医院主要提供急危重症和疑难复杂疾病的诊疗服务。城市三级中医医院充分利用中医药（含民族医药，下同）技术方法和现代科学技术，提供急危重症和疑难复杂疾病的中医诊疗服务和中医优势病种的中医门诊诊疗服务。城市二级医院主要接收三级医院转诊的急性病恢复期患者、术后恢复期患者及危重症稳定期患者。县级医院主要提供县域内常见病、多发病诊疗，以及急危重症患者抢救和疑难复杂疾病向上转诊服务。基层医疗卫生机构和康复医院、护理院等（以下统称慢性病医疗机构）为诊断明确、病情稳定的慢性病患者、康复期患者、老年病患者、晚期肿瘤患者等提供治疗、康复、护理服务。

（二）加强基层医疗卫生人才队伍建设。通过基层在岗医师转岗培训、全科医生定向培养、提升基层在岗医师学历层次等方式，多渠道培养全科医生，逐步向全科医生规范化培养过渡，实现城乡每万名居民有2～3名合格的全科医生。加强全科医生规范化培养基地建设和管理，规范培养内容和方法，提高全科医生的基本医疗和公共卫生服务能力，发挥全科医生的居民健康“守门人”作用。建立全科医生激励机制，在绩效工资分配、岗位设置、教育培训等方面向全科医生倾斜。加强康复治疗师、护理人员等专业人员培养，满足人民群众多层次、多样化健康服务需求。

（三）大力提高基层医疗卫生服务能力。通过政府举办或购买服务等方式，科学布局基层医疗卫生机构，合理划分服务区域，加强标准化建设，实现城乡居民全覆盖。通过组建医疗联合体、对口支援、医师多点执业等方式，鼓励城市二级以上医院医师到基层医疗卫生机构多点执业，或者定期出诊、巡诊，提高基层服务能力。合理确定基层医疗卫生机构配备使用药品品种和数量，加强二级以上医院与基层医疗卫生机构用药衔接，满足患者需求。强化乡镇卫生院基本医疗服务功能，提升急诊抢救、二级以下常规手术、正常分娩、高危孕产妇筛查、儿科等医疗服务能力。大力推进社会办医，简化个体行医准入审批程序，鼓励符合条件的医师开办个体诊所，就地就近为基层群众服务。提升基层医疗卫生机构中医药服务能力和医疗康复服务能力，加强中医药特色诊疗区建设，推广中医药综合服务模式，充分发挥中医药在常见病、多发病和慢性病防治中的作用。在民族地区要充分发挥少数民族医药在服务各族群众中的特殊作用。

（四）全面提升县级公立医院综合能力。根据服务人口、疾病谱、诊疗需求等因素，合理确定县级公立医院数量和规模。按照“填平补齐”原则，加强县级公立医院临床专科建设，重点加强县域内常见病、多发病相关专业，以及传染病、精神病、急诊急救、重症医学、肾脏内科（血液透析）、妇产科、儿科、中医、康复等临床专科建设，提升县级公立医院综合服务能力。在具备能力和保障安全的前提下，适当放开县级公立医院医疗技术临床应用限制。县级中医医院同时重点加强内科、外科、妇科、儿科、针灸、推拿、骨伤、肿瘤等中医特色专科和临床薄弱专科、医技科室建设，提高中医优势病种诊疗能力和综合服务能力。通过上述措施，将县域内就诊率提高到90%左右，基本实现大病不出县。

（五）整合推进区域医疗资源共享。整合二级以上医院现有的检查检验、消毒供应中心等资源，向基层医疗卫生机构和慢性病医疗机构开放。探索设置独立的区域医学检验机构、病理诊断机构、医学影像检查机构、消毒供应机构和血液净化机构，实现区域资源共享。加强医疗质量控制，推进同级医疗机构间以及医疗机构与独立检查检验机构间检查检验结果互认。

（六）加快推进医疗卫生信息化建设。加快全民健康保障信息化工程建设，建立区域性医疗卫生信息平台，实现电子健康档案和电子病历的连续记录以及不同级别、不同类别医疗机构之间的信息共享，确保转诊信息畅通。提升远程医疗服务能力，利用信息化手段促进医疗资源纵向流动，提高优质医疗资源可及性和医疗服务整体效率，鼓励二、三级医院向基层医疗卫生机构提供远程会诊、远程病理诊断、远程影像诊断、远程心电图诊断、远程培训等服务，鼓励有条件的地方探索“基层检查、上级诊断”的有效模式。促进跨地域、跨机构就诊信息共享。发展基于互联网的医疗卫生服务，充分发挥互联网、大数据等信息技术手段在分级诊疗中的作用。

三、建立健全分级诊疗保障机制

（一）完善医疗资源合理配置机制。强化区域卫生规划和医疗机构设置规划在医疗资源配置方面的引导和约束作用。制定不同级别、不同类别医疗机构服务能力标准，通过行政管理、财政投入、绩效考核、医保支付等激励约束措施，引导各级各类医疗机构落实功能定位。重点控制三级综合医院数量和规模，建立以病种结构、服务辐射范围、功能任务完成情况、人才培养、工作效率为核心的公立医院床位调控机制，严控医院床位规模不合理扩张。三级医院重点发挥在医学科学、技术创新和人才培养等方面的引领作用，逐步减少常见病、多发病复诊和诊断明确、病情稳定的慢性病等普通门诊，分流慢性病患者，缩短平均住院日，提高运行效率。对基层中医药服务能力不足及薄弱地区的中医医院应区别对待。支持慢性病医疗机构发展，鼓励医疗资源丰富地区的部分二级医院转型为慢性病医疗机构。

（二）建立基层签约服务制度。通过政策引导，推进居民或家庭自愿与签约医生团队签订服务协议。签约医生团队由二级以上医院医师与基层医疗卫生机构的医务人员组成，探索个体诊所开展签约服务。签约服务以老年人、慢性病和严重精神障碍患者、孕产妇、儿童、残疾人等为重点人群，逐步扩展到普通人群。明确签约服务内容和签约条件，确定双方责任、权利、义务及其他有关事项。根据服务半径和服务人口，合理划分签约医生团队责任区域，实行网格化管理。签约医生团队负责提供约定的基本医疗、公共卫生和健康管理服务。规范签约服务收费，完善签约服务激励约束机制。签约服务费用主要由医保基金、签约居民付费和基本公共卫生服务经费等渠道解决。签约医生或签约医生团队向签约居民提供约定的基本医疗卫生服务，除按规定收取签约服务费外，不得另行收取其他费用。探索提供差异性服务、分类签约、有偿签约等多种签约服务形式，满足居民多层次服务需求。慢性病患者可以由签约医生开具慢性病长期药品处方，探索多种形式满足患者用药需求。

（三）推进医保支付制度改革。按照分级诊疗工作要求，及时调整完善医保政策。发挥各类医疗保险对医疗服务供需双方的引导作用和对医疗费用的控制作用。推进医保支付方式改革，强化医保基金收支预算，建立以按病种付费为主，按人头付费、按服务单元付费等复合型付费方式，探索基层医疗卫生机构慢性病患者按人头打包付费。继续完善居民医保门诊统筹等相关政策。完善不同级别医疗机构的医保差异化支付政策，适当提高基层医疗卫生机构医保支付比例，对符合规定的转诊住院患者可以连续计算起付线，促进患者有序流动。将符合条件的基层医疗卫生机构和慢性病医疗机构按规定纳入基本医疗保险定点范围。

（四）健全医疗服务价格形成机制。合理制定和调整医疗服务价格，对医疗机构落实功能定位、患者合理选择就医机构形成有效的激励引导。根据价格总体水平调控情况，按照总量控制、结构调整、有升有降、逐步到位的原则，在降低药品和医用耗材费用、大型医用设备检查治疗价格的基础上，提高体现医务人员技术劳务价值的项目价格。理顺医疗服务比价关系，建立医疗服务价格动态调整机制。

（五）建立完善利益分配机制。通过改革医保支付方式、加强费用控制等手段，引导二级以上医院向下转诊诊断明确、病情稳定的慢性病患者，主动承担疑难复杂疾病患者诊疗服务。完善基层医疗卫生机构绩效工资分配机制，向签约服务的医务人员倾斜。

（六）构建医疗卫生机构分工协作机制。以提升基层医疗卫生服务能力为导向，以业务、技术、管理、资产等为纽带，探索建立包括医疗联合体、对口支援在内的多种分工协作模式，完善管理运行机制。上级医院对转诊患者提供优先接诊、优先检查、优先住院等服务。鼓励上级医院出具药物治疗方案，在下级医院或者基层医疗卫生机构实施治疗。对需要住院治疗的急危重症患者、手术患者，通过制定和落实入、出院标准和双向转诊原则，实现各级医疗机构之间的顺畅转诊。基层医疗卫生机构可以与二级以上医院、慢性病医疗机构等协同，为慢性病、老年病等患者提供老年护理、家庭护理、社区护理、互助护理、家庭病床、医疗康复等服务。充分发挥不同举办主体医疗机构在分工协作机制中的作用。

四、组织实施

（一）加强组织领导。分级诊疗工作涉及面广、政策性强，具有长期性和复杂性，地方各级政府和相关部门要本着坚持不懈、持之以恒的原则，切实加强组织领导，将其作为核心任务纳入深化医药卫生体制改革工作的总体安排，建立相关协调机制，明确任务分工，结合本地实际，研究制定切实可行的实施方案。

（二）明确部门职责。卫生计生行政部门（含中医药管理部门）要加强对医疗机构规划、设置、审批和医疗服务行为的监管，明确双向转诊制度，优化转诊流程，牵头制定常见疾病入、出院和双向转诊标准，完善新型农村合作医疗制度支付政策，指导相关学（协）会制定完善相关疾病诊疗指南和临床路径。发展改革（价格）部门要完善医药价格政策，落实分级定价措施。人力资源社会保障部门要加强监管，完善医保支付政策，推进医保支付方式改革，完善绩效工资分配机制。财政部门要落实财政补助政策。其他有关部门要按照职责分工，及时出台配套政策，抓好贯彻落实。

（三）稳妥推进试点。地方各级政府要坚持从实际出发，因地制宜，以多种形式推进分级诊疗试点工作。2015 年，所有公立医院改革试点城市和综合医改试点省份都要开展分级诊疗试点，鼓励有条件的省（区、市）增加分级诊疗试点地区。以高血压、糖尿病、肿瘤、心脑血管疾病等慢性病为突破口，开展分级诊疗试点工作，2015 年重点做好高血压、糖尿病分级诊疗试点工作。探索结核病等慢性传染病分级诊疗和患者综合管理服务模式。国家卫生计生委要会同有关部门对分级诊疗试点工作进行指导，及时总结经验并通报进展情况。

（四）强化宣传引导。开展针对行政管理人员和医务人员的政策培训，把建立分级诊疗制度作为履行社会责任、促进事业发展的必然要求，进一步统一思想、凝聚共识，增强主动性，提高积极性。充分发挥公共媒体作用，广泛宣传疾病防治知识，促进患者树立科学就医理念，提高科学就医能力，合理选择就诊医疗机构。加强对基层医疗卫生机构服务能力提升和分级诊疗工作的宣传，引导群众提高对基层医疗卫生机构和分级诊疗的认知度和认可度，改变就医观念和习惯，就近、优先选择基层医疗卫生机构就诊。

附件：分级诊疗试点工作考核评价标准

二〇一五年九月八日

附件

分级诊疗试点工作考核评价标准

到2017年，分级诊疗试点工作应当达到以下标准：

一、基层医疗卫生机构建设达标率≥95％，基层医疗卫生机构诊疗量占总诊疗量比例≥65％；

二、试点地区30万以上人口的县至少拥有一所二级甲等综合医院和一所二级甲等中医医院，县域内就诊率提高到90％左右，基本实现大病不出县；

三、每万名城市居民拥有2名以上全科医生，每个乡镇卫生院拥有1名以上全科医生，城市全科医生签约服务覆盖率≥30％；

四、居民2周患病首选基层医疗卫生机构的比例≥70％；

五、远程医疗服务覆盖试点地区50％以上的县（市、区）；

六、整合现有医疗卫生信息系统，完善分级诊疗信息管理功能，基本覆盖全部二、三级医院和80％以上的乡镇卫生院和社区卫生服务中心；

七、由二、三级医院向基层医疗卫生机构、慢性病医疗机构转诊的人数年增长率在10％以上；

八、全部社区卫生服务中心、乡镇卫生院与二、三级医院建立稳定的技术帮扶和分工协作关系；

九、试点地区城市高血压、糖尿病患者规范化诊疗和管理率达到40％以上；

十、提供中医药服务的社区卫生服务中心、乡镇卫生院、社区卫生服务站、村卫生室占同类机构之比分别达到100％、100％、85％、70％，基层医疗卫生机构中医诊疗量占同类机构诊疗总量比例≥30％。

国务院办公厅转发卫生计生委等部门关于推进医疗卫生与养老服务相结合指导意见的通知

国办发［2015］84号

各省、自治区、直辖市人民政府，国务院各部委、各直属机构：

卫生计生委、民政部、发展改革委、财政部、人力资源社会保障部、国土资源部、住房城乡建设部、全国老龄办、中医药局《关于推进医疗卫生与养老服务相结合的指导意见》已经国务院同意，现转发给你们，请认真贯彻执行。

二〇一五年十一月十八日

关于推进医疗卫生与养老服务相结合的指导意见

为贯彻落实《国务院关于加快发展养老服务业的若干意见》（国发［2013］35号）和《国务院关于促进健康服务业发展的若干意见》（国发［2013］40号）等文件要求，进一步推进医疗卫生与养老服务相结合，现提出以下意见。

一、充分认识推进医疗卫生与养老服务相结合的重要性

我国是世界上老年人口最多的国家，老龄化速度较快。失能、部分失能老年人口大幅增加，老年人的医疗卫生服务需求和生活照料需求叠加的趋势越来越显著，健康养老服务需求日益强劲，目前有限的医疗卫生和养老服务资源以及彼此相对独立的服务体系远远不能满足老年人的需要，迫切需要为老年人提供医疗卫生与养老相结合的服务。医疗卫生与养老服务相结合，是社会各界普遍关注的重大民生问题，是积极应对人口老龄化的长久之计，是我国经济发展新常态下重要的经济增长点。加快推进医疗卫生与养老服务相结合，有利于满足人民群众日益增长的多层次、多样化健康养老服务需求，有利于扩大内需、拉动消费、增加就业，有利于推动经济持续健康发展和社会和

谐稳定，对稳增长、促改革、调结构、惠民生和全面建成小康社会具有重要意义。

二、基本原则和发展目标

（一）基本原则。

保障基本，统筹发展。把保障老年人基本健康养老需求放在首位，对有需求的失能、部分失能老年人，以机构为依托，做好康复护理服务，着力保障特殊困难老年人的健康养老服务需求；对多数老年人，以社区和居家养老为主，通过医养有机融合，确保人人享有基本健康养老服务。推动普遍性服务和个性化服务协同发展，满足多层次、多样化的健康养老需求。

政府引导，市场驱动。发挥政府在制定规划、出台政策、引导投入、规范市场、营造环境等方面的引导作用，统筹各方资源，推动形成互利共赢的发展格局。充分发挥市场在资源配置中的决定性作用，营造平等参与、公平竞争的市场环境，充分调动社会力量的积极性和创造性。

深化改革，创新机制。加快政府职能转变，创新服务供给和资金保障方式，积极推进政府购买服务，激发各类服务主体潜力和活力，提高医养结合服务水平和效率。加强部门协作，提升政策引导、服务监管等工作的系统性和协同性，促进行业融合发展。

（二）发展目标。

到2017年，医养结合政策体系、标准规范和管理制度初步建立，符合需求的专业化医养结合人才培养制度基本形成，建成一批兼具医疗卫生和养老服务资质和能力的医疗卫生机构或养老机构（以下统称医养结合机构），逐步提升基层医疗卫生机构为居家老年人提供上门服务的能力，80%以上的医疗机构开设为老年人提供挂号、就医等便利服务的绿色通道，50%以上的养老机构能够以不同形式为入住老年人提供医疗卫生服务，老年人健康养老服务可及性明显提升。

到2020年，符合国情的医养结合体制机制和政策法规体系基本建立，医疗卫生和养老服务资源实现有序共享，覆盖城乡、规模适宜、功能合理、综合连续的医养结合服务网络基本形成，基层医疗卫生机构为居家老年人提供上门服务的能力明显提升。所有医疗机构开设为老年人提供挂号、就医等便利服务的绿色通道，所有养老机构能够以不同形式为入住老年人提供医疗卫生服务，基本适应老年人健康养老服务需求。

三、重点任务

（三）建立健全医疗卫生机构与养老机构合作机制。鼓励养老机构与周边的医疗卫生机构开展多种形式的协议合作，建立健全协作机制，本着互利互惠原则，明确双方责任。医疗卫生机构为养老机构开通预约就诊绿色通道，为入住老年人提供医疗巡诊、健康管理、保健咨询、预约就诊、急诊急救、中医养生保健等服务，确保入住老年人能够得到及时有效的医疗救治。养老机构内设的具备条件的医疗机构可作为医院（含中医医院）收治老年人的后期康复护理场所。鼓励二级以上综合医院（含中医医院，下同）与养老机构开展对口支援、合作共建。通过建设医疗养老联合体等多种方式，整合医疗、康复、养老和护理资源，为老年人提供治疗期住院、康复期护理、稳定期生活照料以及临终关怀一体化的健康和养老服务。

（四）支持养老机构开展医疗服务。养老机构可根据服务需求和自身能力，按相关规定申请开办老年病医院、康复医院、护理院、中医医院、临终关怀机构等，也可内设医务室或护理站，提高养老机构提供基本医疗服务的能力。养老机构设置的医疗机构要符合国家法律法规和卫生计生行政部门、中医药管理部门的有关规定，符合医疗机构基本标准，并按规定由相关部门实施准入和管理，依法依规开展医疗卫生服务。卫生计生行政部门和中医药管理部门要加大政策规划支持和技术指导力度。养老机构设置的医疗机构，符合条件的可按规定纳入城乡基本医疗保险定点范围。鼓励执业医师到养老机构设置的医疗机构多点执业，支持有相关专业特长的医师及专业人员在养老机构规范开展疾病预防、营养、中医调理养生等非诊疗行为的健康服务。

（五）推动医疗卫生服务延伸至社区、家庭。充分依托社区各类服务和信息网络平台，实现基层医疗卫生机构与社区养老服务机构的无缝对接。发挥卫生计生系统服务网络优势，结合基本公共卫生服务的开展为老年人建立健康档案，并为65岁以上老年人提供健康管理服务，到2020年65岁以上老年人健康管理率达到70%以上。鼓励为社区高龄、重病、失能、部分失能以及计划生育特殊家庭等行动不便或确有困难的老年人，提供定期体检、上门巡诊、家庭病床、社区护理、健康管理等基本服务。推进基层医疗卫生机构和医务人员与社区、居家养老结合，与老年人家庭建立签约服务关系，为老年人提供连续性的健康管理服务和医疗服务。提高基层医疗卫生机构为居家老年人提供上门服务的能力，规范为居家老年人提供的医疗和护理服务项目，将符合规定的医疗费用纳入医保支付范围。

（六）鼓励社会力量兴办医养结合机构。鼓励社会力量针对老年人健康养老需求，通过市场化运作方式，举办医养结合机构以及老年康复、老年护理等专业医疗机构。在制定医疗卫生和养老相关规划时，要给社会力量举办医养结合机构留出空间。按照“非禁即入”原则，凡符合规划条件和准入资质的，不得以任何理由加以限制。整合审批环节，明确并缩短审批时限，鼓励有条件的地方提供一站式便捷服务。通过特许经营、公建民营、民办公助等模式，支持社会力量举办非营利性医养结合机构。支持企业围绕老年人的预防保健、医疗卫生、康复护理、生活照料、精神慰藉等方面需求，积极开发安全有效的食品药品、康复辅具、日常照护、文化娱乐等老年人用品用具和服务产品。

（七）鼓励医疗卫生机构与养老服务融合发展。鼓励地方因地制宜，采取多种形式实现医疗卫生和养老服务融合发展。统筹医疗卫生与养老服务资源布局，重点加强老年病医院、康复医院、护理院、临终关怀机构建设，公立医院资源丰富的地区可积极稳妥地将部分公立医院转为康复、老年护理等接续性医疗机构。提高综合医院为老年患者服务的能力，有条件的二级以上综合医院要开设老年病科，做好老年慢性病防治和康复护理相关工作。提高基层医疗卫生机构康复、护理床位占比，鼓励其根据服务需求增设老年养护、临终关怀病床。全面落实老年医疗服务优待政策，医疗卫生机构要为老年人特别是高龄、重病、失能及部分失能老年人提供挂号、就诊、转诊、取药、收费、综合诊疗等就医便利服务。有条件的医疗卫生机构可以通过多种形式、依法依规开展养老服务。鼓励各级医疗卫生机构和医务工作志愿者定期为老年人开展义诊。充分发挥中医药（含民族医药，下同）的预防保健特色优势，大力开发中医药与养老服务相结合的系列服务产品。

四、保障措施

（八）完善投融资和财税价格政策。对符合条件的医养结合机构，按规定落实好相关支持政策。拓宽市场化融资渠道，探索政府和社会资本合作（PPP）的投融资模式。鼓励和引导各类金融机构创新金融产品和服务方式，加大金融对医养结合领域的支持力度。有条件的地方可通过由金融和产业资本共同筹资的健康产业投资基金支持医养结合发展。用于社会福利事业的彩票公益金要适当支持开展医养结合服务。积极推进政府购买基本健康养老服务，逐步扩大购买服务范围，完善购买服务内容，各类经营主体平等参与。

（九）加强规划布局和用地保障。各级政府要在土地利用总体规划和城乡规划中统筹考虑医养结合机构发展需要，做好用地规划布局。对非营利性医养结合机构，可采取划拨方式，优先保障用地；对营利性医养结合机构，应当以租赁、出让等有偿方式保障用地，养老机构设置医疗机构，可将在项目中配套建设医疗服务设施相关要求作为土地出让条件，并明确不得分割转让。依法需招标拍卖挂牌出让土地的，应当采取招标拍卖挂牌出让方式。

（十）探索建立多层次长期照护保障体系。继续做好老年人照护服务工作。进一步开发包括长期商业护理保险在内的多种老年护理保险产品，鼓励有条件的地方探索建立长期护理保险制度，积极探索多元化的保险筹资模式，保障老年人长期护理服务需求。鼓励老年人投保长期护理保险产品。建立健全长期照护项目内涵、服务标准以及质量评价等行业规范和体制机制，探索建立从居家、社区到专业机构等比较健全的专业照护服务提供体系。

落实好将偏瘫肢体综合训练、认知知觉功能康复训练、日常生活能力评定等医疗康复项目纳入基本医疗保障范围的政策，为失能、部分失能老年人治疗性康复提供相应保障。

（十一）加强人才队伍建设。做好职称评定、专业技术培训和继续医学教育等方面的制度衔接，对养老机构和医疗卫生机构中的医务人员同等对待。完善薪酬、职称评定等激励机制，鼓励医护人员到医养结合机构执业。建立医疗卫生机构与医养结合机构人员进修轮训机制，促进人才有序流动。将老年医学、康复、护理人才作为急需紧缺人才纳入卫生计生人员培训规划。加强专业技能培训，大力推进养老护理员等职业技能鉴定工作。支持高等院校和中等职业学校增设相关专业课程，加快培养老年医学、康复、护理、营养、心理和社会工作等方面专业人才。

（十二）强化信息支撑。积极开展养老服务和社区服务信息惠民试点，利用老年人基本信息档案、电子健康档案、电子病历等，推动社区养老服务信息平台与区域人口健康信息平台对接，整合信息资源，实现信息共享，为开展医养结合服务提供信息和技术支撑。组织医疗机构开展面向养老机构的远程医疗服务。鼓励各地探索基于互联网的医养结合服务新模式，提高服务的便捷性和针对性。

五、组织实施

（十三）加强组织领导和部门协同。各地区、各有关部门要高度重视，把推进医养结合工作摆在重要位置，纳入深化医药卫生体制改革和促进养老、健康服务业发展的总体部署，各地要及时制定出台推进医养结合的政策措施、规划制度和具体方案。各相关部门要加强协同配合，落实和完善相关优惠扶持政策，共同支持医养结合发展。发展改革部门要将推动医疗卫生与养老服务相结合纳入国民经济和社会发展规划。卫生计生、民政和发展改革部门要做好养老机构和医疗卫生机构建设的规划衔接，加强在规划和审批等环节的合作，制定完善医养结合机构及为居家老年人提供医疗卫生和养老服务的标准规范并加强监管。财政部门要落实相关投入政策，积极支持医养结合发展。人力资源社会保障、卫生计生部门要将符合条件的医养结合机构纳入城乡基本医疗保险定点范围。国土资源部门要切实保障医养结合机构的土地供应。城乡规划主管部门要统筹规划医养结合机构的用地布局。老龄工作部门要做好入住医养结合机构和接受居家医养服务老年人的合法权益保障工作。中医药管理部门要研究制定中医药相关服务标准规范并加强监管，加强中医药适宜技术和服务产品推广，加强中医药健康养老人才培养，做好中医药健康养老工作。

（十四）抓好试点示范。国家选择有条件、有代表性的地区组织开展医养结合试点，规划建设一批特色鲜明、示范性强的医养结合试点项目。各地要结合实际积极探索促进医养结合的有效形式，每个省（区、市）至少设1个省级试点地区，积累经验、逐步推开。卫生计生、民政部门要会同相关部门密切跟踪各地进展，帮助解决试点中的重大问题，及时总结推广好的经验和做法，完善相关政策措施。

（十五）加强考核督查。各地区、各有关部门要建立以落实医养结合政策情况、医养结合服务覆盖率、医疗卫生机构和养老机构无缝对接程度、老年人护理服务质量、老年人满意度等为主要指标的考核评估体系，加强绩效考核。卫生计生、民政部门要会同相关部门加强对医养结合工作的督查，定期通报地方工作进展情况，确保各项政策措施落到实处。

国务院办公厅关于加快发展生活性服务业促进消费结构升级的指导意见

国办发〔2015〕85号

各省、自治区、直辖市人民政府，国务院各部委、各直属机构：

国务院高度重视发展服务业。近年来，我国服务业发展取得显著成效，成为国民经济和吸纳就业的第一大产业，稳增长、促改革、调结构、惠民生作用持续增强。当前我国进入全面建成小康社会的决胜阶段，经济社会发展呈现出更多依靠消费引领、服务驱动的新特征。但总体看，我国生活性服务业发展仍然相对滞后，有效供给不足、质量水平不高、消费环境有待改善等问题突出，迫切需要加快发展。与此同时，国民收入水平提升扩大了生活性服务消费新需求，信息网络技术不断突破拓展了生活性服务消费新渠道，新型城镇化等国家重大战略实施扩展了生活性服务消费新空间，人民群众对生活性服务的需要日益增长、对服务品质的要求不断提高，生活性服务消费蕴含巨大潜力。

生活性服务业领域宽、范围广，涉及人民群众生活的方方面面，与经济社会发展密切相关。加快发展生活性服务业，是推动经济增长动力转换的重要途径，实现经济提质增效升级的重要举措，保障和改善民生的重要手段。为加快发展生活性服务业、促进消费结构升级，经国务院同意，现提出以下意见。

一、总体要求

（一）指导思想。全面贯彻党的十八大和十八届二中、三中、四中、五中全会精神，认真落实国务院部署要求，以增进人民福祉、满足人民群众日益增长的生活性服务需要为主线，大力倡导崇尚绿色环保、讲求质量品质、注重文化内涵的生活消费理念，创新政策支持，积极培育生活性服务新业态新模式，全面提升生活性服务业质量和效益，为经济发展新常态下扩大消费需求、拉动经济增长、转变发展方式、促进社会和谐提供有力支撑和持续动力。

（二）基本原则。

坚持消费引领，强化市场主导。努力适应居民消费升级的新形势新要求，充分发挥市场配置资源的决定性作用，更好发挥政府规划、政策引导和市场监管的作用，挖掘消费潜力，增添市场活力。

坚持突出重点，带动全面发展。加强生活性服务业分类指导，聚焦重点领域和薄弱环节，综合施策，形成合力，实现重点突破，增强示范带动效应。

坚持创新供给，推动新型消费。抢抓产业跨界融合发展新机遇，运用互联网、大数据、云计算等推动业态创新、管理创新和服务创新，开发适合高中低不同收入群体的多样化、个性化潜在服务需求。

坚持质量为本，提升品质水平。进一步健全生活性服务业质量管理体系、质量监督体系和质量标准体系，推动职业化发展，丰富文化内涵，打造服务品牌。

坚持绿色发展，转变消费方式。加强生态文明建设，促进服务过程和消费方式绿色化，推动生活性服务业高水平发展，加快生活方式转变和消费结构升级。

（三）发展导向。围绕人民群众对生活性服务的普遍关注和迫切期待，着力解决供给、需求、质量方面存在的突出矛盾和问题，推动生活性服务业便利化、精细化、品质化发展。

1. 增加服务有效供给。鼓励各类市场主体根据居民收入水平、人口结构和消费升级等发展趋势，创新服务业态和商业模式，优化服务供给，增加短缺服务，开发新型服务。城市生活性服务业要遵循产城融合、产业融合和宜居宜业的发展要求，科学规划产业空间定位，合理布局网点，完善服务体系。农村生活性服务业要以改善基础条件、满足农民需求为重点，鼓励城镇生活性服务业网络向农村延伸，加快农村宽带、无线网络等信息基础设施建设步伐，推动电子商务和快递服务下乡进村入户，以城带乡，尽快改变农村生活性服务业落后面貌。

2. 扩大服务消费需求。深度开发人民群众从衣食住行到身心健康、从出生到终老各个阶段各个环节的生活性服务，满足大众新需求，适应消费结构升级新需要，积极开发新的服务消费市场，进一步拓展网络消费领域，加快线上线下融合，培育新型服务消费，促进新兴产业成长。加强生活性服务基础设施建设，创新设计理念，体现人文精神。提升服务管理水平，拓展服务维度，精细服务环节，延伸服务链条，发展智慧服务。积极运用互联网等现代信息技术，改进服务流程，扩大消费选择。培育信息消费需求，丰富信息消费内容。改善生活性服务消费环境，加强服务规范和监督管理，健全消费者权益保护体系。深度挖掘我国传统文化、民俗风情和区域特色的发展潜力，促进生活性服务“走出去”，开拓国际市场。

3. 提升服务质量水平。营造全社会重视服务质量的良好氛围，打造“中国服务”品牌。鼓励服务企业将服务质量作为立业之本，坚持质量第一、诚信经营，强化质量责任意识，制定服务标准和规范。推进生活性服务业职业化发展，鼓励企业加强员工培训，增强爱岗敬业的职业精神和专业技能，提高职业素质。积极运用新理念和新技术，改进提高服务质量。优化质量发展环境，完善服务质量治理体系和顾客满意度测评体系。

经过一个时期的努力，力争实现生活性服务业总体规模持续扩大，新业态、新模式不断培育成长；生活性服务基础设施进一步完善，公共服务平台功能逐步增强；以城带乡和城乡互动发展机制日益完善，区域结构更加均衡，消费升级取得重大进展；消费环境明显改善，质量治理体系进一步健全，职业化进程显著加快，服务质量和服务品牌双提升，国内顾客和国外顾客双满意。

二、主要任务

今后一个时期，重点发展贴近服务人民群众生活、需求潜力大、带动作用强的生活性服务领域，推动生活消费方式由生存型、传统型、物质型向发展型、现代型、服务型转变，促进和带动其他生活性服务业领域发展。

（一）居民和家庭服务。健全城乡居民家庭服务体系，推动家庭服务市场多层次、多形式发展，在供给规模和服务质量方面基本满足居民生活性服务需求。引导家庭服务企业多渠道、多业态提供专业化的生活性服务，推进规模经营和网络化发展，创建一批知名家庭服务品牌。整合、充实、升级家庭服务业公共平台，健全服务网络，实现一网多能、跨区域服务，发挥平台对城乡生活性服务业的引导和支撑作用。完善社区服务网点，多方式提供婴幼儿看护、护理、美容美发、洗染、家用电器及其他日用品修理等生活性服务，推动房地产中介、房屋租赁经营、物业管理、搬家保洁、家用车辆保养维修等生活性服务规范化、标准化发展。鼓励在乡村建立综合性服务网点，提高农村居民生活便利化水平。

（二）健康服务。围绕提升全民健康素质和水平，逐步建立覆盖全生命周期、业态丰富、结构合理的健康服务体系。鼓励发展健康体检、健康咨询、健康文化、健康旅游、体育健身等多样化健康服务。积极提升医疗服务品质，优化医疗资源配置，取消对社会办医的不合理限制，加快形成多元化办医格局。推动发展专业、规范的护理服务。全面发展中医药健康服务，推广科学规范的中医养生保健知识及产品，提升中医药健康服务能力，创新中医药健康服务技术手段，丰富中医药健康服务产品种类。推进医疗机构与养老机构加强合作，发展社区健康养老。支持医疗服务评价、健康管理服务评价、健康市场调查等第三方健康服务调查评价机构发展，培育健康服务产业集群。积极发展健康保险，丰富商业健康保险产品，发展多样化健康保险服务。

（三）养老服务。以满足日益增长的养老服务需求为重点，完善服务设施，加强服务规范，提升养老服务体系建设水平。鼓励养老服务与相关产业融合创新发展，推动基本生活照料、康复护理、精神慰藉、文化服务、紧急救援、临终关怀等领域养老服务的发展。积极运用网络信息技术，发展紧急呼叫、健康咨询、物品代购等适合老年人的服务项目，创新居家养老服务模式，完善居家养老服务体系。加快推进养老护理员队伍建设，加强职业教育和从业人员培训。大力发展老年教育，支持各类老年大学等教育机构发展，扩大老年教育资源供给，促进养教结合。鼓励专业养老机构发挥自身优势，培训和指导社区养老服务组织和人员。引导社会力量举办养老机构，通过公建民营等方式鼓励社会资本进入养老服务业，鼓励境外资本投资养老服务业。鼓励探索创新，积极开发切合农村实际需求的养老服务方式。

（四）旅游服务。以游客需求为导向，丰富旅游产品，改善市场环境，推动旅游服务向观光、休闲、度假并重转变，提升旅游文化内涵和附加值。大力发展红色旅游，加强革命传统教育，弘扬民族精神。突出乡村特色，充分发挥农业的多功能性，开发一批形式多样、特色鲜明的乡村旅游产品。进一步推动集观光、度假、休闲、娱乐、海上运动于一体的滨海旅游和海岛旅游。丰富老年旅游服务供给，积极开发多层次、多样化的老年人休闲养生度假产品。引导健康的旅游消费方式，积极发展休闲度假旅游、研学旅行、工业旅游，推动体育运动、竞赛表演、健身休闲与旅游活动融合发展。适应房车、自驾车、邮轮、游艇等新兴旅游业态发展需要，合理规划配套设施建设和基地布局。开发线上线下有机结合的旅游服务产品，推动旅游定制服务，满足个性化需求，深化旅游体验。开发特色旅游路线，加强国际市场营销，积极发展入境旅游。加强旅游纪念品在体现民俗、历史、区位等文化内涵方面的创意设计，推动中国旅游商品品牌建设。

（五）体育服务。大力推动群众体育与竞技体育协同发展，促进体育市场繁荣有序，加速形成门类齐全、结构合理的体育服务体系。重点培育健身休闲、竞赛表演、场馆服务、中介培训等体育服务业，促进康体结合，推动体育旅游、体育传媒、体育会展等相关业态融合发展。以足球、篮球、排球三大球为切入点，加快发展普及性广、关注度高、市场空间大的运动项目。以举办 2022 年冬奥会为契机，全面提升冰雪运动普及度和产业发展水平。大力普及健身跑、自行车、登山等运动项目，带动大众化体育运动发展。完善健身教练、体育经纪人等职业标准和管理规范，加强行业自律。推动专业赛事发展，丰富业余赛事，探索完善赛事市场开发和运作模式，实施品牌战略，打造一批国际性、区域性品牌赛事。有条件的地方可利用自然人文特色资源，举办汽车拉力赛、越野赛等体育竞赛活动。推动体育产业联系点工作，培育一批符合市场规律、具有竞争力的体育产业基地。鼓励体育优势企业、优势品牌和优势项目“走出去”。

（六）文化服务。着力提升文化服务内涵和品质，推进文化创意和设计服务等新型服务业发展，大力推进与相关产业融合发展，不断满足人民群众日益增长的文化服务需求。积极发展具有民族特色和地方特色的传统文化艺术，鼓励创造兼具思想性艺术性观赏性、人民群众喜闻乐见的优秀文化服务产品。加快数字内容产业发展，推动文化服务产品制作、传播、消费的数字化、网络化进程，推进动漫游戏等产业优化升级。深入推进新闻出版精品工程，鼓励民族原创网络出版产品、优秀原创网络文学作品等创作生产，优化新闻出版产业基地布局。积极发展移动多媒体广播电视、网络广播电视等新媒体、新业态。推动传统媒体与新兴媒体融合发展，提升先进文化的互联网传播吸引力。完善文化产业国际交流交易平台，提升文化产业国际化水平和市场竞争力。

（七）法律服务。加强民生领域法律服务，推进覆盖城乡居民的公共法律服务体系建设。大力发展律师、公证、司法鉴定等法律服务业，推进法律服务的专业化和职业化。提升面向基层和普通百姓的法律服务能力，加强对弱势群体的法律服务，加大对老年人、妇女和儿童等法律援助和服务的支持力度。支持中小型法律服务机构发展和法律服务方式创新。统筹城乡、区域法律服务资源，建立激励法律服务人才跨区域流动机制。加快发展公职律师、公司律师队伍，构建社会律师、公职律师、公司律师等优势互补、结构合理的律师队伍。规范法律服务秩序和服务行为，完善职业评价体系、诚信执业制度以及违法违规执业惩戒制度。强化涉外法律服务，着力培养一批通晓国际法律规则、善于处理涉外法律事务的律师人才，建设一批具有国际竞争力和影响力的律师事务所。完善法律服务执业权利保障机制，优化法律服务发展环境。

（八）批发零售服务。优化城市流通网络，畅通农村商贸渠道，加强现代批发零售服务体系建设。合理规划城乡流通基础设施布局，鼓励发展商贸综合服务中心、农产品批发市场、集贸市场以及重要商品储备设施、大型物流（仓储）配送中心、农村邮政物流设施、快件集散中心、农产品冷链物流设施。推动各类批发市场等传统商贸流通企业转变经营模式，利用互联网等先进信息技术进行升级改造。发挥实体店的服务、体验优势，与线上企业开展深度合作。鼓励发展绿色商场，提高绿色商品供给水平。大力发展社区商业，引导便利店等业态进社区，规范和拓展代收费、代收货等便民服务。积极发展冷链物流、仓储配送一体化等物流服务新模式，推广使用智能包裹柜、智能快件箱。依照相关法律、行政法规规定，加强对关系国计民生、人民群众生命安全等商品的流通准入管理，健全覆盖准入、监管、退出的全程管理机制。

（九）住宿餐饮服务。强化服务民生的基本功能，形成以大众化市场为主体、适应多层次多样化消费需求的住宿餐饮业发展新格局。积极发展绿色饭店、主题饭店、客栈民宿、短租公寓、长租公寓、有机餐饮、快餐团餐、特色餐饮、农家乐等满足广大人民群众消费需求的细分业态。大力推进住宿餐饮业连锁化、品牌化发展，提高住宿餐饮服务的文化品位和绿色安全保障水平。推动住宿餐饮企业开展电子商务，实现线上线下互动发展，促进营销模式和服务方式创新。鼓励发展预订平台、中央厨房、餐饮配送、食品安全等支持传统产业升级的配套设施和服务体系。

（十）教育培训服务。以提升生活性服务质量为核心，发展形式多样的教育培训服务，推动职业培训集约发展、内涵发展、融合发展、特色发展。广泛开展城乡社区教育，整合社区各类教育培训资源，引入行业组织等参与开展社区教育项目，为社区居民提供人文艺术、科学技术、幼儿教育、养老保健、生活休闲、职业技能等方面的教育服务，规范发展秩序。大力加强各类人才培养，创新人才培养模式，坚持产教融合、校企合作、工学结合，强化专业人才培养。加快推进教育培训信息化建设，发展远程教育和培训，促进数字资源共建共享。鼓励发展股份制、混合所有制职业院校，允许以资本、知识、技术、管理等要素参与办学。建立家庭、养老、健康、社区教育、老年教育等生活性服务示范性培训基地或体验基地，带动提升行业整体服务水平。逐步形成政府引导、以职业院校和各类培训机构为主体、企业全面参与的现代职业教育体系和终身职业培训体系。

在推动上述重点领域加快发展的同时，还要加强对生活性服务业其他领域的引导和支持，鼓励探索创新，营造包容氛围，推动生活性服务业在融合中发展、在发展中规范，增加服务供给，丰富服务种类，提高发展水平。

三、政策措施

围绕激发生活性服务业企业活力和保障居民放心消费，加快完善体制机制，注重加强政策引导扶持，营造良好市场环境，推动生活性服务业加快发展。

（一）深化改革开放。

优化发展环境。建立全国统一、开放、竞争、有序的服务业市场，采取有效措施，切实破除行政垄断、行业垄断和地方保护，清理并废除生活性服务业中妨碍形成全国统一市场和公平竞争的各种规定和做法。进一步深化投融资体制改革，鼓励和引导各类社会资本投向生活性服务业。进一步推进行政审批制度改革，简化审批流程，取消不合理前置审批事项，加强事中事后监管。取消商业性和群众性体育赛事审批。健全并落实各类所有制主体统一适用的制度政策，切实解决产业发展过程中存在的不平等问题，促进公平发展。支持各地结合实际放宽新注册生活性服务业企业场所登记条件限制，为创业提供便利的工商登记服务。积极探索适合生活性服务业特点的未开业企业、无债权债务企业简易注销制度，建立有序的市场退出机制。

扩大市场化服务供给。积极稳妥推进教育、文化、卫生、体育等事业单位分类改革，将从事生产经营活动的事业单位逐步转为企业，规范转制程序，完善过渡政策，鼓励其提供更多切合市场需求的生活性服务。加快生活性服务业行业协会商会与行政机关脱钩，推动服务重心转向企业、行业和市场，提升专业化服务水平。创建全国服务业创新成果交易中心，加快创新成果转化和产业化进程。总结推广国家服务业综合改革试点经验，适应新形势新要求，开展新一轮试点示范工作，力争在一些重点难点问题上取得突破。稳步推进电子商务进农村综合示范。开展拉动城乡居民文化消费试点工作，推动文化消费数字化、网络化发展。

提升国际化发展水平。统一内外资法律法规，推进文化、健康、养老等生活性服务领域有序开放，提高外商投资便利化程度，探索实行准入前国民待遇加负面清单管理模式。支持具备条件的生活性服务业企业“走出去”，完善支持生活性服务业企业“走出去”的服务平台，提升知名度和美誉度，创建具有国际影响力的服务品牌。鼓励中华老字号服务企业利用品牌效应，带动中医药、中餐等产业开拓国际市场。增强境外投资环境、投资项目评估等方面的服务功能，为境外投资企业提供法律、会计、税务、信息、金融、管理等专业化服务。

（二）改善消费环境。

营造全社会齐抓共管改善消费环境的有利氛围，形成企业规范、行业自律、政府监管、社会监督的多元共治格局。鼓励弹性作息和错峰休假，强化带薪休假制度落实责任，把落实情况作为劳动监察和职工权益保障的重要内容。推动生活性服务业企业信用信息共享，将有关信用信息纳入国家企业信用信息公示系统，建立完善全国统一的信用信息共享交换平台，实施失信联合惩戒，逐步形成以诚信为核心的生活性服务业监管制度。深入开展价格诚信、质量诚信、计量诚信、文明经商等活动，强化环保、质检、工商、安全监管等部门的行政执法，完善食品药品、日用消费品等产品质量监督检查制度。严厉打击居民消费领域乱涨价、乱收费、价格欺诈、制售假冒伪劣商品、计量作弊等违法犯罪行为，依法查处垄断和不正当竞争行为，规范服务市场秩序。完善网络商品和服务的质量担保、损害赔偿、风险监控、网上抽查、源头追溯、属地查处、信用管理等制度，引入第三方检测认证等机制，有效保护消费者合法权益。

（三）加强基础设施建设。

适应消费结构升级需求，加大对社会投资的引导，改造提升城市老旧生活性服务基础设施，补齐农村生活性服务基础设施短板，提升生活性服务基础设施自动化、智能化和互联互通水平，提高服务城乡的基础设施网络覆盖面，以健全高效的基础设施体系支撑生活性服务业加快发展和结构升级。围绕旅游休闲、教育文化体育和养老健康家政等领域，尽快组织实施一批重大工程。改善城市生活性服务业发展基础设施条件，鼓励社会资本参与大中城市停车场、立体停车库建设。在符合城市规划的前提下，充分利用地下空间资源，在已规划建设地铁的城市同步扩展地下空间，发展购物、餐饮、休闲等便民生活性服务。统筹体育设施建设规划和合理利用，推进企事业单位和学校的体育场馆向社会开放。

（四）完善质量标准体系。

提升质量保障水平。健全以质量管理制度、诚信制度、监管制度和监测制度为核心的服务质量治理体系。规范服务质量分级管理，加强质量诚信制度建设，完善服务质量社会监督平台。加强认证认可体系建设，创新评价技术，完善生活性服务业重点领域认证认可制度。健全顾客满意度、万人投诉量等质量发展指标。加快实施服务质量提升工程和监测基础建设工程，规范集贸市场、餐饮行业、商品超市等领域计量行为，完善涉及人身健康与财产安全的商品检验制度和产品质量监管制度。实施服务标杆引领计划，发挥中国质量奖对服务企业的引导作用。

健全标准体系。制定实施好国家服务业标准规划和年度计划。实施服务标准体系建设工程，加快家政、养老、健康、体育、文化、旅游等领域的关键标准研制。完善居住（小）区配套公共设施规划标准，为生活性服务业相关设施建设、管理和服务提供依据。积极培育生活性服务业标准化工作技术队伍。继续开展国家级服务业标准化试点，总结推广经验。

（五）加大财税、金融、价格、土地政策引导支持。

创新财税政策。适时推进“营改增”改革，研究将尚未试点的生活性服务行业纳入改革范围。科学设计生活性服务业“营改增”改革方案，合理设置生活性服务业增值税税率。发挥财政资金引导作用，创新财政资金使用方式，大力推广政府和社会资本合作（PPP）模式，运用股权投资、产业基金等市场化融资手段支持生活性服务业发展。对免费或低收费向社会开放的公共体育设施按照有关规定给予财政补贴。推进政府购买服务，鼓励有条件的地区购买养老、健康、体育、文化、社区等服务，扩大市场需求。

拓宽融资渠道。支持符合条件的生活性服务业企业上市融资和发行债券。鼓励金融机构拓宽对生活性服务业企业贷款的抵质押品种类和范围。鼓励商业银行在商业自愿、依法合规、风险可控的前提下，专业化开展知识产权质押、仓单质押、信用保险保单质押、股权质押、保理等多种方式的金融服务。发展融资担保机构，通过增信等方式放大资金使用效益，增强生活性服务业企业融资能力。探索建立保险产品保护机制，鼓励保险机构开展产品创新和服务创新。积极稳妥扩大消费信贷，将消费金融公司试点推广至全国。完善支付清算网络体系，加强农村地区和偏远落后地区的支付结算基础设施建设。

健全价格机制。在实行峰谷电价的地区，对商业、仓储等不适宜错峰运营的服务行业，研究实行商业平均电价，由服务业企业自行选择执行。深化景区门票价格改革，维护旅游市场秩序。研究完善银行卡刷卡手续费定价机制，进一步从总体上降低餐饮等行业刷卡手续费支出。

完善土地政策。各地要发挥生活性服务业发展规划的引导作用，在当地土地利用总体规划和年度用地计划中充分考虑生活性服务业设施建设用地，予以优先安排。继续加大养老、健康、家庭等生活性服务业用地政策落实力度。

（六）推动职业化发展。

生活性服务业有关主管部门要制定相应领域的职业化发展规划。鼓励高等学校、中等职业学校增设家庭、养老、健康等生活性服务业相关专业，扩大人才培养规模。鼓励高等学校和职业院校采取与互联网企业合作等方式，对接线上线下教育资源，探索职业教育和培训服务新方式。依托各类职业院校、职业技能培训机构加强实训基地建设，实施家政服务员、养老护理员、病患服务员等家庭服务从业人员专项培训。鼓励从业人员参加依法设立的职业技能鉴定或专项职业能力考核，对通过初次职业技能鉴定并取得相应等级职业资格证书或专项职业能力证书的，按规定给予一次性职业技能鉴定补贴。鼓励和规范家政服务企业以员工制方式提供管理和服务，实行统一标准、统一培训、统一管理。

（七）建立健全法律法规和统计制度。

完善生活性服务业法律法规，研究制定文化产业促进法，启动服务业质量管理立法研究。加强知识产权保护立法和实施工作，强化对专利、商标、版权等无形资产的开发和保护。以国民经济行业分类为基础，抓紧研究制定生活性服务业及其重点领域统计分类，完善统计制度和指标体系，明确有关部门统计任务。建立健全部门间信息共享机制，逐步建立生活性服务业信息定期发布制度。

各地区、各部门要充分认识加快发展生活性服务业的重大意义，把加快发展生活性服务业作为提高人民生活水平、促进消费结构升级、拉动经济增长的重要任务，采取有效措施，加大支持力度，做到生产性服务业与生活性服务业并重、现代服务业与传统服务业并举，切实把服务业打造成经济社会可持续发展的新引擎。地方各级人民政府要加强组织领导，结合本地区实际尽快研究制定加快发展生活性服务业的实施方案。国务院有关部门要围绕发展生活性服务业的主要目标任务，抓紧制定配套政策措施，组织实施一批重大工程，为生活性服务业加快发展创造良好条件。发展改革委要会同有关部门，抓紧研究建立服务业部际联席会议制度，充分发挥专家咨询委员会作用，进一步强化政策指导和督促检查，重大情况和问题及时向国务院报告。

附件：政策措施分工表（略）

二〇一五年十一月十九日

国务院办公厅关于简化优化公共服务流程方便基层群众办事创业的通知

国办发［2015］86号

各省、自治区、直辖市人民政府，国务院各部委、各直属机构：

为群众提供优质高效便捷的公共服务，是加快转变政府职能，推进简政放权、放管结合、优化服务改革的重要内容。近年来，各地区、各部门认真贯彻党中央、国务院决策部署，在创新和改进公共服务方面积极探索，取得了明显成效。但一些地方和领域，困扰基层群众的“办证多、办事难”现象仍然大量存在，不利于保障和改善民生，严重影响了创业创新。为切实解决这些问题，进一步提高公共服务质量和效率，为基层群众提供公平、可及的服务，更好地推动大众创业、万众创新，激发市场活力和社会创造力，经国务院同意，现就简化优化公共服务流程、方便基层群众办事创业有关事项通知如下：

一、总体要求

全面贯彻落实党的十八大和十八届二中、三中、四中、五中全会精神，按照国务院关于简政放权、放管结合、优化服务协同推进的部署，坚持问题导向，创新工作思路，综合施策、标本兼治、立行立改，务求在简环节、优流程、转作风、提效能、强服务方面取得突破性进展，不断提升公共服务水平和群众满意度。

——服务便民利民。简化办事环节和手续，优化公共服务流程，明确标准和时限，强化服务意识，丰富服务内容，拓展服务渠道，创新服务方式，提高服务质量，让群众办事更方便、创业更顺畅。

——办事依法依规。严格遵循法律法规，善于运用法治思维法治方式，规范公共服务事项办理程序，限制自由裁量权，维护群众合法权益，推进公共服务制度化、规范化。

——信息公开透明。全面公开公共服务事项，实现办事全过程公开透明、可追溯、可核查，切实保障群众的知情权、参与权和监督权。

——数据开放共享。加快推进“互联网＋公共服务”，运用大数据等现代信息技术，强化部门协同联动，打破信息孤岛，推动信息互联互通、开放共享，提升公共服务整体效能。

二、主要任务

（一）全面梳理和公开公共服务事项目录。各地区、各部门要根据法律法规规定，结合编制权力清单、责任清单、负面清单以及规范行政审批行为等相关工作，对本地区、本部门以及相关国有企事业单位、中介服务机构的公共服务事项进行全面梳理，列出目录并实行动态调整。要以创业创新需求为导向，明确有关政策支持、法律和信息咨询、知识产权保护、就业技能培训等综合服务事项；以公共服务公平、可及为目标，明确公共教育、劳动就业、社会保障、医疗卫生、住房保障、文化体育、扶贫脱贫等与群众日常生产生活密切相关的公共服务事项。要对所有公共服务事项逐项编制办事指南，列明办理依据、受理单位、基本流程、申请材料、示范文本及常见错误示例、收费依据及标准、办理时限、咨询方式等内容，并细化到每个环节。公共服务事项目录和办事指南等须通过政府网站、宣传手册等形式向社会公开。

（二）坚决砍掉各类无谓的证明和烦琐的手续。凡没有法律法规依据的证明和盖章环节，原则上一律取消。确需申请人提供的证明，要严格论证，广泛听取各方面意见，并作出明确规定，必要时履行公开听证程序。办事部门可通过与其他部门信息共享获取相关信息的，不得要求申请人提供证明材料。各地区、各部门可结合实际，探索由申请人书面承诺符合相关条件并进行公示，办事部门先予以办理，再相应加强事后核查与监管，进一步减少由申请人提供的证明材料，提高办事效率。

（三）大力推进办事流程简化优化和服务方式创新。最大限度精简办事程序，减少办事环节，缩短办理时限，改进服务质量。加快政务大厅功能升级，推动公共服务事项全部进驻，探索将部门分设的办事窗口整合为综合窗口，变“多头受理”为“一口受理”，为群众提供项目齐全、标准统一、便捷高效的公共服务。建立健全首问负责、一次性告知、并联办理、限时办结等制度，积极推行一站式办理、上门办理、预约办理、自助办理、同城通办、委托代办等服务，消除“中梗阻”，打通群众办事“最后一公里”。

（四）加快推进部门间信息共享和业务协同。加强协调配合，推进公共服务信息平台建设，加快推动跨部门、跨区域、跨行业涉及公共服务事项的信息互通共享、校验核对。依托“互联网＋”，促进办事部门公共服务相互衔接，变“群众奔波”为“信息跑腿”，变“群众来回跑”为“部门协同办”，从源头上避免各类“奇葩证明”、“循环证明”等现象，为群众提供更加人性化的服务。

（五）扎实推进网上办理和网上咨询。推动实体政务大厅向网上办事大厅延伸，凡具备网上办理条件的事项，都要推广实行网上受理、网上办理、网上反馈，实现办理进度和办理结果网上实时查询；暂不具备网上办理条件的事项，要通过多种方式提供全程在线咨询服务，及时解答申请人疑问。逐步构建实体政务大厅、网上办事大厅、移动客户端、自助终端等多种形式相结合、相统一的公共服务平台，为群众提供方便快捷的多样化服务。

（六）加强服务能力建设和作风建设。各地区、各部门要践行“三严三实”要求，从群众利益出发，设身处地为群众着想，建立健全服务规则，提升运用新技术新方法为民服务的能力。定期开展督导检查，加大问责追责力度，对存在问题的地方和单位及时督促整改，大力整治群众反映强烈的庸懒散拖、推诿扯皮、敷衍塞责以及服务态度生硬等问题，坚决克服服务过程中不作为、乱作为现象。加大效能评估和监督考核力度，探索运用网上监督系统，确保服务过程可考核、有追踪、受监督，办事群众可以现场或在线评价。发挥群众监督和舆论监督作用，畅通群众投诉举报渠道，完善举报受理、处理和反馈制度，及时解决群众反映的问题。

三、工作措施

（一）尽快推出新举措。各地区、各部门要重点针对群众期盼解决的热点难点问题，认真查找现行公共服务流程存在的不足，找准症结，尽快整改，拿出具体解决方案，成熟一个、推出一个、实施一个，同步向社会公开，以改革的实际成效取信于民。各地区、各部门要按照本通知精神，制定简化优化公共服务流程、方便基层群众办事创业的工作方案，于2016年1月底前报国务院推进职能转变协调小组。

（二）回应关切促服务。各地区、各部门要将群众反映的公共服务“堵点”、“痛点”、

"难点"作为改进工作、优化服务的着力点和突破口，探索建立"群众点菜、政府端菜"机制，及时了解群众需求，在改进公共服务中汲取群众智慧，主动回应社会关切，接受社会监督。

（三）协同推动抓落实。各地区、各部门要把简化优化公共服务流程、方便基层群众办事创业摆到突出位置，主动作为、相互协同，持续下功夫，力求新成效。面向群众提供公共服务的国有企事业单位及中介服务机构，也要按照本通知要求，切实改进工作，不断优化服务，相关行业主管部门要加强指导和监督。

二〇一五年十一月二十七日

国务院办公厅关于改革完善博士后制度的意见

国办发［2015］87号

各省、自治区、直辖市人民政府，国务院各部委、各直属机构：

博士后制度是我国培养高层次创新型青年人才的一项重要制度，自1985年建立以来，培养了一批高层次创新型人才，取得了一批重要科研成果，为推动科技进步和经济社会发展作出了积极贡献。但与此同时，我国博士后制度还存在定位不够明确、设站单位主体作用发挥不足、培养质量有待提升、招收培养评价办法不够健全、国际化水平不高等问题。为深入实施人才优先发展战略，更好发挥博士后制度在培养高层次创新型青年人才、推动大众创业万众创新中的重要作用，经国务院同意，现提出以下意见：

一、总体要求

（一）指导思想。全面贯彻党的十八大和十八届二中、三中、四中、五中全会精神，按照党中央、国务院决策部署，牢固树立并切实贯彻创新、协调、绿色、开放、共享的发展理念，深入实施创新驱动发展战略和人才优先发展战略，推进人才发展体制改革和政策创新，以解决制约博士后事业发展的重大问题为导向，以提高博士后研究人员培养质量为核心，创新符合青年人才成长规律及博士后研究人员特点的管理制度，完善体制机制，健全服务体系，提升国际化水平，推动博士后事业科学发展。

（二）基本原则。

坚持问题导向，完善体制机制。把解决制约博士后事业发展的突出问题作为首要任务，明确博士后研究人员定位，完善考核奖励制度，巩固博士后制度独特优势，增强博士后制度吸引力。

坚持分类管理，着力提高质量。把提升博士后研究人员培养质量作为改革完善博士后制度的核心，强化设站单位和博士后合作导师在博士后研究人员培养中的作用，支持设站单位对博士后研究人员实施分类管理。紧密结合重大项目，加强研究工作的创新性，加大学术交流和国际交流力度，培养更多高层次创新型青年人才。

坚持服务发展，扶持创新创业。把扶持创新创业作为改革完善博士后制度的着力点，制定扶持政策，引导博士后研究人员到企业创新创业，把科研成果转化为生产力。

坚持以人为本，健全服务体系。把健全服务体系作为改革完善博士后制度的落脚点，建立博士后研究人员进出站工作服务协调机制，建设交流平台，充分发挥社会组织作用，为博士后研究人员提供更好的服务保障。

（三）主要目标。通过改革设站和招收方式，完善管理制度，加强培养考核，促进国际交流，充分发挥博士后制度在高校和科研院所人才引进中的重要作用、设站单位在博士后研究人员培养使用中的主体作用、博士后研究人员在科研团队中的骨干作用，推动博士后制度成为吸引、培养高层次青年人才的重要渠道。到2020年，重点高校、科研院所新进教学科研人员和国家重大科技项目中博士后研究人员比例有明显提高，外籍和留学回国博士后新进站人数进一步增加，人才吸引效应显著增强。

二、改革管理制度

（四）明确博士后研究人员定位。博士后研究人员作为国家有计划、有目的培养的高层次创新型青年人才，在站期间是具有流动性质的科研人员。博士后研究人员在站时间一般为2年，根据项目需要可在2～4年内灵活确定；对进站后承担国家重大科技项目的，应当根据项目资助期限和承担的任务及时调整在站时间，最长不超过6年。博士后研究人员享受设站单位职工待遇，设站单位应按单位性质与博士后研究人员签订事业单位聘用合同、企业劳动合同或工作协议，并按有关规定为博士后研究人员缴纳社会保险费。

（五）明确设站单位主体地位。充分发挥高校、科研院所、企业在博士后研究人员招收培养中的主体作用。博士后设站单位是对博士后研究人员进行管理的责任主体，负责研究制定具体管理办法，规范博士后研究人员进站程序，加强过程评价，严格出站考核，切实履行管理责任。改革博士后证书发放方式，除国家实施的博士后培养专项计划博士后证书由全国博士后管理委员会发放外，科研流动站博士后证书由设站单位发放，科研工作站博士后证书由省级人力资源社会保障部门发放。

（六）改进设站和培养方式。严格设站条件，严守设站程序，优化设站结构布局，适度控制设站规模，适当下放设站审批权限。开展博士后科研工作站独立招收试点和博士后科研流动站设站方式改革试点。加大对中小型高科技企业特别是民营中小型高科技企业设立博士后科研工作站的支持力度，下放园区类博士后科研工作站分站设站审批权限。在总结经验基础上，规范博士后科研流动站、科研工作站联合培养工作。

（七）全面推开分级管理。逐步健全国家、省（区、市）、设站单位三级管理体制。国家博士后工作管理部门负责制定全国博士后工作发展规划、政策法规、管理制度，组织实施国家重点项目、资助计划，开展设站审批、交流服务等工作。省级博士后工作管理部门负责制定本省（区、市）博士后工作管理实施细则，开展进出站管理、经费资助、评估考核、服务保障等工作。设站单位负责博士后研究人员的招收、培养、考核、管理、服务等具体工作。

三、完善管理办法

（八）完善招收办法。坚持博士后制度培养青年人才的基本方向，博士后申请者一般应为新近毕业的博士毕业生，年龄应在35周岁以下，申请进入企业博士后科研工作站或人文社会科学领域、人才紧缺基础薄弱的自然科学领域博士后科研流动站的，可适当放宽进站条件。设有国家重点科研基地、承担国家重大科技项目的非设站单位，备案后可以依托重大科技项目招收项目博士后。适当放开设站单位博士毕业生不得进入本单位同一个一级学科博士后科研流动站的限制。在职博士后研究人员应以高校、科研院所教学科研人员为主，并严格控制比例。不得招收党政机关领导干部在职进站从事博士后研究。

（九）健全培养及评价办法。完善博士后研究人员站内资助办法。博士后研究人员在站期间科研成果可作为在站或出站后评聘职称的依据。强化设站单位专家学术委员会在博士后进站遴选、中期考核、出站评定中的作用，发挥博士后合作导师在博士后研究人员招收、培养、考核、管理等方面的作用。建立以科研计划书为主要内容的培养制度，完善以创新性科研成果为核心评价标准的博士后绩效考核评价体系。支持设站单位对不同学科领域、不同研究类型的博士后研究人员实施分类培养、分类评价。

（十）畅通退出渠道。明确博士后研究人员退站条件和程序。建立博士后科研流动站、科研工作站与全国人才流动中心、各地人才流动服务机构的协调联动机制，由全国人才流动中心或各省（区、市）确定的人才流动服务机构按照人事档案管理规定接收保管退站、滞站博士后研究人员的人事档案。

四、提高培养质量

（十一）结合重点科研基地和项目培养。鼓励设站单位、备案的非设站单位依托国家重点科研基地或承担的国家重大科技项目招收培养博士后研究人员。鼓励设站单位围绕博士后研究人员组建科研创新团队。支持博士后研究人员参与国家重点领域、重大专项、前沿技术和重大科学研究计划。

（十二）加大交流力度。加大博士后国际交流计划实施力度，大力吸引海外博士来华（回国）从事博士后研究，加大博士后研究人员参加国际学术交流力度。支持有条件的地方、部门和设站单位设立博士后国际交流项目，与国际一流大学、科研院所等签订博士后研究人员交流协议，定期或不定期开展学术交流活动，进一步提升学术水平，深入推进全国博士后学术交流活动。

（十三）完善评估机制。加强博士后研究人员培养质量动态跟踪。对博士后科研流动站、科研工作站实施分类评估。综合评估工作每5年开展一次，对评估结果优秀的单位按有关规定给予表彰或表扬，对评估不合格的单位取消设站资格。指导地方建立实时、动态的评估体系，授权地方开展新设博士后科研流动站、科研工作站评估工作。

五、支持创新创业

（十四）积极推进科研成果转化。围绕实施创新驱动发展战略和国家区域发展总体战略、适应产业转型升级需要，统筹利用现有科技资源，依托现有创新示范中心和科研成果转化基地，大力支持博士后研究人员创新创业，促进科研成果转化。

（十五）完善创新创业激励政策。在站博士后研究人员按规定享受国家关于支持科技人员创新创业的激励政策。博士后研究人员按国家有关规定享受在站期间科研成果转化收益。鼓励符合条件的企业按照有关规定，通过股权、期权、分红等激励方式，调动博士后研究人员创新创业的积极性。

六、做好保障工作

（十六）完善博士后日常经费和科研经费投入机制。自2015年8月1日起，博士后研究人员日常经费标准由每人每年5万元提高到每人每年8万元。整合优化各项博士后人才培养计划，突出特色，提升效率。地方和设站单位可根据自身情况给予配套投入，支持有条件的地方设立博士后创业基金。设站单位投入博士后工作的经费中，用于研发新技术、新产品、新工艺的，按照国家税收有关规定，享受企业所得税税前加计扣除优惠。推进博士后公寓建设，鼓励地方和设站单位采取多种方式解决在站博士后研究人员周转住房问题。

（十七）鼓励社会资金投入。充分利用市场机制，采取鼓励政策措施，引导社会资金通过设立优秀博士后奖励基金、风险投资基金、产业引导基金等形式，支持博士后研究人员创新创业、资助创业孵化和科技成果转化，并获得相应的回报。

（十八）提升服务水平。建立国家与地方博士后研究人员进出站工作服务协调机制，推进博士后研究人员进出站“在线预审、一次办结”服务平台建设和使用，提高博士后研究人员进出站服务效率。为外籍来华博士后研究人员提供便利，按照在站时间办理签证、工作许可和居留手续。

（十九）建设交流平台。将全国博士后人才和科技项目交流信息服务系统纳入“金保工程”统筹建设，加强博士后人才、科技成果与用人单位和市场的信息沟通，提供相应的服务。实施自然科学、人文社会科学优秀博士后论著出版支持计划。发挥定期开展的博士后科技服务团作用，为中西部地区提供科技服务。

支持地方政府、部门和社会组织搭建区域性博士后交流平台，推进博士后人才和科技项目对接。

（二十）发挥社会组织作用。支持博士后发起成立学术性社会组织，搭建学术交流平台。通过政府转移职能、购买服务等方式，支持社会组织为博士后科技研发、自主创新、人才培养等方面提供服务。

各地区和有关部门要充分认识改革完善博士后制度的重要意义，加强组织领导，密切协同配合，确保改革完善博士后制度的各项目标任务落实到位。

二〇一五年十一月三十日

（二）人社部文件

中华人民共和国人力资源和社会保障部令

第 24 号

《人力资源社会保障部关于修改部分规章的决定》已经 2015 年 4 月 27 日人力资源社会保障部第 62 次部务会讨论通过，并商商务部、工商总局、银监会、证监会、保监会同意，现予公布，自公布之日起施行。

部长　尹蔚民

二〇一五年四月三十日

人力资源社会保障部关于修改部分规章的决定

根据《国务院关于取消和下放一批行政审批项目等事项的决定》（国发［2013］19 号）、《国务院关于印发注册资本登记制度改革方案的通知》（国发［2014］7 号）和《国务院关于取消和调整一批行政审批项目等事项的决定》（国发［2014］50 号），人力资源社会保障部对相关部门规章进行了清理。经商商务部、工商总局、银监会、证监会、保监会同意，人力资源社会保障部决定对 7 件规章的部分条款予以修改：

一、对《人才市场管理规定》作出修改

（一）删去第六条第（一）项中的“注册资本（金）不得少于 10 万元”。

（二）删去第十二条。

（三）删去第二十三条。

（四）第二十四条改为第二十二条，修改为：“人才中介服务机构举办人才交流会的，应当制定相应的组织实施办法、应急预案和安全保卫工作方案，并对参加人才交流会的招聘单位的主体资格真实性和招用人员简章真实性进行核实，对招聘中的各项活动进行管理。”

（五）第三十七条改为第三十五条，并删去其中的“或者未经批准擅自组织举办人才交流会的”。

二、对《中外合资人才中介机构管理暂行规定》作出修改

（一）删去第六条第（三）项中的“注册资本金不少于 30 万美元”。

（二）将第八条第（四）项“工商行政管

理部门核发的《企业名称预先核准通知书》”修改为“工商营业执照（副本）”。

（三）删去第十条。

（四）第十九条改为第十八条，并删去第二款中的“最低注册资本金为12.5万美元，可拥有的股权比例不超过70%”。

三、对《就业服务与就业管理规定》作出修改

（一）删去第二十六条第二款。

（二）删去第二十七条第二款。

（三）删去第四十七条第二款。

（四）删去第四十九条第（四）项“注册资本（金）验资报告”，同时增加一项，内容为“工商营业执照（副本）”。

（五）删去第七十六条。

四、对《中外合资中外合作职业介绍机构设立管理暂行规定》作出修改

（一）将第三条第二款修改为：“设立中外合资、中外合作职业介绍机构应当经省级人民政府外经贸行政部门（以下简称省级外经贸行政部门）批准，到企业住所地国家工商行政管理总局授权的地方工商行政管理局进行登记注册后，由省级人民政府劳动保障行政部门（以下简称省级劳动保障行政部门）批准。”

（二）将第五条第（四）项修改为“举办职业招聘洽谈会”。

（三）删去第六条第（三）项中的“有不低于30万美元注册资本”。

（四）将第七条修改为：“设立中外合资、中外合作职业介绍机构，应当依法向拟设立企业住所地省级外经贸行政部门提出申请，并呈报申请设立中外合资、中外合作职业介绍机构的有关文件。省级外经贸行政部门应当自接到申请之日起20个工作日内决定批准或者不批准。予以批准的，发给中外合资、中外合作企业批准证书；不予批准的，应当通知申请者。”

（五）将第八条修改为：“获得批准的申请者，应当依法到拟设立企业住所所在地国家工商行政管理总局授权的地方工商行政管理局申请登记注册，领取营业执照。”

（六）将第九条修改为：“中外合资、中外合作职业介绍机构应当到省级劳动保障行政部门提出申请，并提交下列材料：

“（一）中、外双方各自的登记注册证明（复印件）；

“（二）主要经营者的资历证明（复印件）和简历；

“（三）拟任专职工作人员的简历和职业资格证明；

“（四）住所使用证明；

“（五）拟开展经营范围的文件；

“（六）工商营业执照（副本）；

“（七）法律、法规规定的其他文件。”

（七）将第十条修改为：“省级劳动保障行政部门应当在接到申请之日起20个工作日内审核完毕。批准同意的，发给职业介绍许可；不予批准的，应当通知申请者。”

（八）将第十二条中的“《劳动力市场管理规定》”修改为“《就业服务与就业管理规定》”。

五、对《中外合作职业技能培训办学管理办法》作出修改

（一）删去第八条第一款中的“并必须经法定的验资机构验资且出具证明”。

（二）删去第十六条第（四）项中的“且固定资产50万元以上，注册资金50万元以上”。

（三）删去第二十三条。

（四）将第二十八条改为第二十七条，并删去第（四）项。

六、对《企业年金基金管理机构资格认定暂行办法》作出修改

（一）删去第五条第（二）项。

（二）删去第六条第（二）项。

（三）删去第八条第（二）项。

七、对《企业年金基金管理办法》作出修改

（一）删去第二十二条第（二）项。

（二）删去第二十八条第（二）项。

（三）删去第三十三条第（二）项。

（四）删去第四十条第（二）项。

此外，对相关规章的条文顺序作了相应调整。

本决定自公布之日起施行。

《人才市场管理规定》、《中外合资人才中介机构管理暂行规定》、《就业服务与就业管理规定》、《中外合资中外合作职业介绍机构设立管理暂行规定》、《中外合作职业技能培训办学管理办法》、《企业年金基金管理机构资格认定暂行办法》、《企业年金基金管理办法》根据本决定作相应修改，重新公布。

中华人民共和国人力资源和社会保障部令

第25号

《专业技术人员继续教育规定》已经2015年8月3日人力资源社会保障部第70次部务会讨论通过，现予公布，自2015年10月1日起施行。

部长　尹蔚民

二〇一五年八月十三日

专业技术人员继续教育规定

第一章　总　　则

第一条　为了规范继续教育活动，保障专业技术人员权益，不断提高专业技术人员素质，根据有关法律法规和国务院规定，制定本规定。

第二条　国家机关、企业、事业单位以及社会团体等组织（以下称用人单位）的专业技术人员继续教育（以下称继续教育），适用本规定。

第三条　继续教育应当以经济社会发展和科技进步为导向，以能力建设为核心，突出针对性、实用性和前瞻性，坚持理论联系实际、按需施教、讲求实效、培养与使用相结合的原则。

第四条　用人单位应当保障专业技术人员参加继续教育的权利。

专业技术人员应当适应岗位需要和职业发展的要求，积极参加继续教育，完善知识结构、增强创新能力、提高专业水平。

第五条　继续教育实行政府、社会、用人单位和个人共同投入机制。

国家机关的专业技术人员参加继续教育所需经费应当按照国家有关规定予以保障。企业、事业单位等应当依照法律、行政法规和国家有关规定提取和使用职工教育经费，不断加大对专业技术人员继续教育经费的投入。

第六条　继续教育工作实行统筹规划、分级负责、分类指导的管理体制。

人力资源社会保障部负责对全国专业技术人员继续教育工作进行综合管理和统筹协调，制定继续教育政策，编制继续教育规划并组织实施。

县级以上地方人力资源社会保障行政部门负责对本地区专业技术人员继续教育工作进行综合管理和组织实施。

行业主管部门在各自职责范围内依法做好本行业继续教育的规划、管理和实施工作。

第二章　内容和方式

第七条　继续教育内容包括公需科目和专业科目。

公需科目包括专业技术人员应当普遍掌握的法律法规、理论政策、职业道德、技术信息等基本知识。专业科目包括专业技术人员从事专业工作应当掌握的新理论、新知识、新技术、新方法等专业知识。

第八条　专业技术人员参加继续教育的时间，每年累计应不少于90学时，其中，专业科目一般不少于总学时的三分之二。

专业技术人员通过下列方式参加继续教育的，计入本人当年继续教育学时：

（一）参加培训班、研修班或者进修班学习；

（二）参加相关的继续教育实践活动；

（三）参加远程教育；

（四）参加学术会议、学术讲座、学术访问等活动；

（五）符合规定的其他方式。

继续教育方式和学时的具体认定办法，由省、自治区、直辖市人力资源社会保障行政部门制定。

第九条　用人单位可以根据本规定，结合本单位发展战略和岗位要求，组织开展继续教育活动或者参加本行业组织的继续教育活动，为本单位专业技术人员参加继续教育提供便利。

第十条　专业技术人员根据岗位要求和职业发展需要，参加本单位组织的继续教育活动，也可以利用业余时间或者经用人单位同意利用工作时间，参加本单位组织之外的继续教育活动。

第十一条　专业技术人员按照有关法律法规规定从事有职业资格要求工作的，用人单位应当为其参加继续教育活动提供保障。

第十二条　专业技术人员经用人单位同意，脱产或者半脱产参加继续教育活动的，用人单位应当按照国家有关规定或者与劳动者的约定，支付工资、福利等待遇。

用人单位安排专业技术人员在工作时间之外参加继续教育活动的，双方应当约定费用分担方式和相关待遇。

第十三条　用人单位可以与生产、教学、科研等单位联合开展继续教育活动，建立生产、教学、科研以及项目、资金、人才相结合的继续教育模式。

第十四条　国家通过实施重大人才工程和继续教育项目、区域人才特殊培养项目、对口支援等方式，对重点领域、特殊区域和关键岗位的专业技术人员继续教育工作给予扶持。

第三章　组织管理和公共服务

第十五条　专业技术人员应当遵守有关学习纪律和管理制度，完成规定的继续教育学时。

专业技术人员承担全部或者大部分继续教育费用的，用人单位不得指定继续教育机构。

第十六条　用人单位应当建立本单位专业技术人员继续教育与使用、晋升相衔接的激励机制，把专业技术人员参加继续教育情况作为专业技术人员考核评价、岗位聘用的重要依据。

专业技术人员参加继续教育情况应当作为聘任专业技术职务或者申报评定上一级资格的重要条件。有关法律法规规定专业技术人员参加继续教育作为职业资格登记或者注册的必要条件的，从其规定。

第十七条　用人单位应当建立继续教育登记管理制度，对专业技术人员参加继续教育的种类、内容、时间和考试考核结果等情况进行记录。

第十八条 依法成立的高等院校、科研院所、大型企业的培训机构等各类教育培训机构（以下称继续教育机构）可以面向专业技术人员提供继续教育服务。

继续教育机构应当具备与继续教育目的任务相适应的场所、设施、教材和人员，建立健全相应的组织机构和管理制度。

第十九条 继续教育机构应当认真实施继续教育教学计划，向社会公开继续教育的范围、内容、收费项目及标准等情况，建立教学档案，根据考试考核结果如实出具专业技术人员参加继续教育的证明。

继续教育机构可以充分利用现代信息技术开展远程教育，形成开放式的继续教育网络，为基层、一线专业技术人员更新知识结构、提高能力素质提供便捷高效的服务。

第二十条 继续教育机构应当按照专兼职结合的原则，聘请具有丰富实践经验、理论水平高的业务骨干和专家学者，建设继续教育师资队伍。

第二十一条 人力资源社会保障部按照国家有关规定遴选培训质量高、社会效益好、在继续教育方面起引领和示范作用的继续教育机构，建设国家级专业技术人员继续教育基地。

县级以上地方人力资源社会保障行政部门和有关行业主管部门可以结合实际，建设区域性、行业性专业技术人员继续教育基地。

第二十二条 人力资源社会保障行政部门会同有关行业主管部门和行业组织，建立健全继续教育公共服务体系，搭建继续教育公共信息综合服务平台，发布继续教育公需科目指南和专业科目指南。

人力资源社会保障行政部门会同有关行业主管部门和行业组织，根据专业技术人员不同岗位、类别和层次，加强课程和教材体系建设，推荐优秀课程和优秀教材，促进优质资源共享。

第二十三条 人力资源社会保障行政部门和有关行业主管部门直接举办继续教育活动的，应当突出公益性，不得收取费用。

人力资源社会保障行政部门和有关行业主管部门委托继续教育机构举办继续教育活动的，应当依法通过招标等方式选择，并与继续教育机构签订政府采购合同，明确双方权利和义务。

鼓励和支持企业、事业单位、行业组织等举办公益性继续教育活动。

第二十四条 人力资源社会保障行政部门应当建立继续教育统计制度，对继续教育人数、时间、经费等基本情况进行常规统计和随机统计，建立专业技术人员继续教育情况数据库。

第二十五条 人力资源社会保障行政部门或者其委托的第三方评估机构可以对继续教育效果实施评估，评估结果作为政府有关项目支持的重要参考。

第二十六条 人力资源社会保障行政部门应当依法对用人单位、继续教育机构执行本规定的情况进行监督检查。

第四章　法律责任

第二十七条 用人单位违反本规定第五条、第十一条、第十二条、第十五条第二款、第十六条、第十七条规定的，由人力资源社会保障行政部门或者有关行业主管部门责令改正；给专业技术人员造成损害的，依法承担赔偿责任。

第二十八条 专业技术人员违反本规定第八条第一款、第十五条第一款规定，无正当理由不参加继续教育或者在学习期间违反学习纪律和管理制度的，用人单位可视情节给予批评教育、不予报销或者要求退还学习费用。

第二十九条 继续教育机构违反本规定第十九条第一款规定的，由人力资源社会保障行政部门或者有关行业主管部门责令改正，给予警告。

第三十条 人力资源社会保障行政部门、

有关行业主管部门及其工作人员，在继续教育管理工作中不认真履行职责或者徇私舞弊、滥用职权、玩忽职守的，由其上级主管部门或者监察机关责令改正，并按照管理权限对直接负责的主管人员和其他直接责任人员依法予以处理。

第五章　附　　则

第三十一条　本规定自 2015 年 10 月 1 日起施行。1995 年 11 月 1 日原人事部发布的《全国专业技术人员继续教育暂行规定》（人核培发［1995］131 号）同时废止。

中华人民共和国人力资源和社会保障部令

第 26 号

《人力资源社会保障部关于废止〈招用技术工种从业人员规定〉的决定》已经 2015 年 11 月 10 日人力资源社会保障部第 76 次部务会讨论通过，现予公布，自公布之日起生效。

部长　尹蔚民

二〇一五年十一月十二日

人力资源社会保障部关于废止《招用技术工种从业人员规定》的决定

根据 2013 年《国务院机构改革和职能转变方案》和《国务院办公厅关于清理规范各类职业资格相关活动的通知》（国办发［2007］73 号）的精神，进一步规范职业资格设置管理，推进职业资格制度改革，降低市场准入门槛，激发市场活力、潜力和社会创造力，推动大众创业、万众创新，人力资源社会保障部决定，对《招用技术工种从业人员规定》（劳动和社会保障部令第 6 号）予以废止。本决定自公布之日起生效。

人力资源社会保障部　财政部
关于提高全国城乡居民基本养老保险
基础养老金最低标准的通知

人社部发［2015］5号

各省、自治区、直辖市人民政府，新疆生产建设兵团，计划单列市人民政府：

经国务院批准，从2014年7月1日起，全国城乡居民基本养老保险基础养老金最低标准提高至每人每月70元，即在原每人每月55元的基础上增加15元。提高标准所需资金，中央财政对中西部地区给予全额补助、对东部地区给予50%的补助。此次增加的基础养老金金额，不得冲抵或替代各地自行提高的基础养老金。各地人力资源社会保障和财政部门要做好提高基础养老金标准的相关工作，尽快将提高后的养老金及时足额发放到位。要搞好政策宣传，正确引导社会舆论。同时，进一步健全参保缴费激励机制，引导和鼓励城乡居民选择更高档次缴费、长期持续缴费，增加个人账户积累，逐步提高养老保障水平。

二〇一五年一月十日

人力资源社会保障部　财政部
关于做好2015年城镇居民
基本医疗保险工作的通知

人社部发［2015］11号

各省、自治区、直辖市人力资源社会保障厅（局）、财政厅（局），新疆生产建设兵团人力资源社会保障局、财务局：

为落实中央经济工作会议精神，完成“十二五”期间深化医药卫生体制改革规划暨实施方案的有关任务，现就做好2015年城镇居民基本医疗保险（以下简称居民医保）工作通知如下：

一、完善筹资和待遇调整机制

（一）建立稳定可持续的筹资机制。2015年各级财政对居民医保的补助标准在2014年的基础上提高60元，达到人均380元。其中，中央财政对120元基数部分按原有比例补助，对增加的260元按照西部地区80%和中部地区60%的比例给予补助，对东部地区各省份分别按一定比例给予补助。地方各级财政部门要按照要求足额安排地方财政补助资金，并及时拨付到位。同时，平衡政府与个人的责任，逐步提高个人缴费占整体筹资的比重，建立政府和个人合理分担可持续的筹资机制。2015年居民个人缴费在2014年人均不低于90元的基础上提高30元，达到人均不低于120元。地方各级人社部门要做好个人缴费征缴工作，宣传个人缴费义务，落实个人缴费责任，切实拓宽筹资渠道，改善筹资结构。

（二）完善与筹资水平相适应的待遇调整机制。实施全民参保登记计划，实现应保尽保，减少重复参保。完成“十二五”医改规划的任务目标，落实基本医保和大病保险待遇政策，实现居民医保政策范围内住院费用报销比例达到75%左右，逐步缩小与实际住院费用支付比例之间的差距。同时，避免泛福利化倾向，防止待遇攀比对费用分担机制造成冲击。积极支持建立分级诊疗制度，完善不同级别医疗机构的医保差别支付政策。继续做好居民医保门诊统筹工作，不断完善居民医保门诊统筹保障机制。

二、完善居民医保制度，强化管理服务

（三）全面推进大病保险制度。2015年年底所有地级以上统筹地区全面启动实施城乡居民大病保险，覆盖所有居民医保参保人员。科学合理确定筹资水平，在确保居民医保基金收支平衡和待遇稳步提高的前提下，逐步提高大病保险筹资标准，建立多渠道筹集机制。进一步提高经基本医保报销后需个人负担的合规医疗费用支付水平，实际支付比例不低于50%。做好基本医保、大病保险与医疗救助等各项制度的政策衔接和费用结算服务。

（四）建立和完善基金运行分析与风险预警机制。巩固完善市级统筹，探索省级统筹，增强基金抗风险能力。高度认识防范基金风险的重要性，基于医疗保险信息系统，建立和完善基金运行分析和风险预警机制，定期对基金运行情况进行分析，监控基金支出增速、基金结余等关键性指标，及时发现潜在风险。做好基金风险应急处理预案，统筹基金出现赤字的地区，在一定时期内应暂缓提高医保待遇，妥善处理基金收支不平衡问题。加强医保基金中长期精算工作，并基于精算结果，将基金结余保持在合理水平。

（五）深化支付方式改革，加强医疗服务监管。按照《人力资源社会保障部关于进一步推进医疗保险付费方式改革的意见》（人社部发［2011］63号）和《人力资源社会保障部 财政部 卫生部关于开展基本医疗保险付费总额控制的意见》（人社部发［2012］70号），加大改革力度，加快改革步伐，全面推进按人头付费、按病种付费和总额控制等复合付费方式，切实控制医疗费用过快增长。贯彻落实《人力资源社会保障部关于进一步加强基本医疗保险医疗服务监管的意见》（人社部发［2014］54号）相关要求，加强对医疗服务行为和医疗费用的监管，完善定点医疗机构服务协议，将监管延伸到医务人员医疗服务行为，明确基金监管职责，分类处理监管发现的问题。

（六）强化医保信息化管理手段。加快推进金保工程二期建设，全面推进社会保障卡应用和服务，建设和完善基本医疗保险信息系统，逐步提高系统集中层级；优化信息化监控手段，建立医疗保险监控系统；充分利用医保信息系统建设成果，做好与商业保险机构的系统对接，确保数据安全；逐步形成支持城乡联动和跨地区协作的信息化支撑体系，实现更为便捷高效的服务。

三、做好其他工作

（七）积极稳妥推进相关工作。各地要以改革的勇气和智慧，进一步深化改革，锐意创新，加快推进城乡居民基本医疗保险制度整合，统筹城乡医保体系建设；总结经验，不断完善政府购买服务的内容、方式和管理手段，规范商业保险经办大病保险业务，建立合理有效的绩效考核评价机制。各地要按照深化医药卫生体制改革的总体要求，加强组织领导，精心组织，周密安排，抓好落实。要加强宣传，做好舆情监测，引导群众合理预期。各地在居民医保工作中遇到的重大问题请及时向人力资源社会保障部、财政部报告。

二〇一五年一月二十七日

人力资源社会保障部　公安部关于加强社会保险欺诈案件查处和移送工作的通知

人社部发［2015］14号

各省、自治区、直辖市及新疆生产建设兵团人力资源社会保障厅（局）、公安厅（局）：

为贯彻落实全国人大常委会关于《中华人民共和国刑法》第二百六十六条的立法解释，完善行政执法与刑事司法有效衔接机制，加强社会保险行政部门与公安机关的协作配合，有效打击社会保险欺诈行为，切实保障基金安全完整、维护公民合法权益，促进社会诚信和法治建设，根据《中华人民共和国刑法》、《中华人民共和国社会保险法》以及《行政执法机关移送涉嫌犯罪案件的规定》等法律法规的规定，现就进一步加强涉及社会保险欺诈案件查处和移送工作通知如下：

一、高度重视社会保险欺诈案件查处移送工作，依法严惩社会保险领域违法犯罪行为

近年来，在党中央、国务院的正确领导下，社会保险事业取得重大进展，基金总体安全有效运行，对于保障和改善民生、促进社会公平正义、维护社会和谐稳定发挥了重要作用。但是，一些单位和个人诚信、守法意识淡薄，采取欺诈、伪造证明材料等手段骗取社会保险基金，直接导致基金多支少收，尤其是一些地方甚至出现了有组织的社会保险欺诈犯罪活动，严重侵害基金安全，危害社会保险制度可持续发展，破坏法律秩序，损害社会诚信，败坏社会风气，必须依法予以惩治和打击。全国人大常委会出台刑法第二百六十六条立法解释，对社会保险欺诈的刑罚适用进行了明确，即按照诈骗罪依法追究刑事责任，为打击和震慑社会保险领域欺诈违法犯罪行为、促进构建诚信社会提供了有力法律武器。依法做好社会保险欺诈案件的查处和移送工作是各级社会保险行政部门、公安机关必须履行的职责。各级社会保险行政部门、公安机关要充分认识社会保险欺诈违法犯罪活动的危害性，履职尽责，密切协作，着力健全社会保险基金监督行政执法与刑事司法有效衔接机制，依法移送和查处涉嫌社会保险欺诈犯罪案件，共同打击社会保险欺诈违法犯罪活动，切实维护法律权威和统一。

二、认真履行工作职责，依法查处社会保险欺诈违法犯罪案件

社会保险行政部门和公安机关要严格按照法定职权，依法加强对社会保险欺诈案件的查处，坚决打击和震慑欺诈违法犯罪行为。

（一）认真做好行政监督检查和调查处理工作。社会保险行政部门要依法对社会保险法律法规和规章执行以及基金征缴、支付、管理和投资运营情况进行监督检查，依法受理社会保险欺诈举报、投诉。经检查和调查，对违法事实清楚、证据确凿的，应当依法依规作出行政处理处罚决定。对单位和个人涉嫌社会保险欺诈犯罪的案件，应当依法向同级公安机关移送；发现国家工作人员涉嫌违纪、犯罪线索的，应当向纪检监察机关或者人民检察院移送。社会保险行政部门要严格执行人民法院、人民检察院或公安机关的案件移送标准，不得以行政处理处罚代替移送。社会保险行政部门所属的经办机构发现涉嫌违法违规的问题，要及时向同级行政部门报告，并将调查材料一并移交。对社会保险经办机构移交处理的各类问题，社会保险行政部门和经办机构应及时沟通处理结果。

（二）依法做好案件立案侦查和移送起诉工作。公安机关对社会保险行政部门移送的涉嫌社会保险欺诈案件应当及时审查决定是否立案。对于立案的，应当及时侦查，查明事实。对于犯罪事实清楚、证据确凿应当追究刑事责任的，移送人民检察院起诉，并及时告知移送案件的社会保险行政部门。公安机关侦查后认为犯罪事实显著轻微，不需要追究刑事责任，但应当依法追究行政责任的，应当撤销案件并及时将案件移送同级社会保险行政部门。

（三）及时查处非刑事案件。社会保险行政部门对公安机关决定不予立案或者立案后撤销的案件，应当依法依规作出处理。对于欺诈骗取的社会保险基金应当依法追缴或追回；依照社会保险法律法规和规章的规定应当给予行政处罚的，应当依法依规作出行政处罚决定，制作行政处罚决定书，按照规定程序送达当事人。对于当事人逾期并经催告后仍不执行行政处理处罚决定的，应当依法申请人民法院强制执行。对于通过行政处理处罚，追缴或者追回的社会保险基金以及滞纳金应当缴入社会保险基金财政专户，纳入社会保险基金核算；罚款应当缴入国库，任何单位和个人不得截留、私分或者变相私分。

三、严格执行规定程序，及时做好社会保险欺诈案件移送和受理立案工作

各级社会保险行政部门和公安机关要严格按照《行政执法机关移送涉嫌犯罪案件的规定》要求，细化案件移送标准，规范案件移送程序，确保案件移送及时、高效。

（一）涉嫌社会保险欺诈案件移送。社会保险行政部门移送涉嫌社会保险欺诈犯罪的案件，应当按照《行政执法机关移送涉嫌犯罪案件的规定》，组成专案组，核实案情提出移送书面报告向本部门负责人报告同意后，制作《涉嫌犯罪案件移送书》，并附涉嫌社会保险欺诈犯罪案件调查报告、涉案的有关书证、物证及其他有关涉嫌犯罪的材料，在规定时间内向公安机关移送，并抄送同级人民检察院。在移送案件时已经作出行政处罚决定的，应当将行政处罚决定书一并抄送。

（二）移送案件受理和立案审查。公安机关对社会保险行政部门移送的涉嫌社会保险欺诈犯罪案件，应当予以受理，并在涉嫌犯罪案件移送书回执上签字。公安机关对于不属于本机关管辖的案件，应在受理后24小时内转送有管辖权的机关，并书面告知移送案件的社会保险行政部门。公安机关应当在受理涉嫌社会保险欺诈犯罪案件之日起3日内依法进行审查，决定是否立案。认为有犯罪事实，应追究刑事责任的，依法立案。公安机关作出立案或者不予立案决定，应当在作出决定之日起3日内书面告知移送案件的社会保险行政部门。决定不予立案的，应当书面说明不立案的理由，并退回案卷材料。社会保险行政部门对于公安机关不予立案的决定有异议的，可以自接到通知后3日内向作出不予立案的公安机关提出复议，也可以建议检察机关依法进行立案监督。

（三）跨区域案件管辖和移送。跨区域的涉嫌犯罪案件，依照属地原则，由主要行为发生地或社会保险基金主要受损地社会保险行政部门移送当地公安机关。公安机关经审查，认为不属于本地区管辖的案件，应当转送有管辖权的公安机关。对跨区域案件管辖有异议的，报请共同的上一级公安机关指定管辖。公安机关跨区域调查案件的，有关地区公安机关和社会保险行政部门应当积极配合，协助调查。

四、健全沟通协作机制，确保社会保险基金监督行政执法与刑事司法工作有效衔接

各级社会保险行政部门和公安机关要建立社会保险欺诈案件查处移送工作联系机制，加强沟通协调，联动配合，确保工作衔接顺畅，案件查处及时有力。

（一）建立联席会议和情况通报制度。要定期召开联席会议，互通社会保险欺诈案件查处以及行政执法与刑事司法衔接工作情况，分析社会保险欺诈形势和任务，协调解决工作中存在的问题，研究提出加强预防和查处的措施。要加强信息情况通报，通过工作简报、信息网络等形式，及时通报和交换相关信息，实现信息共享。

（二）联动配合查办案件。要加强案件查处过程中的沟通协作，公安机关在查处社会保险欺诈案件过程中，需要社会保险行政部门协助查证、提供有关社会保险信息数据和证据材料或者就政策性、专业性问题进行咨询的，社会保险行政部门应当予以协助配合；社会保险行政部门对涉嫌犯罪行为人可能逃匿或者故意销毁证据，需要采取紧急措施的，应当及时通报公安机关，公安机关应当依法及时予以处置。社会保险行政部门和公安机关要适时开展专项行动，切实发挥震慑作用，推进建立行政和司法联动打击社会保险欺诈长效机制。

（三）加强重大案件查办会商。公安机关对社会保险行政部门移送的大案要案，要集中优势警力，运用多种侦查手段，快查快破。对案情复杂、社会影响较大的案件，要组织专门力量侦办。要加强案件会商，严格依法办案，按照法定职责、权限和程序，严格区分罪与非罪，既要防止以罚代刑，降格处理，又要防止扩大打击面。

（四）健全案件管理和报告制度。各级社会保险行政部门和公安机关要建立规范、有效案件管理制度，加强案件跟踪督办和汇总报告，定期上报社会保险欺诈案件情况。完善单位和个人社会保险欺诈违法信息记录和使用机制，促进社会诚信建设。加强社会保险欺诈典型案例分析和业务培训，总结和把握案件规律特点，不断提高案件查办能力和执法水平。上级社会保险行政部门和公安机关应当对下级社会保险行政部门和公安机关执行本通知的情况进行督促检查，定期抽查案件查办情况，及时纠正案件移送工作中的问题和错误。

五、加强宣传和舆论引导，形成共同防范和打击社会保险欺诈的良好社会氛围

各地要通过网络、报刊、广播、电视等多种渠道，加大社会保险宣传力度，加强社会保险信息披露，增进社会各方面对社会保险制度的理解和支持，共同维护基金安全。要完善举报奖励制度，通过设立举报信箱、电话、传真、电子邮箱以及在政府网站设立专栏等形式，搭建监督平台、畅通监督渠道，鼓励和支持参保个人、单位、社会组织和新闻媒体等社会各方面参与社会保险基金监督，严格执行举报保密制度，保护举报人合法权益。推进健全行业自律和从业人员自律机制，加强自我约束和内部控制。要依法受理和查处社会监督举报反映的社会保险欺诈违法违规问题，推进建立社会监督与行政监督相结合的有效机制。要依法向社会公布查处的社会保险欺诈违法犯罪案件，做好舆论宣传引导工作，有效发挥警示教育作用，从而更好地惩处违法行为、震慑犯罪分子。

人力资源社会保障部基金监督司、公安部刑事侦查局具体负责社会保险欺诈案件查处和移送工作组织指导工作。

附件：

1. ×××人力资源和社会保障厅（局）涉嫌犯罪案件移送书（略）

2. 涉嫌犯罪案件移送书（回执）（略）

二〇一五年二月三日

人力资源社会保障部 财政部 关于调整失业保险费率有关问题的通知

人社部发［2015］24号

各省、自治区、直辖市及新疆生产建设兵团人力资源社会保障厅（局）、财政厅（局）：

为了完善失业保险制度，建立健全失业保险费率动态调整机制，进一步减轻企业负担，促进就业稳定，经国务院同意，现就适当降低失业保险费率有关问题通知如下：

一、从2015年3月1日起，失业保险费率暂由现行条例规定的3%降至2%，单位和个人缴费的具体比例由各省、自治区、直辖市人民政府确定。在省、自治区、直辖市行政区域内，单位及职工的费率应当统一。

二、各地降低失业保险费率要坚持“以支定收、收支基本平衡”的原则。要充分考虑提高失业保险待遇标准、促进失业人员再就业、落实失业保险稳岗补贴政策等因素对基金支付能力的影响，结合实际，认真测算，研究制定降低失业保险费率的具体方案，经省级人民政府批准后执行，并报人力资源社会保障部和财政部备案。

三、各地要按照本通知的要求，抓紧研究制定本行政区降低失业保险费率的方案，尽早组织实施。执行中遇到的问题，要及时向人力资源社会保障部和财政部报告。

二〇一五年二月二十七日

人力资源社会保障部关于发布社会保障卡规范等 8 项行业标准的通知

人社部发［2015］31 号

各省、自治区、直辖市及新疆生产建设兵团人力资源社会保障厅（局），部属各单位，公务员局：

《社会保障卡规范　第 1 部分：卡片样式》、《社会保障卡规范　第 2 部分：机电特性、逻辑接口与传输协议》、《社会保障卡规范　第 3 部分：文件系统和应用选择》、《社会保障卡规范　第 4 部分：安全机制》、《社会保障卡规范　第 5 部分：命令》、《社会保障卡规范　第 6 部分：应用数据结构》、《社会保障卡规范　第 7 部分：应用流程》、《社会保障卡读写终端规范》等 8 项推荐性行业标准已经我部审核批准，标准编号分别是：LD/T 32.1—2015、LD/T 32.2—2015、LD/T 32.3—2015、LD/T 32.4—2015、LD/T 32.5—2015、LD/T 32.6—2015、LD/T 32.7—2015 和 LD/T 33—2015，现予以发布。自 2015 年 5 月 1 日起实施。

二〇一五年三月二十七日

中共中央组织部　人力资源社会保障部　教育部　财政部　水利部　农业部　国家卫生和计划生育委员会　国务院扶贫开发领导小组办公室　共青团中央关于做好2015年高校毕业生“三支一扶”计划实施工作的通知

人社部发〔2015〕34号

各省、自治区、直辖市及新疆生产建设兵团党委组织部，人力资源社会保障厅（局）、教育厅（教委、教育局）、财政厅（财政局、财务局）、水利（水务）厅（局）、农业（农牧、农村经济）厅（委、局、办）、卫生计生委（卫生局）、扶贫办（局），团委：

2015年是实施第二轮高校毕业生“三支一扶”（支教、支农、支医和扶贫）计划的收官之年。各地要紧紧围绕贯彻落实十八届三中全会提出的“健全鼓励高校毕业生到基层工作的服务保障机制”改革任务，开拓创新，精心组织，规范管理，强化服务，扎实做好2015年“三支一扶”计划的组织实施工作。现就有关事项通知如下：

一、科学安排招募计划，严格规范组织选拔招募工作

各地要在中央下达的招募计划基础上，统筹考虑城乡基层人才实际需求、其他基层服务项目实施情况、经费保障水平、期满就业情况等因素，量力而行，科学合理确定本地“三支一扶”计划招募总体规模。要会同本地“三支一扶”工作领导小组成员单位，制定详细的招募工作方案。岗位征集过程中，要注重适当向基层一线、艰苦边远地区，以及当前或未来2～3年有空编的基层服务单位倾斜。要明确拟招募岗位的专业要求，不断提高人岗专业匹配度。为进一步加大基层水利岗位的招募力度，今年起在安排招募计划、征集招募岗位、发布招募公告时，将水利岗位从支农项目中单独列出。

各地要严格规范选拔招募流程，坚持信息公开、过程公开、结果公开，坚持平等竞争、择优录取，确保选拔招募工作平稳实施。要坚决杜绝选拔招募过程中的不正之风。有条件的地方，可统筹安排“三支一扶”计划和其他基层服务项目的选拔招募工作，提高工作效率，方便高校毕业生参加。各地原则上要在6月30日前完成选拔招募工作，7月31日前将拟招募人员基本信息上传至全国高校毕业生“三支一扶”工作管理信息系统，要确保上传信息质量。

二、立足岗位，扎实抓好“三支一扶”大学生培养使用和管理服务工作

各地要普遍开展新招募“三支一扶”大学生岗前培训，帮助他们尽快熟悉基层情况、完成角色转换。各地特别是县级人社部门要加强与基层服务单位的沟通联系，明确每一名“三支一扶”大学生的岗位职责和工作要求，积极推进选拔“三支一扶”大学生兼任乡镇团委副书记、委员工作。要坚持培养和使用相结合、管理和服务相结合，组织开展形式多样的在岗培训，实行“导师制”、结对帮扶等，不断提升“三支一扶”大学生服务基层的能力。要进一步完善管理考核制度，建立“三支一扶”大学生日常表现跟踪了解机制，认真做好年度考核和服务期满考核工作。要加强思想教育和心理辅导，定期开展谈心谈话活动，引导“三支一扶”大学生乐于投身基层、积极发挥作用。要关心“三支一扶”大学生生活，协调加大食宿、交通、卫生保健等保障力度，开展必要的慰问交流活动。充分利用信息化手段，搭建灵活多样的“三支一扶”大学生服务和交流平台。

三、加大各项保障措施落实力度，不断提高保障水平

各地要参照当地乡镇事业单位从高校毕业生中新聘用工作人员试用期满后工资收入水平，确定“三支一扶”大学生工作生活补贴标准，并根据同岗位人员待遇调整情况和本地经济发展水平，适时调整补贴标准。各地财政部门要加大资金保障力度，确保按时足额发放“三支一扶”大学生工作生活补贴，不得出现拖欠现象。

各地要进一步落实“三支一扶”大学生参加社会保险政策，省级“三支一扶”办要加强工作指导和督促检查，力争实现全员参保。有条件的地方可为“三支一扶”大学生办理重大疾病、人身意外伤害等商业保险以及住房公积金，建立绩效考核奖励制度，不断完善工作生活保障机制，提高保障水平。

四、多措并举，全力促进服务期满“三支一扶”大学生就业

各地要高度重视服务期满大学生就业工作，综合施策，拓宽门路，强化服务，建立多渠道流动机制。鼓励有空编的基层服务单位按规定积极留用期满考核合格人员，补充基层人才队伍力量。认真落实公务员定向招录、事业单位优先招聘、考研加分等扶持政策，促进服务期满大学生到基层机关、事业单位就业或继续升学。对有创业愿望的，纳入本地“大学生创业引领计划”、“现代青年农场主培育计划”，提供创业培训和创业服务，按规定落实创业扶持政策。要积极向区域内国有企业等用人单位推荐服务期满大学生，有条件的可组织专门的岗位对接活动。要将未落实就业去向的人员作为重点服务对象，进行实名登记，提供“一对一”就业服务，帮助其尽快实现就业。

五、加强组织领导，全面做好2015年其他各项工作

各地要加强对“三支一扶”工作的组织领导，根据实际工作需要，健全本地“三支一扶”工作领导小组，及时将水利等部门纳入领导小组成员单位。要完善工作机制，人社部门作为牵头部门，要主动加强沟通协调，各相关部门要发挥职能优势，积极协作，共同研究解决工作中的重点难点问题，形成推动工作健康发展的合力。

要认真做好经费管理使用工作。省级人社部门要按照中央下达招募计划的完成情况和补助标准，会同同级财政部门做好中央补助专项经费的测算工作，并于8月31日前分别报送财政部和人力资源社会保障部。要严格按照专项经费管理相关规定，坚持专款专用，切实做好经费拨付、管理、使用和监督等各环节工作。各级人社部门要根据实际需要，积极协调同级财政部门安排“三支一扶”工作所需经费，确保“三支一扶”工作顺利实施。

各地要指定专人负责管理和使用全国“三支一扶”工作管理信息系统，严格按照信息上报的审核流程，及时准确地做好各类信息的采集、上报和更新工作。8 月 31 日前，完成今年新上岗“三支一扶”大学生的数据更新；12 月 31 日前，完成在岗人员数据完善和服务期满人员信息更新。今年，人社部将进一步完善全国“三支一扶”工作管理信息系统，调整相关统计指标，增加地方工作进度调度功能，各地要及时跟进、落实到位。

各地要利用网络、报刊、广播、电视等媒体，组织开展主题突出、内容丰富、形式多样的宣传报道活动，大力宣传“三支一扶”计划的重要意义、政策措施和实施成效，挖掘并宣传“三支一扶”大学生优秀典型事迹，扩大“三支一扶”计划的社会影响，营造良好舆论氛围。各地要认真总结地方和有关部门在选拔招募、管理服务、期满就业等方面的好做法好经验，及时上报全国“三支一扶”办，促进相关交流借鉴。

各级人社部门要组织开展第二轮“三支一扶”计划实施情况总结评估工作，会同有关部门，系统总结本地 2011 年以来“三支一扶”计划的工作进展、主要成效、存在的困难和问题，研究提出深入推进“三支一扶”计划的政策措施。省级“三支一扶”办要在总结评估基础上，形成书面的评估报告，于 9 月 30 日前报送全国“三支一扶”办。

附件：

1. 全国“三支一扶”工作领导小组及办公室成员名单（略）

2. 2015 年“三支一扶”计划名额分配方案（略）

二〇一五年四月三日

人力资源社会保障部关于修改《人事部关于印发〈国务院所属部门人才中介服务机构管理办法〉和〈全国性人才交流会审批办法〉的通知》的通知

人社部发［2015］41号

各省、自治区、直辖市及新疆生产建设兵团人力资源社会保障厅（局），各副省级市人力资源社会保障局，国务院各部门人事机构：

根据《国务院关于取消和下放一批行政审批项目等事项的决定》（国发［2013］19号）、《国务院关于印发注册资本登记制度改革方案的通知》（国发［2014］7号）和《国务院关于取消和调整一批行政审批项目等事项的决定》（国发［2014］50号），我部决定对《人事部关于印发〈国务院所属部门人才中介服务机构管理办法〉和〈全国性人才交流会审批办法〉的通知》（国人部发［2005］97号）作以下修改：

一、废止《全国性人才交流会审批办法》。

二、删去《国务院所属部门人才中介服务机构管理办法》第三条中的“经批准获得《人才中介服务许可证》（以下简称《许可证》）后，按照有关规定，属于事业单位的，到机构编制管理部门办理登记手续；属于企业的，到工商行政管理部门办理登记注册手续”。

删去第五条第（四）项。

本通知自公布之日起施行。

二〇一五年四月三十日

人力资源社会保障部关于贯彻落实《国务院关于进一步做好新形势下就业创业工作的意见》的通知

人社部发［2015］42号

各省、自治区、直辖市及新疆生产建设兵团人力资源社会保障厅（局）：

2015年4月27日，国务院印发《关于进一步做好新形势下就业创业工作的意见》（国发［2015］23号，以下简称《意见》），对做好新时期就业创业工作作出了全面部署，提出了明确要求，充分体现了党中央、国务院对就业创业工作的高度重视。为切实做好《意见》的贯彻落实工作，现就有关问题通知如下：

一、充分认识《意见》出台的重要意义

国务院新出台的这个《意见》，是新形势下指导就业创业工作的纲领性文件。针对经济新常态下就业面临的新形势、新变化，《意见》提出把创业和就业结合起来，以创业创新带动就业，以就业创业带动经济发展，明确了一系列促进就业创业的政策措施，是对积极就业政策体系的完善和发展，也是对加快培育大众创业、万众创新新引擎，催生经济发展新动力的重大政策创新。把《意见》确定的各项政策贯彻好，把就业创业各项任务落实好，对于促进民生改善、经济结构调整和社会和谐稳定具有十分重要的意义。各地人力资源社会保障部门要统一思想认识，认真学习和准确把握《意见》精神，从党和国家工作大局出发，从更好保障和改善民生、促进经济社会和谐发展的站位出发，切实做好《意见》的贯彻落实工作。要以推动大众创业、高校毕业生就业和失业人员再就业为重点，切实抓好政策落实、公共就业创业服务、职业培训和就业统计监测等关键环节的工作，进一步充实完善促进就业创业工作政策措施，不断提升工作科学化和规范化水平，努力保持就业局势长期稳定。

二、抓紧出台具体实施意见

各地人力资源社会保障部门要在地方党委、政府的领导下，认真履行就业创业工作牵头部门职责，主动协调有关部门，结合当地实际抓紧研究制定本地区实施意见，确保至迟在7月底前省、市两级政府全部出台，力争早出台、早落实。同时要抓紧完善各项政策的具体操作办法，特别是对《意见》中提出的关于鼓励劳动者自主创业、促进高校毕业生多渠道就业、帮扶困难人员就业、强化就业创业服务、扩大失业保险稳定岗位补贴政策运用范围等方面的新政策，要结合实际，细化操作流程，努力提高政策针对性和实效性，确保所有政策尽快付诸实施。要优化就业创业政策经办服务，以促进劳动者更便捷享受政策扶持为出发点，

切实简化申请手续和相关证明材料，严格执行7个工作日内完成申请材料审核工作的有关要求，进一步压缩政策办理时限。各地还要妥善处理好政策衔接与工作衔接，确保过渡时期政策落实不断档，扶持对象不受影响。

三、以贯彻落实《意见》促进全年重点工作的开展

各地人力资源社会保障部门要将贯彻落实《意见》精神作为全年就业创业工作的主线，按照既定要求，精准发力，确保完成各项目标任务。一要突出抓好高校毕业生就业工作。运用税收、金融、资金补贴等各类政策，鼓励引导毕业生到城乡基层、中西部地区、艰苦边远地区和中小微企业就业，支持灵活就业和网络创业，扩大求职创业补贴发放范围并拓展功能，加强对困难毕业生就业创业的帮扶，深入实施离校未就业高校毕业生就业促进计划和大学生创业引领计划，精心开展系列专项服务活动。二要突出抓好创业工作。积极搭建公共就业创业服务平台，支持各类创业园区和新型孵化模式发展，推动创业担保贷款、减税降费、专业技术人员离岗创业等政策尽快落地，深入推进创业型城市建设，并支持各有关部门深入开展创业促进工作。三要突出抓好就业服务和职业培训工作。运用就业创业服务补贴政策，进一步加强就业服务能力建设，提高服务均等化、标准化、专业化水平，加快就业信息互联互通。加快推进人力资源市场整合，完善公共就业和人才服务体系，鼓励发展人力资源服务业，加强市场监管。开展农民工职业技能提升培训和失业人员转业转岗培训，推行企业新型学徒制，调动劳动者参加培训的积极性。四要突出解决好经济下行压力下的就业问题。密切关注就业形势变化，全面落实降低失业保险费率及失业保险稳岗补贴政策，加强对失业风险的防范和有效调控，妥善做好结构调整、化解产能过剩过程中的失业人员再就业工作。

四、深入开展政策宣传

各地人力资源社会保障部门要广泛开展政策宣传解读活动，充分利用各种传统媒体和新兴传播平台，采用专家解读、集中培训、咨询交流等多种方式，提高就业创业政策知晓度，让劳动者真正了解政策，主动监督政策，更好通过政策扶持实现就业创业。要注重宣传促进就业创业的经验做法，宣传劳动者自主就业、自主创业和用人单位促进就业的典型事迹，引导全社会共同关心和支持就业创业工作。下半年，部里将举办就业创业政策培训班，重点对省及省会城市、计划单列市就业创业工作相关业务骨干进行培训。各地也要结合实际，组织好对本地区行政机关、公共就业人才服务机构、职业培训机构和基层公共就业服务平台工作人员的业务培训，促进全系统特别是基层工作人员准确理解、全面掌握、正确执行各项政策。

五、切实加强就业创业工作组织领导

各地人力资源社会保障部门要会同有关单位，抓紧向党委、政府汇报《意见》的主要精神和具体要求，争取领导的重视和支持，推动政府把促进就业创业摆在经济社会发展的优先位置。要巩固和加强就业工作联席会议制度，健全就业创业工作协调机制，强化部门间沟通协作，充分调动各人民团体及其他社会组织的积极性，形成统一领导、部门联动、齐抓共管、分工协作的工作格局。要坚持把促进就业创业作为人社部门的重要政治责任和第一位的任务，切实加强组织领导，形成一把手亲自抓、分管领导具体抓，一级抓一级、层层抓落实的良好工作机制。对各地贯彻落实《意见》精神和就业创业工作进展情况，部里将加强工作调度，适时组织开展专项督查。各地也要进一步加强对市、县工作的督促指导，积极报请政府建立健全就业创业工作督促检查机制，确保《意见》贯彻落实到位。

二〇一五年五月四日

人力资源社会保障部　财政部关于印发资产评估师职业资格制度暂行规定和资产评估师职业资格考试实施办法的通知

人社部发［2015］43号

各省、自治区、直辖市及新疆生产建设兵团人力资源社会保障厅（局）、财政厅（局），国务院各部委、各直属机构人事部门，中央管理的企业：

根据《国务院机构改革和职能转变方案》和《国务院关于取消和调整一批行政审批项目等事项的决定》（国发［2014］27号）有关取消“注册资产评估师职业资格许可”的要求，为加强资产评估专业人员队伍建设，适应资产评估行业发展，在总结原注册资产评估师执业资格制度实施情况的基础上，人力资源社会保障部、财政部制定了《资产评估师职业资格制度暂行规定》和《资产评估师职业资格考试实施办法》，现印发给你们，请遵照执行。

自本通知施行之日起，原人事部、原国家国有资产管理局《关于印发〈注册资产评估师执业资格制度暂行规定〉及〈注册资产评估师执业资格考试实施办法〉的通知》（人职发［1995］54号）、《人事部　财政部关于调整注册资产评估师执业资格考试有关政策的通知》（人发［2002］20号）、《人事部　财政部关于在注册资产评估师执业资格中增设珠宝评估专业有关问题的通知》（人发［2003］19号）同时废止。

二〇一五年四月二十七日

资产评估师职业资格制度暂行规定

第一章　总　　则

第一条　为加强资产评估专业人员队伍建设，提高资产评估专业人员素质，规范资产评估行业管理，根据《国务院机构改革和职能转变方案》和国家职业资格证书制度的有关规定，制定本规定。

第二条　本规定适用于从事资产评估业务的专业人员。

第三条　国家设立资产评估师水平评价类

职业资格制度，面向全社会提供资产评估师能力水平评价服务，纳入全国专业技术人员职业资格证书制度统一规划。

第四条 资产评估师职业资格实行考试的评价方式。

资产评估师英文为：Public Valuer（简称PV）。

第五条 通过资产评估师职业资格考试并取得职业资格证书的人员，表明其已具备从事资产评估专业岗位工作的职业能力和水平。

第六条 人力资源社会保障部、财政部共同负责资产评估师职业资格制度的政策制定，并按职责分工对资产评估师职业资格制度的实施进行指导、监督和检查。中国资产评估协会具体承担资产评估师职业资格的评价与管理工作。

第二章 考　试

第七条 资产评估师职业资格增设珠宝评估专业，其资格名称为资产评估师（珠宝）。资产评估师（含珠宝评估专业）职业资格（以下统称资产评估师职业资格）实行全国统一大纲、统一命题、统一组织的考试制度。

第八条 中国资产评估协会负责资产评估师职业资格考试的组织和实施工作。组织成立资产评估师职业资格考试专家委员会，研究拟定资产评估师职业资格考试科目、考试大纲、考试试题和考试合格标准。

第九条 人力资源社会保障部、财政部对中国资产评估协会实施的考试工作进行监督和检查，指导中国资产评估协会确定资产评估师职业资格考试科目、考试大纲、考试试题和考试合格标准。

第十条 遵守国家法律、法规，恪守职业道德，并符合下列相应条件之一的人员，可申请参加资产评估师职业资格考试。

（一）取得管理学、经济学、理学、工学学科门类专业的大学专科学历，工作满5年，从事资产评估相关专业工作满3年；

（二）取得管理学、经济学、理学、工学学科门类专业的大学本科学历，工作满3年，从事资产评估相关专业工作满1年；

（三）取得管理学、经济学、理学、工学学科门类专业硕士学位或者第二学士学位、研究生班毕业，工作满1年；

（四）取得管理学、经济学、理学、工学学科门类专业的博士学历（学位）；

（五）取得其他学科门类专业上述学历（学位）的人员，从事资产评估相关专业工作年限相应增加2年；

（六）通过国家统一组织的经济、会计、统计、审计专业初级资格考试，取得相应专业技术资格证书，从事资产评估相关专业工作满5年。

第十一条 资产评估师职业资格考试合格，由中国资产评估协会颁发人力资源社会保障部、财政部监制，中国资产评估协会用印的《中华人民共和国资产评估师职业资格证书》（以下简称资产评估师职业资格证书）。该证书在全国范围有效。

第十二条 对以不正当手段取得资产评估师职业资格证书的，按照《专业技术人员资格考试违纪违规行为处理规定》（人力资源社会保障部令第12号）处理。

第三章 职业能力

第十三条 取得资产评估师职业资格证书的人员，应当遵守国家法律、法规及资产评估行业相关制度准则，恪守职业道德，秉承客观公正原则，维护国家和社会公共利益。

第十四条 取得资产评估师职业资格证书的人员，应当具备的职业能力：

（一）熟悉资产评估行业相关法律、法规和行业制度、准则；

（二）跟踪国内外评估技术方法和评估市场的发展趋势，具有较强的开拓创新能力；

（三）运用评估专业理论与方法，较好完成资产评估业务；

（四）独立解决资产评估业务中的疑难问题。

第十五条 取得资产评估师职业资格证书的人员，应当按照国家专业技术人员继续教育以及资产评估行业管理的有关规定，参加继续教育，不断更新专业知识，提高职业素质和业务能力。

第四章 登 记

第十六条 资产评估师职业资格证书实行登记服务制度。登记服务的具体工作由中国资产评估协会负责。

第十七条 中国资产评估协会定期向社会公布资产评估师职业资格证书的登记情况，建立持证人员的诚信档案，并为用人单位提供取得资产评估师职业资格证书人员的信息查询服务。

第十八条 取得资产评估师职业资格证书的人员，应自觉接受中国资产评估协会的管理，其在工作中违反相关法律、法规、规章或者职业道德，造成不良影响的，由中国资产评估协会取消登记，并收回其职业资格证书。

第十九条 各级资产评估师职业资格登记服务机构在工作中，应当严格遵守国家和本行业的各项管理规定以及协会章程。

第五章 附 则

第二十条 通过考试取得资产评估师职业资格证书，且符合《经济专业人员职务试行条例》经济师职务任职条件的人员，用人单位可根据工作需要择优聘任经济师专业职务。

第二十一条 本规定施行前，依据原人事部、原国家国有资产管理局《关于印发〈注册资产评估师执业资格制度暂行规定〉和〈注册资产评估师执业资格考试实施办法〉的通知》（人职发［1995］54号）和原人事部、财政部《关于在注册资产评估师执业资格中增设珠宝评估专业有关问题的通知》（人发［2003］19号）规定，已取得的注册资产评估师执业资格证书，与按照本规定要求取得的资产评估师职业资格证书的效用等同。

第二十二条 本规定自2015年5月1日起施行。

资产评估师职业资格考试实施办法

第一条 人力资源社会保障部、财政部按照职责分工负责指导、监督和检查资产评估师职业资格考试的实施工作。

第二条 中国资产评估协会具体负责资产评估师职业资格考试的实施工作。

第三条 资产评估师职业资格考试设《资产评估》、《经济法》、《财务会计》、《机电设备评估》和《建筑工程评估》5个科目。《资产评估》科目的考试时间为3小时，其他4个科目的考试时间均为2.5小时。资产评估师职业资格考试原则上每年举行一次。

第四条 资产评估师（珠宝）职业资格考试设《资产评估》、《经济法》、《珠宝鉴定与分级》、《珠宝评估方法》和《珠宝评估案例分析》5个科目。其中《资产评估》和《经济法》2个科目纳入资产评估师职业资格统一考试；《珠宝鉴定与分级》科目纳入珠宝玉石质量检验师资格统一考试；《珠宝评估方法》和《珠宝评估案例分析》科目考试原则上每两年举行一次。

《珠宝评估方法》科目的考试时间为2.5小时，《珠宝评估案例分析》科目的考试时间为3小时。

第五条 资产评估师（含珠宝评估专业）职业资格考试成绩实行5年为一个周期的滚动管理办法。在连续5年内，参加全部（5个）

科目的考试并合格，可取得相应资产评估师职业资格证书。

第六条 符合《资产评估师职业资格制度暂行规定》（以下简称《暂行规定》）第十条考试报名条件之一的人员，均可申请参加资产评估师（含珠宝评估专业）职业资格考试。

第七条 符合《暂行规定》第十条考试报名条件，并具备下列一项条件的人员，可免试相应科目。

（一）按照国家有关规定评聘为高级经济师（或本专业副教授、副研究员及以上）专业技术职务，可免试资产评估师职业资格《经济法》科目，只参加《资产评估》、《财务会计》、《机电设备评估》和《建筑工程评估》4个科目的考试。

（二）按照国家有关规定评聘为高级工程师（或本专业副教授、副研究员及以上）专业技术职务，可免试资产评估师职业资格《建筑工程评估》科目或者《机电设备评估》科目，只参加《资产评估》、《经济法》、《财务会计》和《机电设备评估》（或者《建筑工程评估》）4个科目的考试。

（三）按照国家有关规定评聘为高级会计师、高级审计师（或本专业副教授、副研究员及以上）专业技术职务，可免试资产评估师职业资格《财务会计》科目，只参加《资产评估》、《经济法》、《机电设备评估》和《建筑工程评估》4个科目的考试。

（四）通过全国统一考试取得珠宝玉石质量检验师职业资格证书，可免试资产评估师（珠宝）职业资格《珠宝鉴定与分级》科目，只参加《资产评估》、《经济法》、《珠宝评估方法》和《珠宝评估案例分析》4个科目的考试。

（五）通过全国统一考试取得资产评估师职业资格证书，可免试资产评估师（珠宝）职业资格《资产评估》和《经济法》2个科目，只参加《珠宝鉴定与分级》、《珠宝评估方法》和《珠宝评估案例分析》3个科目的考试。

免试部分科目的人员在报名时，应当提供相应证明文件。

第八条 免试部分科目人员的考试成绩，以应试科目数量确定其合格成绩管理滚动有效期限。参加4个科目考试其合格成绩以4年为一个滚动管理周期；参加3个科目考试其合格成绩以3年为一个滚动管理周期。免试部分科目的人员，必须在连续4年或者3年内取得应试科目的合格成绩，方可取得相应资产评估师职业资格证书。

第九条 参加考试由本人提出申请，按当地考试管理机构有关考试报名的规定办理手续。考试管理机构按照规定的程序和报名条件审核合格后，核发准考证。参加考试人员凭准考证和有效证件在指定的日期、时间和地点参加考试。

中央和国务院各部门及所属单位、中央管理企业的人员按属地原则报名参加考试。

第十条 资产评估师（含珠宝评估专业）职业资格考试的考点，原则上设在直辖市和省会城市的中、高等学校或者高考定点学校。如确需在其他城市设置考点，须经中国资产评估协会批准。考试日期原则上为每年的第三季度。

第十一条 坚持考试与培训分开的原则。凡参与考试工作（包括命题、审题与组织管理等）的人员，不得参加考试，也不得参加或者举办与考试内容相关的培训工作。应考人员参加培训坚持自愿原则。

第十二条 考试实施机构及其工作人员，应当严格执行《人事考试工作人员纪律规定》（人社部发［2013］36号）和考试工作的各项规章制度，遵守考试工作纪律，切实做好从考试试题的命制到使用等各环节的安全保密工作，严防泄密。

第十三条 对违反考试工作纪律和有关规定的人员，按照《专业技术人员资格考试违纪违规行为处理规定》（人力资源社会保障部令第12号）处理。

人力资源社会保障部　住房城乡建设部关于印发《房地产经纪专业人员职业资格制度暂行规定》和《房地产经纪专业人员职业资格考试实施办法》的通知

人社部发［2015］47号

各省、自治区、直辖市及新疆生产建设兵团人力资源社会保障厅（局）、住房城乡建设厅（局、房地局、建委），国务院各部委、各直属机构人事部门，中央管理的企业：

根据《国务院机构改革和职能转变方案》和《国务院关于取消和调整一批行政审批项目等事项的决定》（国发［2014］27号）有关取消“房地产经纪人职业资格许可”的要求，为加强房地产经纪专业人员队伍建设，适应房地产经纪行业发展，规范房地产经纪市场，在总结原房地产经纪人员职业资格制度实施情况的基础上，人力资源社会保障部、住房城乡建设部制定了《房地产经纪专业人员职业资格制度暂行规定》和《房地产经纪专业人员职业资格考试实施办法》，现印发给你们，请遵照执行。

自本通知发布之日起，原人事部、原建设部发布的《关于印发〈房地产经纪人员职业资格制度暂行规定〉和〈房地产经纪人执业资格考试实施办法〉的通知》（人发［2001］128号）同时废止。

二〇一五年六月二十五日

房地产经纪专业人员职业资格制度暂行规定

第一章　总　　则

第一条　为加强房地产经纪专业人员队伍建设，提高房地产经纪专业人员素质，规范房地产经纪活动秩序，根据《中华人民共和国城市房地产管理法》、《国务院机构改革和职能转变方案》和国家职业资格证书制度有关规定，制定本规定。

第二条　本规定适用于在房地产交易活动中，为促成房地产公平交易，从事存量房和新建商品房居间、代理等房地产经纪活动的专业人员。

第三条 国家设立房地产经纪专业人员水平评价类职业资格制度，面向全社会提供房地产经纪专业人员能力水平评价服务，纳入全国专业技术人员职业资格证书制度统一规划。

第四条 房地产经纪专业人员职业资格分为房地产经纪人协理、房地产经纪人和高级房地产经纪人3个级别。房地产经纪人协理和房地产经纪人职业资格实行统一考试的评价方式。高级房地产经纪人职业资格评价的具体办法另行规定。

房地产经纪专业人员英文为：Real Estate Agent Professionals。

第五条 通过房地产经纪人协理、房地产经纪人职业资格考试，取得相应级别职业资格证书的人员，表明其已具备从事房地产经纪专业相应级别专业岗位工作的职业能力和水平。

第六条 人力资源社会保障部、住房城乡建设部共同负责房地产经纪专业人员职业资格制度的政策制定，并按职责分工对房地产经纪专业人员职业资格制度的实施进行指导、监督和检查。中国房地产估价师与房地产经纪人学会具体承担房地产经纪专业人员职业资格的评价与管理工作。

第二章 考　　试

第七条 房地产经纪人协理、房地产经纪人职业资格实行全国统一大纲、统一命题、统一组织的考试制度。原则上每年举行1次考试。

第八条 中国房地产估价师与房地产经纪人学会负责房地产经纪专业人员职业资格评价的管理和实施工作，组织成立考试专家委员会，研究拟定考试科目、考试大纲、考试试题和考试合格标准。

第九条 人力资源社会保障部、住房城乡建设部指导中国房地产估价师与房地产经纪人学会确定房地产经纪人协理、房地产经纪人职业资格考试科目、考试大纲、考试试题和考试合格标准，并对其实施房地产经纪人协理、房地产经纪人职业资格考试工作进行监督、检查。

第十条 申请参加房地产经纪专业人员职业资格考试应当具备的基本条件：

（一）遵守国家法律、法规和行业标准与规范；

（二）秉承诚信、公平、公正的基本原则；

（三）恪守职业道德。

第十一条 申请参加房地产经纪人协理职业资格考试的人员，除具备本规定第十条的基本条件外，还必须具备中专或者高中及以上学历。

第十二条 申请参加房地产经纪人职业资格考试的人员，除具备本规定第十条的基本条件外，还必须符合下列条件之一：

（一）通过考试取得房地产经纪人协理职业资格证书后，从事房地产经纪业务工作满6年；

（二）取得大专学历，工作满6年，其中从事房地产经纪业务工作满3年；

（三）取得大学本科学历，工作满4年，其中从事房地产经纪业务工作满2年；

（四）取得双学士学位或研究生班毕业，工作满3年，其中从事房地产经纪业务工作满1年；

（五）取得硕士学历（学位），工作满2年，其中从事房地产经纪业务工作满1年；

（六）取得博士学历（学位）。

第十三条 房地产经纪人协理、房地产经纪人职业资格考试合格，由中国房地产估价师与房地产经纪人学会颁发人力资源社会保障部、住房城乡建设部监制，中国房地产估价师与房地产经纪人学会用印的相应级别《中华人民共和国房地产经纪专业人员职业资格证书》（以下简称房地产经纪专业人员资格证书）。该证书在全国范围有效。

第十四条 对以不正当手段取得房地产经纪专业人员资格证书的，按照国家专业技术人员资格考试违纪违规行为处理规定处理。

第三章 职 业 能 力

第十五条 取得相应级别房地产经纪专业

人员资格证书的人员，应当遵守国家法律、法规及房地产经纪行业相关制度规则，坚持诚信、公平、公正的原则，保守商业秘密，保障委托人合法权益，恪守职业道德。

第十六条 取得房地产经纪人协理职业资格证书的人员应当具备的职业能力：

（一）了解房地产经纪行业的法律法规和管理规定；

（二）基本掌握房地产交易流程，具有一定的房地产交易运作能力；

（三）独立完成房地产经纪业务的一般性工作；

（四）在房地产经纪人的指导下，完成较复杂的房地产经纪业务。

第十七条 取得房地产经纪人职业资格证书的人员应当具备的职业能力：

（一）熟悉房地产经纪行业的法律法规和管理规定；

（二）熟悉房地产交易流程，能完成较为复杂的房地产经纪工作，处理解决房地产经纪业务的疑难问题；

（三）运用丰富的房地产经纪实践经验，分析判断房地产经纪市场的发展趋势，开拓创新房地产经纪业务；

（四）指导房地产经纪人协理和协助高级房地产经纪人工作。

第十八条 取得相应级别房地产经纪专业人员资格证书的人员，应当按照国家专业技术人员继续教育及房地产经纪行业管理的有关规定，参加继续教育，不断更新专业知识，提高职业素质和业务能力。

第四章 登　　记

第十九条 房地产经纪专业人员资格证书实行登记服务制度。登记服务的具体工作由中国房地产估价师与房地产经纪人学会负责。

第二十条 中国房地产估价师与房地产经纪人学会定期向社会公布房地产经纪专业人员资格证书的登记情况，建立持证人员的诚信档案，并为用人单位提供取得房地产经纪专业人员资格证书的信息查询服务。

第二十一条 取得房地产经纪专业人员资格证书的人员，应当自觉接受中国房地产估价师与房地产经纪人学会的管理和社会公众的监督。其在工作中违反相关法律、法规、规章或者职业道德，造成不良影响的，由中国房地产估价师与房地产经纪人学会取消登记，并收回其职业资格证书。

第二十二条 房地产经纪专业人员登记服务机构在登记服务工作中，应当严格遵守国家和本行业的各项管理规定以及学会章程。

第五章 附　　则

第二十三条 通过考试取得相应级别房地产经纪专业人员资格证书，且符合《经济专业人员职务试行条例》中助理经济师、经济师任职条件的人员，用人单位可根据工作需要聘任相应级别经济专业职务。

第二十四条 本规定施行前，依据原人事部、原建设部印发的《〈房地产经纪人员职业资格制度暂行规定〉和〈房地产经纪人执业资格考试实施办法〉》（人发〔2001〕128 号）要求，通过考试取得的房地产经纪人执业资格证书，与按照本规定要求取得的房地产经纪人职业资格证书效用等同。通过考试取得房地产经纪人协理资格证书效用不变。

第二十五条 本规定自 2015 年 7 月 1 日起施行。

房地产经纪专业人员职业资格考试实施办法

第一条 人力资源社会保障部、住房城乡建设部按职责分工负责指导、监督和检查房地产经纪专业人员职业资格考试的实施工作。

第二条 中国房地产估价师与房地产经纪人学会具体负责房地产经纪专业人员职业资格考试的实施工作。

第三条 房地产经纪人协理职业资格考试设《房地产经纪综合能力》和《房地产经纪操作实务》2个科目。考试分2个半天进行，每个科目的考试时间均为2.5小时。

房地产经纪人职业资格考试设《房地产交易制度政策》、《房地产经纪职业导论》、《房地产经纪专业基础》和《房地产经纪业务操作》4个科目。考试分4个半天进行，每个科目的考试时间均为2.5小时。

第四条 房地产经纪专业人员职业资格各科目考试成绩实行滚动管理的办法。在规定的期限内参加应试科目考试并合格，方可获得相应级别房地产经纪专业人员职业资格证书。

参加房地产经纪人协理职业资格考试的人员，必须在连续的2个考试年度内通过全部（2个）科目的考试；参加房地产经纪人职业资格考试的人员，必须在连续的4个考试年度内通过全部（4个）科目的考试。

第五条 符合《房地产经纪专业人员职业资格制度暂行规定》（以下简称《暂行规定》）第十条的基本条件和相应级别报名条件之一的，均可申请参加相应级别考试。

第六条 符合《暂行规定》相应级别考试报名条件之一的，并具备下列一项条件的，可免予参加房地产经纪专业人员职业资格部分科目的考试：

（一）通过全国统一考试，取得经济专业技术资格“房地产经济”专业初级资格证书的人员，可免试房地产经纪人协理职业资格《房地产经纪综合能力》科目，只参加《房地产经纪操作实务》1个科目的考试；

（二）按照原《〈房地产经纪人员职业资格制度暂行规定〉和〈房地产经纪人执业资格考试实施办法〉》（人发［2001］128号）要求，通过考试取得房地产经纪人协理资格证书的人员，可免试房地产经纪人协理职业资格《房地产经纪操作实务》科目，只参加《房地产经纪综合能力》1个科目的考试；

（三）通过全国统一考试，取得房地产估价师资格证书的人员；通过全国统一考试，取得经济专业技术资格“房地产经济”专业中级资格证书的人员；或者按照国家统一规定评聘高级经济师职务的人员，可免试房地产经纪人职业资格《房地产交易制度政策》1个科目，只参加《房地产经纪职业导论》、《房地产经纪专业基础》和《房地产经纪业务操作》3个科目的考试。

参加1个或3个科目考试的人员，须在1个或连续的3个考试年度内通过应试科目的考试，方可获得房地产经纪专业人员职业资格证书。

免试部分科目的人员在报名时，应当提供相应证明文件。

第七条 参加考试由本人提出申请，按有关规定办理报名手续。考试实施机构按照规定的程序和报名条件审核合格后，核发准考证。参加考试人员凭准考证和有效证件在指定的日期、时间和地点参加考试。

中央和国务院各部门及所属单位、中央管理企业的人员按属地原则报名参加考试。

第八条 考点原则上设在直辖市和省会城市的大、中专院校或者高考定点学校。如确需在其他城市设置考点，须经中国房地产估价师与房地产经纪人学会批准。考试日期原则上为每年的第三季度。

第九条 坚持考试与培训分开的原则。凡参与考试工作（包括命题、审题与组织管理等）的人员，不得参加考试，也不得参加或者举办与考试内容相关的培训工作。应考人员参加培训坚持自愿原则。

第十条 考试实施机构及其工作人员，应当严格执行国家人事考试工作人员纪律规定和考试工作的各项规章制度，遵守考试工作纪律，切实做好从考试试题的命制到使用等各环节的安全保密工作，严防泄密。

第十一条 对违反考试工作纪律和有关规定的人员，按照国家专业技术人员资格考试违纪违规行为处理规定处理。

人力资源社会保障部关于机关事业单位工作人员养老保险信息系统建设的指导意见

人社部发［2015］52号

各省、自治区、直辖市及新疆生产建设兵团人力资源社会保障厅（局）：

为提升机关事业单位工作人员养老保险管理服务水平，根据《国务院关于机关事业单位工作人员养老保险制度改革的决定》（国发［2015］2号）关于信息管理系统建设的工作要求，现就加快推进机关事业单位工作人员养老保险信息系统建设提出以下意见。

一、充分认识开展信息系统建设的重要意义

建设机关事业单位工作人员养老保险信息系统，是加快推进统筹城乡社会保障体系建设的重要手段；是提高机关事业单位工作人员养老保险工作效率、经办能力和服务能力的有效途径；是实现机关事业单位工作人员养老保险业务规范化和信息化的重要举措。各地人力资源社会保障部门要提高认识、统一思想，把推进机关事业单位工作人员养老保险信息系统建设作为保障机关事业单位工作人员养老保险制度改革顺利实施的一项重要基础工作，优先安排，抓紧抓好。

二、明确系统建设的总体要求

（一）指导思想。认真贯彻党的十八大和十八届三中、四中全会精神，按照党中央、国务院决策部署，全面落实机关事业单位工作人员养老保险制度各项改革任务，坚持数据集中、服务下延，建设科学规范、互联互通、标准统一、安全高效的机关事业单位工作人员养老保险信息系统，不断提升管理服务效能，推动机关事业单位工作人员养老保险事业全面协调可持续发展。

（二）建设目标。机关事业单位工作人员养老保险信息系统建设要按照人力资源社会保障信息化建设的总体规划，依托现有信息化建设基础，全面满足机关事业单位工作人员养老保险制度实施在业务经办、公共服务、基金监管、宏观决策等方面的要求，逐步实现面向机关事业单位工作人员的各项人力资源社会保障事务的整合联动，建立机关事业单位工作人员养老保险信息与其他政府部门信息的共享机制。2015年实现对机关事业单位工作人员养老保险核心业务经办及公共服务的信息化应用，2016年全面落实基金监管、宏观决策等方面的信息化建设任务。

（三）基本原则。机关事业单位工作人员养老保险系统建设应遵循以下基本原则：

1. 统一规划，整体设计。机关事业单位工作人员养老保险信息系统建设是人力资源社会保障信息化建设的组成部分，要纳入全国统

一规划，统筹推进。充分利用现有信息化建设成果，结合机关事业单位工作人员养老保险制度实施的工作需要，及与其他各项社会保险、人事管理等业务联动的发展要求，统一进行信息系统设计。

2. 统一软件，本地实施。各地应在全国统一的机关事业单位工作人员养老保险信息系统基础上开展建设实施工作，保证系统设计框架、基本功能和标准体系与全国统一软件的一致，按照“最少必需”的原则，以省为单位开展本地化工作，确保应用软件的统一和业务流程的规范。

3. 统一标准，共享协同。按照人力资源社会保障信息系统技术标准体系，建设规范统一的机关事业单位工作人员养老保险信息系统，确保与人力资源社会保障领域相关信息系统之间的信息共享和业务协同。严格执行《社会保险管理信息系统指标集与代码》（LD/T 92—2013）行业标准，确保机关事业单位养老保险数据的上传、汇总及跨地域交换共享。

4. 统筹兼顾，分步推进。分阶段推进机关事业单位工作人员养老保险信息系统建设。起步阶段，以满足基本养老保险业务经办为重点，同步实现职业年金经办功能，并按照业务财务一体化建设要求，实现业务数据与基金财务数据的衔接。面向机关事业单位工作人员发放和应用社会保障卡，建立健全信息化公共服务体系，满足机关事业单位工作人员的便捷服务需求。有条件的地区，结合部里统一安排，统筹做好社保关系转移、基金监管、联网监测、宏观决策等系统的扩建工作。

三、积极落实系统建设各项工作任务

（一）建设省集中信息系统。各地要充分利用金保工程现有基础，在省级数据中心集中部署机关事业单位工作人员养老保险信息系统，通过业务专网支持所辖地区的业务经办。个别信息系统建设一体化程度较高、暂时难以集中的地区，可在遵循全国统一信息标准的基础上，基于现有地市级社会保险业务系统，扩展机关事业单位养老保险业务功能，并结合信息系统省级集中推进进程，尽快实现省级集中。任何省份不得另行分散建设机关事业单位工作人员养老保险信息系统。

（二）统筹推进业务融合。各地在建设机关事业单位工作人员养老保险信息系统时，要统筹考虑与其他业务领域的信息共享和业务协同，对内实现与社会保障卡持卡人员基础信息库、人事人才系统的衔接，实现人员基础信息和参保前置条件的校核。对于城镇职工基本医疗保险业务系统尚未实现省级集中的地区，要同步考虑与地市医疗保险业务系统的关联，先期实现人员基本信息、参保信息、缴费信息的共享比对，逐步实现包括待遇结算在内的各项业务经办环节的业务协同。对外要与编办、财政、公安、民政、银行、税务等部门系统对接，实现信息共享。

（三）积极发行和应用社会保障卡。各地要做好面向机关事业单位工作人员社会保障卡发行应用工作，严格执行全国统一的标准规范和管理要求，实现人手一卡。已结合城镇职工基本医疗保险工作向机关事业单位工作人员发行了社会保障卡的地区，要按照《人力资源社会保障部关于加快推进社会保障卡应用的意见》（人社部发［2015］52号）文件要求，进一步扩大应用范围，结合养老保险业务需要实现身份凭证和领取待遇应用。尚未发卡的地区，要尽快开展相关发行和应用工作，在办理参保业务时同步完成制卡信息采集，并及时发放，使社会保障卡成为机关事业单位工作人员享有人力资源和社会保障权益的重要载体，使其成为社会保险待遇社会化发放和个人权益查询的基本手段。

（四）提升公共服务能力。各地要充分利用互联网、移动终端、自助一体机等渠道和信息化手段，建设一体化的公共服务系统，实现信息入口、安全认证体系、标准规范、后台数据库、对外服务口径的统一，为机关事业单位和个人提供便捷、高效、安全的服务。进一步完善12333咨询服务功能，逐步将机关事业单位工作人员养老保险业务纳入咨询服务范围，使其成为政策咨询、信息查询、预约办理以及投诉举报的重要渠道。

（五）完善基础设施建设。机关事业单位工作人员养老保险信息系统建设内容涵盖业务专网和互联网，各地要坚持扩大网络覆盖范围与实现信息安全防护两手抓，推进应用人力资源社会保障电子认证体系，切实采取访问控制、病毒木马等恶意程序防范、入侵检测等基础安全防护措施，严格做好业务专网与互联网的安全隔离，做好省级集中系统的应用级容灾和数据备份。科学合理地测算系统软硬件、网络等技术指标，配置更新相关设备，提高系统支撑能力，保证系统的平稳运行。

四、保障措施和工作要求

（一）加强组织领导。省级人力资源社会保障部门要切实做好全省信息系统建设工作，在推进省级集中系统建设的同时，督促和指导各地市抓好网络延伸、终端配置等配套工作，为系统实施创造条件。各级人力资源社会保障部门信息化综合管理机构、社会保险经办机构要密切配合，共同做好机关事业单位工作人员养老保险信息系统建设工作。

（二）抓好贯彻落实。各省要按照部里的总体部署，结合本地工作实际情况，确定系统建设方案，明确具体建设内容、模式、任务和计划，并切实抓好落实，确保机关事业单位工作人员养老保险系统建设符合业务发展需要。要力争在经办工作启动前完成信息系统的部署实施，支持经办工作的有效开展。

（三）提供有效保障。各地要积极争取机关事业单位工作人员养老保险信息系统建设资金，并将系统运行和维护费用纳入年度预算，形成以财政投入为主的经费保障机制。建立与省级集中要求相匹配的信息化队伍，加强对信息技术人员和业务人员的培训，确保机关事业单位工作人员养老保险信息系统在业务工作中的应用效果。

附件：机关事业单位工作人员养老保险信息系统建设参考技术方案（略）

二〇一五年六月四日

人力资源社会保障部　中央综治办
关于加强专业性劳动争议调解工作的意见

人社部发［2015］53号

各省、自治区、直辖市及新疆生产建设兵团人力资源社会保障厅（局）、综治办：

为贯彻落实中共中央、国务院《关于构建和谐劳动关系的意见》（中发［2015］10号）及中央综治委、人力资源社会保障部等16部委《关于深入推进矛盾纠纷大调解工作的指导意见》（综治委［2011］10号），进一步加强专业性劳动争议调解工作，现提出以下意见：

一、总体要求

深入贯彻党的十八大和十八届三中、四中全会关于健全社会矛盾纠纷预防化解机制、创新劳动关系协调机制、加强劳动争议调解的精神，按照《关于构建和谐劳动关系的意见》的要求，坚持“预防为主、基层为主、调解为主”的方针，建立党委政府领导、综治协调、人力资源社会保障行政部门主导、有关部门和单位共同参与的专业性劳动争议调解工作机制，健全调解组织，完善工作制度，强化基础保障，提升专业性劳动争议调解工作能力，发挥专业性调解在争议处理中的基础性作用，促进劳动关系和谐与社会大局稳定。

二、加强专业性劳动争议调解组织建设

建立健全专业性劳动争议调解组织。积极推动企业劳动争议调解组织建设，建立有效的劳动争议协商解决机制，提高企业自主解决争议的能力。指导和推动行业商会（协会）建立劳动争议调解组织，重点推进争议多发的制造、餐饮、建筑、商贸服务和民营高科技等行业商会（协会）建立劳动争议调解组织。进一步加强乡镇（街道）劳动就业社会保障服务所（中心）调解组织建设。加强统筹协调，在乡镇（街道）矛盾纠纷调解工作平台设置“劳动争议调解窗口”，由当地乡镇（街道）劳动就业社会保障服务所（中心）调解组织负责调解窗口的日常工作。各类专业性劳动争议调解组织的设立和人员组成情况要及时向当地人力资源社会保障行政部门备案。各地人力资源社会保障行政部门要加强工作情况通报，建立调解组织、调解员名册制度，定期向社会公开调解组织、调解员名单。

推进专业性劳动争议调解组织规范化建设。各类专业性劳动争议调解组织和“劳动争议调解窗口”要按照人力资源社会保障部关于基层调解工作规范化建设的要求，统一规范标识、名称、工作职责、工作程序和调解员行为。各地人力资源社会保障行政部门要将推进调解工作规范化建设作为加强专业性劳动争议调解工作的重要措施，加强指导推动和督促检查。有条件的地区可通过发放劳动争议调解服

务手册、联系卡，或在相关网站平台发布信息等方式，为企业、职工提供方便，提高调解组织的管理服务水平。

三、推动专业性劳动争议调解制度建设

完善劳动争议调解工作制度。对于小额、简单劳动争议案件，各类专业性劳动争议调解组织要探索符合其特点的调解制度和方法技巧，就近就地予以化解。对于重大集体劳动争议案件，各地仲裁机构要会同工会、企业代表组织及时介入，积极引导当事人双方通过调解化解争议，调解成功的要现场制作调解书，调解不成的要及时引导进入仲裁程序。各地人力资源社会保障行政部门要指导各类专业性劳动争议调解组织完善调解案件登记、调解工作记录、督促履行调解协议、档案管理、统计报告等工作制度。

完善调解与仲裁衔接机制。各地人力资源社会保障行政部门要指导仲裁机构做好调解与仲裁工作的衔接，加强对辖区内专业性劳动争议调解组织的支持。仲裁机构要落实调解建议书、委托调解、调解协议仲裁审查确认等三项工作制度，制定具体实施细则，提升调解协议的执行力。对未经调解组织调解，当事人直接申请仲裁的劳动争议案件，劳动人事争议仲裁委员会可向当事人发出调解建议书，引导其在企业、乡镇（街道）、行业调解组织进行调解。仲裁委员会对于已经立案的劳动争议案件，认为可以委托调解的，经当事人双方同意，可以委托调解组织进行调解。对当事人双方提出的审查调解协议申请，仲裁委员会受理后，应当对调解协议进行审查，对程序和内容合法有效的调解协议出具调解书。

四、加强专业性劳动争议调解的基础保障

加强调解员队伍建设。各类专业性劳动争议调解组织要合理配备专职或者兼职调解员。乡镇（街道）劳动就业社会保障服务所（中心）调解组织可通过调剂事业编制、政府购买服务、开发公益性岗位等多种途径，充实调解员队伍，争议案件易发、多发的乡镇（街道）要配备专职调解员。各地人力资源社会保障行政部门要指导各类专业性劳动争议调解组织建立和完善调解员的选聘、业务培训、工作考评等管理制度，逐步实现调解员持证上岗。加大调解员培训力度，建立调解员分级培训机制，提升调解员的法律素养和工作能力。加强调解队伍作风建设，增强服务意识，改进服务措施，提高服务能力，打造专业性劳动争议调解优质服务品牌。

改善调解工作条件。要积极协调有关方面，支持各类专业性调解组织改善工作条件。乡镇（街道）劳动就业社会保障服务所（中心）调解组织要有独立的调解室，配备必要的办案和办公设备。各地要积极协调将乡镇（街道）调解工作经费纳入当地财政预算，保证工作正常开展。根据调解案件数量和难易程度，通过政府购买服务方式，按照以案定补方式给予必要的经费支持。

五、加强对专业性劳动争议调解工作的组织领导

各地人力资源社会保障行政部门、综治组织要高度重视专业性劳动争议调解工作，将其作为构建和谐劳动关系、健全社会矛盾纠纷预防化解机制的重要任务，切实加强组织领导，密切配合，形成工作合力。

人力资源社会保障行政部门主要承担专业性劳动争议调解工作的牵头职责，负责制定劳动争议调解规章政策，会同有关部门推动各类专业性调解组织和队伍建设，建立健全集体劳动争议调解机制。

综治组织在党委、政府领导下，加强调查研究、组织协调、督导检查、考评、推动，推进矛盾纠纷排查预警、调解处置工作，研究完善群众利益协调机制，落实矛盾纠纷排查调处工作协调会议纪要月报制度。会同人力资源社会保障行政部门，将专业性劳动争议调解工作纳入综治工作（平安建设）考评。

各地人力资源社会保障行政部门、综治组织要对加强专业性劳动争议调解工作情况联合开展督促检查，推动各项任务落到实处。要建立联席会议、信息通报等制度，及时发现、定期分析工作中存在的问题和困难，共同研究对策措施。

二〇一五年六月三日

人力资源社会保障部　国家林业局关于印发《关于国有林场岗位设置管理的指导意见》的通知

人社部发［2015］54号

各省、自治区、直辖市人力资源和社会保障厅（局）、林业厅（局），新疆生产建设兵团人力资源和社会保障局、林业局：

根据《中共中央　国务院关于印发〈国有林场改革方案〉和〈国有林区改革指导意见〉的通知》（中发［2015］6号）、《关于进一步深化事业单位人事制度改革的意见》（中办发［2011］28号）、《事业单位人事管理条例》（国务院令第652号）及事业单位岗位设置管理有关政策规定，为做好国有林场岗位设置管理的组织实施工作，结合国有林场特点和改革发展的需要，我们制定了《关于国有林场岗位设置管理的指导意见》。现印发给你们，请遵照执行。

二〇一五年六月九日

关于国有林场岗位设置管理的指导意见

根据《中共中央　国务院关于印发〈国有林场改革方案〉和〈国有林区改革指导意见〉的通知》（中发［2015］6号）、《关于进一步深化事业单位人事制度改革的意见》（中办发［2011］28号）、《事业单位人事管理条例》（国务院令第652号）及事业单位岗位设置管理有关政策规定，为做好国有林场岗位设置管理的组织实施工作，结合国有林场特点和改革发展的需要，提出以下指导意见。

一、岗位类别设置

1. 国有林场管理岗位指担负国有林场领导职责或管理任务的工作岗位。管理岗位的设置要适应增强国有林场运转效能、提高工作效率、提升管理水平的需要。

国有林场专业技术岗位指主要从事森林培育、保护和利用等专业技术工作，具有相应专业技术水平和能力要求的工作岗位。专业技术岗位的设置要符合国有林场工作特点和事业发展的需要。

国有林场工勤技能岗位指主要从事森林管护等林业技能操作和维护、后勤保障、服务等职责的工作岗位。工勤技能岗位的设置要适应森林资源管护以及提高操作维护技能，提升服务水平的要求，满足国有林场工作的实际需要。

森林管护是指营造林、森林经营和管护、森林消防和应急救援、林木种苗繁育、有害生物防治等。

2. 国有林场三类岗位的结构比例由政府人力资源行政部门和国有林场主管部门确定。

（1）管理岗位一般不高于单位岗位总量的20%，专业技术岗位一般不低于单位岗位总量的40%，森林管护等林业技能岗位一般不低于单位岗位总量的35%，后勤保障、服务等一般性工勤技能岗位一般不高于单位岗位总量的5%。

（2）代管乡镇、村的国有林场，加挂省级以上自然保护区或者国家级森林（湿地）公园牌子的国有林场，管理岗位一般不高于单位岗位总量的25%，可相应核减专业技术岗位、工勤技能岗位比例。

（3）承担国家林木良种基地等科研实验任务的国有林场，专业技术岗位一般不低于单位岗位总量的45%，可相应核减管理岗位、工勤技能岗位比例。

3. 鼓励国有林场后勤服务社会化，已经实现社会化服务的一般性劳务工作，不再设置相应的工勤技能岗位。

二、岗位等级设置

4. 国有林场专业技术高级、中级、初级岗位的结构比例，根据地区经济发展水平，以及国有林场的功能、规格、规模、隶属关系和专业技术水平确定，原则上不应低于1∶4∶5。

承担国家林木良种基地等科研实验任务以及加挂省级以上自然保护区或者国家级森林（湿地）公园牌子的国有林场，专业技术高中初的结构比例应当高于其他国有林场。

小型国有林场的专业技术岗位结构比例可实行集中调控、集中管理的办法。具体办法由省级政府人力资源行政部门和林业行政主管部门研究制定。

5. 国有林场森林管护等林业技能岗位结构比例，一级、二级、三级岗位的总量占林业技能岗位总量的比例为50%左右；一级、二级岗位的总量占林业技能岗位总量的比例为12%左右。

后勤保障、服务等一般性工勤技能岗位，一级、二级、三级岗位的总量占一般性工勤技能岗位总量的比例为25%左右，一级、二级岗位的总量占一般性工勤技能岗位总量的比例为5%左右。

6. 特设岗位是国有林场为适应聘用急需高层次专业技术人才等特殊需要，经批准设置的工作岗位，是国有林场的非常设岗位。特设岗位的等级根据国有林场发展需要，按照规定的程序确定。

特设岗位不受国有林场岗位总量、最高等级和结构比例限制，在完成工作任务或者相关人员转入常设岗位后，按照管理权限予以核销。

三、专业技术岗位名称及岗位等级

7. 国有林场应根据其主体业务确定主体专业技术岗位，其他系列专业技术岗位的最高等级原则上应低于主体专业技术岗位。

8. 国有林场主体专业技术岗位中，正高级岗位名称暂定为高级工程师一级岗位、高级工程师二级岗位、高级工程师三级岗位、高级工程师四级岗位，分别对应一至四级专业技术岗位；副高级岗位名称暂定为高级工程师五级岗位、高级工程师六级岗位、高级工程师七级岗位，分别对应五至七级专业技术岗位；中级岗位名称为工程师一级岗位、工程师二级岗位、工程师三级岗位，分别对应八至十级专业技术岗位；初级岗位名称为助理工程师一级岗位、助理工程师二级岗位，分别对应十一级、十二级专业技术岗位；员级岗位名称为技术员岗位，对应十三级专业技术岗位。

9. 其他专业技术岗位名称和对应等级参照相关行业指导意见和标准执行，原则上沿用现专业技术名称。

10. 国有林场专业技术一级岗位属国家专设的特级岗位，其人员的确定按国家有关规定执行。

四、组织实施

11. 岗位设置管理工作是推进国有林场改革发展的重要保障，是国有林场人事制度改革的重要内容，是加强国有林场人才队伍建设的重要举措。要高度重视，加强领导，坚持以人为本，从实际出发，充分考虑国有林场地处偏远、工作艰苦的客观情况，维护职工的切身利益，积极稳妥地推进岗位设置管理实施工作。

12. 各级国有林场主管部门要紧密结合本地区经济社会发展水平和国有林场的实际情况，切实发挥职能作用，制定具体方案，组织好国有林场岗位设置管理的实施工作。各级国有林场主管部门要加强与政府人力资源行政部门的沟通协调，结合本地区国有林场工作的特点，认真贯彻执行本指导意见。

13. 各地区、各部门和国有林场在岗位设置和岗位聘用工作中，要严格执行有关政策规定，坚持原则，坚持走群众路线。对违反规定滥用职权、以权谋私的，要追究责任。对不按本指导意见进行岗位设置和岗位聘用的国有林场，政府人力资源行政部门、国有林场主管部门不予确认岗位等级、不予兑现工资、不予核拨经费。情节严重的，对相关领导和责任人予以通报批评，按照人事管理权限给予相应的纪律处分。

14. 岗位基本条件、岗位聘用程序及岗位设置核准备案等本指导意见未作规定的内容，按照《事业单位岗位设置管理试行办法》（国人部发［2006］70号）和《〈事业单位岗位设置管理试行办法〉实施意见》（国人部发［2006］87号）等政策文件执行。

人力资源社会保障部　交通运输部关于印发《公路水运工程试验检测专业技术人员职业资格制度规定》和《公路水运工程试验检测专业技术人员职业资格考试实施办法》的通知

人社部发［2015］59号

各省、自治区、直辖市及新疆生产建设兵团人力资源社会保障厅（局）、交通运输厅（局、委），国务院各部委、各直属机构人事部门，中央管理的企业：

根据《国务院机构改革和职能转变方案》和《国务院关于取消和调整一批行政审批项目等事项的决定》（国发［2014］50号）有关取消"公路水运试验检测人员资格许可和认定"的要求，为加强公路水运工程试验检测专业技术人员队伍建设，提高试验检测专业技术人员素质，人力资源社会保障部、交通运输部制定了《公路水运工程试验检测专业技术人员职业资格制度规定》和《公路水运工程试验检测专业技术人员职业资格考试实施办法》，现印发给你们，请遵照执行。

二〇一五年六月二十三日

公路水运工程试验检测专业技术人员职业资格制度规定

第一章　总　　则

第一条　为加强公路水运工程试验检测专业技术人员队伍建设，提高试验检测专业技术人员素质，根据《中华人民共和国公路法》、《中华人民共和国港口法》、《中华人民共和国航道法》和国家职业资格证书制度的有关规定，制定本规定。

第二条　本规定所称试验检测专业技术人员是指在公路水运工程领域从事试验检测专业活动的技术人员。

第三条　国家设立公路水运工程试验检测

专业技术人员水平评价类职业资格制度，纳入全国专业技术人员职业资格证书制度统一规划，面向全社会提供公路水运工程试验检测专业技术人员能力水平评价服务。评价结果与工程系列相应级别职称有效衔接，为用人单位科学使用公路水运工程试验检测专业技术人才提供依据。

第四条 公路水运工程试验检测专业技术人员职业资格（以下简称公路水运工程试验检测职业资格）包括道路工程、桥梁隧道工程、交通工程、水运结构与地基、水运材料5个专业，分为助理试验检测师和试验检测师2个级别。助理试验检测师和试验检测师职业资格实行考试的评价方式。

公路水运工程试验检测专业技术人员英文译为：Highway and Waterway Testing & Inspection Professionals。

第五条 通过公路水运工程助理试验检测师和试验检测师职业资格考试，并取得相应级别职业资格证书的人员，表明其已具备从事公路水运工程试验检测专业相应级别专业技术岗位工作的能力。

第六条 人力资源社会保障部、交通运输部共同负责公路水运工程试验检测职业资格制度的政策制定，并按职责分工对职业资格制度的实施进行指导、监督和检查。

交通运输部职业资格中心具体承担公路水运工程试验检测职业资格评价工作。

第二章 考　　试

第七条 公路水运工程助理试验检测师和试验检测师职业资格考试，统一大纲、统一命题、统一组织。原则上每年举行一次考试。

第八条 交通运输部职业资格中心负责公路水运工程助理试验检测师和试验检测师职业资格考试的组织和实施工作，组织成立考试专家委员会，研究拟定考试科目、考试大纲、考试试题和考试合格标准。

第九条 人力资源社会保障部、交通运输部对交通运输部职业资格中心实施的考试工作进行监督和检查，指导交通运输部职业资格中心确定公路水运工程助理试验检测师和试验检测师职业资格考试科目、考试大纲、考试试题和考试合格标准。

第十条 遵守国家法律、法规，恪守职业道德，并符合公路水运工程助理试验检测师和试验检测师职业资格考试报名条件的人员，均可申请参加相应级别职业资格考试。

第十一条 符合下列条件之一者，可报考公路水运工程助理试验检测师职业资格考试：

（一）取得中专或高中学历，累计从事公路水运工程试验检测专业工作满4年。

（二）取得工学、理学、管理学学科门类专业大专学历，累计从事公路水运工程试验检测专业工作满2年；或者取得其他学科门类专业大专学历，累计从事公路水运工程试验检测专业工作满3年。

（三）取得工学、理学、管理学学科门类专业大学本科及以上学历或学位；或者取得其他学科门类专业大学本科学历，从事公路水运工程试验检测专业工作满1年。

第十二条 符合下列条件之一者，可报考公路水运工程试验检测师职业资格考试：

（一）取得中专或高中学历，并取得公路水运工程助理试验检测师证书后，从事公路水运工程试验检测专业工作满6年；

（二）取得工学、理学、管理学学科门类专业大专学历，累计从事公路水运工程试验检测专业工作满6年；

（三）取得工学、理学、管理学学科门类专业大学本科学历或者学位，累计从事公路水运工程试验检测专业工作满4年；

（四）取得含工学、理学、管理学学科门类专业在内的双学士学位或者工学、理学、管理学学科门类专业研究生班毕业，累计从事公路水运工程试验检测专业工作满2年；

（五）取得工学、理学、管理学学科门类专业硕士学位，累计从事公路水运工程试验检测专业工作满1年；

（六）取得工学、理学、管理学学科门类

专业博士学位；

（七）取得其他学科门类专业的上述学历或者学位人员，累计从事公路水运工程试验检测专业工作年限相应增加1年。

第十三条 公路水运工程试验检测职业资格考试合格，由交通运输部职业资格中心颁发人力资源社会保障部、交通运输部监制，交通运输部职业资格中心用印的相应级别《中华人民共和国公路水运工程试验检测专业技术人员职业资格证书》(以下简称公路水运工程试验检测职业资格证书)。该证书在全国范围有效。

第十四条 对以不正当手段取得公路水运工程试验检测职业资格证书的，按照国家专业技术人员资格考试违纪违规行为处理规定处理。

第三章 职业能力

第十五条 取得公路水运工程试验检测职业资格证书的人员，应当遵守国家法律和相关法规，维护国家和社会公共利益，恪守职业道德。

第十六条 取得公路水运工程助理试验检测师职业资格证书的人员，应当具备的职业能力：

（一）了解公路水运工程行业管理的法律法规和规章制度，熟悉公路水运工程试验检测管理的规定和实验室管理体系知识；

（二）熟悉主要的工程技术标准、规范、规程，掌握所从事试验检测专业方向的试验检测方法和结果判定标准，较好识别和解决试验检测专业工作中的常见问题；

（三）独立完成常规性公路水运工程试验检测工作；

（四）编制试验检测报告。

第十七条 取得公路水运工程试验检测师职业资格证书的人员，应当具备的职业能力：

（一）熟悉公路水运工程行业管理的法律法规、规章制度，工程技术标准、规范和规程，掌握试验检测原理，掌握实验室管理体系知识和所从事试验检测专业方向的试验检测方法和结果判定标准；

（二）了解国内外工程试验检测行业的发展趋势，有较强的试验检测专业能力，独立完成较为复杂的试验检测工作和解决突发问题；

（三）熟练编制试验检测方案、组织实施试验检测活动、进行试验检测数据分析、编制和审核试验检测报告；

（四）指导本专业助理试验检测师工作。

第十八条 取得公路水运工程试验检测职业资格证书的人员，应当按照国家专业技术人员继续教育有关规定自觉接受继续教育，更新专业知识，不断提高职业素质和试验检测专业工作能力。

第四章 登　　记

第十九条 公路水运工程试验检测职业资格证书实行登记制度。登记具体工作由交通运输部职业资格中心负责。登记情况应向社会公布。

第二十条 登记机构应建立持证人员的从业信息和诚信档案，并为用人单位提供查询服务。

第二十一条 取得公路水运工程试验检测职业资格证书的人员，在工作中违反相关法律、法规、规章或者职业道德，造成不良影响的，取消登记并由交通运输部职业资格中心收回其职业资格证书。

第二十二条 公路水运工程试验检测职业资格考试机构和登记机构在工作中，应当严格遵守国家和本行业的有关各项管理规定。

第五章 附　　则

第二十三条 通过考试取得公路水运工程试验检测职业资格证书，且符合《工程技术人员职务试行条例》中助理工程师或者工程师任职条件的人员，用人单位可根据工作需要聘任其相应级别工程专业技术职务。

第二十四条 本规定施行前，依据《公路水运工程试验检测管理办法》(交通部令2005年第12号)及相应试验检测人员考试办法要求，取得的试验检测员、试验检测工程师证书效用不变。

第二十五条 本规定自 2015 年 9 月 1 日起施行。

公路水运工程试验检测专业技术人员职业资格考试实施办法

第一条 人力资源社会保障部、交通运输部按照职责分工负责指导、监督和检查公路水运工程助理试验检测师、试验检测师职业资格考试的实施工作。

第二条 交通运输部职业资格中心具体负责公路水运工程助理试验检测师、试验检测师职业资格考试的实施工作。

第三条 公路水运工程助理试验检测师、试验检测师均设公共基础科目和专业科目，专业科目为《道路工程》、《桥梁隧道工程》、《交通工程》、《水运结构与地基》和《水运材料》。公共基础科目考试时间为 120 分钟，专业科目考试时间为 150 分钟。

第四条 公路水运工程助理试验检测师、试验检测师考试成绩均实行 2 年为一个周期的滚动管理。在连续 2 个考试年度内，参加公共基础科目和任一专业科目的考试并合格，可取得相应专业和级别的公路水运工程试验检测专业技术人员职业资格证书。

第五条 符合《公路水运工程试验检测专业技术人员职业资格制度规定》规定的助理试验检测师、试验检测师职业资格考试报名条件者均可申请参加相应级别和专业类别的考试。

第六条 参加考试由本人提出申请，按有关规定办理报名手续。考试实施机构按规定的程序和报名条件审核合格后，核发准考证。参加考试人员凭准考证和有效证件在指定的日期、时间和地点参加考试。

中央和国务院各部门所属单位、中央管理企业的人员按属地原则报名参加考试。

第七条 公路水运工程助理试验检测师、试验检测师职业资格考试的考点原则上设在直辖市和省会城市的大、中专院校或者高考定点学校。如确需在其他城市设置考点，须经交通运输部职业资格中心批准。考试日期原则上为每年的第三季度。

第八条 坚持考试与培训分开的原则。凡参与考试工作（包括命题、审题与组织管理等）的人员，不得参加考试，也不得参加或者举办与考试内容相关的培训工作。应考人员参加培训坚持自愿原则。

第九条 考试实施机构及工作人员应当严格执行考试工作的各项规章制度，遵守考试工作纪律，切实做好从考试试题的命制到使用等各环节的安全保密工作，严防泄密。

第十条 对违反考试工作纪律和有关规定的人员，按照国家专业技术人员资格考试违纪违规行为处理规定处理。

人力资源社会保障部关于全面推进人力资源社会保障部门法治建设的指导意见

人社部发［2015］62号

各省、自治区、直辖市及新疆生产建设兵团人力资源社会保障厅（局），部属各单位，外专局、公务员局：

为贯彻落实《中共中央关于全面推进依法治国若干重大问题的决定》精神，进一步加强人力资源社会保障部门法治（以下简称人社法治）建设工作，现提出以下指导意见。

一、总体要求和基本原则

（一）总体要求。深入贯彻落实党的十八大，十八届三中、四中全会精神和习近平总书记系列重要讲话精神，紧紧围绕全面建成小康社会、全面深化改革、全面依法治国、全面从严治党战略布局，为实现全面推进依法治国的总目标，在人力资源社会保障领域，加快形成完备的法律规范体系、高效的法治实施体系、严密的法治监督体系、有力的法治保障体系，为全面推进人力资源社会保障事业科学发展提供坚实的法治保障。

（二）基本原则。一是坚持改革创新与法治规范相衔接。运用法治思维和法治方式推进各项工作的改革创新，把改革决策纳入法治体系，做到重大改革于法有据、立法主动适应改革和事业发展需要。在改革过程中，高度重视发挥法治的引领和推动作用，确保各项改革在法治轨道上推进。二是坚持提高依法行政能力与推进人力资源社会保障事业科学发展相适应。全面推进权力依法设置和公开透明运行机制建设，坚持法定职责必须为、法无授权不可为，做到既不失职，又不越权，依法推进人力资源社会保障事业实现科学发展。三是坚持管理与服务相结合。以“民生为本、人才优先”为工作主线，进一步增强履职意识，推进各级人力资源社会保障部门工作法治化、规范化、制度化，提高科学管理水平，提升为民服务质量，切实做到权为民所用、情为民所系、利为民所谋。

二、推进人力资源社会保障法律规范体系建设

（三）加强立法工作。各级人力资源社会保障部门要按照部里提出的人力资源社会保障立法体系构想，上下联动推进就业创业、社会保险、人才开发、人事管理、收入分配、劳动关系等方面的立法和配套法规体系建设。对近期已列入国家立法规划和年度计划的国家勋章和国家荣誉称号法、外国人在中国工作管理条例、国务院表彰奖励工作条例、人力资源市场条例、失业保险条例（修订）等法律法规，要配合立法机关按时完成；积极开展对人才培养和使用、职业技能开发、劳动标准、社会保险基金管理等领域的立法调研论证。有立法权的地方的人力资源社会保障部门要结合实际，主动推进地方立法，积极为国家立法创造条件。

（四）完善科学民主立法程序。部里和有立法权的地方的人力资源社会保障部门要健全立法草案立项、起草、协调、论证机制，完善工作程序。健全立法工作和社会公众沟通机制，开展立法协商，建立对立法中涉及重大民生问题的论证咨询机制，探索引入第三方评估制度。除依法需要保密的外，起草的所有法规规章草案都要公开征求意见。要建立人社法治建设联系点制度，注重听取基层意见建议，广泛凝聚社会共识。

（五）坚持立法与改革协调推进。各级人力资源社会保障部门要充分利用现行法律法规提供的制度空间和条件，大胆探索、勇于创新，重点推进健全促进就业创业体制机制、社会保险配套制度、人才人事管理体制、工资收入分配制度、劳动关系调整机制等方面的改革。对实践证明已经比较成熟的改革经验和行之有效的改革举措，要尽快提出立法建议，积极配合立法机关将其上升为法律法规；对立法条件尚不成熟而改革实践又迫切需要先行先试的事项，要按照法定程序先取得授权，再先行先试。

三、健全人社法治实施体系

（六）依法全面履行部门职能。各级人力资源社会保障部门要围绕“民生为本、人才优先”的工作主线，全面推进依法履职，坚决纠正不作为、乱作为，坚决克服懒政、怠政。各地人力资源社会保障部门依法履职要坚持管理与服务并重，以促进就业创业、社会保险经办、人才人事管理服务、劳动关系协调、劳动保障监察、劳动人事争议处理为重点，推行综合管理和综合服务，依法规范基层公共服务平台和“窗口”服务行为，切实做到法定职责必须为。

（七）建立权力清单和责任清单制度。各地人力资源社会保障部门要按照中办发［2015］21号文件精神，在当地党委和政府领导下，认真核实本级部门权力的名称、类型、依据、行使主体、流程图和监督方式等，逐一厘清与行政权力相对应的责任事项、责任主体，并向社会公布权力清单和责任清单，保证行政权力在阳光下运行。按照规范运行和高效透明的要求，减少权力行使环节，优化权力运行流程，明确和强化工作责任。继续深化行政审批制度改革，对保留的行政审批事项，实行“一个窗口”办理，制定审批事项服务指南、审查工作细则，推行网上办理，加强对管理事项的事中事后监管。创新管理服务方式，对适合由社会组织提供的公共服务事项，依法交由社会组织承担。

（八）健全重大行政决策机制。各级人力资源社会保障部门要坚持把公众参与、专家论证、风险评估、合法性审查、集体讨论决定作为重大行政决策必经程序。对关系全局、涉及面广、与民生相关的重大行政决策事项，未经合法性审查或者经审查不合法的，不得提交决策讨论。对公民、法人或者其他组织的权利义务产生直接影响的规范性文件，未经公开征求意见、合法性审查、集体讨论的，不得发布施行。没有法律法规的依据，规范性文件不得作出减损公民、法人和其他组织权利或者增加其义务的规定，不得设定行政许可、行政处罚、行政强制等事项。在各级人力资源社会保障部门积极推行建立法律顾问制度。

（九）完善行政执法体制机制。各地人力资源社会保障部门要积极推进行政执法体制改革，根据不同层级的事权和职能，按照减少层次、提高执法效能的原则，推进综合执法，进一步整合劳动保障监察职责，着力解决多头执法、重复执法，减少职责交叉，加强工作衔接。严格实行行政执法人员持证上岗和资格管理制度。完善人力资源社会保障部门与其他部门联合执法和沟通协作机制，健全行政执法和刑事司法衔接机制，规范案件移送标准和程序，实现行政处罚和刑事处罚无缝对接。

（十）坚持严格规范公正文明执法。各地人力资源社会保障部门要制定和完善行政执法程序规定，建立执法全过程记录制度，明确具体操作流程，重点规范行政许可事项、职业资格认定和职工工伤认定、社会保险待遇确认、劳动保障监察执法检查与处罚、社会保险费征收与欠费强制划拨等执法行为。建立健全行政裁量权基准制度，细化、量化行政裁量标准，规范裁量范围、种类和幅度。严格执行重大执法决定法制审核制度，未经法制审核或者审核未通过的，不得作出决定。全面落实行政执法责任制，健全行政执法评议考核和执法过错追究制度，定期组织对行政执法行为的案卷评查，并将评查情况进行通报。

（十一）创新行政执法和服务方式。各地人力资源社会保障部门要建立行政执法公示制度，推进就业失业登记、劳动用工备案、行政执法处理、社会保险登记缴费及待遇支付、人事考试等信息实现互联互通。加强网上执法办案系统建设，逐步实现执法信息网上录入、执法程序网上流转、执法活动网上监督。建立健全行政管理相对人信用记录制度，在确保信息安全的前提下，积极推进跨地区、跨部门的行政执法信息共享。健全执法办案信息查询系统，推行生效法律文书统一上网和公开查询制度。

四、完善人社法治监督体系

（十二）自觉接受对行政权力的制约和监督。各级人力资源社会保障部门党组要切实履行主体责任，对本部门党风廉政建设负总责。认真执行向本级人大及其常委会报告工作制度、接受询问和质询制度。要向政协按要求通报有关情况。要支持人民法院受理行政案件，尊重并严格执行人民法院生效的裁判。积极配合检察机关对在履行职责中发现的行政违法行为进行监督。要自觉接受审计监督，加强内部审计工作。要完善各级部门内部层级监督和专门监督，重点对权力集中的单位和岗位强化内部流程控制，防止权力滥用。要积极推行人力资源社会保障法规规章实施后的调研评估，每年确定一至两个重点领域，对有关法规规章实施情况进行专项检查调研，并对实施情况进行评估和通报。

（十三）健全行政复议工作制度。各级人力资源社会保障部门要严格执行行政复议法和行政诉讼法，适应法院由立案审查制变为立案登记制的改革，建立和完善行政复议答复、行政应诉答辩工作制度，提高行政复议办案质量，健全行政复议和行政应诉工作机制。建立行政复议和行政应诉典型案例通报制度，以案析法、以案学法，充分发挥审理行政复议和行政诉讼案件对规范行政行为、推动依法行政的重要作用。建立健全责任追究制度，对案件背后暴露出的工作人员失职、渎职行为，依法追究相关人员责任。

（十四）全面推进政务公开。各级人力资源社会保障部门要认真贯彻实施《中华人民共和国政府信息公开条例》，重点加强人力资源社会保障事业预决算和“三公”经费的信息公开，加大对行政许可、社会保险费征收、劳动保障违法案件查处等的公示力度，推进就业创业扶持、社会保险基金管理、公务员和事业单位工作人员招考、职业资格认定等社会高度关注事项的公开。依法做好政府信息依申请公开工作。将部门门户网站作为信息公开的第一平台，加强互联网政务信息数据服务平台和便民服务平台建设，自觉接受社会监督和舆论监督。

五、强化人社法治保障体系

（十五）提高全系统干部职工的法治思维能力。各级人力资源社会保障部门要建立健全法治教育培训制度，提高干部职工运用法治思维和法治方式解决问题的能力。通过加强立法调研和执法调研、执法监督检查、案例讨论、工作研讨、召开现场会和经验交流会等形式，把学习法律与运用法律解决实际问题紧密结合起来，促进全系统干部职工自觉养成平时学法、遇事找法、办事依法、解决问题靠法的行为习惯。积极开展人社法治理论研究，充分发挥科研单位及专家学者的作用，借鉴国际理论研究成果，为指导人社法治实践提供决策参考。

（十六）健全社会矛盾纠纷预防化解机制。

各级人力资源社会保障部门要健全人力资源社会保障领域的群体性社会矛盾预警机制、利益表达机制、协商沟通机制、救济救助机制，引导和支持当事人理性表达诉求、依法维护权益。要把信访纳入法治化轨道，通过法律渠道优先、按照法定途径分类处理信访投诉请求，保障当事人的合法诉求依照法律规定和法定程序得到合法合理的解决。建立调解、劳动人事仲裁、行政裁决、行政复议、诉讼等有机衔接、相互协调的多元化纠纷解决机制，努力做到处理每一个案件都体现公平正义。

（十七）营造人社法治的良好氛围。各级人力资源社会保障部门要把加强普法宣传作为一项长期的基础性工作，实施好“七五”普法规划。要通过部门门户网站和各级各类新闻媒体，及时发布人力资源社会保障法律法规和重要政策，围绕公众关切解疑释惑。要深入开展多层次、多渠道、多形式的人社法治示范创建活动，及时推广人社法治建设中的好经验和好做法，引导用人单位和劳动者在维护权益过程中，自觉守法、依法解决问题。要支持行业协会等各类社会组织发挥行业自律和专业服务功能，发挥社会组织依法对其成员遵守人力资源社会保障法律法规的行为引导。要完善守法诚信褒奖机制和违法失信惩戒机制，使尊法守法成为用人单位和劳动者的共同追求和自觉行动。

（十八）加大法治经费保障力度。各级人力资源社会保障部门要积极争取同级财政等部门支持，将人社法治建设工作经费列入年度预算，为开展人社法治工作的各项组织推动、宣传培训、示范创建、信息化建设、考核评议、表彰奖励等提供必要的经费保障。要建立重心下移、力量下沉的法治工作机制，加大对基层人社法治工作的经费支持，改善基层法治建设的基础设施和装备条件，为有效实现法治为民提供必要的保障。

（十九）加强法制机构和队伍建设。各级人力资源社会保障部门要切实加强法制机构建设，使机构设置、人员配备与人社法治建设任务相适应。充分发挥法制机构在加快推进人社法治建设工作中的统筹规划、综合协调、督促指导、考核评价作用，高度重视法制机构在重大文件起草及重大行政决策中实行合法性审查的主导作用。法制机构要加强自身队伍建设，不断提高工作人员的思想政治素质和法律专业能力，努力当好本部门领导在依法行政方面的参谋、助手和法律顾问。

六、切实抓好组织落实

（二十）加强人社法治建设的组织领导。加强人社法治建设是各级人力资源社会保障部门中所有单位共同的工作任务。各级人力资源社会保障部门要建立健全法治工作的组织领导机制，部门主要负责人要切实履行推进人社法治建设第一责任人的责任，带头遵守法律，带头依法行政，将人社法治建设纳入工作全局，与推进事业发展、深化改革一起部署、一起落实。把法治建设的各项工作成效作为衡量各级人力资源社会保障部门领导班子和领导干部以及各单位工作实绩的重要内容，纳入政绩考核指标体系，充分发挥考核评价对法治政府部门建设的重要推动作用。

（二十一）落实人社法治各项工作制度。各级人力资源社会保障部门要结合实际制定加快推进人社法治建设的具体办法和配套措施，确定不同阶段的重点，有计划、分步骤、扎扎实实全面推进人社法治工作。要健全推进人社法治建设的各项工作制度，完善责任落实机制，将任务和责任分解落实到具体单位和人员。要加强督促检查，不断增强人社法治制度建设的针对性和实效性，确保人社法治建设各项工作任务落到实处。

加快推进人社法治建设，责任重大，任务艰巨。各级人力资源社会保障部门要把建设法治政府，依法行政、行政为民作为推进各项业务工作的基本准则，增强使命感、责任感，锐意进取，开拓创新，扎实工作，为全面推进人社法治建设作出积极贡献。

二〇一五年七月六日

人力资源社会保障部关于推进社会保险标准贯彻实施工作的意见

人社部发［2015］63号

各省、自治区、直辖市及新疆生产建设兵团人力资源社会保障厅（局）：

《关于开展社会保险标准化工作的指导意见》（人社厅发［2010］41号）实施以来，社会保险标准体系架构基本形成，标准制定工作有序推进，标准贯彻实施也在部分地区进行有益探索。目前，随着标准发布数量不断增加，标准化建设工作重心将从以制定为主向制定与贯彻并重转变，现就推进社会保险标准贯彻实施工作提出如下意见：

一、指导思想

围绕“健全社会保障经办管理体制，建立更加便民快捷的服务体系和《社会管理和公共服务标准化工作‘十二五’行动纲要》”的总体要求，着眼于建立和完善社会保险领域统一规则和秩序，以优化服务形象、规范经办管理为重点，以宣传发动、完善技术平台、开展试点、检查评价等为主要手段，以标准化服务品牌建设为载体，在社会保险管理服务机构和领域全面推进标准化建设和标准的广泛使用，不断提升社会保险管理服务效率、质量和水平。

二、基本原则

（一）突出重点，急用先行。立足于社会保险经办管理服务现状和发展趋势，围绕提高管理水平、提升公共形象、提供便捷服务，以需求为导向，急用先行，有重点地推进社会保险标准的贯彻实施。

（二）以点带面，循序推进。以国家级社会管理和公共服务综合标准化试点为龙头，同时积极探索单项国家标准和行业标准试点，鼓励地方自行试点，带动社会保险标准化工作全面开展。坚持发布一批，实施一批，并从基础性和操作性强、改进服务和优化形象效果好的方面抓起，循序渐进地推进社会保险领域标准的贯彻实施。

（三）立足实际，提质增效。贯彻实施社会保险标准要为优化参保登记、征缴稽核、关系转续、待遇支付等经办管理服务，为队伍建设、信息化建设、档案管理、服务场所建设等基础管理服务，为社会保险经办机构推广行为规范、纪律要求、文明用语、视觉识别等品牌形象服务。同时，兼顾内外部监督体系的建立与完善。

（四）调动资源，形成合力。充分利用各方资源，积极争取有关部门的支持，借助标准化研究院的外脑和舆论媒体的外力，形成中央与地方上下联动、齐心协力、齐抓共管的良好氛围和工作机制。

三、主要目标

（一）总体目标。全面贯彻实施《人力资源和社会保障标准体系》（人社部发［2010］

53号）规定的相关社会保险标准，不断提高各级社会保险经办机构对标准及标准化的认知和践行能力，逐步形成具有行业特点与优势的社会保险鲜明品牌。2015—2017年，《人力资源和社会保障标准化规划（2011—2015年）》中70%以上的社会保险标准在省级和地市级社会保险经办机构贯彻实施，带动县级社会保险经办机构试点，形成贯彻实施正常工作机制；到2020年，各级社会保险经办机构基本实现标准化建设，社会保险服务、评价、管理等全程纳入标准化管理轨道。

（二）近期目标。2015—2017年，在省级、地市级以及试点县级社会保险经办机构，社会保险标准贯彻实施实现“三统一”。

1. 统一业务术语。养老、医疗、工伤、失业、生育等术语类国家标准普遍应用于社会保险各类业务领域，实现社会保险专业术语的规范化和一致性。

2. 统一服务形象。全面完成《社会保险视觉识别系统》行业标准的贯彻实施，分类推进、分项实施《社会保障服务中心设施设备要求》国家标准，实现设施设备、标志标识等视觉识别元素规范统一。

3. 统一服务流程。全面实施《社会保险服务　总则》和《社会保险经办业务流程　总则》。在此框架下，社会保险费申报缴纳、城乡居民养老保险服务、社会保险待遇支付和享受、社会保险关系转移、社会保险咨询服务等业务的标准化普及率达到90%以上。

（三）中期目标。2018—2020年，在县以上社会保险经办机构全面落实“三统一”的基础上，社会保险标准贯彻实施实现“三规范”。

1. 规范基础管理。社会保险基金预算、个人账户、业务档案、精算支持、科技应用等基础工作基本实现标准化管理，推动运行和决策水平有效提升。

2. 规范风险防控。全面实施《社会保险内部风险防控业务规范》、《社会保险征缴稽核业务规范》、《社会保险待遇资格认证规范》等标准，有效推进社会保险管理领域的风险防控。

3. 规范评价体系。广泛应用《社会保险经办绩效评价规范》、《社会保险信息披露要求》等标准，并结合社会保险窗口单位服务规范、纪律要求和文明用语的不断完善，形成依据合理、指标完善、方法科学的服务质量评价体系，并将评价结果与激励约束有机结合。

四、推进重点

（一）加速贯彻实施社会保险标准。对已出台的以及“十三五”期间具备贯彻实施条件的国家标准和行业标准，要明确重点加速推进；在创建社会保险标准化建设“先行城市”的基础上，树立和打造社会保险服务标准化“示范城市”。

1. 推动重点标准全面应用。以《社会保险服务　总则》框架为基础，到2020年年底，全面应用《社会保险经办业务流程　总则》、《社会保险咨询服务规范》、《社会保险视觉识别系统》、《社会保障服务中心设施设备要求》、《社会保险业务档案管理规范》、《社会保险经办绩效评价规范》等重点标准。

2. 推进地方标准体系的建立和实施。已承担国家级社会管理和公共服务综合标准化试点项目的单位，要按照试点项目要求搭建并普遍运行地方标准体系；未承担试点项目的单位也要积极构建地方标准体系。力争到2020年年底，地市以上城市全部建立和运行地方标准体系。

3. 培育标准化典型城市。以“三统一”和“三规范”为基础，创建100个社会保险标准化建设“先行城市”，市、县的比例分别为75%和25%。在此基础上，每个省份至少树立和打造一个“示范城市”。

（二）完善标准化技术平台。夯实全国社会保险标准化技术指导机构，建立省域标准化技术服务平台，不断完善全国资源汇集、省际交流协作、省域统筹指导的标准化技术支撑体系。

1. 加强全国社会保险标准化技术委员会建设。充分发挥“十三五”标准化建设工程重点项目的作用，不断充实专家和工作队伍，建立健全工作制度，拓宽资金筹集渠道，在标准制定和贯彻两个层面，从专业队伍培养、专项资金投入、专家技术服务等领域，加大对地方的扶持力度。

2. 搭建省域标准化技术服务平台。各省份要参照全国社会保险标准化技术委员会的组织框架和运行模式，充分考虑社会保险标准化工作实际，优先吸纳标准化技术人才和标准制定工作组成员，明确机构、人员、经费等工作条件，组建并不断完善省域技术服务平台，承担相应的标准制定和贯彻任务。

3. 建立与专业组织协作机制。借助各级标准化技术部门专业优势，引入“外脑”，做好标准制定工作的同时，共同推动标准的贯彻实施工作。同时，积极向有关部门申请社会保险标准化领域课题，研究社会保险标准化及其宣传贯彻方法，并及时将研究成果转化到实际工作中，提高标准化建设的效率和水平。

（三）营造标准贯彻工作氛围。推动社会保险标准化建设在系统内深入人心，推动社会保险标准知行合一，推动以制定为主向以贯彻为主的工作重心转换。同时，加大对标准化建设经验和效果的社会宣传力度。

1. 加强宣传引导。面向全社会和系统内部，重点宣传标准化在“形象”和“规范”建设方面所发挥的作用和取得的成效。完善工作简报、开辟专栏等传统宣传方式，开拓网络、微信息等新型宣传方式，通过主流媒体和系统内部媒体宣传标准贯彻实施的社会效益和典型经验。

2. 加大培训力度。充分发挥“社会保险人才队伍建设工程”项目优势，将标准化培训列入各级社会保险经办机构年度培训计划，引入标准化专业机构力量，借助全国和省域标准化技术平台，开展多渠道、多层次的标准化师资和专业技术人才培训。

3. 创新培训方式。近期，通过开发全国统一教材、进行实地培训、发放讲座光盘等形式开展标准化普及型培训和专项培训；中期，通过实施网络在线教育、实施网络互动交流等方式，开展全方位培训。建立共享网络平台，提供标准化的各类文件及各地区的优秀经验交流材料下载和讨论。

（四）开展标准应用评价。坚持综合评估与专项评估相结合、外部评估与内部评估相结合的原则，有计划、有步骤地推进标准应用情况和效果的客观评价。

1. 实施综合评估。承担国家级社会管理和公共服务综合标准化试点项目的单位，要配合国家标准化管理委员会有关部门做好中期评估和试点验收工作。同时，部社保中心将组织制定“先行城市”和“示范城市”评价办法和指标体系，并统一组织验收。

2. 组织专项评估。对重点标准，部社保中心将分别在2017年年底和2020年年底，严格对照相应国家标准或行业标准的要求，组织两次评估验收。

3. 开展自查自评。在近期和中期，由省级社会保险经办机构按年度分别对“三统一”和“三规范”目标进展情况开展自查自评，并于每年年底将自评报告报部社保中心，部社保中心以专项调研、会议等形式组织抽查。

五、工作要求

（一）加强组织领导。各级人力资源社会保障部门要把社会保险相关标准贯彻实施作为重要工作，设立有关负责人和相关部门组成的专项工作组或建立联席会议制度；指定部门负责本系统、本单位的标准化管理工作，并配备专（兼）职标准化管理人员；制定完善标准化工作管理制度，建立长效管理机制，确保将社会保险领域相关标准落到实处。

（二）制定工作方案。各级社会保险经办机构要研究制定本地社会保险标准贯彻实施总体规划和方案，明确具体目标任务、工作措施和时间进度，落实责任，对执行中可能出现的问题进行预判，并制定应对预案。2015 年 9 月底之前，各省份应将工作方案报送部社保中心。

（三）认真抓好落实。各地要按照工作规划和方案，严格进度与质量要求，跟踪贯彻实施标准进程，做好督导工作。稳步推进各类标准化试点工作，着力打造标准化服务和管理品牌。通过“十三五”规划立项，整合多方资源，争取当地政府以及发改、质监等部门的支持与帮助，拓展资金来源渠道，规范使用标准化建设资金，并向标准贯彻实施倾斜。

二〇一五年七月七日

人力资源社会保障部　国家发展和改革委员会关于印发《工程咨询（投资）专业技术人员职业资格制度暂行规定》和《咨询工程师（投资）职业资格考试实施办法》的通知

人社部发［2015］64号

各省、自治区、直辖市及新疆生产建设兵团人力资源社会保障厅（局）、发展改革委，国务院各部委、各直属机构人事部门，中央管理的企业：

为加强工程咨询（投资）专业技术人员队伍建设，适应工程咨询业发展需要，根据《国务院机构改革和职能转变方案》和《国务院第六批取消和调整行政审批项目的决定》（国发［2012］52号）有关取消“注册咨询工程师（投资）执业资格认定”行政审批项目的要求，在总结原注册咨询工程师（投资）执业资格制度实施情况的基础上，人力资源社会保障部、国家发展改革委制定了《工程咨询（投资）专业技术人员职业资格制度暂行规定》和《咨询工程师（投资）职业资格考试实施办法》，现印发给你们，请遵照执行。

自本通知发布之日起，原人事部、原国家发展计划委员会发布的《关于印发〈注册咨询工程师（投资）执业资格制度暂行规定〉和〈注册咨询工程师（投资）执业资格考试实施办法〉的通知》（人发［2001］127号）同时废止。

二〇一五年六月三十日

工程咨询（投资）专业技术人员职业资格制度暂行规定

第一章　总　　则

第一条　为促进工程咨询业健康发展，加强工程咨询（投资）专业技术人员队伍建设，提高工程咨询（投资）专业技术人员素质，根据《国务院机构改革和职能转变方案》和国家职业资格证书制度有关规定，制定本规定。

第二条　本规定适用于在工程咨询机构从事工程咨询（投资）业务的专业技术人员。

第三条　国家设立工程咨询（投资）专业

技术人员水平评价类职业资格制度，面向全社会提供工程咨询（投资）专业技术人员能力水平评价的服务，纳入全国专业技术人员职业资格证书制度统一规划。评价结果与经济系列或者工程系列相应级别职称衔接，是用人单位使用本专业人才的依据。

第四条 工程咨询（投资）专业技术人员职业资格分为咨询工程师（投资）和高级咨询工程师（投资）2 个级别。咨询工程师（投资）职业资格实行考试的评价方式。高级咨询工程师（投资）职业资格评价的具体办法另行规定。

咨询工程师（投资）英文译为：Consulting Engineer。

第五条 通过咨询工程师（投资）职业资格考试并取得职业资格证书的人员，表明其已具备从事工程咨询（投资）专业技术岗位工作的职业能力和水平。

第六条 人力资源社会保障部、国家发展改革委共同负责工程咨询（投资）专业技术人员职业资格制度的政策制定，并按职责分工对工程咨询（投资）专业技术人员职业资格制度的实施进行指导、监督和检查。中国工程咨询协会具体承担工程咨询（投资）专业技术人员职业资格评价工作。

第二章 考　试

第七条 咨询工程师（投资）职业资格实行全国统一大纲、统一命题、统一组织的考试制度。原则上每年举行 1 次考试。

第八条 中国工程咨询协会负责咨询工程师（投资）职业资格考试的组织和实施工作，组织成立考试专家委员会，研究拟定考试科目、考试大纲、考试试题和考试合格标准。

第九条 人力资源社会保障部、国家发展改革委对中国工程咨询协会实施的考试工作进行监督和检查，指导中国工程咨询协会确定咨询工程师（投资）职业资格考试科目、考试大纲、考试试题和考试合格标准。

第十条 遵守国家法律、法规，恪守职业道德，并符合下列条件之一的，均可申请参加咨询工程师（投资）职业资格考试：

（一）取得工学学科门类专业，或者经济学类、管理科学与工程类专业大学专科学历，累计从事工程咨询业务满 8 年；

（二）取得工学学科门类专业，或者经济学类、管理科学与工程类专业大学本科学历或者学位，累计从事工程咨询业务满 6 年；

（三）取得含工学学科门类专业，或者经济学类、管理科学与工程类专业在内的双学士学位，或者工学学科门类专业研究生班毕业，累计从事工程咨询业务满 4 年；

（四）取得工学学科门类专业，或者经济学类、管理科学与工程类专业硕士学位，累计从事工程咨询业务满 3 年；

（五）取得工学学科门类专业，或者经济学类、管理科学与工程类专业博士学位，累计从事工程咨询业务满 2 年；

（六）取得经济学、管理学学科门类其他专业，或者其他学科门类各专业的上述学历或者学位人员，累计从事工程咨询业务年限相应增加 2 年。

第十一条 咨询工程师（投资）职业资格考试合格，由中国工程咨询协会颁发人力资源社会保障部、国家发展改革委监制，中国工程咨询协会用印的《中华人民共和国咨询工程师（投资）职业资格证书》[以下简称“咨询工程师（投资）资格证书”]。该证书在全国范围有效。

第十二条 对以不正当手段取得咨询工程师（投资）资格证书的，按照国家专业技术人员资格考试违纪违规行为处理规定处理。

第三章 职业能力

第十三条 取得咨询工程师（投资）资格证书的人员，应当遵守国家法律和相关法规，维护国家和社会公共利益，恪守职业道德。

第十四条 取得咨询工程师（投资）资格证书的人员，应当具备的职业能力：

（一）经济社会发展规划、计划咨询；

（二）行业发展规划和产业政策咨询；

（三）经济建设专题咨询；

（四）投资机会研究；

（五）工程项目建议书的编制；

（六）工程项目可行性研究报告的编制；

（七）工程项目评估；

（八）工程项目融资咨询、绩效追踪评价、后评价及培训咨询服务；

（九）工程项目招投标技术咨询；

（十）国家发展改革委规定的其他工程咨询业务。

第十五条 取得咨询工程师（投资）资格证书的人员，应当按照国家专业技术人员继续教育有关规定，参加继续教育，不断更新专业知识，提高职业素质和业务能力。

第四章 登 记

第十六条 咨询工程师（投资）资格证书实行登记服务制度。登记服务的具体工作由中国工程咨询协会负责。

第十七条 中国工程咨询协会定期向社会公布咨询工程师（投资）资格证书的登记情况，建立持证人员的诚信档案，并为用人单位提供取得咨询工程师（投资）资格证书人员信息的查询服务。

第十八条 取得咨询工程师（投资）资格证书的人员，应自觉接受中国工程咨询协会的自律性管理，其在工作中违反相关法律、法规、规章或者职业道德，造成不良影响的，由中国工程咨询协会取消登记，并收回其职业资格证书。

第十九条 各级工程咨询管理机构在实施咨询工程师（投资）资格考试和登记服务工作中，应当严格遵守国家和本行业的各项管理规定以及协会章程。

第五章 附 则

第二十条 通过考试取得咨询工程师（投资）资格证书，且符合《经济专业人员职务试行条例》经济师职务任职条件，或者符合《工程技术人员职务试行条例》工程师职务任职条件的人员，用人单位可根据工作需要择优聘任相应系列专业技术职务。

第二十一条 本规定施行前，已按照原人事部、原国家发展计划委员会印发的《关于印发〈注册咨询工程师（投资）执业资格制度暂行规定〉和〈注册咨询工程师（投资）执业资格考试实施办法〉的通知》（人发［2001］127号）规定，取得的注册咨询工程师（投资）执业资格证书，与按照本规定要求取得的咨询工程师（投资）资格证书的效用等同。

第二十二条 本规定自 2015 年 7 月 1 日起施行。

咨询工程师（投资）职业资格考试实施办法

第一条 人力资源社会保障部、国家发展改革委按照职责分工负责指导、监督和检查咨询工程师（投资）职业资格考试的实施工作。

第二条 中国工程咨询协会具体负责咨询工程师（投资）职业资格考试的实施工作。

第三条 咨询工程师（投资）职业资格考试设《宏观经济政策与发展规划》、《工程项目组织与管理》、《项目决策分析与评价》和《现代咨询方法与实务》4 个科目。

第四条 咨询工程师（投资）职业资格考试分 4 个半天举行。《宏观经济政策与发展规划》、《工程项目组织与管理》和《项目决策分析与评价》3 个科目的考试时间均为 2.5 小时，《现代咨询方法与实务》科目的考试时间为3小时。

考试成绩实行4年为一个周期的滚动管理办法，在连续的4个考试年度内参加全部（4个）科目的考试并合格，可取得咨询工程师（投资）职业资格证书。

第五条 符合《工程咨询（投资）专业技术人员职业资格制度暂行规定》（以下简称《暂行规定》）规定的考试报名条件者均可申请参加考试。

第六条 凡符合《暂行规定》规定的考试报名条件，并具备下列一项条件者，可免试《宏观经济政策与发展规划》、《工程项目组织与管理》科目，只参加《项目决策分析与评价》和《现代咨询方法与实务》2个科目的考试。参加2个科目考试的人员，须在连续的2个考试年度内通过应试科目的考试。

（一）获得全国优秀工程咨询成果奖项目或者全国优秀工程勘察设计奖项目的主要完成人；

（二）通过全国统一考试取得工程技术类职业资格证书，并从事工程咨询业务工作满8年。

第七条 参加考试由本人提出申请，按有关规定办理报名手续。考试实施机构按规定的程序和报名条件审核合格后，核发准考证。参加考试人员凭准考证和有效证件在指定的日期、时间和地点参加考试。

中央和国务院各部门所属单位、中央管理企业的人员按属地原则报名参加考试。

第八条 考点原则上设在地级以上城市的大、中专院校或者高考定点学校。如确需在其他城市设置考点，须经中国工程咨询协会批准。考试日期原则上为每年的第二季度。

第九条 坚持考试与培训分开的原则。凡参与考试工作（包括命题、审题与组织管理等）的人员，不得参加考试，也不得参加或者举办与考试内容相关的培训工作。应考人员参加培训坚持自愿原则。

第十条 考试实施机构及其工作人员，应当严格执行国家人事考试工作人员纪律规定和考试工作的各项规章制度，遵守考试工作纪律，切实做好从考试试题的命制到使用等各环节的安全保密工作，严防泄密。

第十一条 对违反考试工作纪律和有关规定的人员，按照国家专业技术人员资格考试违纪违规行为处理规定处理。

人力资源社会保障部　国土资源部关于印发《矿业权评估专业技术人员职业资格制度暂行规定》和《助理矿业权评估师、矿业权评估师职业资格考试实施办法》的通知

人社部发［2015］65号

各省、自治区、直辖市及新疆生产建设兵团人力资源社会保障厅（局）、国土资源厅（局），国务院各部委、各直属机构人事部门，中央管理的企业：

根据《国务院机构改革和职能转变方案》和《国务院关于取消和调整一批行政审批项目等事项的决定》（国发［2014］27号）有关取消“矿业权评估师执业资格许可”的要求，为加强矿业权评估专业人员队伍建设，规范矿业权评估行为，在总结原矿业权评估师执业资格制度实施情况的基础上，人力资源社会保障部、国土资源部制定了《矿业权评估专业技术人员职业资格制度暂行规定》和《助理矿业权评估师、矿业权评估师职业资格考试实施办法》，现印发给你们，请遵照执行。

自本通知发布之日起，原人事部、国土资源部《关于印发〈矿业权评估师执业资格制度暂行规定〉的通知》（人发［2000］82号）同时废止。

二〇一五年七月六日

矿业权评估专业技术人员职业资格制度暂行规定

第一章　总　　则

第一条　为加强矿业权评估专业技术人员队伍建设，规范矿业权评估行为，根据《中华人民共和国矿产资源法》、《矿产资源勘查区块登记管理办法》、《矿产资源开采登记管理办法》、《探矿权采矿权转让管理办法》、《国务院机构改革和职能转变方案》和国家职业资格证书制度有关规定，制定本规定。

第二条　本规定适用于在矿业权评估机构，从事矿业权价值评价、估算，为委托人提供评估报告和咨询意见的专业人员。

第三条 国家设立矿业权评估专业技术人员水平评价类职业资格制度，面向全社会提供矿业权评估专业技术人员能力水平评价的服务，纳入全国专业技术人员职业资格证书制度统一规划。评价结果与经济系列相应级别职称衔接，是用人单位使用该专业人员的依据。

第四条 矿业权评估专业技术人员职业资格分为助理矿业权评估师、矿业权评估师、高级矿业权评估师3个级别。助理矿业权评估师、矿业权评估师职业资格实行统一考试的评价方式。高级矿业权评估师职业资格评价的具体办法另行规定。

矿业权评估专业技术人员英文译为：Mineral Rights Valuer Professionals。

第五条 通过助理矿业权评估师、矿业权评估师职业资格考试，取得相应级别矿业权评估职业资格证书的人员，表明其已具备从事矿业权评估专业相应级别专业技术岗位工作的职业能力和水平。

第六条 人力资源社会保障部、国土资源部共同负责矿业权评估专业技术人员职业资格制度的政策制定，并按职责分工对矿业权评估专业技术人员职业资格制度的实施进行指导、监督和检查。中国矿业权评估师协会具体承担矿业权评估专业技术人员职业资格的评价与管理工作。

第二章　考　　试

第七条 助理矿业权评估师、矿业权评估师职业资格实行全国统一大纲、统一命题、统一组织的考试制度。原则上每两年举行1次考试。

第八条 中国矿业权评估师协会负责助理矿业权评估师、矿业权评估师职业资格考试的组织和实施工作，组织成立考试专家委员会，研究拟定考试科目、考试大纲、考试试题和考试合格标准。

第九条 人力资源社会保障部、国土资源部对中国矿业权评估师协会实施的考试工作进行监督和检查，指导中国矿业权评估师协会确定助理矿业权评估师、矿业权评估师职业资格考试科目、考试大纲、考试试题和考试合格标准。

第十条 遵守国家法律、法规，恪守职业道德，并符合助理矿业权评估师、矿业权评估师报名条件的人员，均可申请参加相应级别职业资格考试。

第十一条 符合下列条件之一者，可申请参加助理矿业权评估师考试：

（一）取得高中或中专学历，累计从事矿业权评估相关工作满4年；

（二）取得经济学类、法学类、地质学类、地质类、矿业类专业大学专科学历，累计从事矿业权评估相关工作满2年；

（三）取得经济学类、法学类、地质学类、地质类、矿业类专业大学本科学历；

（四）取得经济学、法学、理学、工学学科门类其他类专业上述学历（学位）的人员，从事矿业权评估相关工作年限相应增加1年；

（五）其他学科门类专业上述学历（学位）的人员，从事矿业权评估相关工作年限相应增加2年。

第十二条 符合下列条件之一者，可申请参加矿业权评估师考试：

（一）取得经济学类、法学类、地质学类、地质类、矿业类专业大学专科学历，累计从事矿业权评估相关工作满6年；

（二）取得经济学类、法学类、地质学类、地质类、矿业类专业大学本科学历，累计从事矿业权评估相关工作满4年；

（三）取得经济学类、法学类、地质学类、地质类、矿业类专业在内的双学士学位（或者研究生班毕业），累计从事矿业权评估相关工作满2年；

（四）取得经济学类、法学类、地质学类、地质类、矿业类专业硕士学历（学位），累计从事矿业权评估相关工作满1年；

（五）取得经济学类、法学类、地质学类、地质类、矿业类专业博士学历（学位）；

（六）取得经济学、法学、理学、工学学

科门类其他类专业上述学历（学位）的人员，从事矿业权评估相关工作年限相应增加1年；

（七）其他学科门类专业上述学历（学位）的人员，从事矿业权评估相关工作年限相应增加2年。

第十三条 助理矿业权评估师、矿业权评估师职业资格考试合格，由中国矿业权评估师协会颁发人力资源社会保障部、国土资源部监制，中国矿业权评估师协会用印的相应级别《中华人民共和国矿业权评估专业技术人员职业资格证书》（以下简称“矿业权评估资格证书”）。该证书在全国范围有效。

第十四条 对以不正当手段取得矿业权评估资格证书的，按照国家专业技术人员资格考试违纪违规行为处理规定处理。

第三章 职业能力

第十五条 取得矿业权评估资格证书的人员，应当遵守国家法律、相关法规和行业管理规范，维护国家和社会公共利益，恪守职业道德。

第十六条 取得助理矿业权评估师资格证书的人员应当具备的职业能力：

（一）了解矿业权评估行业的法律法规及矿业权评估行业的各项规章制度；

（二）熟悉矿业权评估专业理论知识，能够解决矿业权评估实践中的一般性技术问题；

（三）能够完成一般性矿业权评估专业技术工作，协助矿业权评估师开展工作。

第十七条 取得矿业权评估师资格证书的人员应当具备的职业能力：

（一）熟悉矿业权评估行业的法律法规和行业管理规定；

（二）了解国内外矿业权评估技术方法及国内外市场的发展趋势，有较强的开拓创新能力，能够独立完成较为复杂的矿业权评估技术性工作；

（三）熟悉矿业权评估工作流程，有较丰富的矿业权评估实践经验，处理解决矿业权评估的疑难问题；

（四）能够签署矿业权评估报告，提供矿业权评估及相关法律咨询，承担与矿业权评估相关的业务工作；

（五）能够指导助理矿业权评估师，协助高级矿业权评估师开展工作。

第十八条 取得矿业权评估资格证书的人员，应当按照国家专业技术人员继续教育有关规定，参加继续教育，不断更新专业知识，提高职业素质和业务能力。

第四章 登 记

第十九条 矿业权评估资格证书实行登记服务制度。登记服务的具体工作由中国矿业权评估师协会负责。

第二十条 中国矿业权评估师协会定期向社会公布矿业权评估资格证书的登记情况，建立持证人员的诚信档案，并为相关单位提供取得矿业权评估资格证书人员的信息查询服务。

第二十一条 取得矿业权评估资格证书的人员，应自觉接受中国矿业权评估师协会的自律性管理，其在工作中违反相关法律、法规、规章或者职业道德，造成不良影响的，由中国矿业权评估师协会按照自律规定进行处罚；情况严重的，取消登记，并收回其职业资格证书。

第二十二条 各级矿业权评估登记服务机构，在登记服务和考试实施工作中，应当严格遵守国家和本行业的各项管理规定以及协会章程。

第五章 附 则

第二十三条 通过考试取得矿业权评估资格证书，且符合《经济专业人员职务试行条例》中助理经济师、经济师任职条件的人员，用人单位可根据工作需要聘任其相应级别经济专业职务。

第二十四条 本规定施行前，依据原人事部、国土资源部印发的《关于印发〈矿业权评估师执业资格制度暂行规定〉的通知》（人发[2000] 82号）要求，通过考试取得的矿业权评估师执业资格证书，与按照本规定要求取得的矿业权评估师职业资格证书效用等同。

第二十五条 本规定自2015年8月1日起施行。

助理矿业权评估师、矿业权评估师职业资格考试实施办法

第一条 人力资源社会保障部、国土资源部按照职责分工负责指导、监督和检查助理矿业权评估师、矿业权评估师职业资格考试的实施工作。

第二条 中国矿业权评估师协会具体负责助理矿业权评估师、矿业权评估师职业资格考试的实施工作。

第三条 助理矿业权评估师、矿业权评估师职业资格考试均设《矿业权评估经济法律专业能力》、《矿业权评估地质与矿业工程专业能力》和《矿业权评估实务与案例》3个科目。考试分3个半天进行，每个科目的考试时间为3小时。

第四条 考试成绩实行3次为一个周期的滚动管理办法。参加考试的人员，必须在连续3个考试年度内通过全部3个应试科目，方可取得相应级别矿业权评估专业技术人员职业资格证书。

第五条 符合《矿业权评估专业技术人员职业资格制度暂行规定》规定的报名条件者均可申请参加相应级别考试。

第六条 参加考试由本人提出申请，按有关规定办理报名手续。考试实施机构按照规定的程序和报名条件审核合格后，核发准考证。参加考试人员凭准考证和有效证件在指定的日期、时间和地点参加考试。

第七条 考点原则上设在直辖市和省会城市的大、中专院校或者高考定点学校。如确需在其他城市设置考点，须经中国矿业权评估师协会批准。考试日期原则上为每年的第四季度。

第八条 坚持考试与培训分开的原则。凡参与考试工作（包括命题、审题与组织管理等）的人员，不得参加考试，也不得参加或者举办与考试内容相关的培训工作。应考人员参加培训坚持自愿原则。

第九条 考试实施机构及其工作人员，应当严格执行国家人事考试工作人员纪律规定和考试工作的各项规章制度，遵守考试工作纪律，切实做好从考试试题的命制到使用等各环节的安全保密工作，严防泄密。

第十条 对违反考试工作纪律和有关规定的人员，按照国家专业技术人员资格考试违纪违规行为处理规定处理。

人力资源社会保障部 国土资源部关于印发《土地登记代理专业人员职业资格制度暂行规定》和《土地登记代理人职业资格考试实施办法》的通知

人社部发［2015］66号

各省、自治区、直辖市及新疆生产建设兵团人力资源社会保障厅（局）、国土资源厅（局），国务院各部委、各直属机构人事部门，中央管理的企业：

根据《国务院机构改革和职能转变方案》和《国务院关于取消和调整一批行政审批项目等事项的决定》（国发［2014］27号）有关取消"土地登记代理人职业资格"的要求，为加强土地登记代理专业人员队伍建设，规范土地及地上房屋、林木等不动产登记代理行为，在总结原土地登记代理人职业资格制度实施情况的基础上，人力资源社会保障部、国土资源部制定了《土地登记代理专业人员职业资格制度暂行规定》和《土地登记代理人职业资格考试实施办法》，现印发给你们，请遵照执行。

自本通知发布之日起，原人事部、国土资源部发布的《关于印发〈土地登记代理人职业资格制度暂行规定〉和〈土地登记代理人职业资格考试实施办法〉的通知》（人发［2002］116号）同时废止。

二〇一五年七月六日

土地登记代理专业人员职业资格制度暂行规定

第一章 总 则

第一条 为加强土地登记代理专业人员队伍建设，规范土地及地上房屋、林木等不动产登记代理行为，根据《中华人民共和国物权法》、《中华人民共和国土地管理法》、《不动产登记暂行条例》、《国务院机构改革和职能转变方案》和国家职业资格证书制度有关规定，制定本规定。

第二条 本规定适用于在土地及地上房屋、林木等不动产登记代理服务机构，从事土地及地上房屋、林木等不动产登记代理业务的专业人员。

第三条 国家设立土地登记代理专业人员水平评价类职业资格制度，面向全社会提供土地登记代理专业人员能力水平评价的服务，纳入全国专业技术人员职业资格证书制度统一规划。

第四条 土地登记代理专业人员职业资格分为土地登记代理人、高级土地登记代理人2个级别。土地登记代理人职业资格实行统一考试的评价方式。高级土地登记代理人职业资格评价的具体办法另行规定。

土地登记代理人英文译为：Land Registration Agent。

第五条 通过土地登记代理人职业资格考试并取得职业资格证书的人员，表明其已具备从事土地及地上房屋、林木等不动产登记代理相应级别专业岗位工作的职业能力和水平。

第六条 人力资源社会保障部、国土资源部共同负责土地登记代理专业人员职业资格制度的政策制定，并按职责分工对土地登记代理专业人员职业资格制度的实施进行指导、监督和检查。中国土地估价师与土地登记代理人协会具体承担土地登记代理专业人员职业资格的评价与管理工作。

第二章 考 试

第七条 土地登记代理人职业资格实行全国统一大纲、统一命题、统一组织的考试制度。原则上每年举行1次考试。

第八条 中国土地估价师与土地登记代理人协会负责土地登记代理人职业资格考试的组织和实施工作，组织成立考试专家委员会，研究拟定考试科目、考试大纲、考试试题和考试合格标准。

第九条 人力资源社会保障部、国土资源部对中国土地估价师与土地登记代理人协会实施的考试工作进行监督和检查，指导中国土地估价师与土地登记代理人协会确定土地登记代理人职业资格考试科目、考试大纲、考试试题和考试合格标准。

第十条 遵守国家法律、法规，恪守职业道德，并具备下列条件之一的，可申请参加土地登记代理人职业资格考试：

（一）取得经济学类、法学类、公共管理类、测绘类、管理科学与工程类、地理科学类专业大学专科学历，工作满6年，从事土地及地上房屋、林木等不动产登记代理工作满4年；

（二）取得经济学类、法学类、公共管理类、测绘类、管理科学与工程类、地理科学类专业大学本科学历（学位），工作满4年，从事土地及地上房屋、林木等不动产登记代理工作满2年；

（三）取得经济学类、法学类、公共管理类、测绘类、管理科学与工程类、地理科学类专业在内的双学士学位（或者研究生班毕业），工作满3年，从事土地及地上房屋、林木等不动产登记代理工作满1年；

（四）取得经济学类、法学类、公共管理类、测绘类、管理科学与工程类、地理科学类专业硕士学历（学位），工作满2年，从事土地及地上房屋、林木等不动产登记代理工作满1年；

（五）取得经济学类、法学类、公共管理类、测绘类、管理科学与工程类、地理科学类专业博士学历（学位）；

（六）取得经济学、法学、理学、工学、管理学科门类其他专业上述学历（学位）的人员，从事土地及地上房屋、林木等不动产登记代理工作年限相应增加1年；

（七）取得其他学科门类专业上述学历（学位）的人员，从事土地及地上房屋、林木等不动产登记代理工作年限相应增加2年。

第十一条 土地登记代理人职业资格考试合格，由中国土地估价师与土地登记代理人协会颁发人力资源社会保障部、国土资源部监制，中国土地估价师与土地登记代理人协会用印的《中华人民共和国土地登记代理人职业资格证书》（以下简称“土地登记代理人资格证书”）。该证书在全国范围有效。

第十二条 对以不正当手段取得土地登记代理人资格证书的，按照国家专业技术人员资格考试违纪违规行为处理规定处理。

第三章 职业能力

第十三条 取得土地登记代理人资格证书的人员，应当遵守国家法律、相关法规和行业管理规范，维护国家和社会公共利益及委托人的合法权益，恪守职业道德。

第十四条 取得土地登记代理人资格证书的人员，在土地及地上房屋、林木等不动产登记代理活动中，应当以委托人自愿委托为前提，独立、公正地代理登记业务。

第十五条 取得土地登记代理人资格证书的人员应当具备的职业能力：

（一）代理土地及地上房屋、林木等不动产登记申请、指界、地籍和房屋、林木等调查、领取不动产权证书等；

（二）收集、整理土地及地上房屋、林木等不动产权属来源证明及其他相关材料；

（三）协助土地及地上房屋、林木等不动产权利人办理权属纠纷相关手续；

（四）依法查询土地及地上房屋、林木等不动产登记资料；

（五）查证土地及地上房屋、林木等不动产产权；

（六）提供土地及地上房屋、林木等不动产登记及地籍管理相关法律咨询；

（七）与土地及地上房屋、林木等不动产代理业务相关的其他事项。

第十六条 取得土地登记代理人资格证书的人员，应当按照国家专业技术人员继续教育有关规定，参加继续教育，不断更新专业知识，提高职业素质和业务能力。

第四章 登 记

第十七条 土地登记代理人资格证书实行登记服务制度。登记服务的具体工作由中国土地估价师与土地登记代理人协会负责。

第十八条 中国土地估价师与土地登记代理人协会定期向社会公布土地登记代理人资格证书的登记情况，建立持证人员的诚信档案，为用人单位提供取得土地登记代理人资格证书人员信息的查询服务。

第十九条 取得土地登记代理人资格证书的人员，应自觉接受中国土地估价师与土地登记代理人协会的自律性管理，其在工作中违反相关法律、法规、规章或者职业道德，造成不良影响的，由中国土地估价师与土地登记代理人协会取消登记，并收回其职业资格证书。

第二十条 各级土地登记代理登记服务机构，在登记服务工作中，应当严格遵守国家和本行业的各项管理规定以及协会章程。

第五章 附 则

第二十一条 通过考试取得土地登记代理人资格证书，且符合《经济专业人员职务试行条例》中经济师任职条件的人员，用人单位可根据工作需要聘任其经济师专业职务。

第二十二条 本规定施行前，依据原人事部、国土资源部印发的《〈土地登记代理人职业资格制度暂行规定〉和〈土地登记代理人职业资格考试实施办法〉》（人发［2002］116号）要求，通过考试取得的土地登记代理人职业资格证书，与按照本规定要求取得的职业资格证书效用等同。

第二十三条 本规定自2015年8月1日起施行。

土地登记代理人职业资格考试实施办法

第一条 人力资源社会保障部、国土资源部按照职责分工负责指导、监督和检查土地登记代理人职业资格考试的实施工作。

第二条 中国土地估价师与土地登记代理人协会具体负责土地登记代理人职业资格考试的实施工作。

第三条 土地登记代理人职业资格考试设《土地登记相关法律》、《土地权利理论与方法》、《地籍调查》和《土地登记代理实务》4个科目。考试分4个半天进行，每个科目的考试时间为2.5小时。

第四条 考试成绩实行4年为一个周期的滚动管理办法。参加全部4个科目考试的人员必须在连续4个考试年度内通过应试科目，方可取得土地登记代理人职业资格证书。

第五条 符合《土地登记代理专业人员职业资格制度暂行规定》（以下简称《暂行规定》）第十条规定的报名条件者均可申请参加考试。

第六条 符合《暂行规定》的考试报名条件，并按照国家统一规定评聘高级专业技术职务的人员，可免试《土地权利理论与方法》和《地籍调查》2个科目，只参加《土地登记相关法律》和《土地登记代理实务》2个科目的考试。

参加2个科目考试的人员，须在连续的2个考试年度内通过应试科目，方可获得土地登记代理人职业资格证书。

第七条 参加考试由本人提出申请，按有关规定办理报名手续。考试实施机构按照规定的程序和报名条件审核合格后，核发准考证。参加考试人员凭准考证和有效证件在指定的日期、时间和地点参加考试。

中央和国务院各部门及所属单位、中央管理企业的人员按属地原则报名参加考试。

第八条 考点原则上设在直辖市和省会城市的大、中专院校或者高考定点学校。如确需在其他城市设置考点，须经中国土地估价师与土地登记代理人协会批准。考试日期原则上为每年的第二季度。

第九条 坚持考试与培训分开的原则。凡参与考试工作（包括命题、审题与组织管理等）的人员，不得参加考试，也不得参加或者举办与考试内容相关的培训工作。应考人员参加培训坚持自愿原则。

第十条 考试实施机构及其工作人员，应当严格执行国家人事考试工作人员纪律规定和考试工作的各项规章制度，遵守考试工作纪律，切实做好从考试试题的命制到使用等各环节的安全保密工作，严防泄密。

第十一条 对违反考试工作纪律和有关规定的人员，按照国家专业技术人员资格考试违纪违规行为处理规定处理。

人力资源社会保障部　财政部
关于适当降低生育保险费率的通知

人社部发［2015］70号

各省、自治区、直辖市人力资源社会保障厅（局）、财政厅（局），新疆生产建设兵团人力资源社会保障局、财务局：

按照党的十八届三中全会提出的“适时适当降低社会保险费率”的精神，根据生育保险基金实际情况，经国务院同意，自2015年10月1日起，在生育保险基金结余超过合理结存的地区降低生育保险费率。现就有关问题通知如下：

一、统一思想，提高认识，确保政策落到实处

各地生育保险制度建立以来，在促进女性平等就业、均衡用人单位负担、维护女职工权益等方面发挥了重要作用。但也存在着地区间发展不平衡、基金结余偏多、待遇支付不规范等方面的问题。对基金结余多的地区降低生育保险费率，是完善生育保险政策，提高基金使用效率的一个重大举措，也是进一步减轻用人单位负担，促进就业稳定，实施积极财政政策的具体体现。各地要统一思想，充分认识降低生育保险费率的重要意义，确保政策按时落实到位，取得实效。

二、认真测算，降低费率，控制基金结余

生育保险基金合理结存量为相当于6～9个月待遇支付额。各地要根据上一年基金收支和结余情况，以及国家规定的待遇项目和标准进行测算，在确保生育保险待遇落实到位的前提下，通过调整费率，将统筹地区生育保险基金累计结余控制在合理水平。生育保险基金累计结余超过9个月的统筹地区，应将生育保险基金费率调整到用人单位职工工资总额的0.5%以内，具体费率应按照“以支定收、收支平衡”的原则，根据近年来生育保险基金的收支和结余情况确定。

各地要加强对生育保险基金的监测和管理。降低生育保险费率的统筹地区要按程序调整生育保险基金预算，按月进行基金监测。基金累计结余低于3个月支付额度的，要制定预警方案，并向统筹地区政府和省级人力资源社会保障、财政部门报告。要通过提高统筹层次，加强基金和医疗服务管理，规范生育保险待遇，力求基金平衡。在生育保险基金累计结余不足支付时，统筹地区要采取加强支出管理、临时补贴、调整费率等方式确保基金收支平衡，确保参保职工按规定享受生育保险待遇。

三、加强组织领导，全面推进实施

各省（区、市）人力资源社会保障、财政部门要加强配合，共同研究落实国务院降低生育保险费率措施。实行省级统筹且基金结余超过9个月的省（区、市），应于9月底前提出降低生育保险费率的办法，报省级人民政府批准后实施。未实行省级统筹的省（区、市），应于8月底前制定本省（区、市）降低生育保险费率的办法，指导各统筹地区制定实施方案，符合降费率规定的统筹地区应于9月底以前发布降低费率的实施方案，以确保10月1日前完成降低生育保险费率的工作。各省（区、市）应于9月底将上述情况报告人力资源社会保障部、财政部。

要加强降低生育保险费率的宣传工作，向工作人员、参保单位和广大职工讲清降低生育保险费率的重大意义，在减轻用人单位负担的同时，调动用人单位参保积极性，切实维护女职工合法权益。要加强与有关部门协调配合，做好人口出生形势的分析和预判。各地在政策调整过程中出现的新情况、新问题，要及时与人力资源社会保障部、财政部进行沟通，采取有效措施，确保工作落实到位。

二〇一五年七月二十三日

人力资源社会保障部　财政部
关于调整工伤保险费率政策的通知

人社部发［2015］71号

各省、自治区、直辖市人力资源社会保障厅（局）、财政厅（局），新疆生产建设兵团人力资源社会保障局、财务局：

按照党的十八届三中全会提出的“适时适当降低社会保险费率”的精神，为更好贯彻社会保险法、《工伤保险条例》，使工伤保险费率政策更加科学、合理，适应经济社会发展的需要，经国务院批准，自2015年10月1日起，调整现行工伤保险费率政策。现将有关事项通知如下：

一、关于行业工伤风险类别划分

按照《国民经济行业分类》（GB/T 4754—2011）对行业的划分，根据不同行业的工伤风险程度，由低到高，依次将行业工伤风险类别划分为一类至八类（见附件）。

二、关于行业差别费率及其档次确定

不同工伤风险类别的行业执行不同的工伤保险行业基准费率。各行业工伤风险类别对应的全国工伤保险行业基准费率为，一类至八类分别控制在该行业用人单位职工工资总额的0.2%、0.4%、0.7%、0.9%、1.1%、1.3%、1.6%、1.9%左右。

通过费率浮动的办法确定每个行业内的费率档次。一类行业分为三个档次，即在基准费率的基础上，可向上浮动至120%、150%；二类至八类行业分为五个档次，即在基准费率的基础上，可分别向上浮动至120%、150%或向下浮动至80%、50%。

各统筹地区人力资源社会保障部门要会同财政部门，按照“以支定收、收支平衡”的原则，合理确定本地区工伤保险行业基准费率具体标准，并征求工会组织、用人单位代表的意见，报统筹地区人民政府批准后实施。基准费率的具体标准可根据统筹地区经济产业结构变动、工伤保险费使用等情况适时调整。

三、关于单位费率的确定与浮动

统筹地区社会保险经办机构根据用人单位工伤保险费使用、工伤发生率、职业病危害程度等因素，确定其工伤保险费率，并可依据上述因素变化情况，每一至三年确定其在所属行业不同费率档次间是否浮动。对符合浮动条件的用人单位，每次可上下浮动一档或两档。统筹地区工伤保险最低费率不低于本地区一类风险行业基准费率。费率浮动的具体办法由统筹地区人力资源社会保障部门商财政部门制定，并征求工会组织、用人单位代表的意见。

四、关于费率报备制度

各统筹地区确定的工伤保险行业基准费率具体标准、费率浮动具体办法，应报省级人力资源社会保障部门和财政部门备案并接受指导。省级人力资源社会保障部门、财政部门应每年将各统筹地区工伤保险行业基准费率标准确定和变化以及浮动费率实施情况汇总报人力资源社会保障部、财政部。

附件：工伤保险行业风险分类表

二〇一五年七月二十二日

附件

工伤保险行业风险分类表

行业类别	行业名称
一	软件和信息技术服务业，货币金融服务，资本市场服务，保险业，其他金融业，科技推广和应用服务业，社会工作，广播、电视、电影和影视录音制作业，中国共产党机关，国家机构，人民政协、民主党派，社会保障，群众团体、社会团体和其他成员组织，基层群众自治组织，国际组织
二	批发业，零售业，仓储业，邮政业，住宿业，餐饮业，电信、广播电视和卫星传输服务，互联网和相关服务，房地产业，租赁业，商务服务业，研究和试验发展，专业技术服务业，居民服务业，其他服务业，教育，卫生，新闻和出版业，文化艺术业
三	农副食品加工业，食品制造业，酒、饮料和精制茶制造业，烟草制品业，纺织业，木材加工和木、竹、藤、棕、草制品业，文教、工美、体育和娱乐用品制造业，计算机、通信和其他电子设备制造业，仪器仪表制造业，其他制造业，水的生产和供应业，机动车、电子产品和日用产品修理业，水利管理业，生态保护和环境治理业，公共设施管理业，娱乐业
四	农业，畜牧业，农、林、牧、渔服务业，纺织服装、服饰业，皮革、毛皮、羽毛及其制品和制鞋业，印刷和记录媒介复制业，医药制造业，化学纤维制造业，橡胶和塑料制品业，金属制品业，通用设备制造业，专用设备制造业，汽车制造业，铁路、船舶、航空航天和其他运输设备制造业，电气机械和器材制造业，废弃资源综合利用业，金属制品、机械和设备修理业，电力、热力生产和供应业，燃气生产和供应业，铁路运输业，航空运输业，管道运输业，体育
五	林业，开采辅助活动，家具制造业，造纸和纸制品业，建筑安装业，建筑装饰和其他建筑业，道路运输业，水上运输业，装卸搬运和运输代理业
六	渔业，化学原料和化学制品制造业，非金属矿物制品业，黑色金属冶炼和压延加工业，有色金属冶炼和压延加工业，房屋建筑业，土木工程建筑业
七	石油和天然气开采业，其他采矿业，石油加工、炼焦和核燃料加工业
八	煤炭开采和洗选业，黑色金属矿采选业，有色金属矿采选业，非金属矿采选业

人力资源社会保障部　财政部 关于做好工伤保险费率调整工作 进一步加强基金管理的指导意见

人社部发［2015］72号

各省、自治区、直辖市人力资源社会保障厅（局）、财政厅（局），新疆生产建设兵团人力资源社会保障局、财务局：

近日，人力资源社会保障部、财政部经国务院批准印发了调整工伤保险费率政策的通知（人社部发［2015］71号，以下简称《通知》），此次调整完善工伤保险费率政策总的原则是：总体降低，细化分类，健全机制。为贯彻落实国务院关于适时适当降低工伤保险费率的要求，进一步加强工伤保险基金管理，提高基金使用效率，现就有关问题提出如下意见：

一、充分认识调整完善工伤保险费率政策的重要性

调整完善工伤保险费率政策，总体上降低工伤保险费率水平，是适应我国经济发展新常态，减轻用人单位负担的重要举措，有利于建立健全与行业工伤风险基本对应、风险档次适度的工伤保险费率标准，有利于落实工伤保险基金“以支定收、收支平衡”筹资原则，优化工伤保险基金管理，确保工伤保险基金可持续运行，更好地保障工伤职工的合法权益。各地应充分认识调整完善工伤保险费率政策的重要性，加强对调整完善工伤保险费率政策的组织领导，采取切实有效措施，强化工伤保险基金管理，在基金收支平衡的基础上，实现总体上降低工伤保险费率水平的目标。

二、准确确定用人单位适用的行业分类

各统筹地区社会保险经办机构要严格按照《通知》规定的行业类别划分，根据用人单位的工商登记注册和主要经营生产业务等情况，分别确定其所对应的行业工伤风险类别。对劳务派遣企业，可根据被派遣劳动者实际用工单位所在行业，或根据多数被派遣劳动者实际用工单位所在行业，确定其工伤风险类别。

三、科学确定工伤保险行业基准费率标准

各统筹地区人力资源社会保障部门要会同财政部门依据调整后的全国工伤保险行业基准费率，根据本地区各行业工伤保险费使用、工伤发生率、职业病危害程度等情况，拟订本地区工伤保险行业基准费率的具体标准，报统筹地区人民政府批准后实施。要加强工伤保险基金的精算平衡，全面分析影响基金收入和支出的当期因素和中长期变化趋势，包括参保扩面潜力、职工工资基数增长速度、本地区参保单

位工伤发生率、工伤医疗费用增长速度、保障范围和支付标准的变化等，确保基金中长期可持续运行。各地基准费率的具体标准可根据统筹地区经济产业结构变动、工伤保险费使用等情况适时调整。

四、合理调控工伤保险基金的结存规模

各地要严格按照“以支定收、收支平衡”的筹资原则，将工伤保险基金结存保持在合理适度的规模。实行地市级统筹的地区，基金累计结存（含储备金，下同）的正常规模原则上控制在12个月左右平均支付水平；实行省级统筹的地区，基金累计结存的正常规模原则上控制在9个月左右平均支付水平。基金累计结存超过正常规模的统筹地区，其行业基准费率的具体标准不得高于《通知》中规定的全国工伤保险行业基准费率。实行地市级统筹、省级统筹的地区，基金累计结存规模分别超过18个月、12个月左右平均支付水平的，应通过适时调整行业基准费率具体标准或下调费率等措施压减过多结存，促进基金结存回归正常水平。实行地市级统筹、省级统筹的地区，基金累计结存规模分别低于9个月、6个月左右平均支付水平的，可通过加大扩面和基金征缴力度、适时调整行业基准费率具体标准或上浮费率等措施，确保基金安全可持续运行和各项工伤保险待遇支付。

五、定期进行单位费率浮动

各统筹地区要充分发挥工伤保险浮动费率机制的作用，周密制定单位费率浮动的具体办法。各统筹地区社会保险经办机构应每一至三年对各参保单位的工伤风险状况进行一次全面评估，并依据其工伤保险费使用、工伤发生率、职业病危害程度等因素，确定其费率是否浮动及浮动的档次。对风险程度骤升的单位，可一次上浮两个档次，并通过适当形式通报，以示警诫。

六、全面建立并规范工伤保险基金储备金制度

各地要充分利用信息化手段，构建工伤保险基金运行分析和风险预警系统，加强对政策实施和基金运行情况的监测，定期分析工伤保险费率对工伤保险基金运行的影响。在此基础上，建立和完善工伤保险储备金制度，应对突发性、大规模、集中的工伤保险基金支付风险。储备金的规模按当地基金支出规模的一定比例确定，具体比例由省、自治区、直辖市人民政府确定。未设立储备金的统筹地区应于2016年年底前设立储备金，已实行省级统筹的地区要建立省级储备金制度。储备金计算在工伤保险基金结存之内。

七、规范和提高工伤保险基金统筹层次

提高工伤保险统筹层次是提高工伤保险基金抵御风险能力的重要措施，也是适当降低费率政策的有力保障。尚未实行地市级统筹的地区，要在2015年年底实现地市级基金统筹；已初步实行地市级统筹的地区，要加快实现基金的统收统支管理；有条件的地区，要积极推进省级统筹。

八、建立费率确定调整和实施情况定期报备制度

各地要加强对费率政策执行情况的监控，建立费率调整和实施情况定期报备制度。各统筹地区应在每年年末将本地区基准费率调整变化情况和浮动费率实施情况及实施效果报省级人力资源社会保障部门和财政部门。各省级人力资源社会保障部门、财政部门要在次年2月底之前将本地区的汇总分析情况报送人力资源社会保障部、财政部。

九、加强部门间协同配合

各地要加强人力资源社会保障部门、财政部门之间的协同配合，周密制定有关工伤保险费率政策调整和完善基金管理的措施。在相关

政策制定和实施中，还要加强同安全生产监管、卫生计生等部门、相关产业部门及工会组织的协同合作，共同促进工伤保险相关政策的落实。各地在贯彻实施工伤保险费率政策调整和完善基金管理工作中如遇重大问题，应及时报人力资源社会保障部、财政部。

二〇一五年七月二十二日

人力资源社会保障部　中国残疾人联合会关于做好技师学院、特殊教育院校部分毕业生同等享受高校毕业生就业政策工作的通知

人社部发［2015］73号

各省、自治区、直辖市及新疆生产建设兵团人力资源社会保障厅（局）、残疾人联合会：

根据《国务院关于进一步做好新形势下就业创业工作的意见》（国发［2015］23号）的规定，自2015年起，技师学院高级工班、预备技师班和特殊教育院校职业教育类毕业生可参照高校毕业生享受相关就业补贴政策。为做好政策落实工作，经商财政部同意，现就有关事项通知如下：

一、各地要将高校毕业生享受的就业见习补贴和求职创业补贴政策扩大到符合条件的技师学院高级工班、预备技师班和特殊教育院校职业教育类毕业生。

二、现行促进包括符合条件高校毕业生在内的劳动者就业创业各类政策措施，技师学院高级工班、预备技师班和特殊教育院校职业教育类毕业生，均可按规定参照享受。具体包括：鼓励自谋职业和自主创业的税费减免、创业担保贷款及贴息等政策；鼓励企业吸纳就业、支持高校毕业生灵活就业的社会保险补贴等政策；提高劳动者职业技能和就业创业能力的职业培训补贴、职业技能鉴定补贴等政策。

三、各地要充分运用报纸、电视、广播等传统媒体以及移动互联新技术、新媒体，积极宣传解读政策内容，公开政策申请办法、受理程序、办理时限等情况。技师学院和特殊教育院校要通过灵活多样的方式，将政策宣传到每一名毕业生，帮助他们了解熟悉政策。

四、各地人力资源社会保障部门要主动协调有关部门，细化实施办法，简化操作流程，严格对象审核，做好政策落实的经办服务等工作。财政部门要按照要求及时拨付资金，为落实政策提供保障。残联组织要做好特殊教育院校职业教育类毕业生享受政策的相关服务工作，为毕业生享受政策提供便利。

五、各地要加强对政策落实情况的监督检查，及时研究和解决政策落实中发现的问题，确保符合条件的毕业生和用人单位都能享受政策。要进一步加强补贴资金的使用管理，建立和完善工作台账，有效甄别享受政策人员的真实性，防止出现造假行为。对存在虚报、冒领各种补贴资金等行为的单位和个人，一经发现按有关规定严肃处理。

二〇一五年七月三十一日

人力资源社会保障部关于2015年9月3日放假期间安排劳动者工作工资计发问题的通知

人社部发［2015］74号

各省、自治区、直辖市及新疆生产建设兵团人力资源社会保障厅（局）：

《国务院关于中国人民抗日战争暨世界反法西斯战争胜利70周年纪念日调休放假的通知》（国发明电［2015］1号）明确，2015年9月3日全国放假一天。现就9月3日放假期间安排劳动者工作的工资计发问题通知如下：

用人单位因工作需要，在9月3日放假期间安排劳动者工作的，应支付工资报酬并安排补休；对不能安排补休的，应按照不低于劳动者本人日或小时工资标准的200%支付工资报酬。

二〇一五年八月十八日

人力资源社会保障部 国家质量监督检验检疫总局 国家统计局关于颁布《中华人民共和国职业分类大典》的通知

人社部发［2015］76 号

各省、自治区、直辖市及新疆生产建设兵团人力资源社会保障厅（局）、质量技术监督局（市场监督管理部门）、统计局，国务院各部门、各直属机构、各中央企业、有关社会组织人事劳动保障工作机构，解放军总参谋部军务部、总政治部干部部、总后勤部司令部、总装备部通用装备保障部：

根据《中华人民共和国劳动法》关于国家确定职业分类的规定和《国家中长期人才发展规划纲要（2010—2020 年）》关于健全科学的职业分类体系的要求，人力资源社会保障部、国家质量监督检验检疫总局、国家统计局牵头组成国家职业分类大典修订工作委员会，对 1999 年 5 月颁布的《中华人民共和国职业分类大典》进行了修订，并经全体会议审议通过，现予颁布，请遵照执行。

二〇一五年七月二十九日

人力资源社会保障部　教育部关于印发《关于深化中小学教师职称制度改革的指导意见》的通知

人社部发［2015］79号

各省、自治区、直辖市及新疆生产建设兵团人力资源社会保障厅（局）、教育厅（教委、教育局）：

为深化教育领域综合改革，切实加强中小学教师队伍建设，按照党中央、国务院关于完善人才评价机制和深化职称制度改革的要求，根据义务教育法有关规定，经国务院同意，决定在全国范围全面推开中小学教师职称制度改革。现将《关于深化中小学教师职称制度改革的指导意见》印发你们，请遵照执行。

各省（区、市）要按照本指导意见的精神和要求，加强领导、周密部署、制定方案、精心组织，切实做好改革的组织实施工作。改革实施方案和配套办法于12月31日前报人力资源社会保障部、教育部审批。

二〇一五年八月二十八日

关于深化中小学教师职称制度改革的指导意见

中小学教师是我国专业技术人才队伍的重要组成部分，是全面实施素质教育、推动教育事业又好又快发展的重要力量。1986年开始建立的以中小学教师职务聘任制为主要内容的中小学教师职称制度，对调动广大中小学教师的积极性、提高中小学教师队伍整体素质、促进基础教育事业发展发挥了积极作用。随着中小学人事制度改革的深入推进、素质教育的全面实施和教师队伍结构的不断优化，现行的中小学教师职称制度存在着等级设置不够合理、评价标准不够科学、评价机制不够完善、与事业单位岗位聘用制度不够衔接等问题。深化中小学教师职称制度改革、完善符合中小学教师特点的专业技术职务任职评价制度，是贯彻《中共中央　国务院关于进一步加强人才工作的决定》中关于完善人才评价机制、深化职称制度改革要求的重要举措，是落实义务教育法的重要任务，是推进职称制度分类改革的重要内容，对于加强教师队伍建设，激励广大教师教书育人，吸引和稳定优秀人才长期从教、终身从教，具有重大意义。为落实《国家中长期人才发展规划纲要（2010—2020年）》和《国家中长期教育改革和发展规划纲要（2010—2020年）》要求，建设高素质专业化的中小学教师队伍，经国务院同意，现就深化中小学教师职称制度改革提出如下指导意见。

一、改革的指导思想和基本原则

（一）深化中小学教师职称制度改革的指导思想。全面贯彻落实党的十八大和十八届二中、三中、四中全会精神，按照党中央、国务院决策部署，遵循教育发展规律和教师成长规律，按照深化职称制度改革的方向和总体要求，建立与事业单位聘用制度和岗位管理制度相衔接、符合教师职业特点、统一的中小学教师职称（职务）制度，充分调动广大中小学教师的积极性，为中小学聘用教师提供基础和依据，为全面实施素质教育提供制度保障和人才支持。

（二）深化中小学教师职称制度改革的基本原则。

1. 坚持以人为本，遵循中小学教师成长规律和职业特点，提高中小学教师职业地位，促进中小学教师全面发展；

2. 坚持统一制度、分类管理，建立统一的制度体系，体现中学和小学的不同特点；

3. 坚持民主、公开、竞争、择优，鼓励优秀人才脱颖而出；

4. 坚持重师德、重能力、重业绩、重贡献，激励中小学教师提高教书育人水平；

5. 坚持与中小学教师岗位聘用制度相配套，积极稳妥、协同推进，妥善处理改革发展稳定的关系。

二、改革的主要内容

深化中小学教师职称制度改革围绕健全制度体系、拓展职业发展通道、完善评价标准、创新评价机制，形成以能力和业绩为导向、以社会和业内认可为核心、覆盖各类中小学教师的评价机制，建立与事业单位岗位聘用制度相衔接的职称制度。改革的主要内容包括：

（一）健全制度体系。

1. 改革原中学和小学教师相互独立的职称（职务）制度体系。贯彻落实义务教育法，建立统一的中小学教师职务制度，教师职务分为初级职务、中级职务和高级职务。原中学教师职务系列与小学教师职务系列统一并入新设置的中小学教师职称（职务）系列。

2. 统一职称（职务）等级和名称。初级设员级和助理级；高级设副高级和正高级。员级、助理级、中级、副高级和正高级职称（职务）名称依次为三级教师、二级教师、一级教师、高级教师和正高级教师。

3. 统一后的中小学教师职称（职务），与原中小学教师专业技术职务的对应关系是：原中学高级教师（含在小学中聘任的中学高级教师）对应高级教师；原中学一级教师和小学高级教师对应一级教师；原中学二级教师和小学一级教师对应二级教师；原中学三级教师和小学二级、三级教师对应三级教师。

4. 统一后的中小学教师职称（职务）分别与事业单位专业技术岗位等级相对应：正高级教师对应专业技术岗位一至四级，高级教师对应专业技术岗位五至七级，一级教师对应专业技术岗位八至十级，二级教师对应专业技术岗位十一至十二级，三级教师对应专业技术岗位十三级。

（二）完善评价标准。

1. 中小学教师专业技术水平评价标准，是中小学教师职称评审的重要基础和主要依据。中小学教师专业技术水平评价标准，要适应实施素质教育和课程改革的新要求，充分体现中小学教师职业特点，着眼于中小学教师队伍长远发展，并在实践中不断完善。要充分考虑教书育人工作的专业性、实践性、长期性，坚持育人为本、德育为先，注重师德素养，注重教育教学工作业绩，注重教育教学方法，注重教育教学一线实践经历，切实改变过分强调论文、学历的倾向，引导教师立德树人，爱岗敬业，积极进取，不断提高实施素质教育的能力和水平。

2. 国家制定中小学教师专业技术水平评价的基本标准条件（见附件）。各省、自治区、直辖市及新疆生产建设兵团（以下简称各省）根据本地教育发展情况，结合各类中小学校的特点和教育教学实际，制定中小学教师具体评价标准条件。具体评价标准条件要综合考虑乡村小学和教学点实际，对农村教师予以适当倾斜，稳定和吸引优秀教师在边远贫困地区乡村小学和教学点任教。中小学正高级教师、高级教师的具体评价标准条件要体现中学、小学的不同特点和要求，有所区别。对于少数特别优秀的教师，可制定相应的破格评审条件。各省具体评价标准条件可在国家基本标准条件的基础上适当提高。

（三）创新评价机制。

1. 建立以同行专家评审为基础的业内评价机制。建立健全同行专家评审制度。各省要加强对中小学教师职称评审工作的领导和指导，完善评委会的组织管理办法，扩大评委会组成人员的范围，注重遴选高水平的教育教学专家和经验丰富的一线教师，健全评委会工作程序和评审规则，建立评审专家责任制。

2. 改革和创新评价办法。认真总结推广同行专家评审在中小学教师专业技术水平评价中的成功经验，继续探索社会和业内认可的实现形式，采取说课讲课、面试答辩、专家评议等多种评价方式，对中小学教师的业绩、能力进行有效评价，确保评价结果的客观公正，增强同行专家评审的公信力。要在水平评价中全面推行评价结果公示制度，增加评审工作的透明度。

（四）实现与事业单位岗位聘用制度的有效衔接。

1. 中小学教师职称评审是中小学教师岗位聘用的重要依据和关键环节，岗位聘用是职称评审结果的主要体现。中小学教师岗位出现空缺，教师可以跨校评聘。公办中小学教师的聘用和待遇，按照事业单位岗位管理制度和收入分配制度管理和规范。

2. 中小学教师职称评审，在核定的岗位结构比例内进行。中小学教师竞聘上一职称等级的岗位，由学校在岗位结构比例内按照一定比例差额推荐符合条件的教师参加职称评审，并按照有关规定将通过职称评审的教师聘用到相应教师岗位。人力资源社会保障部门、教育行政部门应及时兑现受聘教师的工资待遇，防止在有评审通过人选的情况下出现“有岗不聘”的现象。

3. 坚持中小学教师岗位聘用制度。按照深化事业单位人事制度改革以及中小学人事制度改革的要求，全面实行中小学教师聘用制度和岗位管理制度，发挥学校在用人上的主体作用，实现中小学教师职务聘任和岗位聘用的统一。要建立健全考核制度，加强聘后管理，在岗位聘用中实现人员能上能下。

4. 中小学教师职称评审和岗位聘用工作，要健全完善评聘监督机制，充分发挥有关纪检监察部门和广大教师的监督作用，确保评聘程序公正规范，评聘过程公开透明。评聘工作按照个人申报、考核推荐、专家评审、学校聘用的基本程序进行。

个人申报。中小学教师竞聘相应岗位，要按照不低于国家和当地制定的评价标准条件，按规定程序向聘用学校提出申报。

考核推荐。学校对参加竞聘的教师，要结合其任现职以来各学年度的考核情况，通过多种方式进行全面考核。根据考核结果，经集体研究，由学校在核定的教师岗位结构比例内按照一定比例差额推荐拟聘人选参加评审。

专家评审。由同行专家组成的评委会，按照评价标准和办法，对学校推荐的拟聘人选进行专业技术水平评价。评审结果经公示后，由人力资源社会保障部门审核确认。

学校聘用。中小学根据聘用制度的有关规定，将通过评审的教师聘用到相应岗位。

5. 对改革前已经取得中小学教师专业技术职务任职资格但未被聘用到相应岗位的人

员，原有资格依然有效，聘用到相应岗位时不再需要经过评委会评审。各地区要结合实际制定具体办法，对这部分人员择优聘用时给予适当倾斜。

6. 在乡村学校任教（含城镇学校教师交流、支教）3年以上、经考核表现突出并符合具体评价标准条件的教师，同等条件下优先评聘。

7. 中小学教师高级、中级、初级岗位之间的结构比例，以及高级、中级、初级岗位内部各等级的结构比例，根据新的中小学教师职称等级体系，按照国家关于中小学岗位设置管理的有关规定执行。其中，正高级教师数量国家实行总量控制。

三、改革的组织实施

深化中小学教师职称制度改革政策性强，涉及面广，涉及人数多，社会影响大，改革本身涉及制度统一、人员过渡、标准制定和评审等诸多环节，工作十分复杂，各地情况又差别很大，必须按照国家的统一要求和部署开展工作。人力资源社会保障部、教育部联合成立改革领导小组，统一领导改革工作。领导小组下设办公室，具体负责改革的组织实施、政策指导和监督检查等工作。

（一）提高认识，加强领导。各省要充分认识改革的重大意义，将深化中小学教师职称制度改革作为当前加强中小学教师队伍建设的首要任务，予以高度重视，切实加强领导。要成立省政府领导牵头的改革工作领导小组，建立有效的工作机制，切实加强对改革的组织领导。各级人力资源社会保障部门和教育部门要按照现有职能分工，密切配合，做好相关工作。

（二）结合实际，周密部署。各省要根据本意见精神，紧密结合本地实际，抓紧制定本地区改革具体实施方案和配套办法，报经人力资源社会保障部、教育部批准后组织实施。在推进改革的过程中，各地要开展全面深入的调研，充分掌握本地区中小学情况和教师队伍状况，全方位考虑工作中可能遇到的各种情况和问题，细化工作措施，完善工作预案，深入细致地做好政策解释、舆论宣传和思想政治工作，引导广大教师积极支持和参与改革，确保改革顺利推进。

（三）平稳过渡，稳慎实施。要充分认识改革的复杂性，妥善做好新老人员过渡和新旧政策衔接工作，确保改革顺利有序推进。现有在岗中小学教师，由各级人力资源社会保障部门、教育部门按照原中小学教师专业技术职务与统一后的职称（职务）对应关系，以及现聘任的职务等级，直接过渡到统一后的职称（职务）体系，并统一办理过渡手续。在平稳过渡的基础上，各级别新的职称（职务）评聘工作，严格按照本意见规定的原则要求、标准条件、评价办法、评聘程序等进行。

中小学教师职称（职务）评聘工作分级组织实施。高级教师及以下职称（职务）等级教师的评聘工作，由各省按照本意见制定本地区的实施办法和相关配套政策，并组织实施。正高级教师由人力资源社会保障部、教育部核定数量，各省具体组织评审，评审结果报两部备案。

各省要及时总结经验，发现、研究和解决改革出现的新情况、新问题，妥善处理改革、发展和稳定的关系。遇到重要情况及时向两部报告。各省改革进展情况请及时报送两部改革领导小组办公室。

本意见适用于普通中小学、职业中学、幼儿园、特殊教育学校、工读学校及省、市、县教研室和校外教育机构。

民办中小学校教师可参照本意见参加职称评审。

附件：中小学教师水平评价基本标准条件

附件

中小学教师水平评价基本标准条件

一、拥护党的领导，胸怀祖国，热爱人民，遵守宪法和法律，贯彻党和国家的教育方针，忠诚于人民教育事业，具有良好的思想政治素质和职业道德，牢固树立爱与责任的意识，爱岗敬业，关爱学生，为人师表，教书育人。

二、具备相应的教师资格及专业知识和教育教学能力，在教育教学一线任教，切实履行教师岗位职责和义务。

三、身心健康。

四、中小学教师评聘各级别职称（职务），除必须达到上述标准条件，还应分别具备以下标准条件：

正高级教师

1. 具有崇高的职业理想和坚定的职业信念，长期工作在教育教学第一线，为促进青少年学生健康成长发挥了指导者和引路人的作用，出色地完成班主任、辅导员等工作任务，教书育人成果突出；

2. 深入系统地掌握所教学科课程体系和专业知识，教育教学业绩卓著，教学艺术精湛，形成独到的教学风格；

3. 具有主持和指导教育教学研究的能力，在教育思想、课程改革、教学方法等方面取得创造性成果，并广泛运用于教学实践，在实施素质教育中，发挥了示范和引领作用；

4. 在指导、培养一级、二级、三级教师方面做出突出贡献，在本教学领域享有较高的知名度，是同行公认的教育教学专家；

5. 一般应具有大学本科及以上学历，并在高级教师岗位任教5年以上。

高级教师

1. 根据所教学段学生的年龄特征和思想实际，能有效进行思想道德教育，积极引导学生健康成长，比较出色地完成班主任、辅导员等工作，教书育人成果比较突出；

2. 具有所教学科坚实的理论基础、专业知识和专业技能，教学经验丰富，教学业绩显著，形成一定的教学特色；

3. 具有指导与开展教育教学研究的能力，在课程改革、教学方法等方面取得显著的成果，在素质教育创新实践中取得比较突出的成绩；

4. 胜任教育教学带头人工作，在指导、培养二级、三级教师方面发挥了重要作用，取得了明显成效；

5. 具备博士学位，并在一级教师岗位任教2年以上；或者具备硕士学位、学士学位、大学本科毕业学历，并在一级教师岗位任教5年以上；或者具备大学专科毕业学历，并在小学、初中一级教师岗位任教5年以上。城镇中小学教师原则上要有1年以上在薄弱学校或农村学校任教经历。

一级教师

1. 具有正确教育学生的能力，能根据所教学段学生的年龄特征和思想实际，进行思想道德教育，有比较丰富的班主任、辅导员工作经验，并较好地完成任务；

2. 对所教学科具有比较扎实的基础理论和专业知识，独立掌握所教学科的课程标准、教材、教学原则和教学方法，教学经验比较丰富，有较好的专业知识技能，并结合教学开展课外活动，开发学生的智力和能力，教学效果好；

3. 具有一定的组织和开展教育教学研究的能力，并承担一定的教学研究任务，在素质教育创新实践中积累了一定经验；

4. 在培养、指导三级教师提高业务水平和教育教学能力方面做出一定成绩；

5. 具备博士学位；或者具备硕士学位，并在二级教师岗位任教 2 年以上；或者具备学士学位或者大学本科毕业学历，并在二级教师岗位任教 4 年以上；或者具备大学专科毕业学历，并在小学、初中二级教师岗位任教 4 年以上；或者具备中等师范学校毕业学历，并在小学二级教师岗位任教 5 年以上。

二级教师

1. 比较熟练地掌握教育学生的原则和方法，能够胜任班主任、辅导员工作，教育效果较好；

2. 掌握教育学、心理学和教学法的基础理论知识，具有所教学科必备的专业知识，能够独立掌握所教学科的教学大纲、教材，正确传授知识和技能，教学效果较好；

3. 掌握教育教学研究方法，积极开展教育教学研究和创新实践；

4. 具备硕士学位；或者具备学士学位或者大学本科毕业学历，见习 1 年期满并考核合格；或者具备大学专科毕业学历，并在小学、初中三级教师岗位任教 2 年以上；或者具备中等师范学校毕业学历，并在小学三级教师岗位任教 3 年以上。

三级教师

1. 基本掌握教育学生的原则和方法，能够正确教育和引导学生；

2. 具有教育学、心理学和教学法的基础知识，基本掌握所教学科的专业知识和教材教法，能够完成所教学科的教学工作；

3. 具备大学专科毕业学历，并在小学、初中教育教学岗位见习 1 年期满并考核合格；或者具备中等师范学校毕业学历，并在小学教育教学岗位见习 1 年期满并考核合格。

人力资源社会保障部 国家发展和改革委员会 财政部 国家卫生和计划生育委员会 关于印发《关于做好进城落户农民参加基本医疗保险和关系转移接续工作的办法》的通知

人社部发［2015］80号

各省、自治区、直辖市人力资源社会保障厅（局）、发展改革委、财政厅（局）、卫生计生委，新疆生产建设兵团人力资源社会保障局、发展改革委、财务局、卫生局：

现将《关于做好进城落户农民参加基本医疗保险和关系转移接续工作的办法》印发你们，请遵照执行。

二〇一五年八月二十七日

关于做好进城落户农民参加基本医疗保险和关系转移接续工作的办法

健全进城落户农民参加基本医疗保险和关系转移接续政策，是落实中央全面深化改革任务的重要举措，有利于推动和统筹城乡发展，促进社会正义和谐；有利于全面提升城镇化质量，促进城镇化健康发展；有利于深入健全全民医保，促进基本医疗保障公平可及。为进一步做好进城落户农民参加基本医疗保险和流动就业人员等基本医疗保险关系转移接续工作，切实维护各类参保人员合法权益，依据《中华人民共和国社会保险法》和基本医疗保险制度有关规定，制定本办法。

一、做好进城落户农民参保工作

进城落户农民是指按照户籍管理制度规定，已将户口由农村迁入城镇的农业转移人口。各级人力资源社会保障部门要积极配合和支持相关部门，做好农业转移人口落户工作，把进城落户农民纳入城镇基本医疗保险制度体系，在农村参加的基本医疗保险规范接入城镇基本医疗保险，确保基本医保待遇连续享受。

进城落户农民根据自身实际参加相应的城镇基本医疗保险。在城镇单位就业并有稳定劳动关系的，按规定随所在单位参加职工基本医疗保险（以下简称职工医保）；以非全日制、临时性工作等灵活形式就业的，可以灵活就业人员身份按规定参加就业地职工医保，也可以选择参加户籍所在地城镇（城乡）居民基本医疗保险（以下简称居民医保）。其他进城落户农民可按规定在落户地参加居民医保，执行当地统一政策。对参加居民医保的进城落户农民按规定给予参保补助，个人按规定缴费。

已参加新型农村合作医疗（以下简称新农合）或居民医保的进城落户农民，实现就业并参加职工医保的，不再享受原参保地新农合或居民医保待遇。要进一步完善相关政策衔接措施，引导进城落户农民及时参保，同时避免重复参保。

二、规范医保关系转移接续手续

进城落户农民和流动就业人员等参加转入地基本医疗保险后，转入地社会（医疗）保险经办机构应依据参保人申请，通知转出地经办机构办理医保关系转移手续，确保管理服务顺畅衔接，避免待遇重复享受。

转出地社会（医疗）保险或新农合经办机构应在参保人办理中止参保（合）手续时为其开具参保（合）凭证。参保（合）凭证是参保人员的重要权益记录，由参保人妥善保管，用于转入地受理医保关系转移申请时，核实参保人身份和转出地社会（医疗）保险经办机构记录的相关信息。

三、妥善处理医保关系转移接续中的有关权益

进城落户农民和流动就业人员等办理基本医疗保险关系转移接续前后，基本医疗保险参保缴费中断不超过3个月且补缴中断期间医疗保险费的，不受待遇享受等待期限制，按参保地规定继续参保缴费并享受相应的待遇。

进城落户农民在农村参加新农合等基本医疗保险的参保缴费和权益享受信息等连续记入新参保地业务档案，保证参保记录的完整性和连续性。流动就业人员参加职工医保的缴费年限各地互认，参保人在转出地职工医保记录的缴费年限累计计入转入地职工医保缴费年限记录。

参保人转移基本医疗保险关系时，建立个人账户的，个人账户随本人基本医疗保险关系一同转移。个人账户资金原则上通过经办机构进行划转。

四、做好医保关系转移接续管理服务工作

进一步规范医保关系转移接续业务经办程序。逐步统一各类人员参加基本医疗保险的标识。积极探索推行网上经办、自助服务、手机查询等经办服务模式，引导和帮助用人单位和个人依规主动更新参保信息。加强经办服务管理平台建设，完善和推广社会保险（医疗保险）关系转移接续信息系统，推进标准化建设和数据信息跨地区、跨部门共享，确保跨地区、跨制度参保信息互认和顺畅传递。

社会（医疗）保险经办机构和新农合经办机构要加强沟通协作，进一步做好基本医疗保险关系转移接续管理服务工作。

五、落实组织实施工作

各地人力资源社会保障部门要结合本地区实际，以进城落户农民为重点，做好参保和关系转移接续工作，细化完善政策措施，优化管理服务流程。卫生计生部门要做好进城落户农民医保关系转移接续经办服务工作。财政部门要继续做好居民医保和新农合财政补助工作，确保资金及时足额到位。发展改革部门要积极支持配合相关部门，将进城落户农民在农村参加的社会保险规范接入城镇社保体系，支持社保经办平台建设。各相关部门加强统筹协调，做好政策衔接，确保基本医疗保险参保人跨制度、跨地区流动时能够连续参保。

本办法从2016年1月1日起执行。《流动就业人员基本医疗保障关系转移接续暂行办法》（人社部发［2009］191号）与本办法不符的，按本办法执行。

附件：基本医疗保障参保（合）凭证样式

附件

基本医疗保障参保（合）凭证样式

凭证号：（省简称）（统筹区名）年份（第××××××××号）　　　　生成日期：　　年　月　日

基本信息						
参保人	姓名		身份证号（社会保障号）		医疗保障编号	
	户籍所在地				户籍类型	
参保信息						
基本医疗保险类型			转出地			
参保（合）时间	起：　年　月		其中累计实际缴费月数	月		
	止：　年　月					
个人账户余额	（大写）			（小写）¥		
转出地社会保险经办机构信息						
机构名称			（盖章）			
地址						
行政区划代码			邮政编码			
联系人			联系电话			

填表说明：

①尚未将社会保障号作为职工基本医疗保险、城镇居民基本医疗保险参保人唯一识别码的统筹地区填写医疗保险编号。

②此表由参保人转出地社会保险经办机构提供。

注　意　事　项

1. 本凭证是根据国家有关规定制发，是参保的权益记录以及申请办理基本医疗保险关系转移接续的重要凭证，请妥善保存。

2. 跨统筹地区流动就业人员，有接收单位的，将此凭证交由单位按照规定办理参保手续。

3. 其他跨统筹地区流动就业人员，应携带此凭证及有效证件在3个月内到指定办理机构办理相关登记手续。

4. 本凭证如不慎遗失，请与出具此凭证的社会保险经办机构联系，申请补办。

人力资源和社会保障部、国家卫生和计划生育委员会监制

人力资源社会保障部　财政部关于为抗日战争及以前参加革命工作的退休老工人发放一次性慰问金的通知

人社部发［2015］81号

各省、自治区、直辖市人力资源社会保障厅（局）、财政厅（局），新疆生产建设兵团人力资源社会保障局、财务局，党中央各部门，国务院各部委、各直属机构，全国人大常委会办公厅、全国政协办公厅，最高人民法院，最高人民检察院，各民主党派中央，各人民团体人事、财务部门：

经国务院同意，决定为抗日战争及以前参加革命工作的老工人发放一次性慰问金。现就有关事项通知如下。

一、发放范围限于《劳动人事部关于建国前参加工作的老工人退休待遇的通知》（劳人险［1983］3号）中规定的1945年9月2日（含）前参加革命工作、现仍健在的老工人。

二、发放标准为每人5 000元。

三、所需经费按现行渠道解决。

四、在纪念中国人民抗日战争暨世界反法西斯战争胜利70周年之际，为抗日战争及以前参加革命工作的老工人发放一次性慰问金，充分体现了党中央、国务院对这些老同志的关怀。各地区、各部门要高度重视，认真做好组织实施工作。

本通知自印发之日起执行，由人力资源社会保障部负责解释。

二〇一五年九月一日

人力资源社会保障部　国家税务总局
关于印发《税务师职业资格制度暂行规定》
和《税务师职业资格考试实施办法》的通知

人社部发［2015］90号

各省、自治区、直辖市及新疆生产建设兵团人力资源社会保障厅（局）、国家税务局、地方税务局，国务院各部委、各直属机构人事部门，中央管理的企业：

根据《国务院机构改革和职能转变方案》和《国务院关于取消和调整一批行政审批项目等事项的决定》（国发［2014］27号）有关取消“注册税务师职业资格许可和认定”的要求，为加强税务专业人员队伍建设，提高税务专业人员素质，在总结原注册税务师职业资格制度实施情况的基础上，人力资源社会保障部、国家税务总局制定了《税务师职业资格制度暂行规定》和《税务师职业资格考试实施办法》，现印发给你们，请遵照执行。

自本通知发布之日起，原人事部、国家税务总局《关于印发〈注册税务师资格制度暂行规定〉的通知》（人发［1996］116号）、《关于实施注册税务师资格认定考试工作的通知》（人发［1998］18号）、《关于印发〈注册税务师执业资格考试实施办法〉的通知》（人发［1999］4号）和原人事部办公厅、国家税务总局办公厅《关于注册税务师执业资格考试报名条件补充规定的通知》（人办发［1999］104号）同时废止。

二〇一五年十一月二日

税务师职业资格制度暂行规定

第一章　总　　则

第一条　为规范税务专业人员队伍建设，提高税务专业人员素质，根据《国务院机构改革和职能转变方案》和国家职业资格证书制度的有关规定，制定本规定。

第二条　本规定适用于从事涉税服务的专业人员。

第三条　国家设立税务师水平评价类职业资格制度，面向社会提供税务专业人员能力水平评价服务，纳入全国专业技术人员职业资格证书制度统一规划。

第四条 税务师职业资格实行统一考试的评价方式。

税务师英文为：Tax Advisor（简称TA）。

第五条 通过税务师职业资格考试并取得职业资格证书的人员，表明其已具备从事涉税专业服务的职业能力和水平。

第六条 人力资源社会保障部、国家税务总局共同负责税务师职业资格制度的政策制定，并按职责分工对税务师职业资格制度的实施进行指导、监督和检查。全国税务师行业协会具体承担税务师职业资格考试的评价与管理工作。

第二章 考 试

第七条 税务师职业资格实行全国统一大纲、统一命题、统一组织的考试制度。原则上每年举行1次考试。

第八条 全国税务师行业协会负责税务师职业资格考试的组织和实施工作。组织成立税务师职业资格考试专家委员会，研究拟定税务师职业资格考试科目、考试大纲、考试试题和考试合格标准。

第九条 人力资源社会保障部、国家税务总局对全国税务师行业协会实施的税务师职业资格考试工作进行监督和检查，指导全国税务师行业协会确定税务师职业资格考试科目、考试大纲、考试试题和考试合格标准。

第十条 中华人民共和国公民，遵守国家法律、法规，恪守职业道德，具有完全民事行为能力，并符合下列相应条件之一的，可报名参加税务师职业资格考试。

（一）取得经济学、法学、管理学学科门类大学专科学历，从事经济、法律相关工作满2年；或者取得其他学科门类大学专科学历，从事经济、法律相关工作满3年。

（二）取得经济学、法学、管理学学科门类大学本科及以上学历（学位）；或者取得其他学科门类大学本科学历，从事经济、法律相关工作满1年。

第十一条 税务师职业资格考试合格，由全国税务师行业协会颁发人力资源社会保障部、国家税务总局监制，全国税务师行业协会用印的《中华人民共和国税务师职业资格证书》（以下简称税务师职业资格证书）。该证书在全国范围有效。

第十二条 对以不正当手段取得税务师职业资格证书的，按照国家专业技术人员资格考试违纪违规行为处理规定处理。

第三章 职 业 能 力

第十三条 取得税务师职业资格证书的人员，应当遵守国家法律、法规、规章及税务师行业相关制度、准则，恪守职业道德，秉承独立、客观、公正原则，维护国家利益和委托人的合法权益。

第十四条 取得税务师职业资格证书的人员，应当具备下列职业能力：

（一）熟悉并掌握涉税服务相关的法律、法规和行业制度、准则；

（二）有丰富的税务专业知识，独立开展包括涉税鉴证、申报代理、税收筹划、接受委托审查纳税情况在内的各项涉税专业服务工作；

（三）运用财会、税收专业理论与方法，较好完成涉税服务业务；

（四）独立解决涉税服务业务中的疑难问题。

第十五条 取得税务师职业资格证书的人员，应当按照国家专业技术人员继续教育以及税务师行业管理的有关规定，参加继续教育，不断更新专业知识、提高职业素质和业务能力。

第四章 登 记

第十六条 税务师职业资格证书实行登记服务制度。税务师职业资格证书登记服务的具体工作由全国税务师行业协会负责。

第十七条 各级税务师行业协会定期向社

会公布税务师职业资格证书的登记情况，建立持证人员的诚信档案，并向社会提供相关信息查询服务。

第十八条 取得税务师职业资格证书的人员，应当自觉接受各级税务师行业协会的管理，在工作中违反法律法规及相关规定或者职业道德，造成不良影响的，由全国税务师行业协会取消登记，收回其职业资格证书并向社会公告。

第十九条 各级税务师行业协会在税务师职业资格登记服务工作中，应当严格遵守国家和本行业的各项管理规定以及协会章程。

第五章 附 则

第二十条 本规定施行前，按照原人事部、国家税务总局《关于印发〈注册税务师资格制度暂行规定〉的通知》（人发［1996］116号）规定，取得的注册税务师职业资格证书效用不变。

第二十一条 本规定自发布之日起施行。

税务师职业资格考试实施办法

第一条 人力资源社会保障部、国家税务总局按照职责分工负责指导、监督和检查税务师职业资格考试（以下简称税务师资格考试）的实施工作。

第二条 全国税务师行业协会具体负责税务师资格考试的实施工作。

第三条 税务师资格考试设置《税法（一）》、《税法（二）》、《涉税服务实务》、《涉税服务相关法律》和《财务与会计》5个科目。每个科目考试时间为两个半小时，成绩满分为140分。

第四条 考试成绩实行5年为一个周期的滚动管理办法，在连续的5个考试年度内参加全部（5个）科目的考试并合格，可取得税务师职业资格证书。

截至2015年，在原制度文件规定的有效期内的各科目合格成绩有效期顺延。

第五条 符合《税务师职业资格制度暂行规定》（以下简称《暂行规定》）报考条件的人员，均可申请参加税务师资格考试。

第六条 符合《暂行规定》报考条件，并具备下列条件之一者，可免试相应科目：

（一）已评聘经济、审计等高级专业技术职务，从事涉税工作满两年的，可免试《财务与会计》科目。

（二）已评聘法律高级专业技术职务，从事涉税工作满两年的，可免试《涉税服务相关法律》科目。

免试相应科目人员在报名时，应当提供相应证明文件。

免试部分科目的人员，须在连续的4个考试年度内通过应试科目的考试。

第七条 参加考试由本人提出申请，按有关规定办理报名手续。考试实施机构按规定的程序和报名条件审核合格后，核发准考证。参加考试人员凭准考证和有效证件在指定的日期、时间和地点参加考试。

中央和国务院各部门及所属单位、中央管理企业的人员按属地原则报名参加考试。

第八条 考点原则上设在地级以上城市的大、中专院校或者高考定点学校。如确需在其他城市设置考点，须经全国税务师行业协会批准。考试日期原则上为每年的11月份。

第九条 坚持考试与培训分开的原则。凡参与考试工作（包括命题、审题与组织管理等）的人员，不得参加考试，也不得参加或者举办与考试内容相关的培训工作。应考人员参加培训坚持自愿原则。

第十条 考试实施机构应当严格执行考试工作的各项规章制度，遵守考试工作纪律，切实做好从考试试题的命制到使用等各环节的安全保密工作，严防泄密。

第十一条 对违反考试工作纪律和有关规定的人员，按照国家专业技术人员资格考试违纪违规行为处理规定处理。

中共中央组织部　人力资源社会保障部 国家公务员局关于印发《公务员录用面试组织管理办法（试行）》的通知

人社部发〔2015〕93号

各省、自治区、直辖市党委组织部，政府人力资源社会保障厅（局）、公务员局，中央和国家机关各部委、各人民团体干部人事部门，新疆生产建设兵团党委组织部、人力资源社会保障局、公务员局：

现将《公务员录用面试组织管理办法（试行）》印发给你们，请认真执行。

二〇一五年十一月十八日

公务员录用面试组织管理办法（试行）

第一章　总　　则

第一条　为规范公务员录用面试工作，根据公务员法、《公务员录用规定（试行）》，制定本办法。

第二条　本办法适用于各级机关考试录用主任科员以下及其他相当职务层次的非领导职务公务员的面试工作。

第三条　面试工作坚持依法、公平、公正、科学、安全的原则。

第四条　面试由省级以上公务员主管部门组织实施，也可委托省级以上招录机关或授权设区的市级公务员主管部门组织实施。

根据职责分工，人事考试机构可承担面试考务等有关工作。

第五条　组织实施面试应当制定工作方案，明确面试方法、实施步骤与流程、考场设置要求、面试题本命制与管理以及面试工作人员职责等。

第二章　面试试题命制与管理

第六条　省级以上公务员主管部门组织命制或审定面试试题。根据职责分工，省级以上组织人事考试机构承担面试试题命制等有关工作。也可以委托专门机构承担面试试题命制等支持与服务工作。

经中央公务员主管部门委托，中央一级招录机关可以组织命制适合本单位（本系统）的面试试题。

第七条 命制面试试题应制定工作方案，科学设置面试测评要素、试卷结构、试题数量等。测评要素根据招录职位所需能力素质确定。

第八条 试题命制单位应按照命题规范开展试题命制、征集、评审和组配，编制面试题本。

面试题本一般包括面试试题、测评要素、评分参考等内容。

第九条 面试命题人员应当熟悉公务员录用制度和相关政策、命题规范和要求，掌握一定的人才测评理论与技术，具备相应题型的命题能力和水平。

第十条 命题场所应当符合保密工作条件要求。命题时应当使用专用设备，设备和命题素材应由专人保管。

第十一条 面试题本应当在具有国家秘密载体印制资质的单位印制。

第十二条 面试题本应按照统一的规格封装和配发，并严格按照规定的程序和要求进行传递、交接、保管、分发、使用。

第十三条 在面试题本传递、交接、保管、分发、使用过程中，发生失密、泄密以及其他重大异常情况的，应当立即采取有效措施控制事态发展，查清失泄密范围和原因，并向省级以上公务员主管部门报告。

第十四条 面试题本使用完毕，应当及时回收，保存至面试工作结束后，按照国家保密规定进行销毁。

第三章 面试考场管理

第十五条 面试考场应当设置在相对独立、安静、便利的地方，并符合安全管理要求。

面试考场根据需要设置面试室、候考室、备考室、考务办公室等，各区域实行封闭管理。

第十六条 面试期间，禁止在面试考场内使用各种电子、通信、计算、存储等设备，面试组织实施工作必需的相关设备除外。

面试考官、考生和相关面试工作人员应将手机等禁止使用和携带的设备交由指定的工作人员统一保管。

第十七条 面试室应当配备录像或录音设备，对面试过程全程记录。

第四章 面试考官管理

第十八条 面试考官应当具有良好的政治素质，有比较丰富的人事管理、人才测评等方面的经验或具有一定年限的机关工作经历，品行优良，公道正派，自觉遵守法律法规，严守工作纪律，恪守行为规范。

担任面试主考官的，除具备上述条件外，还应当能够讲普通话，口齿清晰，表达流畅。

第十九条 担任面试考官前一般应当参加省级以上公务员主管部门专门培训，培训时间不得少于16学时。培训后，经考试考核合格的颁发面试考官资格证书。

第二十条 省级以上公务员主管部门应当对面试考官参加培训情况、面试场次数量和行为表现以及廉洁自律情况等建档登记；对履职情况进行定期评估。评估结果不合格的，不得继续担任面试考官。

第五章 面试工作人员管理

第二十一条 根据面试工作需要，配备计分、计时、核分、引导、技术保障和安全保障等相关工作人员。每个面试室应当配备1名监督员。

第二十二条 面试工作人员应当具有良好的政治素质、思想品德和较高的业务能力，能够认真履行职责，遵守有关规定，做到廉洁自律。

第二十三条 面试工作人员应当接受必要的培训，熟悉面试工作要求和流程。

第六章 面试考生管理

第二十四条 面试前，应当对考生提交的有关材料和信息的真实性进行复核。凡有关材料和主要信息不实，影响报考资格审查结果的，按照有关规定取消其面试资格。

第二十五条 面试考生应遵守面试考场纪律，服从面试工作人员管理，诚信参加面试。

第二十六条 考生有权事先获知面试相关要求和注意事项，享有知情权和平等竞争的权利。

第七章 面 试 实 施

第二十七条 面试前应当发布公告。面试公告应当载明面试人员名单、报考职位、面试时间、面试地点、联系方式以及其他须知事项。

第二十八条 面试方法以结构化面试和无领导小组讨论为主，也可以采取其他测评方法。

第二十九条 面试时，应当成立面试考官小组。面试考官小组一般由7名考官组成，其中设主考官1名。

第三十条 报考同一职位的考生原则上安排在同一考官小组、使用同一套面试题本进行面试。

第三十一条 面试前，应采取考官和考生抽签的办法确定面试室和面试次序。只有1个面试考官小组的，考官实行差额抽签确定。

第三十二条 公务员主管部门和招录机关应根据职位特点、面试方法和试题情况，合理确定面试时限，确保能够有效测查考生素质。

第三十三条 面试应当按照规定的程序进行。面试由主考官主持，面试考官按照面试题本要求，依据考生表现进行评分并签字确认。

第三十四条 主考官和面试监督员应对本面试室所有考官履行职责和执行考试纪律情况进行监督，并在评分表上签字确认。面试监督员未到面试现场的，不得进行面试。未经监督员签字认可的，面试成绩无效。

第三十五条 工作人员按照规定的计分方法计算考生的面试成绩，并按规定的时间和方式告知考生。

第八章 安全与保密

第三十六条 公务员主管部门和招录机关应当建立健全面试安全工作制度，加强面试相关材料和信息的管理，确保其安全准确。

第三十七条 面试题本及其相关材料按照国家规定的密级进行管理。

面试组织过程中形成的材料（含数据和音像资料等），由专人建档保管，保存至新录用人员试用期满。

第三十八条 考生个人信息应当受到保护。凡涉及考生个人隐私的信息，应当按有关规定严格控制知晓范围，不得面向社会公布。

第三十九条 面试命题人员、面试考官、面试工作人员、面试考生应当遵守保密规定和要求。

第九章 纪律与监督

第四十条 面试考官、面试工作人员和面试命题人员凡与面试考生有公务员法第七十条所列情形的，应当回避。

第四十一条 对于违反面试纪律的人员，由公务员主管部门、招录机关或其所在单位，按照管理权限和有关规定进行处理。

第四十二条 对未按本办法组织面试的，由省级以上公务员主管部门根据有关规定视情节轻重，予以责令纠正或宣布无效。对于宣布无效的，应当重新组织面试。

第四十三条 公务员主管部门和招录机关应当增加面试工作透明度，主动接受考生和社会监督，及时受理信访、举报。

第十章 附 则

第四十四条 参照公务员法管理的机关（单位）除工勤人员以外的工作人员的录用面试工作参照本办法进行。

第四十五条 省级公务员主管部门根据本办法制定本辖区内公务员录用面试工作实施细则。

第四十六条 本办法自发布之日起施行。

人力资源社会保障部　国家卫生计生委关于进一步改革完善基层卫生专业技术人员职称评审工作的指导意见

人社部发〔2015〕94号

各省、自治区、直辖市及新疆生产建设兵团人力资源社会保障厅（局）、卫生计生委（卫生局）：

为切实加强基层卫生专业技术人员队伍建设，提升基层卫生专业技术人员服务水平，鼓励卫生专业技术人员服务基层，为强基层、保基本、建机制和建立分级诊疗制度提供人才支持，现就进一步改革完善基层卫生专业技术人员职称评审工作提出如下指导意见。

一、指导思想、基本原则和适用范围

（一）指导思想。全面贯彻党的十八大，十八届三中、四中、五中全会精神和习近平总书记系列重要讲话精神，深入实施人才强国战略，遵循卫生专业技术人员成长规律和基层卫生工作实际，建立以医疗服务水平、质量和业绩为导向、以社会和业内认可为核心的人才评价机制，着力提高基层卫生服务水平和能力，为深化医改，加快建设人民满意的卫生计生事业提供强有力的人才支撑。

（二）基本原则。

坚持德才兼备、服务发展。引导基层卫生专业技术人员加强医德医风建设，牢固树立服务宗旨，全心全意服务基层，服务医改，服务卫生计生事业发展。

坚持分层分类、科学评价。根据各级医疗卫生机构功能定位和工作特点，分层分类制定评审标准，创新评审方式，不断提高基层卫生人才评审的专业性、针对性和科学性。

坚持注重实际、业绩导向。结合基层卫生工作实际，重点考核职业素养、临床能力、实践经验，引导基层卫生专业技术人员注重临床水平、注重服务质量、注重工作业绩，突出职称评价的能力业绩导向。

（三）适用范围。原则上适用于县级医院、县级专业公共卫生机构、乡镇（街道）卫生院、社区卫生服务中心（站）、村卫生室等医疗卫生机构的卫生专业技术人员，具体范围由各省根据实际情况确定。社会办医疗卫生机构的卫生专业技术人员可参照执行。

二、完善职称评聘工作

（一）健全评审体系。对卫生专业中、初级职称，实行全国统一考试，各省（区、市）人力资源社会保障部门可会同卫生计生部门，根据本地区发展需求，确定本地区聘用标准。对卫生专业高级职称，各省（区、市）可在卫生高级职称评审委员会中单独设立评审组。

（二）优化评审条件。基层卫生专业职称外语成绩可不作为申报条件。关于论文、科研要求，不做硬性规定，可作为评审的参考条件。基层卫生专业技术人员在申报高级职称前，应按照继续医学教育有关规定，完成规定数量的继续教育学分，同时定期到上级医疗卫生机构进修。

（三）完善评审标准。根据医疗卫生机构功能定位和分级诊疗的要求，对县级医疗卫生机构卫生专业技术人员，应重点考核常见病、多发病的诊疗、护理、康复、影像、检验等服务，急危重症抢救与疑难病处置，培训和指导下级医疗卫生机构人员，相应公共卫生服务职能以及突发事件紧急医疗救援等工作完成情况。

对乡镇卫生院和社区卫生服务中心卫生专业技术人员，应重点考核提供基本公共卫生服务，以及常见病、多发病的诊疗、护理、康复等综合服务，承担公共卫生管理工作，以及对村卫生室、社区卫生服务站的综合管理、技术指导和乡村医生的培训等工作情况。

可将常见病、多发病诊治专题报告、病案分析资料、工作总结、医疗卫生新技术推广使用报告、开展健康教育与健康促进次数、健康档案管理数等作为评审标准的重要内容。加强医德医风考核，引导卫生专业技术人员在强化服务意识、提高服务质量、突出工作业绩上下功夫。

（四）建立长效机制。取得基层卫生专业高级职称的基层卫生专业技术人员，原则上应限定在基层医疗卫生机构聘任，由基层医疗卫生机构向上级医疗卫生机构流动时，应取得全省（区、市）统一的卫生高级职称。相关管理办法由各省（区、市）根据实际情况作出具体规定，并做好岗位聘任、工资待遇等相关工作，建立基层卫生职称改革的长效机制。

三、加强领导，扎实推进

（一）提高认识，抓好落实。各省（区、市）人力资源社会保障部门和卫生计生部门要将改革完善基层卫生专业技术人员职称评审工作列为深化医改和人事制度改革的重要内容，予以高度重视，加强组织领导，密切沟通合作，建立有效的工作机制，组织实施好基层卫生职称改革工作。

（二）试点先行，稳步推进。各省（区、市）人力资源社会保障部门和卫生计生部门要根据本省卫生人才工作情况开展试点，稳妥推进，周密部署。要结合基层实际制定实施细则，明确申报条件、评审标准、适用范围和具体管理规定，全方位考虑工作中可能遇到的各种情况和问题，细化工作措施，完善工作预案，深入细致地做好政策解释、舆论宣传工作，确保顺利推进。

（三）鼓励创新，服务发展。各地要结合基层卫生工作实际和人才成长规律，不断改革评审机制，创新评审方式，提高评审质量，充分调动人员积极性，鼓励优秀人才服务基层，引导专业技术人员提高技术水平和服务能力，为卫生计生事业发展大局服务。

二〇一五年十一月十五日

人力资源社会保障部　公安部 国家公务员局关于加强公安机关 人民警察招录工作的意见

人社部发［2015］97号

各省、自治区、直辖市及新疆生产建设兵团人力资源社会保障厅（局）、公安厅（局）、公务员局：

为健全完善公安机关人民警察招录机制，推进公安队伍正规化、专业化、职业化建设，现就加强公安机关人民警察招录工作提出以下意见：

一、总体要求

（一）指导思想。全面贯彻党的十八大和十八届三中、四中、五中全会精神，深入贯彻习近平总书记系列重要讲话精神，认真落实中央深化司法体制改革和全面深化公安改革有关决策部署，建立健全体现人民警察职业特点、有别于其他公务员的人民警察招录制度，切实提高公安机关招警工作科学化、规范化水平，为加强新形势下的公安工作和公安队伍建设提供组织保障和人才支持。

（二）基本原则。

坚持依法招录，竞争择优。招录人民警察应当公开、平等、竞争、择优，按照国家法律法规规定的权限、标准和程序，积极稳妥、规范有序地组织实施。

坚持优化来源，畅通渠道。对公安院校毕业生和其他考生设置不同招考渠道，既有效提高公安院校公安专业毕业生入警比例，确保其成为公安队伍补充警力的主要渠道，又畅通有志于公安事业的其他青年入警渠道，把符合公安工作需要的各类优秀人才集聚到公安机关，从源头上提升公安队伍的整体素质和战斗力。

坚持分类招警，科学考录。按照公安机关人民警察分类管理的要求，科学划分招考职位类别，合理设置报考资格条件，改进考试内容和考试方法，增强招警工作的针对性和科学性。

坚持规范便捷，突出特色。根据人民警察职业特点和公安实战要求，完善招警方式方法、工作程序和配套政策制度，使招警工作更加规范便捷，更好地满足公安工作需要。

（三）工作目标。力争用3～5年的时间，基本形成分类清晰、权责明确、内容科学、程序规范、配套完备、简便易行、有效管用的人民警察招录政策制度体系。

二、加强省级统一招警

地方公安机关人民警察招录工作，应当以省、自治区、直辖市为单位统一组织实施，具体包括：统一确定招警政策、编制录用计划、明确资格条件设置办法、发布招考公告、组织考试、公示拟录用人员名单、办理审核录用手续等。省级统一招警既可纳入“四级联考”，也可专门组织。公安机关要在公务员主管部门的指导下，按照有关规定认真做好录用计划拟订、报名与资格审查、体能测评、体检和考察等具体实施工作。

三、实行分类招警

（一）明确招考对象。公安机关招警按照职位类别和工作特点，分类组织实施。综合管理职位一般面向社会公开招考。执法勤务职位以面向公安院校公安专业毕业生招考为主，也可以面向社会公开招考。警务技术职位可以面向社会和公安院校公安专业毕业生招考。

（二）编制录用计划。地方各级公安机关根据编制员额、职位空缺、自然减员等情况，按照不同类别职位要求，区分不同招考对象，提出招考的职位、名额和报考资格条件，拟订录用计划。拟录用计划要逐级上报汇总，经省级公安机关审核后报同级公务员主管部门审定。

（三）组织实施考试。招警考试分为笔试和面试。笔试包括公共科目和专业科目，公共科目和专业科目按一定比例合成笔试总成绩。所有职位均需进行公共科目笔试，执法勤务职位还应进行专业科目笔试。专业性较强的职位，可增加专业技能测试。公共科目笔试试题由省级以上公务员主管部门组织命制。专业科目笔试试题由公安部组织命制。专业技能测试内容和方式，由省级公安机关商省级公务员主管部门确定。

面试工作要统一部署、统一组织实施。面试测评要素、内容、方法应体现人民警察职业特点和工作需求。面试时，应成立面试考官小组。面试考官小组应有一定比例的公安机关考官。面试考官必须经过省级以上公务员主管部门培训并取得面试考官资格。考官的选派、考官小组组成及考生面试顺序，随机抽签产生。有条件的地方实行考官异地执考。各地要加强组织管理，重视公安机关考官队伍建设，严格按照规定程序开展工作，确保面试工作公平公正、科学有效。

四、开展特殊招录

（一）涉密要害职位招考。国内安全保卫、技术侦察、反恐怖等重点涉密要害职位的招考，可以在一定范围内通过组织推荐、严格考察的方式确定考试人选，采取有限竞争考试的办法择优录用，也可以从高中毕业生中定向招录培养。

（二）人才紧缺职位招考。少数民族语言、非通用语、狙击、排爆、突击、防核生化、航空、潜水、刑事技术、网络安全技术、警务信通技术等通过公开招考难以补充的职位，经省级以上公务员主管部门批准，可以采取降低或不设开考比例，合理确定考试内容，执行相应体能测评和体检标准，适当调整招录程序等方式进行。

（三）公安英烈子女招考。公安烈士子女、因公牺牲的公安英模子女和四级以上因公伤残的公安英模子女报考公安机关人民警察职位并且符合职位要求的，应给予适当照顾，具体办法由省级公务员主管部门商同级公安机关研究确定。

五、完善招警政策

（一）加大艰苦边远地区招警力度。艰苦边远和反恐维稳任务繁重地区招录基层公安机关人民警察，可以采取适当降低招考职位学历要求、限定报考人员户籍、放宽招考专业限制、不限工作年限和经历、合理确定开考比例、限定最低服务年限等措施。西藏和四川、云南、甘肃、青海四省藏区以及新疆南疆地区县级公安机关招录人民警察，可以进一步采取单设职位招考、设置一定数量职位面向当地县乡事业编制人员、退役士官士兵招考等政策，必要时可不设开考比例。

（二）完善体检和体能测评项目、标准和办法。根据公安工作对人民警察身体条件和身体素质的特殊要求，进一步完善公安机关人民警察录用体检和体能测评的项目和标准，明确体检和体能测评工作条件、程序等要求。根据工作需要，可以适当调整体检和体能测评环节在招警工作中的顺序。体检或体能测评不合格的，不能被确定为拟录用人员。

（三）严格招警考察标准。要在遵守公务员录用考察标准的基础上，严格按照招警考察内容、标准和方法开展人民警察录用考察工作。国内安全保卫、技术侦察、反恐怖等对政治素质有特殊要求的职位，考察工作可予以前置。公安机关人民警察录用考察规定由中央公务员主管部门会同公安部研究制定。

（四）探索心理素质测评。要积极开展人民警察招录心理素质测评工作研究，围绕人民警察职业特点和职位要求，科学确定心理素质测评的内容要素和方式方法，不断提升心理素质测评工作的科学性和针对性。有条件的地方在招警时，可结合实际开展心理素质测评试点工作，并将测评结果作为辨识考生是否适合从事人民警察职业的重要参考。

六、加强组织领导

健全公安机关人民警察招录机制，是中央深化司法体制改革和全面深化公安改革的一项重要内容，也是推进公安队伍正规化、专业化、职业化建设的一项重要举措，对于严把公安机关进人关、改善公安队伍结构，提高公安队伍素质和战斗力具有十分重要的意义。这项工作政策性强、涉及面广、社会影响大，各级公务员主管部门和公安机关要从维护国家政权和社会政治稳定的高度，充分认识此项工作的重要性和紧迫性，切实加强组织领导。

各地要按照本意见要求，切实做好公安机关人民警察招录工作。要明确职责分工，加强统筹协调，强化政策指导，及时研究解决遇到的实际困难和问题。要严肃纪律要求，加强对工作人员的教育管理，确保招警工作依法规范有序开展。要坚持公开透明，主动接受社会监督，认真做好政策解读、风险评估、舆论引导等工作，为开展招警工作创造良好环境。各地年度招警计划、工作方案、招考公告以及招录工作情况，要及时报告国家公务员局和公安部。

铁路、交通、民航、森林、海关公安机关人民警察招录工作参照本意见执行，具体招录工作按照管理体制，由省级以上公务员主管部门负责组织实施。

二〇一五年十一月十九日

人力资源社会保障部关于完善基本医疗保险定点医药机构协议管理的指导意见

人社部发［2015］98号

各省（自治区、直辖市）及新疆生产建设兵团人力资源社会保障厅（局）：

城镇基本医疗保险制度建立以来，各地按照国家规定普遍实施了“基本医疗保险定点医疗机构资格审查”和“基本医疗保险定点零售药店资格审查”（以下简称两定资格审查），并在此基础上，社会保险经办机构与通过审查的医疗机构和零售药店（以下简称医药机构）签订定点服务协议，实行协议管理。这些措施对规范医药服务行为、维护参保人员权益等发挥了积极作用。目前，按照简政放权的精神，国务院决定取消两定资格审查。为此，现就取消社会保险行政部门实施的两定资格审查，完善基本医疗保险协议管理，提出以下指导意见：

一、目标任务和基本要求

（一）目标任务。2015年年底前，各地要按照《国务院关于第一批取消62项中央指定地方实施行政审批事项的决定》（国发［2015］57号）文件要求，全面取消社会保险行政部门实施的两定资格审查项目。各统筹地区要在认真总结经验的基础上，完善经办机构与医药机构的协议管理，提高管理服务水平和基金使用效率，更好地满足参保人员的基本医疗需求。

（二）基本要求。

一是简政放权。各地社会保险行政部门要坚决贯彻国务院要求，及时取消两定资格审查事项，转变行政管理方式，努力营造公开透明的市场环境，鼓励和引导各种所有制性质、级别和类别的医药机构公平参与竞争。

二是强化监管。及时转变工作重点，从重准入转向重管理，着重加强事中、事后监管，通过服务协议明确经办机构和医药机构双方的权利义务，规范医药机构服务行为，完善退出机制，提高管理效率。

三是优化服务。进一步简化办事程序，优化工作流程，提升服务质量。协议管理的医药机构条件及签约流程、规则、结果等面向社会公开。引入参保人和社会多方参与的评估和谈判机制。建立沟通协商和激励约束机制，促进医药机构为患者提供良好服务。

二、规范程序

（三）自愿申请。依法设立的各类医药机构均可根据医疗保险医药服务的需要和条件，根据自身服务能力，自愿向统筹地区经办机构提出申请，并如实提供服务范围、服务规模、服务质量、服务特色、价格收费等方面的材料，配合做好经办机构评估工作。

统筹地区人力资源社会保障部门要及时公开医药机构应具备的条件。有关条件要体现基本医疗保险制度与管理的要求，包括医药机构规划布局、服务能力、内部管理、财务管理、信息系统等方面的内容。

（四）多方评估。统筹地区人力资源社会保障部门要制定医药机构评估规则和程序。经办机构开展评估要注重听取参保人员、专家、行业协会等各方面意见，探索通过第三方评价的方式开展评估，保证程序公开透明，结果公正合理。

（五）协商签约。经办机构根据评估结果，统筹考虑医药服务资源配置、服务能力和特色、医疗保险基金的支撑能力和信息系统建设以及参保人员就医意向等因素，与医药机构平等沟通、协商谈判。要根据“公平、公正、公开”的原则，鼓励医药机构在质量、价格、费用等方面进行竞争，选择服务质量好、价格合理、管理规范的医药机构签订服务协议。双方签订的服务协议，应报同级社会保险行政部门备案。

三、完善服务协议

（六）规范协议内容。服务协议除应包括服务人群、服务范围、服务内容、服务质量、费用结算、违约处理等基本内容外，要适应预算管理、付费方式改革、医药价格改革、医保医疗行为监管、异地就医结算等政策和管理要求，进一步细化总额控制指标、具体付费方式、付费标准、费用审核与控制、药品和诊疗项目以及医用材料管理、监督检查、医保医生管理、信息数据传输标准等内容，并根据医保政策和管理的需要及时补充完善。

（七）探索动态管理。有条件的地方可以通过长期协议与短期（如年度）协议相结合的办法探索动态协议管理。经办机构和医药机构双方的基本权益和义务，购买的医疗、药品服务范围等可在长期协议中约定；医药机构一段时期（如年、季度、月）提供的服务量、付费方式、付费办法和标准、考核指标以及其他管理要求等可在短期协议中明确。

四、加强监督管理

（八）严格履行服务协议。经办机构和医药机构要严格遵循服务协议的约定，认真履行协议。对违反服务协议约定的，应当按照协议追究违约方责任。

（九）加强行政监督。社会保险行政部门根据社会保险法等相关法律法规的规定，可以通过调查、抽查等多种方式对经办机构和协议管理的医药机构执行医疗保险政策法规、履行服务协议情况以及各项监管制度落实情况进行监督检查。发现违法违规行为的，应提出整改意见，并依法作出行政处罚决定。涉及其他行政部门职责的，移交相关部门；涉嫌犯罪的，移送公安机关。

（十）创新监管方式。拓宽监督途径、创新监督方式，探索通过参保人员满意度调查、引入第三方评价、聘请社会监督员等方式，动员社会各界参与医疗保险监督。畅通举报投诉渠道，及时发现问题并进行处理。

各级人力资源社会保障部门要统一思想、提高认识，明晰社会保险行政部门和经办机构的职能分工，完善医药机构协议管理。要加强与有关部门的协调合作，促进各级各类医药机构依法为参保人员提供必要、合理的基本医疗服务，控制医疗费用不合理增长，提高医疗保险基金使用效率。省级人力资源社会保障部门要加强对统筹地区的指导。各统筹地区要细化协议管理的具体政策，着力增强经办能力，提升信息化水平，提高管理效率。改革过程中要注意做好政策宣传解释，合理引导人民群众和医药机构预期。同时，各地也要参照本意见精神，对工伤保险和生育保险医药服务机构的管理办法进行完善。

二〇一五年十二月二日

中央编办　人力资源社会保障部　公安部　教育部　财政部　国家公务员局关于公安院校公安专业人才招录培养制度改革的意见

人社部发［2015］106号

为适应公安队伍正规化、专业化、职业化建设要求，进一步做好公安院校公安专业招生、培养和毕业生录用工作，提升公安院校人才培养质量，更好地满足公安机关对公安专业人才的需求，现就公安院校公安专业人才招录培养制度改革提出如下意见：

一、指导思想和基本原则

（一）指导思想。全面贯彻党的十八大和十八届三中、四中、五中全会精神，深入贯彻习近平总书记系列重要讲话精神，认真落实中央深化司法体制改革和全面深化公安改革有关决策部署，推进公安院校教育教学改革，建立公安院校招生与公安机关招警协调机制，提高公安院校公安专业毕业生入警比例，确保公安院校毕业生成为公安队伍补充警力的主要渠道，努力打造一支忠诚可靠、纪律严明、素质过硬的公安队伍。

（二）基本原则。

质量为本。以提高公安专业人才培养质量为核心，明确公安院校办学定位，突出公安院校办学特色，深化教育教学改革，创新人才培养模式，努力培养符合公安工作需要的高素质专业人才。

公开公正。公安院校毕业生进入公安队伍，必须坚持“凡进必考”，按照规定的条件、标准和程序进行。加大公开透明力度，广泛接受社会监督，确保招考工作公平公正。

基层导向。公安院校公安专业毕业生主要充实到基层一线执法岗位，着重满足艰苦边远地区的招警需求，着力解决基层专业人才引进难、艰苦边远地区招警难问题。

规范便捷。根据公安院校办学规律和人才培养性质，组织全国统一联考，合理确定招考时间，进一步优化招考流程，为公安院校公安专业毕业生进入公安机关创造更多便利条件。

二、明确公安院校人才培养定位

公安院校教育是公安工作的重要组成部分，是加强公安队伍建设的源头和基础，应以公安工作需求为导向，以培养公安专业人才为主要目标。

建立全国公安院校统筹规划和协调发展机制，树立公安教育资源“一盘棋”思想，逐步建立完善统一领导、布局合理、资源共享、管理规范的部、省两级公安院校体系，进一步明确公安院校人才培养定位。公安本科院校根据办学资质，培养具有一定研究能力的高层次警务人才（研究生层次）和高素质应用型警务人才（本科层次），也可根据需要举办适当规模的专科教育，培养实战型警务人才。公安高职（专科）院校承担基层政法机关招录培养制度改革试点班干警培养工作，并根据需要举办适当规模的高中起点专科教育，培养实战型警务人才。

公安部、国家公务员局根据公安工作需要和公安专业开设情况，共同研究确定纳入招录培养制度改革的公安院校及公安专业范围。教育部、公安部建立公安专业评价考核和动态调整制度，达不到办学标准的专业应予以限期整改、暂停招生或撤销。公安部、教育部结合各公安院校办学特色和优势评建一批重点专业，根据需求为全国公安机关培养相关专业人才，使各公安院校学科专业布局平衡、优势互补。当地公安院校不具备个别专业培养条件和能力的，可以由省级公安机关委托其他省（区、市）公安院校进行培养。经公安部同意，公安机关委托非公安类普通高等院校培养的公安专业毕业生，可纳入招录培养制度改革。

三、严格公安院校招生管理

（一）科学编制公安院校招生计划。公安院校公安专业招生规模要与公安机关招警需求相衔接，同公安院校培养能力相适应。各省级公安机关会同编制、人力资源社会保障、教育、财政、公务员局等部门，根据公务员录用有关规定，以4年为周期测算本地公安机关年度警力需求及录用人民警察计划，综合考虑自然减员、职位空缺以及公务员录用考试的淘汰人数情况，按照公安专业学生毕业时公安机关年度录用人民警察计划的一定比例编制公安院校生源计划，每年招生规模保持相对稳定。师资力量、校舍面积、教学设备等建设指标达不到规定标准的公安院校，应从严控制招生规模。

招生计划按照定向原则编制。部属公安院校（含中国人民公安大学、中国刑事警察学院、铁道警察学院、南京森林警察学院）根据各省（行业）公安机关的需求预测，编制分省分专业招生来源计划，重点向尚未设立公安院校和尚未开办公安本科层次教育的省份倾斜。省属公安院校根据各地公安机关需求预测，编制生源计划，适当向边远艰苦地区倾斜。

（二）严格执行公安院校招生政策。加大公安院校招生宣传力度，吸引优质生源报考。严格执行国家考试招生规定，根据国家深化考试招生制度改革的意见和公安机关招警要求调整完善公安院校招生政策，进一步规范公安院校招生程序。坚持从严、择优录取，不得无计划或擅自突破计划进行招生，录取时原则上不使用加分项目或降低录取条件。坚持公开透明，深入实施招生“阳光工程”，及时公开招生政策、招生章程、招生计划、录取结果、咨询及申诉渠道等信息，主动接受社会监督。

四、提高公安院校人才培养质量

公安院校要以提高人才培养质量为核心任务，进一步调整办学理念，深化教学改革，提高教学质量，为公安机关培养政治坚定、作风过硬、业务精通、素质优良的公安专业人才。

（一）突出忠诚警魂培育。坚持政治建校、从严治校，以培养“党和人民的忠诚卫士”为首要政治任务，把思想政治教育贯穿于教学管理的全过程，着力提高公安院校学生的政治素质，牢固树立“忠诚、为民、公正、廉洁”的人民警察核心价值观，从源头上确保公安队伍绝对忠诚、绝对纯洁、绝对可靠。

（二）强化纪律作风养成。实行严格的警务化管理，保持规范严谨的学习、训练和生活秩序，建立有别于普通院校的公安院校管理制度，完善学生在校期间综合评价体系和淘汰机制，着重培养学生令行禁止、英勇顽强、团结协作、无私奉献的警察职业精神。

（三）加强警务能力培养。坚持突出专业、贴近实战，加强教师、教材和课程建设，完善“教、学、练、战”一体化人才培养模式，健全校局合作、协同育人机制，构建实验、实训、实习和实战有机结合的实践教学体系，着力培养学生的警务实战能力，优化学生的知识结构，提高学生综合素质。

（四）完善质量监控体系。建立健全体现公安院校人才培养特点的教学质量评价监控体系和教育教学督导制度，形成科学的教育培养质量管控机制；加强对公安院校毕业生职业发展状况以及用人单位满意度的跟踪调查，形成完善的教育质量反馈机制，促进公安院校人才培养不断适应公安工作的新要求。

五、规范公安院校公安专业毕业生招录工作

公安院校公安专业毕业生（含研究生）招考工作实行全国统一考试，分省（区、市）录用的办法。每年定期统一组织笔试，分省（区、市）确定录用计划、划定分数线、组织面试、体检、考察和录用。

（一）制订录用计划。各省级公安机关综合考虑当年部属公安院校本地生源和本地公安院校毕业生规模，按照当年本地公安机关录用人民警察计划的一定比例编制公安院校公安专业毕业生录用计划，主要充实到执法勤务机构。录用计划报省级公务员主管部门审定。

（二）报名与资格审查。招考对象为公安院校公安专业应届毕业生。报考人员应当符合人民警察的招考资格条件。省级公安机关负责组织资格审查工作，并将审查结果在公安院校进行公示。公安院校要如实提供有关信息，配合做好有关工作。省级公务员主管部门对资格审查工作进行监督。

（三）统一组织笔试。每年统一组织笔试。笔试包括公共科目和专业科目，公共科目和专业科目按一定比例合成笔试总成绩。公共科目试题由国家公务员局负责组织命制，专业科目试题由公安部负责组织命制。考务工作由省级公务员主管部门负责。

（四）划定笔试合格分数线。2016—2019年毕业的公安院校公安专业毕业生，根据实际情况在现有基础上逐步提高入警比例。2020年以后毕业的公安院校公安专业毕业生，由省级公务员主管部门会同省级公安机关，根据公安院校教学质量评估情况，结合实际确定入警比例，并据此划定合格分数线。部属院校公安专业毕业生纳入生源省或拟报考省一并划线。

（五）开展面试等工作。省级公务员主管部门、省级公安机关按照管理权限在相对集中的时间、地点对笔试合格的考生进行面试、体检、体能测评、考察等相关工作。体检、体能测评、考察的合格标准按公安机关统一招警标准执行。

（六）选择招录职位。部属院校和省属院校公安专业毕业生原则上回生源地（本行业）公安机关入警。笔试、面试、体检、体能测评、考察等均合格的毕业生，原则上按照笔试总成绩由高到低的顺序选择职位。职位选择工作由省级公务员主管部门负责组织。

（七）办理录用手续。省级公务员主管部门或设区的市级公务员主管部门按有关规定为新录用人员办理录用审批手续。新录用的公安院校公安专业毕业生在录用单位的最低服务年限为5年（含试用期），其中，录用到基层一线执法单位的人员在此期间不得转任交流到公安基层一线执法单位以外的单位。

六、做好特殊公安专业人才定向招录培养工作

国内安全保卫、技术侦察、反恐怖等涉密性较强的特殊公安专业人才，试行定向招录培养的办法。具体为：面向全国高中毕业生定向招录，考生参加普通高等学校入学考试、公务员录用考试、体检、体能测评和考察后，择优录取到公安院校进行培养，毕业后学习成绩合格，获得相应学历学位且符合人民警察职位资格条件要求的，录用为公安机关人民警察。考生毕业后录用到公安机关工作的，最低服务年限为7年（含试用期）。公安部根据全国公安机关的需求，商人力资源社会保障部、国家公务员局、教育部、财政部研究确定每年特殊公安专业人才招录计划和工作方案。

七、加强组织领导和经费保障

改革人民警察招录培养制度，事关考生切身利益，事关公安队伍建设，事关公安工作全局，各地区、各有关部门要充分认识推进这项改革的重要意义，切实加强组织领导。要健全工作机制，密切协调配合，共同研究解决改革中的困难和问题，形成工作合力。要认真履行职责，加强宣传和舆论引导，积极稳妥推进改革。要严格执行高校招生和公务员考试录用有关政策，严明工作纪律，对违反规定的，要坚决予以纠正；对徇私舞弊、滥用职权、设租寻租的，要严肃追究有关人员的责任。

根据公安专业人才培养工作特殊性质要求，按照财政体制和公安院校隶属关系，由同级财政进一步加大对公安院校的经费投入力度，鼓励和支持公安院校结合实际情况，采取资助家庭困难学生学费住宿费、提供训练服装等方式，增强公安院校公安专业吸引力。

本意见适用于公安院校公安专业毕业生的招录培养工作。公安院校非公安专业毕业生报考公安机关人民警察职位，参加面向社会人员的录用考试。

司法警察院校毕业生招录培养办法由中央公务员主管部门商司法部另行制定。

本意见自 2016 年 1 月 1 日起施行。

附件：公安类普通高等院校和公安专业目录（略）

二〇一五年十二月八日

人力资源社会保障部　财政部关于印发在京中央国家机关事业单位工作人员养老保险制度改革实施办法的通知

人社部发［2015］112号

党中央各部门，国务院各部委、各直属机构，全国人大常委会办公厅、全国政协办公厅，最高人民法院，最高人民检察院，各民主党派中央，各人民团体：

现将《在京中央国家机关事业单位工作人员养老保险制度改革实施办法》印发给你们，请认真贯彻执行。

二〇一五年十二月二十一日

在京中央国家机关事业单位工作人员养老保险制度改革实施办法

根据《国务院关于机关事业单位工作人员养老保险制度改革的决定》（国发［2015］2号）、《国务院办公厅关于印发机关事业单位职业年金办法的通知》（国办发［2015］18号）和《人力资源社会保障部　财政部关于贯彻落实〈国务院关于机关事业单位工作人员养老保险制度改革的决定〉的通知》（人社部发［2015］28号）等规定，结合在京中央国家机关事业单位实际，制定本办法。

一、改革的目标和基本原则

（一）改革的目标。以邓小平理论、“三个代表”重要思想和科学发展观为指导，坚持全覆盖、保基本、多层次、可持续方针，以增强公平性、适应流动性、保证可持续性为重点，改革在京中央国家机关事业单位现行机关事业单位工作人员退休保障制度，逐步建立独立于机关事业单位之外、资金来源多渠道、保障方式多层次、管理服务社会化的养老保险体系。

（二）基本原则。在京中央国家机关事业单位实施机关事业单位养老保险制度改革应当坚持公平与效率相结合、权利与义务相对应、保障水平与经济发展水平相适应、改革前与改革后待遇水平相衔接、解决突出矛盾与保持可持续发展相促进的原则。

二、改革的范围

本办法适用于按照（参照）公务员法管理的在京中央国家机关（单位）、事业单位及其编制内的工作人员。具体是指法人注册地在北京，且执行在京中央国家机关规范津贴补贴和在京中央事业单位绩效工资政策的中央国家机关和事业单位编制内工作人员。

事业单位是指，根据《中共中央　国务院关于分类推进事业单位改革的指导意见》（中发［2011］5号）有关规定进行分类改革后的公益一类、二类事业单位。

对于目前划分为生产经营类，但尚未转企改制到位的事业单位，已参加北京市企业职工基本养老保险的仍继续参加；尚未参加的，暂参加在京中央国家机关事业单位基本养老保险，待其转企改制到位后，按有关规定纳入北京市企业职工基本养老保险范围。

对于目前尚未确定分类类型的事业单位，已参加北京市企业职工基本养老保险的仍继续参加；尚未参加的，暂参加在京中央国家机关事业单位基本养老保险，待其分类类型确定并改革到位后，纳入相应的养老保险制度。

要严格按照机关事业单位编制管理规定确定参保人员范围。编制外人员应依法参加企业职工基本养老保险。对于编制管理不规范的单位，要先按照有关规定进行清理规范，待明确工作人员身份后再纳入相应的养老保险制度。

三、基本养老保险基金筹集

实行社会统筹与个人账户相结合的基本养老保险制度。基本养老保险费由单位和个人共同负担。用人单位应当及时申报、按时足额缴纳养老保险费。单位缴纳基本养老保险费（以下简称单位缴费）的比例为本单位上年度工资总额的20%，计入社会统筹基金。个人缴纳基本养老保险费（以下简称个人缴费）的比例为本人上年度缴费工资的8%，由单位代扣。本单位工资总额为参加机关事业单位养老保险工作人员的个人缴费工资基数之和。

机关单位（含参公管理的单位）工作人员的个人缴费工资基数包括：本人上年度工资收入中的基本工资、国家统一的津贴补贴（警衔津贴、海关津贴等国家统一规定纳入原退休费计发基数的项目）、规范后的津贴补贴（地区附加津贴）、工改保留补贴、在京中央国家机关适当补贴、年终一次性奖金。

事业单位工作人员的个人缴费工资基数包括：本人上年度工资收入中的基本工资、国家统一的津贴补贴（国家统一规定纳入原退休费计发基数的项目）、工改保留补贴、绩效工资（限高线以下部分）。

其余项目暂不纳入个人缴费工资基数。

2014年10月1日至2014年12月31日的个人缴费基数按照2013年度本人工资收入中包含的个人缴费基数项目确定。2015年度及以后年度的个人缴费基数按上年度本人工资收入中包含的个人缴费基数项目确定。个人缴费工资基数超过北京市上年度职工平均工资300%以上的部分以及事业单位绩效工资超过限高线的部分，不计入个人缴费工资基数；低于北京市上年度职工平均工资60%的，按北京市上年度职工平均工资的60%计算个人缴费工资基数。

在京中央国家机关事业单位外派到国（境）外的工作人员，由原单位以其档案工资中包含的个人缴费基数项目并参照本单位同类人员的国内工资标准确定个人缴费基数。

四、基本养老保险个人账户

按本人缴费工资8%的数额建立基本养老保险个人账户，全部由个人缴费形成。个人账户储存额只用于工作人员养老，不得提前支取，每年按照国家统一公布的记账利率计算利息，免征利息税。参保人员死亡的，个人账户余额可以依法继承。

基本养老保险个人账户记账利率按照国家统一规定执行。

五、基本养老金计发办法

（一）本办法实施后参加工作、个人缴费年限累计满15年的人员，退休后按月发给基本养老金。基本养老金由基础养老金和个人账户养老金组成。退休时的基础养老金月标准以北京市上年度在岗职工月平均工资和本人指数化月平均缴费工资的平均值为基数，缴费每满1年发给1%。个人账户养老金月标准为个人账户储存额除以计发月数，计发月数根据本人退休时城镇人口平均预期寿命、本人退休年龄、利息等因素确定（详见附件）。

（二）本办法实施前参加工作、实施后退休且缴费年限（含视同缴费年限，下同）累计满15年的人员（以下简称"中人"），按照合理衔接、平稳过渡的原则，在发给基础养老金和个人账户养老金的基础上，再依据视同缴费年限长短发给过渡性养老金。"中人"具体过渡办法另行制定。

（三）对于改革前曾参加企业职工基本养老保险、改革后参加机关事业单位基本养老保险的工作人员，其参加企业职工基本养老保险的实际缴费年限应予确认，不认定为视同缴费年限，并与参加机关事业单位基本养老保险的实际缴费年限合并计算。其他情形视同缴费年限的认定，按照国家有关规定执行。在本人退休时，根据其实际缴费年限、视同缴费年限及对应的视同缴费指数等因素计发基本养老金。

（四）本办法实施后达到退休年龄但个人缴费年限累计不满15年的人员，其基本养老保险关系处理和基本养老金计发比照《实施〈中华人民共和国社会保险法〉若干规定》（人力资源社会保障部令第13号）执行。

（五）本办法实施前为编制内工作人员且已经退休的，继续按照国家规定的原待遇标准发放基本养老金，其纳入在京中央国家机关事业单位养老保险基金支付的项目为国家规定的基本退休费、退休人员补贴和其他国家统一规定的补贴（在京中央国家机关适当补贴、工改保留补贴以及教龄津贴、护龄津贴、特级教师津贴等按原标准100%发给的部分），同时执行基本养老金调整办法；其他项目（政府特殊津贴、提租补贴、取暖费、物业费等）仍从原渠道列支。本办法实施前为编制外工作人员且已经退休的，参加北京市企业职工养老保险并按规定领取养老待遇。

（六）机关事业单位离休人员按照国家统一规定发给离休费，并调整相关待遇。具体办法由人力资源社会保障部会同有关部门制定。

六、基本养老金调整

根据职工工资增长和物价变动等情况，国家统筹安排在京中央国家机关事业单位退休人员的基本养老金调整，逐步建立兼顾各类人员的养老保险待遇正常调整机制，分享经济社会发展成果，保障退休人员基本生活。

七、基金管理和监督

在京中央国家机关事业单位及其工作人员应按规定及时足额缴纳养老保险费。养老保险基金单独统筹，实行收支两条线，纳入社会保障基金财政专户，专款专用。依法加强基金监管，确保基金安全。

在京中央国家机关事业单位执行统一的机关事业单位基本养老保险制度和政策，统一基本养老保险缴费比例和缴费基数项目，统一基本养老金计发办法、统筹项目和标准以及基本养老金调整办法，统一编制和实施基本养老保险基金预算。按照国家统一制定的业务经办流程和信息管理系统建设要求，统一基本养老保险业务经办规程和管理制度、统一建设信息管理系统，实现集中管理数据资源。机关事业单位基本养老保险基金财务管理办法另行制定。

八、养老保险关系转移接续

参保人员在在京中央国家机关事业单位之间流动，只转移养老保险关系，不转移基金。参保人员跨统筹范围流动或在机关事业单位与企业之间流动，在转移养老保险关系的同时，基本养老保险个人账户储存额随同转移，并以本人改革后各年度实际缴费工资为基数，按12%的总和转移统筹基金，参保缴费不足1年的，按实际缴费月数计算转移基金。转移后基本养老保险缴费年限（含视同缴费年限）、个人账户储存额累计计算。

九、职业年金制度

在京中央国家机关事业单位在参加基本养老保险的基础上，应当为其工作人员建立职业年金。单位按本单位工资总额的8%缴费，个人按本人缴费工资基数的4%缴费。工作人员退休后，按月领取职业年金待遇。在京中央国家机关事业单位的职业年金基金由人力资源社会保障部负责集中受托管理；中央国家机关所属京外单位的职业年金实行属地化管理。具体办法按照国办发［2015］18号文件执行。

十、其他政策

（一）改革前已经参加北京市企业职工养老保险、事业单位分类后划分为公益一类或二类的在京中央国家机关所属事业单位及其编制内的工作人员，参加在京中央国家机关事业单位养老保险。其中，在职人员可按规定将其养老保险关系转续至机关事业单位养老保险，退休时按照有关规定计发待遇；改革前已经退休的人员，继续按原有待遇标准发放养老金，同时执行基本养老金调整办法。

（二）参加在京中央国家机关事业单位养老保险的单位中的编制内劳动合同制工人，按规定参加在京中央国家机关事业单位养老保险。其中，已参加北京市企业职工养老保险的，在职人员按规定将其养老保险关系转续至机关事业单位养老保险，退休时按照有关规定计发待遇；改革前已经退休的人员，继续按原有待遇标准发放养老金，同时执行机关事业单位基本养老金调整办法。

（三）驻外外交人员随任配偶属在京中央国家机关事业单位编制内人员的，参加在京中央国家机关事业单位养老保险，具体办法按《关于加强驻外外交人员随任配偶保障工作的通知》（外发［2006］35号）执行。

（四）改革后获得省部级以上劳模、有重大贡献的高级专家等荣誉称号的在京中央国家机关事业单位工作人员，在职时给予一次性奖励，退休时不再提高基本退休费计发比例，奖励所需资金不得从养老保险基金中列支。对于改革前已获得此类荣誉称号的工作人员，本人退休时给予一次性退休补贴并支付给本人，资金从原渠道列支。一次性退休补贴标准由人力资源社会保障部会同相关部门根据平衡衔接的原则予以确定。符合原有加发退休费情况的其他人员，按照上述办法处理。

（五）曾有企业工作经历的中央国家机关事业单位工作人员，在企业工作期间应缴未缴养老保险费的，应按企业职工养老保险有关规定补缴后将养老保险关系转续至机关事业单位养老保险；未按规定补缴的，应缴未缴的工作年限作为中断缴费年限。

（六）改革后，按照国家有关政策和干部管理权限，经批准可适当延长退休年龄的工作人员，继续参保缴费。其中少数人员年满70岁时仍继续工作的，个人可以选择继续缴费，也可以选择不再继续缴费。待正式办理退休手续时，按规定计发养老待遇。

十一、养老保险经办能力建设

人力资源社会保障部社会保险事业管理中心负责在京中央国家机关事业单位养老保险参保登记、申报核定、保险费征收、养老保险关系转移、待遇核定和支付、稽核与内控等工作。要优化业务经办流程，建立健全管理制度，实现规范化、信息化和专业化管理，逐步提高在京中央国家机关事业单位社会保险社会化管理服务水平，实行基本养老金社会化发放，不断提高工作效率和服务质量。

在京中央国家机关事业单位工作人员养老保险信息系统由人力资源社会保障部统一规划建设、集中部署实施，并与中央编办、财政部等部门和相关商业银行的系统相衔接，实现业务协同和信息共享。由北京市发放全国统一的社会保障卡，支持养老保险业务管理和服务。利用互联网、移动终端、自助一体机等渠道，建设一体化的公共服务系统，为机关事业单位及工作人员提供便捷、高效、安全的服务。

十二、组织实施工作要求

机关事业单位养老保险制度改革，涉及在京中央国家机关事业单位工作人员的切身利益，是一项涉及面广、政策性强的工作。各部门要制定贯彻国发［2015］2号文件的工作方案，明确工作任务、分工和要求，并报人力资源社会保障部、财政部备案。要切实加强领导，精心组织实施，采取宣传、培训等方式向机关事业单位工作人员准确解读改革的目标和政策，让他们关心和支持改革工作，保证改革顺利实施。要结合本部门实际，认真排查风险点，制定应对预案，把工作做实做细，保持社会稳定。人力资源社会保障部、财政部负责对本办法的执行情况进行监督检查。

本办法自2014年10月1日起实施，已有规定与本办法不一致的，按本办法执行。

本办法由人力资源社会保障部、财政部负责解释。

附件：个人账户养老金计发月数表（略）

人力资源社会保障部关于发布职业技能实训和鉴定设备设置要求等3项行业标准的通知

人社部函［2015］12号

各省、自治区、直辖市及新疆生产建设兵团人力资源社会保障厅（局），部属各单位，公务员局：

《职业技能实训和鉴定设备设置要求　第5部分：数控加工专业》、《职业技能实训和鉴定设备设置要求　第6部分：机械设备维修专业》和《职业技能实训和鉴定设备技术规范　第6部分：机械设备维修专业》三个推荐性行业标准已经我部审核批准，标准编号分别是：LD/T 82.1—2015、LD/T 82.2—2015和LD/T 81.1—2015，现予以发布。自2015年3月1日起实施。

二〇一五年一月二十二日

人力资源社会保障部关于做好2015年全国高校毕业生就业创业工作的通知

人社部函〔2015〕21号

各省、自治区、直辖市及新疆生产建设兵团人力资源社会保障厅（局）：

党中央、国务院高度重视高校毕业生就业问题，对做好高校毕业生就业创业工作提出了明确要求。2015年，高校毕业生就业总量继续增加，结构性矛盾依然比较突出，促进高校毕业生就业任务更加艰巨。各地要认真贯彻党的十八大，十八届三中、四中全会和中央经济工作会议精神，继续把高校毕业生就业作为重中之重，精准发力，千方百计做好高校毕业生就业创业工作。现就有关事项通知如下：

一、切实抓好高校毕业生就业创业政策落实

各地要把抓好政策落实作为2015年高校毕业生就业创业工作的重点，结合实际细化完善政策措施，加大督促检查力度，确保政策落实“最后一公里”畅通，让符合条件的高校毕业生和用人单位都能享受到政策扶持。会同有关部门全面落实和完善鼓励小微企业吸纳高校毕业生就业社保补贴、培训补贴等政策，落实好高校毕业生创业税收优惠、小额担保贷款、离校未就业高校毕业生灵活就业社保补贴等政策，促进毕业生多渠道就业和创业。会同有关部门统筹实施“选聘高校毕业生到村任职”、“三支一扶”、“大学生志愿服务西部计划”、“农村义务教育阶段学校教师特设岗位计划”等基层服务项目。积极探索政府购买基层公共管理和社会服务岗位吸纳高校毕业生就业的措施办法，健全鼓励高校毕业生到基层工作的服务保障机制，进一步完善相关政策和制度安排，引导高校毕业生到基层建功立业、成长成才。要进一步简化程序，降低门槛，优化流程，为毕业生享受政策提供更多便利。会同教育等部门主动为毕业生在校期间享受政策提供帮助，对符合条件的毕业年度高校毕业生，及时发放《就业创业证》，落实好相关政策；对申领求职补贴并符合条件的，要在离校前全部发放到位，补贴标准较低的要适当调高标准。积极推进国有企业招聘应届高校毕业生信息公开工作，加大监督检查力度，切实保障毕业生公平就业权益。要主动适应经济发展新常态，会同有关部门结合产业转型升级、创新驱动发展，在大力发展新兴产业、现代服务业、小微企业特别是创新型企业，以及实施“一带一路”等区域发展战略中，努力开发更多适合高校毕业生的高质量就业岗位。

二、精心实施离校未就业高校毕业生就业促进计划

各地要按照改革要求，把就业促进计划作为帮扶离校未就业高校毕业生就业的重要手段，以扎实有效的措施精心组织实施，力争使每一名有就业意愿的未就业高校毕业生都能在毕业半年内实现就业或参加到就业准备活动

中。进一步加强离校未就业高校毕业生实名登记工作，做好与教育部门和高校的信息衔接，通过多种渠道和方式掌握未就业毕业生实名信息，完善信息分解、核查、反馈等工作机制，健全未就业毕业生实名制数据库，逐步实现基于信息化的离校未就业高校毕业生就业管理和就业服务。对本省（自治区、直辖市）生源未就业高校毕业生，要主动联系，了解掌握其就业需求和求职意愿，有针对性地提供就业服务，并做好享受政策情况记录，加强跟踪管理，切实保证服务不断线。扎实开展就业见习工作，结合本地产业发展和高校毕业生就业需要，扩大就业见习规模，拓展优质见习岗位，建立健全见习管理制度，提高见习质量。深入实施离校未就业高校毕业生技能就业专项行动，对有培训意愿的未就业高校毕业生，重点依托技工院校开展以定向培训为主的就业技能培训；对企业拟录用的高校毕业生，重点开展以定岗培训为主的上岗前培训，按规定落实好培训补贴政策，引导更多高校毕业生走技能成才之路。要切实做好困难高校毕业生就业援助工作，重点对零就业家庭、城乡低保家庭、农村贫困户、残疾等就业困难的未就业高校毕业生，完善“一对一”个性化精准帮扶机制，提高帮扶实效。

三、深入实施大学生创业引领计划

各地要认真落实大学生创业引领计划的各项要求，进一步完善实施方案，帮助扶持有志创业的高校毕业生成功创业，以创业兴业带动就业。切实加强创业培训工作，以有创业愿望的大学生为重点，编制专项培训计划，优先安排培训资源，使每一个有创业愿望和培训需求的大学生都有机会获得创业培训。积极协调有关部门落实鼓励大学生创业的各项政策和便利化措施，减轻创业大学生负担，为创业大学生提供多渠道资金支持，对在电子商务网络平台开办“网店”的高校毕业生，落实好小额担保贷款和贴息政策。进一步加强创业服务工作，加快建设青年创业导师团队，建立健全青年创业辅导制度，组织开展形式多样的创业交流活动，帮助创业大学生积累经验、获得支持。加强创业孵化基地功能建设和制度建设，积极探索建立公共服务机构与市场主体合作机制，用好用活市场资源，提高创业孵化成功率。

四、加强公共就业人才服务

各地要加强公共就业人才服务能力建设，主动适应高校毕业生就业需要，为毕业生就业提供更具针对性、更加专业化的就业指导和就业服务。各级公共就业人才服务机构要将到本地求职的高校毕业生纳入免费公共就业服务范围，对符合条件的落实就业扶持政策。对到省会及省会以下城市的社会团体、基金会、民办非企业单位就业的高校毕业生，所在地的公共就业人才服务机构要协助办理落户手续，畅通毕业生流动就业渠道。要针对毕业生不同时期求职就业的需要，积极组织开展公共就业人才服务进校园、民营企业招聘周、高校毕业生就业服务月、就业服务周、部分大中城市联合招聘等专项活动，突出活动亮点和本地特色，促进供需有效对接。要加强面向高校毕业生的岗位信息服务，广泛收集各类企业用人需求，深度挖掘适合毕业生的就业岗位，及时向毕业生发布。创新就业服务方式，在组织专业化、跨区域招聘活动的同时，加快推进就业信息全国联网，开发运用微信、微博、移动客户端等服务新模式，搭建更加适合毕业生特点的便捷高效的服务平台。

五、创新高校毕业生就业宣传工作

各地要高度重视、主动加强高校毕业生就业宣传工作，树立正确的舆论导向，汇聚更多促进高校毕业生就业的正能量。要准确把握宣传内容，重点宣传党和政府对高校毕业生就业工作的重视和部署，宣传各地促进毕业生就业创业的政策措施及其新进展新成效新经验，宣传毕业生服务基层、面向企业就业、自主创业的生动实践，宣传获取就业创业政策和岗位信息的各种渠道，引导社会客观看待就业形势，树立理性就业观念，营造关心和促进高校毕业生就业的良好氛围。要创新宣传形式载体，在发挥好报纸、广播、电视等传统媒体宣传作用的同时，更加重视网络传播移动化、信息服务个性化的发展趋势，运用新媒体技术优势，打造更适合高校毕业生等青年群体的宣传平台。要着力提高宣传实效，结合各类就业专项服务活动，精心策划主题宣传，加强政策权威解读，做好先进典型宣传，深入高校和用人单位开展各种宣讲活动，特别是要抓住毕业生求职的关键期和不同类别、不同阶段毕业生的求职意向，增强宣传的针对性、精准度和实效性。同时，加强舆情收集、分析和研判，密切关注高校毕业生就业形势变化和热点问题，及时回应社会关切，做好舆论引导。

各地要坚持把促进高校毕业生就业创业作为就业第一位的工作，切实加强组织领导，推动将高校毕业生就业工作纳入政府政绩考核内容，进一步健全目标责任制，落实好政府促进就业的责任。要协调和组织就业工作联席会议各成员单位和有关部门，结合本地实际，及早对工作进行谋划和安排，发挥各方优势，采取有力措施，共同做好高校毕业生就业创业工作。要结合本地区“十三五”规划编制工作，认真分析当前及今后一个时期高校毕业生就业形势，研究未来五年促进高校毕业生就业创业的思路和举措。各地要按照本通知精神，制定具体措施，加大工作力度，加强督促检查，确保各项工作落到实处。

二〇一五年二月九日

人力资源社会保障部　财政部
关于调整博士后日常经费标准的通知

人社部函［2015］185号

各省、自治区、直辖市及新疆生产建设兵团人力资源社会保障厅（局）、财政厅（局），国务院有关部委、直属机构人事部门，解放军总政治部干部部，各博士后设站单位：

为保障博士后研究人员生活水平的稳定提高，根据国家经济社会发展情况，经研究决定，提高博士后日常经费标准。现将有关事宜通知如下：

一、自2015年8月1日起，博士后日常经费标准由每人每年5万元提高到每人每年8万元。

二、鉴于博士后研究人员在站时间一般为2年，本次执行新标准的人群为2014年8月1日（含）以后进站的在站博士后研究人员。

三、博士后日常经费中，生活费用占80%，主要用于工资、奖金和生活补助等；日常公用经费占20%，可用于博士后研究人员参加社会保险费用和参与学术交流活动。

博士后研究人员应与设站单位职工享受同等的社会保障待遇，所需经费的筹集除从博士后日常公用经费中列支外，不足部分的筹集应当执行设站单位社会保障资金的筹集办法。

四、各地区、各部门、各设站单位要充分认识博士后工作在深入实施人才强国战略和创新驱动发展中的重要作用，不断加大对博士后日常经费、博士后科研经费的投入，建立与国家投入相匹配，与地方经济发展水平相适应的博士后工作投入机制。要切实加强对博士后日常经费的管理，推进绩效评价，提高资金使用效益，培养更多适应经济社会发展需要的高层次创新型青年人才。

二〇一五年八月三日

人力资源社会保障部办公厅关于做好社会保险管理信息系统功能调整的通知

人社厅发［2015］3号

各省、自治区、直辖市及新疆生产建设兵团人力资源社会保障厅（局）：

为切实贯彻落实《关于印发〈城乡养老保险制度衔接暂行办法〉的通知》（人社部发［2014］17号，以下简称《暂行办法》）、《关于贯彻实施〈城乡养老保险制度衔接暂行办法〉有关问题的通知》（人社厅发［2014］25号）、《关于印发城乡居民基本养老保险经办规程的通知》（人社部发［2014］23号）有关要求，部里在社会保险关系转移信息系统（以下简称异地转移系统）的基础上扩建了有关功能，该系统已于2014年12月上线运行，为城乡养老保险制度衔接、城乡居民养老保险跨地区转移接续提供了信息化支持。为更好地推动各地系统调整及入网工作，现就各地社会保险业务管理信息系统（以下简称本地业务系统，含城镇职工养老保险信息系统和城乡居民养老保险信息系统）功能调整及异地转移系统入网有关事项通知如下：

一、充分认识做好系统功能调整的重要意义

本次异地转移系统和本地业务系统功能调整，是全面贯彻落实《暂行办法》的重要手段，是践行群众路线，落实“为民务实清廉”服务要求的具体举措，是搭建养老保险跨制度衔接电子渠道，提高社会保险经办能力和服务质量的技术保障。各地要充分认识开展系统功能调整的重要意义，加快推进系统调整和应用相关工作，逐步实现电子化衔接业务模式，提升经办服务水平。

二、抓紧做好系统建设和应用的各项工作

（一）制定工作方案。各地要根据部里城乡养老保险制度衔接、城乡居民养老保险转移接续政策要求制定系统建设实施方案，列出切实可行的工作计划，明确本地业务系统改造内容、异地转移系统二级平台支持省内转移的功能扩充方案等。

（二）落实系统改造任务。本次系统功能调整，要以支持城乡居民养老保险跨地区转移以及与城镇职工养老保险制度间衔接为目标（见附件1）。各地应根据本地实际，调整本地业务系统有关功能，先行完成制度衔接转入转出相关功能模块新增、缴费年限计算、待遇核定计算、个人账户记录、相关表单生成与打印等调整，实现手工衔接业务模式；再遵循全国统一的接口规范标准（见附件2），完成电子化衔接数据接口功能调整，实现本地业务系统与异地转移系统的衔接和电子化衔接业务模式。有条件的地区，可一次性完成调整工作。

（三）完成系统测试入网工作。已完成本地系统调整的地区，应尽快与部级异地转移系统完成联调测试，测试通过后向部里提出入网申请，即可正式启用城乡养老保险制度衔接电

子化业务模式。原城镇职工养老保险已入网地区可在原有接口方案、API保持不变的基础上，直接扩充本次相关接口功能和报文数据项，经过联调测试即可正式启用电子化业务模式。尚未接入部级异地转移系统的地区，应当加快入网步伐，尽快启用电子化转移流程。

（四）推进系统应用。各地要充分利用部级异地转移系统，实现电子化业务模式，提高工作效率和管理服务水平。已入网启用电子化业务模式的地区，应将与入网地区往来的业务全部在线经办。起步阶段可手工、电子化业务模式并行，待应用稳定后逐步过渡到完全的电子化业务模式。未入网的地区应加快系统调整和入网步伐，于2015年年底前完成接入，形成全覆盖的协作网络。

（五）完善机构信息库。部里将继续做好全国社会保险关系转移和城乡养老保险制度衔接经办机构信息库建设工作，为方便各地机构联系协调、提高经办效率，支持参保人咨询和办理转移业务提供支持。各地在机构信息变更后，要及时在系统中更新维护，方便参保人和其他经办机构获取最新信息。

（六）加快配套服务系统建设。部里将建立全国统一的基本养老保险参保缴费信息查询服务系统，为养老保险关系转移过程中的参保缴费信息查询、待遇领取地的辅助判断提供信息系统支持，为参保人员随时随地持卡查询本人在各地参保缴费信息、办理待遇领取手续提供方便快捷的服务。各地要在本地公共服务系统中扩充增加相关查询、自助打印等服务功能，同时为参保缴费信息上传、社会保障卡查询应用提前做好技术准备。

三、切实加强系统功能调整工作保障

（一）加强组织协调。各级人力资源社会保障部门要高度重视本次系统功能调整，并作为实施城乡养老保险制度衔接和城乡居民养老保险转移接续的重点工作来抓。社保机构要明确系统调整需求，验证系统功能，抓好系统应用。信息化综合管理机构要做好系统功能调整、网络与基础环境配置等系统建设工作。双方要紧密配合，加强工作协调，共同做好系统调整工作，保证转移接续工作的顺利开展。

（二）抓好组织实施。各地要按照部里总体部署，根据工作开展的实际情况，明确系统具体建设内容、任务安排、资金计划和实施步骤，并切实抓好落实，根据部级异地转移系统上线运行的情况，尽快完成本地业务系统调整和与部级系统对接。

（三）确保资金投入。各地要加强与发改、财政等部门的沟通协调，积极争取系统建设改造资金，将系统运行和维护费用纳入年度预算，形成以财政投入为主的经费保障机制。同时，多方筹资，确保系统建设进度和稳定运行。

（四）提升保障能力。各地要加强机构队伍建设，加强对系统建设和应用人员的培训，使其切实理解、掌握系统功能和业务逻辑，提高专业水平。抓好各级业务操作人员的培训工作，确保系统功能的有效应用。逐步建立工作协作机制，及时沟通解决应用中的问题。

部里在异地业务经办过程中，将进一步加强指导、协调和督办，指导各地落实经办时限要求，强化系统应用。工作中的有关进展和问题，请及时与我们联系。

附件：

1. 社会保险关系转移系统扩充调整方案（略）

2. 城乡养老保险制度衔接和城乡居民养老保险跨地区转移接续接口规范（略）

二〇一五年一月十三日

人力资源社会保障部办公厅　农业部办公厅关于印发啤酒花生产工等9个国家职业技能标准的通知

人社厅发［2015］5号

各省、自治区、直辖市及新疆生产建设兵团人力资源社会保障厅（局）、农业（农牧、农村经济）厅（委、局）：

根据《中华人民共和国劳动法》，人力资源社会保障部、农业部共同制定了啤酒花生产工等9个国家职业技能标准，现印发施行。

此次颁布的家畜繁殖员、海水水生动物苗种繁育工、淡水水生动物苗种繁育工等3个国家职业技能标准系重新修订，原国家职业标准相应废止。

附件：国家职业技能标准目录

二〇一五年一月十六日

附件

国家职业技能标准目录

职业编码	职业（工种）名称	备注
5-01-01-02	啤酒花生产工	
5-03-01-02	家畜繁殖员	2014年修订
5-03-05-02	兽医化验员	
5-03-05-04	中兽医员	
5-04-01-01	海水水生动物苗种繁育工（※）	2014年修订
5-04-01-01	淡水水生动物苗种繁育工（※）	2014年修订
5-04-01-04	大型藻类栽培工（※）	原名：海水藻、贝类养殖工
5-04-01-04	水生高等植物栽培工（※）	原名：水生植物栽培工
6-26-01-10	畜禽产品检验员	

注：※表示职业编码下的工种。

人力资源社会保障部办公厅　国家林业局办公室关于印发森林抚育工等11个国家职业技能标准的通知

人社厅发［2015］12号

各省、自治区、直辖市及新疆生产建设兵团人力资源社会保障厅（局）、林业厅（局）：

根据《中华人民共和国劳动法》，人力资源社会保障部、国家林业局共同制定了森林抚育工等11个国家职业技能标准，现印发施行。

附件：国家职业技能标准目录

二〇一五年一月二十七日

附件

国家职业技能标准目录

职业编码	职业（工种）名称	备注
5-02-01-03	森林抚育工	原名：抚育采伐工
5-02-01-04	营林试验工	
5-02-02-02	林业有害生物防治员	原名：森林病害防治员
5-02-03-01	野生动物保护员	
5-02-03-02	野生植物保护员	
5-02-04-01	林木采伐工	原名：木材采伐工
5-02-04-02	集采作业工	
6-15-02-02	纤维板工	
6-15-02-03	刨花板工	
6-15-02-04	人造板制胶工	
6-15-02-05	浸渍纸层压板工	原名：装饰层压板工

人力资源社会保障部办公厅关于印发《人力资源和社会保障电话咨询服务规范》的通知

人社厅发［2015］40号

各省、自治区、直辖市及新疆生产建设兵团人力资源社会保障厅（局）：

人力资源和社会保障电话咨询服务作为人力资源和社会保障公共服务的重要手段和品牌，在为社会公众提供政策咨询、信息查询、信息公开、在线受理和投诉举报服务等方面发挥了日益重要的作用。为进一步提升人力资源和社会保障电话咨询服务工作的科学化、规范化水平，持续推动作风改进，保证服务质量，我们制定了《人力资源和社会保障电话咨询服务规范》。现印发给你们，请结合实际认真贯彻执行。

二〇一五年三月二十日

人力资源和社会保障电话咨询服务规范

第一章　总　　则

第一条　为了规范人力资源和社会保障电话咨询服务行为，提高电话咨询服务工作的科学化、规范化水平，保证服务质量，统一服务流程，制定本规范。

第二条　各级人力资源和社会保障部门统一使用“12333”全国公益服务号码为社会公众提供电话咨询等服务，树立“12333”公共服务品牌。

第三条　人力资源和社会保障电话咨询服务（以下简称电话咨询服务）是指各级人力资源和社会保障部门利用电话咨询服务系统等信息化手段，为社会公众提供政策咨询、信息查询、信息公开、在线受理和投诉举报等人力资源和社会保障公共服务的行为。

第四条　本规范是各级人力资源和社会保障部门在开展电话咨询服务时应遵循的服务规范和行为准则。

第二章　咨询服务机构

第五条　各级人力资源和社会保障部门应建立承担电话咨询服务工作的实体化机构（以下简称咨询服务机构），合理配备人员和岗位，落实场地和设施，保障工作经费，确保工作正常开展。

第六条 咨询服务机构应使用统一的服务标识，合理布局服务场地的坐席区、配套服务区和办公区等区域，互不干扰。

第七条 按照全国整体规划，遵循统一的标准规范，建设电话咨询服务系统和信息资源库，积极拓展网站、移动应用、短消息和自助服务一体机等服务渠道。

第八条 向社会公开电话咨询服务内容和服务时间。

第九条 建立培训考核机制，定期组织咨询服务人员（以下简称咨询员）培训和考核，关注咨询员心理健康和职业发展，提升咨询队伍业务素质。

第十条 建立完善的电话咨询服务管理制度体系，严格执行服务流程，规范服务行为和服务用语，保证服务质量。

第十一条 建立咨询服务联动机制，加强与业务部门协调，保证服务效率和质量。

第十二条 加强咨询信息和数据的分析利用，收集和整理社情民意，为人力资源社会保障宏观决策和政策制定提供支持。

第十三条 建立信息安全保密机制，严格遵守国家和行业信息安全保密有关规定，加强信息安全管理，防止信息泄露。

第三章 咨 询 员

第十四条 咨询员应严格遵守职业道德，爱岗敬业、恪尽职守、服从管理、严守纪律，自觉维护人力资源和社会保障部门的形象。

第十五条 全面掌握业务知识，熟练使用电话咨询服务系统和信息资源库，具有较强的理解、引导、归纳、表达等沟通能力，具备必要的文字撰写、计算机操作等工作技能。

第十六条 工作时间应统一着装，仪表仪容保持整洁得体。

第十七条 树立责任意识，严格按照服务流程提供服务，使用规范用语，尊重服务对象，确保服务质量。

第十八条 按规范程序操作设备，不得越权或违规操作。未经允许，不得更改系统设置和安装软件，不得使用他人的工号进行系统操作，不得在计算机上设置个人密码，不得复制系统文件资料。

第十九条 工作时间不得从事与工作无关的事，不得拨打或接听与咨询服务无关的电话。

第四章 服 务 行 为

第二十条 咨询员应提前到岗做好接听准备，确保电话处于待接状态；暂时离开坐席，应将咨询系统设置为闭席状态；非工作时间，应退出系统。

第二十一条 电话应在响铃三声内接起，主动报工号、致问候语，按照信息资源库准确解答，并做好电话记录、归类工作，准确记录电话咨询信息。通话结束，根据需要提示来电者对当次服务做出评价。

第二十二条 咨询员应主动调节个人情绪，保持良好工作心态。对表达或理解存在困难的服务对象，给予更多的理解和帮助。

第二十三条 热情诚恳服务，发生差错时应及时纠正，虚心接受批评，主动道歉。

第二十四条 需要认定、审批的事项，只做政策性解释，不做结论性答复，告知来电者携带有关材料到服务窗口办理。

第二十五条 提供个人或单位信息查询或在线受理服务，应进行身份验证，合理分配查询权限，避免泄露隐私信息。

第二十六条 登记投诉举报时，应详细记录来电者姓名、来电号码、事由等情况，并告知处理期限和查询方式。无法直接受理的，应告知来电者受理方式。

第二十七条 对于无法解答的疑难或敏感问题，应做转接处理；对于无法答复或处理的问题，应及时转交业务部门协助处理，并在规定时间内给予答复；对于服务范围以外的咨询，应做好引导。

第五章 服务用语

第二十八条 电话咨询服务应使用普通话，根据需要提供少数民族语言和方言服务。

第二十九条 服务用语要规范得体、简短精练，表述要逻辑清晰、通俗易懂。

第三十条 发音清晰标准，语气亲切温和，语调平稳流畅，语速语音适宜。

第三十一条 严禁使用服务禁忌用语。不得使用命令、反问等语气，不得顶撞、责备来电者。

第六章 自动语音

第三十二条 自动语音服务是电话咨询服务的重要组成部分，咨询服务机构应提供信息查询、听取录音、语音留言、索取传真等自助服务功能，提供7×24小时服务。

第三十三条 自动语音服务提供的信息与人工服务提供的信息应保持一致。

第三十四条 自动语音服务应使用全国统一的欢迎语、主菜单和等待音。

第三十五条 自动语音服务需要人工回复的，应自动告知回复期限，并在规定时间内予以回复。

第七章 监督管理

第三十六条 人力资源社会保障部负责全国电话咨询服务情况的监督管理，各地人力资源社会保障部门负责所辖区域内电话咨询服务情况的监督管理。

第三十七条 坚持内部监督和公众监督并重原则，对电话咨询服务规范执行情况进行监督管理。

第三十八条 采用日常监控、质量评估、满意度调查等方式对服务情况进行监督，定期通报咨询服务质量情况。

第三十九条 咨询服务机构应设有专门的监督坐席和岗位，对咨询服务情况实时随机监督，对咨询服务录音定期抽查。

第八章 附 则

第四十条 本规范由人力资源社会保障部信息中心负责解释和修订。

第四十一条 本规范自发布之日起施行。

附件：

1. 常用服务用语
2. 服务禁忌用语

附件1

常用服务用语

一、首问语

（一）“早上好/中午好/下午好，欢迎拨打××（省/市/县）人力资源社会保障咨询服务热线。”（由语音导入）

（二）“您好，为保证服务质量，本次通话可能将被录音，敬请谅解。”（由语音导入）

（三）“您好，××号咨询员为您服务，请讲。”（人工或语音导入）

（四）“您好，请问有什么可以帮您?”（根据实际情况致以问候）

（五）如逢节假日，可使用“新年好、国

庆快乐”等节日问候语。

（六）当需要外拨电话做自我介绍时，应使用礼貌用语，如“您好，很抱歉打扰您，这里是×××（单位名称），我是××号咨询员，请问您是×先生/女士吗?”

二、过程语

（一）询问来电者的姓名等信息

“请问能否留下您的姓名和有效联系方式（如电话、手机、邮件地址等）。”

（二）复述或确认来电者问题

“您说的是……意思吗?”或“我跟您确认一下，您要咨询的是……，对吗?”

（三）来电者查询个人或单位信息

“为了保障您的信息安全，我们需要核对您的基本信息。”（后面可以根据各地市的实际情况看是由系统自动核对信息还是由咨询员核对）

若信息核对不上，“非常抱歉，您提供的信息与系统显示不符，建议您仔细核实后再来电查询，请谅解。”

（四）来电者查询他人信息

“很抱歉，我不能为您提供他人信息，请您谅解。”

（五）需要来电者等待

“请您稍等/请不要挂机，我为您查询一下相关信息（政策）。”如果查询时间较长时，应再提示对方（也可语音导入）：“正在为您查询，请稍等。”

查询后回复：“您好，感谢您的耐心等待!”

（六）提醒来电者记录相关内容

“您咨询的内容比较多，您需要记录吗?”如来电者表示需要记录，需耐心等候来电者取笔和纸。

如来电者表示不便记录，“我可以通过传真/短信/邮件发给您，您需要吗?”

（七）暂时无法立即解答的疑难问题

需要现场核实问题时：“您好，我需要对您咨询的问题进行核实，请您稍等，不要挂机。”

转接处理：“非常抱歉，您咨询的问题我需要转给××（机构/岗位），可以吗?”如同意，“好的，现在帮您转接，请稍等，不要挂机。”

遇转接不成功：“非常抱歉，转接未能成功，我已记录您的问题，请留下您的姓名和有效联系方式，我们会尽快给您回复。”

留置处理：“非常抱歉，您所提到的问题我需要进一步与相关部门核实，请您留下有效联系方式，我们会在××天（小时）内由专人和您联系，好吗?”

（八）监管人员强插接听或转接成功

“您好，我是监理（班长/组长/科长），您刚才咨询的问题现在由我来帮您解答。”

（九）来电者提出意见建议

“谢谢您提出的宝贵建议（意见），我们将及时反馈给相关部门。”

（十）来电者对现行政策有意见并具有一定合理性

“您所反映的情况，我记录下来后会向有关职能部门反映的。”

如对方追问：“什么时候给回音?”可告知：“政策的完善需要一定时间，请您谅解，希望您能耐心等待。”

（十一）不属于12333咨询服务范围

“非常抱歉，您的问题超出我们的服务范围，很遗憾我无法帮到您，建议您……”

（十二）设备故障、系统缓慢或不能操作

“很抱歉，线路（系统）正在调整，暂时查询不到任何信息，方便的话请您留下有效联系方式，系统恢复后我们将第一时间与您联系。”（或“请您晚些时候拨打过来，好吗?”）

（十三）来电者声音太小、信号不好、杂音较大或无法听清

“非常抱歉，××先生/女士，您的声音太小或信号不好或杂音较大，这边听不清楚，请您重复一下问题，好吗?”（或“请您声音稍大些，好吗?”）

如确实无法听清，则请求来电者谅解，“非常抱歉，我确实听不清您的声音，麻烦您调整一下或重新拨打好吗？谢谢您的配合!”

（十四）来电者表示咨询员声音小或听不清

“音量已调大，请问现在可以听清吗？”（调整话筒距离，同时检查音量是否调至最大）

如仍无法听清时，“很抱歉，音量已调至最大，如果还听不清，麻烦您换一部话机再拨好吗？感谢您的配合！”

（十五）听不懂来电者所讲方言

“很抱歉，您的方言我听不太明白，麻烦您讲普通话，好吗？”

如确实无法交流的，“非常抱歉，××先生/女士，我没能听明白，您能否请其他人代您咨询相关问题，谢谢您！”

（十六）遇到无声电话

“您好，××号咨询员为您服务，请讲。”（等待3秒左右）

“您好，您的电话已接通，请讲。”（继续等待3秒左右）

“您好，听不到您的声音，请您重拨一遍或者换一部话机再拨过来，好吗？谢谢您的配合。”（挂断）

（十七）来电者询问咨询员姓名

“抱歉，工作时我们统一使用工（编）号，我的工（编）号是××号。”

如果来电者坚持，“很抱歉，我的工（编）号是××号，如我的服务有不周到的地方，欢迎您随时批评指正，我会不断改进的。”

（十八）来电者抱怨电话难拨通

“非常抱歉，刚才电话很忙（如遇系统或电话故障，说明系统或电话发生故障），让您久等了，请问有什么可以帮您？”

（十九）来电者要求某工号咨询员接听电话

“非常抱歉，××号咨询员正在通话中，您可以将问题告诉我，我会尽全力来帮您解决的。”

如来电者表示是由于私人原因要找这位咨询员，可婉转拒绝，“非常抱歉，工作期间不方便帮您转告，请您拨打他（她）的私人电话联系他（她），谢谢您对我们工作的配合和理解，再见！”

（二十）受到来电者表扬

“不用客气，这是我们应该做的。”“不客气，很高兴能为您服务。”或“很高兴得到您的认可，我们会继续努力的，谢谢您。”

（二十一）受到来电者指责或投诉

“非常感谢您指出我的不足，对于您刚才指出的……我表示歉意。”

如来电者要求转上级投诉时，“很抱歉给您带来不便，您投诉的问题我帮您记录下来处理，承诺在××小时/天内给您答复，好吗？”如来电者态度非常强烈可请来电者留下联系方式，“我诚恳地向您道歉，请问您是否方便留下联系电话，我们的管理人员稍后回复您，好吗？”

（二十二）来电者投诉本单位工作人员

“很抱歉给您带来不便，请您谅解，您反映的问题我会记录下来并尽快核实处理，在××小时/天内给您答复。”

（二十三）来电者表明是新闻媒体，了解某些情况

“您好，您需要了解的情况请与××部门联系，感谢您的支持与配合。”

（二十四）来电者情绪激动、言辞激烈

“您好，先生/女士，您不要着急/激动，您的心情我能够理解。”

（二十五）遇到恶意的骚扰电话

“您好，这里是12333咨询服务专线，如您有关于人力资源社会保障方面的问题，我很乐意为您解答。如您没有相关要咨询的问题，请您挂机以便其他市民打进来，好吗？”

若来电者仍纠缠不休，咨询员可以再次强调：“非常抱歉，您的需求超出了我们的服务范围，很遗憾无法帮助到您。还有很多市民需要我们提供服务，我将要挂机了，感谢您的来电，再见。”强调后可以直接挂断。

三、结束语

（一）咨询员与来电者交流即将结束

“请问您还需要咨询其他问题吗？”或“请问还有其他问题需要帮助吗？”

（二）来电者对您的服务表示感谢

“不客气，这是我们应该做的。”

（三）通话结束

“感谢您的来电，再见。”或“欢迎再次拨打12333，再见。”如逢节假日，“感谢您的来电，祝您节日愉快，再见！”

附件2

服务禁忌用语

一、不规范的言语

例如：喂！什么事呀？我不知道！请你挂电话！

二、埋怨来电者的言语

例如：什么事啊！你烦不烦？急什么！不是告诉你了吗，怎么还问？

三、敷衍、推诿的言语

例如：你问我，我问谁？这个我怎么知道？你的问题不归我们管！

四、嘲讽、激化矛盾的言语

例如：你去投诉好了！不行就不行！别再来电话了！

五、反问（质问）、教训的言语

例如：我讲得很清楚了，你还没懂？我是为你一个人在服务吗？

六、侮辱性的言语

例如：怎么基本常识都不懂！这个我说了你也不懂！

人力资源社会保障部办公厅关于开展建筑业“同舟计划”——建筑业工伤保险专项扩面行动计划的通知

人社厅发［2015］43号

各省、自治区、直辖市及新疆生产建设兵团人力资源社会保障厅（局）：

为贯彻落实人力资源社会保障部等部门《关于进一步做好建筑业工伤保险工作的意见》（人社部发［2014］103号，以下简称《意见》）精神，做好建筑业参加工伤保险工作，我部决定开展建筑业“同舟计划”，用三年左右时间，全面推进建筑业从业人员参加工伤保险。

一、指导思想和工作目标

（一）指导思想。全面贯彻落实党的十八大和十八届三中、四中全会精神，以邓小平理论、“三个代表”重要思想、科学发展观为指导，认真学习贯彻习近平总书记系列重要讲话精神，牢固树立以人为本、执政为民的理念，统筹规划，分步实施，全面推进建筑施工企业依法参加工伤保险工作，切实维护建筑业从业人员特别是农民工的工伤保障权益。

（二）工作目标。

总体目标：用三年左右时间，结合全民参保登记计划的实施，实现建筑业从业人员全部参加工伤保险，同时建立按项目参保和优先办理工伤保险的工作机制。

年度目标：专项行动于2015年启动，2016年推开，2017年完成，实施期3年。

2015年，年内新开工建筑项目全部参加工伤保险；继续巩固已参保的在建项目参保成果，努力将未参保的在建项目纳入保障范围。初步建立按项目参保和优先办理工伤保险的工作机制。同时推进交通、铁路、水利等建筑施工企业参加工伤保险。

2016年，建设项目基本实现全部参保，大部分交通、铁路、水利等建筑施工企业参加工伤保险。完善按项目参保和优先办理工伤保险的工作机制。

2017年，全部建筑企业从业人员参加工伤保险，全面加强按项目参保的管理能力和服务能力。

二、2015年工作安排

第一阶段（2—4月）：制定方案，摸清底数。

1. 制定工作方案。结合本地实际，制定本地三年行动计划具体实施方案。实施方案要明确以下内容：本地推进建筑业参保的总体目标、主要任务和工作要求；年度目标、工作任务和进度安排；费率水平及调整机制等需本地化的政策措施；经办管理的标准规范和具体流程；任务分工、相关部门责任及沟通协调机制；经费、人员、信息技术、窗口平台、组织领导、宣传培训、督导调度、评估奖惩等各项保障措施；其他需明确的事项。各省（自治区、直辖市）人社部门具体实施方案报人社部备案。

2. 全面摸清底数。第一季度集中摸清情况，包括：本地区建筑企业数量、相对固定从业人员及其参加工伤保险情况；在建项目数量、工程造价和用工情况；拟建项目数量、工程造价及拟用工情况等基本情况（见附件1）。由各省（自治区、直辖市）人社部门会同住建部门摸清底数，并于4月30日前将附件1报人社部社保中心和工伤保险司。

3. 开发信息系统。根据按项目参保的新要求，针对从业人员流动频繁、生产经营场地基础条件差等实际情况，开发适应项目参保和建筑用工管理特点的信息系统，并实现与按单位参保系统有序衔接，与全民参保登记计划有机结合。有条件地区可探索与住建部门建筑业用工信息系统联网，共享相关信息。

4. 开展建筑企业参加工伤保险集中宣传活动。充分利用广播电视、报刊、互联网、微信、公告栏等多种方式，以建筑工人特别是农民工为重点对象，集中宣传建筑业参加工伤保险尤其是按项目参保的政策措施，帮助其全面了解国家政策和各项权利，提高维权意识，营造良好的社会氛围。要制订全面培训的工作计划，层层开展动员培训，确保政策为各级行政和经办人员所掌握。

第二阶段（5—12月）：落实政策，建章立制。

1. 全面落实各项政策。协调住建部门落实施工许可制度，严格用工管理，督促建筑企业应保尽保。落实和完善全员参保、动态实名、概算提取、一次性缴费、工伤认定、劳动能力鉴定、工伤待遇支付、先行支付等政策要求，创新按项目参保经办管理服务，方便建设项目和从业人员参保并享受待遇。建立和完善人社、住建等部门间协商议事、信息互通、联合督导等机制，切实推进各项工作的落实。

2. 建立按月调度制度。从下半年起按月调度各地工作进展情况。7月份开始，每月10日前（节假日顺延），各省（自治区、直辖市）人社部门将上月按项目参保情况（见附件2）汇总报人社部社保中心和工伤保险司。

3. 建立工作简报制度。各省（自治区、直辖市）要定期和不定期编印工作简报，交流各地好的经验做法，通报各地工作进展情况。各地要注意发现、收集、整理本地好的典型和做法，及时报送人社部社保中心和工伤保险司。

4. 加快推进全民参保登记计划。按工作安排，2015年要以“同舟计划”为重点推进全民参保登记计划的实施，实施范围要在2014年50个试点地区的基础上扩大到50%的地区。要结合全民参保登记计划，通过信息比对、入户调查、动态更新等步骤，加快建立和完善全民参保登记数据库，并通过全民参保登记数据库支持按项目参保的动态实名制管理。

第三阶段（10—12月）：督促检查，评估总结。

1. 开展自查。各省（自治区、直辖市）人社部门要建立督导调度制度，对专项行动实施情况及时开展督促检查。10月开始，各省（自治区、直辖市）要对本地专项行动实施情况进行自查，重点检查许可证发放执行、劳动用工管理、年度工作计划执行、参保扩面计划完成、基金收支平衡、经办管理服务效率和质量等情况。要充分运用第三方评估、明察暗访、满意度调查等多种检查方式，从多个角度检查和评估工作成效，总结经验、分析问题，提出改进工作的意见和建议。各地要在自查的基础上，形成自查报告，于11月30日前报人社部社保中心和工伤保险司。

2. 联合督查。在各地自查的基础上，人社部联合有关部门制定具体的督查评估方案，确定督查评估的主要内容、主要指标和督查方式，选取部分地区开展多轮联合督查，全面了解和评估各地落实《意见》精神、保障建筑业从业人员工伤待遇情况，总结好的做法和经验，发现和解决工作中存在的困难和问题。

3. 制订2016年、2017年具体工作计划。各地于每年12月份确定下一年度扩面计划、工作任务和主要措施。人社部门将会同有关部门根据各地自查、联合督查情况，确定2016年、2017年“同舟计划”的具体工作安排。

三、工作要求

（一）加强组织领导。各级人社部门要高度重视“同舟计划”的实施，将“同舟计划”列入重要议事日程，加强组织领导，明确职责分工。要积极争取当地党委政府的重视支持，争取有关部门的支持配合，争取建筑企业和职工的理解和认可，共同推进“同舟计划”的落实。

（二）创新管理服务。要探索适合建筑业按项目参保的登记、缴费、认定、鉴定、待遇支付、基金管理、信息管理的标准、规范与实现方式，做好与已有参保方式的衔接。结合全民参保登记计划的实施，不断完善按项目参保方式的经办管理与服务。要督促建筑施工企业和建设项目积极配合“同舟计划”的实施，加强劳动用工管理，指定专人组织开展参加工伤保险以及工伤申请等工作。

（三）加强沟通协调。要与住建部门加强统筹协调，共同做好建筑业职工参加工伤保险工作。要建立操作性强、沟通顺畅、协同推进的协调工作机制，双方定期交流，相互通报建筑施工企业开工、变更、参保和基金收支余情况，及时研究解决工作中出现的问题，加快推进建筑施工企业参加工伤保险。

附件：

1. 建筑业及建设项目基本情况（略）
2. 建筑业参加工伤保险情况（略）

二〇一五年三月二十七日

人力资源社会保障部办公厅关于印发《全民参保登记经办规程（试行）》的通知

人社厅发［2015］44号

各省、自治区、直辖市及新疆生产建设兵团人力资源社会保障厅（局）：

根据《中华人民共和国社会保险法》、《人力资源社会保障部关于实施“全民参保登记计划”的通知》（人社部发［2014］40号）、《人力资源社会保障部办公厅关于确定浙江等50个地区作为全民参保登记计划试点单位的通知》（人社厅发［2014］80号）精神，我部制定了《全民参保登记经办规程（试行）》。现印发给你们，请结合实际贯彻执行。执行中发现的问题及完善的意见和建议，请及时反馈部社保中心。

二〇一五年三月二十七日

全民参保登记经办规程（试行）

第一章　总　　则

第一条　为落实全民参保登记计划，实现社会保险全覆盖，维护公民社会保障权益，根据《中华人民共和国社会保险法》、《人力资源社会保障部关于实施“全民参保登记计划”的通知》（人社部发［2014］40号），制定本规程。

第二条　全民参保登记计划是依据社会保险法等法律法规规定，以社会保险全覆盖和精确管理为目标，通过信息比对、数据采集、入户调查、数据集中管理和动态更新等措施，对各类人员参加社会保险情况进行记录、补充完善和规范管理，推进全民全面、持续参保的基础性、战略性行动安排。全民参保登记经办规程是全国范围内实施全民参保登记计划的基本规则和程序。

第三条　全民参保登记的对象，包括本地区户籍人员、在本地参保的非本地户籍人员，有条件的地区可对其他常住人员进行登记。

第四条　人力资源社会保障行政部门统一部署全民参保登记工作，并提供相应的政策支持。

社会保险经办机构（以下简称经办机构）负责全民参保登记计划的实施。

人力资源社会保障信息化综合管理机构对

全民参保登记管理提供信息技术支持和安全保障服务。

劳动就业、收入分配、人事人才等部门参与信息比对、采集、更新和利用工作。

第五条 人力资源社会保障部负责指导全国范围内全民参保登记工作，制订年度工作计划并督导落实；统筹全民参保登记工作与基础养老金全国统筹、跨省异地就医直接结算、社保关系转移接续、工伤保险“同舟计划”等项工作的衔接与协同推进；制定全国全民参保登记信息化建设方案，协调部门间信息交换与共享，确定部、省全民参保登记信息化建设标准与接口标准，建设和维护全国全民参保登记库，提供跨省信息的交换、查询与比对，做好全国参保信息的管理与应用等。

省级人力资源社会保障部门负责指导辖区内全民参保登记工作，按部制定的统一标准，组织建设和维护全民参保登记信息系统，建立省级全民参保登记库，做好参保数据的管理与应用。

市（地）级（以下简称市级）人力资源社会保障部门负责组织辖区内全民参保登记工作，按省制定的统一标准，指导县级经办机构登记和维护全民参保登记信息，梳理本地户籍人员市外参保信息和非本地户籍常住人员参保状态信息。

县级人力资源社会保障部门按市统一要求，充分利用街道（乡镇）、社区（村）现有行政、社会资源以及应用购买服务机制做好县域范围内全民参保登记工作，负责全民参保登记信息的变更审核及维护，组织基层劳动就业和社会保障公共服务平台（以下简称基层平台）开展数据采集、核对等工作。

基层平台负责辖区内全体人员基础信息的登记、初审、录入；基础信息变更登记的初审、变更维护；受理咨询、查询；组织调查员入户调查登记；收集、核查、整理、上报、管理参保登记资料等。

调查员由县级人力资源社会保障部门（或授权基层平台）统一组织、统一培训。调查员具体负责入户调查、面对面宣传解释、发放宣传资料等工作。

第六条 各级人力资源社会保障部门负责组织开展全民参保登记的宣传工作，制订、落实宣传计划。利用广播电视、报刊、网络等媒体，深入学校、医院、企业、社区（村）等场所宣传社保政策，提升全民参保登记意识。

第二章 信息比对

第七条 建立部、省两级全民参保登记库。加快推进“五险合一”经办。登记库信息包括《人力资源社会保障部办公厅关于确定浙江等50个地区作为全民参保登记计划试点单位的通知》中规定的姓名、公民身份号码、就业状态、户口所在地、常住所在地、联系电话（手机）、现参保情况、未参保原因、异地参保等基础信息，也可按部统一的标准适当增加数据项。

省级人力资源社会保障部门根据人员身份、险种特点等制定入库规则，信息完整、准确的参保人员信息直接确认参保登记。全民参保登记数据项信息标准执行《社会保险管理信息系统指标集与代码》（LD/T 92—2013）。

第八条 社保业务信息系统分列的，应以社会保障号码为每个人唯一标识，比对、整合本地区各项社会保险业务系统的参保信息，并与劳动保障监察以及劳动就业、人事人才、收入分配、公务员管理等信息比对、交换，进一步完善人员基础信息及其就业状态、参保状态等相关信息。

第九条 积极协调公安、民政、财政、发改、工信、卫生计生、教育、工商、税务、机构编制等部门，取得人口等数据信息，并与社保数据信息比对，进一步完善人员身份、户籍地址、联系电话等相关信息。

第十条 省、市级人力资源社会保障部门将全民参保登记信息适时交换至上一级全民参保登记库，以建立和完善部、省级登记库。同时开展跨地区信息比对，包括提供非本地户籍人员参保信息，从上级登记库取回本地户籍出市、出省人员参保信息进行比对。

跨地区信息比对后，全面准确的参保信息登记入库；重复参保的予以标识；未参保、未参全、信息不准人员标识为“需调查登记人员”，作为下一步信息采集和入户调查的对象。

第三章　业务经办采集信息

第十一条　通过业务经办、专项活动、自助服务等方式核对、补充、采集需调查登记人员相关数据信息。

第十二条　结合参保扩面、缴费等社保经办工作，以及基层相关部门进社区（村）、入户等公共服务有关活动，有针对性地采集、核对未参保、未参全、疑似问题数据信息，校核后录入全民参保登记信息系统。

第十三条　经办机构受理缴费、查询、咨询、待遇享受等业务时，对于需调查登记对象，系统窗口自动弹出其缺失、不准信息。窗口工作人员在办理相关业务的同时，采集全民参保登记相关信息。录入校核后，更新参保人员数据，相应取消“需调查登记人员”标识。

第十四条　积极应用方便快捷的电子技术，采集全民参保登记相关信息。实现使用电话、互联网、自助一体机、手机等自助终端开展查询、打印权益单、打印参保证明等业务时系统的自动提醒，告知需调查登记对象自助补充、修改相关信息，并按规定程序校核后录入全民参保登记信息系统。

第四章　入户调查采集信息

第十五条　对于通过业务经办等方式难以有效采集、修正的需调查登记人员信息，可以采取入户调查方式采集。

第十六条　建立购买服务机制，保障购买服务经费。充分利用购买服务的方式，组织开展入户调查、数据采集、校核、录入和原始资料整理归档等工作。

第十七条　根据统一的全民参保登记信息系统中本地户籍需调查登记人员信息，按行政区划确定、生成入户调查对象名单和《全民参保登记表》（附件1）。调查内容根据工作需要，适当增补。

第十八条　基层平台根据县级经办机构的统一部署，从全民参保登记信息系统中下载（或从上级机构获取）调查对象名单和全民参保登记表，开展入户调查。调查员入户调查，一般以2～3人为一组，并佩戴统一的《全民参保登记调查证》。

对于入户调查中新发现的需调查登记人员，及时补充进入调查对象名单并组织填写《全民参保登记表》。

第十九条　调查员将入户调查获取的信息提交基层平台审核，符合规定的录入系统。经市级经办机构授权，由县级经办机构审定录入的调查信息，符合规定的数据入库。

基层平台可以社区（村）为单位，根据《全民参保登记表》信息项，生成《全民参保登记个人基础信息汇总表》［附件2，用于调查员了解、汇总社区（村）范围内需调查登记人员参保情况，可作为统一的登记台账使用］。

第五章　动态更新数据库

第二十条　建立全民参保登记信息动态更新机制。

全民参保登记库与社会保险业务库、社会保障卡持卡人员基础信息库等数据库实时对接，实现信息共享共用，准确记录参保人员和未参保人员参保信息变更情况。

通过基层平台工作、业务经办、自助服务、部门信息交换等渠道，实现动态更新。

第二十一条　辖区内人员信息发生变化的，由调查员、基层平台采集、初审，并录入系统，经市级人力资源社会保障部门授权，由县级人力资源社会保障部门审定，符合规定的数据信息入库，实现动态更新。

第二十二条　参保人员信息变化的，按相应社会保险经办程序办理，相关信息由社会保险业务库及时归入全民参保登记库。

单位或个人办理参保、缴费、待遇核定、支付、证卡、稽核等业务，经办机构处理与参保信息相关业务时，涉及全民参保登记数据信息变动的，通过系统对接，自动更新相关数据。

第二十三条 单位或个人使用互联网、咨询电话、手机终端、自助一体机、经办机构设置的自助电脑等自助服务设施开展查询、打印记录、缴费等业务时，通过系统提醒其校核、更正相关登记信息，经办机构确认后，更新全民参保登记库。

第二十四条 建立全民参保登记数据信息动态交互机制。人力资源社会保障部门要与公安、民政、财政、发改、工信、卫生计生、教育、工商、税务、机构编制等部门建立定期信息交换、比对机制，建立流动人员全民参保登记信息动态维护机制，及时更新全民参保登记库。

第六章 数据保密和安全

第二十五条 能够接触全民参保登记信息的相关机构及其工作人员对全民参保登记信息承担保密责任，严格执行《社会保险个人权益记录管理办法》，相关信息不得用于商业交易或者营利活动，也不得违法向他人泄露。

第二十六条 全民参保登记信息系统安全和数据安全管理以及网络安全、容灾备份等内容遵照《人力资源和社会保障数据中心应用系统安全管理规范（试行）》、《人力资源和社会保障数据中心数据库安全管理规范（试行）》及相关规定执行。

第七章 数据分析与应用

第二十七条 开展全民参保数据信息的统计分析与应用，支持社会保险扩面征缴、基金预算、精算等宏观决策和业务经办管理服务，为制度的完善、创新和加强社会管理提供支持。

第二十八条 通过对相关指标统计分析，掌握社会保险覆盖情况，摸清底数，综合评估各地覆盖面资源状况，为制订科学的扩面计划，针对性做好各项社会保险人群的覆盖工作提供依据。

第二十九条 通过调查和数据统计，掌握户籍人口本地、异地参保情况，以及未参保原因，实现人本服务，防止漏保、重复参保和重复领取待遇，提高经办管理的质量和效率。

第三十条 经办机构应根据业务需要定期对全民参保登记数据进行统计分析，生成相关报表及对应人员明细数据表，掌握辖区内人员参保状况，为实现社会保险精确化管理提供数据支持。

第三十一条 经办机构应对全民参保登记率等指标进行统计分析，定期评估全民参保登记工作。

第八章 附　　则

第三十二条 经办机构应按照《社会保险业务档案规定（试行）》做好全民参保登记资料的归档管理。

第三十三条 本规程由人力资源社会保障部负责解释。

第三十四条 本规程从印发之日起实施。

附件：

1. 全民参保登记表（略）

2. 全民参保登记个人基础信息汇总表（略）

3. 全民参保登记工作流程图

附件 3

全民参保登记工作流程图

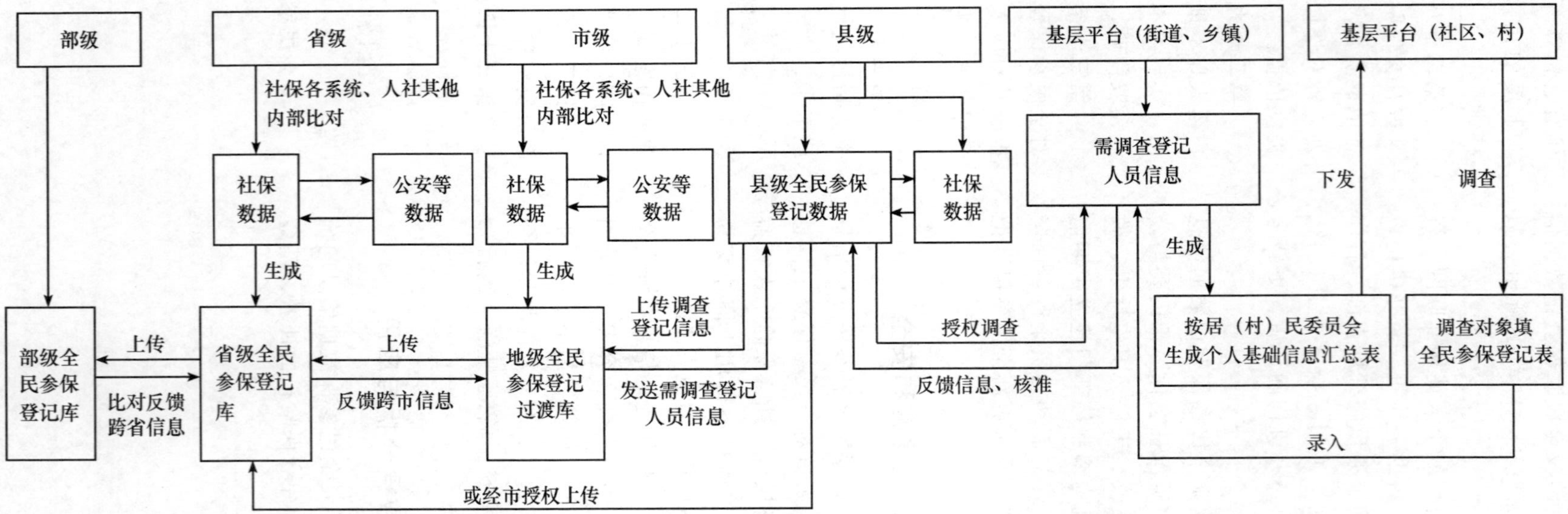

注：1. 社保数据与公安等数据比对，形成全民参保登记库（初始库），含辖区内户籍人员、非本地户籍常住人员参保和需调查登记人员信息，经逐级部署，调查员入户核实后录入、反馈、核准、上传，再比对反馈，形成全民参保登记库，此后变动信息根据社保业务信息实时更新，根据调查员反馈信息定期更新，并逐渐缩短更新时间。

2. 省级将外省户籍人员在本省参保信息及本省户籍人员未参保信息上传部级全民参保登记库，获取本省户籍人员在外省参保信息，更新后交地市逐级核查。

人力资源社会保障部办公厅关于印发21种技工院校教学计划和教学大纲的通知

人社厅发［2015］51号

各省、自治区、直辖市及新疆生产建设兵团人力资源社会保障厅（局）：

为贯彻落实《人力资源社会保障部关于推进技工院校改革创新的若干意见》（人社部发［2014］96号）精神，进一步规范技工院校教学，我部在广泛调研的基础上，组织编制了21种教学计划和教学大纲，现予以印发。

各地人力资源社会保障部门要进一步规范技工院校教学工作，指导技工院校根据《技工院校公共课设置方案》、专业教学计划和教学大纲要求，做好不同生源、不同教学阶段的教学安排，确保教学质量。在公共课和专业课教学中，可根据学校实际情况适当调整教学安排，课程设置和教学内容调整量不得超过30％。对校企合作、校际联合培养的专业，除合作方特殊指定的专业能力课程外，公共课和专业核心课程应根据部颁教学计划和教学大纲安排教学。

各地人力资源社会保障部门要指导技工院校依据我部技工教育教材目录选用教材，确保教学内容符合部颁教学计划和教学大纲要求。列入我部一体化课程教学改革的试点的技工院校，试点专业应按照部颁一体化课程规范执行，并使用统一组织开发的一体化教材。

各地在实施过程中有何意见和建议，请及时向部教材办公室反馈。

附件：21种技工院校教学计划和教学大纲目录

二〇一五年四月八日

附件

21种技工院校教学计划和教学大纲目录

类别		教学计划和教学大纲名称	对应专业编码	培养层次
公共课		技工院校德育课程标准		中、高级
机械类01		技工院校机械类通用专业课教学大纲		中、高级
	机床切削加工类	技工院校机床切削加工（车工）专业教学计划和教学大纲	0101	中、高级
		技工院校机床切削加工（铣工）专业教学计划和教学大纲	0102	中、高级
		技工院校机床切削加工（磨工）专业教学计划和教学大纲	0103	中、高级
	数控加工类	技工院校数控加工（数控车工）专业教学计划和教学大纲	0106	中、高级
		技工院校数控加工（数控铣工、加工中心操作工）专业教学计划和教学大纲	0107 0108	中、高级
	钳加工类	技工院校机械设备维修专业教学计划和教学大纲	0112	中、高级
		技工院校机械装配专业教学计划和教学大纲	0115	中、高级
		技工院校机械设备装配与自动控制专业教学计划和教学大纲	0116	中、高级
		技工院校焊接加工专业教学计划和教学大纲	0119	中、高级
电工电子类02	电工类	技工院校电工类通用专业课教学大纲		中、高级
		技工院校电气自动化设备安装与维修专业教学计划和教学大纲	0203	中、高级
信息类03	计算机类	技工院校计算机类通用专业课教学大纲		中、高级
		技工院校计算机网络应用专业教学计划和教学大纲	0301	中、高级
		技工院校计算机应用与维修专业教学计划和教学大纲	0303	中、高级
交通类04	汽车类	技工院校汽车维修专业教学计划和教学大纲	0403	中、高级
		技工院校汽车电器维修专业教学计划和教学大纲	0404	中、高级
	公路类	技工院校公路施工与养护专业教学计划和教学大纲	0410	中、高级
		技工院校公路工程测量专业教学计划和教学大纲	0412	中、高级
财经商贸类06		技工院校商务文秘专业教学计划和教学大纲	0602	中级

人力资源社会保障部办公厅　银监会办公厅关于印发银行业专业人员初级职业资格考试实施办法补充规定和银行业专业人员中级职业资格考试实施办法的通知

人社厅发［2015］55号

各省、自治区、直辖市及新疆生产建设兵团人力资源社会保障厅（局）、银监局，国务院各部委、各直属机构人事部门，中央管理的企业：

为完善银行业专业人员职业资格评价体系，根据《人力资源社会保障部　中国银行业监督管理委员会关于印发银行业专业人员职业资格制度规定和银行业专业人员初级职业资格考试实施办法的通知》（人社部发［2013］101号）精神，在总结银行业专业人员初级职业资格考试经验的基础上，人力资源社会保障部、中国银行业监督管理委员会制定了《银行业专业人员初级职业资格考试实施办法补充规定》和《银行业专业人员中级职业资格考试实施办法》，现印发给你们，请遵照执行。

二〇一五年四月十七日

银行业专业人员初级职业资格考试实施办法补充规定

一、银行业专业人员初级职业资格考试《银行业专业实务》科目增设“银行管理”专业类别，考生在报名时可根据实际工作需要选择报考。

二、《银行业专业实务》“银行管理”专业类别考试时间为2个小时。

三、在连续的2次考试中，参加《银行业法律法规与综合能力》科目和《银行业专业实务》科目“银行管理”专业类别考试合格，即可取得银行业专业人员银行管理专业类别初级职业资格证书。该证书在全国范围有效。

取得《银行业专业实务》科目多个专业类别合格成绩的，由中国银行业协会秘书处核发中国银行业协会用印的“中华人民共和国银行业专业人员专业类别考试合格证明”。该证明可在变更专业工作岗位时使用。

银行业专业人员中级职业资格考试实施办法

一、在银行业专业人员职业资格制度中，设立银行业专业人员中级职业资格（以下简称银行业中级资格）。银行业中级资格采用考试的评价方式。

二、银行业中级资格的评价实行全国统一大纲、统一命题、统一组织的考试制度。原则上每年举行两次考试。

三、中国银行业协会负责银行业中级资格考试的组织实施工作。成立考试专家委员会，研究拟定银行业中级资格考试科目、考试大纲、考试试题和考试合格标准。

四、人力资源社会保障部、中国银行业监督管理委员会（以下简称银监会）对中国银行业协会实施的考试工作进行监督和检查，指导中国银行业协会确定银行业中级资格考试科目、考试大纲、考试试题和考试合格标准。

五、银行业中级资格考试设《银行业法律法规与综合能力》、《银行业专业实务》2个科目。在《银行业专业实务》科目中分设“个人理财”、“风险管理”、“公司信贷”、“个人贷款”和“银行管理”5个专业类别，考生在报名时应根据实际工作需要选择相应的专业类别。各科目的考试时间均为2小时。

六、遵守国家法律、法规和行业规定，具有完全民事行为能力，并符合下列一项条件的人员，可申请参加银行业中级资格考试：

（一）取得经济学、管理学、法学学科门类专业大学专科学历，从事相关专业工作满6年；

（二）取得经济学、管理学、法学学科门类大学本科学历（或学位），从事相关专业工作满4年；

（三）取得经济学、管理学、法学学科门类专业双学士学位，从事相关专业工作满2年；

（四）取得经济学、管理学、法学学科门类专业硕士学历（或学位），从事相关专业工作满1年；

（五）取得经济学、管理学、法学学科门类专业博士学历（或学位）；

（六）取得其他学科门类专业上述学历（或学位），从事相关专业工作的年限相应增加1年。

七、考试成绩实行2次为一个周期的滚动管理办法，在连续的2次考试中，参加《银行业法律法规与综合能力》科目和《银行业专业实务》科目1个专业类别的考试成绩合格，可取得人力资源社会保障部、银监会监制，中国银行业协会用印并颁发的中级相应类别《中华人民共和国银行业专业人员职业资格证书》。该证书在全国范围有效。

对取得《银行业专业实务》科目多个专业类别合格成绩的，由中国银行业协会秘书处核发中国银行业协会用印的“中华人民共和国银行业专业人员专业类别考试合格证明”。该证明可在变更专业工作岗位时使用。

八、符合上述考试报名条件，并具备下列一项条件的人员，可免试《银行业法律法规与综合能力》科目，只参加《银行业专业实务》科目相应专业类别的考试，考试合格可取得银行业中级资格证书：

（一）通过全国统一考试取得经济专业技术资格中级资格（金融专业）证书；

（二）2013年12月31日前，按照中国银行业协会《中国银行业从业人员资格认证制度暂行规定》的要求，通过考试取得《中国银行业从业人员资格认证证书》，累计从事相关工作满10年。

九、取得银行业中级资格证书的人员，应

当具备的职业素质：

（一）熟悉银行业及相关的法律法规和行业规定；

（二）具有较丰富的本专业工作经验，能够分析判断国内外银行业发展趋势，开拓创新本专业工作；

（三）熟悉本专业工作流程，较好完成复杂的银行业务，处理解决银行业务的疑难问题；

（四）指导本专业初级资格人员和协助本专业高级资格人员工作，有良好的职业操守。

十、银行业中级资格考试日期原则上为每年的第二季度和第四季度。

十一、参加考试由本人提出申请，按规定向银行业中级资格考试管理机构提交相关证明材料，由中国银行业协会对报名资格进行审查，并核发准考证。参加考试人员凭准考证和有效证件在指定的日期、时间和地点参加考试。

中央和国务院各部门及所属单位、中央管理企业的人员按属地原则报名参加考试。

十二、考点原则上设在地市级以上城市的大、中专院校或者高考定点学校。如确需在其他城市设置考点，须中国银行业协会批准。

十三、坚持考试与培训分开的原则。凡参与考试工作（包括命题、审题与组织管理）的人员，不得参加考试，也不得参加或者举办与考试内容相关的培训工作。应考人员参加培训坚持自愿原则。

十四、考试实施机构应当严格执行考试工作的各项规章制度，遵守考试工作纪律，切实做好从考试试题的命制到使用等各环节的安全保密工作，严防泄密。

十五、对违反考试工作纪律和有关规定的人员，按照《专业技术人员资格考试违纪违规行为处理规定》（人力资源社会保障部令第12号）处理。

十六、通过考试取得银行业中级职业资格证书，且符合《经济专业人员职务试行条例》中经济师任职条件的人员，用人单位可根据工作需要择优聘任经济师专业职务。

十七、本办法中有关银行业专业人员职业资格制度的管理与实施的未尽事宜，均按照《人力资源社会保障部　中国银行业监督管理委员会关于印发银行业专业人员职业资格制度规定和银行业专业人员初级职业资格考试实施办法的通知》（人社部发［2013］101号）相关规定执行。

人力资源社会保障部办公厅关于全面推进基本医疗保险医疗服务智能监控的通知

人社厅发［2015］56号

各省、自治区、直辖市及新疆生产建设兵团人力资源社会保障厅（局）：

为贯彻落实《关于进一步加强基本医疗保险医疗服务监管的意见》（人社部发［2014］54号）精神，在总结医疗保险医疗服务监控重点联系城市做法经验的基础上，决定全面推进基本医疗保险医疗服务智能监控（以下简称智能监控）工作，更好维护参保人员利益，保障基金安全，实现医疗保险可持续发展。现将有关事项通知如下：

一、目标任务

以业务需求为导向、信息系统建设为基础，用两年左右时间，在全国所有统筹地区普遍开展智能监控工作，逐步实现对门诊、住院、购药等各类医疗服务行为的全面、及时、高效监控。

2015年，全国50％的统筹地区开展智能监控工作，已开展智能监控工作的地区进一步完善监控规则、扩大监控范围、提高监控质量与效率，完善相关知识库建设。未启动该项工作的地区开始进行前期准备。

2016年，全国所有统筹地区开展智能监控工作。同时，完善相关知识库，建成一支专业化的智能监控人员队伍，不断提高监控质量与效率。

二、以业务需求为导向，优化监控体系

（一）全方位监控。执行《关于印发基本医疗保险定点医疗机构医疗服务协议范本（试行）的通知》（人社险中心函［2014］112号），将智能监控纳入协议管理。监控对象应包括定点医疗机构、定点零售药店、为参保人员提供医疗服务的医务人员（简称医保医生）和参保人员，并实现对门诊、住院、药店购药等全方位监控，综合运用监控规则，密切跟踪监控指标，发现疑似违规行为，进而查实和处理违规行为。

（二）务实选择监控规则和指标。各地要根据本统筹地区医疗服务特点，结合本地医疗保险制度运行和付费方式的特点，深入研究医疗服务监控需求，对潜在的欺诈违规问题进行分类判断，确定适合本地的监控规则和指标。监控工作初期可以选择单项监控规则和指标开展工作；积累一定经验后，将单项指标组合为复合式监控规则和指标进行监控。

（三）合理确定指标阈值。各地要根据本统筹地区医疗保险管理服务能力，按选定的监控规则和指标，结合智能监控系统建设和医疗机构的级别、专科特色等情况，根据疑似违规行为数量、查实违规数量与监督检查能力相匹配的原则确定指标阈值。针对不同的监控对象，合理确定监控周期、指标和阈值。

（四）优化监控流程。医疗服务监控以事后监控为重点，对有明确特征的违规行为，在费用结算过程中给予事中控制；对医保政策、用药诊疗合理性等提示性信息，通过向定点医疗机构和零售药店前端传递，实现事前违规提醒。医疗服务监控以发现疑似违规信息为起点，对违规信息进行分析，对有重大违规嫌疑的信息，经办机构应向监控对象了解情况或到现场检查核实，检查结果应向对方反馈确认，并接受定点医疗机构对检查结果的申诉，根据反馈确认情况对违规行为依据协议进行处理。

（五）促进医疗机构建立医生工作站。通过协议管理，引导定点医疗机构建立医生工作站，将一些成熟的监控规则和指标嵌入医疗机构信息系统，第一时间发现疑似违规信息，阻止违规行为的发生和蔓延。

（六）发挥医学知识库的作用。起步阶段可重点利用医保监控指标实现监控，逐步扩充监控内容。在此基础上，有条件的统筹地区，可结合本地实际，引入医学知识库（包含诊疗知识和药学知识），帮助发现疑似违规和确定违规诊疗及就医行为。

三、以信息化建设为基础，提高监控效率

（一）做好基础数据管理。各地要按照统一监控基础指标（包括药品、医疗机构、医务人员、疾病、就诊结算等指标及其代码）的规范要求，以社会保险管理信息系统（以下简称业务系统）为源头建设规范标准的监控基础信息库。首先完成业务系统现有数据的指标对照、代码转换、数据采集等工作，支持智能监控系统的起步应用。然后进一步规范就诊结算源头数据，明确细化与定点医疗机构和零售药店的接口信息规范，利用业务系统接口上传原始数据，并提高数据的完整性和规范性，为监控规则的实现及医疗保险精细化管理打下坚实的数据基础。

（二）规范监控系统建设。部里将组织制定监控基础指标、监控规则和国家（行业）标准，研发并升级智能监控系统，作为各地开展医疗服务监控工作的基础条件。尚未建设智能监控系统的地区，原则上应在部里组织研发的统一软件基础上开展建设；已基于部智能监控系统或原自行开展建设的地区，应结合部里监控基础指标、监控规则以及部智能监控系统升级版进一步完善。随着智能监控系统建设，同步推进《社会保险药品分类与代码》（LD/T 90—2012）等行业标准的贯彻执行。

（三）全面完成系统部署实施。各地要制定本地智能监控系统的部署实施方案，明确数据交换关系、监控规则要求、监督检查流程、系统集成方案、医学知识库接入方案。完成智能监控系统配置调整、业务系统的功能改造和接口开发、就诊结算数据的衔接导入、监控规则阈值和权值参数设定等工作。遇有重要监控规则所需基础数据缺失时，还需同步调整与定点医疗机构和零售药店的系统接口。

四、组织实施和保障

（一）加强组织领导。各地要按照人社部发［2014］54号文件和本通知要求，将智能监控列为重点工作，制定具体实施方案，明确工作任务、责任、时限和要求。省级人力资源社会保障部门要指导、督促地方开展工作，并加强对落实情况的监督检查。社会保险经办机构要抓紧制定相关业务规程以及业务标准规范，做好智能监控的业务指导和系统应用推广，确定并维护监控规则和监控指标体系，加强日常监控的调度和数据分析研判，强化重点信息监控，深入现场监督检查；信息化综合管理机构做好系统组织建设及部署实施工作，为经办机构应用数据提供支持和保证，明确社会保障卡规范使用要求，落实与定点医疗机构和零售药店的联网和数据交换。

（二）确保数据安全。各地要切实树立数据安全意识，高度重视数据管理工作。医疗保险数据是经办机构在工作中形成的包含有定点医疗机构和零售药店商业机密、参保人员个人权益的信息，要按规定集中、统一管理，确保数据的安全、完整和一致。各级社保经办机构要严格履行法定职责，规范数据管理和应用，严禁任何组织和个人非法提供、复制、公布、出售或者变相交易社会保险数据。信息化综合管理机构做好数据库的安全规范管理。对引入社会力量参与信息系统建设与运行维护，要开展最严格的安全检查，切断数据泄露渠道，消除数据安全隐患。

（三）保障人力物力。各地要加强智能监控队伍建设，提高智能监控管理和技术保障水平。积极与财政等部门沟通，落实包括业务系统功能完善、定点医疗机构和零售药店系统接口改造、智能监控系统建设等项目经费，形成维护系统运行的经费保障机制。

二〇一五年四月十七日

人力资源社会保障部办公厅关于开展家庭服务职业培训示范基地建设工作的通知

人社厅发［2015］62 号

各省、自治区、直辖市及新疆生产建设兵团人力资源社会保障厅（局）：

为贯彻落实《关于开展家庭服务业规范化职业化建设的通知》（人社部发［2014］98号）关于“支持各省、自治区、直辖市发展1～2个家庭服务职业培训示范基地”的要求，推动各地开展家庭服务职业培训示范基地建设，加强家庭服务职业培训工作，现就有关问题通知如下：

一、开展家庭服务职业培训示范基地建设的基本要求

各省、自治区、直辖市人力资源社会保障部门要按照公开、公正、公平、择优的原则，依照规定的条件，确定1～2家培训工作成绩突出、效果显著的院校、职业培训机构或企业内设培训机构，作为省级家庭服务职业培训示范基地。在此基础上，“十三五”期间，选定部分省级示范基地为全国家庭服务职业培训示范基地。各级人力资源社会保障部门对示范基地进行重点指导和支持，充分发挥其在加大家庭服务职业培训力度、提高培训实效中的示范带动作用。

二、确定省级示范基地的范围和主要条件

（一）确定省级示范基地的范围

1. 开设家庭服务专业的普通高等院校；

2. 开设家庭服务专业或开展家庭服务从业人员职业培训的技工院校、职业院校；

3. 开展家庭服务从业人员职业培训的培训机构、职业技能实训基地、设立了内部培训机构的“千户百强”家庭服务企业（单位）和巾帼家政服务机构。

（二）确定省级示范基地的条件

省级家庭服务职业培训示范基地原则上应具备以下条件：

1. 基本条件。

依法成立的独立法人机构，无违法违纪行为和未了结的法律、经济纠纷；拥有开展家庭服务职业教育或培训的师资、场所、实训基地和相应设施设备，并符合国家建设和安全标准；具备家庭服务专业教育培养资质或家庭服务职业培训资质。

2. 专业条件。

（1）高等院校能够在教育部门、人力资源社会保障部门的指导下开展家庭服务专业教育培养，毕业后当年就业率达90％以上；技工院校、职业院校、培训机构能够在人力资源社会保障部门、财政部门的指导下开展家庭服务职业培训工作，年培训规模不少于1 000人次，培训合格率达95％以上，培训后就业率达90％以上。

（2）开展家庭服务职业教育或培训的院校、职业培训机构拥有满足家庭服务职业教育

或培训所需的专、兼职师资队伍。其中，高等院校高级职称的教师占师资总数的15%以上；技工院校、职业院校、职业培训机构具有高级工以上职业资格、中级以上职称的教师占师资总数的15%以上。

（3）开展家庭服务职业教育或培训的院校、职业培训机构要与5家以上家庭服务企业建立稳定的合作关系，共建培训实习基地；积极提供就业指导、职业介绍等服务，有合理的就业安置网络和渠道。

（4）企业内部设立的培训机构对本企业新员工和在岗职工技能提升培训的人次占全体职工人数的80%以上，培训效果显著。

各省、自治区、直辖市人力资源社会保障部门根据以上条件，结合本地实际，在本地区的院校、机构、企业中，好中选优，确定1～2家本省（自治区、直辖市）家庭服务职业培训示范基地，并可授予“××省（自治区、直辖市）家庭服务职业培训示范基地”铭牌。

三、大力支持家庭服务职业培训示范基地建设

各省、自治区、直辖市人力资源社会保障部门确定省级家庭服务职业培训示范基地后，应及时将有关情况材料报送人力资源社会保障部农民工工作司（发展家庭服务业促进就业部际联席会议办公室）。

对被确定为省级家庭服务职业培训示范基地的院校、机构、企业，各级人力资源社会保障部门应重点对其进行工作指导和支持，委托其承担家庭服务经营管理人才培训和师资培训，承担研究课题或试点任务，有条件的地方可给予培训设备购置补助以及相应工作经费支持。

各省、自治区、直辖市人力资源社会保障部门每年要对示范基地有关情况进行审核，发现已经不符合示范基地条件或没有按照要求开展家庭服务教育培养或职业培训工作的院校、机构、企业，取消省级家庭服务职业培训示范基地称号并收回铭牌。

四、加强组织领导

各省、自治区、直辖市人力资源社会保障部门要按照本通知要求，组织专门人员，细化示范基地条件，研究明确支持示范基地的政策措施，于2015年年底前确定本省（自治区、直辖市）家庭服务职业培训示范基地，并向人力资源社会保障部报告情况。要及时总结示范基地在家庭服务职业培训工作中的经验，充分发挥其示范、引领、带动的作用，通过经验交流、现场学习、人才培养等方式，带动本地区家庭服务职业培训全面发展，努力推动家庭服务业规范化职业化建设取得新的进展。

二〇一五年四月三十日

人力资源社会保障部办公厅关于开展全民参保登记信息系统建设的通知

人社厅发［2015］86号

各省、自治区、直辖市及新疆生产建设兵团人力资源社会保障厅（局）：

为贯彻落实《人力资源社会保障部关于实施“全民参保登记计划”的通知》（人社部发［2014］40号，以下简称《通知》）文件精神，支持全民参保登记工作顺利开展，结合金保工程总体规划，现就全民参保登记信息系统建设工作通知如下：

一、明确系统建设目标

根据金保工程统一规划，按照推进人力资源社会保障信息系统省级集中的要求，充分整合利用人社、公安、卫生计生、民政、残联等部门的信息资源，建设省级集中部署的全民参保登记信息系统。通过金保工程业务专网，支持省、市、县、乡各级业务经办，建立全民参保登记的信息共享和业务协同机制。力争2015年年底前完成省级全民参保登记系统建设工作，2017年年底前实现对参加全民参保登记地区的数据全覆盖。

二、完成系统建设工作任务

（一）遵循省级集中原则，开发建设信息系统。部里组织全民参保登记信息系统建设，部省两级部署。有条件的省份，要按照统一组织、快速启动、节约投资的要求，先行开展系统建设工作，实现系统在省级集中部署，数据在省级集中管理，全面支持全民参保登记工作开展。省级全民参保登记信息系统要实现数据初始化、信息比对、调查核实、更新维护等业务功能。

（二）结合本省实际，明确建设模式。各地要结合本省实际，提前做好系统规划设计工作。有条件的省份，要统筹考虑与社会保障卡持卡人员基础信息库（以下简称持卡库）合并建设，确保数据库有效支撑全民参保登记工作；已实现社会保险业务系统省级集中的省份，可直接在省级系统基础上扩展全民参保登记功能；尚未实现业务系统省级集中的省份，可采用独立建设省级系统的模式，通过接口与不同层级的业务系统实现对接。

（三）省级清洗部级比对，实现数据初始化。通过数据初始化确定本省户籍人员参保情况，是全民参保登记系统建设的重点内容。各省要统一整合省级联网监测系统、各级业务系统中已有数据，并与公安、卫生计生、民政等外部数据进行比对并入库，实现省内数据清洗比对，生成本省户籍未参保人员信息。要针对初步确定的人员范围与部级基本养老保险参保待遇状态比对查询系统（以下简称部级比对查询系统）进行比对，获取该部分人员在外省参保信息，更新本省数据，最终形成本省户籍未参保人员信息，进一步定位目标人群，支持后期入户调查等经办工作。

（四）完善公共服务平台，多渠道实现登记业务。各地在建设全民参保登记信息系统的过程中，要充分利用移动互联技术，进一步扩充完善公共服务平台。针对全民参保登记目标人群，利用大厅、网站、自助终端等渠道提供自动提醒、自助登记等更加便捷的服务，引导参保人主动参保续保，自行完善参保登记信息，方便未参保人员进行参保登记。

（五）与部级系统实现衔接，保证数据定期同步。各省全民参保登记信息系统建设，需遵循部里统一的接口规范，与部级全民参保登记信息系统进行对接和联调测试。省级系统应将核实后的信息定期上传到部级系统，同时从部级系统获取交互信息，实现部省数据的共享和同步。

（六）搞好基础设施建设，提供稳定运行环境。省级人社部门要督促指导各地市做好网络下延、终端配置、数据采集等配套工作，对服务器、存储、安全等相关设备进行评估，及时扩容更新，确保省级数据中心的安全持续运行，保障全民参保登记工作的顺利开展。

三、加强系统建设保障

（一）加强组织领导。各地人力资源社会保障部门要统一思想，充分认识开展全民参保登记系统建设的重要意义，加快系统建设步伐。全民参保登记信息系统建设涉及业务流程优化、工作机制建立和管理体制创新等环节，各级人力资源社会保障部门信息化综合管理机构、社会保险经办机构要密切配合，共同做好全民参保登记信息系统建设工作。

（二）做好数据准备工作。各省要结合本地实际，充分利用现有资源，做好省内数据和部级数据比对工作。在数据初始化、数据清洗、整理入库等环节，加强对数据质量的规范，确保全民参保登记信息的全面、准确、一致。

（三）多方协调外部资源。各级人社部门要加强与公安、卫生计生、民政等部门的沟通协调，探索信息交换机制，明确交换内容、渠道和周期，积极推动部门间信息资源共享，促进全民参保登记系统建设。加强与发改、财政等部门的沟通协调，根据全民参保登记的工作要求，积极争取系统建设资金，并将系统运行和维护费用纳入年度预算，形成稳定的经费保障机制。

二〇一五年六月四日

人力资源社会保障部办公厅关于印发《社会保障卡芯片备案管理办法》的通知

人社厅发［2015］109号

各省、自治区、直辖市及新疆生产建设兵团人力资源社会保障厅（局），各有关单位：

根据《“中华人民共和国社会保障卡”管理办法》（人社部发［2011］47号），我部制定了《社会保障卡芯片备案管理办法》，现印发给你们，请遵照执行。

二〇一五年六月三十日

社会保障卡芯片备案管理办法

第一条 根据《“中华人民共和国社会保障卡”管理办法》（人社部发［2011］47号），为加强对社会保障卡选用芯片的管理，保证社会保障卡的产品规范性和质量安全，制定本办法。

第二条 芯片厂商面向各地人力资源社会保障部门提供的芯片，应当经人力资源社会保障部信息化领导小组办公室（以下简称部信息办）备案后，才能在社会保障卡中采用。

第三条 芯片厂商应当符合以下条件：

1. 具有国家信息产业主管部门颁发的集成电路设计企业认定证书；

2. 具有国家密码管理局颁发的商用密码产品销售许可证和商用密码产品生产定点单位证书，至少有一款集成电路（IC）卡芯片产品获得国家相关部门颁发的EAL4增强级产品安全资质证书；

3. 企业管理规范，通过ISO 9001质量管理体系认证并取得相应证书；

4. 企业经营状况良好，实际销售各类CPU卡芯片总量不少于1亿张。

第四条 备案芯片应当符合以下条件：

1. 提供芯片的厂商对该芯片具有自主知识产权，具有国家IC卡注册中心颁发的集成电路卡注册证书和国家知识产权局颁发的集成电路布图设计登记证书；

2. 芯片为以硬掩膜工艺加工制造的CPU卡芯片，存储器应由RAM、ROM、EEPROM组成，不包含其他类型的存储器；

3. 支持国家密码管理部门认可的算法（至少包含SSF33算法），具有国家密码管理局颁发的商用密码产品型号证书。

第五条 芯片厂商申请备案时，应当以书面形式提交如下材料：

1. 填写完备的《社会保障卡芯片备案情况审查表》一式两份（具体样式见附件1）；

2. 企业营业执照复印件；

3. 企业基本情况介绍材料，企业经营情况、芯片销售情况说明（重点为近三年内各类CPU卡芯片销售情况）；

4. 备案芯片的技术、性能介绍材料（包括芯片结构等）；

5. 备案芯片的管芯版图照片；

6. 由芯片生产企业出具的备案芯片硬掩膜加工制造证明（具体样式见附件2）；

7. 本办法第三条、第四条要求的各类资质证书复印件；

8. 部信息办要求的其他补充材料。

第六条 部信息办在收到备案申请后的10个工作日内，对申请芯片是否符合备案条件进行审查，反馈审查意见和备案证明，并将备案芯片名单通过人力资源社会保障部门户网站发布。

第七条 芯片厂商可以根据芯片研发情况，随时申请首次备案。同一芯片厂商有两款或两款以上芯片拟在社会保障卡中采用的，应当对每款芯片分别备案。

第八条 芯片首次备案的有效期到下一年度年底。首次备案时，芯片厂商应当提供本办法第五条规定的全部材料。

第九条 因备案有效期满，拟再次备案的芯片，芯片厂商应当在到期年度的12月15日前提出申请，再次备案时只需提供《社会保障卡芯片备案情况审查表》及有变化的相关申请资料。

第十条 芯片厂商每年12月20日前需将本年度已备案芯片的销售情况报部信息办。

第十一条 部信息办对已备案芯片在社会保障卡中的应用情况进行监督管理。对于产品规范性、质量安全、服务水平或企业经营能力等方面不能满足社会保障卡建设要求的，部信息办将暂停或取消其备案资格。

第十二条 本办法由部信息办负责解释，自发布之日起施行。《关于印发〈社会保障（个人）卡芯片备案管理办法〉的通知》（人社信息函［2008］6号）同时废止。

附件：

1. 社会保障卡芯片备案情况审查表（略）

2. 社会保障卡芯片硬掩膜产品证明（略）

人力资源社会保障部办公厅关于印发《社会保障 PSAM 卡销售备案管理办法》的通知

人社厅发［2015］110 号

各省、自治区、直辖市及新疆生产建设兵团人力资源社会保障厅（局），各有关单位：

根据《“中华人民共和国社会保障卡”管理办法》（人社部发［2011］47 号），我部制定了《社会保障 PSAM 卡销售备案管理办法》，现印发给你们，请遵照执行。

本办法公布之日起 1 个月内，我部将开展首次备案工作，首次备案有效期到 2016 年 12 月 31 日止，之后每两年备案一次。自 2015 年 8 月 1 日起，各地人力资源社会保障部门应当按照当地采购流程，在已备案厂商范围内组织采购社会保障 PSAM 卡空白卡。

二〇一五年六月三十日

社会保障 PSAM 卡销售备案管理办法

第一条 根据《“中华人民共和国社会保障卡”管理办法》（人社部发［2011］47 号），为加强对社会保障 PSAM 卡（以下简称 PSAM 卡）的管理，规范 PSAM 卡空白卡的销售，保证社会保障卡密钥载体的产品规范性和质量安全，制定本办法。

第二条 PSAM 卡空白卡销售厂商应当经人力资源社会保障部信息化领导小组办公室（以下简称部信息办）备案。备案应当符合以下条件：

1. 在中华人民共和国境内经工商登记注册的独立法人；

2. 具有国家密码管理局颁发的商用密码产品销售许可证；

3. 近两年内实际供货 CPU 卡或 CPU 卡芯片；

4. 企业经营状况良好，且能够保证 PSAM 卡空白卡的产品规范性、质量安全和服务水平。

第三条 PSAM 卡空白卡销售厂商在进行备案申请时，应当书面提交如下材料：

1. 填写完备的《社会保障 PSAM 卡销售备案情况审查表》一式两份（具体样式见附件）；

2. 企业营业执照复印件；

3. 企业基本情况介绍材料；

4. 国家密码管理局颁发的商用密码产品销售许可证复印件；

5. 近两年的CPU卡或CPU卡芯片销售证明（以合同为准，不少于10笔合同）；

6. PSAM卡技术服务方案（包括产品规范、质量安全、售后服务等内容）；

7. 部信息办要求的其他补充材料。

第四条 部信息办在收到备案申请后的10个工作日内，对申请厂商是否符合备案条件进行审查，反馈审查意见和备案证明，并将备案厂商名单通过人力资源社会保障部门户网站发布。

第五条 PSAM卡空白卡销售厂商每两年备案一次。

第六条 PSAM卡空白卡销售厂商首次备案时需提供本办法第三条规定的全部材料。因备案有效期满，拟重新备案的厂商，应当在到期年度的12月15日前提出申请，并提供《社会保障PSAM卡销售备案情况审查表》及有变化的相关申请材料。

第七条 PSAM卡空白卡销售厂商应当遵循地方有关采购流程，向地方人力资源社会保障部门及其他相关机构销售符合技术规范和质量安全要求的PSAM卡空白卡。并按照《社会保障卡发行管理流程》（人社厅发[2014] 20号），在销售合同签订后，及时将该地区购置的PSAM卡空白卡送至人力资源社会保障部进行密钥加载。

第八条 部信息办对PSAM卡的安全和质量负有监督责任，对于未经备案或者不符合技术规范和质量安全要求的PSAM卡空白卡，不得进行密钥加载。

第九条 PSAM卡空白卡销售厂商每年12月20日前需将本年度PSAM卡空白卡销售情况报部信息办。

第十条 部信息办对备案厂商PSAM卡空白卡销售情况进行监督管理，杜绝不正当竞争和不规范销售。对于产品规范性、质量安全、服务水平等方面不能满足PSAM卡管理要求的，或者厂商有关情况变化导致不符合备案条件的，部信息办将暂停或取消其备案资格。

第十一条 本办法由部信息办负责解释，自发布之日起施行。

附件：社会保障PSAM卡销售备案情况审查表（略）

人力资源社会保障部办公厅关于加强离校未就业高校毕业生实名制就业服务工作的通知

人社厅发［2015］111号

各省、自治区、直辖市及新疆生产建设兵团人力资源社会保障厅（局）：

《国务院关于进一步做好新形势下就业创业工作的意见》（国发［2015］23号）对加强公共就业服务信息化建设提出了新的要求。做好基于信息化的离校未就业高校毕业生实名制就业服务工作，提供持续高效的精准服务，是新形势下化解结构性矛盾、促进高校毕业生尽快实现就业的重要途径。目前在各地共同努力下，离校未就业高校毕业生实名信息数据库基本建立，以实名制为基础的就业服务不断完善。但各地工作进展还不平衡，需要进一步夯实信息化基础，健全未就业毕业生实名服务工作机制，提高服务质量和效率。为加强离校未就业高校毕业生实名制就业服务工作，现就有关事项通知如下：

一、认真做好离校未就业高校毕业生实名信息登记工作

开展离校未就业高校毕业生实名信息登记，目标是综合运用各种方式获取未就业毕业生实名信息，将有就业意愿的应届未就业毕业生全部纳入实名制服务范围。工作中要侧重通过三个渠道获取信息（即教育部门集中移交，为毕业生办理登记、报到接收、档案托管等业务时收集记录，入户走访调查摸排等），为有针对性地提供服务奠定基础。对教育部门掌握的实名信息，各地要及早获取、上传部端，同时将本地户籍未就业毕业生信息先行分解到各级公共就业人才服务机构和基层就业服务平台，待后续接收到部端下发数据再补发，以便及时做好服务接续。要加强对教育部门移交信息的核查，公民身份号码、入学前户口所在地、联系方式等重要内容应真实完整，对有缺项、漏项的，及时反馈教育部门、高校补充完善。信息核查和上传分解工作同步进行。对通过其他途径获取的未就业毕业生实名信息，要准确记载，录入实名信息系统。

各地要对照调整后的《离校未就业高校毕业生实名登记信息指标体系》（详见附件1），及时更新本地实名信息系统内的有关数据指标。采集信息时，个人基本信息、就业去向等重要指标须填写完整；就业意向、服务需求、接受服务和享受政策情况等指标，根据实际记录填写。要加强实名信息登记工作业务培训，使基层工作人员熟练掌握指标体系和操作流程，提高信息采集质量和工作成效。

二、健全离校未就业高校毕业生实名信息数据库

各地要汇总从不同渠道获取的未就业毕业

生实名信息，按照统一规范、集中管理、动态更新的要求，健全未就业毕业生实名信息数据库。各省（区、市）要以现有的公共就业人才服务系统为基础，拓展未就业毕业生实名信息登记管理功能，建立省级集中的实名信息数据库，为实名登记和就业服务全程信息化提供支撑。地市级、县级公共就业人才服务机构和基层就业服务平台要加强信息系统应用，做到实名信息的实时录入、更新和管理。暂不具备系统支持条件的，要做实基础台账，掌握辖区内未就业毕业生底数和就业状况。2016 年年底前，未就业毕业生实名信息数据要全部依托就业监测系统上报部端。

各省（区、市）要加强对实名信息数据的深度挖掘和应用，对不同性别、学历、专业的未就业毕业生就业状况（包括就业需求、就业去向、接受服务和享受政策等情况）进行分析，掌握就业形势，每年年底形成报告上报我部。同时，推进人力资源社会保障系统内信息资源的衔接共享，通过未就业毕业生实名登记与社会保险等信息比对，进一步了解未就业毕业生就业质量等情况。

三、加强离校未就业高校毕业生实名制就业服务和管理

各级公共就业人才服务机构和基层就业服务平台要主动联系实名信息数据库内的未就业毕业生，根据其就业意向和服务需求，提供有针对性的就业服务。对有求职意愿的，及时提供职业指导和就业信息；对有创业意愿的，纳入大学生创业引领计划，组织参加创业培训，提供创业服务，落实创业扶持政策；对有培训意愿的，推荐参加相应的职业培训和技能鉴定，提升职业技能；对有见习需求的，组织参加就业见习，积累经验、增强能力；对就业困难毕业生，实施“一对一”重点帮扶。跟踪服务未就业毕业生、落实扶持政策，以及毕业生实现就业等情况，要及时补充更新到实名信息数据库中，形成动态管理工作机制。

各地要加强离校未就业高校毕业生实名制就业服务工作的组织领导，确定具体牵头负责部门，统筹协调行政处室、公共就业人才服务机构、信息化综合管理机构等相关单位力量，协同抓好工作落实。相关工作进展情况根据实名信息数据库填写《离校未就业应届高校毕业生实名制就业服务工作情况汇总表》（详见附件 2），由分管厅（局）领导审签后按月上报。我部将据此对各地工作进展进行调度，对工作推进缓慢的，适时予以通报。

《离校未就业应届高校毕业生实名制就业服务工作情况汇总表》和年底的未就业毕业生就业状况分析报告，报送部就业促进司。

附件：

1. 离校未就业高校毕业生实名登记信息指标体系（略）

2. 离校未就业应届高校毕业生实名制就业服务工作情况汇总表（略）

二〇一五年七月一日

人力资源社会保障部办公厅关于设立第五批国家级专业技术人员继续教育基地有关问题的通知

人社厅发［2015］115号

有关省、自治区、直辖市人力资源社会保障厅（局），国务院有关部委、直属机构人事部门，有关行业协会、中央企业：

为深入实施专业技术人才知识更新工程，加快培养经济社会发展重点领域高层次、急需紧缺和骨干专业技术人才，根据《国家级专业技术人员继续教育基地管理办法》，经专家评议，人力资源社会保障部研究决定，在国家教育行政学院等20个单位设立第五批国家级专业技术人员继续教育基地。现将有关事项通知如下：

一、有关地区、部门、行业协会、中央企业（以下统称基地管理单位）要充分认识国家级专业技术人员继续教育基地在培养中高级专业技术人才、提升专业技术人才能力素质、促进专业技术人才队伍建设等方面的重要作用，将国家级专业技术人员继续教育基地建设作为实施专业技术人才知识更新工程、加强专业技术人员继续教育的重要抓手，推动本地区、本行业、本单位的专业技术人员继续教育公共服务体系建设。

二、基地管理单位接此通知后，要及时通知获准设立国家级专业技术人员继续教育基地的单位，督促其尽快启动继续教育基地建设。同时，切实履行管理单位职责，加强对继续教育基地的管理和监督，充分发挥继续教育基地的示范效应和骨干作用。要协调落实继续教育基地的配套经费，从政策、项目、信息、人才引进等多方面支持继续教育基地发展。

三、获准设立国家级专业技术人员继续教育基地的单位要按照《专业技术人才知识更新工程实施方案》、《国家级专业技术人员继续教育基地管理办法》要求，扎实推进继续教育基地建设，积极开展高层次、急需紧缺和骨干专业技术人才的培养培训工作。每年12月10日前，继续教育基地应将年度计划执行情况总结和下一年度计划上报基地管理单位审核；基地管理单位应对年度计划执行情况总结和下一年度计划进行审核，并于当年12月31日前报人力资源社会保障部备案。

四、中央财政为每个国家级专业技术人员继续教育基地提供一次性的专项补助经费。继续教育基地应认真执行《专业技术人才知识更新工程国家级继续教育基地补助经费管理办法》，严格经费管理，加快使用进度，提高使用效益。每年12月10日前，继续教育基地应将经费使用情况报送基地管理单位人事部门及同级财政（财务）部门。

五、人力资源社会保障部将加强对继续教育基地的指导，支持继续教育基地开展多种形式的交流合作。同时，会同有关部门从基地管理、经费使用、工作开展、制度落实等方面，加强对继续教育基地的检查考核。检查考核结果作为继续教育基地奖惩及任务分配的重要依据。对落实不到位、工作不主动、不能按时完成任务的继续教育基地，将给予通报批评，责令限期整改。整改后无法达到要求的，取消国家级专业技术人员继续教育基地资格。

自本通知下发之日起，获准设立国家级专业技术人员继续教育基地的单位应在1个月内登录国家专业技术人才知识更新工程公共服务平台（www.zsgxgc.gov.cn），下载填写平台用户信息采集表，发送至指定邮箱（邮箱地址：admin@zsgxgc.gov.cn）。根据邮箱统一反馈的用户名和密码，登录平台“管理用户”窗口，填写提交国家级专业技术人员继续教育基地基本信息采集表。今后，继续教育基地可通过平台“管理用户”窗口，参与基地网络化管理。

附件：

1. 第五批国家级专业技术人员继续教育基地名单

2. 国家级专业技术人员继续教育基地基本信息采集表（样表）（略）

二〇一五年七月八日

附件 1

第五批国家级专业技术人员继续教育基地名单

序号	单位名称
1	国家教育行政学院
2	上海国家会计学院
3	防灾科技学院
4	东方银行业高级管理人员研修院
5	中国工程物理研究院培训中心
6	中国煤炭工业协会培训中心
7	中国航天科工集团公司培训中心
8	西南铝业（集团）有限责任公司培训中心
9	中国通用技术集团装备制造培训中心
10	上海飞机设计研究院
11	天津市经济和信息化委员会教育中心
12	中国农业科技东北创新中心（吉林省农业科学院）

续表

序号	单位名称
13	上海交通大学
14	苏州大学
15	福州大学
16	景德镇陶瓷学院
17	广西大学
18	云南民族大学
19	陕西省科技资源统筹中心
20	新疆交通职业技术学院

人力资源社会保障部办公厅　财政部办公厅关于开展企业新型学徒制试点工作的通知

人社厅发〔2015〕127号

各有关省、自治区、直辖市人力资源社会保障厅（局）、财政厅（局）：

加强企业技能人才队伍建设，是增强企业核心竞争力、推动产业转型升级的必然要求，是稳定就业、化解就业结构性矛盾的重要措施，也是深入实施人才强国战略和创新驱动发展战略的重要内容。为贯彻落实《国务院关于进一步做好新形势下就业创业工作的意见》（国发〔2015〕23号）、《国务院办公厅转发人力资源社会保障部　财政部　国资委关于加强企业技能人才队伍建设意见的通知》（国办发〔2012〕34号）等文件精神，进一步推进企业职工培训工作，创新技能人才培养模式，人力资源社会保障部、财政部拟在部分省（区、市）开展企业新型学徒制试点工作。现将有关事项通知如下：

一、在北京市、天津市、内蒙古自治区、辽宁省、上海市、江苏省、山东省、河南省、广东省、重庆市、四川省、甘肃省等省（区、市）开展企业新型学徒制试点工作，每个省（区、市）选择3～5家大中型企业作为试点单位，每家企业选拔100人左右参加学徒制培训。基本条件为：企业重视技能人才队伍建设，建立较完善的企业职工培训制度，建立待遇与技能挂钩的激励机制，技能劳动者占企业职工比例达60%以上。

二、各试点省（区、市）人力资源社会保障部门、财政部门要参照《企业新型学徒制试点工作方案》，结合本地区实际情况，制定试点工作办法，落实好企业新型学徒制补贴政策，建立与试点企业的联系制度，积极推动技工院校（培训机构）与企业对接，有序推进试点工作。

三、各试点省（区、市）人力资源社会保障部门、财政部门要加强协调配合，共同研究解决试点工作中出现的难点问题，并根据实际情况，及时合理调整试点工作内容。试点工作办法与《企业新型学徒制试点工作方案》差异较大的，要报人力资源社会保障部、财政部备案批准。试点工作结束后，要及时向人力资源社会保障部、财政部报送试点工作总结和政策建议。

附件：企业新型学徒制试点工作方案

二〇一五年七月二十四日

附件

企业新型学徒制试点工作方案

为贯彻落实党的十八届三中全会精神，改革创新企业职工培训制度，加快企业技能人才培养，根据《国务院关于进一步做好新形势下就业创业工作的意见》（国发〔2015〕23号）、《国务院办公厅转发人力资源社会保障部　财政部　国资委关于加强企业技能人才队伍建设意见的通知》（国办发〔2012〕34号）要求，决定在部分地区开展企业新型学徒制试点工作，并制定如下工作方案：

一、指导思想和目标任务

（一）指导思想。贯彻落实党的十八大和十八届三中全会精神，以服务就业和经济社会发展为宗旨，适应现代企业发展和产业转型升级要求，创新企业技能人才培养模式，改革传统的学徒培养方式，探索开展企业新型学徒制试点，健全完善企业技能人才工作新机制，为提高劳动者职业能力和职业素养，促进企业发展和经济发展方式转变提供支撑。

（二）目标任务。在企业推行以“招工即招生、入企即入校、企校双师联合培养”为主要内容的企业新型学徒制，进一步发挥企业的培训主体作用，通过企校合作等方式，组织有培训需求的企业技能岗位新招用人员和新转岗人员参加新型学徒培训，探索企业职工培训新模式，完善政策措施和培训服务体系，加快企业后备技能人才的培养。

二、企业新型学徒制的主要内容

（一）培养对象和培养模式。企业新型学徒制以与企业签订6个月以上劳动合同的技能岗位新招用人员和新转岗人员为培养对象。企业可结合生产实际自主确定培养对象，按照政府引导、企业为主、院校参与的原则，采取“企校双制、工学一体”的培养模式，即由企业与技工院校、职业培训机构、企业培训中心等教育培训机构（以下简称培训机构）采取企校双师带徒、工学交替培养、脱产或半脱产培训等模式共同培养新型学徒。

（二）培养主体职责。学徒培养的主要职责由企业承担。企业应与学徒签订培养协议，明确培养目标、培训内容与期限、考核办法等内容。企业委托培训机构承担学徒的具体培训任务，应签订合作协议，明确培训的方式、内容、期限、费用、双方责任等具体内容，保证学徒在企业工作的同时，能够到培训机构参加系统的专业知识学习和技能训练。承担企业学徒培养任务的院校，与企业签订合作协议后，对企业学徒进行非全日制学制教育学籍注册，加强在校学习管理。

（三）培养目标和主要方式。学徒的培养由企业结合岗位需求确定，培养目标以中、高级技术工人为主，培养期限为1～2年。培养内容主要包括专业知识、操作技能、安全生产规范、职业素养等。要以企业为主导确定具体培养任务，由企业和培训机构分别承担。在企业培养主要是通过企业导师带徒方式，在培训机构培养主要是采取工学一体化教学方式。学徒培训期满，经鉴定考核合格，可按规定取得相应职业资格证书或培训合格证书。

三、建立和完善相关政策体系

（一）建立企校双师联合培养制度。企业选拔优秀高技能人才担任学徒的企业导师。企业导师要指导学徒进行岗位技能操作训练，帮助学徒逐步掌握并不断提升技能水平和职业素养，使之能够达到职业技能标准和岗位要求，具备从事相应技能岗位工作的基本能力。培训机构为学徒指派指导教师，负责承担学徒的学校教学任务。指导教师应具备相应的专业知识和操作技能。

（二）推行技工院校弹性学制和学分制。技工院校应积极承担学徒的教学培训任务，要结合企业生产管理和学徒工作生活的实际情况，采取弹性学制，实行学分制管理。鼓励和支持学徒利用业余时间分阶段完成学业。要建立和完善适合弹性学制和学分制的教学质量评价体系和考核制度，学徒累计学分达到规定要求的，可获得技工院校毕业证书。

（三）健全企业新型学徒制培训投入机制。学徒在学习培训期间，按照劳动合同约定，由企业根据学徒实际工作贡献支付不低于当地最低工资标准的学徒基本工资。企业按照合作协议约定，向培训机构支付学徒培训费用，从企业职工教育经费中列支；符合有关政策规定的，由政府提供职业培训和职业技能鉴定补贴。承担带徒任务的企业导师享受导师带徒津贴，津贴标准由企业确定，津贴由企业承担。企业对学徒开展在岗培训、业务研修等企业内部发生费用，符合有关政策规定的，可从企业职工教育经费中列支。

（四）完善企业新型学徒制补贴政策。人力资源社会保障部门会同财政部门对开展学徒制培训的企业按规定给予职业培训补贴，补贴资金从就业专项资金列支。

补贴数额一般可按企业支付给培训机构培训费用（以培训费发票为准）的60%确定，每人每年的补贴标准原则上应控制在4 000～6 000元的合理区间，补贴期限不超过2年。培训后未能取得中级以上职业资格证书的，按补贴标准的50%给予补贴；培训合格并通过职业技能鉴定取得中级以上职业资格证书（未颁布国家职业技能标准的职业应取得培训合格证书）的，按补贴标准的100%给予补贴。

企业新型学徒制职业培训补贴实行先支后补、按年度事后结算的办法，企业在开展学徒培训前将有关备案材料报当地人力资源社会保障部门备案，年度培训任务完成后由企业向当地人力资源社会保障部门申请职业培训补贴，经人力资源社会保障部门审核后，财政部门按规定将补贴资金支付到企业在银行开立的基本账户。

备案材料包括：学徒培养计划、企业与学徒签订的培养协议、企业与培训机构签订的合作协议、学徒花名册及身份证复印件、劳动合同复印件等材料。企业申请职业培训补贴材料包括：除前述备案材料外，还应附职业资格证书或培训合格证书、培训机构出具的行政事业性收费票据（或税务发票）、企业在银行开立的基本账户等凭证材料。

四、实施步骤

试点为期两年，实施工作分三个阶段进行：第一阶段（2015年7—8月）：启动阶段。印发试点工作通知，确定试点省份及试点企业，启动试点工作。第二阶段（2015年9月—2017年5月）：实施阶段。各省指导试点企业制定试点工作实施细则，完善相关政策制度，有序开展试点工作。第三阶段（2017年6—7月）：总结阶段。对各省试点工作进行总结，修改完善企业新型学徒制政策。

五、认真做好组织实施工作

各地区、各有关部门要进一步提高认识，增强责任感和紧迫感，把推行企业新型学徒制作为加强技能人才队伍建设和职业培训的重要工作内容，认真组织实施。要建立人力资源社会保障、财政部门牵头，相关部门和人民团体密切配合、协同推进的工作机制。人力资源社会保障部门要会同财政部门落实企业新型学徒制补贴政策，制定企业新型学徒制试点补贴办法。人力资源社会保障部门要建立与试点企业的联系制度，加强工作指导，统筹推进试点工作。

人力资源社会保障部办公厅关于启用新版职业资格证书及加强证书核发管理工作有关问题的通知

人社厅发〔2015〕143号

各省、自治区、直辖市及新疆生产建设兵团人力资源社会保障厅（局），国务院有关部门（行业组织、集团公司）人事劳动保障工作机构：

为适应职业资格证书制度改革工作需要，我部对技能人员职业资格证书进行了改版。现就启用新版职业资格证书及加强证书核发管理工作有关问题通知如下：

一、我部从2015年下半年开始启用新版职业资格证书。新版职业资格证书沿用旧版职业资格证书的基本样式、颜色，将普通版证书和统考版证书合并为一个版本，取消文化程度、发证日期、复核记录等项内容。

二、新版职业资格证书由我部统一印制，证书的填写、编码、验印等继续按照我部有关规定执行。实行国家职业资格全国统一鉴定的职业，其证书在发证机关（印）处套印“人力资源和社会保障部职业技能鉴定中心职业技能鉴定专用章”，职业技能鉴定（指导）中心（印）处由省级职业技能鉴定（指导）中心用印。

三、旧版职业资格证书自2016年9月1日起停止使用，不再办理和核发。此前按照国家有关规定核发的旧版职业资格证书仍然有效。到期结余的旧版职业资格证书，由各地、各部门（行业组织、集团公司）自行销毁，并将销毁的职业资格证书号段报我部职业技能鉴定中心。

四、为进一步加强职业资格证书核发管理工作，我部将对现有的职业资格证书管理系统进行升级，增加打印管理模块，实现对职业资格证书印制、发放、打印和统计的全流程管理。

（一）职业资格证书管理系统采用分布式管理模式。各地、各部门（行业组织、集团公司）须将证书的打印权限放在本地区的地（州、盟、市）级和本部门（行业组织、集团公司）的二级鉴定机构（含）以上。各地、各部门（行业组织、集团公司）要配套专门经费建立数据分中心，负责本地区、本部门（行业组织、集团公司）的证书管理工作，将具备证书打印权限的鉴定机构纳入系统统一管理。

（二）各级证书打印机构须将考务管理系统生成的获证人员个人信息导入证书管理系统，通过证书管理系统自动生成包含证书印制、逐级发放、打印机构及获证人员个人信息（可含照片）的二维码，打印在证书内页照片右侧。具备条件的机构可通过更换打印设备直接打印电子照片，用电子印章取代发证机关和职业技能鉴定（指导）中心油印印鉴，照片左下角处不再加盖职业技能鉴定专用钢印。

（三）职业资格证书因质量问题或填写损坏的，应由各地、各部门（行业组织、集团公司）负责回收并统一销毁，将证书流水码录入职业资格证书管理系统，系统将在数据库中删除相应流水码并自动补发证书。遗失职业资格证书申请补发的，补发证书使用原证书编码和新证书流水码，原证书流水码须在证书管理系统中删除并在备注栏内注明。

五、从今年第四季度开始，我部将以各地、各部门（行业组织、集团公司）每季度职业资格证书管理系统的打印数据为依据，按季度核拨空白职业资格证书，并通过简报、网络等形式，定期公布证书发放情况。各地、各部门（行业组织、集团公司）须以地（州、盟、市）和二级鉴定机构的打印数据为依据发放证书。

六、各地、各部门（行业组织、集团公司）要高度重视职业资格证书管理工作，加快消化库存旧版职业资格证书，全面应用职业资格证书管理系统，强化证书管理，杜绝非正常损耗和使用不明来源的证书，切实维护职业资格证书的权威性和严肃性。

二〇一五年八月二十七日

人力资源社会保障部办公厅关于做好职业技能鉴定投诉咨询处理数据统计工作的通知

人社厅发［2015］149号

各省、自治区、直辖市及新疆生产建设兵团人力资源社会保障厅（局），国务院有关部委（行业组织、集团公司）人事劳动保障工作机构，企业技能人才评价中央试点单位，军队士兵职业技能鉴定工作办公室：

为贯彻落实《国务院关于加强审计工作的意见》（国发［2014］48号），根据《审计署办公厅关于请定期提供人力资源社会保障相关电子数据的函》（审办函［2014］325号）和《关于定期提供人力资源社会保障相关电子数据部内任务分工的通知》（人社厅发［2014］134号）要求，我部确定由中国就业培训技术指导中心（以下简称指导中心）负责职业技能鉴定投诉咨询处理数据的统计工作，现就有关要求通知如下：

一、数据上报

自2016年起，各单位应于每年4月10日前向指导中心提供上年度职业技能鉴定咨询和质量投诉举报系统（以下简称咨询投诉系统）原库备份数据，首次提交时需提供系统建成之日起至2015年每年年末数据。

各有关单位需对提交的数据进行检查审核，并对数据的真实性和完整性作出书面承诺（承诺书样本见附件1），在规定时间内将数据提交指导中心。

二、工作要求

已经建立咨询投诉系统的地方和行业，要明确专人负责，并畅通咨询投诉电话，认真记录相关数据，及时准确上报。按照《国务院关于加强审计工作的意见》关于“提供完整准确真实的电子数据”的要求，应积极创造条件在现有省级系统的基础上进行升级开发，将系统建设向下延伸覆盖到地（市）级。

尚未建立咨询投诉系统的地方、行业和试点企业，要提高认识，将此项工作放在重要位置，落实具体实施计划与负责人，在系统开发和维护服务方面给予经费保障，并尽快上报建设申请表（见附件2），指导中心将统一安排相关技术服务。

指导中心将逐步建立覆盖各地区、各行业和试点企业的职业技能鉴定投诉咨询处理数据上报系统，使数据上报逐步实现信息化、网络化，请相关单位积极配合。

附件：

1. 提供电子数据和资料承诺书（样本）（略）

2. 职业技能鉴定咨询和质量投诉举报系统建设技术服务申请表（略）

二〇一五年九月七日

人力资源社会保障部办公厅关于贯彻实施《专业技术人员继续教育规定》的通知

人社厅发［2015］151号

各省、自治区、直辖市及新疆生产建设兵团人力资源社会保障厅（局），国务院各部委、各直属机构人事部门，有关单位：

《专业技术人员继续教育规定》（人力资源社会保障部令第25号，以下简称《规定》）于2015年8月13日公布，自2015年10月1日起施行。这是第一部以部令形式颁布的专业技术人员继续教育方面的部门规章，是贯彻落实中央关于全面深化改革总体部署和国家中长期人才发展规划纲要的具体措施。颁布实施《规定》对于保障专业技术人员继续教育权益，不断提升专业技术人才能力素质，加强专业技术人才队伍建设，服务创新驱动发展战略，推进专业技术人员继续教育制度化、法制化建设，具有十分重要的意义。为做好《规定》的贯彻实施工作，现将有关要求通知如下：

一、深入开展《规定》的学习宣传和培训

各地区、各部门要高度重视《规定》的学习宣传和培训工作，结合本地区、本部门、本单位的实际情况，制定切实可行的工作方案，将学习《规定》纳入专业技术人员继续教育培训体系，充分利用各种媒体开展政策宣传活动。通过学习宣传，使广大专业技术人员了解《规定》的精神内容，切实提高广大专业技术人员继续教育权益保护意识，进一步增强专业技术人员继续教育的自觉性、主动性，为构建终身学习的学习型社会营造良好氛围。要从抓好从事继续教育工作人员的学习培训入手，把学习培训《规定》与深刻领会中央关于人才工作的新形势、新精神、新要求、新任务结合起来，同加强我国专业技术人才队伍建设，推动继续教育工作改革发展结合起来，切实提高专业技术人员继续教育的工作水平。

二、切实抓好《规定》的贯彻实施工作

《规定》对专业技术人员继续教育的基本原则、基本要求、基本制度、管理体制等作了明确要求，是当前和今后一个时期做好专业技术人员继续教育工作的重要法规和基本遵循。各地区、各部门要充分认识《规定》的重要意义，结合本地区、本部门、本行业的工作实际，坚持求真务实的工作作风，采取切实有效的贯彻措施，统筹谋划，周密部署，扎实做好《规定》的贯彻实施工作。要研究制定贯彻实施《规定》的工作方案，把贯彻落实《规定》作为当前一项重要工作抓紧、抓实、抓好。要认真贯彻落实《规定》的各项内容和要求，不断提高专业技术人员继续教育工作法制化水平。要妥善做好相关政策衔接，并结合实际制定继续教育方式和学时认定办法等具体实施办法，进一步细化政策规定，确保《规定》的各项政策措施落地生根。

三、扎实推动专业技术人员继续教育事业改革发展

各地区、各部门要以贯彻实施《规定》为契机，扎实推动专业技术人员继续教育事业改革发展。要切实保障专业技术人员继续教育权益，准确把握《规定》的精神实质，将专业技术人员继续教育权益摆在突出位置，保障专业技术人员参加继续教育所需经费及继续教育期间的工资福利等待遇。要建立专业技术人员继续教育与使用、晋升相衔接的激励机制，坚持培养与使用相结合的原则，学以致用。要建立健全专业技术人员继续教育登记、统计、评估等制度，提升继续教育工作的科学性、有效性。人力资源社会保障部门会同有关行业主管部门和行业组织，要充分发挥各级各类专业技术人员继续教育基地的带动示范作用，加强继续教育机构建设，为广大专业技术人员提供高质量的继续教育服务，引导规范继续教育机构健康发展；要根据专业技术人员岗位、类别和层次，做好继续教育公需科目和专业科目发布工作；要以经济社会发展需要和专业技术人员需求为导向，建设继续教育课程和教材体系，加强继续教育师资队伍建设，促进优质资源共享；要建立健全继续教育公共服务体系，搭建继续教育公共信息综合服务平台，充分利用现代信息技术开展远程教育，努力为广大专业技术人员提供全方位的继续教育服务。

四、加强组织领导，落实工作责任

各级人力资源社会保障部门要高度重视，加强领导，精心组织，认真实施，严格按照《规定》的要求，研究制定贯彻落实工作的实施方案，对组织领导、任务分工、配套措施等作出具体部署，确保各项工作按照要求落到实处。要充分发挥专业技术人员继续教育工作的综合管理和统筹协调作用，与各行业主管部门和行业组织加强协作，密切配合，形成工作合力。要加强对《规定》实施情况的监督检查，及时掌握并研究解决《规定》施行过程中出现的新情况、新问题。

各地区、各部门贯彻实施《规定》的情况和意见，请及时报告我部专业技术人员管理司。

二〇一五年九月十四日

人力资源社会保障部办公厅关于设立国家级专家服务基地有关问题的通知

人社厅发［2015］163号

有关省、自治区、直辖市人力资源社会保障厅（局）：

万名专家服务基层行动计划启动实施以来，各地区结合自身实际，深入基层开展了多种形式的服务活动，为基层发展发挥了重要作用，取得良好的经济和社会效益，受到基层单位和专业技术人员的普遍欢迎。随着万名专家服务基层行动计划稳步推进，各级人力资源社会保障部门在广泛组织开展专家服务基层活动的同时，建设了一批不同类型的专家服务基地，成为创新专家服务基层长效机制的重要抓手。

为在更大范围更广领域引导更多专家深入基层服务一线，我部印发了《专家服务基地建设管理办法》（人社厅发［2014］72号）。根据《关于国家级专家服务基地申报工作的通知》要求，在各地区现有专家服务基地基础上，经专家评议，我们遴选确定了首批20个国家级专家服务基地（名单附后）。现将有关事项通知如下：

一、充分认识设立国家级专家服务基地的重要意义。各地人力资源社会保障部门要充分认识国家级专家服务基地在组织引导广大专家利用专业优势，帮助基层集聚创新资源、突破关键技术、优化产业结构、培养急需人才中的重要作用，将专家服务基地作为基层加快经济发展和转型升级的重要抓手，认真组织实施，推动本地区专家服务基层体系建设。

二、加快基地建设。相关地区人力资源社会保障部门要及时通知获准设立国家级专家服务基地的单位，督促其尽快启动专家服务基地建设，充分发挥国家级专家服务基地的示范效应。同时，人力资源社会保障部门要切实履行职责，加强对国家级专家服务基地的管理监督，多方面支持基地建设。要以国家级专家服务基地设立为契机，将专家服务基地建设向市县推进。

三、切实发挥作用。国家级专家服务基地要采取多种措施，充分开发基地平台的专家智力资源，深入挖掘本地区发展的人才需求，组织开展更多更有实效的专家服务活动。同时，要主动聚焦国家“一带一路”、京津冀协同发展、长江经济带建设、“中国制造2025”、“互联网+”等重大战略，深化服务创新，发挥示范带头作用，推动经济社会更好发展。

四、严格经费管理。中央财政对批准设立的国家级专家服务基地给予适当建设启动经费。专家服务基地要按照《专家服务基地建设管理办法》和国家财政资金相关管理办法，严格经费预算，提高使用效益，确保专款专用，合理使用专项经费开展专家服务活动。

五、加强跟踪服务。各地人力资源社会保障部门要加强对本地区专家服务基地的指导，制定完善本地区专家服务基地建设管理办法，会同有关部门和单位从基地运行、经费使用、工作开展、制度建设等方面，加强对专家服务基地的跟踪服务。同时，要制定完善更好推动专家服务基层的政策措施，为专家服务基层提供政策保障和工作条件，推动专家服务基层工作向常态化发展。

附件：首批国家级专家服务基地名单

二〇一五年十月八日

附件

首批国家级专家服务基地名单

序号	基地名称
1	天津市农业科学院现代农业科技创新专家服务基地
2	河北省石家庄高新区科技创业园区专家服务基地
3	黑龙江省计量检定测试院极寒环境产品性能实验与研究专家服务基地
4	江苏省无锡高新区专家服务基地
5	浙江省嘉兴科技城专家服务基地
6	安徽省亳州中医药特色产业发展专家服务基地
7	福建省福州高新区专家服务基地
8	江西省农业科学研究院食用菌工程技术专家服务基地
9	山东省青岛市畜牧兽医科技专家服务基地
10	河南省郑州航空港经济综合实验区专家服务基地
11	湖北省农业科学院专家服务基地
12	湖南省祁东县“科技110”专家服务基地
13	广西壮族自治区海峡两岸农业合作试验区专家服务基地
14	四川省农业科学研究院农产品加工专家服务基地
15	云南农业大学三七病虫害生态控制专家服务基地
16	陕西省农村科技开发中心猕猴桃专家服务基地
17	宁夏神华宁煤集团能源化工产业专家服务基地
18	吉林省西部湿地生态修复与保护专家服务基地
19	广东省机械工程学会先进制造专家服务基地
20	重庆市专家服务中心专家服务基地

人力资源社会保障部办公厅　财政部办公厅关于为抗日战争及以前参加革命工作的退休老工人发放一次性慰问金有关问题的通知

人社厅发［2015］164号

各省、自治区、直辖市及新疆生产建设兵团人力资源社会保障厅（局）、财政厅（局、财务局）：

经国务院同意，《人力资源社会保障部　财政部关于为抗日战争及以前参加革命工作的退休老工人发放一次性慰问金的通知》（人社部发［2015］81号）已于2015年9月1日印发执行。文件规定，发放一次性慰问金“所需经费按现行渠道解决”，现就有关问题通知如下：

一、发放一次性慰问金所需资金由退休老工人原所在单位支付，不得从基本养老保险基金中列支。退休老工人原所在单位确有困难无力支付或原所在企业（集团）破产的，由同级财政予以保障。

二、各级人社、财政部门要密切配合，向退休老工人及所在单位宣传有关政策，了解掌握当地组织发放一次性慰问金的实施情况，重点做好困难或破产企业退休老工人的发放工作，重大事项及时向人社部、财政部汇报。

二〇一五年九月二十九日

人力资源社会保障部办公厅关于进一步加强专业技术人员公需科目继续教育工作的通知

人社厅发［2015］168号

各省、自治区、直辖市及新疆生产建设兵团人力资源社会保障厅（局），国务院各部委、各直属机构人事部门，有关行业协会、企业、事业单位：

为贯彻落实《专业技术人员继续教育规定》（以下简称《规定》），深入实施专业技术人才知识更新工程，加强专业技术人才队伍建设，我部组织编写并出版发行了全国专业技术人才知识更新工程公需科目教材，以此推动专业技术人员公需科目继续教育规范化建设。现就有关事项通知如下：

一、高度重视，扎实做好专业技术人员公需科目继续教育工作

根据《规定》要求，公需科目主要包括专业技术人员应当普遍掌握的法律法规、理论政策、职业道德、技术信息等基本知识。开展专业技术人员公需科目继续教育，是做好专业技术人员继续教育工作的重要方面，有利于专业技术人员优化知识结构、拓宽眼界视野、提高科学人文等综合素质。近年来，各级人力资源社会保障部门和相关行业主管部门按照国家专业技术人才知识更新工程的总体部署，组织广大专业技术人员开展大规模的知识更新继续教育活动，认真实施本地区、本部门、本行业的公需科目继续教育工作，对提高专业技术人员整体素质水平和创新创业能力发挥了显著作用。随着《规定》的颁布施行，公需科目明确纳入专业技术人员继续教育内容，各级人力资源社会保障部门和相关行业主管部门要充分认识开展公需科目继续教育的重要意义，积极谋划，认真部署，扎实做好这一知识更新继续教育的基础性工作。

二、精心组织，健全完善专业技术人员公需科目教材体系

公需科目教材建设直接关系专业技术人员公需科目继续教育的质量和效果，影响着广大专业技术人员参加公需科目继续教育的积极性和主动性。为加强专业技术人员公需科目教材建设，我部会同中国科学院等有关单位，组织相关领域的专家学者，编写了全国专业技术人才知识更新工程公需科目教材，包括《专业技术人员职业道德读本》、《专业技术人员创新能力建设读本》、《专业技术人员创业能力建设读本》、《专业技术人员权益保护读本》、《当代科学技术新知识读本（一）》等，同时配套开发了视频课件和电子教材，由中国人事出版社出版。这套公需科目教材以专业技术人员能力建设为核心，以提高专业技术人员综合素质为目标，分为职业道德、职业能力和职业知识三个模块，旨在引导广大专业技术人员增强职业道德，提高综合素质和创新创业能力，更好适应创新驱动发展的要求。各级人力资源社会保障部门和相关行业主管部门可自主选择将其纳入专业技术人员公需科目继续教育内容，也可结合实际需要，补充适合本地区、本部门、本行业的公需科目教材，健全完善开放的、多样化的、体现时代特色的公需科目教材体系。

三、多措并举，切实提高专业技术人员公需科目继续教育质量

各级人力资源社会保障部门和相关行业主管部门要因地制宜、按需施教，统筹实施本地区、本部门、本行业的专业技术人员公需科目继续教育工作。公需科目继续教育可采用面授、远程教育等多种形式开展，重在学以致用，取得实效。要积极推动公需科目继续教育方式方法创新，鼓励有条件的地区、部门和行业探索建立兼容、开放、共享的远程教育体系，扩大优质教育资源覆盖面，满足专业技术人员多样化学习需求。要加强对本地区、本部门、本行业专业技术人员公需科目继续教育工作的指导和监督，严格执行相关培训经费管理规定，严禁举办以营利为目的的培训活动。要突出培训的公益性、权威性和实效性，确保培训质量，为广大专业技术人员提供优质高效的继续教育服务。

二〇一五年十月十二日

人力资源社会保障部办公厅关于进一步加强就业政策宣传的通知

人社厅发〔2015〕194号

各省、自治区、直辖市及新疆生产建设兵团人力资源社会保障厅（局）：

近年来，各地不断完善促进就业政策，加大宣传贯彻力度，取得了积极成效，但仍存在宣传方式单一、受众面不够宽、政策知晓度不高的问题。最近，国务院领导作出重要指示，要求加强促进就业政策宣传，推动政策落实。为落实领导同志指示精神，推动各地进一步加强就业政策宣传，现就有关工作通知如下：

一、总体目标

深入贯彻党中央、国务院对就业工作的一系列重要部署，以各地全面出台新一轮就业创业政策为契机，坚持贴近实际、贴近生活、贴近群众，聚焦重点政策，突出精细化、精准化宣传，创新宣传手段，把中央及各地区、各部门就业政策向基层、向大众讲清讲透，努力实现用人单位和劳动者对就业创业政策应享尽知。

二、宣传重点

要突出宣传好中央及各地区、各部门出台的促进就业创业政策，特别是直接面向用人单位及高校毕业生、登记失业人员、就业困难人员等重点群体就业政策。包括：鼓励企业吸纳就业、支持劳动者自主创业、促进高校毕业生就业、就业援助、职业培训和就业服务等政策。

三、具体安排

（一）做好日常宣传。创新宣传手段和方式，更加注重分类宣传、网上宣传、协同宣传，形成政策宣传广覆盖、长效化、不间断的有效机制。

1. 编印宣传材料。各地要积极会同有关部门，在梳理中央及地方就业创业政策的基础上，分类编写针对用人单位、就业重点群体、培训和服务机构、基层工作人员等的政策宣传材料，免费发放。

2. 开设网上专栏。要在当地人社部门门户网站首页开设“就业政策”专栏，暂时没有部门门户网站的要协调本级政府门户网站或当地新闻网开设“就业政策”专栏，全方位刊发就业创业政策目录、政策问答和申请流程。

3. 用好服务热线。各地要把就业创业政策宣传作为12333服务热线的重要内容，主动接受政策咨询、问题反映，解答并回复群众意见，做到件件有回音。

4. 充分运用新媒体。各地要探索设立“就业政策”官方微博、微信公众服务号或手机APP，持续发布政策解读和申请指南，开通互动功能，并扩大用户覆盖面。

5. 加大服务窗口宣传。发挥基层就业服务平台点多面广、贴近群众的优势，普遍设立政策咨询窗口或自动查询终端，结合服务对象办理失业登记、用工备案、社保缴纳等业务开展政策宣传。积极协调在当地工商、税务等办事大厅摆放、张贴就业政策宣传材料，并在服务对象办理注册登记、缴纳税收时提醒其申请享受就业政策。

6. 推送政策短信。积极协调有关部门，收集新注册企业、小微企业及重点就业群体信息，联合当地通信运营商，重点向相关企业负责人推送鼓励吸纳就业、自主创业政策；向失业人员、高校毕业生推送政策、服务和培训信息；向就业困难人员推送就业援助政策等。

7. 强化政策培训。各地要逐级开展政策培训，通过个人自学和集中学习等方式，于春节前完成对地市、县区就业工作人员和基层公共就业服务平台人员的政策培训。

8. 强化公益宣传。有条件的地区可委托社会传媒力量，通过制作宣传片、公益广告，以及开展群众喜闻乐见的文化活动、知识竞赛等，加大政策宣传力度。

（二）实施集中宣传。元旦、春节期间，利用“就业援助月”活动的第一周，在全国范围内集中开展“就业政策宣传周”，使政策宣传形成声势。

1. 举办启动仪式。在启动“就业援助月”活动的同时，同步启动“就业政策宣传周”活动，通过发布会、在线访谈、现场咨询等方式，集中向社会发布宣传周活动安排，介绍相关就业政策，扩大宣传周活动的影响和效果。

2. 集中发放材料。推动就业政策进企业、进社区、进校园、进家庭，按照“分片包干、责任到人”的方式，组织各级人社部门和基层就业服务工作人员广泛开展上门走访，把宣传材料免费发送给辖区内每户企业和重点就业群体，送上政策联系卡。

3. 开展政策宣讲。组织业务骨干和熟悉政策的同志，深入企业、高校和社区，通过集中宣讲、公开接待等形式，面对面为政策对象介绍就业政策和办理流程，举例子、算细账，为企业和政策对象解疑释惑。

4. 开展流动宣传。在城市主要广场、企业园区、街道社区、商贸集市等设立咨询点，发放政策材料，现场解读政策。在繁华路段和人口密集地区，通过悬挂宣传横幅、张贴标语海报、出动宣传车等方式，开展政策宣传。

5. 广泛推送短信。协调当地通信部门，在宣传周期间每天设置不同政策专题，通过手机早晚报、集中推送短信等形式，面向当地全部手机用户推送活动动态和政策要点。

四、工作要求

（一）高度重视，精心组织。各地要充分认识加强就业政策宣传的重要意义，作为抓落实的重要举措，结合实际细化工作方案，明确目标任务和责任分工，保障宣传经费支出。要切实加强领导，一把手要亲自过问，分管负责同志亲自抓，带头深入基层宣传政策，加强与联席会议成员单位及宣传部门的沟通协调，形成上下联动、齐抓共管的宣传机制。

（二）创新举措，务求实效。要突出重点，分类宣传，着力突出宣传的针对性、实效性。要创新宣传方式，在用好传统媒体的同时，加强新媒体的开发运用，善于借助专业力量，形成宣传合力。坚持把政策宣传与开展公共就业服务专项活动结合起来，与扎实推进各项业务工作结合起来，确保宣传效果。

（三）加强调度，强化督查。要加强对就业政策宣传工作的督促检查，把政策宣传作为重点督查事项，列入就业工作绩效考评范围。加强跟踪问效，通过实地检查、查阅材料、走访座谈、问卷调查、电话回访等方式，对所辖地区政策宣传工作情况进行督查，重点了解当地政策宣传覆盖面、群众知晓度，防止政策宣传不到位、走过场。对群众反映政策宣传不到位的问题，要及时督办。

（四）认真总结，报送情况。各地要及时总结政策宣传特别是宣传周期间的好做法、好经验及工作动态，及时以信息、简报等形式报送。各地请于就业政策宣传周活动结束两周内，将本地区开展就业政策宣传情况与下步考虑以及宣传周总结报送部就业促进司。

二○一五年十二月十六日

人力资源社会保障部办公厅关于进一步推进创业培训工作的指导意见

人社厅发［2015］197号

各省、自治区、直辖市及新疆生产建设兵团人力资源社会保障厅（局）：

近年来，我国创业培训工作取得显著成效，政策措施逐步健全，培训方式不断创新，培训规模持续扩大，已有数百万劳动者在参加创业培训后实现自主创业，为促进就业和经济社会发展发挥了重要作用。但同时也应看到，创业培训工作尚不能完全满足经济新常态下推进大众创业、万众创新的需要，培训制度需要进一步健全，培训模式需要进一步创新，培训质量需要进一步提升，工作力度需要进一步加大。为贯彻落实《中共中央 国务院关于深化体制机制改革加快实施创新驱动发展战略的若干意见》（中发［2015］8号）、《国务院关于进一步做好新形势下就业创业工作的意见》（国发［2015］23号）、《国务院关于大力推进大众创业万众创新若干政策措施的意见》（国发［2015］32号）等文件精神，大力提升劳动者创业能力，全面推动大众创业、万众创新，现就进一步推进创业培训工作提出如下意见：

一、充分认识加强创业培训工作的重要意义

创业培训是培育劳动者创新精神、提高劳动者创业能力、实现个人发展和创造自身价值的重要途径，是激发劳动者创造力、推动大众创业万众创新、实现创业带动就业的重要手段。各级人社部门要充分认识新形势下加强创业培训工作的重要意义，增强责任感和使命感，将创业培训工作作为促进就业和服务经济社会发展的重要措施，进一步完善和落实政策，健全制度和机制，大力推进创业培训工作。

二、指导思想和工作目标

（一）指导思想。以服务就业和经济发展为导向，以推行终身职业技能培训制度和提升劳动者创业能力为宗旨，充分调动社会各方积极性，发挥市场主体作用，强化创业培训公共服务，创新创业培训模式，扩大创业培训规模，提高创业培训针对性和有效性，建立政府激励引导、社会广泛参与、劳动者自主选择的创业培训工作新机制，为推进大众创业、万众创新提供支撑。

（二）工作目标。面向有创业意愿和创业培训需求的劳动者大规模开展创业培训，大幅度提高创业培训质量，使有创业意愿和创业培训需求的劳动者都有机会获得创业培训服务，增强创业带动就业的效应，逐步建立起培训主体多元化、培训模式多样化、培训内容多层次，能够有效覆盖创业活动不同阶段的创业培训体系。

三、政策措施

（一）明确创业培训对象和内容。将具有明确创业意愿和创业培训需求、勇于投身创业

实践的城乡各类劳动者作为创业培训对象，将企业家精神和素质培养、创办企业和经营管理能力训练作为创业培训的主要内容，以高校毕业生、科技人员、留学回国人员、返乡农民工、退役军人、失业人员和转岗职工等群体为重点，以组织实施专项行动计划为抓手，推动创业培训广泛开展。

（二）建立健全创业培训制度。把创业培训制度纳入终身职业技能培训制度范畴。建立培训对象甄选制度，完善创业意愿识别和能力短板诊断机制。完善政府购买培训成果制度，对列入财政补贴范围的创业培训项目按购买服务的规定执行。建立健全培训主体报告制度，强化财政补贴培训项目实施主体的报告义务。健全创业培训师资管理制度，完善师资备案、评价、奖惩机制。建立健全培训绩效考评制度，对创业培训工作成效实施第三方评估。

（三）加强创业培训课程开发。以创业活动不同阶段、不同业态的知识技能需求为导向，编制创业培训大纲和技术标准，针对不同群体、不同项目的特点，开发创业培训课程和培训方式，构建多层次、模块化的创业培训课程体系。推进网络创业培训课程开发工作。以“创办和改善你的企业”（SIYB）、“创业模拟实训”等课程为基础，从已被广泛应用、学员普遍认可的创业培训课程中精选出一批精品课程，供各地优先选用。鼓励有条件的地区以政府与社会资本合作（PPP）模式组织开发新领域、新业态的创业培训课程并实施创业培训。

（四）加强创业培训师资队伍建设。探索建立创业培训师资的职业化发展通道，建立创业指导师队伍。各地要建立创业培训师资库，完善师资登记、考核、进出机制，强化对师资能力水平考核和学员满意度评价，对师资队伍进行动态管理。制订长期师资培养计划，定期组织开展提高培训、研讨交流、观摩教学等活动，提升师资业务素质和能力水平。鼓励将社会专业人士吸纳到创业培训专家队伍中，提升创业培训专业化水平。

（五）规范创业培训机构发展。各地要对创业培训机构进行统筹规划，加强创业培训机构规范化管理，指导创业培训机构严格按照标准和要求开展创业培训，对有需求的学员提供后期辅导服务。建立健全政府购买服务机制，按照公开规范、保障质量、提升效益的原则，鼓励和引导各类优质教育培训资源投入创业培训。按照“条件公开、合理布局、平等竞争、动态管理”的原则，制定承担政府补贴培训任务的创业培训机构的基本条件和认定程序，对符合条件的创业培训机构向社会公示并登记备案。

（六）创新创业培训模式。利用各类创业培训资源，开发针对不同创业群体、不同阶段创业活动的创业培训项目。积极采取互动式教学培训方式，辅以创业实训、考察观摩、创业指导等培训方式，大力开展能力培训、知识传授、政策咨询等服务。积极探索创业培训与技能培训、创业培训与区域产业相结合的培训模式。充分利用互联网、信息化实训平台等载体，试点推广“慕课”等“互联网＋”创业培训新模式，大规模开展开放式在线培训。加强远程公益创业培训，提升基层创业人员创业能力。研究探索通过“创业券”、“创新券”等方式对创业者提供创业培训服务。实施大学生创业引领计划和技能就业行动，鼓励高等院校、职业院校、技工院校学生在校期间开展“试创业”实践活动和电子商务培训活动，并将其纳入创业培训政策支持范围。组织开展农民工等人员返乡创业三年行动计划，大力推进返乡农民工等人员创业培训工作。

（七）强化创业服务。推进创业指导、创业培训和创业服务的有效衔接、统筹发展。完善公共创业服务功能，健全开业指导、创业孵化、项目推介、咨询指导、创业融资、人事代理相结合的创业服务体系。以创业培训师资队伍为基础，吸纳具有企业管理专业背景和创业实践经验的企业家、专家教授以及熟悉经济发展和创业政策的相关部门人员，共同推进创业服务工作。加快创业培训信息化管理平台建设，开展培训档案管理、培训流程监督、培训效果评估、师资库管理、培训资金管理等工作，并与创业培训技术服务平台链接，实现数据、信息、资源联通共享。

四、加强组织领导

（一）健全工作机制。各地人社部门要深入贯彻国务院要求，推动建立在政府统一领导下，人社部门统筹协调，相关部门各司其职、密切配合，工、青、妇等人民团体广泛参与的创业培训工作机制。各地人社部门要认真履行工作职责，根据本地实际科学规划，制订专项行动计划并抓好组织实施，加强工作组织指导，加大政策支持力度，扎实有效地推进创业培训工作。

（二）加大资金投入。劳动者参加创业培训并取得培训合格证书，实现创业或就业的，按规定享受政府创业培训补贴。各地人社部门要根据培训需求和经济发展水平，会同有关部门科学合理确定培训补贴标准，创业培训补贴从就业专项资金中列支。要加大资金投入，大力推动创业培训开展。有条件的地区要安排工作经费，对师资培训、管理人员培训、管理平台开发等基础工作给予支持。严格资金管理，提高资金使用效益，确保资金使用安全。

（三）加强绩效评估。要结合就业信息化整体工作进展，将创业培训后创业情况与就业数据相对照，将创业培训计划执行情况、创业成功率、新办企业吸纳就业情况等作为评价创业培训工作的重要指标，大力开展创业培训工作绩效评估工作。对工作开展较好的创业培训机构，要在政策和经费上给予倾斜。

（四）注重舆论宣传。各级人社部门和培训机构要充分利用报刊、广播、电视、网络等媒体做好创业培训工作的宣传。通过举办创业训练营、创业创新大赛、创业项目展示推介等活动，宣传创业培训，树立创业典型，建立激励机制，从而营造全社会共同关心、支持、参与创业的良好氛围。

二〇一五年十二月二十三日

人力资源社会保障部办公厅关于转发《天津市人民政府关于实施百万技能人才培训福利计划的意见》的通知

人社厅函［2015］11号

各省、自治区、直辖市及新疆生产建设兵团人力资源社会保障厅（局）：

近日，天津市人民政府下发了《关于实施百万技能人才培训福利计划的意见》（津政发［2014］31号），提出建立面向城乡全体劳动者的普惠性培训福利制度。通过完善政府购买培训成果机制、创新职业培训模式，实施政府培训补贴和津贴，面向企业中青年职工、职业院校学生、失业人员和农村劳动力，广泛开展职业技能培训，不断提高劳动者就业能力、工作能力和职业转换能力。

现将该文件转发给你们。请各地结合本地区工作实际学习借鉴，不断完善职业培训政策，加快构建劳动者终身职业培训体系，推动职业培训工作创新发展。

二〇一五年一月九日

天津市人民政府关于实施百万技能人才培训福利计划的意见

津政发［2014］31号

各区、县人民政府，各委、局，各直属单位：

为深入实施人才强市和创新驱动发展战略，加快培养数以百万计的技能人才，实现我市经济社会又好又快发展，建设美丽天津，现就实施百万技能人才培训福利计划提出如下意见：

一、总体思路和目标

市委、市政府高度重视职业培训工作，将其作为提升就业质量，促进经济转型升级的重要保证。多年来，不断加大资金投入，完善政府购买培训成果机制，加强培训实训机构建设，努力构建劳动者终身职业培训体系。但随着经济转型升级和产业结构调整，技能人才数量和结构不能很好地适应我市经济社会持续健康发展的需要。因此，实施培训福利计划，创新职业培训模式，提高劳动者素质，对加快推进经济转型升级，推动京津冀协同发展和滨海新区开发开放，促进和稳定就业，增加居民收入，都具有重要意义。

全面贯彻党的十八届三中、四中全会和市委十届四次、五次、六次全会精神，按照普惠实用、就业导向和政府购买服务的原则，利用社会资源在全市建立面向城乡全体劳动者的普惠性培训福利制度。通过实施政府培训补贴和津贴，鼓励和引导职业院校、企业和社会培训机构，重点面向45岁以下企业中青年职工、院校学生、失业人员和农村劳动力，开展以“职业培训包”为主要模式的职业技能培训，加快培养急需的技能人才。从2015年到2017年，通过有组织的培训和自学，使120万人取得相应的职业资格证书，持有国家职业资格证书的人员增加到276万人，占技能劳动者的比例提高到70％以上。

二、培训对象和内容

（一）企业技能岗位的中青年职工。根据生产经营、科技创新和技术进步的需要，组织职工开展在岗培训、脱产培训、业务研修、岗位练兵等多种方式的职业技能提升和转岗培训，重点培养中、高级技能人才。

（二）职业院校学生。围绕社会需求，深化产教融合，加强校企合作，强化专业设置与产业需求对接、课程内容与职业标准对接、学习过程与工作过程对接。全面推行学历证书和职业资格证书“双证书”制度，突出中、高级职业能力培养。技术技能类专业毕业生取得国家职业资格证书的比例达到90％以上。

（三）失业人员。符合就业条件未就业的新生劳动力，重点开展定向和订单培训，促进尽快就业；就业转失业的人员，重点开展适应职业转换需要的新技术、新技能培训，促进实现再就业。

（四）农村适龄劳动力。围绕城乡一体化发展的需要，重点开展转移就业技能和农业实用技术培训，促进就地就业和向非农产业、城镇有序转移。

三、实施机构和方式

（一）发挥职业院校职业培训的主体作用。以海河教育园区为重点，着力打造一批职业教育国家级示范校和特色专业。职业院校学历教育要与职业培训并重，着力突出高技能人才培养；积极推行招生即招工、入校即入职、校企双师联合培养的“双轨制”职业教育培训模式，明确企业、学校、学生三方权利和义务；深化产教融合、校企合作，着力提升学生的就业能力。

（二）发挥企业职工培训的主导作用。企业要依托职业院校、培训机构，有计划有步骤地组织职工参加脱产、半脱产职业培训。有条件的企业要利用自身资源建立培训中心、技师工作站、技能大师工作室，自行开展培训。鼓励企业采取“企校双制、工学一体”的模式，通过企校合作与“师带徒”模式相结合，开展学徒培训。

（三）发挥民办职业培训机构的积极作用。鼓励和引导社会各类优质资源，发挥自身优势，积极兴办职业培训机构，围绕社会需求开展职业培训。

（四）加强公共实训体系建设。进一步强化市级公共实训中心示范引领作用。加快建设满足区域产业特点和需求的区县公共实训载体，并给予设施设备支持。通过政府购买服务的方式，在具备条件的行业、企业和职业院校遴选一批公共实训基地，形成布局合理、设施完备、功能齐全、运行高效的公共实训服务体系。

（五）实施“职业培训包”培训模式。依据国家职业标准，针对技术进步和产业发展要求，大力开发“职业培训包”，将职业标准、教学内容、教学方式、教材、师资、实训、考核等内容规范化、标准化，形成“一体化”培训模式，实现职业培训由结果管理向过程管理转变，提高培训效率和质量。

（六）强化职业技能竞赛的选拔和评价功能。各区县、行业、院校和社会组织要积极组织开展职业技能竞赛。职业技能竞赛要与企业生产经营活动相结合，与新技术、新工艺、新方法推广应用相结合，与劳动者职业技能鉴定相结合，使职业技能竞赛成为技能人才选拔和评价的平台。

（七）提高师资队伍实践教学能力。建立和完善职业院校和培训机构专业教师定期到企业进行实践锻炼、企业技术技能人才到职业院校担任兼职教师的制度，加快提升专兼职教师的实践教学能力。职业院校和培训机构要安排专业教师定期参加培训和实践锻炼，培训进修和实践锻炼的时间每年不少于100课时。

（八）合理设置培训课时。培训课时应依据国家职业标准相关要求确定，各职业平均培训课时原则上为初级300课时、中级240课时、高级180课时、技师150课时、高级技师120课时。

四、技能鉴定和管理

（一）严格职业技能鉴定考核工作。坚持“培考分离”的原则，职业技能考核鉴定与职业培训活动要严格分开。职业技能鉴定考核工作由市人力社保局统一组织、统一命题、统一选派考评员、统一阅卷、统一核发证书，并在认定的职业技能鉴定机构和许可的职业（工种）及等级范围内进行。加强鉴定题库建设，市人力社保局要围绕产业转型升级对岗位技能的需要，适时更新和完善鉴定题库。加强考评员、质量督导员的选聘及管理，严格考评员、质量督导员考评和督导程序，建立工作档案和诚信记录，强化考评员、质量督导员业务培训和职业道德教育。

（二）提升职业技能鉴定信息化管理水平。完善职业技能鉴定管理信息系统，实现鉴定报名、考务安排、结果查询网络化管理和服务。鉴定结果要及时向社会公布，为公众提供高效便捷的职业资格证书信息查询服务。

（三）建立和完善职业技能鉴定结果评估和责任追究制度。加强职业技能鉴定事前、事中、事后全过程的质量控制和鉴定考核档案管理；按照“考监分设”的原则，实行鉴定过程和结果第三方监督和评估制度，确保鉴定结果客观公正；畅通群众监督渠道，鼓励和支持社会各方面对职业技能鉴定中违纪违规行为投诉和举报，严格追究相关部门和人员责任。

（四）建立职业技能鉴定机构退出机制。组织社会力量，定期开展职业技能鉴定机构质量评估。职业技能鉴定机构未按规定要求实施鉴定，或在鉴定过程中弄虚作假、徇私舞弊的，取消鉴定结果并视情节轻重给予通报批评和警告、吊销鉴定许可证等处罚，构成犯罪的依法追究法律责任。

五、补贴办法和支付

按照“需求引导培训、补贴对应等级”的原则，委托社会调查机构开展市场需求和培训成本调查，每年发布《职业培训成本及市场需求程度目录》（以下简称《目录》）。参加《目录》所列职业和等级培训，并取得职业资格证书的人员，可享受相应的职业培训补贴、职工培训津贴、生活费补贴和实习补贴。补贴和津贴实行后付制。

（一）职业培训补贴。对参加《目录》所列职业和等级技能培训，取得技师、高级技师职业资格证书的人员，给予100％培训费补贴和鉴定费补贴；取得高级工及以下等级职业资格证书的人员（不含职业院校学生），按照非常紧缺、紧缺、一般紧缺三个不同需求程度，分别给予培训成本100％、90％、80％的培训费补贴和100％的鉴定费补贴。培训费补贴直接拨付给培训机构，培训费用差额部分，在职职工由企业或职工个人承担，其他参加培训人员由个人承担。

（二）职工培训津贴。企业组织职工带薪参加培训，按照职工取得的职业资格证书等级，给予培训津贴。其中，脱产培训的，企业和职工各享受50%；职工利用业余时间参加培训或自学的，津贴全额发放给职工个人。培训津贴标准按职工取得的职业资格证书等级分别为：初级工和专项职业能力1 000元，中级工1 500元，高级工2 000元，技师和高级技师3 000元。

（三）生活费补贴。失业人员、农村劳动力和普通高校（非职业院校）学生到职业院校、培训机构参加《目录》所列项目全日制培训并取得职业资格证书的，根据国家职业标准规定的课时，按每人每课时6元标准给予生活费补贴，补贴发放给个人。

（四）实习补贴。职业院校与企业实行“双轨制”培养模式，学生到企业实习的，按每人每月1 000元标准给予实习补贴，最长期限12个月。实习补贴发放给企业，由企业根据学生实习情况按照不低于80%的标准按月发放给学生。

（五）师资培训补贴。职业院校和职业培训机构专业教师参加培训或到企业实践锻炼，经鉴定考核取得《目录》所列职业资格证书的，参照企业在职职工享受相应的职业培训补贴和培训津贴。

（六）约定服务期。享受职业培训补贴和津贴的用人单位和劳动者，依据《劳动合同法》有关规定，可以订立协议，约定服务期限。

六、组织推动和保障

（一）成立组织机构。成立天津市实施百万技能人才培训福利计划领导小组（以下简称领导小组），负责综合协调、指导推动和考核监督工作。领导小组组长由分管副市长担任，副组长由市人力社保局主要负责同志担任，成员包括市国资委、市教委、市商务委、市建委、市农委、市财政局、市中小企业局、市人力社保局等部门负责同志。领导小组下设办公室，办公室设在市人力社保局，负责日常工作。

（二）落实工作责任。各责任单位负责本部门、本行业、本区县技能人才培训的组织实施工作，制定技能人才培训实施方案，将培训任务分解到有关责任单位，明确责任部门和责任人，确保目标任务的落实。各相关单位要组织企业职工、农村劳动力、职业院校学生、失业人员参加职业技能培训。职业院校和职业培训机构要发挥自身优势，主动与相关单位对接，大力开展多层次的职业培训工作。

（三）建立考评制度。市人民政府将本意见落实情况作为考核各有关责任部门的一项重要内容，并适时组织专项督查，领导小组每年听取各责任单位工作开展情况汇报。各区县人民政府和行业主管部门要按季度向领导小组办公室报送工作进展情况，领导小组办公室要建立统计信息制度，加强对具体责任单位的监督检查和评估，定期通报工作进展情况。

（四）加大宣传力度。新闻媒体要广泛宣传我市的培训福利计划，大力宣传我市技能人才培养的方针政策、做法和成效，营造劳动光荣、技能宝贵、创造伟大的良好社会氛围。

本意见自2015年1月1日起施行，2017年12月31日废止。各区县人民政府、有关部门和单位要结合实际制定具体实施办法。

人力资源社会保障部办公厅关于做好留学回国人员自主创业工作有关问题的通知

人社厅函［2015］19号

各省、自治区、直辖市及新疆生产建设兵团人力资源社会保障厅（局），各副省级市人力资源社会保障局：

为落实国务院办公厅《关于做好2014年全国普通高等学校毕业生就业创业工作的通知》（国办发［2014］22号）和中组部、人力资源社会保障部《关于支持留学人员回国创业意见的通知》（人社部发［2011］23号）精神，切实做好留学回国人员自主创业工作，现就有关问题通知如下：

一、在国外接受高等教育并获得本科以上学历的留学回国人员比照国内高校毕业生，享受高校毕业生自主创业优惠政策。

二、符合政策规定条件的留学回国人员可凭国外学历学位证书和教育部国外学历学位认证，在创业地人力资源社会保障部门留学人员回国服务机构登记备案，可按规定享受创业指导、创业培训、工商登记、融资服务、税费减免、场地扶持、人事代理、档案保管、职称评定、社会保险办理和接续等各项服务和政策优惠。

三、各级人力资源社会保障部门要明确留学回国人员享受高校毕业生自主创业扶持政策的工作流程，指导各地留学回国人员服务中心、留学人员创业园、留学人员工作站等留学人员回国服务机构不断创新服务手段和方式，加强与公共就业人才服务机构及工商、税务、银行等相关部门的协调衔接，将留学人员回国服务机构作为统一受理窗口，有条件的可实行一站式服务，为留学回国人员申请享受创业优惠政策提供便利。

四、各地要高度重视留学回国人员自主创业工作，切实加强组织领导，加大投入，充实留学人员回国服务机构工作力量，将这项工作纳入留学人员回国服务体系建设和大学生创业引领计划实施工作考核范畴，确保政策落实、服务到位。

五、各地执行中遇有问题，请及时向人力资源社会保障部专业技术人员管理司反馈。

二〇一五年一月十六日

人力资源社会保障部办公厅关于转发国办发［2014］60号文件的通知

人社厅函［2015］36号

各省、自治区、直辖市及新疆生产建设兵团人力资源社会保障厅（局），部属各单位，公务员局：

国务院办公厅转发了国家统计局《关于加强和完善部门统计工作的意见》，明确了加强和完善部门统计工作的重要意义和基本要求，并就建设统一的统计基本单位名录库、健全规范统计标准、规范设立统计调查项目、科学组织统计调查、规范公布统计数据、推进部门间统计信息共享、夯实部门统计基础等工作提出了意见，现转发给你们，请认真贯彻执行。

二〇一五年二月十二日

国务院办公厅转发国家统计局关于加强和完善部门统计工作意见的通知

国办发［2014］60号

各省、自治区、直辖市人民政府，国务院各部委、各直属机构：

国家统计局《关于加强和完善部门统计工作的意见》已经国务院同意，现转发给你们，请认真贯彻执行。

二〇一四年十二月三日

关于加强和完善部门统计工作的意见

为贯彻党的十八大和十八届二中、三中、四中全会精神，落实党中央、国务院决策部署，进一步提高部门统计工作水平，现就加强和完善部门统计工作提出以下意见。

一、加强和完善部门统计工作的重要意义和基本要求

我国政府统计由国家统计、部门统计和地方统计构成。部门统计是政府统计的重要组成部分，承担着事关国计民生的重要统计调查任务。加强和完善部门统计，有利于提高基础数据质量，有利于为推动经济提质增效升级、提高宏观调控和科学决策水平等提供支撑。近年来，各部门积极推进统计改革建设，不断提高统计水平，部门统计取得长足进步，为经济发展、民生改善和社会进步提供了有力信息支撑。

但是，部门统计还存在统计基础薄弱、调查内容覆盖不全、调查项目交叉重复、统计标准不统一、组织实施不严谨、信息共享不到位，甚至数据相互矛盾等问题，影响着部门统计职能的发挥。加强和完善部门统计，必须紧紧围绕党和国家中心工作，按照规范统一、分工合理、合作共享的要求，加快建设制度完善、方法科学、行为严谨、过程可控、信息化程度较高的部门统计调查体系，更好地服务宏观决策、服务经济社会发展、服务企业和社会公众。

二、建设统一的统计基本单位名录库

（一）建设国家统计基本单位名录库。国家统计局要会同机构编制、民政、税务、工商、质检等部门，充分利用国家法人单位信息资源库和有关部门名录信息，建立统一完整、不重不漏、信息真实、更新及时、互惠共享的国家统计基本单位名录库，为各类以单位为对象的普查和调查提供调查单位库和抽样框。部门可根据国家统计基本单位名录库，在确保衔接一致前提下，细化和扩充单位基础信息，形成部门统计调查单位名录库。

（二）健全维护更新机制。各级机构编制、民政、税务、工商、质检等部门，定期向同级统计部门提供本部门掌握的单位行政登记资料。使用国家统计基本单位名录库信息的部门应当将其掌握的单位变动情况及时告知统计部门。统计部门依据全国经济普查结果对国家统计基本单位名录库进行全面更新，依据常规统计调查资料和部门单位资料进行日常维护，确保单位信息真实准确。

（三）依法按需共享使用名录信息。统计部门依据有关部门职能和调查需要，通过签订部门间协议，依法授权其使用国家统计基本单位名录库或依法提供名录信息查询服务。参与名录库建设维护的部门经依法授权可使用相关范围的最新名录库信息。各部门面向单位的统计调查原则上都应取自国家统计基本单位名录库或部门统计调查单位名录库。

三、健全规范统计标准

（一）健全统计标准体系。根据经济社会发展情况和国民经济核算需要，借鉴国际通行统计标准，按照标准先行、急需先建的原则，依法制定国家统计标准和部门统计标准，加快建立科学、统一、完整、适用的统计标准体系。制定统计标准时，应当充分听取有关部门、统计用户、调查对象、统计人员和专家学者等各方面意见，提高统计标准制定科学化水平，促进统计标准统一规范。国家统计局建立政府统计标准库，及时公布非涉密统计标准。

加快建立国家统计调查项目元数据库，实现对统计设计和数据采集、加工、公布等工作的统一标准化、电子化管理。

（二）规范统计标准使用。部门统计调查应当优先使用国家统计标准。无国家统计标准的，可以使用经依法批准的部门统计标准。建立统计标准执行监督制度和实施情况评估制度，定期进行检查和科学评估，并及时进行修订或废止。

四、规范设立统计调查项目

（一）完善部门统计调查项目设立程序。设立部门统计调查项目应符合本部门职责，体现精简效能原则，充分征求有关方面意见，并按程序报批或备案，避免重复调查。制定部门统计调查制度，要严格执行统计标准，规范设置统计指标，合理确定调查范围、频率和方法，优先采用部门管理形成的各类行政记录，全面推广调查对象试填试报等测试论证工作。建立统计调查制度的定期评估机制，根据实际执行情况，不断完善制度。

（二）建立部门统计调查项目公示制度。国家统计局要及时公布非涉密部门统计调查项目目录，方便公众查询使用。建立动态更新的部门统计调查项目库，方便部门查询使用非涉密部门统计调查制度。依法公布部门统计调查制度的主要内容。

五、科学组织统计调查

（一）认真实施部门统计调查制度。明确部门统计调查制度管理责任，严格按照统计调查制度开展统计调查。各部门要保障部门统计调查所需人力、物力和财力，认真组织开展培训，确保统计人员了解调查采用的统计标准和调查方法，熟悉指标含义、口径和计算方法，掌握现场调查技巧等。

（二）规范部门统计调查活动。健全部门统计调查行为准则，明确调查任务布置、数据采集、资料审核处理过程中的行为规范。按照法定程序将调查内容、报送时间及填报要求告知调查对象并给予必要指导。按照调查制度规定的方式方法和业务流程搜集统计资料，确保调查对象填报数据的真实准确。同时，认真审核调查对象报送的原始资料，努力减少数据处理偏差。

（三）健全部门统计数据质量控制体系。建立健全涵盖部门统计调查各环节、各岗位的质量标准、技术规范，明确工作责任，建立原始数据核实核查制度，构建覆盖全面、基础扎实、程序规范、责任明确的统计数据质量控制体系，实现统计调查全流程的制度化、程序化、规范化。

六、规范公布统计数据

（一）依法依规公布统计数据。除依法应当保密的外，部门统计调查取得的统计数据原则上应按照统计调查制度规定公布，并及时抄送国家统计局。部门拟公布的统计数据与政府综合统计部门数据不一致的，按国家有关规定办理。部门统计数据的公布，由部门综合统计机构或统计负责人归口管理，或者由部门综合统计机构或统计负责人会同有关机构共同管理。通过部门统计调查获得的统计资料，以本部门名义对外公布。

（二）建立数据公布预告知制度。各部门应制定数据公布计划及其主要统计信息公布日程表，提前向社会公告全年数据公布的具体内容、时间和渠道，保障社会公众能够方便及时获取数据。因特殊原因不能按原计划公布的，要提前告知。

（三）规范数据公布内容。各部门公布统计数据时应当同时公布数据来源、调查机构、调查范围、调查方法、样本量以及联系方式和所采用的指标含义、计算方法、分类目录等统计标准，方便统计用户和社会公众正确理解和使用统计数据。各部门在公开场合使用其他部门统计数据应注明来源。

七、推进部门间统计信息共享

（一）建立统计信息共享机制。依法开展

的国家统计调查和部门统计调查取得的所有统计资料属于政府公共资源，原则上应在部门间共享。国家统计局将部门信息共享纳入部门统计调查项目审批或备案内容。数据生产和使用部门可以通过双方或多方协议的形式，依法明确信息共享的内容、方式、时限、渠道以及应承担的责任等。需要保密的，数据使用部门应当按照保密规定使用。对于数据生产部门未对外公开公布的数据，数据使用部门对外公开公布前，应当征得数据生产部门同意。

（二）加快构建统计信息共享数据库。按照物理分散、逻辑集中、统一管理、普遍共享的原则，建设和完善国家统计局和各部门的统计信息共享数据库，共享各部门已对外公布数据和可以在多部门间共享的其他数据。进一步建立健全统计信息共享数据库建设的技术标准，以及查询、交换和访问授权等信息共享方式的标准规范，为构建部门间统计信息共享数据库提供可靠技术保障。

八、夯实部门统计基础

（一）大力推动部门统计信息化建设。各部门要以国家电子政务内网、外网和互联网为依托，充分利用部门信息化资源，推行统一的国家技术标准，加快推进部门统计信息化建设。加强部门统计信息系统的日常运行维护和安全保障工作，强化信息系统和数据库的安全基础设施建设。积极推行联网直报，逐步实现调查对象和调查人员通过网络直接报送原始数据、各级部门统计机构在线同步共享的工作模式。积极推动大数据和云计算等现代信息技术应用，加大部门电子化行政记录有效转化为统计信息的技术开发力度，稳步推进部门应用企业电子化数据进程。

（二）不断加强部门统计队伍建设。各部门要明确承担部门统计的机构或在内设机构中设置专、兼职统计人员并指定统计负责人，确保统计工作有效开展。部门统计职能由多个内设机构承担的部门，要明确统一组织协调统计工作的机构，负责本部门统计工作的归口管理。要合理配置统计人员，不断充实统计力量，加强对部门统计人员的专业培训和职业道德教育，努力提高部门统计人员素质，保持统计队伍稳定。

（三）加强对部门统计工作的组织领导。国家统计局要切实履行好组织领导和协调全国统计工作的法定职责，进一步强化对部门统计的业务指导、培训和规范，积极推广部门在统计改革发展和信息化建设中的成果，促进部门间沟通协调。各部门要进一步提高认识，切实把统计工作摆到重要位置，健全工作机制，完善工作制度，加强统计科学研究，为统计工作提供必要的保障，不断提高部门统计能力和工作水平。

人力资源社会保障部办公厅关于对国家基本医疗保险、工伤保险和生育保险药品目录中部分药品进行调整规范的通知

人社厅函［2015］92号

各省、自治区、直辖市及新疆生产建设兵团人力资源社会保障厅（局）：

近期，国家食品药品监督管理总局对部分药品品种和名称进行了变更。据此，对我部印发的《国家基本医疗保险、工伤保险和生育保险药品目录（2009年版）》（简称医保目录）进行调整和规范，请遵照执行。

一、关于西药通用名后使用罗马数字区分的认定

2009年医保目录印发时已收载的西药品种，后经国家食品药品监管部门批准，在通用名后使用罗马数字Ⅰ、Ⅱ、Ⅲ、Ⅳ等进行区分的，更名后的药品属于医保目录范围。

二、关于部分缓解感冒症状的复方OTC制剂的更名

在医保目录西药部分第198号“缓解感冒症状的复方OTC制剂”包括的品种中增加：“氨麻美敏片、氨麻美敏片（Ⅱ）、氨麻美敏片（Ⅲ），氨麻美敏口服溶液，氨麻苯美片，氨酚伪麻美芬胶囊，氨酚伪麻美芬片、氨酚伪麻美芬片（Ⅱ）、氨酚伪麻美芬片（Ⅲ），氨咖黄敏口服溶液，洛芬葡锌那敏片”，删除：“美扑伪麻片、氨酚伪麻美那敏片、美扑伪麻口服液、氨酚美伪麻片、美息伪麻片、双分伪麻片、双扑口服液、锌布片”。

三、关于部分药品通用名称变更

西药第249号“顺苯磺阿曲库铵”中文名称变更为“苯磺顺阿曲库铵”。

西药第449号“拓扑替康”中文名称变更为“托泊替康”。

西药第710号“溴米因”中文名称变更为“溴米那普鲁卡因”。

西药第928号“重组人粒细胞集落刺激因子”中文名称变更为“重组人粒细胞刺激因子”。

西药第929号“重组人粒细胞巨噬细胞集落刺激因子”中文名称变更为“重组人粒细胞巨噬细胞刺激因子”。

西药第1082号“复方甲硝唑”中文名称变更为“复方甲硝唑（甲硝维参）”。

四、关于部分药品的认定

通用名为“依托咪酯乳状注射液”的药品属于医保目录西药第236号收载的依托咪酯注

射剂。

通用名为“美沙拉秦”的药品与医保目录西药第763号通用名为“美沙拉嗪”的药品主要成分相同。

通用名为“阿夫唑嗪”的药品与医保目录西药第806号通用名为“阿呋唑嗪”的药品主要成分相同。

通用名为“依诺肝素钠注射液”、“达肝素钠注射液”、“那屈肝素钙注射液”的药品属于医保目录西药第905号“低分子肝素注射剂”。

二〇一五年三月二十七日

人力资源社会保障部办公厅关于转发《浙江省人民政府办公厅关于加快推进技能人才队伍建设的意见》的通知

人社厅函［2015］131号

各省、自治区、直辖市及新疆生产建设兵团人力资源社会保障厅（局）：

近日，浙江省人民政府办公厅下发了《浙江省人民政府办公厅关于加快推进技能人才队伍建设的意见》（浙政办发［2015］25号），明确了技能人才队伍建设的主要任务，出台了技能人才培养、评价、选拔激励等一系列政策举措，推动技能人才队伍建设工作创新发展。

现将该文件转发给你们。请各地结合本地区工作实际学习借鉴，不断完善技能人才培养机制，为经济社会发展提供有力的人才支撑。

二〇一五年四月二十八日

浙江省人民政府办公厅关于加快推进技能人才队伍建设的意见

浙政办发［2015］25号

各市、县（市、区）人民政府，省政府直属各单位：

建设一支数量充足、技能精湛、素质优秀的高技能人才队伍，是推进经济转型升级、建设创新型省份的必然要求。近年来，我省技能人才工作不断加强，技能人才占产业工人的比例不断提高，但技能人才总量不足、结构不尽合理，技能人才培养内生动力不足、培养体系不够健全等问题仍然较为突出，技能人才工作还不能完全适应经济社会发展的要求。为加快推进我省技能人才队伍建设，经省政府同意，现提出以下意见：

一、总体要求

（一）指导思想。深入贯彻落实党的十八大和十八届三中、四中全会及省委十三届历次全会精神，紧紧围绕我省经济转型升级和产业结构调整的要求，以提升职业能力为核心，以高技能人才培养为主线，加快完善技能人才培养、引进、使用、评价、激励政策体系，进一步健全“政府推动、企业主体、社会参与”的技能人才培养机制，为全省经济社会发展提供有力的人才支撑。

（二）主要任务。不断完善面向城乡全体劳动者的培训体系，创新技能人才培养方式，开展多种形式的职业技能教育和职业技能培训，提升劳动者就业创业能力。深度推进校企合作，实施“百校千企”工程。强化企业主体作用，广泛开展企业和行业技能人才自主评价。大力打造技能人才领军队伍，深入开展“千企千师”培养行动。在突出高技能人才培养的同时，进一步扩大中级技能人才的数量，加快形成“橄榄型”人才结构。到2017年，全省新增高技能人才60万人，高技能人才占技能人才比例、技能人才占从业人员比例位居全国前列。

二、主要政策举措

（一）技能人才培养。

1. 强化职业技能培训规划。建立健全面向全体劳动者的终身职业培训制度，积极开展多种形式的职业培训。重点开展在岗职工技能提升培训、大学生就业前技能培训、农村实用型技能人才培训，加强非物质文化遗产保护传承人才的培训培养，组织“金蓝领”等优秀高技能人才到国内外接受高层次培训。2015—2017年，力争使新进入人力资源市场的劳动者和有培训愿望的大学生就业前都能接受相应的职业培训，企业技能岗位的职工都能得到至少1次技能提升培训，每个有培训愿望的创业者都能参加1次创业培训，农村新成长劳动力和拟转移到非农产业务工经商的农村劳动者都能得到1次职业技能培训。

构建以市场需求为导向的职业培训机制，建立紧缺工种动态发布制度，根据产业结构调整、人力资源市场信息、企业用工需求等因素，及时调整发布紧缺工种。各级人力社保部门每年至少发布1次本地紧缺工种情况。

2. 实施“百校千企”工程。深入开展校企合作，在全省选择100所职业院校和1 000家企业，建立全面深入的合作关系，推动专业设置与产业需求对接、教育过程与生产过程对接、职业教育与终身学习对接。多种形式支持企业和学校建立兼具生产与教学功能的公共实训基地，开展校企联合招生、校企合作培训和教师进企业、技能大师进校园等活动，校企合作的定向培训费用可从企业职工教育经费中列支。在企业设立学生实习和教师实践岗位，企业因接收实习生所实际发生的与取得收入有关的、合理的支出，按现行税收法律规定在计算应纳税所得额时扣除。对职业院校自办的、以服务学生实习实训为目的的企业或经营活动，按国家有关规定享受税收等优惠。

3. 开展“千企千师”培养行动。以技能大师工作室建设为基础，从全省1 000家主导产业、战略性新兴产业和传统经典产业企业中，选择1 000名技能拔尖、技艺精湛或掌握传统技艺、民间绝技绝活的技能大师，开展传艺带徒、技艺革新、技能推广活动。每个省级技能大师工作室每年带徒不少于5名，并签订师徒协议，明确培养目标、培养内容和培养期限。企业要组建以技能大师为核心的技能团队，开展培训研修、技能攻关、技艺革新等活动。积极发挥各类社团组织作用，推进技师协会建设，为技能大师开展同业交流、展示技能成果、推广绝技绝活搭建平台。

4. 建设多元化培养平台。扩大技工院校培养规模，注重内涵建设，将技工学校和高级技工学校办成高级工的重要培养载体，将技师学院办成技师的重要培养载体。加强师资队伍建设，完善教师评聘、收入分配和继续教育制度。技师学院绩效工资参照高职院校执行，高级技工学校、技师学院的收费标准和财政生均定额拨款标准参照高职院校执行。

推动办学主体多元化，鼓励社会力量举办高质量、有特色的技工院校和职业培训机构，并在师资培养、技能鉴定、就业信息服务、政府购买培养成果等方面享有与公办技工院校和职业培训机构同等政策。

依托职业院校、职业培训机构、大中型企业，加快省、市、县三级高技能人才实训基地建设。到2017年，基本形成覆盖全省的高技能人才实训基地网络。

（二）技能人才评价。

1. 推进技能人才自主评价。广泛开展企业、行业技能人才自主评价，由企业或行业协会在国家职业标准的统一框架基础上，结合本企业或行业的生产服务实际，自主设置评价标准，组织考核鉴定。实施自主评价的企业，其开展职工培训所发生的费用按职业培训补贴有关规定执行。

各有关部门要加强自主评价工作的事中事后监管，促进自主评价工作规范有序开展。各级职业技能鉴定机构要转变职能，强化公共服务，重点做好职业培训包和题库开发、专家库和考评员队伍建设、技术支持和咨询服务等工作。

2. 完善技能人才评价机制。实行学历教育考试与职业技能资格鉴定相结合。完善职业院校学生职业能力评价办法，提高在校生参加鉴定的比例，在职业院校中推行学历证书和职业资格证书“双证书”制度。适应人才国际化趋势，逐步推行国际职业资格证书并实现与国内职业资格证书互认。加强职业资格证书管理，清理规范各类职业资格认证。

（三）技能人才选拔激励。

1. 健全评选激励机制。完善职业技能竞赛制度，提升竞赛技术标准，调整竞赛工作规则，健全参赛选手的培养、选拔机制。逐步提高省级以下劳动模范评选中高技能人才的比例，在评选企业劳动模范和先进工作者时，要优先考虑有突出贡献的高技能人才。

2. 拓宽职业发展通道。建立特级技师制度，特别优秀的高级技师可以晋升特级技师，特级技师的相关待遇参照教授级高工执行。同时，允许符合条件的专业技术人员转评技能等级序列。

3. 鼓励技能人才引进。鼓励引导企业以岗位聘用、项目合作等方式柔性引进高技能人才。引进的高技能人才符合条件的，按照省有关政策规定享受相应待遇。

三、组织保障

（一）加强组织领导。各地要把技能人才培养作为促进经济转型升级和创新驱动发展的一项重要内容，制定技能人才队伍建设专项规划，并将其纳入本地区人才发展规划，统一部署推进。进一步健全考核体系，将高技能人才占技能劳动者比例、年度高技能人才培养数，作为各地人才发展水平的重要评价指标之一。

（二）加大资金投入。各地要加大技能人才队伍建设投入，进一步优化促进就业资金支出结构，支持高技能人才培养。省级促进就业资金转移支付实行因素法分配，将各地技能人才培养情况作为重要的考虑因素。企业要依法履行职工教育培训和足额提取教育培训经费的责任，一般企业按照职工工资总额的1.5%足额提取教育培训经费，从业人员技能要求高、实训耗材多、培训任务重、经济效益较好的企业可按2.5%提取，其中用于一线职工教育培训的比例不低于60%。对不按规定提取和使用教育培训经费并拒不改正的企业，由县级以上人民政府依法收取企业应当承担的职业教育经费，统筹用于本地区的职业教育培训。各级人力社保部门要加强对各类培训补贴发放使用情况的监督检查。

（三）强化工作基础。加强技能人才培养理论研究，建立完善技能人才资源年度调查统计制度和需求预测制度，及时掌握技能人才市场需求变化情况。加快开发技能人才信息库，定期编制和发布技能人才需求目录，建立社会化、开放式的技能人才资源信息共享机制。创新宣传方式，强化典型示范，大力宣传技能人才队伍建设政策措施和技能人才典型，在全社会营造尊重劳动、崇尚技能的良好氛围。

人力资源社会保障部办公厅关于加强全国技工院校电子注册与统计信息管理系统使用工作的通知

人社厅函〔2015〕226号

各省、自治区、直辖市及新疆生产建设兵团人力资源社会保障厅（局）：

为进一步加强全国技工院校电子注册与统计信息管理系统（以下简称信息系统）使用与管理工作，现就有关事项通知如下。

一、高度重视信息系统的使用

信息系统是做好技工院校学生学籍管理、资助管理等工作的重要技术手段。规范使用信息系统，有助于及时准确掌握技工院校数据信息，实现技工院校宏观管理；有助于推动技工院校免学费和助学金政策落实，做好财政补助资金预算和决算；有助于规范技工院校学籍管理、毕业管理，提升技工院校管理水平。各级人力资源社会保障部门和技工院校要高度重视信息系统使用工作，确定相关机构并指定专人负责信息系统操作和管理，明确机构和人员职责，制定信息系统管理与使用制度。各级人力资源社会保障部门要指导技工院校利用信息系统做好学生学籍管理、免学费和助学金管理、毕业处理等相关工作，加强对技工院校信息系统使用情况的检查督导。

二、切实加强信息系统用户管理

信息系统用户分为省级、地市级和院校级三级用户。省级用户有权设置或撤销地市级用户和省属学校用户，地市级用户有权设置或撤销市属学校用户。院校基本用户为“校长用户”，由校长本人或校长授权专人使用，负责本校全部业务的信息录入、申报、审核和提交。根据工作需要，技工院校可向上级管理部门申请开设一个“学校用户”，专门负责所有业务的信息录入、申报和提交等系统操作工作，或申请分设“教务管理用户”、“学籍管理用户”、“免学费管理用户”、“助学金管理用户”、“就业管理用户”、“毕业管理用户”等分类用户，负责不同业务的信息录入、申报和提交等系统操作工作，分担“校长用户”的部分系统操作工作。为强化校长责任，“校长用户”的审核功能不能分配给其他用户。学籍注册和异动、免学费和助学金申请、毕业证书申请等信息的申报，必须经“校长用户”审核后才能提交给上级管理部门。各级人力资源社会保障部门和技工院校要严格规范用户管理。各级各类用户实行专人负责制，用户负责人要对账号和密码严格保密，不得交由他人使用，并签署保密承诺书。用户负责人要切实履行职责，按时完成业务操作，及时更新维护系统内信息，确保数据真实、全面、准确。

三、关于信息填报

（一）详细填写院校基本信息。省级和地市级用户要认真填写技工院校基本信息，包括院校名称（应与学校公章一致）、代码、类别、性质、隶属关系等内容。技工院校用户要认真填写学校占地面积、建筑面积、实训设施设备、教师情况、联系方式等信息，并根据变化情况及时更新。

（二）规范填报专业信息。技工院校要依照《全国技工院校专业目录》（2013 年修订）规范填报专业，报上级管理部门批准，为做好学籍注册、免学费和助学金管理、毕业处理和毕业证书打印等工作奠定基础。

（三）认真填写学生获取职业资格证书、就业等信息。技工院校要根据学生实际情况，认真填写学生获取的职业资格证书名称、等级和编号等信息，并根据学生就业情况填写学生就业方式、就业地区、就业领域、就业时间等信息。

四、关于学籍管理

（一）按时完成新生学籍注册。技工院校要在新学期开学后，认真核实学生姓名、身份证号、户口性质、生源地、家庭经济状况等基本情况，并将新生信息及时录入信息系统。经与教育部中职系统查重反馈通过，并由“校长用户”审核合格后，报上级管理部门批准。各级人力资源社会保障部门要指导督促技工院校加强学籍注册管理，严格区分全日制教育学籍和非全日制教育学籍。非全日制教育学生和参加职业培训学员不得注册为全日制教育学籍，不得虚假、重复注册学籍。

春季学期和秋季学期新生学籍注册工作应分别于每年 4 月 20 日和 10 月 20 日前完成。

（二）及时进行学籍异动处理。学生出现休学、退学、转学、复学等学籍异动情况，技工院校要在学籍异动发生之日起 10 日内在信息系统中进行学籍异动申报，经“校长用户”审核后，报上级管理部门批准。上级管理部门应于接到异动申报 10 日内进行处理。

（三）定期清理重复学籍学生。技工院校要对信息系统中提示的重复学籍学生及时进行核实，查清重复学籍学生是否在本校实际就读。确在本校实际就读的学生，要积极联系重复学籍的学校，请其注销该生学籍；未在本校实际就读的学生，要及时注销学籍。各级人力资源社会保障部门要加强对所管辖技工院校重复学籍学生核实清理工作的检查，保证信息系统学生信息真实准确。

五、关于免学费和助学金管理

（一）认真核实信息。技工院校要积极主动向学生宣传国家中等职业教育免学费和助学金政策，指导学生做好资助申请表填写和相关证明材料准备工作。学生提交资助申请材料后，技工院校要根据《关于做好扩大中等职业教育免学费政策范围　进一步完善国家助学金制度的意见》（财教［2012］376 号）及本省（区、市）的有关规定，认真核实申请学生是否符合享受免学费或助学金政策规定条件。

（二）及时进行申报。技工院校要对符合享受免学费或助学金政策条件的学生名单在校内进行不少于 7 日的公示。公示结束且没有异议的学生，可在信息系统进行享受免学费或助学金政策资格申报。因学籍异动等原因导致学生受助资格取消或新增受助学生的，要及时在信息系统内申报。

（三）严格审核审批。校长作为学校资助管理工作第一责任人，要通过“校长用户”对申报享受免学费或助学金政策学生名单进行严格审核。上级管理部门要认真核实技工院校上报的学生人数和学生信息，严格按照政策规定条件核准学生受助资格。各级人力资源社会保障部门要指导督促技工院校严格通过信息系统进行享受免学费和助学金政策资格的申报和管理，确保每一位享受免学费和助学金政策的学生均通过信息系统进行申报。

春季学期和秋季学期享受免学费和助学金政策学生申报审批工作应分别于每年 4 月 30 日和 10 月 30 日前完成。

六、关于毕业处理和证书打印

（一）及时进行毕（结）业处理。对完成规定学制时间和课程学习的学生，技工院校要准确核对学生相关信息，及时在信息系统内进行学生毕业处理。对未达到毕业要求的学生，在信息系统内进行结业处理。

（二）按时申报毕业证书。技工院校要根据本校毕业学生人数，通过信息系统向省级管理部门申领统一印制的空白毕业证书，并于批准通过后，及时向上级管理部门申报毕业证书。对于学校提交的毕业证书申报，上级管理部门要及时进行处理，保证于学生毕业前在信息系统内生成毕业证书。

（三）通过信息系统打印毕业证书。技工院校在完成学生毕业处理和毕业证书申报并在信息系统中生成学生毕业证书后，通过信息系统打印学生毕业证书。全国技工院校毕业证书查询系统于2015年7月上线运行，2015年6月及以后毕业学生的毕业证书，可通过查询系统（网址为：http://www.jxzs.mohrss.gov.cn）进行查询验证。各级人力资源社会保障部门要指导督促技工院校务必使用信息系统为全部毕业生申报和打印毕业证书，确保查询系统信息的完整性和权威性，实现从今年暑期起的全部毕业证书可公开查询。

各地在信息系统使用过程中，如有问题，请及时与全国技工院校学生资助管理工作办公室联系。

二〇一五年七月十日

人力资源社会保障部办公厅关于转发《中共吉林省委办公厅　吉林省人民政府办公厅转发省人社厅等部门〈关于促进高技能人才成长的若干意见〉的通知》的通知

人社厅函［2015］244号

各省、自治区、直辖市及新疆生产建设兵团人力资源社会保障厅（局）：

近日，中共吉林省委办公厅、吉林省人民政府办公厅下发了《中共吉林省委办公厅　吉林省人民政府办公厅转发省人社厅等部门〈关于促进高技能人才成长的若干意见〉的通知》（吉办发［2015］23号），提出高技能人才队伍建设的总体要求和目标任务，加大高技能人才培养力度，健全选拔制度，创新使用模式，完善激励机制，营造有利于高技能人才成长的良好环境。

现将该文件转发给你们。请各地结合本地区工作实际学习借鉴，积极出台促进技能人才成长的政策措施，进一步加强高技能人才队伍建设，为经济社会发展提供有力的人才支撑。

二○一五年七月二十一日

中共吉林省委办公厅　吉林省人民政府办公厅转发省人社厅等部门《关于促进高技能人才成长的若干意见》的通知

吉办发［2015］23号

各市、州党委和人民政府，长白山开发区，扩权强县试点市党委和人民政府，省委各部、委，省政府各厅、委和各直属机构，各人民团体：

省人社厅、省委组织部、省编办、省发改委、省教育厅、省财政厅、省国资委、省公务员局《关于促进高技能人才成长的若干意见》已经省委、省政府领导同志同意，现转发给你们，请结合实际认真贯彻落实。

二〇一五年七月七日

关于促进高技能人才成长的若干意见

为贯彻落实《中共吉林省委　吉林省人民政府关于加快发展吉林特色现代职业教育的实施意见》（吉发〔2014〕22号）、《人力资源社会保障部关于推进技工院校改革创新的若干意见》（人社部发〔2014〕96号），进一步拓宽技能人才发展通道，营造技能人才成长的良好环境，鼓励技能人才成长成才，服务吉林振兴发展，现就促进高技能人才成长提出如下意见：

一、总体要求和目标任务

（一）总体要求。深入贯彻全国职业教育工作会议、全国高技能人才座谈会和全省职业教育工作会议精神，紧紧围绕新一轮东北老工业基地振兴发展、产业转型升级需求，实施更加积极的技能人才政策，从培养、选拔、使用、激励等环节入手，加大工作改革创新力度，努力培养造就一支规模宏大、结构合理、技艺精湛、素质优良，留得住、用得上的高技能人才队伍。

（二）目标任务。到2020年，全省高技能人才达到58万人，占技能劳动者的比例达到30%左右。高技能人才数量同经济和社会发展目标基本相适应，高技能人才结构和素质同产业、行业发展需求基本相适应。高技能人才工作体系进一步健全和完善，资金投入进一步加大，评选表彰制度进一步健全，高技能人才的经济和社会地位显著提高。

二、加大高技能人才培养力度

（三）完善高技能人才培养体系。制定全省中职学校（含技工学校）调整规划，全面启动评估检查工作，通过撤并、兼并、划转、托管等方式，加快推进布局调整。大力推进职业技能公共实训基地建设，支持重点技工院校和企业建立高技能人才培训基地和技能大师（首席技师）工作室，搭建高技能人才培养平台。落实技工学校与中职学校“统一招生政策、统一招生计划、统一招生代码、统一招生平台”的要求。逐步形成以企业为主体，职业院校为基础，学校教育与企业培养紧密联系，政府推动和社会支持相结合的高技能人才培养体系。

（四）创新高技能人才培养模式。实施以“招工即招生、入企即入校、企校双师共同培养”为主要内容的企业现代学徒制试点。进一步扩大中高等职业院校2＋3、3＋2、3＋4等衔接培养试点规模，将技工院校纳入试点范围。支持行业企业、职业院校、社会组织按照“平等自愿、优势互补、资源共享、骨干带动”的原则，采取联合、兼并、股份制、纵向合作等多种方式，积极探索组建行业性、区域性职业教育集团。探索建立复合型高技能人才培养机制，适时启动高技能人才参评职业院校讲师系列职称和职业院校实用人才参评工程系列职称的“双试点”改革。

（五）加大对高技能人才培养的投入。将政府主办的各类职业学校（含技工学校）的经费纳入各级财政预算。大力开展技师培训项目，到2017年年底，补贴职业（工种）逐步达到100个左右。按照地方教育附加用于职业教育的比例不低于30%的要求，加大对技工院校支持力度。各地公办技工学校（技师学院）生均公用经费标准原则上不低于3 000元

（含免学费补助）。要安排专项经费对高技能人才宣传、表彰等基础工作给予支持。

三、健全高技能人才选拔制度

（六）落实职业院校招聘教师自主权。职业院校可按事业单位公开招聘有关规定，放宽学历、年龄等限制，采取专场、专项招聘等方式，自主招聘专业课和生产实习指导教师，可破格选用具有技师以上职业资格或获得省级以上技术能手（首席技师）称号、取得省级职业技能大赛一等奖以上（或国家级前15名、省级前5名）的高技能人才。

（七）健全高技能人才评价体系。在技能岗位工作并掌握高超技能、作出重大贡献的骨干人才，可突破工作年限和职业资格等级要求，允许其破格或越级参加技师、高级技师考评。人社部门要加强对职业技能竞赛工作的统筹，鼓励各类职业院校学生、企业职工积极参加各级各类技能大赛，对优胜选手按规定可破格晋升为高级工、技师或高级技师职业资格。

四、创新高技能人才使用模式

（八）拓宽高技能人才发展空间。我省高技能人才可以从企业技术技能岗位向专业技术或管理岗位流动，也可以按有关规定向机关或事业单位流动。具有省内常住户口的我省技师学院高级工班、预备技师（技师）班毕业生，可以报考乡镇机关相关职位公务员。技师学院高级工班、预备技师（技师）班毕业生，参加事业单位招聘、确定工资起点标准、职称评定、职位晋升等方面，按照全日制大专学历享受相应待遇政策，并按国家有关规定享受高校毕业生就业创业扶持政策。技师学院取得高级工以上职业资格的工程技术类专业毕业生，可按有关规定参加专业技术人员职称评聘。

（九）加强职业院校师资队伍建设。加快推进全省职业院校职称主系列专业技术资格（职务）评聘结合改革和正高级讲师评审试点工作。鼓励职业院校聘请有企业实践经验的在职人员或退休人员担任兼职教师，数量不超过教职工编制总数的20%，所需费用高职院校在新增生均拨款中统筹解决，中职学校由财政另行核拨。

五、完善高技能人才激励机制

（十）完善高技能人才评选表彰制度。加大对评选“吉林技能大奖”和“吉林省技术能手”的奖励，“吉林技能大奖”奖金由3 000元提高到5 000元、“吉林省技术能手”奖金由2 000元提高到3 000元，所需资金仍按原渠道解决。积极向国家推荐“中华技能大奖”、“全国技术能手”和享受国务院特殊津贴高技能人才候选个人等。

（十一）建立培养、使用与待遇相联系的制度。建立企业高技能人才岗位津贴制度。鼓励企业对高级工、技师、高级技师在工资、津贴、休假、体检、培训、研修等方面，参照本单位助理工程师、工程师、高级工程师同等待遇落实。

六、加强组织领导

（十二）强化领导责任。各地、各部门要将贯彻落实本意见作为实施人才强省战略的重要内容进行部署和推动。在人才工作领导小组的领导下，组织部门宏观指导，人力资源社会保障部门统筹协调，有关部门各司其职、密切配合，共同推进高技能人才各项工作的组织实施和贯彻落实。

（十三）做好宣传工作。各地、各部门要在充分利用报纸、广播、电视等传统媒体的基础上，积极探索使用微博、微信、手机客户端等新媒体宣传方式，开展全方位、立体式的宣传工作。积极宣传党和政府关于促进高技能人才成长的政策，宣传“劳动光荣、技能宝贵、创造伟大”的观念，大力营造“崇尚一技之长、不唯学历凭能力”的良好社会氛围。

人力资源社会保障部办公厅　总后勤部财务部关于军人退役参加机关事业单位养老保险有关问题的通知

人社厅函［2015］369号

各省、自治区、直辖市及新疆生产建设兵团人力资源社会保障厅（局），各军区联勤部、各军兵种后勤部财务部，军事科学院院务部财务供应部，国防大学、国防科学技术大学校务部财务部（处），总后所属直供单位，武警部队后勤部财务部：

为贯彻落实人力资源社会保障部、财政部、总参谋部、总政治部、总后勤部《关于军人退役基本养老保险关系转移接续有关问题的通知》（后财［2015］1726号）和《关于军人职业年金转移接续有关问题的通知》（后财［2015］1727号），做好安置到机关事业单位工作的退役军人基本养老保险和职业年金转移接续工作，现将有关问题通知如下：

一、2014年10月1日以后下达退役命令，2014年10月1日至2015年10月31日期间已经离队的退役军人，由原军队所在单位财务部门填制《军人退役基本养老保险参保缴费凭证》、《军人退役基本养老保险关系转移接续信息表》和《军人职业年金缴费凭证》（以下简称转移凭证）一式三份，一份存档，两份邮寄给本人，并将按规定标准计算的军人退役基本养老保险补助和军人职业年金补助汇给本人。退役军人收到转移凭证和补助资金后，将其中一份转移凭证交给安置单位，待所在地机关事业单位养老保险经办启动后，由安置单位按规定申请办理军人退役基本养老保险和军人职业年金转移接续手续。

二、2014年10月1日以后下达退役命令，2015年11月1日至2016年12月31日期间离队的退役军人，由军队所在单位财务部门填制军人退役养老保险转移凭证一式三份，一份存档，两份交给本人，并将按规定标准计算的军人退役基本养老保险补助和军人职业年金补助发给本人。退役军人到安置单位报到后，将其中一份转移凭证交给安置单位，待所在地机关事业单位养老保险经办启动后，由安置单位按规定申请办理军人退役基本养老保险和军人职业年金转移接续手续。

三、2014年10月1日以后下达退役命令，2017年1月1日以后离队的退役军人，按照后财［2015］1726号和后财［2015］1727号通知要求，办理军人退役基本养老保险和军人职业年金转移接续手续。

二〇一五年十一月三日

（三）联合发文

国家发展改革委　工业和信息化部　财政部　人力资源社会保障部　国土资源部　住房城乡建设部　交通运输部　农业部　商务部　人民银行关于结合新型城镇化开展支持农民工等人员返乡创业试点工作的通知

发改就业［2015］2811号

各省、自治区、直辖市发展改革委、工业和信息化主管部门、财政厅（局）、人力资源社会保障厅（局）、国土资源主管部门、住房城乡建设厅（委）、交通运输厅（委）、农业（农牧、农村经济）厅（委、局）、商务主管部门，中国人民银行上海总部，各分行、营业管理部，省会（首府）城市中心支行：

按照《国家新型城镇化规划（2014—2020年）》、《国务院关于进一步做好新形势下就业创业工作的意见》（国发［2015］23号）和《国务院办公厅关于支持农民工等人员返乡创业的意见》（国办发［2015］47号）要求，国家发展改革委等十部门将结合新型城镇化开展支持农民工等人员返乡创业试点工作。现就有关事项通知如下：

一、重要意义

结合新型城镇化开展支持农民工等人员返乡创业试点工作，是深入贯彻落实国家新型城镇化规划和国办发［2015］47号文件的重要抓手，是探索完善返乡创业体制机制的重要方式，是激发输出地经济发展内生动力、推进新型城镇化建设、推动区域均衡发展的重要途径，是促进大众创业、万众创新的重要实践，对于推动国家新型城镇化建设、支持返乡创业具有十分重要而积极的意义。

二、总体要求

结合新型城镇化开展支持农民工等人员返乡创业试点工作，要按照“四个全面”战略布局，全面贯彻落实党的十八大和十八届三中、四中、五中全会精神，按照打造良好创业生态系统的要求，破解影响返乡创业的政策壁垒，优化鼓励返乡创业的体制机制环境，加速经济资本、人力资本、社会资本的提升、扩散、共享，建立多层次多样化的返乡创业就业格局，全面提升劳务输出地返乡创业参与率、成功率，探索可复制、可推广的实践经验。

（一）营造环境，激发活力。坚持市场化导向，重点通过健全机制，调动市场主体支持、参与、推动返乡创业的积极性、主动性，进一步激发创业热情，为农民工等人员返乡创业提供广阔空间。

（二）优化布局，集群创业。因地制宜，深度开发特色优势资源，顺应产业转移趋势和潮流，借力“互联网+”等现代商业手段，加快培育具有区域特色的优势返乡创业产业集群，引导返乡人员围绕龙头产业、龙头企业集群创业。要合理布局，整合资源，统筹区域内返乡创业园区建设和产业布局，走差异化创业之路，避免遍地开花。

（三）统筹城乡，融合发展。鼓励开发乡村、乡土、乡韵潜在价值，鼓励返乡人员共创农民合作社、家庭农场、林场等新型农业经营主体，发展设施农业、规模种养业、农产品加工流通业、休闲农业、林下经济和乡村旅游，促进农村地区一二三产业融合发展，为农民工等人员返乡创业提供更多机会和选择，促进城乡统筹发展。

（四）绿色集约，有序推进。要坚持绿色、集约、实用的原则，按照绿色发展、循环发展、低碳发展的要求，把生态文明理念与支持返乡创业结合起来，避免盲目借返乡创业发展落后产业，承接落后产能。

（五）以人为本，保障有力。要统筹考虑社保、住房、教育、医疗等公共服务制度改革，及时将返乡创业就业人员纳入公共服务体系。加强基层就业和社会保障服务设施建设，提高服务能力。

三、主要任务

试点坚持问题导向，围绕农民工等人员返乡创业面临的场地短缺、基础设施不完善、公共服务不配套以及融资难融资贵、证照办理环节多等突出问题，按照聚焦重点、滚动实施的原则，重点做好以下工作：

（一）加强园区资源整合。依托现有各类开发区及闲置厂房等存量资源，通过 PPP 等多种方式，整合发展返乡创业园区，聚集生产要素，完善配套设施，降低创业成本。落实完善鼓励创业的用地支持、税费、租金减免和资金补贴等扶持政策，适当放宽用电用水标准，吸引更多农民工等人员入园创业、集群创业。鼓励符合条件的地方，发行中小企业集合债券、公司债券，依托股权众筹投资试点，扩大直接融资渠道。创新贷款担保方式，加大返乡创业金融支持力度。

（二）加强服务平台建设。试点地区在整合资源、统筹规划的基础上，继续加大投入，不断改善县、乡、村基础设施条件。加快交通基础设施建设，基本实现县城通二级以上公路，提高中小城市、小城镇通行能力。加快实施宽带乡村工程，开展电子商务进农村综合示范，整合利用已有资源，搭建便捷高效的电子商务交易平台，改善基层互联网创业基础条件。依托物流业转型升级、农产品冷链物流等项目，加快改善物流服务能力。创新支持方式，吸引社会资本加大投入，建设智能电商物流仓储设施，打通“工业品下乡、农产品进城”到千家万户的“最后一百米”。

（三）加强服务能力建设。鼓励试点地区依托基层就业和社会保障服务设施、政务服务大厅等拓展、整合创业政策咨询、创业孵化、创业培训等服务功能，全面提高返乡创业就业服务能力。引导有条件的地区，依托基层就业和社会保障服务场所，整合证照办理等相关公共服务资源，加快建立融资、融智、融商一体化创业服务中心，为外出务工人员返乡创业提供“一站式”、“一条龙”专业化服务。鼓励社会资本、龙头企业加大投入，围绕产业聚集发展链条，建设返乡创业服务孵化设施。

试点采取三年滚动的实施方式，每年选择一批县级地区开展试点。国家将根据试点申报情况，在整合资源、盘活存量的基础上，予以政策支持、项目支持和渠道支持。

一是强化政策支持。对于符合条件的试点地区，加快商事登记制度改革，落实定向减税和普遍性降费政策，创新新型农业经营主体财政支持方式，加大支持力度。鼓励地方在统筹规划、整合资源的基础上，优化、提高政策支持效果。

二是加强项目引导。对于基础设施薄弱、公共服务能力不足的试点地区，依托基层就业和社会保障服务设施项目、物流转型升级项目、宽带乡村工程等予以支持引导。试点地区按照盘活存量、补足短板的原则，做好项目规划和衔接，统筹申请专项建设债等项目支持。

三是组织渠道对接。开发符合外出务工人员返乡创业就业需要的培训课程，依托基层就业和社会保障服务平台，通过远程视频，实施“公益创业培训课程免费下县乡”活动。组织召开返乡创业圆桌座谈会，集中梳理各地促进返乡创业的好做法、好经验，研究分析存在的突出问题，打通政策设计到实际执行的渠道。

四、组织实施

（一）试点示范的选择范围。按照因地制宜、先行先试的原则，以新型城镇化建设任务较重，农民工、大学生、退役士兵等外出务工人员较多的输出地为主，选择一些县级城市结合新型城镇化开展支持农民工等人员返乡创业试点，着力培育和发展一批基础设施和公共服务明显改善、创业环境持续优化、返乡创业就业特色鲜明的城市，为进一步推进新型城镇化建设、支持返乡创业探索路径、积累经验。

（二）试点示范的申报要求。申报试点示范的地区应具备以下条件：一是试点地区高度重视，主要领导亲自负责组织实施，具有深化改革、探索创新的积极性和主动性。二是具有一定的工作基础，近年来已经按照新型城镇化建设的要求，出台了支持返乡创业的鼓励政策。优先考虑国家新型城镇化综合试点城市和中小城市综合改革试点城市。三是具有一定的代表性和典型意义，具备进行普及推广的示范价值。四是具有明确的试点方向和工作重点，能够突出本地区鼓励返乡创业的区域特色，具有较强的针对性，有明确的侧重点。试点地区要按季度定期向国家发展改革委报送就业创业进展信息。

请各省、自治区、直辖市发展改革委会同有关部门研究推荐2～3个符合条件的县级地区申报第一批试点，并于2015年12月25日前将申报材料（纸质版一式二十份并附电子版光盘）报送国家发展改革委。国家发展改革委将会同有关部门组织审定试点示范名单。

二〇一五年十一月三十日

国家发展改革委　国家卫生计生委
人力资源社会保障部　工业和信息化部
财政部　商务部　食品药品监管总局
关于印发推进药品价格改革意见的通知

发改价格［2015］904号

各省、自治区、直辖市发展改革委、物价局、卫生计生委（局）、人力资源社会保障厅（局）、工业和信息化厅（局）、财政厅（局）、商务厅（局）、食品药品监管局：

根据党的十八届三中全会精神和医药卫生体制改革的总体要求，国家发展改革委、国家卫生计生委、人力资源社会保障部、工业和信息化部、财政部、商务部、食品药品监管总局制定了《推进药品价格改革的意见》，经国务院同意，现印发给你们，请遵照执行，并就有关事项通知如下：

一、自2015年6月1日起，除麻醉药品和第一类精神药品外，取消原政府制定的药品价格。麻醉、第一类精神药品仍暂时由国家发展改革委实行最高出厂价格和最高零售价格管理。

二、此前有关药品价格管理政策规定，凡与本通知规定不符的一律废止，以本通知规定为准。

三、各地价格、卫生计生、人力资源社会保障等部门要按照《推进药品价格改革的意见》，研究制定具体政策措施，强化医药费用和价格行为综合监管，做好政策解读和舆论引导工作，确保改革顺利推进。

附件：推进药品价格改革的意见

二〇一五年五月四日

附件

推进药品价格改革的意见

推进药品价格改革、建立科学合理的药品价格形成机制是推进价格改革的重要内容，也是深化医药卫生体制改革的重要任务，对于加快完善现代市场体系和转变政府职能，促进医疗卫生事业和医药产业健康发展，满足人民群众不断增长的医疗卫生需求，减轻患者不合理的医药费用负担，具有重要意义。为加快推进药品价格改革，经国务院同意，现提出以下意见：

一、总体要求

深入贯彻落实党的十八大和十八届二中、三中、四中全会精神，认真落实党中央、国务院决策部署，按照使市场在资源配置中起决定性作用和更好发挥政府作用的要求，逐步建立以市场为主导的药品价格形成机制，最大限度减少政府对药品价格的直接干预。坚持放管结合，强化价格、医保、招标采购等政策的衔接，充分发挥市场机制作用，同步强化医药费用和价格行为综合监管，有效规范药品市场价格行为，促进药品市场价格保持合理水平。

二、改革药品价格形成机制

除麻醉药品和第一类精神药品外，取消药品政府定价，完善药品采购机制，发挥医保控费作用，药品实际交易价格主要由市场竞争形成。其中：

（一）医保基金支付的药品，由医保部门会同有关部门拟定医保药品支付标准制定的程序、依据、方法等规则，探索建立引导药品价格合理形成的机制。

（二）专利药品、独家生产药品，建立公开透明、多方参与的谈判机制形成价格。

（三）医保目录外的血液制品、国家统一采购的预防免疫药品、国家免费艾滋病抗病毒治疗药品和避孕药具，通过招标采购或谈判形成价格。

（四）麻醉药品和第一类精神药品，仍暂时实行最高出厂价格和最高零售价格管理。

（五）其他药品，由生产经营者依据生产经营成本和市场供求情况，自主制定价格。

三、强化医药费用和价格行为综合监管

推进药品价格改革必须发挥政府、市场“两只手”作用，建立科学合理的价格形成机制。取消药品政府定价后，要充分借鉴国际经验，做好与药品采购、医保支付等改革政策的衔接，强化医药费用和价格行为综合监管。按照“统筹考虑、稳步推进”的要求，重点从以下四个方面加强监管，促进建立正常的市场竞争机制，引导药品价格合理形成。

（一）完善药品采购机制。卫生计生部门要按照规范公立医院和基层医疗卫生机构药品采购的相关要求和措施，坚持药品集中采购方向，根据药品特性和市场竞争情况，实行分类采购，促进市场竞争，合理确定药品采购价格。要调动医疗机构、药品生产经营企业、医保经办机构等多方参与积极性，引导各类市场主体有序竞争。

（二）强化医保控费作用。医保部门要会同有关部门，在调查药品实际市场交易价格基础上，综合考虑医保基金和患者承受能力等因素制定医保药品支付标准。在新的医保药品支付标准制定公布前，医保基金暂按现行政策支付。做好医保、招标采购政策的衔接配合，促

进医疗机构和零售药店主动降低采购价格。定点医疗机构和药店应向医保、价格等部门提交药品实际采购价格、零售价格以及采购数量等信息。同步推进医保支付方式改革，建立医疗机构合理用药、合理诊疗的内在激励机制，减轻患者费用负担。人力资源社会保障部、卫生计生委要会同有关部门在 2015 年 9 月底前出台医保药品支付标准制定规则。

（三）强化医疗行为监管。卫生计生部门要建立科学合理的考核奖惩制度，加强医疗机构诊疗行为管理，控制不合理使用药品医疗器械以及过度检查和诊疗，强化医药费用控制。要逐步公开医疗机构诊疗门（急）诊次均费用、住院床日费用、检查检验收入占比等指标，并纳入医疗机构目标管理责任制和绩效考核目标。加快药品供应保障信息平台建设，促进价格信息公开。

（四）强化价格行为监管。价格主管部门要通过制定药品价格行为规则，指导生产经营者遵循公平、合法和诚实信用的原则合理制定价格，规范药品市场价格行为，保护患者合法权益。要健全药品价格监测体系，探索建立跨部门统一的信息平台，掌握真实交易价格数据，重点做好竞争不充分药品出厂（口岸）价格、实际购销价格的监测和信息发布工作，对价格变动频繁、变动幅度较大，或者与国际价格、同类品种价格以及不同地区间价格存在较大差异的，要及时研究分析，必要时开展成本价格专项调查。要充分发挥 12358 全国价格举报管理信息系统的作用，建立全方位、多层次的价格监督机制，正面引导市场价格秩序。对价格欺诈、价格串通和垄断行为，依法严肃查处。

此外，有关部门要认真履行监管职责，加强对药品生产、流通、使用的全过程监管，切实保障药品质量和用药安全。

四、加强组织实施

（一）强化组织领导。各地区、各有关部门要充分认识推进药品价格改革的重要性和紧迫性，进一步统一思想，加强领导，周密部署。各地要制定具体实施细则，细化政策措施，确保改革取得实效。各有关部门要强化协作配合，加强对地方改革工作的督促指导，确保改革扎实有序推进。

（二）建立评估机制。药品价格改革与群众切身利益密切相关，政策性强、涉及面广。各地要建立药品价格改革评估机制，加强对改革的跟踪评估，及时总结经验、完善政策。要密切关注改革后药品价格和医药费用变化情况，对改革中出现的新问题要及时研究提出解决的政策措施。

（三）加强宣传引导。各地要通过多种方式，做好宣传解释工作，向广大群众解释清楚药品价格改革的意义、内容和预期目标，及时回应社会关注的热点问题，争取社会各界的理解支持，凝聚各方共识，形成改革合力，确保改革顺利推进。

国家发展改革委　财政部关于重新核发中央管理的人力资源社会保障部门行政事业性收费标准有关问题的通知

发改价格［2015］2673号

人力资源社会保障部，各省、自治区、直辖市发展改革委、物价局、财政厅（局）：

为进一步规范行政事业性收费标准管理，提高政策透明度，根据《财政部　国家发展改革委关于重新发布中央管理的人力资源社会保障部门行政事业性收费项目的通知》（财税［2015］69号）有关规定，现将重新审核后中央管理的人力资源社会保障部门行政事业性收费标准及有关问题通知如下：

一、职业技能鉴定考试考务费标准。人力资源社会保障部在组织实施职业技能鉴定考试时，由人力资源社会保障部所属职业技能鉴定中心向各省、自治区、直辖市人力资源社会保障部门（以下简称省级人力资源社会保障部门）收取的考务费标准，按照《国家发展改革委　财政部关于改革全国性职业资格考试收费标准管理方式的通知》（发改价格［2015］1217号）有关规定执行，在国家规定的收费标准上限范围内按成本补偿原则自行确定。

地方人力资源社会保障部门所属职业技能鉴定（指导）中心以及地方人力资源社会保障部门批准设立的其他职业技能鉴定机构，向报名参加考试的人员收取考试费标准，由各省级价格、财政部门在考务费标准基础上加组织报名、租用考试场地和聘请监考人员等费用核定。

二、专业技术人员职业资格考试考务费标准。人力资源社会保障部在组织实施相关专业技术人员职业资格考试时，由人力资源社会保障部所属人事考试中心向省级人力资源社会保障部门收取的考务费标准，按照《国家发展改革委　财政部关于改革全国性职业资格考试收费标准管理方式的通知》（发改价格［2015］1217号）有关规定执行，在国家规定的收费标准上限范围内按成本补偿原则自行确定。

省级人力资源社会保障部门向报名参加考试的人员收取考试费标准，由省级价格、财政部门在考务费标准基础上加组织报名、租用考试场地和聘请监考人员等费用核定。

三、收费单位应严格按上述规定收费，不得擅自增加收费项目、扩大收费范围、提高收费标准或加收其他任何费用，并自觉接受价格、财政部门的监督检查。

四、本通知自发布之日起执行，下列文件及与本通知不符的规定同时废止。废止文件包括：《国家计委　财政部关于价格鉴证师执业资格考试等收费标准的通知》（计价格［2000］546号）、《国家计委　财政部关于专业技术人员计算机应用能力考试和质量专业技术人员职业资格考试收费标准及有关问题的通知》（计价格［2001］1969号）、《国家计委　财政部关于出版专业技术人员职业资格考试等收费标准的通知》（计价格［2002］1698号）、《国家发展改革委　财政部关于重新核定人事部人事考试中心考试收费标准及有关问题的通知》（发改价格［2004］1108号）、《国家发展改革委　财政部关于重新核定注册安全工程师和注册设备监理师执业资格考试收费标准及有关问题的通知》（发改价格［2007］2016号）、《国家发展改革委　财政部关于助理社会工作师和社会工作师职业水平考试收费标准及有关问题的通知》（发改价格［2008］278号）、《国家发展改革委　财政部关于重新核定投资建设项目管理师职业水平考试收费标准及有关问题的通知》（发改价格［2008］2666号）、《国家发展改革委　财政部关于招标师职业水平考试收费标准及有关问题的通知》（发改价格［2009］633号）、《国家发展改革委　财政部关于重新核定助理社会工作师和社会工作师职业水平考试收费标准及有关问题的通知》（发改价格［2010］573号）、《国家发展改革委　财政部关于注册测绘师资格考试收费标准及有关问题的通知》（发改价格［2010］1660号）、《国家发展改革委　财政部关于助理广告师和广告师职业水平考试收费标准及有关问题的通知》（发改价格［2010］1669号）、《国家发展改革委　财政部关于注册计量师资格考试收费标准及有关问题的通知》（发改价格［2010］2466号）。

二〇一五年十一月十六日

教育部 人力资源社会保障部 关于推进职业院校服务经济转型升级 面向行业企业开展职工继续教育的意见

教职成［2015］3号

各省、自治区、直辖市教育厅（教委）、人力资源社会保障厅（局），新疆生产建设兵团教育局、人力资源社会保障局：

为贯彻落实全国职业教育工作会议精神和《国务院关于加快发展现代职业教育的决定》，发挥职业院校开展职工继续教育的优势，提高职工文化知识水平和技术技能水平，推进和谐劳动关系建设，促进大众创业、万众创新，服务好新常态下行业企业的转型升级，现就推进职业院校（含技工院校）面向行业企业开展职工继续教育提出以下意见。

一、坚持把开展职工继续教育作为职业院校的重要职责

（一）重要意义。职工继续教育是继续教育的重要组成部分和现代职业教育的重要内容。职业院校坚持学历教育与非学历教育并举，广泛开展职工继续教育，对于主动适应经济发展新常态，进一步激发职业院校办学活力、深化产教融合校企合作，提高产业服务能力、帮助企业创造更大价值，提升人力资本素质、服务创新驱动战略、建设学习型社会具有重要意义。

（二）指导思想。深入贯彻落实党的十八大和十八届三中、四中全会精神，深入贯彻落实习近平总书记系列重要讲话精神，以服务经济转型升级、服务企业技术技能积累、服务职工职业生涯发展，推动产业结构加快由中低端向中高端迈进为宗旨，坚持政府推动、行业指导、需求导向，深化产教融合、校企合作，加大职工继续教育工作力度，增强职工继续教育的针对性、灵活性、开放性，把提高职业能力和培养职业精神高度融合，为企业职工提供继续教育服务支持。

（三）目标任务。到2020年，职业院校普遍面向行业企业持续开展职工继续教育，市场意识明显增强，职工继续教育课程资源建设、师资队伍建设和信息化建设水平显著提升。重点提高职工的职业理想和职业道德、技术技能、管理水平以及学历层次。通过开展职工继续教育，全面促进学校管理创新，全面提高教育教学质量，全面提升服务经济社会发展的能力。

到2020年，全国职业院校开展职工继续教育人次绝对数达全日制在校生数的1.2倍以上，承担职工继续教育总规模不低于1.5亿人次，实现教育类型多元化、管理规范化，多数职业院校成为行业企业职工继续教育的重要阵地，在全国建成1 000个职工继续教育品牌职业院校，为加强企业职工继续教育提供有力支撑。

二、推进职业院校面向行业企业开展多种类型的职工继续教育

（四）稳步发展学历继续教育。职业院校要充分发挥师资、专业优势，紧密结合区域经济发展需要和职工学历提升的需求，以在职学习为主面向行业企业开展多种形式的学历继续教育。提高职业院校招收企业职工比例，并在招生考试工作中加强对职业技能的考核。注重不同层次、不同类型学历继续教育的衔接，构建技术技能人才成长“立交桥”。

（五）广泛开展立足岗位的技术技能培训。职业院校要充分利用学校资源，特别是实训教学资源，与行业企业共同开发培训项目，并采用送教进企、引训入校等多种途径，为行业企业提供多层次、多类型，立足岗位需求的技术技能教育培训服务。职业院校要积极承接行业企业委托的班组长、农民工、复转军人、女职工等特定群体的专项培训。高度重视为小微企业提供培训服务。

（六）积极开展面向前沿的高端研修培训。有条件的职业院校要发挥科技创新对产业结构优化升级的驱动作用，紧贴重点产业发展需求，与行业企业深度合作，协同开展高端人才研修项目，推动关键技术、工艺、流程研发，促进科技成果转化。鼓励职业院校与企业共同建立研修制度，并结合企业技术创新、转型升级、项目引进等，培养培训企业急需领域的高端技术技能人才。

（七）主动为企业提供技术服务。职业院校要积极参与以企业为主体的产业技术创新机制建设，与企业开展双边、多边技术协作，推动产学研结合向纵深发展，共同开展和承担课题研究、技术开发、应用技术咨询、新技术培训和推广等服务，并针对企业生产中遇到的问题进行技术诊断，推动企业改进工艺流程，实现协同创新。开展多种形式的联合办学，共建企业大学、培训中心，共建兼具生产和教学功能的实训中心、产品研发中心、技术服务中心等。

（八）积极参与学习型企业建设。职业院校要与企业共同组织开展基于工作场所的学习活动，积极为企业提供知识讲座、课程资源开发、技术辅导等服务，以多种形式参与企业大学等企业内设培训机构的建设。鼓励职业院校的院系与企业车间、班组结对子，建立校企合作的学习团队。探索构建基于互联网的企业虚拟大学或虚拟学习社区。

三、提高职业院校开展职工继续教育的能力和质量

（九）增强市场意识和服务能力。职业院校要树立市场意识、竞争意识和服务意识，认真研究教育培训市场规律。深入行业企业，系统分析经济转型、产业升级、技术进步对岗位能力提出新的要求，以及职工多样化的学习需求，加强校内资源统筹、整合力度。学习借鉴国内外知名企业和教育培训机构运行模式，推进学校管理创新，不断提高继续教育质量，增强服务能力，探索合作开展国际继续教育。把开展职工继续教育作为建设职业教育集团的重要内容。

（十）促进课程资源融通共享。职业院校要根据企业需求，以相关专业全日制学历教育课程资源为基础，提供职工继续教育课程资源定制服务，促进两套课程资源的融通互促。探索职业培训课程学分转换为相关专业学历证书课程学分。通过开展职工继续教育，合作开发或购买企业培训资源，使职业院校成为汇聚和整合企业、社会培训资源的平台，并推进职工继续教育优质资源跨区域、跨行业共建共享。鼓励引进国际精品培训课程和先进培训模式。

（十一）提高教师教学能力。鼓励职业院校专业课教师同时成为企业培训师，驾驭学校、企业“两个讲台”。完善职业院校教师定期到企业实践制度，鼓励教师在企业实习期间参与企业培训、技术研发等活动。完善职业院校绩效工资制度和职务（职称）评聘办法，鼓励教师承担培训任务，认可相关工作量。探索建立职业院校教师和企业培训师资源共建共享

机制。动员、组织、汇聚社会教育教学力量，参与职业院校开展的职工继续教育活动。

（十二）提高信息化建设与应用水平。鼓励职业院校与行业企业、高等学校、专业机构等合作，搭建网络学习平台和移动学习平台，整合优质资源与专业服务，面向企业职工开设继续教育网络课程和在线培训项目。鼓励职业院校与行业企业共同开发虚拟仿真实训系统，推广培训过程与生产过程实时互动的远程教学。支持建设服务支柱产业相关专业领域校企共享的职工继续教育数字化课程资源库、案例库。

（十三）实施职业院校职工继续教育品牌创建计划。分行业、分层次、分地域建设一批职工继续教育品牌职业院校，引导其建设一批优质校企共享的实训基地、开发一批精品职工继续教育教学资源、培养一批职工继续教育名师、形成一批高质量职工继续教育理论研究成果。促进先进技术向教学内容的转化，实现产业发展与教育教学环节的融合，成为企业技术技能积累与创新的重要载体。

四、构建职业院校开展职工继续教育的保障机制

（十四）加强组织领导和服务。地方各级教育部门和人力资源社会保障部门要加强沟通协作，共同帮助职业院校协调解决开展职工继续教育工作中遇到的实际困难和问题。

（十五）发挥行业指导作用。推动行业主管部门或行业协会制定行业职工继续教育规划。行业职业教育教学指导委员会要发布行业人才培养培训需求和行业职工继续教育年度报告，参与指导教育教学，开展质量评价，搭建交流平台；推进校企合作，引导本行业领域的广大企业积极依托职业院校开展职工继续教育。鼓励教育行政部门通过授权委托、购买服务等方式，把适宜行业组织承担的职责交给行业组织，给予政策支持并强化服务监管。

（十六）发挥企业主导作用。推动落实教育规划纲要关于“将继续教育工作与工作考核、岗位聘任（聘用）、职务（职称）评聘、职业注册等人事管理制度的衔接”的要求，以及《国务院关于加快发展现代职业教育的决定》关于“规模以上企业要有专门机构和人员组织实施职工继续教育，对接职业院校”的要求。推动企业将职工继续教育纳入企业发展规划和年度工作计划，积极创建学习型企业。

（十七）发挥职业院校主体作用。职业院校作为独立法人，是市场主体之一，享有办学自主权，要深入研究市场需求，回应社会关切，注重人才培养培训质量，提高服务区域产业经济发展的能力和水平。要把开展职工继续教育作为职业院校的重要任务，继续教育的软硬件与全日制在校生学历教育的软硬件要兼顾。坚持市场性与公益性相结合，教育培训价格由供需双方依法协商确定。

（十八）完善有关评价考核制度。职业院校要高度重视职工继续教育工作，将其纳入学校总体发展规划，学校领导班子中有专人负责。职业教育研究机构及职业院校要加强对职工继续教育质量评价标准、评价方法的研究，建立业绩考核标准与制度。要积极探索将非学历继续教育人数折算成全日制学历教育人数的办法，把开展职工继续教育的规模、成效作为职业院校办学质量评价、教育督导和绩效评估的重要内容。逐步建立第三方评价机制。

（十九）完善投入保障机制。认真落实《国务院关于加快发展现代职业教育的决定》关于“企业要依法履行职工教育培训和足额提取教育培训经费的责任”、“其中用于一线职工教育培训的比例不低于60%”的要求。对实施职工继续教育的企业、院校和接受教育培训的人员，符合国家职业培训补贴政策和职业教育资助政策的，按规定给予补贴和资助。

（二十）营造良好社会环境。鼓励职业院校积极参与职业教育活动周、科技活动周等，面向企业开展相关活动，加大对职工继续教育有关政策、项目的宣传力度。推动企业职工全员参与、终身学习。要完善有关表彰奖励制度，将在职工继续教育工作中作出突出贡献的职业院校和个人纳入其中，平等对待。要进一步加强职工继续教育研究，扎实做好职业院校、行业企业开展职工继续教育的经验和典型的总结推广工作，充分运用多种媒体广泛开展舆论宣传，努力营造全社会关心和支持企业职工继续教育发展的良好氛围。

二〇一五年六月十八日

民政部　发展改革委　教育部　财政部　人力资源社会保障部　国土资源部　住房城乡建设部　国家卫生计生委　银监会　保监会关于鼓励民间资本参与养老服务业发展的实施意见

民发［2015］33号

各省、自治区、直辖市民政厅（局）、发展改革委、教育厅（局）、财政厅（局）、人力资源社会保障厅（局）、国土资源厅（局）、住房城乡建设厅（局），卫生计生委、银监局、保监局，各计划单列市民政局、发展改革委、教育局、财政局、人力资源社会保障局、国土资源局、住房城乡建设局、卫生局、银监局、保监局，新疆生产建设兵团民政局、发展改革委、教育局、财政局、人力资源社会保障局、国土资源局、住房城乡建设局、卫生局：

根据《国务院关于加快发展养老服务业的若干意见》（国发［2013］35号）精神，为了充分发挥市场在资源配置中的决定性作用和更好地发挥政府作用，逐步使社会力量成为发展养老服务业的主体，现就鼓励民间资本参与养老服务业发展，提出如下意见。

一、鼓励民间资本参与居家和社区养老服务

鼓励民间资本在城镇社区举办或运营老年人日间照料中心、老年人活动中心等养老服务设施，为有需求的老年人，特别是高龄、空巢、独居、生活困难的老年人提供集中就餐、托养、助浴、健康、休闲和上门照护等服务，并协助做好老年人信息登记、身体状况评估等工作。符合民办非企业单位登记条件的居家和社区养老服务机构，可以依法登记为民办非企业单位，其他机构依法登记为企业。

通过政府购买服务、协调指导、评估认证等方式，鼓励民间资本举办家政服务企业、居家养老服务专业机构或企业，上门为居家老年人提供助餐、助浴、助洁、助急、助医等定制服务。积极引导有条件的居家养老服务企业实行规模化、网络化、品牌化经营，增加和扩大网点，提高养老服务的可及性。支持社区居家养老服务网点引入社会组织和家政、教育、物业服务等企业，兴办或运营形式多样的养老服务项目。鼓励专业居家养老机构对社区养老服务组织进行业务指导和人员培训。

推进养老服务信息化建设，逐步实现对老年人信息的动态管理。支持民间资本运用互联网、物联网、云计算等技术手段，对接老年人服务需求和各类社会主体服务供给，发展面向养老机构的远程医疗服务，发展老年电子商务，为老年人提供紧急呼叫、家政预约、健康咨询、物品代购、服务缴费等服务项目。有条件的地方，可为居家老年人免费配置“一键通”等电子呼叫设备。

二、鼓励民间资本参与机构养老服务

支持采取股份制、股份合作制、PPP（政府和民间资本合作）等模式建设或发展养老机构。

鼓励社会力量举办规模化、连锁化的养老机构，鼓励养老机构跨区联合、资源共享，发展异地互动养老，推动形成一批具有较强竞争力的养老机构。

支持机关、企事业单位将所属的度假村、培训中心、招待所、疗养院等转型为养老机构，支持民间资本对企业厂房、商业设施及其他可利用的社会资源进行整合和改造，用于养老服务。

鼓励将政府投资举办的养老机构特别是新建机构，在明晰产权的基础上，通过公开招投标，以承包、联营、合资、合作等方式，交由社会力量来运营，实现运行机制市场化。有条件的地方，可稳妥开展把专门面向社会提供经营性服务的公办养老机构转制成为企业或社会组织的试点工作，完善法人治理结构。

鼓励通过政府购买服务的方式，支持民办养老机构接收城乡特困人员或政府承担照料责任的其他老年人。

三、支持民间资本参与养老产业发展

鼓励和引导民间资本拓展适合老年人特点的文化娱乐、教育、体育健身、休闲旅游、健康服务、精神慰藉、法律维权等服务，加强对残障老年人专业化服务。

支持企业开发安全有效的康复辅具、食品药品、服装服饰等老年用品用具和服务产品，引导商场、超市、批发市场设立老年用品专区专柜，鼓励有条件的地区建立老年用品一条街或专业交易市场。鼓励已有电商平台完善服务功能，增加适应老年人消费需求及特点的商品和服务。

鼓励民间资本参与老年公寓和居住区养老服务设施建设以及既有住宅适老化改造。对按照《城市居住区规划设计规范》、《老年人居住建筑设计标准》等建设标准规划建设的适老住区和老年公寓项目中，其配套的符合独立登记条件的养老机构按规定享受相应的扶持政策。

扶持发展龙头企业，特别要发展居家养老服务企业，培育一批带动力强的龙头企业和知名度高的养老服务业品牌，形成一批产业链长、覆盖领域广、经济社会效益显著的产业集群。

引导和规范商业银行、保险公司、证券公司等金融机构开发适合老年人的理财、信贷、保险等产品。

四、推进医养融合发展

支持有条件的养老机构内设医疗机构或与医疗卫生机构签订协议，为老年人提供优质便捷的医疗卫生服务。各级卫生计生行政部门要对养老机构设立医务室、护理站等医疗机构给予大力支持，积极提供便利；按规定进行设置审批和执业登记。

养老机构内设医疗机构符合职工基本医疗保险、城镇居民基本医疗保险和新型农村合作医疗定点医疗机构条件的，要按规定申请纳入定点范围。在定点医疗机构发生的符合规定的医疗康复项目费用，可按规定纳入基本医疗保险支付范围。

扶持和发展护理型养老机构建设。对民间资本投资举办的护理型养老机构，在财政补贴等政策上要予以倾斜。

要将养老机构内设医疗机构及其医护人员纳入卫生计生行政部门统一指导，在资格认定、职称评定、技术准入和推荐评优等方面，与其他医疗机构同等对待。

加强对养老机构中医师、执业护士、管理

人员等的培训，强化医养融合发展的人才保障。鼓励医师和执业护士到养老机构、医疗机构中提供服务。

促进医疗卫生资源进入社区和居民家庭，加强居家和社区养老服务设施与基层医疗卫生机构的合作。

五、完善投融资政策

加大对养老服务业发展的财政资金投入。有条件的地区，可设立专项扶持资金。充分利用支持服务业发展的各类财政资金，探索采取建立产业基金、PPP 等模式，支持发展面向大众的社会化养老服务产业，带动社会资本加大投入。通过中央基建投资等现有资金渠道，对社会急需、项目发展前景好的养老项目予以适当扶持。

民政部本级彩票公益金和地方各级政府用于社会福利事业的彩票公益金，要将50%以上的资金用于支持发展养老服务业，并随老年人口的增加逐步提高投入比例。其中，支持民办养老服务发展的资金不得低于30%。

民办非营利性养老机构应当为捐资举办，机构享有对其资产的法人财产权，捐资人（举办者）不拥有对所捐赠财产的所有权。对于举办者没有捐赠而以租赁形式给予组织使用的固定资产以及以借款方式投入组织运营的流动资金，允许其收取不高于市场公允水平的租金和利息。行业管理部门和登记管理机关应当对其关联交易进行披露并进行必要监管。

民办非营利性养老机构停办后，应当依法进行清算，其剩余资产由民政部门负责统筹，以捐赠形式纳入当地政府养老发展专项基金。原始捐资有增值的，经养老机构决策机构同意并经审计符合规定的，可对捐资人（举办者）给予一次性奖励。

鼓励通过财政贴息、补助投资、风险补偿等方式，支持金融机构加快金融产品和服务方式创新，推进实施健康与养老服务工程。研究以养老服务产业为基础资产的证券化产品，稳步推进金融机构直接或间接投资养老服务业。

拓宽信贷抵押担保物范围，允许民办养老机构利用有偿取得的土地使用权、产权明晰的房产等固定资产办理抵押贷款，不动产登记机构要给予办理抵押登记手续。

六、落实税费优惠政策

对民办养老机构提供的育养服务免征营业税。养老机构在资产重组过程中涉及的不动产、土地使用权转让，不征收增值税和营业税。

进一步落实国家扶持小微企业相关税收优惠政策，对符合条件的小型微利养老服务企业，按照相关规定给予增值税、营业税、所得税优惠。

对家政服务企业由员工制家政服务员提供的老人护理等家政服务，在政策有效期内按规定免征营业税。

对符合条件的民办福利性、非营利性养老机构取得的收入，按规定免征企业所得税。

对民办福利性、非营利性养老机构自用的房产、土地免征房产税、城镇土地使用税。对经批准设立的民办养老院内专门为老年人提供生活照顾的场所免征耕地占用税。

对企事业单位、社会团体以及个人通过公益性社会团体或者县级以上人民政府及其部门，用于《中华人民共和国公益事业捐赠法》规定的公益事业的捐赠，符合相关规定的不超过年度利润总额12%的部分，准予扣除。对个人通过非营利性的社会团体和政府部门向福利性、非营利性的民办养老机构的捐赠，在缴纳个人所得税前准予全额扣除。

对民办非营利性养老机构建设免征有关行政事业性收费，对营利性养老机构建设减半征收有关行政事业性收费。

七、加强人才保障

支持职业院校设立养老服务相关专业点，扩大人才培养规模；加快发展养老服务专科本科教育，积极发展养老服务研究生教育，培养老年学、人口与家庭、人口管理、老年医学、中医骨伤、康复、护理、营养、心理和社会工作等方面的专门人才。拓展人才培养渠道，打通技术技能人才的培养发展通道，推进医学专业外其他适宜专业的“3＋2”、五年一贯制等中高职一体化人才培养。编制实施《全国老年教育发展规划（2015—2020年）》。充分发挥开放大学作用，开展继续教育和远程教育，进一步提升养老服务从业人员整体素质。

依托职业院校和养老机构等，加强养老护理人员培训，对符合条件参加养老照护职业培训和职业技能鉴定的从业人员，按规定给予补贴。

允许符合条件的医师到民办养老机构医疗机构开展多点执业。鼓励民办养老机构引入社会工作人才。对在民办养老机构就业的专业技术人员执行与公办机构相同的执业资格、注册考核政策。

做好养老护理员工资指导价位发布工作，指导民办养老机构和组织合理确定养老护理员劳动报酬。养老机构和组织应当依法足额缴纳社会保险费，对吸纳就业困难人员就业的养老机构，按规定给予社会保险补贴。就业困难人员以灵活就业方式从事居家养老服务的，可按规定享受灵活就业社会保险补贴。积极改善养老护理员工作条件，加强劳动保护和职业防护。

八、促进民间资本规范有序参与

建立完善政府领导、民政牵头、相关部门参与的工作机制，充分发挥已经建立的各类养老服务议事协调机构的作用，加强政策协调，定期分析问题，共同研究鼓励民间资本参与养老服务业发展的推进举措。

民政部门要切实履行监督管理、行业规范、业务指导职责，及时编制养老服务业发展规划。发展改革部门要将养老服务业纳入经济社会发展规划，支持养老服务体系建设。住房城乡建设部门要制定养老服务设施建设标准，组织编制养老服务设施专项规划，指导养老服务设施有序建设。其他有关部门要各司其职，按照职责分工，做好鼓励民间资本参与养老服务业发展工作。

贯彻落实养老服务业相关政策法规，建立公开、透明、规范的养老服务业准入、退出、监管制度，营造平等参与、公平竞争的市场环境。凡是法律法规没有明令禁入的养老服务领域，都要向民间资本开放。

加快制定和完善养老服务相关标准，建立健全养老服务标准体系，不断提升养老服务的规范化和标准化水平。加强对民间资本进入养老服务业的跟踪监测和服务。

培育和发展养老服务行业协会，发挥其在行业自律、监督评估和沟通协调等方面的作用，推动形成政府、社会组织、养老服务实体三者相结合的管理机制。

九、保障用地需求

民间资本投资养老服务设施所需建设用地，适用国家规定的养老服务设施用地供应和开发利用政策，国土资源管理部门应按照《国土资源部办公厅关于印发〈养老服务设施用地指导意见〉的通知》（国土资厅发［2014］11号）相关规定，积极做好用地服务工作。

二〇一五年二月三日

财政部　税务总局　人力资源社会保障部　教育部关于支持和促进重点群体创业就业税收政策有关问题的补充通知

财税［2015］18号

各省、自治区、直辖市、计划单列市财政厅（局）、国家税务局、地方税务局、人力资源社会保障厅（局）、教育厅（教委），新疆生产建设兵团财务局、人力资源社会保障局、教育局：

为进一步简化享受税收优惠政策程序，经国务院批准，现对《财政部　国家税务总局　人力资源社会保障部关于继续实施支持和促进重点群体创业就业有关税收政策的通知》（财税［2014］39号）补充通知如下：

一、将《就业失业登记证》更名为《就业创业证》，已发放的《就业失业登记证》继续有效，不再统一更换。《就业创业证》的发放、使用、管理等事项按人力资源社会保障部的有关规定执行。各地可印制一批《就业创业证》先向有需求的毕业年度内高校毕业生发放。

二、取消《高校毕业生自主创业证》，毕业年度内高校毕业生从事个体经营的，持《就业创业证》（注明“毕业年度内自主创业税收政策”）享受税收优惠政策。

三、毕业年度内高校毕业生在校期间凭学生证向公共就业服务机构按规定申领《就业创业证》，或委托所在高校就业指导中心向公共就业服务机构按规定代为其申领《就业创业证》；毕业年度内高校毕业生离校后直接向公共就业服务机构按规定申领《就业创业证》。

本通知自发布之日起施行，各地财政、税务、人力资源社会保障、教育部门要认真做好新旧政策的衔接工作，主动做好政策宣传和解释工作，加强部门间的协调配合，确保政策落实到位。

二〇一五年一月二十七日

财政部　国家发展改革委关于重新发布中央管理的人力资源社会保障部门行政事业性收费项目的通知

财税［2015］69号

人力资源社会保障部，各省、自治区、直辖市财政厅（局）、发展改革委、物价局：

按照国务院关于推进收费清理改革的要求，为进一步规范行政事业性收费管理，现将重新审核后中央管理的人力资源社会保障部门行政事业性收费项目及有关问题通知如下：

一、职业技能鉴定考试考务费。地方人力资源社会保障部门所属职业技能鉴定（指导）中心以及经地方人力资源社会保障部门批准设立的其他职业技能鉴定机构，在组织实施职业技能鉴定考试时，向报名参加考试的人员收取考试费。人力资源社会保障部所属职业技能鉴定中心向地方职业技能鉴定机构收取考务费。

职业技能鉴定考试项目依据《劳动法》、《职业分类大典》及人力资源社会保障部有关规定执行。

二、专业技术人员职业资格考试考务费。人力资源社会保障部在组织实施相关专业技术人员职业资格考试时，由其所属人事考试中心向地方相关考试机构收取考务费，地方相关考试机构向报名参加考试的人员收取考试费。

人力资源社会保障部组织实施的专业技术人员职业资格考试项目见附件。

三、上述收费项目的具体收费标准由国家发展改革委、财政部另行制定。

四、收费单位应按隶属关系分别使用财政部或省级财政部门统一印制的票据。

五、人力资源社会保障部所属职业技能鉴定中心和人事考试中心的收费收入，应全额上缴中央国库，纳入中央财政预算管理，具体收缴办法按照财政国库集中收缴的有关规定执行。地方职业技能鉴定机构和考试机构的收费收入全额上缴地方国库，纳入地方财政预算管理，具体缴库办法按照省级财政部门有关规定执行。收费单位开展相关工作所需经费，由同级财政统筹安排。

六、收费单位应严格按上述规定执行，不得擅自增加收费项目、扩大收费范围，并自觉接受财政、价格、审计部门的监督检查。对违规多征、减征、免征或缓征收费等行为的，依照《预算法》、《财政违法行为处罚处分条例》等法律法规依法处理。

七、本通知自发布之日起执行。此前有关规定与本通知不一致的，以本通知为准。

附件：人力资源社会保障部门组织实施的专业技术人员职业资格考试项目

二〇一五年七月二十日

附件

人力资源社会保障部门组织实施的
专业技术人员职业资格考试项目

1. 咨询工程师（投资）职业资格考试
2. 投资建设项目管理师职业水平考试
3. 注册设备监理师执业资格考试
4. 助理社会工作师、社会工作师职业水平考试
5. 造价工程师执业资格考试
6. 专业技术人员职称外语等级考试
7. 专业技术人员计算机应用能力考试
8. 经济专业技术资格考试
9. 价格鉴证师执业资格考试
10. 执业药师（中药师）资格考试
11. 监理工程师执业资格考试
12. 出版专业技术人员职业资格考试
13. 注册安全工程师执业资格考试
14. 招标师职业资格考试
15. 注册测绘师资格考试
16. 一、二级注册计量师资格考试
17. 一级注册消防工程师资格考试
18. 注册城市规划师执业资格考试

财政部　国家税务总局　中国残疾人联合会关于印发《残疾人就业保障金征收使用管理办法》的通知

财税［2015］72号

各省、自治区、直辖市财政厅（局）、地方税务局、国家税务局、残疾人联合会：

为了规范残疾人就业保障金征收使用管理，促进残疾人就业，保障残疾人权益，根据《残疾人保障法》、《残疾人就业条例》的规定，我们制定了《残疾人就业保障金征收使用管理办法》，现印发给你们，请遵照执行。

附件：残疾人就业保障金征收使用管理办法

二〇一五年九月九日

附件

残疾人就业保障金征收使用管理办法

第一章　总　　则

第一条　为了规范残疾人就业保障金（以下简称保障金）征收使用管理，促进残疾人就业，根据《残疾人保障法》、《残疾人就业条例》的规定，制定本办法。

第二条　保障金是为保障残疾人权益，由未按规定安排残疾人就业的机关、团体、企业、事业单位和民办非企业单位（以下简称用人单位）缴纳的资金。

第三条　保障金的征收、使用和管理，适用本办法。

第四条　本办法所称残疾人，是指持有《中华人民共和国残疾人证》上注明属于视力残疾、听力残疾、言语残疾、肢体残疾、智力残疾、精神残疾和多重残疾的人员，或者持有《中华人民共和国残疾军人证》（1～8级）的人员。

第五条 保障金的征收、使用和管理应当接受财政部门的监督检查和审计机关的审计监督。

第二章 征收缴库

第六条 用人单位安排残疾人就业的比例不得低于本单位在职职工总数的1.5%。具体比例由各省、自治区、直辖市人民政府根据本地区的实际情况规定。

用人单位安排残疾人就业达不到其所在地省、自治区、直辖市人民政府规定比例的，应当缴纳保障金。

第七条 用人单位将残疾人录用为在编人员或依法与就业年龄段内的残疾人签订1年以上（含1年）劳动合同（服务协议），且实际支付的工资不低于当地最低工资标准，并足额缴纳社会保险费的，方可计入用人单位所安排的残疾人就业人数。

用人单位安排1名持有《中华人民共和国残疾人证》（1～2级）或《中华人民共和国残疾军人证》（1～3级）的人员就业的，按照安排2名残疾人就业计算。

用人单位跨地区招用残疾人的，应当计入所安排的残疾人就业人数。

第八条 保障金按上年用人单位安排残疾人就业未达到规定比例的差额人数和本单位在职职工年平均工资之积计算缴纳。计算公式如下：

保障金年缴纳额＝（上年用人单位在职职工人数×所在地省、自治区、直辖市人民政府规定的安排残疾人就业比例－上年用人单位实际安排的残疾人就业人数）×上年用人单位在职职工年平均工资。

用人单位在职职工，是指用人单位在编人员或依法与用人单位签订1年以上（含1年）劳动合同（服务协议）的人员。季节性用工应当折算为年平均用工人数。以劳务派遣用工的，计入派遣单位在职职工人数。

用人单位安排残疾人就业未达到规定比例的差额人数，以公式计算结果为准，可以不是整数。

上年用人单位在职职工年平均工资，按用人单位上年在职职工工资总额除以用人单位在职职工人数计算。

第九条 保障金由用人单位所在地的地方税务局负责征收。没有分设地方税务局的地方，由国家税务局负责征收。

有关省、自治区、直辖市对保障金征收机关另有规定的，按其规定执行。

第十条 保障金一般按月缴纳。

用人单位应按规定时限向保障金征收机关申报缴纳保障金。在申报时，应提供本单位在职职工人数、实际安排残疾人就业人数、在职职工年平均工资等信息，并保证信息的真实性和完整性。

第十一条 保障金征收机关应当定期对用人单位进行检查。发现用人单位申报不实、少缴纳保障金的，征收机关应当催报并追缴保障金。

第十二条 残疾人就业服务机构应当配合保障金征收机关做好保障金征收工作。

用人单位应按规定时限如实向残疾人就业服务机构申报上年本单位安排的残疾人就业人数。未在规定时限申报的，视为未安排残疾人就业。

残疾人就业服务机构进行审核后，确定用人单位实际安排的残疾人就业人数，并及时提供给保障金征收机关。

第十三条 保障金征收机关征收保障金时，应当向用人单位开具省级财政部门统一印制的票据或税收票证。

第十四条 保障金全额缴入地方国库。

地方各级人民政府之间保障金的分配比例，由各省、自治区、直辖市财政部门商残疾人联合会确定。

具体缴库办法按照省级财政部门的规定执行。

第十五条 保障金由税务机关负责征收的，应积极采取财税库银税收收入电子缴库横向联网方式征缴保障金。

第十六条 自工商登记注册之日起 3 年内，对安排残疾人就业未达到规定比例、在职职工总数 20 人以下（含 20 人）的小微企业，免征保障金。

第十七条 用人单位遇不可抗力自然灾害或其他突发事件遭受重大直接经济损失，可以申请减免或者缓缴保障金。具体办法由各省、自治区、直辖市财政部门规定。

用人单位申请减免保障金的最高限额不得超过 1 年的保障金应缴额，申请缓缴保障金的最长期限不得超过 6 个月。

批准减免或者缓缴保障金的用人单位名单，应当每年公告一次。公告内容应当包括批准机关、批准文号、批准减免或缓缴保障金的主要理由等。

第十八条 保障金征收机关应当严格按规定的范围、标准和时限要求征收保障金，确保保障金及时、足额征缴到位。

第十九条 任何单位和个人均不得违反本办法规定，擅自减免或缓征保障金，不得自行改变保障金的征收对象、范围和标准。

第二十条 各地应当建立用人单位按比例安排残疾人就业及缴纳保障金公示制度。

残疾人联合会应当每年向社会公布本地区用人单位应安排残疾人就业人数、实际安排残疾人就业人数和未按规定安排残疾人就业人数。

保障金征收机关应当定期向社会公布本地区用人单位缴纳保障金情况。

第三章 使用管理

第二十一条 保障金纳入地方一般公共预算统筹安排，主要用于支持残疾人就业和保障残疾人生活。支持方向包括：

（一）残疾人职业培训、职业教育和职业康复支出。

（二）残疾人就业服务机构提供残疾人就业服务和组织职业技能竞赛（含展能活动）支出。补贴用人单位安排残疾人就业所需设施设备购置、改造和支持性服务费用。补贴辅助性就业机构建设和运行费用。

（三）残疾人从事个体经营、自主创业、灵活就业的经营场所租赁、启动资金、设施设备购置补贴和小额贷款贴息。各种形式就业残疾人的社会保险缴费补贴和用人单位岗位补贴。扶持农村残疾人从事种植、养殖、手工业及其他形式生产劳动。

（四）奖励超比例安排残疾人就业的用人单位，以及为安排残疾人就业做出显著成绩的单位或个人。

（五）对从事公益性岗位就业、辅助性就业、灵活就业，收入达不到当地最低工资标准、生活确有困难的残疾人的救济补助。

（六）经地方人民政府及其财政部门批准用于促进残疾人就业和保障困难残疾人、重度残疾人生活等其他支出。

第二十二条 地方各级残疾人联合会所属残疾人就业服务机构的正常经费开支，由地方同级财政预算统筹安排。

第二十三条 各地要积极推行政府购买服务，按照政府采购法律制度规定选择符合要求的公办、民办等各类就业服务机构，承接残疾人职业培训、职业教育、职业康复、就业服务和就业援助等工作。

第二十四条 地方各级残疾人联合会、财政部门应当每年向社会公布保障金用于支持残疾人就业和保障残疾人生活支出情况，接受社会监督。

第四章 法律责任

第二十五条 单位和个人违反本办法规定，有下列情形之一的，依照《财政违法行为处罚处分条例》和《违反行政事业性收费和罚没收入收支两条线管理规定行政处分暂行规定》等国家有关规定追究法律责任；涉嫌犯罪的，依法移送司法机关处理：

（一）擅自减免保障金或者改变保障金征收范围、对象和标准的；

（二）隐瞒、坐支应当上缴的保障金的；

（三）滞留、截留、挪用应当上缴的保障

金的；

（四）不按照规定的预算级次、预算科目将保障金缴入国库的；

（五）违反规定使用保障金的；

（六）其他违反国家财政收入管理规定的行为。

第二十六条 用人单位未按规定缴纳保障金的，按照《残疾人就业条例》的规定，由保障金征收机关提交财政部门，由财政部门予以警告，责令限期缴纳；逾期仍不缴纳的，除补缴欠缴数额外，还应当自欠缴之日起，按日加收5‰的滞纳金。滞纳金按照保障金入库预算级次缴入国库。

第二十七条 保障金征收、使用管理有关部门的工作人员违反本办法规定，在保障金征收和使用管理工作中滥用职权、玩忽职守、徇私舞弊的，依法给予处分；涉嫌犯罪的，依法移送司法机关。

第五章 附 则

第二十八条 各省、自治区、直辖市财政部门会同税务部门、残疾人联合会根据本办法制定具体实施办法，并报财政部、国家税务总局、中国残疾人联合会备案。

第二十九条 本办法由财政部会同国家税务总局、中国残疾人联合会负责解释。

第三十条 本办法自2015年10月1日起施行。《财政部关于发布〈残疾人就业保障金管理暂行规定〉的通知》（财综字［1995］5号）及其他与本办法不符的规定同时废止。

财政部　国家税务总局　人力资源社会保障部关于扩大企业吸纳就业税收优惠适用人员范围的通知

财税［2015］77号

各省、自治区、直辖市、计划单列市财政厅（局）、国家税务局、地方税务局、人力资源社会保障厅（局），新疆生产建设兵团财务局、人力资源社会保障局：

为进一步做好新形势下促进就业工作，根据国务院决定，现对《财政部　国家税务总局　人力资源社会保障部关于继续实施支持和促进重点群体创业就业有关税收政策的通知》（财税［2014］39号）中企业吸纳就业税收优惠适用人员范围作如下调整：

将财税［2014］39号文件中"当年新招用在人力资源社会保障部门公共就业服务机构登记失业一年以上"的内容调整为"当年新招用在人力资源社会保障部门公共就业服务机构登记失业半年以上"，其他政策内容和具体实施办法不变。

本通知自2015年5月1日起施行。各地财政、税务、人力资源社会保障部门要认真做好新旧政策的衔接工作，主动做好政策宣传工作，确保政策落实到位。

二〇一五年七月十日

财政部　国家发展改革委关于取消和暂停征收一批行政事业性收费有关问题的通知

财税〔2015〕102号

民政部、人力资源社会保障部、国土资源部、住房城乡建设部、交通运输部、农业部、海关总署、国家税务总局、国家质检总局、新闻出版广电总局、国家体育总局、国家林业局、国家旅游局、保监会，各省、自治区、直辖市、计划单列市财政厅（局）、发展改革委、物价局，新疆生产建设兵团财务局、发展改革委：

根据国务院关于推进收费清理改革工作部署，我们对全国性及中央部门和单位行政事业性收费项目进行了全面清理，决定取消和暂停征收一批收费项目。现将有关事项通知如下：

一、自2015年11月1日起，在全国统一取消和暂停征收37项行政事业性收费（见附件）。

二、自2016年1月1日起，取消人力资源社会保障等部门所属公共就业和人才服务机构收取的人才集体户口管理服务费（包括经营服务性质的收费）。

三、取消和暂停征收上述收费后，有关部门及所属事业单位依法履行管理职能所需经费，由同级财政预算予以统筹安排，保障工作正常开展。

四、有关部门和单位要到财政部门办理财政票据缴销手续。有关收费的清欠收入，应当按照财政部门规定的渠道全额上缴国库。

五、各省（区、市）财政、价格部门要抓紧对省级设立的行政事业性收费项目进行全面清理。取消属于政府提供普遍公共服务或体现一般性管理职能，以及主要目的是养人、违背市场经济基本原则的不合理收费项目。坚决取缔各种乱收费。

六、各地区、有关部门和单位要严格执行本通知规定，对公布取消和暂停征收的收费项目，不得以任何理由拖延或者拒绝执行。各级财政、价格部门要加强对落实本通知情况的监督检查，对不按规定取消和暂停征收相关收费项目的，按有关规定给予处罚，并追究责任人的行政责任。

附件：取消和暂停征收的行政事业性收费项目

二〇一五年九月二十九日

附件

取消和暂停征收的行政事业性收费项目

（共37项）

一、取消的行政事业性收费项目（共33项）

民政部门

1. 出具（无）婚姻登记记录证明收费

财政部门

2. 注册资产评估师执业资格珠宝评估专业考试费

人力资源社会保障部门

3. 质量专业技术人员职业资格考试、考务费

4. 企业法律顾问执业资格考试、考务费

5. 注册资产评估师执业资格考试、考务费

6. 助理广告师、广告师职业资格考试、考务费

7. 咨询工程师（投资）职业资格考试、考务费

国土资源部门

8. 土地估价师考试、考务费

9. 土地登记代理人员职业资格考试、考务费

住房城乡建设部门

10. 房屋租赁手续费

11. 房地产经纪人执业资格考试报名、考试费

12. 物业管理师资格考试、考务费

交通运输部门

13. 磁罗经校正员考试费

农业部门

14. 渔业船舶国籍登记证书费

15. 渔业船舶注销登记收费

海关部门

16. 报关员资格考试费

税务部门

17. 注册税务师执业资格考试、考务费

质量监督检验检疫部门

18. 组织机构代码证书收费

19. 产品质量监督检验费中的定期检验费

20. 计量认证费

新闻出版广电部门

21. 计算机软件著作权登记费中的请求延期处理费

体育部门

22. 参赛个人和团体年度注册费

23. 参赛运动队和运动员比赛报名费

24. 俱乐部运动员转会手续费

25. 棋类和武术段位考评认定费

26. 车手等级认定费

27. 运动马匹注册费

旅游部门

28. 入境签证费

29. 工农业旅游示范点标牌（含证书）费

30. 星级标牌（含证书）工本费

31. A级旅游景区标牌（含证书）工本费

保监会

32. 精算师资格考试费

地方

33. 铁路护路联防费

二、暂停征收的行政事业性收费项目（共4项）

农业部门

1. 动物及动物产品检疫费

海关部门

2. 海关知识产权备案费

林业部门

3. 森林植物检疫费

4. 野生动植物进出口管理费

商务部　发展改革委　工业和信息化部　财政部　人力资源社会保障部　交通运输部　农业部　人民银行　工商总局　质监总局　银监会　证监会　保监会　邮政局　国务院扶贫办　供销合作总社　共青团中央　全国妇联　中国残联关于加快发展农村电子商务的意见

商建发［2015］306 号

各省、自治区、直辖市、计划单列市及新疆生产建设兵团商务、发展改革、工业和信息化、财政、人力资源社会保障、交通运输、农业、人民银行、工商、质监（市场监督管理）、银监、证监、保监、邮政、扶贫、供销合作、共青团、妇联、残联主管部门：

近年来，随着互联网的普及和农村基础设施的完善，我国农村电子商务快速发展，农村商业模式不断创新，服务内容不断丰富，电子商务交易规模不断扩大。但总体上我国农村电子商务发展仍处于起步阶段，存在着市场主体发育不健全、物流配送等基础设施滞后、发展环境不完善和人才缺乏等问题。

加快发展农村电子商务，是创新商业模式、完善农村现代市场体系的必然选择，是转变农业发展方式、调整农业结构的重要抓手，是增加农民收入、释放农村消费潜力的重要举措，是统筹城乡发展、改善民生的客观要求，对于进一步深化农村改革、推进农业现代化具有重要意义。根据《中共中央　国务院关于加大改革创新力度加快农业现代化建设的若干意见》（中发［2015］1 号）和《国务院关于大力发展电子商务加快培育经济新动力的意见》（国发［2015］24 号）的要求，为加快推进农村电子商务发展，现提出以下意见：

一、总体要求

（一）指导思想。以邓小平理论、“三个代表”重要思想、科学发展观为指导，深入贯彻落实党的十八大和十八届三中、四中全会精神，按照全面建成小康社会目标和新型工业化、信息化、城镇化、农业现代化同步发展的要求，主动适应经济发展新常态，充分发挥市场在资源配置中的决定性作用，加强基础设施建设，完善政策环境，深化农村流通体制改革，创新农村商业模式，培育和壮大农村电子商务市场主体，发展线上线下融合、覆盖全程、综合配套、安全高效、便捷实惠的现代农村商品流通和服务网络。

（二）基本原则。

1. 市场为主、政府引导。充分发挥市场在资源配置中的决定性作用，突出企业的主体地位。加快转变政府职能，完善政策、强化服务、搭建平台，加强事中事后监管，依法维护经营者、消费者合法权益。为农村电子商务发展营造平等参与、公平竞争的环境，激发各类市场主体的活力。

2. 统筹规划、创新发展。将发展农村电子商务纳入区域发展战略和新型城镇化规划，作为农村发展的重要引擎和产业支撑，促进城乡互补、协调发展。以商业模式创新推动管理创新和体制创新，改造传统商业的业务流程，提升农村流通现代化水平，促进农村一二三产业融合发展。

3. 实事求是、因地制宜。结合本地区农村经济社会发展水平、人文环境和自然资源等基础条件，认真研究分析，着眼长远，理性推进。注重发挥基层自主性、积极性和创造性，因县而异，探索适合本地农村电子商务发展的路径和模式。

4. 以点带面、重点突破。先行先试、集中力量解决农村电子商务发展中的突出矛盾和问题，务求实效，对老少边穷地区要重点扶持、优先试点；总结先行地区经验，不断提升示范效应，形成推广机制。

（三）发展目标。争取到2020年，在全国培育一批具有典型带动作用的农村电子商务示范县。电子商务在降低农村流通成本、提高农产品商品化率和农民收入、推进新型城镇化、增加农村就业、带动扶贫开发等方面取得明显成效，农村流通现代化水平显著提高，推动农村经济社会健康快速发展。

二、提升农村电子商务应用水平

（四）建设新型农村日用消费品流通网络。适应农村产业组织变化趋势，充分利用“万村千乡”、信息进村入户、交通、邮政、供销合作社和商贸企业等现有农村渠道资源，与电子商务平台实现优势互补，加强服务资源整合。推动传统生产、经营主体转型升级，创新商业模式，促进业务流程和组织结构的优化重组，增强产、供、销协同能力，实现线上线下融合发展。支持电子商务企业渠道下沉。加强县级电子商务运营中心、乡镇商贸中心和配送中心建设，鼓励“万村千乡”等企业向村级店提供B2B网上商品批发和配送服务。鼓励将具备条件的村级农家店、供销合作社基层网点、农村邮政局所、村邮站、快递网点、信息进村入户村级信息服务站等改造为农村电子商务服务点，加强与农村基层综合公共服务平台的共享共用，推动建立覆盖县、乡、村的电子商务运营网络。

（五）加快推进农村产品电子商务。以农产品、农村制品等为重点，通过加强对互联网和大数据的应用，提升商品质量和服务水平，培育农村产品品牌，提高商品化率和电子商务交易比例，带动农民增收。与农村和农民特点相结合，研究发展休闲农业和乡村旅游等个性化、体验式的农村电子商务。指导和支持种养大户、家庭农场、农民专业合作社、农业产业化龙头企业等新型农业经营主体和供销合作社、扶贫龙头企业、涉农残疾人扶贫基地等，对接电商平台，重点推动电商平台开设农业电商专区、降低平台使用费用和提供互联网金融服务等，实现“三品一标”、“名特优新”、“一村一品”农产品上网销售。鼓励有条件的农产品批发和零售市场进行网上分销，构建与实体市场互为支撑的电子商务平台，对标准化程度较高的农产品探索开展网上批发交易。鼓励新型农业经营主体与城市邮政局所、快递网点和社区直接对接，开展生鲜农产品“基地+社区直供”电子商务业务。从大型生产基地和批发商等团体用户入手，发挥互联网和移动终端的优势，在农产品主产区和主销区之间探索形成线上线下高效衔接的农产品交易模式。

（六）鼓励发展农业生产资料电子商务。

组织相关企业、合作社，依托电商平台和“万村千乡”农资店、供销合作社农资连锁店、农村邮政局所、村邮站、乡村快递网点、信息进村入户村级信息服务站等，提供测土配方施肥服务，并开展化肥、种子、农药等生产资料电子商务，推动放心农资进农家，为农民提供优质、实惠、可追溯的农业生产资料。发挥农资企业和研究机构的技术优势，将农资研发、生产、销售与指导农业生产相结合，通过网络、手机等提供及时、专业、贴心的农业专家服务，与电子商务紧密结合，加强使用技术指导服务体系建设，宣传、应用和推广农业最新科研成果。

（七）大力发展农村服务业。按照新型城镇化发展要求，逐步增加农村电子商务综合服务功能，实现一网多用，缩小城乡居民在商品和服务消费上的差距。鼓励与服务业企业、金融机构等加强合作，提高大数据分析能力，在不断完善农民网络购物功能的基础上，逐步叠加手机充值、票务代购、水电气费缴纳、农产品网络销售、小额取现、信用贷款、家电维修、养老、医疗、土地流转等功能，进一步提高农村生产、生活服务水平。与城市社区电子商务系统有机结合，实现城乡互补和融合发展。

（八）提高电子商务扶贫开发水平。按照精准扶贫、精准脱贫的原则，创新扶贫开发工作机制，把电子商务纳入扶贫开发工作体系。积极推进电商扶贫工程，密切配合，形成合力，瞄准建档立卡贫困村，覆盖建档立卡贫困户。鼓励引导易地扶贫搬迁安置区和搬迁人口发展电子商务。提升贫困地区交通物流、网络通信等发展水平，增强贫困地区利用电商创业、就业能力，推动贫困地区特色农副产品、旅游产品销售，增加贫困户收入。鼓励引导电商企业开辟贫困老区特色农产品网上销售平台，与合作社、种养大户建立直采直供关系。到2020年，对有条件的建档立卡贫困村实现电商扶贫全覆盖。

三、培育多元化农村电子商务市场主体

（九）鼓励各类资本发展农村电子商务。支持电商、物流、商贸、金融、邮政、快递等各类社会资本加强合作，实现优势资源的对接与整合，参与农村电子商务发展。加快实施“快递下乡”工程，支持快递企业“向下”、“向西”发展。支持第三方电子商务平台创新和拓展涉农电商业务。引导涉农信息发布平台向在线交易和电商平台转型，提升服务功能。

（十）积极培育农村电子商务服务企业。引导电子商务服务企业拓展农村业务，支持组建区域性农村电子商务协会等行业组织，成立专业服务机构等。为农村电子商务发展提供咨询、人员培训、技术支持、网店建设、品牌培育、品质控制、营销推广、物流解决、代理运营等专业化服务，引导市场主体规范有序发展，培育一批扎根农村的电子商务服务企业。

（十一）鼓励农民依托电子商务进行创业。实施农村青年电商培育工程和巾帼电商创业行动。以返乡高校毕业生、返乡青年、大学生村官、农村青年、巾帼致富带头人、退伍军人等为重点，培养一批农村电子商务带头人和实用型人才，切实发挥他们在农村电子商务发展中的引领和示范作用。指导具有特色商品生产基础的乡村开展电子商务，吸引农民工返乡创业就业，引导农民立足农村、对接城市，探索农村创业新模式。各类农村电子商务运营网点要积极吸收农村妇女、残疾人士等就业。

四、加强农村电子商务基础设施建设

（十二）加强农村宽带、公路等设施建设。完善电信普遍服务补偿机制，加快农村信息基础设施建设和宽带普及，推进“宽带中国”建设，促进宽带网络提速降费，积极推动4G和移动互联网技术应用。以建制村通硬化路为重点加快农村公路建设，推进城乡客运一体化，推动有条件的地区实施公交化改造。

（十三）提高农村物流配送能力。加强交通运输、商贸流通、农业、供销、邮政各部门和单位及电商、快递企业等相关农村物流服务网络和设施的共享衔接，发挥好邮政点多面广和普遍服务的优势，逐步完善县、乡、村三级

物流节点基础设施网络，鼓励多站合一、资源共享，共同推动农村物流体系建设，打通农村电子商务“最后一公里”。推动第三方配送、共同配送在农村的发展，建立完善农村公共仓储配送体系，重点支持老少边穷地区物流设施建设。

五、创建农村电子商务发展的有利环境

（十四）搭建多层次发展平台。鼓励电商基础较好的地方积极协调落实项目用地、利用闲置厂房等建设农村特色电子商务产业基地、园区或综合运营服务中心，发挥孵化功能，为当地网商、创业青年和妇女等提供低成本的办公用房、网络通信、培训、摄影、仓储配送等公共服务，促进网商在农村的集聚发展。支持地方依托第三方综合电商平台，开设地方特色馆，搭建区域性电商服务平台。促进线下产业发展平台和线上电商交易平台的结合，推动网络经济与实体经济的融合。研究建立适合农村情况的电子商务标准、统计制度等。发挥各类农业信息资源优势，逐步覆盖农产品生产、流通、销售和消费全程，提高市场信息传导效应，引导农民开展订单生产。

（十五）加大金融支持力度。鼓励有条件的地区通过拓宽社会融资渠道设立农村电子商务发展基金。鼓励村级电子商务服务点、助农取款服务点相互依托建设，实现优势互补、资源整合，提高利用效率。提高农村电商的大数据分析能力，支持银行业金融机构和支付机构研发适合农村特点、满足农村电子商务发展需求的网上支付、手机支付、供应链贷款等金融产品，加强有关风险控制，保障客户信息安全和资金安全。加大对电商创业农民的授信和贷款支持。充分利用各地设计开发的“青”字号专属金融产品，或依托金融机构现有产品，设计“青”字号电商创业金融服务项目，支持农村青年创业。协调各类农业信贷担保机构，简化农村网商小额短期贷款办理手续，对信誉良好、符合政策条件的农村网商，可按规定享受创业担保贷款及贴息政策。

（十六）加强培训和人才培养。依托现有培训项目和资源，支持电子商务企业、各类培训机构、协会对机关、企业、农业经营主体和农民等进行电子商务政策、理论、运营、操作等方面培训。有条件的地区可以建立专业的电商人才培训基地和师资队伍，努力培养一批既懂理论又懂业务、会经营网店、能带头致富的复合型人才。引导具有实践经验的电商从业者返乡创业，鼓励电子商务职业经理人到农村发展。进一步降低农村电商人才就业保障等方面的门槛。

（十七）规范市场秩序。加强网络市场监管，打击制售假冒伪劣商品、虚假宣传、不正当竞争和侵犯知识产权等违法行为，维护消费者合法权益，促进守法诚信经营。督促第三方交易平台加强内部管理，规范主体准入，遏制“刷信用”等欺诈行为。维护公平竞争的市场秩序，营造良好创业营商环境。推进农村电子商务诚信建设。加强农产品标准化、检验检测、安全监控、分级包装、冷链仓储、加工配送、追溯体系等技术、设施的研究、应用和建设，提高对农产品生产、加工和流通等环节的质量管控水平，建立完善质量保障体系。

（十八）开展示范和宣传推广。开展电子商务进农村综合示范，认真总结示范地区经验做法，梳理典型案例，对开展电商创业的农村青年、农村妇女、新型农业经营主体和农村商业模式等进行总结推广。加大宣传力度，推动社会各界关注和支持农村电子商务发展。加强地区间沟通与交流，促进合作共赢发展。

电子商务进农村是“三农”工作的新领域。各地要加快转变政府职能，打破传统观念和模式，大胆探索创新，加强组织领导，加强部门沟通协调，改进工作方式方法，提升政府服务意识和水平，推动农村电子商务健康快速发展，促进农村现代市场体系建立完善，加快推进农业现代化进程。

附件：农村电子商务发展重点工作

二〇一五年八月二十一日

附件

农村电子商务发展重点工作

工作名称	工作内容	牵头部门
一、农村青年电商培育工程	加强农村青年电子商务培训，引导农村青年运用电子商务创业就业，提高农村青年在县、乡、村电子商务服务体系建设中的作用	共青团中央
二、“快递向西向下”服务拓展工程	完善中西部、农村地区快递基础设施，发挥电子商务与快递服务的协同作用，提升快递服务对农村电子商务的支撑能力和水平	邮政局
三、电商扶贫工程	在贫困县开展电商扶贫试点，重点扶持建档立卡贫困村贫困户，推动贫困地区特色农副产品、旅游产品销售	扶贫办
四、巾帼电商创业行动	建立适应妇女创业的网络化、实训式电子商务培育模式，借助互联网和大数据，助推农村妇女创业致富	全国妇联
五、电子商务进农村综合示范	培育一批农村电子商务示范县，健全农村电子商务支撑服务体系，扩大农村电子商务应用领域，提高农村电子商务应用能力，改善农村电子商务发展环境	财政部、商务部

国家卫生计生委　国家发展改革委　财政部 人力资源社会保障部　国家中医药管理局 关于印发《关于控制公立医院医疗费用不合理增长的若干意见》的通知

国卫体改发［2015］89号

各省、自治区、直辖市、新疆生产建设兵团卫生计生委（卫生局）、发展改革委、财政（务）厅（局）、人力资源社会保障厅（局）、中医药管理局：

国家卫生计生委、国家发展改革委、财政部、人力资源社会保障部和国家中医药管理局制定的《关于控制公立医院医疗费用不合理增长的若干意见》已经国务院同意，现印发给你们，请各地认真贯彻落实。

二〇一五年十月二十七日

关于控制公立医院医疗费用不合理增长的若干意见

新一轮医药卫生体制改革实施以来，随着基本医疗保障制度实现全覆盖，基层医疗卫生机构综合改革整体推进，公立医院改革逐步拓展，医院次均费用上涨幅度得到一定控制。但总体上看，医疗费用不合理增长问题仍然存在，突出表现在部分城市公立医院医疗费用总量增幅较大，药品收入占比较大，大型医用设备检查治疗和医用耗材的收入占比增加较快，不合理就医等导致的医疗服务总量增加较快等。为有效控制公立医院医疗费用不合理增长，切实减轻群众医药费用负担，进一步增强改革综合成效，现提出如下意见。

一、总体要求

将控制公立医院医疗费用不合理增长作为深化医改的重要目标和任务，统筹谋划，综合施策，强化规范医疗、完善医保、改革医药等政策联动，推动实现医疗费用增长与经济社会发展、医保基金运行与群众承受能力相协调，切实维护人民群众健康权益，促进医药卫生事业健康发展。坚持总量控制、结构调整，控制医疗费用总量增长速度，合理调整医疗服务价格，降低药品和耗材费用占比，优化公立医院收支结构，实现良性运行。坚持内外兼治、强化监管，加强公立医院内部管理和外部监督，建立健全医疗费用监控和公开机制，改革医保支付方式，规范和引导医疗服务行为。坚持系统治理、防治结合，优化医疗资源配置，逐步建立完善分级诊疗制度，加强疾病防控和健康管理，提高医疗服务体系整体运行效率。坚持立足实际、分层分类，从区域和医疗机构两个层面强化费用调控，根据不同地区医疗费用水平和增长幅度以及医院的功能定位，分类确定控费要求并进行动态调整。

到2016年6月底，各地结合实际合理确定并量化区域医疗费用增长幅度，定期公示主要监测指标，初步建立公立医院医疗费用监测体系，医疗费用不合理增长的势头得到初步遏制，城市公立医院医疗费用总量增幅和门诊病人次均医药费用、住院病人人均医药费用增幅有所下降。到2017年年底，公立医院医疗费用控制监测和考核机制逐步建立健全，参保患者医疗费用中个人支出占比逐步降低，居民看病就医负担进一步减轻。

二、采取医疗费用控制综合措施

（一）规范医务人员诊疗行为。推行临床路径管理，采取处方负面清单管理，落实处方点评、抗生素使用、辅助用药、耗材使用管理等制度。加强中药饮片合理应用监管，建立中药饮片处方专项点评制度，促进合理用药。建立对辅助用药、医院超常使用的药品和高值医用耗材等的跟踪监控制度，明确需要重点监控的药品品规数，建立健全以基本药物为重点的临床用药综合评价体系。严格执行医疗机构明码标价和医药费用明晰清单制度。建立符合医疗卫生行业特点的人事薪酬制度。严禁给医务人员设定创收指标，医务人员个人薪酬不得与医院的药品、耗材、大型医用设备检查治疗等业务收入挂钩。

（二）强化医疗机构内控制度。加强预算约束，卫生计生行政部门和中医药管理部门或政府办医机构要根据行业发展规划和医疗费用控制目标，对医院预算进行审核。强化公立医院成本核算，探索建立医疗机构成本信息库。加强信息技术手段的运用，提高公立医院病案、临床路径、药品、耗材、费用审核、财务和预算等方面的精细化管理水平，控制不必要的费用支出。力争到2017年试点城市公立医院百元医疗收入（不含药品收入）中消耗的卫生材料降到20元以下。

（三）严格控制公立医院规模。按照《国务院办公厅关于印发全国医疗卫生服务体系规划纲要（2015—2020年）的通知》（国办发［2015］14号）要求以及省级卫生资源配置标准和医疗机构设置规划，合理把控公立医院床位规模，严禁擅自增设床位。严格实施大型医用设备配置规划，加强使用评价和监督管理。严禁公立医院举债建设，严格控制建设标准。

（四）降低药品耗材虚高价格。贯彻落实《国务院办公厅关于完善公立医院药品集中采购工作的指导意见》（国办发［2015］7号），实行药品分类采购。对临床用量大、采购金额高、多家企业生产的基本药物和非专利药品，发挥省级集中批量采购优势，由省级药品采购机构采取双信封制公开招标采购。对部分专利药品、独家生产药品，建立公开透明、多方参与的价格谈判机制。加强对药品价格执行情况的监督检查。实施高值医用耗材阳光采购，在保证质量的前提下鼓励采购国产高值医用耗材。严厉查处药品耗材购销领域商业贿赂行为。

（五）推进医保支付方式改革。逐步对统筹区域内所有定点医疗机构及其所有病种全面实行支付方式改革。强化医保基金收支预算，建立以按病种付费为主，按人头、按服务单元等复合型付费方式，逐步减少按项目付费。鼓励推行按疾病诊断相关组（DRGs）付费方式。完善并落实医保经办机构与医疗机构的谈判机制，动态调整支付标准，强化质量监管。充分发挥各类医疗保险对医疗服务行为和费用的调控引导与监督制约作用。在规范日间手术和中医非药物诊疗技术的基础上，逐步扩大纳入医保支付的日间手术和医疗机构中药制剂、针灸、治疗性推拿等中医非药物诊疗技术范围。对高额药品和耗材进入医保目录库进行严格的经济学评价及审查。综合考虑医疗服务质量安全、基本医疗需求等因素制定临床路径，加快推进临床路径管理。到2015年年底，城市公立医院综合改革试点地区医保支付方式改革要覆盖区域内所有公立医院，实施临床路径管理的病例数达到公立医院出院病例数的30%，实行按病种付费的病种不少于100个。

（六）转变公立医院补偿机制。破除以药补医机制，理顺医疗服务价格，降低大型医用设备检查治疗价格，合理调整提升体现医务人员技术劳务价值的医疗服务价格。建立以成本和收入结构变化为基础的价格动态调整机制。坚持“总量控制、结构调整、有升有降、逐步到位”的原则，通过降低药品耗材费用和加强成本控制，留出空间用于调整医疗服务价格。切实落实政府对公立医疗机构各项投入政策，保证医保基金按规定及时足额结算，促进医疗费用结构合理化。公立医院药品收入占医疗收入比重逐年下降，力争到2017年试点城市公立医院药占比（不含中药饮片）总体下降到30%左右。

（七）构建分级诊疗体系。优化医疗资源结构和布局，促进优质医疗资源下沉，提高基层服务能力，合理确定各级各类医疗机构功能定位，完善分工协作机制。以患者为中心制定分级诊疗规范，综合运用行政、医保、价格等多种措施，推动建立基层首诊、双向转诊、急慢分治、上下联动的分级诊疗模式，引导患者合理就医，提高医疗资源利用效率和整体效益。在统一质量标准前提下，实行同级医疗机构医学检查检验结果互认。三级公立医院要逐步减少和下沉普通门诊服务，实现普通门诊占比逐年降低。基层中医药服务能力不足及薄弱地区的中医医院应区别对待。

（八）实施全民健康促进和健康管理。加强慢性疾病的预防控制工作，提高基本公共卫生服务和重大公共卫生服务项目绩效，实施全民健康促进战略，从源头上控制患病率和医疗费用增长。

三、建立医疗费用控制考核问责机制

（一）加强医疗费用监测。各级卫生计生行政部门和中医药管理部门要以区域和机构医疗费用增长情况、医疗资源利用效率、医疗收入结构、医疗服务效率等为核心，以本意见明确的主要监测指标为基础，建立医疗费用监测体系。各地要综合考虑医疗费用的历史情况、医疗服务需求、各级各类医疗机构功能定位及诊疗特点、物价变化、经济社会发展水平等因素，科学测算，合理确定各级各类公立医院医疗费用控制的年度和阶段性目标。各地医疗费用监测体系要以信息化为基础，建立本地区信息化监管平台，确保信息真实、准确、全面。

（二）加强医疗费用排序和公开。各级卫生计生行政部门和中医药管理部门根据费用指标监测情况，按地区、按医疗机构进行排序，每年定期按规定公示排序结果，加强信息公开和社会监督。国家卫生计生委定期公布主要监测指标各省（区、市）排序情况。国家卫生计生委预算管理公立医院和国家中医药局直属管公立中医医院按照属地化原则，纳入当地医疗费用控制监测和公开范围。公立医疗机构要落实医疗服务价格、药品价格和费用公示制度。

（三）严格实施考核问责。将控费目标实现情况与公立医院基建投入、设备购置投入、重点学（专）科建设投入、财政拨款预算安排等挂钩。对于控费目标排名靠前的医院予以优先考虑，对于达不到控费目标的医院，各级卫生计生行政部门会同发展改革、财政等部门根据情况核减或取消资金补助。

将医疗费用控制作为公立医院等级评审准入、新增床位审批和大型医用设备配置等的重要依据。对未达到控费目标要求的公立医院，暂停上述资格，经整改符合要求后再予启动评审及审批新增床位、大型医用设备配置等。

将医疗费用控制工作纳入对所属公立医院目标管理、院长年度绩效考核和院长任期考核范围，提高控费指标所占的考核权重，对未按照目标完成费用控制要求的院长，追究其相应的管理责任。

公立医疗机构要将合理诊疗行为作为对医务人员绩效考核评价的重要内容。探索建立医疗服务信息化监管体系，把合理检查、合理用药的执行情况与医务人员的评优、评先、晋升、聘用、绩效工资分配等挂钩，并纳入医疗服务信息化监管体系统一监管。

四、强化组织实施

（一）加强统筹协调。各级政府相关部门要进一步提高对控制医疗费用不合理增长重要性的认识，落实政府的领导责任、保障责任、管理责任、监督责任，明确工作部署，精心组织实施。地方各级卫生计生行政部门会同发展改革、财政、人力资源社会保障、中医药等部门依据本意见，结合实际情况，研究制定本地区的具体实施方案，确定具体的控费目标以及监督考核办法，积极稳妥推进。国家卫生计生委要加强对控费工作的统筹协调、行业监管、检查指导。

（二）强化部门协作。各级政府相关部门要加强协同配合，统筹推进医疗保障、医疗服务、药品供应、公共卫生、监管体制等综合改革，形成控制医疗费用不合理增长的长效机制。加大公立医院综合改革力度，敢于突破原有体制机制，建立起维护公益性、调动积极性、保障可持续的运行新机制，规范医疗行为，实现合理控费目标。各级发展改革（物价）、财政、人力资源社会保障、中医药等部门要按照职责分工，充分发挥在理顺医疗服务价格、落实财政投入和医保引导调控等方面的作用，注重政策衔接，形成工作合力。

附件：公立医院医疗费用控制主要监测指标及说明

附件

公立医院医疗费用控制主要监测指标及说明

一、主要监测指标

序号	医疗费用相关指标	指标要求
1	区域医疗费用增长	实现各地确定的区域医疗费用控制目标
2	门诊病人次均医药费用	监测比较
3	住院病人人均医药费用	监测比较
4	门诊病人次均医药费用增幅	逐步降低
5	住院病人人均医药费用增幅	逐步降低
6	10种典型单病种例均费用	监测比较
7	参保患者个人支出比例	逐步降低
8	医保目录外费用比例	监测比较
9	城市三级综合医院普通门诊就诊人次占比	逐步降低
10	住院的人次人头比	监测比较
11	手术类型构成比	监测比较
12	门诊收入占医疗收入的比重	监测比较
13	住院收入占医疗收入的比重	监测比较
14	药占比（不含中药饮片）	逐步降低
15	检查和化验收入占医疗收入的比重	逐步降低
16	卫生材料收入占医疗收入的比重	逐步降低
17	挂号、诊察、床位、治疗、手术和护理收入总和占医疗收入的比重	逐步提高
18	百元医疗收入消耗的卫生材料费用	逐步降低
19	平均住院日	逐步降低
20	管理费用率	逐步降低
21	资产负债率	逐步降低

二、指标说明

（一）区域医疗费用增长即区域医疗机构医疗总收入增幅＝[（区域内医疗机构本年度住院收入＋本年度门诊收入）－（区域内医疗机构上年度住院收入＋上年度门诊收入）]/（区域内医疗机构上年度住院收入＋上年度门诊收入）×100%，用于反映区域医疗费用年度总体增长情况。

（二）门诊病人次均医药费用＝门诊收入/总诊疗人次数，用于反映医院门诊病人费用负担水平。

（三）住院病人人均医药费用＝住院收入/出院人数，用于反映医院住院病人费用负担水平。

（四）门诊病人次均医药费用增幅＝（本年度门诊病人次均医药费用－上年度门诊病人次

均医药费用)/上年度门诊病人次均医药费用×100%，用于反映医院门诊病人费用负担增长水平。

（五）住院病人人均医药费用增幅=(本年度住院病人人均医药费用－上年度住院病人人均医药费用)/上年度住院病人人均医药费用×100%，用于反映医院住院病人费用负担增长水平。

（六）10种典型单病种例均费用，各省（区、市）选择10种常见多发疾病，并对各医院各病种收治病例的平均医药费用进行统计，用于反映各医院相同或类似病种平均诊治费用的差异。

（七）参保患者个人支出比例=参保患者个人支付医疗费用/参保患者就医医疗费用×100%，用于反映患者看病就医负担水平。

（八）医保目录外费用比例=参保患者就医医保报销目录外医疗费用/参保患者就医医疗费用×100%，用于反映患者看病就医负担及医院诊疗和用药合理性。

（九）城市三级综合医院普通门诊就诊人次占比=城市三级综合医院普通门诊就诊人次/本医院诊疗人次，普通门诊是指副高职称以下医师提供的门诊服务，反映病人就医流向。

（十）住院的人次人头比=期内住院人次/期内住院人头数，用于反映在使用均次指标评价情况下，医院分解住院情况。

（十一）手术类型构成比=N类手术台数/手术总台数（N=Ⅰ，Ⅱ，Ⅲ，Ⅳ），用于评价医院住院患者的手术疑难程度，便于对不同医院人均住院费用和平均住院日等指标的差异化考核。

（十二）门诊收入占医疗收入的比重=医院门诊收入/医疗收入×100%，用于反映医院合理诊疗情况。

（十三）住院收入占医疗收入的比重=医院住院收入/医疗收入×100%，用于反映医院合理诊疗情况。

（十四）药占比(不含中药饮片)=医院药品收入/医疗收入×100%，不含中药饮片，用于反映医院药品费用水平和收入结构。

（十五）检查和化验收入占医疗收入的比重=(医院检查收入+化验收入)/医疗收入×100%，用于反映医院收入结构。

（十六）卫生材料收入占医疗收入的比重=医院卫生材料收入/医疗收入×100%，用于反映医院收入结构。

（十七）挂号、诊察、床位、治疗、手术和护理收入总和占医疗收入的比重=(医院挂号收入+诊察收入+床位收入+治疗收入+手术收入+护理收入)/医疗收入×100%，用于反映医院收入结构。

（十八）百元医疗收入消耗的卫生材料费用=(卫生材料支出/医疗收入)×100，用于反映医院卫生材料消耗程度和管理水平。

（十九）平均住院日=出院者占用总床日数/出院人数，用于反映医院对住院患者的服务效率。

（二十）管理费用率=管理费用/业务支出×100%，用于反映医院管理效率和管理成本控制情况。

（二十一）资产负债率=负债总额/资产总额×100%，用于反映医院的资产中借债筹资的比重和债务风险。

国家卫生计生委　人力资源社会保障部　财政部　国家中医药管理局关于加强公立医疗卫生机构绩效评价的指导意见

国卫人发［2015］94号

各省、自治区、直辖市卫生计生委、人力资源社会保障厅（局）、财政厅（局）、中医药管理局，新疆生产建设兵团卫生局、人力资源和社会保障局、财务局：

为贯彻党的十八大和十八届二中、三中、四中、五中全会精神，落实《中共中央　国务院关于深化医药卫生体制改革的意见》和《国务院关于印发"十二五"期间深化医药卫生体制改革规划暨实施方案的通知》要求，指导各地加强公立医疗卫生机构绩效评价工作，现提出如下意见。

一、目标和原则

（一）主要目标。建立健全公立医疗卫生机构绩效评价机制，指导公立医疗卫生机构完善对工作人员的绩效评价，规范各级各类公立医疗卫生机构绩效评价工作，推动医疗卫生机构改进服务质量，落实分级诊疗，规范服务行为，加强标准化、专业化和精细化管理，维护公益性、调动积极性、保障可持续，向群众提供安全、有效、方便、价廉的医疗卫生服务。

（二）基本原则。

坚持公益导向、维护健康。坚持共享发展，着眼公众健康，通过加强和完善绩效评价，推动落实公立医疗卫生机构的公益性质，提高医疗卫生服务能力和质量，促进人人享有基本医疗卫生服务。

坚持转变职能、简政放权。创新政府治理方式，注重放管结合，鼓励社会多方参与，充分发挥第三方评价作用。评价结果信息公开透明，确保评价的公信力。

坚持综合系统、分类分级。建立综合的绩效评价体系，明确评价标准，规范评价程序，强化信息技术支撑。按照管理层级和机构类型分级分类实施医疗卫生机构绩效评价，对负责人、职工分别实施人员绩效评价。

坚持激励约束、注重实效。医疗卫生机构和人员的绩效评价结果与政府投入、管理调控及人员职业发展等相挂钩，采取综合措施，奖优罚劣，拉开差距，有效促进绩效持续改进，为建立现代医院管理制度和符合医疗行业特点的人事薪酬制度创造条件。

二、绩效评价主体

各级卫生计生行政部门、中医药管理部门组织或会同有关部门组织对所属公立医疗卫生机构开展绩效评价。

按照干部人事管理权限，各级卫生计生行政部门、中医药管理部门或有关部门组织实施公立医疗卫生机构负责人绩效评价。

开展县级公立医院综合改革和城市公立医院综合改革试点地区可由公立医院管理委员会等政府办医机构与院长签订绩效管理合同，根据合同约定实施绩效评价。

公立医疗卫生机构负责组织对职工的绩效评价。

鼓励各地采取切实措施，充分发挥专业机构、行业协会等第三方机构在绩效评价中的作用，特别是首选委托第三方进行满意度评价。在绩效评价过程中注重吸纳社会公众、患者代表等参与。

三、绩效评价指标体系

绩效评价指标应当体现落实公立医疗卫生机构公益性质、维护公众健康的要求，反映服务和管理过程，注重服务结果，突出目标管理和全面质量管理。具体指标选取应当坚持突出重点、客观稳定、易于获取、科学灵敏、定性定量相结合，建立动态调整机制。

机构绩效评价应当涵盖社会效益、服务提供、综合管理、可持续发展等内容。负责人绩效评价还应包括职工满意度内容。人员绩效评价应当作为人员考核的重要内容，纳入平时考核、年度考核和聘期考核，突出岗位工作量、服务质量、行为规范、技术难度、风险程度和服务对象满意度等内容。

（一）公立医院绩效评价指标。有以下四个方面：(1) 社会效益指标。重点评价公众满意、政府指令性任务落实、费用控制、与基本医保范围相适应、病种结构合理等情况。其中，政府指令性任务落实包括承担公共卫生、突发事件卫生应急和医疗救治、支农支边、对口支援、援外、医学人才培养、国防卫生动员、惠民等公益性任务和社会责任的情况。(2) 医疗服务提供指标。重点评价医疗服务质量和安全、医疗服务便捷和适宜等情况，以促进医疗机构合理、规范诊疗。(3) 综合管理指标。重点评价人力效率、床位效率、成本效率、固定资产使用效率、预算管理、财务风险管控、医疗收入结构、支出结构、节能降耗以及党建工作和行风建设等规范化管理情况。(4) 可持续发展指标。重点评价人才队伍建设、临床专科发展、教学、科研等情况。

（二）基层医疗卫生机构绩效评价指标。有以下四个方面：(1) 社会效益指标。重点评价公众满意、健康素养提高等情况。(2) 服务提供指标。重点评价基本公共卫生服务和医疗服务提供情况。其中，基本公共卫生服务包括国家基本公共卫生服务项目开展的数量和质量等，医疗服务包括医疗服务数量和效率、医疗质量和安全、医疗费用控制以及中医药、康复、计划生育技术等服务开展情况，以通过评价促进医疗机构合理、规范诊疗。(3) 综合管理指标。重点评价财务资产管理、药品管理、服务模式、信息管理以及党建工作和行风建设等情况。(4) 可持续发展指标。重点评价人才队伍建设等情况。以上绩效评价指标主要针对乡镇卫生院和社区卫生服务中心，村卫生室和社区卫生服务站绩效评价可参考相关内容执行。

（三）专业公共卫生机构绩效评价指标。有以下四个方面：(1) 社会效益指标。重点评价职工满意度、完成政府指令性任务、基层指导等社会责任的落实情况。(2) 服务提供指标。重点评价疾病预防控制、健康教育、卫生应急、健康危害因素监测与控制等公共卫生服务的数量和质量，以及重大公共卫生项目完成情况等。具有医疗职能的专业公共卫生机构还应当根据其功能定位和工作特点，设立医疗服务评价指标。(3) 综合管理指标。重点评价党建工作、设备管理、信息管理、实验室管理等情况。(4) 可持续发展指标。重点评价人才队伍建设、科研能力等情况。本意见明确了疾病预防控制机构的绩效评价指标体系（试行）。

（四）卫生计生监督执法机构绩效评价指标。有以下四个方面：(1) 社会效益指标。重点评价公众满意、普法宣传、完成政府指令性任务等情况。(2) 服务提供指标。重点评价行政许可、经常性监督检查、依法查处违法行为、专项整治和抽检、投诉举报等情况。(3) 综合管理指标。重点评价内部机构设置、规章制度和行风管理、党建工作、政务公开、信息化建设等情况。（4）可持续发展指标。重点评价人才队伍建设等情况。

四、绩效评价标准

绩效评价工作以标准化管理为方向和基础，绩效评价标准是衡量绩效评价指标、反映业绩优劣的基准和尺度，其标准值可主要参考医院评审标准、重点专科评审标准、医疗服务能力标准、医疗质量安全标准、临床诊治指南、基本公共卫生服务规范、重大疾病防治工作规范、重大公共卫生服务项目实施方案、卫生应急管理工作规范等方面的规范性文件和卫生标准。

绩效评价标准应当符合绩效评价指标的特点，遵循医疗卫生工作规律，充分考虑地域社会经济发展差异，既要反映医疗卫生机构间的横向比较，又要反映同一机构自身变化的纵向比较。

五、绩效评价程序

（一）机构绩效评价程序。（1）绩效评价准备。由卫生计生行政部门、中医药管理部门牵头成立公立医疗卫生机构绩效评价领导小组、委员会等工作组织，确定评价实施机构，设定绩效目标，听取评价对象意见，加强对考评人员和评价对象的培训，掌握绩效评价的基本内容、方式和方法。（2）医疗卫生机构自评。医疗卫生机构按绩效评价要求开展自查，对发现的问题及时改进，形成自查报告，并提交至绩效评价实施机构。（3）绩效评价实施。以运用信息技术采集绩效评价相关数据为主，综合运用现场核查、专题访谈及问卷调查等手段，依据评价指标体系和标准进行综合分析，形成评价结论。（4）绩效评价反馈与改进。对医疗卫生机构的评价结果进行反馈，对存在的问题提出改进意见和建议，医疗卫生机构应当进行相应改进，改进情况应当作为下一轮绩效评价的重要内容。

对医疗卫生机构的绩效评价工作原则上按年度进行，可根据评价目的需要进行适当调整。

（二）人员绩效评价程序。按照干部人事管理权限，对公立医疗卫生机构负责人实施年度和任期目标责任考核。

职工的绩效评价程序及评价周期由公立医疗卫生机构自行确定，应当在总结以往经验的基础上，采取多种方式进行综合评价，并经职工代表大会讨论通过后组织实施。

六、绩效评价结果应用与信息公开

（一）机构绩效评价结果应用与信息公开。医疗卫生机构根据绩效评价结果认真进行改进，提高绩效，促进健康可持续发展。卫生计生行政部门、中医药管理部门会同有关部门根据绩效评价结果对医疗卫生机构进行奖惩，并与财政补助力度、医保基金支付、薪酬总体水平、医疗卫生机构等级评审等挂钩。将绩效评价结果向同级政府报告，为政府决策提供依据，并建立绩效问责机制，对绩效评价中发现的违法违纪问题由有关方面按程序进行严肃查处。将医疗卫生机构绩效评价结果作为医疗卫生机构负责人绩效评价的重要依据。

鼓励各地将绩效评价结果、程序等纳入信息公开范围，按程序以适当方式向社会公开。

（二）人员绩效评价结果应用与信息公开。以人员绩效评价为重要内容形成考核结果，与医疗卫生机构负责人和职工的薪酬发放、岗位聘用、个人职业发展与管理等方面激励约束挂钩，并作为职务任免的重要参考。坚持多劳多得、优绩优酬，收入分配重点向关键岗位、业务骨干和作出突出贡献的人员倾斜，合理拉开收入差距，调动医务人员积极性。严禁给科室和医务人员设定创收指标，医务人员个人薪酬不得与医院的药品、耗材、大型医学检查等业务收入挂钩。

人员考核结果记入个人档案，以适当方式在本单位内公开。

七、组织保障

（一）加强组织实施。各级政府相关部门要高度重视，把加强公立医疗卫生机构绩效评价纳入深化医改总体部署，并作为简政放权、加强监管的重要举措，与中央关于事业单位干部人事管理、绩效评价等方面的政策相衔接，精心组织实施。各地卫生计生行政部门、中医药管理部门会同相关部门结合当地实际，统筹推进本地区公立医疗卫生机构绩效评价工作。国家卫生计生委、国家中医药局会同人力资源社会保障部、财政部等部门加强对各地实施绩效评价工作的监督和指导，组建医疗卫生机构绩效评价专家库，加强人员培训，不断完善公立医院、基层医疗卫生机构、疾病预防控制机构和卫生计生监督执法机构绩效评价指标体系，建立健全中医医疗卫生机构、其他公共卫生机构等各类机构的绩效评价指标体系，并对国家级各类公立医疗卫生机构分别实施绩效评价。各地区各有关部门要为绩效评价提供必要的经费、人员和设施。

（二）鼓励地方探索。各地可在本意见明确的指标体系基础上适当调整具体指标，建立完善本地区不同类别、不同功能公立医疗卫生机构绩效评价指标体系，细化、量化指标权重、标准、分值等操作性内容。要突出公立医疗卫生机构的公益性质，加大社会效益、满意度、服务提供等方面的指标权重。结合医药卫生事业改革发展新的情况和要求，突出对临床路径实施、单病种质量控制等方面指标的评价。各地要结合公立医院改革的推进，研究制定避免行业主管部门和政府办医机构对公立医院重复评价的措施。要按照加快转变政府职能的总体要求，积极创新评价方式，发挥第三方评价作用。鼓励地方探索通过随机抽取被评价对象、随机选派评价人员等方式，提升评价的客观公正性。可采取建立多部门联合评价工作组织或互通互用绩效评价结果等方式，提高评价质量和效率。

（三）强化技术支撑。鼓励各地建立完善公立医疗卫生机构综合管理信息平台，提供绩效评价的基础信息，加强大数据处理技术、统计分析技术、互联网技术等现代信息技术在绩效评价中的应用，实施动态、精准评价。鼓励各地探索将绩效评价指标信息与各管理环节、业务活动流程建立直接联系，确保信息的可及性、真实性和实时性。建立完善绩效评价分析信息系统，提高绩效评价工作效率。加强绩效评价工作网络和队伍建设，由专门力量实施绩效评价，推动绩效评价逐步专业化和规范化。

（四）加强宣传教育。做好政策解读和舆论引导，主动回应社会关切，大力宣传各地好的经验和做法，营造良好舆论环境。积极开展政策培训，引导医疗卫生机构和医务人员充分认识绩效评价工作的重要意义，健全内部绩效评价机制，深入细致开展思想教育，动员全员参与，将绩效管理责任落实到具体岗位，营造寻找差距、持续改进、追求高绩效目标的氛围。

附件：

1. 公立医院绩效评价指标体系（试行）（略）

2. 基层医疗卫生机构绩效评价指标体系（试行）（略）

3. 疾病预防控制机构绩效评价指标体系（试行）（略）

4. 卫生计生监督执法机构绩效评价指标体系（试行）（略）

二〇一五年十二月十日

国家卫生计生委　国家发展改革委　工业和信息化部　财政部　人力资源社会保障部　商务部　食品药品监管总局　国家中医药局　总后勤部卫生部关于印发国家基本药物目录管理办法的通知

国卫药政发〔2015〕52号

各省、自治区、直辖市及新疆生产建设兵团卫生计生委（卫生局）、发展改革委、物价局、工业和信息化主管部门、财政厅（局）、人力资源社会保障厅（局）、商务厅（局）、食品药品监管局、中医药局：

为巩固完善基本药物制度，建立健全国家基本药物目录遴选调整管理机制，国家卫生计生委、国家发展改革委、工业和信息化部、财政部、人力资源社会保障部、商务部、食品药品监管总局、中医药局、总后勤部卫生部对《国家基本药物目录管理办法（暂行）》（卫药政发〔2009〕79号）进行了修订，形成了《国家基本药物目录管理办法》（可从国家卫生计生委网站“药政管理”栏目下载）。现印发给你们，请遵照执行。

二〇一五年二月十三日

国家基本药物目录管理办法

根据《中共中央　国务院关于深化医药卫生体制改革的意见》精神，为巩固完善基本药物制度，建立健全国家基本药物目录遴选调整管理机制，制定本办法。

第一条　基本药物是适应基本医疗卫生需求，剂型适宜，价格合理，能够保障供应，公众可公平获得的药品。政府举办的基层医疗卫生机构全部配备和使用基本药物，其他各类医疗机构也都必须按规定使用基本药物。

第二条　国家基本药物目录中的药品包括化学药品、生物制品、中成药和中药饮片。化学药品和生物制品主要依据临床药理学分类，中成药主要依据功能分类。

第三条 国家基本药物工作委员会负责协调解决制定和实施国家基本药物制度过程中各个环节的相关政策问题，确定国家基本药物制度框架，确定国家基本药物目录遴选和调整的原则、范围、程序和工作方案，审核国家基本药物目录，各有关部门在职责范围内做好国家基本药物遴选调整工作。委员会由国家卫生计生委、国家发展改革委、工业和信息化部、财政部、人力资源社会保障部、商务部、国家食品药品监管总局、国家中医药局、总后勤部卫生部组成。办公室设在国家卫生计生委，承担国家基本药物工作委员会的日常工作。

第四条 国家基本药物遴选应当按照防治必需、安全有效、价格合理、使用方便、中西药并重、基本保障、临床首选和基层能够配备的原则，结合我国用药特点，参照国际经验，合理确定品种（剂型）和数量。

国家基本药物目录的制定应当与基本公共卫生服务体系、基本医疗服务体系、基本医疗保障体系相衔接。

第五条 国家基本药物目录中的化学药品、生物制品、中成药，应当是《中华人民共和国药典》收载的，国家食品药品监管部门、原卫生部公布药品标准的品种。除急救、抢救用药外，独家生产品种纳入国家基本药物目录应当经过单独论证。

化学药品和生物制品名称采用中文通用名称和英文国际非专利药名中表达的化学成分的部分，剂型单列；中成药采用药品通用名称。

第六条 下列药品不纳入国家基本药物目录遴选范围：

（一）含有国家濒危野生动植物药材的；

（二）主要用于滋补保健作用，易滥用的；

（三）非临床治疗首选的；

（四）因严重不良反应，国家食品药品监管部门明确规定暂停生产、销售或使用的；

（五）违背国家法律、法规，或不符合伦理要求的；

（六）国家基本药物工作委员会规定的其他情况。

第七条 按照国家基本药物工作委员会确定的原则，国家卫生计生委负责组织建立国家基本药物专家库，报国家基本药物工作委员会审核。专家库主要由医学、药学、药物经济学、药品监管、药品生产供应管理、医疗保险管理、卫生管理和价格管理等方面专家组成，负责国家基本药物的咨询和评审工作。

第八条 国家卫生计生委会同有关部门起草国家基本药物目录遴选工作方案和具体的遴选原则，经国家基本药物工作委员会审核后组织实施。制定国家基本药物目录的程序：

（一）从国家基本药物专家库中，随机抽取专家成立目录咨询专家组和目录评审专家组，咨询专家不参加目录评审工作，评审专家不参加目录制定的咨询工作；

（二）咨询专家组根据循证医学、药物经济学对纳入遴选范围的药品进行技术评价，提出遴选意见，形成备选目录；

（三）评审专家组对备选目录进行审核投票，形成目录初稿；

（四）将目录初稿征求有关部门意见，修改完善后形成送审稿；

（五）送审稿经国家基本药物工作委员会审核后，授权国家卫生和计划生育委员会发布。

第九条 国家基本药物目录在保持数量相对稳定的基础上，实行动态管理，原则上3年调整一次。必要时，经国家基本药物工作委员会审核同意，可适时组织调整。调整的品种和数量应当根据以下因素确定：

（一）我国基本医疗卫生需求和基本医疗保障水平变化；

（二）我国疾病谱变化；

（三）药品不良反应监测评价；

（四）国家基本药物应用情况监测和评估；

（五）已上市药品循证医学、药物经济学评价；

（六）国家基本药物工作委员会规定的其他情况。

第十条 属于下列情形之一的品种，应当从国家基本药物目录中调出：

（一）药品标准被取消的；

（二）国家食品药品监管部门撤销其药品批准证明文件的；

（三）发生严重不良反应，经评估不宜再作为国家基本药物使用的；

（四）根据药物经济学评价，可被风险效益比或成本效益比更优的品种所替代的；

（五）国家基本药物工作委员会认为应当调出的其他情形。

第十一条 国家基本药物目录的调整应当遵循本办法第四条、第五条、第六条、第九条的规定，并按照本办法第八条规定的程序进行。属于第十条规定情形的品种，经国家基本药物工作委员会审核，调出目录。

第十二条 国家基本药物目录遴选调整应当坚持科学、公正、公开、透明。建立健全循证医学、药物经济学评价标准和工作机制，科学合理地制定目录。广泛听取社会各界的意见和建议，接受社会监督。

第十三条 中药饮片的基本药物管理暂按国务院有关部门关于中药饮片定价、采购、配送、使用和基本医疗保险给付等政策规定执行。

第十四条 鼓励科研机构、医药企业、社会团体等开展国家基本药物循证医学、药物经济学评价工作。

第十五条 本办法由国家卫生计生委负责解释。

第十六条 本办法自发布之日起施行。

国家税务总局　财政部　人力资源社会保障部　教育部　民政部关于支持和促进重点群体创业就业有关税收政策具体实施问题的补充公告

国家税务总局　财政部　人力资源社会保障部　教育部
民政部公告2015年第12号

为贯彻落实《财政部　国家税务总局　人力资源社会保障部　教育部关于支持和促进重点群体创业就业税收政策有关问题的补充通知》（财税［2015］18号）精神，现对《国家税务总局　财政部　人力资源社会保障部　教育部　民政部关于支持和促进重点群体创业就业有关税收政策具体实施问题的公告》（2014年第34号）有关内容补充公告如下：

一、《就业失业登记证》更名为《就业创业证》，已发放的《就业失业登记证》继续有效。

二、取消《高校毕业生自主创业证》后，毕业年度内高校毕业生在校期间从事个体经营享受税收优惠政策的，按规定凭学生证到公共就业服务机构申领《就业创业证》，或委托所在高校就业指导中心向公共就业服务机构代为其申领《就业创业证》；毕业年度内高校毕业生离校后从事个体经营享受税收优惠政策的，按规定直接向公共就业服务机构申领《就业创业证》。公共就业服务机构在《就业创业证》上注明“毕业年度内自主创业税收政策”。

本补充公告自发布之日起施行。

特此公告。

二〇一五年二月十三日

国务院扶贫办 教育部 人力资源社会保障部 关于加强雨露计划支持农村贫困家庭新成长劳动力接受职业教育的意见

国开办发［2015］19号

各省（自治区、直辖市）扶贫办（局），教育厅（教委），人力资源和社会保障厅（局）：

抓好教育是扶贫开发的根本大计。雨露计划作为专项扶贫工作的重要内容，引导和支持农村贫困家庭新成长劳动力接受职业教育，是培养技能型人才、促进稳定就业、实现脱贫致富的治本之举，是提高贫困人口素质、促进贫困地区经济社会发展的重要措施。为切实加强雨露计划工作，加大对农村贫困家庭新成长劳动力接受职业教育政策扶持力度，确保实现精准扶贫目标要求，提出以下意见。

一、指导思想

以邓小平理论、“三个代表”重要思想、科学发展观为指导，深入贯彻习近平总书记关于扶贫开发战略思想，落实创新机制扎实推进农村扶贫开发工作的总体部署，把雨露计划农村贫困家庭新成长劳动力职业教育作为实现精准扶贫的一项硬任务，统筹发挥政府、市场和社会的协同推进作用，坚持就业导向，提供政策支持，引导农村贫困家庭新成长劳动力接受职业教育，提素质、学技能，稳就业、增收入，为新型工业化、城镇化建设培养技术技能人才，阻断贫困世代传递。

二、工作目标

通过政策扶持，农村贫困家庭子女初、高中毕业后接受中、高等职业教育的比例逐步提高，确保每个孩子起码学会一项有用技能，贫困家庭新成长劳动力创业就业能力得到提升，家庭工资性收入占比显著提高，实现一人长期就业、全家稳定脱贫的目标。

三、工作原则

（一）精准扶贫、直补到户。雨露计划扶持政策与建档立卡工作紧密衔接，瞄准扶贫对象，支持农村贫困家庭子女接受职业教育，资金直补到户。

（二）就业导向、群众自愿。发挥市场在资源配置中的决定性作用，以就业前景和职业发展为导向，引导贫困家庭新成长劳动力自主选择就学地点、学校和专业。

（三）政府推动、社会参与。政府发挥引导作用，制定扶持政策，加强管理和指导，提供信息服务。动员社会力量参与，促进社会扶贫和教育扶贫相结合，合力推动农村贫困家庭新成长劳动力职业教育工作。

四、扶持对象和方式

（一）扶持对象。子女接受中等职业教育（含普通中专、成人中专、职业高中、技工院校，以下同）、高等职业教育的农村建档立卡贫困家庭。

（二）扶持方式。符合条件的贫困学生无论在何地就读，其家庭均在户籍所在地申请扶贫助学补助。补助资金通过一卡通（一折通）直接补给贫困家庭。

五、扶持政策

贫困家庭子女参加中、高等职业教育，给予家庭扶贫助学补助。学生在校期间，其家庭每年均可申请补助资金。各地根据贫困家庭新成长劳动力职业教育工作开展的实际需要，统筹安排中央到省财政专项扶贫资金和地方财政扶贫资金，确定补助标准，可按每生每年 3 000 元左右的标准补助建档立卡贫困家庭。

享受上述政策的同时，农村贫困家庭新成长劳动力接受中、高等职业教育，符合条件的，享受国家职业教育资助政策。

六、职责分工

（一）扶贫部门。加强与教育、人力资源社会保障等部门的沟通协调，排查摸底建档立卡贫困家庭子女接受教育培训情况，落实雨露计划扶贫助学补助，引导初、高中毕业的孩子接受职业教育，开展效果监测评估。

（二）教育部门。督促地方落实国家职业教育相关资助政策。加快发展贫困地区现代职业教育，鼓励国家示范性高等职业院校增加面向中西部地区招生计划。利用完善的教育体系，宣传贫困家庭子女职业教育扶持政策，为贫困家庭提供信息和咨询服务，保证贫困家庭子女职业教育质量。

（三）人社部门。加强对所属技工院校的监督管理，保障参加职业教育贫困家庭学生的就学质量。落实职业技能鉴定补贴政策，加大对贫困家庭学生的补贴力度。加强对就业创业工作的组织领导，提供就业信息服务，促进贫困家庭子女毕业后尽快实现就业。

七、组织保障

（一）加强组织领导。按照“中央统筹、省负总责、县抓落实”的管理体制，国家层面统一规划，监督指导。各级扶贫开发部门要把贫困家庭子女职业教育工作列入重要议事日程，制订工作计划，明确工作目标，加强部门协调，保障助学补助资金和工作经费。

（二）规范资金管理。各地要加强各项财政资金的管理监督，严格操作程序，实行公告公示制度，自觉接受纪检、监察、审计等部门监管和社会监督。对虚报冒领、私分、截留、挪用资金的单位和个人，依据有关规定严肃查处。

（三）强化宣传动员。发挥基层组织尤其是村两委和驻村工作队的一线组织动员作用，宣传国家政策，引导贫困家庭子女接受职业教育。充分发挥初、高中学校的宣传动员作用，引导学生选择优质培训机构。采取多种方式特别是新媒体手段宣传国家政策和雨露计划工作成果，营造全社会关注、关心和参与雨露计划扶贫行动的氛围。

（四）严格考核评估。将贫困家庭新成长劳动力职业教育纳入扶贫工作考核。

（五）推行信息化管理。建立雨露计划信息服务管理系统，与扶贫开发建档立卡信息系统、教育部职业教育学籍管理系统、人社部技工院校学籍管理系统实现数据对接，实行贫困家庭学生职业教育扶贫补助网上申报，系统自动比对筛选，提高扶持对象资格审核的工作效率和准确度。相关部门充分利用已有平台，积极对就业状况进行跟踪监测。

二〇一五年六月二日

国家知识产权局　财政部　人力资源社会保障部　中华全国总工会　共青团中央印发《关于进一步加强知识产权运用和保护助力创新创业的意见》的通知

国知发管字〔2015〕56号

各省、自治区、直辖市知识产权局、财政厅（局）、人力资源社会保障厅（局）、总工会、团委，新疆生产建设兵团有关部门：

为深入贯彻《中共中央　国务院关于深化体制机制改革加快实施创新驱动发展战略的若干意见》（中发〔2015〕8号）和《国务院关于大力推进大众创业万众创新若干政策措施的意见》（国发〔2015〕32号）部署，认真落实《深入实施国家知识产权战略行动计划（2014—2020年）》（国办发〔2014〕64号）要求，深入实施创新驱动发展战略和国家知识产权战略，充分发挥知识产权促进创新创业的重要作用，有效激发全社会大众创业、万众创新的热情，切实保护好创新创业者的合法权益，国家知识产权局、财政部、人力资源社会保障部、中华全国总工会、共青团中央联合制定了《关于进一步加强知识产权运用和保护助力创新创业的意见》，现予印发，请认真贯彻执行。

特此通知。

二〇一五年九月七日

关于进一步加强知识产权运用和保护助力创新创业的意见

知识产权是联结创新与市场之间的桥梁和纽带。知识产权制度是保障创新创业成功的重要制度，是激发创新创业热情、保护创新创业成果的有效支撑。为深入实施创新驱动发展战略和国家知识产权战略，进一步加强知识产权运用和保护，助力创新创业，现提出以下意见。

一、总体要求

（一）指导思想。全面贯彻落实党的十八大和十八届二中、三中、四中全会精神，认真落实党中央、国务院决策部署，充分发挥市场在资源配置中的决定性作用，更好发挥政府作用，创新知识产权管理机制，健全知识产权公共服务体系，引领创新创业模式变革，优化市场竞争环境，释放全社会创造活力，催生更多的创新创业机会，让创新创业根植知识产权沃土。

（二）基本原则。

一是市场导向。发挥知识产权对创新创业活动的激励作用，充分调动市场力量，形成创新创业知识产权激励和利益分配机制，促进创新创业要素合理流动和高效配置。

二是加强引导。突出知识产权对创新创业活动的导向作用，更多采用专利导航等有效手段，创新服务模式和流程，提升创新创业发展水平。

三是积极推动。坚持政策协同、主动作为、开放合作，建立政府引导、市场驱动、社会参与的知识产权创新支持政策和创业服务体系，全力营造大众创业、万众创新的良好氛围。

四是注重实效。紧贴创新创业活动的实际需求，建立横向协调、纵向联动的工作机制，强化政策落实中的评估和反馈，不断完善和深化政策环境、制度环境和公共服务体系，形成利于创新、便于创业的格局。

二、完善知识产权政策体系降低创新创业门槛

（三）综合运用知识产权政策手段。引导广大创新创业者创造和运用知识产权，健全面向高校院所科技创新人才、海外留学回国人员等高端人才和高素质技术工人创新创业的知识产权扶持政策，对优秀创业项目的知识产权申请、转化运用给予资金和项目支持。进一步细化降低中小微企业知识产权申请和维持费用的措施。充分发挥和落实各项财税扶持政策作用，支持在校大学生和高校毕业生、退役军人、登记失业人员、残疾人等重点群体运用专利创新创业。在各地专利代办处设立专门服务窗口，为创新创业者提供便捷、专业的专利事务和政策咨询服务。

（四）拓宽知识产权价值实现渠道。深化事业单位科技成果使用、处置和收益管理改革试点，调动单位和人员运用知识产权的积极性。支持互联网知识产权金融发展，鼓励金融机构为创新创业者提供知识产权资产证券化、专利保险等新型金融产品和服务。完善知识产权估值、质押、流转体系，推进知识产权质押融资服务实现普遍化、常态化和规模化，引导银行与投资机构开展投贷联动，积极探索专利许可收益权质押融资等新模式，积极协助符合条件的创新创业者办理知识产权质押贷款。支持符合条件的省份设立重点产业知识产权运营基金，扶持重点领域知识产权联盟建设，通过加强知识产权协同运用助推创业成功。

三、强化知识产权激励政策释放创新创业活力

（五）鼓励利用发明创造在职和离岗创业。完善职务发明与非职务发明法律制度，合理界定单位与职务发明人的权利义务，切实保障发明人合法权益，使创新人才分享成果收益。支持企业、高校、科研院所、研发中心等专业技术人员和技术工人进行非职务发明创造，提供相应的公益培训和咨询服务，充分发挥企事业单位教育培训费用的作用，加强对一线职工进行创新创造开发教育培训和开阔眼界提高技能的培训，鼓励职工积极参与创新活动，鼓励企事业单位设立职工小发明小创造专项扶持资金，健全困难群体创业知识产权服务帮扶机制。

（六）提供优质知识产权公共服务。建立健全具有针对性的知识产权公共服务机制，推动引进海外优秀人才。加大对青年为主体的创业群体知识产权扶持，建立健全创业知识产权辅导制度，促进高质量创业。积极打造专利创业孵化链，鼓励和支持青年以创业带动就业。组织开展创业知识产权培训进高校活动，支持高校开发开设创新创业知识产权实务技能课程。从优秀知识产权研究人员、专利审查实务专家、资深知识产权代理人、知名企业知识产权经理人中选拔一批创业知识产权导师，积极

指导青年创业训练和实践。

四、推进知识产权运营工作引导创新创业方向

（七）推广运用专利分析工作成果。实施一批宏观专利导航项目，发布产业规划类专利导航项目成果，更大范围地优化各类创业活动中的资源配置。实施一批微观专利导航项目，引导有条件的创业活动向高端产业发展。建立实用专利技术筛选机制，为创新创业者提供技术支撑。推动建立产业知识产权联盟，完善企业主导、创新创业者积极参与的专利协同运用体系，构建具有产业特色的低成本、便利化、全要素、开放式的知识产权创新创业基地。

（八）完善知识产权运营服务体系。充分运用社区网络、大数据、云计算，加快推进全国知识产权运营公共服务平台建设，构建新型开放创新创业平台，促进更多创业者加入和集聚。积极构建知识产权运营服务体系，通过公益性与市场化相结合的方式，为创新创业者提供高端专业的知识产权运营服务。探索通过发放创新券的方式，支持创业企业向知识产权运营机构购买专利运营服务。

五、完善知识产权服务体系支撑创新创业活动

（九）提升知识产权信息获取效率。进一步提高知识产权公共服务水平，在众创空间等新型创业服务平台建立知识产权联络员制度，开展知识产权专家服务试点，实施精细化服务，做到基础服务全覆盖。加强创新创业专利信息服务，鼓励开展高水平创业活动。完善专利基础数据服务实验系统，扩大专利基础数据开放范围，开展专利信息推送服务。

（十）发展综合性知识产权服务。发挥行业社团的组织引领作用，推动知识产权服务机构通过市场化机制、专业化服务和资本化途径，为创新创业者提供知识产权全链条服务。鼓励知识产权服务机构以参股入股的新型合作模式直接参与创新创业，带动青年创业活动。在国家知识产权试点示范城市广泛开展知识产权促进高校毕业生就业试点工作，强化知识产权实务技能培训，提供高质量就业岗位。

六、加强知识产权培训条件建设提升创新创业能力

（十一）加强创业知识产权培训。切实加强创业知识产权培训师资队伍和培训机构建设，积极推行知识产权创业模块培训、创业案例教学和创业实务训练。鼓励各类知识产权协会社团积极承担创新创业训练任务，为创业者提供技术、场地、政策、管理等支持和创业孵化服务。以有创业愿望的技能人才为重点，优先安排培训资源，使有创业愿望和培训需求的青年都有机会获得知识产权培训。

（十二）引导各类知识产权优势主体提供专业实训。综合运用政府购买服务、无偿资助、业务奖励等方式，在国家知识产权培训基地、国家中小微企业知识产权培训基地、国家知识产权优势和示范企业、知识产权服务品牌机构建立创新创业知识产权实训体系。引导国家知识产权优势和示范企业、科研组织向创业青年免费提供实验场地和实验仪器设备。

七、强化知识产权执法维权保护创新创业成果

（十三）加大专利行政执法力度。健全知识产权保护措施，加强行政执法机制和能力建设，切实保护创新创业者知识产权合法权益。深化维权援助机制建设，完善知识产权维权援助中心布局，在创新创业最活跃的地区优先进行快速维权援助中心布点，推动行政执法与司法联动，缩短确权审查、侵权处理周期，提高维权效率。

（十四）完善知识产权维权援助体系。构建网络化知识产权维权援助体系，为创新创业者提供有效服务。健全电子商务领域专利执法维权机制，快速调解、处理电子商务平台上的专利侵权纠纷，及时查处假冒专利行为，制定符合创新创业特点的知识产权纠纷解决方案，完善行政调解等非诉讼纠纷解决途径。建立互联网电子商务知识产权信用体系，指导支持电商平台加强知识产权保护工作，强化专业市场知识产权保护。

八、推进知识产权文化建设营造创新创业氛围

（十五）加强知识产权舆论引导。广泛开展专利技术宣传、展示、推广等活动，宣扬创新精神，激发创业热情，带动更多劳动者积极投身创新创业活动，努力在全社会逐渐形成“创新创业依靠知识产权，知识产权面向创新创业”的良好氛围。依托国家专利技术展示交易中心，搭建知识产权创新创业交流平台，组织开展创业专利推介对接，鼓励社会力量围绕大众创业、万众创新组织开展各类知识产权公益活动。

（十六）积极举办各类专题活动。积极举办面向青年的创业知识产权公开课，提高创业能力，助推成功创业。鼓励社会力量举办各类知识产权服务创新创业大赛，推动有条件的地方积极搭建知识产权创新创业实体平台。加强创业知识产权辅导，支持“创青春”中国青年创新创业大赛、“挑战杯”全国大学生课外学术科技作品竞赛等活动。鼓励表现优秀的创新创业项目团队参加各类大型知识产权展会。在各类知识产权重点展会上设置服务专区，为创新创业提供交流经验、展示成果、共享资源的机会。

国家知识产权局会同财政部、人力资源和社会保障部、中华全国总工会、共青团中央等有关部门和单位建立创新创业知识产权工作长效推进机制，统筹协调并指导落实相关工作。各地要建立相应协调机制，结合地方实际制定具体实施方案，明确工作部署，切实加大资金投入、政策支持和条件保障力度。各地和有关部门要结合创新创业特点、需要和工作实际，发挥市场主体作用，不断完善创新创业知识产权政策体系和服务体系，确保各项政策措施贯彻落实。各地要做好有关政策落实情况调研、发展情况统计汇总等工作，及时报告工作进展情况。

中国残疾人联合会　国家发展和改革委员会　民政部　财政部　人力资源社会保障部　国土资源部　中国人民银行　国家税务总局关于发展残疾人辅助性就业的意见

残联发［2015］27号

各省、自治区、直辖市及计划单列市残联、发展改革委、民政厅（局）、财政厅（局）、人力资源社会保障厅（局）、国土资源厅（局），新疆生产建设兵团残联、发展改革委、民政局、财务局、人力资源社会保障局、国土资源局，中国人民银行上海总部，各分行、营业管理部，各省会（首府）城市中心支行，各副省级城市中心支行，各省、自治区、直辖市及计划单列市国税局、地税局：

智力、精神和重度肢体残疾人因社会适应能力弱或出行障碍，多数难以进入竞争性劳动力市场实现就业，生活主要依靠家庭成员供养或社会救助。近年来，我国部分地区借鉴国外和港台地区政府庇护性就业经验，通过政策扶持与市场推动相结合，逐渐形成了主要针对智力、精神和重度肢体残疾人的辅助性就业（庇护性就业）模式。为全面促进残疾人辅助性就业发展，根据《中华人民共和国残疾人保障法》、《残疾人就业条例》、《国务院关于加快推进残疾人小康进程的意见》（国发［2015］7号）及相关规定提出如下意见：

一、辅助性就业及辅助性就业机构

（一）辅助性就业，是指组织就业年龄段内有就业意愿但难以进入竞争性劳动力市场的智力、精神和重度肢体残疾人从事生产劳动的一种集中就业形式，在劳动时间、劳动强度、劳动报酬和劳动协议签订等方面相对普通劳动者较为灵活。

（二）辅助性就业机构应符合以下条件：组织智力、精神和重度肢体残疾人从事生产劳动；具有相对稳定的劳动生产项目；具备包括精神残疾人服药管理在内的较为完善的劳动安全保护措施；配备相应的专业服务人员；与残疾人或残疾人亲属签订相关协议，符合劳动合同法律法规规定的，应与残疾人依法签订劳动合同；为残疾人支付适当的劳动报酬。

（三）辅助性就业机构同时具有庇护性、非营利性、社会福利性等特点，主要包括：工疗、农疗机构；其他取得独立法人资格开展辅助性就业的公益性或非营利性的事业单位和社会组织；各类企业、残疾人托养服务机构、社会福利服务机构、职业康复机构等单位中附设的开展辅助性就业的工场或车间。辅助性就业机构资格认定办法另行规定。

二、统筹规划辅助性就业机构建设

（四）发挥政府主导作用，将残疾人辅助性就业服务纳入政府购买服务范围，动员社会，鼓励、吸引和支持社会力量发展辅助性就业，逐步实现投资和运营主体多元化。

（五）政府兴办的辅助性就业机构要加强规范化建设，积极探索，积累经验，发挥示范窗口作用。鼓励社会力量投资兴办辅助性就业机构，通过民办公助、公办民营等形式，加大扶持力度。优先扶持社区辅助性就业机构，方便残疾人就近就便实现就业。

（六）经济较发达地区要大胆探索，加大资金投入，积极兴办残疾人辅助性就业机构；经济欠发达地区要因地制宜，量力而行，逐步兴办残疾人辅助性就业机构。到2017年所有市辖区、到2020年所有县（市、旗）应至少建有一所残疾人辅助性就业机构，基本满足具有一定劳动能力的智力、精神和重度肢体残疾人的就业需求。

三、残疾人辅助性就业扶持政策

（七）公办或社会资本兴办的残疾人辅助性就业机构建设用地按公益事业建设用地纳入计划。在城市新建社区和新农村建设规划中，应将残疾人辅助性就业机构建设纳入其中。对社会资本投资经营的辅助性就业机构，按照法律规定应当采用划拨方式供地的，要无偿或低价划拨供地。有条件的残联要无偿提供运营场地。

（八）对残疾人辅助性就业机构的一次性建设、场地租金、无障碍环境改造、生产设备和辅助器具购置及残疾职工社会保险等支出给予相关资金扶持。

（九）符合税费优惠政策条件的辅助性就业机构，可以按照国家有关规定享受税收优惠和城市建设与公用事业收费优惠政策。

（十）加大金融支持力度，促进残疾人辅助性就业机构发展。推动金融机构结合残疾人辅助性就业机构的特点，创新金融产品和金融服务。鼓励民间资本积极参与残疾人辅助性就业机构建设，加强对民间投资的金融服务。

（十一）对开展残疾人辅助性就业取得显著成效或对社会各界帮扶残疾人就业起到良好的影响和示范作用的残疾人辅助性就业机构，应当按照国家有关规定给予奖励。对为辅助性就业机构提供就业项目、经营场地等方面支持做出显著成绩的企业或单位，给予补贴或奖励。

（十二）将残疾人辅助性就业服务纳入政府购买残疾人服务项目。在残疾人辅助性就业机构中为残疾人提供服务的岗位，其从业人员为符合条件的就业困难人员的，可纳入当地政府开发的公益性岗位范围。地方政府可确定某些产品由辅助性就业机构专产专营，在同等条件下应优先采购残疾人辅助性就业机构提供的产品或服务。

（十三）鼓励和引导各类助残志愿机构、残疾人服务组织为辅助性就业残疾人提供相应专业服务。

四、各负其责保障残疾人辅助性就业健康发展

（十四）智力、精神和重度肢体残疾人是最困难的就业群体。发展残疾人辅助性就业，有利于保障智力、精神和重度肢体残疾人的劳动就业权利，扩大残疾人就业规模，促进残疾人小康进程；有利于防止智力残疾人被限制人身自由、故意伤害、强迫劳动的恶性案件发生，减少精神残疾人意外伤害隐患，稳定残疾人家庭，促进社会公平正义；有利于帮助残疾人改善身体状况，提高劳动技能和生活能力，平等参与社会生活；有利于减轻家庭成员负担，解放家庭生产力，促进社会和谐。

（十五）各有关部门要充分认识发展残疾人辅助性就业的重要性和必要性，依据国家法律政策规定切实保障智力、精神和重度肢体残疾人的劳动就业权利，将辅助性就业作为残疾人就业新的增长点和就业兜底保障的一项重要

任务来抓，出台扶持措施，强化保障与服务，促进残疾人辅助性就业有序发展。积极落实好残疾人辅助性就业的扶持优惠政策。加强对残疾人辅助性就业机构监督，对采取挂靠、挂名、虚报等“假用工”的机构，追回全部补贴或奖励资金，并追究相关人员责任。

（十六）各级发展改革和有关部门要监督落实好辅助性就业机构享受城市建设与公用事业收费等优惠政策。各级民政部门要促进福利机构中残疾人辅助性就业的发展。各级财政部门要积极扶持残疾人辅助性就业机构发展，加强对扶持资金的管理。各级人力资源社会保障部门要依法保障残疾人就业权利，加强劳动保障监察，依法查处各种侵害残疾人劳动权益的违法行为；公共就业服务机构要加强对残疾人的就业援助和就业服务。各级国土资源部门要重视并督促各地加大对残疾人辅助性就业机构在建设用地方面的扶持力度。人民银行分支机构要鼓励和引导金融机构加大对辅助性就业机构的金融支持力度。各级税务部门要依法落实对辅助性就业机构的税收优惠政策，扶持辅助性就业机构发展。

（十七）各级残联及残疾人就业服务机构要做好城乡智力、精神和重度肢体残疾人就业需求的调查摸底，协助有关部门制定发展残疾人辅助性就业的规划和扶持政策并检查督促落实；鼓励各类单位开发、提供辅助性就业劳动生产项目，广泛向社会征集公益性劳动生产项目，建立辅助性就业项目数据库，编制残疾人辅助性就业产品目录；加强宣传，鼓励、引导社会力量兴办辅助性就业机构；加强对辅助性就业机构的资格审核，搭建辅助性就业机构产品销售平台；加强就业指导员培训，提供支持性就业服务，帮助辅助性就业机构中已具备条件的智力、精神和重度肢体残疾人融入劳动力市场实现就业。

（十八）各省、自治区、直辖市及计划单列市和新疆生产建设兵团有关部门要根据本意见精神，协商制定具体实施意见，并于2015年12月底前报送上级主管部门。

二〇一五年六月二十九日

文献卷

人力资源和社会保障大事记

2015 年人力资源和社会保障大事记

一月

1月4日　尹蔚民部长主持召开2014年度部党组民主生活会并作会议小结。中央第18督导组组长胡振民出席并讲话。党组成员紧扣“严格党内生活，严守党的纪律，深化作风建设”主题作个人对照检查和开展相互批评。杨志明、何宪、胡晓义、信长星、张建国、邱小平、汤涛、孔昌生副部长，中纪委驻部纪检组组长袁彦鹏出席。中央第18督导组、中组部干部三局有关同志应邀参加。

1月5日　何宪副部长参加全国宣传部长会议。

胡晓义副部长出席人社部与住建部、安监总局和全国总工会联合召开的进一步做好建筑业工伤保险工作视频会议，就贯彻落实四部门共同印发的《关于进一步做好建筑业工伤保险工作的意见》作动员讲话。住建部副部长王宁出席会议并讲话。安监总局副局长孙华山、全国总工会副主席焦开河出席。

信长星副部长主持召开公务员局党组2014年度民主生活会并作会议小结。中央第18督导组组长胡振民出席并讲话。公务员局副局长卢雍政、吴云华、陈刚出席。中央第18督导组、中组部干部三局有关同志应邀参加。

1月6日　杨志明副部长参加中央财办“十三五”规划《建议》前期重大课题部署会议。下午，到全国人大预算工作委员会汇报人社部部门预算、全国社会保险基金预算2014年执行和2015年安排建议等情况。

胡晓义副部长参加国务院安委会全体会议。同日，参加全国安全生产电视电话会议。

1月7日　尹蔚民部长列席国务院第76次常务会议和国务院第77次常务会议。

孔昌生副部长出席国际行政科学专家委员会第六次会议并致辞。

1月9日　孔昌生副部长主持召开座谈会，就种业科技人才流动政策研究问题，听取农业部种子管理局、种业科技人员比较集中的科研院所及高等院校、部分种子企业和京津冀三省（市）人社厅（局）同志的意见，讨论修改《关于鼓励种业骨干科技人员到种子企业开展技术服务的指导意见》。

1月12日　尹蔚民部长主持召开第73次党组会，审议《2015年人力资源和社会保障工作要点（送审稿）》。杨志明、何宪、胡晓义、信长星、邱小平、汤涛、孔昌生副部长参加。

1月12日—14日　中纪委驻部纪检组组长袁彦鹏参加十八届中央纪委五次全会。

1月13日　尹蔚民部长、信长星副部长参加十八届中央纪委五次全会。

邱小平副部长主持召开深化国有企业负责人薪酬制度改革工作领导小组办公室会议，研究中央企业负责人薪酬制度改革配套文件。中组部、发展改革委、财政部、国资委和人社部相关司局负责同志参加。

汤涛副部长参加国务院副总理马凯主持讨论《中国制造2025（稿）》有关会议。

孔昌生副部长会见来访的国际劳工组织北京局局长德美尔一行，就双方合作及劳工标准等事宜交换意见。

1月14日　尹蔚民部长列席国务院第78次常务会议。下午，主持召开第74次党组会，传达贯彻中央纪委五次全会精神，分析部2014年党风廉政建设和反腐败斗争形势，研究安排2015年党风廉政建设工作，审议《人力资源社会保障部党组2014年述职报告（送审稿）》。杨志明、何宪、胡晓义、邱小平、汤涛、孔昌生副部长，中纪委驻部纪检组组长袁彦鹏参加。

信长星副部长到贵州省贵阳市出席就业困难人员座谈会暨2015年全国就业援助月启动仪式；到贵阳市花溪区燕楼镇看望“三支一扶”大学生，并与部分“三支一扶”大学生座谈。

孔昌生副部长与第十二次竞争上岗新任职的处长进行集体谈话，宣读部党组决定，就新任职同志正确认识职责、尽快进入角色、提高履职能力和严格要求自己等方面提出要求，并听取与会同志对完善部竞争上岗工作的意见和建议。

1月15日　全国机关事业单位养老保险制度改革工作电视电话会议在京召开。国务院副总理马凯出席会议并讲话，国务院副秘书长肖亚庆主持。尹蔚民部长、财政部部长楼继伟发言。胡晓义副部长参加。同日，尹蔚民部长出席2015年春节前保障农民工工资支付工作视频会议并对做好农民工工资支付工作进行动员部署。邱小平副部长主持会议。

1月15日—16日　信长星副部长按照国家禁毒委统一部署，率队在贵州开展禁毒工作督查。其间，先后听取贵州省及贵阳市、黔东南州、榕江县禁毒工作汇报，并到贵阳市调研。

1月16日　人社部召开传达贯彻十八届中央纪委五次全会精神大会。尹蔚民部长主持会议并讲话。中纪委驻部纪检组组长袁彦鹏传达习近平总书记重要讲话和王岐山同志工作报告精神。公务员局副局长卢雍政、吴云华、陈刚及部机关、公务员局处级及以上干部，部属企事业单位司级干部和党办主任，离退休干部党支部书记参加。

1月19日　尹蔚民部长、信长星副部长参加国务院第4次全体会议。同日，尹蔚民部长、汤涛副部长列席国务院第79次常务会议。

胡晓义副部长出席国务院新闻办公室新闻发布会，介绍机关事业单位养老保险制度改革情况并答记者问。

1月20日　全国公务员管理工作会议在京召开。会议全面贯彻党的十八大和十八届三中、四中全会精神，深入贯彻习近平总书记系列重要讲话精神，按照全国组织部长会议和全国人力资源社会保障工作会议部署，总结一年来的工作，分析面临的形势，安排部署2015年工作。中组部常务副部长陈希作工作报告。尹蔚民部长主持会议。信长星副部长作会议总结，中组部部务委员兼干部一局（公务员管理办公室）局长（主任）邓声明主持。公务员局副局长卢雍政、吴云华、陈刚出席。各省（区、市）及新疆生产建设兵团、副省级市党委组织部分管副部长和政府公务员局局长，中央和国家机关各部委、各直属机构组织人事部门负责同志，中组部、人社部、公务员局有关司局负责同志参加。

1月20日—23日　孔昌生副部长带队赴河北省、天津市对当地开展整治事业单位公开招聘突出问题、“吃空饷”问题集中治理、保障农民工工资支付三项专项行动进行督导检查，并就人社窗口单位改进作风、事业单位人事制度改革等问题进行专题调研。其间，分别与河北省副省长姜德果，天津市委常委、副市长段春华交换意见，听取河北、天津人社、教育、卫生、文化厅（局）及河北省廊坊市、固安县，天津市西青区、静海县工作汇报，实地考察各市、区、县基层窗口单位和廊坊市、天津市的部分企事业单位，与企业负责人及部分农民工座谈，并看望基层人社部门的同志和人社部在河北省廊坊市挂职的同志。

1月21日　中组部部长赵乐际主持召开中央人才工作协调小组第41次会议，传达学习习近平总书记重要批示精神，总结2014年人才工作，部署2015年工作任务。尹蔚民部长参加会议并就中央人才工作协调小组《2014年工作情况报告》和《2015年工作要点（稿）》作说明。汤涛副部长参加。

同日，尹蔚民部长主持召开第75次党组会、第55次部务会，学习讨论《政府工作报告（征求意见稿）》；审议《关于鼓励事业单位种业骨干科技人员到种子企业开展技术服务的指导意见（送审稿）》。杨志明、何宪、胡晓义、信长星、张建国、汤涛副部长，中纪委驻部纪检组组长袁彦鹏参加。

胡晓义副部长参加全国爱国卫生工作电视电话会议。同日，出席社会保险国家标准审查会暨全国社会保险标准化技术委员会2014年年会并讲话。

信长星副部长会见应全国总工会邀请来华访问的加拿大劳工大会主席哈桑·尤素福先生一行，介绍我国政府推动就业、改善民生的政策和举措。同日，主持召开公务员局第51次党组会，学习讨论中央有关文稿，审议局党组2014年述职报告。公务员局副局长卢雍政、吴云华、陈刚参加。

邱小平副部长参加国务院国有企业改革工作领导小组专题会议，研究讨论国有企业改革指导意见等改革文件。

1月22日　何宪副部长参加刘延东副总理主持召开的会议，研究部署教师待遇有关工作。

1月23日　杨志明副部长在第二十七次人社部讲坛（部领导人社部讲坛第二讲）上作“积极推进新生代农民工的发展”专题报告。张建国、汤涛副部长出席。部属各单位司级干部和机关处级干部260余人参加。

胡晓义副部长主持召开在京中央国家机关事业单位养老保险经办工作领导小组第一次会议，研究部署有关工作。同日，到发展改革委为干部职工作机关事业单位养老保险制度改革辅导报告。

1月26日　尹蔚民部长主持召开第76次党组会、第56次部务会，听取关于2014年预算管理和2015年预算编制情况的汇报，审议《人力资源社会保障部2015年度一、二、三类会议计划（送审稿）》。杨志明、何宪、胡晓义、邱小平、汤涛、孔昌生副部长，中纪委驻部纪检组组长袁彦鹏参加。

1月26日—28日　中纪委驻部纪检组组长袁彦鹏带队赴陕西省对保障农民工工资支付工作进行督查。其间，听取陕西省和商洛市保障农民工工资支付工作及专项执法检查情况汇报，召开总承包单位、劳务公司和农民工代表参加的座谈会，实地检查在建工程农民工工资支付情况，并会见陕西省委常委、常务副省长江泽林，就保障农民工工资支付督查情况交换意见。

1月28日　尹蔚民部长列席国务院第80次常务会议。

信长星副部长主持召开公务员局第52次党组会、第54次局务会，学习贯彻尹蔚民部长关于提高工作科学化、规范化水平指示精神，研究提高公务员局工作科学化、规范化水平问题；审议《公务员录用面试管理办法（试行）》等文件。公务员局副局长卢雍政、吴云华、陈刚参加。

汤涛副部长出席第九届全国农村青年致富带头人表彰活动、乡村好青年发布暨农村青年致富带头人协会第二届会员代表大会开幕式。同日，参加刘延东副总理主持召开的会议，听取《全民科学素质行动计划纲要》实施情况汇报。

1月28日—29日　杨志明副部长参加全国人大财经委第24次全体会议，汇报2014年人力资源社会保障工作情况和2015年工作计划安排。

1月29日　尹蔚民部长，杨志明、邱小平副部长参加国务院农民工工作领导小组第三次全体会议。

胡晓义副部长参加汪洋副总理主持召开的国务院推进农垦体制改革文件制定工作汇报会。

1月30日　尹蔚民部长出席县以下机关

公务员职务与职级并行制度实施工作电视电话会议并讲话。何宪、信长星副部长出席。

人社部召开2014年度工作总结表彰大会。尹蔚民部长出席并讲话。杨志明副部长主持。何宪、胡晓义、信长星、张建国、邱小平、汤涛副部长，中纪委驻部纪检组组长袁彦鹏出席。公务员局副局长卢雍政、吴云华、陈刚和部机关、公务员局处级以上干部，部属企事业单位司级干部，离退休干部党支部书记参加。

胡晓义副部长会见美国富达董事长艾比·约翰逊女士一行，双方就我国养老金市场发展规律进行交流。同日，参加刘延东副总理主持召开的国务院医改领导小组组长办公会。

孔昌生副部长参加中央国家机关第29次党的工作会议暨第27次纪检工作会议。

二月

2月1日　孔昌生副部长参加中央推进“一带一路”建设工作会议暨推进“一带一路”建设工作领导小组第一次会议。

2月1日—4日　汤涛副部长带队赴宁夏回族自治区对保障农民工工资支付工作进行督查并调研职业能力建设和专业技术人员队伍建设工作。其间，听取宁夏回族自治区、银川市、石嘴山市保障农民工工资支付工作及专项执法检查情况汇报，召开由政府部门、用人单位、劳务公司和农民工代表参加的座谈会，实地检查企业农民工工资支付情况，听取部分企业、技工院校对职业能力建设和人才工作的意见建议。会见了宁夏回族自治区党委常委、自治区政府副主席李锐，就保障农民工工资支付督查情况交换意见。

2月2日—4日　尹蔚民部长参加省部级领导干部学习贯彻党的十八届四中全会精神全面推进依法治国专题研讨班。

2月2日—5日　杨志明副部长带队赴广东省对保障农民工工资支付工作进行督查并就广东省推进农民工市民化相关工作开展调研。其间，听取广东省、广州市、江门市、梅州市、潮州市保障农民工工资支付工作及推进农民工市民化工作情况的汇报，召开由政府部门、用人单位和农民工代表参加的座谈会，实地检查。与广东省及江门、梅州、潮州等市政府分管领导就保障农民工工资支付督查情况交换意见。

2月2日—8日　何宪副部长到江苏省南京市、湖南省长沙市调研完善机关事业单位工资制度实施工作，随后在四川省成都市召开全国机关事业单位工资制度工作座谈会，听取各地对新制度实施过程中有关问题的意见建议，并提出下一步工作要求。其间，还就保障农民工工资支付工作在长沙市和成都市进行实地督查，前往项目建设工地与工人进行交流座谈，并听取相关工作情况汇报。

2月3日—4日　胡晓义副部长带队赴云南省对保障农民工工资支付工作进行督查。其间，听取了云南省政府关于保障农民工工资支付工作情况的汇报，与省委常委、常务副省长李江进行交流，并到昆明市进行督查调研。随后，赴云南省普洱市就基层平台建设、全民参保登记计划工作情况调研，听取云南省人社厅、普洱市政府有关工作情况汇报。

2月3日—5日　信长星副部长带队赴江苏省调研。其间，先后听取江苏省人社厅、盐城市、徐州市工作情况汇报，与部分企业座谈，了解用工形势，走访部分企业、创业园、街道社区，并就保障农民工工资支付工作进行督导。

2月3日—6日　邱小平副部长带队，联合公安部、全国总工会赴福建省开展保障农民工工资支付工作督查。其间，与福建省副省长徐钢就有关工作进行沟通，听取省人社厅和有关地市工作汇报，到福州市和宁德市进行实地督查，分别召开用人单位和农民工座谈会，了解农民工工资支付情况。同时，代表全国总工会慰问16名困难职工和全国劳模、2家工会职工服务中心、1家困难企业。

2月5日　胡晓义副部长在云南省昆明市出席全国社会保险局长会议并讲话。会议主要是传达全国人力资源社会保障工作会议精神，总结2014年社会保险经办工作，部署2015年工作，并对机关事业单位养老保险制度政策进行专题培训。部内相关单位负责同志、各省（区、市）和新疆生产建设兵团、副省级市分管社会保险经办工作的厅（局）长、社会保险经办机构主要负责同志参加。

信长星副部长出席在徐州市召开的农民工座谈会暨2015年“春风行动”启动仪式。

2月6日　尹蔚民部长参加省部级领导干部学习贯彻党的十八届四中全会精神全面推进依法治国专题研讨班。同日，列席国务院第81次常务会议。

2月9日　尹蔚民部长、信长星副部长参加国务院第三次廉政工作会议。同日，尹蔚民部长主持召开第77次党组会、第57次部务会，传达学习习近平总书记在省部级主要领导干部“学习贯彻十八届四中全会精神，全面推进依法治国”专题研讨班上的重要讲话精神并研究贯彻落实措施，传达学习国务院第三次廉政工作会议精神并研究贯彻落实措施，研究机关人事问题；审议《人力资源社会保障部2015年度业务培训班计划（送审稿）》、《人力资源社会保障部2015年表彰工作计划申报表（送审稿）》和《关于进一步做好新形势下就业创业工作的通知（送审稿）》。杨志明、何宪、胡晓义、信长星、邱小平、汤涛、孔昌生副部长，中纪委驻部纪检组组长袁彦鹏参加。

信长星副部长出席全国人力资源服务标准化技术委员会换届大会暨第二届一次工作会议并讲话。国家标准委服务业标准部主任杨泽世出席。人社部相关职能单位负责同志和标准委委员、观察员近100人参加。

2月10日　国务院总理李克强在人民大会堂同部分在华工作的外国专家亲切会见并座谈。马凯、杨晶、王勇、万钢同志出席。尹蔚民部长、张建国副部长参加。同日，尹蔚民部长出席人社部离退休干部2015年新春茶话会并致辞。杨志明副部长主持。何宪、胡晓义、信长星、邱小平、汤涛副部长，中纪委驻部纪检组组长袁彦鹏和老部领导出席。公务员局副局长卢雍政、吴云华，部属各单位负责同志参加。

胡晓义副部长在第二十八次人社部讲坛（部领导人社部讲坛第三讲）上作“推进机关事业单位养老保险制度改革”专题报告。汤涛、孔昌生副部长出席。公务员局副局长卢雍政、吴云华、陈刚，部属各单位干部职工500余人参加。

信长星副部长在人民大学出席中国宋庆龄基金会和人社部主办的“中国创翼”青年创业创新大赛启动会并致辞。

孔昌生副部长召集中组部、中编办、财政部、监察部和审计署及部分中央国家机关单位和部内相关单位召开集中治理“吃空饷”工作调度会。教育部、交通运输部、农业部、文化部、卫生计生委、体育总局、新华社、中科院、银监会就“吃空饷”集中治理进展情况进行汇报。会议围绕治理工作中存在的问题进行研究讨论，部署下一步工作。

2月11日　尹蔚民部长列席国务院第82次常务会议。

信长星副部长主持召开公务员局第55次局务会，审议《国家公务员局2015年度会议计划》和《2015年公务员对口培训计划》。公务员局副局长卢雍政、吴云华、陈刚参加。

张建国、孔昌生副部长在外专局就进一步做好人社领域对外交流合作和机关党建工作进行座谈交流。

汤涛副部长与银监会主席助理杨家才一行商谈银行业职业资格有关工作。

2月12日　部人才工作领导小组召开2015年第一次会议，传达学习习近平总书记关于人才工作重要批示精神，研究贯彻落实措施，总结2014年部人才工作，研究部署2015年工作任务。尹蔚民部长出席会议，就贯彻落实习近平总书记重要批示精神做好引进海外人才工作作重要讲话。汤涛副部长主持会议并对人才工作重点进行部署。部人才工作领导小组成员和有关单位负责同志参加。

同日，尹蔚民部长、汤涛副部长走访慰问留学回国专家杰出代表、中国科学院院士、第三世界科学院院士、中国科学院物理研究所赵忠贤研究员和全国杰出专业技术人才先进集体领衔专家、国务院政府特殊津贴专家、国医大师、中国科学院院士、中国中医科学院西苑医院陈可冀研究员，并听取他们对高层次人才队伍建设的意见和建议。

何宪副部长出席军转安置考试考核工作座谈会并讲话。会议听取部分省市对进一步做好军转安置考试考核工作的意见建议。

信长星副部长听取公务员管理信息系统建设工作汇报。主持召开“十三五”时期促进就业总体思路研究课题专家论证会，听取部内外专家对课题报告的意见建议。

邱小平副部长主持召开“十三五”时期构建和谐劳动关系的方向和主要政策课题研究论证会。部内相关职能单位负责同志和全国总工会、全国工商联、中国企业联合会、中国社科院、清华大学、北京市人社局、浙江省人社厅、湖南省人社厅有关负责同志和专家参加。

2月13日　尹蔚民部长主持召开发展家庭服务业促进就业部际联席会议第七次全体会议，总结2014年发展家庭服务业工作情况，部署2015年工作任务。杨志明、邱小平副部长出席。发展家庭服务业促进就业部际联席会议各成员、办公室成员及联络员参加。部发展家庭服务业促进就业工作指导小组成员及部内相关单位负责同志列席。

胡晓义副部长就解决建筑工人工伤权益保障问题接受央视采访。

汤涛副部长到民建中央拜访全国人大常委会副委员长、民建中央主席、中华职业教育社理事长陈昌智，介绍人社部在技能人才队伍建设方面的工作情况和2015年工作计划，双方就进一步加强人社部与中华职业教育社的合作交换意见。

孔昌生副部长出席人社部援派扶贫挂职锻炼干部迎新春座谈会并讲话。

2月15日　尹蔚民部长主持第78次党组会，讨论报中央的有关报告，听取关于中央国家机关第29次党的工作会议精神和2015年机关党建工作建议的汇报。杨志明、何宪、胡晓义、信长星、张建国、邱小平、汤涛、孔昌生副部长参加。

尹蔚民部长、何宪副部长到解放军总政治部走访，与中央军委委员、总政治部主任张阳等总政治部领导座谈。

信长星副部长到人民日报社参加“两会e客厅”节目访谈。

2月16日　胡晓义副部长参加刘延东副总理主持召开的国务院医改领导小组组长办公会。

邱小平副部长参加国务院国有企业改革领导小组第十一次会议。

汤涛副部长分别到北京市地铁运营有限公司通信信号分公司和北京市燃气集团有限责任公司生产一线，代表人社部党组慰问第十二届中华技能大奖获得者杨才胜和第十二届全国技术能手获得者倪志国两位高技能专家。同日，参加李源潮同志主持召开的中国科协所属学会有序承接政府转移职能试点工作汇报会并发言。

2月25日　尹蔚民部长、信长星副部长列席国务院第83次常务会议。

何宪副部长参加中央政法委会议，研究上海市法官、检察官职业保障制度方案。

2月27日　孔昌生副部长主持召开部属国有企业负责人薪酬制度改革领导小组第一次会议，对部属国有企业负责人薪酬制度改革工作进行动员部署，研究有关问题。

2月28日　国务院就业工作部际联席会议全体会议在京召开。国务院副总理马凯出席会议并作重要讲话。国务院副秘书长肖亚庆、联席会议22个成员单位有关负责同志参加会议。尹蔚民部长主持。信长星副部长代表联席会议办公室汇报2014年就业工作情况和2015年工作打算。发展改革委、教育部、财政部、人民银行、税务总局、工商总局和全国妇联负责同志发言。

尹蔚民部长主持召开第 58 次部务会，审议《人力资源社会保障部办公厅关于公布第三批国家级充分就业社区名单的通知（送审稿）》。杨志明、何宪、胡晓义、信长星、邱小平、汤涛、孔昌生副部长，中纪委驻部纪检组组长袁彦鹏参加。

杨志明副部长在国新办主持国务院农民工工作领导小组办公室举办的农民工工作专题新闻发布会，介绍农民工工作有关情况，就农民工就业创业、技能培训、权益维护、社会保险、新生代农民工、发展家庭服务业促进农民工就业等方面情况，回答中外记者提问。发展改革委、教育部、住建部、卫生计生委有关负责同志参会并回答记者相关问题。

胡晓义副部长参加国务院医改领导小组全体会议。

三月

3 月 2 日　中央政治局委员、中央政法委书记孟建柱，最高人民法院院长周强，最高人民检察院检察长曹建明来人社部，就司法体制改革有关问题进行调研并召开座谈会。孟建柱主持会议并讲话。尹蔚民部长作总体汇报，何宪、信长星副部长分别汇报。中央政法委、中组部、最高人民法院、最高人民检察院、公安部、财政部等部门负责同志参加会议并发言。

3 月 3 日　杨志明、何宪、胡晓义副部长参加全国政协十二届三次会议开幕会。信长星副部长列席。

3 月 4 日　尹蔚民部长参加全国政协十二届三次会议经济、农业界委员联组会。

胡晓义副部长参加国务院医改领导小组城乡居民医保管理改革有关会议。

3 月 4 日—12 日，杨志明、何宪、胡晓义副部长参加全国政协十二届三次会议。

3 月 5 日　尹蔚民部长、信长星副部长列席十二届全国人大三次会议开幕会。同日，尹蔚民部长参加十二届全国人大三次会议湖北代表团全体会议。

汤涛副部长在清华大学主持召开博士后科研流动站专题调研座谈会，听取清华大学、北京大学、南开大学、中国科学院等 9 家单位以及部分博士后研究人员、博士后合作导师对改革完善博士后制度的意见建议。

3 月 10 日　尹蔚民部长、胡晓义副部长在梅地亚中心出席十二届全国人大三次会议就业和社会保障专题记者会并回答记者提问。

信长星副部长到人社部机关公务员面试考场，巡视中央机关及其直属机构 2015 年度考试录用公务员面试工作，听取考生面试情况汇报，并与考生座谈。

汤涛副部长出席全国职业能力建设工作暨全国百城技能振兴专项活动推进视频会并讲话。天津市、浙江省、广东省、重庆市人社厅（局）负责同志在分会场介绍本地职业能力建设工作经验，辽宁省辽阳市、四川省德阳市人社局负责同志在分会场交流首批百城技能振兴专项活动经验。部内有关单位负责同志在主会场参加。各省（区、市）和新疆生产建设兵团、各计划单列市和百城技能振兴专项活动城市人社部门负责同志和相关人员、各地骨干技工院校校长、世界技能大赛集训基地负责人在分会场参加。同日，到中组部与人才局有关负责同志沟通人才工作。

孔昌生副部长参加国务院副总理刘延东主持召开的会议，研究部署职业教育法执法检查有关工作。

3 月 11 日　汤涛副部长会见河南省副省长王艳玲一行，交流部省深入推进全民技能振兴工程实施情况，就下一步深入推动工程实施进行讨论。

3 月 12 日　尹蔚民部长、信长星副部长列席十二届全国人大三次会议第三次全体会议。同日，尹蔚民部长列席十二届全国人大三次会议解放军代表团全体会议。

中央改革办常务副主任穆虹来人社部调研，就中央全面深化改革领导小组 2015 年重点改革工作进行座谈。信长星副部长主持座谈会并作汇报。

汤涛副部长到中组部参加《关于深化人才

发展体制机制改革的意见》制定工作领导小组第二次会议。同日，在中关村科技园区主持召开博士后科研工作站专题调研座谈会，听取北京生命科学研究所、微软（中国）有限公司、国家信息中心、天津经济技术开发区等9家单位以及部分博士后研究人员、博士后合作导师对改革完善博士后制度的意见建议。

3月13日　杨志明、何宪、胡晓义副部长参加全国政协十二届三次会议闭幕会。汤涛副部长列席。

胡晓义副部长参加国务院医改办召开的统筹城乡基本医保研究工作组会议。

3月16日　尹蔚民部长主持第80次党组会、第59次部务会，研究机关人事问题，审议《人力资源社会保障部2015年外事活动计划（送审稿）》；审议《贯彻实施〈关于县以下机关建立公务员职务与职级并行制度的意见〉若干具体问题的意见（送审稿）》。杨志明、何宪、胡晓义、信长星、张建国、邱小平、汤涛副部长，中纪委驻部纪检组组长袁彦鹏参加。

人社部召开传达贯彻2015年"两会"精神大会。尹蔚民部长主持会议并讲话。孙宝树同志传达十二届全国人大三次会议精神，吴江同志传达全国政协十二届三次会议精神。杨志明、何宪、胡晓义、邱小平、汤涛副部长和老部领导，公务员局副局长吴云华、陈刚，部机关、公务员局处级以上干部，部属事业单位司级干部和离退休干部党支部书记300余人参加。

信长星副部长参加国务院会议，研究分析当前经济形势，部署推进重大项目建设等工作。

3月16日—19日　信长星副部长率调研组赴浙江省温州市和广东省深圳市、东莞市开展就业形势专题调研。其间，分别听取有关省市就业形势汇报，到企业调研并就用工情况进行座谈。

3月17日　杨志明副部长参加国务院文件清理工作领导小组第一次全体会议。

何宪副部长参加全国国有林场和国有林区改革工作电视电话会议。

邱小平副部长参加国务院扶贫开发领导小组第五次全体会议。

汤涛副部长主持召开2015年留学人员回国服务工作部际联席会议并讲话。中组部、教育部、科技部、财政部有关司局负责同志参加并发言。联席会议18个成员单位、4个列席单位有关同志参加会议。

3月18日　尹蔚民部长列席国务院第84次常务会议。

杨志明副部长在海南省海口市出席全国人力资源和社会保障事业发展"十三五"规划工作座谈会并讲话。会议深入学习贯彻党的十八届三中、四中全会精神，贯彻落实中央关于开展"十三五"规划建议前期重大课题研究和全国人社工作会议精神，部署2015年规划财务工作，重点部署"十三五"规划编制工作，并听取地方意见建议。

邱小平副部长主持召开国家协调劳动关系三方会议第二十次会议并讲话。会议听取2014年国家三方工作情况汇报、审议2015年国家三方工作要点和贯彻实施构建和谐劳动关系意见文件工作方案、讨论加强劳动关系动态监测和形势分析研判的意见稿等。同日，参加杨洁篪国务委员主持召开的2016年二十国集团峰会筹委会第一次会议。

3月19日—20日　杨志明副部长赴海口市、澄迈县、儋州市、东方市，就当前就业形势和基层劳动就业社会保障基本公共服务能力建设情况开展调研。其间，与海南省和有关市、县、乡镇（街道）负责同志座谈，考察农垦集团割胶工工作环境和基层公共服务平台建设情况。

3月20日　信长星副部长在广州市主持召开部分省市就业形势座谈会，分析研究一季度就业形势和下一步走势。河北、山西、辽宁、上海、安徽、山东、湖北、广东、广西、陕西等省（区、市）人社厅局有关负责同志，部相关职能单位负责同志及国办秘书二局有关同志参加。

邱小平副部长与国资委副主任徐福顺一行

就中央企业负责人薪酬管理等工作座谈。

3月23日　胡晓义副部长出席第一期机关事业单位养老保险制度改革专题培训班并以“努力实现养老保障制度更加公平可持续发展”为题授课。同日，参加刘延东副总理会见世界银行常务副行长英卓华有关活动。

信长星副部长会见应邀来访的南非劳工部副部长霍罗米萨先生一行，就中南就业、社会保障改革和措施进行深入交流，并就加强两部门在国际劳工组织、二十国集团、金砖国家框架下合作交换意见。

3月24日　胡晓义副部长出席全国社会保障基金理事会第五届理事大会第二次会议。同日，出席全国社会保险基金监督工作视频会议并讲话。会议总结过去一年的基金监督工作，分析面临的形势，并对全面落实全国人力资源社会保障工作会议精神、做好2015年基金监督工作进行部署。北京、吉林、湖南、重庆、云南、甘肃6省市作经验交流。各省（区、市）、新疆生产建设兵团人社厅（局）分管厅（局）长，基金监督处全体工作人员和相关部门同志约500人参加会议。

信长星副部长出席全国政协十二届三次会议提案交办会。同日，出席中央经济责任审计部际联席会议全体会议并讲话。

3月25日　张德江委员长主持召开全国人大常委会职业教育法执法检查组第一次全体会议并作重要讲话。刘延东副总理出席会议并讲话，全国人大常委会副委员长兼秘书长王晨，副委员长艾力更·依明巴海、陈竺出席会议。尹蔚民部长参加会议并作职业教育法实施情况汇报。汤涛副部长参加。

尹蔚民部长列席国务院第85次常务会议。

邱小平副部长在江苏省南京市出席全国劳动人事争议调解仲裁工作座谈会并讲话。其间，与江苏省副省长张雷就人力资源社会保障相关工作进行沟通。会议总结2014年调解仲裁工作取得的成绩，研究部署2015年重点任务，并对做好工作提出要求。江苏、天津等9省市作经验交流发言。各省（区、市）及新疆生产建设兵团、副省级城市人社厅（局）和中央综治委、全国人大常委会法工委、最高法等部门和单位相关同志参加。

汤涛副部长与南京市常务副市长刘以安一行进行座谈，听取中国留学人员南京国际交流与合作大会筹备情况汇报并提出工作要求。

3月26日　何宪副部长参加中央政法委第十六次全体会议暨中央司法体制改革领导小组专题会议。

胡晓义副部长出席机关事业单位养老保险制度改革第二期专题培训班并授课。

信长星副部长出席中央机关公务员申诉公正委员会全体会议并讲话。会议听取公正委员会运行情况汇报，研究讨论《公务员申诉案件办案规则》。中组部干部一局（公务员管理办公室）巡视员、副局长刘晔华主持。中央纪委、全国人大常委会法工委、最高法、最高检有关同志和公务员局相关职能单位负责同志参加。

汤涛副部长到中宣部参加贯彻落实《关于加快构建现代公共文化服务体系的意见》电视电话会议。

3月26日—27日　邱小平副部长赴江苏省南京市、镇江市和苏州太仓市就当前就业形势、劳动人事争议调解仲裁和劳动保障监察效能建设、全面治理拖欠农民工工资问题等工作进行专题调研。其间，召开座谈会听取地方人社和相关部门意见与建议，实地考察江苏省劳动人事争议调解网络平台、省级劳动保障监察联动举报投诉平台、基层劳动人事争议仲裁院和人社工作综合服务网络平台等。

3月26日—28日　中纪委驻部纪检组组长袁彦鹏在重庆市调研考试安全工作并巡视职称外语考试。其间，会见重庆市委常委、市纪委书记徐松南。

3月27日　何宪副部长在第二十九次人社部讲坛（部领导人社部讲坛第四讲）上作“机关事业单位工资制度改革”专题报告。杨志明、汤涛副部长出席。公务员局副局长吴云华、部属各单位干部职工300余人参加。

信长星副部长出席2015年统筹实施基层服务项目协调小组会议暨全国“三支一扶”工作领导小组会议。会议交流大学生村官、教师特岗计划、“三支一扶”计划、农技特岗计划、西部计划五个基层服务项目2014年工作情况和2015年工作安排，研究部署2015年“三支一扶”工作。

3月28日—4月4日　胡晓义副部长率团赴纽约出席2015年联合国经社理事会综合部分会议，并访问美国、加拿大。访加期间，代表中国政府与加政府签署中加社会保障协定，并代表人社部与加拿大就业和社会发展部签署实施该协定的行政协议。

3月29日　汤涛副部长参加中华职业教育社与民建中央共同召开的职业教育与企业发展座谈会并发言。

3月30日　人社部召开直属机关第二次党员代表大会暨第七次党的工作会议。尹蔚民部长出席会议并讲话。中央国家机关工委副书记邵旭军出席并讲话。杨志明副部长主持会议。孔昌生副部长作机关党委、纪委工作报告并通报2014年度司级干部考核情况。潘立刚、何宪、信长星、张建国、邱小平副部长，中纪委驻部纪检组组长袁彦鹏出席。会议选举产生部直属机关第二届委员会和纪律检查委员会。同日，尹蔚民部长主持召开第81次党组会，研究机关人事问题。杨志明、何宪、信长星、邱小平、汤涛副部长，中纪委驻部纪检组组长袁彦鹏参加。

3月31日　何宪副部长在重庆市出席全国人力资源和社会保障宣传工作座谈会并讲话，重点研究和部署人社网络宣传工作。

信长星副部长参加国家教育体制改革领导小组第十五次全体会议。

邱小平副部长参加国务院会议，研究推进简政放权有关工作。

汤涛副部长参加汪洋副总理主持召开的国务院自由贸易试验区工作部际联席会议第一次会议并发言。同日，列席中央宣传思想工作领导小组会议。

3月31日—4月2日　中纪委驻部纪检组组长袁彦鹏在江苏省连云港市、盐城市调研窗口作风建设情况。

四月

4月1日　尹蔚民部长列席国务院第86次常务会议。同日，列席中央全面深化改革领导小组会议。

杨志明副部长在甘肃省兰州市出席全国农民工工作领导小组办公室主任座谈会并讲话。

汤涛副部长出席2015年全国职业技能竞赛工作研讨会暨第43届世界技能大赛技术培训会，向有关地区、行业和企业赠送《技能中国》专刊，点击开通世界技能大赛中国组委会官网，就2015年全国职业技能竞赛工作提出要求，并宣布2015年中国技能大赛启动。

4月1日—2日　尹蔚民部长、孔昌生副部长分别与中央国家机关工委委员、办公室主任常大光带领的《中国共产党和国家机关基层组织工作条例》贯彻落实情况检查组就贯彻习近平总书记关于新形势下从严治党八项要求、落实党建工作责任制的成功经验和做法、机关党建落实全面从严治党新要求的认识和思考等问题进行座谈。中央国家机关团工委书记冀萌新参加。

4月1日—3日　何宪副部长到重庆市开展集中调研。其间，会见重庆市副市长刘伟，听取重庆市人社局有关工作汇报，就建立公务员职务与职级并行制度听取市级有关部门的意见并座谈；实地调研沙坪坝区、铜梁区和潼南县人社工作情况，听取建立公务员职务与职级并行制度工作汇报，了解当地就业形势，深入街道考察社会保障公共服务平台建设，并分别与三个区县有关工作部门和部分公立医院负责同志座谈。

4月2日　信长星副部长主持召开就业形势专家座谈会，分析研究一季度经济、就业形势和下一步走势，听取意见和建议。国家信息中心祝宝良、国研中心张立群、商务部吴频、汇丰银行屈宏斌、人民大学杨伟国等部内外专家，以及部内相关职能单位负责同志参加。

邱小平副部长参加国务院会议，部署国有企业稳增长联合调研工作。同日，参加国务院足球改革发展部际联席会议第一次会议。

汤涛副部长参加国务院贯彻落实《关于深化供销合作社综合改革的决定》电视电话会议。同日，会见世界技能组织技术委员会副主席冯建强，就参加世界技能竞赛工作交换意见。

4月2日—4日　杨志明副部长赴甘肃省金昌市、酒泉市调研当前就业形势和农民工工作情况。

4月3日　尹蔚民部长主持召开党组扩大会，传达中央有关文件精神。信长星、邱小平、汤涛副部长参加。

全国人社系统党风廉政建设工作座谈会在江苏省南京市召开。孔昌生副部长出席并讲话。中纪委驻部纪检组组长袁彦鹏作工作报告。会议总结2014年全系统党风廉政建设工作，部署2015年工作任务，并对做好工作提出要求。各省（区、市）人社厅（局）分管负责同志、主管处（室）负责同志及计划单列市人社局分管负责同志参加。

4月7日　尹蔚民部长主持召开第60次部务会，审议《关于加强劳动保障监察效能建设的意见（送审稿）》、《关于建立省级劳动保障监察举报投诉案件联动处理机制的意见（送审稿）》、《人力资源社会保障部关于减少职业资格许可和认定事项的请示（送审稿）》。何宪、胡晓义、信长星、邱小平、汤涛副部长，中纪委驻部纪检组组长袁彦鹏参加。

杨志明副部长到江苏省出席南京青奥会总结表彰大会并宣读表彰决定。

4月8日　尹蔚民部长列席国务院第87次常务会议。

信长星副部长参加全国人大代表建议交办会。

汤涛副部长到中科院就博士后制度30周年纪念活动和改革完善博士后制度有关问题听取中科院副院长詹文龙的意见。

孔昌生副部长出席2015年全国市级人社窗口单位作风建设专题示范培训班开班式并作“人力资源和社会保障工作的形势任务及工作要求”专题报告。

4月8日—10日　邱小平副部长带领国务院五部委第三联合调研组，赴湖南省对国有企业稳增长情况进行调研。其间，分别与湖南省常务副省长陈肇雄、副省长黄兰香就有关工作进行沟通；召开湖南省发展改革、经信、财政、人社、国资等部门和7省市国资委座谈会；深入中国五矿湖南有色株洲冶炼集团公司、中国南车株洲电力机车公司、中联重科公司等3家企业实地调研，并召开9家驻湘中央企业和湖南省属国有企业座谈会，了解国有企业经济运行情况，听取有关意见建议。

4月9日　胡晓义副部长出席第十八期全国社会保险经办机构负责人培训班开学典礼并讲授第一课。

汤涛副部长到北京市工贸技师学院调研，了解学院办学和第43届世界技能大赛时装技术项目中国集训基地工作情况，视察时装技术项目选手2进1选拔赛及服装、动漫、智能楼宇专业实训基地，对学院下一步发展和做好技能大赛参赛前各项准备工作提出要求。

中纪委驻部纪检组组长袁彦鹏出席2015年全国市级人社窗口单位作风建设专题示范培训班并作“深入推进窗口单位党风廉政建设，打造人社部门为民务实清廉的良好形象”专题报告。

4月9日—10日　尹蔚民部长陪同李克强总理到吉林调研，并参加李克强总理主持召开的东三省经济工作座谈会。

4月10日　信长星副部长参加2015年庆祝“五一”国际劳动节暨表彰全国劳动模范和先进工作者大会筹备委员会第一次全体会议暨办公室第一次会议。

汤涛副部长赴社科院调研博士后工作，会见社科院院长王伟光，就博士后制度30周年纪念活动和改革完善博士后制度有关问题听取社科院副院长李扬的意见。

孔昌生副部长会见日本日中技能者交流中心理事长人见一夫一行，就完善技能实习生交流活动进行商谈。

4月11日—12日　信长星副部长陪同国务院副总理马凯到重庆市调研。

4月13日　尹蔚民部长、胡晓义副部长参加全国老龄工作委员会第十七次全体会议。

何宪副部长为2015年全国市级人社窗口单位作风建设专题示范培训班作题为“机关事业单位工资制度改革问题”的专题报告。

4月14日　尹蔚民部长列席国务院经济形势座谈会。同日，国务院军队转业干部安置工作小组会议在京召开，总结2014年军转安置工作，研究2015年工作安排。尹蔚民部长主持会议并讲话。何宪副部长作工作报告。国务院军转安置工作小组副组长、总政治部主任助理崔昌军出席会议并讲话。国务院军转安置工作小组成员及成员单位相关部门负责同志参加。

邱小平副部长出席全国劳动保障监察工作座谈会并讲话。会议总结2014年劳动保障监察工作，分析面临的形势，交流学习湖北等地的经验做法，进一步安排部署2015年工作任务。湖北、山西等9省市作经验交流发言。其间，与江苏省副省长梁惠玲就人力资源社会保障相关工作进行沟通。

4月14日—15日　杨志明副部长到山西省出席全国人力资源社会保障法治建设工作座谈会并讲话。会议总结近年来人力资源社会保障法治工作取得的成效，分析中央“四个全面”战略布局对人力资源社会保障法治建设提出的新要求，交流学习山西、安徽、山东、湖南、广东、广西、大连等地的经验做法，研究讨论《关于全面推进人力资源社会保障法治建设的指导意见》，安排部署2015年法治工作重点任务。其间，与山西省委副书记、省长李小鹏就人力资源社会保障有关工作进行沟通。

4月15日　尹蔚民部长、信长星副部长列席国务院第88次常务会议。同日，尹蔚民部长、胡晓义副部长参加国务院副总理马凯召集的会议，汇报养老保险基金管理有关工作。

何宪副部长到陕西省西安市出席军转改革方案征求意见座谈会，听取有关省（区、市）对改革方案的意见。其间，会见陕西省委常委、省委政法委书记、副省长祝列克。北京等11个省（区、市）军转办主任和人社厅（局）有关领导参加会议。

4月15日—17日　邱小平副部长带队赴湖北省开展集中调研。其间，与湖北省委常委、襄阳市委书记王君正就人力资源社会保障工作进行沟通，分别在省人社厅和武汉市、襄阳市召开省市县人社厅（局）座谈会、保障农民工工资支付工作相关部门座谈会、国有企业和非公企业座谈会，听取地方人社和相关部门、企业对推进落实重点改革任务、就业形势、从源头预防和解决拖欠农民工工资问题等工作的意见和建议，实地考察襄阳市基层劳动保障监察机构、劳动人事争议仲裁院、人力资源市场等。

4月15日—17日　汤涛副部长赴河南省调研职业能力建设工作，实地考察开封市技师学院、巩义市人社局综合服务大厅、郑州市万通汽修职业培训学校等，重点了解技工院校、职业培训改革发展等情况。其间，出席河南省深入推进全民技能振兴工程暨促进更高质量就业工作电视电话会议并讲话，与河南省委副书记、省长谢伏瞻，副省长王艳玲进行工作交流。

4月16日　尹蔚民部长列席中央政治局常委会议。

杨志明副部长赴山西省太原市、吕梁市调研当前就业形势、基层执法情况和人力资源社会保障基层平台建设情况。

信长星副部长出席2015年庆祝“五一”国际劳动节暨表彰全国劳动模范和先进工作者大会筹委会办公室主任办公会议。同日，参加国务院会议，研究支持创业就业扶持政策。

4月16日—17日　何宪副部长到陕西省汉中市就县以下机关实施公务员职务与职级并行制度工作进行调研，实地考察洋县、留坝县人力资源社会保障工作情况，深入乡镇召开座谈会听取意见建议。

4月18日　尹蔚民部长到广东省深圳市出席第十三届中国国际人才交流大会暨深圳论坛开幕式。

4月20日　尹蔚民部长主持召开第61次部务会，审议《关于加强引进外国人才工作的意见（送审稿）》。杨志明、胡晓义、信长星、张建国、邱小平、汤涛副部长，中纪委驻部纪检组组长袁彦鹏参加。同日，尹蔚民部长参加杨晶同志主持召开的国务院推进职能转变协调小组会议，汇报职业资格改革组全年工作安排和近期重点任务。汤涛副部长参加。

何宪副部长到四川省雅安市出席探索“4·20”芦山强烈地震恢复重建新路子研讨会并发言。

胡晓义副部长参加国务院医改领导小组第八次办公会。

汤涛副部长出席十二届全国人大华侨委员会第十次会议，介绍引进涉侨专家人才、鼓励留学人员创新创业和实施涉侨社会保障制度等有关工作。

4月20日—24日　中纪委驻部纪检组组长袁彦鹏率调研组赴河北省开展集中调研。其间，会见河北省副省长姜德果；听取河北省人社工作总体情况、就业形势、机关事业单位养老保险制度改革等四项重大改革进展情况汇报，对加快改革进度提出要求；深入廊坊市及香河县，唐山市及滦南县、丰南区，了解工作进展，召开座谈会，听取基层干部群众意见建议；实地考察4个人社窗口单位、1个创业孵化基地、1个基层劳动就业社会保障所和2家企业，侧重了解就业形势和基层平台建设情况。

4月21日　尹蔚民部长、信长星副部长列席国务院第89次常务会议。

杨志明副部长在湖南省长沙市出席2015年全国民营企业招聘周活动启动仪式并致辞。同日，主持召开湖南民营企业劳动用工座谈会。

何宪副部长与西藏自治区党委常委、自治区政府常务副主席丁业现商谈有关工作。同日，参加中央政法委全体会议暨司法体制改革小组专题会议。

邱小平副部长代表部党组会见来人社部迎接蔡振红同志赴任的湖南省委组织部副部长胡奇，省政府副秘书长、研究室主任虢正贵，省政府副秘书长、驻京办主任赵清云等一行。同日，参加国务院医改领导小组专家咨询委员会第一次全体会议。

孔昌生副部长参加“三严三实”专题教育工作座谈会。

4月21日—23日　尹蔚民部长到上海市出席部市合作备忘录签署仪式并调研。其间，听取上海市人社局关于就业、四项重点改革工作落实情况和人才工作的汇报，与部分区人社局负责同志就基层就业工作进行座谈；听取上海市政法委关于法官、检察官职业保障制度改革情况的汇报；实地考察腾讯创业孵化基地、快钱公司、长宁区就业促进中心等，分别召开部分高校就业办负责同志、高校毕业生和企业负责人代表座谈会，了解高校毕业生就业创业、企业用工等情况；与上海市委书记韩正、市长杨雄进行会谈，就做好人社工作交换意见，并与杨雄市长签署部市合作备忘录。

4月21日—23日　汤涛副部长赴陕西省开展集中调研。其间，听取陕西省人社工作总体情况、推进四项重点改革任务进展情况和就业工作情况汇报；深入西安市、渭南市和澄城县，听取当地人社工作情况汇报，实地考察就业社保服务机构、博士后科研流动站工作站和企业等，听取基层干部群众的意见建议，看望人社部挂职干部；召开部分省市博士后工作座谈会，研讨纪念博士后制度30周年、改革完善博士后制度等工作。

4月22日　何宪副部长参加刘延东副总理主持召开的国家科技体制改革和创新体系建设领导小组第九次会议。

胡晓义副部长在天津市出席全国工伤保险工作座谈会并讲话。会议总结2014年工伤保险工作，研究当前工伤保险的重大问题，安排部署2015年工作任务。天津、上海、江苏等6省市作经验交流发言。同日，与中国建设银行行长张建国商谈有关工作。

4月23日　胡晓义副部长在江西省南昌市出席全国人力资源和社会保障信息化工作座谈会并讲话。会议总结2014年人社信息化建设情况，交流经验，明确今后一段时期信息化建设的发展方向和目标任务，部署2015年工作任务。

4月23日—26日　胡晓义副部长带队赴江西省开展集中调研，并赴基层联系点赣州市宁都县调研。其间，会见江西省委常委、省纪委书记周泽民和副省长胡幼桃，听取省及有关市人社工作情况汇报，实地考察南昌市公共就业社保大楼、景德镇经办服务大厅，宁都县小布镇基层平台、高级技工学校等，观摩宁都县首届职业技能大赛比赛，并看望挂职干部。

4月24日　尹蔚民部长参加2015年庆祝“五一”国际劳动节暨表彰全国劳动模范和先进工作者大会筹委会第二次全体会议。

信长星副部长出席国务院政策例行吹风会，向中外媒体介绍进一步做好新形势下就业创业工作相关政策，并回答记者提问。

汤涛副部长出席第八届中国留学人员南京国际交流与合作大会暨领军型科技创业人才创业大赛并致辞，对留学人员创业企业进行调研。

孔昌生副部长出席2015年全国县级人社窗口单位作风建设专题示范培训班，并以“人力资源和社会保障工作的形势任务及工作要求”为题作专题报告。全国部分县（市、区、旗）人社局长，各省（区、市）人社厅（局）主管处室同志及社保经办机构负责人共330多人参加。

4月26日　胡晓义副部长到江苏省南京市参加刘延东副总理主持召开的部分省份医改试点工作座谈会。

4月27日　全国军队转业干部安置工作电视电话会议召开。中央政治局委员、国务院副总理马凯，中央军委委员、总政治部主任张阳出席会议并讲话。尹蔚民部长作工作报告。何宪副部长主持。

同日，尹蔚民部长主持第83次党组会、第62次部务会，传达学习中央“三严三实”专题教育工作座谈会精神，研究贯彻落实措施，审议《人力资源社会保障部关于在处级以上领导干部中开展“三严三实”专题教育的实施方案（送审稿）》，研究机关人事问题；审议《人力资源社会保障部关于修改部分规章的决定（草案）》和《人力资源社会保障部关于修改〈人事部关于印发国务院所属部门人才中介服务机构管理办法和全国性人才交流会审批办法的通知〉的通知（送审稿）》。杨志明、何宪、胡晓义、信长星、邱小平、汤涛副部长，中纪委驻部纪检组组长袁彦鹏参加。

信长星副部长主持召开公务员局第53次局党组会，传达学习中央“三严三实”专题教育座谈会精神，审议《国家公务员局关于在处级以上领导干部中开展“三严三实”专题教育实施方案》。

邱小平副部长就构建和谐劳动关系工作接受中央人民广播电台、中央电视台、中国劳动保障报社采访。

中纪委驻部纪检组组长袁彦鹏出席2015年全国县级人社窗口单位作风建设专题示范培训班，并以“深入推进窗口单位党风廉政建设，打造人社部门为民务实清廉的良好形象”为题作专题报告。全国部分县（市、区、旗）人社局长，各省（区、市）人社厅（局）主管处室同志共240多人参加。

4月28日　尹蔚民部长、信长星副部长参加2015年庆祝“五一”国际劳动节暨表彰全国劳动模范和先进工作者大会。同日，列席国务院第90次常务会议。

何宪副部长出席2015年全国县级人社窗口单位作风建设专题示范培训班，并以“机关事业单位工资制度改革”为题作专题报告。全国部分县（市、区、旗）人社局长，各省（区、市）人社厅（局）主管处室同志共240

多人参加。

4月29日　尹蔚民部长出席部“三严三实”专题教育动员部署暨党组中心组学习（扩大）会并讲党课。杨志明副部长主持。何宪、信长星、邱小平副部长，中纪委驻部纪检组组长袁彦鹏出席。中央党校教授谢春涛作专题辅导报告。公务员局副局长吴云华、陈刚，部属各单位、公务员局各司处以上干部约500人参加。同日，尹蔚民部长在人民大会堂与阿尔及利亚政府代表，住房、城市规划和城市部部长塔布纳签署中阿政府关于劳动、就业和社会保障领域合作的协定。协定在中阿两国总理见证下签署。

邱小平副部长参加纪念中华全国总工会成立90周年大会。

汤涛副部长出席第43届世界技能大赛中国组委会全体会议，听取各成员单位工作进展情况汇报，分析研究存在的问题和困难，并对下一步做好大赛集训冲刺阶段工作和参赛工作提出要求。同日，参加张高丽副总理主持召开的国务院推进职能转变协调小组第一次全体会议并发言。

4月30日　尹蔚民部长列席中央政治局会议。同日，列席中央政治局集体学习。

孔昌生副部长参加杨洁篪国务委员主持召开的关于贯彻落实中央外事工作会议精神的会议。

五月

5月4日　尹蔚民部长主持召开第63次部务会，审议《关于适时适当降低社会保险费率的方案（送审稿）》、《人力资源社会保障部文件提请党组会、部务会审议及报批工作规范（送审稿）》。杨志明、何宪、胡晓义、信长星、邱小平、汤涛、孔昌生副部长，中纪委驻部纪检组组长袁彦鹏参加。

5月5日　尹蔚民部长列席中央全面深化改革领导小组会议。同日，会见应邀来访的丹麦就业部大臣克里斯滕森先生一行，双方就就业和落实两部门间谅解备忘录等问题交换意见。孔昌生副部长参加。

邱小平副部长参加中央全面深化改革领导小组经济体制和生态文明体制改革专项小组有关就业救助、国有企业负责人薪酬制度改革议题的专题会议。

5月6日　尹蔚民部长列席国务院第91次常务会议。

胡晓义副部长出席第四届中国国际养老服务业博览会主论坛。

5月7日　国务院深化国有企业负责人薪酬制度改革工作领导小组召开第三次会议。马凯副总理、王勇国务委员主持并讲话。尹蔚民部长出席。邱小平副部长代表领导小组办公室就近期工作开展情况、薪酬改革工作落实情况、中央管理企业负责人薪酬制度改革实施办法及有关配套意见制定情况和下一步工作考虑作汇报。

杨志明副部长参加发展改革委经济形势分析有关工作协调会。

信长星副部长在杭州市出席全国人力资源市场建设工作座谈会并讲话。会议总结两年来人力资源市场建设工作，分析面临的形势，安排部署今后一个时期的工作。北京、河北、江苏等8省市作经验交流发言。

5月7日—10日　尹蔚民部长率团出访俄罗斯，参加习近平主席会见俄专家代表及其家属活动，并代表中方主管部门为俄方专家代表及其家属颁发并佩戴纪念章。访俄期间，还会见俄劳动和社会保障部部长托皮林，就推动金砖国家人力资源部门合作和我拟于2016年主办二十国集团劳动就业部长会议事宜交换意见。

5月8日　胡晓义副部长在上海主持召开部分省市座谈会，研究机关事业单位养老保险制度和工资制度改革有关重点问题。

信长星副部长参加第八届中华人口奖颁奖大会并宣读表彰决定。

5月9日—19日　何宪副部长与外交部部长助理钱洪山率人社部和外交部联合调研组赴哥斯达黎加、古巴、墨西哥就我驻外使领馆工作人员工资待遇问题进行专题调研。在古巴期间，召开座谈会听取我驻美国、加拿大、阿根廷、玻利维亚、牙买加、巴巴多斯、特立尼达和多巴哥、古巴等8国使节的意见和建议。

5月11日　尹蔚民部长主持召开第84次党组会、第64次部务会，研究机关人事问题，审议《人力资源社会保障部2015年立法工作计划（送审稿）》。杨志明、胡晓义、邱小平、孔昌生副部长，中纪委驻部纪检组组长袁彦鹏参加。

5月11日—15日　孔昌生副部长率调研组在安徽省开展集中调研，并赴基层联系点六安市金寨县调研。其间，听取安徽省人社工作总体情况、推进四项重点改革任务及就业工作情况汇报；深入合肥、六安、安庆、黄山等地，召开座谈会，听取市县人社部门和教育、卫生主管部门及事业单位意见建议；实地考察了解基层窗口单位作风建设情况，并看望人社部挂职干部。

5月12日　尹蔚民部长，信长星、汤涛副部长参加全国推进简政放权放管结合职能转变工作电视电话会议主会场会议。杨志明、胡晓义副部长，中纪委驻部纪检组组长袁彦鹏在部内分会场参加。

邱小平副部长参加全国政协推进人民法院司法体制改革专题协商会。

5月12日—15日　杨志明副部长率调研组赴广西壮族自治区开展集中调研。其间，自治区党委书记彭清华、常务副主席唐仁建会见杨志明同志。召开座谈会听取广西人社工作总体情况、就业形势、四项改革进展情况汇报，重点了解工作中存在的问题，并听取意见建议；深入北海市、防城港市和崇左市调研，实地考察基层劳动就业和社会保障服务平台、农民工返乡创业企业。

5月13日　尹蔚民部长列席国务院第92次常务会议。

胡晓义副部长和应人社部邀请访华的德国劳动和社会事务部国务秘书阿斯姆森先生共同出席中德体面劳动研讨会开幕式。此次研讨会是落实第三次中德政府间磋商成果的重要活动。

邱小平副部长出席《劳动法》实施20周年纪念暨劳动保障法治建设研讨会并讲话。华福周同志主持。部内相关职能单位负责同志和全国人大常委会法工委、国务院法制办、最高法、全国总工会、中国企联、全国工商联等单位相关工作负责同志，有关高校、科研机构专家学者，以及参与《劳动法》制定的同志共70余人参加。

汤涛副部长出席第43届世界技能大赛集训冲刺动员视频会并作动员讲话，进一步明确参赛任务，对精心组织集训冲刺阶段工作和统筹推进赛前各项工作提出要求。此外，与中央电视台财经频道商议《中国大能手》大型职业技能明星竞技节目制播事宜，并对进一步做好节目和宣传高技能人才工作提出要求。同日，会见来华参加国际继续工程教育协会2015年春季理事会暨在线学习研讨会的国际协会主席及16位理事。

5月13日—17日　信长星副部长在中央党校参加省部级干部民族工作专题研讨班学习。

5月14日　尹蔚民部长作为中方陪同团团长前往首都机场迎接应邀来华进行国事访问的印度总理莫迪先生。

胡晓义副部长在郑州出席全国城乡居民养老保险工作座谈会并讲话。会议贯彻党的十八届三中全会和中央经济工作会议精神，落实全国人社工作会议精神，总结交流城乡居民基本养老保险工作，分析当前形势及存在的问题、面临的挑战，研究部署当前及“十三五”时期城乡居民养老保险重点工作。河南、河北、山东、浙江、四川、新疆等地作经验交流发言。各省（区、市）及新疆生产建设兵团人社厅（局）分管负责同志，发展改革委、财政部、农业银行、邮储银行等单位有关同志参加。同日，为河南省厅级领导干部经纬讲坛作题为“正确认识，大力支持，积极参与社会保障制度改革”的专题辅导报告。

5月15日　尹蔚民部长陪同李克强总理在人民大会堂接待印度总理莫迪来访，参加欢迎仪式、会谈、签字仪式、共见记者和欢迎宴请。其间，代表人社部与印方签署《中华人民共和国人力资源和社会保障部和印度共和国技能开发和创业部关于职业教育和技能开发领域合作的谅解备忘录》和《中华人民共和国人力资源和社会保障部和印度共和国技能开发和创业部关于在古吉拉特邦甘地纳格尔市和艾哈迈达巴德市建立圣雄甘地国家技能开发和创业学院的合作行动计划》。当晚，陪同印度总理莫迪先生赴上海访问。

邱小平副部长参加国务院会议，研究政策措施落实情况全面督查准备工作。

5月15日—16日　胡晓义副部长在河南省调研。其间，会见副省长王艳玲，听取省人社厅、商丘市人社工作汇报，实地考察郑州市航空港综合经济试验区、电子口岸服务中心、富士康集团、中原人力资源服务业产业园，商丘市睢阳区、永城市人社基层平台和兰考县仪封乡社保卡服务窗口等。

5月16日　尹蔚民部长作为中方陪同团团长，与印度总理莫迪先生一同出席中印企业家论坛、复旦大学甘地印度研究中心揭幕仪式及会见、宴请等一系列活动。

5月18日　尹蔚民部长主持召开第85次党组会、第65次部务会，研究机关人事问题，审议《人力资源社会保障部领导干部保密工作责任制实施办法（送审稿）》；听取关于与地方人民政府共建中国威海留学人员创业园、中国重庆两江新区留学人员创业园和中国贵阳留学人员创业园有关情况的汇报。杨志明、胡晓义、信长星、邱小平副部长，中纪委驻部纪检组组长袁彦鹏参加。

5月18日—20日　孔昌生副部长参加中央统战工作会议。

5月19日　国务院召开全国就业创业工作电视电话会议，深入贯彻李克强总理关于就业创业工作的重要批示精神，对进一步做好新形势下就业创业工作和2015年高校毕业生就业创业工作进行动员部署。会议传达李克强总理重要批示。刘延东、马凯副总理出席会议并作重要讲话。尹蔚民部长和教育部、财政部、人民银行、工商总局负责同志作会议发言。信长星副部长参加。

5月19日—20日　人社部召开全国就业工作座谈会，贯彻落实全国就业创业工作电视电话会议精神，对《国务院关于进一步做好新形势下就业创业工作的意见》进行动员部署，并对2015年就业和失业保险工作进行安排。信长星副部长出席会议并讲话。

5月20日　尹蔚民部长、胡晓义副部长向国务院副总理马凯汇报养老保险顶层设计情况。同日，尹蔚民部长主持中组部召开的《深化人才发展体制机制改革的意见》制定工作领导小组第三次会议，汤涛副部长出席会议并介绍人社部承担的11个重点课题研究成果。

杨志明副部长参加刘延东副总理主持召开的国家科技体制改革和创新体系建设领导小组第十一次会议。

信长星副部长参加国务院会议，研究民用机场公安机构管理体制改革问题。

邱小平副部长出席全国总工会主席会议。

5月21日　人社部会同全国总工会、中国企联、全国工商联联合召开贯彻落实《关于构建和谐劳动关系的意见》视频会议。尹蔚民部长，全国总工会党组书记、副主席、书记处第一书记李玉赋，中央统战部副部长、全国工商联党组书记、常务副主席全哲洙，中国企业联合会/中国企业家协会常务副会长兼理事长李德成出席并讲话。邱小平副部长主持会议。国家协调劳动关系三方会议执行主席陈荣书、谢经荣出席。部内相关单位负责同志，三方会议成员及办公室成员，三方会议成员单位有关部门负责同志，中组部、中宣部、中央综治办、全国人大常委会法工委、最高法、最高检以及发展改革委等23个国务院有关部（委、局、署、办）、共青团中央相关职能单位负责同志在主会场参加，各省（区、市）及新疆生产建设兵团人社部门、总工会、企业联合会/

企业家协会、工商联主要负责同志、分管负责同志，协调劳动关系三方机制组织成员及办公室成员在分会场参加。

胡晓义副部长参加刘延东副总理主持召开的医改领导小组第七次全体会议。

5月22日　尹蔚民部长主持会议，调度机关事业单位养老保险制度改革和完善工资制度工作进展情况，研究下一步工作安排。何宪、胡晓义副部长出席。

何宪副部长出席中央单位军队转业干部安置工作会议并讲话，对做好今年中央单位军转安置工作提出要求。同日，与澳门工委副书记陈斯喜商谈有关工作。

胡晓义副部长会见美国信安金融集团总裁施伯文先生一行，双方就中国养老金市场的发展交换意见。

孔昌生副部长会见到人社部调研的中办调研室副主任鲍遂献一行，介绍人社部开展的留学回国有关工作。

5月23日　汤涛副部长在广东省出席第十七届中国科协年会。同日，在广东省开展第43届世界技能大赛集训冲刺阶段督查，实地考察广东省机械技师学院、广州市工贸技师学院集训情况，召开座谈会，听取广东省人社厅、广州市人社局及4家集训基地备战第43届世界技能大赛等情况的工作汇报。

5月24日　汤涛副部长出席技工院校一体化课程教学改革推进会并讲话，对进一步推进技工院校一体化课程教学改革工作进行部署。

5月25日　尹蔚民部长主持召开第86次党组会、第66次部务会，传达学习中央统战工作会议精神，研究贯彻落实措施，研究机关人事问题；审议《基本养老保险基金投资管理办法（送审稿）》。杨志明、胡晓义、信长星、邱小平、孔昌生副部长，中纪委驻部纪检组组长袁彦鹏参加。

何宪副部长参加中央政法委司法体制改革座谈会。

5月26日　尹蔚民部长主持党组中心组“三严三实”专题学习研讨。杨志明、何宪、胡晓义副部长围绕“严以修身、加强党性修养、坚定理想信念、把牢思想和行动的‘总开关’”作重点发言。张建国、邱小平、汤涛、孔昌生副部长，中纪委驻部纪检组组长袁彦鹏参加。同日，尹蔚民部长参加中组部部务会。

5月26日—27日　邱小平副部长到中国农业银行、中国航空工业集团公司、中国海洋石油总公司就中央企业负责人薪酬制度改革实施情况开展调研，与企业主要负责同志、分管负责同志和人力资源部相关负责同志进行座谈。

信长星副部长就做好新形势下就业创业工作接受中国政府网在线访谈。

5月27日　张德江委员长主持召开全国人大常委会职业教育法执法检查组第二次全体会议，研究讨论执法检查报告稿。王晨副委员长兼秘书长、艾力更·依明巴海副委员长、陈竺副委员长出席会议。尹蔚民部长、汤涛副部长参加。

信长星副部长礼节性会见第八届中日韩青年公务员交流项目代表团，就继续加强中日韩三国人事网络框架下青年公务员交流、巩固合作成果提出希望。同日，参加全国政协“退役士兵就业创业有关问题”调研组座谈会。

5月28日　尹蔚民部长会见农发行董事长、党委书记解学智一行。

信长星副部长出席“发现双创之星”首场活动。

孔昌生副部长主持召开参加第104届国际劳工大会行前会，对代表团参会提出要求。全国总工会副主席江广平和中国企业联合会常务副理事长史向辉出席并讲话。

信长星副部长在第三十一次人社部讲坛（部领导人社部讲坛第五讲）上作“就业形势和主要任务”专题报告。杨志明副部长出席。

六月

6月1日　尹蔚民部长到国务院，向马凯副总理汇报机关事业单位养老保险制度改革和完善工资制度工作有关情况。何宪、胡晓义副部长参加。

信长星副部长在河北省石家庄市出席第二届全国创业专项大赛总决赛颁奖仪式并讲话。

6月1日—12日　杨志明副部长参加国务院督查组，先后督查食品药品监管总局、证监会、税务总局、质检总局、林业局、旅游局、农业发展银行7家单位落实2014年下半年以来国务院出台的稳增长、促改革、调结构、惠民生各项政策情况。其间，采取听取汇报和实地走访相结合，解决“最先一公里”、“最后一公里”和“中梗阻”问题相结合，发现共同问题和个性问题相结合等方式，了解实情，找出典型，提出意见建议。

6月1日—3日　孔昌生副部长带队赴甘肃省开展在县以下事业单位推行职员制度试点工作调研。其间，与甘肃省副省长李荣灿交换意见，在礼县召开座谈会，分别听取事业单位主管部门和基层事业单位工作人员的意见建议。

6月2日　国务院督查组到人社部检查国务院出台的稳增长、促改革、调结构、惠民生重大政策措施落实情况。督查组副组长、商务部副部长钱克明主持召开座谈会。尹蔚民部长汇报贯彻落实国务院重大政策措施自查情况。督查组和与会同志进行互动交流，何宪、胡晓义、信长星、张建国副部长出席，部相关职能单位负责同志作重点发言。外专局副局长刘延国、张亚力，公务员局副局长吴云华、陈刚和部属有关单位、外专局、公务员局有关司主要负责同志参加。

汤涛副部长出席中国博士后科学基金会第五届理事会第五次会议并讲话。

6月2日—3日　邱小平副部长带队赴四川省就全面治理拖欠农民工工资问题进行调研。其间，与四川省委常委、常务副省长王宁就有关工作进行沟通，到雅安市进行实地调研，召开基层保障农民工工资支付工作相关部门座谈会、建筑施工总承包企业上下游相关企业座谈会，并深入两家建筑施工企业进行实地调研座谈。

6月3日　胡晓义副部长与建设银行董事长王洪章一行就经办场所和养老金公司等工作进行商谈。

6月3日—6日　信长星副部长参加全国政协“退役士兵就业创业有关问题”调研组，到海南省开展调研。

6月4日　尹蔚民部长列席国务院第93次常务会议。

孔昌生副部长参加中央文化体制改革和发展工作领导小组第七次会议。

6月4日—5日　邱小平副部长会同住建部领导主持召开部分省市和成都市全面治理拖欠农民工工资问题调研座谈会，听取地方在保障农民工工资支付长效机制、建设施工领域欠薪处理责任制等方面采取的政策措施、存在的问题和意见建议。

6月5日　尹蔚民部长列席中央全面深化改革领导小组会议。

汤涛副部长出席深化职称制度改革重点课题研究部署暨征求意见座谈会并讲话。教育部、文化部、卫生计生委、国资委、新闻出版广电总局、中科院、社科院、工程院、中国科协和11个省（区、市）人社厅（局）共22家单位40多名代表参加。

6月8日　尹蔚民部长主持第87次党组会，研究机关人事问题，听取有关案件情况的汇报。何宪、胡晓义、信长星、张建国、邱小平、孔昌生副部长，中纪委驻部纪检组组长袁彦鹏参加。

胡晓义副部长主持召开养老保险制度改革专家座谈会。

信长星副部长参加第五届全国残疾人职业技能竞赛组委会第一次全体会议。

孔昌生副部长出席人社部第八期司级干部培训班并作动员讲话。培训班主题为“强化法治思维，提升依法行政能力，推进改革发展”。部属各单位58名司级干部和人社部扶贫县、对口支援县6名同志参加。

6月9日　尹蔚民部长会见青海省副省长

程丽华一行。同日，参加中组部部务会。

何宪、胡晓义、信长星副部长分别会见青海省副省长程丽华一行，并相应听取工资配套制度改革、机关事业单位养老保险制度、就业创业工作汇报。

6月9日—15日　孔昌生副部长率中国三方代表团赴瑞士日内瓦参加第104届国际劳工大会，并作题为“塑造更加美好的未来劳动世界”的大会发言。在日内瓦，与国际劳工组织总干事莱德共同出席人社部与国际劳工组织合作谅解备忘录第八次联委会会议并致辞。其间，赴法国巴黎访问法国劳动、就业、职业培训与社会对话部，并与雷沙曼部长共同签署两部合作谅解备忘录。

6月10日　尹蔚民部长主持召开会议，研究引进国外人才有关工作。潘立刚、张建国副部长出席。同日，尹蔚民部长、信长星副部长列席国务院第94次常务会议。

信长星副部长到中组部与中组部部务委员兼干部一局（公务员管理办公室）局长（主任）邓声明就公务员职位管理工作进行沟通。

6月11日　胡晓义副部长参加全国政协“建筑业工伤保险实施情况”座谈会，并就建筑业工伤保险工作开展情况作汇报发言。

6月12日　尹蔚民部长参加国务院应对气候变化及节能减排工作领导小组会议。

杨志明副部长出席人社部第八期司级干部培训班，并主持国务院法制办副主任甘藏春“关于中国特色社会主义法治国家建设的几个问题”的专题授课。部属各单位58名司级干部和人社部扶贫县、对口支援县6名领导同志参加。同日，主持召开处以上干部大会，传达中央有关文件精神。老部领导和公务员局副局长卢雍政、吴云华、陈刚，部机关和公务员局处以上干部，部属事业单位司级干部，离退休干部党支部书记共330人参加。

信长星副部长出席国务院重大政策例行吹风会，向中外媒体介绍农民工创业政策。

6月15日　尹蔚民部长主持召开第88次党组会、第67次部务会，研究机关人事问题，审议《关于全面推进人力资源社会保障法治建设的指导意见（送审稿）》。杨志明、何宪、胡晓义、信长星、张建国、邱小平副部长，中纪委驻部纪检组组长袁彦鹏参加。

邱小平副部长出席全总十六届七次主席团会议。

6月17日　尹蔚民部长列席国务院第95次常务会议。

信长星副部长主持召开公务员局第56次局务会，审议《公务员申诉案件办案规则》。公务员局副局长卢雍政、吴云华、陈刚参加。

6月19日　何宪副部长参加中央政法委法官、检察官单独职务序列和薪酬制度改革专题会议。

邱小平副部长会见交通银行董事长牛锡明，就贯彻落实交通银行深化改革方案有关问题进行沟通。

6月23日　信长星副部长到国务院参加国务院副秘书长肖捷主持的协调会，汇报李克强总理6月底访法期间关于中法千人实习生计划的考虑。

6月23日—25日　孔昌生副部长到河南省兰考县焦裕禄干部学院出席人社部第九期处级干部培训班开班式并作动员辅导，开展人社系统窗口单位作风建设工作调研；到安徽省砀山县开展对口扶贫工作调研，并看望人社部扶贫干部。其间，与河南省副省长王艳玲交换意见，与河南省人社厅及兰考县、安徽省人社厅及宿州市和砀山县相关负责同志座谈交流，实地考察兰考县、砀山县人社经办窗口及扶贫点和返乡创业典型，并走访慰问贫困户。

6月24日　尹蔚民部长、胡晓义副部长列席国务院第96次常务会议。

6月25日　尹蔚民部长列席中央政治局常委会议。

胡晓义副部长出席国务院医改办医保工作组专题会议。

信长星副部长参加全国禁毒工作先进集体和先进个人表彰大会。

邱小平副部长参加中央改革办专题会议。

6月26日　尹蔚民部长列席中央政治局集体学习。

胡晓义副部长参加国务院会议，研究上海自贸区金融开放创新试点有关工作。

信长星副部长出席2015年上半年就业形势专家分析会。与会专家结合各自研究领域，分析当前经济、就业形势及存在的问题和风险，对下一步走势进行研判并提出相应政策建议。

6月29日　尹蔚民部长会见来部督察建立统一的城乡居民养老保险制度实施情况的中央改革办副主任穆虹一行，并简要介绍机关事业单位养老保险制度改革等重大任务推进情况。胡晓义副部长主持召开座谈会，向中央改革办副主任穆虹一行汇报全国城乡居民养老保险制度推进情况。与会同志就相关问题进行讨论交流。

信长星副部长会见来访的波兰劳动和社会政策部副部长莫莱斯科一行，双方就加强两部门间劳动就业领域合作交换意见。同日，主持召开国家公务员局第54次党组会，学习贯彻《中国共产党党组工作条例（试行）》。

汤涛副部长出席中国海外学子大连创业周开幕式并致辞，随后到大连华信计算机技术有限公司就专业技术人才工作进行调研。辽宁省委常委、大连市委书记唐军，辽宁省副省长刘强，大连市长肖盛峰出席创业周活动。

6月30日　张德江委员长主持召开十二届全国人大常委会第十五次会议联组会议，审议全国人大常委会执法检查组关于检查《中华人民共和国职业教育法》实施情况的报告并进行专题询问。尹蔚民部长参加会议并回答委员的提问。

胡晓义副部长出席民政部、财政部、人社部、卫生计生委、保监会等五部门联合召开的全面开展重特大疾病医疗救助电视电话会议并讲话。同日，与工商银行副行长张红力一行座谈。

汤涛副部长参加张高丽副总理主持召开的国务院推进职能转变协调小组第二次全体会议，汇报职业资格改革组工作进展情况和第四批减少职业资格许可认定工作。

七月

7月1日　尹蔚民部长列席中央全面深化改革领导小组会议。

7月1日—8日　杨志明副部长率团访问塞尔维亚和阿尔及利亚，与塞尔维亚劳动、就业、退伍军人和社会事务部签署《关于商签两国政府间社会保障协定的意向书》，与阿尔及利亚劳动、就业和社会保障部签署《合作行动计划》。其间，访问塞尔维亚就业服务中心及苏博蒂察市政厅，阿尔及利亚社会保障卡制作中心、就业服务中心、劳动监察局等机构，进一步加强双方的沟通、理解，为下一步合作打下基础。

7月2日　尹蔚民部长列席中央政治局常委会议。

信长星副部长与国务院副秘书长孟扬就落实李克强总理批示精神，解决劳模评选盖章难、办事难问题进行进一步研究沟通。

邱小平副部长参加国务院标准化协调推进部际联席会议第一次全体人员会议。

汤涛副部长参加国务院副总理马凯主持召开的国家制造强国建设领导小组第一次会议。

7月3日　尹蔚民部长主持第90次党组会，研究部党组成员分工方案和机关人事问题。信长星、张建国、邱小平、汤涛、孔昌生、游钧、张义珍副部长，中纪委驻部纪检组组长袁彦鹏参加。

人社部和财政部在北京市召开中央机关事业单位调整基本工资标准实施工作会议。何宪副部长讲话。财政部部长助理戴柏华主持。同日，何宪副部长出席《中国劳动保障报》创刊30周年纪念座谈会并讲话。中国记协党组副书记、书记处书记高善罡到会并致辞。

7月4日　何宪副部长到北京大学检查指导2015年中央单位和北京市市级单位接收安置军转干部统一考试工作。

7月6日　何宪副部长会见越南内务部副部长阮维升一行，双方就公务员工资及社会保障制度改革等有关情况进行交流。

7月6日—9日　信长星副部长参加全国政协“退役士兵就业创业有关问题”调研组，到四川省、西藏自治区开展调研。

7月7日—8日　中纪委驻部纪检组组长袁彦鹏到基层联系点山西省大同市天镇县开展对口扶贫工作调研，并看望部扶贫干部。其间，与山西省人社厅、大同市人社局、天镇县相关负责同志座谈交流，实地考察天镇县顾家湾马铃薯基地、永存专业合作社、家政服务培训基地、大同市政务大厅等，并走访慰问贫困户。

7月8日　尹蔚民部长列席国务院第97次常务会议。

7月9日　尹蔚民部长参加李克强总理主持召开的部分省（区）政府主要负责人经济形势座谈会。

何宪副部长参加中央政法委全体会议暨中央司法体制改革领导小组专题会议。

7月10日　李克强总理主持召开座谈会，就当前经济形势和经济工作听取专家和企业负责人的意见建议。尹蔚民部长列席。同日，尹蔚民部长主持召开全部司级以上干部大会，宣布中央关于人社部领导班子部分成员职务调整的决定并讲话。杨志明、何宪、胡晓义、游钧、张义珍副部长分别发言。信长星、邱小平副部长，中纪委驻部纪检组组长袁彦鹏和孔昌生副部长出席。公务员局班子成员和部属各单位、驻部监察局司级干部参加。

邱小平副部长会见国际劳工组织北京局局长德梅尔一行，就《中共中央　国务院关于构建和谐劳动关系的意见》有关问题和下一步劳动关系领域的合作进行沟通交流。

汤涛副部长参加俞正声同志主持召开的全国政协深化行政审批制度改革专题协商会，并就职业资格改革和委员提出的问题发言。

7月13日　尹蔚民部长主持召开第91次党组会、第68次部务会，传达学习中央党的群团工作会议精神，研究贯彻落实措施、研究机关人事问题，听取关于2014年度预算执行和其他财政收支以及决算（草案）审计情况和整改措施的汇报；审议《中华人民共和国职业分类大典（送审稿）》。信长星、张建国、邱小平副部长，中纪委驻部纪检组组长袁彦鹏，汤涛、孔昌生、游钧、张义珍副部长参加。

信长星副部长参加发展改革委主任徐绍史主持召开的座谈会，研究修改向国务院常务会议汇报的上半年经济形势及下半年政策建议（稿）。国务院18个部门有关负责同志参加。同日，与全国人大常委会法工委副主任郑淑娜就国家勋章和国家荣誉称号法征求意见稿进行沟通。

7月13日—14日　张义珍副部长到山东省济南市出席国务院军转安置工作小组、中央维稳办、公安部、国家信访局等部门联合召开的部分企业军转干部解困和稳定工作座谈会并讲话。其间，与山东省委常委、常务副省长孙伟交流相关工作意见，并了解山东省工资调整落实情况。

7月14日　尹蔚民部长列席中央政治局常委会议。

汤涛副部长会见澳大利亚教育和培训部协理部长西蒙·伯明翰一行，双方就职业教育与培训领域合作交换意见。

游钧副部长参加国务院会议，研究机关事业单位工资调整落实问题。同日，到财政部沟通机关事业单位养老保险制度改革有关工作。

7月15日　尹蔚民部长、汤涛副部长列席国务院第98次常务会议。

信长星副部长参加全国人大财经委上半年经济形势分析会。

游钧副部长到中央编办分别与王峰、何建中、李晓全副主任商谈有关社会保险工作机构编制等事宜。

7月16日　尹蔚民部长会见财政部副部长余蔚平。游钧、张义珍副部长参加。

游钧副部长参加李克强总理会见世界银行行长金墉有关活动。同日，到卫生计生委调研督导调整机关事业单位工资标准兑现工作。

张义珍副部长参加孟建柱同志主持召开的会议，研究法官、检察官工资制度改革有关问题。

7月17日　公务员局召开年中务虚会。会议深入学习贯彻习近平总书记系列重要讲话精神，研究公务员管理面临的新形势新任务，总结上半年工作，布置下半年任务。与会同志围绕落实公务员管理重点改革任务、破解难点问题、推进改革创新进行交流研讨。信长星副部长主持会议并讲话。公务员局副局长卢雍政、吴云华、陈刚出席会议并发言。各省（区、市）及新疆生产建设兵团公务员局主要负责同志和局机关全体人员参加。

汤涛副部长与国家档案局副局长胡旺林共同研究国家档案局职称评审相关工作。

游钧副部长主持召开部分省（市）社会保险工作座谈会，邀请辽宁、上海、浙江、湖北、海南和四川等6省（市）人社厅（局）分管负责同志介绍各项社会保险制度运行情况、存在问题和应对措施，重点听取对推进落实机关事业单位养老保险制度改革、城乡居民医疗保险制度整合、基本养老保险基金投资运营等当前重大改革任务和下一步工作的意见和建议。

张义珍副部长参加王勇国务委员主持召开的行业协会商会与行政机关脱钩联合工作组第一次会议。

7月20日　尹蔚民部长列席中央政治局会议。同日，列席中央财经领导小组会议。

游钧副部长出席人力资源社会保障工作信息化建设专题研讨班开班式并作辅导报告。各省（区、市）、副省级城市人社厅（局）相关负责同志和部分中央单位人事（劳动保障）部门负责同志60余人参加。

7月21日　尹蔚民部长主持召开第92次党组会、第69次部务会，传达中央有关文件精神，听取关于部机关和人社系统2015年上半年党风廉政建设和反腐败斗争形势分析的汇报，审议《人力资源社会保障部贯彻落实全面从严治党要求实施意见（送审稿）》、《人力资源社会保障部机关党建工作考核办法（试行，送审稿）》；审议《专业技术人员资格考试雷同答卷处理工作规程（送审稿）》、《关于做好进城落户农民参加基本医疗保险和关系转移接续工作的指导意见（送审稿）》。邱小平副部长，中纪委驻部纪检组组长袁彦鹏，汤涛、孔昌生、游钧、张义珍副部长参加。

国务院副总理马凯接见全国保险行业先进集体、先进工作者和劳动模范，并与获奖代表座谈。信长星副部长参加接见座谈活动，并宣读表彰决定。

汤涛副部长出席2015年度全国人事考试工作暨人事考试工作人员警示教育活动部署视频会议，并以“践行‘三严三实’、狠抓考试安全，以严实的工作作风保障人事考试事业改革发展”为题讲话。

孔昌生副部长参加国务院副秘书长江泽林主持召开的协调会，研究协调工商总局报送的《国务院关于“先照后证”改革后加强事中事后监管的意见（代拟稿）》。

7月22日　尹蔚民部长列席国务院第99次常务会议。

孔昌生副部长参加全国人大外事委员会审议《国务院关于提请审议批准〈2006年海事劳工公约〉的议案》的会议，作建议批准《2006年海事劳工公约》的补充说明。

张义珍副部长到财政部与余蔚平副部长沟通调整机关事业单位工资标准兑现工作。

7月22日—23日　人社部召开年中务虚会。会议以继续深化改革为主题，分别围绕就业创业、社会保障、人事制度改革和工资收入分配制度改革等专题进行研讨，深入分析人力资源和社会保障工作面临的形势，研究推进人社领域重大改革，安排部署下半年重点工作。尹蔚民部长出席会议并讲话。信长星、张建国、邱小平副部长，中纪委驻部纪检组组长袁彦鹏，汤涛、孔昌生、游钧、张义珍副部长出席会议并发言。公务员局副局长吴云华、陈刚，部属各单位、公务员局各司主要负责同志和各省（区、市）及新疆生产建设兵团人社厅

（局）主要负责同志参加。

7月23日　尹蔚民部长列席中央政治局常委会议。

游钧副部长参加刘延东副总理主持召开的国务院医改领导小组第九次办公会，审议整合城乡居民基本医疗保险制度、开展分级诊疗工作、加强公立医疗卫生机构绩效评价、控制公立医院医疗费用不合理增长等相关文件。

7月23日—24日　张义珍副部长到上海参加全国司法体制改革试点工作推进会并作说明。会后，到上海人社局了解工资兑现情况。

汤涛副部长参加国务院副总理马凯主持召开的国家集成电路产业发展领导小组第二次会议。

孔昌生副部长会见国际劳工组织总干事高级顾问李圣杰。同日，参加中央纪委副书记、监察部部长黄树贤主持召开的研究实施《联合国反腐败公约》工作协调小组第七次全体会议，汇报我部关于接受越南、巴哈马对我国实施公约实地访问有关工作的准备情况。

7月25日　邱小平副部长参加国务院扶贫开发领导小组第六次全体会议。

7月27日　尹蔚民部长参加中央农村工作领导小组会议。同日，参加国家科技战略座谈会。

信长星、张建国、邱小平副部长，中纪委驻部纪检组组长袁彦鹏，汤涛、孔昌生、游钧、张义珍副部长和公务员局副局长卢雍政、吴云华、陈刚参加国务院副总理马凯给分管部门和金融企业负责同志讲“三严三实”党课活动。

国家行政学院副院长杨克勤率第三方评估调研组到人社部就“推进简政放权、放管结合、优化服务”相关政策落实情况开展评估调研。孔昌生副部长主持座谈会并介绍有关情况。

7月28日　尹蔚民部长列席国务院第100次常务会议。

尹蔚民部长主持召开会议，研究加强外国人才引进有关工作。潘立刚、张建国、汤涛副部长参加。

信长星副部长出席全国质量监督检验检疫系统先进集体和先进工作者表彰大会，并宣读表彰决定。

孔昌生副部长主持召开国际行政科学学会暨国际行政院校联合会2016年联合大会第一次筹备委员会会议，启动并部署联合大会的筹备工作。会议联合主办单位国家行政学院，承办单位部人科院和四川大学，协办单位中国行政管理学会、中国行政体制改革研究会、中国机构编制管理研究会、四川省人社厅及外交部、财政部、教育部和人社部相关司局同志参加。

7月29日　尹蔚民部长出席国家职业分类大典修订工作委员会全体会议并讲话。汤涛副部长主持。会议审议并表决新修订的《中华人民共和国职业分类大典》。质检总局党组成员、国家标准化管理委员会主任田世宏，国家统计局党组成员、副局长郑京平出席会议并讲话。部相关职能单位负责同志分别代表国家职业分类大典修订工作办公室、专家委员会作大典修订工作总体情况、技术工作情况报告。

游钧副部长到税务总局会商国税地税改革总体布局、社会保险费征收体制等事宜。

张义珍副部长参加全国戏曲工作座谈会。同日，到发展改革委参加对口支援新疆工作部际联席会议第四次会议。

7月29日—31日　信长星副部长在湖北省出席全国高校实践育人暨创新创业推进会。

7月30日　尹蔚民部长列席中央政治局会议。同日，会见广西壮族自治区党委常委、自治区政府常务副主席唐仁健一行。

尹蔚民部长主持召开部党组中心组学习会，传达学习习近平总书记近期关于“三严三实”要求的一系列重要指示精神，围绕第二专题“严以律己，严守党的政治纪律和政治规矩，自觉做政治上的‘明白人’”，联系周永康、薄熙来、徐才厚、令计划、苏荣等反面典型，进行学习研讨。张建国、邱小平副部长，中纪委驻部纪检组组长袁彦鹏结合思想和工作实际作重点发言。汤涛、孔昌生、游钧、张义珍副部长参加学习研讨。

汤涛副部长到中国国际技术智力合作公司调研人才有关工作。

7月31日　尹蔚民部长参加在京召开的省区市和部分部门单位“三严三实”专题教育工作座谈会。刘云山同志出席并讲话。同日，尹蔚民部长列席国务院第101次常务会议。

孔昌生副部长参加中美投资协定谈判工作领导小组会议。

八月

8月3日　尹蔚民部长主持召开第94次党组会、第70次部务会，研究机关人事问题，听取关于研究制定中国人力资源和社会保障出版集团有限公司负责人薪酬制度改革实施意见及配套考核办法有关情况的汇报；听取关于贯彻落实习近平总书记关于扶贫开发工作重要指示拟采取的重大政策举措和建议的汇报，审议《专业技术人员继续教育规定（草案）》。信长星、邱小平副部长，中纪委驻部纪检组组长袁彦鹏，汤涛、孔昌生、游钧、张义珍副部长参加。

汤涛副部长出席第43届世界技能大赛参赛行前动员会，为即将出征巴西圣保罗的中国代表团加油鼓劲、壮威送行，并对进一步做好赛中赛后各项工作提出明确要求。

8月4日　孔昌生副部长出席全国人社系统干部队伍建设培训班并作专题报告，对全国人社系统窗口单位作风建设、干部教育培训、评比表彰奖励工作提出要求。全国各省（区、市）、新疆生产建设兵团及副省级市人社厅（局）长、人事处长、主管窗口单位作风建设处室负责同志共140多人参加。同日，考察大学生创业红安佰昌孵化基地，并会见湖北省副省长任振鹤，就相关工作情况交换意见。

8月5日　尹蔚民部长参加中央领导看望暑期北戴河休假专家活动并座谈。

张义珍副部长与公安部政治部主任夏崇源商谈有关工作。同日，到法制办与副主任甘藏春沟通协商中央其他事业单位绩效工资有关问题。

8月10日—14日　游钧副部长到福建、山东两省调研，重点了解城乡居民医疗保险和机关事业单位养老保险改革工作有关情况，并听取地方对养老保险顶层设计的意见和建议。

8月13日—17日　汤涛副部长到巴西圣保罗出席第43届世界技能大赛，亲临比赛现场了解情况、慰问有关人员，为中国代表团加油鼓劲，并出席大赛闭幕式和代表团临行总结会，为选手颁发参赛证书和获奖证书。其间，会见世界技能组织主席西蒙·巴特利，参观桑托斯工业职业技师学院，了解巴西职业培训情况。

8月17日　尹蔚民部长主持召开第95次党组会，学习讨论中央有关文件，研究机关人事问题。信长星、张建国、邱小平副部长，中纪委驻部纪检组组长袁彦鹏，孔昌生、游钧副部长参加。

信长星副部长主持召开公务员局第58次局务会，审议抗战胜利70周年纪念大会先进人物代表观礼活动组织接待工作安排和经费申请有关问题。

8月17日—22日　张义珍副部长参加全国政协“退役士兵就业创业有关问题”调研组，到新疆维吾尔自治区开展调研。其间，听取自治区人社厅、伊犁州和喀什地区人社局负责同志关于退役士兵安置、事业单位人事改革、工资调整等情况和建议的汇报。

8月18日　尹蔚民部长、信长星副部长列席中央全面深化改革领导小组第15次会议。

8月19日　尹蔚民部长列席国务院第102次常务会议。同日，到首都国际机场出席迎接第43届世界技能大赛中国代表团欢迎仪式并讲话。汤涛副部长主持。部相关职能单位及北京市人社局相关同志和部分新闻媒体记者参加。

信长星副部长参加中央新疆工作协调小组有关会议。

8月20日　国务院副总理马凯在中南海

接见第43届世界技能大赛中国代表团，与全体参赛选手和金牌项目技术团队人员座谈并作重要讲话。尹蔚民部长主持会议，汤涛副部长介绍中国代表团参赛情况。

尹蔚民部长、孔昌生副部长与中纪委驻部纪检组组长耿文清和中央纪委组织部副部长刘爽会谈。同日，尹蔚民部长与耿文清组长谈话。

信长星副部长出席2015年中央机关初任培训公务员先进模范事迹报告会暨新录用公务员宣誓仪式并讲话。同日，参加国务院会议，研究大众创业万众创新展示平台有关问题。

汤涛副部长参加国务院自由贸易试验区工作部际联席会议专题会议并发言。

游钧副部长参加2016年二十国集团峰会筹委会第二次会议。同日，到全国社保基金理事会与谢旭人理事长和王尔乘、王忠民、王文灵副理事长沟通基本养老保险基金投资运营等工作。

8月21日　尹蔚民部长参加国务院第一次学习讲座。

孔昌生副部长参加全国人大常委会老年人权益保障法执法检查组第一次全体会议，汇报人社部贯彻落实老年人权益保障法的有关情况。

8月24日　尹蔚民部长参加中央第六次西藏工作座谈会。同日，列席第十二届全国人民代表大会常务委员会第十六次会议，就审议《国务院关于提请审议批准〈2006年海事劳工公约〉的议案》作说明。

8月24日—25日　信长星副部长参加中央第六次西藏工作座谈会。

8月25日　尹蔚民部长在全部司级以上干部会议上宣读中央关于中央纪委驻人力资源社会保障部纪检组组长调整的有关决定并讲话。中纪委驻部纪检组组长袁彦鹏、耿文清分别讲话。张建国、邱小平、孔昌生、游钧、张义珍副部长参加。同日，尹蔚民部长参加中央第六次西藏工作座谈会。

汤涛副部长参加国务院副总理马凯主持召开的国家制造强国建设战略咨询委员会成立大会暨第一次工作会议。同日，出席2015年全国博士后科研工作站专家评审会并讲话。

游钧副部长主持召开贯彻落实《关于全面推进城乡居民大病保险的意见》视频会。

8月26日　尹蔚民部长、汤涛副部长列席国务院常务会议。

尹蔚民部长主持召开第96次党组会，传达学习中央有关会议精神，研究贯彻落实措施；研究机关人事问题；审议《人力资源社会保障部党组工作规则（送审稿）》、《人力资源社会保障部工作规则（修订稿）》。中纪委驻部纪检组组长耿文清，信长星、邱小平、汤涛、孔昌生、游钧、张义珍副部长参加。

同日，尹蔚民部长主持召开第71次部务会，审议《法官检察官工资制度改革试点方案（送审稿）》、《公安机关人民警察奖励条令（修订草案）》、《公务员申诉案件办案规则（送审稿）》。中纪委驻部纪检组组长耿文清，信长星、邱小平、汤涛、游钧、张义珍副部长参加。

8月27日　信长星副部长主持召开国家公务员局第59次局务会，审议《关于修改〈城乡规划违法违纪行为处分办法〉的决定》和《关于北京市人力资源和社会保障局申请设立国家公务员特色实践教育（中关村）基地的批复》。

汤涛副部长与中国科协党组书记尚勇就中国科协所属学会有序承接政府转移职能有关问题进行专题调研座谈，听取意见。同日，拜会国家税务总局局长王军，并与税务总局党组成员、总经济师范坚专题研究税务师职业资格制度改革重点问题。

游钧、张义珍副部长分别会见深圳市副市长艾学峰一行，并相应就职工养老保险和工资有关问题进行座谈。

张义珍副部长列席第十二届全国政协常委会第十二次会议全体会。

8月27日—29日　信长星副部长应印度尼西亚人力部邀请访问印度尼西亚，并与印度尼西亚人力部签署两部门关于劳动和能力建设的谅解备忘录。

8月28日 尹蔚民部长、汤涛副部长参加国务院推进职能转变协调小组第三次全体会议。同日，尹蔚民部长参加李克强总理主持召开的专题会议，研究国际经济金融形势新变化对我国经济的影响和对策。

游钧副部长出席国务院政策例行吹风会，向中外媒体介绍基本养老保险基金投资管理方面的情况，并答记者问。

8月30日—9月2日 信长星副部长应韩国人事革新部邀请，赴韩国参加第七届中日韩人事部门首长会，并与日本人事院、韩国人事革新部续签在公共人事管理领域的合作备忘录。

8月31日 张义珍副部长参加国务院文件清理工作领导小组第二次全体会议。同日，参加中央政法委会议，研究公安队伍管理改革工作。

九月

9月1日 尹蔚民部长列席国务院第104次常务会议。

张义珍副部长与香港中联办副主任黄兰发一行座谈。

9月2日 邱小平副部长与国务院扶贫办副主任欧青平一行座谈，就人力资源社会保障扶贫相关工作进行沟通。

9月2日—6日 孔昌生副部长率中国代表团参加在土耳其安卡拉举行的二十国集团劳工和就业部长会议及二十国集团财长和劳工部长联合会议，在会上发言介绍中国就业形势及取得的成就，并分别与澳大利亚、英国、德国、国际劳工组织和经合组织等12个国家和国际组织的代表进行双边会谈。

9月6日 尹蔚民部长主持召开第97次党组会、第72次部务会，研究机关人事问题；审议《关于修改〈城乡规划违法违纪行为处分办法〉的决定（送审稿）》。中纪委驻部纪检组组长耿文清，信长星、张建国、邱小平、游钧、张义珍副部长参加。

9月6日—11日 汤涛副部长赴西藏自治区参加自治区成立50周年庆祝活动。

9月7日 尹蔚民部长参加中央农村工作领导小组会议。

张义珍副部长到发展改革委参加“全国双创活动周”筹备工作会议。同日，人社部会同教育部共同召开深化中小学教师职称制度改革工作部署电视电话会议，传达学习国务院常务会议精神，贯彻落实《关于深化中小学教师职称制度改革的指导意见》，对全面推开改革进行部署。张义珍副部长、教育部副部长刘利民出席并讲话。

9月7日—11日 游钧副部长带队赴湖南、江西两省开展建筑企业参加工伤保险督导检查工作，并调研机关事业单位养老保险制度改革工作。

9月8日 李克强总理在中南海紫光阁会见全国教书育人楷模及优秀乡村教师代表并作重要讲话。尹蔚民部长参加。

信长星副部长出席推进高校毕业生就业创业工作视频会暨2015年全国高校毕业生就业服务月活动启动会并讲话。

9月9日 信长星副部长与全国总工会副主席焦开河一行座谈。

孔昌生副部长会见应全国总工会邀请来华访问的巴西工会力量主席米格尔·托雷斯一行，向外宾介绍我劳动关系三方机制的有关情况。

张义珍副部长参加国务院研究《关于深化国有企业改革的指导意见》政策发布和解读工作的会议。

9月10日—11日 中纪委驻部纪检组组长耿文清在部黄金海岸培训中心出席全国人社系统纪检监察派驻机构业务研讨班有关活动。

9月11日 尹蔚民部长参加中央政治局集体学习。

9月13日 信长星副部长参加国务院会议，研究计划生育有关工作。

9月14日 尹蔚民部长、汤涛副部长出

席第43届世界技能大赛参赛总结大会暨第2届中国青年技能夏令营开营仪式。部属各单位负责同志，部分省市人社部门、行业部门负责同志，第43届世界技能大赛中国代表团成员、各参赛项目中国集训基地负责人，以及第2届中国青年技能夏令营营员参加。

中纪委驻部纪检组组长耿文清为中央国家机关工委干部作辅导报告。

张义珍副部长参加国务院新闻办公室举行的吹风会，介绍《关于深化国有企业改革的指导意见》有关情况。

9月15日　尹蔚民部长列席中央全面深化改革领导小组会议。

信长星副部长到国家行政学院为第三期厅局级公务员管理研讨班讲授“完善中国特色公务员制度的几个问题”。同日，出席第四届全国中青年德艺双馨文艺工作者表彰大会。

汤涛副部长出席第四十五届南丁格尔奖章颁奖大会。同日，出席全国商贸流通服务业先进集体、先进工作者和劳动模范表彰大会并宣读表彰决定。

游钧副部长出席第十八期社会保险经办机构负责人培训班开学典礼并授课。

9月15日—18日　张义珍副部长在广东省调研机关事业单位工资和事业单位人事管理有关问题。

9月16日　尹蔚民部长列席国务院第105次常务会议。同日，人社部举办“三严三实”党风廉政建设专题党课。尹蔚民部长出席并讲话。中纪委驻部纪检组组长耿文清以“讲规矩、守纪律，做廉洁自律的模范”为题讲专题党课。孔昌生副部长主持。汤涛、游钧副部长，公务员局副局长卢雍政、陈刚，部机关和公务员局处级以上干部，部属企事业单位司级干部、党办主任370余人参加。

信长星副部长为中央党校信访工作省部级专题研讨班介绍人社部信访工作有关情况。同日，参加国务院会议，分析研判当前经济走势，研究进一步稳增长的政策措施建议。

孔昌生副部长会见来访的西班牙就业国务秘书托马斯·布尔郭斯一行。双方就加强两部门在社会保障领域的合作交换意见。

9月17日　尹蔚民部长列席中央政治局常委会议。

9月18日　尹蔚民部长主持召开第99次党组会，学习讨论《中国共产党廉洁自律准则（修订征求意见稿）》、《中国共产党纪律处分条例（修订征求意见稿）》；研究机关人事问题。中纪委驻部纪检组组长耿文清，信长星、邱小平、汤涛、孔昌生、游钧副部长参加。同日，尹蔚民部长参加李克强总理主持的国务院深化国有企业改革座谈会。

信长星副部长参加国务院会议，研究举办全国大众创业万众创新活动周有关问题。同日，主持召开国家公务员局第55次党组会，学习讨论《中国共产党廉洁自律准则（修订征求意见稿）》和《中国共产党纪律处分条例（修订征求意见稿）》；主持召开国家公务员局第61次局务会，审议《国家公务员局2015年度业务培训班计划》；主持局党组“三严三实”专题教育第三专题学习研讨。公务员局副局长卢雍政、吴云华、陈刚参加。

9月19日—23日　应以色列经济部部长德利邀请，尹蔚民部长率团访问以色列。其间，与德利部长签署两部门合作意向备忘录，访问以色列国家社会保险局、经济部就业局和玛塔姆科学工业园，加深中以在就业、社会保障领域的经验交流。

9月20日　孔昌生副部长出席第2届中国青年技能夏令营闭营式暨联欢会并讲话。闭营式上，全体营员向全国青年发出技能强国倡议书。

9月21日　中纪委驻部纪检组组长耿文清在深圳为局级干部党纪政纪法纪培训班作辅导报告。

9月22日　汤涛副部长到中国计量科学研究院调研人才工作。

游钧副部长参加全面推进“三证合一、一照一码”登记制度改革工作全国电视电话会议。

9月23日　信长星副部长参加第五次全国对口支援新疆工作会议。

邱小平副部长列席国务院第106次常务会议。

9月24日　中纪委驻部纪检组组长耿文清参加中纪委部分单位派驻纪检组长会议。

孔昌生副部长会见国际行政科学学会主席波克特和总干事罗瑞坦，就加强与国际行政科学学会的合作交流以及在华举办国际行政科学学会暨国际行政院校联合会2016年联合大会事宜交换意见。

游钧副部长参加国务院医改领导小组第八次全体会议。

9月24日—10月1日　信长星副部长随同中央代表团赴新疆维吾尔自治区参加庆祝自治区成立60周年有关活动。

9月25日　尹蔚民部长主持召开第100次党组会，审议有关纪律审查事项。中纪委驻部纪检组组长耿文清，张建国、邱小平、汤涛、孔昌生、张义珍副部长参加。

邱小平副部长参加国务院国有企业改革领导小组会议。

游钧副部长参加国务院会议，研究东北地区经济有关问题。

9月28日　尹蔚民部长主持召开第101次党组会，研究机关人事问题。中纪委驻部纪检组组长耿文清，张建国、邱小平、汤涛、孔昌生、游钧、张义珍副部长参加。

邱小平副部长参加中央农办农村工作座谈会。

9月29日　尹蔚民部长列席国务院第107次常务会议。同日，2015年度中国政府“友谊奖”颁奖大会在人民大会堂举行。国务院副总理马凯向获奖外国专家颁奖并讲话。尹蔚民部长，张建国、孔昌生副部长参加。

9月30日　尹蔚民部长参加烈士纪念日向人民英雄敬献花篮仪式。

尹蔚民部长与来访的瑞士联邦委员兼内政部长阿兰·贝尔塞进行工作会谈，并签署《中华人民共和国政府和瑞士联邦政府社会保障协定》，孔昌生副部长参加。同日，国务院副总理马凯在人民大会堂会见瑞士联邦委员兼内政部长阿兰·贝尔塞一行，尹蔚民部长、孔昌生副部长和外交部副部长王超参加。

同日，尹蔚民部长参加国务院领导会见2015年度中国政府“友谊奖”获奖专家活动。之后，参加2015年国庆招待会。

邱小平副部长参加国务院会议，研究组织开展行业和系统督查有关工作。

十月

10月8日　尹蔚民部长主持召开第102次党组会、第74次部务会。研究机关人事问题；审议《关于改革完善博士后制度的意见(送审稿)》、《全国人力资源社会保障系统民生重要指标任务完成情况督查方案（送审稿)》、《部党组2015年第二次集中调研工作方案（送审稿)》。中纪委驻部纪检组组长耿文清，信长星、邱小平、汤涛、孔昌生、游钧、张义珍副部长参加。

10月9日　汤涛副部长参加中央综治委预防青少年违法犯罪专项组全体会议暨重点工作推进会议。同日，会见来访的俄罗斯教育和科学部副部长亚历山大·克里莫夫一行，就加强双方在世界技能组织框架下的合作交换意见。

10月10日　尹蔚民部长会见国际社会保障协会秘书长康克乐伍斯基一行，双方就加强在社会保障领域的合作进行交流。同日，尹蔚民部长主持党组中心组“三严三实”专题教育第三专题学习研讨并讲话。中纪委驻部纪检组组长耿文清，信长星、汤涛、孔昌生、游钧、张义珍副部长紧密联系个人思想、工作、分管部门实际作重点发言。张建国、邱小平副部长参加。中组部、中央国家机关工委有关同志应邀参加。

10月12日　尹蔚民部长列席中央政治局会议。同日，参加中央政治局集体学习。

信长星副部长主持召开国家公务员局第56次党组会，学习贯彻《中国共产党巡视工作条例》，审议《中共国家公务员局党组工作规则（试行）》和《国家公务员局工作规则》。公务员局副局长吴云华、陈刚参加。同日，出席2016年度中央机关及其直属机构招考工作协调会并讲话。

孔昌生副部长会见香港特别行政区政府劳工处处长唐智强一行。

10月12日—14日　游钧副部长赴新加坡参加国务院副总理张高丽和新加坡副总理张志贤共同主持召开的中新双边合作联委会第十二次会议，就中新社保协定谈判问题作发言。

10月12日—16日　张义珍副部长按照党组统一部署赴陕西省开展调研督查。其间，与陕西省委常委、常务副省长姚引良进行工作沟通；听取陕西省、西安市、咸阳市、延安市及碑林、莲湖、泾阳、延川等区县人社部门工作汇报；实地考察西安建筑科技大学、咸阳职业技术学院、莲湖区人力资源社会保障服务中心、碑林区太乙路街道劳动保障所、咸阳市人才交流服务中心、泾阳县三梁镇社保所等单位；与企业人力资源部负责人、基层干部、大学生创业者、社区居民、灵活就业人员、社区协调员、农民等交流；就督查情况与省人社厅交换意见。

10月13日　尹蔚民部长列席中央全面深化改革领导小组会议。同日，列席李克强总理主持召开的有关省（区、市）政府主要负责同志经济形势座谈会。

10月13日—19日　中纪委驻部纪检组组长耿文清按照党组统一部署赴内蒙古自治区开展调研督查。其间，听取自治区人社厅工作汇报，召开企业人员座谈会，实地走访阿拉善盟经济开发区职业学院实训基地、巴彦浩特镇定远营转移农牧民创业城、额济纳旗巴润别立镇图日根嘎查（村）社保卡综合服务点等，随机访谈部分群众，并与总装备部二十基地领导同志就军队干部家属就业情况进行交流，就有关问题向内蒙古自治区政府副主席常军政等领导同志反馈意见。

10月13日—14日　信长星副部长按照党组统一部署赴江西省开展调研督查。其间，听取省人社厅工作汇报，召开企业座谈会，实地走访南昌市农民工综合服务中心、南昌市大学生电子商务创业孵化基地、南昌市绿地心客创业孵化基地，随机访谈部分群众，并就有关问题和江西省委书记强卫、省长鹿心社、副省长刘昌林等领导同志交换意见。

10月13日—17日　邱小平副部长按照党组统一部署赴贵州省开展调研督查。其间，与贵州省副省长陈鸣明就人社有关工作进行沟通，听取省人社厅工作情况汇报，到六盘水市、遵义市进行实地督查调研。分别召开人社、企业等4次座谈会，走访人力资源市场、社保经办机构、劳动保障监察机构、劳动人事争议调解仲裁机构、基层劳动就业社会保障服务平台、农民工返乡创业园、企业等11个基层单位，与大学毕业生、返乡农民工、退休职工、创业青年、企业职工、人社窗口工作人员等40多人进行随机访谈，深入了解群众对各项政策的知晓度和满意度。

10月13日—15日　孔昌生副部长按照党组统一部署赴山东省开展调研督查。其间，听取省人社厅工作汇报，分别召开机关和企业有关人员座谈会，实地走访省人力资源市场政务服务大厅、济南市历下区山东财经大学大学生创业孵化中心和文化东路街道人社服务中心等，随机访谈部分群众，并就有关问题和山东省副省长夏耕等领导同志交换意见。

10月14日　尹蔚民部长列席国务院第108次常务会议。同日，为“辉煌十二五”系列报告会作专场报告。

汤涛副部长出席以“标准联通一带一路，人才筑就标准未来”为主题的2015年世界标准日中国宣传周主活动并致辞。

10月14日—19日　汤涛副部长按照党组统一部署赴浙江省开展调研督查。其间，听取浙江省人社工作总体情况汇报，深入杭州、宁波和绍兴市，听取当地人社工作情况汇报，实地考察基层人社服务平台、技师学校、留学人员创业园和企业等，召开小型座谈会，随机走访干部群众，听取基层单位、企业和干部群众的意见建议。浙江省副省长熊建平会见调研组一行。

10月15日　尹蔚民部长、信长星副部长列席中央政治局常委会议。

10月15日—18日　尹蔚民部长按照党组统一部署赴安徽省开展调研督查。其间，听取省人社厅工作汇报和金寨县扶贫开发工作汇报，到安徽人才市场、金寨双河镇就业和社保服务平台、金寨河西村社保金融服务室等进行调研，实地考察合肥蜀山电子产业园、科大讯飞公司、金寨桃岭乡四季春农民合作社等单位，分别召开部分企业、大学生座谈会。安徽省领导王学军、李锦斌、吴存荣、邵国荷等同志参加有关活动。

10月15日—16日　游钧副部长按照党组统一部署赴天津市开展调研督查。其间，听取市人社局工作汇报，与市、区人社部门同志开展座谈，实地走访中国（天津）人力资源发展促进中心、市社保服务中心、滨海新区劳动人事争议仲裁院等16个考察点，随机访谈部分群众，并就有关问题与市委常委、常务副市长段春华等领导同志交换意见。

10月16日　信长星副部长参加全国人大财经委前三季度经济形势分析会。同日，参加中央农村工作领导小组第8次会议。

10月17日　张义珍副部长参加国家教育体制改革领导小组组长办公会。

10月18日　孔昌生副部长在上海市出席由人社部主办的东部地区公共行政组织2015年年会，会见主要外宾并在会议开幕式上致辞。

10月19日　尹蔚民部长参加首届全国大众创业万众创新活动周启动仪式。同日，参加2015年全国大众创业万众创新高峰论坛并发言。

10月20日　汤涛副部长出席中国老科学技术工作者协会第六次全国会员代表大会开幕式并致辞。同日，与中国科协党组书记尚勇就职业资格有关工作进行沟通。

游钧副部长参加国务院会议，研究“十三五”专项规划预案有关问题。

张义珍副部长参加中宣部召开的繁荣发展社会主义文艺推进会。

10月20日—21日　信长星副部长在吉林省参加深入推进高校创新创业教育改革座谈会、首届中国“互联网＋”大学生创新创业大赛全国总决赛闭幕式，并到摆渡创新工场、长春市人力资源市场调研。

10月21日　尹蔚民部长列席国务院第109次常务会议。

10月21日—25日　邱小平副部长带队出访澳大利亚，分别会见澳大利亚公务员委员会副主席斯蒂芬妮福斯特、就业部副部长雷恩、公平工作委员会副主席卡坦扎里提和教育培训部相关负责人，就公务员管理、就业、劳动关系协调、劳动争议仲裁、职业技能培训等工作进行交流，并与公务员委员会签署合作谅解备忘录。其间，与驻澳大使馆大使马朝旭、驻悉尼总领事馆总领事李华新就有关工作进行沟通交流。

10月22日　由人社部与中国宋庆龄基金会联合主办的“中国创翼”（2015）青年创业创新大赛总决赛在中关村国家自主创新示范区展示中心举行。这项赛事是2015年全国大众创业万众创新活动周的重要活动之一。同日，国务院副总理马凯来到比赛现场观看比赛，为获奖选手颁奖并作重要讲话，尹蔚民部长、信长星副部长参加。

信长星副部长参加赵乐际同志主持召开的学习贯彻《干部教育培训工作条例》座谈会。

游钧副部长参加刘延东副总理主持召开的国家卫生计生委计划生育兼职委员全体会议。

张义珍副部长出席“中国创翼”（2015）青年创业创新大赛总决赛开幕式并致辞。

10月23日　信长星副部长会见审计署民政社保审计局局长贾有长、社保审计司副司长于林一行，就加强审计工作进行交流。

汤涛副部长到中央电视台参加《对话》栏目节目录制。同日，出席中央及其直属机构2016年度考试录用公务员考务工作部署视频会并讲话。

孔昌生副部长参加全国培养选拔年轻干部和女干部、少数民族干部、党外干部工作座谈会。

游钧副部长参加国务院会议，研究劳务派遣是否作为“先照后证”改革后加强事中事后监管事项。国务院副秘书长江泽林主持。

张义珍副部长赴山东省参加扶贫工作座谈会。

10 月 26 日—29 日　尹蔚民部长、汤涛副部长参加党的十八届五中全会。信长星、张建国副部长列席。

10 月 26 日—29 日　游钧副部长到上海市调研养老保险、医疗保险制度改革和社会保障信息化建设工作。

10 月 27 日　张义珍副部长参加国务院副秘书长肖亚庆主持召开的关于中央其他事业单位绩效工资问题座谈会。

10 月 28 日　邱小平副部长参加国务院会议，研究国有企业负责人薪酬制度改革有关工作。

汤涛副部长参加国务院副总理张高丽主持召开的国务院推进职能转变协调小组第四次全体会议。

10 月 29 日　邱小平副部长出席亚欧会议框架下残疾人合作暨全球辅助器具产业发展大会。

10 月 30 日　尹蔚民部长陪同李克强总理到安徽省调研。

邱小平副部长参加国务院国有企业改革领导小组第十五次会议。

十一月

11 月 2 日　尹蔚民部长主持召开部党组扩大会议，传达贯彻党的十八届五中全会精神。中纪委驻部纪检组组长耿文清，信长星、邱小平、汤涛、孔昌生、游钧、张义珍副部长参加。老部领导，公务员局副局长卢雍政、吴云华、陈刚，部属各单位、公务员局司级干部，离退休干部党支部书记列席。

同日，出席中法政府千人实习生计划协议签字仪式，在国家主席习近平和法国总统奥朗德的见证下，尹蔚民部长在人民大会堂与法国外交部长法比尤斯签署《中华人民共和国政府和法兰西共和国政府关于千人实习生计划的协议》。

11 月 2 日—6 日　汤涛副部长陪同国家副主席李源潮出访阿富汗、印度。

11 月 3 日　尹蔚民部长列席中央政治局常委会议。同日，主持召开第 104 次党组会。研究机关人事问题，研究纪律审查工作，听取关于开展 2015 年部机关党建述职评议考核工作建议的汇报。中纪委驻部纪检组组长耿文清，信长星、邱小平、游钧、张义珍副部长参加。

孔昌生副部长参加汪洋副总理主持召开的国务院自由贸易试验区工作部际联席会议第二次全体会议并发言。

11 月 4 日　尹蔚民部长列席国务院第 110 次常务会议。

信长星副部长主持召开国家公务员局党组中心组学习会，学习贯彻党的十八届五中全会精神和《中国共产党廉洁自律准则》、《中国共产党纪律处分条例》、《干部教育培训工作条例》。随后，主持召开国家公务员局第 57 次局党组会、第 62 次局务会，审议《国家公务员局平时考核工作实施方案（试行）》；审议《关于学习贯彻〈干部教育培训工作条例〉的通知》。公务员局副局长卢雍政、吴云华、陈刚参加。同日，参加人社部和中组部、国家卫生计生委、教育部联合召开的医疗人才“组团式”支援工作经验交流会。

孔昌生副部长会见经合组织办公室主任盖布瑞拉·拉莫斯女士，就人社部筹办 2016 年二十国集团劳工就业部长系列会议安排等问题交换意见。

11 月 4 日—15 日　中纪委驻部纪检组组长耿文清在浦东干部学院参加省部级干部深化改革开放专题研讨班（第四期）学习。

11 月 4 日—6 日　张义珍副部长到江苏省

徐州市出席全国军转干部培训工作经验交流会并讲话，就深化国防和军队改革期间转业干部安置工作在徐州市和南京市进行专题调研。

11月5日　尹蔚民部长参加中央国家机关学习宣传贯彻党的十八届五中全会精神动员部署大会并作交流发言。孔昌生副部长参加。

游钧副部长参加中央政法委员会全体会议暨中央司法体制改革领导小组专题会议。

11月6日　国务院副总理马凯主持召开会议，听取养老保险制度改革等工作汇报。尹蔚民部长、游钧副部长参加。

邱小平副部长到住建部与易军副部长沟通全面治理拖欠农民工工资问题有关工作。

孔昌生副部长参加国务委员兼国务院秘书长杨晶出席的大力推进简政放权切实转变政府职能座谈会。

11月9日　尹蔚民部长列席中央全面深化改革领导小组会议。

汤涛副部长与全国人大常委会法工委副主任张荣顺就资产评估法草案涉及评估师职业资格管理的有关问题进行专题研究。

11月10日　汤涛副部长出席企业新型学徒制签约仪式暨国家职业分类大典首发赠书仪式并讲话。北京市副市长林克庆参加活动。

11月11日　尹蔚民部长列席国务院第111次常务会议。同日，会见格鲁吉亚劳动、卫生和社会部部长大卫·舍金科一行，就社会保障和就业等领域工作进行交流。孔昌生副部长参加。

11月12日　汤涛副部长会见日本客人秋山利辉一行。

11月13日　尹蔚民部长列席国务院第112次常务会议。同日，参加中组部务虚会。

信长星副部长参加国务院“十三五”规划纲要起草小组会议。

汤涛副部长到中国机械工业集团调研人才工作，重点了解中国机械工业集团技能人才、专业技术人才工作情况，听取企业的意见建议。

11月16日　张义珍副部长会见青海省副省长程丽华一行。

11月17日　尹蔚民部长列席国务院“十三五”规划纲要草案编制领导小组会议。

信长星副部长会见韩国国会安全行政委员会委员长陈永一行，就公务员管理等情况进行交流。

11月18日　尹蔚民部长列席国务院第113次常务会议。同日，会见国际劳工组织亚太局局长西本伴子一行，就人力资源社会保障形势及双方合作等事宜交换意见。

中纪委驻部纪检组组长耿文清参加中纪委学习贯彻《中国共产党廉洁自律准则》和《中国共产党纪律处分条例》辅导报告会。

信长星副部长主持召开会议，研究应对结构性失业风险的政策措施。同日，主持召开国家公务员局第58次局党组会、第63次局务会，分别审议《中央机关及其直属机构2016年度考试录用公务员笔试阅卷工作方案》和《公务员录用考试违纪违规行为处理办法（试行）》修订稿。公务员局副局长卢雍政、陈刚参加。

孔昌生副部长会见国际劳工组织亚太局局长西本伴子一行。

游钧副部长参加国务院医改领导小组专题会议，研究全面“二孩”政策实施有关配套工作。

11月19日　尹蔚民部长和张建国、游钧副部长与辽宁省省长陈求发一行座谈。同日，尹蔚民部长，中纪委驻部纪检组组长耿文清，信长星、张建国、邱小平、游钧、张义珍副部长出席学习贯彻党的十八届五中全会精神专题辅导报告会暨党组中心组学习扩大会。孔昌生副部长主持。十八届五中全会文件起草组和中央宣讲团成员，中国社会科学院副院长、党组成员蔡昉作专题辅导。公务员局副局长卢雍政、吴云华、陈刚，部机关和公务员局处以上干部，部属企事业单位司级干部、党办主任，以及离退休党支部书记代表、部党校2015年秋季班学员400余人参加。

11月20日　尹蔚民部长参加纪念胡耀邦

同志诞辰 100 周年座谈会。同日，人社部会同发展改革委等 12 个部门召开 2016 年春节前保障农民工工资支付工作视频会议。尹蔚民部长出席并讲话。邱小平副部长主持。住房城乡建设部、交通运输部、水利部和全国总工会主要负责同志参会并讲话。人社部、发展改革委、公安部、司法部、财政部、住房城乡建设部、交通运输部、水利部、人民银行、国资委、工商总局、全国总工会等部门和单位有关同志在主会场参加会议，各省（区、市）及新疆生产建设兵团人社厅（局）主要负责同志、分管负责同志，相关部门和单位负责同志在各地分会场参加。

汤涛副部长主持召开全国博士后管委会会议，通报中国博士后青年创新人才座谈会筹备情况，研究讨论《关于改革完善博士后制度的意见》。科技部、财政部、教育部、工业和信息化部、中国社会科学院、国家自然科学基金委、中国科学院、中国工程院、总政治部干部部、清华大学、北京大学等 11 家全国博士后管委会成员单位代表出席会议。同日，参加刘延东副总理主持召开的国家科技体制改革和创新体系建设领导小组第十二次会议。

11 月 23 日　尹蔚民部长主持召开第 107 次党组会、第 78 次部务会。研究机关人事问题，审议《2016 年二十国集团劳工就业部长系列会议筹备工作总体方案（送审稿）》；审议《工伤保险辅助器具配置管理办法（草案）》、《关于完善基本医疗保险定点医药机构协议管理的指导意见（送审稿）》。中纪委驻部纪检组组长耿文清，信长星、邱小平、汤涛、孔昌生、游钧、张义珍副部长参加。同日，尹蔚民部长列席中央政治局集体学习。

信长星副部长参加第一次“互联网+”行动部际联席会议第一次全体会议并讲话。

人社部召开全民参保登记计划扩大试点工作视频会议。游钧副部长出席并讲话。部内相关职能单位负责同志参加。各地人社厅（局）分管负责同志、全民参保登记计划牵头部门负责同志、社保行政部门和经办机构负责同志、信息管理机构负责同志在分会场参加。

11 月 23 日—24 日　张义珍副部长赴上海市出席 2015 年全国人事人才科研工作交流会暨“创新驱动与人力资源新战略”研讨会并讲话。随后，到上海市人社局调研，听取有关工资工作的情况汇报。

11 月 24 日　尹蔚民部长列席中央军委改革工作会议。

信长星副部长参加第 24 届冬奥会工作领导小组第一次全体会议。

汤涛副部长出席广东省参加第 43 届世界技能大赛总结暨备战第 44 届世界技能大赛动员会并讲话。

11 月 25 日　信长星副部长参加埃博拉出血热疫情防控工作表彰大会并宣读表彰决定。

11 月 25 日—26 日　人社部 2015 年年底务虚会在京召开。尹蔚民部长主持会议并讲话，中纪委驻部纪检组组长耿文清，信长星、邱小平、汤涛、孔昌生、游钧、张义珍副部长出席并发言。公务员局副局长卢雍政、吴云华、陈刚，部属各单位主要负责同志 80 余人参加。

11 月 26 日　尹蔚民部长列席中央政治局常委会会议。

汤涛副部长参加刘延东副总理主持召开的国家科技体制改革和创新体系建设领导小组第十三次会议。

张义珍副部长参加刘延东副总理主持召开的公共卫生与传染病防控工作座谈会。

11 月 27 日　孔昌生副部长会见中国驻欧盟使团大使杨燕怡，就我与欧盟在人力资源和社会保障领域的合作事宜交换意见。

11 月 27 日—28 日　尹蔚民部长和信长星、邱小平副部长参加中央扶贫开发工作会议。

11 月 28 日—29 日　中央机关及其直属机构 2016 年度考试录用公务员公共科目笔试在全国 31 个省（区、市）47 个考点城市举行，92.9 万名考生参加。中纪委驻部纪检组组长耿文清，信长星、汤涛副部长和公务员局副局长陈刚分别到山西、北京、上海和江西考区巡视。中组部、人社部、国家公务员局派出70多名巡考人员分赴各省份督查考务组织工作。

11月28日—29日　汤涛副部长到上海市出席2015年全国职业技能竞赛工作总结会暨“技能中国行2015”技能展示活动并讲话。会上，为会议代表赠送《中国技能　圆梦巴西——第43届世界技能大赛参赛工作实录》。会后，参观“技能中国行2015”技能展示交流活动，观摩上海市职业技能大赛决赛，参观上海市高技能人才培养基地成果展示等。其间，与上海市副市长时光辉进行工作交流，在上海汽车集团股份有限公司、中国商用飞机有限责任公司高技能人才培养基地和中国（上海）创业者公共实训基地调研，并听取上海市人社局职业培训和高技能人才培养工作汇报。

11月30日　尹蔚民部长参加中央农村工作领导小组会议。同日，中国博士后青年创新人才座谈会在国务院小礼堂召开。会前，李克强、刘延东、马凯、赵乐际、杨晶等中央领导同志接见与会代表，李克强总理发表重要讲话。接见结束后，国务院副总理马凯出席中国博士后青年创新人才座谈会并讲话。教育部、科技部、工信部、财政部等全国博士后管委会成员单位主要领导同志出席座谈会。尹蔚民部长介绍博士后工作情况，叶铭汉院士宣读李政道先生给中国博士后制度实施30周年的贺信，5位博士后、博士后合作导师和设站单位代表发言。汤涛副部长参加。

信长星副部长主持召开公务员局第59次党组会，传达学习中央扶贫开发工作会议精神，并研究贯彻落实措施。公务员局副局长卢雍政参加。

十二月

12月1日　尹蔚民部长主持召开第108次党组会、第79次部务会，传达学习中央扶贫开发工作会议精神，研究贯彻落实措施；听取关于部因私出国（境）证件专项治理和对个人有关事项报告随机抽查对象核查结果有关问题的汇报；审议《部门户网站改版方案（送审稿）》。中纪委驻部纪检组组长耿文清，信长星、邱小平、汤涛、孔昌生、游钧、张义珍副部长参加。

中纪委驻部纪检组组长耿文清参加中央纪委派驻机构全覆盖工作启动会。

全国博士后工作会议召开，会议传达中国博士后青年创新人才座谈会精神，通报博士后综合评估结果和通报表扬决定，开展博士后工作经验交流。汤涛副部长出席并讲话。

张义珍副部长参加马凯副总理、王勇国务委员主持召开的关于石油和化学工业联合会专题调研情况汇报会。

12月2日　尹蔚民部长列席国务院第114次常务会议。

中纪委驻部纪检组组长耿文清赴吉林给吉林省纪检监察干部培训班作《中国共产党廉洁自律准则》和《中国共产党纪律处分条例》的辅导报告。

游钧副部长在四川省成都市主持召开部分省市医疗保险工作座谈会，贯彻落实党的十八届五中全会精神，研究2016年及“十三五”时期医疗、生育保险工作思路和主要任务，就健全医疗保险筹资机制、改进职工医保个人账户、将生育保险和基本医疗保险合并实施、探索建立长期护理保险制度等重点工作听取地方意见。

12月2日—4日　信长星副部长在福建省宁德市调研。其间，考察东侨大学生创业园、宁德市人力资源市场和社会保障服务中心，并到寿宁县下党乡调研。

12月2日—6日　张义珍副部长赴保加利亚参加第五届亚欧劳工部长会议，作“实施就业优先战略，促进青年就业创业”的发言。

12月3日　尹蔚民部长参加张高丽副总理主持召开的国务院推进职能转变协调小组第五次全体会议。同日，参加国家科技教育领导小组第二次会议。

机关党委（纪委）举办学习贯彻《中国共产党廉洁自律准则》、《中国共产党纪律处分条例》专题辅导报告会。中纪委驻部纪检组组长耿文清就两个党内法规的历史沿革、指导思想、主要内容作专题辅导。孔昌生副部长主持。部机关、公务员局各司处以上干部、部属企事业单位司级干部、综合处长（党办主任）400余人参加。

汤涛副部长出席2015年中国技能大赛——第五届全国职工职业技能大赛总结大会。

游钧副部长参加全国政协第四十三次双周协商座谈会，开展“仿制药的质量问题和对策”协商座谈。

12月4日　尹蔚民部长与国管局李宝荣局长一行会谈。

中纪委驻部纪检组组长耿文清参加中央纪委派驻机构全覆盖工作编制和人员划转工作会。

信长星副部长到福州市出席部分省市人社厅（局）主要负责同志座谈会。

孔昌生副部长参加全国人大常委会办公厅、中央宣传部、中央国家机关工委等部门联合主办的弘扬宪法精神加强宪法实施报告会。

12月7日　汤涛副部长到海南省三亚技师学院进行调研。同日，看望慰问在海南休假的专家，并座谈听取专家对人才工作的意见。

12月8日　尹蔚民部长列席中央政治局常委会会议。

12月8日—11日　邱小平副部长带领由人社部、国务院研究室、公安部、民政部、国资委组成的国务院农民工工作领导小组第二督察组赴河南省开展第九次农民工工作督察。其间，听取河南省政府农民工总体工作情况汇报和相关职能部门专题汇报，赴郑州市、焦作市开展实地督察，召开基层人社部门、企业、农民工座谈会，走访郑州市农村人力资源管理服务中心和社会力量开办的农民工综合服务中心、富士康科技集团，以及焦作市社区和乡镇人力资源服务中心、社区农民工就业创业服务中心、留守儿童相对集中的村小学、房地产建筑项目等，深入职工群众中了解涉及农民工相关政策落实情况，听取意见和建议。督察结束后，代表督察组向河南省政府反馈督察情况，并对进一步做好为农民工服务工作提出明确要求。

12月9日　尹蔚民部长列席国务院第115次常务会议。同日，列席中央全面深化改革领导小组第19次会议。

信长星、张义珍副部长分别会见四川省副省长王宁一行。

12月10日　尹蔚民部长主持召开第110次党组会，审议《人力资源社会保障部党组关于对中央政治局践行“三严三实”要求加强自身建设征求意见情况的报告（送审稿）》。中纪委驻部纪检组组长耿文清，信长星、张建国、汤涛、孔昌生、张义珍副部长参加。

孔昌生副部长会见以彭耀佳先生为团长的香港雇主联合会访京团一行。

游钧副部长参加国务院医改领导小组专题会议。

12月11日　尹蔚民部长参加全国党校工作会议。

信长星副部长到中组部出席部分省份党委组织部、公务员局负责同志参加的公务员分类管理工作座谈会。

汤涛副部长参加中央单位定点扶贫工作会议。

游钧副部长参加国务院扶贫开发领导小组全体会议。

12月15日　尹蔚民部长会见贵州省副省长陈鸣明一行。同日，参加中组部部务会。

信长星副部长参加国务院领导听取推进煤炭行业脱困工作情况汇报会议。同日，参加北京2022年冬奥会和冬残奥会组织委员会成立大会。

汤涛副部长出席中华职教社温暖工程实施二十周年总结表彰大会。

12月16日　尹蔚民部长列席国务院第116次常务会议。

尹蔚民部长和信长星、汤涛副部长出席人社部与广西壮族自治区政府合作备忘录签署仪式。

信长星副部长主持召开公务员局年底务虚会并讲话。公务员局副局长卢雍政、吴云华、陈刚发言。公务员局各司全体同志参加。

游钧副部长参加国务院医改领导小组会议。

12 月 17 日　信长星副部长主持召开公务员局第 60 次党组会，审议《国家公务员局 2016 年会议计划》、《国家公务员局平时考核工作实施方案（试行）》、《国家公务员局党组“三严三实”专题民主生活会对照检查材料》。

邱小平副部长参加全国政协双周协商座谈会，议题为“促进家庭服务业发展”。

汤涛副部长到工业和信息化部，与辛国斌副部长就落实《中国制造 2025》、加强人才工作进行沟通。

12 月 18 日　汤涛副部长出席中国（河北）博士后成果转化基地启动运行暨项目签约仪式并讲话。

12 月 18 日—21 日　尹蔚民部长，信长星、张建国副部长参加中央经济工作会议和中央城市工作会议。

12 月 20 日—21 日　汤涛副部长赴深圳市技师学院、光启研究院进行调研，出席第 17 届广州留交会开幕式并致辞。

12 月 21 日　信长星副部长参加国务院“十三五”规划纲要起草小组第二次会议。

12 月 22 日　尹蔚民部长主持召开部传达中央经济工作会议和中央城市工作会议精神大会并讲话。信长星副部长传达习近平总书记、李克强总理在中央经济工作会议和中央城市工作会议上的讲话精神。中纪委驻部纪检组组长耿文清，邱小平、汤涛、孔昌生、游钧、张义珍副部长参加。

信长星副部长参加全国行政学院院长会议。中共中央书记处书记、国务委员兼国务院秘书长、国家行政学院院长杨晶出席并讲话。

张义珍副部长参加中央政法委员会第二十二次全体会议暨中央司法体制改革领导小组专题会议。

12 月 23 日　尹蔚民部长列席国务院第 117 次常务会议。

信长星副部长主持公务员局第 61 次党组会，审议《国家公务员局党组“三严三实”专题民主生活会对照检查材料》。公务员局副局长卢雍政、吴云华、陈刚参加。

张义珍副部长参加中央文化体制改革和发展工作领导小组第八次会议。

12 月 24 日　尹蔚民部长参加中央农村工作会议。同日，列席十二届全国人大常委会第十八次会议并作报告。

中纪委驻部纪检组组长耿文清到北京市人社局调研。

信长星副部长到中组部出席部分专家学者参加的公务员分类管理工作座谈会。

12 月 24 日—25 日　邱小平副部长参加中央农村工作会议。

12 月 25 日　尹蔚民部长参加中央农村工作会议。

信长星副部长为全国就业政策培训班学员授课。

孔昌生副部长参加国务院医改领导小组第十八次会议。

12 月 28 日　信长星、邱小平副部长召集部分省份人社厅负责人研究化解过剩产能处置“僵尸企业”过程中职工安置政策意见。

12 月 28 日—29 日　全国人力资源和社会保障工作会议在京召开。会议全面贯彻党的十八大和十八届三中、四中、五中全会以及中央经济工作会议精神，总结“十二五”时期事业发展成就，分析“十三五”时期面临的形势，部署 2016 年工作。尹蔚民部长作工作报告，中纪委驻部纪检组组长耿文清主持，信长星副部长作会议总结。潘立刚、张建国、邱小平、汤涛、孔昌生、游钧、张义珍副部长出席。公务员局领导班子成员，各省（区、市）、新疆生产建设兵团、副省级市人社厅（局）主要负责同志，中央和国家机关各部委、各直属机构人事部门负责同志，军队有关单位负责同志，部分特邀单位代表，部属各单位和公务员局各司主要负责同志参加。

12 月 29 日　尹蔚民部长主持召开第 114 次党组会、第 84 次部务会。研究机关人事问题；听取关于开通全国人社系统干部在线学习平台有关情况的汇报，听取关于确定首批 25 家全国人社系统干部教育培训基地有关情况的汇报。中纪委驻部纪检组组长耿文清，信长星、邱小平、汤涛、孔昌生、游钧、张义珍副部长参加。

信长星副部长参加国务院领导同志接见全国地方志系统先进模范座谈会与会代表活动。

12 月 30 日　尹蔚民部长主持部党组“三严三实”专题民主生活会。中纪委驻部纪检组组长耿文清，信长星、张建国、邱小平、汤涛、孔昌生、游钧、张义珍副部长参加。同日，尹蔚民部长列席中央政治局集体学习。

信长星副部长主持召开公务员局党组“三严三实”专题民主生活会并作会议小结。局党组成员紧扣“三严三实”主题作个人对照检查，开展互相批评。公务员局副局长卢雍政、吴云华、陈刚参加。中央纪委机关、中组部、中央国家机关工委有关部门负责同志应邀参加。

中国人力资源和社会保障年鉴

（工作卷）

CHINA HUMAN RESOURCES AND SOCIAL SECURITY YEARBOOK

2016

中国劳动社会保障出版社

中国人事出版社

图书在版编目(CIP)数据

中国人力资源和社会保障年鉴. 2016/人力资源和社会保障部组织编写. —北京：中国劳动社会保障出版社：中国人事出版社，2017

ISBN 978-7-5167-2846-8

Ⅰ. ①中… Ⅱ. ①人… Ⅲ. ①人力资源管理-中国-2016-年鉴②社会保障-中国-2016-年鉴 Ⅳ. ①F249. 23-54②D632. 1-54

中国版本图书馆 CIP 数据核字(2017)第 049177 号

中国劳动社会保障出版社
中 国 人 事 出 版 社 出版发行

（北京市惠新东街 1 号　邮政编码：100029）

*

北京新华印刷有限公司印刷装订　　新华书店经销

880 毫米×1230 毫米　16 开本　61. 25 印张　1. 25 彩色印张　1490 千字

2017 年 4 月第 1 版　　2017 年 4 月第 1 次印刷

定价：498. 00 元

读者服务部电话：（010）64929211/64921644/84626437

营销部电话：（010）64961894

出版社网址：http://www.class.com.cn

《中国人力资源和社会保障年鉴》
编辑委员会成员

《中国人力资源和社会保障年鉴》
编辑部成员

编辑说明

一、《中国人力资源和社会保障年鉴（2016）》是关于人力资源和社会保障工作的专业性史料工具书。全书收录了2015年度我国人力资源社会保障工作重要文献、资料和数据，记录了2015年度我国人力资源社会保障事业发展概况，客观反映了人力资源社会保障工作改革发展成就、经验以及今后需要继续研究解决的问题。该书是对党政机关领导干部和各部门工作人员、人力资源社会保障系统工作者、企业领导和人力资源管理者，以及人力资源社会保障科研理论工作者有价值的参考用书和工具书。

二、本年鉴分文献卷、工作卷两卷。文献卷包括人力资源和社会保障重要文献、2015年人力资源和社会保障大事记。工作卷包括人力资源和社会保障工作概览、全国人力资源和社会保障工作、地方人力资源和社会保障工作、人力资源和社会保障统计资料。

三、本年鉴中，全国人力资源和社会保障工作分为28个部分：就业工作、人力资源市场建设与管理、职业能力建设、军转安置、专业技术人才工作、事业单位人事管理、公务员管理、养老保险、失业保险、医疗保险、工伤保险、生育保险、城乡居民基本养老保险、社会保险经办管理、社会保险基金监督、劳动关系、劳动人事争议调解仲裁、机关事业单位工资福利离退休工作、农民工工作和发展家庭服务业促进就业工作、法制建设、劳动保障监察、规划统计、信息化建设、科学研究、窗口单位作风建设与干部教育培训和评选表彰、新闻宣传政务信息报刊与出版、国际及与港澳台地区交流合作、社团活动；地方人力资源和社会保障工作 47 篇。

《中国人力资源和社会保障年鉴（2016）》的编辑出版是在全国人力资源社会保障系统的共同努力下完成的。在此，向所有参加编辑出版工作的领导和同志表示衷心的感谢。

《中国人力资源和社会保障年鉴》编辑部

2017 年 2 月

目　录

工作卷

人力资源和社会保障工作概览

全国人力资源和社会保障工作

地方人力资源和社会保障工作

统 计 资 料

人力资源和
社会保障工作概览

2015年人力资源和社会保障工作情况

一、就业形势保持稳定

（一）就业目标全面完成。

面对经济下行压力加大和复杂的就业形势，人力资源社会保障部门始终把保持就业形势稳定作为头等大事，深入实施就业优先战略和更加积极的就业政策，加强工作调度和督促检查，推动实现更加充分、更高质量的就业。全年城镇新增就业1 312万人，城镇失业人员再就业567万人，就业困难人员实现就业173万人，年末城镇登记失业率4.05%，全面完成城镇新增就业1 000万人、城镇登记失业率控制在4.5%以内的目标。

（二）高校毕业生、结构调整中的失业人员等重点群体就业工作扎实推进。

在高校毕业生总量持续增加的情况下，始终坚持把高校毕业生就业作为重中之重，深入实施高校毕业生就业促进计划和创业引领计划，组织开展就业服务系列专项活动，继续实施“三支一扶”计划，通过综合施策，高校毕业生年底总体就业率为94.9%，与2014年同期持平，就业人数同比增加20.9万人。在经济增速放缓、结构深度调整背景下，着力做好调整优化产业结构过程中的失业人员再就业工作，运用失业保险支持企业稳定岗位等措施，采取有针对性的技能培训、就业援助等帮扶措施，促进劳动者尽快转岗再就业。同时，加大农村转移劳动力和就业困难群体就业工作力度，进一步完善就业扶持政策，保持各类群体就业基本稳定。

（三）就业创业政策进一步完善。

针对新形势和就业新需求，国务院印发了《关于进一步做好新形势下就业创业工作的意见》（国发〔2015〕23号），专门召开全国就业创业工作电视电话会议进行部署，将鼓励创业与促进就业有机结合，既突出创业特色，助力大众创业、万众创新，又系统梳理和整合现有的各项政策，加大职业技能培训和就业创业扶持力度，丰富和发展了积极就业政策。为适应新型工业化和农业现代化、城镇化和新农村建设协同发展需要，结合新时期产业结构布局和农民工流动趋势，国务院办公厅印发了《关于支持农民工等人员返乡创业的意见》（国办发〔2015〕47号），激发了农民工等人员返乡创业的热情。继续集中取消职业资格许可和认定事项，经国务院同意，2015年以来分两批取消了123项职业资格许可和认定事项，让广大劳动者更好施展创业创新才能。

（四）公共就业服务不断加强。

全力推动人力资源市场整合，加强公共就业信息服务平台建设，建设全国公共招聘网，组织开展就业援助月、春风行动、民营企业招聘周等公共就业服务专项活动，有针对性地为各类群体和用人单位提供政策支持和全方位就业服务。优化人事档案管理服务流程，为流动人员提供免费优质的人事档案管理服务。完善失业动态监测制度，健全全国就业信息监测平台。

二、社会保障体系建设取得新进展

（一）社会保险扩面征缴任务全面完成。

截至2015年年底，参加基本养老、城镇基本医疗、失业、工伤、生育保险人数分别为

85 833 万人、66 582 万人、17 326 万人、21 432 万人、17 771 万人，比 2014 年年底分别增加 1 601 万人、6 835 万人、283 万人、793 万人、732 万人。五项社会保险基金全年总收入 46 012 亿元、总支出 38 988 亿元，分别比 2014 年增加 6 184 亿元、5 985 亿元。

（二）社会保障制度改革进一步深化。

国务院印发了《关于机关事业单位工作人员养老保险制度改革的决定》（国发［2015］2号），在养老保险体系建设公平性上迈出实质性步伐；印发了《基本养老保险基金投资管理办法》（国发［2015］48 号），开辟了养老保险基金市场化多元化投资新渠道。国务院办公厅印发了《关于全面实施城乡居民大病保险的意见》（国办发［2015］57 号），目前城乡居民大病保险已全面实施，报销比例不低于50%，对减轻群众高额医疗费用负担发挥了重要作用。人力资源社会保障部等四部门联合印发了《关于做好进城落户农民参加基本医疗保险和关系转移接续工作的办法》（人社部发［2015］80 号），明确了进城落户农民参加城镇医疗保险的制度规定和有关个人权益保障措施，规范了医保关系转移接续办法。人力资源社会保障部、公安部联合印发了《关于加强社会保险欺诈案件查处和移送工作的通知》（人社部发［2015］14 号），进一步完善了行政执法与刑事司法衔接机制。

（三）社会保险费率适当降低，待遇水平稳步提高。

围绕促进实体经济发展，帮助企业降低成本，经国务院批准，将失业保险费率由 3%统一降至 2%，生育保险费率由不超过 1%降到不超过 0.5%，工伤保险平均费率由 1%降至0.75%。顺利完成企业退休人员基本养老金待遇水平第 11 次连续调整，调整后基本养老金月人均超过 2 200 元；城乡居民基本养老金月人均超过 110 元；城镇居民医保政府补助水平由 2014 年的年人均 320 元提高到 380 元；全国失业保险金月人均发放水平由 2014 年的852 元提高到 960 元。

（四）基金监督管理和经办管理服务进一步加强。

科学编制社会保险基金预算，加大预算执行力度。开展机关事业单位养老保险基金及企业职工退休审核审批专项检查，深入推进社会保险基金安全评估和社会监督试点工作，医疗服务监控进一步加强。全面实施“全民参保登记计划”，推进社会保险标准制定工作，加强网上经办和电子社保示范城市建设，改进医疗保险异地就医费用结算服务，为群众提供更加方便快捷的服务。社会保障卡持卡人数超过8.84 亿人，全年新增 1.7 亿人，已成为公共服务领域的重要载体。

三、人才队伍建设进一步加强

（一）专业技术人才队伍建设稳步推进。

各项人才工程计划扎实开展，做好政府特殊津贴和国家百千万人才工程人选选拔工作，推进实施万名专家服务基层行动计划，积极开展海外留学人才项目，组织实施专业技术人才知识更新工程，全年培训高层次人才 2.1 万人次，培训急需紧缺骨干人才 117 万人次。职称制度改革稳步推进，经国务院批准，人力资源社会保障部、教育部联合印发了《关于深化中小学教师职称制度改革的指导意见》（人社部发［2015］79 号），中小学教师职称制度改革全面推开。人力资源社会保障部、卫生计生委联合印发了《关于进一步改革完善基层卫生专业技术人员职称评审工作的指导意见》（人社部发［2015］94 号），为深化卫生专业技术人员职称制度改革探索新路径。开展博士后制度实施 30 周年纪念活动，国务院办公厅印发了《关于改革完善博士后制度的意见》（国办发［2015］87 号），稳步推进博士后制度改革，新设 650 个博士后科研工作站。

（二）技能人才队伍建设进一步加强。

实施国家高技能人才振兴计划，完成 80个国家级高技能人才培训基地和 100 个国家级技能大师工作室建设任务。在北京、天津、内蒙古、辽宁等地开展了“企业新型学徒制”试点工作，每个省（区、市）选择 3～5 家大中型企业作为试点单位，每家企业选拔 100 人左右参加学徒制培训。技工院校一体化教学改革取得积极进展。组织参加第 43 届世界技能大赛，取得了 5 金、6 银、4 铜、11 个优胜奖的优异成绩，实现金牌零的突破。深入开展全国百城技能振兴专项活动。全年完成政府补贴性职业培训 1 908 万人次。

（三）引进国外智力工作取得新进展。

“外专千人计划”和高端外国专家项目深入推进，重点引智项目扎实开展，出国（境）培训针对性、实效性进一步提高。

四、人事制度改革进一步深化

（一）公务员管理工作积极推进。

公务员分类制度改革进一步深化，聘任制试点工作继续推进，在人民警察职务序列改革、招录制度改革上取得突破。中央组织部、人力资源社会保障部、国家公务员局联合印发了《公务员录用面试组织管理办法（试行）》（人社部发［2015］93 号），进一步规范了公务员录用面试工作。公务员公开遴选和公开选调工作扎实开展。公务员初任培训、任职培训、专门业务培训、在职培训等“四类培训”和对口培训有序开展，申诉监督制度进一步完善。严格规范评比达标表彰项目活动开展。

（二）事业单位人事制度改革不断深化。

人力资源社会保障部、国家林业局联合印发了《关于国有林场岗位设置管理的指导意见》（人社部发［2015］54 号），结合国有林场特点和改革发展的需要，做好国有林场岗位设置管理的组织实施工作。继续组织开展全国整治事业单位公开招聘突出问题专项行动；机关事业单位“吃空饷”问题集中治理工作成效明显。

（三）军转安置工作不断加强。

2015 年军转干部安置任务顺利完成，军转干部培训不断创新，自主择业军转干部管理服务和就业创业工作不断加强，企业军转干部解困维稳工作成效明显。

五、工资收入分配制度改革稳步推进

（一）机关事业单位工资制度改革深入推进。

中共中央办公厅、国务院办公厅印发了《关于县以下机关建立公务员职务与职级并行制度的意见》（中办发［2015］4 号），职务与职级并行制度在县以下机关全面实施。机关事业单位工作人员基本工资标准调整工作顺利完成并兑现落实。经国务院批准，人力资源社会保障部、财政部联合印发了《关于乡镇机关事业单位工作人员实行乡镇工作补贴的通知》（人社部发［2015］7 号），并已落实到位。实施了法官检察官工资制度改革试点，完善了人民警察工资待遇政策和驻外使领馆工作人员艰苦地区津贴制度，调整了驻外使领馆工作人员基本工资标准。继续推进事业单位实施绩效工资工作。明确了院士等杰出高级专家退休年龄等有关政策。

（二）企业工资管理工作进一步加强。

全面实施中央管理企业负责人薪酬制度改革。国务院深化国有企业负责人薪酬制度改革工作领导小组办公室印发做好中央部门管理国有企业负责人薪酬制度改革有关工作的通知，81 个中央部门所属企业的改革实施方案已获批复，陆续组织实施。出台指导各地进一步稳慎做好最低工资标准调整工作的政策，研究制定全面治理拖欠农民工工资问题的意见。全国有 27 个地区调整了最低工资标准，平均调增幅度 14.9%。

六、劳动关系保持总体和谐稳定

（一）劳动关系协调工作取得积极进展。

中共中央、国务院印发了《关于构建和谐劳动关系的意见》（中发［2015］10 号），对新时期构建中国特色和谐劳动关系作出总体部署。和谐劳动关系创建活动深入开展，构建和谐劳动关系综合试验区建设顺利推进。劳动合同制度全面推行，劳动合同签订率达到 90%，集体协商和集体合同覆盖范围进一步扩大，劳动标准体系继续健全，协调劳动关系三方机制作用进一步发挥。

（二）劳动人事争议调解仲裁工作持续加强。

人力资源社会保障部、中央综治办联合印发了《关于加强专业性劳动争议调解工作的意见》（人社部发［2015］53号），推动建立专业性劳动争议调解工作机制，将专业化调解工作纳入综治考评。劳动争议基层调解工作规范化建设和仲裁院建设取得新进展，全年各级劳动人事争议调解仲裁机构处理案件172万件，仲裁结案率达到95.2%以上。

（三）劳动保障监察执法力度不断加大。

人力资源社会保障部、中央编办、财政部联合印发了《关于加强劳动保障监察执法能力建设的意见》（人社部发［2015］67号），进一步提升劳动保障监察执法效能。推动建立省级劳动保障监察举报投诉案件联动处理机制。组织开展农民工工资支付情况、清理整顿人力资源市场秩序、用人单位遵守劳动用工与社会保险法律法规情况等专项执法检查活动，严厉打击欠薪欠保、欺骗求职者等违法行为。全年各级劳动保障监察机构共查处劳动保障违法案件38.9万件。

（四）农民工服务工作进一步加强。

人力资源社会保障部办公厅印发了《关于印发贯彻落实〈国务院关于进一步做好为农民工服务工作的意见〉实施方案的通知》（人社厅发［2015］46号），制定具体措施，积极做好为农民工服务工作。深入实施农民工职业技能提升计划，完成967万人次农民工培训任务。推进中心城市家庭服务体系建设，启动实施家庭服务职业培训示范基地建设，积极推动家庭服务业发展。

工作卷

全国人力资源和社会保障工作

就业工作

一、就业目标全面完成

2015年，全国城镇新增就业1 312万人，城镇失业人员再就业567万人，就业困难人员就业173万人。年末城镇登记失业率为4.05%，比上年年末下降0.04个百分点，完成年初确定的目标（城镇新增就业1 000万人以上，城镇失业人员再就业500万人，就业困难人员就业120万人，城镇登记失业率控制在4.5%以内）。

二、完善和落实积极的就业政策

（一）出台新一轮就业政策。

4月，国务院出台《关于进一步做好新形势下就业创业工作的意见》（国发［2015］23号），鼓励创业和促进就业相结合，进一步丰富发展了更加积极的就业创业政策体系，形成新一轮就业政策。5月，国务院召开电视电话会议进行专门部署。6月，国务院办公厅印发重点任务分工方案，推动各地各部门工作落实。同时，开展了系列宣传培训活动。到2015年年底，各省份均出台了地方实施意见。有关部门陆续制定了支持农民工等人员返乡创业、鼓励企业吸纳就业税收优惠、技师学院高级工班等毕业生参照高校毕业生享受相关就业补贴政策及“三证合一”登记制度改革、推广中关村国家自主创新示范区税收试点、科技人员创业股权激励、残疾人集中就业单位扶持、设立国家中小企业发展基金和国家新兴产业创业投资引导基金等配套政策。12月，人力资源社会保障部举办了全国就业政策培训班。

（二）加强就业专项资金管理。

为确保新一轮就业政策落实，中央财政继续加大支持力度。全年中央财政就业专项资金预算执行445.33亿元，同比增长2.2%。2月，部署各地开展2014年度就业专项资金检查工作。12月底，财政部、人力资源社会保障部出台《就业补助资金管理暂行办法》（财社［2015］290号），进一步完善了资金管理制度。

（三）完善外国人和港澳台人员就业管理。

2015年，中法两国签订了《中华人民共和国政府和法兰西共和国政府关于千人实习生计划的协议》，加强两国青年友好交流，也促进了我国高校毕业生就业。在北京中关村自主创新示范区、上海和广东自贸区等地开展了外国留学生毕业后直接在中国就业的试点。印发《关于开展外国人在华和台港澳人员在内地就业管理信息系统建设和应用工作的通知》（人社厅发［2015］136号），同时，指导地方做好台港澳人员就业创业工作。

三、突出抓好高校毕业生就业工作

（一）完善和落实高校毕业生就业创业政策。

2月，人力资源社会保障部印发《关于做好2015年全国高校毕业生就业创业工作的通知》（人社部函［2015］21号），从抓好政策落实、加强就业服务、创新宣传工作等方面，对全国人社系统做好高校毕业生就业工作作出安排。贯彻国发［2015］23号文件和国务院电视电话会议精神，指导各地抓紧出台实施意见，细化完善高校毕业生就业创业政策措施，落实好小微企业社保补贴、提高见习补贴标准、扩大求职创业补贴范围等政策。7月，会同中国残联出台《关于做好技师学院、特殊教育院校部分毕业生同等享受高校毕业生就业政策工作的通知》（人社部发［2015］73号）。

（二）深入实施离校未就业高校毕业生就业促进计划。

7月，出台《关于加强离校未就业高校毕业生实名制就业服务工作的通知》（人社厅发［2015］111号），指导各地做好离校未就业高校毕业生实名信息登记和服务工作。9月，召开推进高校毕业生就业创业工作视频会，部署推动各地深入实施离校未就业高校毕业生就业促进计划和大学生创业引领计划，加强就业服务，全面做好高校毕业生就业创业工作。10月，印发《关于开展第二批高校毕业生就业见习国家级示范单位考核评估工作的通知》（人社厅函［2015］346号），对第二批国家级示范单位进行考核评估，推动各地完善见习制度，规范见习管理。12月，在重庆市召开全国高校毕业生实名登记工作座谈会，进一步规范地方实名登记基础管理和服务，推动做好高校毕业生就业工作。

（三）加强高校毕业生的就业服务。

针对高校毕业生多样化的就业需求，人力资源社会保障部组织开展了一系列全国性就业服务活动。3月至5月，会同国资委、教育部开展第四届中央企业面向西藏、青海、新疆三地高校毕业生专场招聘活动，为三地高校毕业生到中央企业就业提供岗位信息。3月31日，在全国集中开展了以“走进大学生”为主题的“12333全国统一咨询日”活动，为毕业生提供就业政策咨询。4月21日至27日，会同教育部、全国总工会、全国工商联以2015届高校毕业生和民营企业为重点，组织开展了2015年全国民营企业招聘周活动。8月，印发《人力资源社会保障部关于开展第三届部分大中城市联合招聘高校毕业生专场活动的通知》（人社部函［2015］192号），于10月至11月组织部分大中城市开展联合招聘秋季活动，通过线上网络招聘发布161.5万个岗位信息，在线下举办374场专场招聘会，提供54万个就业岗位，组织跨区域巡回招聘活动，提供7.9万个就业岗位，积极搭建毕业生与用人单位供需平台。8月，印发《人力资源社会保障部关于开展2015年全国高校毕业生就业服务月活动的通知》（人社部函［2015］193号），于9月上旬至10月上旬在全国开展了高校毕业生就业服务月活动，其间共组织各类招聘活动4 497场次，提供就业岗位216万个，并帮助8.2万名就业困难毕业生实现就业。

四、促进不同群体就业和推进公平就业

（一）加强农村劳动力转移就业工作。

2月至5月，就业促进司会同全国总工会保障工作部、全国妇联妇女发展部在全国组织开展了“我和春风行动的故事”征文活动，并在《中国劳动保障报》、《中国妇女报》刊登优秀征文，通过宣传农民工人物典型和基层好的工作做法，进一步扩大春风行动的社会影响，更好地服务于农村进城务工人员就业创业需求和用人单位用工需要，营造良好社会氛围，推进春风行动深入开展。3月至4月，结合总结示范县工作和春风行动情况，研究下一步推进农村劳动力转移就业工作的思路和措施；配合有关部门做好为农民工服务、新型城镇化建设、“三农”和农村改革工作、户籍制度改革等事关农村转移劳动力权益的工作；与高校及研究机构共同研究有关失地农民就业、新型城镇化与就业关系的热点问题。8月至9月，深入研究通过转移就业实现扶贫减困的思路和措施，配合有关部门推动出台新形势下扶贫开发政策文件。10月至11月，贯彻落实习近平总书记、李克强总理等中央领导同志关于扶贫开发的重要指示精神，赴河北省、江西省及两个国家级贫困县开展就业扶贫调研，召开部分省份农村劳动力转移就业工作座谈会，进一步了解当前农村劳动力转移就业工作情况，明确提出将促进农村贫困人口转移就业作为今后农村

就业工作重点。12月，与国务院扶贫办密切联系，研究和确定下一年度协作开展春风行动和促进农村贫困人口转移就业有关工作。

（二）推进就业援助工作。

4月，印发《关于报送公益性岗位有关情况的函》，要求各地上报公益性岗位人员结构、岗位类型、资金规模、政策文件、意见建议等情况，了解掌握各地公益性岗位开发管理情况，为完善公益性岗位政策、进一步健全就业援助制度做准备。11月，召开规范公益性岗位开发管理座谈会，交流公益性岗位开发管理经验做法，分析工作中存在的问题，研究规范公益性岗位开发管理的思路和措施。12月，会同中国残联联合下发开展2016年就业援助月专项活动的通知，并在四川省德阳市召开就业援助工作座谈会暨2016年就业援助月活动启动仪式。

（三）统筹做好其他群体就业工作。

年初，与全国妇联共同推进巾帼建功活动和妇女就业创业工作，配合国家禁毒委赴贵州开展禁毒工作督查。3月，配合司法部出台十三部门关于加强刑满释放人员救助管理工作的意见。4月，配合中国残联与美国有关方面开展残疾人事务协调。6月，配合中国残联出台发展残疾人辅助性就业的意见。8月，配合中国残联出台加强残疾人社会救助工作的意见。下半年，进一步落实中央加强禁毒工作的意见，积极做好戒毒康复人员就业和社会保障工作，印发人力资源社会保障部等五部门关于做好戒毒康复人员就业和社会保障工作的通知；配合国家禁毒委出台禁毒办等十四部门青少年毒品预防教育规划、禁毒办等八部门关于加强病残吸毒人员收治工作的意见。此外，根据要求配合相关单位研究少数民族就业与发展、拥军优属、退役足球运动员转岗就业、妇女儿童权益维护、艾滋病防控等有关问题。

（四）努力推进公平就业工作。

1月，与中央统战部、国家民委等单位赴北京、上海、浙江开展禁止针对特定少数民族歧视性做法督查，了解少数民族劳动就业创业情况，维护他们的平等就业合法权益，促进公平就业。8月至9月，赴安徽、江苏、青海、重庆、云南开展国有企业招聘应届高校毕业生信息公开工作调研，了解《人力资源社会保障部关于国有企业招聘应届高校毕业生信息公开的意见》（人社部发［2014］79号）落实情况，听取各方意见建议，研究解决工作中存在的问题。做好中央企业招聘应届高校毕业生信息公开工作，在部官网专栏中持续发布招聘信息。

五、全面开展公共就业服务专项活动

（一）就业援助月活动。

元旦、春节期间，会同中国残联在全国开展以“就业帮扶、真情相助”为主题的就业援助月专项活动，采取多种有针对性的帮扶措施，帮助各类就业困难人员和残疾登记失业人员实现就业。活动期间，全国共走访66.1万户就业困难人员家庭；组织各类招聘会1万余场；登记认定41.8万名未就业困难人员，其中残疾就业困难人员5.9万名；帮助32.9万名就业困难人员实现了就业，其中残疾就业困难人员3.5万名；登记认定1.6万户零就业家庭，帮助1.5万户零就业家庭中1.8万人实现就业；为招用了18.2万名就业困难人员的3.8万户企业落实政策；帮助66.7万名就业困难人员落实了岗位补贴和社保补贴等政策。

（二）春风行动。

在春节前后农村劳动力进城务工高峰期，会同全国总工会、全国妇联在全国范围内部署开展主题为“搭建供需平台、促进转移就业”的春风行动，以“宣传引导到位、服务对接到位、政策落实到位”为主要工作目标，加强信息监测和工作调度，加大宣传和政策落实力度，优化就业创业环境，促进劳动者和用人单位供需对接。活动期间，全国共发放“春风卡”等宣传资料4 688万份，组织专场招聘会23 493场，提供免费咨询等就业服务2 455万人次；实现本地企业吸纳农村劳动者就业727万人；实现跨地区有组织劳务输出649万人；

接受创业服务72万人；组织参加职业技能培训145万人，其中参加创业培训19万人，享受培训补贴的有61万人；提供劳动维权服务和法律援助185万人；推荐用工规范诚信企业93 501家，推荐诚信服务机构10 322家。

（三）民营企业招聘周。

4月下旬，会同教育部、全国总工会、全国工商联以“帮人才就业，促民企发展”为主题，组织全国31个省、自治区、直辖市及新疆生产建设兵团县级以上城市开展“2015年全国民营企业招聘周”活动。招聘对象以2015届高校毕业生为重点，同时面向各类求职者。招聘企业以民营企业为重点，同时鼓励各类企业事业单位参加招聘活动。招聘形式采取专场招聘、综合招聘、异地视频和网络招聘，同时，鼓励企业进入高等院校、乡镇、街道和社区招聘，鼓励求职者登录中国公共招聘网求职。活动期间，各地充分利用移动互联网技术，通过微信、微博、手机APP、二维码等新技术手段拓宽信息服务渠道，打造线上线下全方位立体服务模式。招聘现场设立了就业信息发布、就业政策咨询、职业指导、技能培训、创业项目推介等服务平台，并设立维权服务台，对求职者在签订劳动合同、工资支付、社会保障、劳动争议和参加工会组织等方面进行指导和服务。活动期间，全国有18万户民营企业参加了招聘周活动，提供各类岗位信息近437万条；有114万人次求职者与用人单位达成了就业意向，其中，高校毕业生43万人次；农村进城务工劳动者44万人次，就业困难人员13万人次。招聘现场累计发放政策宣传品900万份，提供维权及法律援助28万人次。

六、深入推进创业带动就业工作

（一）研究完善创业扶持政策。

6月，国务院印发人力资源社会保障部参与起草的《关于大力推进大众创业万众创新若干政策措施的意见》，提出了推动大众创业万众创新的11个方面30条主要措施和工作要求，并对96项工作任务的分工和时限要求作出安排。为做好支持农民工等人员返乡创业工作，6月，国务院办公厅印发人力资源社会保障部起草的《关于支持农民工等人员返乡创业的意见》（国办发［2015］47号），明确了支持农民工等人员返乡创业的5个方面21条主要措施和工作要求，制定《鼓励农民工等人员返乡创业三年行动计划纲要》。

（二）深入推进实施大学生创业引领计划。

为检验大学生创业引领计划的实施效果，年初，人力资源社会保障部与教育部、工商总局首次利用全国工商登记注册数据库与全国高校学生学籍学历数据库进行数据交叉比对，获得了2013—2014年创业大学生（进行了工商登记注册的在校大学生和毕业5年内高校毕业生）的基本信息。结果显示：2014年在各级工商部门新登记注册的大学生共有47.8万人，比2013年增加11.9万人，增长33.3%，大学生创业引领计划开局良好。人力资源社会保障部就此专门向国务院领导同志作了报告，得到领导同志的充分肯定。为落实2015年政府工作报告有关要求，推进大学生创业引领计划深入实施，4月16日，人力资源社会保障部在京召开深入实施大学生创业引领计划推进会。人力资源社会保障部、国家发展改革委、教育部、科技部、工信部、财政部、人民银行、工商总局、共青团中央相关负责同志和各省、自治区、直辖市、计划单列市负责大学生创业引领计划组织实施工作机构的负责人参加了会议。会议通报了2014年促进大学生创业工作进展情况，交流了经验做法，分析了工作形势，对深入实施大学生创业引领计划进行了部署安排。

（三）支持农民工等人员返乡创业。

10月9日，人力资源社会保障部联合国家发展改革委召开农民工等人员返乡创业工作调度会，传达国务院领导同志批示要求，通报各地贯彻落实国办发［2015］47号文件精神的情况，特别是实施《鼓励农民工等人员返乡创业三年行动计划纲要（2015—2017年）》的工作进展及下一步安排，并就如何进一步贯彻落实进行部署。教育部、科技部、农业部等16个部门的相关负责同志参加。截至2015年年底，全国有22个省份出台配套文件落实国办发［2015］47号文件精神的部署要求。

（四）双创周、创翼大赛。

10月19日至25日，全国双创活动周在京举办。其间，10月19日，人力资源社会保障部与中国宋庆龄基金会在北京中关村国家自主创新示范区展示中心举办“双创梦工场”活动。活动以“筑力创业，圆梦中国”为主题，旨在为创新创业者和投资者构筑对接交流平台，为青年实现创业创新梦想提供条件。10月22日，人力资源社会保障部与中国宋庆龄基金会联合主办“中国创翼”青年创业创新大赛总决赛。大赛以“共圆中国梦，青春创未来”为主题，旨在为广大青年展示创业风采、追求创业梦想搭建平台，为优秀创业项目与创业资本和创业导师对接创造机会。大赛得到了社会各界的广泛关注和青年创业者的积极参与，全国共有3 053个项目报名参赛，涉及电子商务、节能环保、新能源、生物、高端装备制造等多个战略性新兴产业和金融、旅游、医疗、教育培训等现代服务业，其中，“互联网+”项目占报名总数的一半以上。大赛还吸引了真格基金、洪泰基金、赛伯乐投资、浙商创投等一大批具有较强实力和社会影响力的风投机构关注和参与赛事活动。国务院副总理马凯为获奖选手颁奖并作重要讲话，要求全社会大力弘扬“大众创业、万众创新”精神，营造创新创业良好环境，激发青年人创新创业热情，呼吁社会各界更多关注青年创新创业，助推经济社会发展新引擎。

七、加强完善公共就业和人才服务能力建设

（一）进一步完善就业信息公共服务。

推进公共就业信息服务平台建设，以中国公共招聘网为平台，初步实现了招聘信息的全国联网和共享发布，为各类求职人员免费提供招聘岗位、招聘会、职业指导等就业信息服务。到2015年年底，中国公共招聘网与全国206家公共就业和人才交流服务机构实现联网，日均更新发布实时有效招聘岗位信息20万条，招聘岗位超过100万个。同时，加强全国就业信息监测平台建设，实现了对全国范围内劳动者的个人基本信息、就业登记与失业登记信息、享受就业扶持政策信息等的动态监测。到2015年年底，就业信息监测工作已覆盖全国3.17亿劳动者。

（二）进一步健全公共就业和人才服务体系。

落实统一的公共就业和人才服务制度，指导各地强化服务功能，优化服务流程，提高服务的及时性、针对性和有效性。覆盖部、省、市、区（县）、街道（乡镇）、社区（行政村）五级管理、六级服务的公共就业和人才服务体系进一步完善，通过县（区）以上综合性服务机构（包括政府举办的人才交流服务机构和劳动就业服务机构）、街道（乡镇）和社区（行政村）的基层服务窗口，以及就业培训、创业担保贷款、创业服务等服务实体向求职者和用人单位提供就业服务。到2015年年底，约4万个街道、乡镇建立了服务窗口，覆盖了98%的街道和97%的乡镇，约8.5万个社区（占全部社区的93%）和部分行政村聘请了专职或兼职的工作人员。2015年，各级公共就业和人才服务机构共办理登记求职4 045万人次，介绍成功1 676万人次，为308万户次用人单位提供了登记招聘服务，为3 683万人次办理了就业登记，为1 662万人次提供了职业指导服务，为365万人次提供了创业服务。

八、加强就业形势监测和分析

继续开展500个行政村农村劳动力转移就业监测工作，7月和12月，分两次向参与监测工作的河北、吉林、安徽等10省市下拨工作经费补助共200万元。

人力资源市场建设与管理

一、关于人力资源市场管理情况

2015年，人力资源市场管理制度改革深入推进。按照国务院加快转变政府职能、深化行政审批制度改革有关部署，积极推进人力资源市场行政许可和市场监管改革，取消了设立人力资源服务机构的最低注册资本金限额，认真落实注册资本实缴改认缴的改革举措，进一步降低准入门槛，激发市场活力。根据国家深化外商投资管理体制改革、构建开放型经济新体制的要求，进一步扩大人力资源市场对外开放，在上海、天津、广东、福建等四个自由贸易试验区内，开展允许外商独资设立人才中介服务机构的政策试点。按照内地与香港、澳门《关于建立更紧密经贸关系的安排》服务贸易协议，港澳服务提供者在内地设立人力资源服务机构或提供人力资源服务，享受内地企业一致政策，实现港澳与内地在人力资源服务领域贸易的自由化。

同时，按照法定程序对《就业促进法》、《人才市场管理规定》、《就业服务与就业管理规定》等法律、法规、规章进行了修订，以与改革成果相衔接。大力推进人力资源市场条例制定工作，草案已面向有关部门和各省（区、市）人社厅（局）征求意见，立法思路进一步完善。各地加快制定人力资源市场管理地方性法规，山东省出台了《山东省人力资源市场条例》，2015年10月1日起施行。

会同工商等部门持续开展清理整顿人力资源市场秩序专项行动，严厉打击职业介绍领域各类违法违规行为，共检查用人单位11.6万户，职业中介机构1.5万家，查处违法案件7 017件，取缔非法职业介绍活动1 836件，吊销许可证36件，吊销营业执照44件，切实维护人力资源市场良好秩序。强化重点领域市场管理，制定下发了《关于进一步加强人力资源市场现场招聘会安全工作的通知》，明确了加强现场招聘会安全工作和落实安全责任、建立长效机制的具体措施。

加快推动人力资源服务标准化建设工作，《现场招聘会服务规范》和《人才测评服务业务规范》两项国家标准开始实行，《流动人员人事档案管理服务规范》、《人力资源培训服务规范》、《人力资源管理咨询服务规范》三项标准已报送国家标准委，预计不久将正式发布。按照人社系统窗口单位作风建设工作部署，采取调研座谈、明察暗访等方式，加强对公共就业和人才服务相关窗口单位作风建设工作的监督指导，不断提升窗口单位作风建设水平。

加强市场管理人员队伍建设，举办了全国人力资源市场建设与管理培训班，共培训各省（区、市）和新疆生产建设兵团及副省级市人力资源市场管理处室、公共就业和人才服务机构管理工作人员135人。

11月25日，人力资源社会保障部办公厅、国家发展改革委办公厅、公安部办公厅、财政部办公厅联合制定印发《关于做好人才集体户口管理服务工作的通知》（人社厅发[2015] 183号），对取消人才集体户口管理服务费后有关部门的职责进行明确，要求各级公共就业和人才服务机构继续为不具备落户条件的流动人员提供服务，不断简化流程，优化服务。

二、关于人力资源市场建设情况

人力资源市场整合改革不断深化，整合工作基本完成。2013 年 3 月，《关于加快推进人力资源市场整合改革的意见》（人社部发［2013］18 号）印发后，各地按照“五统一”要求，以整合资源、提高效率、深化改革、促进发展为重点，切实发挥市场在人力资源配置中的决定性作用，更好地发挥政府作用，健全人力资源市场管理制度，整合加强公共就业和人才服务，做了大量工作。2015 年 6 月，人力资源社会保障部办公厅下发了《关于开展全国人力资源市场整合改革专项督查工作的通知》（人社厅函［2015］206 号），决定在全国范围内开展人力资源市场整合改革专项督查工作。此次专项督查通过地方自查、工作调度、现场督查和情况通报相结合的方式进行，以进一步加快推进人力资源市场整合改革进程，推动实现“十二五”末基本完成市场整合改革的目标。目前，省、市、县三级基本实现了资源整合、业务贯通，80％以上区县整合设立或计划设立综合性公共服务机构，经营性服务分离改革不断推进，基本实现了“职能分开、机构分设、业务分离、分类管理”。

同时，积极推进专业性、行业性和区域性人力资源市场建设。2015 年 1 月，批复河北省依托省人力资源市场，成立中国华北家庭服务业人力资源市场，11 月市场正式启动运营，并成功举办了华北五省（区、市）家庭服务业对接洽谈会。这一举措推动了河北省乃至整个华北地区家庭服务业的拓展和升级，扩大了就业渠道，促进了人力资源合理流动和有效配置，满足了广大人民群众生活上的迫切需要。

三、关于促进人力资源服务业发展情况

出台促进人力资源服务业发展的政策文件。2014 年 12 月，人力资源社会保障部与国家发展改革委、财政部联合下发《关于加快发展人力资源服务业的意见》（人社部发［2014］104 号），首次从国家层面对发展人力资源服务业作出全面部署，明确了行业定位、发展目标和基本原则，对行业健康快速发展产生了积极而深远的影响。

推进人力资源服务业集聚发展。目前，已批复建成上海、重庆、中原（河南）、苏州、杭州、海峡（福建）、烟台、成都等 8 家国家级人力资源服务产业园区，一批适应当地产业特色的省级、市级产业园也陆续建立。各园区通过行业集聚，发挥园区在培育、孵化、展示和交易等方面的功能，有效地推动了人力资源服务业的多元化和集聚发展。

营造行业发展良好环境。进一步加强从业人员队伍建设，实施领军人才培养计划，举办人力资源服务机构经营管理人员培训班。发布《中国人力资源服务业发展报告（2014）》，引导行业发展。建立健全人力资源市场监测体系，逐步完善人力资源市场信息统计制度。支持人力资源服务行业协会发展，充分发挥行业协会作用。加大宣传力度，提升行业知名度、美誉度和社会影响力。

截至 2015 年年底，全国共设立各类人力资源服务机构 27 105 家，从业人员 450 541 人。从服务机构构成类别上看，县级以上地方政府人力资源社会保障部门（含其他行业管理部门）共设立公共就业和人才服务机构 5 753 家，占人力资源服务机构总量的 21.2％；国有性质人力资源服务企业 1 660 家，占 6.1％；民营性质人力资源服务企业 18 646 家，占 68.8％；外资及港澳台资性质的服务企业 222 家（其中港资、澳资、台资性质的服务企业分别为 106 家、1 家、6 家），占 0.8％；民办非企业等其他性质的服务机构 824 家，占 3.1％。从服务机构地区分布来看，东部地区人力资源服务机构 13 933 家，占总量的 51.4％；中部地区 4 314 家，占 15.9％；西部地区 7 082 家，占 26.1％；东北地区 1 776 家，占 6.6％。

截至 2015 年年底，全国各类人力资源服务机构共设立固定招聘（交流）场所 2.0 万个，建立人力资源市场网站 11 198 个。从经

营和发展情况看，2015 年全行业营业总收入 9 680 亿元（含服务外包等业务的代收代付部分 7 471 亿元），比上年增长 20.1%。

2015 年，全国各类人力资源服务机构共服务各类人员 60 189 万人次，比上年增长 23.1%。全国各类人力资源服务机构登记求职和要求提供流动服务的人员达 29 282 万人次。以学历层次分类，大专及以下学历的 19 460 万人次，占总量的 66.5%；本科学历的 8 398 万人次，占总量的 28.7%；硕士及以上学历的 1 424 万人次，占总量的 4.8%。2015 年，全国各类人力资源服务机构共帮助 15 011 万人次实现就业和流动，比上年增长 28.8%。

2015 年，全国各类人力资源服务机构共为 2 432 万家次用人单位提供了人力资源服务，比上年增长 10.0%。服务的用人单位中，国有企事业单位 180 万家次，占 7.4%；民营企业 1 724 万家次，占 70.8%；外资企业 286 万家次，占 11.8%；其他用人单位 242 万家次，占 10.0%。

2015 年，全国各类人力资源服务机构共举办现场招聘会（交流会）22.5 万场（其中，高校毕业生专场交流会 6.7 万场次，农民工专场交流会 6.2 万场次）；参会求职人员 11 283 万人次，比上年减少 6.29%；参会单位 705 万家次，比上年减少 2.44%；提供招聘岗位信息 10 379 万条，比上年减少 6.4%。2015 年，全国各类人力资源服务机构通过网络发布岗位招聘信息 24 640 万条，比上年增长 19.6%；发布求职信息 48 975 万条，比上年增长 18.0%。随着互联网等新技术的广泛使用，网络招聘和移动互联网络招聘蓬勃发展，受此影响，举办现场招聘会的次数、参会单位、求职人员都有一定程度的下降。

2015 年，全国各类人力资源服务机构为 28.3 万家用人单位提供了劳务派遣服务，比上年减少 13.0%；派遣人员 868 万人，比上年减少 7.0%；登记要求派遣人员 547 万人，比上年减少 11.0%。各类人力资源服务机构为 51 万家用人单位提供人力资源外包服务，比上年增长 4.6%。2014 年，劳务派遣暂行规定对用工单位作出了派遣用工比例不超过 10%的规定，近两年，用工单位使用劳务派遣的人数明显下降，同时更多的人力资源服务机构采用人力资源外包服务的形式向用人单位提供服务。

2015 年，全国各类人力资源服务机构为 212 万家用人单位提供人力资源管理咨询服务，比上年增长 13.8%。管理流动人员人事档案 7 330 万份，比上年增长 10.8%；依托档案提供工资调整、档案查阅、开具相关证明等服务 4 300 万人次，比上年增长 17.6%。举办培训班 26 万次，比上年增长 2.6%；培训人员 1 112 万人，比上年增长 6.0%。高级人才寻访（猎头）服务成功推荐选聘各类高级人才 103 万人，比上年增长 18.0%。

职业能力建设

2015年，面对繁重改革创新任务，职业能力建设工作坚持围绕中心、服务大局、突出重点、改革创新的工作思路，突出问题导向，创新政策措施，扎实推进各项工作，取得新进展。

一、召开全国职业能力建设工作暨全国百城技能振兴专项活动推进视频会

3月10日，人力资源社会保障部召开全国职业能力建设工作暨全国百城技能振兴专项活动推进视频会。汤涛副部长出席会议并作重要讲话。会议主要内容是深入学习贯彻党的十八届四中全会和习近平总书记有关讲话精神，落实全国人力资源社会保障工作会议部署，总结2014年职业能力建设工作，交流工作经验，分析面临的形势，部署2015年职业能力建设工作。会议明确指出，要坚持围绕中心、服务大局，以重大问题为导向，坚持依法行政，完善政策措施，努力完善技能人才培养、评价、选拔、使用、激励制度体系，推动职业培训、职业资格、技工教育等改革创新，深入开展高技能人才振兴计划、全国百家城市技能振兴等重大活动，力争实现世界技能大赛金牌零的突破。要大力推进高技能人才队伍建设，大规模开展职业培训，大幅度提高职业培训质量，推动技工院校新一轮改革发展，深化职业资格制度改革，加强职业能力建设基础工作。会议还对首批百城技能振兴专项活动进行了总结交流，并对推进第二批百城技能振兴专项活动作出部署。

二、深入实施国家高技能人才振兴计划，推进技能人才队伍建设

一是继续组织实施高技能人才振兴计划相关项目。会同财政部，完成80个国家级高技能人才培训基地和100个国家级技能大师工作室建设，中央财政共投入4.1亿元专项经费。组织开展焊接专业大师工作室带头人交流活动。推动各地落实技师培训补贴政策，加快高技能人才培养步伐。全年全国共有1 894万人次参加职业技能鉴定，其中1 539万人次获得职业资格证书，新增高技能人才365万人。二是组织世界技能大赛集训工作和参加在巴西举行的第43届世界技能大赛，获得5金、6银、4铜和11个优胜奖，实现了金牌零的突破，创造了我国参赛以来的最好成绩。三是组织开展2015年中国技能大赛，创新技能大赛组织模式，打造职业技能竞赛品牌。共开展国家级一类大赛5项、二类竞赛39项，推动各类职业技能竞赛活动蓬勃开展，全国上千万人次企业职工和院校学生参加竞赛活动，扩大了技能大赛的社会影响。

三、以农民工和高校毕业生为重点，大规模开展职业培训

一是落实党的十八届三中全会提出的“构建劳动者终身职业培训体系”改革任务和党的十八届五中全会提出的“推行终身职业技能培训制度”的要求，研究起草建立终身职业技能培训的相关文件，强化顶层设计，为进一步完善职业培训体系奠定基础。二是组织开展第二

批全国百城技能振兴专项活动等，继续实施高校毕业生技能就业专项行动，指导各地不断完善政策，健全制度，加大力度，扩大规模，提升质量，全年完成政府补贴性职业培训 1 908 万人次。三是按照国务院要求，在全国继续开展农民工职业技能提升计划——“春潮行动”，全年完成农民工职业技能提升培训 967 万人次。四是印发《关于进一步推进创业培训工作的指导意见》（人社厅发［2015］197 号），大力加强创业培训工作。组织开展创业培训师资选拔培训工作，完成西藏两期创业师资示范培训班。

四、认真贯彻全国职教会议精神，推动技工院校改革创新

一是提请国务院在相关文件中明确技师学院高级工班、预备技师班毕业生可参照高校毕业生享受就业补贴政策。与国务院扶贫办、教育部联合出台支持农村贫困家庭新成长劳动力接受职业教育的政策。会同财政部、教育部出台中职学校生均经费指导意见。二是制定出台《关于加强全国技工院校电子注册与统计信息管理系统使用工作的通知》（人社厅函［2015］226 号），进一步加强全国技工院校电子注册与统计信息管理系统使用和技工院校学生资助管理工作。召开技工院校资助管理座谈会，对各地落实好资助政策提出要求。组织开展资助政策落实情况专项核查工作，确保国家政策全面落实。三是认真组织实施相关项目。会同国家发改委实施中等职业教育基础能力建设项目，共有 72 所技工院校纳入项目范围，占当年项目总数的 17.5%。会同教育部、财政部完成中职示范校建设计划第二批示范校验收工作，启动第三批示范校验收工作。

五、创新技能人才培养模式，提高技能人才培养质量

一是深入推进一体化课程教学改革试点工作。召开技工院校一体化课程教学改革推进工作会议，对进一步推进一体化课程教学改革进行部署。印发汽车维修和计算机网络应用两个专业的《国家技能人才培养标准（试行）》和《一体化课程规范（试行）》，为构建国家技能人才培养标准体系框架探索经验。二是启动企业新型学徒制试点。会同财政部共同印发《关于开展企业新型学徒制试点工作的通知》（人社厅发［2015］127 号），开展“招工即招生、入企即入校、企校双师联合培养”的企业新型学徒制试点，在全国 13 省（区、市）启动试点工作。选择试点企业组织开展企业新型学徒制签约仪式。各地结合本地区实际情况，相继制定试点工作办法，建立与试点企业的联系制度，积极推动技工院校（培训机构）与企业对接，有效推进试点工作。三是开展职业培训包开发工作。完成职业培训包开发技术规程初稿，进一步规范职业培训的培养目标、培训要求、课程内容、培训方法和考核评估等内容，启动维修电工和餐厅服务员两个职业培训包试开发工作，验证技术规程的科学性和可行性。

六、规范职业资格认定，深化职业资格管理改革

一是经国务院批准，取消 76 项技能人员职业资格许可认定事项。二是按照《人力资源社会保障部关于开展职业资格清理整顿专项督查活动的通知》（人部函［2015］69 号）要求，组织开展职业资格清理整顿专项督查，对已取消和尚在组织实施的各类职业资格情况进行督促检查，完成职业资格清理整顿专项督查工作。三是印发《人力资源社会保障部办公厅关于停止美甲师职业资格考试鉴定发证活动的通知》（人社厅函［2015］316 号）和《人力资源社会保障部关于废止〈招用技术工种从业人员规定〉的决定》（人力资源社会保障部令第 26 号），进一步规范职业资格考试鉴定发证活动。四是开展职业资格框架体系研究，提出建立国家职业资格框架体系的思路，起草职业资格制度改革指导意见。五是研究建立职业资格目录清单管理制度，研究制定技能人员职业资格目录清单。六是研究制定《行业组织有序承接技能人员水平评价类职业资格具体认定工作实施办法》，推进“全国职业技能鉴定服务与监管平台”建设。

七、加强基础工作，提升工作能力

一是参与职业教育法执法检查和修订相关工作。参加全国人大组织的职业教育法执法检查工作，研究提出人力资源社会保障部职业教育法修订草稿。二是贯彻落实139名全国人大代表提出的《关于制定职业技能开发法的议案》精神，配合全国人大常委会法工委开展立法调研，共同完成调研报告。三是完成国家职业分类大典修订工作，颁布并出版《中华人民共和国职业分类大典（2015年版)》。四是组织开展职业资格改革、技工院校校长培训班，提升系统干部政策水平，提升技工院校校长能力。五是开发技工院校毕业生证书查询信息系统，提高信息化管理水平，提升公信力和权威性。六是组织各地、行业、企业推荐专家，组建职业能力专家智库。七是组织高技能人才、世界技能大赛相关人员出国（境）交流培训，开阔眼界，提高工作能力。组织开展第2届中国青年技能夏令营活动。

八、持续做好宣传工作，提升工作影响力

一是围绕高技能人才表彰、世界技能大赛、全国职业教育活动周、技工院校招生等重要活动，及时制作第十二届中华技能大奖获得者、中国技能大赛、世界技能大赛、技工院校招生宣传画并在公共场所张贴。在技工院校开学时，开展以“技能成就梦想”为主题的第一堂课活动，重点宣传世界技能大赛取得的成绩，引导技校学生树立技能成才的理想。二是创新宣传方式，配合中宣部对8名高技能人才先进事迹在中央媒体进行宣传。开通“技能中国”微信公众号，在《中国劳动保障报》开设职业能力建设专版，统筹利用各类媒体，开展“技能中国”、“走基层、技校行”等主题宣传活动，会同中央电视台制播《中国大能手》（第一季）大型职业技能竞技节目。与《焦点访谈》和《对话》栏目合作，专题宣传世界技能大赛和技能人才队伍建设情况。编辑《中国技能　圆梦巴西》、《扬威圣保罗》、《技能中国2015卷》，制作《百年追梦　技能兴国》宣传片。三是围绕职业资格改革进程，及时进行宣传引导。组织参加中国政府网“简政放权”系列在线访谈，对颁布新版职业分类大典、停止美甲师职业资格考试鉴定发证活动、废止原劳动保障部第6号令等进行了宣传引导，及时回应社会关注，营造良好的舆论氛围和社会环境。

军转安置

2015年，在党中央、国务院、中央军委领导下，经过各级党委、政府和军队各级组织共同努力，圆满完成3.7万余名军队转业干部安置任务，自主择业转业干部管理服务工作和军转干部教育培训工作不断探索创新，军转安置制度改革研究工作深入开展。

一、动员部署军队转业干部安置工作

（一）召开国务院军队转业干部安置工作小组会议。

4月14日，国务院军队转业干部安置工作小组会议在京召开。会议总结了2014年军转安置工作，研究了2015年工作安排。国务院军队转业干部安置工作小组组长、人力资源社会保障部部长尹蔚民主持会议并讲话。国务院军队转业干部安置工作小组副组长、人力资源社会保障部副部长何宪作工作报告。国务院军队转业干部安置工作小组副组长、总政治部主任助理崔昌军出席会议并讲话。国务院军队转业干部安置工作小组成员及成员单位负责同志参加会议。

（二）部署全国军队转业干部安置工作。

4月27日，召开2015年全国军队转业干部安置工作电视电话会议。会议贯彻落实第六次全国军转表彰大会精神，总结2014年军队转业干部安置工作，对2015年军队转业干部安置任务进行了全面部署。4位省市和军队的代表作经验交流发言。中共中央政治局委员、国务院副总理马凯，中央军委委员、总政治部主任张阳出席会议并讲话。国务院军队转业干部安置工作小组组长、人力资源社会保障部部长尹蔚民作工作报告。会议由国务院军队转业干部安置工作小组副组长、人力资源社会保障部副部长何宪主持。

会议指出，军转干部是党和国家的宝贵财富。做好军转安置工作，事关党和国家工作全局、事关改革发展稳定大局和国防军队建设，意义十分重要。要统筹兼顾、突出重点，进一步完善公平公正、科学合理的安置机制，树立正确安置导向。健全完善自主择业政策制度，加强就业创业培训服务，大力促进军转干部就业创业。加强舆论宣传引导，营造全社会关心支持军转工作的良好氛围。按照全面深化改革要求，深化军转安置制度改革，完善退役军官安置政策制度。

会议强调，军转安置工作是一项重要的政治任务，各地区、各部门、各单位要加强组织领导，严格落实责任，强化使命担当，严肃工作纪律，发扬优良传统，密切协调配合，不折不扣落实好中央关于军转安置工作的方针政策和规定。要按照“三严三实”要求，切实改进作风，继续推行“阳光安置”，坚决防止和纠正不正之风，满腔热情地做好军转安置各项工作。

国务院军队转业干部安置工作小组成员和成员单位相关司局负责同志，军队驻京大单位、武警部队政治部负责同志在中南海小礼堂主会场参加。各省（区、市）军转安置工作小组领导和成员、党委组织部负责同志、人社厅（局）和军转办主要负责同志，军队京外大单位政治部负责同志及转业办主要负责同志，各省军区（卫戍区、警备区）和武警部队负责同志及转业办主要负责同志在省（区、市）分会场参加。

各省（区、市）按照统一要求，相继召开军转安置工作会议，对本地区的军转安置工作进行动员部署。

5月22日，中央单位军队转业干部安置工作会议在京召开。会议传达了2015年全国军队转业干部安置工作电视电话会议精神，总结了2014年中央单位军转安置工作情况，部署了2015年接收650名军队转业干部的安置任务。国务院军队转业干部安置工作小组副组长、人力资源社会保障部副部长何宪出席会议并讲话。中央和国家机关各部委，各直属机构、事业单位、人民团体，各中央企业干部（人事）部门负责同志参加。

二、全面落实军队转业干部安置工作各项任务

（一）计划分配军队转业干部安置工作。

5月29日，国务院军队转业干部安置工作小组、中央组织部、中央机构编制委员会办公室、人力资源社会保障部、财政部、总政治部、总后勤部七部门联合下发《关于下达2015年军队转业干部安置计划的通知》（国转联［2015］3号），对2015年度军队转业干部安置工作提出具体要求。《通知》明确，根据国防和军队建设需要，2015年全军（含武警部队）共有3.7万余名干部转业地方工作，其中计划分配2.4万余名，自主择业1.3万余名。《通知》强调，要全面落实2015年全国军队转业干部安置工作电视电话会议的部署要求，严格执行《军队转业干部安置暂行办法》（中发［2001］3号）和《关于进一步做好军队转业干部安置工作的意见》（中发［2007］8号）及其配套文件的规定，扎实做好军转安置各项工作，确保中央关于军转安置工作的方针政策落到实处。《通知》要求，各省（区、市）要加强对军转安置工作的组织领导，按照规定的时间节点有序推进安置工作，9月底前落实计划分配军队转业干部定岗定位，向部队发出军队转业干部和随调家属报到通知，11月底前完成年度安置任务。

截至12月底，2015年度军队转业干部安置任务顺利落实，2.4万余名计划分配军队转业干部得到妥善安置，近8 000名师团职干部得到重点安置，功臣模范以及长期在艰苦边远地区和特殊岗位工作的军转干部得到照顾安置。2015年，中央单位共接收安置军转干部687名，超额完成年度安置任务。

（二）自主择业军队转业干部安置工作。

各省（区、市）军转办、自主择业管理服务机构根据安置计划，接收安置了1.3万余名自主择业军转干部，顺利完成档案接收、待遇保障、扶持就业等任务。至此，全国累计接收安置自主择业军转干部15万余名，中央财政累计发放退役金700多亿元。

5月6日，国务院军队转业干部安置工作小组、人力资源社会保障部、财政部、总政治部联合印发《关于调整自主择业军队转业干部基本退役金和生活补贴标准以及地区生活津贴实施范围的通知》（国转联［2015］1号），按照移交地方安置的军队退休干部退休费调整情况，调整了自主择业军转干部基本退役金和生活补贴标准以及地区生活津贴实施范围。5月14日，在内蒙古呼和浩特组织召开自主择业工作会议，部署退役金调整工作。7月初，各省（区、市）退役金调整和补发全部落实到位。

5月19日，国务院军队转业干部安置工作小组办公室、人力资源社会保障部办公厅、财政部办公厅、总政治部干部部联合印发《关于贯彻落实国转联［2014］8号文件有关问题的处理意见》（国转办联［2015］2号），对各地在处理受刑事处罚的自主择业军转干部待遇中遇到的若干具体问题，进行了明确。

7月底，在辽宁大连组织召开全国自主择业军转干部就业创业工作会议，贯彻落实国务院关于推动“大众创业、万众创新”的部署和要求，交流、宣传自主择业军转干部就业创业工作经验，研究进一步做好自主择业军转干部

就业创业工作的思路和措施。

委托人力资源社会保障部相关职能单位进行自主择业管理服务工作平台开发建设，开展了系统建设、征求意见、修改测试等工作，经初步审核，平台基本具备运行基础。8月3日至8日，组织军转工作政策及信息系统运行维护培训班，对各地运用信息平台进行自主择业管理服务工作进行了系统培训，同时作了政策指导和相关业务培训。根据各省（区、市）在培训中提出的问题，再次对平台进行了修改和测试，为2016年试运行奠定了基础。

12月23日，国务院军队转业干部安置工作小组、人力资源社会保障部、财政部、总政治部联合印发《关于调整自主择业军队转业干部退役金和艰苦边远地区津贴标准的通知》（国转联［2015］6号）、《关于进一步做好自主择业军队转业干部退役金发放工作有关问题的通知》（国转联［2015］7号），对自主择业军转干部退役金和艰苦边远地区津贴标准进行了调整，对退役金发放程序进行了规范，对发放管理工作提出了明确要求。

（三）军队转业干部教育培训工作。

进一步推进军转教育培训科学化、制度化和规范化，同时，按照深化军转安置制度改革相关要求，研究推动军转教育培训工作改革发展。

前移培训和适应性培训扎实开展，从回应军转干部关心关切的问题入手，积极组织开展政策宣讲活动，全国共开展政策宣讲活动480余场次，编发各类政策宣讲资料3.8万余份。共有3.6万余名军转干部报名参加前移培训网络课堂，占当年军转干部总数的95%。适应性培训实现了全覆盖。

计划分配军转干部培训与安置工作融合共进，将教育培训与安置紧密结合起来，更加注重提升岗位需要的履职能力和素质，实效性和针对性进一步增强。全国计划分配军转干部上岗前专业培训参训率达98%。

自主择业军转干部培训以人为本不断创新，针对自主择业军转干部多元化的需求，开展以就业创业培训为重点的多种类型的“订单式”培训。7月16日至17日，在辽宁丹东召开全国自主择业网络培训工作会议，会议确定将自主择业网络培训学习期限由3年调整为无期限，实现了提供终身学习服务的目标，新增报名人数6 300人，参训总人数达到了3.1万余人。

11月5日至6日，在江苏徐州成功召开全国军转干部教育培训工作经验交流会，总结推广了送军转干部进高校培训1年的“徐州模式”典型经验，提出要从开发好、使用好、保障好的角度出发，树立勇于创新、统筹协调、以人为本、开放共享的新思维新理念，拿出新举措，实现军转教育培训工作新发展。

三、军转安置制度改革研究深入开展

按照中央军委改革办的要求，组织开展退役军人管理保障改革研究，提出了顶层设计初步框架思路和方案。按照党的十八届四中全会部署的“畅通具备条件的军队转业干部进入法治专门队伍的通道”改革任务，会同相关部门组织研究论证工作，形成了加强政法部门接收安置军转干部工作的具体意见。启动军队裁减员额30万期间军队转业干部安置政策研究工作，成立领导小组，深入开展调研，着手拟定相关政策措施。

专业技术人才工作

2015年，专业技术人才工作认真贯彻党的十八大，十八届三中、四中、五中全会精神和习近平总书记关于人才工作重要指示精神，充分发挥政府人才工作综合管理部门职能作用，全面推进人才规划纲要和专业技术人才队伍建设规划实施，突出抓好重大政策制定和重大工程实施，加强高层次专业技术人才队伍建设，着力推进重大制度改革，破除制约人才发挥作用的体制机制障碍，不断完善服务平台与措施，建立健全面向全体专业技术人才的公共服务体系。

一、政府人才综合协调工作扎实推进

一是积极推进人才发展体制机制改革。落实中央要求，研究起草《关于分类推进人才评价机制改革的指导意见》。配合中组部研究制定《关于深化人才发展体制机制改革的意见》。研究制定加强基层专业技术人才队伍建设的意见。二是加强部内人才工作综合协调。组织召开2015年部人才工作领导小组会议，制定印发部2015年人才工作要点，指导推动人社系统贯彻落实国家人才发展规划。配合行业主管部门实施各专项人才规划，统筹推进各类人才队伍建设。三是编辑印发部《人才工作信息》24期。四是举办第七期全国专业技术人才工作骨干培训班。

二、高层次人才选拔培养工作有序实施

一是配合中组部实施“万人计划”。落实第一、二批百千万工程领军人才支持经费，遴选推荐65名哲学社会科学领军人才候选人选，开展青年拔尖人才支持计划综合评议工作。二是开展2015年国家百千万人才工程选拔工作。选拔395名工程国家级人选，举办3期百千万人才工程国家级人选专题研修班和3期百千万人才工程创新讲坛。三是经国务院常务会议审议通过，确定了2014年享受政府特殊津贴人员4 914名。开展政府特殊津贴人员调查统计、特贴项目绩效评价和津贴款拨发等工作。四是推进实施万名专家服务基层行动计划。遴选实施102项专家服务基层示范项目；遴选设立首批20个国家级专家服务基地。五是举办专家工作政策暨专家管理软件培训班。六是组织实施西部和东北地区高层次人才援助计划，遴选实施31个示范项目。

三、职称改革工作稳步推进

一是稳步推进职称制度改革。经国务院同意，中小学教师职称制度改革在全国全面推开。研究提出深化职称改革的总体思路，组织开展重点课题研究。出台《关于进一步改革完善基层卫生专业技术人员职称评审工作的指导意见》。二是按照国务院推进简政放权职能转变优化服务的有关要求，在前三批取消149项职业资格许可和认定事项的基础上，报请国务院分两批取消了123项职业资格许可和认定事项。至此，国务院取消的职业资格达到272项，占国务院部门设置职业资格总数的44%。三是加强职业资格实施监管。集中治理“挂证”问题，研究建立职业资格目录清单管理制度。四是有序推进行业协会、学会承接职业资格具体认定工作。五是组织实施37项专业技术人员资格考试，开展人事考试工作人员警示教育专项行动。

四、留学人员回国工作力度不断加大

一是完善政策措施。贯彻落实习近平总书记重要批示精神，研究上报引进和用好海外人才的政策措施。印发《关于做好留学回国人员自主创业工作有关问题的通知》，研究制定加强留学人员回国创新创业服务工作的政策。配合有关部门开展《外国人在中国工作管理条例》、《关于加强新形势下引进外国人才工作的意见》起草工作，落实《关于加强外国人永久居留服务管理的意见》。二是实施引才工程。配合中组部开展第十一批“千人计划”相关工作，完成第十二批“千人计划”创业平台申报评审工作。部署实施留学人员科技活动项目择优资助、留学人员回国创业启动支持计划、高层次留学人才回国资助、海外赤子为国服务行动计划等项目，投入4 600余万元，资助513项留学人员科研项目、66家留学人员初创企业、20名高层次留学人才、32项为国服务活动。加强对各地为国服务活动的支持和指导，全年共组织吸引各类海外人才回国（来华）服务达3.6万多人次，1.9万个项目与人才、资金实现对接。三是加强服务体系建设。召开留学人员回国服务工作部际联席会议、第二届省部共建留学人员创业园协作会议。充分发挥中国留学人员回国服务联盟和中国留学人员回国创业专家指导委员会作用，组织开展2015年度“最具成长潜力的留学人员创业企业”推介活动，举办留学人员回国创业高级研修班、创业导师走进留学人员创业园活动，为留学人员提供全方位的创业指导和服务。新设省部共建留学人员创业园3家，截至2015年年底，省部共建留学人员创业园总数达46家，全国留学人员创业园总数达321家，入园企业超过2.4万家，6.7万名留学人员在园创业。

五、以博士后制度30周年为契机推动制度改革完善

一是开展纪念中国博士后制度实施30周年系列活动。召开中国博士后青年创新人才座谈会和全国博士后工作会议。李克强总理接见参会代表并发表重要讲话，马凯副总理参加座谈会。二是提请国务院印发《国务院办公厅关于改革完善博士后制度的意见》（国办发［2015］87号）。三是新设650个博士后科研工作站。四是开展博士后科研流动站、工作站综合评估工作。对2015年度博士后综合评估优秀的博士后科研流动站、博士后科研工作站和博士后管理工作者予以通报表扬。取消一批不合格站点。五是会同财政部调整博士后日常经费标准，由5万元/人·年提高到8万元/人·年。六是深入开展博士后国际交流与学术交流。继续实施博士后国际交流计划、“香江学者计划”和中德博士后交流计划。组织开展24场全国博士后学术交流活动。

六、专业技术人员继续教育工作深入发展

一是出台《专业技术人员继续教育规定》（人力资源社会保障部令第25号），配套印发了《人力资源社会保障部办公厅关于贯彻实施〈专业技术人员继续教育规定〉的通知》、《人力资源社会保障部办公厅关于进一步加强专业技术人员公需科目继续教育工作的通知》。二是深入实施专业技术人才知识更新工程。指导各地各部门完成急需紧缺人才培养培训和岗位培训117万人次，遴选资助国家级高级研修项目300个，培训2.1万名高层次专业技术人才，新建20个国家级专业技术人员继续教育基地，开展专业技术人才知识更新工程中期评估。三是开展新疆、西藏特培工作。选拔520名新疆、西藏少数民族专业技术人才到内地和疆内进行特殊培养和实践锻炼，组织3期赴新疆、1期赴西藏的专家服务团活动。四是加强继续教育公共服务体系建设。建设继续教育网络服务平台，编辑出版首批公需科目教材，参与举办国际继续工程教育协会2015年年会暨继续工程教育在线学习国际研讨会。

事业单位人事管理

一、深入贯彻落实《事业单位人事管理条例》

一是《事业单位人事管理条例》配套政策法规建设持续推进。按照《事业单位工作人员申诉规定》(人社部发[2014]45号)的有关规定，起草了《事业单位工作人员申诉办案规则》。就奖励的权限等问题进行深入的研究论证，在听取基层事业单位工作人员意见的基础上，进一步修改完善《事业单位工作人员奖励规定》。4月，召开事业单位工作人员考核规定工作座谈会，就《事业单位工作人员考核规定》听取部分中央国家机关和省市人社厅(局)的意见。在全国范围内开展《事业单位工作人员处分暂行规定》执行情况专项调研，研究起草了《事业单位工作人员处分暂行规定》政策解释，进一步规范事业单位处分工作。修改完善《事业单位工作人员竞聘上岗规定》。二是抓好事业单位工作人员培训工作。6月、8月、9月分别在北京、秦皇岛、贵州举办事业单位人事制度改革培训班，共培训全国事业单位人事管理干部700余人，围绕新形势下进一步深化事业单位人事制度改革的目标任务，重点讲解、宣传《事业单位人事管理条例》和聘用合同、岗位管理、公开招聘以及申诉、处分等方面的政策规定。三是完成事业单位人事管理相关统计工作。联系160多家中央单位及31个地方事业单位人事管理部门，收集全国事业单位人员统计数据，形成全国事业单位人员统计数据库。

二、继续做好事业单位聘用制度和公开招聘制度推行工作

一是在全国范围内开展了整治事业单位公开招聘突出问题专项行动，共清查认定公开招聘违纪违规行为421起，核实处理应聘人员495名，严肃追究37名领导干部和招聘工作人员责任。根据督查情况，形成了关于整治事业单位公开招聘突出问题专项行动情况报告。二是研究起草了《关于进一步扎实做好事业单位公开招聘工作的意见》和《事业单位公开招聘违纪违规行为处理办法(暂行)》。三是对黑龙江、内蒙古、青海等艰苦边远地区县以下事业单位“招人难”问题进行专题调研，研究起草了《关于进一步加强和改进艰苦边远地区县乡事业单位公开招聘工作的意见》。四是会同教育部起草了《关于进一步加强和改进中小学教师公开招聘工作的意见》。

三、岗位设置管理工作持续推进

一是岗位设置方案的备案核准和变更工作有序开展，截至10月底，全国事业单位岗位设置核准备案率超过95%，与20多家中央单位交流事业单位岗位设置方案变更的相关事宜。二是配合深化国有林场改革，会同国家林业局出台《国有林场岗位设置管理指导意见》(人社部发[2015]54号)，合理确定了国有林场管理岗位、专业技术岗位和森林管护培育等林业技能岗位比例，并针对各地国有林场的不同情况，以及国有林场实际特点和承担的主要任务，进一步明确不同类型国有林场的岗位

结构比例。三是就县以下事业单位建立管理岗位职员等级晋升制度试点工作与中组部干部一局组成联合调研组，分赴吉林省桦甸市、江西省九江县、广东省珠海市香洲区、甘肃省礼县和河北省廊坊市固安县、山东省威海市文登区进行实地调研，听取拟试点地区和基层事业单位工作人员的意见，撰写相关调研报告，开展统计测算工作，起草了《关于在县以下事业单位建立管理岗位职员等级晋升制度的试点意见》。四是进一步修改完善事业单位专业技术一级岗位实施工作相关配套文件和《事业单位特设岗位设置管理指导意见》。

四、牵头完成中央交办的重要任务

一是完成机关事业单位“吃空饷”问题专项治理工作。2015 年 1 月下旬至 2 月上旬，会同中组部、中央编办、财政部、审计署 4 部门组成 10 个督查组，对 20 个省（区、市）和 9 个中央单位的治理工作进行了督查。2 月 16 日，向国务院报送了《关于集中治理机关事业单位“吃空饷”问题阶段性工作情况的报告》，7 月 16 日，会同相关部门向国务院报送《关于全国机关事业单位“吃空饷”问题集中治理工作总结的报告》。为巩固集中治理工作成果，起草了《关于建立机关事业单位防治“吃空饷”问题长效机制的意见》。二是落实中央编委会议部署，研究提出妥善解决机关事业单位编外用人问题的政策思路，形成调研报告。

五、牵头做好事业单位改革和行业体制改革有关工作

一是配合中央编办做好分类推进事业单位改革有关工作。二是贯彻落实国务院深化种业体制改革有关部署，会同农业部出台《关于鼓励种业骨干科技人员到种子企业开展技术服务的指导意见》（人社厅函［2015］28 号），在有关种业科研机构和高等院校先行先试过渡性、特殊、宽松的种业人才流动政策。三是配合发改委、国管局等部门完成中央国家机关公务用车制度改革工作，牵头做好涉改司勤人员安置工作，完成 124 家中央事业单位的司勤人员安置方案批复；参与审批各省（区、市）车改实施方案，牵头各省（区、市）司勤人员安置方案审核工作。四是配合国家发展改革委等 9 部门起草《党政机关和国有企事业单位培训疗养机构改革指导意见》，牵头起草了《关于党政机关和国有企事业单位培训疗养机构改革中人员安置工作的指导意见》。五是参与研究制定行业协会、商会与行政机关脱钩总体方案及配套文件。六是做好医药卫生体制改革工作，配合卫生计生委牵头会签全面推进县级公立医院综合改革实施意见和城市公立医院综合改革试点指导意见，参与会签农村订单定向免费医学生培养工作意见，参与促进社会资本办医、改革药品医疗器械审批审评制度、分级诊疗等改革文件的研究。七是配合中宣部、科技部参与文化、科技体制改革相关文件研究制定工作。

公务员管理

2015年，公务员管理部门认真贯彻落实党的十八大和十八届三中、四中、五中全会精神，深入贯彻习近平总书记系列重要讲话精神，按照全国组织工作会议、全国人力资源社会保障工作会议和全国公务员管理工作会议部署，围绕中心、服务大局，积极推进改革创新，各项工作进展顺利，成效明显。

一、公务员职位管理工作

（一）公务员分类改革持续深化。

加快推进公务员分类管理制度建设，在前期工作基础上，结合中央有关新精神新要求，进一步修改完善《专业技术类公务员管理规定（试行）》、《行政执法类公务员管理规定（试行）》及配套办法，并多次组织召开地方、部门座谈会以及专家论证会深入听取意见建议。11月，人力资源社会保障部、中组部部务会审议通过两个《规定》。

（二）人民警察分类管理取得新进展。

按照中央司法体制改革决策部署，贯彻落实习近平总书记重要指示精神，结合《中央全面深化公安改革若干重大问题的框架意见》有关要求，人力资源社会保障部、国家公务员局会同中组部、公安部对人民警察分类管理改革进行专门研究，在深入调研论证、广泛征求意见的基础上，研究起草了公安机关执法勤务警员、警务技术职务序列改革试点方案。12月9日，中央全面深化改革领导小组第十九次会议书面审议并原则同意两个试点方案。

（三）县以下机关公务员职务与职级并行制度进展顺利。

《关于县以下机关建立公务员职务与职级并行制度的意见》印发后，配合有关部门研究制定相关配套政策，指导各地开展县以下机关公务员职务职级并行制度实施工作。

（四）积极推进公开遴选和公开选调工作。

中央机关继续组织开展公开遴选和公开选调公务员工作。政策措施不断完善，在职位设置上更加突出机关用人实际，选人用人上更加强调职位的匹配性，组织实施上更加注重优化工作程序。中央机关各部门和基层公务员参与公开遴选的积极性进一步提高，公开遴选规模不断扩大。2015年，中央机关54个部门共拿出400个职位进行遴选和选调（其中遴选职位380个），职位数量较上年增长58.1%，是历年来最多的一次。公开遴选和公开选调工作5月发布公告，6月在北京等17个考点城市组织进行了笔试。考试根据类别和层次分别命制三套试卷。面试实行“一职一卷”，由各选调、遴选部门根据职位特点自主命题，或采取“3＋X”方式确定面试题本，部分单位还根据需要组织进行了职位业务水平测试。考察原则上按照2∶1的比例差额进行，全面考察人选的德才表现、工作实绩和群众口碑，根据考察情况和职位要求确定人选。最终，50家中央机关共遴选327人，选调7人。为了帮助遴选和选调人员顺利完成角色转变，12月举办了2015年中央机关公开遴选和公开选调公务员培训班。

（五）积极开展借调人员管理专题调研。

按照领导批示要求，就机关借调人员工作，召开部分中央国家行政机关座谈会，会同中组部、中编办召开地方有关省（区、市）座谈会，听取部门及地方有关借调工作的情况和建议。在此基础上，研究起草了《关于严格规范借调人员管理工作的通知》。

二、公务员考试录用工作

（一）认真落实有关改革任务。

一是积极推进公安机关人民警察招录培养制度改革。会同公安部及有关部门制定出台了《关于加强公安机关人民警察招录工作的意见》和《关于公安院校公安专业人才招录培养制度改革的意见》，更好地体现人民警察的职业特点，适应公安队伍正规化、专业化、职业化建设的要求。顺利开展从2015年公安院校公安专业应届毕业生中录用公务员试点工作和特殊专业人才招录试点工作。二是贯彻落实《关于做好艰苦边远地区基层公务员考试录用工作的意见》，积极采取措施，适当降低艰苦边远地区公务员进入门槛，山西、河南、四川等25个省（区、市）和新疆生产建设兵团制定印发了具体实施办法，艰苦边远地区招人难问题得到有效缓解。三是会同有关部门推动落实“健全从政法专业毕业生中招录人才的规范便捷机制”改革任务，参与研究起草《关于招录人民法院法官助理、人民检察院检察官助理的意见》。

（二）不断完善考录制度规定。

会同中组部印发《公务员录用面试组织管理办法（试行）》，进一步规范公务员录用面试工作，加强面试组织管理。会同中组部开展《公务员录用考试违纪违规行为处理办法（试行）》修订工作，并面向社会公开征求意见。会同中组部、国家卫生计生委开展公务员录用体检标准及操作手册修订工作。对2015年地方公务员考试录用工作情况、招考职位空缺情况进行调研分析，形成报告。

（三）积极推进考录科学化。

草拟《公务员分类分级考录框架方案》，提出按照综合管理类、行政执法类、专业技术类三类职位分别实施考试录用的初步方案。对试题公开问题和申论阅卷流程优化问题进行深入研究，开展面试试题试后分析工作，总结面试命题工作经验。积极开展考录课题研究，完成4项课题结题工作，并启动6项新研究课题。加强面试考官培训，共培训中央机关面试考官1 100人。

（四）夯实考录工作基础。

印发2015年行政机关公务员考试录用工作要点，召开全国行政机关公务员考试录用工作座谈会，部署全国考录工作。举办地方考录工作人员培训班，加强考录工作人员队伍建设，不断提高考录工作人员业务能力和水平。强化考试安全管理，细化考务组织，加强与公安、工信等部门的协调配合，严厉打击考试作弊行为，净化考试环境，确保了考试平稳顺利实施。做好公务员招考宣传工作，制定宣传方案，加强正面引导，密切关注舆情，营造良好的舆论氛围。提升服务考生的能力和水平，开展政策宣讲，引导考生理性报考。健全全国考录系统信息交流机制，及时通报、共享各地重点工作情况，完善全国公务员录用考试违纪违规人员信息库。

（五）平稳顺利完成各项公务员招考工作。

2015年，中央机关及其直属机构计划录用公务员和机关工作人员22 267名，报名人数205.7万人，通过资格审查人数140.9万人，比2014年度减少7.5%，参加公共科目笔试人数89.5万人，实际录用20 269人，占录用计划数的91%。录用人员中，中央一级机关1 504人（其中中央党群机关370人），中央机关设在地方的直属机构（含省、市、县三级）18 765人。指导各地做好2015年公务员招考工作，共招录17.3万人。会同中央政法委、中组部等部委部署指导22个省（区、市）和新疆生产建设兵团开展政法干警招录培养体制改革试点工作，共计划招录5 577人。指导各地做好从2015年度武警部队反恐分队退役士兵等人员中录用公安机关人民警察工作。

三、公务员考核奖励工作

（一）公务员考核工作逐步完善。

一是完善公务员考核制度。贯彻落实《干部教育培训工作条例》，会同中组部印发《关于将公务员参加脱产培训情况记入年度考核表有关问题的通知》（组厅字［2015］51号），进一步将公务员教育培训情况纳入年度考核。二是大力推进公务员平时考核工作。全面推进《关于深入开展公务员平时考核试点工作的通知》的贯彻落实，会同中组部干部一局（公务员管理办公室）进行专题调研并举办了中央和国家机关公务员平时考核工作专题培训班。举办中、日、韩考核制度国际研讨会。在《中国组织人事报》连续刊发18个先进单位的典型做法。截至2015年年底，27个省（区、市）出台了推动平时考核的文件，平时考核试点、联系点达1 200多个，形成了各级各类都有示范点、都有先进典型的生动局面。

（二）公务员奖励工作更加规范。

一是争做人民满意公务员活动深入开展。推动各地开展“人民满意公务员示范单位”和“人民满意公务员示范岗”创建活动。会同中组部干部一局（公务员管理办公室）赴甘肃兰州召开表彰会，追授甘肃省临洮县人民政府原县长柴生芳同志全国“人民满意的公务员”荣誉称号。通过《人民公仆》杂志等宣传人民满意的公务员和集体的先进事迹。二是规范公务员奖励工作。制定公务员奖励方案审核和年度考核备案工作规范，审核50个部委的公务员定期奖励方案，审核卫生计生委等5个部门及时奖励方案，向中央和国家机关发放公务员奖励证书5 613本、奖章775枚。10月，会同公安部印发《公安机关人民警察奖励条令》。

（三）国家表彰奖励工作制度建设取得突破。

一是推动中国特色功勋荣誉表彰制度建设。认真贯彻落实习近平总书记关于健全国家勋章和国家荣誉称号制度的重要批示精神，配合中共中央办公厅起草《中共中央关于建立健全党和国家功勋荣誉表彰制度的意见》；配合全国人大常委会法工委起草《中华人民共和国国家勋章和国家荣誉称号法》，于2015年12月27日审议通过。积极推进文艺评奖制度改革，配合有关部门推动出台《关于全国性文艺评奖制度改革的意见》。二是建立健全困难劳模帮扶机制。认真落实李克强总理批示要求，深入调研，会同有关部门研究起草了《国务院办公厅关于做好省部级以上劳模困难帮扶工作的通知》。三是圆满完成第一次以党中央、国务院名义开展的全国劳动模范和先进工作者评选表彰工作，共审核表彰2 968名人选。四是认真做好部级荣誉称号表彰奖励工作。严格执行部级荣誉称号表彰计划申报审批制度，先后联合28个部门，表彰2 127名先进个人和1 298个先进集体。会同有关部门研究撤销了部分违法违纪人员的荣誉称号。

（四）评比达标表彰工作进一步规范。

一是继续深入开展评比达标表彰项目清理工作。根据国务院机构改革和职能转变方案部署，2015年取消了10个评比达标表彰项目，共分五批取消或下放118个项目，基本完成集中清理评比达标表彰活动工作任务。对保留项目目录进行清理并向社会公布，接受社会监督。公布的保留项目总数为3 579项，比2011年的4 220项减少641项，精简率为15.2%。二是严格开展项目审核。从严控制奖项设置，2015年共批复41个地区和部门设立调整项目205项，比2014年的414项减少了50.5%。从严控制表彰周期、名额、奖励标准，明确因处置突发事件获得表彰的个人一般不享受劳模待遇。三是强化政策指导和监督检查。进一步明确总量控制、严格规范的原则，指导各地区各部门规范开展评比达标表彰活动，对6个地方报中央备案的规范性文件进行了审核，提出意见建议。严肃查处和纠正6个地区、部门和社会组织违规开展的7项评比达标表彰活动。四是会同有关部门规范开展表彰活动。会同江苏省委、省政府等开展了南京青奥会表彰，会同国家卫生计生委等部门开展埃博拉出血热疫情防控工作表彰，共表彰先进集体182个、先进个人445名。

（五）综合管理工作有序进行。

为体现党和政府对先进模范的关心关爱，牵头组织全国近千名先进模范参加纪念抗日战争胜利70周年阅兵观礼，分别在海南、四川、云南、江西4省组织开展省部级以上荣誉称号获得者休假疗养，113名先进模范参加。分别开展各省（区、市）和新疆西部民族地区考核奖励业务骨干培训班，约390人参加培训，推动了考核奖励干部队伍能力建设，提升了考核奖励工作科学化、规范化水平。

四、公务员培训与监督工作

（一）公务员思想政治建设和职业道德工程不断推进。

一是坚持把公务员的思想政治建设放在首位，全面开展中央重要会议精神、习近平总书记系列重要讲话精神培训，深入开展中国特色社会主义理论学习和社会主义核心价值观教育，公务员政治理论培训和理想信念教育进一步加强。二是深入开展职业道德培训与实践活动，完成全国职业道德轮训任务。推动各地各部门广泛开展形式多样的主题教育实践活动，教育引导广大公务员践行职业道德，牢固树立群众观点、切实转变工作作风、引领社会道德风尚、树立政府良好形象。三是着力推进公务员职业道德建设工程。通过召开座谈会、实地调研、咨询专家、网上征集建议等方式，广泛听取各地各部门、专家学者和服务对象的意见建议。会同中组部共同研究修改《关于推进公务员职业道德建设工程的意见》（稿），建立健全公务员职业道德建设长效机制。

（二）公务员培训的质量和效益进一步提高。

一是圆满完成全年培训任务。围绕能力提升主线，突出问题导向，注重培训实效，公务员初任培训、任职培训、专门业务培训和在职培训、对口培训、宪法和法律学习培训等重点培训工作有序推进。全年国家公务员局本级共举办培训班58期，培训公务员4 000余人。其中，中央机关新录用公务员初任培训共有来自94家单位的1 199名公务员参加，并举办公务员先进模范事迹报告会暨新录用公务员宣誓仪式。研究加强基层公务员培训的政策措施，推动基层公务员培训深入开展。二是增强培训实效。开展培训需求调研，精确设定各类培训主题，提高培训内容的针对性、有效性。全国初任培训统一部署、统一要求、统一内容，规范宣誓誓词，参训率连续多年100%。紧密围绕“如何做一名让人民满意的公务员”主题，以提高新录用公务员适应机关工作能力为重点，主题鲜明，内容丰富。任职培训中，围绕公仆意识、全面深化改革的形势与任务、领导素质和能力提升三大模块，对中央机关和地方司处级领导干部进行培训，培训内容针对性强，务实管用。深入开展对口培训，全年共举办16个专题42期培训班，培训公务员2 622人，为提高公务员队伍能力素质作出了积极贡献。同时，结合西藏、新疆跨越式发展和长治久安、促进四省份藏区经济社会又好又快发展需要设计培训内容，为上述地区举办15期主题培训班，培训骨干公务员1 000余人，加强了西藏、新疆、新疆生产建设兵团和四省份藏区公务员队伍的能力建设和作风建设。三是培训方式方法不断创新。逐步加大案例教学、现场教学、体验式教学、典型示范教育、研讨交流等教学方式方法的比重，提高参训公务员的积极性，不断提高各类培训效果。采取“送教上门”等方式，不断完善对口培训工作，加大对革命老区、民族地区、边疆地区、贫困地区的支持力度。加强培训规范管理，做好培训方案的审核把关。开展培训质量评估，进一步提高培训效益。四是培训基础建设不断加强。进一步修改加强公务员初任培训的意见稿和培训大纲。研究探索统一管理、统一标准、分级培训的任职培训模式。不断完善公务员培训课程体系，修订充实培训教材。落实《公务员特色实践教育基地管理办法》，新建北京（中关村）公务员特色实践教育基地。加强师资队伍管理，建立健全公务员培训兼职教师管理制度和兼职教师及校外导师师资管理网络平台。开展中央国家机关和地方公务员培训管理者培训，提高培训管理者综合素质和专业化水平。

（三）公务员培训工作的总体规划和宏观指导不断加强。

一是认真总结“十二五”公务员培训工作，通过召开座谈会、发放调查问卷等形式，充分听取各地各部门意见建议。二是启动行政机关公务员培训“十三五”规划纲要的论证起草工作，深入研究今后五年公务员培训工作思路和举措。三是加强对各地各部门培训工作的业务指导。开展培训计划备案，以工作动态信息、会议等形式组织交流公务员培训工作情况，推动各地各部门提升培训工作水平。

（四）公务员纪律惩戒和申诉工作顺利推进。

一是完善纪律惩戒政策法规体系，加强对公务员的监督管理。会同中组部等部门制定出台《关于进一步做好机关事业单位工作人员受处分和被采取强制措施后工资待遇处理工作的通知》（组通字［2015］17号），深入研究公务员离职就业限制、公务员处分决定和解除处分决定备案等相关政策，公务员监督管理的政策措施不断健全。二是依法开展公务员申诉工作，制定印发《公务员申诉案件办案规则（试行）》（人社厅发［2015］165号），促使公务员申诉案件办理更加规范化、制度化。调整中央机关公务员申诉公正委员会及其办公室组成人员，召开委员会全体会议。积极推动各地各有关部门公务员申诉公正委员会组建，截至2015年11月，已有25个省（区、市）组建了省级公务员主管部门的申诉公正委员会。三是加强工作人员队伍建设。通过举办培训班、以案释法、研讨交流等方式，着力提升工作人员能力，不断提高惩戒和申诉工作水平。四是认真履行有关联席会议成员单位职责，研究制定相关工作指导意见和政策措施。

五、公务员综合管理工作

（一）公务员统计工作。

按照中组部、人力资源社会保障部、国家公务员局联合印发的《关于2014年公务员统计年报工作有关事项的通知》（组通字［2014］41号）部署，在集中审核各地区各部门上报的2014年度公务员统计年报表基础上，汇总编印了2014年全国公务员统计资料。按照中组部、人力资源社会保障部、国家公务员局联合印发的《关于2015年全国公务员统计工作有关事项的通知》（组通字［2015］45号）要求，明确了2015年度公务员统计年报表的报送时间和相关要求，全面部署了2015年度公务员统计工作。

（二）参照公务员法管理工作。

依法做好事业单位参照管理审批和日常管理工作，指导各地处理好参照管理审批的遗留问题。做好参照公务员法管理工作与事业单位分类改革有机衔接的相关准备。根据《中共中央　国务院关于分类推进事业单位改革的指导意见》（中发［2011］5号）的精神，与中组部、中编办积极沟通协调，为参照公务员法管理工作与事业单位分类改革有机衔接做好相关准备。

（三）重大会议。

1月20日，中组部、人力资源社会保障部、国家公务员局在京召开全国公务员管理工作会议。会议全面贯彻党的十八大和十八届三中、四中全会精神，深入贯彻习近平总书记系列重要讲话精神，总结2014年工作，分析面临形势，安排部署2015年工作。中组部常务副部长陈希出席会议并讲话，中组部副部长、人力资源社会保障部部长尹蔚民主持会议，人力资源社会保障部副部长、国家公务员局党组书记、局长信长星作会议总结。国家公务员局党组成员、副局长卢雍政、吴云华、陈刚出席会议。各省（区、市）和副省级城市党委组织部、政府公务员局负责同志，中央和国家机关各部委、领导机构、各人民团体干部人事部门负责同志参加会议。

7月17日至18日，国家公务员局召开年中务虚会。会议主题是围绕“四个全面”战略布局，深入学习贯彻习近平总书记系列重要讲话精神和中央有关指示精神，总结上半年工作，部署下半年任务，分析研究公务员管理工作面临的改革形势和当前重点、难点问题，推动公务员管理工作再上新台阶。人力资源社会保障部副部长、国家公务员局党组书记、局长信长星出席会议并讲话。国家公务员局党组成员、副局长卢雍政、吴云华、陈刚出席会议并发言。各省（区、市）及新疆生产建设兵团公务员局负责同志、公务员局全体同志参加会议。

12月16日，国家公务员局召开年底务虚会，深入学习贯彻党的十八届五中全会精神，结合推动重点改革任务落实和解决公务员管理工作重点难点问题，总结2015年工作亮点，分析面临的新情况新问题，谋划“十三五”时期和2016年工作思路。人力资源社会保障部副部长、国家公务员局党组书记、局长信长星主持会议。国家公务员局党组成员、副局长卢雍政、吴云华、陈刚出席会议。公务员局全体同志参加会议。

养老保险

一年来，在部党组的统一部署和领导下，以研究完善养老保险顶层设计方案和实施机关事业单位养老保险制度改革为重点，迎难而上，攻坚克难，全面推进养老保险工作，基本完成各项工作任务。

一、养老保险制度改革研究取得进展

形成养老保险制度改革总体方案和3项具体方案（完善个人账户、全国统筹、渐进式延迟退休年龄）初稿。按照国务院领导同志的要求，会同养老保险顶层设计部际研究小组成员单位，广泛听取有关部门、地方和专家学者的意见建议，对改革方案涉及的重大问题不断深入研究论证并逐步取得共识。

二、全力推进机关事业单位养老保险制度改革

按照国务院《关于机关事业单位工作人员养老保险制度改革的决定》（国发［2015］2号）的统一部署，全力推进改革工作。一是由国务院召开电视电话会议，对贯彻落实工作作出部署。二是制定出台配套政策。陆续印发了职业年金办法、实施意见等文件，进一步明确了相关具体政策和操作办法。三是集中组织开展宣传培训。采取政策发布、印发宣传提纲、权威解读、专家访谈等方式，集中开展宣传，凝聚社会共识，为改革顺利实施营造良好舆论氛围。举办了四期专题培训班，对地方和中央国家机关相关人员进行了培训。四是督导各地加快工作进度。通过下发明传电报、召开片会、调研等方式，督导各地做好实施办法的起草工作并抓紧报人社部、财政部备案。全国31个省（区、市）和新疆生产建设兵团的实施办法均已在2015年年底前完成备案。

三、基本养老保险制度覆盖人数稳步增加

继续以非公有制企业、个体工商户、灵活就业人员和农民工参保为重点，养老保险覆盖人数快速增加。截至2015年年底，全国参加城镇职工养老保险人数35 361万人，较2014年年底增加1 237万人，同比增长3.6%。其中，参保职工26 220万人，参保离退休人员9 140万人，分别比2014年年底增加689万人和547万人，同比增长2.7%和6.4%。进一步加强基金征缴，基本养老保险基金规模继续扩大。2015年，全国城镇职工基本养老保险基金总收入29 250亿元，比上年增长15.6%。基金总支出25 799亿元，比上年增长18.6%。基金累计结余35 244亿元。

四、继续确保基本养老金按时足额发放

会同财政部分配拨付中央财政对地方养老保险补助资金，2015年全年中央财政补助地方养老保险基金3 573亿元（含新疆生产建设兵团），比2014年增加547亿元。2015年9月底，会同财政部提前下达2016年中央财政一般性转移支付资金和2016年做实个人账户补助资金，为确保2016年基本养老金按时足额发放打下基础。

五、稳步提高待遇水平

从2015年1月1日起，按照上年度月人

均基本养老金10%的标准，采取定额调整、挂钩调整与适当倾斜相结合的办法，实现连续11年调整企业退休人员基本养老金。全国7 974万名企业退休人员基本养老金得到调整，调整后月人均基本养老金达到2 200多元。从2014年10月1日起，全国30余万名企业离休人员比照机关事业单位离休人员离休费调整标准提高基本养老金。

六、会同相关部门制定出台军队退役人员养老保险转移接续政策

贯彻实施《社会保险法》和《军人保险法》，结合机关事业单位养老保险制度改革，会同财政部、总参谋部、总政治部、总后勤部联合印发《关于军人退役基本养老保险关系转移接续有关问题的通知》（后财［2015］1726号）和《关于军人职业年金转移接续有关问题的通知》（后财［2015］1727号），改革完善了军人退役养老保险制度，实现了军地政策的顺畅衔接，维护了军人的养老保险权益。

失业保险

2015年，失业保险工作认真贯彻落实党的十八届三中全会提出的增强失业保险制度预防失业、促进就业功能，积极进取，锐意改革，扎实推进支持企业稳定就业岗位和降低失业保险费率政策落实，进一步完善失业保险保障民生、稳定就业、促进就业政策体系，服务经济社会发展大局成效明显。

一、失业保险支持企业稳定岗位政策效应初步显现

经国务院同意，2014年11月，人力资源社会保障部、财政部、发展改革委、工业和信息化部印发了《关于失业保险支持企业稳定岗位有关问题的通知》（人社部发［2014］76号），规定兼并重组、化解产能过剩、淘汰落后产能等产业结构调整的企业依法参加失业保险，上年度未裁员或裁员率低于统筹地区城镇登记失业率的，可享受不超过上年度实际缴纳失业保险费50%的稳岗补贴。2015年年初，国务院印发《关于进一步做好新形势下就业创业工作的意见》（国发［2015］23号），将失业保险基金支持企业稳岗政策实施范围由兼并重组企业、化解产能过剩企业、淘汰落后产能企业等三类企业扩大到所有符合条件的企业。各地高度重视，认真贯彻落实，及时出台配套文件，细化申请流程，加强协调配合、健全工作机制，广泛宣传，主动服务，积极推动政策落实。2015年，全国向近9万户企业发放稳岗补贴105亿元，惠及职工1 729万人。稳岗补贴政策使企业切实感受到政府的关心和支持，提高了企业履行稳定就业岗位社会责任的积极性，深受企业和职工的欢迎。

二、降低失业保险费率政策落地生效

经国务院同意，2015年3月，人力资源社会保障部、财政部印发了《关于调整失业保险费率有关问题的通知》（人社部发［2015］24号），决定自2015年3月1日起，将失业保险总费率由3%降至2%，单位和个人缴费具体比例由各省、自治区、直辖市人民政府确定。各地及时制定实施办法，快速调整参保信息系统，积极克服困难，使政策尽快落地。2015年共为企业和职工减轻缴费负担280亿元以上。降低失业保险费率体现了国家对企业和职工的关心，既降低了企业经营成本，也在一定程度上增加了职工收入。

三、失业保险制度建设不断加强

一是积极推进《失业保险条例》修订工作。对修订《失业保险条例》涉及的重点难点问题多次听取地方、相关部门、部内单位和专家的意见，并多次与财政部沟通协调。在听取各方面意见的基础上，进一步修改完善《失业保险条例》修订草案并上报国务院。二是指导东部7省（市）进一步规范试点支出项目，在确保失业保险待遇正常发放的基础上，加大失业保险促进就业力度，为稳定就业局势发挥积极作用，也为构建失业保险预防失业、促进就业政策体系积累了实践经验。

四、失业保险制度运行平稳

2015年，全国失业保险参保人数保持小

幅增长，年末全国失业保险参保人数 17 326 万人，比上年年末增加 283.4 万人，增长 1.7%；其中，参保农民工 4 218.9 万人，占参保总人数的 24.4%。

失业保险基金运行平稳可持续。全年失业保险基金收入 1 367.8 亿元，同比减少 0.9%。其中，失业保险费征缴收入 1 245.7 亿元，同比减少 39.4 亿元，下降 3.1%。全年基金支出 736.4 亿元，同比增加 121.7 亿元，增长 19.8%。其中，保障失业人员基本生活支出 338.9 亿元，占基金总支出的 46%；农民合同制工人劳动合同期满未续订或者提前解除劳动合同的一次性生活补助支出 23.1 亿元，占基金总支出的 3.1%；用于职业培训和职业介绍两项补贴、东部 7 省（市）扩大基金支出范围试点以及稳岗补贴支出 354.7 亿元，占基金总支出的 48.2%；其他支出和转移支出 19.7 亿元，占基金总支出的 2.7%。年末基金累计结余 5 083 亿元。

失业人员基本生活保障水平进一步提高。2015 年，全国有 456.8 万人领取了不同期限的失业保险金，比上年增加 34.8 万人。年末领取失业保险金人数 226.8 万人，比上年年末增加 19.6 万人。全年共为 71 万名劳动合同期满未续订或者提前解除劳动合同的农民合同制工人支付了一次性生活补助。失业保险金发放水平进一步提高，失业人员月人均领取失业保险金 960.3 元，比上年增加 108.2 元，增长 12.7%。

五、失业监测预警工作稳步推进

继续加强对全国 31 个省（区、市）和新疆生产建设兵团的 336 个城市共 33 651 户企业用工情况的监测，采取措施优化监测企业样本结构，提高监测数据质量，加强数据分析应用，为各级政府分析就业形势和宏观决策提供参考。同时，积极稳妥推进失业预警试点工作，指导 9 个地区探索开展失业预警试点，在完善预警指标体系、探索预警方法、建立失业应急预案等方面取得了阶段性成效。

六、失业保险经办管理服务水平不断提升

切实加强失业保险基金会计核算和财务管理，健全内控制度，强化基金日常监管。科学编制和严格执行基金预算，强化基金预算约束，提高基金收支的规范性和使用效益。进一步完善失业保险统计指标体系，加强统计分析，提高上报统计数据的及时性、准确性。切实做好联网数据上报工作，建立健全失业保险联网数据督报机制以及数据上报情况通报制度，不断提高数据质量。指导各地进一步加强失业保险经办机构能力建设，不断提高管理水平和服务质量。组织开展业务培训，提高工作人员的政策水平和业务素质。加强失业保险基层服务平台建设，充实工作力量，保障工作经费，提高失业保险公共服务水平。

七、继续做好淘汰落后产能、化解产能过剩和兼并重组企业职工安置工作

作为化解钢铁煤炭行业过剩产能部际联席会议成员，积极配合国家发展改革委、工业和信息化部等部门，指导地方把握好产业结构调整中职工安置的力度和节奏，加强对岗位流失严重的地区和企业重点监控。同时，继续指导督促各地做好淘汰落后产能、化解产能过剩和企业兼并重组中的职工劳动关系处理、社会保险关系接续转移和再就业等工作。对工作任务重、涉及人员多、稳定压力较大地区进行调研，及时解决工作中的问题。

医疗保险

2015年，各级人力资源社会保障部门深入贯彻党的十八大以来党中央、国务院一系列决策部署，扎实有序开展工作，基本完成当年和“十二五”时期各项工作任务。

一、圆满完成扩面计划，基金运行总体平稳

截至12月底，城镇基本医保参保人数66 582万人，比上年年底增加6 835万人。其中，职工医保参保人数28 893万人，比上年年底增加597万人；居民医保参保人数37 689万人，比上年年底增加6 238万人。

全年基本医疗保险基金收入11 134亿元，比上年增长14.9%，支出9 304亿元，比上年增长14.4%，基金运行总体平稳。其中，职工医保基金收入9 084亿元，支出7 532亿元；居民医保基金收入2 109亿元，支出1 781亿元。

二、财政投入力度不断加大，保障水平稳步提高

2015年，各级财政对城乡居民医保参保补助水平提高到每人每年380元，个人缴费每人每年不低于120元。从了解的情况看，职工医保政策范围内住院医疗费用基金支付水平普遍达到80%左右，城镇居民医保政策范围内住院医疗费用支付水平达到70%左右，统筹基金最高支付限额分别达到当地职工年平均工资和居民可支配收入的6倍，保障水平稳步提高。

三、全面实施城乡居民大病保险

贯彻落实《国务院办公厅关于全面实施城乡居民大病保险的意见》（国办发［2015］57号），召开视频会进行部署，建立定期调度机制，组织开展专项督导，指导地方全面推进城乡居民大病保险。截至2015年年底，大病保险制度已全面建立，所有地市启动并覆盖所有居民医保参保人员，待遇基金支付比例达50%以上。实施大病保险后，大病患者医疗费用基金支付比例提高10个百分点左右，有效减轻了大病患者的高额医疗费用负担。

四、推进城乡居民基本医疗保险制度整合

在国务院医改领导小组下，与有关部门共同组成专题工作组，研究起草整合城乡居民基本医疗保险制度的意见，经中央全面深化医改领导小组审议通过。同时，指导地方积极探索医疗保险城乡统筹，取得了积极成效。截至2015年年底，全国有9个省份在全省范围、其他省份有39个市（地）在全市范围、42个市（地）在部分区县开展了城乡统筹，共涉及参保人员31 685万人。

五、完善进城落户农民参加城镇医保和各类人员转移接续政策

按照中央深改任务要求，与发展改革委、财政部、卫生计生委联合印发《关于印发〈关于做好进城落户农民参加基本医疗保险和关系转移接续工作的办法〉的通知》（人社部发［2015］80号），完善了进城落户农民参加城镇医疗保险的制度规定，规范了各类人员医保关系转移接续办法，明确了有关个人医保权益保障措施。

六、完善医保定点医药机构协议管理

按照国务院简政放权的要求，取消地方医疗保险定点医药机构资格审查事项。适应新的管理方式需要，印发《关于完善基本医疗保险定点医药机构协议管理的指导意见》（人社部发［2015］98号），对调整管理重点，由重准入转变为重管理，就进一步完善服务协议管理等提出了明确要求，保证定点管理工作平稳衔接。

七、加强医疗保险服务管理

大力推进省内异地就医费用联网结算。目前，职工和城镇居民医保已基本实现市级统筹，北京、天津、上海、重庆4个直辖市和海南、西藏2个省（区）实行了省级统筹，多数市级统筹地区已经实现了市域范围内医疗费用即时结算。除甘肃、西藏外，全国其他省份都建立了省内异地就医结算系统，27个省份基本实现全省范围医疗费用直接结算。

全面推进基本医疗保险医疗服务智能监控。印发《关于全面推进基本医疗保险医疗服务智能监控的通知》（人社厅发［2015］56号），指导地方全面应用医疗服务智能监控系统，近50%的统筹地区已开展监控工作。依法加大反欺诈工作力度，会同公安部联合下发《关于加强社会保险欺诈案件查处和移送工作的通知》（人社部发［2015］14号），明确医保监管与司法执法衔接的问题。

工伤保险

2015年工伤保险工作深入贯彻习近平总书记系列重要讲话和党的十八大和十八届三中、四中、五中全会精神，按照全国工伤保险工作座谈会部署，紧紧围绕贯彻《社会保险法》和《工伤保险条例》，坚持问题导向，创新工作方法，各项工作取得积极进展。

一、依法全面推进工伤保险扩面工作

以逐步实现职业人群全覆盖为工作目标，继续依法全面推进各类用人单位参加工伤保险。重点贯彻人力资源社会保障部与住房城乡建设部等四部门共同印发的《关于进一步做好建筑业工伤保险工作的意见》（人社部发[2014] 103号），着力推进建筑业参保扩面工作。

一是印发《关于开展建筑业“同舟计划”——建筑业工伤保险专项扩面行动计划的通知》（人社厅发［2015］43号），启动实施“同舟计划”。目标用三年左右时间基本实现建筑业从业人员全员参加工伤保险，2015年的工作目标是新开工项目全部参加工伤保险，巩固已参保的在建项目参保成果，并努力将未参保的在建项目纳入保障范围。二是重点部署，加强指导。通过召开专题视频会议，开展专题政策培训等，明确政策重点，提出工作要求，并在全国工伤保险工作座谈会上进行集中调度。督促指导地方抓紧制定配套政策和工作方案，指导解决地方实践中的矛盾和问题。三是细化配套政策措施。结合建筑业的用工特点和参保方式，制定《建筑业按项目参加工伤保险经办规程（试行）》、《关于规范建筑业按项目参加工伤保险统计方法的通知（试行）》等配套政策，统一建筑企业经办操作程序，明确了建筑项目参保统计办法。四是会同有关部门做好政策文件的督查落实工作。8月、9月期间与住建、安监等部门分赴8个省份开展重点督查。12月，配合全国政协开展监督性调研，推进相关工作的落实。同时，各地积极研究探索公务员参加工伤保险办法，已有16个省份将公务员纳入工伤保险制度之中。

截至2015年12月底，全国参加工伤保险总人数为21 432万人，比上年年底增加793万人，超额完成了“十二五”2.1亿人的扩面目标。其中农民工参保7 489万人，事业单位参保2 790万人。建筑施工企业参加工伤保险人数为1 284万人，其中农民工813万人。2015年全国工伤保险基金收入754亿元，同比增长8.6%；基金支出599亿元，同比增长6.8%。2015年，全国共有202万人享受工伤保险待遇。

二、切实做好降低工伤保险费率工作

落实党的十八届三中全会“适时适当降低社会保险费率”和2015年国务院政府工作报告中降低工伤保险费率的要求，根据“总体降低、细化分类、健全机制”的原则，会同财政部联合印发《关于调整工伤保险费率政策的通知》（人社部发［2015］71号）和《关于做好工伤保险费率调整工作进一步加强基金管理的指导意见》（人社部发［2015］72号）。自2015年10月1日起，对工伤保险费率政策进行调整完善，降低工伤保险费率，总体来看，政策平均费率由1%左右降至0.75%左右。具体到不同的行业，在与原费率政策基准费率可比的86个行业中，有74个行业的基准费率标准降低，占到86%。细化分类，根据不同行业的工伤风险程度，将行业工伤风险类别由原来的三类细化为八类。健全机制，要求各地通过准确确定用人单位适用的行业分类，科学确定工伤保险行业基准费率具体标准，定期进行单位费率浮动。全面建立并规范工伤保险基金储备金制度，规范和提高工伤保险基金统筹层次等多项举措，进一步加强工伤保险基金管理。工伤保险费率政策的调整将为促进经济社会平稳发展发挥积极作用。

三、做好相关政策标准研究和完善工作

一是研究起草《关于执行〈工伤保险条例〉若干问题的意见（二）》，研究妥善解决工伤保险实际工作中的问题，提高工伤保险政策的公平性和可操作性。二是印发《工伤康复区域示范平台标准（试行）》，完善区域性工伤康复示范平台建设相关标准。三是委托相关科研机构开展建筑行业工伤保险参保政策实施评价研究，按照建筑行业参保工作的部署，对各地建筑业参保政策的落实情况进行跟踪和评价，为进一步做好建筑业工伤保险工作打好基础，提出政策建议。四是研究起草《关于推进工伤保险基金省级统筹的指导意见》，在总结已实施工伤保险基金省级统筹地区工作经验的基础上，提出“六统一”和“五统一、一调剂”两种工伤保险基金省级统筹模式，将在进一步征求意见、修改完善后印发，用以指导“十三五”时期工伤保险基金省级统筹工作。五是启动《职工非因工或因病丧失劳动能力程度鉴定标准》的修订工作，研究完善相关标准。

四、创新做好工伤保险政策宣传工作

以建筑业参加工伤保险为宣传重点，充分运用传统媒体和网络新媒体，积极开展政策宣传工作。2015年4月21日，推出“中国工伤保险”微信公众号，作为进行长期工伤保险政策宣传的网络新媒体平台，定期推送相关政策信息、各地工作经验、案例评析、工作动态、工伤预防知识等。截至2015年年底，已经推送了34期，共171条，持续关注人数达30多万人，累计阅读量达196万余次。4月21日至7月31日，利用“中国工伤保险”微信公众号组织开展“工伤保险知识微信竞答”活动，并通过“微信抢红包”的形式对部分全部答对的人员进行奖励，吸引更多社会公众参与答题，关注“中国工伤保险”微信公众平台。这不仅在全国人力资源社会保障系统是首次采用，在腾讯公司服务的政务部门中也是首开先河，该活动已被腾讯公司列入政务服务典型案例在全国推广。最终共有276.5万人次参与了全国“工伤保险知识微信竞答”答题。各地也开展了形式多样的宣传活动，据统计，集中宣传活动开展期间，各地共发送工伤保险公益短信1 015余万条，印发各类宣传资料1 210余万份，深入企业宣传4.2万余次，约190万人参加并接受了现场咨询活动，广播电视对工伤保险集中宣传的报道信息累计近1万条，还举办了各类工伤保险政策法规业务培训班3 000余次，累计接受培训的人数达65万人。同时，继续抓好日常宣传，指导劳动保障报社编发了12期工伤保险宣传专版，并将相关信息公开在部门网站上，继续加强部门网站建设。

五、扎实做好工伤保险其他业务工作

一是继续发挥工伤保险部门协调机制的作用，与有关部门就工伤保险政策难点以及工伤认定中的疑难问题进行研讨和协商，为进一步完善工伤保险有关法律政策问题打好基础。二是继续推进工伤预防试点工作。总结工伤预防试点城市（地区）的经验做法，分两次召集51个试点地区总结交流经验做法，通过印发试点地区工作经验通报，以及将各地宣传品刻制光盘发送等方式指导推进工伤预防试点。三是加强劳动能力鉴定管理工作。围绕2014版新劳鉴标准的实施，开展了各级劳鉴专家业务培训。组织召开了部分地区劳鉴机构专题座谈

会，研讨推进劳动能力鉴定工作的科学化、规范化和制度化建设。四是继续加强工伤康复服务体系建设。按照社会保障“十二五”规划纲要要求，本着严格标准、审慎稳妥、分步实施、宁缺毋滥的原则，组织专家评估，遴选确定了首都医科大学附属北京康复医院、上海市养志康复医院（上海市阳光康复中心）、广东省工伤康复医院（广东省工伤康复中心）和重庆西南医院为第一批区域性工伤康复示范平台。五是组织工伤保险业务培训班和工伤保险职业康复培训班，对各地近200名工伤保险工作人员进行培训。六是积极参与了同法国、奥地利等国的双边社保协定谈判工作。参加了人力资源社会保障部与国际劳工组织共同举办的《社会保障（最低标准）公约》研讨会。与德国工伤保险同业总会签署了第四期合作备忘录。

生育保险

2015年，各级人力资源社会保障部门按照目标任务要求，稳步推进生育保险工作，各项工作取得积极进展。

一、生育保险制度运行平稳

截至12月底，全国生育保险参保17 771万人，比上年年末增加732万人，其中机关859万人、事业单位2 262万人、企业14 177万人、其他人员474万人。全年生育保险基金收入502亿元，同比增长12.5%；基金支出411亿元，同比增长11.8%；当期结余90亿元，累计结存684亿元。

享受生育保险待遇人数逐年增加，待遇水平不断提高。全年享受生育保险待遇642万人次，比上年增加29万人次，增长率4.7%。人均待遇为16 456元，其中人均医疗费4 198元。

二、降低生育保险费率

为应对经济下行压力，减轻企业负担，按照国务院部署，2015年7月人力资源社会保障部、财政部发布《关于适当降低生育保险费率的通知》（人社部发［2015］70号），提出生育保险基金累计结余超过9个月待遇支付额的统筹地区，将生育保险费率降低至不高于用人单位工资总额的0.5%。要求在确保生育保险待遇落实到位的前提下，通过调整费率，将统筹地区生育保险基金累计结余控制在合理水平。截至2015年年末，符合降费率条件的25个省份所辖的394个统筹地区已将费率调整到参保单位职工工资总额的0.5%以下。

三、完善生育保险政策

为配合国家全面放开“二孩”人口政策的调整，应对地方反映的突出问题，加紧研究生育保险政策与计划生育政策衔接问题。部分地区根据生育保险工作出现的新情况、新问题，进一步规范生育保险政策。江苏省下发了《关于建立生育保险费率动态调整机制的意见》，建立费率动态调整制度，加强生育保险基金费率管理，提高基金使用效率。福建省下发了《关于印发福建省职工生育保险关系转移接续办法的通知》，规范生育保险关系转移接续业务经办流程，方便参保职工享受生育保险待遇。

四、研究生育保险和基本医疗保险合并实施发展思路

认真贯彻落实党的十八届五中全会精神，按照《中共中央关于制定国民经济和社会发展第十三个五年规划的建议》提出的“生育保险和基本医疗保险合并实施”的要求，开展相关基础研究工作。通过召开地方、部内相关单位参加的座谈会等形式，研讨生育保险政策难点问题。加强与财政部、卫生计生委等有关部门沟通，共同为推动两项保险合并实施工作创造条件。

城乡居民基本养老保险

一、完成城乡居民基本养老保险制度整合任务

指导推动各地积极贯彻落实《国务院关于建立统一的城乡居民基本养老保险制度的意见》(国发［2014］8号)。全国各省、自治区、直辖市和新疆生产建设兵团均出台了统一城乡居保政策文件，制定下发了新的经办规程，完成了信息系统调整，实现了新农保和城居保制度整合。截至2015年年底，全国所有县级行政区均出台了制度整合的实施办法，全面建成制度名称、政策标准、管理服务、信息系统“四统一”的城乡居保制度。

二、城乡居民参保缴费积极性和待遇水平进一步提高

截至2015年年底，城乡居保参保人数达50 472万人，超额完成4.99亿人年度参保计划指标。2015年1月，经国务院同意，人社部、财政部印发通知，从2014年7月起将城乡居保基础养老金最低标准从55元/月提高到70元/月。到2015年7月底，全国所有地区都将提高后的基础养老金补发到位，发放率100%。另有27个省份、2 500多个县级政府根据本地实际提高了地方基础养老金水平。截至2015年年底，参保居民年人均缴费超过220元，人均月养老金水平超过110元，其中人均月基础养老金超过100元，与“十二五”新农保试点初期相比，人均缴费和待遇水平均实现倍增。

三、稳步推进被征地农民社会保障工作

一是深入开展工作调研，总结各地创新做法和实践经验。二是举办会议和培训，明确推进改革的思路、调度情况，研究问题，凝聚共识，推动各地开展工作。三是指导农村土地征收制度改革试点县开展工作，派出调研组前往试点县专题调研，并组织3个试点县所在省、市、县人社部门负责人相互实地调研和经验交流。

四、积极开展城乡居民基本养老保险宣传工作

一是组织开展了《全面深化改革进行时——城乡居保工作巡礼》宣传活动，在《中国劳动保障报》上陆续发表先进单位和个人深度采访报道十多篇。二是设计了一套六张包含城乡居保政策要点的张贴画，免费向各地基层发放21 750套。三是印制了口袋书《城乡居民基本养老保险制度百问百答》，免费发放至贫困地区、民族地区和西部地区。四是做好人力资源社会保障部党员干部现代远程教育专题教材制播工作。2015年中组部对2014—2015年度制播的教材进行评奖，人力资源社会保障部制作的《指尖上的技能》获一等奖，《枣园里的梦——农民漫画家张新江社保情》和《天涯引路人》获三等奖。2015年制作的《服务最后一公里　保障最远一家人——新源县委书记贾伊生的民生账本》在共产党员网播出，被中组部选为优秀县委书记培训班学习教材。

社会保险经办管理

2015年是“十二五”的收官之年。面对复杂的经济社会形势，在党中央、国务院正确领导下，人社系统奋发有为，圆满完成了社保工作各项任务。制度改革取得新突破：机关事业单位养老保险改革启动，基本养老保险基金投资管理办法出台，医疗保险城乡统筹加快推进，全民参保计划全力推进，实施建筑业参加工伤保险“同舟计划”。各项社会保险参保人数继续增加，各项保险待遇水平继续提高，基金收支运行平稳，基金规模继续扩大。社保经办规范化、信息化、专业化建设继续推进，服务体系建设不断取得新突破。整个“十二五”时期，是我国社会保障制度改革力度最大、事业发展最快的五年，也是广大人民群众最为受益的五年。

一、改革力度持续加大，社会保障框架基本建立

社会保险法律、法规的实施，标志社保体系建设全面进入法制化进程。新农保和城居保从试点到全覆盖，并统一为城乡居民基本养老保险制度，完成了社保体系构架的最后拼图。改革机关事业单位养老保险制度，社保体系公平性建设迈出重大步伐，养老保险形成了职工和居民两大制度平台。三大医保制度全面建立、不断完善，我国从此走进全民医保时代。修订后的《工伤保险条例》的实施，构建了更加有力的安全保障机制。养老关系转移接续、城乡养老制度衔接政策实施，将分散的制度编织成全国性的安全保障网，基金投资管理办法出台并即将启动实施，统筹城乡的中国特色的社会保险体系框架全面建立。

二、实施全民参保计划，覆盖范围不断扩大

全面解决国有企业老工伤问题，集中解决未参保集体企业在职人员和退休人员的养老保障问题，以及关闭破产企业退休人员和困难企业职工医疗保障等历史遗留问题。以实现社会保险全覆盖和精确管理为目标，启动实施全民参保计划，五项险种覆盖范围不断扩大。“十二五”末，基本养老、基本医疗、失业、工伤、生育保险参保人数分别达到85 833万人、66 582万人、17 326万人、21 432万人、17 771万人，分别较2010年增长138.5%、53.9%、29.5%、32.6%、44.1%。基本医疗保险已基本实现全覆盖，基本养老保险覆盖80%以上。

三、待遇水平逐步提高，公民共享发展成果

从2005年到2015年，连续11年调整企业退休人员基本养老金，由2004年的每月人均647元提高到2015年的2 200多元，比2010年增长65%，待遇水平明显提高。从2014年7月1日起，首次提高全国城乡居民基本养老保险基础养老金最低标准，从月人均55元提高至70元，2015年超过100元。职工和城镇居民医疗保障水平持续提高，政策范围内住院费用基金支付比例分别达到80%和70%左右。工伤、失业和生育保险待遇水平也都随工资增长和社会经济发展得到提高。

四、强化基金管理，安全性显著提高

2015年，五项保险基金收入合计4.6万

亿元，合计支出3.9万亿元，累计结余5.9万亿元，分别是2010年的2.4倍、2.6倍和2.5倍。进一步强化基金预算管理，不断提升预算编制水平，量化预算执行考核。基金监督制度不断完善，通过推动基金监管软件联网应用，提高了基金监管效率。加强调度、督导、交流和培训，全面推进医疗保险智能监控工作，不断完善功能，优化规则，提高监控效果。组织开展社会监督试点，建立惩防并举机制，推动社保欺诈入刑，做好《中华人民共和国刑法》第266条解释的宣贯落实，依托信息技术，深化部门合作，强力推进社会保险反欺诈工作。

五、经办体系建设加快，管理服务能力明显提升

最突出的一点就是社会保险经办管理服务“三化”建设不断推进。标准化建设提质增速，“十二五”规划确定的34项标准全面启动，17项标准颁布实施，“基地孵化、试点带动、先行引领”的标准化工作格局基本形成。信息化建设加快发展，金保工程一期顺利完成，二期立项启动，覆盖全国、联通城乡、纵向到底、横向到边的人力资源社会保障信息网络初步形成，统一、高效、安全的信息系统应用支撑平台基本建立。“电子社保”示范城市建设加快推进，信息技术在经办领域广泛应用，网上经办、掌上社保、自助服务等新业务模式加快普及。截至2015年年底，全国社会保障卡持卡人数达到8.84亿人，较2010年增加7.81亿人。专业化建设进一步加强，实施百千万人才队伍建设工程，加强系统培训，五年仅部本级培训4 867人次，经办系统专业化水平明显提高。

社会保险基金监督

2015 年，社会保险基金监督工作以科学化、规范化为导向，坚持围绕中心、服务大局、改革创新，加强制度建设，强化依法监督，推进基本养老保险基金保值增值，有力维护和促进了社会保险基金安全。

一、推进基金监管制度建设

一是养老保险基金投资运营。国务院印发《基本养老保险基金投资管理办法》（国发［2015］48 号），成立部际工作小组，制定工作方案，明确任务分工，会同财政部、社保基金会等部门研究草拟资金归集、管理合同、机构选聘、信息披露等配套文件。二是社会保险欺诈查处移送。会同公安部联合下发《人力资源社会保障部　公安部关于加强社会保险欺诈案件查处和移送工作的通知》（人社部发［2015］14 号），29 个省（区、市）和新疆生产建设兵团转发或出台实施意见；会商公安部门建立查处和防范社会保险欺诈工作联席会议制度，健全行政执法和刑事司法衔接机制。三是职业年金和企业年金。研究起草《职业年金基金管理暂行办法》，征求相关部门、各省（区、市）人社厅（局）和部内相关职能单位意见，积极推动文件出台；结合形势发展和工作需要，研究修订《企业年金基金管理机构资格认定暂行办法》（2004 年劳动保障部令第 24 号）。

二、开展基本保险基金监督工作

一是开展专项检查。根据《人力资源社会保障部办公厅关于开展 2015 年养老保险基金检查工作的通知》（人社厅发［2015］60 号）要求，全国 21 个省份开展了机关事业单位养老保险基金检查，16 个省份开展了企业职工审核审批检查，5 个省份同时开展了两项检查，发现并查处了一批违法违规问题。二是加强社会保险基金监管信息系统联网应用。分三批对 27 个省级节点统一进行升级，截至 2015 年年底，24 个省份基本完成了项目升级，20 个省份完成了培训、试用等工作。各地认真分析部里下发的 70.3 万条疑点信息，核查对象涉及 33.5 万人，核查确认问题 26.5 万人（次），已整改纠正 9.3 万人（次），通知当事人清理重复领取 16.7 万人（次），追回基金 1 631.4 万元。三是严格落实社会保险基金要情报告制度。全年各地共上报要情 1 543 件，涉及金额 2.1 亿余元。浙江、广西等地开展重大要情分析工作，总结案发规律，探索建立预警在先的风险防范机制。四是开展社会保险基金安全评估试点工作。河北、江苏、广东等省结合当地实际，按照科学、可信、公开、管理的目标，细化评估指标，探索建立可复制、可比对、可推广的评估体系。

三、加强年金基金市场监管

一是提升监管手段。制定养老金产品分类标准，促进养老金产品健康发展；制定企业年金基金受托财产托管账户核算指引，进一步规范企业年金基金受托财产账户管理。二是强化信息披露。完善披露内容，规范披露指标，按季度对 1 447 项企业年金计划下的 2 993 个投资组合的基金管理情况进行分析，通过部门户网站等渠道向社会公布有关信息。三是规范合同备案。人社部全年审核备案企业年金养老金产品 78 件，新增中央企业年金计划备案 5 家，变更合同 37 份；各省份企业年金合同备案及管理工作进一步规范。四是加强政策储备。针对年金基金投资股指期权、永续债、港股通、产业投资基金、境外投资等一系列投资渠道和产品的特性、收益水平、风险程度等，组织开展研究工作。截至 2015 年年底，7.55 万家企业建立了企业年金，参加职工 2 316.22 万人，累计基金 9 525.51 亿元，年加权平均收益率 9.88%。

四、加强全国社会保障基金监管

一是完善投资政策。会同财政部报经国务院同意后，批准全国社保基金投资入股“蚂蚁金服”、直接投资同业存单和非上市公司优先股，扩大全国社保基金存款银行范围和信托贷款比例上限，完善信托担保方式，修订出台直接股权投资管理办法等。二是推动立法。配合国务院法制办修改完善《全国社会保障基金条例》。三是做好日常监管工作。指导做好山东省养老保险基金委托社保基金会投资管理合同签订和相关后续工作。审定社保基金会年度财务报告和年度审计报告，督促做好整改工作。截至 2015 年年底，全国社会保障基金权益 17 966.51 亿元，投资收益率 15.19%。

五、加强廉政建设和人员能力建设

一是加强机构建设。经中编办同意，人力资源社会保障部社会保险基金监督司更名为社会保险基金监管局，并相应扩充职能、增加编制。二是注重能力提升。举办了全国社会保险基金监督工作初任培训班和全国社会保险基金监督检查证换证培训班，北京、河北、内蒙古、广东、广西、重庆、新疆、西藏等省（区、市）也举办业务培训班。目前全国 3 700 多人持有社会保险基金监督检查证。三是防范职务风险。各地基金监督部门继续敦促落实《社会保险工作人员纪律规定》，开展警示教育。

劳动关系

一、深入贯彻落实《关于构建和谐劳动关系的意见》

2015年3月21日，中共中央、国务院印发《关于构建和谐劳动关系的意见》（中发［2015］10号）。国家协调劳动关系三方会议召开电视电话会议，对贯彻落实工作进行部署。为做好舆论宣传引导工作，深入学习领会中央精神，扎实推进工作开展，尹蔚民部长发表了“努力构建和谐劳动关系”的专题文章。提请中办、国办下发了贯彻落实文件的分工方案，起草贯彻落实分工方案的重要政策措施，指导地方制定出台实施意见。截至2015年年底，广东、浙江、内蒙古等3个省（区）出台了贯彻落实构建和谐劳动关系的实施意见。

二、全面贯彻落实劳动合同法

一是贯彻落实《劳务派遣暂行规定》，规范劳务派遣工作全面开展。人力资源社会保障部摸底超比例使用劳务派遣工的中央企业的用工调整情况，督促中央企业加大调整力度。广东制定了《劳务派遣调整用工方案参考》，上海发布了《关于开展劳务派遣用工调整专项督促指导工作的通知》，四川下发了《关于进一步规范劳务派遣用工的通知》，山东出台了《关于规范劳务派遣用工若干问题的通知》，甘肃下发了《甘肃省劳务派遣行政许可实施细则》等。同时，随着劳务派遣行政许可工作的推进，各地人社部门认真做好劳务派遣单位年度经营情况报告检查。

二是继续以小企业和农民工为重点，大力推进劳动合同制度实施，不断提高劳动合同签订率和履约质量。山东、青海、海南、西藏等继续以小微企业和农民工为重点开展劳动合同签订“春暖行动”。

三是继续推进劳动用工备案制度建设。各地加强劳动用工备案与就业失业登记、社会保险登记等信息的共享和业务协同。如山东开发劳动关系综合业务系统，吉林研发了劳动用工网上备案系统，安徽全省统一的劳动用工备案软件系统全面上线运行。

四是大力规范行业劳动用工管理。人力资源社会保障部会同行业主管部门下发相关文件，规范导游、警务辅助人员劳动用工，明确农垦企业、网络电商用工管理意见。

三、大力实施集体合同制度攻坚计划

人力资源社会保障部会同中华全国总工会、中国企业联合会/中国企业家协会、中华全国工商业联合会赴重点地区督查攻坚计划执行情况。部分地区进一步制定完善集体合同法规政策，如上海修订《上海市集体合同条例》，广西出台《广西壮族自治区企业工资集体协商条例》。截至“十二五”期末，经人力资源社会保障部门审查的当期有效集体合同176万份，覆盖企业356万户、职工1.7亿人。

四、继续加强企业工资宏观指导调控工作

一是指导各地完成2015年最低工资标准调整工作。全国共有27个省份调整了最低工资标准，平均调增幅度为14.9%。月最低工资标准最高的是深圳的2 030元，小时最低工

资标准最高的是北京的 18.7 元。各地积极推动最低工资制度的贯彻落实。

二是指导各地完成 2015 年工资指导线发布工作。全国共有 21 个省份发布了企业工资指导线，基准线多在 12%左右。北京、天津、内蒙古、吉林、广东、福建等地探索发布了重点行业工资指导线。

三是开展了 2015 年企业薪酬调查工作。在全国 31 个省（区、市）、153 个城市的 18 个行业门类、6.5 万多户企业开展薪酬试调查。

四是做好国有企业负责人薪酬制度改革工作。印发做好地方国有企业负责人薪酬制度改革工作和做好中央部门管理国有企业负责人薪酬制度改革有关工作的文件。推动中央和地方国有企业负责人薪酬制度改革全面实施。

五、进一步加强劳动标准管理工作

一是加强特殊工时管理。梳理完善中央企业实行特殊工时制度审批制度。指导地方进一步改进审批流程，明确审批条件，简化审批流程。截至 2015 年年末，经各级人力资源社会保障部门审批且在有效期内实行特殊工时制度的企业近 7.2 万户，涉及职工 1 560 万人。2015 年，人力资源社会保障部对中国国际工程咨询公司和中国外运长航集团等 5 家中央企业所属公司的部分岗位实行特殊工时制度的申请进行了审批，涉及职工 38 万人。

二是不断推动带薪年休假制度落实。各地普遍将带薪年休假制度落实情况纳入各级政府议事日程，采取多项措施，推动企业落实职工带薪年休假，带薪年休假的实施范围不断扩大。根据人力资源社会保障部 2015 年 11 月开展的人力资源社会保障基本情况（60 个城市）调查显示，已有超过 50%的职工享受了带薪年休假。此外，下发了《人力资源社会保障部关于 2015 年 9 月 3 日放假期间安排劳动者工作工资计发问题的通知》（人社部发［2015］74 号），明确劳动者 9 月 3 日放假期间有关待遇。

三是加强夏季高温天气劳动保护工作。各地进一步加强高温天气劳动保护政策宣传，指导企业采取措施保障高温天气作业劳动者身心健康，及时按规定发放高温津贴。截至 2015 年年末，共有 28 个省（区、市）制定出台了高温津贴标准。

六、进一步加强协调劳动关系三方机制建设

一是加强三方机制组织建设。研究建立国家协调劳动关系三方委员会，指导内蒙古、贵州等地建立了三方委员会，健全组织，提升规格。

二是充分发挥三方机制在构建和谐劳动关系中的作用。继续深入开展和谐劳动关系创建活动。

三是积极开展构建和谐劳动关系综合试验区建设。指导全国首个综合试验区天津滨海新区积极探索本地构建和谐劳动关系工作。加强对江苏、四川、广东、山东、湖北向人社部推荐有关地区作为全国综合试验区的调研工作。

四是召开国家协调劳动关系三方会议第二十次会议，修改完善加强劳动关系动态监测和形势分析研判的意见。

劳动人事争议调解仲裁

2015 年，全国劳动人事争议调解仲裁系统认真落实党中央、国务院关于构建和谐劳动关系的决策部署和人力资源社会保障部的要求，围绕中心、服务大局，以加强争议处理效能建设为主线，以加强基层调解组织建设和仲裁院基本建设为重点，攻坚克难、奋力拼搏，圆满完成了年度工作任务。

一、大量劳动人事争议案件得到及时有效处理

各地劳动人事争议调解仲裁机构全年共处理争议案件 172.1 万件，同比增长 10.4%。当期受理案件涉及劳动者 231.6 万人，同比增长 12.5%。共办结 161 万件（含不予受理），同比增长 10.8%，其中调解组织结案 68 万件、仲裁机构结案 93 万件。结案案件涉及金额 365.6 亿元，同比增长 20.4%。各地调解仲裁机构采取加强调裁衔接、优化办案程序、建立方便当事人的“绿色通道”、实行案件分类处理、提高终局裁决率等方式提高办案效率，调解成功率达到 65.1%，仲裁结案率达到 95.2%。调解仲裁工作在矛盾纠纷多元化解机制中发挥了重要作用，为构建和谐劳动关系与维护社会稳定作出了贡献。

二、基层调解组织和仲裁院建设目标超额完成

一是乡镇街道调解组织组建率进一步提高。乡镇（街道）劳动就业社会保障服务所（中心）调解组织组建率达到 80%以上，行业商会（协会）调解组织组建率不断提高，大中型企业劳动争议调解委员会组建率达到 46.9%。广东全省 70%的乡镇（街道）“大综管”平台设立了“劳动人事争议调解窗口”。内蒙古自治区开发公益性岗位，从 2015 年度民生志愿者中补充基层调解员和仲裁机构辅助工作人员。广东省中山、东莞等城市通过政府购买服务的方式，选聘高校毕业生到乡镇街道劳动争议调解组织从事调解工作。

二是仲裁院建设目标超额完成。加强对仲裁院建设进度滞后地区的重点督查，采取仲裁院建设情况通报、建立台账等方式，加大推进力度。截至 2015 年年底，全国共建立仲裁院 2 919 家，总体建院率为 91.1%，市、县两级建院率分别达到 93%和 90.8%，超额完成预期目标任务。福建省 2015 年推进仲裁机构实体化建设力度大，一举实现仲裁院建设市、县全覆盖。山西省建立月调度制度，每月定期对各市、县（区）仲裁实体化建设进展进行摸底，有重点地促进实体化建设取得成效。

三、专业性劳动争议调解工作继续加强

一是专业性劳动争议调解工作机制初步建立。人社部与中央综治办共同出台了《关于加强专业性劳动争议调解工作的意见》，建立了党委政府领导、综治部门协调、人社部门主导的调解工作机制，将调解工作纳入综治（平安建设）考评。有 1/3 的省（区、市）转发《意见》并提出实施要求。

二是基层调解工作规范化建设成效显著。督促各地按照《关于启用基层劳动人事争议调解组织标识的通知》、《关于印发基层劳动人事

争议调解工作规范的通知》要求，统一调解组织标识、名称、工作职责、工作程序、调解员行为规范和调解员证书管理。有超过2/3的地区完成了“六规范、五上墙”，提升了基层调解工作社会公信力。吉林省出台了《调解员证书管理办法》，将调解组织和调解员登记造册，实行动态管理。广东省印发《关于做好劳动人事争议调解“两徽一证”发放和管理工作的通知》，明确调解员证制作、申领、发放和管理工作流程。

三是企业自主预防化解争议能力明显提升。继续开展第一批非公有制企业和第二批国有企业劳动争议预防调解示范工作，总结先进经验做法，以点带面发挥放大效应。越来越多的企业建立起有组织、有预防、有制度、有保障的劳动争议预防调解工作机制。重庆市人社局向财政局申请专款为示范企业统一采购调解组织标识、胸徽等。

四、仲裁办案质量和效率不断提高

一是仲裁办案方式有所创新。各地以提高仲裁办案质量和效率为目标，不断创新办案方式，大胆探索立案登记、庭前指导、案件繁简分流、类案要素审理、派出巡回仲裁庭等方式，并普遍建立农民工劳动报酬等案件“绿色通道”制度。辽宁省坚持以“非禁止就登记”为原则，变立案审查为立案登记。江苏省创新出台《劳动人事争议类案要素式庭审规范指引》，对庭审方式和流程进行优化再造，促进案件审理质效的新提升。

二是落实终局裁决规定有新的进展。2015年全国终局裁决率为18.7%，黑龙江省达到67%。浙江省将未签订书面劳动合同的两倍工资、未休年休假工资报酬纳入赔偿金的范畴。天津市出台了《关于劳动人事争议案件适用一裁终局有关问题的通知》，提高争议案件终局裁决比例。上海市人社局与市高院统一终局裁决适用范围，在仲裁办案系统对终局裁决案件设置标记，将区县仲裁院是否适用终局裁决纳入评估体系，促进了终局裁决的大胆运用。

三是裁审衔接工作更加顺畅。已有13个省份和半数以上地市仲裁委员会与同级法院建立了定期沟通机制，不断明确法律适用和重大疑难案件的处理尺度，提高裁审一致率。河北省仲裁委员会与省高院共同签署了《关于建立劳动人事纠纷调处工作联席会议制度的协议》。内蒙古自治区仲裁委员会与高院联合印发《关于劳动人事争议案件适用法律若干问题的指导意见》，对仲裁程序和裁审衔接程序作出明确规定。黑龙江省印发《关于强化调解仲裁与信访、诉讼紧密衔接工作的指导意见》，切实加强调解仲裁与信访、诉讼的紧密衔接。

四是重大集体劳动争议得到迅速稳妥处置。辽宁省人社厅牵头参与厂办大集体改革中的“职工安置和劳动关系处理”等工作。北京市完善应急联动调处机制，对重大集体争议，采取与涉案企业“约谈”等措施，促成双方和解；对达不成调解协议的，坚持畅通“绿色通道”，做到快立、快审、快结。湖南省建立了《重大集体劳动争议案件报告制度》，对涉及30人以上的案件，要求及时上报，并启动应急处理机制。四川省印发了《劳动人事争议仲裁处理停产、倒闭等企业集体劳动争议案件规范指引》，指导仲裁机构及时高效处理停产、倒闭等企业集体争议案件，及时有效化解矛盾纠纷。

五、调解仲裁基础保障明显增强

一是调解仲裁信息化建设有序推进。各地按照人社部统一要求，积极采取措施推广使用调解仲裁办案系统。已有一半省份完成了省级集中建设，办案系统已覆盖全国六成以上地市级仲裁机构。江苏省在全国率先将仲裁机构信息系统与人民法院案件信息系统对接，实现裁审办案信息的实时双向推送。浙江省本级、宁波等地先后建成数字仲裁庭，开通仲裁庭审智能语音控制、全程智能化监控和庭外观摩等功能，实现仲裁案件档案电子化。一些地方已经在利用信息化手段搭建网上调解仲裁服务平台，通过网上服务大厅、自助服务终端、移动服务终端、微信等服务平台，加大信息公开力度，公开办事须知、办理进度以及庭审安排，提高了仲裁办案效率。

二是调解仲裁培训力度加大。人社部共举办7期调解员仲裁员培训班，参训学员1 300多人。委托中国人民大学劳动人事学院，面向人社系统干部培养调解仲裁方向硕士研究生，为提高调解仲裁队伍专业化水平开辟了新路径。各地针对近年案件处理和仲裁员变化的状况，不断改进培训方式，通过请大专院校的教授和法官授课，丰富了劳动法律理论和相关法律知识，通过一线仲裁员的案例教学，提升了办案能力。天津市推行“调解员万人培训计划”，利用职业培训政策，对全市各级从事调解工作人员免费培训。江苏省人社部门与工会联合开展全省仲裁员、调解员职业技能竞赛活动，展示了仲裁员和调解员职业风采，激发了岗位练兵热情。

三是调解仲裁统计分析水平进一步提高。选择部分具备信息化工作条件、统计工作基础较好、统计数据具有一定区域代表性的省市开展统计数据月度监测工作，监测重点热点类型争议动态和发展趋势。开展统计专题分析，委托黑龙江、上海、江苏、广东等地对50人以上重大集体劳动争议、事业单位争议和工伤类争议等课题进行研究，统计数据的真实性、及时性和统计分析质量逐步提高，为领导决策提供了参考依据。江西省规范基层调解组织统计工作，统一了案件登记、数据采集、统计口径和台账内容。

四是调解仲裁工作宣传效果明显。各地调解仲裁机构通过加强宣传咨询，引导企业依法民主管理，引导劳动者合法理性维权。北京市通过政务微博和局门户网站，定期发布劳动人事争议典型案例，采取以案说法的形式宣传《劳动合同法》、《劳动争议调解仲裁法》等法律政策。黑龙江省各市地通过开展广场宣传、发放宣传单、设置宣传栏、参与行风热线等方式，积极宣传调解仲裁工作。

机关事业单位工资福利离退休工作

2015年，机关事业单位工资福利离退休工作深入贯彻落实党的十八大，十八届三中、四中、五中全会精神和习近平总书记系列重要讲话精神，按照全国人力资源社会保障工作会议的部署和部年度工作要点的安排，深入推进改革完善机关事业单位工资制度，统筹推进其他各项工作，取得积极进展。

一、落实出台的工资政策

（一）完成调整机关事业单位基本工资标准和增加离退休费兑现工作。

结合机关事业单位养老保险制度改革，年初国务院办公厅转发了关于调整机关事业单位工作人员基本工资标准和增加离退休人员离退休费的三个实施方案。根据国务院部署会的要求，召开座谈会，解读政策，以会代训。会同财政部及时审核各省份的实施办法，采取多种方式加强指导督促和跟踪调度，加快兑现工作进度。2015年7月底，全国范围内的调资兑现工作全面完成。

（二）制定出台调资配套政策。

会同财政部印发调整西藏特殊津贴标准。按照国家政策规定，及时调整特殊行业事业单位工作人员基本工资标准，包括野外地质勘探队工作人员、测绘地理信息系统测绘队工作人员、水上作业事业单位船员和潜水员、事业单位飞行专业人员和体育运动员等，指导做好组织实施工作。

（三）组织实施县以下机关建立公务员职务与职级并行制度。

经党中央、国务院批准，中办、国办印发了关于县以下机关建立公务员职务与职级并行制度的意见。会同有关部门及时召开部署会，制定出台配套政策，指导督促各地抓好贯彻落实。31个省份都出台了实施意见。

（四）组织实施对乡镇机关事业单位工作人员实行乡镇工作补贴。

会同财政部印发关于乡镇机关事业单位工作人员实行乡镇工作补贴的通知，指导督促地方做好组织实施工作。政策落实到位后，进一步提高了乡镇机关事业单位工作人员的工资水平。

（五）调整驻外使领馆人员工资待遇。

会同财政部研究完善驻外使领馆工作人员艰苦地区津贴制度的办法和调整驻外使领馆工作人员基本工资标准的方案，分别按程序报批后组织实施。

（六）认真做好出台实施其他工资政策工作。

一是会同财政部出台南疆工作补贴和调整部分特殊岗位津贴标准的文件，指导做好组织实施工作。二是配合财政部，提高部分省直机关和省会城市规范津贴补贴水平。三是国务院办公厅印发院士等杰出高级专家退休年龄问题的通知后，及时制定印发院士等杰出高级专家延迟退休备案办法。四是配合中央组织部出台机关事业单位县处级女干部和具有高级职称的女性专业技术人员退休年龄的文件，指导做好贯彻落实工作。五是继续开展公务员工资试调查，指导全国153个城市开展试调查工作。

二、研究拟定工资政策

（一）研究法官、检察官和人民警察工资待遇政策。

会同财政部研究拟定法官、检察官工资制度改革试点方案，按程序报批后印发。研究拟定完善人民警察工资待遇政策，报国务院批准同意。

（二）研究地市以上机关公务员职务与职级并行制度。

与有关部门共同研究拟定地市以上机关建立公务员职务与职级并行制度的试点意见，修改完善配套工资政策。

（三）研究实施地区附加津贴制度。

在规范津贴补贴的基础上，研究拟定实施地区附加津贴制度的意见，按程序报批。

（四）研究完善公务员奖金制度。

结合规范奖励性补贴，研究提出完善公务员奖金制度的意见，征求有关部门的意见。

（五）研究完善艰苦边远地区津贴增长机制。

研究拟定完善艰苦边远地区津贴增长机制和2015年调整津贴标准的意见，按程序报批。

（六）研究公立医院薪酬制度。

会同有关部门研究拟定开展完善公立医院薪酬制度试点工作的指导意见，按程序报批。

（七）研究中央其他事业单位绩效工资实施办法。

会同财政部向国务院报送请示，按国办要求，及时做好有关情况汇报和沟通协调工作。

另外，按时完成140份全国“两会”人大代表建议、政协委员提案办理工作。完成中央国家机关调资、部分中央和地方工资业务、统发统计和调查比较等4期培训班。

农民工工作和发展家庭服务业促进就业工作

一、农民工工作

2015年，国务院农民工工作领导小组各成员单位和各地区认真贯彻落实党中央、国务院有关农民工工作的决策部署和领导小组第三次全体会议的工作安排，制定贯彻落实《国务院关于进一步做好为农民工服务工作的意见》（国发［2014］40号）的实施意见和配套政策措施，不断加大力度，狠抓工作落实，推动农民工工作取得新成效。

（一）农民工就业创业工作积极推进。

一是完善就业失业登记制度，取消了对农村进城务工人员失业登记的限制，推动基本公共就业服务和普惠性就业政策覆盖到城镇常住人口。二是建立健全覆盖城乡的公共就业服务体系，为农村转移劳动力免费提供岗位信息、职业介绍、职业指导和政策咨询服务。人社部、全国总工会、全国妇联等单位组织开展农民工就业服务“春风行动”，共组织专场招聘会2.23万场，实现本地企业吸纳农村劳动者就业683万人、跨地区有组织的劳务输出590万人。三是认真落实国务院办公厅关于支持农民工等人员返乡创业的意见，组织实施鼓励农民工等人员返乡创业三年行动计划（2015—2017年），发展改革委、人社部等10个部门启动支持农民工等人员返乡创业试点工作。人民银行、税务总局和工商总局等部门不断创新金融产品和税收信用融资新模式，深化商事制度改革，扶持农民工返乡创业。四是大力发展家庭服务业促进农民工就业，推动制定相关扶持政策，继续开展“千户百强”家庭服务企业（单位）创建活动，积极开展家政服务员、养老护理员等职业培训。五是商务部门加强对外劳务合作，截至2015年11月底，促进农民工等劳务人员实现境外就业103.8万人。据统计，2015年全国农民工总量27 747万人，比上年增加352万人，增长1.3%；其中外出农民工16 884万人，比上年增加63万人，增长0.4%。

（二）农民工职业技能培训取得新成效。

一是农民工办协调发展改革委、教育部、财政部、人社部等13个部门（单位）编制实施了2015年农民工职业技能培训综合计划。据初步统计，人社部农民工职业技能提升计划——“春潮行动”、教育部岗位证书培训、科技部“星火计划”、住建部住房城乡建设行业农民工技能培训、农业部“阳光工程”、扶贫办“雨露计划”、全国总工会技能培训促就业行动、团中央青年农民工培训、全国妇联女性农民工技能培训等，共培训农民工超过2 000万人次。二是扶贫办、教育部、人社部印发《关于加强雨露计划支持农村贫困家庭新成长劳动力接受职业教育的意见》，对建档立卡的农村贫困家庭子女接受职业教育的，按每生每年3 000元左右的标准补助，扶持农村贫困家庭学生接受职业教育。

（三）农民工劳动保障权益进一步得到维护。

一是各地区、各有关部门把解决拖欠农民工工资问题作为重点任务，狠抓各项政策措施落实，切实维护农民工劳动报酬权益。2015年，全国各级劳动保障监察机构为385.9万名农民工追讨工资等待遇 331.6 亿元。在加强日常监察执法的基础上，为做好 2016 年春节前保障农民工工资支付工作，人社部会同公安部、住建部等 8 个部门于 10 月下发通知，对 2015 年 11 月下旬至 2016 年春节前在全国开展农民工工资支付情况专项检查及时作出安排，并于 11 月会同有关部门召开视频会专门进行动员部署。各地区、各有关部门认真落实，采取重点排查和监控、畅通举报投诉渠道、严厉打击恶意欠薪犯罪行为等措施，努力确保农民工按时足额拿到工资。人社部会同有关部门开展督查，督促各地落实任务和责任。同时，人社部会同有关部门研究起草关于全面治理拖欠农民工工资问题的意见，提出了加强工资支付保障长效机制建设的政策措施，已报请国务院审议。二是农民工工资水平继续提高。全国 27 个省份调整了最低工资标准，平均增幅 14.9%。2015 年，农民工月平均收入为 3 072 元，比上年增加 208 元，增长 7.2%。三是进一步完善社会保险政策，推动农民工参加各项社会保险。人社部指导各地继续做好农民工养老保险关系转移接续工作，2015 年共为农民工办理基本养老保险关系跨省转移接续 85 万人次。会同发展改革委、财政部、卫生计生委印发《关于做好进城落户农民参加基本医疗保险和关系转移接续工作的办法》，全国有 29 个省份建立了省内异地就医结算系统。启动实施建筑业工伤保险“同舟计划”专项扩面行动，推动农民工全员参加工伤保险。加大失业保险扩面力度，为失业后符合条件的农民工发放相关待遇，2015 年，全国共有 71 万名劳动合同期满未续订或者提前解除劳动合同的农民工领取了一次性生活补助，人均领取 3 179 元。2015 年年底，农民工参加职工基本养老保险 5 610 万人、医疗保险 5 166 万人、工伤保险 7 489 万人、失业保险 4 219 万人。四是继续开辟调解仲裁绿色通道，依法妥善处理涉及农民工的劳动争议案件。2015 年，全国劳动人事争议仲裁机构共受理农民工劳动争议 33.9 万件，涉及农民工 50.9 万人，审结农民工争议案件 33.8 万件。2015 年，全国各类人民调解组织共化解拖欠农民工工资纠纷 16.5 万件。五是安监部门推动开展高危行业农民工安全生产和职业卫生教育培训，全年共培训农民工 487 万人次。卫生计生委会同有关部门研究起草《关于加强农民工尘肺病防治工作的意见》并报国务院，努力维护农民工劳动安全和健康权益。六是司法部门拓展农民工法律服务渠道，建立完善法律服务网络，农民工法律援助覆盖面进一步扩大。

（四）推动农民工在城镇落户取得重要进展。

一是公安部指导各地推进户籍制度改革，27 个省份印发具体实施意见，普遍放宽了农业转移人口落户城镇的政策，不少大中城市适当降低了参加城镇社会保险年限的要求，东部地区一些经济发达省份相继出台了一系列政策措施，努力做到能落户的尽量落户。二是发展改革委等 15 个部门制定“三个 1 亿人”城镇化实施方案，目前正在进一步研究起草推进 1 亿人非户籍人口在城市落户方案。三是农业部会同中农办、国土资源部等部门印发《关于认真做好农村土地承包经营权确权登记颁证工作的意见》，扩大确权登记颁证试点范围，新增江苏、江西等 9 个省份开展全省试点。

（五）农民工享受城镇基本公共服务得到继续改善。

一是《居住证暂行条例》正式公布，明确了居住证持有人在居住地依法享受的基本公共服务和便利，并要求各地积极创造条件，逐步扩大向居住证持有人提供公共服务和便利范围，提高服务标准。二是教育部推动各地坚持以流入地政府和公办学校为主，解决农民工随迁子女接受义务教育问题。中央财政全年安排专项奖励资金 114.5 亿元，比上年增长 15%。全国农民工随迁子女纳入财政保障的数量接近 90%，其中在公办学校就学的比例保持在 80%。全国除陕西、西藏外的 29 个省份，有近 8 万名符合条件的随迁子女在当地参加高考。三是卫生计生委指导各地贯彻《关于做好流动人口基本公共卫生计生服务的指导意见》，已有23个省（区）印发了实施意见，积极推动农民工平等享受卫生计生基本公共服务。四是住建部积极推动各地多渠道改善农民工居住条件，全国大部分城市已经把符合条件的、有稳定就业的农民工纳入当地住房保障范围，在农民工集中的开发区和产业园区建设单元型或宿舍型公共租赁住房，解决了一批农民工的住房问题。截至2015年11月底，全国新开工公租房178万套。五是交通运输部对高速公路工地宿舍等生活条件和工作场所标准化建设提出统一要求，推动建立“农民工之家”等业余文化生活场所和工地医疗点，改善农民工生产、生活条件。六是农民工办推动各地在农民工相对集中的城市建设农民工综合服务平台，依托街道（社区）居民服务平台、劳动就业社会保障服务平台等，整合各部门公共服务资源，为农民工提供便捷、高效、优质的“一站式”综合服务。

（六）促进农民工社会融合工作得到加强。

一是各地党组织高度重视从农民工中发展党员，积极探索完善农民工党员教育管理服务工作制度。各级工会深入开展“农民工入会集中行动”，2015年，全国新发展农民工会员1 500万人。各级团组织大力加强非公企业团建、行业团建等工作，不断扩大对青年农民工的组织覆盖和工作覆盖。二是文化部指导各地贯彻落实加快构建现代公共文化服务体系的意见，组织开展形式多样的文化活动，丰富农民工精神文化生活。三是民政部积极推动社区服务体系建设，指导各地依托社区综合服务设施为农民工提供服务，促进农民工融入社区。四是卫生计生委在元旦、春节期间开展流动人口卫生计生关怀关爱专项行动，在20个城市开展促进流动人口社会融合示范试点工作。五是工会系统把困难农民工纳入职工帮扶体系，2015年两节“送温暖”期间，为70万户困难农民工家庭发放款物5.8亿元。六是民政部、发展改革委会同有关部门研究起草加强农村留守儿童关爱保护工作的政策意见，推动各地做好农村留守儿童关爱保护工作。中央财政加大投入力度，支持教育部门加强农村寄宿制学校及其设施建设，努力改善包括留守儿童在内的农村义务教育阶段寄宿生学习和生活环境。全国妇联深入推进农村留守儿童关爱服务体系试点，完成试点终期评估工作。

（七）为农民工服务工作的社会氛围进一步增强。

一是中宣部等部门利用新闻报道、影视作品等方式，大力宣传农民工吃苦耐劳、干事创业的精神风貌和实际行动，加强农民工文明素质教育。二是农民工办会同发改委、教育部、住建部、卫生计生委等部门在“两会”前举办农民工工作有关情况新闻发布会，宣传为农民工服务的政策措施和工作成效，回应社会关切。三是组织开展全国优秀农民工和农民工工作先进集体评选表彰活动，评选出981名全国优秀农民工和100个农民工工作先进集体，召开大会进行隆重表彰。2015年有180名农民工当选全国劳动模范，受到党中央、国务院表彰。

（八）农民工工作机制和基础建设进一步健全。

一是30个省级人民政府和部分市县级人民政府成立了农民工工作领导小组，农民工工作的统筹协调能力进一步加强。二是国家统计局会同农民工办在全国范围内组织开展农民工市民化进程动态监测调查工作，初步建立了输出地与输入地相结合的农民工统计监测调查体系。三是组织开展第九次全国农民工工作督察。在各地自查基础上，分别由科技部、人社部、农业部、卫生计生委、工商总局、全国总工会的副部级领导带队，对吉林、河南、江苏、广西、四川、新疆等6个省（区）进行重点督察，指导推动各地切实做好为农民工服务工作。

当前，农民工工作面临的主要问题：一是在经济下行压力加大背景下，农民工就业压力有所增大，结构性矛盾更为突出，农民工职业技能培训的力度需要加大，培训的质量有待进一步提高。二是拖欠农民工工资问题有所反弹，小微企业农民工劳动合同签订率、工资收入水平、职工社会保险参保率仍然偏低，农民工劳动安全卫生权益保障需要进一步加强。三是农民工进城落户的积极性总体不高，城镇基本公共服务供给不足，推进农民工在城镇落户和平等享受城镇基本公共服务工作有待加强。这些问题需要我们在今后的工作中逐步加以解决。

二、发展家庭服务业促进就业工作

2015 年，部际联席会议各成员单位和各地发展家庭服务业工作协调机构，深入学习贯彻习近平总书记关于发展家庭服务业的重要指示精神和国务院关于发展家庭服务业的决策部署，进一步推进落实《国务院办公厅关于发展家庭服务业的指导意见》（国办发［2010］43 号），按照部际联席会议第七次全体会议工作部署，围绕“增加服务供给、提高服务质量”，积极推动发展家庭服务业工作取得新进展。

（一）扶持家庭服务业发展的政策措施不断出台。

一是发展改革委、民政部、财政部、人社部、商务部等部门把家庭服务业作为重要内容，纳入国民经济和社会发展各项规划，制定措施，推动发展。《国务院关于积极发挥新消费引领作用加快培育形成新供给新动力的指导意见》（国发［2015］66 号）、《国务院办公厅关于加快发展生活性服务业促进消费结构升级的指导意见》（国办发［2015］85 号）、《国务院办公厅关于推进线上线下互动加快商贸流通创新发展转型升级的意见》（国办发［2015］72 号）和《国务院办公厅转发卫生计生委等部门关于推进医疗卫生与养老服务相结合指导意见的通知》（国办发［2015］84 号）相继印发实施。二是民政部围绕养老服务发展中需要重点突破的关键问题，不断完善政策体系，印发了《关于鼓励民间资本参与养老服务业发展的实施意见》（民发［2015］33 号）和《关于开发性金融支持社会养老服务体系建设的实施意见》（民发［2015］78 号），鼓励民间资本参与养老服务业，为养老服务拓展了资金来源渠道，为家庭服务业发展提供了多元化资源保障。三是发展改革委将“健康养老家政消费工程”作为六大消费工程之一，会同有关部门推动实施“健康与养老服务重大工程”，进一步放宽市场准入，鼓励社会资本参与健康、养老等服务。四是财政部、商务部继续支持吉林、山东、甘肃、安徽、内蒙古等 8 个省（区）开展养老服务产业试点，试点省区已成立了养老服务产业基金，推动发展面向基层大众的养老服务业。五是发展改革委、民政部下拨 2015 年中央预算内投资 28 亿元，用于支持各地老年养护机构和社区日间照料中心建设；会同财政部下拨 2015 年中央专项彩票公益金 10 亿元，用于支持农村幸福院建设；投资 2 亿元，新建社区综合服务设施 23.5 万平方米。六是人社部继续推动各地加大实施家庭服务从业人员职业培训补贴、技能鉴定补贴和就业困难人员社会保险补贴力度。七是财政部、国家税务总局出台延续对员工制家政服务免征营业税政策。

（二）家庭服务业创新发展转型发展取得新进展。

一是民政部、发展改革委深入推进养老服务业综合改革和公办养老机构改革试点，实施养老服务信息惠民项目试点、养老机构物联网应用试点和面向养老机构远程医疗政策试点，开展“互联网＋”养老行动计划，在养老服务领域实施政府与社会资本合作，推进养老服务创新发展。二是商务部印发《关于加快居民生活性服务业线上线下整合创新发展的实施意见》（商服贸函［2015］865 号），引导包括家政服务在内的居民生活服务业线上线下整合创新工作，进一步激发家政服务创新动力，推动家政服务转型发展。三是全国妇联积极引导各地巾帼家政与互联网对接发展，探索建立互联网家政服务平台。受家庭服务业庞大的市场需求和扶持政策吸引，淘宝、58 同城、云家政等一大批互联网企业投资或成立家庭服务企业，给家庭服务业创新发展注入了新动力。

（三）“千户百强”家庭服务企业创建和家庭服务体系建设取得显著成果。

一是2015年部际联席会议办公室在全国范围内开展了“千户百强”家庭服务业企业（单位）创建成果调查。从调查情况看，截至2014年年底，营业收入1 000万元以上、从业人数700人以上的大型企业达到316家，比2011年年底的228家增长了38.6%。二是中心城市家庭服务体系建设工作稳步推进，大连、青岛、邯郸、包头、杭州、南昌、汉中等城市取得较大进展。部际联席会议办公室对72个联系点城市3年来开展家庭服务体系建设情况进行了盘点，并整理印发了《中心城市家庭服务体系建设工作情况选编》，推动各地交流推广好的经验和做法。

（四）家庭服务业规范化建设有序推进。

一是部际联席会议办公室、民政部、商务部、全国妇联积极推动家庭服务业相关服务标准的制定发布。《家政服务母婴生活护理服务质量规范》、《家庭服务企业管理技术规范》、《产后母婴护理服务规范》、《家庭烹饪服务规范》等多项标准出台。各地区积极推进地方标准制（修）订工作，鼓励和引导家庭服务企业推行和落实标准，提升规范化服务水平。二是商务部印发《关于开展2015年商贸服务业优质服务活动的通知》（商服贸［2015］157号），围绕建立诚信制度、完善诚信体系、建设诚信平台、开展诚信评议、加强诚信宣传等，倡导全行业开展优质服务活动，为消费者提供放心和满意的服务。三是部际联席会议办公室指导中国家庭服务业协会和各地家庭服务业协会，不断加强行业自律，各地相继出台《家庭服务业公约》等行业自律规定，规范企业诚信经营行为。四是各地商务、人社部门会同工商部门不断加大家庭服务市场监管力度，严厉打击“黑中介”、“黑家政”等违法经营行为，通过设立投诉举报电话，加强日常监督。

（五）家庭服务业就业服务和职业化建设力度不断加大。

一是人社部会同全国总工会、工商联在举办“春风行动”和“民营企业招聘周”、“就业援助月”等活动中，为家庭服务企业及从业人员提供就业服务。各地人社部门通过免费提供政策咨询、就业信息、职业指导和职业介绍，落实各项就业政策，在开业指导、创业培训、创业担保贷款等方面加大就业扶持力度。通过全国2万余个人力资源固定招聘（交流）场所，举办以农民工和家庭服务从业人员为主的招聘会6.4万余场。二是将家政服务培训纳入农民工职业技能提升计划——“春潮行动”，人社部会同民政部、全国妇联研究开展巾帼家政和养老护理员专项培训工程。三是全国总工会继续以深入开展“技能培训促就业行动”为载体，大力开展家政服务技能培训，预计培训家政服务员25万人次。共青团中央通过举办“创青春”中国青年创新创业大赛和承办“全国大众创业万众创新活动周”等活动，引导广大青年到家庭服务业创业就业，通过组织“振兴杯”全国青年职业技能大赛、开展导师带徒上岗见习等活动，带动广大青年参加各层次的技能培训和竞赛。全国妇联加大对巾帼家政经理人和培训示范基地负责人培训，全年累计培训360人。各级妇联组织通过争取政府部门的资金、项目支持等方式，大力开展各类家政服务培训，累计培训约70万人次。四是人社部印发《关于开展家庭服务职业培训示范基地建设工作的通知》（人社厅发［2015］62号），推动各省（区、市）建立省级家庭服务职业培训示范基地，不断提升职业培训能力。河北省每年在全省范围内选定不超过15家示范性家政服务员培训输出基地，按照培训规模分别给予每家示范培训基地50万元、80万元、100万元的经费支持。五是人社部批复河北省成立中国华北家庭服务业人力资源市场。2015年下半年，中国华北家庭服务业人力资源市场举办了北京、天津、河北、山西、内蒙古5省（区、市）家庭服务业对接洽谈会，近百家企业和机构通过对接洽谈签订合作协议，推进了区域间的劳务输出输入对接和人力资源有效配置。六是为推动家政服务员职业培训和职业技能鉴定工作，人社部组织编写出版了《家政服务员国家职业技能培训教程》。

（六）家庭服务业基础工作进一步加强。

一是部际联席会议办公室通过发展家庭服务业简报、《中国劳动保障报》农民工专版、《家庭服务》等媒体，大力宣传党中央、国务院的决策部署以及出台的扶持政策措施，总结推广各地的新鲜经验，宣传典型企业和优秀从业人员。二是全国总工会、共青团中央、全国妇联发挥各自优势，推动录制家政服务节目在电视媒体上播出，扩大了社会影响。三是人社部在2014年开展家庭服务业试调查的基础上，申请国家统计局正式建立了家庭服务业统计调查制度，并印发《人力资源社会保障部关于开展2015年度家庭服务业试调查工作的通知》（人社厅发［2015］174号），在部分城市开展了家庭服务业统计调查。

法制建设

2015年，人力资源和社会保障法制工作紧紧围绕全面推进依法治国的总目标，紧紧围绕“民生为本、人才优先”的工作主线和人力资源社会保障工作大局，坚持问题导向，坚持稳中求进工作总基调，坚持深化人社制度改革和法治人社建设共同推进，坚持立法、执法、守法、普法一体建设，主动适应经济发展新常态，为推动人力资源社会保障事业科学发展提供了有力的制度保障和良好的法律服务。

一、法治人社建设力度加大

贯彻落实《中共中央关于全面推进依法治国若干重大问题的决定》，人力资源和社会保障部制定出台了《关于全面推进人力资源社会保障部门法治建设的指导意见》（人社部发[2015]62号），作为新时期全系统推进依法行政、加快法治政府建设的指导性文件。

二、立法工作有序推进

一是年初制定出台了《人力资源社会保障部2015年立法工作计划》，确立了“全面贯彻党的十八大和十八届三中、四中全会精神，深入贯彻习近平总书记系列重要讲话精神，主动适应经济发展新常态，围绕‘民生为本、人才优先’工作主线，积极稳慎推进立法工作，为人力资源社会保障事业的改革和发展提供法治保障”的立法工作总体思路。围绕中心任务和重点工作，统筹推进各项立法。二是配合全国人大常委会法工委对《国家勋章和国家荣誉称号法（草案）》进行了修改完善。2015年8月，全国人大常委会第十六次会议对草案进行了第一次审议；12月27日，全国人大常委会第十八次会议审议通过，主席令第三十八号予以公布，自2016年1月1日起施行。三是根据国务院行政审批制度改革和注册资本登记制度改革有关要求，对与重大改革措施不符的规章和规范性文件进行清理，先后对《就业服务与就业管理规定》、《人才市场管理规定》等7件规章和1件规范性文件进行了修改，分别以人力资源和社会保障部令第24号和人社部发[2015]41号文件公布施行。根据国务院推进职能转变和职业资格清理工作要求，废止了《招用技术工种从业人员规定》（原劳动保障部令第6号）。四是配合国务院法制办做好《全国社会保障基金条例（草案）》审核修改工作，并起草了《失业保险条例（修订草案）》、《外国人在中国工作管理条例（草案）》。五是配合公安部、监察部分别对《公安机关人民警察奖励条令》和《城乡规划违法违纪行为处分办法》进行了修订。六是《专业技术人员继续教育规定》已经颁布实施，《工伤保险辅助器具配置管理办法（草案）》经部务会审议通过。七是坚持规范性文件合法性审查。对以部名义制发的60余件规范性文件全部进行合法性审查，做到了未经合法性审查的文件不研究、不签发。

三、普法工作取得新进展

一是组织对人社系统“六五”普法工作进行总结验收，并形成书面材料报送全国普法办。二是组织人社系统围绕国家宪法日暨全国法制宣传日开展“四法两条例”（《劳动合同法》、《就业促进法》、《调解仲裁法》、《社会保险法》和《劳动合同法实施条例》、《工伤保险条例》）普法宣传月活动。三是举办了全国人力资源社会保障“六五”普法骨干培训班，对来自各省（区、市）及新疆生产建设兵团和各副省级城市的130多名从事普法工作的同志进行了培训。四是与大型人力资源服务企业合作，开展“律动中国”全国法律公益巡讲活动。

四、行政复议和应诉工作处理及时有效

一是及时处理行政争议。二是举办了全国人社系统行政复议及应诉培训班，通过理论讲授和对典型疑难案件的分析梳理，总结经验，把握规律，进一步指导提高各地处理行政争议的能力。三是国务院文件清理工作进展顺利。对180余份国务院文件报出初步清理意见，配合其他部委清理130余份。四是推进部发文件的清理，对规范性文件目录进行了汇总分析和论证，与国务院文件清理同步进行。

五、法律实施检查工作完成任务目标

一是将12项非许可行政审批项目改为政府内部审批。二是清理规范人社部行政审批中介服务工作，取消两项中介服务事项。三是对人社系统中央指定地方实施的行政审批事项进行清理，取消了基本医疗保险定点零售药店资格审查、基本医疗保险定点医疗机构资格审查和国有企业经营者工资审核等三项中央指定地方实施事项。四是指导全系统审批制度改革工作。五是配合全国人大常委会开展老年人权益保障法实施检查工作。

劳动保障监察

2015年，全国劳动保障监察机构全面贯彻党的十八大和十八届三中、四中全会精神，落实全国人力资源社会保障工作会议要求，主动适应经济发展新常态，继续围绕加强劳动保障监察能力建设工作主线，坚持稳中求进工作总基调，坚持服务人力资源社会保障工作大局，面对复杂的维权形势和繁重的执法维权任务，加大突出违法问题整治力度，推进执法体制改革和制度机制创新，夯实“两网化”管理基础，加强机构队伍建设和基础保障，全面提升监察执法能力和社会公信力，努力推进劳动保障监察事业实现新发展，劳动保障监察各项工作都取得了新的成绩，为构建和谐劳动关系、促进经济发展和维护社会稳定作出了重要贡献。

一、劳动保障监察日常执法工作取得新成效

各级劳动保障监察以易发、频发劳动保障违法问题的行业和企业为重点，进一步扩大日常巡视检查和书面审查范围，推行网上书面审查，及时发现和纠正违法行为，努力做到主动执法不留死角、不存盲区。积极面向企业和劳动者开展劳动保障法律宣传服务，主动指导企业用工管理，引导企业自觉守法和劳动者依法理性维权。全面畅通劳动者来访、来电、来信等举报投诉渠道，完善案件办理跟踪、执法效果回访、执法责任倒查等制度，落实各项执法服务和便民措施，举报投诉接待服务质量和案件查处效率进一步提升。加强网上舆情监控，积极发挥劳动保障监察快速反应的优势，抓好欠薪欠保等可能引起群体性事件的违法行为的排查化解，有效预防和及时处置。全年共巡视检查用人单位192.5万户次，书面审查用人单位219.6万户次，共办结劳动保障违法案件38.9万件，督促用人单位与307.1万名劳动者补签劳动合同，为481.4万名劳动者追发工资等待遇421.2亿元，督促4.6万户用人单位为100.3万名劳动者补缴社会保险费21.3亿元，切实维护了劳动者合法权益和社会稳定。

二、劳动保障监察三项专项整治活动取得新进展

针对劳动保障和人力资源市场领域出现的突出违法问题，2015年人力资源社会保障部在全国范围内组织开展了三项专项整治活动，并联合有关部门组成工作组深入各地开展督查。

一是2月至3月，会同国家工商行政管理总局在全国联合开展清理整顿人力资源市场秩序专项行动。专项行动期间，共检查单位13.6万户次，查处违法案件7 017件，其中，未经许可擅自开展劳务派遣业务案件622件，取缔非法职业介绍活动1 836件。专项行动的开展，打击了非法职业中介侵害求职者权益的违法行为，维护了广大求职者的合法权益，规范了人力资源市场秩序。

二是7月至8月，在全国范围组织开展用人单位遵守劳动用工与社会保险法律法规情况专项行动。专项行动期间，共检查单位75.4万户次，查处违法案件9.1万件，责令支付工资及赔偿金15.57亿元，督促缴纳社会保险费5.65亿元。专项行动的开展，规范了企业特

别是小微企业、劳务派遣企业的劳动用工、参保缴费行为，严厉打击了强迫劳动、使用童工等违法犯罪行为。

三是2015年11月下旬至2016年春节前，会同公安部、住房城乡建设部等八部门在全国联合开展农民工工资支付情况专项检查，并于2015年11月20日联合有关部委召开视频会议进行动员部署，要求通过专项行动，确保春节前拖欠农民工工资案件基本结案、因欠薪引发的群体性事件得到妥善处理、涉嫌拒不支付劳动报酬罪案件及时移交司法处理。专项行动期间，人力资源社会保障部加大工作指导力度，与有关部门派出联合督查组，赴河北、浙江、山东、湖北、广东、海南、贵州等地开展专项工作督查。各地切实抓好专项整治行动，加大执法力度和媒体宣传力度，完善行政司法联动措施，强化欠薪应急管理，妥善处置群体性事件。经过各地区、各有关部门共同努力，在专项行动期间，全国共检查用人单位52.6万户，涉及农民工2 383.4万人，共为220.1万名农民工补发被拖欠工资及赔偿金226.6亿元。

在这三次专项整治活动中，人力资源社会保障部加强与相关部门的协作与配合，健全了打击严重违法犯罪行为的综合治理机制，切实推动阶段性专项整治向日常管理服务转变。各地还结合本地实际，组织力量适时开展其他针对性强的专项执法检查活动。

三、劳动保障监察制度机制建设取得新成果

以提高执法效率、增强执法公信力为目标，进一步加强劳动保障监察制度和机制建设。为进一步畅通职工诉求表达渠道、提高监察执法效率和质量，方便劳动者就近、便利、快速维权，促进主动执法、规范执法和阳光执法，2015年6月人力资源社会保障部印发《关于建立省级劳动保障监察举报投诉案件联动处理机制的意见》（人社厅函［2015］35号），明确要逐步建立健全省级劳动保障监察举报投诉案件联动处理机制。指导各地按照部里的统一部署，结合本地区实际研究制定具体实施方案，积极组织实施，加快推进实现一地举报投诉、区域联动受理。指导各地认真贯彻落实人力资源社会保障部与最高人民法院、最高人民检察院、公安部联合下发的《关于加强涉嫌拒不支付劳动报酬犯罪案件查处衔接工作的通知》（人社部发［2015］100号），进一步完善涉嫌拒不支付劳动报酬罪案件移送标准和程序，加强与公安部门、检察院和法院的沟通联系，建立健全信息共享、案情通报、案件移送等制度，充分发挥四部门打击恶意欠薪犯罪行为的合力。2015年各地劳动保障监察机构向公安机关移送涉嫌拒不支付劳动报酬犯罪案件10 581件，公安机关立案6 983件。通过劳动保障监察机构与公安机关等司法部门的联动，责令欠薪的责任主体偿还了拖欠劳动者的劳动报酬，依法追究了恶意欠薪者的刑事责任，在依法打击恶意欠薪问题方面取得了较大成效。同时，人力资源社会保障部和各地人力资源社会保障部门通过新闻媒体，集中曝光了多批拒不支付劳动报酬犯罪典型案件，在社会上引起了强烈反响，对有恶意欠薪行为的企业起到了震慑和警示作用。完善企业拖欠工资问题部际联席会议制度。与中央综治办联合开展2014年度“打击非法用工等违法犯罪活动”综治考评。研究制定重大劳动保障违法行为社会公布文件。针对2006年海事劳工公约批约工作进行研究论证，制定完善相关履约制度。各级劳动保障监察机构认真落实执法责任制，细化、量化行政处罚自由裁量标准，完善执法程序和操作流程，规范执法文书和执法案卷，加强对监察执法行为的自我约束，促进实现严格规范公正文明执法。依法公布重大劳动保障违法行为，开展用人单位守法诚信评价，在加大对违法行为惩戒的同时，引导用人单位自觉遵守法律法规。

四、劳动保障监察“两网化”管理取得积极进展

积极贯彻落实《关于进一步推进劳动保障

监察两网化管理工作的意见》（人社部发［2011］79号），加快工作推进步伐，截至2015年年底，全国地级城市“两网化”管理覆盖率达到95%以上，在此基础上，积极将“两网化”管理向县级行政区域扩展。加强“两网化”管理规范化建设，指导各地完善制度，明确工作职责，健全网格监管体系，充分发挥基层网格在采集信息、宣传法律、调处纠纷等方面的作用。加快推进劳动保障监察信息网络建设，指导各地全面启用劳动保障监察管理信息系统，配备必要的计算机等硬件系统，使网络延伸到乡镇街道，做好劳动用工、执法信息的收集、上报工作，建立全省集中统一的劳动保障监察信息数据库，实现与就业、社保等信息的互联互通。指导各地加大劳动保障监察“两网化”管理运行的投入力度，改善协管员工作条件，加强协管员业务培训和工作考核，提高协管员队伍稳定性，为“两网化”管理工作的持续发展提供保障。建立健全监察信息监测数据上报维护机制，指导各地开展劳动保障监察信息监测数据上报工作，进一步提高各地上报数据的数量和质量。

五、劳动保障监察机构队伍建设稳步推进

按照《中共中央关于全面深化改革若干重大问题的决定》提出的深化行政执法体制改革、加强劳动保障基层执法力量的要求，积极争取编制管理、财政等部门的支持，推动劳动保障监察机构队伍建设取得新进展。2015年7月，经国务院同意，人力资源社会保障部与中央编办、财政部联合下发《关于加强劳动保障监察执法能力建设的意见》（人社部发［2015］67号），提出加强劳动保障监察执法能力建设的总体要求和目标，明确健全劳动保障监察工作体系、加强劳动保障监察队伍建设、完善劳动保障监察制度以及加强劳动保障监察执法保障的政策措施。文件印发后，指导各地结合实际制定具体实施方案，认真做好贯彻落实工作。积极稳妥推进劳动保障监察执法体制改革，密切关注和跟踪了解各地劳动保障监察执法体制改革的进度，赴天津、山东、湖北、广东、海南、重庆、贵州、甘肃等8个省（市）开展实地调研，召开劳动保障监察机构负责人座谈会，了解各地监察执法体制改革的进展情况，指导各地积极协调有关部门，系统科学设计执法体制改革方案。开展“劳动保障监察执法体制改革若干问题研究”课题研究，选取31个省、自治区、直辖市和新疆生产建设兵团的89个设区的市、77个区、78个县，采用问卷调查的方法对省、市、县（区）三级人社部门监察执法体制现状和改革推进情况进行调查，总结分析各地劳动保障监察执法体制改革推进情况和面临的重点难点问题，提出对策建议。严格加强监察员资格管理，全面落实持证上岗制度。加大监察员和协管员培训力度，完善分级分类培训体系，增强培训的针对性和实效性。举办劳动保障监察机构负责人和劳动保障监察法律制度培训班，进一步提高了执法人员的法律素养和工作能力。开展劳动保障监察领域国际交流合作，实施中日劳动监察技术合作项目，天津、黑龙江、山西、山东、湖北、云南、陕西等省（市）共举办了14期监察员培训班。进一步加强监察队伍作风建设。认真落实部里关于建立窗口单位作风建设长效机制的意见，不断完善执法服务规范和纪律要求，切实提升作风建设水平。

规划统计

2015年，围绕经济新常态下人社中心工作，立足职能服务改革发展大局，注重提高工作科学化规范化水平，锐意进取，狠抓落实，规划计划、统计调查、信息化等工作取得新的进展。

一、规划工作

一是扎实有效开展了“十三五”规划编制工作。配合中央“十三五”规划建议和国家规划纲要起草，完成了中财办下达的“‘十三五’时期有序推进农民工市民化目标任务和主要措施”、“‘十三五’时期扩大就业、完善社会保障体系和构建和谐劳动关系的方向和主要政策”、“‘十三五’时期提高居民收入和调整国民收入分配格局的方向和重点政策”、“‘十三五’时期人才队伍建设的重点任务”4个重大课题，以及部内“‘十三五’时期促进就业总体思路研究”、“‘十三五’社会保障体系发展总体思路研究”、“‘十三五’人才事业发展总体思路研究”、“‘十三五’时期人事制度总体思路研究”、“‘十三五’工资收入分配制度改革总体思路研究”、“‘十三五’时期构建和谐劳动关系体制机制研究”、“‘十三五’时期人力资源社会保障基本公共服务能力建设研究”、“人力资源社会保障‘十三五’规划主要目标监测评估研究”8个重点课题研究，以新的发展理念提出了重点任务、重大政策和重大工程项目建议，在中央规划建议中多处体现，在国家规划纲要中也占有一定分量。《人力资源和社会保障事业发展“十三五”规划纲要》提交地方相关人员座谈会、部年中务虚会多方听取意见，结合学习贯彻党的十八届五中全会精神，先后修改十几稿。

二是组织开展了“十二五”规划实施总结评估。全面完成了“十二五”规划各项主要目标任务，18项重点指标顺利完成。利用部机关电子屏幕举办“数说‘十二五’”人社事业发展成就展示，形象生动，受到了机关领导干部的好评，在社会上也引起关注。

三是编制实施年度计划。2015年人社事业发展计划坚持稳中求进，为“十二五”胜利收官发挥了提振信心、凝聚力量的积极作用。层层分解落实全国计划，加强督查和季度监测通报，重点监测经济新常态下就业和社保计划执行情况。经各方共同努力，全年计划主要指标任务顺利完成。经科学测算，综合平衡，反复征求意见，研究编制了2016年人力资源和社会保障事业发展计划草案。指导地方探索机关事业单位人员计划管理新机制。

四是援疆援藏工作取得积极进展。落实第二次中央新疆工作座谈会精神和中央第六次西藏工作座谈会精神。印发对口支援年度工作要点，组织完成“藏区促进群众就业研究”和“藏区社会保障体系建设问题研究”两个课题，起草了推进西藏和四省藏区人社事业发展的意见，指导各地编制“十三五”对口支援规划，协调在就业专项资金、职业培训以及基层平台建设等方面给予资金和政策倾斜。

五是参与国家长江经济带、京津冀协同发展规划纲要编制，分解并督促落实相关任务。协调与上海、广西签署部市（区）合作备忘录。

六是在广西南宁市召开部分省市座谈会，研究推进基层劳动就业和社会保障公共服务设施建设。全年中央投资9亿元，补助218个县和901个乡镇基层平台建设，到目前为止，中央投资已覆盖中西部60%的县，受益人口超过5.5亿人。

二、统计工作

一是强化人社数据服务国家宏观决策。落实中央和部领导批示，会同国家统计局研究完善调查失业率方案。按月汇总就业和社会保障数据上报国务院、中财办等领导机构，做好全国“两会”期间数据服务，参与国家宏观调控联席会议，参与人力资源和社会保障季度形势分析。

二是加强统计分析和决策咨询。配合人社改革重点难点问题开展重点调查，进行数据分析测算。定期对美日英等发达国家和金砖国家劳动力市场发展态势进行跟踪监测分析，组织编印了《统计分析报告》、《统计参考》和《国际统计监测报告》近百期。发布2014年度人社事业发展统计公报，在人社部门户网站按月公布人社主要统计数据。

三是开展社区直报、人社政策满意度、薪酬调查、失业动态监测、全口径人才资源统计等重点专项调查，及时获得第一手资料，为科学判断形势、把握发展动态、制定政策提供了数据参考。

四是全面推进数据仓库建设和数据展示平台工作。完成数据仓库调查业务需求、系统开发、第三方测试和安全评估工作，初步开发完成了人社部历史上第一个统计数据仓库系统。

五是统计综合管理工作迈上新台阶。认真贯彻落实国办关于加强部门统计的意见，强化依法依规调查。修订印发2016年统计报表制度。面向人社系统和中央单位举办统计业务培训班，提升统计人员能力素质。积极参与国际统计活动，加强与国际劳工组织等机构的合作与交流。

三、信息化建设

一是金保工程二期正式立项。国家发展改革委正式批复金保工程二期全国整体立项，项目总投资达24.5亿元。会同有关部门编制完成部本级金保工程二期可行性研究报告，组织各省份编制可行性研究报告。定期召开项目管理和监理会议，开展大规模人员培训，积极推进新农保信息系统试点建设。

二是信息化工作有序推进。组织编制完成“十三五”国家政务信息化工程建设规划项目建议，形成相关课题报告。推进国家人口基础信息库项目建设。印发了贯彻落实推进“互联网+”行动和促进大数据发展行动纲要部内分工方案，向国家发展改革委报送三年行动计划。

人力资源和社会保障信息化建设

2015年，人力资源社会保障信息化建设以党的十八大和十八届三中、四中、五中全会精神为指导，围绕人力资源社会保障中心工作及各项改革任务要求，坚持省集中的发展方向，大力推进社会保障一卡通，着力加强重要应用系统建设，强化信息资源开发利用，积极开展信息化公共服务创新，全面落实“十二五”规划的各项任务，取得新成效。

一、发展规划与重大项目建设取得明显进展

根据人社事业发展和改革的需要，谋划“互联网＋人社”发展蓝图，确定了“互联网＋”重点行动、大数据、云计算基本思路，稳步推进从“人社信息化”向“信息化人社”的转变。完成了金保工程二期项目建议书及24个共建省份建设方案，项目建议书于2015年4月获发展改革委正式批复，完成全国整体立项。开展了金保工程二期可行性研究工作，中央本级可行性研究报告已报发展改革委。推进了新农保信息系统试点工程9大应用系统建设，4个应用系统完成验收工作，5个应用系统建设取得重要进展。开展了国产化和云计算、移动互联网等技术应用的研究工作。

二、信息系统省集中建设呈现良好态势

各地在落实新政策新制度的过程中，优先建设省集中信息系统。全国已普遍实现社会保障卡管理系统、城乡居民基本养老保险系统的省集中；城镇职工社会保险已在4个直辖市和内蒙古、宁夏、黑龙江、新疆生产建设兵团等地区实现全险种（含养老、医疗）、全地市的省级集中；14个省份实现了就业管理和就业服务全业务、全地市的省级集中；11个省份实现了劳动关系全业务、全地市的省级集中。社会保障卡持卡人员基础信息库（以下简称持卡库）建设全面启动，印发持卡人员基础信息管理流程、持卡库部署实施方案。截至12月底，部持卡库中人员基础信息达7.1亿条，卡基础信息达5.5亿条，累计业务处理量达7.5亿笔。20个省份完成了省级持卡库的部署，11个省份的持卡库已上线运行。持卡库的加快实施进一步推动了信息系统的集中整合。

三、社会保障卡建设取得显著成绩

2015年新发社会保障卡（以下简称社保卡）1.7亿张，截至12月底，全国社保卡持卡人数达到8.84亿人，普及率64.6%，全面完成“十二五”规划目标。全国30个省份和新疆生产建设兵团已发卡，实际发卡城市369个，地市覆盖率95.8%。加快推进102项社保卡应用目录的落实，开展了全国社保卡应用督导、47个地区综合应用试点示范、典型应用宣传交流等工作。推动养老、医疗等重点领域用卡和跨地区用卡。全国社保卡人社领域应用目录平均开通率为52%，部分地区还扩展至民政、卫生计生等政府其他公共服务领域。

四、主体业务信息系统建设稳步推进

（一）就业领域。

开展了就业信息化总体设计；启动了就业信息监测平台二期开发工作；开展了离校未就业高校毕业生实名登记信息监测；完成了外国

人和台港澳人员就业管理系统建设并上线运行。

（二）社会保险领域。

印发了《关于机关事业单位工作人员养老保险信息系统建设的指导意见》（人社部发[2015] 52号），完成了机关事业单位养老保险信息系统建设任务，推动各省开展信息系统建设工作，保障在京中央国家机关事业单位养老保险业务工作开展，为全国和部本级工作的顺利推进提供了重要支撑。推进医疗服务监控系统的实施应用，29个省份启用医保监控系统。印发了《关于开展全民参保登记信息系统建设的通知》（人社厅发[2015] 86号），开展全民参保登记信息系统建设，推动参保登记工作顺利开展。

（三）人事人才领域。

启动了人事人才一体化系统建设方案研究，完成了留学人员回国服务系统建设，开展了自主择业军转干部管理服务平台系统建设，开展了全国军队转业干部安置信息平台的建设工作，完成了2016年度中央机关及其直属机构公考网上报名的技术和咨询服务，全国技工院校毕业生证书查询系统正式上线运行。

（四）劳动关系领域。

推动实施全国统一的劳动关系系统，稳步推进劳动保障监察"两网化"管理；大部分省份建设了劳动保障监察管理信息系统，调解仲裁办案系统逐步在各省份实施；印发了《劳动保障监察举报投诉案件省级联动处理机制系统建设方案》；进一步推进实施全国劳动保障监察信息监测制度，本年共入库数据63.9万条，包括20.5万件案件；加强全国仲裁员管理系统应用，共登记4.8万名调解仲裁人员。

五、跨地区协作信息化应用已成规模

中国公共招聘网已覆盖29个省156个地区（含省本级），纳入206家公共就业人才服务机构，累计发布招聘岗位信息1 093.2万条。各项跨地区业务系统的覆盖地区和业务办理数量不断增长，为各地区间、各险种间社会保险跨地区业务协同办理提供了良好技术平台。全部省份通过部级待遇领取资格协助认证系统参与全国协助认证。29个省份建立了省内异地就医结算系统或利用省集中业务系统开展省内异地就医业务。社会保险关系转移系统本年累计办理业务82.5万笔，扩建了城乡养老保险制度衔接、军人退役养老保险关系转移功能。完善了养老保险待遇状态比对查询服务系统，本年累计响应查询请求3 150万人次。

六、信息资源开发和共享取得新成效

就业及养老保险（职工和城乡居民）、医疗保险（职工和城镇居民）、失业保险、工伤保险、生育保险联网数据上报量分别达到3.2亿人、7.8亿人、5.7亿人、1.7亿人、1.7亿人、1.4亿人。数亿人的信息正在汇聚成人社大数据。结合政策研究需要，推进联网数据分析利用。积极开展部本级联网数据探索性分析，为全系统提供了示范。积极推动全国数据分析工作，在分析主题设计、分析方法交流等方面加强指导，引导全国协作。完成了25个省份基金监管系统的升级、培训和试运行。印发了《关于加强就业失业登记、社会保险登记、劳动用工备案信息共享和业务协同工作的通知》（人社厅发[2015] 166号），推进各业务之间共享协同机制建设。参与国家人口基础信息库建设，完成了人社部承担的建设任务。人社部与中央编办等部门签订了数据共享协议，与财政、审计等部门开展了专项数据交换共享。

七、公共服务体系建设进一步推进

12333电话咨询服务覆盖面稳步扩大，规范化、一体化建设有序推进，349个地市级以上人社部门开通了12333电话咨询服务，开通率95.4%，年话务量9 000万人次左右。以"走进大学生"为主题，举办12333全国统一咨询日活动。开展12333服务质量监控，完成质量监控软件开发。印发了《人力资源和社会保障电话咨询服务规范》（人社厅发[2015]

40号)。完成部级短信平台建设，发送150多万条短信，机关保系统、军转系统和掌上12333等系统已接入短信平台。保障人社部门户网和中国就业网等网站稳定运行，加挂党政机关标识，新增专题20余个。优化人力资源社会保障部办公管理系统，增设7个信息发布栏目。紧急部署、开发了二十国集团（G20）就业工作组公众网站和工作平台。利用互联网开展中央机关及其直属机构2016年度考试录用公务员网上报名工作。完成国家公务员局门户网站的改版升级。

八、信息网络及安全支撑能力稳步加强

全国部、省、市三级网络覆盖330个（99.4%）地市节点。城域网覆盖92.4%的各类人社管理服务机构，93.4%的街道、社区、乡镇，定点医疗机构网络联通率达96.7%。督促各地开展业务专网DNS系统建设，31个省份建立了DNS系统。10个省份建立了全省集中数据级灾备，4个省份建立了全省集中应用级灾备。开展全国信息安全等级保护调度，推动全国1 318个重要信息系统进行定级备案和测评。开展人社业务专网安全专项整治工作。加快推进人社行业电子认证系统建设，8个省份完成省级证书注册系统建设。部级签发数字证书8.9万张。圆满完成“两会”和抗日战争胜利70周年纪念活动期间信息安全通报和保障任务。加强人力资源社会保障系统信息安全漏洞监控和处置，妥善完成有关安全事件的应急处置工作。配合中央网信办、公安部、国家保密局等部门完成网络安全检查工作，进一步提升了网络安全保密技术防护能力和管理水平。承担了国密办人社领域国产密码应用课题的研究，开展了信息化国产密码应用整体规划工作。

九、标准化工作深入开展

发布实施《社会保障卡规范》（LD/T 32—2015）和《社会保障卡读写终端规范》（LD/T 33—2015），组织开展了双界面社保卡规范研究和试点验证。推进了生物特征识别技术（人脸、指纹、指静脉）研究，制定了生物特征识别应用基础标准及实施方案。印发了《人力资源和社会保障电话咨询服务规范》（人社厅发［2015］40号）。起草了公共就业和人才服务、劳动保障监察、劳动人事争议仲裁信息系统指标体系初稿，社会保障管理信息系统和商业银行系统接口规范初稿。

科学研究

2015年，中国人事科学研究院、劳动科学研究院全面贯彻党的十八大和十八届三中、四中、五中全会精神，深入学习习近平总书记系列重要讲话精神，在部党组的领导下，紧紧围绕部中心工作，以重点工作突破带动整体工作的推进，全面完成了各项工作任务。

一、人事科学研究

中国人事科学研究院全年共计完成科研项目95项，其中为部中心工作服务项目50余项。发表学术论文155篇，出版专著10部，多项研究成果得到部领导的肯定性批示，供实践部门参考，并获学术界好评。

（一）认真完成部交办的各项科研任务。

共承担部重大课题5项、部级课题8项、部司局课题20余项。研究内容涉及国家人才培养计划绩效评价、人社部门权力清单制度、公务员遴选与考录、公务员平时考核、事业单位职员职业发展、事业单位聘用合同规定、退役军官安置制度改革、机关与企业相当人员工资比较调查、执法类公务员工资制度改革、人力资源市场扩大开放与人才安全、经济新常态下人力资源市场的变化、劳务派遣状况分析、高校毕业生创业、留学归国人员创业园建设和“三支一扶”实施成效评估等。

（二）积极承担中央单位委托的研究工作。

承担了中组部、中财办、中央网信办、中编办、科技部、中国科协、农业部、国土资源部、国家旅游局、国家海洋局和国家体育总局等中央部门单位下达或委托的多项研究任务。研究内容包括机关事业单位工资制度改革研究、人才发展规划研究、“十三五”人才工作研究、人才队伍建设评估、人才体制机制改革研究、专业技术人才开发研究和事业单位人事管理改革研究等，较好地发挥了国家级人事科研机构的职能作用。

（三）努力为全国组织、人社部门提供高质量的决策咨询。

与地方组织、人社部门开展了20余项合作研究，主要包括完善公务员管理制度、区域“十三五”人才（人社）发展规划编制、绩效考核与薪酬改革方案、人力资源服务产业园建设等。此外，还承担了新疆、西藏、宁夏、内蒙古的研究项目，积极为西部边远地区人社事业发展建言献策，提供智力支持。

（四）创新学术成果发布载体。

在原学术内刊《前瞻与思考》的基础上创办了《中国人事科学》学术月刊，创新办刊思路，凝练办刊特色，荟萃人事研究领域最新研究成果，及时反映学术动态，为办成人事科学领域权威性学术期刊打好基础。推出了《中国人事科学研究报告》年度学术集刊，汇集了2015年度研究成果的精华，为科研成果的推广与转化建立了一个新的平台。已连续4年出版《人力资源蓝皮书》，从内容到结构均进行了优化，形成有利于进行年度比较分析的体例，受到好评。《国际行政科学评论（中文版）》出版了4期，为我国行政学界提供了一个了解国际学术前沿与热点问题的窗口。院门户网站和内网建设进一步加强，及时发布学术动态、扩大学术资源供给、做好网络安全防控，成为人科院对内促进信息交流共享、对外展示良好形象的重要媒介和桥梁。

（五）动员国内科研力量开展协作攻关。

注重进一步吸收全国人社系统所属科研机构的力量参与到院课题研究之中，2015年组织科研合作网单位开展了18项合作课题研究，成果质量较之往年有了较大幅度提高。与此同时，为落实中央关于加快创新驱动的战略部署，推动人力资源工作领域的改革发展，人科院开展了以“创新驱动与人力资源新战略”为主题的论文征集活动，得到地方人社部门的积极响应，共征集论文159篇，评选出获奖论文34篇，并汇编成册，公开出版，供广大人力资源实践与理论工作者参考。

（六）聚焦热点难点问题开展多种形式的研讨活动。

在开展主题征文征集及认真总结以往科研工作成绩的基础上，2015年11月，人科院在上海召开“全国人事人才科研工作年会暨主题研讨会”，来自全国各省（区、市）人社部门及科研机构、企事业单位的代表参加了会议，张义珍副部长到会发表重要讲话，为新时期人事人才科研工作指明了方向，提出了新的任务。这次会议规格高，主题明确，参会代表广泛，形式新颖，受到国内同行广泛关注与好评。此外，人科院还开展了规模不等、形式多样的专题研讨活动，如人力资源服务产业园建设研讨会、人才软环境建设研讨会、事业单位改制政策解读与方案设计研讨会、绩效管理新态势研讨会、留学归国人员创业园发展研讨会等。这些活动活跃了学术气氛，深化了对相关主题的研究讨论，在扩大学术影响力的同时，锻炼了队伍。

（七）为扩大我国公共行政与人力资源研究的国际影响力组织开展国际学术交流。

2015年4月，人科院协助国家外专局在深圳举办“国际人才问题圆桌会议”。9月，在韩国首尔组织召开亚洲公共行政网络（AGPA）年会。10月，在上海举办东部地区公共行政组织（EROPA）2015年年会，这是我国继1991年后时隔20多年再次成功承办该国际组织的会议，来自日本、印度、韩国、菲律宾、印度尼西亚等16个国家和我国的专家学者约200人参会。通过这一平台，向亚太地区展示了改革、开放、发展的中国形象，宣传了具有中国特色的治理模式和道路，进一步扩大了我国行政科学理论与实践的国际影响。人科院代表还参加了国际行政科学学会巴西年会，并代表我国宣布承办国际行政科学学会2016年联合大会。现已成立筹委会，由余兴安院长任秘书长，各项筹备工作正在进行之中。

二、劳动保障科学研究

中国劳动保障科学研究院全年共组织和支持开展各级各类课题70余项，其中国家社科基金等国家级课题5项，部重大政策课题和部级课题16项，院级课题、合作课题58项。

（一）开展促进就业问题研究。

国家社科基金重大项目“化解产能过剩矛盾中职工就业和安置政策研究”取得重要阶段性成果，尹蔚民部长在劳科院课题组报送的《河北省化解产能过剩中职工就业问题调研报告》上批示：此项调研做得好，所提建议请在拟定的文件中研究。开展国家社科基金重大项目“产业转型升级下的高校毕业生就业研究”，完成“高校毕业生就业促进政策和就业服务机制研究”、“面向产业结构转型升级的高等教育改革与结构调整研究”等分报告的研究撰写工作。开展部“‘十三五’时期促进就业总体思路研究”。完成“2015年就业季度形势分析研究”，分析报告上报人社部和国务院领导，成为分析就业和经济形势，进行宏观决策的重要参考依据。完成“调整完善计划生育政策对劳动就业影响研究”，研究报告上报人社部及相关部门，为国家制定“十三五”规划中全面实施“二孩”政策提供研究参考。完成“《促进就业规划（2011—2015年）》实施情况总结评估研究”、“失业预警模型开发与应用研究”、“《职业教育法》修订方案研究”、“国家技能振兴综合示范区——‘技能成都’建设方案研究”。完成“浙江省台州市‘十三五’就业规划研究”、“慈溪市‘十三五’人才规划编制研究”、“内蒙古自治区包头市‘十三五’就业和劳动关系规划研究”、“杭州失业预警模型的研制”。开展了构建职业资格框架、人力资源产业园区内部结构和产业链、创业素质测评体系等相关研究。

（二）开展社会保障问题研究。

在社会保障综合性研究方面，完成部“‘十三五’社会保障发展总体思路研究”，承担部相关职能单位课题“我国批准国际劳工条约第102号问题研究”，完成部年度计划项目“社会保险缴费基数问题与对策研究”，承担部重大政策研究项目“退役军官社会保障问题研究”。在养老保险专题研究方面，完成部重大政策研究项目“机关事业单位养老保险制度改革实施问题研究”、“退役军官待遇保障问题研究”，完成或开展部相关职能单位委托项目“职工基本养老保险制度模式和基金长期平衡研究”、“城乡居民养老保险金融服务标准与规范化研究”、“土地制度改革试点县被征地农民社会保障政策研究”，完成劳科院基本科研业务费项目“基本养老保险待遇确定机制研究”，“城职保与城乡居保制度衔接过程中存在的问题研究”、“城乡居民基本养老保险‘十三五’重大问题研究”。在医疗保险专题研究方面，承担部年度科技项目“医疗服务价格形成机制与医保支付研究”，完成部相关职能单位委托课题“职工医疗保险筹资待遇调整机制研究”，开展“基本医疗保险制度整合研究”、“重特大疾病医疗保障政策及管理研究”、“药品价格形成机制与医保支付研究”、“医疗保险付费总额预算及管理研究”、“‘十三五’时期医疗保险事业发展研究”。在工伤保险专题研究方面，完成部相关职能单位委托课题“工伤保险可参保资源总量研究”、“工伤保险先行支付跟踪分析研究”、“建筑行业工伤保险参保政策实施评价”。在其他保险及基金监督研究方面，承担全国老龄委办公室委托项目“建立中国长期护理保险制度研究”，完成部相关职能单位委托项目“社会保险欺诈入刑与行政执法研究”，完成劳科院基本科研业务费项目“扩大失业保险基金支出范围问题研究”。此外，完成部里交办的专题研究报告“调整完善生育政策对社会保险收支的影响研究”，开展“医疗保险、工伤保险、生育保险管理医疗服务管理一体化问题研究”。

（三）开展劳动关系和劳动标准问题研究。

完成部重大政策研究项目“新时期劳动定额定员问题研究”和“人力资源和社会保障工作法治问题研究”。完成“带薪年休假制度评估和政策完善研究”、“2015年民营企业劳动关系状况监测研究”、“现行劳动关系立法及相关文件的冲突与衔接研究”、“‘十三五’时期构建和谐劳动关系体制研究”、“深圳市龙岗区构建和谐劳动关系‘十三五’规划研究”。国家社科基金青年项目“我国劳动者过度劳动问题及其政府规制研究”取得积极进展。开展国家标准制定“养老保险个人账户管理规范研究”、“来中国工作外国人分类研究”。承担国标委项目“基本公共服务共性技术及就业和社会保障等领域标准研究”和部相关职能单位委托项目“社会保险经办机构分类代码标准”。此外，还开展了家庭服务业规范化职业化、劳务派遣和劳务承揽甄别标准以及企业使用“学生工”规制等研究。

（四）开展工资收入分配问题研究。

组织开展了“十三五”规划相关重大课题研究，完成中财办交办的“‘十三五’时期提高居民收入和调整国民收入分配格局的方向及政策研究”和部相关职能单位委托的“‘十三五’时期工资收入分配改革思路研究”、“工资支付保障立法若干重点问题研究”。积极开展经济新常态下我国企业人工成本变动趋势及最低工资调整等重大问题研究，完成“我国制造业企业向东南亚国家转移是否因制造业人工成本上涨过快所致的研究报告”，开展了“制造业人工成本变动趋势及影响分析研究”、“新常态下完善最低工资标准调整机制研究”、“困难企业工资集体协商重点难点问题研究”。做好国有企业及其负责人薪酬改革相关研究工作，完成“改进完善国有企业工资总额调控机制研究”、“国有企业工资分配监管若干问题研究”、“我国国有企业负责人中长期激励若干问题研究”，协助部相关职能单位进行中央企业职工平均工资测算和中央部门所属企业绩效调节系数统筹工作。

（五）开展劳动保障综合性研究。

承担部重大政策研究项目“新常态下人力资源社会保障形势研究”，多项阶段性研究成果在部就业形势分析会上发布或在《中国劳动保障报》上发表。完成国家发展改革委中国经济体制改革研究会项目“市场决定劳动力资源配置研究”，课题成果被编入《中国经济体制改革论文集》和本院蓝皮书。完成部重大政策研究项目“就业统计指标科学、数据配套及时问题研究”。承担的科技部“十二五”国家科技支撑计划项目“劳动保障政策仿真模型平台与决策支持系统”，已顺利通过结项验收评审。开展“十三五”人力资源社会保障规划前期研究，完成“‘十三五’时期人力资源和社会保障公共服务能力建设研究”、“革命老区及国家连片贫困区人力资源社会保障扶贫开发研究”、“政府购买公共就业人才服务等研究”。完成部相关职能单位委托项目“‘十三五’社会保险基本公共服务体系研究”和“藏区社会保障体系建设问题研究”。此外，还承担“社会保险基本公共服务专题研究”，开展了国家发展改革委“十三五”国家基本公共服务体系规划研究。

（六）努力打造科研精品。

项目申报取得新进展，又有1个国家社科基金重大项目获得立项，部重大政策研究课题有6个项目获得立项，部级课题有10个项目获得立项。由院所共同研究撰写编辑出版的《中国劳动保障发展报告（2015）》（蓝皮书）汇集了劳科院所、地方院所以及知名专家学者的优秀成果，整体质量进一步提高，逐步成为劳科院优秀成果品牌。院组织编辑出版的《劳科院工作年报》、《探索与创新——劳科院2015年青年科研成果集》的内容质量也有明显提高。全年资助出版了28部学术著作，其中《中国就业报告》、《中国薪酬发展报告》、《农民工研究论文集》等优秀精品著作受到了广泛好评。

（七）交流合作范围进一步扩大。

9月，劳科院所、劳动学会专家赴南非参加“第十七届国际劳动和雇佣关系协会（ILERA）世界大会”，圆满完成参会任务。11月，成功举办由中日韩三方专家学者参加的第十三届东北亚劳动论坛，以“产业调整升级中的就业问题与政策应对”为主题，进行了深入探讨和交流。院所专家赴香港参加“第七届劳动关系研讨会”。劳动学会与北师大经管学院联合举办“经济发展新常态下劳动经济形势分析会”。劳科院所、北大法学院、中国社会法学研究会联合举办“《劳动法》实施20周年纪念暨劳动保障法治建设研讨会”。与中国人力资源开发研究会劳动关系分会、人民大学劳动人事学院共同举办“贯彻中央意见精神构建和谐劳动关系研讨会”。与广西人力资源社会保障学会共同举办“收入分配制度改革研讨会”。继续举办《中国劳动讲堂》地方分讲堂等，收到了良好效果。

同时，加强与地方科研机构交流合作。与辽宁、吉林、广东、重庆、新疆等地方劳动学会（协会）建立联系，开展合作。与广西、成都、深圳、运城、苏州、泰州等地开展合作研究，取得了积极成果。经过不断努力，劳科院与各地劳动保障科研机构科研、创新实践基地以及学会、协会的交流合作越来越密切。各单位相互支持、相互促进，共同推动了劳动保障科研事业的发展。

窗口单位作风建设与干部教育培训和评选表彰

2015年，认真贯彻落实中央关于加强窗口单位作风建设、干部教育培训和评比表彰工作的一系列决策指示，坚持从严要求，改革创新，全面完成了工作任务，有效提高了全国人社系统和部机关干部的政治素质、党性修养、业务水平和工作能力，为建设一支高素质人社干部队伍、推动人社事业深化改革提供了有力的支持。

一、人社系统窗口单位作风建设开局良好

2015年是全国人社系统窗口单位作风建设常态化之后的开局之年。在部党组的领导下，认真贯彻落实部里《关于建立窗口单位作风建设长效机制的意见》，坚持整体推进与分类实施相结合、硬件建设与软件建设相配套、问题导向与深化改革相协调、改进作风与发展业务相促进，通过建立规章制度、加强队伍建设、搞好统筹协调、狠抓工作落实，使各级人社部门对窗口单位作风建设重视程度进一步提升，协调推进力度进一步加大，解决了一批问题和矛盾，人民群众对人社部门有了更多的认同感、信任感。

（一）建章立制打基础。

窗口单位作风建设工作进入常态化之后，首要任务是加强组织领导和建立良好机制。成立了由部领导任组长、26家部属单位为成员的全国人社系统窗口单位作风建设工作协调领导小组及其办公室，明确了领导小组四项工作制度。一是领导小组会议制度。根据工作需求，定期或不定期举行会议，分析工作形势，了解任务进展，研究解决工作当中的重大问题。二是工作协调配合制度。各成员单位之间加强协调配合，确保各项政策举措统筹衔接，形成工作合力。三是情况反馈通报制度。各成员单位及时向领导小组办公室报送出台的各项涉及窗口单位的政策措施和工作情况；办公室对工作整体谋划事先征求各成员单位意见，并及时通报整体推进情况。四是信息共享发布制度。凡窗口单位作风建设情况对系统内外发布和通报，归口由领导小组办公室负责。在此基础上，研究制定了《2015年系统窗口单位作风建设工作要点》，并召开领导小组第一次会议进行了动员部署，较好地理顺了部内成员单位之间的工作关系。

（二）分层培训提素养。

坚持将窗口单位作风建设作为2015年系统干部培训重要内容，主要加强了三个层次的培训。一是举办了全国市级人社窗口单位作风建设专题示范培训班，培训全国市（地、州、盟）人社局长207人。二是举办了全国县级人社窗口单位作风建设专题示范培训班，培训全国县（市、区、旗）人社局长223人。三是以窗口单位作风建设为主要内容，举办了全国人社系统干部队伍建设培训班，培训省级人社部门分管副厅长、人事处长（窗口单位主管处长）126人。通过培训，既对省、市、县三级人社部门负责同志进行了一次深入动员，又进行了一次业务培训，提高了各级负责同志的思想认识和工作水平。同时，注重抓好培训成果转化，将学员意见建议汇总报送部领导参阅，根据部领导在市县两级培训班总结报告上的重要批示，协调部属相关单位对学员意见建议研

究提出解决措施，有力地推动了业务发展。

（三）明察暗访抓督导。

坚持把督导调研和明察暗访作为解决窗口单位作风建设突出问题的重要手段。部领导年度集中调研将窗口单位建设作为重要内容，深入基层一线，听取意见建议。部领导多次赴地方调研督察，亲临窗口一线，了解窗口单位建设情况，倾听一线工作人员呼声。6月底至7月初，部里组成12个调研组，采取多种方式，对12个省（区、市）5级125个窗口单位进行了明察暗访。在此基础上，根据部领导批示，部办公厅向全国印发了明察暗访情况通报，领导小组办公室向被察访省（区、市）一对一地通报了问题，点到具体单位、具体事情，在系统内引起了较大触动。中央人民广播电台对这次明察暗访做法进行了报道。全国各地对部里通报高度重视，迅速组织学习，积极查找问题，研究解决措施，又一次掀起了查摆整改问题高潮。

（四）分类推进促改革。

部里各成员单位认真贯彻落实领导小组指示要求，按照全年工作要点，明确责任分工，加强顶层设计，狠抓工作落实，较好地推动了改革发展。

一是完善规章制度，规范服务行为。各单位结合窗口单位特点和不同发展阶段的管理风险，积极探索和推行适应事业发展、服务需求的窗口服务制度、纪律要求。

二是推进标准建设，健全标准体系。积极推进人力资源和社会保障领域国家、部颁和地方标准的制（修）订进程，不断提高窗口服务的科学化、标准化、精细化水平。

三是积极简政放权，强化服务职能。各单位认真贯彻落实国务院关于简化优化公共服务流程方便基层群众办事的有关部署，自觉简政放权，下放、调整、取消行政审批事项。

四是加强平台建设，提升服务能力。特别是积极推进中西部地区基层平台建设，进一步向基层延伸，并加大督察力度，使办事群众感受到人社系统服务能力的提升。

五是推进信息化建设，提高服务效率。大力推进网上经办工作，在开展常规服务的基础上，综合利用12333、网站、移动应用、电话、微信、短信等网上服务渠道为群众提供服务，提升服务的便利性和可及性。

（五）加强宣传，营造氛围。

对部属43个网站进行了检查整改，基本解决了网站内容“不及时、不准确、不实用、不回应”的问题，并充分发挥部门户网站作用，及时刊载窗口单位作风建设工作信息、重大活动、工作经验等正面新闻报道。加强舆情监控，及时将相关情况汇总供部领导参阅。加强综合协调，《中国组织人事报》、《中国劳动保障报》等采取开设专版、专栏的方式，刊发专稿近百篇，为窗口单位作风建设营造了良好氛围。

二、干部教育培训工作成效显著

（一）基本情况。

根据人社事业全面深化改革、全国人社系统干部队伍建设、部机关干部队伍建设的需要，开展了大规模干部教育培训工作。全年实际举办培训班101期，培训人数约2.3万人次。部属4个教育培训机构在承办部内财政拨款培训班的基础上，还自主举办各类收费培训班75期，培训系统干部约1.2万人次；承接系统内外培训班150期，培训人员约1.1万人次。这些培训班使全国人社系统干部和部机关干部及时学习领会了中央精神和最新的业务政策，对于提高干部的能力素质和推动政策落实、工作发展起到了良好成效。

一是部党组高度重视。把干部教育培训工作作为提升干部能力素质、推进改革的有力抓手，与业务工作同部署同推进。

二是突出党性教育和作风养成。认真贯彻全面从严治党的要求，在举办系统和部内的各类培训班上把党性教育和党风廉政教育作为培训的重要内容。

三是严格管理、严格要求。认真贯彻落实培训班管理规定，坚持从严治训、从严管理，坚持培训班审批制度，严格经费支付，开支按标准执行。

四是推动建立协调机制。建立了部干部教育培训领导小组，分管部领导担任组长，坚持将重大干部教育培训工作提交领导小组审议决定。

五是切实加强基础建设。多措并举，完善了管理制度，建立了干部教育培训信息系统，抓好师资库更新维护，加强部机关网络学习和做好全国人社系统网络学习平台开通准备工作。

（二）加强培训管理。

坚持从严治训、从严管理，强化了学风建设，将党性教育和业务能力有机结合起来，不断提高干部教育培训的针对性、实效性。

一是注重完善培训制度。已经出台8项干部教育培训管理规定，形成了比较完备的干部教育培训管理体制机制。2015年进一步加强了财政拨款培训班管理，规范了培训机构收费培训班运行。研究制定了《人社部干部在线学习管理规定》，规范本部干部参加网络在线学习。

二是科学制订培训计划。认真贯彻落实中组部关于加强干部教育培训管理规定和学风建设管理办法，围绕人社事业全面深化改革发展需求，统筹研究制订全年培训班计划，全年共安排业务培训班计划109期，由部办公厅印发各地。

三是严格管理培训班次。严格按照年度培训计划和有关制度规定开展培训班审批工作，严禁随意调整办班主题、时间、地点、对象，严控计划外班次。同时，要求在办班过程中严格遵守分级培训、严格遵守学风和财务等管理规定，所有培训班原则上都在各级党校、行政学院和培训机构举办，并及时进行质量评估和培训总结。

（三）加强业务培训。

2015年，人社事业全面深化改革任务繁重。部党组着眼于新的形势任务和中心工作，认真落实《人力资源社会保障系统2014—2017年干部教育培训规划》，把推进业务政策的宣传贯彻、重点问题的研讨交流作为干部教育培训重要任务来抓，重点组织开展了十大项目培训。

一是综合素养培训。共举办了2期以省级人社厅局长为主参加的培训班，分别以提高系统厅局长综合领导能力和人社工作信息化为主要内容。前者有各地人社厅（局）分管领导、人事处长及窗口单位作风建设处室负责同志共126人参加，孔昌生副部长出席并作专题报告。后者有各地人社厅（局）分管领导及有关中央部委、国有企业人力资源部门负责同志共56人参加，游钧副部长出席并作专题报告。

二是公共就业培训。为认真贯彻落实国务院促进就业创业的政策措施，配合业务工作的开展，先后举办了18期公共就业政策培训班，培训系统干部2 550人次。

三是社会保险培训。全年共举办了46期社会保险培训班，培训系统干部7 400余人次。

四是收入分配改革培训。举办了3期工资收入分配改革培训班，培训系统干部580人次。

五是人事制度改革培训。分别围绕公务员管理、事业单位人事制度改革、人事考试等业务举办了专题培训班21期，培训系统干部3 040人次。

六是人才队伍培训。围绕专业技术人员管理、职称管理、军转干部管理等业务开展人才队伍专题培训班15期，培训系统干部4 975人次。

七是劳动关系培训。围绕劳动关系、劳动监察等举办业务培训班19期，培训系统干部3 515人次。

八是窗口单位作风建设专题培训。先后举办全国市级、县级人社窗口单位作风建设专题示范培训班，全国人社系统相关负责同志207人、223人分别参加培训。孔昌生副部长、时任驻部纪检组组长袁彦鹏、当时分管工资改革的何宪同志和分管机关事业单位养老保险改革的胡晓义同志分别出席，并作专题报告。培训班上听取了学员对人社系统干部队伍建设和业务工作的意见建议，尹蔚民部长要求部内有关单位研究提出改进措施。

九是综合业务培训。根据中心工作，围绕法律法规、政务公开、信访维稳、信息化、纪检监察等综合类业务开展46期培训班，累计培训干部约7 000人次。

十是对口援助培训。认真贯彻中央关于支持西藏等边疆地区建设的指示精神，我部今年专门面向西藏、新疆、青海等地区组织举办了8期援助性培训班，累计培训999人次。

（四）突出提升素养。

一是开展部领导“人社部讲坛”专题讲座。为了及时让部内干部了解最新改革动向，部党组决定各位部领导就分管工作利用“人社部讲坛”在全部作专题报告。2015年，分别以“国外引智工作”、“积极促进新生代农民工的发展”、“推进机关事业单位养老保险制度改革”、“机关事业单位工资制度改革问题”、“就业形势和主要任务”等为主题举办了5次专题报告，约有1 700人次听取了报告。根据有关要求，还组织了“三严三实”专题教育、全面从严治党、党风廉政建设、党的十八届五中全会专题报告等7次党组学习扩大会议，累计2 000余人次参加。

二是举办部机关不同层级培训班。根据干部实际和工作需要，分别举办了司级干部、处级干部、青年干部和新入部人员培训班各一期，共282人参加。

三是积极选派干部参加调训。根据调训要求和本部实际，共选派包括部领导、公务员局领导在内的81名部级和司级干部参加中央党校、国家行政学院及3所干部学院学习。根据中组部和中央国家机关工委要求，选派71名司级干部参加2015年司级干部选学。根据中组部要求，选派52名司级干部参加中网院学习。根据留学基金委等要求，推荐4名干部参加中美富布莱特留学项目、中英联合志奋领奖学金项目、杜克大学培训项目的选拔考试。为加强系统和部内干部培养，提升学历层次，改善知识结构，联合中国人民大学、中国社科院等有关院校共同举办了3个研究生培养项目，部内选派4名干部参加。

（五）抓好基础建设。

一是加强干部培训网络建设。加强部机关干部在线平台的维护和管理，加强干部注册学习督促，加大课程开发力度，目前注册人数为2 129人，培训课程257门，累计学习31 445学时。在此基础上，认真落实培训规划，加大调研力度，通过召开座谈会，发放问卷调查等多种方式，研究形成了面向全国人社系统开通网络学习的实施方案，并于2015年年底经部务会审议通过，于2016年面向全国人社系统开通，实现系统各级干部在线学习。

二是加强人社系统干部教育培训基地建设。根据干部教育培训工作实际情况，为了进一步整合培训资源，帮助部机关和全国人社系统在当前形势下解决培训地点选择难的问题，进一步推进系统干部教育培训工作，组织开展了全国人社系统干部教育培训基地推荐和评审工作。

三是开发建立了部内干部教育培训信息管理系统。认真落实中组部有关要求，组织开发了部内干部教育培训信息管理系统，将干部教育培训档案电子化，实现干部培训参训信息管理、考勤信息管理、培训信息查询、培训班期管理等功能，进一步提高干部教育培训管理的科学化和规范化水平。

四是抓好人社系统干部教育培训师资库管理维护。面向全国人社系统开放了干部教育培训师资库，实现近500名师资查询、信息共享等功能，得到全国人社系统干部教育培训工作者好评。

三、系统评选表彰工作稳步推进

为表彰先进、弘扬正气，进一步激励广大农民工和从事农民工工作的同志，营造全社会关心关爱农民工的良好氛围，经中央批准，国务院农民工工作领导小组决定，授予刘泽兵同志等981人“全国优秀农民工”荣誉称号，颁发了奖章、荣誉证书；授予北京市东城区劳动监察大队等100个单位“全国农民工先进集体”荣誉称号，颁发了奖牌、荣誉证书。2016年2月1日召开全国优秀农民工和农民工先进集体表彰大会，李克强总理作出重要批示，马凯副总理出席会议并讲话，尹蔚民部长主持，邱小平副部长宣读表彰决定。

新闻宣传政务信息报刊与出版

2015年是全面深化改革的关键之年，是全面推进依法治国的开局之年，也是全面完成“十二五”规划的收官之年。一年来，在部党组的领导下，根据全国人社工作会议部署和人社宣传工作要点的安排，紧紧围绕重大改革和部重点工作，适应新常态、引领新常态，加强宣传策划，精心组织落实，人社宣传工作为人社事业改革发展营造了良好的舆论氛围，政务信息渠道拓宽、质量提升，部属报刊充分发挥宣传作用，人社出版工作取得新的发展。

一、新闻宣传

（一）统揽人社宣传工作全局，加强意识形态管理。

从落实讲政治、讲党性的高度，认真贯彻落实中央关于意识形态工作的决策部署。年初和6月，分别召开部属单位、公务员局主要负责同志和司级干部会议，传达全国宣传部长会议精神和中办《关于当前意识形态领域形势的通报》，重申政治纪律、宣传纪律，更加自觉地用习近平总书记系列重要讲话精神武装头脑，指导工作。按照部党组的要求，研究起草了《中共人社部党组意识形态工作责任制实施细则》，经部党组讨论通过后正式印发实施。

（二）凝聚改革共识，加强重大政策解读。

将深化改革宣传作为头等大事，重点围绕机关事业单位养老保险制度改革、调整机关事业单位基本工资标准、建立县以下机关公务员职务与职级并行制度、构建和谐劳动关系、深化中小学教师职称制度改革、基本养老保险基金投资运营等重大改革，加强与中宣部、国新办等中央宣传主管部门沟通协调，组织中央媒体通过领导专访、专家解读、央视《焦点访谈》和参加国务院重大政策媒体吹风会等多种形式，加大政策宣传力度。商中宣部下发了7个专项宣传方案和报道通知，报请部领导参加了3次国务院重大政策例行媒体吹风会，召开了7次新闻通气会，有效引导了宣传。

（三）健全完善工作机制，新闻发布工作取得新进展。

推动重大新闻发布、例行新闻发布和专题新闻发布工作质量和水平不断提升，全年共举行14场新闻发布活动，取得较好效果。一是新闻发布工作评估考核获得优秀。中央宣传部（国务院新闻办公室）从新闻发布制度建设、新闻发布活动、新闻发言人队伍建设、突发事件新闻发布4个方面，用40项细化指标，对81个中央部门和单位2015年度新闻发布工作开展了评估考核，人社部等6个部门考核结果为优秀。二是重大新闻发布活动成效明显。全国“两会”期间，两会新闻中心举行了“就业和社会保障体系建设”专题记者会，尹蔚民部长和胡晓义副部长出席记者会并回答了中外记者提问。2015年，部领导共参加了6次国新办专题新闻发布会和政策吹风会。其中，杨志明、胡晓义副部长分别出席“农民工工作”、“机关事业单位养老保险制度改革”专题新闻发布会；信长星、游钧、张义珍副部长分别出席“清理规范行政审批中介服务和进一步做好新形势下就业创业工作”、“支持农民工等人员返乡创业”、“基本养老保险投资管理有关政策措施”、“深化国有企业改革的指导意见有关情况”政策吹风会。三是定时定点新闻发布制度进一步完善。2015年，共举办4场季度例行新闻发布会，每场新闻发布会到场中外媒体均在30家以上，媒体对新闻发布会情况进行了大量报道，新华社、《人民日报》、中央电视台、中央人民广播电台等主流媒体多次在报纸头版、网站首页、电视和电台的黄金时段宣传报道人力资源社会保障工作的新成绩、新举措、新亮点、新经验，例行新闻发布成为宣传人社工作的重要平台。四是专题新闻发布效果明显。在坚持例行新闻发布制度的同时，为有效提高新闻发布的主动性和针对性，适时举行了《中国社会保险发展年度报告（2014）》、“完善机关事业单位工作人员工资制度”、“农村劳动力转移就业稳中有增”等专题新闻发布会，对舆论关注的热点问题进行解读，取得了广泛的社会共识。

（四）引领经济发展新常态，加大就业创业工作宣传力度。

把促进就业创业特别是高校毕业生就业宣传作为重中之重，通过刊发署名文章、集中采访报道、召开专题新闻发布会等形式，营造大众创业、万众创新的社会氛围。一是认真做好《关于进一步做好新形势下就业创业工作的意见》、《关于支持农民工等人员返乡创业的意见》等重大政策宣传解读工作。二是积极配合“春风行动”、“就业援助月”、全国大中城市联合招聘高校毕业生活动、“民营企业招聘周”、“高校毕业生就业服务月”等专项活动组织宣传造势。三是在中央人民广播电台、中央电视台、《人民日报》和部属两报刊播中国公共招聘网公益广告，扩大社会影响。四是会同中宣部组织开展了自主择业军转干部创业典型事迹宣传，组织中央主要媒体深入7个省（区、市）9家留创园、27家企业集中采访报道留学归国人员创业政策和先进事迹。

（五）以第43届世界技能大赛为契机，深入开展技能人才工作的宣传。

认真策划，精准发力，在全社会营造劳动光荣、崇尚技能、尊重技能的社会氛围。赛前，积极协调中央电视台制作播出了大型竞技专题节目《中国大能手》，收视率位居同期节目前三名，充分展示了我国技能人才的风采。赛中，协调驻巴西记者站的中央主要媒体全程采访报道，从不同角度展示了参赛选手顽强拼搏、争创佳绩的精神风貌。赛后，协调中宣部组织中央主要媒体大力宣传我国世界技能大赛实现金牌零的突破，深入挖掘宣传中国代表团金牌获得者的典型事迹，协调中央电视台制作播出《焦点访谈》和《对话》节目，大力宣传近年来我国技能人才队伍建设成果，在国际国内产生积极影响。

（六）适应媒体新生态，加大网宣工作力度。

一是深入开展网宣工作调研。先后到部分省（区、市）、国务院有关部委和腾讯公司调研网宣工作，起草《关于人社网络宣传调研情况的报告》和《关于运用新媒体进一步加强我部宣传工作的建议》，部领导高度重视，尹蔚民部长和多位副部长作出重要批示，为加强我部网络宣传建设和运用新媒体做好宣传起到了重要推动作用。二是召开了全国人社宣传工作座谈会，总结了近年来的宣传工作，分析了宣传工作的新任务新挑战，对人社系统建立网评队伍和工作机制等网宣工作作出部署。三是充分发挥部门户网等网站平台的宣传作用。开辟了“新闻动态”、“在线访谈”、“身边榜样”和“经验分享”等栏目，部门户网站新闻信息发稿量和首发量均创历史新高。结合就业创业、规范职业资格认定、建筑业工伤保险、构建和谐劳动关系等重大政策措施的出台，报请部领导和邀请有关职能司局负责人参加中国政府网和部门户网站的“在线访谈”，解读政策、引导舆论。四是开通入驻《人民日报》客户端“移动政务发布厅”，截至目前，订阅量突破300多万，位列各部委第三名。

（七）抓基层宣传平台建设，夯实基层宣传工作的基础。

深入贯彻中宣部《关于加强基层宣传思想

文化工作的意见》，将人社基层宣传平台建设作为重要抓手，在2014年中西部7个省份开展试点基础上，2015年6月在青海省召开了部分省（区、市）人社基层宣传平台建设现场会，总结推广试点工作经验，部署开展第二批试点。印发了《关于加强和改进人社基层宣传工作的意见（暂行）》，给试点地区10万元专项资金扶持，免费赠送部两报两刊。积极解决基层人社宣传工作能力不强、手段不多、渠道不畅的问题，受到试点地区的支持和当地群众的好评。

按照国务院新闻办要求起草了《2014年我国人权事业发展白皮书（人社部分）》，起草印发了《关于加强人社外宣工作的具体措施》，提出了完善外宣协调机制、强化外宣活动、加强网络外宣工作等方面13项具体措施，为部外宣工作提供了基本遵循。《中国人力资源和社会保障年鉴》编辑出版和部重要活动拍摄、重要音像资料整理工作有序推进。

（八）密切跟踪人社领域改革话题，健全舆情引导机制。

加强舆情日常监看分析，及时发现苗头性、倾向性问题，坚持常规舆情每日报告、月度舆情分析报告、热点舆情集中编报制度。着力做好重大改革举措出台、重点业务工作推进、重大突发事件的舆情应对工作。密切关注敏感时间节点的舆情动向，加强重大舆情的沟通协调和会商，及时研究拟定回应口径。改进网络评论引导工作方式，积极参与舆论关注热点问题的讨论，回应社会关切。

（九）加强自身建设，不断提高干部队伍的能力素质。

在抓好宣传工作的同时，重视加强自身建设，注重宣传工作和党建工作有机结合，同研究、同部署、同检查落实，在认真总结党的群众路线教育实践活动的基础上，将“三严三实”专题教育作为一项重大的政治任务和作风建设的一项重要抓手，从点滴小事做起，严的意识和实的风气进一步在中心树立起来。

二、政务信息

（一）加大信息上报下发力度，及时反映工作进展情况。

2015年，政务信息工作紧紧围绕党中央、国务院重大决策部署和人力资源社会保障中心工作，按照部领导关于做好政务信息工作的要求，努力捕捉人力资源和社会保障事业发展的难点、焦点、热点问题，及时反映工作进展情况，为领导同志了解实际情况和科学判断形势提供服务。通过建立工作机制，拓宽信息渠道，加大信息上报下发力度，信息工作逐步向制度化、规范化的方向发展，取得了明显成效。全年共编辑上报党中央、国务院《人力资源社会保障部简报》52期，上报国务院领导同志《人力资源社会保障要情快报》24期，向中共中央办公厅、国务院办公厅上报信息110篇；编发《每日动态》232期、《人力资源社会保障工作信息》47期。

（二）进一步强化信息意识，提升信息质量。

以“民生为本、人才优先”为主线，以就业、社会保障、人事人才、工资收入分配、劳动关系等业务领域为重点，确保重点工作的进展情况及时上报，重要工作部署和安排及时下达。将人社部门传达学习党的十八届五中全会、政府工作报告、简政放权放管结合优化服务电视电话会议精神等情况及贯彻落实措施迅速上报党中央、国务院。通报各地贯彻落实人力资源社会保障工作会议、部年中务虚会等重要会议精神情况。定期报送人力资源社会保障工作重要指标、人力资源市场供求情况。及时反映重点工作进展情况，如落实新一轮就业创业政策、高校毕业生就业、机关事业单位养老保险制度改革进展、降低失业工伤生育等三项社会保险费率、大病保险全覆盖、公务员招考、治理拖欠农民工工资情况等，为党中央、国务院决策提供支撑。

（三）扩展信息收集网络，提高信息处理能力。

围绕阶段性热点问题和领导同志关心的问题，加大信息调研和约稿力度，加强各地人社系统政务信息部门和政务信息直报点管理，将信息收集范围向基层和一线延伸。主动挖掘重点信息，注重从文件简报、调研报告、重大活动中发现和收集信息。结合中办、国办定期信息报送要点和部各个阶段的重点工作，定期向地方发布信息报送重点。同时，注重发现和提炼带有普遍性、敏感性、苗头性的问题，着重从大量一手信息中归纳、综合具有较大参考价值的深层次信息。充分发挥政务信息“快而精”的特点，提升信息的利用率。人社部贯彻落实党中央、国务院重大会议，重大决定的情况以及有关重大活动和突发事件，做到当天向上级部门报送。各地开展工作中存在的突出问题和对策建议，做到及时向领导反映。

三、部属报刊出版

（一）报刊质量不断提升，发行量稳中有升。

中国人事报刊社围绕中心，服务大局，不断提升指导性和可读性。一是准确报道中央关于组织人事工作的新思想新要求新部署，及时报道组织人社部门学习贯彻习近平总书记系列重要讲话精神、党的十八届五中全会精神，深入报道开展“三严三实”专题教育、全面从严治党和从严治吏等重大部署的新进展。二是品牌效应不断增强。围绕学习贯彻《干部任用条例》、农村基层党组织建设、人才发展体制机制创新等重点工作，推出了20个系列50多篇本报评论员文章，采写了15个系列80余篇分析性报道，汇聚组织人社工作正能量。其中，本报评论员文章《择天下英才而用之》荣获第二十五届中国新闻奖二等奖，通讯《全面依法治国下的干部能力大考——全国人大代表热议依法行政》荣获全国人大新闻三等奖。三是办报特色更加鲜明。图解干部能上能下、专业技术人员继续教育规定、上海人才发展体制机制改革、中小学职称制度改革等新政策，坚持提供有价值的实用信息；理论评论、视觉新闻、特别关注、职场经纬、史事通鉴等版面受到广大读者的喜爱。2015年出版《中国组织人事报》145期、1 160个版面。

中国劳动保障报社深入开展“走转改”活动，坚持“三贴近”原则，突出重点，创新宣传报道形式，丰富宣传报道内容，工作取得新成效。一是重大会议及政务报道准确及时，影响力增强。全国“两会”期间，围绕人社工作重点和社会关注热点开展报道，共编发“两会”版面23个、稿件203篇（幅）、微博79条、微信29篇。微博、微信、新闻客户端首次参与报社“两会”报道，丰富了报道形式，拓展了信息发布渠道。党的十八届五中全会召开之际，刊发了人社部以及各地人社部门学习贯彻五中全会精神的信息，并将展示“十二五”成就宣传报道与开展五中全会精神报道结合起来，开设专栏，刊发系列文章，对有关人社工作的内容进行全面解读，进一步宣传人社系统落实中央精神、推动政策惠民的实际作为。此外，及时报道人社部各项重大会议、重要文件刊布和机关工作运行动态等方面内容，做好政务报道。二是业务宣传全面深入，指导性增强。除及时报道人社部各项重要工作、各地动态经验，持续做好就业培训、社会保障、劳动关系等专业内容宣传报道外，以热点解析和新闻报道相结合的方式，开展重点人社工作报道，凸显其在社会转型时期的重要作用。三是主题策划有新亮点，可读性增强。报社主动设置议题，强化策划，开展的2015技能中国系列宣传活动、创业中国系列宣传活动、工伤保险宣传、社保卡系列宣传等得到部领导肯定；辉煌“十二五”人社成就、全国双创周、基金安全等主题宣传报道活动，受到社会各界好评。四是“走转改”活动深入开展，贴近性增强。报社拟定创业、医保、新农保、劳动关系、平台建设等专题，动员组织采编人员参加调研采访，开设了走基层·记者观察、一线见闻和走近基层人社工作者等栏目，推出了一批有一定深度的文章和具备“短实新”特点的“走转改”稿件。2015 年 9 月，《中国劳动保障报》荣获国家新闻出版广电总局 2015 年度“百强报纸”称号，《中国社会保障》荣获“百强社科期刊”称号，报社由此进入报刊“双百强”阶段。

作为人社工作的重要宣传阵地，中国人事报刊社主办的《中国人才》、《转业军官》、《人事政策法规专刊》，中国劳动保障报社主办的《中国人力资源社会保障》、《中国社会保障》、《劳动和社会保障法规政策专刊》，以及科研院所、社会团体、出版集团主办的《中国劳动》、《中国培训》、《中国就业》、《职业》、《中国医疗保险》、《家庭服务》等刊物特色更加鲜明，进一步增强了实用性。

（二）报网融合不断推进，新媒体建设实现新发展。

中国人事报刊社报纸网站建设基本就绪，微信已于 3 月开通，每天利用微信推广重点策划、优秀报道、实用信息，与报纸同步宣传、二次传播。中国劳动保障报社网站、新闻客户端、微博，以及报社官方微信和中国工伤保险、技能中国微信公众号 6 个新媒体平台建设取得较大进展，网站平均月点击率保持在 1 300 万次左右，是人社系统文章转载率较高的网站之一。报社官方微信公众号关注人数达到 2.2 万人，上线以来累计阅读量近 200 万人次，在国家网信办建立的新媒体影响力指数排行榜上名次靠前。中国工伤保险微信公众号全年累计发送上百条信息，单篇文章平均阅读量超万次，最高关注人数将近 40 万人。技能中国微信公众号关注人数近万人，文章阅读量稳步上升。报社官方微博转发率不断提升，关注人数不断增长，能保持每期十几万次的阅读率。手机新闻客户端累计下载量突破 5 万次，常年用户保持在 3 万左右。此外，报社建社以来所有报刊全部实现了数字化。在 2015 年中国报业技术年会上，荣获“2014—2015 年度中国报业新媒体创新奖”。

（三）加强报刊出版行政管理，管理工作进一步规范。

按照中央关于新闻出版工作的统一部署，办理报刊出版单位年度核验、报刊记者证年检、增刊申请、报刊主办单位变更、报刊名称和刊期变更、重大出版选题备案、国家出版基金资助项目等有关事项核准手续，部属报刊单位出版发行工作有新的提高。

（四）出版工作。

2015 年，中国人力资源和社会保障出版集团紧紧围绕集团 2014—2016 年三年规划，坚持改革创新，注重两个效益，增强责任意识，以人力资源社会保障事业中心工作为核心，进一步调整产品结构，拓宽发展空间，用新思路、新手段，推进事业可持续发展，出版集团整体经营水平和业绩得到提高。全年出版各类出版物 880 种，净资产总额超过 13 亿元，连续多年在 171 家中央出版单位总体经济规模综合评价中位列十强。

1. 认真抓好重点选题出版，树立良好品牌形象。

以人事人才、劳动保障、职业教育、职业培训以及科技安全生产五大领域为主线，在完成常规出版任务的基础上，推出一批满足人力资源社会保障系统工作需要、服务百姓的精品图书。推出了《中华人民共和国职业分类大典（2015 年版）》、《“四法两条例”宣传手册》、《城乡居民基本养老保险制度百问百答》图书；出版了第一批 5 种全国专业技术人才知识更新工程公需科目教材；出版的《建筑职工工伤保险手册》、《建筑业工伤保险宣传挂图》受到有关方面的好评，实现两个效益双丰收；以世界技能大赛为契机，集中推出了《世赛知识普及读本》、《第 43 届世界技能大赛参赛工作实录》等产品。

2. 积极拓展选题开发新领域，打造新产品板块。

密切关注全国工伤预防试点工作开展情况，积极开发工伤预防系列产品，同时关注新兴专业和空白专业教材研发，召开工业机器人专业研讨会，启动工程机械运用与维修专业教材开发，为下一步码洋快速增长和可持续发展奠定基础。紧跟社会热点及行业发展形势，出版中、高职汽车类专业教材30余种，开发商贸类通用课教材，加大了专业教材开发力度。加强与地方鉴定机构和行业协会合作，开发各类各级地方版鉴定教材80余种，行业培训鉴定教材、岗位技能培训教材50余种。紧跟市场形势，继续做好经管股票图书的开发，股票图书销售同比增长341%，实现了历史性的突破。

3. 积极开发数字产品，努力推动出版集团转型升级。

继续立足专业出版领域，围绕优势出版资源，推进数字化项目的立项，“技工院校爱国教育课程包”、《建筑施工工伤事故案例警示录(系列动画DVD)》两个项目入选北京市音像、电子网络出版物专项项目，“国家人力资源数字化管理与服务应用平台”等三个项目入选文化产业发展专项资金等财政项目。加大数字产品设计开发力度，生产出一批质量高、有代表性的数字化产品，《国家职业技能标准数字化智能查询系统》等数据库产品产生明显效益，世赛、信访和老干部主题宣传片受到了部领导和机关的好评。自营电商销售平台建设稳步推进，硬件设施和网络安全性不断提高，服务水平和用户体验感再上新台阶。市场化培训业务实现快速成长，营业收入和培训人数同比分别增长85%和38%。

4. 加强软件硬件建设，进一步提高综合管理水平。

通过优化内部管理，扩大社会化生产力量，强化各生产环节间的沟通与协调，升级编务、出版、发行、财务内部管理系统等措施，对生产经营各流程进行科学化管理，提升了工作效率；按期完成大兴库房建设，2.8万平方米的库房按期完工并投入使用，基础建设工作取得进展。按照中央和部党组要求及统一部署，有效开展“三严三实”专题教育工作。同时在队伍建设方面，不断弘扬企业核心价值观和企业精神，提高集团员工的思想文化素质，保持出版集团凝聚力。集团员工兢兢业业、努力工作，各项工作稳中有升，取得一定成效，进一步明确集团未来发展方向，为两个规划的圆满实现奠定了良好的基础。

国际及与港澳台地区交流合作

2015年，人力资源社会保障对外交流工作紧密围绕服务国家总体外交和人社中心任务，多层次、多渠道、多角度开展国际合作活动，积极拓展与港澳台往来交流，各项工作取得了新的进展。

一、积极参与国际组织、多边机制等活动，在国际劳工事务领域取得重要成果

成立2016年二十国集团劳工就业部长会议筹备小组，确定会议主题议题和活动方案。圆满完成参加二十国集团劳工就业部长会议及就业工作组第一、二、三次工作组会，第104届国际劳工大会，国际劳工局第323、324、325次理事会等任务。正式批准《海事劳工公约》并向国际劳工局递交了批准书，这是人力资源社会保障部组建以来批准的第一个国际劳工公约。认真履行成员国义务，完成7份公约履约报告及根据国际劳工组织2008年宣言就职业安全卫生问题调查报告。组织国际劳工组织《社会保障（最低标准）公约》研讨会，加快我国批约进程。组织我国代表团参加第43届世界技能大赛29个项目的比赛，获得了5金6银4铜的优异成绩。成功申办2016年国际行政科学学会和国际行政院校联合会联合大会。

二、通过高层互访深入参与全球合作，加强外联、外宣工作

马凯副总理会见来访的瑞士联邦委员兼内政部长阿兰·贝尔塞。尹蔚民部长在习近平主席和法国总统奥朗德见证下与法方代表签署中法千人实习生计划协议，在李克强总理与印度总理莫迪见证下与印方代表签署两项合作协议，在李克强总理与阿尔及利亚总理塞拉勒见证下签署两国政府劳动合作协议。尹蔚民部长等部领导成功访问以色列、印度尼西亚、法国、澳大利亚等国家。邀请接待南非劳工部副部长霍罗米萨、丹麦就业部大臣克里斯滕森和德国劳动部国务秘书阿斯穆森等访华；接待波兰劳动和社会政策部副部长莫莱斯科、加拿大劳工大会主席尤素福、马尔代夫公务员委员会主席拉帝夫、越南内政部副部长阮维升、澳大利亚教育培训部协理部长伯明翰、国际行政科学学会主席波科特、哈萨克斯坦地区公务员中心主席拜梅诺夫、格鲁吉亚劳动卫生和社会事务部部长舍金科、法国养老基金咨询委员会主席布拉等来访。积极落实中日韩人事政策网络机制安排、中瑞（士）合作协议、中德政府间磋商成果等合作机制项目下的合作活动。

三、推动开展技术合作项目，增强人社工作各领域能力建设

召开人力资源社会保障部与国际劳工局第八次联委会会议，并与国际劳工组织共同开展了社会保障能力建设、劳动监察等合作项目。继续开展与国际劳工组织南南合作项目，积极参加“一带一路”工作总体方案和行动计划设计工作。继续实施中日劳动保障监察技术合作项目，在黑龙江、北京举办试点省份劳动监察员资格培训班。

四、有序推进国际条约谈判工作

签署了中加（拿大）和中瑞（士）社保协

定，实质性结束了中法和中荷社保协定磋商，与日本、西班牙、奥地利等国开展了社保协定谈判或技术磋商。全面参与中美、中欧投资协定谈判，就负面清单、劳工条款等内容提出意见。积极参与中日韩自贸区谈判、区域全面经济伙伴关系（RCEP）协定谈判以及中韩、中澳、中斯、中新（加坡）自贸区协定（FTA）后续事项，认真做好世贸组织对华贸易政策审议工作。

五、国际组织人才工作进展顺利

在中组部牵头成立的中央国际组织人才工作领导小组中，人力资源社会保障部作为副组长单位承担了国际组织人才工作中的18项任务。积极参与推荐人选竞聘国际组织中高级职位，支持刘延国同志成功竞聘国际劳工组织培训中心主任。与联合国协会共同成功组织第五期国际公务员能力建设培训班。在全部范围内摸底统计了国际组织后备人才，启动了国际组织人才工作储备库和信息平台建设工作，开通了国际组织人才信息服务平台。成功组织联合国中文逐字记录员竞争考试。

六、深化与港澳台对口单位交流合作

接待香港劳工处处长唐智强来访，就内地与香港在促进就业与构建和谐劳动关系等方面工作进行了交流。协助商务部完成内地与香港、澳门《关于建立更紧密经贸关系的安排》服务贸易协议的制定和签署工作。接待澳门公职局代表团来访。配合国台办完成给予台湾同胞同等待遇的政策梳理工作，并就促进台湾青年（包括大陆台生）在大陆就业创业政策提出建议。

社团活动

一、中国人才研究会

（一）整合科研力量，开展学术研究。

学术研究是中国人才研究会的主要工作。2015年中国人才研究会不断整合科研力量，联合有关高等院校、科研院所开展了“我国人才诚信体系建设研究”、“高校人才培养与就业创业研究”和“各省市人才研究会发展问题研究”等课题研究工作。其中“我国人才诚信体系建设研究”课题被中国人事科学研究院编入2015年科研成果一书，正式出版发行。与此同时，中国人才研究会与人才学专业委员会组织国内著名的人才学者经过四年时间完成了《新编人才学大辞典》编辑出版工作。《新编人才学大辞典》的出版，是对我国30年人才学研究成果的梳理总结，是中国特色人才学研究的丰硕成果，是丰富和充实世界人力资源理论的宝库。《新编人才学大辞典》的出版，有利于具有中国特色、民族风格的人才学派形成和发展，促进我国人才工作科学化、专业化，更好地为实施人才强国战略服务，受到人才学界专家和实践工作者的一致好评。

（二）针对热点问题，开展学术交流。

开展学术交流是提升学术水平的重要途径。2015年中国人才研究会有针对性地开展了两次学术交流活动。

一是12月30日在北京召开了“人才服务经济发展”专家座谈会。人力资源社会保障部原副部长、中国人才研究会会长何宪主持会议并讲话，中国人事科学研究院、中国人才研究会和来自高校、人力资源服务业的专家30多人参加了座谈会。与会专家围绕“贯彻落实十八届五中全会精神，进一步推进人力资源服务业发展”进行了研讨交流，分享了人力资源服务业发展历史和实践中的宝贵经验，探讨了新形势下人力资源服务业发展建设的新思路。

二是10月12日在宁波举办“人才发展与政策创新”高峰论坛。论坛由中国人才研究会、中国国际人才交流协会、宁波市人民政府主办，中共宁波市委人才工作领导小组办公室、宁波市人民政府发展研究中心、宁波市人力资源社会保障局承办。中国人才研究会会长何宪出席论坛并作了“创新人才政策推动经济社会转型”主旨演讲。中国人才研究会常务副会长吴江、美国人力资源管理协会（SHRM）大中华区首席运营官冉毅波等作了主题演讲，参加论坛代表150多人。

（三）做好知识更新，培养技能人才。

完成了“中国汽车行业IE技术人才培养”高级研修项目。12月7日至11日，由中国人才研究会主办，中国人才研究会汽车人才专业委员会承办的“中国汽车企业IE技术人才培养高级研修班”在上海成功举办。上海大众、一汽大众、奇瑞捷豹路虎、北汽福田、江铃、上海柴油机等30多家汽车及零部件企业的IE工程师、生产负责人、车间班组长120余人参加了培训。本期高研班是我国2015年专业技术人才知识更新工程项目之一，是以知识更新引领产业升级，引入享誉全球的制造业管理“IE技术”，助力我国汽车企业培育应用型IE技术人才，为实现“汽车强国梦”提供人才和管理技术支持。高研班特邀日本IE技术士、工业工程海外名师关田铁洪，中国人才研究会汽车人才专业委员会IE项目工作组主任叶颖等专家授课。高研班采用理论传授、互动研讨、工厂调研实训及实训成果汇报、学习成果评审等方式进行教学，使学员真正学到了知识、学到了必要的实际工作技能。大家对此次培训都很满意，给予很高评价。

（四）加强组织建设，保证事业发展。

组织建设是事业发展的保证。2015年中国人才研究会，具体做好了四项工作：

一是召开第五届理事会第五次会议，选举何宪为中国人才研究会会长。

二是完成了中国人才研究会法人代表在民政部的变更备案工作。

三是召开了中国人才研究会第五届理事会第六次会议。

四是指导分支机构人才学专业委员会完成了换届工作。中国人才研究会注重内部管理，规范工作程序，对重大问题实行民主决策，获得广泛好评。2015年，还完成了中国人才研究会及18个分支机构2014年年检审计工作。参加了汽车、书画、超常、青年、妇女5个人才专业委员会的年会和学术研讨会，对分支机构工作给予了大力支持。

中国人才研究会办公室在2015年编印了《中国人才研究会动态》，创办了《中国人才研究》会刊，及时更新了《中国人才研究会网》信息，扩大了对外宣传力度。

二、中国继续工程教育协会

（一）积极参与实施专业技术人才知识更新工程。

一是围绕工程12个重点领域和9个现代服务业领域，举办“工业领域电力需求侧管理”、“智能化物流监测公共技术服务平台建设”、“依法行政与治理现代化”、“新常态下能源生产和消费革命”、“继续教育管理者能力提升”5期国家级高级研修班，培训高层次专业技术人才350人次。

二是推进国家级专业技术人员继续教育基地建设，联合有关理事会员单位，在信息、环境保护、知识产权、电子商务等重点领域，开展岗位培训项目和急需紧缺人才培养培训项目，培训相关领域专业技术人才3 000余人次。

三是参与国家专业技术人才知识更新工程公共服务平台网站的开发建设和日常管理工作，协助人力资源社会保障部相关司局完成2015年300期高研班的审批管理和第五批国家级继续教育基地的网上申报等工作；顺利通过第一次全国政府网站普查。

四是配合人力资源社会保障部相关司局组织实施专业技术人才知识更新工程管理骨干赴俄罗斯培训团。

（二）承接继续教育课题研究工作。

一是受人力资源社会保障部相关司局委托，开展“专业技术人才知识更新工程中期评估”项目研究工作，赴贵州、天津、广西、浙江等地调研，征集和整理各地方、各行业2011—2015年专业技术人才知识更新工程实施情况总结报告。

二是继续承担中国工程院重大咨询研究项目，组织开展“继续工程教育中的远程培训问题研究（2015—2016年）”课题的研究工作，开展了“国际工程技术人员资质论证发展趋势研究”的课题申报工作。

（三）大力推进专业技术人员继续教育远程培训工作。

一是开发建设国家继续教育公共服务平台和中国继续工程教育协会门户网站。组织技术力量优化网站设计模块，使得网站不但具有远程培训功能，而且成为协会与会员单位沟通的重要渠道。

二是研发精品网络培训课程。与清华大学、国家知识产权局培训中心、中国信息协会、中国环境科学学会等单位合作开发多门相关领域的精品网络课程。

三是稳步推进分领域的专业技术人员在线学习平台建设。在信息、国防工业、环境保护、水利、电子商务等领域，与相关理事会员单位合作搭建了约 15 个在线学习平台，并提供从网站设计、课件开发、技术支持到升级维护、学员咨询等多样化服务。

三、中国人才交流协会

（一）积极做好高校毕业生就业创业服务工作。

一是成功开展了“中国创翼”青年创新创业大赛。为贯彻落实党中央、国务院关于鼓励创业创新工作部署，形成“大众创业、万众创新”的良好环境，2 月至 10 月，协会与中国宋庆龄基金会事业发展中心、全国人才流动中心联合举办了“中国创翼”青年创业创新大赛。大赛设华北、东北等 8 个赛区，得到各地人社部门的高度重视、社会各界的广泛关注，吸引上万名青年创业者积极参与。邀请到 50 余家有较强实力和社会影响力的创投机构参与，动员百余名专家评委和创业明星参与大赛活动。全国共有3 053 个项目报名参赛，经资格审核、初赛、复赛、半决赛和决赛，进入初赛项目2 226 个，320 个优秀项目晋级复赛，56 个项目进入半决赛，20 个项目进入决赛。选拔出一大批富有创意和市场前景的创业项目，涌现出大批创业先进典型。全国双创活动周期间，李克强总理亲切接见参赛选手并发表寄语，马凯副总理出席总决赛并作重要讲话，尹蔚民部长，信长星、张义珍副部长出席总决赛并为获奖选手颁奖。

二是举办了部分大中城市联合招聘高校毕业生专场活动。协会和全国人才流动中心分别于 3 月 1 日至 4 月 30 日、10 月 15 日至 11 月 15 日，承办了第二届部分大中城市联合招聘高校毕业生（春季）、第三届部分大中城市联合招聘高校毕业生（秋季）专场活动。联合招聘活动集合大中城市资源优势，通过城市联动、资源整合、信息共享，为高校毕业生跨地区求职择业提供便利。活动内容包括举办城市联合网络招聘大会、参会省市在当地举办高校毕业生现场招聘会、并配套开展多种形式的就业创业政策宣传活动。第二届专场招聘活动共有 196 个省市级公共就业人才服务机构参加。其中网络招聘大会共组织 13.5 万多家用人单位参会，提供 45.5 万多个招聘职位、173 万条岗位信息；活动期间日均页面点击量 300 万次，42 万名毕业生达成初步就业意向。跨区域巡回招聘活动有 65 个省市组团参加，1 300 家用人单位提供 4.1 万条岗位信息，5 万名高校毕业生入场求职。各城市举办高校毕业生专场招聘会 890 场，9.9 万家用人单位提供 162 万条岗位信息。各地累计发放政策宣传资料 68 万份，提供咨询服务 35 万人次。第三届专场活动共有 141 个省市级公共就业人才服务机构参加，其中网络招聘大会共组织 12.5 万家用人单位参会，提供 32.3 万多个招聘职位、161.5 万多条岗位信息，日均页面点击量 300 万次，毕业生注册简历 57.4 万份，达成就业意向 24.3 万人。跨区域巡回招聘活动有 79 个省市组团参加，2 757 家用人单位提供 7.9 万条岗位信息，14.8 万名高校毕业生入场求职。各城市举办高校毕业生专场招聘会 374 场，3.3 万家用人单位提供 54 万条岗位信息。各地累计发放宣传资料 50 万册，提供咨询服务 13.3 万人次。

三是组织开展了 2015 年全国人力资源市场高校毕业生就业服务周活动。协会与全国人才流动中心于 11 月 23 日至 12 月 6 日，承办了 2015 年全国人力资源市场高校毕业生就业服务周活动。这项活动从 2003 年举办到现在已成功举办了 13 届，形成了良好的口碑和广泛影响。据统计，全国共有 166 家公共就业人才服务机构参加活动，组织现场招聘会 1 995 场，参会单位 8.6 万家，提供就业岗位 129.3 万个，参会毕业生 164.8 万人；网络招聘会参会单位 5.6 万家，提供就业岗位 55.6 万个，点击人数 507.6 万次，投递简历 42.1 万份。现场、网络招聘会达成就业意向 57.9 万人。

协会还指导会员单位依托本地区、本单位自身优势，努力做好高校毕业生就业创业服务工作，积极开展高校毕业生就业指导、就业见习、创业培训、校园招聘、现场招聘和网络招聘等系列就业服务活动，促进毕业生与用人单位的有效对接，发挥会员单位在推动高校毕业生就业服务工作中的重要作用。

（二）着力推动人力资源服务标准化建设工作。

一是召开了全国人力资源服务标准化技术委员会换届大会暨第二届一次工作会议。2月9日至10日，全国人力资源服务标准化技术委员会在京召开了换届大会暨第二届一次工作会议。人社部副部长、标委会主任委员信长星出席会议并讲话，会议审议通过了标委会《章程》、《秘书处工作细则》、近期工作计划等文件。会议还对《流动人员人事档案管理服务规范》、《人力资源培训服务规范》等5项国家标准进行了审查。

二是开展了人力资源服务标准体系修订工作。根据人力资源服务标委会第二届一次工作会议部署，委托中国人事科学研究院开展了“人力资源服务标准体系”修订工作。在调查研究的基础上，三次召开主管部门、部分标委会委员和专家参加的研讨会，对标准体系修订报告（讨论稿）进行了研讨，目前已形成标准体系修改稿。

三是发布实施了《现场招聘会服务规范》、《人才测评服务业务规范》两项国家标准。在《人民日报》、《中国组织人事报》和《中国劳动保障报》，以及人民网、国家人才网等相关媒体刊登了这两项国家标准发布实施消息，并在人社部新闻发布会上同步发布。启动了这两项国家标准宣贯试点工作和宣贯教材的编写工作。

四是稳步推进人力资源服务标准制定工作。年初，《流动人员人事档案管理服务规范》、《人力资源培训服务规范》、《人力资源管理咨询服务规范》三项国家标准进入国家标准委审批阶段。推进了《毕业生就业指导服务规范》等三项国家标准研制工作，完成了征求意见稿。完成了《职业心理咨询服务规范》等三项国家标准立项上报工作，经人社部批准后，已提交国家标准委审批。启动了《高级人才寻访服务规范》国家标准的复审工作，经前期调研、征求行业意见，全国人力资源服务标准化技术委员会秘书处认为该项标准应进行修订。《高级人才寻访服务机构等级划分与评定》已完成预调研报告，并组织专家进行了项目评审。

五是标准化宣传推广工作不断推进。启动了《现场招聘会服务规范》、《人才测评服务业务规范》国家标准的宣贯工作。并于10月中旬和11月下旬，协会分别在河南省信阳市、江苏省苏州市举办了这两项国家标准宣贯培训班，全国28个省（区、市）人力资源服务机构的150多名代表参加培训。协会联手全国人才流动中心和部分会员单位，开展了这两项国家标准宣贯教材的编写工作，其中《人才测评服务业务规范》标准宣贯教材已完成初稿。

（三）搭建会员交流服务平台。

一是召开了协会三届七次理事会。10月中旬，在浙江省杭州市召开了协会三届七次理事会，协会会长杨士秋出席会议并讲话。会议学习贯彻党中央、国务院有关文件精神，审议通过了协会三届五次理事会工作报告、财务工作报告和新会员入会情况，部署了下一阶段重点工作。会议还邀请民政部民间组织管理局相关负责人作专题辅导报告，对行业协会商会与行政机关脱钩改革的政策进行解读。

二是召开了第六届全国中小城市人才服务工作座谈会。10月中旬，在浙江省义乌市举办了第六届全国中小城市人才服务工作座谈会。会议围绕中小城市人力资源服务产业集聚、大学生以创业带动就业等主题进行深入研讨，浙江省义乌市、河北省唐山市等6家中小城市人才服务机构代表在会上作了交流发言，3位行业专家作了主题演讲，有效推动了新形势下中小城市人力资源服务创新发展，深化了品牌活动的影响。

三是举办了第十三届“6·18”海峡两岸人才交流合作大会。联合福建省公务员局、中国海峡人才市场等单位共同举办，杨士秋会长出席活动并致辞。搭建了立足福建、辐射周边、连接两岸的人力资源服务交流合作平台。

四是开展了人力资源服务相关培训。6月下旬，协会汽车分会在京举办了“工业4.0时代引领汽车产业职能创新高端人才研修班”，为国家重点产业培养领军人才。7月中旬，协会高级人才寻访专委会在京举办了第四期高级人才寻访服务技能培训班，提高从业人员服务水平。12月上旬，协会在广西南宁市举办了第五期全国人力资源服务业发展高级研修班。

五是筹备行业发展报告的起草工作。受人社部相关职能单位委托，着手筹备《中国人力资源服务业发展报告（2015—2016年）》组织编撰工作。

（四）注重加强协会自身建设。

一是召开协会第三届四次会长、秘书长办公会。10月18日在杭州召开，杨士秋会长主持会议并讲话。会议重点围绕《中国人才交流协会发展思路（征求意见稿）》进行讨论，并提出了不少有价值、有见地的意见和建议。协会发展思路的确定，对于适应形势需要、促进行业又好又快发展起到了积极的引领作用。此外，协会国家机关人才交流机构分会、汽车人力资源分会、航天人才服务分会和高级人才寻访专业委员会分别召开了年会。

二是行业调查研究不断深入。为了解我国经济新常态给人力资源服务业和协会工作带来的影响，掌握行业发展动态以及各地协会的工作开展情况，研究分析行业和协会工作存在的问题，吸收借鉴各地各单位好的经验做法，杨士秋会长带队先后到北京、浙江、上海、吉林、大连等省市公共就业和人力资源服务机构，以及中国国际技术智力合作公司、北京外企人力资源服务有限公司等单位开展调研，组织部分行业内专家召开专题座谈会，深入探讨新形势下人力资源服务业发展的途径和方法以及中国人才交流协会的发展思路。针对我国人力资源服务业发展不平衡的情况，协会领导积极参与并指导京津冀、环渤海、泛珠三角、长江中下游城市群，以及丝绸之路经济带人才合作联盟组织的活动，促进区域人才合作平台建设。

三是分别于5月中旬、11月下旬以通讯方式召开了三届六次、三届八次理事会，就协会有关领导人员调整征求会员单位意见。注重加强协会分支机构建设和组织体系建设，充分发挥分支机构自身特点和优势，较好推动了协会及行业的发展。

四是改进会员服务工作。巩固深化《中国人才资讯》改版质量，编辑出版了6期《中国人才资讯》，为会员提供了交流服务平台。

四、中国博士后科学基金会

2015年，在部专技司等职能司局与综合部门的直接领导下，中国博士后科学基金会认真学习党的十八大和十八届二中、三中、四中、五中全会精神，自觉践行《部党组关于贯彻落实全面从严治党要求的实施意见》，认真落实全国人力资源社会保障工作会议部署，扎扎实实开展“三严三实”专题教育，紧紧围绕高层次专业技术人才队伍建设的需要，主动适应新常态下博士后工作新需求，丰富服务内容，完善服务体系，转变服务作风，提高服务效能，博士后工作取得新的成绩。

（一）中国博士后科学基金资助工作。

2015年，中国博士后科学基金资助经费总额稳步增长，财政部下拨基金经费5.2亿元，较上一年度增加0.5亿元。其中，用于面上资助3.5亿元，用于特别资助1.7亿元。开展面上资助两批次、特别资助一批次，开展博士后优秀学术专著出版资助一批次，与中国科学院开展联合资助优秀博士后项目一批次。全年累计资助博士后研究人员6 978人，资助出版优秀学术专著17部。

基金申报和评审工作。2014年年底，发布了《中国博士后科学基金资助指南（2015）》，明确2015年度博士后科学基金资助类型、申报条件、申报材料以及全年资助工作时间安排。完成第57、58批面上资助工作。申报面上资助的总人数17 263人，获资助5 733人，资助比例33.2%，资助总额34 230万元。其中，获一等资助1 855人，资助金额

14 840 万元；获二等资助 3 878 人，资助金额 19 390 万元（含“西部地区博士后人才资助计划”80 人，资助金额 400 万元）；共聘请通讯评审专家 5 514 人。完成第 8 批特别资助工作。申报特别资助的总人数 3 164 人，获资助 1 195 人（含“香江学者计划”55 人），资助比例 37.8%，资助总额 17 650 万元；共聘请通讯评审专家 1 153 人，会议评审专家 116 人。

博士后优秀学术专著出版资助工作。经博士后研究人员投稿、《博士后文库》编委会初审、《博士后文库》专家评审会议复审、科学出版社选题论证，确定首批资助出版博士后优秀学术专著 17 部，资助金额 85 万元。

联合资助优秀博士后项目。为支持中国科学院“率先行动”计划的实施，吸引、选拔和培养一批优秀青年科技人才，与中国科学院共同出资设立“支持‘率先行动’”联合资助优秀博士后项目。采取站前资助的方式，遴选并资助有意向进入中国科学院研究机构从事博士后研究的优秀应届博士毕业生或毕业三年内的博士开展博士后研究。经博士后研究人员申报、设站单位推荐、专家评审，首批确定资助 50 人，资助总额为 500 万元。

完善博士后基金管理信息系统。调整博士后申报界面，更新《中国博士后科学基金面上资助申报软件使用说明》和《中国博士后科学基金特别资助申报软件使用说明》。优化基金会评审组织界面及功能，使评审材料分组、专家匹配、回分情况等基金评审流程更科学，功能设置更合理。完善基金评审专家登录和评审界面，新增中国博士后科学基金简介、评审流程和评审标准说明、专家确认参评等功能，使专家评审流程更清晰、操作更便利。改进《中国博士后科学基金资助总结报告》和《中国博士后科学基金资助金使用效益情况报告》数据填报功能，使博士后基金数据采集更准确、信息更全面。

反馈专家评审结果。印发《中国博士后科学基金专家评审结果反馈办法（试行）》的通知（中博基字［2015］3 号），从第 57 批面上资助起，向申请人反馈博士后基金专家评审意见。博士后研究人员可在资助结果公示期内，登录基金申报系统查看本人所在基金评审学科组内的排名情况。

（二）中国博士后科学基金会理事会工作。

根据《中国博士后科学基金会章程》，完成民政部对基金会 2014 年度的年检工作。组织召开中国博士后科学基金会第五届理事会第五次会议，听取了夏文峰秘书长作的工作报告，会议围绕博士后基金科学发展及博士后制度的改革完善提出意见和建议。

为纪念中国博士后科学基金设立 30 周年，编印了《中国博士后科学基金 30 年》纪念画册。

（三）博士后日常管理工作。

全面提升全国博士后进出站服务窗口服务质量。全国博士后进出站服务窗口按照“努力争创广大人民群众满意的优质服务窗口”的要求，进一步加强服务窗口的综合环境建设，健全工作机制，明确服务标准，规范办事流程，细化办事指南。

制定了“依法合规、秉公办事、便捷高效、优质服务”的服务原则，对仪容仪表、服务态度、服务语言、服务环境、服务质量、服务监督等进行了规范，做到服务受理“不推诿”、服务办理“不积压”、服务结果“不出错”，服务方式灵活多样。对于距离较远、往返困难及有其他特殊情况的服务对象，按照“特事特办、急事急办”的原则，协调有关部门，开辟绿色服务通道。服务窗口实行首问负责制、一次性告知制、限时办结制和责任追究制，日办日结，提高了博士后及设站单位的满意度。

及时准确办理博士后进出站手续。全国博士后服务窗口现场服务 8 000 余人，平均每个工作日接待 30 多人；审核省市博士后进出站 17 900 余人；存档备案博士后进出站材料 25 000 多份；处理邮件、来函 20 000 多件。完成博士后证书分级管理省（区、市）网络运行、监管和分级打印程序测试，实现分级管理省（区、市）全面开展博士后证书发放工作。

开展博士后档案电子化工作。完成了对全部13万份博士后纸质档案的电子化转化，建立博士后档案管理信息数据库。

科学统筹博士后日常经费拨款计划。编制2016年博士后日常经费预算73 275万元。严格按照财政部拨款时序要求，合理安排各类拨款内容，使拨款速度得到有效提升。

认真组织博士后工作管理人员培训。在昆明市、海口市分别举办一期“全国博士后工作管理人员培训班”和一期“中国博士后科学基金业务培训班”，来自全国博士后科研流动站设站单位、工作站设站单位的600余名博士后工作管理人员参加培训。

积极做好博士后日常经费绩效评价工作，专家评分结果为91分，达到优秀水平。

（四）博士后综合评估工作。

圆满完成2015年博士后评估工作。完成对设站时间满3年的2 148个博士后科研流动站和2 079个博士后科研工作站的综合评估工作。通过建立科学的评估体系，使用第三方专业科研成果查证机构，保障评估结果的科学、公证。共有298个博士后科研流动站、144个博士后科研工作站被评为优秀等次，1个博士后科研流动站、14个博士后科研工作站被撤销。

（五）博士后国际（地区）交流工作。

继续加大博士后国际（地区）交流计划实施力度，大力吸引海外博士来华（回国）从事博士后研究。2015年，共有55人获选“香江学者计划”，200人获选博士后国际交流计划引进项目，100人获选博士后国际交流计划派出项目，100人获选博士后国际交流计划学术交流项目，19人获选中德博士后交流计划。

（六）博士后学术、科技及人才交流活动。

博士后学术交流活动。2015年，与全国博士后管委会办公室共同主办，由各有关省、自治区、直辖市或部门承办，在全国分专业领域开展了24场博士后学术交流活动。活动涉及理学、工学、农学、医学、哲学、社会科学等领域的30多个一级学科，来自全国600多家博士后设站单位的3 300多名博士后研究人员参加了活动，近410名知名专家应邀到会交流。活动收到了3 380多篇论文，共评选出1 000多篇优秀论文，被编辑出版或发表在相关领域核心刊物上。编印了《全国博士后学术交流活动巡礼（2014）》画册。

博士后人才与项目引荐。举办“2015年天津博士后人才与项目引荐会”，为用人单位和博士后人才搭建引荐平台。来自北京市、河北省的12家高校和企业参会招聘，共有京津冀地区106家单位参会，提供了包括挂职、博士后、岗位招聘等在内的1 100多个岗位需求，共有300余名博士和博士后研究人员参会。

博士后科技服务团。与全国博士后管委会办公室共同组织11批次“博士后科技服务团”赴陕西、新疆、江西、贵州、河南等省区开展博士后科技服务活动，共派出博士后研究人员288人，对接项目266个。

博士后挂职服务。与全国博士后管委会办公室共同组织10名博士后研究人员赴广西钦州市开展挂职服务工作。开展对2014年钦州市挂职博士后的中期考核和离任考核，考核成绩全部为优秀。

（七）博士后联谊会活动。

指导北京博士后联谊会理事会换届及开展联谊会日常工作。

举办“2015年北京博士后趣味运动会”，运动会设集体项目、个人项目、家庭项目、少儿项目四大类，来自北京大学、清华大学、中国科学院、中国社会科学院和军队系统等北京地区32家设站单位的1 200余名博士后研究人员及其家属参加运动会。

举办第三届“安邦保险杯”全国博士后网球大赛总决赛。来自华东、华南、华中、华北、西北、西南、东北、军队8个大区16支代表队的200多名选手参加了全国总决赛。东南大学—无锡杰夫电声队获得总冠军，山东队获得第二名，中国科学院和解放军队并列第三名。

（八）博士后制度实施30周年纪念活动。

根据《关于开展中国博士后制度30周年纪念活动有关安排的通知》（人社部函［2015］48号），积极配合部相关职能单位开展中国博士后制度实施30周年纪念活动。完成了博士后制度30周年成果调查，调查结果成为博士后制度成效的有力实证。通过制作《中国博士后30年宣传片》，编印《中国博士后科学基金30年》纪念画册、《中国博士后科学基金资助者选介》和《中国博士后三十周年成果萃要》，以及举办“中国博士后制度实施30周年”网上成果展，全面梳理中国博士后制度30年光辉历程，整理保存了一批珍贵的历史资料与文献。通过《中国博士后》杂志与《中国组织人事报》等平面媒体，加大宣传力度，进一步扩大博士后工作的社会影响。

（九）其他工作。

编辑出版了《中国博士后工作年报（2014）》。组织召开《中国博士后》杂志理事单位年会，编辑出版7期《中国博士后》杂志。

五、中国劳动学会

（一）积极举办高端学术交流活动，服务中心工作。

一是根据宏观经济形势的变化，中国劳动学会与北京师范大学经济学院联合举办“经济发展新常态下劳动经济形势分析会”，与会专家就当前和今后一段时期就业、收入分配、劳动关系和社会保障变化趋势作出分析，交流观点，提出政策建议。

二是为回顾我国劳动法制建设历程，总结经验，中国劳动学会与人力资源社会保障部劳动科学研究所、北京大学法学院、中国法学会联合举办了“《中华人民共和国劳动法》实施20周年纪念暨劳动保障法治建设研讨会”。人力资源社会保障部、全国总工会、中国企业家联合会等劳动关系协调三方代表，首都高等院校的专家学者，以及曾经参与过《劳动法》制定并对推动中国劳动立法进程发挥过重要作用的老同志等50多人参加会议。会议围绕劳动法实施20年的历史经验与教训、完善劳动保障法治建设、劳动关系调整等专题进行了深入研讨。邱小平副部长出席会议并认真听取了各方建议，对活动的举办给予了充分肯定。

三是为宣传贯彻《中共中央　国务院关于构建和谐劳动关系的意见》，中国劳动学会与中国人力资源开发研究会劳动经济分会、中国人民大学劳动人事学院共同举办了“构建和谐劳动关系研讨会”，进一步增进了学术界、理论界对中央精神的准确理解和把握。

与此同时，学会各分支机构发挥各自行业、专业特长，积极开展学术活动。薪酬专业委员会举办了“第十二届中国薪酬管理高层论坛”，以“经济新常态下深化薪酬制度改革”为主题，围绕收入分配改革形势和趋势、工资分配政府与市场关系、中央企业薪酬管理和改革、国有企业高管薪酬制度改革、构建新型企业绩效管理体系等热门话题，开展了探讨交流。劳动科学教育分会以“人才发展、劳动力市场、产业转型”为主题，举办了2015年学术年会，与会代表就收入分配、户籍制度、基本养老保险制度、职业年金、农民工等一系列问题进行了深入研讨。冶金分会围绕钢铁行业的中心任务，以“新常态下的钢铁企业人力资源管理”为主题，以学组年会为重点，组织企业会员开展信息交流和工作研讨，面对钢铁企业产能过剩、收入下降的大环境，积极开展企业内部岗位薪酬调查，跟踪掌握新常态下员工收入水平的变化，组织行业企业进行内部分配的交流与研讨，开展重点关键岗位人工成本对标，发挥了行业组织科研引领作用。

（二）广泛开展科研工作，完善科研组织管理。

一是积极组织课题申报立项，扩大科研合作平台。中国劳动学会在积极帮助有关地方劳动学会完成已有年度科研合作项目任务的同时，不断扩大合作范围，拓展项目种类，并在吉林、辽宁、广东、重庆、新疆等省区开展试点的基础上，继续组织更多地方学会参与科研合作项目。目前，参与课题项目申报的地方学会已达6个，学会系统科研合作平台的规模不断扩大，各地学会的科研力量不断增强。

二是各地学会围绕中心工作，开展了广泛的科研活动。北京、江西等省市劳动学会围绕不同主题，组织会员单位开展论文征集活动，征集的论文数量多、质量好，为推动人社工作起到了积极的促进作用。上海市劳动和社会保障学会认真组织各专业委员会、分会开展多层次学术研究活动，发挥了以点带面的引领作用。河南、山东等省劳动学会组织开展“劳动和社会保障科学优秀成果评奖”活动，通过扩大评选范围、指导基层单位申报、设立新奖项等多种措施，促进和带动了全省科研工作的发展和优秀科研成果的转化。辽宁省劳动保障学会以新常态为核心内容发布课题指南，引领全省系统开展科学研究。陕西省劳动学会积极组织会员参与省部级学术活动，选送《人口老龄化与陕西省城乡社会养老保险制度衔接机制研究》、《民国救灾思想研究》两篇论文参加省社科类论文和著作评选，获得三等奖。江苏省劳动和社会保障学会围绕本地重点工作，参与《江苏省人力资源和社会保障事业发展“十三五”规划》编制，为政策制定建言献策。江西省人力资源和社会保障学会受省人力资源社会保障厅的委托，对南昌市大学生电子商务创业孵化基地申请、鹰潭市购买公益性岗位从业人员招聘和管理服务试点开展政策评估，发挥了行政部门的参谋助手作用。

三是完成各项课题任务。中国劳动学会依托学术委员会专家力量，整合多方科研资源，完成“人力资源和社会保障工作法治问题研究”，为行政工作分析形势、制定政策提供了重要参考。北京市人力资源和社会保障学会根据首都城市战略定位，参与了“非首都功能产业搬迁劳动关系问题前瞻性研究”。广西人力资源社会保障学会开展了“服刑人员社会保险制度的探讨”课题研究。江苏省劳动和社会保障学会紧扣难点热点问题，撰写刊发了多篇学术论文，为重点工作和企业服务。

（三）多渠道参与国际与地区间学术交流与合作。

一是中国劳动学会代表团赴南非，以国家会员身份参加了“国际劳动与雇佣关系协会第十七届世界大会”。来自40余个国家、地区和国际组织的700多名代表参加了会议。中国劳动学会代表团在会议期间举办了大会分论坛——“中国论坛”，围绕大会主题介绍了我国产业升级与就业变化等新趋势，得到了与会各国代表的广泛关注。会议期间，中国劳动学会副会长曾湘泉教授参加了国际劳动和雇佣关系协会新一届理事会选举，并成功当选为理事会执行委员，为中国劳动学会参与国际劳动科学研究拓宽了渠道。

二是中国劳动学会组团赴香港参加“第七届劳动关系研讨会”。会议围绕经济新常态下劳动关系、环球人才管理、青年就业与促进新时代员工投入等共同关注的问题进行交流和研讨。中国劳动学会会长华福周应邀与会并致辞，中国香港特区政府教育局局长吴克俭作主旨讲话。中国大陆、香港、澳门以及台湾地区的专家学者在专题研讨中发表演讲。来自粤港两地近百名企业人力资源管理人员参加了会议。

三是开展“2016年国际劳动与雇佣关系协会第九届亚太地区年会”前期筹备工作。此前，中国劳动学会已与国际组织代表进行了多次会晤磋商，共同确定了会议主题和会议筹备的具体方案，大会各项筹备工作正在有序推动。

（四）多种形式开展宣传培训活动，服务企业会员。

一是结合全球经济一体化发展趋势，在海口市召开“企业会员信息交流工作会议”，邀请多家国际人力资源知名企业及相关专家作专题报告，帮助大型集团企业了解当前人力资源科技发展与变革新趋势。

二是结合当前社会热点话题，通过“中国

劳动讲堂”巡讲活动，为各地企业服务探索新主题、新内容。2015年，以“互联网+”时代下的企业人力资源管理、构建和谐劳动关系等为主题，先后在广州、海口、长沙、柳州和长春举办5期讲座，为各地企业会员搭建学习和交流平台。

三是结合地方学会工作实际开展对接活动，与广西人力资源社会保障学会共同举办“收入分配制度改革研讨会”，有针对性地开展专题学术研讨活动。

各地方劳动学会也积极主动深入会员单位，根据形势变化举办不同主题的劳动保障政策法律培训宣传活动，帮助会员了解掌握国家和各地方新出台的法律法规，开展法律咨询服务，帮助企业解决难点问题。北京市人力资源和社会保障学会为会员举办“职工养老保险和社保基金管理政策实操”、“劳动用工管理与法律风险管控”等讲座。辽宁省劳动保障学会、广东劳动学会开展人力资源管理类国家职业资格考证培训、人事工作岗位能力提升培训等多种培训服务会员。安徽省、四川省劳动学会举办了“构建和谐劳动关系”学习培训活动，为贯彻落实中央精神，构建和谐劳动关系开展宣传工作。河南省劳动和社会保障学会免费为企业开展劳动保障普法讲座，受到各界会员的欢迎和好评。重庆市劳动和社会保障学会及其分会参与市社科联学术年活动，开展了人力资源开发、就业、和谐劳动关系、社会保险、劳动者权益保护等五大主题学术活动。湖南省人力资源和社会保障协会在清理整合机构、妥善解决各种遗留问题后，白手起家，自主开拓协会工作，积极组织申报课题，并联合有关部门、企业单位成功举办了“长沙2015年新常态下人力资本前瞻与实践”系列巡讲活动，取得了良好开局。广西人力资源社会保障学会与自治区人社厅、社保局在玉林联合开展了“服务你我他，社保为大家”主题宣传周活动，向公众发放宣传材料，宣传社保政策。山东省劳动和社会保障学会会同人社厅开展全省人力资源社会保障系统普法宣传月活动，以应届高校毕业生为主体，以“就业之路，法律同行”为主题，到高校举办现场咨询和巡回公益讲座，讲解大学生关注的就业创业、劳动合同、社会保险、劳动维权政策，受到高校和应届毕业生的一致好评。此外，各地学会还充分利用咨询热线、网站平台、微信、QQ群等信息化渠道与会员沟通互动，随时为会员提供咨询。通过编辑出版杂志、会刊、单行本等形式，根据工作重点和会员需求，撰写、刊发文章评论，坚持正确舆论导向，及时宣传劳动保障法规政策和人力资源管理资讯，为服务会员开展了大量工作。

（五）强化党建工作，努力搞好学会自身队伍建设。

2015年，全国劳动学会系统积极发展会员单位，开展学习培训，健全和完善会员、科研、财务管理等各项内部管理制度，开展机构建设和队伍建设。学会组织建设工作取得新的发展。福建省劳动保障学会召开第六次会员代表大会，提出创新工作思路，制订发展会员、建立专业工作委员会和地区工作委员会的工作计划。陕西省劳动学会认真完成了学会的换届工作，组成了以专家学者为主的领导班子，充实了秘书处人员。广东、南京等省市学会着力探索政府购买服务工作，为社团发展积累经验。广东省劳动学会大力发展下设机构，成立广东省百越职业培训学校，筹备建立职业能力评价分会，拓展学会业务，并完成“广东省初创企业经营者素质提升培训项目”、“全省职业资格考评员培训项目”。南京市人力资源和社会保障学会首次尝试参与政府购买社会服务工作，承接政府职能部门部分事务性工作，分别与市人社局就业管理中心、公积金管理中心等单位签订合作协议，开展相关培训，目前已培训4 000多人次，取得了良好的社会效益和经济效益。各地方劳动学会在做好日常管理工作的同时，严格按照中央开展“三严三实”专题教育活动的要求，积极组织党员开展专题教育活动，结合学会工作实际，采取自主选学、集中学习、分组讨论等多种形式举办学习讨论活动，增强和提高了干部队伍的党性修养，有力推动了劳动学会工作的全面发展。

六、中国社会保险学会

（一）学术交流。

继续开展与港澳台社会保险学（协）会的交流与合作，共同举办养老保险研讨会。10月下旬，应澳门社会保障学会的邀请，组团赴澳门参加了“第七届养老保险研讨会”。会上，与会代表分别介绍了养老保险制度新近发展情况，并就养老保险发展现状、基金运营状况及未来养老保险改革趋势等问题进行了交流与研讨。来自中国社会保险学会和香港退休计划协会、澳门社会保障学会、台湾退休基金协会的会员代表及港澳台有关专家学者60余人参加了会议。

（二）课题研究。

一是与香港退休计划协会、澳门社会保障学会和台湾退休基金协会共同开展“养老金投资运营风险控制比较研究”。通过对养老金投资运营实践经验的比较，从投资资产配置组合、投资绩效与风险控制的视角，系统研究了养老金投资运营绩效及风险控制、在养老金投资运营中的角色和监管职能，总结了养老金投资运营的经验和教训，为进一步完善相关政策支持体系提供了参考。

二是开展“机关事业单位养老保险制度改革与城乡居保发展的系统关联性特征与政策仿真研究”，探究机关事业单位养老保险和城乡居民保险制度的互动优化与发展，进行相关政策仿真研究与评估分析。

三是与浙江大学共同开展“城乡居民养老保险基金投资管理与创新研究——基于金寨县光伏产业的案例分析”，对城乡居民养老保险基金的运营模式及收益结果进行研究和评估，提出社会保险基金投资新兴战略产业的相关建议。

四是开展“重庆市社会保险改革发展评估项目”研究，对重庆市近10年社会保险改革发展情况进行了全面回顾分析及反复论证，形成了第三方评估报告。

五是开展“统筹城乡居民基本医疗保险管理服务研究”，对城乡居民基本医疗保险的背景、政策及经办管理等进行研究，总结主要成效和经验，分析存在的问题并提出对策建议。

六是开展“城乡居民大病保险经办服务研究”，对城乡居民大病保险的背景、政策及管理服务等进行研究。

七是开展“中国年金行业生命周期基金（TDF）项目”和“职业年金基金信息披露规范项目”研究。

八是制定《企业年金基金审计标准化指导意见》、《职业年金基金数据交换规范》和《理事会管理办法（草案）》，提交给有关监管部门。

九是启动《中国社会保险管理服务发展报告（2014—2015）》编纂工作。

（三）学会建设。

一是会长及法定代表人变更。按照人社部的要求，根据学会章程相关规定，选举胡晓义同志为会长，向国家民间组织管理局备案，并在有关媒体上进行了公告。同时，按照有关要求，完成学会法定代表人变更及备案工作。

二是筹备第三届会员代表大会。秘书处积极做好第三届学会领导机构人选推荐工作，准备会议有关材料。

三是筹备设立“退休人员社会化管理服务专业委员会”。秘书处就拟设立退休人员社会化管理服务专业委员会事宜，分别征求学会副会长意见，并报请人社部人事司审批。

四是完成学会和中国社会保障网站服务器迁移，置换部分服务器，进行中国社会保障网升级改造。

七、中国职工教育和职业培训协会

（一）围绕中心，服务大局，服务会员。

准确把握新形势新任务新要求，深入贯彻落实党的十八大，十八届三中、四中全会精神和习近平总书记系列重要讲话精神，察大势、观大局、谋大事，先后组织召开五届四次会长会、经济新常态下技能人才培养高层论坛和企业培训创新发展研讨会，紧紧抓住高技能人才培养这一关键环节，全面分析经济发展新常态给技能人才培养和职业培训工作带来的新变化新挑战新机遇，深入研究技工院校及企业如何构建技能人才培养和职业培训工作体系的方向和举措，对职协系统思想认识上到位、工作摆布上合拍、工作方法上对路起到了重要作用。同时，为全面推进技工院校教育、教学、管理、服务等方面的建设，开展优秀班主任、教务管理人员、欧特克项目师资培训。围绕技工院校改革发展需要，开展数字校园建设与信息化应用高级研讨会、对接世赛标准培养一流钣金人才论坛、中国制冷维修行业良好操作培训等交流活动。配合国家实施创新驱动战略，召开企业培训创新驱动研修班。适应经济发展新需求，积极开发新的社会培训项目，规范培训项目管理，培训质量不断提升。

（二）强化科研，提升成果质量，提升科研能力。

承接启动环保部“制冷设备维修从业人员技能培训体系调查研究”，完成部级课题“技能人才成长环境、社会地位问题研究”、部相关职能单位课题“高技能人才评选表彰制度研究”的撰写工作。开展科研成果评审，下发《关于征集2015年度优秀科研成果的通知》，收到优秀科研成果5 800余项，数量上实现了“八连增”，为确保评审质量，职协严格把关，细化了成果分类，规范了评审流程，强化了监督反馈，加大了专家“背靠背”和“面对面”评审力度，既保证了评审工作的公正性，也提升了评审结果的科学性。开展研究课题立项，下发《2015年重点研究课题指南的通知》，围绕高技能人才队伍建设、企业职工培训体系、技工院校课程建设、技工院校运行机制四个方面确定13个重点研究选题，指导有关单位确定研究主题、有针对性地开展课题研究。组织召开高技能人才培养师资教研设计及论文写作培训班，提升基层教研人员的科研能力和水平。协会在理论研究方面的引领作用进一步体现。

（三）完善制度，严格日常管理，确保资助安全。

由人社部办公厅印发《关于做好2015年技工院校学生资助管理工作的通知》、《关于加强全国技工院校电子注册与统计信息管理系统使用工作的通知》和《关于开展全国技工院校学生资助管理专项核查工作的通知》，进一步完善学生学籍管理，严格受助资格认定，规范技校信息管理系统使用，加大核查力度，推动免学费和助学金政策全面落实。组织召开技工院校学生资助管理工作座谈会，总结2014年技工院校学生资助管理工作开展情况，交流各地经验做法，分析资助管理工作面临的新形势和存在的新问题，明确2015年重点工作任务，提出做好工作的具体要求。配合财政部做好2015年度助学金和免学费资金预算工作，推动中央财政补助资金及时下拨到位。组织各地和技工院校为200万名学生办理了享受免学费的有关申请、审核和审批工作，全年共拨付免学费中央财政补助资金20.87亿元；为40万名学生办理了助学金的有关申请、审核和审批工作，全年共拨付助学金中央财政补助资金5.24亿元。组织各地开展技工院校新生学籍注册和毕业学生毕业处理及毕业证书打印工作，全年为100万名学生注册了全日制学籍，为100多万名学生打印了毕业证书。开发毕业证书网上查询系统并顺利上线运行，2015年毕业的80多万名学生的毕业证书入库实现网络公开查询。加强资助管理日常工作监管，强化对各地各院校的指导和监督检查，积极处理社会的投诉举报。举办技工院校资助管理培训班，提高工作人员的理论水平和操作能力。

（四）强练内功，加强基础建设，积极推进其他工作。

加强职协自身建设和队伍建设，扎实开展“三严三实”教育实践，完善内部管理制度，增强职协工作的法制化、规范化和科学化水平。配合部相关职能单位修改完善《社会赞助世界技能大赛参赛工作管理暂行办法》、起草

《世界技能大赛参赛社会赞助合同范本》，积极参与第43届世界技能大赛参赛赞助工作，确定赞助商，签订赞助合同，圆满完成赞助任务，得到世界技能大赛中国组委会秘书处充分肯定。积极参与职业技能鉴定统考，圆满完成企业培训师考试的命题考务工作。开展欧特克软件免费捐赠，推动欧特克特色示范校建设。编制《全国技工院校名录》。利用《中国培训》杂志、职协网站和微信公众号，加大对技能人才、职工教育与职业培训政策和工作的宣传力度，提升职协的社会影响力和知名度。

2015年中国职协作为人社部唯一被推荐的社团，获得民政部“全国先进社会组织”称号。

八、中国就业促进会

（一）把脉形势、建言立说，以创新思维开展理论研究。

一是紧跟形势，组织完成中国积极就业政策出台纪实专题文稿。配合新一轮就业创业政策出台，回顾总结中国积极就业政策创立发展全过程，全面再现我国就业发展史这一具有划时代意义的重大事件，为就业工作者深入了解政策内涵、更好把握政策要点提供参考，使之成为一笔宝贵的精神财富和实践例证。

二是紧贴需求，积极承担部重点课题“经济结构调整中的失业问题研究”。对本轮结构调整中的失业问题与20世纪末以来前两次结构调整情况进行对比梳理，对当前形势进行客观分析，对潜在失业风险进行研究判断和提示预警，并对化解失业风险问题提出有针对性的对策建议。

三是把脉形势，配合部务虚会组织召开就业形势分析会。发挥就促会专家资源优势，分析研判新常态下经济与就业关系，多角度提供宏观判断的研究成果，为行政部门判断就业形势走向及作出决策提供参考。

四是促进融合，组织中国就业走向世界之路专题研讨。回顾总结改革开放以来中国就业在国际交流合作中的发展历程和工作成果，研究分析中国特色经验的国际影响，以期使中国就业与全球就业更好地相互融合与促进。

五是积极建言，为就业创业事业发展出谋划策。紧贴落实国务院促进就业创业新政策需求，借鉴国际先进理念，及时提出制定促进劳动者创业法律、配合“一带一路”和南南合作战略建立南南合作创业培训中心的具体建议，为部领导和部内相关职能单位提供前瞻性参考。

（二）围绕中心、服务大局，以发展眼光开拓就业项目。

一是承接部相关职能单位委托项目，推进中央企业招聘应届高校毕业生信息公开发布工作。配合开展中央企业招聘和地方国有企业招聘应届高校毕业生信息公开情况调查并进行实地调研，做好信息审核和公开发布基础工作，推进高校毕业生公平就业。

二是继续与阿里巴巴集团合作，开展网络创业就业研究。在前两次合作研究基础上，重点针对大学生群体进行专题研究，首次摸清大学生网络创业就业规模，分析存在问题，提出推进相关工作的思路和建议。

三是加强与国际劳工组织北京局的合作，深化就业质量评估指标体系研究。加强对试点地区的培训指导，开发完善地方就业质量评估指标体系。组团赴瑞士参加就业质量研讨会，学习借鉴国际成功经验，推进就业质量评估指标体系建设深入开展。

四是积极与我国台湾地区相关组织合作，推动两岸就业领域交流。首次与台湾中华劳动与就业关系协会等机构联合举办劳动就业学术研讨会，作为大陆主办方，向台方介绍大陆就业政策法规现状，宣传促进就业做法和经验成果，进一步促进两岸就业领域交流合作。

五是完善工作机制，规范职业培训项目管理。认真做好部相关职能单位委托中国就业培训技术指导中心培训项目日常管理工作，建立问题发现及时报告处理反馈机制，加强项目审核监督，规范项目管理。后期按国家相关规定积极做好项目停止收尾工作。

（三）总结经验、宣传推广，全方位营造就业创业氛围。

一是组织编写就业创业指导丛书。组织编写《聚焦中国就业》、《创业大赛实录》、《职业指导之星》、《就促会活动资料汇编》等2015系列文集，全新推出《电商网络创业就业进行时》、《中国就业走向世界之路》、《中国积极就业政策创立与发展》等图书，打造就业工作者实用手册，为做好新时期就业创业工作提供启发借鉴。

二是组织年度中国就业十件大事及地方就业创新事件评选活动。总结盘点年度就业创业大事，全面反映新常态下就业创业工作成果，挖掘宣传各地创新亮点，为推动做好新形势下就业创业工作提供参考。

三是强化多维立体就业宣传模式。拓展夯实《中国就业》杂志、《就业工作通讯》、中国就业手机报和就促会官网宣传平台，突出宣传国家一系列就业创业新政策，及时跟进报道人社重点工作、重点项目进展，进一步强化宣传效果。

四是继续配合做好“春风行动”宣传活动。对2016版春风行动就业创业指南扑克牌进行全面改版，补充完善最新政策内容；针对农村劳动力转移就业新特点做好发行推广工作，配合农村劳动力就业创业工作开展宣传。

（四）技术引领、拓宽领域，专业化推进就业服务工作。

一是发挥创业专委会优势，助推创业就业。举办第二届全国创业专项大赛复赛、决赛，营造大众创业万众创新良好氛围；组织创业培训师资暨网络创业培训师资交流研讨，为网络创业培训师资队伍建设及项目试点推广奠定基础。

二是发挥公共就业服务专委会优势，提升就业服务。组织全国公共就业与人才服务机构场所功能建设现场经验交流，召开2015年高级职业指导师年会，开展创业担保贷款扶持创业带动就业征文活动，搭建公共就业服务高层次交流平台。

三是发挥失业保险专委会优势，交流工作经验。组织召开失业保险专题研讨会，研究交流援企稳岗新政策落实情况和失业保险条例修改完善意见，总结地方关于推进失业保险促就业防失业的经验做法，对进一步完善失业保险制度提出建议。

（五）强化机制、服务会员，广泛搭建交流合作平台。

一是组织召开二届五次理事会。及时学习传达国务院关于就业创业最新政策和工作部署，通过新政解读、专题讲座和交流研讨，进一步明确工作目标和方向。

二是组织召开会长会议。通报就促会2015年主要工作，研究2016年工作设想，开展积极就业政策再学习再认识，研讨落实最新就业创业政策思路，研究调整就促会工作思路，进一步凝聚共识推进工作。

三是搭建就业创业交流研讨平台。与山东、吉林、长春、宝鸡、无锡、义乌等地合作举办创业博览会、创业大赛和创业论坛；协助黑龙江、广东、湖北、山东、重庆、长春、石首等地开展就业政策、失业保险和创业就业专题研究；指导湖北、广东、江苏等省组织就业质量培训；指导麦斯特等会员单位举办人力资源论坛等。

四是指导地方就业社团组织建设。协助重庆成立就业促进会，指导部分地方就促会成立专业委员会，构建更加完善的就业促进社团网络。

（六）内聚合力、提升能力，不断增强社团组织活力。

一是强化学习提升能力。按照部党组统一部署，建立学习制度，积极践行“三严三实”要求，认真查摆工作中存在的问题，制定落实整改措施，不断提升秘书处整体素质能力。

二是认真执行会议制度。定期召开会长办公会、工作联席会、秘书处周例会，及时沟通和交流，保证工作顺利进行。按要求完成法人变更、财务审计和会议经费自查工作，认真执行退休干部在社会团体兼职的相关规定。

三是开设就促会工作微信群。充分发挥专项就业领域微信群平台作用，交流专项工作，探讨热门话题，宣传会员活动，传递最新消息和工作动态。

九、中国医疗保险研究会

（一）着力于完善医保制度体系研究。

一是完成了2014年评估报告。于2015年年初向国务院及相关领导、有关部门提交了《2014年基本医疗保险评估报告》，重点对城乡整合和重特大疾病保障问题作了全面、客观评估，明确提出将城乡医保管理体制统一到人社部门是城乡医保制度整合的基本前提、要通过设立重特大疾病保障基金等措施健全重特大疾病保障机制的建议。建议建立健全居民医保筹资机制和待遇调整机制，将长期照护保险制度设计提上议事日程。报告得到国务院领导的重要批示。

二是开展2015年评估工作。组织专家组完成了对河南等8个省区的调研工作，深入基层实地考察。

三是完成了医疗保险评估体系研究。通过借鉴国际经验、现代评价理论和绩效评价方法，结合我国实际，提出了对我国医保制度运行及成效评价的指标体系及评价标准。

四是启动了建立更加公平、可持续的医疗保险制度研究项目。为系统分析新时期我国医保制度建设与经济社会发展、与医药卫生事业发展的互动关系，进一步明确“十三五”时期医疗保障建设需要研究解决的重大问题，在继续做好中国医疗保险宏观分析研究项目的同时，正式启动了建立更加公平、可持续的医疗保险制度研究项目。

五是开展长期照护保险制度研究。为积极应对我国人口快速老龄化和家庭结构变化带来的长期照护需求激增等重大社会问题，着眼于我国社会保障制度体系的进一步完备，加快建立符合我国国情的长期照护保险制度，明确未来5～10年推动制度建立的战略路径和步骤，启动了“中国长期照护保障制度研究”课题。在此基础上，向人社部报送初步研究成果，积极推动人社部将研究和探索长期照护保险制度纳入社会保障“十三五”发展规划，参与人社部相关研究工作。以“深入研讨长期照护保险制度”为主题召开第二届三次常务理事会，探讨我国建立长期照护保险的基本理论，交流地方实践经验。

六是组织翻译国外医疗保险相关法律文献。为了系统、完整和准确掌握德国、日本等国家社会保障制度体系之间的法律关系和法律内容，在完成德国和日本医疗保险法翻译的基础上，基本完成了德国工伤保险、社会照护保险法律的翻译，同时完成了日本《照护保险法》的翻译。

（二）着力于推动城乡整合和重特大疾病政策研究。

一是完成了城乡居民基本医疗保险制度融合研究项目，对制度整合步骤、制度定位以及政策衔接提出了建议。报告分别报送人社部分管领导及国务院医改办各成员单位。同时完成了部相关职能单位委托的快速课题《整合城乡居民医疗保险制度保障范围及待遇比较研究报告》。

二是继续进行多层次解决重特大疾病医疗保障待遇研究，完成了《商业保险公司承办城乡居民大病保险专题研究报告》以及《重特大疾病医疗保障制度的理论背景和国际经验》、《我国重特大疾病医疗保障制度发展历程及目前实施现状存在的主要问题与对策》、《重特大疾病多层次医疗保障待遇规划：保障范围与标准》三个阶段性研究报告。

三是开展了城镇居民大病保险保障效率与基金风险测算分析项目，完成了成都等4个城市的入户调查。

四是启动了灾难性医疗风险家庭个人待遇申请和风险评价办法研究课题，赴北京等4省市开展调研，完成了《部分国家和地区灾难性医疗风险家庭医保待遇申请及经济风险评价办法研究中期报告》。

五是为了引导正确的舆论导向和科学的学术研究方向，《中国医疗保险》杂志围绕城乡整合和重特大疾病政策组织专家撰写文章，进行专题报道。以“推进城乡居民医保整合战略”为主题召开第二届三次会长工作会，深入开展学术讨论。

六是积极参与国务院医改办关于整合城乡居民医保以及全面推进大病保险的文件起草和征询专家意见工作，积极提供研究成果，将学术观点、思路转化为政策决策。

（三）着力于支付制度改革和医药价格改革研究。

一是以实践性研究的方式继续推进支付制度改革政策与标准体系研究项目。在牡丹江、南京和沈阳召开了支付制度改革研讨会，并对牡丹江市和江苏省支付制度改革进行评估，完成了地方实践性研究成果汇总。

二是从基础数据入手，继续开展医疗服务项目调整对医保支出管理影响研究项目，深入对比分析《全国医疗服务项目价格规范》2001版和2012版的差异，收集、分析了国内外医疗服务项目分类与管理方法，提交了《台湾健保医疗服务支付及管理体系研究报告》，对7省市开展医疗服务项目政策和数据库建设情况进行调研，建立了医疗服务项目和医用耗材异名库，开展了医疗服务项目利用基线数据分析，开展了不同支付方式对医疗服务利用和费用的影响分析。

三是以市场机制的运行原理和医药基本规律为基础，开展基本医疗保险应对新医药定价机制的政策研究和基本医疗保险医药价格监测体系研究两项新课题，以改革、完善医保支付制度，理顺支付制度与医疗服务价格形成机制的路径为出发点，承担了人社部2015年重大政策研究课题——医疗保险支付制度改革政策研究。

四是以市场经济的基本理论为指导，围绕“医药价格和支付制度改革”开展学术研讨。以“应对医药价格改革、完善医保支付标准”为主题召开了2015年年会，科学论述了药品价格改革和医保支付改革的基本理论及相互关系。召开了基本医疗保险药品支付标准有关问题研讨会，邀请台湾健保学会和大陆相关专家，重点就台湾药价管理及医保支付方式和标准制定的方法进行了交流。

五是以规范医疗服务行为为切入点，继续开展医疗保险医疗服务自动监测体系研究项目，完成了《医疗保险医疗服务自动监控体系研究项目报告（2013—2014年）》、《医疗保险服务监控案例编码规则》和《医疗保险医疗服务自动监控典型案例集》。收集整理各地医疗服务监控工作新的进展情况和具体案例。

六是以支付制度改革为主题，面向全国各省市经办机构局长、主任和定点医疗机构医疗保险分管院长开展两期培训，超过200人参加培训。

七是积极配合人社部，参与医保药品支付标准制定规则等文件的起草。从医保药品支付标准的基本概念、基本内涵以及制定的基本技术方法、基本组织架构和基本决策程序等方面，提供专业咨询建议和技术支持，并向部相关职能单位提交了《关于台湾地区医疗服务支付管理有关情况的报告》、《台湾健保药品价格管理与支付管理的启示报告》等快速研究报告。

（四）着力于筹资机制完善、门诊统筹和个人账户功能完善研究。

一是基于经济发展新常态和居民医保可持续发展的客观要求，对完善城乡居民医疗保险筹资政策进行了研究，并向人社部领导和马凯副总理提交了研究报告，意见和建议得到了肯定和重视。

二是着眼于建立与经济发展相关的居民医保筹资机制，开展了医疗保险筹资机制研究项目，完成了文献综述，利用历年数据对未来10年内基金收支趋势进行了预测，完成了《城乡居民基本医疗保险筹资测算分析报告》。

三是开展慢性病门诊保障政策研究。组织专家赴重庆等5个城市就慢性病门诊保障情况进行访谈和问卷调查。完成了《医疗保险慢性病门诊保障政策研究报告》。

四是开展了职工医保门诊统筹政策研究。对广州等4地职工医保门诊统筹实施及个人账户政策调整情况进行调研，协助部相关职能单位对10个省份报送的职工医保个人账户调整情况进行了汇总和分析。

五是完成了职工医疗保险个人账户功能转化研究的结题工作，提交了《城镇职工医疗保险个人账户功能转化研究报告》和《医疗个人账户理论与国际经验分析》、《个人账户功能转化与管理创新地方探索实践的研究报告》、《个人账户转化为门诊统筹的基金平衡测算》三个分报告。

（五）着力于医保技术标准和医保大数据的应用。

一是夯实数据基础，完善代码编制、开发。大力推广和完善药品分类与代码行业标准，配合人社部推动异地就医医疗费用结算工作，积极推广药品代码行业标准的使用，目前实施工作已扩展至天津、山西等20个省市，并持续对各应用省市进行指导。先后完成药品代码5期版本的更新维护与发布。完善了药品数据库架构，完成主要品种的说明书收集和日用量（DDD）测算。医疗服务项目分类与代码行业标准编制开发工作已经确定了分类原则、分类框架和编码原则，组织专家进行代码编制工作。

二是着力开展全国城镇基本医疗保险参保住院患者医疗服务利用情况统计调查。在全国各省级行政区77个统筹地区656万人数据基础上完成了2014年度数据分析报告。更新了医疗服务利用调查自动抽样软件，完成了2015年基本医疗服务利用调查工作，共收到83个统筹地区600多万人的数据信息。

三是为探索挖掘医保数据学术价值的方法，启动了完善医疗保险医疗数据体系研究项目，召开了促进医疗服务利用调查数据学术应用研究专家座谈会，初步形成了支持学术研究应用项目管理办法的基本思路，并探索性地与部分高校开展合作，逐步积累经验。

四是积极推动社会保险术语国家标准的编制和实施。术语标准中的医疗保险部分和工伤保险部分已经国家标准委批准发布，并定于2016年1月1日起正式实施。生育保险部分已经按照国家标准委的标准审查会议意见修改完善，等待国标委审核批准发布。

（六）着力于研究成果推广和品牌建设。

一是以“经济发展与医保筹资”为主题召开了2015年海峡两岸医保研讨会，交流研究成果。

二是向相关部门和人员推送研究成果。系统整理、编印了研究会2013—2015年度16份科研报告，出版《主要国家和地区医疗保险制度改革跟踪研究年度报告》，主动送医改办各组成部门的负责同志及广大会员参阅。

三是积极为医改重大决策建言献策。参与了全国人大科教文卫委员会起草《基本医疗卫生法》、国务院医改办起草城乡居民医保制度整合和大病医保相关文件的专家咨询工作和国家药品谈判专家谈判小组工作。为国务院医改办起草城乡居民医保制度整合文件，提交了《城乡居民基本医疗保险制度整合风险评估报告》和《整合城乡居民医疗保险制度保障范围及待遇比较研究》。为发展改革委、商务部、卫生计生委等相关部委研究制定药品价格改革意见、建立药品价格监测体系、药品流通体制改革意见、国家药品谈判指导意见等提出意见建议。参与人社部“十三五”规划研究、医保药品支付标准制定规则研究、用药管理办法完善研究等工作。

四是以“助推全民医保常态化发展”为主题开展2015年论文征集工作，共征集论文975篇。

五是巩固三位一体宣传平台的医保媒体品牌。杂志发行量突破9万册。编印了24期《医疗保险研究动态资讯》，总期数达到193期。制定了《中国医疗保险动态资讯追踪管理办法》，确保研究会各级领导能够及时收到《医疗保险研究动态资讯》。做好“中国医疗保险信息网”栏目更新和活动报道，加强网站安全维护，按月统计网站运维情况并梳理近期的工作进展，定期对研究会网站安全进行维护，向主管单位提交报告。

（七）着力于秘书处团队建设和党建工作。

一是学习贯彻会训，加强文化建设。在“聚贤、纳言、立说、献策”的立会宗旨基础上形成了“厚德、求真、笃行、担当”的研究会会训，即以厚德的胸怀来聚贤、以求真的精神去纳言、以笃行的志向来立说、以担当的勇气去献策。

二是明确发展目标，加强思想建设。2015年，研究会正式明确提出了要建设成为中国医疗保险领域的一流智库的奋斗目标；将研究会的发展定位于“以公共政策为研究对象、以影响政府决策为研究目标、以公共利益为研究导向、以社会责任为研究准则”的专业研究机构。

三是与地方工作联动，加强工作机制建设。召开了2015年医疗保险研究工作会议，交流了办好医疗保险研究（学、协）会的工作经验，明确了下一步研究方向和重点，探讨加强研究协作的工作措施和方法。召开了医疗保险宣传信息交流座谈会，总结了医疗保险信息交流的工作经验，进一步完善了加强、加快信息交流的工作机制。

四是切实贯彻落实中央要求，加强党风廉政建设。配合主管部门按照中央要求，认真落实领导干部在社团兼职的各项规定，完善研究会相关管理规章；按要求进行年度审计和领导离任审计，变更社团相关信息，完成社团年检；认真开展“三严三实”教育活动，加强研究会党支部建设；认真清查会议经费使用情况，完善财务管理；加强团队政治和业务学习，提升党性修养和个人素质。

地方人力资源和社会保障工作

北 京 市

2015年，北京市人力资源社会保障系统深入贯彻党的十八大和十八届三中、四中全会精神，落实国家京津冀协同发展规划纲要和北京市实施意见，紧紧围绕首都城市战略定位、疏解非首都功能、构建“高精尖”经济结构，积极应对经济下行压力，全力推动人力资源社会保障工作，各项工作进展顺利，为保障改善民生、促进首都经济社会发展作出了重要贡献。

一、促进就业创业体制机制进一步健全，城乡统一的就业格局基本形成

2015年，全市城镇新增就业42.6万人，促进登记失业人员和农村劳动力就业21.4万人，其中城乡就业困难人员就业14.6万人。2015年年底，城镇登记失业率1.39%。

（一）积极的就业创业政策更加完善。

坚持鼓励创业与促进就业紧密结合，制定本市进一步做好新形势下就业创业工作的实施意见，出台提升就业结构、优化创业环境、加强就业帮扶、积极稳定就业、强化公共服务等五方面政策措施。将失业保险支持企业稳岗补贴政策范围扩大到全部企业，社会公益性就业组织建设平稳推进。汇聚政府、高校、企业、金融机构、专家导师等多方力量，培育孵化基地、遴选优秀项目、加强资金支持，帮扶10 602人创业，带动30 660人就业。

（二）重点群体和重点地区得到有效帮扶。

高校毕业生就业创业服务不断深入，为8 890名离校未就业高校毕业生办理实名登记。选聘1 464名大学生村官，为4 600余名低保、残疾和享受国家助学贷款大学生发放求职创业补贴。举办分行业、分专业、分群体专场招聘会，开展“就业服务月”等服务活动，为大学生提供各类服务80万人次。推动北京股权交易中心青年大学生创业板块建设，新增创业培训机构，编写创业培训教材，组织开展“东升杯”、“中国创翼”等创业竞赛活动。截至12月底，北京生源高校毕业生就业率达到96.9%。

（三）围绕非首都功能疏解、重大改革和重大项目建设开展就业帮扶。

鼓励新机场建设地区就业政策初见成效，在土地流转上市试点地区西红门镇实行城乡统一的就业失业管理制度，研究东方化工厂调整搬迁人员分流安置政策，以及顺义五彩浅山生态旅游开发地区和延庆区公益性岗位就业倾斜政策。通过鼓励用人单位优先招用、实施精细化就业帮扶、推进绿色就业、推广一产员工制等措施，帮扶城乡就业困难人员就业14.6万人，促进农村转移劳动力就业4.4万人。

（四）职业技能培训体系逐步完善。

推广“招工即招生、入厂即入校、校企双师联合培养”的技能人才培养新模式，企业新型学徒制试点新增5家企业和5所技校。指导培训机构围绕经济发展需要，优化专业设置，加强重点专业建设。实行民办培训机构分级管理，研究下放审批职能。开展“春潮行动”，加强订单、定向、定岗培训，支持在职职工技能提升培训，培训各类人员68.99万人次。

（五）人力资源市场建设加快推进。

完善人力资源公共服务体系。西城区、丰

台区、房山区人力资源公共服务中心成立，实现了人才与职介的全面整合。实施公共职业介绍服务和公共职业指导服务两项地方标准，制定档案影像信息使用规范。开展就业援助月、春风行动、民营企业招聘月等服务活动，提供专项和日常公共就业服务。加快发展人力资源服务业。提高对外开放水平，放宽外国投资者在中关村设立中外合资人才中介机构股权比例限制。促进产业集聚发展，按照“一区多园”的思路推进国家级人力资源服务产业园建设。对48家人力资源服务机构评定等级，遴选29家诚信服务示范单位。

二、“职工＋居民”的社会保障体系日臻完善，基本实现“人人享有社会保障”的目标

截至2015年年底，职工养老、医疗、失业、工伤和生育保险参保人数分别达到1 424.3万人、1 475.7万人、1 082.3万人、1 020.1万人和941.7万人。城乡居民养老保险和城镇居民医疗保险参保人数分别达到187.6万人和181.0万人，享受福利养老金待遇人数为46.1万人。各项社会保障待遇标准提高10%左右。

（一）制度改革稳步推进。

推动机关事业单位与企业养老保险制度并轨，发布本市机关事业单位养老保险制度改革办法。完成城乡居民养老保险基金资产调查。推进医保个人账户封闭管理。支持县级公立医院改革，探索通过差异化报销政策，引导参保人员到基层就医。新认定279家定点医疗机构，简化特殊病报销流程，方便参保人员就医。取消劳动能力鉴定收费，减轻工伤职工负担。尘肺、截瘫工伤定额付费标准提高20%，满足工伤职工医疗需求。

（二）社会保险基金运行平稳。

加强基金监管，制定风险防控清单，梳理重点防控事项。完善基金监督系统，深化医保付费方式改革，重点加强对12.5万名异地居住人员待遇领取资格认证。2015年，五项社保基金累计收缴2 539亿元，支出1 806.8亿元，当年结余732.2亿元。

（三）经办服务水平加快提升。

推进经办服务网络化、便利化建设，构建线上线下紧密结合的经办服务网络，网站、移动客户端、微信等承载具体经办业务。在校学生儿童医疗保险实现委托银行缴费。生育保险待遇和医疗照顾人员待遇社会化发放工作加快推进。城镇居民定点医疗机构实现12333电话查询。补换社保卡实现快递直邮。经办服务标准化建设加快，丰台区花乡社保所在街乡率先使用社会保险视觉识别系统。落实劳动能力鉴定新标准，制定劳动能力鉴定工作规范。

三、人才发展体制机制不断创新，人才队伍建设全面加强

（一）人才引进交流机制不断完善。

聚焦“高精尖缺”，吸引集聚海内外人才，实施人才引进岗位需求申报及第三方论证，围绕首都产业结构调整需要，确定引才计划岗位。简化引进手续，精简50%以上申报材料。研究制定积分落户实施细则。对留学人员优秀科技项目、初创企业、高层次人才引进提供资金支持。完善外国专家管理制度，对经济技术类单位和非教育类文教单位聘请外国专家资质实行备案登记制度，开辟公立中小学聘请外国专家审批绿色通道，免除教育专业硕士及以上外国应届毕业生就业工作经历要求，重点资助交通节能减排、大气污染防治等领域“请进来”培训项目。

（二）高层次人才培养机制进一步优化。

坚持高端引领，高端领军人才队伍建设成效显著，邵峰、彭永臻分别当选中国科学院和中国工程院院士，选拔产生第二批14位北京学者，14人入选国家百千万人才工程，23人入选北京市百千万人才工程，两名高端外国专家获国家“友谊奖”。博士后站点布局进一步优化，实现区级全覆盖。实施专业技术人员知识更新工程，举办国家级和市级高级研修项目56期，培训3 729人。开展组织职能法定化、严格公正文明执法和首都科技创新等公共知识培训。高技能人才培养带动工程稳步推进，开展战略性新兴产业和现代服务业技师研修培训项目，新增5个国家级技能大师工作室和2家国家级高技能人才培训基地。完成第43届世界技能大赛集训和参赛任务，市实训基地选拔训练的3名选手全部获奖，并实现金牌零的突破。创新青年技能人才培养模式，开展“燕京八绝红星杯”学生作品选拔评比。

（三）人才服务水平持续提升。

推进院市人才服务与合作计划，开展“院士北京行”活动。加大高端外国专家服务力度，为“外专千人”专家办理工薪核销和科研补助申报，为“融智北京”高端外国专家提供签证、保险、子女入学等服务。拓展职称评价服务领域，在部分市属科研机构及区级非公科研机构开展研究员直通车试点。出台动漫游戏专业职称评价和安全工程专业高级职称评价办法，恢复交通运输专业高级职称评审。完善高技能人才评价方式，全市新增高技能人才4.1万人。

四、人事制度改革深入推进，科学高效的人事管理制度初步建成

（一）公务员考试录用制度进一步完善。

为缓解艰苦边远地区职位招录难问题，适当降低艰苦边远地区职位对公务员学历、专业、经历、成绩的要求。面向服务期满大学生村官等服务基层人员提供职位487个，面向退役大学生士兵提供职位264个。市级机关遴选公务员增加新录用乡镇公务员5年服务期要求，公开选聘2名聘任制公务员。公务员考录安全稳定。

（二）公务员管理进一步规范。

区以下机关公务员职务与职级并行制度和非领导职数统筹使用办法实施，明确新录用有工作经历人员首次任职标准。研究司法体制改革中法检人员职位管理办法。在5家市级单位和3个区开展公务员平时考核试点。首次举办处级干部进修培训和党性教育培训，围绕创新思维、依法行政、环境治理、廉洁从政、信息安全、电子政务等开展公务员在职培训。开展第六届人民满意的公务员和公务员集体评选表彰活动。

（三）事业单位人事制度改革进一步深化。

畅通事业单位管理岗位晋升渠道，在16个区科级事业单位开展管理岗位职员晋升试点。开展事业单位工作人员培训、特聘岗位设置等政策研究。规范事业单位公开招聘工作，发布公开招聘公共基本能力笔试大纲，加强监督检查。

五、收入分配调控体系不断完善

强化企业工资宏观调控，企业最低工资标准从1 560元提高到1 720元，增长10.3%。发布企业工资指导线、行业工资指导线、劳动力市场工资指导价位和企业人工成本，指导企业合理确定工资增长水平。

六、调控体系持续优化，劳动关系保持和谐稳定

（一）劳动合同履行平稳。

实施企业裁员报告制度和负责人约谈制度，妥善处置联合利华、三洋等企业规模性裁员。加强对企业特别是小企业落实劳动合同制度的指导监控，全市企业劳动合同签订率为98.0%。开展集体合同制度攻坚计划，59 731户企业订立集体合同，涉及职工327万人。

（二）劳动者权益得到有效维护。

劳动人事调解仲裁体系逐步完善，东城区、石景山区、房山区、大兴区仲裁院建设稳步推进。加强对调解组织的法律宣传和政策指导等对接服务，注重案前引导，促进更多争议在基层化解。采取统一仲裁文书、典型案例发布、强化裁审衔接等措施，提高仲裁效能。2015年，受理劳动人事争议71 303件，结案率为95.9%，调解率为46%。规范劳动保障监察执法行为，加强日常巡查、重点时期专项检查、重点区域源头治理，全市查处劳动保障违法案件1.7万件，加大拖欠工资案件查处力度，为农民工追发工资1.8亿元。落实重点时期信访维稳工作机制，加强重点群体和重点人

员的沟通疏导，促进矛盾源头化解，积极推动网上信访，全市共受理信访案件3.1万件。加强12333咨询服务标准、人员素质和信息系统建设，提供咨询服务301.5万件。

七、人力资源社会保障基础建设进一步夯实

打造人力资源社会保障“全媒体发布”平台，报纸、电视、广播、网站、微博、微信、微视频等媒体融合发展，拍摄反映大学生创业帮扶微电影《创时代》，助力大众创业、万众创新。建设统一的网络政务服务平台，门户网站全面优化升级，新网站由信息公开、办事服务、交流互动、便民服务和新闻速览5个栏目组成，重点强化便民服务和互动交流功能，建立“管、办、督”相结合的管理机制，提升发布信息、解读政策、回应关切、引导舆论、服务公众的能力和水平。完成灾难恢复中心项目模拟演练，灾备系统应急响应、灾难恢复和容灾切换能力达到设计要求，应急处置预案完整有效，处置能力得到提升。

北京市人力资源和社会保障局

天　津　市

2015年，天津市人力资源和社会保障系统坚持“民生为本、人才优先”工作主线，着力完善政策、深化改革、依法行政、优化服务，各项工作进展顺利，重点任务指标超进度完成。

一、就业形势保持总体稳定

2015年，天津市实现新增就业48.9万人，其中单位新增就业45.3万人，占92.7%；第二产业新增就业17.1万人，占单位新增就业的37.7%；第三产业新增就业28万人，占单位新增就业的61.8%。城镇登记失业率3.6%，就业局势保持总体稳定。

（一）鼓励创业带动就业。

加强创业载体建设，支持发展众创空间，对经认定的众创空间，给予100万～500万元的一次性财政补贴。鼓励大学生创业孵化基地建设，年度内最高补贴额度可达500万元，发展市级大学生创业孵化基地26家。实施大学生创业引领计划，对大学生创业给予房租、岗位、社保、孵化基地等补贴。实施导师授业计划，在全市遴选大学生创业导师，签订授业协议，给予授业补贴，帮助大学生创业。将大学生就业创业相关政策办理权限和补贴发放下放到区县。全年共发放创业担保贷款5.8亿元，创业培训6.1万人，扶持创业4.2万人，带动就业12万人。

（二）促进高校毕业生就业。

落实社保、岗位补贴，实施“三支一扶”、村官计划等基层服务项目，鼓励高校毕业生到基层和企业就业。加大就业见习力度，提高见习补贴标准，新建就业见习基地119家。对离校未就业高校毕业生实行实名登记，向2 383名困难家庭高校毕业生发放每人3 000元的一次性求职创业补贴。组织高校毕业生网络招聘月、民营企业招聘周、就业服务月等系列活动。应届高校毕业生就业率超过90%。

（三）加强职业技能培训。

启动百万技能人才培训福利计划，重点面向45岁以下企业职工、院校学生、失业人员和农村劳动力，开展普惠性职业培训。制发资金补贴、经办管理、信息管控等20个配套文件，优化技能培训、考核鉴定、补贴发放等管理流程。发布两批《职业市场需求程度及培训成本目录》，包含393个职业工种。在原有培训费补贴和鉴定费补贴的基础上，新增职工培训津贴、生活费补贴和实习津贴。加快“职业培训包”开发应用，累计启动开发242个职业1 056个培训包。严格鉴定考核，坚持考培分离、考监分设，确保培训质量。全年开展各类职业培训120万人次，取得职业资格证书33万人。

（四）做好困难群体帮扶和企业用工服务。

建立“跟踪服务、盯人帮扶、托底安置、动态管理”的就业援助制度，做到即时发现、即时帮扶。将具有本市农业户籍的残疾人、复转军人以及具有本市户籍的毕业1年后未就业的高校毕业生纳入就业困难人员援助范围。全年共帮扶2.7万名就业困难人员实现就业。零就业家庭保持动态为零，其他就业困难群体安置率达到85%以上。针对化解过剩产能过程中出现的暂时离岗人员和困难企业职工，采取技能培训、稳岗补贴、社保补贴等综合帮扶措施，保持岗位稳定，促进转岗就业。加强失业动态监测和预警机制，有效防范和化解失业风险。

二、人才引进和培养步伐加快

落实中长期人才发展规划，围绕实施创新驱动发展战略、推动产业转型升级，加快人才引进培养步伐，优化人才环境，集聚各类高层次人才。

（一）加大人才引进力度。

在全国首创引进人才“绿卡”制度，6月1日起启动实施，截至2015年年末，共发放人才“绿卡”14 680张，其中A卡1 882张，B卡12 798张。成功举办第十一届津洽会人才智力引进、海外人才智力网上洽谈、清华北大学子天津行、清华北大招聘周、海外人才“津门行”等特色活动。出台支持中介机构帮助用人单位引才的政策措施，根据引进人才的不同层次，分别给予中介机构2万～20万元的经费资助。全年实施引智项目506项，引进海外留学人才3 830人，引进长期工作外国专家3 350人次。

（二）强化自主培养。

深入推进“千企万人”支持计划，鼓励企业依托平台集聚高层次人才，2015年年末全市共有559家企业申报，505家企业通过认定，引育高层次人才3 681人。深入实施“131”创新型人才培养工程，选派30名博士后赴欧美开展国际化培养，遴选32个企业博士后创新项目进行择优资助，组织“高层次留学人员创新创业训练营”、“海外人才创新创业沙龙”等特色活动，扩大博士后建站规模，加强继续教育基地建设，构筑优秀人才梯队。国务院特贴专家达到4 642人，国家“千人计划”141人，天津“千人计划”534人，博士后科研流动站、工作站总数达到274家。

（三）提升人才服务水平。

连续第八年开展人才服务月活动，面向各类人才和广大企业，开展140项专项活动，服务单位1 000余家，解决难题1 500余个。深入开展专家服务基层活动，组织335名专家学者帮助基层解决实际问题850项，对接需求321项。举办第四届全国博士后金融论坛，组织博士后工作30年成果展。建设人才综合服务中心，建立高层次人才数据库，制发人才“绿卡”使用手册，为人才提供全方位服务。

三、社会保障能力不断提升

2015年年末，天津市基本养老保险参保686.3万人（城乡居民养老保险121.1万人，城镇职工养老保险565.2万人），医疗保险参保1 054.1万人（城乡居民基本医疗保险532.1万人，城镇职工基本医疗保险522万人），工伤、失业、生育保险参保人数分别达到385.6万人、295.3万人、269.7万人。职工五项保险基金总收入902.3亿元，同比增长10.2%；其中养老保险基金收入594.3亿元，增长11.2%。

（一）制度建设日趋完善。

稳步推进机关事业单位养老保险制度改革，制定实施意见及相关政策，明确改革范围、缴费基数、养老金计算等问题，按照五险统一征缴、统一管理的模式设计开发信息管理系统，召开全市大会进行部署。出台完善职工医疗保险参保缴费和待遇享受的政策措施，规范职工参保缴费管理，实现退休人员医保待遇与单位缴费脱钩。

（二）待遇水平继续提高。

连续第11年提高企业退休人员养老金，月人均养老金达到2 525元；城乡居民基础养老金由每人每月220元调整为245元；城乡老年人生活补助费人均增加10元，提高到95元、105元、115元。居民医保政府补助标准由每人每年520元提高到670元。提高职工伤残津贴、一次性工亡补助金、供养亲属抚恤金、生活护理费等8项工伤保险待遇。失业保险金月发放标准由880元、840元提高到960元、920元。

（三）运行管理更加规范。

推进医保付费方式改革，实施医保基金总额管理；将糖尿病门特按人头付费试点扩大到6家二级医院、16家社区医疗机构。升级改造医保实时监控系统，严厉打击违规骗保行为，维护基金安全。拓展社保经办自助服务范围，全市自助服务设备使用达170万人次，同比增长近两倍。

四、群众收入稳步增长

市委、市政府出台20条增加群众收入措施，多渠道增加群众收入。最低工资标准由1 680元调整为1 850元。防暑降温费、中夜班津贴等多项福利待遇与社平工资联动调整。颁布企业工资指导线，企业工资指导线基准线、上线、下线分别调整为10%、18%、3%，发布住宿和餐饮业等7个行业的行业工资指导线。推进工资集体协商，覆盖企业7.7万户，职工200余万人。开展企业薪酬调查，调查企业2 400户，涵盖18个行业门类、84个行业小类，编制发布2015年全市以及装备制造、石油化工两个支柱产业的工资指导价位和人工成本信息。调整机关事业单位工作人员基本工资标准，规范津贴补贴，增加机关事业单位离退休人员离退休费。对乡镇机关事业单位工作人员实行乡镇工作补贴，补贴标准为每月200元。2015年，全市城镇常住居民人均可支配收入34 101元，增长8.2%。

五、机关事业单位人事管理更加科学规范

公务员公开招考平稳进行，计划招录公务员1 811人，7.1万人报名考试，实际录用1 773人。全市26个市级机关面向基层公开遴选公务员88名，5个市级机关和6个区县公开选调50名。推动县以下机关职务与职级并行，全市共6 003名公务员晋升职级。开展公务员四类规范化培训，共举办培训1 400余期，培训17.8万人次。开展“双示范”创建活动，命名表彰38个“人民满意公务员示范单位”和64个“人民满意公务员示范岗”。规范实施事业单位公开招聘，统一组织1 199个管理岗位和通用性较强的专技岗位面向全市公开招聘，首次组织区县教卫系统联考，先后6次组织专业性较强的专技岗位和工勤岗位自主招聘。完成军转安置任务，安置军队转业干部602名。

六、劳动关系保持和谐稳定

市委、市政府印发《关于构建和谐劳动关系的实施意见》，明确目标任务、工作措施、机制建设、制度保障、绩效考核等。和谐劳动关系创建活动深入开展，劳动关系和谐企业达1.38万户，和谐园区29个。深入推进劳动人事争议预防调解“和谐筑网”行动，市调解中心、市总工会和市工商联调解中心挂牌成立，16个区县调解中心全部挂牌，242个街乡镇全部设立调解窗口，20家行业商会调解组织正式运行。推行劳动保障监察建议书制度，扩大用人单位守法信用等级评价覆盖范围，组织开展清理整顿人力资源市场、劳动用工和社会保险、农民工工资支付等专项检查。全年劳动人事争议立案受理19 221件，时限内结案率100%。劳动监察立案查处违法案件3 483件，补签劳动合同3.3万份，补发拖欠劳动者工资1.47亿元，有效维护了劳动者合法权益。

天津市人力资源和社会保障局

河　北　省

2015年，河北省人力资源社会保障厅认真贯彻落实中央和省的决策部署，坚持“民生为本、人才优先”工作主线，主动适应新常态，深化人社领域各项改革，统筹推进就业、社保、人事人才等各项工作，着力推动京津冀人社工作协同发展，深入开展“三严三实”专题教育和解放思想大讨论，不断加强自身建设，夯实基层基础，转变工作作风，圆满完成年度目标任务，各项工作取得新的进展。

一、就业局势总体保持稳定

全年全省城镇新增就业73.5万人，完成目标任务的105%。高校毕业生、就业困难人员和农村转移劳动力三大重点群体就业态势良好。高校毕业生就业率达到95.1%；城镇下岗失业人员再就业25.8万人，其中就业困难对象实现再就业10.1万人，分别完成年度目标任务的117.3%和126.2%；农村劳动力向非农产业转移55万人，完成年度目标任务的110%。零就业家庭始终保持动态为零。城镇登记失业率保持在3.6%的较低水平。

（一）完善落实就业创业政策体系。

出台《关于进一步做好新形势下就业创业工作的实施意见》、《关于进一步做好为农民工服务工作的实施意见》、《关于支持农民工等人员返乡创业实施意见》等文件，扶持小微企业健康发展、推进“双创”、援企稳岗，激发就业创业活力。

（二）突出做好以高校毕业生为重点的青年群体就业工作。

实施“高校毕业生就业促进计划”和“青年创业引领计划”，毕业生就业服务网络平台实现省市县全覆盖和一体化运行，对所有离校未就业毕业生实行实名动态管理和“一对一”帮扶，扶持2.3万名青年实现创业。扎实开展“三支一扶”等基层项目，招募1 000名大学生志愿者开展支农、支医、支教和扶贫活动，引导高校毕业生到基层就业。加强就业指导服务，筹建全省创业指导专家志愿团，组织就业创业典型全省高校巡回演讲。坚持现场招聘和网络招聘相结合，促进岗位与需求对接，组织各类就业创业服务活动380场。

（三）着力做好压能治污援企稳岗工作。

落实供给侧结构性改革要求，主动服务“6643”工程，印发《关于进一步做好援企稳岗工作的通知》和《关于做好失业保险支持企业稳定岗位工作的通知》，将政策范围扩大到所有符合条件的企业，为298户企业发放稳岗补贴5.9亿元，惠及职工29.6万人；发放公益性岗位社会保险补贴6.6亿元，帮助7.9万名困难人员在公益性岗位托底安置。失业保险缴费费率由3%降到2%，生育保险缴费费率由0.8%左右降到0.5%，有效减轻企业负担。

（四）大力开展职业培训。

实施农村劳动力就地就近转移培训工程，深入推进农民工技能培训“春潮行动”。2015年开展各类职业培训百余万人次。启动企业新型学徒制试点，选定4个城市开展第二批全国百城技能振兴专项活动，推进唐山市、秦皇岛市职业技能公共实训基地建设。

二、覆盖城乡的社会保障体系基本建成

2015年，河北省城镇职工基本养老保险、

城镇基本医疗保险、失业保险、工伤保险、生育保险参保人数分别达到 1 320.5 万人、1 702.0 万人、510.9 万人、809.7 万人、712.9 万人，比年初分别增加 58.5 万人、4.5 万人、2.3 万人、31.1 万人、28.9 万人。城乡居民社会养老保险顺利推进，参保率达到 98.4%。

（一）社会保障制度进一步完善。

机关事业单位养老保险制度改革启动实施，印发《关于机关事业单位工作人员养老保险制度改革的实施意见》，研究制定集中参保登记办法和经办规程，对改革相关问题进行了明确。城乡居民基本医保一体化改革扎实推进，印发《河北省扩大城乡居民基本医疗保险一体化改革试点工作方案》，总结推广邢台威县做法，在邢台全市、其他设区市每市选 2～3 个县开展改革试点。城镇居民大病保险全面推开，医疗、生育保险封闭运行的行业企业基本纳入地方统筹管理，城镇基本医疗保险参保率保持在 95%以上。启动实施建筑业按项目参加工伤保险的“同舟计划”，工伤保险实现省级统筹。

（二）社保待遇水平稳步提高。

连续第 11 年调整提高企业退休人员基本养老金，月人均达到 2 232 元。城乡居民养老保险基础养老金在国家标准基础上月人均增加 5 元，达到 75 元。城镇居民医疗保险补助标准提高到 380 元，职工和居民医疗保险政策范围内住院支付比例分别达到 80%和 70%。工伤保险伤残津贴月人均提高到 2 327 元。失业保险金标准由 580～860 元调整为 650～930 元，月人均提高 75 元，月人均发放水平达到 848 元。

（三）经办管理服务持续优化。

统一了全省企业养老、城乡居保、工伤保险业务经办规程。企业养老保险省级统筹软件在全省推广使用。集中开展企业基本养老保险费清欠行动，补缴欠费 25.4 亿元。全省异地就医直接结算开始试运行，基本实现省内持卡门诊就医、药店购药和异地住院直接结算。印发《河北省基本医疗保险监督管理办法》，医疗服务监控系统在全省推开，医保控费作用初步显现，医保付费方式改革普遍推开。

（四）社保基金安全进一步加强。

作为国家首批社保基金安全评估试点，进一步完善基金安全评估指标，开发社保基金评估系统，完成覆盖 1/3 设区市的直查任务，与河北省公安厅联合印发对社会保险基金欺诈案件查处和移送的意见。在全国率先开展企业年金调研检查，为职业年金监管积累了经验。

三、人才队伍建设取得新进展

（一）加快创新创业平台建设。

全国首家“中国（河北）博士后成果转化基地”在廊坊固安启动运行。在全省 11 个设区市分别建设 1 家高层次人才创新创业园，在唐山曹妃甸、沧州渤海新区和北戴河新区分别建设人才特区。新增博士后科研工作站 16 家、博士后创新实践基地 30 个，全省博士后平台总数达到 240 个。连续第四年组织“千名专家服务基层活动”，建立长期联系和对口帮扶机制，深入农村和企业一线开展技术攻关和人才服务，服务群众 13 万人次。新建省级以上技能大师工作室 14 个、高技能人才实训基地 16 个；全省技工院校达到 173 所，省、市每年开展各类职业技能竞赛 150 余项，参与竞赛的企业职工和院校师生年均达到 100 万人次以上。在第 43 届世界技能大赛全国选拔赛中，河北省选手获 3 个项目全国第一名、2 个项目全国第二名、3 个项目全国第三名；决赛中河北省选手获 2 个优胜奖，大洋洲赛事获 2 枚金牌。

（二）加快高层次、高技能人才选拔培养。

首批“河北省政府特殊津贴专家”评选 234 人，第二批“突出贡献技师”评选 100 人，“三三三人才工程”选拔第一层次人才 10 人、第二层次人才 100 人，有 17 人入选河北省引进海外高层次人才“百人计划”、10 人入选国家“百千万人才工程”。举办“高层次人才需求信息发布会”、“沿海经济隆起带高级人才洽谈会”、“中国河北海内外高层次人才洽谈会”、“高层次人才技术与项目对接会”等活动，引进各类人才 2 200 余人；选派 60 名优秀专家到国（境）外访问培训。实施“名校英才入冀”工程，精选 1 600 多个企事业岗位面向北大、清华等 985 院校定向招聘人才。继续实施“燕赵金蓝领培训计划”，新培养高技能人才 10 万人，职业技能鉴定 51 万人。

（三）创新人才评价机制。

以实践能力、岗位贡献和创新创业能力为重要内容，修订完善 66 个专业职称申报评审条件，研究制定中小学教师职称制度改革方案，实行推荐结果、资格审查结果、评审结果“三公开”。全面推进职业能力考试信息化试点，实行现场拍照检录和考场实时录像，有效防范替考、舞弊等行为。

（四）实施重大引智项目。

深入实施引智共建蓝天、新型城镇化引智、京津冀一体化引智、农业引智、民生引智“五大引智计划”，争取省级引智项目资金 2 000 万元，引进国外项目 366 个、外国专家 2 313 人次。

（五）大力发展人力资源服务业。

深化人力资源市场整合改革，取消流动人员档案管理费和人才集体户口管理费，进一步放宽市场准入条件，激发市场活力。启动中国（华北）家庭服务业人力资源市场建设，成功举办华北 5 省份家庭服务业从业人员招聘会。全省人力资源服务机构数量突破 1 000 家，经营金额达 140 亿元。

四、人事制度改革稳步推进

（一）机关事业单位入口管理实现规范化制度化。

完善机关事业单位进人计划“总量控制、分级管理”制度和部门协调配合机制，实现了财政供养人员只减不增目标，规范了进人秩序。每年 4 月公务员录用省市县乡四级联考、5 月事业单位集中公开招聘、9 月省直机关公务员公开遴选，连同 11 月中央和国家机关公务员招录考试，“四考”衔接、批次实施，形成制度性安排。科学设置艰苦边远地区招录基层公务员条件，基层公务员“招得来、留不住”的问题得到有效缓解。建立公开遴选制度并首次组织河北省省直机关公开遴选公务员工作，为 24 个省直部门遴选公务员 240 名。

（二）积极稳妥实施职务与职级并行制度。

印发《关于在县以下机关推行职务职级并行制度的意见》，细化实施范围、审批权限、晋级年限等要求，保障了制度的平稳推行。全省 8.2 万名基层公务员晋升职级，占县以下机关公务员总数的 32.7%，拓展了基层公务员职业发展空间，提高了工资待遇，激发了干事创业积极性。

（三）鼓励科技人员离岗创业。

研究提出支持事业单位科技人员离岗创业优惠政策，将离岗创业年限放宽至 5 年，养老、医疗等社会保险由原单位缴纳，将离岗创业情况与单位考核挂钩，不核减离岗创业人员工资等财政经费，为科技人员营造良好创业环境。

（四）圆满完成军转安置工作任务。

实行军转干部“阳光安置”，全省统一笔试、统一档案考核，对每名军转干部量化打分、按成绩排队择岗，做到全面公开、全程监督，2015 年安置 931 名军转干部，部队、用人单位、军转干部基本满意。开展军转教育培训“六化建设”，实施自主择业军转干部“路桥工程”，就业创业率保持在 85%以上。全面启动随军家属就业安置工作。调整提高困难企业军转干部补助标准，月人均增发 200 元，企业军转干部整体稳定。

五、工资制度改革进一步完善

坚持“托低、提中、稳高”的原则，统筹各群体利益关系，完善分配机制，加强指导调控，促进职工工资收入水平提高。着力提高机关事业单位工资收入水平。完成机关事业单位基本工资标准调整和离退休人员增加离退休费工作，在职人员人均月增加 393 元，离退休人员人均月增加 362 元。建立乡镇工作补贴制度，自 2015 年 1 月 1 日起为全省 53.9 万名乡镇机关事业单位工作人员发放乡镇工作补贴，月人均增资350元。深化事业单位绩效工资改革。研究出台深化事业单位绩效工资改革意见，从调整绩效工资总体水平指导线和控制线、规范基础绩效工资标准、加强会计核算、科学核定绩效工资总量、修改完善绩效考核分配办法5个方面，完善了相关政策。完善企业工资收入分配机制。印发《关于深化省属国有企业负责人薪酬制度改革的实施意见》，加强对企业负责人薪酬管理。在石家庄、廊坊等5个试点城市开展企业薪酬试调查。发布《企业工资指导线》、《部分工种指导价位》和夏季高温津贴标准，指导引导企业为职工增加工资。推动带薪年休假制度落实。印发《河北省职工带薪年休假实施细则》，维护职工休息休假权利。

六、劳动关系和谐稳定取得新进展

（一）完善劳动关系政策制度。

印发《关于构建和谐劳动关系的实施意见》，从保障劳动者合法权益、推进企业民主管理、健全矛盾纠纷调处机制等8个方面制定25条具体措施。

（二）实施集体合同攻坚计划专项行动。

全面推行劳动合同制度，签订集体合同7.6万份，覆盖15.03万家企业、841万名职工；签订工资专项集体合同7.4万份，覆盖15.2万家企业、801万名职工，全省规模以上企业劳动合同签订率达到96%。

（三）加强劳动监察执法。

着力做好治理欠薪“三金”、“三机制”、“一入罪”制度落实，开展重点欠薪案件及隐患摸底排查，配合河北省委督查室和河北省政府督查室开展全省保障农民工工资支付专项督查，取得良好效果。劳动保障监察“两网化”管理实现省、市、县三级全覆盖，乡镇（街道）覆盖率达到50%以上。组织开展劳务派遣用工、农民工工资支付、清理整顿人力资源市场秩序、用人单位遵守劳动用工和社会保险法律法规情况等专项检查。主动检查用人单位4.5万户，处理举报投诉案件1.4万件，督促补签劳动合同10.8万份，为24.3万名劳动者追发工资等待遇23.8亿元，督促用人单位为4.6万名劳动者补缴社会保险费3 684.9万元。

（四）开展依法解决信访问题专项行动。

通过法定途径分类处理信访诉求，全力做好节假日、全国“两会”和“纪念抗日战争胜利70周年纪念活动”期间等敏感节点维稳工作，有效化解信访事项。2015年河北省人力资源社会保障系统办理行政复议案件151件、行政诉讼案件766件，受理劳动人事争议案件1.68万件，结案率达到93.3%，涉及劳动者2.33万人。

七、公共服务平台和信息化建设扎实推进

（一）基层平台建设成效显著。

积极争取国家基层平台项目，2015年共有15个县（市、区）和60个乡镇（街道）列为国家基层就业和社会保障服务设施建设试点。采取“以奖代补”方式，安排资金5 000万元，支持38个县（市、区）信息化建设、266个乡镇（街道）服务平台建设，通过达标验收乡镇平台达1 000多个。组织认定100个省级充分就业社区。

（二）信息化支撑能力不断提升。

深入实施信息化建设攻坚行动，研发实施全省统一的机关事业单位养老保险信息系统、失业管理系统、持卡异地就医联网结算系统、劳动用工备案管理系统等，就业失业、城乡居民养老保险、工伤保险、社保基金监管、劳动监察“两网化”等10个信息系统实现省集中。完成全省高清视频会议系统、12333电话咨询系统、厅门户网站升级和张家口、承德等4个市1 097个乡镇业务专网无线转有线改造。加快社会保障卡发放应用，扩大农民“四个不出村”（参保、查询、缴费、待遇领取）覆盖面，全省社保卡持卡人数达到4 406万人，超额完成“十二五”目标任务。

八、京津冀人社协同取得积极成效

成立京津冀协同发展工作领导小组，积极

与北京、天津对接，分别签署合作框架协议、家庭服务业发展协议和医保合作备忘录等 6 项协议。加强社会保障政策衔接。建立京津冀职工养老保险工作协商机制，运用部级平台实现养老保险关系电子化转移，接收从北京转移到河北省养老保险关系 1 万余人，从河北省转移到北京 4 600 余人。深入推进医疗保险合作。河北省环北京 14 县（区、市）医保定点机构纳入北京医保定点，方便北京参保人员来冀就医。与北京商定，将燕达医院作为北京市医保异地就医直接结算试点单位，率先实现京冀异地就医直接结算。与天津签署《推进津冀异地就医直接结算备忘录》，确定了到 2016 年年底实现两地异地就医直接结算的目标。推动区域人力资源合作。举办了“京津冀招才引智大会”，实现人力资源服务业从业资格互认。京津两地在河北省认定家政服务员定点输送基地数量达到 30 家，向京津输送家政服务员 6 000 多名。经积极汇报争取，京津冀劳动保障监察执法协作机制被列入人力资源社会保障部工作试点。

九、机关规范化标准化水平不断提升

坚持以“三严三实”专题教育和解放思想大讨论为契机，落实“严、实”要求，聚焦“八破八立”，强化机关自身建设，着力培养造就一支具有铁一般信仰、铁一般信念、铁一般纪律、铁一般担当的干部队伍。印发全省人力资源社会保障系统干部业务能力建设实施意见，搭建网络学习平台，加强干部培训，营造学习氛围。强化实践锻炼，积极开展干部挂职交流。健全考核体系，推行处室绩效考核和干部平时考核，点燃干部职工干事创业激情。在全省人力资源社会保障系统开展窗口单位改进作风专项行动，规范服务行为，提升服务效能。扎实推进“放管服”，全面取消非行政许可审批事项，建立完善权力清单、责任清单和监管清单，探索推行服务清单，河北省人力资源社会保障厅行政权力事项由 200 项精简至 150 项。深入推进职业资格改革，衔接国务院要求取消职业资格 207 项，清理取消省内自行设置职业资格 15 项，由就业准入类调整为水平评价类 15 项。始终把纪律和规矩挺在前面，强化纪律规矩意识，狠抓廉政教育，注重建章立制，严格监督检查，廉政建设取得明显成效。

河北省人力资源和社会保障厅

山 西 省

2015年是艰难的一年，也是改革突破冲刺的一年，以此为标志，实现了“十二五”规划圆满收官。全省人力资源社会保障系统干部职工，面对经济持续下行对就业、社保、收入、劳动关系带来的严峻挑战，在省委、省政府的坚强领导下，勇于担当、积极作为，全面超额完成任务。突出表现为：一是着力应对经济困难，通过采取一系列的援企稳岗、扶持创业、加强培训、拓宽渠道等措施，完成城镇新增就业51.5万人，登记失业率3.51%，就业局势保持总体稳定；二是着力提高居民收入水平，通过提高最低工资标准、公布工资指导线、调整机关事业单位结构工资、实行乡镇工作补贴、实施县以下机关职务与职级并行、提高城乡社会保障水平等措施，确保了城镇居民人均可支配收入达到25 828元，增长7.3%，超过预期目标；三是着力推进重大改革，启动机关事业单位养老保险制度改革、城镇居民大病保险改革、县以下机关职务与职级并行制度改革、省属国有企业负责人薪酬制度改革，针对性改革养老保险补缴办法，在解决公平性、全覆盖问题上取得重大进步，增强了人民群众的获得感。

一、就业规模持续扩大，就业结构逐步优化，就业政策不断创新，就业服务更加健全

认真贯彻落实《山西省就业促进条例》，制定了鼓励小微企业吸纳就业、扶持大学生创业、援助困难群体就业、政府购买基层公共服务岗位等一系列促进就业创业的政策措施。特别是积极应对2013年以来的经济下行压力，先后出台了“五缓三补二协商一报备”和降低社保费率、扩大失业保险稳岗补贴范围等援企稳岗政策，累计为企业减负127.4亿元，为稳岗位、促就业提供了有力的政策支撑。整合组建了省就业服务局，形成了全省城乡统一、平等的人力资源市场，实现了招聘信息对城乡求职者的全覆盖。深入开展创业型城市和农村劳动力转移就业示范县“双创建”活动，实施每年10万人创业行动计划、大学生创业引领计划和就业促进计划，对离校未就业大学生实行实名制跟踪服务，使应届高校毕业生就业率达91%。加强职业技能培训，实现了农村技校学生免学费全覆盖，实施了职业培训全覆盖计划和农民工技能提升计划，累计完成培训350万人次，促进农村劳动力转移就业。建立了社区管理、当月清零的零就业家庭等困难群体的就业援助机制，托底安置就业困难人员。五年来，全省累计城镇新增就业255.2万人，转移农村劳动力199.7万人，城镇登记失业率控制在4.2%以下，城乡就业规模创历史新高，三次产业就业比重不断优化，从2010年的37.9∶26.3∶35.8转变为35.6∶27.1∶37.3，第三产业就业人数在2012年首次超过第一产业，并呈逐年增长势头，就业局势总体保持稳定，为全省的改革发展稳定作出了应有的贡献。

二、覆盖城乡的社会保障体系基本建成，综合参保率达95%，待遇水平稳步提高

城镇职工基本养老保险覆盖了机关、事业单位和各类企业从业人员，参保人数达到882.3万人。实现了省级统筹，连续11年提

高企业退休人员基本养老金水平，年均增幅10%以上，待遇水平居全国前列。妥善解决了大量特殊群体的养老历史遗留问题。合并实施城居保和新农保，建立了统一的城乡居民基本养老保险制度。出台办法解决了城乡职工、居民养老保险制度转移衔接和可携带、流动性问题。城镇职工医保、居民医保制度，农村实行了新农合，实现了城乡基本医保制度覆盖全体人民。城镇医保实行市级统筹。实现了省内异地就医直接结算，全部建立补充医疗保险，实现大病保险全覆盖，基本医保政策范围内报销比例分别达86%和75%，大病保险最高支付限额分别达50万元和40万元。失业、工伤、生育保险三项制度覆盖规定职业人群，失业保险为困难企业发放稳岗培训补贴、为符合条件的企业按不超过该企业及其职工上年度实际缴纳失业保险费总额的50%给予稳岗补贴，失业保险待遇与物价指数和当地最低工资标准形成联动增长机制。工伤保险待遇实行基本保障线制度，工伤人员定期待遇水平与企业退休人员基本养老金实现联动。参加生育保险职工政策范围内的生育费用实现个人“零负担”。整合组建了省社会保险局，在全国率先实施五险统征、一站式服务，获全国社保经办创新奖。建设社保一卡通工程，建成省、市两级数据中心和省、市、县、乡镇（街道）、村（社区）五级服务网络，累计发放社会保障卡2 472万张，基本实现参保人员人人持卡，提前完成“十二五”目标任务，社保经办管理服务更加高效便捷数字化。目前，山西省包括新农合在内的社会保障制度已经覆盖了城乡全体人民，基本养老、基本医保参保人数分别超过2 300万人、3 400万人。

三、收入分配制度改革不断深化，逐步形成“橄榄型”分配格局

颁布施行《山西省企业工资集体协商条例》，规模以上企业基本实现工资集体协商全覆盖，建立起企业工资劳资共决机制和正常增长机制。强化最低工资标准的基础性拉动作用，连续5年提高全省最低工资标准，年增幅不低于13%。加强对企业工资的宏观调控，企业工资指导线的基准线年均增长15%。推动落实带薪年休假制度，为未休假者发放3倍工资报酬。全面实施事业单位绩效工资制度，事业单位工作人员收入水平与当地相当职级公务员基本持平。优化机关事业单位工资结构，提高基本工资标准。完善艰苦边远地区津贴，实施地区附加津贴制度。在县以下机关实行职务职级并行，强化职级在确定工资福利待遇方面的作用。实施省属国有企业负责人薪酬制度改革，调整国有企业负责人年薪和在岗职工平均工资的倍比关系，规范福利性待遇和职务消费，合理有序的收入分配格局逐步形成。

四、人才强省战略全面实施，“两高”人才队伍建设取得新成效

落实《山西省中长期人才发展规划纲要（2010—2020年）》，启动实施了10项重大人才工程，省人社厅牵头实施其中4项。以院士工作站、博士后流动（工作）站、海外高层次人才创新创业基地和技能大师工作室为主要载体，新引进海外高层次人才385名，选拔院士后备人选14名、三晋学者特聘专家19名、省级学术带头人991名、国务院特贴专家104名、新兴产业领军人才113名、省政府特贴高级技师143名、三晋技术能手692名。组织实施了“千人百县”高层次人才服务基层计划，选派了2 800余名副高以上专业技术人才，深入一线服务县域经济发展，共开展技术培训8 265次，签订合作协议284份，破解技术难题491个，转化科技成果208项。加强国际交流和外专工作，建立了覆盖11个国家、40多个城市、51家专业机构的山西海外人才联络网，每年举办海外高层次人才山西项目洽谈会，引进外国专家1 403人。深化人才体制机制改革，把山西科技创新城确定为人才管理改革试验区，研究制定了创新体制机制支持人才创新创业若干意见，为全省创新驱动提供人才支撑。

五、人事制度改革向纵深推进，公职人员管理不断加强

推行省、市、县、乡四级公务员联考，全面强化考录工作风险点管控，坚持规则、过程、结果“三公开”，确保选拔公平公正。建立了省直机关公开遴选基层公务员机制。实施县以下机关职务与职级并行制度，拓宽了基层公务员职业发展空间。积极推进公务员分类管理制度，完成了全省3.2万名公安、监狱、劳教机关执法勤务机构警员职务套改，健全法官、检察官、人民警察统一招录、有序交流、逐级遴选机制和职业保障制度。深入开展公务员培训工作和创先争优争做人民满意公务员活动，建立了行政机关公务员考核备案制度。全面落实《事业单位人事管理条例》，各级各类事业单位新进人员公开招聘制度实现全覆盖，实行岗位设置、竞聘上岗机制，实现了固定用人向合同用人、身份管理向岗位管理的转变。集中开展了省市县三级“吃空饷”、编外用人和评比达标表彰专项整治工作，清理“吃空饷”936人，清理编外用人8 076人，叫停各类评比达标表彰702项，核准新设80项。启动实施中小学教师职称制度改革，将分设的中小学教师职称系列统一为初、中、高三级，建立了以同行专家评审为基础的业内评价机制。开展职业资格管理制度改革，取消职业资格许可和认定事项268项。在“四公开两统一一监督”的基础上，全面实行军转安置量化考核、积分选岗新机制，最大限度减少自由裁量权，安置过程更加公开透明。建立了企业军转干部解困维稳工作长效机制，企业军转干部保持稳定。

六、劳动关系调处机制不断完善，劳动关系保持和谐稳定

推动实施《山西省劳动合同条例》，深入实施劳动合同和集体合同制度，依法推进劳动用工备案，落实劳动标准，企业劳动合同签订率达98%，已建立工会的企业集体合同覆盖率达90%。建立了劳动关系三方协调机制，深入推进和谐劳动关系创建活动。畅通信访投诉渠道，搭建起信、访、网、电“四位一体”工作平台，制定法定途径清单，分类处置案件，群众合法诉求得到妥善解决。建成网格化、网络化劳动监察管理体制，严格落实执法责任制，劳动保障监察实现城乡全覆盖，投诉举报结案率达95%以上，初步实现了对用人单位的动态监管。深入开展“无欠薪县域”创建活动，在建设领域全面推行农民工工资支付登记卡管理办法，建立并完善了承建单位工资保证金制度、政府应急周转金制度、重大欠薪案件部门联动和行政司法衔接机制，农民工工资支付重大拖欠案件及时向社会公布，形成有效的农民工工资支付保障机制。建成刚性维权和柔性维权相结合的法律援助服务体系，组建了省级和大部分市县劳动人事争议仲裁实体机构，结案率保持在90%以上，争议处理效能明显提高，有效促进了社会和谐稳定。

山西省人力资源和社会保障厅

内蒙古自治区

2015年，内蒙古自治区人力资源和社会保障厅在人力资源和社会保障部及自治区党委、政府的领导下，认真贯彻党的十八大和十八届三中、四中、五中全会精神，主动适应经济发展新常态，围绕“民生为本、人才优先”工作主线，深化改革创新，加大推动力度，工作取得了积极进展，各项年度目标任务圆满完成。

一、创业就业工作取得新成绩

全区人社部门充分发挥职能作用，牢牢抓住就业这个民生之本，把促进就业创业作为头等大事来抓，把保持就业局势稳定作为首要政治任务。积极应对经济形势发展变化对就业的影响，深入推动大众创业、万众创新，紧紧围绕“六个结合”（培养合格建设者与培养中高端人才相结合、职业教育招生与招工相结合、创业实践与再学习再提升相结合、新兵入伍与入学相结合、农民工进城务工与素质提升相结合、社区就业与开展养老服务相结合），统筹推进城乡就业。全年累计实现城镇新增就业26.86万人，完成年度计划的107%；城镇失业再就业人数6.11万人，完成年度计划的122%；城镇登记失业率3.65%，低于4%的控制目标。

一是就业政策体系进一步完善。出台了《进一步做好新形势下就业创业工作的实施意见》（内人社办发［2015］140号）、《关于支持农民工等人员返乡创业的意见》（内政办发［2015］93号）、《进一步做好为农牧民工服务工作的实施意见》（内政发［2015］71号）等文件，把鼓励创业和促进就业更好地结合在一起，从深入实施就业优先战略、积极推进创业带动就业、统筹做好高校毕业生等重点群体就业、维护农牧民工劳动保障权益等方面，加大了政策扶持力度。

二是重点群体就业保持稳定。加大高校毕业生就业创业工作力度，启动了“基层就业万岗行动”、“高校毕业生万人创业行动”、“离校未就业高校毕业生就业计划”，开展了“高校毕业生就业服务月”活动，发放高校毕业生求职创业补贴，组织了大学生就业见习和创业培训，13.7万名高校毕业生实现就业或落实就业去向，完成年度任务的105%。积极引导农牧民就地就近转移就业，做好区内东西部、京蒙以及周边省区劳务对接，着力提升农民工职业技能，全区农牧民累计转移就业人数257.41万人，完成年度计划的105%。同时，进一步加强就业困难人员就业援助工作，通过各种渠道安置就业困难人员就业6.67万人，完成年度计划的111%。对就业困难人员实行精准帮扶，帮助666户零就业家庭中的673人实现就业，保持了动态清零。

三是职业技能培训不断加强。认定了23个自治区就业技能培训品牌、12个知名品牌，实现了培训品牌、劳务品牌良性互促互动。通过“以奖代补”方式，投入资金5 250万元，奖励项目32个。认定自治区级示范性基地1个，盟市级标准化、示范性基地27个。全区城乡技能培训28.44万人，完成计划的109%，订单、定向、岗前培训达到培训总数的70%。

四是推进大众创业、万众创新。鼓励和扶持创新创业，全区共建立创业发展资金6.1亿元，发放创业担保贷款26.89亿元。积极搭建创新创业平台，全年发放“以奖代补”资金7 750万元，奖励了34个项目，扶持创业园和创业孵化基地建设。加强创业服务，出台了进一步加强创业服务体系建设的意见、创业培训管理办法，全区建立创业担保贷款中心103个、创业指导中心100个、专家服务团150个，开展创业项目跟踪扶持。开展创建创业型盟市、旗县活动，建成创业园和孵化基地346个，入驻实体4.03万户。2015年，全区完成创业培训5.52万人，培训后成功创业4.54万人，创业带动就业15.93万人，扶持大学生创业9 213人。

五是公共就业服务能力不断提升。积极推进人才市场和劳动力市场整合，全区28个旗县已完成人力资源市场整合工作。出台了公益性岗位开发管理办法，重新修订了就业困难人员认定办法。加大援企稳岗政策落实力度，落实稳岗补贴2.73亿元。积极开展政策宣传、公益服务、现场招聘进校园进企业进社区专项活动，精心组织了“春风行动”、“就业援助月”等就业服务活动，共举办各类现场招聘会784场，组织用人单位2.66万家，提供就业岗位57.15万个。

二、社会保障体系得到进一步健全

深入推进社会保障体系建设，社会保险扩面征缴工作顺利推进，待遇水平稳步提高，保障能力不断增强。

一是着力完善社会保障政策。出台了机关事业单位养老保险制度改革实施办法，制定了城乡居民基本养老保险经办规程，规范了职工养老保险自治区级统筹。经自治区第十二届人大常委会第十九次会议审议通过，颁布了《内蒙古自治区城镇基本医疗保险条例》。城镇居民大病保险实现全覆盖，大病保险医疗费用医保支付后的平均报销比例达到55%，有效减轻了群众大病就医负担。

二是不断扩大社会保险覆盖面。深入实施全民参保登记计划，会同公安、卫计委等部门联合印发了全民参保登记工作实施方案，将试点扩大到全区50%的地区。启动了以建筑业农民工参加工伤保险为重点的“同舟计划”。城镇职工养老、城乡居民养老、城镇医疗、失业、工伤、生育保险参保人数分别达到578.96万人、734.09万人、1 008.05万人、242.06万人、297.08万人、302.57万人，分别完成年度计划的101.4%、104.9%、100.3%、102.1%、101%、100.9%。

三是稳步提高待遇水平。完成了企业退休人员基本养老金调增工作，月人均增加206元。将城乡居民基础养老金提高到85元，城镇居民医保政府补助标准提高到380元。全区城镇职工和居民医疗保险参保人员的医疗费用统筹基金最高支付限额，均达到了职工平均工资和居民人均可支配收入的6倍以上，城镇职工和居民基本医疗保险住院费用政策内支付比例分别继续保持在80%和70%以上。完善重特大疾病保障机制，将8种恶性肿瘤靶向药纳入医保支付范围。

四是进一步提升基金管理和经办服务水平。会同财政部门，制定了企业职工养老保险基金保值增值的实施意见。推进区内异地就医直接结算，统一了城镇基本医疗保险药品目录、诊疗项目和医疗服务设施信息标准库，出台了区内异地就医经办管理暂行办法，建立了自治区级异地就医结算和管理平台。推进医保付费方式改革，在呼和浩特、兴安盟等9个盟市，开展了总额控制付费和按病种、按人头付费等多种付费方式改革试点。加快社会保障卡发放和应用推广工作，全区已累计制发社会保障卡1 615.07万张。

三、人才工作取得新成效

深入实施人才强区工程，积极落实“草原英才”工程任务，不断推进人才专项工程，创新青年人才选拔培养工作，为自治区经济社会发展提供了有力的人才和智力支持。

一是完善人才评价机制。深化职称制度改革，突出业绩和能力导向，修订了卫生、工程、文化、教育四大类22个系列48个专业职称评审条件。在包头市开展了中小学教师职称网上申报评审试点工作。

二是加强专业技术人员队伍建设。深入推进人才培养选拔、人才合作交流等专项工程，积极落实“十大百人计划”、“新世纪321人才工程”、“少数民族专业技术人才特殊培养计划”等工作。全区引进和招聘各类高层次人才7 462名，其中博士、正高级专业技术资格人才570名。推进专业技术人才知识更新工程，25万人参加继续教育培训。新增7个博士后科研工作站，评选了“自治区杰出人才奖”和“自治区突出贡献专家”。

三是加强高技能人才队伍建设。制定了加强高技能人才队伍建设的实施方案，出台了技工院校改革发展的实施意见，调整了职业技能培训补贴标准。表彰自治区技师高级技师突出贡献10人，技术能手27人，技能人才培育突出贡献奖5个。举办了“2015年内蒙古职业技能大赛”等技能竞赛活动，全年新增高技能人才4.9万人，完成年度目标的128.9%。

四是加大引进国外智力项目工作力度。组织实施国外智力引进项目69项117人次，完成出国（境）培训项目16项322人次，命名国家级引进国外智力成果示范推广基地1个，10名外国专家获得了2014年度自治区政府“骏马奖”。

五是做好考试鉴定工作。加大考试安全风险防范力度，各项人事考试报考56万人次，职业鉴定23.6万人次。

四、人事制度改革得到进一步深化

一是加强公务员管理工作。组织了2015年全区公务员四级联考，录用3 464人。公务员公开遴选工作稳步推进，开展了聘任制公务员试点工作，完成了安全、公安、监狱、基层政法等各类专项考试。围绕社会关注的热点，为蒙古语授课毕业生提供了蒙文试卷，改进社会监督办法，公务员阳光考录得到了群众广泛认可。出台了公安机关专业人才单独招录工作暂行办法，从单独招录实施范围、程序方法等方面明确了相关要求。加强平时考核工作，确定了45家自治区级公务员平时考核试点单位。组织“最美基层公务员”评选工作，共评选出14名基层公务员。

二是加强事业单位人事管理。认真贯彻事业单位人事管理条例，全面推行聘用制度和公开招聘制度，实行公开招聘分级分类管理，对急需紧缺人才和高层次人才，采取考试、考察等多种方式进行招聘。进一步完善事业单位公开招聘方法，适当调整盟市事业单位公开招聘管理权限，并开展了公开招聘分类考试试点。出台了区直机关公车改革中妥善安置司勤人员的意见，开展了机关事业单位“吃空饷”问题专项治理。全面启动事业单位人事管理信息系统，实名制录入与信息核对工作已基本完成。

三是认真做好军转安置工作。推广量化积分选岗安置办法，推动安置工作公开透明、公平公正，年度军转安置任务圆满完成。强化自主择业军转干部管理服务，做好部分困难企业军转干部维稳解困工作。

五、工资收入分配制度改革取得新进展

进一步规范机关事业单位收入分配秩序，完善了机关事业单位工资制度，制定了全区调整机关事业单位工作人员工资标准实施方案，并及时兑现到位。建立了旗县以下机关公务员职务与职级并行制度，首次符合晋升职级的人员3.87万人，年底前全部兑现到位。制定了乡镇工作补贴制度，批复了各盟市苏木乡镇工作补贴具体实施办法，各盟市正在积极兑现落实，苏木乡镇工作补贴实施后，在苏木乡镇工作的机关事业单位工作人员人均月增资500元。积极推进自治区直属国有企业负责人薪酬制度改革，已批复各盟市的实施方案。出台了进一步推进企业工资集体协商工作的意见。调整了最低工资标准，增加140元。发布了2015年企业工资指导线和13个行业的工资指

导线，公布了人力资源市场工资价位和大学生初次就业薪酬信息。

六、构建和谐劳动关系迈出新步伐

一是推进劳动关系协调工作。健全劳动关系工作机制，出台了关于构建和谐劳动关系的实施意见。深入实施集体合同制度攻坚计划，集体合同签订4.59万份。强化劳动合同签订管理，劳动合同签订率达到98%。全面推进劳动用工网上备案，累计掌握工商注册登记单位基本信息23.4万条，备案职工115万人。

二是完善劳动人事争议调处机制。仲裁机构实体化建设成效明显，盟市级完成100%，旗县级完成88%，80%以上的大中型企业和乡镇街道建立了基层调解组织。探索便捷高效处理争议案件的新途径，与自治区高级人民法院建立了裁审衔接联席会议制度。全区各级调解仲裁机构共立案受理争议案件1.2万件，涉及劳动者2.24万人，结案率97.2%。

三是加强劳动监察工作。积极推动劳动保障监察“网格化、网络化”建设，实现“两网化”盟市全覆盖。制定了关于加强和规范涉嫌拒不支付劳动报酬犯罪案件查处衔接工作的意见。开展了解决拖欠农牧民工工资问题、规范用工行为、劳务派遣用工等专项检查，累计主动检查用人单位3.86万户，追发劳动者工资等待遇16.65亿元。

七、基层公共服务水平得到新提升

大力加强基础建设和信息化建设，努力打造“数字人社”。运用“互联网＋”技术，充分发挥云计算、大数据等新一代信息技术优势，创新服务方式，提高公共服务效能，得到自治区党委、政府和人社部的充分肯定。深入推进人社民生服务平台建设，强化社会保障卡“一卡通”综合运用，建成社会保障综合服务中心1 049个、社会保障卡综合服务点6 053个，实现了群众社保查询、选档缴费、资格认证、待遇领取和持卡消费等“五个不出村”。打造草原智慧就业云平台，开发了就业数据全区实时互联互通系统，建设了“云服务”示范大厅，研发了高校毕业生“互联网＋创业实训”软件系统，提升了就业创业服务水平。

八、自身建设得到进一步加强

扎实开展“三严三实”专题教育，着力抓好专题党课、学习研讨、民主生活会、整改落实和立规执矩四个关键环节，干部队伍思想建设、政治建设、作风建设和能力建设得到加强。认真落实党建工作责任制和党风廉政建设“两个责任”，重点加强就业专项资金、社会保险基金、人事考试等关键领域和部位的监督，机关党建工作和党风廉政建设得到加强。深入推进窗口单位作风建设常态化、制度化，组织明察暗访，着力解决群众办事难的问题，促进了窗口单位改进作风。人才管理、公务员管理、事业单位人事管理、机关事业单位工资管理等数据库建设工作得到进一步加强，完善了12333咨询服务平台。2015年，人社部督查民生任务落实情况时，对内蒙古自治区狠抓民生任务、推动大众创业万众创新、创新公共服务等工作给予了充分肯定。

内蒙古自治区人力资源和社会保障厅

辽 宁 省

2015年，在人社部和辽宁省委、省政府的坚强领导下，全省各级人社部门坚持“民生为本、人才优先”的工作主线，立足大局、服务振兴，锐意改革、着力创新，突出重点、狠抓落实，全面协调推进人力资源社会保障事业科学发展，圆满完成年初制定的发展目标和工作任务，为推动新一轮东北老工业基地全面振兴发展作出了重要贡献。

一、就业创业工作

一是主要工作目标全面完成。实施积极的就业创业政策，有效应对经济下行压力，就业局势持续保持总体稳定。全省实名制就业83.9万人，完成年计划的104.8%；新增就业42万人，完成年计划的104.9%；城镇登记失业率3.42%，低于4.3%的控制目标，也低于全国平均水平。

二是完善就业创业政策。出台了《关于进一步做好新形势下就业创业工作的实施意见》（辽政发［2015］17号）、《关于支持大中专毕业生和复员转业军人创业创新的若干意见》（辽政发［2015］54号）、《关于支持农民工等人员返乡创业的实施意见》（辽政办发［2015］92号）等系列文件。相继制发了创业失败人员申领失业保险金审批、创业孵化示范基地省级专项补贴资金申请认定等配套政策，各市政府结合地方实际，制定了具体的落实措施。

三是抓好促进高校毕业生就业工作。提前启动高校毕业生就业工作，实施就业促进、创业引领、就业见习、“三支一扶”、技能就业等计划，加强就业创业服务，促进人岗对接，开展实名制登记，离校未就业高校毕业生就业率达到88.95%，完成年计划的118.6%，兜底安置登记失业有就业需求的困难家庭高校毕业生1 452名。

四是大力实施创业带动就业工作。继续实施全民创业援助三年行动计划，扶持创业带头人1.7万人，带动就业10.5万人，发放创业担保贷款20.7亿元，分别完成年计划的170%、175.2%和295%。创业孵化基地达到230个，创建创业县区22个。组织开展各类创业活动900多次，参与人数80余万人次。

五是加大就业援助力度。发放岗位补贴和社保补贴46.6亿元，促进55.6万名灵活就业人员和从事公益性岗位人员稳定就业。安置零就业家庭1 386户、1 392人，零就业家庭继续保持动态为零。出台并落实失业保险援企稳岗政策，对不裁员、少裁员的企业发放稳岗补贴8 861万元，涉及企业321户、职工16.84万名，稳定就业岗位2 298个。

六是完善公共就业服务。推进公共就业服务标准化建设。落实就业失业登记制度。组织开展春风行动、春潮行动、就业援助月、民营企业招聘周、高校毕业生就业服务月、12333咨询服务走进高校和社区等活动。引导农村劳动力转移就业121.1万人，其中有组织劳务输出41.2万人。

七是做好失业和就业监测。建立就业形势月调度制度，先后四次对近500户重点行业企业生产运行及用工变化情况进行调查摸底，组织开展了人力资源市场职业供求状况分析、重点企业失业动态监测、就业信息监测和未来五年全社会人力资源需求与结构调查。向人社部上传就业信息监测数据 3 417.5 万条，覆盖劳动者 3 019.3 万人，数据综合排名和数据质量排名均位居全国第一位。

八是大力筹集就业资金。据财政部门统计，全省筹集就业专项资金 53.8 亿元，其中中央财政 39.2 亿元、地方财政 14.6 亿元；使用 51.1 亿元，其中公益性岗位补贴 20.2 亿元，社保补贴 26.3 亿元，职业培训补贴 1.7 亿元，职业介绍补贴 1 413 万元。

二、社会保障工作

一是继续提高城镇职工基本养老保险待遇水平。城镇职工基本养老保险参保人数达到 1 780.2 万人，完成年计划的 104.6%。企业养老保险统筹基金当期征缴收入 676.3 亿元，当期支出 1 558.7 亿元，通过个人账户基金借款等方式筹集资金实现基本养老金按时足额发放。当期个人账户基金收入 295.3 亿元，记实率 100%，当期上解个人账户基金 256.9 亿元。为 564.5 万名企业退休人员调整基本养老金，月人均增加 201 元。按照省政府部署，配合有关部门着手设立了养老保险风险基金。

二是推进机关事业单位养老保险制度改革。出台了《辽宁省人民政府关于机关事业单位工作人员养老保险制度改革的实施意见》（辽政发［2015］48 号），并召开电视电话会议对改革工作作出部署安排。职业年金办法等配套文件框架基本形成，改革前期准备工作稳步推进。

三是提高城乡居民基础养老金水平。城乡居民养老保险参保人数达到 1 034.7 万人，其中 60 周岁以上享受待遇人员 387.8 万人。基金当期收入 63.1 亿元，当期支出 56.3 亿元。城乡居民基础养老金月人均最低标准由 70 元提高到 85 元。全省人均领取标准为每人每月 113 元。

四是全面实施城镇居民大病保险。城镇基本医疗保险参保人数达到 2 396.2 万人，完成年计划的 100.5%，其中城镇职工 1 651.4 万人、城镇居民 744.8 万人。基金当期征缴收入 404.8 亿元，当期支出 394.2 亿元。城镇居民医保政府补助标准由每人每年 320 元提高到 380 元。城镇职工、城镇居民医保政策范围内住院费用报销比例分别达到 75%、70%。全面实施城镇居民大病保险，覆盖全省 730 万参保居民，人均筹资额达到 25 元以上，实际报销比例 50%以上，有效缓解了人民群众因病致贫、因病返贫的问题。

五是发挥失业保险援企稳岗作用。失业保险参保人数达到 665.3 万人，完成年计划的 100.5%。基金当期征缴收入 43.9 亿元，当期支出 20.3 亿元。失业保险金月人均标准达到 847.5 元。在减半征收企业失业保险费的基础上，下调失业保险费率，个人按 0.5%、用人单位（不含企业）按 1.5%、企业继续按 1% 缴纳。2015 年，全省共减收 40.5 亿元。其中，企业缴费减收 24.8 亿元，个人缴费减收 12.4 亿元；事业单位缴费减收 1.65 亿元，个人缴费减收 1.65 亿元，664.3 万名职工受益。

六是开展工伤保险扩面专项行动。工伤保险参保人数达到 918.6 万人，完成年计划的 100.2%。基金当期征缴收入 26.2 亿元，当期支出 30.1 亿元。组织开展建筑业农民工参加工伤保险扩面专项行动，新增参保 38.2 万人。一级工伤人员伤残津贴、生活护理费和供养亲属抚恤金标准分别提高 150 元、120 元和 70 元，分别达到 2 000 元、1 570 元和 920 元。

七是调整生育保险政策。生育保险参保人数达到 789.3 万人，完成年计划的 100.5%。基金当期征缴收入 13.4 亿元，当期支出 18.5 亿元。及时调整“单独二孩”生育保险政策，为 29.6 万（人次）享受生育待遇人员（其中女职工 13.5 万人）发放生育待遇 18.5 亿元。

八是推动厂办大集体困难企业职工参加养老和医疗保险。继续落实《关于解决厂办大集体困难企业职工养老和医疗保险问题的指导意见》（辽政办发［2014］13 号），为 2.1 万人办理退休手续并按时发放养老金，将 1.2 万人纳入城镇职工医保范围。

九是加强社会保险经办管理。全面实施全民参保登记计划，累计完成登记 1 160.9 万人，本地参保直接入库 1 147.9 万人。组织开展养老保险数据整理专项行动，核查疑似数据 274 万条，追回冒领资金 1 024 万元。完善社会保险关系转移接续政策，办理基本养老保险跨省转续手续 5.1 万人，办理基本医疗保险跨省转续手续 2.7 万人。企业退休人员纳入社区管理 531.7 万人，社区管理率达到 90.1%。启动省内异地居住人员异地就医直接结算试点，9 个市实现异地就医联网结算。推进金保工程二期建设，发行社会保障卡达到 2 701 万张，完成年计划的 100%。

三、人才工作

一是完善人才政策。围绕实施“四个驱动”和培育“六个新的增长点”，起草了《关于进一步加速人才聚集激发创新创业活力的若干意见》。制发《辽宁省关于急需紧缺拔尖技能人才队伍建设有关政策》（辽人社发［2015］12 号），被人社部转发全国借鉴。各市政府和有关部门结合地方实际，围绕培养、引进和用好人才出台了具体政策措施。

二是加强专业技术人员队伍建设。实施博士后集聚、百千万人才选拔、专业技术人才知识更新等重大人才工程，全省新招收博士后研究人员 424 人，完成年计划的 118%；新增“百千万人才工程”国家级 6 名，选拔省级人选 1 135 名，完成年计划的 189.2%；对 75 名工程人选的科研项目择优予以经费支持，完成年计划的 128%；对 35 万名专业技术人才进行知识更新培训，培养高层次专业技术人才 1 050 人，完成年计划的 105%。筹划特色工作项目，现代服务业菁英人才高级研修项目和石化产业园区专家行活动获得人社部资助。加强出国（境）培训项目管理，派出 41 个团组 471 名专业技术人员赴国（境）外培训。

三是抓好高技能人才队伍培养。落实高技能人才振兴实施计划，培养高技能人才 9.1 万人，完成年计划的 113.5%，其中技师 16 649 人、高级技师 4 256 人；新增紧缺高技能人才 2 560 人，完成年计划的 128%。启动第三届辽宁省功勋技能人才、第四届辽宁省有突出贡献高技能人才和第十一届辽宁省技术能手推荐选拔工作。组织开展了优秀高技能人才事迹学习宣传活动、百城技能振兴活动、2015 年辽宁省“技师杯”技能创新挑战赛、“十二五”技能人才培养成果展示会。

四是积极引进国外智力和项目。完善引进海外研发团队工作程序，变项目立项为项目备案。制发《辽宁省引进海外研发团队管理办法》，引入第三方评估机制，引进海外研发团队项目 64 项，新增结项项目 162 项，完成年度计划的 200%，结项项目总数达到 461 项。实施引进国外技术管理人才项目 261 项。办理外国专家来华工作许可 451 件，引进国外技术管理、文教和经济管理专家 1 467 人次、1 733 人次和 11 658 人次，分别完成年计划的 146.7%、115.5%和 116.6%。新增“外专千人计划”1 人，1 名外国专家获中国政府“友谊奖”。举办了 2015 海外高层次人才项目洽谈对接活动。

五是推进人才评价工作。完善职称评审标准和规则，继续推进职称分类制度改革，组织职称考试 68 项，19.9 万人参加考试，10 万人参加职称评审，评审通过 5.5 万人。推进中小学教师职称制度改革，研究起草了《辽宁省深化中小学教师职称制度改革实施方案》和《深化中小学职称制度改革人员过渡办法》、《深化中小学教师职称评审办法》、《深化中小学教师专业技术水平评价具体标准条件》。清理取消职业资格 25 项，继续保留职业资格项目 401 项。实施职业资格证书制度，完善智能化考核平台，开展企业技能人才评价改革试点，全省鉴定考核人数 3.7 万人次，核发证书 3 万本，平均通过率 80.1%。

六是抓好载体建设和人才服务。制发《辽宁省博士后创新实践基地管理办法》，对 80 家博士后科研流动站和 67 家博士后科研工作站进行评估，新增博士后工作站 6 家，新设博士后创新实践基地12家。加强高技能人才基地建设，国家级高技能人才培训基地达到16家，国家级和省级技能大师工作室（站）达到105个。开展民办职业培训学校清理整顿专项检查。推进技工学校一体化教学改革。开通引进高层次人才“绿色通道”和万名专家服务基层行动计划对接平台，组织563名专家深入各地开展综合服务、人员培训和技术攻关。启动外国专家暖心行动。对未来五年与GDP相匹配的人才数量进行了测算。

四、人事管理工作

一是加强公务员职位管理。有效推进县以下机关职务与职级并行制度实施，完善政策，加强督导，制定《关于实施方案若干问题的答复意见》，印发《关于加快推进并行工作的通知》，推动各地工作落实并取得阶段性成果。精心组织2015年省政府部门公开遴选工作，为省政府18个部门遴选43人，树立正确的用人导向。积极跟进省政府机构改革，为相关部门做好人员划转、过渡等服务工作。深化借用人员、超职数配备干部专项整治工作。统筹做好省级机关公务员任职、登记、调转等日常管理，办理审核备案4 500余人次。

二是完善公务员考试录用。完善考试录用操作规范，加强考务安全管理，推行面试考官持证上岗，加大公务员考录向基层和贫困县政策倾斜力度，圆满完成全省各级机关和参照公务员法管理单位考试录用公务员（工作人员）工作，计划招录7 997人，参加笔试考生18.1万人，参加面试考生1.4万人，录用7 260人。

三是规范公务员考核奖励。出台《辽宁省公务员奖励实施细则（试行）》。在省直、市、县、乡四级160家机关单位启动公务员平时考核试点。继续开展创建“人民满意公务员示范单位”和“人民满意公务员示范岗”活动。规范评比达标表彰项目，变更调整省级项目4项，省级以下项目16项。会同有关部门开展评选表彰活动4次，向国家有关部委推荐先进集体46个、先进个人69名。完成十二运参赛有功单位及人员表彰奖励。做好省部级以上劳模困难帮扶工作。组织两期荣誉称号获得者休假疗养。

四是强化公务员培训。强化公务员四类培训，全省大规模培训公务员30万人次。加强思想教育，深入推进公务员职业道德建设，在全省开展以“弘扬社会主义核心价值观”为主题的公务员职业道德巡回演讲活动。围绕省委、省政府中心工作，举办“政府绩效管理”、“经济转型升级”、“创新驱动发展与老工业基地振兴”等20期专题研讨培训班。实施基层公务员培训工程，组织开展“辽宁省百名名师送教下基层”活动，开展送教100场，培训基层公务员4万人。发挥精品培训项目引领作用，组织3期清华大学和1期新加坡南洋理工大学“领导力提升”高级研修培训。强化基本功训练，组织省政府机关1 200名公务员进行轮训。坚持按需施教，大力推进网络在线学习，全省参加在线学习及考试的公务员达到15万人次。

五是改进军转安置工作。全省接收安置军转干部2 210名，其中计划分配1 142名、自主择业1 068名，安置率100%。开展军转干部教育培训，适应性、专业性培训率均达到100%。落实“五包”责任制，做好军转干部解困维稳工作，来省进京集体上访继续保持为零。

六是规范事业单位人事管理。跟进事业单位分类改革，起草了《辽宁省进一步深化事业单位人事制度改革的实施意见》。规范用人行为，聘用合同签订率保持在100%。全面建立起以岗位设置为基础的人员进入和晋升的动态调控机制。公开招聘制度实现全覆盖。推进了竞聘上岗制度。跟进公务用车制度改革，制发了《关于辽宁省机关公务用车制度改革中妥善安置司勤人员的实施意见》。省直103家参改单位留用编制内司勤人员942人、编制外司勤人员766人；妥善安置编制内人员230人、编制外人员673人。

七是抓好政府绩效考核管理。将政府工作报告重点目标任务和环保、民生等约束性指标纳入考核体系，单独考核稳增长指标，对各市实行差异化考核，实现对各市政府和省政府部门一体化考核。引入公众评议，建立激励约束机制，强化了绩效考核结果的运用。完成2014年度对各市政府的年度考核任务及2014年度省政府绩效考核与表彰工作。完成对各市、省政府部门2015年节点和年度考核。

五、工资收入分配工作

一是完善机关事业单位工资管理。制发《关于调整机关事业单位工作人员基本工资标准的实施意见》（辽政办发［2015］52号），完善了机关事业单位工资制度。按时完成机关事业单位工作人员基本工资标准、离退休人员离退休费调整，机关公务员、事业单位工作人员、机关事业单位离退休人员月人均分别增资405元、386元、356元，乡镇机关事业单位工作人员补贴月人均不低于200元。制发《关于深化辽宁省事业单位工作人员收入分配制度改革的实施意见》（辽人社发［2015］15号），稳步推进其他事业单位实施绩效工资工作。制定了《省直事业单位绩效工资实施办法》，加强分类管理、总量核定，对津贴补贴发放进行了清理规范。组织开展了省直机关事业单位工资收入水平调研。

二是加大企业工资宏观调控力度。出台《辽宁省深化省属国有企业负责人薪酬制度改革的意见》（辽委发［2015］18号），会同有关部门研究起草了配套文件，改革前期准备工作全部就绪。出台《辽宁省工资集体协商条例》，于2016年1月1日起实施。调整最低工资标准，一档提高到1 530元。发布企业工资指导线，上线为12%、基准线为8%、下线为3%。发布行业人工成本信息和人力资源市场职业（工种）工资指导价位。

六、和谐劳动关系建设工作

一是抓好劳动关系协调工作。落实劳动用工备案制度，加强劳动合同管理，规范劳务派遣行为，各类企业劳动合同签订率达到92%，规模以上企业劳动合同签订率达到98%。组织开展集体协商“集中要约行动”，已建工会企业签订集体合同4.8万份，涉及企业4.4万户、职工475.7万人，集体合同签订率达到83%。加强和谐劳动关系创建工作，推进劳动关系和谐企业和工业园区创建活动。

二是加大劳动保障监察执法力度。主动巡视检查用人单位13.4万户，书面审查用人单位12.7万户。查处各类违法案件1.4万件。为11.9万名劳动者补签劳动合同，为13.8万名劳动者追偿工资等待遇16.4亿元，督促用人单位缴纳社会保险费1.86亿元。取缔非法职业中介活动50件。全面推进劳动保障监察“两网化”管理，“两网化”管理县区覆盖率达到98%以上。

三是积极开展劳动人事争议调解仲裁工作。落实“和谐使命”行动计划，全省200人以上大中型企业调解组织组建率达到85%，事业单位调解组织组建率达到80%，乡镇（街道）调解组织组建率达到100%。继续开展向调解仲裁窗口派驻公益律师工作。全省各级劳动人事争议调解仲裁机构立案受理劳动人事争议案件38 912件，当期结案率98.9%，涉案金额10.2亿元；全省各类基层劳动人事争议调解组织受理案件42 939件，涉案金额5.3亿元，50%以上案件在基层调解组织解决。

四是切实为农民工服好务。成立了省农民工工作领导小组，出台《关于进一步做好为农民工服务工作的实施意见》（辽政发［2015］53号），起草了《关于完善解决建设领域拖欠农民工工资问题长效机制的若干政策措施》。2015年元旦、春节期间开展农民工工资支付情况专项检查，全省检查企业10 903户，为农民工追偿被拖欠工资10.2亿元。

五是抓好信访维稳。以企业提前退休人员、养老待遇偏低人员、老工伤人员、机关事业单位辞退人员等人群为重点，开展信访突出问题排查，有效化解65件重大疑难信访问题。

推进通过法定途径分类处理信访诉求，积极引导依法逐级走访，提高初信初访办理质量，加大信访事项调查处理力度，全系统接待来信来访25 600批（件）、52 045人次，同比批次下降9.2%、人次上升8%。进京到部上访4 816人次，同比下降8.3%。

辽宁省人力资源和社会保障厅

沈　阳　市

2015年，沈阳市人力资源和社会保障局按照市委、市政府工作部署，坚持以“大人社”的理念为指导，紧紧围绕“民生为本、人才优先”的工作主线，明确任务、稳中求进，全面完成就业创业、社会保障、人才引进、人事管理、工资改革及劳动关系等各项工作目标。

一、人力资源管理

人才队伍质量稳步提高，人事管理科学规范。完成公务员遴选考试录用工作，公务员网络学习培训实现全覆盖。为46家事业单位重新核准岗位设置方案，完成了事业单位的岗位聘用工作。完成军转干部安置工作。做好各类考试和机关事业单位人员调资工作。积极做好人才引进和培养工作。

（一）公务员管理。

认真做好公务员考核备案、职务管理、公务员登记和奖励等工作。更新沈阳市公务员在线学习网课程，举办了3期公务员初任培训班。圆满完成2015年沈阳市各级机关和参照公务员法管理单位招录725人的招考工作。深入开展创建“人民满意公务员集体示范单位”和“人民满意公务员示范岗”活动。公务员平时考核试点工作初见成效，2015年沈阳市被列为此项工作的试点城市，并在市规划局、和平区等单位进行试点，得到了省公务员局的充分肯定。

（二）人才工作。

组织开展了“2015年沈阳市招才引智系列活动”，举办博士沈阳行活动和大型专场人才双选会54场，共征集海外高层次人才岗位需求124个，海外高层次人才需求457人，急需紧缺人才岗位436个，急需人才1 680人。为12家用人单位成功引进12名“985”重点高校博士，另有24名博士与用人单位达成了签约意向。组织特变电工、沈变集团、沈阳远大科技园等8家单位赴京参加2015外籍人才招聘会。通过国家项目共引进国外技术、管理人才191人次。实施“2015年沈阳市高级专家服务基层行动计划”、“2015年博士沈阳行”及“千人计划专家沈阳行”活动，为社会提供形式多样、针对性强的专家服务。大力引进海外研发团队，2015年完成省引进海外研发团队项目入库备案25项，结项22项。选拔推荐享受国务院政府特殊津贴专家13人，准确核发享受国务院政府特殊津贴专家经费。推荐国家百千万人才工程候选人6人，推荐入选省百千万人才工程73人。开展专业技术人才知识更新工程，组织沈阳市相关企事业单位开展高级研修项目培训工作，共开展20期高级研修班，培训中、高级人才1 100人。稳步推进各项技能鉴定工作，2015年完成职业技能鉴定5.2万人。大力开展“百万职工岗位技能提升工程”和职工职业技能竞赛活动，提升职工职业技能。组织落实“中国留学人员回国创业启动支持计划”和“留学人员科技活动项目择优资助经费”，开展“百名留英博士创业中国（沈阳）行”活动。

（三）事业单位人员管理。

完成20家事业单位岗位设置和735家事业单位的岗位聘用工作，事业单位人员合同管理平稳开展，2015 年共鉴证聘用合同 5 300 余人次，办理解除、终止合同 600 余人次。完成 90 个主管部门工作人员的年度考核备案工作。“吃空饷”问题得到有效治理，全市共查出“吃空饷”3 人，追缴违规资金 2.38 万元。加强职称管理，开展专业技术三级岗位评聘及教育系列高级评审工作。各类考试圆满完成，2015 年共完成 31 项考试项目，涉及 14.49 万人次。

（四）军转安置。

建立“一把手”负总责的军转安置工作领导机制，军转干部安置和服务水平得到有效提升，2015 年共安置军转干部 706 名，为军转干部提供管理和服务。召开 2015 年随军家属就业安置双向选择推介会，对随军家属开展就业培训。

（五）职称评定。

支持 47 家事业单位完成了岗位首聘工作，聘用正高级职称 86 人、副高级职称 843 人、中级职称 769 人、初级职称 381 人。指导 26 家事业单位进行岗位设置或岗位设置调整，61 家事业单位进行常态化岗位聘用专业技术人员 2 568 人。组建沈阳市专业技术三级岗评审委员会，对符合三级岗申报条件的 120 名专业技术三级岗位人员进行评审，核准聘用专业技术三级岗位人员 98 人。制定科学合理的评审量化赋分标准和科学考评办法，6 个高级评委会评审通过人员 2 284 人，帮助部分专业技术人员解决资格证书、《专业技术资格考试合格人员登记表》丢失或职称档案不全等问题和困难，完成职称确认 230 人。

（六）政府绩效考评。

深入推进考评工作开展，科学制定考评指标体系，根据沈阳市重点工作布局，细化考评细则，将日常考评结果计入年度总成绩，推动考评工作由注重结果向过程与结果并重转变。组织申报 2015 年度政府改革创新项目和特色指标，从各地区和部门申报的项目中筛选出 3 个创新项目上报。制定《省考任务分解表》，明确承接单位，落实工作责任，将省考评体系中涉及沈阳市指标全部纳入市政府绩效考评体系。承接省绩效考评任务共计 649 个节点，对 2014 年度省绩效考评结果进行分析反馈，与承接单位共同研究整改措施，并形成分析报告。

（七）工资制度改革。

按照要求，认真做好事业单位工作人员工资调整，截至 7 月底沈阳市机关事业单位 32.7 万名在职和离退休人员的调资工作全部按期完成。有序推进职务与职级并行工作，对县以下机关实施职务与职级并行制度的基础数据进行统计、分析和测算，各区县已完成晋升初审，陆续进入审批备案环节。做好乡镇公务员补贴准备工作，在前期工作的基础上，开展补贴数据的采集和调研论证等相关准备工作。做好公务用车制度改革准备工作，先后组织开展机关事业单位司勤人员基础信息数据实名制统计分析及机关和参公单位各职级人员调查统计工作，结合沈阳市实际，研究起草机关司勤人员安置办法。

二、就业创业

2015 年，沈阳市实名制就业 22.84 万人，完成省计划的 102%。城镇登记失业率为 3.18%，控制在省指标 4.2%以内，零就业家庭保持动态为零。农村劳动力转移输出 5.47 万人。困难家庭高校毕业生 155 人，100%实现就业；高校毕业生就业见习 1 933 人，完成省指标的 322%。城镇普惠制培训人数 1.6 万人，城乡劳动力转移技能培训 7 459 人，进城务工农民培训人数 14 993 人。完成扶持创业带头人 3 575 人，带动就业 21 419 人，均完成省计划的 195%；小额担保贷款发放 2.26 亿元，完成省指标的 143%；创业培训 2 316 人，完成省指标的 116%。

（一）创业创新。

沈阳市密集出台了《创业孵化基地管理暂行办法》、《“万人创业工程”实施方案》等系列创新创业文件，在项目、资金、场地等方面给予政策支持。在全省率先启动“万人创业工程”，成功举办国家双创周沈阳分会场系列活动，组织了“新常态下就业创业工作的创新”盛京论坛，入选国家小微企业创业创新基地示范城市。构建政府、高校、企业共赢互通的创业孵化基地建设体系，目前沈阳市已建成较具规模的创业孵化基地32家，引入政府与社会资本合作（PPP）模式对沈阳市孵化基地进行转型升级。建成沈阳“创业梦工厂”，实现创业项目合作、能力提升等成果转化。创建移动互联网“众创空间”和沈阳创业项目数据库，实现小额担保贷款网上审批、“面对面”创业指导等服务。

（二）就业工作。

认真做好高校毕业生及困难群体就业工作，实施困难家庭高校毕业生“一对一”就业帮扶。承办国家人社部“第三届跨区域（秋季）高校毕业生巡回招聘活动”。为就业困难人员提供就业信息，开展了“就业援助月”、“春风行动”、“民营企业服务周”、“就业困难人员援助专场招聘会”等系列活动。开发公益性岗位，安置就业困难人员。对从事灵活就业的大龄人员和高校毕业生给予养老保险和医疗保险补贴。

（三）就业服务。

广泛开展就业形势监测，为调整就业政策提供依据。举办“进校园、进企业、进社区”和“送岗位、送项目、送技能、送政策、送信息”的“三进”、“五送”活动，推动高校毕业生就业。开展“人社系统干部进校园”活动，征求广大师生对沈阳市就业创业工作的意见、建议并讨论对策措施。开通“就业通”项目，建成“互联网＋沈阳就业”的网络服务新模式，充分发挥云计算、移动互联网和大数据等一批互联网技术在公共服务领域的优化和集成作用。

三、社会保障

2015年，沈阳市城镇企业职工基本养老保险参保357.9万人，同比增长4.4%，完成省任务指标的102.6%（其中，在职职工参保242.5万人，同比增长3.6%，完成省任务指标的103.1%）；城乡居民养老保险参保115.2万人，领取待遇45.4万人；城镇企业职工基本养老保险统筹基金征缴收入150.8亿元，同比增长7.9%，完成省任务指标的100.8%。城镇基本医疗保险参保494.9万人（其中，居民参保143.5万人），完成省任务指标的100.45%。生育保险参保290.9万人，完成省任务指标的100.06%。工伤保险参保188.8万人，同比增长1.1%，完成省任务指标的100%。失业保险参保139.5万人，同比增长0.9%，完成省任务指标的100%。

（一）养老保险。

为112.4万名退休人员调整基本养老金，人均月增加209.7元，完成了“五七家属工”及盲残人员等特殊群体的待遇调整工作。将“新农保”和“城居保”两项制度合并实施，基础养老金从130元调整至145元。全力做好沈阳市机关事业单位养老保险制度改革的前期准备，完成改革前的数据采集和职业年金收支测算工作。作为“全面参保登记计划”的试点城市，数据比对和入户登记的前期准备工作全面完成。开展企业基本养老保险数据整理专项行动，对重复享受待遇人员信息、死亡冒领人员信息进行了彻底清查和清理。建立并完善了社保经办管理岗位和业务经办环节的内控风险检查评估机制。

（二）医疗保障。

按照有关要求，提高了居民医保财政补助标准，将居民医保参保人员缴费的政府补助标准由每人每年320元提高到380元。允许符合计划生育条例规定的生育第二个子女的职工享受生育保险待遇。健全城乡困难群众基本医疗和重特大疾病救助制度，对个人自付及超过基本医保最高支付限额的费用，实行分段递增补偿，取消最高支付限额。全面启动居民医保补充保险，对符合大病保险支付范围的个人自付部分按65%给予补偿。进一步推进社保卡发放工作，2015年累计发放社保卡284.65万张。

（三）失业保险。

全市失业保险参保人数为 139.5 万人，实际缴费人数为 131 万人，失业保险基金收入 11.7 亿元，领取失业保险金人数为 23 817 人。失业保险费率下调至用人单位 1.5%（企业 1%）和个人 0.5%。探索研究使用失业保险基金开展预防失业、促进就业工作。对 20 个行业、11 个经济类型的 2 550 户企业进行了 11 期失业预警监测。

（四）工伤保险。

工伤保险参保登记 15 万户，参保人数达到 188.8 万人，基金收入 59 824 万元，累计结余 53 326 万元。2015 年完成工伤认定 3 062 件，享受工伤保险待遇 2.32 万人。与市财政局、卫生局、安全生产监督局等单位共同开展工伤预防试点工作，减少工伤事故发生，从根本上保障职工生命安全和身体健康。推进工伤康复试点工作，探索建立沈阳市“康复早期介入”和“先康复、后评残”的工作机制。下发了《沈阳市人力资源和社会保障局关于确认沈阳市工伤保险定点医疗机构资格的通知》和《沈阳市人力资源和社会保障局等六家单位关于进一步做好建筑业工伤保险工作的通知》。拟制调整沈阳市工伤保险费率政策的通知，核定新的行业基准费率，确定工伤保险基金储备金筹措方式方法，印发了《关于调整工伤保险费率政策的通知》。

四、维护和谐劳动关系

按照年度工作要求，积极稳步推进劳务派遣管理，2015 年累计发放行政许可 55 户。落实《沈阳市集体合同条例》，2015 年累计备案集体合同 12 885 份，覆盖企业 56 725 户，涉及职工 107.9 万人。规范集体协商程序，积极开展集体协商要约行动，进行集体协商工作指导。加大劳动保障监察力度，集中力量开展农民工工资支付专项检查和清理整顿人力资源市场秩序专项行动，市劳动监察队伍共主动监察用人单位 13 121 户，书面审查 25 713 户，立案查处违法用人单位 4 131 户，受理举报投诉并立案查处 757 件，各项劳动保障法律法规得到有效的贯彻落实。做好劳动仲裁案件办理，劳动仲裁调解力度进一步加大，案件办理质量大幅提升，仲裁案件结案率达到 100%。信访群体保持稳定，大幅提高信访工作办理质量，信访积案得到有效解决。

沈阳市人力资源和社会保障局

大　连　市

2015年，大连市人力资源和社会保障工作在市委、市政府领导下，全面贯彻落实全国、省人力资源和社会保障工作会议精神，围绕“民生为本、人才优先”工作主线，坚持稳中求进工作总基调，把改革创新贯穿于就业、社会保障、人才队伍建设、人事制度改革、工资收入分配和劳动关系调整的各个环节，圆满完成了全年的各项工作任务。

一、推动实现更高质量的就业

（一）就业工作指标全面完成。

全市实现实名制就业22.8万人，稳定就业率67.4%，城镇登记失业率控制在2.93%的全国较低水平。筹集再就业资金6.6亿元，使用再就业资金7.3亿元。

（二）就业促进政策有效落实。

落实国家系列就业扶持政策，制定了《大连市加强创业孵化平台建设进一步促进创业型人才在连创业办法》（大委发［2015］8号），出台了市级创业孵化平台管理等4项实施细则，形成加强创业孵化平台建设促进创业工作的“1+4”政策体系。根据《关于调整失业保险费率有关问题的通知》，为7.58万户参保单位减征失业保险费10.04亿元，有效减轻了企业负担，较好地发挥了政策援企稳岗、托稳保底的作用。

（三）全民创业工作持续推进。

成功举办第十三届大连市创业就业博览会、2015大连国际创业创新峰会，提出建设创新创业智库实施意见，建立创业扶持基金、“大连创业之家”创业服务平台，推动北大创业训练营等高端创业孵化机构落户大连，涌现出大唐369、大连E港、新青年等一批孵化平台。劳动者想创业、会创业、能创业、创成业的创业生态系统初步形成。实现创业就业3.5万人，扶持创业带头人2 789名，创业带动就业1.9万人。

（四）重点群体就业成效明显。

积极开展“创建充分就业社区”、“就业援助月”等就业服务专项行动，确保大龄就业困难人员实现就业，全市零就业家庭保持动态为零。开展“高校毕业生就业启航行动”，深入实施“三支一扶”计划，启动基层公共服务“千岗计划”。依托就业见习基地和实训示范基地，为1.8万名高校毕业生开展政府补贴职业技能培训。为4.8万名“4050”灵活就业人员发放社保补贴2.9亿元，为1.8万名公益性岗位人员发放岗位工资2亿元，社保补贴1.7亿元。

（五）就业服务能力不断提升。

全市106个街道、55个乡镇、700个社区、925个行政村分别建有基层劳动就业社会保障公共服务平台，95%的街道（乡镇）、社区实现了信息网络覆盖。建成市人力资源市场网站、微博和微信三位一体的就业服务信息网络，实现就业岗位个性化定制服务，全年接待用人单位1万余家次，发布招聘岗位34万个，接待求职者38万余人次，实现就业7.1万余人次。

（六）举办第十三届大连市创业就业博览会。

3月7日至8日，由市政府主办、市人社

局承办的第十三届大连市创业就业博览会在大连世界博览广场举行。博览会以大众创业、万众创新为主题，先后举办春季人才招聘会、创业展和职业技能培训对接等主题活动，吸引了8.2万余名市民踊跃参与；有518家单位参会，提供职位2.3万余个，1.6万余人达成应聘意向；有210个创业项目参加洽谈，181个项目达成1 917份合作意向，126个项目正式签约367份。

（七）举办2015大连国际创业创新峰会。

10月10日至11日，由市政府主办，市人社局、市财政局、市科技局、市公安局承办的2015大连国际创业创新峰会在大连世界博览广场举行。本届峰会充分体现创业创新的元素和特点，开展了创业创新元素对接，举办了国际创业创新交流论坛和高校校友会创业创新论坛以及秋季人才招聘暨大中专毕业生就业洽谈会，共吸引4.2万余名国内外各界人士踊跃参与，1万余人参与创业全要素对接活动，参加洽谈的152个创业项目中有115个获得合作意向。

二、社会保障工作

（一）扩面征缴任务全面完成。

全市企事业单位职工基本养老、基本医疗、失业、工伤和生育保险参保人数分别达到289.1万人、506.7万人、145.1万人、262.2万人和157.2万人。征缴各项社会保险费391.7亿元，支付待遇429.8亿元。

（二）养老保险制度改革加快推进。

按照国家、辽宁省的有关要求，成立大连市机关事业单位养老保险制度改革领导小组，对机关事业单位人员情况进行摸底调查，研究市机关事业单位养老保险制度改革的实施办法，适时启动机关事业单位养老保险改革工作。出台《关于大连市全民社会保险实施参保登记工作的通知》，制定参保登记经办规程，积极开展试点工作。完成厂办大集体困难企业职工参加基本养老保险工作。

（三）社会保障待遇稳步提升。

社会保障待遇水平继续提高，连续第11年调整企业退休人员基本养老金，调整后全市企业退休人员月人均养老金达到2 258元。城乡居民基本养老保险基础养老金标准提高到每人每月195元。城镇居民大病保险制度不断完善，为全市93.8万名城镇居民医保参保人员投保大病保险。从2015年1月1日起，城镇居民基本医疗保险政府补助标准由每人每年420元提高到480元。适时上调工伤人员“三项待遇”标准，将国有集体企业老工伤人员纳入工伤保险保障范围。

（四）经办管理水平持续优化。

开展社保基金、专项资金使用情况监督检查，强化非现场监督，社保基金连续9年要情“零”报告。省内异地就医结算系统12月上线运行，大连市参保的省内异地安置人员实现异地持卡就医实时结算。社保卡管理应用成效显著，全年新增制发社保卡约60万张，全市累计发放480万张，提前完成省人社厅下达的“十二五”规划制发卡任务指标和年度70项卡功能承载计划。

（五）企业退休人员管理水平不断提升。

全市共有84万名企业退休人员实现社会化管理，社会化管理率达99.7%。全市采暖费参保单位2.6万户，参保人数51.8万人，为44万名企事业单位离退休人员按时足额发放采暖费补贴6.2亿元。启用人脸识别系统开展待遇资格认证工作，杜绝异地居住人员冒领社会保险待遇行为的发生。大连市退休人员老年大学正式开班。

三、人才队伍建设

（一）专业技术人才队伍建设全面推动。

市政府出台《大连市支持高层次人才创新创业若干规定》、《大连市加强高技能人才队伍建设若干规定》、《大连市加强创业孵化平台建设进一步促进创业型人才在连创业办法》、《大连市解决引进人才住房办法》、《大连市人才服务管理办法》5项人才新政及22项实施细则，从支持高层次人才创新创业、加强高技能人才队伍建设、加强创业孵化平台建设、解决引进人才住房、提升人才服务管理水平等入手，构建大连“5＋22”人才创新政策体系，在中国社会科学院发布的2015年城市竞争力蓝皮书中，大连列中国城市可持续竞争力第11位，中国城市综合竞争力第18位，均居东北地区首位。深入推进高端人才引进、领军人才培养、专业技术人才知识更新、百千万人才推荐、人才认定表彰等人才队伍建设重点工作，实施人才分类认定2 663人。公布享受政府特殊津贴专家64人，第二批领军人才105人，辽宁省百千万工程人选193人。

（二）技能人才培养优化提升。

制定《大连市加强高技能人才队伍建设若干规定》、《大连市高技能人才选拔工作实施细则》等6个配套文件。组织2015中国技能大赛——辽宁省“技师杯”职业技能竞赛。选派47名高技能人才赴日本丰田加工中心和大阪高科技培训中心研修高端数控制造技术。6名高技能人才获批省技能大师工作站领办人称号。大连交通技师学院获评2015年国家级高技能人才培训基地。北车集团大连机车车辆有限公司毛正石技能大师工作室获评2015年国家级技能大师工作室建设项目。市本级完成职业培训4.5万余人，完成市2.5万人指标的180％。完成技能实训1.5万人次，较上年增长33％。

（三）外专引智工作扎实推进。

组织召开第十三届中国国际人才交流大会。继续组织实施与日韩政府间交流研修项目。20名外国专家获2015年度大连市政府“星海友谊奖”。2015年是大连市实施“海聚计划”第一年，年内共组织实施各类引智项目178项，引进海外项目专家1 100余人次，累计投入引智项目资金9 544万元（其中，国家554万元，省2 280万元，市6 710万元，达历史最高水平）。

（四）人才公共服务实现新发展。

成功举办春秋两季“人才招聘暨大中专毕业生就业洽谈会”、“国际IT暨夏季人才招聘会”、“东北振兴·大连市2015年高层次紧缺人才专场招聘会”等大规模招聘活动。首次编制发布《东北振兴·大连市重点产业2015年度紧缺专业人才目录》。赴外地为270余家（次）重点服务单位搭建人才对接平台，引进高层次急用紧缺人才4 000余人。全年完成各项人事考试39项，14.4万人参加考试。制定《大连市专业技术资格评审委员会管理办法实施细则》，评审和考核高、中、初级专业技术人员1.12万人。

四、人事制度和收入分配

（一）机关事业单位人事管理更加规范。

全面完成2015年度各级行政机关考试录用公务员、事业单位公开招聘工作，新录用公务员699人、招聘事业单位工作人员3 629人。规范区县、乡镇机关新录用公务员流动管理，全面启动县以下机关公务员职务与职级并行工作，非领导职务政策向基层一线倾斜，稳定基层公务员队伍。加强机关、事业单位职务职位管理、考核和纪律惩戒等工作，组织编印记二等功公务员个人、集体典型事迹集锦。走访慰问抗战老战士、老同志，发放“抗战胜利70周年纪念章”480枚。对全市83个市直部门、223家参公管理单位、2 903家事业单位及14个区市县、先导区开展“吃空饷”、在编不在岗集中治理工作。全年共举办各类公务员培训班23期，参训公务员1 953名，集中脱产参训率25％，基层公务员参训率26％，职业道德培训率100％，公务员在线学习继续保持全省领先。市机关事业单位干部教育培训中心实现角色定位、培训内容、培训方式三转变，专业技术人才继续教育基地、大连市虎滩职业培训学校落成。

（二）收入分配制度改革稳步推进。

进一步规范机关事业单位津补贴工作，配合财政部门按月人均500元的标准调整了公务员津贴补贴。调整全市机关事业单位工作人员基本工资标准，调整后机关事业单位在职人员人均增资 1 153 元。增加机关事业单位离退休人员离退休费，离休人员人均增加 716 元，退休人员人均增加 469 元。拟定大连市乡镇机关事业单位人员实施工作补贴的具体意见。开展 2015 年企业薪酬调查，发布 2014 年大连市企业人工成本和 2015 年 371 个职业（工种）工资指导价位。

（三）退役军官服务和稳定工作扎实开展。

完成退役军官档案审核移交、退役金增资调整和住房医疗采暖费补贴发放工作，新接收军转干部 595 名。深入开展自主择业军转干部适应性培训和个性化培训，全力做好退役军官管理和企业军转干部解困维稳工作，企业军转干部待遇进一步提高。

五、和谐劳动关系

（一）劳动关系协调机制不断完善。

对全市 489 家劳务派遣单位发放《劳务派遣经营许可证》，对 390 余家重点单位劳务派遣用工情况进行专项检查督查，探索建立劳务派遣单位信用评估体系。优化完善劳动用工备案系统，推动企业进行单位基本信息的数据维护。开展“企业服务周”活动，召开企业片会 333 次，为 9 551 户企业提供面对面服务。扎实推进集体合同攻坚计划，年内当期有效集体合同达到万份以上，覆盖企业约 1.6 万户，涉及职工 146 万人。开展“双合同月”活动，工资集体协商提质增效。

（二）劳动保障监察执法力度持续加大。

加大对劳动用工单位执法检查力度，巡视检查 12 256 户、书面审查 15 749 户，受理投诉举报案件 4 292 件，按期结案率 100%。追缴社会保险费 5 203 万元，社会保险扩面 8 907 人。印发《关于依法保障农民工工资支付工作的实施意见》、《大连市企业拖欠农民工工资应急周转金使用管理办法（试行）》、《大连市打击拒不支付劳动报酬案件移送和查处工作实施办法》、《大连市建设领域施工企业农民工工资保证金管理办法》，农民工工资清欠制度建设取得重大突破，全年为 4 336 名农民工追回工资 7 919 万元，当期农民工工资偿还率 100%。建成四级管理、两级执法、全域覆盖、管理规范、运转协调的劳动监察“两网化”管理体系，两网化管理县（市）区三级网格覆盖率 100%。

（三）信访仲裁维稳作用发挥明显。

完善信访工作联席会议制度，依法逐级走访，加强初信初访办理，实行领导包案，化解信访积案。圆满完成“两节”、“两会”、抗日战争胜利 70 周年纪念活动、第九届夏季达沃斯论坛、全国社会治安防控体系建设工作会议等敏感期的社会维稳工作。加强进京到部去省劝返工作，实现日日清、无滞留，企业军转干部群体“零进京”上访。构建信息化平台，网上办案、阳光信访初见成效。全年共办理群众信访事项 2 963 批次，涉及人员 5 359 人次。编纂出版《大连市劳动人事争议预防与调解指导手册》，制定修改《大连市劳动争议互联调解实施办法（试行）》，举办“劳动争议类型与防范”培训班，参加 2015 年度大连市“品牌调解工作室”和“金牌调解员”评比。市仲裁院的全国首创仲裁“巡回庭＋实践基地”模式，受到人社部肯定。全年各级劳动人事争议调解仲裁机构立案受理劳动争议案件 13 567 件，涉及劳动者 13 592 人，当期审结案件 1.3 万余件，其中一裁终局案件 884 件，结案率 99.5%，涉案金额 2 亿余元。

六、基础工作

（一）扎实开展“三严三实”专题教育活动。

按照市委的统一部署，成立专题教育活动领导小组，制定专题教育实施方案，对照中央提出的“三个着力解决”和辽宁省委提出的 7 个方面，以及大连市委书记唐军在专题党课中讲到的 5 个方面 19 条“不严不实”的具体表现，认真开展了“六查六看”活动，查找在“不严不实”方面存在的问题，并适时召开专题教育推进会，有针对性地解决问题，推进市委、市政府重大决策部署、重大项目和重点工作有效落实。

（二）稳步开展“工作创新年”活动。

全面贯彻落实市委关于开展“工作创新年”活动的总体要求，将创新年活动作为贯穿全年人力资源和社会保障工作的中心任务，以重点项目建设作为开展创新活动的示范引领，把创新发展作为推动中心工作的重要抓手，进一步加强了与相关部门的沟通交流和协调配合，紧扣工作任务，坚持问题导向，扎实推动项目实施，有力推进全市人力资源和社会保障工作各项任务的顺利完成。

大连市人力资源和社会保障局

吉　林　省

2015年，吉林省人力资源社会保障部门认真贯彻人力资源社会保障部和省委、省政府的重大决策部署，坚持“民生为本、人才优先”工作主线，勇于担当、真抓实干，着力攻克改革难点，着力回应社会热点，着力打造工作亮点，各项工作取得新进展。

一、就业创业

全省城镇新增就业52.5万人，城镇登记失业率3.5%，农村劳动力转移就业403万人，保持了就业局势总体稳定。

一是实施新一轮积极就业政策。贯彻落实国务院文件精神，研究制定了《关于进一步做好新形势下就业创业工作推动大众创业万众创新的实施意见》和相关配套政策。各地积极采取有效措施，推进就业创业政策落实，取得明显成效。2015年，全省共筹集就业专项资金33.9亿元，支出就业专项资金32.8亿元，共有57.85万人次享受就业政策扶持。失业动态监测范围进一步扩大，由原来的806户企业增加到1 175户。

二是创业带动就业不断加强。深入推进3个国家级和28个省级创业型城市创建工作。投入资金1.136亿元，重点支持高校毕业生创业。建立30个大学生创业创新实训基地。发放创业担保贷款12.9亿元，直接扶持创业者1.72万人，带动6.18万人就业。组织实施了“中国创翼”青年创业创新大赛吉林赛区活动。强化创业导师队伍建设，全省组织创业培训4.5万人，培训后创业成功5 698人，带动就业15 129人。

三是高校毕业生就业工作成效显著。实施就业促进计划，全省实名登记离校未就业高校毕业生28 859人，通过就业指导、市场对接、就业见习、基层就业项目等服务，帮助24 012人实现就业。实施创业引领计划，加强大学生创业园区建设，全省共建大学生创业园107家，4 900名大学生在园区创业。实施就业援助计划，全省共为3 675名高校毕业生发放求职创业补贴551.25万元。全省高校毕业生总体就业率94%，为近五年最高。

四是农村劳动力转移就业工作扎实开展。加强农民工服务工作，制定了做好为农民工服务的实施意见。新建农民工市民化综合服务中心15个。实施农民工职业技能培训计划，培训农民工11.3万人。培育农村劳务经纪人2 700多人，培树省级驰名劳务品牌8个、优秀劳务品牌10个。新建省级农民工返乡创业基地20个，扶持农民工创业企业2 690户。创建高质量就业示范行政村100个。25名农民工荣获“全国优秀农民工”称号，受到国务院表彰，2家单位被评为全国农民工工作先进集体。

二、社会保障

全省企业职工基本养老、基本医疗、失业、工伤、生育五项社会保险参保人数分别达到692.4万人、1 380.6万人、261.2万人、435.6万人、367.5万人。城乡居民养老保险参保人数661万人，参保率达到98%。

一是制度体系更加完善。深化机关事业单位养老保险制度改革，出台了实施办法和配套政策，改革进入部署实施阶段。完善养老保险参保缴费激励机制，适度调整过渡系数和个体人员参保缴费基数，较好调动了参保缴费积极性。建立医疗保险重特大疾病保障机制，率先在长春市、吉林市开展了失能人员照护保险试点，收到了良好效果。省内异地就医即时结算业务全部开通，启动了新疆、广西等地跨省份异地就医管理合作。城乡居民大病保险补偿基数（起付线）由9 600元提高到11 000元。失业保险基金预防失业、促进就业功能进一步增强，发放稳岗补贴2.48亿元，惠及674户企业和25.35万名职工。进一步规范工伤认定程序和劳动能力鉴定流程。按照国家要求，将失业保险费率由3%降低到2%，生育保险费率由1%下调至0.5%，工伤保险基准费率平均水平由1%左右下降至0.75%左右。

二是待遇水平稳步提高。企业退休人员月人均基本养老金增加215元，达到1 935元。城乡居民基础养老金标准由每人每月55元提高到75元。城镇居民基本医疗保险人均补助标准由320元提高到380元。失业保险金标准平均提高310元，达到867.74元。落实工伤保险待遇调整机制，提高了伤残津贴、供养亲属抚恤金和生活护理费3项待遇水平。

三是基金监管和服务能力增强。制定出台了社保基金欺诈骗取案件行政监督办法、监督举报及奖励办法、监管行政执法规定等多项制度。组织开展了社会监督进社区、进乡镇、进单位、进机构“四进”试点和社会保障诚信体系建设试点。引入会计师事务所参与社会保险基金检查工作，率先开展了医疗保险医疗服务监管体系建设，监管体系进一步完善。启动实施封闭运行行业、企业的医疗、工伤、生育保险纳入地方统筹管理工作。付费方式改革不断深入，绝大多数地区实现了付费总额控制，病种付费谈判增加到40个，增加了“高值卫材支付价格”品种。确定了全省工伤康复和职业病诊治付费标准和结算方式，开展了工伤康复和职业病诊治谈判。

三、人才队伍建设

一是加强专业技术人才队伍建设。全省专业技术人才达到121万人。率先推进二级教授聘期考核常态化，累计解聘11人、缓聘24人。实施专业技术人才知识更新工程，启动继续教育立法工作。圆满完成全国中小学教师职称制度试点任务，得到人社部充分肯定。深化高校和技师院校职称“评聘结合”改革，探索开展中职院校正高级讲师评聘试点改革。深入推进高层次人才资助和高层次人才选拔工作，多个项目获得国家资助，新增两院院士3名。实施万名专家服务计划，组织20余次专家智力帮扶活动，帮助基层解决实际困难。

二是加强技能人才队伍建设。全省高技能人才队伍达到48万人。制定了促进高技能人才成长的若干意见，在8个方面有较大突破，得到了人社部的充分肯定，并向全国转发。组建省职业技能教育集团，统一专业、招生、师资、设备、教材和鉴定，形成校企、校际合作和工学一体的新格局。改革技能大赛方式，将集中赛改为分散赛，扩大了竞赛范围，调动了参赛积极性，参赛选手比过去增加近10万人，竞赛项目由40个增加到100个。调整技工院校布局，将全省137所技工院校整合为56所，将745所民办职业培训学校调整至477所，76所职业技能鉴定所（站）调整至44所。启动省级“首席技师工作室”评选工作，首批评选10个首席技师工作室，每个工作室给予20万元资金支持。加强职业技能实训基地建设，投入5 000万元用于支持技工院校购置设备和耗材，建设了4个国家级技能大师工作室和3个高技能人才培训基地。

三是加大国外引智工作力度。坚持服务经济发展大局的目标导向，推进引智项目向效能转型，引智成果向延伸推广转型，培训项目向专业技术转型升级。全年有5名外国专家入选“外专千人计划”，10名外国专家获吉林省长白山友谊奖，36名外国专家获吉林省优秀外国专家称号。全年共引进外国专家项目151

项，引进专家421人次，执行出国（境）培训项目103项，完成引智成果示范推广项目21项，办理各类外国专家证件3 123份。

四、人事制度改革

一是公务员管理不断加强。开展公务员法执行情况专项检查，积极推进职位管理改革制度落实，依法开展公务员日常管理工作，公务员队伍管理日益规范有序。圆满完成6次公务员考录任务，实现了安全稳定。制定艰苦边远地区基层机关公务员考试录用工作实施细则，放宽了基层机关招录公务员的报考条件。探索实施面向吉林警察学院公安专业本科毕业生招录警察试点。强化培训指向性，加大基层送训力度，培训质量大幅提升，全年组织各类培训53期，培训9 000余人次。加强绩效考评，开展全国公务员平时考核试点，发挥奖惩激励导向作用，有效激发公务员队伍的积极性。

二是事业单位改革不断深化。贯彻落实《事业单位人事管理条例》，岗位设置和聘用制度推行率进一步提高。规范岗位聘用秩序，严格把握岗位限额、聘用条件和聘用程序。调整考核工作管理方式，将事前备案改为事后审核。加大简政放权力度，将省直事业单位普通岗位聘用备案权限下放给各主管部门，放权比例达到80%以上。理顺岗位设置管理工作运行机制，实现了“三类岗位”设置统一归口管理。全年招聘工作总体运行平稳顺利。圆满完成“吃空饷”问题和借调人员集中治理清理工作，得到了国家督查组的肯定。

三是积极做好军转干部安置工作。改进工作方式，将军转干部教育培训关口前移，自主择业比例达到47.8%，有效减轻了安置压力，国转办、沈阳军区给予了充分肯定。圆满完成军转干部安置既定目标任务，军转干部安置进党政机关和参公单位的比例达到96%。推进自主择业军转干部就业创业，就业创业率保持在80%以上。再次提高企业军转干部生活困难补贴标准，保持了企业军转干部队伍的稳定。

五、工资收入分配

一是深化机关事业单位工资制度改革。紧跟机关事业单位养老保险制度改革进程，同步调整规范了机关事业单位基本工资，优化了工资结构，建立了工资正常调整机制。调动基层公务员工作积极性，总结桦甸市职务与职级并行国家级试点工作经验，在全省建立了县以下机关公务员职务与职级并行制度和机关事业单位工作人员乡镇工作补贴制度。清理规范事业单位绩效工资，完成了全省2万多家事业单位的清理核查工作。支持司法体制改革和公车改革，组织开展法官检察官新工资体系运行试点，制定了公车改革车补发放标准。

二是深化企业工资收入分配制度改革。推进国有企业负责人薪酬制度改革，制定了省管国有企业负责人薪酬制度改革实施意见。加强企业工资分配宏观调控，发布了全省企业工资指导线。再次调整最低工资标准，各档平均增加160元。开展了企业薪酬调查，完成了全省2 445户样本企业、30多万名职工调查数据的审查和上报工作。

六、劳动关系和劳动者权益保障

一是积极构建和谐劳动关系。初步形成了构建和谐劳动关系的意见，在长春市朝阳经济开发区开展构建和谐劳动关系综合试验区试点。推进劳动用工信息申报备案制度，实现了劳动用工备案网上经办，全省备案用人单位11.4万户，备案职工242.2万人，用人单位劳动用工备案率达到93.7%，备案企业劳动合同签订率达到95.4%。实施集体合同制度攻坚计划，建立了多部门联动推进机制，共同督促指导企业与职工开展集体协商。启动企业工资集体协商立法进程，已经省人大内司委讨论通过。规范企业劳动标准，加强综合计算工时和不定时工时工作制管理，规范和完善了特殊工时审批流程。

二是加强劳动保障监察执法。推进监察执

法队伍建设，推动机构标准化、执法规范化、人员专业化。强化系统应用和基层网格化建设，县（市、区）“两网化”管理覆盖率达60%以上。开展清理整顿人力资源市场秩序、用人单位遵守劳动用工和社会保险法律法规、农民工工资支付情况三项专项检查，查处了一批违法违规问题。全年检查用人单位 18 155 户次，涉及劳动者近 53 万人次；督促用人单位与 16 424 名劳动者补签劳动合同，为劳动者追发工资等待遇约 6.74 亿元，补缴社会保险费 66 万元。

三是加强劳动人事争议调解仲裁。仲裁院实体化建设取得新进展，白城市、延边州及长春市的朝阳区、绿园区、宽城区成立了实体化仲裁院。调解仲裁信息化建设步伐加快，确定了全省集中建设模式，制定了办案系统本地化开发及推广使用实施方案，在长春市开展了运行试点。加强基层预防调解工作，评选一批非公有制企业劳动争议预防调解优秀示范单位，进一步规范基层调解工作。创新仲裁办案机制，推进长春市阳光仲裁建设，探索实行“流动仲裁庭”。全省共立案受理劳动人事争议案件 6 748 件，劳动人事争议仲裁结案率达到97%，有效维护了当事人合法权益。

吉林省人力资源和社会保障厅

长 春 市

2015 年，长春市人力资源和社会保障局按照“抓党务、强业务、带队伍”的总体思路，牢固树立“倾心服务、实干为民”的服务理念，以“五型人社”为统领，站在“幸福长春”建设实践者和改革任务承担者的高度，助力经济社会发展，树立了以“失能人员医疗照护保险制度”为代表的十个“创新标杆”，啃下了以“城乡居民基础养老金提标”为代表的十块“硬骨头”，各项工作取得了丰硕成果，进一步提升了工作的科学化水平。

一、创业就业工作成效显著

一是“助业惠民”行动计划稳步实施。印发了《2015 年长春市就业创业工作指导意见》，明确年度就业创业工作的八项主要任务和目标。全市全年共开发社会用工岗位 14 万个，城镇新增就业 13.2 万人，安置下岗失业人员 5.8 万人，大龄就业困难人员实现就业 1.1 万人，农村劳动力转移就业 119 万人次，农村劳动力引导性培训 10 万人，城镇登记失业率为 3.66%，控制在 4%以下。援助 522 户零就业家庭就业，零就业家庭保持动态为零。

二是“大众创业、万众创新”工作成效明显。以“大众创业、万众创新，创业促就业、福祉千万家”为主题的第五届中国长春创业就业博览会，共设置了 1 110 个标准展位，征集创业项目 2 282 个，为求职者提供就业岗位 3 万个，现场推介了 300 个投资小、见效快、市场前景广阔的创业项目，筛选和审核确定了 11 家优秀创业孵化基地现场参展，发放各类宣传资料 25.7 万份。博览会期间，同步举办了长春市科技成果推介会、阿里巴巴百城千校签约仪式、小微企业创业贷款贴息仪式等系列主题活动，展会共吸引了 23 万人次参展，取得了圆满成功。

三是“政校企”联合体工作再上新台阶。创新建立了“政校企”联合体促就业机制，与驻长 38 所高校合作建立了大学生创业就业工作站。市财政专门设立专项资金 2 000 万元，突破了大学生创业融资瓶颈，全年为 1 064 名创业大学生发放小额贷款 5 000 万元。建设市级以上大学生创业园区 18 个，打造了“一公里”就业创业服务圈。与高校联合开展课题研究，提高长春市人才队伍的整体水平。解决高校毕业生人才流失问题，与吉林大学、东北师范大学等 6 所高校，皓月集团、吉林省通用机械公司等多家企业代表，成立“长春市高校毕业生就业流向课题”调研小组，积极研究人才外流现象的原因及解决办法。

四是在全国首创“择业教育培训前移”工作模式。打破常规，将军转干部择业教育培训前移，成功举办了 2015 年军转干部择业教育培训班，这一创新做法得到了驻军部队和军转干部的一致好评，中央电视台军事频道《军事报道》节目、沈阳军区《前进报》等中央和军级媒体对此进行了宣传报道。

五是自主择业军转干部创业孵化基地建设成果丰硕。将有能力、有愿望创业的自主择业军转干部整合起来，联合创业。实现军转干部创业“成功一批、带动一片”的深远效果。目前，已有 17 户由转业军人创办的企业成功入驻基地，带动军转干部就业近百人。

六是农民工返乡创业工作效果明显。在稳步做好输出的同时，重点强化了农民工返乡创业工作，全市25个农民工返乡创业孵化基地吸收农民工创业13 057人，直接带动返乡农民工就业41 846人，实现利税1 900万元。

七是各项创业就业扶持政策得到深入落实。公益性岗位管理得到全面强化，市本级公益岗位安置从业人员13 150人，提供岗位补贴1.6亿元，社保补贴1.2亿元，为市本级50 147名灵活就业人员提供社保补贴8 684万元。创新开展了信用社区小额担保贷款试点工作，在29个创业孵化基地设立了小额担保贷款工作站，全年为1 898名创业者发放贷款近2亿元。

二、社会保障体系不断完善

一是在改革创新中着力解决群众医疗保障问题。目前，长春市医疗保险参保总数为407.4万人，其中参加城镇职工基本医疗保险161.5万人，参加城镇居民基本医疗保险245.9万人。通过完善医保政策体系，强化了医保服务管理，在实现住院报销比例和最高支付限额不断提高的同时，相继推出了血液透析、儿童白血病等22个病种的“双向定额低自付”政策，通过建立晚期癌症患者舒缓疗护制度，出台门诊慢性病、门诊统筹、中医特色门诊、居民大病保险等多项医保新政，满足了不同群体的医疗保障需求。

二是在全国率先启动实施了失能人员医疗照护保险制度。2015年，长春市将解决全市4 695名长期失能人员和98 622名短期因病失能人员的医疗问题，建立失能人员医疗照护保险制度确定为全市的重点改革任务和20项重点民生实事之一。从2015年5月1日起，在充分调研论证的基础上，在全国率先启动实施了失能人员医疗照护保险，通过建立养老护理、疾病治疗、临终关怀“三位一体”的社会保险模式，实现了对失能人员生活照料护理与疾病治疗的无缝对接。截至目前，全市共有35家定点医疗照护服务机构开展了医疗照护保险业务，照护保险统筹基金已支付1 830.5万元，有1 070名长期失能人员、2 002名短期失能人员享受到了照护保险待遇，平均报销比例在85%左右。此项改革是长春市在全国医疗保险领域的全新探索，得到国家和省的充分肯定，受到社会各界和参保群众的广泛好评，被参保人员誉为“最具幸福感”的民生实事。

三是实现城乡居民待遇水平的稳步提高。2015年，市财政首次对城乡居民养老保险进行投入，把长春市城乡居民的基础养老金由70元提高到120元，补贴标准高出全国百元平均水平，提高幅度达到71%，受益人数达38.9万人。随着待遇水平的稳步提高，城乡居民参保的积极性和主动性得到全面提升。

四是逐步改善了失业人员生活质量。从2015年10月1日起，长春市失业保险金标准由原来的755元/月提高到1 056元/月，提高幅度达40%，调整幅度为历年之最，此举惠及全市2.5万名失业人员。

三、人才队伍建设取得新进展

一是探索筹建了中国长春人力资源产业园。在对经济发展与人力资源服务业发展之间的关系进行充分研究论证的基础上，明确了筹建中国长春人力资源产业园的基本方向和目标。按照规划，产业园建设将以“市场主导、创新驱动、规范发展”为原则，以促进人力资源服务产业增数量、扩规模、提质量为目标，按照“服务长春、惠及全省、辐射东北”的建设思路，着力打造与长春汽车、轨道客车、农产品深加工和长吉图建设相匹配，满足各层次人员和各类企业需求的人力资源服务体系。至“十三五”末，实现产业规模占全市GDP总量的0.8%以上，培育人力资源服务企业70家、孵化创业企业500家，通过产业园实现的城镇就业和创业贡献率占全市的1/3以上。筹建人力资源产业园的工作得到了省政府和国家人社部的大力支持。

二是千名科技专家服务民营企业暨扶持科技“小巨人”企业行动逐步深化。2015年9

月，开展了“科技专家县区行暨九台区服务行动”，共收集整理科研成果374项，16位不同领域的科技专家为72户民营企业破解科技难题124项，采取一对一方式，深入企业现场指导，推动了“小巨人”企业快速发展。

三是千名高技能领军人才培养工程产生积极影响。召开了2014年千名高技能领军人才培养工程表彰大会，对首批当选的20名技能大师、60名岗位技能带头人、120名技术能手进行了表彰，使高技能人才受到激励，提升了职业荣誉感，对于落实人才兴市战略，增强企业核心竞争力，推动全市经济全面、协调、持续发展，产生积极的影响。此外，为加快技能人才队伍建设，正稳步推进长春技师职业学院建设工作，通过对全市6所技工学校的整合，全面打造长春市技能人才评价培养基地。

四是外国专家“五个一工程”取得明显实效。2015年完成了17个引进海外高层次人才项目在国家立项，引进国外高层次人才73人次。帮扶6家科技“小巨人”企业聘请外国专家34人次，实现了对经济社会发展的服务与推动作用。

五是“政校合作”不断取得新进展。为有效利用高校智力资源，成立了就业、医保、仲裁、统计、绩效5个小组，开展政校合作项目。其中，绩效考评工作，建立了资源共享、实时监控、定量考核、全程管理的数字考评系统，集“领导查询”、“部门审报”、“信息发布”、“网上调查”四大系统于一体的绩效“数字考评”新模式，突出对市委、市政府重点工作的绩效评估，取得了良好效果。

四、人事制度改革不断深化

一是完善“阳光公考”制度，创新公务员培训模式，建立了来自基层一线公务员培养选拔链。全年公务员招考工作顺利完成，各级机关共招录公务员680名。组织赴兰考焦裕禄干部学院开展“三严三实”专题培训，举办10期“周末大讲堂”专题讲座，共有4 892名公务员参加了集中讲座，遴选出29名优秀公务员进入市、区行政机关，实现了队伍内部“二次择优”，畅通了基层公务员“上行”通道。

二是公务员日常管理进一步科学化。建立了市直行政机关和参公单位非领导职务职数台账，为206名公务员晋升了非领导职务，为123名新进入公务员队伍人员确定了非领导职务。全年共有104名公务员转任到其他机关，促进了公务员合理流动，实现了因岗择人、人岗相适。妥善解决了聘任制公务员的出路。公务员平时考核稳步推进，草拟了《关于加强公务员平时考核工作的通知》，对平时考核工作的全过程进行指导。

三是事业单位公开招聘工作实现科学化管理，“633计划”实施成效显著。出台了《关于进一步深化事业单位人事制度改革的实施意见》、《长春市事业单位公开招聘人员暂行办法》和《关于进一步规范完善事业单位人员聘用管理意见》等三个规范性文件。制定下发《2015年长春市事业单位面向社会公开招聘工作人员面试方案》，对事业单位面试工作进行统一和规范，确保了面试工作安全、有序、平稳进行。2015年事业单位招聘工作人员1 159人。“633计划”按照统一发布公告、统一宣传推介、统一政策解读、统一时间地点、统一面试指导的“五统一”方式，把符合标准的14家事业单位联合起来，走进吉林大学、大连理工大学、武汉大学等14所全国重点高校，“面对面”招揽人才，招聘应届毕业生102人，完成预期的102%。

四是创建了公平、温暖、和谐的考试环境。呼应考生诉求，对现行考务组织、管理、运作方式进行全面梳理，对照上级要求及先进地区运作模式，提升了服务能力和水平。通过建立考试中心内控体系、风险防范体系和考务评价体系，进一步规范服务标准、细化考务流程和严肃考试纪律，切实形成考试中心以借鉴警示、内控规范和考务评价为主导的考试风险防控评价体系，确保长春考区各项考试工作安全顺利完成。2015年共组织与完成长春考区国家、省、市各类考试9项、16次、177 744

科次，参考人数 104 243 人，查处考试作弊 578 人。

五、收入分配制度稳步落实

一是规范发布了行业人工成本情况及预警线。严格按照国家薪酬调查要求，对全市 1 089 户样本企业、15.9 万名职工的人工成本情况进行了抽样调查，经筛选、整理、汇总、修正后，形成了 2014 年长春市行业人工成本参考水平和人工成本预警线，供企业借鉴参考。

二是集中整治“吃空饷”和清理事业单位借调工作人员成效显著。全市共清查单位 4 241 家，涉及人员 180 945 人，在未有新的“吃空饷”问题发生的基础上，建立与形成了防止“吃空饷”问题再发生的长效机制。与此同时，共清理借调人员 1 039 人，其中清理机关借调人员 576 人，事业单位借调人员 463 人。

三是编外人员管理工作实现了阳光规范。清退私聘滥用编外聘用人员 209 人，对服务性岗位编外聘用人员逐步实行服务外包，对自收自支事业单位编外聘用人员手续统一归口办理，达到了降低行政成本、规范管理的目的。

六、劳动关系保持和谐稳定

一是“构建和谐劳动关系试验园区”试点工作稳步推进。在朝阳经济开发区开展“构建和谐劳动关系试验园区”试点工作，大胆创新机制，建设管理一体化、服务社会化、诉求多元化、制度规范化的和谐劳动关系综合试验园区，收到了很好的社会效果和经济效益，全市劳动合同签订率 90.1%，用工备案率 91.7%，集体合同签订率 80.55%。

二是创新开展农民工实名制管理和“两网化”建设工作。制定了《长春市建设领域实名制银行卡支付农民工工资管理暂行办法》，并联合建委在双阳区进行了农民工实名制工作试点，进驻工地 23 个，涉及 137 个栋号、农民工 3 869 人，签订劳动合同 1 524 份，签订集体合同 38 份，为 13 家建筑公司办理农民工银行卡 1 205 张，通过银行卡发放工资 954.4 万元。立案查处劳动违法案件 651 件，接待来人来访 5 188 人次，承办市长公开电话投诉 842 件次，为 1.32 万名农民工追回工资 3.65 亿元。

三是探索建立了“阳光仲裁”新模式。通过庭审裁案“三公开”、争议预防“六对话”、争议调解“三交心”等方式，实现了仲裁工作在阳光下运行。市本级仲裁机构处理劳动人事争议案件 1 357 件，涉及劳动者 1 685 人，与上年同期相比均增长了 1%，案件数量占全市处理案件总数的 42%，为劳动者维权 2 140 万元，比上年同期增加了 40 万元，结案率达到 93%。

四是采取业务分管领导公开接访的方式，敲实信访事项责任主体，落实稳控责任。出台了《长春市人力资源和社会保障局信访源头预防与处置工作管理暂行办法》，细化了人社领域接访工作，依法接访。全年共接待群众来信来访 217 件次、597 人次，同比下降 21.7%。

七、自身建设取得长足发展

一是全面开展“三严三实”专题教育，进一步加强了纪律作风建设。制定了《关于在局系统处级以上领导干部中开展“三严三实”专题教育实施方案》，把专题教育和业务工作有机结合，做到“两不误、两促进”。自开展局系统“三严三实”专题教育以来，干部自学、党委委员在分管领域内上党课、局属事业单位党组织负责人上党课、“严以修身”专题座谈会等关键动作都落实到位，实现了教育全覆盖。召开局系统纪律作风工作会议，下发了窗口服务行为规范工作手册，明确了基本行为规范，并加大了明察暗访力度，严肃了工作纪律，投诉举报明显减少，全面提高了窗口服务质量。

二是以权力清单制度建设为载体，将权力关在制度的笼子里，提升了系统法治文化建设水平。将工伤保险认定委托下放给基层，将公益性岗位开发与管理、终止解除劳动关系合同、就业失业登记证确认发放等“含金量”高的权力直接下放基层，实现了权力在阳光下运行的总要求，并编撰出版了《阳光人社——权力清单制度》，“阳光人社”基本框架已经建立。

三是全面规范了党委会、局长办公会、局务会等会议制度，民主集中制得到了更好的落实。通过局长办公会，对工亡认定、外县（区）老工伤费用下拨、劳动保障监察重大行政处罚等事项进行了集体讨论并作出决定，实现了人社系统的“阳光决策”。

四是以方便群众办事为目标，行政审批窗口“实体化”建设迈出实质性步伐。全面清理了行政审批和管理服务事项。将外国人就业许可、人力资源服务许可、外国专家工作许可及专家证审批3项审批和企业职工退休审批等5项管理服务在政务大厅集中办理，变权力为服务的决心坚定，方便了办事群众。

五是在长春市首创干部挂职锻炼工作模式，开辟了干部合理、合规流动的“试验田”。作为干部培养的一项长期规划，与高校、科研院所建立了合作机制，第一批引进吉林大学和中科院长春应化所两名副处级以上干部到局机关挂职锻炼，既实现了借助外部智力促进工作的科学化，又拓宽了干部培养和锻炼的渠道。

六是以“务实、创新、合作、服务、拓展”为方针，借助外部智力推动工作成效显著。打造了一支具有长春人社特色的专家咨询队伍，召开了第一届专家咨询委员会第二次会议，全面听取了专家建言。

七是开设“12333专家坐席”，局长接待日活动更重实效。由相关处室业务骨干回答人社工作业务，为咨询者提供了零距离贴心服务，取得了良好的社会效果。2015年，12333公开电话平均满意度为94%，累计回答各类咨询服务电话13 711件，承办“12345”市长公开电话投诉共计3 009件，反馈率达100%。

长春市人力资源和社会保障局

黑龙江省

2015 年，在人力资源社会保障部和黑龙江省委、省政府的正确领导下，黑龙江省人力资源和社会保障厅全面贯彻落实党的十八大和十八届三中、四中、五中全会精神，坚持“民生为本、人才优先”工作主线，把握发展大局，坚持问题导向，着力深化改革，各项工作取得了显著成效。

一、就业创业工作取得新业绩

就业目标全面完成，2015 年全省城镇新增就业 71.7 万人，城镇登记失业率 4.48%。“十二五”时期，全省累计城镇新增就业 380.8 万人，比“十一五”时期增长 3.6%。

一是出台了《关于进一步做好新形势下就业创业工作的实施意见》（黑政发［2015］21 号）和《关于促进大学生创新创业的若干意见》（黑政发［2015］16 号）等政策，相关突破性措施有力促进了就业，特别是极大地激发了大学生创新创业热情，全省在校大学生创业人数是 2014 年的两倍。二是出台了《关于支持农民工等人员返乡创业的实施意见》（黑政办发［2015］72 号）和《鼓励农民工等人员返乡创业三年行动计划纲要（2015—2017 年）》，有力推动了返乡人员多层次、多样化返乡创业格局的建立。三是下发《关于失业保险支持用人单位稳定岗位的实施意见》（黑人社发［2015］42 号），用于援企稳岗的失业保险基金支出达 11.6 亿元。四是稳步实施资源型城市和老工业基地城市困难企业就业帮扶计划，有序推进龙煤集团第一批 2.25 万名富余人员的组织化分流。五是充分发挥技工院校和社会专业培训机构作用，大力推进创业培训服务平台建设，采取订单、定向、定岗等方式，开展职业技能培训 72.5 万人，企业职业技能鉴定 14.2 万人。六是帮助 23.8 万名就业困难人员实现再就业，1 796 名零就业家庭成员通过就业援助实现就业，保持零就业家庭动态为零。七是 15 个市辖区基层服务平台建设项目在国家立项，完成“十二五”规划确定的省级充分就业社区占比 45%的目标。

二、社会保障体系建设取得新成效

社会保险扩面指标任务全面完成，截至 2015 年年底，全省职工基本养老、城乡居民基本养老、基本医疗、工伤和生育保险参保人数分别达到 1 118 万人、827.8 万人、1 594.8 万人、512 万人和 357.1 万人，分别比“十一五”末增长 17.4%、480.9%、2.2%、18.6% 和 22.9%。剔除 2004 年企业并轨人员，失业保险参保人数达到 312.8 万人，比“十一五”末增长 2.2%。

一是社保制度进一步完善。出台了《黑龙江省机关事业单位工作人员养老保险制度改革实施办法》（黑政发［2015］30 号），机关事业单位养老保险制度改革顺利启动。基本实现省政府确定的医疗保险市级统筹“四统一、一分步”工作目标，城镇居民大病保险全面实施。二是社保待遇水平进一步提高。全省企业退休人员基本养老金连续第 11 年调整，月人均增加 220 元，与“十一五”末相比，基本养老金由月人均 1 076 元提高到 2 120 元。城乡居民养老保险基础养老金政府补贴由每月 55

元提高到70元，增长27.3%。失业保险金月人均水平由625元提高到882元，增长41.1%，与“十一五”末相比，增长超过一倍。工伤职工伤残津贴、护理费和抚恤金标准同步提高。三是降低社会保险费率。按照国家要求，失业保险单位缴费费率由工资总额的2%降为1.5%，生育保险缴费费率由0.6%降至0.5%以内，切实减轻了企业负担。四是建立社会保险欺诈案件查处和移送工作机制，出台《领取企业基本养老金（待遇）资格认证管理办法（暂行）》（黑人社发［2015］63号），基金监管力度不断加大。

三、人才体制机制创新取得新突破

一是深入贯彻落实省委建立集聚人才体制机制激励人才创新创业若干意见，出台了《专业技术人员离岗创业实施细则》（黑人社发［2015］73号）、《畅通引进高层次人才“绿色通道”实施办法》（黑组发［2015］7号）、《对优秀专业技术人才实行破格晋升高级职称政策》（黑人社发［2015］67号）等一系列配套办法，形成人才政策的“组合拳”。二是高层次和技能人才队伍建设进一步加强，累计培育国际、国内一流人才梯队51个，省内一流人才梯队356个，在重点领域企业设立博士后科研工作站15个，建设省级技能大师工作室10个，培养高技能人才7.3万人。三是人才服务体系进一步完善，2015年共为6万人次流动人才办理档案保管、职称晋升、关系接转、户籍迁移、业务咨询等服务。四是国际人才交流合作逐步深入，组织实施引进境外人才项目145项，引进专家512人次；深化与瑞士的人才合作交流，累计举办中小企业赴瑞士培训班12期，与索洛图恩州建立友好省州关系，由人才培养向项目合作拓展，签署合作协议20余项。

四、人事制度改革取得新进展

一是改革省直事业单位公开招聘办法，出台了《关于全面下放省直事业单位公开招聘管理权限的通知》（黑人社发［2015］66号），省直各部门、省直属事业单位和省属高校可自行组织实施公开招聘，扩大用人单位自主权。二是改革公务员登记审批备案工作流程，将市（地）级及以下公务员（参公人员）登记审批备案工作由原来的省级公务员管理部门事前审核，调整为市（地）级公务员管理部门按管理权限进行登记审批后报省里备案。三是改革职称评审办法，出台《关于下放高职高专和成人高校、民办高校教师系列职称评审、核准权限的通知》（黑人社发［2015］68号）、《关于下放市（地）及以下单位、省农垦系统卫生、农业系列高级职称评审、核准权限的通知》（黑人社发［2015］69号），省属本科院校和高职高专全部实行职称自评直聘，市地和主管部门可自行开展成人高校、民办高校系列高级职称评审，市地和农垦、森工系统可自行开展卫生、农业系列高级职称评审。四是出台《关于做好黑龙江省艰苦边远地区基层公务员考试录用工作的实施办法》（黑人社发［2015］18号），引入分类分级考录模式，适当降低门槛，县乡机关招录计划流失比例由10%降至4.5%，有效缓解招人难、留人难问题。五是针对机关事业单位“吃空饷”问题，制定出台了《黑龙江省机关事业单位预防和治理“吃空饷”问题管理办法》（黑办发［2015］9号），建立了长效机制。六是改革军转干部安置办法，公开安置岗位、考评结果、选岗过程、安置去向，实现阳光安置。

五、收入分配制度改革取得新成绩

一是出台《黑龙江省人民政府办公厅转发省人社厅　省财政厅关于调整机关事业单位工作人员基本工资标准和增加机关事业单位离退休人员离退休费3个实施方案的通知》（黑政办发［2015］36号），圆满完成机关事业单位调整工资工作，机关事业单位工作人员扣除养老保险个人缴费后月人均实际净增加300元。二是推行县以下机关公务员职务与职级并行，制定出台了《关于印发〈黑龙江省关于县以下机关建立公务员职务与职级并行制度的实施方案〉的通知》（黑办发［2015］48号），极大地调动了基层公务员的工作积极性。三是实施乡镇工作补贴，制定出台了《关于转发〈人力资源社会保障部　财政部关于乡镇机关事业单位工作人员实行乡镇工作补贴的通知〉的通知》（黑人社发［2015］95号），政策惠及17万名乡镇工作人员。四是大幅度提高最低工资标准，全省平均标准由月人均990元提高到1 270元，增幅28.3%，与“十一五”末的719元相比，增长76.6%。五是制定出台了《关于深化省委管理企业负责人薪酬制度改革的意见》（黑发［2015］14号），加强对省属国有企业负责人薪酬管理。

六、构建和谐劳动关系再上新台阶

一是全面推行劳动合同备案制度，劳动合同和集体合同签订率分别达到96.4%和80%。二是建立法律服务援助窗口，通过法定途径分类处理信访投诉，推进“访、裁、诉”有效衔接。劳动人事争议案件平稳高效处理，结案率达96.5%，一裁终局率达67%，争议案件在仲裁环节终结达80%。三是进一步加大劳动保障监察执法力度，组织开展劳动用工、农民工工资支付等专项执法检查，为7.9万名劳动者补签劳动合同，追讨拖欠农民工工资11.8亿元。四是出台了《黑龙江省人民政府关于进一步做好为农民工服务工作的实施意见》（黑政发［2015］13号），积极做好推进新型城镇化中的农民工服务工作。

七、简政放权工作取得新进步

按照国务院和省政府关于简政放权、放管结合、转变职能的要求，全系统大力推进自我改革。省厅本着法无授权不可为的原则，取消了国有企业经营者工资审核、医保定点机构审批等行政事项26项；本着能放则放、应放必放的原则，下放了外国人入境就业许可、经营劳务派遣业务许可等行政事项46项。2015年，省厅取消、下放和调整行政权力事项39项，占权力清单总数的43%，其中非行政许可审批事项全部取消；权力清单之外的行政事项取消、下放27项。据统计，2015年省市两级人社部门共取消行政事项180项，下放204项。积极推进职业资格管理制度改革，在全国率先完成清理工作，共取消和停止职业资格355项。

八、培育人社文化工作迈出新步伐

2015年，按照“三严三实”专题教育要求，结合全省人社工作和干部队伍实际，厅党组提出了“对党忠诚、对群众真心、对事业负责、对自己严格”的价值追求和行为准则，突出强调了树立什么样的价值观，知道“我是谁”、“为了谁”，解决“为谁干事”的问题。提出了“行政提速、管理创新、执行彻底、结果问效”的工作理念，突出强调了树立什么样的工作导向，解决“怎样干事”的问题。提出了“加强基础性工作，提升专业化水准，强化政治性要求”的工作标准，突出强调执行力的检验标尺，要求工作基础要牢、专业水准要高、政治把握要准，解决“干成什么样”的问题。三个层面的要求相互关联、有机承接，构成了人社文化体系的基本框架。

黑龙江省人力资源和社会保障厅

哈尔滨市

2015年，哈尔滨市人力资源和社会保障局在市委、市政府的坚强领导下，在社会各方面的重视支持下，锐意改革、积极进取，攻坚克难、奋力拼搏，全市就业创业、社会保障、人事人才、劳动关系等四大板块工作稳步推进，民生保障能力有了较大幅度提升，在“十二五”的收官之年，圆满完成了所确定的主要发展目标和工作任务，多个领域取得了突破性进展，事业发展迈上了新台阶。

一、创业带动就业战略深入实施，就业形势保持持续稳定

围绕创业创新，突出重点群体，积极推进大学生就业促进和创业引领计划。落实减免创业税收、一次性创业场租补贴等扶持政策。拓展就业地图服务功能，创新“互联网＋就业”模式，积极打造的哈尔滨“就业云”、“大众创业、万众创新”的良好氛围初步形成。全市全年新增就业13.35万人，连续三年超指标完成10％以上；城镇登记失业率3.88％，低于控制目标0.42个百分点。积极实施就业优先战略，大力推进以创业带动就业以及高校毕业生等重点群体就业创业工作，落实和完善积极的就业政策，就业规模持续扩大，就业结构不断改善。“十二五”期间累计城镇新增就业64.45万人，城镇登记失业率始终控制在4.3％目标以内，就业形势总体稳定。就业援助机制不断健全，零就业家庭动态为零。深入实施失业人员自主创业工程，大力推进农村劳动力转移工作，建立大项目人力资源信息库，举办大学生创业大赛和创业沙龙活动，将互联网与就业深度融合，始终保持全市就业形势的持续稳定。成功承办了人社部在本市召开的“高级创业指导师年会”，中国哈尔滨人力资源中心被中国就业促进会授予“公共就业服务场所功能建设创新示范单位”荣誉称号。

二、社会保障体系建设取得重大突破，社会保险待遇及工资收入水平大幅提高

覆盖城乡居民的社会保障制度建设取得重大突破，参保范围不断扩大，参保人数持续增加。2015年，养老、医疗、工伤、失业和生育保险分别新增7.5万人、3.2万人、3.2万人、9.9万人和2万人。截至年末，五个险种参保人数分别达到128.1万人、369.2万人、127.85万人、125.81万人和88.1万人。启动实施了机关事业单位养老保险制度改革，出台了困难企业人员“助保贷款”，城镇居民大病保险政策，推进实施了城镇居民基本医疗市级统筹。将城镇各类企业职工、事业单位长期临时工、被征地农转非等各类人员纳入基本养老保险。将事业单位参保人员统筹外项目纳入统筹内支付，涉及2.6万人。“十二五”期间连续大幅提高企业退休人员基本养老金水平，由月人均1 113元提高到2 083元，年均增幅13.3％。稳步提高医疗保险待遇水平，2015年职工医保和城镇居民医保政策范围内住院报销比例分别达到80％和73％，比“十一五”末分别提高5个百分点。大幅提高失业保险待遇水平，由“十一五”末的月人均400元提高到现在的986元，年均增幅29.4％，基金管理规范有序，安全运行。深化收入分配制度改

革，实行最低工资标准、劳动力市场指导价位和工资指导线制度，加大职工工资正常增长、支付保障、集体协商等工作推进力度，配合国资委制定《国有企业负责人薪酬改革方案和管理办法》，收入分配差距有所缩小。“十二五”期末，市区最低工资标准为 1 480 元，年均增幅 15.2%。城镇在岗职工年平均工资达 51 551 元，比“十一五”期末增长 59%。研究制定调整机关事业单位工作人员津贴补贴标准，并组织实施。增加机关事业单位离退休人员离退休费，提高政府雇员、临时用工、公益性岗位人员工资等，结束了副省级城市工资水平长期排名末位的历史。

三、人事人才政策体系逐步完善，公职人员管理全面加强

大力实施人才强市战略，统筹推进以高层次、高技能为重点的各类人才队伍建设，人才队伍总体素质和整体实力不断提升。人才工作体制、政策体系和评价机制逐步完善。创新建立一事一议、绿色通道机制。自 2013 年开始，“人才发展资金”由每年的 3 000 万元提高到每年的 1 亿元，且上不封顶。引智力度持续加大，在空客复合材料研制、先进航空传动系统技术更新合作等多个关键技术和管理难题上取得了重大突破。“十二五”期间，引进高层次人才 7 775 人，调入人员 534 人。区、县（市）公开招聘工作人员 2 984 人，使用人才发展基金 2.54 亿元，建成 225 套人才公寓，建成领军人才梯队数达到 111 个，创建 35 个技能大师工作室，培养高技能人才 10.6 万人。积极为用人单位引进急需短缺人才，推进实施哈尔滨市企业博士后人才集聚计划，建立“哈尔滨市国际人才交流合作基地”，举办各类人才招聘会。启动企业高技能人才评价体系试点工作，制定《哈尔滨市首席技师实施管理办法》，开展“市长特别奖”选拔推荐活动。在不断深入推进人事制度改革的同时，公职人员管理全面加强。事业单位人员聘用、岗位设置、公开招聘制度全面实施，用人机制逐步展现活力。事业单位用人制度基本完成从身份管理向岗位管理的转变。在人员选拔上推行聘用制度，签订聘用合同。稳步推进专业技术职务资格评聘改革，实行评聘公开、按岗聘任、在聘推荐的管理模式。人事制度改革稳步推进，在全市率先完成大处室改革。公务员考录、奖励和培训工作取得新进展，机关事业单位“吃空饷”问题得到有效治理，军转干部和随军家属安置任务顺利完成。

四、和谐劳动关系建设取得新进展，劳动者权益保护工作取得新成效

监察执法体系进一步完善，调解仲裁工作取得新成效。全市劳动合同签订率由 95.8% 提高到 98.9%，集体合同备案率由 85%提高到 87.5%。劳动人事争议仲裁案件结案率保持在 93%以上，劳动保障监察案件结案率保持在 98%以上。有效解决人才市场和劳动力市场分割问题。从源头预防上入手，创新化解劳动关系矛盾机制，不断提高劳动合同签订率，规范企业用工行为。不断提高欠薪投诉举报案件结案率，加大农民工工资保障金收缴力度，整合三级劳动力市场，不断规范市场秩序，改善就业环境和就业援助机制，使劳动者合法权益得到有效维护，彰显了社会公平正义。

五、各项基础工作逐步夯实，系统自身建设水平不断提高

着力提升公共服务和信息化水平，城乡基层公共服务平台设施建设取得突破性进展。高标准建成了中国哈尔滨人力资源中心。以金保工程为牵引，积极打造数字人社、智慧人社。以网上经办为突破，大力实施简政放权。以窗口建设为重点，大力加强自身建设，群众满意度明显提高。加大调查研究力度，在全局范围内广泛开展课题攻关，为全面发展人社事业提供有力支持。加强基层劳动保障服务平台建设，各类社保经办机构服务水平明显提高。积极推进医疗、工伤、生育“三险”网上经办平台应用。实现 75 项经办业务全部在市、区行政审批服务机构，以及社区劳动保障工作站和医疗机构“一站式”办理。进一步完善金保工程服务功能，扩展“网上服务”业务内容，挖掘社保卡“一卡通”潜在功能，确定全局信息系统“4321”工程总体构架，“智慧人社”初现规模。全面加强干部教育培训工作，干部队伍素质全面提高。深入开展“三严三实”专题教育，加强窗口单位作风建设，转变服务态度，加大服务力度，行风建设效果明显。

哈尔滨市人力资源和社会保障局

上 海 市

2015 年，上海市人力资源和社会保障局深入贯彻党的十八大以来历次重要会议精神，全面落实国家和上海市各项重大政策措施，在人力资源和社会保障部的指导下，在上海市委、市政府的领导下，坚持改革创新，推进依法行政，通过全市各级人力资源社会保障部门和各方面的共同努力，全面完成了年度和“十二五”规划确定的各项目标任务。

一、实施积极的就业创业政策，就业局势保持稳定

（一）较好完成各项主要就业工作指标。

2015 年，上海市较好完成各项主要就业工作指标，新增就业岗位 59.66 万个，其中农村富余劳动力非农就业 10.33 万个；年底登记失业人数 24.81 万人，登记失业率 4.1%。

（二）加大力度推进创业带动就业工作。

启动实施鼓励创业带动就业三年行动计划（2015—2017 年），进一步完善扶持政策，在全市范围内开展“创业型城区”创建，帮扶引领成功创业 10 592 人，其中青年大学生 6 811 人。1 月至 12 月，共发放小额担保贷款 3.25 亿元、贴息 1 252 万元，发放创业场地房租补贴 9 600 万元，组织创业培训 2.05 万人、创业见习 2 659 人。

（三）积极促进重点群体就业。

坚持把高校毕业生就业作为重中之重，落实各项补贴政策，做好实名制登记、岗位招聘、见习推荐等就业服务，公共就业服务机构共举办各类 2015 届高校毕业生专场招聘会 340 场，提供招聘岗位 12.87 万个。加强就业帮扶和托底，继续推进扶持失业青年就业的“启航计划”，落实鼓励特定“就业困难人员”到物业管理、市容绿化等特定行业就业的“双特”政策，启动实施“离土农民就业促进专项计划”。2015 年共有 9 776 名长期失业青年通过“启航计划”实现了就业，完成全年 8 000 人目标的 122%。1 月至 12 月，累计安置就业困难人员 1.34 万人，其中单位吸纳就业 8 586 人。

（四）坚持以培训促进就业。

出台区县使用地方教育附加专项资金开展职业培训的指导意见，中小微企业职业技能培训公共平台进一步完善。启动企业新型学徒制试点，在首批 22 家单位开展了“直通车式双证融通”试点，指导区县完善中小微企业职业技能培训公共服务平台，启动建设上海市统一的职工培训信息系统。开展职业资格清理工作，取消职业资格 78 项，调整 6 项。完成职业培训 51 万人，农民工培训 24.55 万人。

（五）加强就业管理服务。

扎实推进灵活就业登记与居住证就业条件审核工作，加强对登记情况的跟踪和数据分析。截至 12 月底，上海累计办理灵活就业登记 6.23 万人。各级公共就业服务机构还结合不同群体的求职特点和就业需求，开展了“就业援助月”、“春风行动”以及“民营企业招聘周”等一系列公共就业服务活动，集中为就业困难人员、来沪从业人员以及应届毕业生提供专场招聘、职业指导、创业咨询等就业服务。发布了进一步做好为农民工服务工作的实施意见，开展优秀农民工和农民工先进个人评选表彰。

二、加快推进社会保障体系城乡一体化进程，社会保障制度体系不断健全

（一）稳步提高社会保障待遇。

调整各类人员养老金，“职保”、“镇保”、征地养老、“城乡居保”月人均养老金分别增加345元、170元、170元、120元。职工医保、小城镇医保的最高支付限额从36万元提高到39万元，大学生院校门急诊补贴标准从每生每年45元提高到60元。调整了失业、工伤保险待遇标准。

（二）社会保障制度进一步完善。

允许新型农业经营组织以集体方式参加职工养老保险和医疗保险，调整上海市征地养老相关政策。统一上海市城乡户籍职工失业保险办法。提请上海市政府发布了《上海市城乡居民基本医疗保险办法》，标志着上海市社会保险制度全面实现了城乡一体化。平稳实施上海市机关事业单位养老保险制度改革。启动居民医保大病保险，4家商业保险公司累计受理1.29万人次。继续推进高龄老人医疗护理计划试点工作。出台《关于进一步做好本市建筑业工伤保险工作若干意见的通知》，实施上海市建筑业工伤保险按项目参保的办法。

（三）加强社会保险的基金管理和经办服务。

初步形成社保基金预警、储备、保值增值机制的方案。进一步加大依法征收力度，对欠费单位实施了社会公示和诚信信息发布。社保移动服务平台上线运行，用户总数达到50万人。将村卫生室纳入医保联网结算。配合医改，建立医保慢性病长处方与家庭医生慢性病管理相结合的长效管理工作机制，提出了进一步加强定点医院自费药品器材管理的办法。开展医保反欺诈工作，完成了执业医师医保约谈419人次，追款金额达110余万元。制定了上海市公立医院药品集中采购指导意见，完成首批试点医保药品“带量采购”和二、三级医院医保药品集中采购，平均降价64%和12.08%。上海市所有医疗机构实现在药采信息系统上招标采购，并通过“上海医保阳光采购网”向社会公开阳光平台药品信息。国务院副总理刘延东专程来沪实地调研，充分肯定并高度评价了上海市在药品带量采购和阳光平台建设中的实践探索。

三、坚持体制机制创新，人才发展政策取得突破

（一）人才发展环境进一步优化。

完成上海市委一号课题关于人才体制机制改革专项调研，围绕科创中心建设，制定出台海外人才引进、国内人才引进、科研人员双向流动、博士后工作与企业科技创新平台融合发展、企业试点招收博士后、科技创新人才评价等6个配套文件，修订出台《上海市海外人才居住证管理办法》、《上海市海外人才居住证管理办法实施细则》和《上海市居住证积分管理办法实施细则》。国内人才直接落户5 829人，居住证转户籍7 083人，居住证积分确认27 946人。

（二）海外智力资源广泛聚集。

继续实施海外高层次人才集聚工程、雏鹰归巢计划，大力引进海外人才，推荐第六批国家“外专千人计划”43人，“浦江人才计划”资助136人，25名外国专家入选上海市“外专千人计划”。全年完成引进海外人才20 159人，其中留学人员11 106人、港澳台专才339人、外国专家8 714人。目前来沪工作和创业的留学人员达13万余人，留学人员在沪创办企业4 900余家，注册资金超过7.5亿美元。

（三）大力推进专业技术人才队伍建设。

大力推进专业技术人才队伍建设，开展领军人才推荐，选拔领军人才116名，12人入选国家“百千万人才工程”，22家单位获批全国第十一批博士后科研工作站，76名中青年专业技术人才入选2015上海人才发展资金项目。实施了专业技术人才知识更新工程，在装备制造等16个重点领域完成专题培训5.2万人次。

（四）进一步加强高技能人才队伍建设。

组织选手参加第43届世界技能大赛，获得2枚银牌、1个优胜奖。成功举办2015年上海市职业技能大赛和“技能中国行”展示交流活动。开展技能大师工作室和高技能人才培养基地评审资助，认定资助高技能人才培养基地18个、技能大师工作室25个、首席技师200人，2015年年末高技能人才占技能劳动者的比重提高到30％。

四、稳妥推进事业单位管理和军转安置工作，进一步加强公务员队伍管理

（一）深入推进事业单位人事管理改革。

进一步畅通居民区党支部书记进入事业单位的通道，制定了将就业年龄段居民区党支部书记进入事业编制的操作和管理办法。启动深化中小学教师职称制度改革工作，制定改革工作方案，上报国家人社部和教育部审批。按照国家部署，在上海市机关事业单位开展集中治理，完成治理“吃空饷”工作。完成事业单位招聘残疾人工作，启动了2016年度残疾人专项招聘。

（二）全面完成军转安置和解困工作。

全面完成2015年度军转工作各项任务，共接收安置军转干部744名，其中计划分配军转干部615名、自主择业军转干部129名。以科学编制计划为抓手，大力推进阳光安置、拓宽安置渠道，确保计划分配军转安置质量和进度。有针对性、实效性地开展军转干部培训，扎实做好自主择业军转干部退役金调整、就业指导推荐服务工作及企业军转干部解困稳定工作。

（三）进一步加强公务员管理。

制定街道乡镇及相关基层单位开展职务职级并行工作的实施方案。面向社会招录法官、检察官79人，司法人员分类管理工作稳步推进。在上海市浦东、徐汇、嘉定3个区启动了行政执法类公务员分类管理试点。开展了群团干部遴选制度探索。完成2015年度公务员招录工作，试点开展了选调生招录和培养。完成了2014年度领导班子绩效考核，公务员平时考核试点和全面依法履职试点有序推进。清理规范了评比达标表彰项目，完善了评选表彰程序。成立了两级公务员申诉公正委员会，分层次开展了公务员培训，举办了4期“2＋X”专题研讨班。

五、完善工资收入分配制度，推进收入分配改革

（一）进一步深化收入分配制度改革。

按照国家规定，完成上海市机关事业单位工作人员调整基本工资和离退休人员增加离退休费工作，在上海市乡镇机关事业单位实行乡镇工作补贴。出台了上海市法官、检察官工资制度改革试行办法，提出了完善上海人民警察职业保障制度的初步意见。根据上海实际情况，平稳开展事业单位试行行业分类调控绩效工资总量工作。进一步提高政府购买服务人员薪酬标准，出台了群团组织挂职、兼职干部及志愿者津贴补贴操作办法。

（二）进一步加强工资指导。

调整最低工资标准，自4月1日起，将上海市月最低工资标准从1 820元提高到2 020元，小时最低工资标准从17元提高到18元。发布企业工资增长指导线，平均线10％、上线16％、下线4％。建立了社区工作者职业化薪酬制度，并指导区县制定社区工作者职业化薪酬体系实施办法。

六、加强劳动关系协调，劳动关系保持总体和谐稳定

（一）拟定构建和谐劳动关系实施意见。

为贯彻落实中共中央、国务院关于构建和谐劳动关系的要求，拟定并报请上海市委、市政府下发了《中共上海市委　上海市人民政府关于贯彻落实〈中共中央　国务院关于构建和谐劳动关系的意见〉的实施意见》。

（二）进一步降低劳务派遣用工比例。

开展上海市重点用工单位过渡期内规范劳务派遣情况的定点调查，完成劳务派遣公司

2014年度经营情况报告的检查工作，劳务派遣用工比例持续下降，企业派遣用工数量与备案时相比下降了21.7%。对未按规定提交年度经营情况报告的劳务派遣单位开展行政执法检查，指导督促用工企业稳妥降低劳务派遣用工比例。

（三）进一步完善劳动关系协调机制。

进一步增强企业调解力量，夯实基层调解组织基础。加大对恶意违法行为的处置力度，制发《关于做好涉嫌拒不支付劳动报酬犯罪案件查处衔接工作的意见》。制定劳动保障监察行政处罚裁量基准，出台《上海市劳动保障重大违法行为社会公布办法》，将违法信息纳入市征信平台。

（四）妥善处理劳动关系矛盾。

积极开展专项检查，进一步加大主动监察力度，组织开展了农民工工资支付情况、清理整顿人力资源市场秩序、维护女职工劳动权益、用人单位遵守劳动用工和社会保险法律法规情况等专项检查行动，切实维护劳动者合法权益。2015年共受理劳动人事争议案件10.7万件；受理劳动保障监察举报投诉1.6万件，检查用人单位2.9万余户，追缴各类社会保险费、责令补发工资共计约5.1亿元，涉及劳动者16.7万人次；垫付欠薪保障金9 354万元。

上海市人力资源和社会保障局

江 苏 省

2015 年，江苏省各级人力资源社会保障部门认真贯彻落实习近平总书记系列重要讲话特别是视察江苏重要讲话精神，在省委、省政府的正确领导和人力资源社会保障部的有力指导下，坚持稳中求进工作总基调，牢牢把握“民生为本、人才优先”工作主线，坚持改革统揽、依法行政，突出以实施民生幸福工程特别是就业服务和社会保障“两大体系”建设为抓手，加强统筹兼顾，狠抓工作落实，在经济形势复杂多变、民生期盼日益增多、工作难度加大的背景下，全省人力资源社会保障工作继续保持良好发展态势。

一、狠抓政策落地，全力做好就业创业工作

以完善就业服务体系为抓手，大力实施就业优先战略和更加积极的就业创业政策，着重抓好政策落实和举措创新，全省城镇新增就业 139.8 万人，城镇登记失业率为 3.0％。

一是积极就业创业政策实现再升级。聚焦打造新一轮积极就业创业政策，提请省政府出台《关于进一步做好新形势下就业创业工作的实施意见》，省政府办公厅出台《关于支持农民工等人员返乡创业的实施意见》，配套制定《发展众创空间推进大众创新创业带动就业工作实施方案（2015—2020 年）》等系列文件，制定促进就业创业各类政策 114 条，形成一整套政策“组合拳”。大力推进城乡就业一体化，出台《江苏省就业和失业登记管理办法》，将本省及外来农村转移就业劳动者全面纳入就业失业登记管理体系并发放《就业创业证》，实行城乡一体的就业失业登记管理制度。制定印发《关于失业保险支持企业稳定岗位有关问题的实施意见》，将失业保险基金支持企业稳岗政策实施范围扩大到所有符合条件的企业，确保了就业形势稳定。

二是创业带动就业取得新突破。深入实施全民创业工程，重点组织开展大学生创业引领、农民工返乡创业、城镇失业人员创业促进、留学人员创新创业“四大计划”。大力推进创业型城市建设，所有市县达到省级以上创业型城市标准。开展创业培训“进社区、进乡村、进高校”活动，将有创业意愿和培训需求的城乡劳动者全部纳入培训范围。完善省级创业示范基地评审制度，积极打造具有人社特色的创业载体。全省扶持 19.5 万名城乡劳动者成功创业，带动就业 74.3 万人，引领 2.6 万名大学生成功创业。

三是重点群体就业取得新进展。继续把高校毕业生就业摆在首要位置，深入实施离校未就业高校毕业生就业促进计划，9.9 万名离校未就业高校毕业生实名调查率和登记服务率均实现 100％。组织开展就业政策宣传月和就业促进月活动，举办校园宣讲、就业指导、专场招聘等活动 2 500 多场次，开发高校毕业生就业见习岗位 2.6 万个，全省高校毕业生总体就业率达 96.7％。大力帮扶城镇困难人员就业，加大社保补贴、岗位补贴等就业扶持政策落实力度，实现失业人员再就业 77.7 万人，帮扶就业困难人员就业 13.3 万人，新增转移农村劳动力 21 万人，累计转移 1 875.1 万人，城镇零就业家庭和农村零转移家庭持续保持动态为零，有力兜住了就业底线。

四是职业技能培训取得新实效。密切关注新型产业对劳动者提出的新需求，创新培训内容和模式，完善技能培训与就业岗位对接机制，建立劳动力资源培训需求调查制度、企业用工预报制度、促进技能培训和就业岗位有效对接机制。完善城乡一体的职业培训补贴政策，重点实施农民工职业技能提升计划，有效落实农村劳动力职业技能培训鉴定获证奖补政策，为14.1万名农村劳动力兑付获证奖补资金1.2亿元。全省培训城乡劳动者66.4万人，其中城乡新成长劳动力20.2万人。

二、立足制度完善，加快社会保障体系建设步伐

全面落实社会保障领域改革总体部署，坚持突出重点、稳步推进，不断提升社会保障体系建设水平。全省城乡基本养老、城镇基本医疗、失业、工伤和生育保险参保人数分别达到5 383.3万人、4 014.3万人、1 490.9万人、1 594.1万人和1 471.7万人，城乡基本养老、基本医疗和失业保险覆盖率达到95%以上；全国统一的社会保障卡持卡人数达到5 616.8万人，当年新增1 327万人。

一是全面深化社会保障领域改革。全面启动机关事业单位养老保险制度改革，出台机关事业单位工作人员养老保险制度改革的实施意见和相关配套文件，省政府于7月底召开电视电话会议进行动员部署，完成13个省辖市改革实施办法和视同缴费指数方案初审工作。加快全省机关事业单位养老保险信息系统建设，着力完善省本级经办条件。落实省级综合医改试点所涉任务，完善全民医保制度体系，制定出台《关于深化城镇基本医疗保险支付方式改革的指导意见》、《关于深化先行先试地区公立医院薪酬制度改革的指导意见》，着力打造医保支付方式改革、扩大异地就医联网结算范围、推进医保监控智能化等亮点，全省90%的统筹地区实行支付费用总额控制，75%的统筹地区实现省内异地就医联网结算，87%的统筹地区开展医保智能监控试点工作。

二是着力完善社会保障制度体系。指导各地规范执行统一的城乡居民基本养老保险制度。推进基本医疗保险制度城乡统筹，全省有35个统筹地区实现了城乡居民医保制度整合。以省政府令形式出台《江苏省实施〈工伤保险条例〉办法》，将机关及参照公务员法管理的事业单位工作人员纳入工伤保险范围。建立生育保险费率动态调整机制，全省费率调降0.5个百分点。提请省人大常委会对《江苏省社会保险基金监督条例（草案）》进行一审。贯彻落实城乡养老保险制度衔接政策，有效维护参保人员跨制度、跨地区流动时的社会保障权益。在南京、苏州开展扩大企业年金制度覆盖面试点，指导苏州市深入开展城乡社会保障一体化试点。

三是持续扩大社会保障覆盖范围。大力推进全民参保登记计划，试点地区覆盖90%的省辖市和80%的县（市、区），建成覆盖8 955万人口的全民参保登记信息比对数据库。以农民工、灵活就业人员等群体为重点，大力推进开发区企业、劳务派遣企业和建筑、餐饮、商贸等行业的参保工作，组织实施建筑等高风险行业企业工伤保险“同舟计划”。大力推动被征地农民参加社会保障，被征地农民参保率达99.9%。加大断保续保帮扶力度，全面落实社会保险补贴政策，建立健全助保机制，帮助困难群体接续社会保险关系，确保参保人员应保尽保。

四是稳步提升社会保障待遇水平。继续调整企业退休人员基本养老金和城乡居民基本养老保险基础养老金最低标准，调整后全省企业退休人员月人均养老金水平达2 460元，城乡居民养老保险基础养老金最低标准由每人每月90元调整到105元。提高城镇居民医疗保险筹资标准，人均财政补助达460元。深化总额控制下的按病种、按人头付费的复合式付费方式，全省城镇职工、居民医保政策范围内住院费用报销比例分别稳定在84%、72%以上。全面实施城乡居民大病保险，重特大疾病患者政策范围内个人负担水平降低10个百分点左右，全年共有 11.8 万人受益。健全失业保险金标准调整机制，月人均水平达 1 018 元。

三、服务转型升级，着力健全人才工作体制机制

适应创新驱动、转型升级要求，着力创新人才发展体制机制，大力实施重点人才工程项目，全年新增专业技术人才 50.4 万人，新增高技能人才 29.5 万人。全省人才资源总量达 1 160 万人，其中专业技术人才和高技能人才总量分别达 617 万人和 293 万人。

一是着力加强高层次人才队伍建设。深入实施专业技术人员知识更新工程和百名现代服务业人才出国培训计划，新培训专业技术人员 155.4 万名。成功组织赴北大、清华开展专项引才活动，大力培养引进高层次紧缺人才和外国专家，“六大人才高峰”高层次人才选拔培养计划新资助 682 个项目、5 821 人，江苏省“外专百人计划”新入选外国专家 30 名。进一步提升“千名专家进千企”、“百名海外博士江苏行”、“中国江苏创新创业大赛海外人才专场暨人才项目对接交流大会”等活动质量，促进各类人才与企业对接合作。加强留学人员创业载体和博士后站建设，新建省级留学人员创业园 3 家，新增博士后科研工作站 102 家，省级博士后创新实践基地 78 家。

二是着力培养高素质技能人才。研究起草《关于构建劳动者终身职业培训体系的实施意见》，启动实施新型技能大军培育工程，修订《江苏省高技能人才评选表彰办法》。深入实施高技能人才引进计划和海外培训计划，12 名高技能人才新入选省“双创计划”，组织 109 名高技能人才赴美国、德国培训。加强高技能人才载体建设，新设立重点产业专项公共实训基地 6 家、省级技能大师工作室 10 个，评选企业首席技师 97 名。拟定加快发展现代职业教育推进技工院校改革创新的实施意见，启动企业新型学徒制试点工作。筹备第三届江苏技能状元大赛。

三是着力完善人才评价机制。深化中小学教师职称制度改革，启动有关工程系列专业技术资格条件修订工作，出台《关于昆山市两岸人才合作试验区台籍专业技术人员职称评审工作的意见》。组织开展职业资格清理整顿专项督查活动，公布取消有关部门自行设置的 11 项职业资格。

四是着力优化人才发展环境。加大人才政策创新力度，加强苏南自主创新示范区建设人才政策研究，由省政府办公厅出台《关于进一步加强苏北地区人才工作的意见》，研究制定加快战略性新兴产业建设助推经济创新发展的意见。深入推进市县人力资源市场整合改革，大力发展人力资源服务业，评选人力资源服务业十大领军人才，认定人力资源服务业骨干企业 20 家。深入实施海外高层次人才居住证制度，优化国家“千人计划”特聘专家服务，举办 2015 年“江苏友谊奖”颁奖仪式，开展博士后制度 30 周年纪念活动，为各类人才发展创造良好环境。

四、坚持改革导向，切实规范公务员和人事工资管理

贯彻公务员管理制度改革、干部人事和收入分配制度改革要求，切实抓好相关重点事项落实，不断提升公务员管理科学化水平和人事工资制度建设管理水平。

一是深化公务员管理改革。组织开展聘任制公务员试点，研究制定《江苏省聘任制公务员管理试点实施办法》，完成首批聘任制公务员的聘任审批工作。提请省委办公厅、省政府办公厅出台县以下机关建立公务员职务与职级并行制度实施意见并部署实施。研究制定法院、检察院系统司法人员职业保障制度改革实施方案，做好公车改革涉及司勤人员安置有关工作。完善公务员选用和考核激励机制，制定出台《江苏省公务员录用实施办法》、《江苏省公开遴选公务员实施办法》，为全省各级机关和参公单位考录工作人员 5 684 名。进一步规范创建达标评比表彰活动，表彰全省 30 名人民满意的公务员和 20 个公务员集体。持续抓好省级机关公务员大讲堂、送教下基层、对口培训等工作，全省共培训公务员58.1万人次。

二是规范事业单位人事管理。深入贯彻实施《事业单位人事管理条例》，持续推进岗位管理和人员聘用制度，全面完成岗位设置工作，初步实现由身份管理向岗位管理、固定用人向合同用人的转变。研究制定《关于进一步规范全省事业单位公开招聘人员工作的若干意见》，组织实施年度省属事业单位统一公开招聘活动，招聘工作人员571名。组织开展全省机关事业单位“吃空饷”问题集中治理，共清理出“吃空饷”单位84家、1 320人，研究建立严控“吃空饷”长效机制。制定出台《关于鼓励高校、科研院所专业技术人员创新创业有关人事管理的意见》，鼓励省属及各地所属高校、科研院所事业单位中的专业技术人员带着科研项目和成果，通过在职创业和离岗创业方式开展创新创业活动。圆满完成年度2 480名军转干部安置任务，国务院军转办在徐州召开全国计划分配军转干部教育培训工作经验交流会，总结推广江苏和徐州的经验做法。安全顺利完成85项312万科次人事考试任务。

三是稳慎推进工资制度改革。提请省政府办公厅转发关于调整江苏省机关事业单位工作人员基本工资标准两个实施意见的通知，通过增资预发和临时性补贴的办法，于7月底全面兑现到位。制定出台乡镇机关事业单位工作人员实行乡镇工作补贴的实施办法，全省基本兑现到位。稳妥推进国有企业负责人薪酬制度改革，提请省委、省政府印发深化省管企业负责人薪酬制度改革实施意见，下发市县国有企业负责人薪酬制度改革工作通知，推动各地加快工作进度。指导各地以非公企业为重点，继续扩大工资集体协商覆盖面。经省政府批准，从2016年1月1日起上调最低工资标准。

五、注重创新创优，积极构建和谐劳动关系

以贯彻落实中共中央、国务院关于构建和谐劳动关系的意见为统领，不断创新体制机制，持续加大劳动关系协调、劳动保障监察和劳动人事争议调解仲裁工作力度。

一是着力健全构建和谐劳动关系体制机制。贯彻落实中共中央、国务院《关于构建和谐劳动关系的意见》，省委、省政府及时出台《关于构建和谐劳动关系的实施意见》。会同省住建厅等部门制定出台全面治理拖欠农民工工资实施意见，推动落实预警防范、快查快处、部门联动、支付保障、信用监管等五大工作机制，维护农民工合法权益。

二是切实加强劳动关系协调工作。深入贯彻实施劳动合同新法新规，重点规范小微企业的用工行为，密切关注企业用工形势，积极指导企业完善劳动合同、集体合同文本和规章制度，规模以上企业劳动合同签订率和已建工会集体合同签订率继续稳定在98%和95%以上。依法实施劳务派遣行政许可，加强对超比例劳务派遣用工单位的指导服务。有效推进集体合同制度扩面提质，大力实施集体合同制度攻坚计划，加大区域、行业集体合同和专项集体合同推进力度。

三是着力增强基层处置劳动关系矛盾的能力。做深做实劳动保障监察“两网化”管理，落实网格内劳动关系监测预警和运行情况定期报告制度，有效开展“信息采集、指导服务、窗口接待、矛盾调处、监测预警、应急处置”等网格业务，一半左右的举报投诉在乡镇街道得到调处，调处成功率保持在90%以上。加强基层劳动人事争议调解仲裁工作，大力推进乡镇街道调解中心和巡回仲裁庭规范化建设，不断提升基层调解能力和水平。

四是全力打造劳动者维权服务平台。畅通“电话、网络、窗口”三位一体维权渠道建设，开辟省级12333维权受理专席，以信息化手段为支撑，创新打造全省联动统一的举报投诉平台和调解服务平台，相关做法被人社部在全国范围内推广，中央电视台《焦点访谈》栏目以“劳资两利和为贵”为主题进行宣传。

五是不断提升执法维权效能。组织开展农

民工工资支付、劳动用工和社会保险等专项执法检查，认真贯彻落实《职工带薪年休假条例》，及时受理职工举报投诉。加大集体争议调处力度，推进仲裁案件网上运行，创新拟定类案要素式庭审规范程序，不断提升仲裁质效。全省共主动监察用人单位 12.1 万户，接受举报投诉 3.4 万件，追发工资待遇 11.7 亿元，接处劳动人事争议 10.4 万件。

江苏省人力资源和社会保障厅

南　京　市

2015 年，南京市人社局认真贯彻市委、市政府的决策部署，按照“五个迈上新台阶”的工作总要求，牢牢抓住“民生为本、人才优先”工作主线，不断改革创新，统筹推进重点工作和重大改革任务，各项工作都取得了新的进展。

一、注重精准发力，就业形势保持总体稳定

始终把就业工作摆在全局的突出位置，积极构建“稳岗有奖励、创业有扶持、培训有补贴、困难有援助”的就业促进机制，推动全市就业规模与就业质量同步提升，新增城镇就业人数连续五年突破 20 万人，城镇登记失业率为 1.9%。

一是完善就业政策体系。根据国家和省进一步做好新形势下就业创业工作和农民工服务工作的要求，制定贯彻意见，完善鼓励企业吸纳就业、扶持大众积极创业、服务重点群体援助就业等系列政策。制定出台了失业保险支持企业稳定岗位的政策，对全市符合条件的不裁员、少裁员企业给予稳岗补贴，全市每年将减轻参保单位负担 10 亿元。

二是推动创业带动就业。更大力度推进创业带动就业，实施创业能力提升、创业政策拓展、创业载体建设和创业服务改进四大行动，全市培育各类自主创业者达到 1.59 万人，创业带动就业 12.31 万人。通过资助优秀创业项目、发放创业担保贷款和提供免费创业场地等，帮助大学生降低创业门槛，全市共扶持大学生创业 4 081 人。在首届中国“互联网+”大学生创新创业大赛上，南京市有 12 个创业项目获奖，其中 2 个项目获得金奖。

三是帮扶重点群体就业。继续把高校毕业生就业放在首位，完善落实促进高校毕业生就业的政策，强化高校毕业生就业指导，开展未就业高校毕业生实名制登记和跟踪服务，在高校毕业生人数连创新高的情况下，全市高校毕业生总体就业率稳定在 97%以上。加大城乡就业困难人员就业援助力度，落实社会保险补贴、岗位补贴、稳岗补贴及职业培训补贴四项补贴政策，全市发放 4.92 亿元，实现再就业 10.15 万人，援助就业困难人员就业 1.4 万人，实现农村劳动力转移就业 4.06 万人次。

四是提升劳动者就业能力。加大职业培训投入，扩大培训规模，免费为下岗失业人员、新生劳动力、农村转移劳动力开展就业再就业培训，提升就业能力。全市开展各类培训人数达到 39.21 万人次。

二、突出城乡统筹，社会保障体系更加健全

按照全覆盖、保基本、多层次、可持续工作方针，不断提升社会保障体系建设水平。

一是推进社会保险制度改革。建立和完善城乡居民基本养老保险制度，城乡社会保障政策逐步统一。贯彻省政府第 93 号令，制定本市具体实施办法，新增被征地人员全部做到即征即保。2015 年，完善养老保险市级统筹，将溧水、高淳两区纳入养老保险市级统筹范围，并且一年内相继制定出台了《南京市城镇职工工伤生育保险市级统筹实施办法》、《南京市城镇职工基本医疗保险市级统筹实施办法》，率先按统收统支模式实现了职工五项保险的市

级统筹，进一步提高了社会保险保障能力和服务水平。按照国家和省要求，推进市机关事业单位养老保险制度改革工作。以深化医保付费方式改革、公立医院医药价格改革、支持分级诊疗体系建设等为重点，顺利推进综合医改试点工作。

二是强化社会保险扩面征缴。南京作为国家和江苏省全民参保登记的试点城市之一，率先启动全民参保登记工作。按照简便高效、覆盖全民的原则，采取以信息比对为主、重点入户调查为补充的方式，建立城乡一体的社会保险参保登记资源数据库，为推动社会保险由“广覆盖”迈向“全覆盖”奠定了坚实基础，得到国家人社部领导的充分肯定。全市城镇职工五项社会保险累计参保 1 441.46 万人次，净增 51.73 万人次，城乡基本养老保险、医疗保险和失业保险覆盖率均达到 98%以上。

三是提高社会保险待遇。企业退休人员人均养老金增幅超过 10%，全市月平均养老金达到 2 659 元。全市城乡居民基础养老金最低计发标准提高至每人每月 310 元，并且从 2015 年起实现城乡同标。医疗保险个人负担不断降低，职工医保和居民医保政策范围内住院费用报销比例提高到 85.02%和 75.01%。自 2015 年起正式实施城乡居民和职工大病保险政策，全市已有 1.67 万人、共计 14.22 万人次享受大病保险待遇，大病保险基金支付 1.4 亿元，有效缓解了参保职工因病致贫的问题。

四是提升社会化管理服务水平。启动第四轮企业退休人员免费健康体检工作，已组织免费体检 40.38 万人。通过“社保通”发送各类信息 191 万多条，完成近 150 万人次权益记录单的发放。将本市提供省内异地联网结算服务的医疗机构由原来的 10 家增加到 106 家，实现 3.7 万多人次省内异地就医结算。

三、坚持引培并举，人才队伍建设进一步加强

坚持人才优先的发展理念，以重大人才项目为抓手，以“双高”人才为重点，提高人才质量，壮大人才规模，改善人才发展环境。

一是加大高端人才引进力度。大力实施重大人才工程，近几年来已累计引进领军型科技创业人才 3 492 人，引进高端人才团队 40 个。成功举办第八届中国留学人员南京国际交流与合作大会，有 1 200 名海内外留学人才参加大会，会议期间开展洽谈对接 2 700 多人次，新引进外国专家、新增留学回国人员双双过千人。

二是推进高层次人才队伍建设。实施南京市专业技术人员知识更新工程和万名专家服务基层活动，开展各层次专家选拔推荐，创新人才评价激励机制。全市专业技术人才总量达到 123.16 万人，全市享受政府特殊津贴人员、省和市有突出贡献中青年专家人数突破千人，国家博士后科研工作站 61 家，江苏省博士后创新实践基地 65 家。

三是优化高技能人才培养环境。完善技能人才选拔培养和奖励政策，建设高技能人才公共实训基地，创办技能大师工作室，着力培养与产业转型升级需求相适应的技能人才队伍。全市高技能人才总量达到 33.14 万人，新增高技能人才 2.59 万人，每万名劳动力中高技能人员数达到 697 人，2015 年又有 3 人跻身国家级高技能人才领军人物，新创建成功 1 家国家级高技能人才培训基地、3 个国家级技能大师工作室。

四、强化制度规范，人事管理水平不断提高

着力抓好重点改革事项的推进，积极构建“制度完善、执行规范、运行有序”的人事管理工作模式。

一是加强公务员队伍建设。严格执行公务员考录制度，完成 2015 年公务员计划招录工作。严格落实公务员考核奖惩办法。进一步做好公务员培训工作，将全市所有公务员纳入干部培训绩效考核范畴，全市公务员在职培训人数达到 7.66 万人次，其中公务员依法行政能力培训 3.95 万人次。

二是推进事业单位人事制度改革。以转换用人机制为目标，以深入推进和完善事业单位岗位管理、人员聘用和公开招聘三项基本制度为重点，进一步促进事业单位人事制度改革，“按需设岗、按岗聘用、以岗定薪、合同管理”机制得到规范运行。

三是妥善做好军转安置工作。坚持把军转安置工作作为重要的政治任务，通过实行“考核测试、量化积分、双向选择、保底安置”的办法，不折不扣地落实年度安置计划，积极做好企业军转干部解困维稳工作。

五、重视权益保障，劳动关系持续和谐稳定

积极应对复杂多变的劳动关系运行态势，加强劳动用工管理，创新劳动关系协调机制，保持全市劳动关系和谐稳定。

一是加强劳动用工管理。规范劳动合同管理，全面推行劳动合同备案制度，进一步加强对劳务派遣单位的指导管理。做好劳动关系矛盾排查和钝化工作，强化对敏感时期的劳动关系政策指导和服务。全市劳动合同备案人数达255.46万人，审查企业集体合同1.25万份。全市规模以上企业劳动合同签订率99.99％，建会企业集体合同签订率99.8％。

二是完善收入分配制度。落实企业最低工资制度，开展企业薪酬调查工作，发布2015年人力资源市场工资指导价位和2014年南京市企业人工成本，进一步做好工资分配和分类的调控、指导，研究推进地方国有企业负责人薪酬制度改革工作。扩大工资集体协商覆盖面，推动形成劳资共决的企业工资决定机制。

三是提高劳动人事维权能力。推进劳动仲裁实体化建设，市区两级12家仲裁院全部达到省级示范仲裁院标准。加大劳动保障维权执法力度，集中查处拖欠工资等违法行为。全市主动监察用人单位19 996户，受理各类案件5 097件，督促用人单位补签劳动合同12.77万份，为劳动者追回工资1.24亿元。仲裁委立案处理案件结案率为99.3％。

六、践行“三严三实”，党风廉政建设和作风建设成效明显

着眼于全面从严治党的要求，局党组认真落实主体责任，加强党的思想、组织、作风、反腐倡廉和制度建设，建立和完善横向到边、纵向到底的党风廉政建设责任制。精心组织“三严三实”专题教育，全局处以上干部全员参加活动，局领导班子成员率先垂范，通过上党课、集体交流研讨、列出问题清单等活动，不断将全局教育活动引向深入，让党员干部再次受到深刻的思想洗礼，得到深刻的党性锻炼。改进机关工作作风，坚持问题导向，直面机关作风存在的问题不遮不掩不护短，机关评议中反映的问题全部整改落实。同时狠抓处室评议，有效推动处室更好地服务发展、服务基层、服务群众的水平。突出抓好窗口建设，加强日常监督管理，把群众满意作为检验工作的唯一标准，服务意识和效能明显提升，全年窗口服务中办事群众累计评价60多万次，满意率为91.55％。

南京市人力资源和社会保障局

浙　江　省

2015年，浙江省各级人力资源社会保障部门认真贯彻省委、省政府决策部署，圆满完成年度工作目标任务，各项工作取得新进展。省人力资源社会保障厅年初明确了着重推进6个方面的重点改革任务。一是薪酬待遇方面，有序推进机关事业单位养老保险制度、国有企业负责人薪酬制度改革；完善机关事业单位工资制度；实施县以下机关公务员职务与职级并行、职级与待遇挂钩制度。二是促进创业方面，健全鼓励大众创业的体制机制，强化政府扶持，优化创业环境，着力构建开放高效的创新创业生态系统，让每一个有创业意愿的人实现创业梦想。三是人才发展方面，完善人才智力引进体制机制，建立更加高效的人才供需对接平台，提高引才工作实效和精准度；进一步下放人才评价权限，深化医疗卫生机构和中小学教师职称制度改革；完善更加体现优绩优酬的事业单位高层次人才绩效工资政策；探索建立企业高层次人才职业年金制度；制定公办民办学校、医院人才双向流动政策，破除人才流动体制机制障碍。四是社保制度方面，建立城乡统一的基本医疗保险和失业保险制度；深化医保支付制度改革，探索药品和医疗服务价格支付标准确定机制；完善社保基金监管机制，全面建立“分段把关、分人负责、相互制衡”的社保经办管理模式；探索社保基金保值增值办法。五是和谐劳动关系方面，创新劳动关系协调机制，完善争议调解仲裁和监察执法制度，畅通职工表达合理诉求渠道，构建以“双爱”为核心的劳动关系系统治理、源头治理体系。六是简政放权方面，实施严格的权力清单和责任清单制度，继续转移、下放、取消一批权力事项，简化办事流程，强化权力事项事中事后监管，进一步加快转变部门职能。

一、城乡就业创业

7月，省政府出台《关于支持大众创业促进就业的意见》（浙政发［2015］21号），在全面贯彻国家政策的基础上，结合浙江省实际有所突破和创新，重点从降低创业门槛、宽容创业失败、加大资金扶持等10个方面提出扶持创业的政策举措，全力推进大众创业，支持创业带动就业。2月，省人力资源社会保障厅、省财政厅、省发展和改革委员会、省经济和信息化委员会联合下发《关于失业保险支持企业稳定岗位有关问题的实施意见》（浙人社发［2015］30号），对采取有效措施不裁员、少裁员，稳定就业的企业，由失业保险基金给予稳定岗位补贴。9月，省人力资源社会保障厅、省财政厅下发《关于印发网络创业认定办法的通知》（浙人社发［2015］110号），贯彻落实《国务院关于进一步做好新形势下就业创业工作的意见》精神，对网络创业的认定对象、认定标准、认定程序、政策享受等相关内容进行明确和规范，进一步支持和促进网络创业。

全省各级人力资源社会保障部门组织实施大学生创业引领计划，全年开展大学生创业培训2.13万人，扶持大学生创业1.58万人，带动就业4.02万人。截至2015年年底，认定大学生创业基地146个，园内大学生创业企业1.2万家，带动就业10万人。各地积极应对经济形势下行压力，大力挖掘失业保险预防失业潜力，出台失业保险支持企业稳定岗位补贴实施意见，将稳岗补贴政策适用对象从兼并重组、化解产能过剩、淘汰落后产能三类企业扩大到所有符合条件的企业。全省开展“就业援助月”、“春风行动”、“民营企业招聘周”、“高校毕业生就业服务月”、“高校毕业生就业服务周”等专项活动。全年全省城镇新增就业110.53万人，失业人员再就业42.95万人，其中，就业困难人员实现就业14.05万人。城镇零就业家庭实现基数归零，城镇登记失业率2.93%。

二、社会保障工作

8月，省政府下发《关于贯彻落实〈国务院关于机关事业单位工作人员养老保险制度改革的决定〉的实施意见》（浙政发［2015］25号），明确主要政策，并召开全省机关事业单位养老保险制度改革电视电话会议，动员部署改革工作，至12月，根据“先易后难”和“先规范后纳入”的原则，正式开展机关事业单位养老保险业务经办工作。8月，省人力资源社会保障厅会同省卫生计生委、省中医药管理局下发《关于开展中药配方颗粒纳入浙江省基本医疗保险支付范围试点工作的通知》（浙人社发［2015］94号），在本省三级以上中医院开展中药配方颗粒纳入基本医保支付范围试点。11月，为促进实体经济持续健康发展，经省政府同意，省人力资源社会保障厅、省财政厅、省地方税务局下发《关于2015年对部分工业企业临时性下浮社会保险费缴费比例的通知》（浙人社发［2015］128号），对符合享受政策条件的部分工业企业临时性下浮社会保险费缴费比例，全省共为26.6万家工业企业减征基本养老保险费23.2亿元。

企业职工基本养老保险参保人数2 398.4万人，基金收入1 911.4亿元，支出1 534.3亿元，累计结余3 008.7亿元。城乡居民基本养老保险参保人数1 286万人，参保率达95%以上，基金收入148.4亿元，支出143.8亿元，累计结余144.3亿元。医疗保险参保人数达到5 195万人，其中，城镇职工基本医疗保险参保人数1 993万人，城乡居民参保人数3 202万人；职工医保基金收入692亿元，支出509亿元，累计结余1 060亿元；城乡居民医保基金收入278亿元，支出264亿元，累计结余65亿元。生育保险参保职工1 285万人，基金收入39亿元，支出30亿元，累计结余40亿元。工伤保险参保职工1 930.12万人，基金收入57.70亿元，支出44.02亿元，累计结余78.72亿元。失业保险参保人数1 260.25万人，基金收入98.14亿元，支出61.40亿元，累计结余379.89亿元。城乡居民基本养老保险基础养老金最低标准提高到120元。失业保险金平均水平为1 184.97元/月，比上年增加98.82元。全省累计发放社会保障卡4 677万张，基本覆盖城镇职工和城镇居民基本医疗保险参保人群。截至2015年年底，11个地市中，杭州、温州、绍兴、舟山、丽水、衢州已经实行医保城乡统筹，金华、台州有部分统筹区已经实行城乡统筹，11个地市城镇居民和新农合均已实现人社部门统一管理。根据新一轮省级调剂补助政策，经省政府同意对全省26个市县拨付2014年度省级调剂补助资金和2015年度预拨资金共41.8亿元。

三、人才队伍建设

开展2015年国家百千万人才工程人选推荐工作，向人社部推荐25名国家百千万人才工程人选。选拔省151人才工程第三层次培养人员370名。实施浙江省钱江人才计划及博士后择优资助项目，遴选推荐钱江人才计划C类、D类项目44个、博士后择优资助项目166个。完善省151人才工程选拔培养机制，首次定向选拔省“青年科学家培养计划”人员列入第三层次培养30名，新选拔省151人才工程重点资助、第一层次、第二层次培养人员分别为20名、88名、203名。选拔省有突出贡献中青年专家50人，配合省委组织部选拔省“千人计划”159人，新入选国家“千人计划”16人。新获人社部批准博士后科研工作站28家。征集了全省279家设站单位757条招收信息，在“博士后招收信息集中发布对接平台”和高校网站集中发布。推进企业博士后工作站备案制，新建160家企业工作站。纪念博士后工作30周年，人社部会同中央电视台对浙江省博士后工作进行专题采访报道。根据省专业技术人才知识更新工程指导协调小组《2015年度知识更新工程实施计划》，全年共培训5万名高端、创新型专技人才，完成186万人次的岗位培训。

3月12日，省政府办公厅出台《关于加快推进技能人才队伍建设的意见》（浙政办发［2015］25号），要求到2017年全省新增高技能人才60万人，高技能人才占技能人才比例、技能人才占从业人员比例位居全国前列。12月4日，省政府在省人民大会堂隆重举行第43届世界技能大赛参赛表彰大会暨2016年全省岗位大练兵技能大比武启动仪式，对获奖选手、为参赛工作作出突出贡献的单位及个人进行表彰奖励。截至2015年年底，新增高技能人才25万人，高技能人才总量达到220万人，高技能人才占技能劳动者的比例达到24.2%。已建成国家级高技能人才培训基地15个、国家级技能大师工作室17个、省级高技能人才公共实训基地29个、省级技能大师工作室200个。

四、人事制度改革

根据国家统一部署要求，省人力资源社会保障厅牵头组织开展全省机关事业单位“吃空饷”集中治理工作，着力规范事业单位工作人员“进、管、出”环节。为了促进人才流动，省人力资源社会保障厅会同省教育厅、省卫生和计划生育委员会印发《关于促进公办与民办学校、医疗机构之间人才合理有序流动有关问题的通知》（浙人社发［2015］155号），破除了人才流动的体制机制障碍，促进民办学校、医疗机构加快发展。省人力资源社会保障厅还会同省水利厅、省农业厅、省林业厅、省海洋渔业局印发《关于组织全省基层事业单位集中开展公开招聘农林牧渔水利类专业技术人才工作的通知》（浙人社发［2015］53号），进一步加强基层农技人才队伍建设，推进事业单位分类公开招聘工作。

五、工资收入分配改革

6月，根据国家统一部署，省政府办公厅转发《浙江省人力资源社会保障厅　浙江省财政厅关于调整机关工作人员基本工资标准和事业单位工作人员基本工资标准两个实施办法的通知》（浙政办发［2015］78号），省人力资源社会保障厅、省财政厅印发了《浙江省机关事业单位离退休人员增加离退休费的实施办法的通知》（浙人社发［2015］55号）。7月，根据国家统一部署，省委办公厅、省政府办公厅转发了省委组织部、省人力资源社会保障厅、省编委办、省财政厅、省公务员局五部门《关于县以下机关公务员建立职务与职级并行制度的实施意见》（浙委办发［2015］44号）。同月，五部门联合召开全省县以下机关建立公务员职务与职级并行制度实施工作电视电话会议。截至年底，全省各县（市、区）以下机关公务员职务与职级并行制度已顺利正常运行。其中，已兑现政策15 079人，占符合职级晋升条件公务员总数的77.6%。为充分调动高层次人才的积极性，省人力资源社会保障厅和省财政厅下发了《关于进一步完善省直事业单位高层次人才绩效工资管理有关问题的通知》（浙人社发［2015］12号），对国家级十二类人才、省级四类人才，明确省直事业单位可结合实际，制定收入分配倾斜政策，优绩优酬，不纳入单位绩效工资总量。

六、劳动关系调整

11月，省委、省政府印发《关于进一步构建和谐劳动关系的实施意见》（浙委发［2015］22号），对劳动关系调整工作作出了部署。3月，省构建和谐劳动关系工作领导小组印发《2015年“双爱”活动工作要点》（浙构建发［2015］1号）。8月，省人力资源社会保障厅发布2014年度各市劳动关系和谐指数及和谐程度排名，平均值达82.52。

2015年，开展劳动合同签订“春暖行动”，全省劳动合同签订率为97%。积极推进“集体合同制度实施攻坚计划”，集体合同签订率达到92%，覆盖企业38.2万家，覆盖职工1 773.6万人。组织劳务派遣市场调查，建立劳务派遣信息台账。全省共有劳务派遣企业1 456家，用工单位1.29万家，被派遣职工47.95万人。自11月1日起，全省最低工资标准调整为1 860元、1 660元、1 530元、1 380元四档，平均增幅13%；非全日制工作最低小时工资标准调整为17元、15.2元、13.8元、12.5元四档，平均增幅26.7%。省人力资源社会保障厅组织开展重点城市企业薪酬调查，发布劳动力市场工资指导价位，推行行业性、区域性工资集体协商制度，建立健全企业工资决定和正常增长机制。

浙江省人力资源和社会保障厅

杭　州　市

2015 年，杭州市人力资源和社会保障局主动适应新常态新形势，以“创新推进年、服务提升年、法治深化年”为抓手，努力推动人力社保事业实现新发展，有效发挥了保障民生和服务发展的功能。

一、就业创业

（一）就业局势保持稳定。

出台《杭州市人民政府关于支持大众创业促进就业的意见》（杭政函［2015］174 号）（即“杭州就业创业新政 27 条”），释放改革与政策红利，推动全市就业政策体系从 3.0 版向 4.0 版升级。制定《关于失业保险支持企业稳定岗位有关问题的通知》、《杭州市职业培训补贴实施办法》、《市区城镇就业困难人员和高校毕业生灵活就业补助和社保补贴办法》等配套政策，运行“六位一体、四级联动”的智慧就业服务平台，促进社会充分就业。全市城镇新增就业 28.8 万人，接收高校毕业生 7.7 万人，帮助城镇失业人员实现再就业 14.2 万人。制定《杭州市失业应急预案》，大幅提高失业风险预警调控能力，年末城镇登记失业率为 1.74%，控制在较低水平，就业形势总体保持稳定。

（二）大众创业强力推进。

大力推进“大众创业、万众创新”，广搭平台促进要素对接、项目落地。首次走出国门，在美国硅谷举办“创客天下・2015 杭州市海外高层次人才创新创业大赛”，以国际化视野和方式遴选世界各地优质人才项目，总决赛 8 个获奖项目 6 个已落户杭州，一等奖项目现场获风投资金近 1 亿元。成功举办第四届中国杭州大学生创业大赛，2 700 个项目参赛，91 个参赛项目正式落地。新建杭州师范大学、喜福汇 2 家市级大学生创业园，全市市级大学生创业园已达 17 家，其中国家级大学生创业孵化基地 1 家，省级大学生创业示范基地 7 家。办好杭州大学生创业学院，全年完成精英班、强鹰班、雏鹰班培训 4 期，180 名学员参训，并首次将创业班办到县（市），在建德市开办农村电商创业专题班。做实“海大基金”、“涌泉基金”，截至 2015 年年底，“海大基金”投资企业 8 家、金额 7 100 万元，“涌泉基金”共募集资金 3 000 万元，投资初创型大学生创业企业 18 家、金额 1 800 万元。举办“2015 创业活动周”活动，认定“2015 杭州众创十佳”，启动杭州市创业先锋进校园暨第三届“师友计划”，将网尚创业园转型升级为网尚空间。全年资助大学生创业项目 214 个、资金 1 233 万元，资助留学生创业项目 62 个、资金 2 148 万元。全市新增大学生创业企业 1 485 家、创业大学生 3 522 人，带动就业 6 496 人，大学生创业态势保持稳定增长。杭州市网络创业培训技术标准为制定国家标准提供了重要参考，即将在全国推广。

（三）就业帮扶及时有力。

落实鼓励单位吸纳就业、灵活就业、公益性岗位安置等帮扶举措，全年帮扶城镇就业困难人员实现就业 6.37 万人。充分发挥失业保险基金促就业、防失业的作用，为 1 444 家企业发放稳岗补贴（含稳定就业单位社保补贴）2.20 亿元，惠及职工 31.58 万人。主城区新增社区公益性服务岗位 1 391 个、实有在岗人数 10 567 人，享受灵活就业补贴 82 056 人次，6 000 余家用人单位 19 227 名就业困难人员申请享受用工补助和社保补贴，1 206 名就业困难人员申请享受创业补助和社保补贴。落实农村劳动力用工补助和社保补贴，运用政策杠杆鼓励农村就业困难人员转移就业，年内主城区（不含大江东产业集聚区）开发农村公益性服务岗位 870 个，年底实有在岗人数 869 人，300 家单位申报农村用工补助和社保补贴，涉及农村就业困难人员 636 人。

二、社会保障

（一）社保区域统筹力度持续加大。

深化社保制度改革，做好机关事业单位养老保险制度改革的各项准备。城乡居民基本养老保险制度进一步完善，实现制度名称、缴费标准、财政补贴标准和基础养老金标准“四统一”。加大社保区域统筹力度，大江东产业集聚区与主城区社保一体化运行平稳，主城区和萧山、余杭区实现 939 家医疗机构医保消费实时互认，主城区和萧山、余杭、富阳区社保权益实现互查互认。

（二）参保扩面任务全面完成。

推进全民参保登记，全市共完成约 140 万人次入户调查，全民参保登记率达 100%。截至 2015 年年底，杭州市职工基本养老保险、基本医疗保险、工伤保险、生育保险、失业保险参保人数分别达 505.4 万人、870.7 万人、418.2 万人、326.7 万人、349.4 万人，比上年年末分别增加参保人数 23.6 万人、30.5 万人、11.5 万人、17.4 万人、17.6 万人。全市基本养老和医疗保险参保率分别达 95% 和 98% 以上，基本实现全民覆盖。

（三）保障待遇持续提高。

完善特殊药品大病保险政策，出台《关于完善杭州市大病医疗保障制度有关问题的通知》（杭政办函［2015］65 号）、《关于开展主城区特殊药品大病保险工作的通知》等政策，将 15 种特殊药品的费用纳入大病保险支付范围，将艾滋病纳入基本医疗保险规定病种范围，进一步减轻患者负担，防止因病致贫返贫。失业保险费率由 3% 调整为 2%，其中用人单位缴费比例由单位工资总额的 2% 调整为 1.5%，职工个人缴费比例由本人工资的 1% 调整为 0.5%，全年为 21.2 万家企业减负约 7.1 亿元。继续提高企业退休人员养老金待遇，全市 107.05 万名企业退休（职）人员养老金月人均增加 259.41 元。主城区城乡居民基础养老金由每人每月 150 元提高到 170 元，增长 13%。截至 2015 年年底，全市持社会保障卡人数达 900 万人以上。

（四）基金监管敢动真格。

开展全市社会保险基金管理和运行情况联合检查，及时落实整改，督促各地对照“问题清单”抓好整改。多措并举加强日常监管，医保智能监管平台由主城区延伸覆盖到三区四县（市），市本级定点零售药店全部纳入总额预算付费管理，推出医保消费的短信提醒服务和 APP 客户端对账服务，确保基金安全。全年追回违规发生医疗费 466.1 万元，暂停“两定”机构服务协议 25 家，解除服务协议 21 家。

三、人才队伍建设

（一）人才新政初见成效。

贯彻“杭州人才新政 27 条”，制定出台《高层次人才分类认定办法》、《高层次人才分类偏才专才认定实施细则》和《高层次人才分类认定管理制度》，为高层次人才落实优惠政策和精准服务，全年完成人才分类认定 1 034 名，发放住房补贴资格证 187 张，提供创业贷款贴息 2 100 万元。编制发布《杭州市 2015 年度信息（智慧）产业紧缺人才需求目录》，在电子商务、软件与信息服务、数字内容（智慧文创）、电子信息产品制造、云计算与大数据、物联网、智慧物流、移动互联网、互联网金融、机器人、集成电路、信息安全等 12 个信息（智慧）经济核心产业领域，增强人才引进、培养的针对性和有效性。

（二）“两高”人才队伍建设有新突破。

实施“131”中青年人才培养计划，推荐10名培养人选赴海外进修，选派15名培养人选赴德国参加“制造业信息化与工业4.0”短期培训，组织36名培养人选参加国内休假活动，做好培养人选的综合考评和年度考核工作。实施“115”引进国外智力计划，实施引智项目235项。1名外国专家入选“国家外专千人计划”，实现零突破；4名外国专家获2015年省政府“西湖友谊奖”。开展2015年杭州市“钱江友谊奖”评选工作，10名外国专家入选。新增国家级博士后工作站8家、省级博士后试点单位36家，引进博士后研究人员68名，选聘钱江特聘专家31名。成功举办2015浙江·杭州国际人才交流与项目合作大会，杭州市现场签约项目178个，签约金额19.3亿元，较上年增长17%，达成海外高层次人才引进意向300余人，受到省、市领导的充分肯定。加大力度推进高技能人才培养，组织开展“技能让我更精彩”——杭州市职业技能竞赛拓展年活动，新增国家级技能大师工作室1个、省级技能大师工作室6个、省首席技师6名、市技能大师工作室10个，全年培养高技能人才4.03万人，全市高技能人才总量已达36.7万人。杨金龙喜获第43届世界技能大赛汽车喷漆项目金牌，为中国首次获得“技能奥林匹克”金牌作出突出贡献。

（三）市场配置作用明显。

落实《关于加快发展人力资源服务业的实施意见》（杭政办函［2014］71号），从加大扶持力度、积极引进人才、实施推进工程、优化市场环境等方面着手，全方位推动杭州市人力资源服务业发展。制定出台《杭州市人力资源服务产业园发展规划》（杭政函［2015］131号），提出实施诚信服务、能力提升等四大工程，以规划引领产业园区发展。圆满承办全国人力资源市场建设座谈会，人力资源社会保障部为“中国杭州人力资源服务产业园”授牌。建立人力资源服务产业发展新模式，形成猎头、人才测评、人事外包、人才派遣等完整的产业链。全年仅杭州国家级产业园内111家人力资源服务机构就累计服务企业1万余家、30多万人，实现产值55亿元、利税7 000万元。

四、人事制度改革

（一）加强公务员管理。

精心组织公务员考试录用工作，首次试行面试考生分组随机抽签，持续提高面试公信力，全市各级机关实际招录公务员1 100余名。深化公务员平时考核工作，将考核纳入全市综合考评，市级机关实现平时考核全覆盖，各区、县（市）率先在人力社保系统试点。扎实推进县以下公务员职务与职级并行制度，成立杭州市公务员申诉公正委员会，制定公务员转任和参公单位非领导职务设置有关政策，公务员管理机制进一步完善。评选2015年度杭州市市直单位、杭州市基层站所“十佳公务员”各10名，首次将基层站所“十佳公务员”纳入健康疗休养范围。加强公务员培训，落实《杭州市公务员培训学分制管理办法》，改版“干部学习新干线”学习平台，2015年在线学习总时长近300万小时。组织公务员四类培训和4期“公务员知识大讲堂”，提升公务员能力素质。

（二）深化事业单位人事制度改革。

科学设置事业单位岗位，核准68家市属事业单位调整岗位设置方案。实行动态管理，实时办理各部门下属842家次事业单位6 700余名工作人员岗位聘用变动认定工作。按照能力、业绩、贡献等评判标准，评审甄选专业技术三级岗人员46名。做好事业单位公开招聘、引进人才工作，办理事业单位进人1 496人，其中公开招聘1 162人、“顺向流动”146人、主管部门任命134人、其他方式54人。会同市委组织部制定出台《关于杭州市市属事业单位考核引进高层次人才试行备案制工作的通知》，优化办事流程，开通绿色通道。规范事业单位招聘管理，实施《杭州市事业单位公开招聘工作人员操作程序（试行）》，在全市推广统一拟制的公告公示模板、面试程序参考模板等。组织2015年度市属事业单位统一招聘，共推出118家事业单位255个招聘岗位、303项招聘计划，注册报名12 543人。首次启动面向大学生村官公开招聘乡镇（街道）事业单位工作人员，采取笔试、面试、量化考核等方式，推出计划62项，录用优秀大学生村官58名。

（三）完善机关事业单位工资制度。

制定和完善全市机关事业单位工资福利政策，采取在原基础性绩效工资中设立事业单位月度考核奖的办法，解决机关事业单位养老保险制度改革后出现的机关事业单位缴费基数不平衡的矛盾。完成全市机关事业单位在职15.76万人的调标审批，做好将机关部分地方性津补贴纳入基本工资、预扣养老保险金和职业年金工作。进一步完善事业单位绩效工资政策，提高事业单位部门调控额，完善财政补助事业单位创收激励政策，出台完善基层医疗卫生事业单位绩效工资实施意见。

（四）圆满完成军转安置任务。

2015年，杭州市共接收军转干部330名，计划安置300名、自主择业30名，接收计划安置的军转干部90%左右安置在党政机关和参公单位，约10%安置在事业单位，实现了当年接收、当年安置、当年培训的目标。会同市保健办、市财政局等部门商定自主择业军转干部医疗保健有关优惠待遇，对自主择业的行政师职干部实行与转业安置在行政机关的师职干部同等的医疗保健待遇，对全体自主择业军转干部实行每年安排1次体检等制度，自主择业军转干部参检率达到90%。建立自主择业军转干部年审制度，对未按规定要求参加年审的自主择业军转干部，经采取信函、电话等多种方式未能取得联系的，实行停发次月退役金，加强对自主择业军转干部的管理。完成2015年驻杭部队335名随军家属的安置任务，其中公务员13人、事业单位61人、一次货币安置191人、市场就业70人。

五、劳动关系

（一）夯实劳动关系和谐基础。

推进“双爱”活动，督促规范劳动合同签订，主城区企业普遍与职工签订劳动合同，劳动合同签订率达98.36%，全市单独建会企业集体合同签订率达97.2%。加强特殊工时制行政审批工作，全年审批特殊工时单位2 114家，涉及职工40.4万人。严格劳务派遣单位行政许可、变更、延续、备案、核验等事项，当年年检共核验劳务派遣单位433家，涉及派遣劳动者14.8万余人、用工单位4 175家。针对杭钢集团转型升级，深挖潜力，精准对接，妥善安置1.2万余名职工，进驻杭钢上门服务，加班加点按时完成4 390份职工档案的审核审批工作。杭州市劳动关系和谐指数全省第一，实现五连冠。

（二）完善企业工资收入分配。

在企业开展“工资集体协商集中要约行动”，重点抓好区域性、行业性工资集体协商工作，全市签订工资专项集体合同21 014份，涵盖企业76 549家，覆盖职工294万余人，全市单独建会企业工资协商覆盖率达98%。推进市管国有企业负责人薪酬制度改革，制定《关于深化市管企业负责人薪酬制度改革的实施意见》。发布《2015年杭州市劳动力市场工资指导价位》，市区全社会平均工资提高到51 449元。调整全市最低工资标准，自11月1日起，市区最低月工资标准调整为1 860元，非全日制工作的最低小时工资标准调整为17元。

（三）创新基层劳动争议调处机制。

出台《杭州市关于加强乡镇（街道）专业性劳动争议调解工作的意见》，将全市乡镇街道基层劳动争议调解组织建设纳入平安考核体系。在西湖区转塘街道探索实施调解、仲裁、监察执法“三位一体、一站式服务”劳动关系和谐试点平台建设工作。指导大江东产业集聚区成立劳动人事争议仲裁委员会，自6月起受理劳动争议案件。规范基层调解工作，完成全市调解工作程序、调解组织工作职责和调解员行为规范、乡镇（街道）调解台账、企业调解手册的统计与发放工作。2015 年，全市劳动人事争议仲裁委员会共受理争议调解仲裁案件 7 737 件，仲裁结案率 94.1%。

（四）加大劳动保障监察力度。

2015 年，全市各级劳动保障监察机构共监察检查用人单位 17 万余家，立案查处劳动者举报投诉等案件 5 236 件，行政处罚 141 件，处罚款 327.35 万元。加强和完善防欠薪工作机制，市、区（县）、街道三级联动、源头管控，人力社保、公安、建委、市场监管、商务委、维稳办等“一办五组”实体化联合办公、集体会诊、快速反应，一大批欠薪案件特别是群体性欠薪案件得到及时有效处置，全年共为 2.5 万余名劳动者追发工资待遇 3.8 亿余元。组织实施农民工工资支付专项检查、清理整顿人力资源市场、残疾人就业、打击非法使用童工、劳动用工和社会保险等专项检查 5 次，严厉打击拖欠工资、非法职业中介、非法使用童工等违法犯罪行为，进一步规范劳动用工秩序。结合劳动监察日常巡查、专项检查、案件专查等工作，进企业、走社区开展上门送法活动，全年印发普法宣传资料 2 万余份，在主城区 105 个社区开辟普法宣传专栏。加强劳动保障监察网格建设，以“层层有点、点上有人、上下联动、快速反应”为目标，规范网格监管工作人员履行劳动用工信息采集、预警排查和投诉举报接待、政策法规宣传服务等工作职能，提高监察应变能力和精细化执法服务，逐步形成基础扎实、监管有力的劳动保障监察体系。

六、人力资源社会保障基层基础工作

（一）加快“智慧人社”建设。

全面清理规范权力清单，所有行政许可、行政确认、行政给付事项实现浙江政务服务网网上运行，年网上办事量达 238.4 万件。上线“杭州人社”、“杭州人力社保”两个微信号和“杭州医保 123”、“杭州就业”两个 APP，及时为群众提供政策解读、业务查询和便民信息服务。

（二）打响“文化养老”品牌。

开办退休人员各类培训班 175 个，杭州退休干部大学在校学员达 8 000 余人，举办退休人员文娱活动 900 余场，开展第五届企业退休人员文艺会演、金秋文化节、“喜看杭州新面貌”一日游等活动，让退休人员乐享夕阳。

（三）提升窗口服务品质。

着力打造便民高效优质服务窗口，服务手段、便民举措进一步优化，杭州市社会保险经办服务规范、咨询服务规范被人社部向全国推广，市社保局入选国家级社会管理和公共服务综合标准化试点单位，杭州人才市场获首批“全国人力资源诚信服务示范机构”称号，咨询服务中心获“全国巾帼文明岗”称号。

杭州市人力资源和社会保障局

宁 波 市

2015年，全市人力资源和社会保障部门紧紧围绕国家、省人社部门和市委、市政府决策部署，改革创新，攻坚克难，扎实推动“阳光人社、数字人社、和谐人社”建设，全面完成年度工作任务和“十二五”目标任务，为“十三五”人社事业改革发展奠定坚实基础。

一、深化改革工作有新突破

2015年年初确定的20项改革任务，13项已完成年度目标，其余7项按照国家和省统一部署跟进实施。

一是以改革增活力，一些制约人社事业科学发展的体制性、制度性障碍开始“破冰”。启动县以下机关公务员职务与职级并行工作，调整机关事业单位工作人员基本工资标准，优化工资结构，月人均增资1 262元；建立乡镇机关事业单位工作人员工作补贴制度。研究提出全市机关事业单位养老保险制度改革总体方案，配合制定国有企业负责人和法官、检察官薪酬制度改革方案。简政放权，下放行政审批事项4项；整合市级社保经办机构，组建宁波市社会保险管理局，部门职能转变迈出关键一步。

二是以改革促发展，一些重要领域的改革举措开始“破土”。实施卫生系统专业技术职务评聘制度改革。进一步突破年龄、资历、身份、条件和比例限制，指导市测绘学会、工艺美术协会开展专业技术职称协会自主评价试点，大力推进技能人才企业自主评价和“以赛代评”工作，人才社会化评价机制在人才选拔、使用、培养和激励中的导向性作用更加明显。

三是以改革惠民生，一些人民群众关切的重大热点难点问题得到“破解”。实施基本医疗保险按病种付费制度改革试点，首批40个试点病种在6家三甲医院实施；完善大病医保制度和差别化医保支付待遇制度，出台城乡居民基本养老保险、城乡居民基本医疗保险、常见慢性病门诊用药管理等实施办法，726万名医保参保人员纳入大病医保制度范围，344万名新农合参保人员和城镇居民医保参保人员实现“同城同政策同标准同服务”。

二、就业创业有新举措

一是兜底线。出台新一轮就业创业政策及配套实施细则，重点支持创业带动就业、促进高校毕业生和就业困难人员等重点群体就业，鼓励企业吸纳就业。全年全市新增城镇就业人数17.78万人，城镇失业人员实现再就业7.04万人，其中就业困难人员实现就业1.75万人，城镇登记失业率为2.01%。加强就业困难人员援助，全年为75.34万名求职者免费提供职业介绍，开发（保持）公益性岗位9 554个，零就业家庭继续动态归零。全市共发放各类就业创业促进资金13.23亿元，同比增长17.81%，惠及企业53 489家次和员工59.81万人次。

二是稳岗位。出台失业保险扶持企业稳岗补贴政策，首次实施失业保险稳岗补贴，将符合依法参加失业保险并足额缴纳失业保险费、申报年度未裁员或裁员率低于申报年度末宁波市城镇登记失业率等条件的所有企业纳入补贴范围，补贴标准为申报年度企业及其职工实际缴纳失业保险费总额的50%。全市共发放补贴2 924万元，惠及1 743家企业。全市各级人力资源市场服务企业7.71万家次，提供各类岗位118.45万个次，求职登记75.34万人次，求人倍率1.57。健全高校毕业生实名登记制度，落实“一对一”就业帮扶，帮助2 094名高校毕业生实现就业。

三是促创业。落实大众创业战略部署，依托全市创业服务体系，成立全国首家城市创业联盟。在228号人力资源大厦搭建“日有创客咖啡、周有创业沙龙、月有创业集市”三位一体的“创客”交流对接平台，打造集创业指导与培训、投融资、项目落户于一体的创业生态圈。2015年共举办29场“周一见”创业沙龙、6期创业集市，推介创业项目近600个（家），服务创业者5 525人次。全年新增创业实体11.33万家，新增自主创业大学生3 015人，发放创业担保贷款6.12亿元，增长15%，扶持创业实体2 838家，带动就业1.84万人。实施大学生创业引领计划，举办中国（宁波）大学生创业大赛，吸引全国24个省市150所高校438个项目报名参赛。

三、社会保障体系有新完善

一是完善社保政策制度。通过整合居民医保和新农合制度，打破户籍限制，建立城乡一体化的基本医保制度。截至年底，市区106.7万人办理参保缴费手续，其中中小学生及儿童42.2万人、大学生6.2万人、成年居民48.3万人。参保人员中有36万名原农村居民也与城镇居民一样享受“同城同待遇、就医一卡通”待遇。稳妥处理钦寸水库移民安置涉及社会保险有关问题。妥善解决驻甬边防部队参加地方医疗保险有关问题。研究制定外来务工人员社保政策过渡方案。扎实推进“全民参保登记计划”，登记入库率达到100%，本市户籍人口养老保险（障）达到93%。

二是扩大社保覆盖面。全市企业职工基本养老保险参保人数469.51万人，比上年年末净减72.72万人；城乡居民社会养老保险参保人数131.88万人，比上年年末净增7.12万人；城镇职工基本医疗保险参保人数381.97万人，比上年年末净增13.43万人；城镇居民医疗保险和新农合参保人数分别达112.8万人和231.5万人；失业保险参保人数252.31万人，比上年年末净增8.92万人；工伤保险参保人数293.21万人，比上年年末净增2.12万人；生育保险参保人数254.31万人，比上年年末净增2.06万人。全年发行社保卡200.16万张，社保卡累计持有人数达646.83万人。

三是稳步提高社保待遇。继续调整企业退休人员等群体养老金待遇，人均调资242元/月，人均增长10%。全市企业退休人员月均养老金达到2 244元，城乡居保基础养老金人均达到170～210元/月。城镇职工、城镇居民和市统筹区新农合参保人员政策范围内住院报销比例分别达到86.8%、73.1%和75%。

四是下调社会保险费率。降低部分社会保险缴费费率，失业保险费率由3%调整为2%，其中用人单位失业保险费率从2%降至1.5%，职工个人失业保险费率从1%下调为0.5%，全年共为企业和职工个人减负6.89亿元，其中为15.75万家企业减负4.61亿元，为职工个人减负2.28亿元。10月，根据不同行业工伤风险程度，将原来的四类行业风险类别调整为八类行业风险类别，并大幅度降低相应的工伤基准费率，一至八类基准费率分别为0.2%、0.4%、0.7%、0.9%、1.1%、1.3%、1.6%、1.9%。调整后的企业工伤保险平均费率从0.94%下降到0.48%，当年内即为市区9.8万家用人单位降低成本约0.83亿元。

五是全面推进智能化医保监管平台建设。完成阳光医保监管平台推进目标，至2015年年底，已在全市476家定点医疗机构、1.78万个医生工作站安装应用阳光医保监管平台智能提醒系统，智能审核范围已扩大到市区和县（市）440家定点医疗机构。全市共有567家定点医疗机构、1.88万名医师已纳入医保协议医师管理范围，医保医师协议签订率为100％。

四、人才队伍建设有新贡献

一是立法推动。率先在国内开展职业技能培训立法工作，提出建立职业培训考培分离制度、降低职业培训市场准入门槛、发展职业培训市场等新举措。立法项目进展顺利，市人大常委会已审议通过《宁波市职业技能培训条例(草案)》。宁波成为国内首个对职业技能培训实施立法的城市，也标志宁波高技能人才开发工作进入新的发展阶段。

二是加大平台引才育才力度。引进意大利产学研综合体（CSMT）中国中心落户宁波北仑，北仑区被国家外专局授予全国首个“国家引进国外智力工作示范区”。推动留学人员创业园转型发展，15个留学人员科研项目获人社部资助128万元，列全省第一。新增国家级博士后工作站6家、省级博士后工作站21家。新建市级公共实训中心4家、市级技能大师工作室12家，全市已培养高技能人才2.55万人。圆满承办人才科技周及武汉·宁波周、欧洲·宁波周等人才智力活动。

三是推进市场化配置。加强规划引导，研究制定人力资源服务产业发展规划，明确产业发展基金设立、“一核多级”集聚区建设等重点任务。推动简政放权，取消职业技能培训定点制度，建立政府资助培训项目招投标及绩效评估制度，加快培育职业培训市场；放宽人力资源服务机构准入门槛，下放机构审批权限到县（市）区，进一步激发市场主体活力。创新发展模式，开展中国（宁波）人力资源服务业创新创业大赛，支持民营机构投资人力资源服务项目，引导民营资本进入人力资源服务产业领域。加强行业自律，由行业协会牵头开展标准化建设及星级服务机构评选。

四是优化发展环境。为进一步巩固宁波人才政策竞争优势，激发各类人才创造活力，研究出台人才发展新政，从引进顶尖、引进高端、引进紧缺、引进外籍、住房保障“四引进一保障”五个方面出台25条优惠政策，进一步巩固宁波人才政策竞争优势。出台人才住房保障实施细则，进一步规范补助发放、购房补贴等办理流程，累计超过1.13万人享受购房优惠待遇，至2015年年底，共发放购房补贴1.1亿元。依托高层次人才创业创新服务联盟，完善“妈妈式”人才服务，整合全市25家职能部门服务资源，为人才提供从创业创新到生产生活的全过程、一站式优质服务。健全企业人才工作联系制度，举办首届宁波市外国专家座谈会，依法开展人才工作先进集体、先进个人评选表彰，广泛开展“技能之星”职业技能大赛，营造人才“来得了、留得住、用得好”的良好氛围。

五、人事制度改革有新进展

一是从严抓好目标管理考核。制定出台《宁波市目标管理考核项目准入和退出办法》，建立目标准入、考核评分、结果反馈、绩效奖惩等制度，优化“双底线”考核指标，实行县（市）区、市级机关、重点开发区三级目标分类考核，初步形成“1＋3＋X”目标管理考核体系，进一步增强目标考核的科学性和有效性。

二是从严抓好公务员考录选拔。落实《全市公务员转任规定》。会同市委组织部做好市直单位中层处级干部跨部门竞岗交流、公务员公开遴选、“选调生”村官、警察学员考录等工作。开发面试无纸化评分系统，圆满完成752名公务员四级联考工作。出台随军家属就业安置实施细则，安置军转干部334名、随军家属63名。安全组织人事考试23项、8万人次。

三是从严抓好公务员考核培训。全面推进“岗位对责、绩效对账”考核制度，强化考核督查通报，市级机关及县（市）区、乡镇（街道）党政机构公务员已全部纳入“双对”考核体系，政风行风明显改善。加强公务员学习培训学分制管理，出台《宁波市公务员学习培训学分制管理办法》，市本级共开展各类脱产培训班35期。

四是从严抓好事业单位人事管理。出台《进一步完善基层医疗卫生事业单位绩效工资实施意见》，完善绩效奖金总量调控办法，用人单位自主分配权进一步扩大。建立事业单位公开招聘事前报备、委托面试及人员调动公示三项制度，事业单位人事管理更加规范有序、公平公正。进一步规范全市机关公务员津补贴，开展机关事业单位“吃空饷”问题治理行动，机关事业单位人事管理更加规范有序。

六、维稳维权工作有新成效

一是开展和谐劳动关系创建活动。全面开展“企业关爱职工、职工热爱企业”活动，实施企业规范用工约谈制度，开展带薪年休假制度落实检查，劳动关系和谐指数排名全省第二。全市企业职工劳动合同签订率达到98%，市区职工最低工资标准增长12.7%。

二是加强劳资纠纷应急处置。加强劳动监察“两网化”建设，健全劳动用工动态分级监管机制，全面实行网格内企业分级监管及预警制度，劳动监察执法效率进一步提高。处理欠薪案件5 392件，为4.2万名劳动者追回被拖欠工资2.7亿元，同比上年增长26.9%、11.19%、59%。劳动保障举报投诉结案率达到98%。

三是完善多元化的争议仲裁调解体系。全市受理争议案件3.14万件，涉及劳动者5.27万人，同比上年增长0.4%和5.0%，争议仲裁结案率达到94.7%，案件基层调解率达到63%。以仲裁标准化、信息化、规范化建设为重点，出台仲裁派出庭、兼职仲裁员及监督员等管理办法，因地制宜建立仲裁派出庭31个，所承办案件数量占全市总量的13.6%。全省仲裁派出庭建设现场观摩会于4月在本市召开，宁波经验得到省厅领导肯定。

四是实施法定途径分类处理信访投诉请求制度。按照申诉求决、揭发控告、信息公开、意见建议四类信访情形，建立人社领域信访分类处理清单，制定分类处理办法，把信访工作纳入法治轨道。

七、“数字人社”建设有新成果

一是基层服务信息系统实现全市集中。新系统整合原就业与失业保险、城乡居民社会养老保险、退休人员社会化发放服务、社会保险统一征缴、城镇基本医疗保险、社保卡管理六大子系统，实现“单点登录”，提供就业登记、参保登记、档案管理等70多项服务，并已在市十区全面推行。

二是就业及医保信息系统实现全市集中，养老及社保统征系统实现市级统筹区集中。将慈溪、余姚医保系统纳入市集中，实现医保系统全市集中。改造养老保险（工伤保险、生育保险）信息系统及社会保险统一征缴信息系统，使两大系统具备将5个县（市）纳入市集中的条件，同时已完成奉化市养老保险（工伤保险、生育保险）信息系统市集中工作。

三是阳光政务信息系统实现全市集中。完成五险申报系统以及就业、养老、医保、社保卡系统与阳光政务系统的整合，完成阳光政务网与浙江政务服务网对接，初步实现“一张单清权、一张网服务、一体化经办、一站式监管、一平台认证、一个号咨询”建设目标。社保基金监督信息系统实现五险和县（市）区“双覆盖”目标。

八、作风建设有新面貌

以“三严三实”专题教育为抓手，把纪律和规矩挺在前面，扎实推进全市人社系统作风建设。

强化党建制度建设。建立党组织书记党建工作述职评议制度，完善党组织生活日登记备案和跟进指导工作机制，推动形成了“一把手”亲自抓、班子成员合力抓、职能部门直接抓、党务干部具体抓的党建工作新局面。

落实廉政“两个责任”。健全“一岗双责、有责必究”问责追责制度，研究出台党风廉政建设责任追究实施细则，邀请专家对《准则》和《条例》开展了解读培训。开展“四风”问题专项治理活动和防止领导干部利益输送专项排查。

深化作风建设专项行动。深入开展全市文明机关创建活动，12333 电话咨询服务满意度达到 99.1%，市人社局被评为 2014—2015 年度市级文明机关标兵单位。

宁波市人力资源和社会保障局

安　徽　省

2015年，安徽省各级人力资源社会保障部门认真贯彻落实安徽省委、省政府的决策部署，主动适应经济发展新常态，坚持“民生为本、人才优先”的工作主线，坚持改革创新、锐意进取、扎实工作，全力服务“调结构、转方式、促升级”，积极推动人社事业改革发展，为促进全省经济持续健康发展和社会和谐稳定作出了积极贡献。

一、就业创业工作

（一）全面落实就业政策。

积极应对经济下行压力，注重研判形势，切实完善就业创业政策。认真落实国务院文件精神，省政府出台《关于进一步做好新形势下就业创业工作的实施意见》和《关于进一步做好为农民工服务工作的实施意见》。贯彻落实中央和省扶贫工作会议精神，研究制定就业脱贫工程的实施意见。扎实开展“抓好民生之本积极扩大就业专项行动”、就业创业“四进四扶”活动。全年城镇新增就业65.18万人，完成年度任务的103.46%；全省城镇登记失业率为3.14%，低于控制目标1.36个百分点。

（二）集中力量抓好高校毕业生等重点群体就业。

深入实施高校毕业生就业促进计划，调整高校毕业生求职补贴发放范围和时间，开展未就业高校毕业生“一对一”实名制帮扶。建立国有企业招聘应届毕业生信息制度。完善基层特岗管理制度，出台《安徽省高校毕业生基层特定岗位开发与管理暂行办法》。至2015年年底，全省应届高校毕业生总体就业率达95.91%。通过购买服务方式开发公益性岗位，对就业困难人员进行托底安置。全省失业人员再就业26.27万人，就业困难人员再就业10.32万人，转移农村劳动力90.24万人。

（三）启动实施“创业江淮”行动计划。

出台“创业江淮”行动计划（2015—2017年），力争通过3年时间，实现新增注册企业35万个以上、带动就业100万人以上的目标。宣传创业就业政策，分解落实任务，组织开展培训。全年开展创业培训7万人次，新增小额担保贷款28.3亿元。推进青年创业园建设，认定首批青年创业园4个，示范引领全省创业孵化工作。建立创业服务部门衔接机制，明确工作责任，落实扶持初始创业者的6项工作制度。

（四）大力帮扶企业解困稳岗。

积极解决化解产能过剩和淘汰落后产能过程中出现的减员和待岗问题，全面落实降低失业、工伤、生育保险费率政策，全年为企业减负14亿元。使用失业保险基金支付岗位补贴10亿元，稳定岗位145万个。

（五）切实加强公共就业服务。

加快建设“阳光就业”网上经办系统。扎实开展“春风行动”等专项服务活动，全省举办专场招聘会1 298场，提供就业服务126万人次。全面落实权力和责任清单制度，将40项就业业务逐项明确政策依据、扶持对象、申报条件、审核程序、责任部门、办理时限等，对现有业务流程、审批程序进行再造、简化和优化。

二、社会保障工作

（一）着力完善社会保险制度。

全力推动机关事业单位养老保险制度改革工作，省政府出台《关于机关事业单位工作人员养老保险制度改革的实施意见》，精心测算视同缴费指数表，同步开展改革配套政策起草工作。完善基本养老保险省级统筹制度，出台《关于进一步完善企业职工基本养老保险省级统筹有关政策的通知》。巩固完善城乡居民大病保险制度，全省城镇居民大病保险实现全覆盖。健全完善统一的城乡居民养老保险制度，落实被征地农民社会保障政策，有序开展“老字号”人员补助代发工作。稳步推进工伤预防和康复试点。

（二）不断扩大社会保险覆盖范围。

积极推进全民参保计划，着力开展扩面和稽核专项活动，不断增加社会保险覆盖人群。组织实施城乡居民养老保险、城镇居民基本医疗保险和城乡居民大病保险民生工程。城乡居民养老、城镇职工基本养老、城镇基本医疗、失业、工伤、生育保险参保人数全部超额完成目标任务。

（三）调整提高社会保险待遇水平。

全省企业退休人员基本养老金实现“十一连调”，2015 年月人均增加养老金 196 元，提高幅度为 10.7%，基本养老金水平达到 2 024 元。城乡居民基本养老保险基础养老金月最低标准由 55 元提高到 70 元，为 47.52 万名“老字号”人员发放生活补助金 18.98 亿元。建筑业参加工伤保险“同舟计划”进展明显，伤残津贴待遇提高 12%。

（四）切实加强基金监管和经办服务。

完善城乡居民基本养老保险信息系统，全省异地就医双向结算实现全覆盖。加快推进加载金融功能的社会保障卡的拓展应用，全省社保卡持卡人数达到 4 272 万人，完成全年任务的 106.8%。组织开展基本养老保险基金专项检查。着力推进监管软件联网应用，顺利完成基金监管软件升级工作。有序推进社会保险基金社会监督和社会保险基金安全评估试点工作。

三、人才队伍建设工作

（一）实施“人才高地建设工程”。

围绕服务“调转促”行动计划，紧扣“战略性新兴产业集聚发展基地”、“技工大省”和“合芜蚌引进国外人才和智力试验区”建设，研究起草“江淮英才工程”、“技工大省建设”、“国际化人才引育计划”3 个实施方案，预计到 2020 年全省专业技术人才、技能人才总量分别达到 400 万人、450 万人，5 年引进外籍人才总量 2 万人次。突出问题导向，着眼改革创新，加快人才服务体系建设，着力为产业转型升级提供人才支撑。聚焦安徽经济转型发展对创新型领军技术和管理人才的需求，谋划了“产业领军人才选拔项目”、“青年英才项目”、“知识更新 531 项目”和“人才一体化服务保障项目”等。

（二）着力加强专业技术人才队伍建设。

完善专业技术人才政策体系，研究出台《关于进一步扶持高层次人才创新创业的若干意见》、《关于职称外语等级考试有关问题的通知》、《安徽省留学回国人员创新创业扶持计划》，修订了《安徽省突出贡献人才奖励办法》。深入实施专业技术人才知识更新工程、高端领军人才培养工程，组织开展“百千万人才工程”国家级人选推荐、博士后科研工作站申报评估等工作，顺利完成第二届“安徽省突出贡献人才奖”和第五届“合芜蚌试验区创新人才（工作）奖”评选推荐工作。全年新增专业技术人才 19.56 万人，新增博士后科研工作站国家级 17 家、省级 30 家。

（三）全力抓好技能人才队伍建设。

实施“安徽技能人才振兴计划”，大力推进高技能人才培养工程。加强技师培训补贴使用管理工作，开展急需紧缺高技能人才培训工作。大力推进平台建设，新认定 10 个省级技能大师工作室，省级总量增至 70 个。出台加强产能过剩企业职工培训工作的意见，面向煤炭、钢铁、水泥等传统行业开展职工转岗培训、技能提升培训和再就业培训，累计培训4.5万人。开展了全省职业资格许可和认定清理检查工作。全年培养技师6 673人，培训高级工8.2万人，组织职业技能鉴定68.36万人。

（四）进一步加大引智工作力度。

贯彻落实新一轮局省引智合作协议，启动“合芜蚌引进国外人才和智力试验区”建设。深入实施省“外专百人计划”和引进国外人才智力工程，新增6名“百千万工程”国家级人选，19名外国专家入选国家“外专千人计划”和省“外专百人计划”。紧扣引智需求，举办外国专家江淮行活动。拓展海外引才引智渠道，依托境外机构建立9个“安徽省海外引智工作站”。培育和建立引智成果示范推广基地、单位35家，实施农业引智成果示范推广项目21项，实施千村引智项目40项。全年实施引智项目336项，引进外国专家3 150人次，派出培训635人次。

（五）积极搞好人才综合服务。

全力整合人力资源市场，深化人力资源市场许可制度改革，取消流动人员档案服务管理费等收费项目。强化人才开发引进服务，探索建立市场化引才激励机制，配合做好人才援边工作。创新开展专家服务基层活动，向基层选派198名高层次专家，现场解决各类技术问题559项。组织实施“千人赴港培训计划”、创新创业人才培训等，共培训3 200人。安全顺利组织完成444项考试，80.6万人次参加考试。

四、人事制度改革工作

（一）加强公务员队伍建设。

强化队伍建设，规范职位管理，组织开展省直机关公开遴选公务员工作。扎实做好2015年公务员和政法干警招录工作，完成公务员招录5 584人，着力打造“阳光考录”工程。开展第六届安徽省人民满意的公务员和公务员集体评选活动。深化公务员平时考核试点工作，努力推动公务员平时考核全覆盖。大力实施公务员能力提升计划，全年举办“公务员依法行政”等示范培训班30期，累计完成各类培训15万人次。

（二）规范事业单位人事管理。

积极参与医药卫生体制改革，不断加强教师队伍建设，积极推进行业体制改革。建立岗位设置、人员聘用（流动）、工资兑现相联动的工作机制。积极探索分行业实施公开招聘的具体办法，搭建全省公开招聘笔试考试服务平台，组织省直和5个市12个县统一参加笔试，共招考3 103人。开展省直事业单位高层次人次引进和招聘工作，引进167名博士和副高以上专业技术人才。认真落实财政供养人员“只减不增”要求，规范人员进口和流动。开展全省机关事业单位“吃空饷”问题集中治理工作，排查“吃空饷”人员1 168名。

（三）不断完善工资收入分配制度。

扎实做好全省机关事业单位调整基本工资标准和增加离退休费工作，及时调整部分特殊行业基本工资标准和相关群体生活待遇。全面推进建立县以下公务员职务与职级并行制度，做好实施乡镇工作补贴工作。配合省直有关部门，努力推动公立医院薪酬制度改革，积极做好法官、检察官工资制度改革准备工作。顺利完成工资统发等基础工作，认真做好离退休人员管理服务工作。

（四）做好军转干部安置工作。

认真贯彻全国军转安置工作电视电话会议精神，组织实施全省营以下军转干部统一考试，高质量完成673名计划分配军转干部和139名自主择业军转干部安置任务。出台进一步规范省直军转干部档案接收审核工作的意见，规范省直军转干部接收审档工作程序。贯彻落实国家退役金调整政策，调整1 396名自主择业军转干部基本退役金和生活补贴标准。认真做好重要时段企业军转干部维稳工作，扎实做好部分企业军转干部解困工作。圆满完成省暨合肥市军转干部全员适应性培训和省直单位计划安置军转干部培训工作。

五、劳动关系工作

（一）完善劳动关系协调机制。

加强调查研究，完善政策措施，研究出台《关于构建和谐劳动关系的实施意见》。加强劳动用工管理，继续规范劳务派遣工作，开展劳动用工备案信息化管理试点工作。深入推进集体合同攻坚计划，组织开展工资集体协商“要约行动”，推动企业依法开展集体协商、签订集体合同。做好协调劳动关系三方机制工作，规范运作方式，定期开展协商，增强工作合力。启动《安徽省最低工资规定》修订工作，调整全省最低工资标准，组织开展企业薪酬试调查工作。

（二）加强劳动人事争议调解仲裁。

推进案件分类处理机制，注重发挥多部门协作机制作用，依法处理各类争议案件，切实维护弱势群体利益。出台《关于加快推进县级劳动人事争议仲裁院建设意见》，加快仲裁机构建设步伐，全面完成“十二五”仲裁院建设任务。加强基层调解组织建设，扎实做好预防调解示范工作，不断完善预防调解工作制度。全年各级仲裁机构立案受理争议案件 20 933 件，结案率为 97.36%。

（三）加大劳动监察执法力度。

切实加强劳动保障监察“两网化”管理，“两网化”管理覆盖率达 95%。进一步加强日常监察执法，开展劳动保障书面审查和诚信评价工作，推动“两网化”管理向县级以下延伸。组织清理整顿人力资源市场秩序专项行动，全省共检查用人单位和中介机构 2 565 户，查处行政违法案件 106 件。进一步规范执法行为，组织开展劳动保障监察执法案卷评查工作，统一规范监察执法文书，出台劳动保障行政处罚自由裁量权基准制度和细化标准。

（四）着力抓好保障农民工工资支付工作。

加强行政司法联动，会同相关部门提出贯彻关于加强涉嫌拒不支付劳动报酬犯罪案件查处衔接工作的意见，规范案件移送程序和办法。完善农民工权益维护部门联动机制，在拖欠工资最为集中的建设领域全面建立了农民工工资支付保障金制度，12 个市采取财政预算安排等方式建立了农民工工资应急周转金，在全省普遍推行建筑施工项目派驻劳资专管员制度，对农民工工资实行银行卡发放。全年共受理劳动监察举报投诉案件 9 676 件，结案率为 99.32%；查处劳动保障违法案件 9 611 件，追发劳动者工资待遇 18.92 亿元。

六、公共服务能力提升工作

（一）扎实推进改革工作。

按照国家和省委、省政府部署，2015 年研究确定了 42 项牵头改革任务，并逐项制定实施方案。机关事业单位调整基本工资工作如期完成，县以下机关公务员职务与职级并行制度全面建立，乡镇工作补贴顺利实施，国有企业负责人薪酬制度改革有序推进，机关事业单位养老保险制度改革启动实施，公立医院人事薪酬制度改革、公务员平时考核试点、公共就业和人才服务机构整合等改革稳步推进。参与完成了公务用车制度改革、公立医院综合改革、司法体制改革试点等重要改革任务。省人社厅牵头负责的省委 2015 年 14 项重点改革任务，已全部完成或达到本年度目标任务要求。

（二）进一步深化作风建设。

扎实开展“三严三实”专题教育，落实“三聚焦三查找三确保”要求，围绕三个专题开展专题研讨，开展“三个专项行动”，认真开好专题民主生活会。制定《关于建立窗口单位作风建设长效机制的实施意见》，持续推进窗口单位改进作风专项行动，积极推行“四零”服务措施。建立行政权力清单制度，规范行政审批，推进政务公开。出台领导干部接待群众来访工作制度，畅通群众诉求渠道。加强干部队伍建设，扎实开展干部教育培训，安排 38 个培训项目，培训 6 600 人次。

（三）切实加强党风廉政建设。

推进党风廉政制度建设，落实党风廉政建设党组主体责任和纪检组监督责任，制定廉政风险防控措施。突出廉政专题谈话，把纪律和规矩挺在前面。组织开展廉政警示教育活动，强化信访举报核查，参加“政风行风热线”活动。紧盯重点人和事，着力抓好监督检查。认真落实中央八项规定精神，深入开展“四风”专项整治工作。

（四）有序开展综合性基础性工作。

不断加强公共服务平台建设，推进基层就业社会保障服务设施项目建设。围绕便民、快捷、安全的基本要求，加强基层基础信息化建设。认真做好规划计划工作，切实加强数据统计分析。深入开展调查研究，加大政策宣传力度，加大重点任务督查力度。按时完成人大代表建议、政协委员提案办理工作。

安徽省人力资源和社会保障厅

福 建 省

2015 年，在福建省委、省政府的高度重视和正确领导下，全省各级人社部门真抓实干，圆满完成各项工作任务。全年城镇新增就业 65.95 万人，完成年度任务的 109.92%；新增农村劳动力转移就业 42.41 万人，完成年度任务的 106.03%；城镇登记失业率 3.66%，控制在 4.2%以内。截至年底，城镇基本养老、城镇基本医疗、失业、工伤、生育参保人数分别达到 883.67 万人、1 301.24 万人、546.27 万人、691.03 万人、598.32 万人。

一、就业规模持续扩大，就业局势保持总体稳定

一是实施更加积极就业创业政策。出台《福建省人民政府关于进一步做好新形势下就业创业工作十五条措施的通知》（闽政［2015］44 号）、《福建省人民政府办公厅支持农民工等人员返乡创业十二条措施的通知》（闽政办［2015］149 号）、《福建省互联网创业服务实施办法》（闽人社文［2015］183 号）等一系列政策，建立经济发展与扩大就业联动机制，促进产业、财税、金融等政策与就业政策的有效衔接，形成新时期就业创业政策体系，实现从“扶弱”向“扶众”、促进就业为主向就业创业并重、服务企业用工向促进人力资源优化配置“三个转变”。

二是实施企业用工调剂计划。被省委、省政府列入年度重点工作项目，在全省范围内全面总结推广“蜡笔小新”企企错峰调剂、“三元区”社企备案调剂、校企工学调剂及南平村企亦工亦农调剂等模式，并将调剂平台纳入就业创业服务补贴范围，支持发挥社区、行业协会、人力资源机构等用工调剂平台作用，促进人力资源“削峰填谷”，全年累计实现调剂约 6 万人次。

三是大力推动创业带动就业。支持小微企业发挥就业主渠道作用，健全创业担保贷款制度，加大创业资金扶持力度，建立健全公共创业服务体系，大力培育“互联网+”等公共平台，推动建设 29 个互联网创业孵化基地，推动建立一批以企业家、科研人员、创业指导师为主体的创业指导团队，帮助开展创业教育培训和指导服务，促进提高创业成功率。

四是积极帮扶重点群体和困难人员就业。开展就业援助月活动，新登记认定未就业困难人员 13 820 人，其中帮助就业困难人员实现就业 10 659 人。依托公共就业服务信息系统，开发随军家属实名制就业培训服务平台数据库，实行精准帮扶。出台《关于实施农村贫困家庭就业援助计划的通知》（闽人社文［2015］348 号），明确实施农村贫困家庭劳动力转移就业援助计划具体措施。

五是进一步推进公共就业服务能力建设。组织第三批国家级充分就业社区推荐工作，全省共有 7 个社区被人社部认定为第三批国家级充分就业社区。重新修订《省级充分就业星级社区评审标准》和认定程序，促进省级充分就业星级社区推荐认定工作规范性开展。开展第三批省级充分就业星级社区推荐认定工作。2015 年年底，福建省公共就业服务信息系统二期项目和扩展项目进入建设实施阶段。

六是做好高校毕业生就业创业工作。2015

年，非师范类高校毕业生实现就业 17.73 万人，就业率 90.7%；离校未就业高校毕业生实名登记 45 315 人，登记就业率 76.7%，保持就业局势总体稳定。出台一系列促进高校毕业生就业创业的政策举措，高校毕业生自主创业扶持政策范围扩大至大中专院校在校生，以及在国外接受高等教育的留学回国毕业生，求职创业补贴标准由 1 000 元提高至 2 000 元，同时将补贴对象扩展到技工院校高级工班、预备技师班毕业生和特殊教育院校职业教育类毕业生。统筹实施高校毕业生服务基层项目，改革省级“三支一扶”计划招募方式，共计招募 473 人。全省公务员招考安排 360 个专门职位面向服务基层期满合格的毕业生定向招考。

七是大力推进职业能力建设。新增国家级高技能人才培训基地 2 个，新增国家级技能大师工作室 2 个。开展福建省优秀人才“百人计划”人选评选活动，29 名高技能人才入选福建省第二批“百人计划”优秀人才。制定《福建省职业技能竞赛管理办法实施细则》，开展省级职业技能竞赛 16 项，涉及 56 个国家职业工种。推进专业技术人才知识更新工程，福州大学被评定为全国第五批国家级继续教育基地，组织实施专业技术人才国家级高级研修班 5 期。下达 2015 年全省专业技术人才知识更新工程高级研修项目计划共 133 期。省政府办公厅转发省人社厅《关于加强职业培训提升产业工人队伍素质十七条措施》，从构建终身职业技能培训制度体系等方面作出明确规定。组织“春潮行动”——农民工职业技能提升计划，开展农民工职业技能提升培训 25.08 万人次。开展互联网创业从业人员培训，完成培训 8.5 万人次。推动 23 个扶贫开发工作重点县职业技能实训基地项目建设，面向社会提供示范性技能训练和职业技能鉴定服务。完善职业院校开展职业技能培训相关政策，将高等职业院校、省级以上示范中等职业学校开展职业培训全部纳入财政补贴范围。新增民办技师学院、省级重点技工学校各 1 所，截至 2015 年年底，全省已有技师学院 9 所、高级技工学校 6 所、省级重点技工学校 8 所。组织职业技能鉴定 52 万人次，获得国家职业资格证书人数 38.64 万人。完成 11 个职业（工种）的开发、30 个职业（工种）题库的修订完善。开展全省职业资格清理整顿工作，国务院公布取消的 211 项职业资格已全部停止认定，尚在组织实施的职业资格 398 项全部按照设置依据进行认定、收费和规范管理。开展违规职业资格投诉举报专项活动，向社会公布投诉举报电话，接受社会各界监督。

二、社会保障制度体系覆盖城乡，待遇水平稳步提高

一是参保覆盖范围持续扩大。围绕城镇基本养老保险扩面目标，重点推进工业园区内企业、中小企业以及灵活就业人员、农民工参保，全民参保登记试点范围扩大到 55 个县（市、区）。全省城镇基本医疗保险参保率达到 96%以上。

二是待遇水平稳步提高。继续调整企业退休人员基本养老金，月人均增加 217 元。调整后，月人均养老金达 2 322 元。从 2014 年 7 月 1 日起城乡居民基本养老保险省定基础养老金标准提高 15 元，达到每人每月 85 元。机关事业单位参保人员养老保险待遇调整工作平稳运行。省本级医保进一步提高城镇职工基本医疗保险待遇水平，基本医疗保险统筹基金支付最高限额提高至 14 万元，商业补充医疗保险封顶线相应提高至 34 万元。全省有 8 个统筹区开展居民医保普通门诊统筹，5 个统筹区开展职工医保普通门诊统筹；2015 年城乡居民医保政府补助标准每人每年不低于 380 元；城乡居民大病保险覆盖所有参保人群，支付比例达到 50%以上。职工、城镇居民政策范围内支付比例分别稳定在 75%以上和 70%左右，最高支付限额通过多种方式分别达到了当地职工年平均工资、当地居民可支配收入的 6 倍。

三是机关事业单位养老保险制度改革启动实施。出台《贯彻落实〈国务院关于机关事业单位工作人员养老保险制度改革的决定〉实施办法》(闽政〔2015〕48号),将机关事业单位人员纳入养老保险覆盖范围。先后出台《福建省机关事业单位工作人员基本养老保险经办规程》、《关于印发福建省机关事业单位养老保险视同缴费指数的通知》、《关于机关事业单位养老保险制度改革若干问题的处理意见》、《关于机关事业单位已退休人员退休费发放问题的通知》等配套政策。

四是深入推进医保付费方式改革。开展以总额控制为基础的复合式付费方式改革，全省有10个统筹区出台付费方式改革实施意见，各统筹区结合实际选择不少于20个病种开展单病种付费结算试点。

五是做好失业保险工作。出台《关于调整福建省失业保险费率有关问题的通知》(闽人社文〔2015〕162号),将全省失业保险费率统一由3%暂降至2%,用人单位按照与之建立劳动合同关系职工的月工资总额的1.5%缴纳失业保险费，全年全省失业保险费减征约7.51亿元。出台《福建省失业保险支持企业稳定岗位实施意见》(闽人社文〔2015〕76号)、《关于进一步做好失业保险支持企业稳定岗位工作有关问题的通知》(闽人社文〔2015〕291号),对所有符合条件的不裁员、少裁员企业，按该企业及其职工上年度实际缴纳失业保险费总额的50%给予稳岗补贴。

六是工伤保险工作取得新进展。出台公务员(含参公管理事业单位工作人员)参加工伤保险政策，全省机关公务员全部纳入工伤保险统筹管理。全省共有38 895名工伤职工享受工伤保险待遇。从2015年10月1日起，实施新调整的工伤保险费率政策，由原来的三类调整为八类，调整后工伤保险平均费率由0.76%左右降至0.58%左右。截至2015年年底，全省完成工伤认定3.08万例。

七是生育保险工作进展顺利。下发《转发人力资源社会保障部　财政部关于适当降低生育保险费率的通知》,除厦门市外，其余统筹区均将生育保险费率降低至0.5%,机关事业单位仍按原0.35%进行征收。发挥医疗保险和生育保险经办管理职能整合优势，实行生育医疗费用即时刷卡结算。将生育保险纳入定点医疗机构协议管理范围，督促医疗机构合理检查、用药、诊疗。

八是进一步加强社会保险基金监督工作。做好社会保险基金监管系统升级实施工作，积极推动监管系统联网运用，有效开展非现场监督。组织全省机关事业单位养老保险基金专项检查，有序开展现场监督。加强与公安部门的联系沟通，探索建立社会保险欺诈案件查处和移送机制，维护基金安全。

三、人才结构不断优化，人才队伍建设富有成效

一是扎实推进人才选拔培养工作。选拔推荐百千万人才工程国家级人选9人，实施“海纳百川”高端人才聚集计划，会同省委组织部评选出省人才聚集区2个、产业人才基地8个和企事业人才高地10个，初步遴选第二批省百千万工程领军人才20人、省青年拔尖人才32人。资助109名百千万人才工程人选、博士后人员、青年高层次人才开展访学研修工作。拨付首批省百千万工程领军人才资助经费400万元、青年拔尖人才资助经费440万元以及“两院”院士、百千万工程国家级人选科研补助经费304万元。全面推进百千万人才培养工作。做好高层次人才信息共享平台项目建设，项目平台建设已通过初验，2016年可整体投入使用。做好博士后科研工作站申报工作，20家企业(单位)获准设立博士后科研工作站。做好博士后综合评估工作，全省最终综合评价优秀站点22个、良好81个、合格3个，优良比例达到93.6%。加大博士后资助力度，省财政资助招收博士后研究人员70人，开展“2015年全国体育学博士后论坛”系列活动。办理博士后人员进出站手续368人。

二是大力引进海内外人才和智力。出台《福建省引进高层次人才申报确认实施办法(试行)》等政策，支持企事业单位引进高层次

人才。制定实施2015年度紧缺急需人才引进指导目录，首次纳入自贸试验区人才需求，并单列发布平潭综合实验区和省级扶贫开发工作重点县指导目录，涉及26个重点产业（行业）、82个领域、211个岗位、869个专业，全年引进高层次人才1 000多人，其中140人（团队）入选省引才“百人计划”。征集发布高层次人才岗位需求，共发布1 800多个岗位，需求人数近3 500人。组织150家（次）用人单位赴省外、海外人才聚集地区招聘人才，共接洽各类人才3 200人，达成初步意向1 200人。举办“中国·福建海外人才创业周”等活动，邀请130名海外高层次人才来闽对接，促成人才项目合作协议或对接意向235项。2015年，留学人员来闽创业启动支持计划入选项目19项，合计支持资金530万元。福建省互联网经济优秀人才创业启动支持入选项目30项，合计支持资金1 730万元。首次举办全省龙头企业人力资源服务政策宣讲活动，指导协调各设区市、各自贸片区建立人才服务窗口，编印《福建省人才引进政策选编》，首次开通“福建人才工作”微信公众号、微信群。做好2016年度国家引智项目计划申报工作，推荐申报24名“外专千人计划”人选、63项国家重点引智项目（经技类）、31项国家高端外国专家（文教）项目。获国家外专局批准，新建立1个国家级引智示范单位。中国福州海西引智试验区制定出台试验区发展规划纲要（2015—2020年）。初步建立第一批自贸区精准引才目标库。为1 156人次外国专家办理外国专家来华工作许可证。全省组织实施21个出国培训项目。1名在闽工作外国专家荣获2015年度中国政府“友谊奖”、6名外国专家荣获福建省“友谊奖”。

三是加强人力资源市场建设管理。争取国家政策支持，放宽外资（台资）在福建自贸试验区设立人力资源机构准入条件，推动厦门片区、平潭片区率先引入台资独资人力资源服务机构。印发《人力资源市场整合改革专项督查工作方案》，基本完成全省人力资源市场整合改革工作，全省有84个县（市、区）整合设立人力资源公共服务中心，或实现公共就业机构、公共人才机构合署办公（统一服务场所）。开展全省人力资源市场业务培训班，提高从业人员队伍素质。全省505家人力资源服务机构通过2014年度验证。新建立12个农村实用人才服务站。

四、公务员队伍建设不断加强，人事管理进一步规范

一是公务员职位管理工作有序推进。2015年10月，组织实施县以下机关公务员职务与职级并行制度，总体工作平稳顺利。严格公务员职数管理，会同省委组织部对全省超职数配备领导干部进行检查和消化整改。会同省委组织部开展2015年度省级机关公开遴选公务员工作，共有3 247人参加省直机关69个职位110个名额的遴选。经国家公务员局批准，在福建自贸区福州片区、平潭片区和厦门市第二批单位开展聘任制公务员试点工作。先后对18家因更名或机构整合的参公单位予以重新确认。

二是公务员考试录用工作稳步推进。2015年度考试录用公务员（含参公单位工作人员）4 146名，其中面向参加大学生村官计划、高校毕业生“三支一扶”计划等服务基层项目人员设置360个专门招考职位。省公务员局、省公安厅联合招考中国人民公安大学、中国刑事警察学院2015年公安专业应届毕业生127名。采取特殊考试方式，招收维吾尔族语公安干警4名，并根据国家统一部署，省公务员局、省公安厅、省教育厅组织开展2015年度定向招录培养特殊公安专业人才工作，确定招录培养对象3名。组织我省2015年度部分行政机关专业岗位公务员专项考试，录用7人。举办我省2015年公务员面试考官晋级培训班，对全省150名三级面试考官进行晋级培训。

三是公务员考核奖励工作扎实推进。出台《转发中组部　人社部　国家公务员局关于深入开展公务员平时考核试点工作的通知》，确

定全省党群、政府共38个试点单位于2015年上半年全面启动试点工作。根据全国评比达标表彰工作协调小组函复我省《关于福建省委省政府申报项目的复函》，以及全国评比达标表彰工作协调小组办公室《关于公布全国评比达标表彰保留项目目录的通告》，明确全省评比达标表彰保留项目目录共115项。根据国家部署，做好我省评先表彰推荐工作，累计推荐候选对象先进集体45个、先进工作者81名。做好我省评选表彰和奖励工作。新确认我省受国家部委表彰并享受省部级劳动模范和先进工作者待遇人员77名。

四是公务员培训工作进展顺利。2015年省公务员局完成14个班次39期培训，调训2 429人，同比增长6倍以上。全省行政机关共举办各类培训1 900多个班次，培训8.5万人次。组织实施赴港短期专题研修班10期，培训225人。承办对口培训班10期，为各省市区培训公务员399名。在上海举办8期“全省自贸区建设专题班”，培训100多家单位的527名公务员。建成全国首家省级行政机关公务员教育培训师资库，首批遴选兼职教师160名，并制定出台师资库管理办法。

五是事业单位人事制度和职称改革不断深化。组织开展年度各系列职称评审和专业技术资格考试工作，全年共7 893人取得高级专业技术职务任职资格。会同有关部门出台《关于支持国有企事业单位科研人员保留人事（劳动）关系离岗创业的实施意见》，支持科研人员离岗创业。稳妥推进中小学教师职称制度改革工作。妥善做好试点地区与非试点地区评审政策和评审的衔接工作。加强职称评价标准建设，会同有关部门出台《关于福建省享受教授、研究员待遇的高级农艺师评审工作的实施意见》等一系列政策。在全省开展职业资格清理整顿专项督查活动，做好国家统一取消的企业法律顾问等专业技术人员职业资格许可考试的衔接收尾工作，顺利完成经济、卫生等42项考试任务，报考人数近30万人。

六是军转安置任务圆满完成。2015年，圆满完成中央下达我省1 160名军队转业干部安置任务。出台《福建省军队转业干部安置实施细则》（闽委办［2015］25号），重新修订《福建省军队转业干部功绩量化计分实施办法》。坚持对功臣模范和长期在艰苦边远地区以及从事飞行、舰艇、涉核等特殊岗位工作的军队转业干部优先照顾政策，对荣立二等功或战时三等功以上奖励的，在依序择岗时给予优先择岗。认真贯彻省委、省政府关于正团职军队转业干部按不低于50%安排相应职务的决策要求。有2名全国军队转业干部模范代表赴京参加抗日战争暨世界反法西斯战争胜利70周年阅兵观礼。

五、工资制度进一步健全，收入分配秩序逐步规范

一是完善机关事业单位工资制度。2015年6月底前完成离退休人员增加离退休费审批工作，7月底前完成在职人员调整工资标准审批工作，按时完成我省调整基本工资标准的任务。

二是建立乡镇工作补贴制度。制定我省乡镇工作补贴贯彻意见，建立《乡镇工作补贴落实情况》周报制度，督促各地抓紧落实政策。

三是建立县以下机关公务员职务与职级并行制度。为贯彻落实工资待遇向基层倾斜政策，研究制定我省贯彻意见，研究政策实施过程中出现的新情况、新问题，确保政策顺利实施。

四是开展机关事业单位“吃空饷”问题集中治理工作。开展自查自纠工作，采取分级负责、属地管理，实行省、市、县三级和各有关职能部门、行业主管单位分口把关工作机制，明确责任、层层落实，同时强化阳光操作，公开治理范围及相关政策，公布举报电话及邮箱，发动社会参与监督治理；梳理督查投诉举报件，对相关投诉举报线索进行排查处置，对查出确实存在问题的个人按照相关规定进行处理。

五是继续推进事业单位绩效工资制度改

革。加强对事业单位特别是对市、县公立医院收入分配制度改革的调研，加强对绩效工资制度改革的分类指导，继续稳步推进事业单位人员收入分配制度改革。推动省属高校、公立医院绩效工资制度改革。

六是进一步加强企业工资分配宏观调控和监督。稳妥调整我省最低工资标准，调增幅度达16.9%。省级及9个设区市制定发布工资指导线，基准线均在10%以上。省级发布了采矿、房地产等6个重点行业工资指导线，大部分设区市发布了3个以上重点行业工资指导线。在全省6个行业、150家企业设立人工成本监测点，在4 060家企业开展薪酬试调查。健全薪酬调查信息发布制度，全省发布的劳动力市场工资指导价位涉及18个行业、2 938条工种价位信息；各地发布的人工成本信息均覆盖12个以上行业。根据国家部署，稳妥推进国有企业负责人薪酬制度改革。开展国有企业工资内外收入监督检查，2015年全省共检查企业1 238家，涉及建筑、船舶、旅游等11个行业。

六、劳动关系总体和谐稳定，劳动者合法权益得到有效维护

一是构建和谐劳动关系。贯彻落实国家关于构建和谐劳动关系意见，出台《关于构建和谐劳动关系的实施意见》。依法加强对劳务派遣的监管，至2015年年底，全省经行政许可劳务派遣单位1 656家，全省使用劳务派遣劳动者的用工单位10 541家，被派遣劳动者238 845人。全省劳动用工备案单位数10.9万户，备案职工398.6万人。各类企业劳动合同签订率达96.4%。省人社厅、省总工会、省企联、省工商联联合开展推进实施集体合同制度攻坚计划。集体合同覆盖企业14.7万户、职工538.3万名，集体合同签订率达84.42%。全省共审批执行特殊工时企业1 293家，涉及职工54.6万人。

二是劳动人事争议调解仲裁工作成效显著。2015年，全省劳动人事争议调解仲裁机构共处理劳动人事争议案件37 934件，同比上升24.05%，仲裁结案率为93.97%。基层调解组织组建率位于全国前列，全省1 069个乡镇（街道）有983个建立了基层劳动争议调解组织，组建率91.96%（其中泉州、厦门100%）；全省5 406家大中型企业有4 701家成立企业劳动争议调解组织，组建率达86.96%。成立省本级、10个地市级、83个县级仲裁院，地市级、县级仲裁院建院率分别从2015年1月的20%、10.47%均上升到100%，仲裁机构实体化建设实现全覆盖，仲裁院建设一改过去的落后面貌，步入了全国先进行列。

三是劳动保障监察有力有效。会同有关部门开展解决企业工资拖欠问题、清理整顿人力资源市场秩序、遵守劳动用工和社会保险法律法规等专项检查。检查用人单位3.59万户、劳动者183.06万人，督促补签劳动合同31.76万份，为13.32万名劳动者追回工资13.74亿元；有效发挥解决企业工资拖欠问题部门联席会议作用，全面落实建设行业主管部门处置欠薪责任制，加强劳动保障监察行政执法与刑事司法的衔接配合，构建综合治理工作格局；完善欠薪问题的源头治理机制，在政府投资工程项目开展创建“无欠薪项目部”活动；劳动保障监察“两网化”管理工作取得实效，县级以上城市覆盖率达100%。

七、继续推进简政放权，做好行政审批制度改革

一是全面建立清单制度。全年共公布行政权力、公共服务事项、政府内部管理事项、涉企收费、责任清单等5张清单，做到“应清尽清、全面亮权”。通过系统全面梳理，共保留行政权力93项（其中审批事项7项），公共服务23项，政府内部管理21项；梳理责任清单194项，涉企收费5项。

二是继续推进简政放权。2015年，继续下放行政许可1项、公共服务2项，取消前置审批5项、中介服务3项。加大对自贸试验区

授权力度，将6项省级行政许可事项授予自贸试验区实施，并印发实施规程指导自贸区做好承接工作。

三是持续推进行政审批制度“三集中”改革。2015年，新增14项即办件，即办件总数占进驻行政服务中心事项总数的30.6%。行政审批事项最多提速97%，平均提速44.4%；公共服务事项最多提速93%，平均提速16%。

同时，全系统认真落实党风廉政建设责任制，反腐倡廉工作得到进一步加强。机关党建、信访维稳、离退休干部管理等工作也取得新进展。

福建省人力资源和社会保障厅

厦　门　市

一、就业创业

2015 年厦门城镇新增就业 18.04 万人，失业人员再就业 5.96 万人，城镇困难对象再就业 1.24 万人，农村富余劳动力实现转移就业 1.21 万人。12 月末，城镇登记失业率为 3.22%，在年度控制目标 4%以内。本年办理毕业生就业审批 27 515 人，其中本科以上学历 24 544 人、非厦门生源毕业生 22 463 人。办理毕业生报到和介绍落户手续 23 578 人、厦门生源信息登记 849 人。办理大专、中专学历企业骨干人才户口转入手续 565 人。

（一）帮扶企业缓解用工难题。

一是先后组织 52 家次企业 7 957 个次岗位赴湖南、江西、四川、云南及省内龙岩和南平等地举办 17 场异地现场招聘会，达成意向 1 572 人。全市公共职业介绍机构共受理用人单位登记岗位需求 275.89 万个次，同比下降 29.89%；同期通过各种求职平台求职人数为 234.83 万人次，同比下降 31.09%。

二是强化企业互动帮扶。针对企业行业用工旺盛需求存在季节性差异的特点，积极构建淡旺季员工调剂平台，促成行业内、园内或片区内人力资源的有效调剂。截至 12 月末，全市就业登记在岗职工 160.36 万人，同比增长 1.3 万人。其中本市员工 50.74 万人，来厦务工人员 109.62 万人。

三是稳步推进“百家校企对接深度合作职业院校”工程。组织 34 家次企业赴四川、江西、湖南和省内龙岩、漳州地区，与当地 11 所职业技术院校开展校企对接活动。举办厦漳泉第四届暨厦门市第十二届校企合作对接会，来自全国 17 个省市的 182 所技术类职业院校 22 万余名毕业生、250 多个专业（工种）与厦漳泉 600 多家企业成功对接，促成了 5.3 万名院校毕业生来厦就业，涉及机械、电气、数控、高铁航空服务、邮轮服务等 70 多项专业工种，有效缓解了企业的“技工荒”。

四是引导企业充分用好用足现有优惠政策。共有 9 020 家企业招用本市农村劳动力 10.57 万人，申领社保补差约 3.4 亿万元。2 022 家企业招用初次来厦务工人员和本市失业人员 8.3 万人，申领劳务协作奖励金 4 058 万元。1 348 家企业招用应届毕业生 1.15 万人，申领社保补贴 3 533 万元。全市共拨付 1 928 家用人单位 8 070 人就业困难人员社会保险费补贴 4 442 万元。

（二）完善措施促毕业生就业创业。

一是进一步做好普通高等院校毕业生就业创业工作。增加了“开展项目遴选扶持、开展优秀创业导师评选并给予奖励、给予服务好孵化率高的孵化基地一定金额奖励”等内容，并加大了税费减免扶持力度，将政策享受对象范围调整为“普通高校毕业年度内的在校学生和毕业后五年内的高校毕业生”。

二是加强就业服务。举办 2015 年高校毕业生人才交流大会、厦门市大中专毕业生交流会、校园招聘等各类对接活动十余场，吸引高校毕业生十万余人次到场应聘。充分发挥厦门人才网毕业生求职服务平台功能，积极参与全国高校毕业生网络招聘活动。落实毕业生就业服务政策，推动 2 205 人次毕业生见习上岗，拨付兑现毕业生见习补贴1 175.12万元、技能培训资金118.68万元、接收应届大中专毕业生社保补贴2 978万元等。

三是推动毕业生创业。实施“高校毕业生创业引领计划”，落实各类创业扶持政策，建立厦门市大学生创业导师委员会，推动毕业生创业孵化器建设，举办两届“中国（厦门）大学生创新创业大赛”。

（三）推动创业带动就业工作。

一是完善就业创业政策体系。制定实施厦门贯彻落实国家、福建省关于进一步做好高校毕业生就业创业工作、随军家属就业、为农民工服务等就业创业工作意见，政策适用范围和优惠度进一步提升，有力促进各类群体的就业创业。调整规范进一步做好促进本市居民就业和企业用工服务工作若干意见的执行口径，发挥政策的最大效应。

二是开展2015年创业项目推介会活动。夏季创业项目推介会吸引近4 000人参加，共有近1 000人次和77家参展商达成项目共识；冬季创业项目推介会则吸引约5 000人参加，约1 200人次和78家参展商表达合作意向。

三是落实政策鼓励就业创业。2015年全市受理创业场地补贴30人16.44万元，自主创业奖励2人6 000元，创业带动就业奖励1人2 000元，创业项目奖励78个项目15.6万元，发放小额担保贷款255笔7 568万元。

（四）积极开展各项公共就业服务活动。

一是积极开展“春风行动”。设置宣传点8个，出动人员400多人次，发放各类宣传资料10万多份，在全市人力资源市场及相关临时招聘市场举办招聘会114场，服务用人单位1万多家次，为15万人次提供免费求职服务和相关政策咨询。

二是举办“春风送岗”女性专场公益招聘会。吸引了113家企业参会，提供4 541个工作岗位，其中织造工艺、美容美发、人力资源、房产销售、文员、检验员、营业员、收银员、服务员、操作工等女性岗位3 323个，共有1 000多名求职人员到场应聘。

三是开展就业援助月活动。共走访就业困难人员和零就业家庭10 322户，登记认定的未就业困难人员5 142人，帮助实现就业4 267人。落实就业困难人员帮扶政策。为全市50 450人灵活就业发放社保补贴2.96亿元。

二、人才队伍

2015年，厦门从外地调入和重新录用各类人才2 494人，同比增长6.2%。其中博士89人，硕士374人，本科生1 768人。引进重点人才37人，海外留学人员683人，柔性引进人才159人。全市完成再就业培训6 342人，本市农村富余劳动力转移培训4 295人，外来务工人员岗前培训92 529人，农民工技能提升培训26 714人。开展职业技能鉴定67 193人，核发职业资格证书42 496人，其中高级工12 470人、技师1 658人、高级技师1 034人。

（一）加大人才引进集聚力度。

一是强化高层次人才队伍建设。积极参与组织实施厦门市“海纳百川”人才计划、海外高层次“双百人才”评审工作。积极做好国家、省各类人才计划的推荐申报工作，新增8人获批享受国务院特殊津贴。举办2015年高层次人才网络交流会，吸引近300家用人单位和1 200余名高层次人才参会。截至12月末，全市共有享受国务院特殊津贴专家171人，入选国家“千人计划”和省“百人计划”人才各75人，国家级百千万人才工程人选1人、省级百千万人才工程人选19人。加强博士后工作站管理，新增博士后科研工作站单位4家，办理博士后进站16人，3家工作站入选福建省首批10家优秀博士后科研工作站。

二是加强人才服务保障。全年共审核发放各类人才住房补贴328人次711.45万元。

三是抓好人才教育培训。依托干部教育“培训超市”、专业技术人员高级研修项目等载体开展各类人才培训。发挥市人才服务中心和厦门经济管理学院作用，拓展举办各种层次的企业人才培训班，为企业提供多元的市场化人才培训与测评服务。全年办理专业技术人员继续教育学时验证 17 868 人次，办理继续教育单位内训报备 697 家。

（二）突出对台人才交流合作。

一是深入实施台湾特聘专家制度，摸底首批 11 名台湾特聘专家到岗情况。完成第二批台湾特聘专家岗位征集，评审工作正有序进行中，共有 70 名台湾人才申报评选。举办第十届台湾专业人才厦门对接会和第七届海峡论坛台湾人才厦门招聘会，吸引 350 余名台湾专业人才和 160 多家用人单位到场交流。

二是加强引才环境建设。加快建设立足厦门、辐射海西、连接两岸的区域性人才市场。在厦门自贸片区内放宽人才中介服务准入条件，取消最低注册资本金要求，获准设立无股权比例限制的合资人才中介机构，全国首家台湾独资人力资源服务机构和全省首家香港独资人力资源服务机构落户厦门。

（三）推进区域性人才市场建设。

一是加强人才市场监管。积极推动公共就业和人才交流服务机构整合，理顺公共就业和人才服务的管理服务职能。2015 年新设立人才中介机构 16 家，核准举办人才交流会 142 场。加强人才中介服务机构和人才服务业诚信体系建设，市人才服务中心所属厦门高新人才开发有限公司被人社部授予“全国人力资源诚信服务示范机构”荣誉称号，全省仅 2 家单位获此荣誉。

二是拓展虚拟人才市场业务。发挥厦门人才网平台作用，全年累计发布职位 85 万个，个人求职简历新增或刷新 72 万人次，微信公众号关注用户增至 11 万余人，品牌竞争力稳居全国政府人才网站前三甲。

三是认真落实各项区域性人才市场建设扶持奖励政策，全年共兑现人才求职招聘差旅费等补贴奖励 274 万元。

（四）强化海外智力引进工作。

一是加大海外智力引进力度。充分发挥现有 3 家国家级、11 家市级引智基地在成果转化应用过程中的示范引导作用，支持重点工业企业和高新技术企业通过实施引智项目，提升企业的自主创新能力。2015 年，国家外专局批准厦门引进国外技术、管理人才项目 15 项，其中重点项目 1 项，高端外国专家项目（经技类）2 项，共获得国家外专局引智经费支持 170 万元，引进专家 94 人次。积极开展赴外培训，实施出国（境）培训项目 14 项，派出专业技术人员和管理人员 117 人赴外培训。

二是做好外国专家管理服务工作。落实各级专家政策待遇，发放政府特殊津贴共计 112.62 万元，福建省高层次人才生活津贴 79.8 万元，首批省海西人才高地领军人才、创业英才后续补助资金、奖励资金 630 万元。加强外国专家管理，办理外国专家来华工作许可证 193 份、外国专家证 635 本，受理 11 家聘请外国文教专家资格认可申请材料。

三是加强引智工作宣传。做好外国专家表彰奖励工作，举办 2014 年度厦门市“白鹭友谊奖”颁奖仪式暨外国专家座谈会，推荐 2 名厦门专家获评第九届“福建省友谊奖”。厦门良好的工作生活环境得到广大外国专家的认可，连续第五年获评“魅力中国——外籍人才眼中最具吸引力的十大中国城市”。厦门人事网外国专家频道被国家外专局评为“2014 年度排名前十名的地方引智机构自助网站”。

（五）完善留学人员管理服务。

一是搭建引才平台。办好“2015 年海外留学博士海峡西岸行互联网经济人才与项目对接洽谈会”、“2015 厦门国际投资贸易洽谈会——留学人才项目（路演）专场对接洽谈会”、“2015 福建（厦门）海外留学人才与项目对接洽谈会”等对接活动。参与组织“千人计划”专家、海外专才走进福建自由贸易试验区厦门片区活动，为园区企业与人才搭建对接平台。宣传发动留学人员及其企业申报国家“千人计划”，新增 17 人入选，人数为历年之最。

二是落实优惠政策。重新修订出台《厦门市留学人员身份认定办法》和《厦门市高层次留学人员生活津贴发放办法》。开展2015年度厦门市高层次留学人员申报认定工作，经评审共有65人入选。完成厦门首批留学人员项目配套资助和科研项目资助评审发放工作，共向5位留学人员发放资助共计38万元。积极向上争取资金支持，共有10个留学人员项目入选人社部择优资助，1个项目入选人社部创业启动计划。

（六）加快推进职业能力建设。

一是实施新一轮的职业技能培训补贴政策。扩大培训补贴对象和提高补贴标准，拓展技能人才培训工程，确定143个紧缺急需工种、53家职业技能培训定点机构及创业培训定点机构，促进劳动者职业技能提高。

二是积极推进高技能人才队伍建设。开展第二批优秀高技能人才评选表彰工作，全市共有124人申报有突出贡献的技师、高级技师，58人申报市优秀技术能手，推荐上报有突出贡献的技师、高级技师16名，优秀技术能手10名。组织开展第二批福建省技能大师遴选工作。做好优秀青工高技能人才培养，组织实施加工中心操作工、物联网等17个工种的免费培训。出台《厦门市职工技能竞赛管理办法》，开展厦门市第二十一届职工技术比赛。全年开展23个市级A类比赛和14个大类的行业（区）B类比赛，参赛人数十多万人。

三是持续做好统考类鉴定。组织7 378人参加全国统考，9 031人参加全省统考，12 110人参加全国计算机信息高新技术考试。

四是继续做好技师、高级技师社会化考评。开展技师、高级技师社会化鉴定10 369人，组织装配钳工、加工中心操作工、眼镜验光员、人力资源管理师、心理咨询师等12个职业（工种）的答辩与评审1 846人次。

五是继续推动实施政府购买技能人才培训成果等经费激励政策。全年共指导、审核27家企业报备直补培训计划1 222人次，审核通过57家企业374人次的资金申请共计27.74万元。

六是加强鉴定题库建设。审定中药调剂师、家用电子产品维修工、医药商品购销员等8个职业工种理论、技能试卷15套（28份），完成电切削工（中、高级）、电子元器件检验工（中、高级）题库开发任务。

三、社会保障

2015年年末，基本养老、基本医疗、工伤、失业和生育保险参保人数分别达到237.17万人、332.12万人、183.93万人、182.41万人和171.80万人，分别比上年年底增长4.53%、5.68%、4.91%、2.92%和4.56%。其中，外来从业人员参加基本养老、基本医疗、工伤、失业和生育保险人数分别达到115.04万人、115.00万人、120.19万人、114.94万人和114.70万人，分别比上年年底增长2.89%、4.36%、5.23%、2.89%和4.37%。各类社会保险基金收入209.47亿元、支出144.14亿元，各类社会保险基金历年累计结余612.22亿元。

（一）加快推进基本养老保险制度建设。

一是根据全国、全省统一部署研究制定方案，启动实施厦门机关事业单位养老保险制度改革工作，实现基本养老保险制度全覆盖。

二是企业退休人员基本养老金继续调整。在企业退休人员每人每月普调285元的基础上，加大对高龄退休人员的倾斜力度，增设补贴年龄段，提高补贴标准50～150元。此次调整共涉及人员27.11万人次，调整后厦门企业退休职工月平均养老金3 118元，继续保持全国前列。

三是自2014年10月起，用人单位为职工缴纳基本养老保险的费率由14%调整为13%。截至2015年12月末，共为用人单位减负4.9亿元。

四是积极实施城乡居民养老保险工作。城乡居民养老保险基础养老金提高到245元，增量全省第一，有5.6万人受益。截至12月末，参保人数25.42万人，参保率达到99.9%。其中享受养老保险待遇人数5.55万人，月人均养老金245元。探索建立城乡居民养老保险丧葬补助金制度。

五是切实抓好被征地农民的养老保障工作。截至12月末，全市已有11.77万名被征地人员办理了养老保险，其中10.43万人办理退养手续，月均退养金达到1 298元。

六是做好城镇职工养老保险关系转移接续工作。2015年共转入12 051人27 108.37万元，转出22 888人26 318.36万元。

七是做好新增25家企业年金计划备案工作。

（二）完善基本医疗保险制度。

一是进一步提高参保人员医疗保险待遇。进一步降低门诊和住院医疗费社会统筹医疗保险基金的起付标准，全年减轻参保人员1.5亿元医疗费负担。城乡居民基本医疗保险财政补助提高到470元，高出国家标准近百元。

二是适当调整健康账户使用办法。降低划入健康账户资金的门槛，提高每月定点零售药店购药额度，并可使用“家庭医疗共济网”的健康账户资金购药，实现了“保个人”向“保家庭”的综合保障功能延伸。

三是调整参保人员自付医疗费困难补助政策。一年可减少困难人员自付医疗费负担约369.67万元。

四是修订基本医疗保险定点零售药店评审办法。取消医保定点医药机构非行政许可审批，新增40家医保定点医疗机构、235家医保定点零售药店，进一步方便了参保人员就近就医购药。

五是推进养老服务机构医养结合的发展。将5家验收合格的养老服务机构内设医务室纳入基本医疗保险定点服务范围。

六是积极推动深化医药卫生体制改革工作。将社会统筹医疗基金报销500元的政策使用范围扩展到糖尿病、高血压两种慢性病的医保目录用药，在一定程度上减轻了慢性病患者的医疗费负担。公立基层医疗机构在使用国家基本药物的同时也可使用基本医疗保险药品目录内药品，让慢性病患者在基层医疗机构就医同样可使用三级医院的药品目录。

七是做好医疗服务价格调整后医保支付工作。自2015年7月起，全市所有定点医疗机构每月预拨付金额由原来的90%提高到95%，并做到按月及时审核结算，余5%作为保证金，根据年度考核结果支付。

八是在全国率先实现医保“漫游”服务。在北上广24家医院试点医保就地一站式结算，让市民异地就医更方便。

九是做好流动就业人员基本医疗保险关系转移接续工作。2015年转入8 982人1 368.16万元，转出15 888人3 223.68万元。

（三）加强工伤保险制度建设。

一是自2015年10月1日起，调整一至八类工伤风险类别的行业基准费率，实现社会用人单位缴费水平的“总体降低，细化分类”。截至2015年12月末，共为用人单位减负300万元。

二是调整工伤保险定期待遇。提高工伤职工的伤残津贴、生活护理费以及供养亲属抚恤金等待遇水平，增发定期待遇180万元。

三是切实做好工伤认定工作。全年共完成工伤认定案件8 090件，发放各项工伤保险待遇3.08亿元，充分保障了工伤职工的合法权益。

四是加强劳动能力鉴定工作。调整市劳鉴委组成人员。新增聘35名劳鉴专家。与市卫计委联合提出加强新时期劳鉴工作的若干意见。出台劳动能力鉴定结论书送达管理办法，规范了劳鉴结论书送达工作。推行厦门市职工因病或非因工伤残劳动能力鉴定风险告知与承诺书制度，建立因病鉴定材料专家审查制度和工伤康复与劳动能力鉴定对接机制，减少信访、缠访。全年共完成劳动能力鉴定案件4 473件。

五是完成购买劳鉴服务的招投标工作，与厦门前埔医院签订《政府购买劳动能力鉴定服务合同》。

六是加大工伤预防力度。5家定点培训学会机构培训人数5 000多人。创新宣传方式，在全国“微信竞答抢红包”活动中，厦门参与人数居全国第四。免费赠送劳动保障法规政策刊物给全市236家大中型企业。

（四）继续推进失业保险和生育保险制度。

一是自2015年7月1日起，失业保险缴费费率由原来的3%调整为2%，单位部分由原来的2%调整为1.5%，个人部分由原来的1%调整为0.5%。截至12月末，共为用人单位减负3.48亿元。

二是做好失业保险相关经办工作。全年共发放本市失业人员失业保险金3.99万人2.64亿元，缴纳职工医疗保险费6 098万元。发放外来失业员工一次性生活补助金4.56万人3 474.45万元。发放在领取失业保险金期间生育的女性失业人员生育补助金54人19.7万元。发放在领取失业保险金期间死亡的失业人员家属丧葬补助金24人63.54万元。发放灵活就业人员社保补贴5.04万人2.96亿元。失业保险自助机办理率达到81.46%。

三是修改完善生育保险政策，明确本市所有用人单位自2016社保年度起，按《福建省人民政府办公厅转发省人社厅　省财政厅关于进一步加强生育保险工作意见的通知》（闽政办［2014］100号）要求参加生育保险及享受相应待遇。2015年共发放生育保险待遇5.62万人5.66亿元，比上年增长15.20%，其中发放外来务工人员3.55万人3.27亿元。

（五）持续加强社会保险基金管理和稽核。

一是建设社保医疗费用全流程智慧医保信息管理平台。与全市所有医保定点医疗机构和99.06%的医保医生工作站实现无缝对接，实现对浪费、滥用、欺诈医保基金行为的筛查和对各种不合理使用医保基金行为的监控，这一模式被复制推广到全国96个地级市。

二是开展专项检查。全年共检查33家医保定点零售药店、13家医保定点医疗机构，对6家医保定点零售药店暂停结算限期整改处理，对6名涉及违规操作的医保服务人员实行信用记分，并暂停其医保服务资格2个月，查处不合理费用15.99万元。

三是加强日常监管。对65家次定点机构开展5批预警，剔除不合理费用36.84万元。完成对2家定点医疗机构、17家定点零售药店的稽核工作，对8名涉及违规操作的医保服务人员实行信用记分，查处不合理金额19.04万元。

四是开展专项审计工作。通过政府采购公开招标确定欣洲会计师事务所为审计中介机构，共对35家医保定点零售药店和医保定点医疗机构进行审计，共查出不合理金额57万元。

五是加大养老保险待遇稽核力度。2015年冻结社会保障卡5 435人，停发死亡人员养老保险待遇5 061人，追回冒领养老保险待遇30人93.14万元。

六是进一步探索工伤保险异地定期待遇人员生存认证新方法。充分发挥补充工伤保险承办单位平安养老保险公司在全国各地机构的优势，对所有享受定期待遇人员进行上门慰问及生存调查，及时准确掌握定期待遇人员的生存信息，确保工伤基金准确发放。2015年共上门探望慰问全国18个省份的309个工伤职工家庭。

七是加大城乡居民养老保险待遇多领、冒领、异地重复领取等问题的稽核力度。共追回1 083人134万元。

（六）持续推进社会化服务。

一是继续推进企业退休人员移交管理工作。新增接收15 962名退休人员纳入社会化管理服务，累计接收155 807名退休人员移交社会化管理服务，全市社会化管理率为99.46%，社区管理率达到100%。

二是积极开展送温暖走访慰问活动。开展以“美丽厦门·和谐退管”为主题的退休人员摄影书法和老年人文艺演出进社区文化活动，努力营造尊老、敬老、助老的良好社会氛围。做好五类困难退休人员免交管理活动费工作，全市有2 110名退休人员免交管理活动费126.6万元，切实减轻困难退休人员的负担。稳步推进退休人员档案数字化建设进程。已累计扫描12 820卷档案。

三是拓展社保自助服务终端功能。新增医

疗机构和药店网上申请医保定点、外来人员办理养老退休自助办理和本市人员网上申请失业保险待遇3项自助办理的社保业务，推进门户网站、“I厦门”、银行网银（工行、建行、农行）、社保手机APP（人脸识别、银行卡验证）、人脸识别系统等自助渠道设置社保卡密码，实现社保卡自助制卡。社保微信平台推送56期资讯，已有28.2万人可以享受智能手机平台随时随地的社保服务。

四是12333社会效益良好。2015年举办14场专家咨询和在线接听，累计受理市民咨询电话205.38万人次，其中人工服务共受理102.32万人次。12333人工服务平均接通率为87.76%。

五是持续做好社会保障卡制发卡工作。2015年共制作社会保障卡57.39万张。

四、劳动关系

2015年，全市共主动检查用人单位7 114户次，书面审查4 578户，受理群众举报投诉案件10 174件，出警处置110社会联动突发劳动纠纷760件。督促用人单位补签、续签劳动合同2 761人次，处理工资纠纷案件补发金额达1.79亿多元、清退押金9.7万元。全市对13家用人单位的劳动保障违法行为进行了行政处罚，罚款金额达15.31万元。将7家涉嫌拒不支付劳动报酬犯罪的案件及时移送给公安机关。全市劳动争议仲裁机构共办理各类劳动争议案件9 135件，其中仲裁机构办案7 641件，镇街基层调解1 344件，企调委调解150件，审限结案率99%。

（一）继续推动劳动关系协调机制建设。

一是在全市各区积极推行“1118”（1个街镇、1个社区、1条商业街或楼宇、至少8家小微企业）和谐劳动关系示范工程建设，以劳动关系和谐带动促进社会和谐，被称为厦门模式，写入省委、省政府构建和谐劳动关系的实施意见中。全市共有1个工业园区、4家企业被评为国家级劳动关系和谐单位，10个工业园区、2个乡镇、2个街道和335家企业被评为省级劳动关系和谐单位，获得表彰的园区、企业数量居福建省各设区市首位。

二是加强劳务派遣规范管理工作，做好劳务派遣岗位限制、数量限制等工作。全年共颁发《劳务派遣经营许可证》67份，办理劳务派遣分公司备案3家，办理许可证项目变更23家，先后4次在报纸及网站上发布劳务派遣行政许可通告。

三是做好劳动标准工作和劳动工资日常工作。开展夏季高温劳动保护情况调研，加强对企业实行特殊工时制度的管理和服务。市人社局共审核87家企业的《女职工权益保护专项集体合同》，全市各级人社部门共办理《未成年工登记证》8 417本。

（二）加大劳动保障监察执法力度。

一是实行工作延伸重点下移，在全市16个街镇设立劳动保障监察工作室。全市共建成街（镇）一级网格数43个，社区二级网格数495个，实现劳动保障监察网格的全覆盖，做到劳资纠纷发现早、化解早、信息同步、数据联网，各辖区小微企业用工违法案件数明显下降。

二是积极开展建筑领域“无欠薪”项目试点工作，探索源头解决建筑领域劳动争议纠纷办法。

三是推进劳动保障监察长效机制建设。制定重大劳资纠纷应急处置方案，明确重大劳资纠纷的处置流程，细化政府及各职能部门的责任分工，有效预防重大纠纷隐患。

（三）加强劳动争议调解仲裁工作。

一是加大力度夯实基层基础。率先在全省设立社区劳资纠纷综合调解室，以街道劳动争议调解委员会为依托，健全人民调解、行政调解、仲裁调解、司法联动调解工作体系。

二是加强对各区集体争议案件处理的指导。建立各区定期报送一般性集体案件、即时报送重大集体案件制度，全年全市共立案受理10人以上集体劳动争议303件，涉及劳动者8 289人。

三是加强调诉对接。同市中院、市总工会

进行阶段性总结研讨，加强与法院、工会等部门的调诉衔接，形成工作合力。

五、人事制度

（一）强化公务员录用管理工作。

一是考录机制不断完善。细致做好年度政府系统招考工作，计划招考 139 人，经过笔试、面试、体检、公示，有 136 人完成报到。坚持在考录工作中突出基层导向，严控职位条件设置、报名资格审核，加强面试组织管理，努力提升考录的公平性和透明度。与市公安局前往中国人民公安大学、中国刑事警察学院招收 55 名学生充实公安队伍。深化聘任制公务员试点，推出福建自由贸易试验区厦门片区航运物流高级主管、国际贸易高级主管等 8 个工作岗位面向海内外公开招聘。

二是强化公务员队伍建设。扎实开展公开遴选和干部交流工作，指导 9 家市直机关单位向下一级机关或基层一线遴选优秀公务员 20 名。办理跨单位处科级干部交流 267 人，本单位内部轮岗交流 1 411 人。从事业单位调任转任 5 名机关急需的专业技术人才和专门人才充实公务员队伍。做好职数管理审核工作，累计审核 679 批次 2 714 人。

三是考核奖惩工作有效推进。积极探索公务员平时考核工作，选定市审计局和市市场监督管理局思明分局作为平时考核工作的试点单位。严格审核把关各项评比表彰工作，会同有关部门评选推荐参评全国各系统先进集体 13 个、先进个人 14 名、劳动模范 11 名，评选推荐参评省政法系统优秀基层单位 4 个、优秀政法干警 5 名。审核公务员辞职 5 人、公务员辞退 5 人、开除 1 人、撤职 1 人、降低岗位等次 1 人。办理市纪委处分登记 13 人。

（二）深化事业单位人事制度改革。

一是做好事业单位统一招聘。做好市、区属事业单位秋季面向社会公开招聘编内工作人员联合考试相关工作，推出 435 个岗位，计划招考 555 人，经过笔试、面试，最终进入体检 458 人。在此次招考中，首次实行招聘岗位网上申报审核、市属和各区属事业单位联合招聘的方式，提高工作实效。特别是划出一定比例基层医疗、教育等事业单位及镇街综合服务中心共 37 个岗位 40 人面向厦门户籍人员招聘。扩大专门岗位招考对象范围，把从本市应征入伍的大学生退役士兵、驻厦随军随调家属列入其中，将服务基层项目毕业生从福建生源调整为厦门生源或具有厦门户籍的人员，更好地服务本地居民就业。

二是推动事业单位开展自主招聘。认真做好政府系统市直部门所属事业单位、各区所属事业单位自主公开招聘方案及招聘岗位资格条件设置沟通审核、发布工作，全年共发布 33 个招聘方案，推出 1 088 个岗位计划招聘 2 582 人。做好拟聘用人员审核工作，共办理拟聘用人员手续 2 154 人。

三是加强事业单位岗位管理工作。全面启用机关事业单位人事管理系统“聘用合同管理”模块，积极做好管理岗位聘任解聘审核、领导职务任免与职数使用审核、聘用制干部续聘手续办理、聘用合同签订指导工作。

（三）创新职称评审工作。

一是完成全市职称评审的日常工作。全年共评审确认高、中级职称 4 036 人，其中高级职称 921 人，中级职称 3 115 人。办理高、中级专业技术人员任职资格委托评审 526 件。

二是创新职称评审工作机制。完善以能力和业绩为导向的卫生人才评价机制，制定细化考评量化指标、无纸化面试、侧重实际工作表现考核等具体举措，试行量化评分与专家投票相结合方式，提高评审结果科学性。

三是加强职称评审委员库的建设。进一步充实厦门工程、经济、体育教练等系列高级、中级专业技术职务任职资格评委专家库，审核并推荐 13 人为省高职评委库委员。

四是认真做好人事考试各项工作。加强人事考试制度建设，修订完善《试卷值守制度》、《考务人员岗位职责》等多项人事考试制度。全年共组织 23 项人事考试网上报名及现场资格审核工作，审核通过人数为 48 995

人次。做好19场人事资格考试考务工作，应考266 565人次。

（四）稳妥做好军转干部安置工作。

一是顺利完成军转安置任务。会同市委组织部、市委编办制定军转干部安置计划方案，下达军转干部接收指标，完成193名营职以下及专业技术军转干部、36名自主择业军转干部的审核接档工作，举办适应性培训讲座20场，组织做好军转干部笔试、选岗，落实安置任务。继续做好2014年度军转安置扫尾工作及岗前培训工作。成立厦门市随军随调家属就业安置工作协调小组，会同市委组织部、市委编办、市财政局等十个部门联合制定《厦门市贯彻实施军人随军家属和军转干部随调随迁家属就业安置暂行办法》。

二是加强军转干部解困维稳工作。深入开展关爱企业军转干部行动，走访近百家企业军转干部家庭，结合春节、“五一”、“八一”、国庆等节日，慰问企业营职以下军转干部近3 000人次，发放解困资金近280万元。为企业下岗失业军转干部发放社保补助金12万多元。复核企业退休军转干部专项生活补贴资格，新增83名可享受补贴的企业退休军转干部。

三是做好自主择业军转干部日常管理服务工作。积极宣传自主择业军转安置政策，为军转干部办理档案查询、档案证明、公积金账户等，按时发放军转干部退役金、体检费等。促进自主择业军转干部再就业，关心军转干部创办的企业。

六、收入分配

（一）加强机关事业单位工资福利退休管理工作。

贯彻执行国家关于机关事业单位调整工资标准和增加离退休费工作。结合厦门实际情况，起草具体实施办法，开发工资系统操作软件，召开各单位培训会议，集中力量完成全市机关事业单位在职人员6.1万人和离退休人员2.1万人的审批兑现工作。做好机关事业单位工作人员和离退休人员工资、基金、奖金的核发工作，其中核增28 369人，核减870人，抚恤301人，办理退休手续516人，审阅档案超过3 100余卷。

（二）进一步做好企业工资宏观调控工作。

一是调整企业最低工资标准。自7月1日起，全市企业最低工资标准调整为每人每月1 500元，非全日制用工小时最低工资标准调整为每小时16.0元。

二是发布2015年劳动力市场工资指导价位、人工成本信息、企业工资增长指导线和制造业、金融业、交通运输和仓储邮政业三个行业工资指导线，为企业、行业开展工资集体协商提供参考依据。

三是积极推进企业工资集体协商、签订集体合同工作。会同市总工会等单位举办“厦门市工资集体协商高峰论坛”。加强与工会、企联、工商联组织的联系，形成合力，通过企业协商、区域协商、行业协商等多种形式扩大集体协商覆盖范围。2015年，市人社局共审核企业集体合同378份，涉及297户企业159 966名职工，其中255户企业签订工资专项集体合同，涉及职工943 501名。

四是全面开展企业薪酬调查工作。做好企业薪酬调查数据的统计分析工作，完成调查企业上报数994户，调查分析报告上报省、国家。

（三）做好市属国有企业负责人薪酬制度改革有关工作。

建立厦门市深化国有企业负责人薪酬制度改革联席会议制度，起草《关于深化市委管理企业负责人薪酬制度改革的意见（征求意见稿）》并报市委、市政府。

厦门市人力资源和社会保障局

江　西　省

2015年，江西省人力资源和社会保障部门坚持围绕中心、服务大局，坚持以稳中求进为总基调，以“民生为本、人才优先”为工作主线，主动适应经济新常态，大力推进“责任人社、服务人社、阳光人社、数字人社、廉洁人社”建设，人力资源和社会保障事业发展目标任务圆满完成，各项工作保持了平稳较快发展。

一、就业创业形势总体稳定

（一）就业规模持续扩大。

全省城镇新增就业55.26万人，城镇登记失业率为3.35%，低于年度控制指标1.15个百分点，就业局势总体保持稳中有进的态势。继续实施离校未就业高校毕业生就业促进计划和大学生创业引领计划，扩大求职创业补贴享受范围，为3 931名高校毕业生发放补贴314.48万元。截至2015年年底，全省实名登记应届高校毕业生43 427人，帮助31 298名离校未就业高校毕业生实现就业，就业率为95.05%。继续实施高校毕业生“三支一扶”计划，招募高校毕业生2 153人。就业困难人员就业6.86万人，零就业家庭安置率100%。新增转移农村劳动力59.03万人，其中省内新增转移40.37万人。

（二）就业创业政策进一步完善。

研究制定并提请省政府下发了《关于推动大众创业万众创新若干措施的意见》，围绕降低准入门槛、激发创业创新主体活力、加大资金扶持、提高服务水平4个方面提出了28条具体政策措施。以省政府名义出台了《关于进一步做好新形势下就业创业工作的实施意见》，提出了19条措施。实施失业保险基金支持企业稳定岗位的补贴政策，对符合规定的企业，按其职工上年度实际缴纳失业保险费总额的50%给予稳岗补贴，用于职工生活补助、缴纳社会保险费、转岗培训、技能提升培训等相关支出。降低失业保险缴费比例，其中用人单位缴费比例从2%降至1.5%，职工个人缴费比例从1%降至0.5%，执行新费率后全年减轻企业负担4.2亿元。

（三）创业促进就业效应更加凸显。

完善创业担保贷款政策，专门出台创业担保贷款扶持电子商务领域创业文件，推动创业担保贷款工作提质转型。全年发放贷款121.8亿元，新增创业贷款担保基金2.6亿元，通过创业担保贷款直接扶持个人创业9.4万人次，带动就业47.1万人次，贷款回收率99.92%。扎实推进创业孵化基地建设，探索采取第三方评估的方式，首次对创业孵化基地扶持资金采取竞争性分配的原则进行扶持，不断落实创业孵化政策，提升创业孵化服务，完善创业孵化制度，提高孵化成功率。

（四）公共就业服务水平稳步提高。

基本完成100个县（市、区）公共就业和人才服务机构改革、人才市场和劳动力市场的整合，实现全省县级公共就业和人才服务信息资源共享。初步建成覆盖城乡、直达到村的公共就业服务网络体系，实现就业服务信息网络、业务功能、服务对象三个全覆盖。积极组织“春风行动”、就业援助月、民营企业招聘周等专项服务活动，全省共举办招聘会1 500

余场，提供岗位95万余个，达成就业意向32万余人。开展创业典型案例宣传，编印《他们为什么成功——江西“草根”创业故事》，营造浓厚的创业氛围。

二、社保体系建设不断健全

（一）社保制度机制不断完善。

启动机关事业单位养老保险制度改革，由省政府印发《关于贯彻〈国务院关于机关事业单位工作人员养老保险制度改革的决定〉的实施办法》，召开了全省电视电话会议进行部署。推进城乡居民基本医疗保险制度整合工作，研究起草了《江西省统筹城乡居民基本医疗保险制度的意见》，南昌市已完成统筹城乡居民基本医疗保险制度整合工作，将新农合机构全部归并到人社部门管理。出台全省医疗保险付费方式改革工作方案，全面建立医疗保险付费总额控制机制，控制医疗费用不合理增长。按照国家统一部署，对工伤保险费率和生育保险费率进行了调整。出台文件将公务员和参照公务员法管理的事业单位工作人员纳入工伤保险参保范围；出台了《江西省建筑业参加工伤保险实施方案》，实现2015年所有新开工项目全部参加工伤保险；在南昌、赣州开展工伤预防试点工作。逐步打破医疗、工伤和生育保险封闭运行，将省水电、省火电、省投资集团、赣能股份等单位医疗、工伤和生育保险纳入省本级经办。

（二）社保扩面征缴不断推进。

突出工业园区和非公有制企业从业人员、灵活就业人员、农民工、城镇居民等重点群体，通过实施全民参保计划、“助保贷款”、“同舟计划”等举措，不断扩大各项保险的覆盖范围。截至2015年年底，全省城镇职工基本养老、基本医疗、失业、工伤、生育保险参保人数分别为823.09万人、1 530.44万人、281.49万人、500.63万人、251.29万人。职工基本养老、城镇基本医疗、失业、工伤、生育保险基金征缴收入分别为395.26亿元、153.47亿元、11.78亿元、11.37亿元、4.72亿元，五项保险基金累计结余达825亿元。全省城乡居民养老保险参保人数达1 829.9万人。全民参保登记计划试点扩大至6个设区市，建立全民参保登记计划调度机制，宜春等地完成系统内各险种信息数据整合。11个设区市出台“助保贷款”实施办法，累计办理“助保贷款”2 309人次，发放贷款5 069.84万元。

（三）社保待遇水平不断提高。

连续第11年调整了企业退休职工基本养老金，月人均增加养老金198元。将未参保城镇大集体企业退休人员等养老生活补助标准，由每人每月335元调整为355元。首次提高了城乡居民养老保险基础养老金标准，由原来的55元/月提高到80元/月，增幅达45.5%，惠及全省437万城乡居民。提高失业保险金发放标准，由原来的月人均发放670元提高到925元，增幅达38%。提高了城镇居民基本医疗保险补助标准，财政每年人均补助标准由320元提高到380元，同时将最高支付限额提高到10万元。全面落实特殊药品纳入城镇大病保险支付，将5种特殊药品纳入大病医保统筹支付，大病保险基金支付金额达7 002万元，切实减轻了特大病患者费用负担。将企业军转干部及1953年年底前参军、后在企业退休的军队退役士兵每人每月的生活补贴增加45元。

（四）社保经办水平不断提升。

社会化服务水平稳步提高，推出了社保信息披露、个人权益记录查询和免费邮寄等服务，全省企业退休人员社区管理率达到90%，养老金直发率达到98%，省直机关事业单位医疗保险零星报销费直发率达到98%以上。依托全国电子化转移系统平台，建立了异地离退休人员养老金领取资格认证平台。扎实推进“统征分付”和“前台统一受理、后台集中处理”经办模式，6个设区市已实现“五险统征”。各设区市实现参保人员到昌异地就医即时结算，南昌与6个设区市实现双向互通，南昌与广州、合肥、武汉、长沙以及九江与武汉探索开展跨省异地就医即时结算。推动城乡居民养老保险费由金融机构代扣代缴工作，启动了城乡居民养老保险村级金融便民服务点建设。

三、人才队伍建设扎实推进

（一）高层次人才队伍建设扎实推进。

组织开展百千万人才工程的选拔工作，100人入选2015年度省级百千万人才工程人选，其中8人入选国家百千万人才工程人选并被授予有突出贡献中青年专家称号。选拔24名工程人选赴国（境）外研修，资助26位工程人选赴国（境）外开展研修活动。联合省委人才工作领导小组办公室出台了《江西省高层次人才引进实施办法》，进一步明确了人才引进的对象条件、认定办法、优惠政策、服务管理等，为激励全省引才工作创新管理、完善配套、简化流程等提供了政策支持。深入实施“急需紧缺高层次人才引进计划”，征集并发布博士以上引才岗位1 600个，引进博士以上高层次人才600多人，举办了2015年江西省引进高层次人才（北京）专场招聘会。组织开展博士后科研工作站申报工作，28家单位新获国家批准设立博士后科研工作站。批准设立省级博士后创新实践基地31家，成功举办中国博士后西部服务团江西行活动和全国作物生产与粮食安全博士后学术论坛。

（二）高技能人才队伍建设扎实推进。

截至2015年年底，全省城镇技能劳动者总量为415万人，高技能人才达到121万人，高技能人才占技能劳动者的比例达到29.15%。新增国家级高技能人才培训基地3家，新增国家级技能大师工作室3个，新增省级高技能人才培养示范基地1家、省级技能大师工作室15个，91名优秀技能人才被授予“江西省首席技师”称号。组织开展“技兴赣鄱”专项行动，形成高技能人才培养示范基地高端引领、技工院校主体推动、公共实训基地有力补充的技能人才培养体系。举办江西省“振兴杯”职业技能大赛，新增7个行业竞赛，省级竞赛达29项，竞赛职业工种210个，涉及16个行业、200个职业（工种），直接参加各类竞赛人数超过5万人，带动50万人岗位练兵。承办了2015中国技能大赛——首届“古窑杯”陶瓷成型职业技能全国总决赛，全国11个赛区、14个省份的140名参赛选手参加角逐。

（三）引进智力工作扎实推进。

全年来赣工作外国专家总数达3 018人次，专家数量和层次均有提升，其中1名外国专家获中国政府“友谊奖”，15名外国专家获江西省政府“庐山友谊奖”。全年执行国家引智项目36项、省海外医疗科研人才引进计划13项，通过引智项目引进海外高层次人才220人次，引智项目单位在海外人才的帮助下获批专利授权141项，新申请专利77项，参与国家和行业标准修订4项，填补国内空白14项。联合省委人才工作领导小组办公室出台了《江西省引进高端外国专家和急需紧缺海外工程师暂行办法》，设立了江西省高端外国专家和急需紧缺海外工程师引进计划及其资助项目，为入选引进计划的外籍人才提供居留、出入境、就医等方面便利服务，经评审立项的资助项目给予经费资助。继续成功举办“海外人才江西行”系列活动，邀请35名海外人才与省内30多家需求单位面对面洽谈对接，达成合作意向14项、签订合作协议12项。组织实施出国（境）培训项目17项，选派出国（境）培训人员283人次，赴捷克矿山环境治理与修复技术系列培训班、职业能力建设赴德国培训班等一批专业性强的项目取得良好成效。全年新增“一村一品”特色产业村350个，带动增加20万户农户，从事“一村一品”主导产业生产经营农户人均纯收入比全省农民人均收入高出1 500多元。

（四）职称制度改革扎实推进。

推进中小学教师职称制度改革，研究制定全省深化中小学教师职称制度改革实施意见和配套政策，指导设区市做好全面推开改革准备工作。取消职称计算机、放宽职称外语要求和扩大免试范围。贯彻落实国务院关于减少职业资格许可和认定工作，开展了全省职业资格清理整顿专项督查活动。按照“行业归口、统一管理、整合提高”原则，撤销和归并部分高级专业技术资格评审委员会。完成年度职称评审任务，全省有 23 000 余人申报参加高级专业技术资格评审，10 759 人通过评审取得相应资格。

（五）人事考试和职业技能鉴定工作扎实推进。

坚持依法治考，以工作制度、操作规程、队伍建设“三统一”为支撑，全年平稳安全组织各类人事考试 67 项，参加考试人数 44.3 万人，考试总科目数 110 万科次，发挥了人事考试在深化干部人事制度改革中的重要作用。不断强化职业技能鉴定质量管理，全年开展技能考核鉴定 23.5 万人，其中高技能人才 5.2 万人。扩大机考试点范围，在具备条件的院校推行无纸化机考，全年组织实施机考 9 600 余人次。

四、人事制度改革稳步实施

（一）公务员管理进一步规范。

坚持依法、公平、科学、安全考录，组织实施了全省录用公务员四级联考、人民警察和政法干警招录培养体制改革试点招考，全省录用公务员 4 592 名。坚持面向基层的用人导向，完善基层公务员考录制度，研究制定了做好艰苦边远地区基层公务员考试录用工作的实施意见，较好缓解了基层边远艰苦地区招录难、留人难问题。修订出台了《江西省 2015 年度公务员考试录用专业条件设置指导目录》，进一步规范了公务员考录专业条件设置和审核工作。建立健全公务员平时考核制度，研究制定了《江西省公务员平时考核试点工作方案》，全省确定公务员考核试点单位 300 余家。严格按照公务员奖励规定开展公务员奖励工作，严格控制评比达标表彰活动，全年由省委、省政府表彰的省级项目 9 项，表彰先进集体 435 个，先进个人 1 465 名。稳步推进公开遴选工作，创新考察工作方法，探索差额考察指标量化试点，强化报考人员诚信建设，加大弃考人员追责力度，基层用人导向更加突出，选人用人的科学性、公平性进一步增强，全省 332 名基层公务员遴选进入上级机关。扎实部署开展全省公务员教育培训工作，认真落实大规模培训干部、大幅度提高干部素质的战略任务，认真组织开展四类培训，全省共培训公务员 139 438 人次。

（二）事业单位人事制度改革进一步深化。

为进一步完善科研院所和岗位转换等人事制度，制定出台了《关于鼓励省属独立科研院所科技人员创新创业试点办法》、《江西省事业单位工作人员转岗管理试行办法》等规章制度。全面实施事业单位公开招聘工作，全年事业单位招聘 23 000 余人。组织全省中小学教师统一招聘考试，全年招聘中小学教师 10 396 人。在全省范围内开展了机关事业单位“吃空饷”问题集中治理，清查出各类“吃空饷”人员 6 053 人。

（三）军转干部安置工作进一步强化。

全年接收安置计划分配军转干部 533 名，自主择业军转干部 99 名，其中安置到党政群机关和参公事业单位的占 91.9%，做到了部队、接收单位和军转干部三方基本满意。出台并实施了《江西省省直单位接收安置副团职以下军队转业干部暂行办法》，进一步增强了安置工作的透明度和公信力。首次将军转安置工作纳入省直机关绩效管理。连续四年较大幅度提高了企业退休军转干部收入水平，深入开展了企业军转干部关爱行动，保持了企业军转干部的总体稳定。

五、收入分配改革有序推进

（一）不断深化工资制度改革。

稳妥实施调整机关事业单位基本工资标准和优化工资结构方案，2015 年 7 月底前，全省机关事业单位调整基本工资标准工作已基本落实到位。稳妥推进实施县以下机关建立公务员职务与职级并行制度，制定出台了《江西省县以下机关建立公务员职务与职级并行制度实施意见》。以省委、省政府名义出台了《关于深化省属企业负责人薪酬制度改革的意见》，并同步推进市、县国有企业负责人薪酬制度改革。司法体制改革司法人员职业保障工作稳慎推进。

（二）不断优化工资收入分配。

发布了2015年企业工资指导线，调整了最低工资标准，各类区域最低工资标准平均增幅达到10.53%。实施乡镇机关事业单位工作人员工作补贴，制定下发了《关于乡镇机关事业单位工作人员实行乡镇工作补贴的通知》。提高了边远地区农村中小学教师特殊津贴，由每人每月210元提高到300元，最边远农村中小学教师由每人每月360元提高到500元。

六、劳动关系保持总体和谐

（一）全面构建和谐劳动关系。

以省委、省政府名义出台了《关于构建和谐劳动关系的实施意见》。积极推进和谐劳动关系综合试验区建设，开展了和谐劳动关系企业与工业园区评审活动，新增命名一批省级劳动关系和谐企业和省级劳动关系和谐工业园区。扎实推进劳动合同制度和集体合同攻坚计划，2015年劳动合同签订率为96.13%，集体合同签订率达到85%。出台了《江西省劳动关系应急预警机制实施办法》。按期完成253家劳务派遣单位年度核验。

（二）大力推进农民工工作。

以省政府名义出台了《关于进一步做好为农民工服务工作的实施意见》、《关于支持农民工等人员返乡创业的实施意见》，并将农民工工作纳入市、县（区）政府考核体系。扎实推进家庭服务业工作，全年家庭服务业从业人员新增6.2万人，家庭服务业从业人员培训3.7万人。推进家庭服务业规范化职业化建设，制定了《育婴服务质量规范》和《保洁服务质量规范》两个地方标准。

（三）扎实做好调解仲裁工作。

全年各级调解组织、仲裁机构依法受理劳动人事争议案件21 076件，结案率达96%，51.9%的劳动人事争议案件在基层调解组织中解决。高度重视群体性和涉及农民工劳动争议案件的调处，全年调处10人以上集体案件301件，涉及农民工案件3 262件。扎实做好仲裁办案系统的完善和推广实施工作，全省市级仲裁院及50%的县级仲裁院已上线运用。积极开展第一批非公企业预防调解示范试点工作，协同工商联推进非公企业预防调解组织建设。

（四）加大劳动监察执法力度。

组织开展农民工工资支付情况专项检查、清理整顿人力资源市场秩序专项行动、用人单位遵守劳动用工和社会保险法律法规情况专项检查，检查用人单位1.65万户，涉及劳动者95.12万人，依法为13.57万名劳动者追回工资待遇17.05亿元。劳动监察“两网化”管理覆盖了全省所有县级行政区域。书面审查工作覆盖面不断扩大，全省书面审查3.75万户用人单位，涉及劳动者221.2万人，责令6.65万人补签劳动合同，督促缴纳社会保险费3.56亿元。

七、基础性综合性工作整体推进

（一）信息化建设取得重要突破。

加大“多险合一”等重点建设项目推进力度，“多险合一”信息系统已在4个设区市上线运行，医保监控系统、人社阳光政务信息系统在省本级和鹰潭市上线运行。12333实现了跨越式发展，全省电话咨询总量346万人次，比2014年增加了183万次，增长112%，全国排名第八位，迈入了全国第一方阵。“掌上12333”正式上线。OA办公自动化系统省、市两级全覆盖，公文传输系统省、市、县三级全覆盖，实现了公文传输无纸化办公。截至2015年年底，全省累计生产发行社保卡2 615万张，开通应用项目70项，开通率达到68%，已逐步覆盖到社保、人事人才、劳动关系等领域。

（二）依法行政水平明显提高。

扎实推动法治人社建设，研究制定了《关于全面推进法治人社建设的实施意见》。大力推动简政放权，完成5项非行政许可项目清理工作，其中2项取消、1项调整为行政许可项目、2项调整为行政确认。行政审批事项精简率达35.7%，保留实施的9项行政许可项目全部纳入省政府网上审批和电子监察系统。全面建立权力清单和责任清单制度，梳理确定全厅权力清单181项。大力推进全省人社阳光政务信息系统建设，省本级和鹰潭市已正式上线。

（三）作风建设持续深入推进。

扎实开展“三严三实”专题教育活动，着力解决一批群众反映强烈的突出问题。实施“连心、强基、模范”工程，组织党员干部进村入户，为“连心”活动点办实事。深入开展窗口单位改进作风专项行动，全面规范窗口服务规范、文明用语和纪律要求，出台了《关于建立全省人社系统窗口单位作风建设长效机制的实施意见》，用心打通联系服务群众的“最后一公里”。2015年省直机关绩效考评中，人社部门群众满意度测评位居前列。

江西省人力资源和社会保障厅

山 东 省

2015年，山东省各级人力资源社会保障部门认真贯彻落实省委、省政府决策部署，坚持稳中求进工作总基调，积极适应、把握、引领经济发展新常态，按照“一个定位、三个加大、七个更加注重”的工作思路，围绕中心、服务大局，主动作为、勇于担当，人力资源社会保障工作呈现总体平稳、稳中有进、进中提质的良好态势。

一、就业形势保持基本稳定

（一）就业创业取得新进展。

就业目标任务超额完成，全年城镇新增就业116.8万人，农村劳动力转移就业127.5万人，城镇登记失业率保持在3.35%的较低水平。城乡就业连续12年实现“双过百万”。制定了《山东省就业目标责任考核办法》，对就业目标责任考核的原则、内容、实施和结果运用作了明确规定。大力实施农民工“职业技能提升、权益保障、公共服务”三年行动计划，农民工就业质量实现新提高。9月，省政府印发《关于进一步做好新形势下就业创业工作的意见》，深入贯彻落实党中央、国务院的部署要求，应对经济新常态对就业的影响，着重从实施就业优先战略、积极推进大众创业、促进高校毕业生等重点群体就业、加强职业技能培训和创新公共就业创业服务五个方面，提出了22条政策措施。9月，省政府办公厅印发《山东省实施就业优先战略行动方案》，明确了就业与全面深化改革互动融合、就业与产业转型升级互动融合、就业与企业发展互动融合、就业与新型城镇化互动融合、就业与创业创新互动融合、就业与人才培养互动融合、就业与信息化互动融合七个方面的重点任务；提出了加强组织领导、建立长效机制，部门协同联动、形成整体合力，明确责任目标、加强跟踪评估，大力宣传引导、营造良好氛围的四条保障措施，凸显了实现就业增长与经济增长趋势相一致、就业结构与产业转型升级要求相适应、就业质量与各类群体的就业创业意愿相契合的目标。创业成为拉动就业增长新引擎，创业载体建设力度加大，全省17市实现创业大学全覆盖，实现创业48.8万人，带动就业119.3万人。李克强总理先后在山东省上报的《山东打造创业大学培训新模式　培植创业创新新沃土》、《2016年劳动密集型企业用工需求信息》两份专报信息上作出重要批示，对山东就业工作给予了充分肯定。

（二）高校毕业生就业稳步推进。

坚持把促进高校毕业生就业创业放在就业工作的首位，应届高校毕业生总体就业率达92.41%，其中，研究生就业率达93.23%，本科生就业率达92.16%，专科（高职）就业率达92.55%，毕业生就业形势保持基本稳定。全省2015届高校毕业生自主创业率达0.24%，同比增长118.2%，创业人数较往年有明显提高。特困生求职补贴标准由500元/人提高到1 000元/人。在省级创业孵化示范基地（园区）整合的基础上，引入第三方组织进行答辩和评估认定。山东省已建设大学生创业孵化基地160家、大学生创业园143家，其中有51家被评估认定为省级大学生创业孵化示范基地（园区）。

（三）完善公共就业服务工作。

完善服务政策，健全服务网络，全力做好“山东—名校人才直通车”等系列人才招聘活动，为各类人才来鲁创新创业提供了高效、快捷的公共服务。职业介绍工作取得新突破，创新服务方式，完善服务内容，大力开展精准就业服务。开展职业技能培训128.2万人。省本级举办日常招聘活动36场，提供就业岗位2.2万个，组织“就业援助月”、“春风行动”等特色招聘活动，提供就业岗位1.8万个。

二、社会保障制度进一步完善

（一）社会保险覆盖范围进一步扩大。

山东省职工基本养老、职工基本医疗、失业、工伤、生育保险参保人数分别达2 476.9万人、1 904.4万人、1 203.8万人、1 473.5万人、1 111.2万人，比上年年底分别增加106.7万人、44.2万人、49.5万人、51.9万人、64.7万人。居民养老、医疗保险参保人数分别达4 534.3万人、7 331.4万人，居全国第二位和第一位。不断完善居民大病保险制度，明确了合规医疗费用范围，印发了《山东省居民大病保险工作实施方案》。全省居民大病保险按每人32元划拨资金，起付标准为1.2万元，一个医疗年度内，居民大病保险每人最高给予30万元的补偿。截至12月31日，全省大病保险共对76.78万人次赔付医疗费用17.76亿元，有效缓解了参保居民因病致贫、因病返贫问题。

（二）率先启动机关事业单位养老保险经办。

山东省政府在全国第一个印发《关于机关事业单位工作人员养老保险制度改革的实施意见》（鲁政发［2015］4号），明确了改革的实施范围、实行制度、待遇计发办法等政策，自2014年10月1日起实施。7月，经国家批复同意，又印发了改革实施办法。8月，召开全省电视会议动员部署，正式启动了这项改革。工作中，坚持问题导向，分析梳理了7大类30余个问题，形成了问题清单，有针对性地开展政策研究。明确驻济省直机关事业单位、驻鲁中央国家机关所属单位的基本养老保险和职业年金管理工作，实行省级集中经办管理，由省社保局负责经办。驻济以外省直单位，原则上由设区市集中经办管理。市、县级机关事业单位的经办管理方式，由各市政府确定。截至2015年12月底，17市全部启动机关事业单位养老保险经办工作。省直首批启动的20家主管部门，共101家单位，涉及在职人员5 056人，退休人员3 534人，在职人员参保缴费、退休人员统筹内养老金已全部缴纳和发放到位。

（三）电子社保建设水平进一步提高。

全面推进电子社保建设，以信息化支撑引领社保经办机构加快转型发展。积极推进“一制四化”，即综合柜员制、网厅一体化、业务档案一体化、业务财务一体化、查询咨询多样化的经办管理服务模式，持续推进信息化技术与社保经办业务的深度结合，构建更加便民快捷的社会保险管理服务体系，提升经办服务效能。

三、人才队伍建设创新发展

（一）专业技术人才队伍建设不断加强。

大力推进人才体制机制创新，为更好吸引高层次高技能人才来鲁创新创业，研究制定了《山东省引进高层次高技能人才服务绿色通道规定》，在出入境和居留、配偶随迁、子女入学、社会保险、职称评定、岗位聘用、编制管理等17项具体服务内容方面，为引进人才提供优质高效的服务。建立重大人才政策、重点人才项目省市协同推进机制。《山东省人力资源市场条例》颁布实施。在全国率先完成中小学教师职称制度改革，率先启动中职学校和技工院校教师职称制度改革试点，率先深化高等学校教师职称制度改革。积极推进青岛西海岸经济新区、济莱协作区和济宁市人才管理改革试验区建设，探索建立人才管理新模式。新增两院院士2名、国家百千万人才工程人选26名、国务院政府特殊津贴专家121名、省有突出贡献的中青年专家99名、省首席技师100名。

（二）大力推进高技能人才队伍建设。

全年全省共有100万人通过职业技能鉴定考试获取职业资格证书，新增高技能人才24.2万人，其中，技师、高级技师3.7万人，高级工20.4万人。194所技工院校招生13万人，在校生31.8万人，完成毕业生验印近10万人，就业签约率达96.9%。确定山东新华制药股份有限公司朱连博工作室等6个工作室作为国家级技能大师工作室。山东省国家级高技能人才培训基地增加到18家，国家级技能大师工作室增加到24个。会同省财政厅在逐级申报推荐的基础上，组织专家评审委员会进行评审，最终确定20家企业为山东省技师工作站，省财政拨款200万元给予扶持，省级技师工作站增加到80个。印发了《关于印发2015年省级职业技能竞赛项目的通知》，对职业技能竞赛组织工作提出了要求，大力开展各级各类职业技能竞赛活动，参赛学生和职工130万人。

（三）引进国外智力工作成效显著。

6名外国专家入选国家第五批“外专千人计划”，全省共19名外国专家入选“外专千人计划”，数量居全国前列。1名外国专家获中国政府“友谊奖”，21名外国专家获省政府“齐鲁友谊奖”。举办外国专家讲座20期，培训6 000余人次。每年来鲁工作的外国专家约2.5万人次，长期在鲁服务的1万人以上。建立国家级引智试验区1个、国家级引智基地3家，争取国家级引智示范推广项目14项，人才载体的承载吸纳能力显著增强。

四、人事制度管理进一步加强

（一）公务员队伍管理取得新进展。

坚持凡进必考，严把公务员队伍“进口”关。公开招考6 866人，为公务员队伍增添了新鲜血液。坚持人岗相适，完善选人用人机制，统一组织开展2015年度省直机关公开遴选公务员工作。最终共为省人大办公厅等59个部门遴选基层公务员164名。3月，评选出20个全省“人民满意示范单位”和38个全省“人民满意公务员示范岗”。坚持奖勤治懒，不断完善公务员激励约束机制。深入推进公务员平时考核试点工作，各级各部门逐步将平时考核作为严格公务员日常管理的重要抓手，考核结果成为公务员选拔任用、培训教育、奖励惩戒的重要依据。采取合理制定职位报考条件、降低艰苦边远地区开考比例、明确新录用公务员最低服务年限等综合措施，积极研究破解乡镇机关“招人难”问题，乡镇机关事业单位工作人员津贴补贴提高到人均500元左右。在乡镇设置科级非领导职务，全面实施县以下机关职务与职级并行制度，有力地稳定了基层公务员队伍，激发了干事创业热情。坚持规范管理，不断完善公务员退出机制。全面清理党政领导干部在企业兼职，认真开展超职数配备干部、“吃空饷”等专项整治。

（二）全面推进事业单位人事制度改革。

山东省5.8万家事业单位核准岗位设置方案，占应实施岗位设置管理事业单位总数的96.7%，5.5万家事业单位完成了岗位聘用工作，占应实施岗位设置管理事业单位总数的94.8%，省委组织部、省人力资源社会保障厅联合印发了《关于2015年省属事业单位公开招聘工作人员有关问题的通知》（鲁人社发［2015］6号），对省属事业单位公开招聘工作作出部署。省属事业单位共公布统一招聘初级岗位1 021个，计划招聘1 368人，网上确认报名缴费4.4万人，招聘比例平均为34.2：1。会同省委组织部、省编办、省财政厅、省总工会联合印发《关于维护机关事业单位未纳入正式职工管理人员劳动保障权益的通知》（鲁人社发［2015］5号），要求各机关事业单位在机构编制部门核定的数额内使用未纳入正式职工管理的人员，并按照《劳动合同法》的规定订立劳动合同，依法进行管理。

（三）军队转业干部安置工作顺利开展。

全省共接收安置军队转业干部2 612名，其中，计划分配1 612名，自主择业1 000名。夏耕副省长在全国军转安置工作电视电话会议上介绍了山东省军转工作的经验做法，国务院军转安置工作小组专刊印发了山东省“人岗相适”试点做法，国务院军转办领导两次来山东调研。合理编制军转安置计划，严肃安置纪律，确保安置计划不折不扣地落实。各市党政机关和参公单位有空编和有增人计划的优先接收军转干部。自然减员空缺出来的编制和中央下达的政法专项编制优先用于接收军转干部。

五、工资收入分配制度改革扎实推进

（一）深化企业收入分配制度改革。

省委、省政府印发《山东省省管企业负责人薪酬制度改革实施方案》（鲁发〔2015〕12号）。召开山东省深化国有企业负责人薪酬制度改革工作电视会议，对省国有企业负责人薪酬制度改革工作进行部署。调整月最低工资标准为1 600元、1 450元、1 300元；小时最低工资标准为16元、14.5元、13元。《山东省人民政府关于发布2015年企业工资指导线的通知》（鲁政字〔2015〕38号）发布了2015年企业工资指导线，基准线10%、上线（预警线）18%、下线4%。同时要求各类企业应当在政府发布工资指导线30日内，通过集体协商，制定贯彻工资指导线实施方案，报人力资源社会保障部门备案。

（二）组织实施县以下机关建立公务员职务与职级并行制度。

7月1日，省委办公厅、省政府办公厅印发《关于县以下机关建立公务员职务与职级并行制度的实施意见》（鲁办发〔2015〕29号），职务与职级并行制度实施当年，县以下机关将有占总数1/3左右的公务员可以晋升职级，相应调整工资待遇后，月人均收入水平可增加480余元。

（三）调整机关事业单位工作人员工资标准。

会同省财政厅印发《关于调整机关事业单位工作人员基本工资标准和增加离退休人员离退休费有关问题的通知》（鲁人社发〔2015〕33号）。为确保机关事业单位调整工资与推进养老保险制度改革统筹协调，研究制定了《关于机关事业单位工资调整几个具体问题的处理办法》（鲁人社字〔2015〕257号），对养老保险改革实际操作前，机关事业单位人员工资调整和发放的具体问题作出规定。推进事业单位实施绩效工资工作，建立了符合事业单位特点、体现岗位绩效和分级分类管理的工资制度。

六、切实维护劳动者合法权益

（一）劳动关系协调发展取得新成效。

严格劳务派遣行政许可，开展劳务派遣专项行动，印发《关于规范劳务派遣用工若干问题的通知》（鲁人社发〔2015〕28号），对于过渡期内规范用工比例、合理确定辅助性岗位、被派遣劳动者劳动合同期限、被派遣劳动者试用期不符合录用条件如何处理、被派遣劳动者经济补偿支付、用工单位不规范使用劳务派遣工责任、异地派遣参加社会保险、派遣用工与外包用工的区别，以及连锁、加盟单位经营劳务派遣业务、劳务派遣单位设立分公司异地备案等问题作出了明确规定，增强了有关法律、政策的可操作性。按照山东省人民政府《关于2014年第三批取消下放行政审批项目和承接国务院下放行政审批项目等事项的通知》（鲁政字〔2014〕223号）要求，将劳务派遣经营行政许可下放至设区市人力资源社会保障行政主管部门。各市以非公有制企业、中小企业为重点，坚持维护劳动者合法权益和促进企业健康发展相结合，按照“抓规范、提质量”的要求，加强分类指导，规范协商程序，加强协商主体能力建设，努力提高集体协商和集体合同工作的质量与实效性，年末山东省集体合同覆盖职工1 000余万人，覆盖企业15.4万户，集体合同签订率达92%。

（二）劳动保障监察执法维权力度加大。

各级劳动保障监察机构充分利用“两网化”管理模式，不断扩大巡视范围，完善审查内容，将宣传法律、服务企业、规范用工和检查执法相结合，做到检查一户、宣传一户、服务一户、规范一户。2015 年全省主动监察用人单位 10.3 万户，书面审查各类用人单位 13.1 万户，涉及劳动者 567.7 万人。在完善原有的来信、来访、来电等举报投诉渠道的基础上，通过网络舆情、政务热线、政府信箱、基层网格等多种渠道收集案件线索，确保举报投诉渠道畅通、案件查处及时高效。全年举报投诉案件结案 22 493 件，按时结案率达 100%。

（三）劳动人事争议调解仲裁不断加强。

大力推进一裁终局，坚持定期调度通报，强化工作督导，2015 年一裁终局率达 25%，比上年增长了 5 个百分点。印发了《关于建立劳动人事争议仲裁案例指导制度的意见》，征集汇编了《山东省劳动人事争议仲裁典型案例（五）》，组织召开了山东省劳动人事争议典型案例研讨暨庭审观摩现场会，不断提升仲裁办案规范化水平。全省各级调解仲裁机构共受理争议案件 75 746 件，同比增长 12%，其中，仲裁机构当期立案受理争议 50 717 件，同比增长 21%，当期结案率达 96.2%。当期审结的 70 977 件争议案件中，通过调解方式解决 48 074 件，占比 67.7%，涉案金额 18 亿元，柔性调处、和谐仲裁理念进一步凸显。

七、基础建设水平进一步加强

（一）公共服务平台建设进一步完善。

124 个县（市、区）建成县级综合服务中心，所有街道（乡镇）设立人力资源社会保障所（中心），6 万余个社区（行政村）设立人力资源社会保障服务站。

（二）信息化支撑能力得到提升。

信息化在人力资源社会保障事业改革发展中的支撑保障作用不断增强，公共服务信息化水平显著提升，社会保障卡持卡人数达 6 336 万人，12333 年咨询量达 450 余万人次。社会保障卡用卡范围不断扩大，总体上完成开通社会保障卡 102 项应用目录中 50% 的项目、50%以上的持卡人通过社会保障卡缴费领取待遇的任务。“社会保障卡替代就诊卡，实现参保人员在医院的‘人性化’就诊”获得国家金卡工程 2015 年度“金蚂蚁”奖优秀应用成果奖。诊间结算试点取得阶段性成果。

（三）法治人社建设全面推进。

为充分发挥法治在推动人社事业改革创新、转型发展中的引领、规范和保障作用提供了制度支持。建立了《重大行政执法决定法制审核办法》、《行政执法案卷评查办法》、《重大改革事项综合评估办法》（鲁人社发［2015］65 号）等 5 项制度，为推进“法治人社”建设奠定了基础。7 月 24 日，省十二届人大常委会第十五次会议审议通过了《山东省人力资源市场条例》，自 2015 年 10 月 1 日起施行。《条例》围绕建立统一规范的人力资源市场目标，规定了政府促进和保障人力资源市场的措施，降低了人力资源服务行政许可的条件，缩短了行政许可办理时限，明确了人力资源服务机构的服务要求和规范，对新兴的人力资源服务业态，如人力资源素质测评、高级人才寻访、人力资源管理服务外包等作出了规定。共办理行政复议案件 87 件，同比减少 13 件，减幅为 15%。办理行政应诉案件 61 件，同比增加 38 件，增幅为 165%。

山东省人力资源和社会保障厅

济南市

2015年，济南市人力资源和社会保障局认真贯彻落实全国人社工作会议精神，牢牢把握全面深化改革的主基调，坚持以服务民生为根本，以群众满意为标准，以建设“温暖人社”为主题，以推进行政服务标准化、信息化和人社文化建设为抓手，强化问题导向，着力攻坚克难，持续改进作风，狠抓工作落实，较好地完成了全年工作任务。

一、就业再就业工作

突出抓好重点群体就业，就业局势保持总体稳定。新增农业富余劳动力转移就业5.6万人。援助就业困难人员2.49万人，实现了零就业家庭的动态消零。实现全市城镇新增就业20.7万人，完成市政府全年目标任务的207.3%。年末城镇登记失业率2.04%，控制在4%的目标以内，全市就业形势保持稳定。

（一）着力促进重点群体就业。

组织开展“公共就业和人才服务进校园”专题巡讲活动，建立“济南大学生就业”微信服务平台，为高校毕业生送政策、送指导、送信息。大力实施“就业见习”计划，市级大学生就业见习基地已达220多家，可提供就业见习岗位3 500余个。举办了助力中小企业就业双选会暨就业见习基地招聘会、“济南都市圈”（1+6）招聘会、济南外商投资企业大型专场招聘会等招聘活动，累计为大学生提供就业岗位5万余个，招募“三支一扶”大学生139名。建立了就业困难人员跟踪服务制度，就业困难人员灵活就业社会保险补贴标准由每人每月418元提高到471元，企业（单位）吸纳就业困难人员补贴标准由每人每月851元上调至2 188元。将农村劳动力纳入就业失业登记管理范围，实施城乡统一的普惠服务，组织招聘会42场，“春风行动”专场招聘会60场，提供就业岗位13.95万个。

（二）加大创业带动就业力度。

创新完善创业扶持政策，进一步简化优化创业贷款、创业补贴、房租补贴等审批流程，降低门槛，扩大扶持范围。小微企业一次性创业补贴由1万元提高到1.2万元，岗位开发补贴由500元提高到2 000元，个体工商户创业补贴由1 000元提高到3 000元，入驻市级创业孵化基地个体工商户房租补贴由每年1 000元提高到2 000元。在全省率先实现就业创业培训补贴等7项扶持政策享受待遇人员动态数据管理。新增省级创业孵化示范基地（园区）3家，全市已建成省、市、区三级创业孵化基地108家，带动就业11.98万人。组织开展了创业助推“1+3”行动、青年创业之星评选、创业论坛等活动，积极营造大众创业、万众创新的浓厚氛围。

（三）不断提升培训质量。

重点完善创业培训政策，积极推进创业大学（学院）建设，市、县（市）区全部建立了创业培训大学（学院）。全年就业培训8.94万人，其中技能培训7.78万人、创业培训1.16万人。

（四）创新完善农民工工作。

积极探索“互联网+农民工服务”的新模式，建成了农民工网上服务（维权）在线网络平台，通过网站、微信和微博形式，实现24

小时全天候服务。依托市农民工综合服务中心成立了济南慈善总会农民工慈善分会、农民工科普大学以及农民工艺术团等服务组织。在环卫、建筑等行业建立了基层党组织，农民工党的组织建设不断加强。市农民工综合服务中心被评为全国农民工工作先进集体。

二、社会保障工作

加快构建覆盖城乡的社保体系，社会保障能力和水平不断提升。

（一）不断扩大社会保障覆盖面。

扎实推进建筑行业农民工参加工伤保险工作，征缴社会保险费660.5万元。全市城镇职工基本养老、基本医疗、失业、工伤、生育保险参保人数分别达到219.3万人、208.1万人、130.1万人、144.5万人、136.4万人，居民基本养老保险和基本医疗保险参保人数分别达到222.4万人和419.3万人。全年基金总收入达310亿元，总支出246亿元，比上年分别增长了27.6%和15.1%。

（二）稳步提高社保待遇水平。

连续第11年调整提高企业退休人员养老待遇，月人均基本养老金达到2 633.5元。居民养老保险基础养老金实现“五连涨”，2015年提高到85元，惠及75.16万名老年居民。居民基本医疗保险财政补贴标准上调至每人每年380元。各县（市）区失业保险金标准统一提高至每人每月950元。工伤职工一次性工亡补助金标准达到59万多元。生育保险人均费用支出过万元，居全省最高。

（三）扎实推进社保制度改革。

机关事业单位养老保险改革方案初步敲定。市本级公费医疗改革基本完成，县（市）区改革已经启动。居民基本医疗保险制度不断完善，企业职工和居民医疗保险转换接续、重复参保等历史遗留问题和部分特殊病人待遇降低等问题得到解决。居民医保取消了基本医保药品目录中甲类药品的有关限制，降低了原新农合目录范围内乙类药品的自负比例，提高了慢性肾衰竭透析治疗的报销比例。乡镇卫生院住院起付标准由400元降至200元，取消了普通门诊统筹起付标准。推进大病保险制度改革，将所有病种纳入大病保险范围，最高支付限额由20万元提高至30万元，实现了大病保险待遇“一站式”结报。医保支付方式改革深入推进，探索实行了以总额预算管理为主，以大病定额弹性结算、单病种结算、按项目结算等为辅的多元化、复合式支付方式，既减轻了参保职工的经济负担，又确保了医保基金合理支出。制定出台了被征地农民参加居民基本养老保险的办法，被征地农民养老有了保障。

（四）持续提升经办服务水平。

统一了灵活就业人员社会保险费征缴模式，开发了自助缴费平台。将生育津贴由一次性支付改为逐月支付，缓解了生育保险基金支付压力，有效遏制了产假期间解除劳动合同、领取失业保险金等违规行为。在市中区试点分级经办模式，顺利完成4县（市）医保数据市级集中，实现了职工医保省内异地联网结算。在4家试点医院实现社保卡“一卡通”，方便医保病人就医。加大社会保险反欺诈工作力度，实现企业离退休人员及其遗属与公安数据的动态比对。对人力资源公司生育保险待遇拨付进行了专项稽核，查处违规单位26家。

三、人才工作

围绕济南市打造“全国的区域性经济中心、金融中心、物流中心和科技创新中心”建设，大力实施人才强市战略，人才引领发展的作用进一步凸显。

（一）大力引进高层次人才。

紧密结合济南市重点产业发展战略和重点工程项目、重要引智单位的需求，充分发挥政府人才综合管理部门的职能作用，大力实施“5150引才倍增计划”，新引进58名高层次创新创业人才（团队），累计引进411名。放宽千层次人才引进条件，引进千层次创新人才154名。组织重点企事业单位赴全国重点高校现场引进中高端急需紧缺人才，与15所重点高校签订了高层次人才合作协议。

（二）加大留学回国工作和外专引智力度。

组织实施引进外国专家项目 29 项，引进外国专家 180 人次，其中 1 项入选国家高端外国专家项目（文教类）计划，实现该项目零的突破。强化留学人员创业载体建设，全市孵化面积已达 120 万平方米，累计入驻留学人员企业 574 家，涵盖生物医药、电子信息、新材料、节能环保等高新技术领域，培育出了一大批拥有自主知识产权并在本行业领域内位居前列的高新技术产业，成长起一大批能够突破关键技术的高端创新创业人才。新成立了济南英国海外人才联络处，海外人才联络处不断扩大，共吸引 2 000 余名海外留学人才来济创业、就业，高层次留学人才引进呈现团队化趋势。

（三）加强专业技术人员队伍和博士后工作站建设。

实施非公经济组织职称评审绿色通道试点，对职称外语、计算机考试不作硬性要求，符合一定条件的工程专业技术人员可以直接申报工程师职称。博士后科研工作站设站规模效应初显，新增 7 家，总数达到 22 家，增长率为全省最高。

（四）大力加强技能人才队伍建设。

研究制定了“技能兴济”工程实施意见，加大中职教育力度，积极推动职业资格和学历“双证互通”，将全市 14 所技工院校全部纳入了中考统一招生平台，大力实施“金蓝领”培训项目，广泛开展技能大赛，积极营造崇尚劳动、尊重技能人才的浓厚氛围。全市技能人才总数达到 84.52 万人，其中高技能人才 24.85 万人，为实体经济发展提供了有力的人才支撑。

四、机关事业单位人事管理工作

创新机关事业单位人事管理，干部队伍活力进一步增强。

（一）坚持“凡进必考”。

加大基层岗位招录比例，提高岗位匹配度。公开公平公正地为各级机关考选了 257 名公务员，其中 25 名高级技工学校毕业生报考了乡镇机关职位。加大公开遴选力度，为市直党政群机关面向基层公开遴选 18 名公务员。探索开展聘任制公务员招聘工作，面向全国为市发改委、市商务局招聘了部分特殊紧缺专业人才。积极探索实施事业单位分业分类考试，采取面试考核、定向招聘、降低开考比例和考选等招聘方式，指导用人单位开展自主招聘高层次人才，进一步提高了本市事业单位招聘的科学性、针对性和有效性。

（二）完善推广平时考核。

依托政务云平台研究开发了公务员平时考核信息系统，实现了公务员平时考核由“纸”到“云”的转变，上级可以随时查看下级工作情况。加快推进各县（市）区事业单位工作人员平时考核试点工作，指导市教育、卫生计生部门全面开展平时考核。

（三）扎实推进人事管理制度改革。

协同推进事业单位转企改制工作，配合教育、卫生计生部门稳步推进基础教育综合改革和县级公立医院综合改革。继续推进事业单位绩效工资改革，完成了机关事业单位工资结构调整工作，提高了市直机关事业单位 4.8 万名在职人员基本工资标准，同步减少了津贴补贴。调整后，本市市直机关事业单位平均基本工资比重由 20.6％提高到 33％左右，工资结构更加合理。人事考试推行项目管理，做到了“零失误”。

（四）完善规范军转安置工作。

市委办公厅、市政府办公厅印发《济南市军转干部安置工作实施意见》，进一步规范了考试考核、公开选择去向、公开岗位性质的安置办法，保证了军转安置工作的政策延续性和执行力。发挥机关、参公单位主渠道作用，提升公务员、参公单位岗位安置比例，圆满完成了 416 名军转干部安置任务。

五、劳动关系协调工作

坚持促进企业发展与维护职工合法权益并重，努力化解矛盾和风险，劳动关系保持和谐稳定。

（一）完善劳动关系协调机制。

认真贯彻落实党中央、国务院关于构建和谐劳动关系的意见，专门召开全市会议进行部署，进一步明确了“三方四家”的职责分工。进一步完善劳动合同备案制度，实现了劳动用工备案系统与社会保险系统的数据共享和业务联动。强化企业收入分配宏观调控，公布了2014年度全市法人单位在岗职工平均工资，制定了2015年企业工资指导线实施意见。济南市最低工资标准市内五区为1 600元，其他县（市）区为1 450元。

（二）加强劳务派遣和劳动合同管理。

依法规范劳务派遣行为，实现了对劳务派遣企业劳动合同、用工派遣、工资发放和社保费缴纳的动态监管。全市共有3.8万家用人单位进行了劳动用工备案。深入实施农民工权益保障三年行动计划，在用工季节性强、职工流动性大的行业，推广劳动合同简易示范文本，稳定就业的农民工基本签订了劳动合同。

（三）加大劳动保障监察执法和调解仲裁工作力度。

畅通投诉举报渠道，强化日常执法和专项检查，完善行政司法联动机制，严格落实“一体执法检查计划”，全年共检查用人单位1.46万家，补签劳动合同1.5万余份，清欠社保费537万元，受理投诉举报8 573件，到期结案率100%。大力加强专业性劳动争议预防调解工作，重点推进争议多发的制造、物流、批发、零售等行业商会（协会）建立劳动争议调解组织，全市各级仲裁机构共受理案件5 908件，当期结案率95.34%，全市一裁终局案件占全部裁决案件的26.01%，为劳动者挽回经济损失12 682.51万元。

六、人社公共服务工作

（一）大力推进行政服务标准化。

以市级经办大厅、服务窗口和基层平台为重点，着力推进形象外观、环境设施、业务流程、服务行为、管理制度、岗位职责“六个规范”。目前，行政服务标准化建设正在由表及里深入推进，系统上下按照“做我所写、写我所做”的原则，总结经验，把握规律，初步完成了包括1 133项岗位标准、业务流程等在内的标准体系编制工作，基本做到了事事有标准可依、岗岗有标准规范、人人按标准履职。

（二）深入推进业务下沉。

研究出台了《关于下沉和规范人力资源社会保障基层公共服务平台相关业务工作的意见》，对市、县（市）区、乡镇（街道）、行政村（社区）四级人社服务平台所涉及的就业、社会保障、劳动关系、调解仲裁、劳动监察等7大类共计32项业务工作进行了统一规范，明确了每项业务层级分工，把基层能办理的业务全部下放到基层，打通了人社服务的“最后一公里”、“最后一百米”。

（三）积极推进人社服务牵手“互联网+”行动。

以打造“网上人社”、“智慧人社”为目标，加快建设标准统一、信息共享、业务协同的网上业务办理平台，积极推动信息化管理向基层人社业务延伸，逐步实现人社业务“村村通”、“户户通”、“人人通”、“即时通”。着力推广“人社e站”、“大爱东关”微信平台等服务模式，开通了“大学生就业”、“人事考试”等微信公众平台，申请了“温暖人社”微信公众号，初步实现了“零距离”、“全天候”服务。

（四）畅通与人民群众沟通的渠道。

继续办好“济南人社在线”栏目，已上线119期，受理咨询、解决问题1 600多件，回复率和满意率均达到100%。12333电话咨询中心服务质量稳步提高，共接听来电超过42.1万个，群众满意率达到99.8%。济南市社保就业公共服务在中国社科院公布的38个城市基本公共服务群众满意度排名中位居第八。

济南市人力资源和社会保障局

青　岛　市

2015年，青岛市人力资源和社会保障局围绕中心、服务大局，扎实开展“三严三实”专题教育，坚持“民生为本、人才优先”的工作主线，主动适应经济发展新常态，主动作为，改革创新，攻坚克难，各项工作稳中有进、稳中向好，实现新跨越。

一、就业形势总体平稳，创业扶持体系更加完善

全年新增城乡就业41.4万人，其中城镇就业20.3万人、农村劳动力转移就业21.1万人，政策性扶持创业2.3万人，同比增长5.8%；期末城镇登记失业率3%。

（一）建立“大众化”创业孵化体系。

市政府出台《关于实施大众创业工程打造创业之都的意见》，围绕创业环境、创业扶持、创业服务等7个方面，形成23项共促创业的新制度。推广海尔“人人创客”模式，创业大学与青岛广播电视大学实现一体化办学，加快建设青岛创业总部、中德创业大学，实施大学生创业“海鸥行动计划”，激发大众创业活力，打造经济发展新引擎。

（二）实施“普惠制”公共就业服务。

围绕全面实施城乡一体化的就业政策，对全市劳动力资源实施动态管理，健全失业预警报告制度，提高劳动力资源配置针对性。首次发布就业创业政策、服务和责任“三项清单”，启用青岛就业网，打造“互联网＋就业创业”服务新模式。在全国率先实施重点建设项目与就业联动机制，对接全市1 677个重点建设项目用工需求，累计吸纳就业22.8万人。

（三）实施“系统化”职业技能培训。

实施技能青岛工程，健全职业培训政策，完善职业培训一体化管理平台，职业技能培训服务全部向基层下沉，在全省率先成立职业技能鉴定专家委员会，规范职业技能鉴定规程，组织完成各类职业培训8.5万人，培训农村转移劳动力1.6万人，缓解就业结构性矛盾，提高就业稳定性。

（四）实施“精准化”就业行动。

完善大学生就业联盟，实施离校未就业高校毕业生就业促进计划，接收高校毕业生7.3万人，就业率96%。开展农民工“职业技能提升”、“权益保障”、“公共服务”专项行动，促进农村劳动力转移就业17万人。实施“送政策、送岗位、送技能、送服务”就业援助活动，帮扶困难人员实现就业22 130人，就业率92.1%。

二、社会保障体系运行平稳，制度改革稳步推进

社会保障制度建设取得新突破，全年征缴各类社保基金超过440亿元，及时足额支付社保待遇，社保基金整体收支平衡。

（一）稳妥推进机关事业单位养老保险制度改革。

落实国家、省顶层设计，整合市、区（市）政策，出台机关事业单位养老保险制度改革实施办法，在21家市级机关单位启动参保缴费工作。

（二）全面实施城乡统筹的基本医疗保险制度。

贯彻落实《青岛市社会医疗保险办法》，

城乡居民统一享受基本医疗保险、大病医疗保险、大病医疗救助三层医疗保障，长期医疗护理保险、大病医疗救助制度向农村延伸，有2.5万名失能和半失能老人享受护理保险待遇，3.9万名参保患者享受大病救助待遇，形成了覆盖900万市民的公平、普惠医保新格局。

（三）提高各项社保待遇水平。

连续第11次提高企业退休人员基本养老金，人均月增加265元，将居民养老保险基础养老金提高到每人每月130元。调整基本医疗保险、生育保险“三个目录”（药品目录、诊疗项目目录、医疗服务设施目录），降低参保患者个人负担，将居民大病医疗保险起付标准降低到1.8万元。连续第9次提高失业保险金标准，达到每人每月950元。调整1～4级工伤人员伤残津贴、生活护理费、供养亲属抚恤金待遇标准，每月向3 374人发放相关工伤待遇557.9万元。

（四）创新经办管理服务。

加快推进医保支付方式改革，在全国率先启动社商合作新模式，引入商业保险公司承办社保经办业务，缓解经办服务压力。统一规范企业养老保险补缴办法，出台农民工参加社会保险政策，解除参保人员社会保障后顾之忧。制定实施《青岛市自主择业军转干部异地医疗管理办法》。出台社会保障卡管理办法，推进社保卡一体化应用，新版社保卡实现参保人群全覆盖。

（五）强化社保基金风险防控。

完善社会保险欺诈案件查处和移送规程，启用青岛市医疗服务监控系统，实现对定点医疗服务机构的事前、事中、事后全过程监控。建立市、区（市）稽查联动机制，开展稽查专项行动，稽查各类参保企业2.6万户，涉及参保职工76万人。

三、重大人才工程持续推进，人才引进培养取得新进展

全年共引进各类人才11.9万人，同比增长1.74%，其中，博士和正高职称人才1 243人，硕士、副高职称和高技能人才11 364人，引进外国专家3 104人。青岛市首次入选“魅力中国——外籍人才眼中最具吸引力的十大城市”前五强。

（一）完善人才引进培养政策。

出台积分落户实施细则，首批611人获得积分落户资格，青岛市成为继广州、深圳之后第三个推行积分落户的副省级城市。启动中等职业学校和技工学校教师职称制度改革试点，实施专业技术人才知识更新工程，制定人力资源服务业发展扶持政策，出台事业单位特设岗位管理办法，完善人才引进机制。

（二）加大人才专项培育力度。

创新开展“一带一路”战略、财富管理等专项引才行动，成功举办第15届中国蓝色国际人才暨产学研合作洽谈会，290个高端产学研项目落户青岛。新建9家海外引智工作站，引进外国专家1 612人。组织“金蓝领”培训，实施“名师带徒”计划，首次举办振超技能大奖颁奖典礼，发放20万元重奖2名振超技能大奖获得者，全年新增高技能人才1.8万人，同比增长13%。

（三）完善人才公共服务。

理顺人才公共服务平台管理机制，升级中国青岛人才网，在全市推行人才交流标准化服务。在全国率先建立魅力城市建设工作体系。规范高层次人才服务专窗建设，首次为258名高层次人才发放“服务绿卡”。首次在“一带一路”沿线国家开展人才招聘工作，开展首届“英才月”活动，与128所重点高校达成高层次人才战略合作协议，吸引549个高新技术项目来青创新创业。

（四）拓展高层次人才创新创业渠道。

建成全市首个大学生众创空间，建成湛山创客工厂，建设院士专家创新创业园。实施博士后培养留青计划，建成3家省级博士后创新实践基地，与专家工作站、博士后科研工作站共同形成“两站一基地”产学研引才新格局。启用博士创业园3期，累计入驻企业115家。

扩建高层次人才中心，整体孵化面积约3万平方米，45家入驻企业全年实现产值6.73亿元。

四、机关事业单位管理更加科学有序

（一）稳妥推进机关事业单位人事制度改革。

全面实施县级以下机关公务员职务与职级并行制度。完成6名聘任制公务员招聘工作。出台中小学聘用制教师管理办法，招聘首批3 000余名聘用制教师，破解教师不足难题。在中德生态园开展职员管理改革试点，开展事业单位技术职员制改革试点，出台深化事业单位人事制度改革意见，进一步激发事业单位人员干事创业活力。

（二）完善机关事业单位考录制度。

将公务员考录计划最大限度向基层岗位倾斜，扩大技校生报考乡镇公务员职位范围，事业单位统一公开招聘实现省、市同步。坚持公开、公平、公正原则，圆满完成411名公务员考录、5 036名事业单位人员公开招聘。创新军转干部安置，在市直单位首次开展“人岗相适”试点，全年稳妥安置军转干部652名。

（三）健全考核培训制度。

首次建立新录用公务员宣誓制度，开通市级机关处级以下公务员在线考试专栏，完善在线考试制度。出台公务员公共服务实训实施意见，创建26家公共服务实训基地，组织机关公务员实训3 500余人，提升公职人员服务能力。在全市11家单位推行公务员平时考核试点，加强公务员日常管理和监督。

（四）完善机关事业单位收入分配制度。

制定深化事业单位工作人员收入分配制度改革意见，制定事业单位技术职员制度收入分配试点意见。提高乡镇工作补贴标准，对县级市事业单位管理人员实行新绩效工资标准，完成机关事业单位工资结构调整工作。

五、劳动关系保持和谐稳定

全年受理劳动保障监察案件5 256起、劳动人事争议案件10 595起，按期结案率98%以上，保障劳动者合法权益。

（一）健全劳动关系政策。

开展国有企业负责人薪酬制度改革，出台规范劳动关系有关问题意见，制定劳务派遣管理、执行最低工资制度、劳动者患病或非因工负伤医疗期管理办法，进一步规范用工行为。

（二）加强企业工资分配宏观调控。

调整最低工资标准，六区、四市用人单位月最低工资标准分别调整为1 600元、1 450元。发布2015年企业工资指导线，基准线为平均工资增长14%，上线（预警线）为平均工资增长19%，下线为平均工资增长5%。发布358个职位工资指导价位，指导企业加强人工成本管理。

（三）提升劳动关系和谐度。

指导黄岛区积极争创国家级构建和谐劳动关系综合试验区。全面推进劳动用工网上备案，备案职工达到235万人，促进劳动关系更加规范。深入推进集体协商制度建设，完善和谐劳动关系审查制度，促进企业规范管理。

（四）加大劳动维权力度。

稳妥做好环保搬迁企业、关闭破产企业职工分流安置工作。建立市属重点企业定点联系人制度，开展农民工工资支付、清理整顿人力资源市场秩序等专项检查，为劳动者追发工资待遇7 895万余元。完善劳动人事争议调处机制，推进基层调解组织规范化，实施常态化办案监督机制，提升争议处理效能。

六、基本公共服务水平进一步提升

（一）规范基层服务平台建设。

探索开展“小街道大社区服务模式”、“三级联动精细化服务法”、“柜员制服务模式”，开展了基层服务平台“双十佳”（十佳服务明星、十佳服务平台）评选活动，实施人力资源社会保障基层平台达标行动，区（市）、街道（镇）人力资源社会保障服务平台全部建成，社区（行政村）人社服务站覆盖率达到98%。

（二）畅通网络服务平台。

出台“互联网＋政务”实施方案，建成“移动版”局办公信息网、门户网站及网办平台，开发“智慧人社”手机 APP，完善网上便民服务大厅、自助服务一体机，网上服务日均办理业务量 27 万余次，自助服务事项达到 200 多项，形成“窗口、网上、手机”三位一体的公共服务平台，人力资源社会保障服务更加便捷。青岛市“智慧人社”项目荣获国家工信部颁发的全国智慧城市创新奖。

（三）推进简政放权。

将行政许可、非许可事项和政务服务事项共 21 项精简为行政许可和非许可审批事项共 5 项，精简率达到 76.2％。制定完成全局行政权力清单，向社会公布 185 项行政权力清单、17 项公共服务事项、45 项责任清单，明晰权力界限，明确办理程序，强化责任追究。

青岛市人力资源和社会保障局

河南省

2015年，河南省人力资源和社会保障系统认真贯彻落实省委、省政府的各项决策部署，坚持“民生为本、人才优先”工作主线，重点实施两项工程、推进两项改革、构建两个体系、强化两个建设（即持续深入实施就业创业服务体系完善工程和全民技能振兴工程、稳妥推进机关事业单位养老保险制度改革和工资收入分配制度改革、积极构建完善的社会保障体系和和谐的劳动关系体系、不断强化人才队伍建设和服务能力建设），推动河南人力资源和社会保障事业发展再上新台阶，为民生改善、经济发展和社会稳定作出了积极贡献。张德江委员长充分肯定河南的职业技能培训“做了大量的工作，许多方面走在了全国前列”。河南的人力资源和社会保障工作得到中央改革办和人力资源社会保障部领导的充分肯定。

一、持续实施就业创业服务体系完善工程，全省就业形势稳中向好

省委、省政府坚持把稳定和扩大就业作为经济社会发展的优先目标，把就业工作摆在河南十项重点民生工程之首。全省城镇新增就业144.5万人，失业人员再就业48.74万人，就业困难人员实现就业19.29万人，农村劳动力新增转移就业72万人（其中约63万人实现省内就近就业）；城镇登记失业率2.97%，低于4.5%的控制目标，全省就业形势稳中向好。

不断完善政策体系。省政府出台了《关于2015年持续深入实施就业创业服务体系完善工程的意见》（豫政办［2015］59号）和《关于进一步做好新形势下就业创业工作的实施意见》（豫政［2015］59号），推动全省就业创业工作深入开展。针对去产能造成的企业减产或停产状况，省政府出台实施降低失业保险费率和援企稳岗政策，帮助企业稳定就业岗位，减征失业保险费12亿元，发放稳岗补贴2.6亿元，惠及796家企业、24.3万人。

重点做好高校毕业生就业工作。统筹推进高校毕业生就业促进计划、大学生创业引领计划，全省应届高校毕业生就业率87%。举办大学生就业专项服务活动及日常招聘活动5 100多场次，组织2.35万名高校毕业生参加就业见习，累计为高校毕业生提供就业岗位100多万个。为689个大学生创业项目拨付扶持资金4 993万元，为9 000名大学生发放小额担保贷款8亿元，为10 878名享受低保家庭、残疾高校毕业生发放求职补贴1 087.8万元。累计培训大学生7.18万人次，1.78万名大学生成功创业。统筹实施“三支一扶”、“志愿服务西部”等基层专门项目，全年共吸纳高校毕业生2万名，1.3万名大学生应征入伍。

着力促进农村劳动力转移就业。组织开展“春风行动”，为农民工就地就近就业搭建供需平台。加强农民工职业技能培训，省政府出台《河南省农村劳动力职业技能培训规划（2015—2020年）》（豫政办［2015］134号），开展“春潮行动”和“农村劳动力技能就业计划”等技能培训项目，全年培训农村劳动力210多万人。积极打造特色劳务品牌，35个劳务品牌被授予全国优秀劳务品牌称号。

积极推进大众创业、万众创新。省政府出台《关于发展众创空间推进创新创业工作的若

干政策》（豫政［2015］31号），鼓励各类群体开展“互联网＋”等新业态创业，建立了全省统一的创业项目库，培育大众创业、万众创新新引擎，创业带动就业倍增效应明显。全省新增发放创业担保贷款123.82亿元，扶持13.7万人创业，带动就业46.7万人。会同教育、科技等部门举办了“云台山杯”、CFF青年创业大赛等专项活动，在全国创业专项大赛中，河南省国立光电项目获得第一名。

强化公共就业服务。积极组织开展“就业援助月”、“春风行动”、“民营企业招聘周”等就业服务系列活动，全省各级公共就业和人才服务机构共提供就业岗位320万个，进场求职295万人次，达成就业意向124万人。全省共创建充分就业社区1 042个，其中，省级充分就业社区924个，省级就业星级社区103个，国家级充分就业社区15个。全面推进全省就业信息管理系统推广应用，全省县级以上系统上线率平均为92%，部分重点业务模块应用率达到100%。

二、深入实施全民技能振兴工程，人力资源优势得到新提升

努力打造全民技能振兴工程升级版，全省各级各部门共完成各类培训344.07万人次，新培养高技能人才22.53万人，参加职业技能鉴定（考核）73.35万人，人力资源优势成为河南扩大开放、招商的“金字招牌”。

完善工程推进机制。连续第三年提请省政府召开全省深入推进全民技能振兴工程暨促进更高质量就业工作电视电话会议，出台的《2015年深入实施河南全民技能振兴工程方案》（豫政办［2015］62号）被人力资源社会保障部全文转发，要求全国学习借鉴。增加省工业和信息化委等7部门为工程领导小组成员单位，推进工程实施的合力进一步增强。省人大将《河南省职业培训条例》列入2016年立法调研项目，职业培训立法工作进一步推进。

持续加强项目建设。2013年的60个建设项目全部建成并完成评估验收，2014年的工程项目第二期资金拨付到位，2015年的工程项目推进顺利。100名职业院校师资赴德国培训和200名职业院校师资赴省外培训项目如期完成。人力资源社会保障部支持河南4个国家级高技能人才培训基地和5个国家级技能大师工作室建设项目，2 050万元支持资金拨付到位。

深化技工院校改革。出台《关于推进我省技工院校改革创新的若干意见》（豫人社［2015］61号），省政府新认定技师学院11所，纳入高等职业教育范畴，技工院校办学层次进一步提升。全省技工院校完成年度招生10.3万人，连续6年超过10万人，居全国第三。与1 600多家企业建立合作关系，开展企业在职职工技能提升等各类培训50多万人次，校企合作进一步深化。

三、稳步推进机关事业单位养老保险制度改革，社会保险制度进一步完善

提请省政府出台《关于印发河南省机关事业单位工作人员养老保险制度改革实施办法的通知》（豫政［2015］68号）和《关于印发河南省机关事业单位职业年金办法的通知》（豫政办［2015］145号），召开了全省机关事业单位养老保险改革电视电话会议，进入实质启动阶段。按照“先易后难”的原则，将财政供给单位中的编制内人员，合计约295.2万人纳入首批机关事业单位养老保险主体业务启动实施范围。组织实施兑现增加离退休费和部署实施调整工资标准“预增发”增资工作，分别于6月底、7月底前完成，同时做好各省辖市、省直管县机关事业单位调整工资标准有关实施办法审核备案工作。

四、稳步推进工资收入分配制度改革，工资收入分配规范有序

积极推进机关事业单位工资制度改革。印发了河南省关于调整工作人员基本工资标准和增加机关事业单位离退休人员离退休费的三个实施意见。全面启动县以下机关公务员职务与职级并行制度，实行乡镇工作补贴，着力解决基层公务员晋升难、待遇低问题。

深化国有企业负责人薪酬制度改革。省委、省政府出台了《关于印发〈河南省省管国有企业负责人薪酬制度改革实施意见〉的通知》（豫发［2015］17号），省管国有企业负责人薪酬制度改革工作全面实施，省属其他国有企业和地方国有企业负责人薪酬制度改革同步推进。认真核算上年度全省省管国有企业在岗职工平均工资，牵头研究制定在岗职工平均工资审核认定办法和备案管理办法。

加强企业工资宏观调控。提高了企业最低工资标准，将企业月最低工资标准调整为1 600元、1 450元、1 300元，小时最低工资标准分别调整为15元、13.5元、12元。发布了河南省2015年企业工资指导线，开展了2015年全省企业薪酬试调查。

五、积极构建完善的社会保障体系，社会保障服务水平稳步提高

社会保险覆盖面进一步扩大。全省城镇职工基本养老保险、城乡居民基本养老保险、城镇基本医疗保险、失业保险、工伤保险、生育保险参保人数分别达到1 370.2万人、4 854万人、2 345万人、783.3万人、856.7万人、609.5万人，各项社保基金总收入1 319.6亿元，基金总支出1 426.2亿元，基金累计结余1 923.5亿元，社会保险待遇按时足额发放。

社会保障制度进一步完善。全面实施城乡居民大病保险制度，开展了基本医疗保险支付制度改革，基本实现省内异地就医及时结算全部上线运行。实现了职业人群工伤保险全覆盖，1 809家（9.81万人）机关公务员和参公管理事业单位纳入工伤保险统筹。

保障水平进一步提升。第11次调整企业退休人员养老金，月人均增加199.84元，全省企业退休人员养老金水平达到2 150.06元。第11次调整工伤保险待遇。第10次调整失业保险金标准。城镇居民医保人均财政补助标准提高到380元，职工和城镇居民政策范围内住院费用支付比例分别达到80%以上和70%左右。城乡居民基本养老保险基础养老金由原来的每人每月不低于60元提高至每人每月78元。中央改革办常务副主任穆虹带领督查组，就河南省贯彻落实城乡居民养老保险制度情况进行专项督查，认为这项工作开展得非常扎实，在全国做到了“四个率先”、“五个好”。

六、积极构建和谐的劳动关系体系，劳动者合法权益得到维护

贯彻落实中共中央、国务院发布的《关于构建和谐劳动关系的意见》，研究起草了河南省实施意见。深入实施集体合同制度攻坚计划，全省劳动合同签订率96.58%，集体合同覆盖率95%。加强劳动争议调解工作，全省18个省辖市、10个直管县、148个县（市、区）、3个开发区全部成立了劳动人事争议仲裁院，全省仲裁机构和调解组织共受理案件3.53万件，涉及劳动者4.33万人，涉及金额8.43亿元。加大劳动保障监察执法力度，全省共办结各类违法案件1.6万件，为21.4万名劳动者追发工资等待遇16.9亿元。加强信访维稳和平安建设工作，用法治思维和法治方式分析解决好人社领域反映强烈的突出问题，全系统未发生重大群体性事件。

七、不断强化人才队伍建设，为经济发展提供有力的人才智力支撑

服务创新驱动发展战略，创新人才发展体制机制，实行高层次人才和高技能人才“双轮驱动”、“比翼齐飞”，营造高层次、创新型领军人才成长集聚的良好环境。

创新人才培养选拔机制。建立了省杰出专业技术人才、省特聘研究员、省学术技术带头人、省职业教育教学专家、享受省政府特殊津贴人员等高层次人才选拔培养机制，带动了一批市县级人才选拔培养项目，基本形成了国家、省、市、县层次分明、上下衔接、梯次递进的高层次人才选拔体系。推行“人才＋项目”的博士后培养模式，增设21家博士后工作站，申报设立博士后研发基地40家，新招博士后398人。

完善人才评价机制。调整了河南省专业技术人员结构比例标准，修订完善了艺术、新闻等系列评价标准，进一步深化中小学教师职称制度改革，开展了海外高层次留学人才职称评价绿色通道考核认定工作，做好了职业技能鉴定考核管理工作，全省共有1.85万人通过评审取得高级资格。

积极开展引智工作。充分发挥郑州航空港引智试验区引领作用，设立中国国际人才市场郑州航空港区分市场，重点引进航空经济建设关键领域和重点产业急需的高层次海外人才及项目。设立郑州航空港经济综合实验区国家级专家服务基地，成为首批20家国家级专家服务基地之一。成立中国民航大学河南教育中心，开展“青年英才看港区”活动和体验大学生创业活动，为港区发展培养人才。全省执行引进国外技术、管理人才项目175项，资助聘请外国专家1 884人次。实施留学人员来豫创业支持计划，举办了海外英才中原行系列活动，共引进海外留学人才3 121人。

加强事业单位人事管理。强化人事管理服务，持续激发人才活力。深入贯彻《事业单位人事管理条例》，创新事业单位人事管理机制，事业单位岗位管理、公开招聘、全员聘用等工作进一步规范。全省事业单位公开招聘3.56万人，其中具备博士研究生学历的有1 159人。

加强公务员队伍建设。创新公务员管理机制，完善公务员考录交流、登记备案、考核评价、竞争上岗机制，持续开展“人民满意公务员示范单位”和“人民满意公务员示范岗”活动，实施公务员能力素质提升工程，组织各类公务员培训25万人次。

加强军转安置服务。全省接收1 657名军转干部，通过计划安置、自主择业等方式圆满完成安置任务。扎实做好企业军转干部解困稳定工作，促进了全省大局稳定。省军转办被国务院军转办表彰为“2015年度军转宣传工作先进单位”。

八、不断强化服务能力建设，为民服务水平持续提升

加快社会保险经办机构整合。积极推进社会保险经办服务资源整合，省委、省政府批准成立河南省社会保障局，实行社保经办“五险合一”，真正便民利民。

加快社会保障一卡通发行。全省累计发行使用社会保障卡6 000万张，实现了社会保障卡在五项社会保险、就业、金融等领域的广泛应用。

加快推进信息化建设。各省辖市均部署了职工“五险合一”等数据库，劳动保障监察“两网化”系统覆盖18个省辖市、140个县（市、区），基金监管软件覆盖18个省辖市和95%的县（市、区）。全省信息化已经基本实现从部分业务向全业务覆盖转变，从支撑单项保险制度、本地运行到跨制度、跨地域衔接转移转变，从业务经办向基金监管、规划统计、医疗服务监控等深层次管理转变。

进一步简政放权。建立权力清单和责任清单制度，全厅行政职权由原来的184项缩减至79项，减少105项。

河南省人力资源和社会保障厅

湖　北　省

一、就业局势保持稳定

适应经济发展新常态，聚焦创业创新，保持就业大局总体稳定。2015 年全省城镇新增就业 86.6 万人，帮助困难人员就业 15.7 万人，城镇登记失业率控制在 2.64%，低于 4.5%的控制目标。

（一）实施新一轮更加积极的就业创业政策。

省政府制发《关于做好新形势下就业创业工作的实施意见》（鄂政发［2015］46 号），从 5 个方面出台 28 条意见助推创业创新。将新增岗位、岗位质量情况作为评价政府投资和重点项目的重要指标，在全国率先建立政府投资和重大项目带动就业的考核评估机制。启动实施新一轮稳岗补贴政策，将失业保险费率由 3%降至 2%。失业保险金发放标准由 630～910 元/月提高到 770～1 085 元/月，切实保障失业人员的基本生活。

（二）分类促就业。

首次开通大学生创业扶持项目网上申报，2015 年从省本级就业专项资金中安排 2 000 万元对 601 个创业项目给予 2 万～20 万元资金扶持。开展“创业创新年”活动，针对不同群体创业，分类指导，项目帮扶，推进返乡农民工返乡创业，实施残疾人创业“双百工程”，启动农家乐精准扶贫创业项目，举办创业大赛、创业路演，建立创业孵化器等平台，新增发放小额担保贷款 41.59 亿元。贯彻落实中央和省委、省政府关于援藏援疆工作的系列指示精神，启动就业援藏援疆。重点推进大学生创业，实施“大学生创业引领计划”，2015 年以来培训有创业意向的高校毕业生 38 863 人，全省新增高校毕业生从事个体经营 9 906 人，创办企业 2 216 人。为 33 家省级大学生创业孵化示范基地、910 家大学生创业企业落实场租和水电补贴 1 178 万元。选派 1 250 名高校毕业生参加“三支一扶”计划；为大学生提供职业鉴定 13.6 万人。深入开展就业援助，帮助困难人员就业 15.7 万人。积极引导农村劳动者有序转移就业，全年组织农村劳动力转移就业 38.4 万人；组织就业创业培训 56.7 万人。2015 年首次定向招聘 15 名博州、兵团五师籍和 24 名西藏籍高校毕业生来湖北就业。2015 年省直 25 个成员单位为农民工办了 59 件实事。

（三）推进人力资源服务业建设和发展。

全面启动全省县（市、区）公共就业与人才服务机构整合改革工作。在仙桃市首次召开全省人力资源服务业建设发展现场推进会，将政府的主导作用、市场的主体作用、社会的协同作用有机结合，共同构建起人才服务与管理的治理结构。

二、社会保障体系更加完善

截至 2015 年年底，全省城镇职工基本养老保险、基本医疗保险、失业保险、工伤保险、生育保险参保人数分别达到 1 316.2 万人、1 972.1 万人、528.4 万人、640.1 万人、500.2 万人。城乡居民养老保险参保人数 2 214 万人；全省社保卡持卡人数达到 3 560 万人，各项待遇按时足额发放。

（一）有序推进机关事业单位养老保险制度改革。

成立湖北省机关事业单位养老保险制度改革工作领导小组，印发《湖北省人民政府关于机关事业单位养老保险制度改革的实施意见》（鄂政发［2015］64号）及相关配套文件。对退休人员中视同缴费指数和10年过渡期“中人”待遇水平进行了全面测算，全省机关事业单位养老保险制度改革正在稳步向前推进。

（二）完善社会保险政策。

创新和完善参保缴费激励机制、丧葬补助金制度、个人账户继承以及制度内转移接续办法等，增强制度发展的可持续性。明确被征地农民身份认定、补偿标准测算及个人权益告知等环节所涉及的部门职责和任务，细化工作流程。全面放开以个人身份参加企业职工养老保险的条件，简化手续，支持新型城镇化建设，走在全国前列。

（三）扎实推进全民参保登记计划试点。

启动湖北省第二批全民参保登记试点工作，63个试点县（市、区）均已通过网络建立实时联络工作机制。

（四）深入实施城乡居民大病保险。

加强大病保险与基本医保、医疗救助衔接，有效减轻参保患者高额费用负担。完善推进大病保险政策，率先实施城乡居民大病保险城乡统筹。首次明确规定大病保险支付范围，提高起付标准和最高支付限额，并加大向困难群体倾斜力度，提高保障的精准性。

（五）探索城乡统筹改革。

根据省委、省政府主要领导同志的批示，在认真考察测算的基础上，向省政府报送医疗保险城乡统筹考察报告，提出由人社部门统筹城乡的建议和方案。

（六）逐步完善医保治理体系。

成立医疗保险治理委员会和医疗保险评鉴专家委员会，分别负责医保政策咨询决策和医疗行为认定评鉴，连同医保研究会一起，初步形成以治理委员会为主导，评鉴专家委员会和医保研究会为两翼，多方参与、共同管理的医保治理新格局。

三、人才队伍建设更加有力

（一）不断完善专业技术人员管理政策。

制定外籍高层次留学人才办理签证和居留及在鄂就业创业地落户手续等有关规定，理顺关系，简化和规范办理手续。将留学回国人员创业纳入高校毕业生自主创业扶持政策体系，享受同等创业优惠政策，开辟留学回国人员服务工作新阵地。

（二）加强高层次人才队伍建设。

坚持面向全省产业发展、科技成果转化和基层一线的选拔培养导向，完成2015年国家百千万人才工程人选、“省突”专家、“省贴”人员、企业研发人才、“优秀青年骨干人才”相关评审推荐工作，实现评审零问题、零投诉。批准我省设立28家博士后工作站，工作站设站总数达125家，数量位居全国前列。

（三）专业技术人才工程顺利推进。

进一步推动国家专业技术人才知识更新工程和省急需紧缺专业技术人才培养工程建设，更加贴近经济社会发展、创新驱动发展战略及产学研转化，分别承办、主办4个国家级和5个省级专业技术人才高级研修班。选定10个边远贫困县市，设置93个专业，实施“湖北省专业技术人才奉献岗位计划”。设立20个博士后创新岗位，引导优秀年轻博士到企业进行科技研发、技术攻关。

（四）加强技能人才项目建设。

2015年组织专家评选出3家国家级高技能人才培训基地、5个国家级技能大师工作室。会同省委组织部、省总工会组织实施高技能人才培养工程项目，按照省市县三级联动、分层管理的办法，在全省重点培养3 000名高技能人才，培养周期为2年，并按照人均1.5万元和3 000元的标准分别给予省级、市县级培养对象资金补助。

四、人事制度改革稳步推进

（一）提升公务员管理精细化水平。

进一步规范细化业务流程、节点，将各项胜任力标准作为公务员平时考核的重要指标，推动公务员管理过程中的“确责、履责、问责”同步实施、相互促进。会同省委组织部做好全国公务员管理信息系统湖北建库工作，推进全省行政机关公务员管理信息系统建设。开展公务员登记确认督查专项行动和参照公务员管理事业单位的清理工作。

（二）稳慎推进聘任制试点。

在武汉市首次开展聘任制试点，规范指导港口物流规划管理、园区规划建设管理和国有资产监督管理首批3名主管招聘活动。通过招投标方式引进华中科技大学团队，在职位设置、角色定位、人才引进、人才测评和合同拟订等5个方面开展课题跟踪研究，为全省常态化开展此项工作提供专业化支撑。

（三）做好公务员招考工作。

2015年全省四级联考计划考录5 768名公务员。继续实行政策倾斜，充实基层队伍，切实解决全省基层艰苦边远地区公务员队伍来源不足、结构不合理、新录用人员留不住等问题。稳定基层新录用人员，对国贫、省贫县部分职位允许限制户籍。从2015年开始，乡镇机关新录用人员、享受优惠政策的村（社区）干部等人员统一实行5年最低服务期。

（四）创新推进公务员平时考核工作。

探索建立省、市、县平时考核信息化建设三级试点，会同有关部门研究制定惩戒问责政策规定，及时了解各地各部门公务员惩戒执行情况，对省直行政机关公务员受处分情况进行备案，逐步建立健全行政机关公务员处分备案制度。

（五）探索建立先进模范荣誉工作站。

会同省公安厅、武汉市公务员局，在全国“人民满意的公务员”许奎同志所在江岸区公安分局探索建立首家先进模范荣誉工作站，积极探索先进模范发挥示范作用的新路径。

（六）加强公务员培训。

建立培训工作年初备案、半年抽查、年终考核的长效机制。严格遵循需求调研—课程设计—组织实施—效果评估的培训规律，规范开展示范培训。指导省直行政机关深入开展公务员职业道德培训。深化公务员管理创新项目跟踪指导工作。

（七）集中治理机关事业单位“吃空饷”。

会同省组织、编办、财政、审计部门协调部署和督促检查各地集中治理工作。向社会公布举报电话，及时受理、转办、查处举报件，并向省纪委提供典型案件线索。两次向省委、省政府领导专题汇报整改工作进展情况，安排部署“吃空饷”问题治理长效机制建设工作。

（八）推进事业单位人事制度改革。

积极配合推进机关事业单位养老保险制度改革，配合推进医疗体制改革，积极落实医师多点执业政策。研究提出推进高校、院所科技人员创新创业的支持政策。

（九）规范事业单位公开招聘。

2015年省直事业单位共面向社会公开招聘1 580名工作人员。对全省事业单位公开招聘工作规范化工作进行专项培训和工作部署。规范设置岗位条件，科学选派考官，严格选拔程序。

（十）深化职称创新改革。

推进职称评价组织、评价标准、评价方式各项改革，下放审批权，突出用人单位、专业组织的主体和专业作用。启动卫生系列分类评价，并同步在省直和宜昌、荆州两地试点。继续推进基层卫生人员职称制度改革，单设标准，降低门槛，引导卫生人员扎根基层，服务基层，解决基层卫生人员的职称问题。完成全省28个系列所有专业的申报条件和评价标准修订工作，并向全省公开发布。建立职称外语、计算机、水平能力测试、应知应会培训、高级职称和专家评委等6个数据库。

（十一）积极推进安置分配改革创新。

全部完成2015年国家下达计划分配军转

干部安置任务和自主择业军转干部安置任务。出台自主择业军转干部创业就业政策，落实自主择业军转干部各项政策待遇。调整提高企业退休军转干部生活困难补助标准，继续做好矛盾化解、上访接待、走访慰问等工作，企业军转干部保持总体稳定。

五、收入分配制度不断完善

（一）加强企业工资收入分配宏观调控。

提请省政府调整全省最低工资标准，调整后的最低标准和最高标准为 1 100 元/月和 1 550 元/月。深入开展工资集体协商，指导培育各具特色的工作典型；以武汉经济开发区和武汉东湖高新开发区（均为国家级开发区）工资集体协商为突破，推动区域性工资集体协商的发展。

（二）积极稳妥推进国有企业负责人薪酬制度改革。

省委、省政府印发《关于深化省管企业负责人薪酬制度改革的实施方案》（鄂发［2015］11 号），并稳妥有序推进。

（三）完善事业单位工资制度。

按照国家统一部署，调整机关事业单位工作人员基本工资标准。实施乡镇工作补贴制度，乡镇机关事业单位工作人员月人均可增加 200～500 元。启动实施县以下机关公务员职务与职级并行制度。

六、劳动关系总体和谐稳定

（一）构建全国和谐劳动关系综合试验区试点启动。

2015 年再次向人社部呈报黄石市申报全国构建和谐劳动关系综合试验区的总体方案并获得批准。选取鄂州市鄂城区等开展省级构建和谐劳动关系综合试验区建设。这是继天津、上海、广东、四川之后，全国第五个地区进行试点。

（二）全面实施劳动合同制度。

争取将《湖北省实施〈中华人民共和国劳动合同法〉办法》纳入 2016 年省人大立法计划。指导督促各地依法依规开展劳务派遣行政许可，对许可情况定期集中公示，以落实年度经营情况报告制度为抓手强化监管。联合住建部门在全省首次开展环卫职工合法权益落实情况专项检查。

（三）三方机制建设取得重要进展。

率先在全国设立省级三方委员会，在省三方机制框架下，以省政府名义，每两年对构建和谐劳动关系并达到标准的企业（工业园区）予以表彰。

（四）劳动监察执法工作有新成效。

2015 年，湖北省依法检查用人单位 7.6 万户，受理举报投诉 20 429 件，办结各类案件 13 504 件，举报投诉案件结案率达 99.7%。督促用人单位补签劳动合同 8.3 万人次，帮助 25.5 万名劳动者追发工资待遇 9.3 亿元，督促用人单位为 4 万余名劳动者补缴社会保险费 2.3 亿元。向司法机关移送拒不支付劳动报酬案件 333 件，公安机关已经立案 238 件。依法妥善处置群体性突发事件 817 起，涉及劳动者 8.6 万人，维护了社会和谐稳定。

（五）完善劳动人事争议预防调解管理体制机制。

推进仲裁机构实体化建设，推进第二批国有企业、第一批非公企业劳动争议预防调解示范，指导企业探索建立劳动争议协商解决机制；全省各级仲裁机构共立案受理劳动人事争议案件 27 665 件，结案 27 006 件（含上期末累计未结争议案件 1 331 件），仲裁结案率达 93.14%。对劳动人事争议管辖进行调整，将大部分原由省仲裁委管辖的案件下放到各地，实行属地管理。

湖北省人力资源和社会保障厅

武 汉 市

2015年，武汉市人力资源和社会保障局以全面贯彻党的十八大和十八届三中、四中、五中全会精神为牵引，坚决贯彻武汉市委、市政府决策部署，围绕建设国家中心城市和复兴大武汉的目标，坚持“民生为本、人才优先”工作主线，以绩效管理为抓手，以深化改革为着力点，以保障和改善民生为落脚点，克难奋进，真抓实干，各项工作取得显著成绩。全年武汉市城镇新增就业18.8万人，农村劳动力转移就业5.02万人，城镇登记失业率保持在3.08%的较低水平，发放小额担保贷款4.52亿元，扶持创业2.7万人，创业带动就业12万人，社会保险净增参保42.4万人次，社保综合覆盖率98%，引进海内外高层次人才311人，培养高技能人才2.8万人。

一、加强顶层设计，密集出台新政

武汉市政府先后印发了《关于服务企业用好人力资源放大人才优势的政策措施》、《关于进一步做好新形势下就业创业工作的实施意见》、《关于进一步鼓励高校毕业生在汉就业创业的实施意见》等一系列政策文件，累计为近6万家单位减负4.56亿元，为182万名职工减负3亿余元，吸纳高校毕业生就业10.2万人，扶持大学生成功创业1.1万人。实施“千企万人”支持计划、企业国家级人才工程（计划）人选资助、院士生活津贴及奖励、降低高校毕业生落户门槛、新城区就业毕业生生活补贴等全新的政策举措，为稳定大局、推动“大众创业、万众创新”战略、建设创业型城市奠定了坚实基础。

二、突出改革创新，建设人才强市

会同武汉市委组织部，研究起草了《武汉“城市合伙人”认定与管理办法》、《武汉“城市合伙人”享受待遇的若干规定》、《武汉“城市合伙人”服务绿卡管理办法（暂行）》3个政策文件以及“城市合伙人”服务绿卡（A卡、B卡、C卡）使用指南。成功举办了武汉“城市合伙人”高端论坛暨2015年高层次人才创新创业交流会，300多名海外英才应邀参会，4个项目现场签约，22个项目达成合作意向，86名高端人才拟到本市创新创业，离将武汉市打造成最活跃的“天使之城”和“梦想家的乐园”更近一步。积极对接、落实全面创新改革试验建设，谋划申请人才居留签证等4个国家授权事项落户武汉。组织举办“黄鹤杯”高层次人才创新创业项目大赛，首次开展“武汉好手艺”民间工艺传承人才遴选活动，重大人才项目平台扎实推进。进一步完善细化“考试考核、积分选岗”办法，2015年接收安置计划分配军转干部363名，随调家属30名，自主择业军转干部安置服务水平不断提升，企业军转干部解困维稳工作扎实有序。

三、落实优惠政策，着力改善民生

坚持就业优先战略，累计举办各类招聘会600余场，促成70%以上的高校毕业生实现稳定就业，帮助2万余名困难人员实现就业，全武汉市支出各项就业资金6.2亿元，惠及16万余名劳动者。积极健全可持续发展的社保体系，补短板、提待遇、追水平，先后出台《武汉市人民政府关于完善城乡居民基本养老保险制度的实施意见》和《武汉市被征地农民参加基本养老保险实施办法》，武汉城乡居民社保待遇由每月144元提高到180元，超过国家标准2倍以上，惠及全市142万名城乡居民和30万名被征地人员；继续开展“五七工”、“家属工”参保登记工作，解决了5万余名困难群体参保问题；不断提高待遇水平，企业退休人员养老金月人均增加206元，达到2 320元，在全国15个副省级城市中的排名提升到第十位；武汉市职工医保和居民医保按规定报销比例不断提高，分别达到75%和70%，居民大病保险覆盖了所有城乡居民基本医保参保人群。按照“精准扶贫，不落一人”的总体要求，坚持点面结合，围绕“技能培训转移一批”使命任务，研究出台了《武汉市促进贫困劳动力就业创业工作实施方案》，扎实开展精准扶贫工作。

四、转变治理方式，优化民生服务

继续开展“百名就业专员服务千企”、“百名仲裁员服务千家企业”等惠企活动，送政策进企业、进机关、进社区、进工地，及时降低了失业保险费率和工伤保险费率，继续发放稳岗补贴，为企业减负近7亿元，为参保群众减负3亿余元。启动了社保经办机构、经办服务大厅标准化建设和改扩建工程，完成机关事业单位养老保险制度改革前期工作，社会保险新增参保42.4万人次。率先争取开展新一代双界面社会保障卡全国试点，实施“市民一卡通”项目，全武汉市31家部门172项公共服务事项全部纳入社会保障卡，实现“政务一卡通”。牵头协调武汉、长沙、南昌、合肥四省会城市开展职工医保异地就医即时结算工作，4个城市21家定点医院联网上线运行，有效解决了异地就医报销难题，推进了长江中游城市群四省会城市公共服务一体化进程。

五、坚持履职尽责，深化人事改革

先后组织开展了集中治理“吃空饷”、职业资格清理整顿、机关事业单位违规发放津贴补贴或福利问题整治等专项工作，全武汉市清理机关事业单位“吃空饷”人员1 163人，按照国家规定取消123项职业资格，对16个区（开发区）、40家市直部门单位违规发放津补贴行为进行了整改清退。为规范干部队伍管理，出台了《关于深化中小学校（幼儿园）教师职称制度改革搞活用人机制的意见》，启动了事业单位职员制试点和市属国有企业负责人薪酬制度改革，完成了聘任制公务员试点招聘，全年招录1 012名公务员和2 542名事业单位工作人员，干部队伍科学化管理水平得到提升。

六、树立法治思维，打造法治人社

启动新一轮权力清单清理修订工作，武汉市人力资源和社会保障局行政权力由95项归并减少为33项，8项审批执法权限除保留1项外，其余7项全部下放到各区。加强完善劳动关系协调机制，积极开展集体合同专项行动，工资集体协商从餐饮行业发轫起步，逐步推广到建筑等劳动密集型行业，被誉为“武汉样本”，全市最低工资标准从每月900元提高到1 550元。为建立农民工工资保障长效机制，研究出台了《建设领域防范拖欠农民工工资管理办法》，与市公安局等部门联合印发了《关于建立涉嫌拒不支付劳动报酬犯罪案件移送工作机制的通知》，累计追发劳动者工资4.02亿元，向公安机关移送拒不支付劳动报酬涉嫌犯罪案件80件。为强化权益保障，武汉市人力资源和社会保障局会同市妇联和法制等部门出台了《武汉市女职工劳动保护办法》，启动了建筑行业农民工参保登记“同舟计划”，进一步加强了妇女、农民工等群体平等就业和其他劳动权益保护。为管好医保“救命钱”，提升医保管理水平，对“两定”机构违规问题实行严管重罚，共查处274家定点医院，追回违规金额320万元，处罚金额601万元，暂停420家定点药店医保结算资格，同时启动医保智能审核，累计扣减不合理医疗费用8 222万元，有力维护了医保基金安全。

武汉市人力资源和社会保障局

湖　南　省

2015年，湖南省人力资源和社会保障部门主动认识、适应、引领新常态，认真贯彻落实省委、省政府各项决策部署，围绕“民生为本、人才优先”工作主线，坚持“改革统揽、法治引领，问题导向、创新突破，精准发力、扎实推进”，全面完成各项目标任务，事业发展取得了显著成绩。

一、就业局势保持稳定

坚持就业优先战略，全省新增城镇就业78.0万人，城镇登记失业率为4.09%，新增农村劳动力转移就业64.29万人，2015年年末全省外出务工1 502.47万人。

（一）积极构建新一轮就业创业政策体系。

面对经济新常态、就业新形势，及早谋划、积极研究新一轮促进就业创业的政策，先后出台了一个总文件即省委、省政府《关于促进创新创业带动就业工作的实施意见》，三个子文件即“促进青年创业就业”、“失业保险促进就业预防失业”、“加强职业能力建设”，同时陆续出台20多个配套办法，构建了具有湖南特色的“1＋3＋X”就业创业政策体系。

（二）着力抓好重点群体就业。

始终把高校毕业生作为就业的重中之重，扎实实施“就业促进计划”、“岗位拓展计划”等专项计划，促进企业吸纳就业。推动实施“大学生村官”、“选调生”、“三支一扶”等基层就业项目，引导城乡基层就业。抓好抓实未就业高校毕业生实名制登记和跟踪服务，对就业困难毕业生实施托底帮扶就业。在高校毕业生总规模持续增长的情况下，2015年年底全省高校毕业生就业率达98.2%。打造了“积极政策”、“留岗招聘”和“公益岗位托底”三条就业援助保障线，对困难群体实施精准帮扶就业，全年帮扶失业人员再就业32.4万人，就业困难人员就业11.6万人。

（三）大力推进创业促进就业。

深入推进创业型城市、创业示范基地和创业孵化基地建设，新认定34家省级创业孵化基地，全省已建成国家级创业型城市4个、省级创业型城市5个、省级创业孵化基地62家。启动实施“双百工程”和“2151工程”，设立创新创业带动就业专项扶持资金。出台《关于支持农民工等人员返乡创业的实施意见》，促进农民工返乡创业。大力实施高校毕业生“创业引领计划”，设立高校毕业生创新创业专项扶持资金，加强创业培训和创业辅导孵化服务，扶持高校毕业生创新创业。加大创业培训和创业担保贷款发放力度，全年完成创业培训13.52万人，发放创业担保贷款25.52亿元。2015年全省新增市场主体38.02万个，增长22.6%，带动城乡就业85.11万人。

（四）不断加强职业能力建设。

不断完善职业能力建设政策体系，基本建立起了面向城乡劳动者，涵盖初、中、高各个技能等级的技能教育培训体系。到2015年年底，全省共有技工院校129所，其中技师学院9所，设有各类民办职业培训机构777家，就业训练中心150个。全面推行国家职业资格证书制度，完成各类职业培训84.80万人，有51.78万人参加职业技能鉴定，40.56万人取得国家职业资格证书。截至2015年年底，全省累计有747.39万人次参加职业技能鉴定，有616.46万人次取得国家职业资格证书。

（五）切实提高公共就业服务水平。

加强基层就业平台建设，完善了五级联动的公共就业服务体系。实施“三年行动计划”，全面启动就业信息系统建设。组织开展“春风行动”、“民营企业招聘周”、“就业援助月”等公共就业服务专项活动，线上、线下招聘相结合，打造永不落幕的就业服务平台，做到“天天有岗位、时时在招聘、人人可就业”。出台做好为农民工服务工作的实施意见，推行“培训、就业、维权”三位一体的工作模式，形成了“走得出、致得富、引得回”的农村劳动力转移就业工作格局。

二、社保体系日趋完善

2015年，全省参加基本养老、城镇基本医疗、工伤、生育、失业保险人数分别达到4 513.06万人、2 262.4万人、777.98万人、544万人、521万人，分别增长0.52%、15.72%、4.02%、1.19%、12.84%。五项社会保险基金征缴967.18亿元，增长14.28%；支出1 264.17亿元，增长18.45%。

（一）稳步实施社保制度改革。

稳步推进机关事业单位养老保险制度改革，2015年9月印发了湖南省实施办法，按要求正式启动实施机关事业单位养老保险制度改革。完成了城乡居民养老保险制度合并实施，全面实现制度名称、政策标准、经办服务、信息系统的“四统一”。制定城乡养老保险制度衔接具体实施方案，实现了社保关系跨地区、跨城乡无障碍转移衔接。印发湖南省居民大病保险实施方案，按照“七个统一”原则，全面启动城乡居民大病保险工作。稳步推进医疗保险市级统筹和门诊统筹，积极推进多种医保付费方式改革。出台了失业保险稳岗政策，落实了失业、工伤和生育保险降低费率政策。

（二）有序推进社保扩面征缴。

按照“试点地区先行、全省有序跟进”的总体安排，确定长沙市为全民参保登记试点地区，启动了养老、医疗保险全民参保登记试点，同时编制全省计划，推动其他地区有序跟进。以稳步推进全民参保登记试点为抓手，注重统筹结合，与征缴扩面、基础数据库建设、社保卡发放等工作相结合，社保覆盖范围不断扩大。社会保险正由制度全覆盖向人群全覆盖迈进，逐步实现“人人享有”的目标。

（三）不断提高保障待遇水平。

企业养老保险连续11年调整提高退休人员基本养老金，全省月人均养老金达2 007元。城乡居民基础养老金最低标准提高到75元，月人均待遇水平为81.9元。城镇居民医保补助标准提高到每人每年380元。适当提高住院总额和均次费用等待遇支付标准，全省城镇职工和居民医保政策范围内报销比例分别为83.2%和62.1%。连续11年调整工伤待遇，工伤职工伤残津贴月人均为2 375.18元，供养亲属抚恤金月人均为967.3元。生育保险政策范围内分娩医疗费实现全免费。失业保险金标准提高到最低工资标准的85%。

（四）加强基金监督和经办服务。

大力打击社会保险欺诈违法犯罪，查处骗取社保基金待遇案件2件，涉案资金384.60万元。大力推进信息化建设，到2015年年底，全省社会保障卡持卡人数达到3 804万人，开通应用77项。建立了网上经办服务大厅，实现灵活就业人员自助缴费、退休人员自主选择养老金领取银行、远程面部识别认证。开展窗口单位作风建设专项行动，贯彻“人社人为人民”工作理念，推行“把方便让给群众、把困难留给自己”的服务承诺，实行“党员上一线、领导坐前台”服务举措，社保经办服务能力和工作作风明显提升，群众满意率明显提高。

三、人才队伍建设不断加强

实施人才强省战略，截至2015年年底，全省专业技术人才280万人，在湘两院院士64人，海外引进“千人计划”、“百人计划”高端人才263人，国家级人才工程人选约3 000人。

（一）完善人才法规政策体系。

印发了《湖南省人力资源市场条例》，深化人力资源市场改革，完成省、市、县三级公共人力资源服务机构整合。出台了《关于进一步规范机关事业单位人员流动调配工作的意见》、《关于加快人力资源服务业发展的实施意见》、《湖南省特别优秀人才高级职称评审办法》等一系列促进人才发展的政策。

（二）建立梯次递进的专业人才培养选拔体系。

分别实施国务院政府特殊津贴专家、全国杰出专业技术人才、中华技能大奖、全国技术能手、湖南省优秀专家、省政府特殊津贴制度、湖南省技能大师7项人才表彰激励制度。实施新世纪百千万人才工程、湖南省新世纪121人才工程、湖南省科技领军人才培养计划和技能大师工作室4项人才培养工程。实施职称制度和博士后制度2项人才评价使用制度。启动了12个专业领域的新一轮专业技术人才知识更新工程，提升了广大专业技术人才综合素质和创新能力。

（三）加强人才智力引进。

深入开展战略性新兴产业以及长株潭国家自主创新示范区人才和智力支撑服务系列活动，编制发布了湖南省2015—2016年高层次急需紧缺人才需求目录。大力实施国家"外专千人计划"和省"外专百人计划"，牵头成立了"湖南留学人员回国服务联盟"，加强海外高层次人才引进工作。引智规模保持稳步发展，全年实施国家和省级引智项目474项，聘请外国经济专家2 936人次、文教专家2 943人次。

四、人事制度改革稳慎推进

2015年，安全有序完成全省6 477名公务员的考录工作，完成1 310名军转干部安置任务，安全实施了61.8万人次人事考试组考。

（一）加强公务员管理。

坚持"凡进必考"考录制度，建立党政群机关公务员、法院工作人员、检察院工作人员、选调生考录"四考合一"工作机制。推进面试改革，统一面试时间、缩减面试考点、委托省外命题、强化考官管理、明晰工作责任、加强面试监督，有效提高考录公务员的社会公信力。扎实推进公务员初任、任职、业务、在职等"四类培训"，培训25万余人次。

（二）规范事业单位人事管理。

基本完成首次岗位设置工作，出台岗位管理动态调整办法，开展岗位设置日常异动审核备案，推行岗位聘用情况年度备案制度。建立事业单位人员聘用制度，全省大多数事业单位都已实行人员聘用制，普遍签订了聘用合同。全面推进事业单位公开招聘制度，在全省事业单位全覆盖。开展事业单位"吃空饷"、超编进人、编外用人清理，严肃人事工作纪律。

（三）全面完成军转安置任务。

严格按照有关政策要求，改进安置办法、拓宽安置渠道、挖掘安置潜力，安置军转干部1 310名，其中计划安置1 005名，自主择业305名。抓好自主择业管理服务，强化适应性、个性化和网络教育培训，就业创业率达到71%。增发企业退休军转干部生活困难补助，做好企业军转干部集访的前期化解和后续处置工作，全省企业军转干部群体保持整体稳定。

五、收入分配秩序更加规范

（一）改革完善机关事业单位工资制度。

调整了基本工资标准，月人均增资378元。实施了乡镇工作补贴，补贴标准为月人均300元。县以下机关公务员建立了职务与职级并行制度。出台了机关事业单位工作人员带薪年休假实施细则。

（二）改革国有企业负责人薪酬制度。

改进国有企业工资总额管理办法，出台了省管国有企业负责人薪酬制度改革实施意见。首先将省委、省政府管理的国有企业负责人纳入改革范围，涉及31家企业、57名负责人。经测算，省管国有企业负责人平均年薪同比降低30%左右。

（三）提高最低工资标准。

企业工资水平稳步增长，2015年最低工资标准提高到1 030～1 390元/月，平均增幅9.9%。2014年全省在岗职工年平均工资达到48 525元。

六、劳动关系总体和谐

（一）积极落实劳动合同制度。

认真落实中共中央、国务院关于构建和谐劳动关系的意见，扎实推进劳动合同制度、集体合同制度、劳动用工备案制度、工资集体协商制度、完善协调劳动关系三方机制等工作，全省规模企业动态劳动合同签订率达到99%以上，已建工会组织签订工资集体协商企业建制率达到90%。

（二）加大劳动保障监察力度。

全省投诉结案22 682件，责令用人单位补签劳动合同86 992万份，补缴社会保险费1 896万元，补发拖欠工资5 604万元。出台了湖南省建设领域农民工劳动报酬支付管理规定，健全农民工工资支付长效机制。组织开展农民工工资支付专项检查行动，责令支付农民工工资及赔偿金共计9.35亿元。开展了清理人力资源市场秩序专项检查行动，查处违法案件184件。

（三）创新劳动人事争议调解仲裁制度。

制定了劳动人事争议重大案件报告制度、仲裁导诉服务制度、调解仲裁建议书制度和仲裁公开审理案件管理办法、仲裁办案监督管理及错案责任追究办法、调解员仲裁员管理办法、调解员证管理办法、仲裁员廉洁办案若干规定。立案受理劳动人事争议案件17 761件，审结案件17 774件，结案率达95%；基层调解组织调解结案24 358件，调解结案率为57.8%。

七、绩效评估制度不断完善

2015年，绩效评估指标以及15项重点民生实事项目24个指标圆满完成，其中15个指标超额完成任务，9个指标100%完成。通过对各市州和省直单位年终考评，确定了优秀、良好、合格和不合格等次，共评选出40家绩效优秀单位。

（一）深化绩效评估制度改革。

精简评估指标，市州和省直单位评估指标数量精简幅度为10%和25%。细化考核标准，对考核指标逐项审核，从任务数量、形象进度、运行情况、实际效用等多个方面逐一制定严格的考核验收标准。细分指标类型，将评估指标细分为竞争性指标、达标性指标和限制性指标三种类型。优化省直单位评估分类，新增“厅（局）级事业单位”类别。提高优良等次比例，各类单位优良率提高5%以上。优化调查内容和样本效度，加大服务对象、企业人员及城乡居民调查人数所占比重。

（二）加强绩效评估日常考核。

定期对指标进度进行调度，对重点工程、重点工作和重点民生实事项目实行一月一摸底、一月一检查、一月一通报，年中开展突出问题重点督查，年底前对部分进度偏慢的实事项目进行了实地督查和调研，年终对绩效评估指标任务和重点民生实事项目完成情况进行全面评估验收，实现了日常考核与年终评估有机结合。

（三）坚持公开公正开展评估工作。

坚持“三个公开”，即公开征集指标、公开考核流程、公开结果等次，广泛接受各方面监督，在评估的每个环节做到公开、公平、公正，提升评估工作的信度和效度。

湖南省人力资源和社会保障厅

广 东 省

2015 年，广东省人力资源社会保障系统坚决贯彻党中央、国务院和广东省委、省政府的决策部署，在国家人社部的具体指导下，以改革为统揽、以民生为重点、以作风为保障，解放思想、攻坚克难、奋发有为，各项工作稳中有进，取得积极成效。

一、就业

实施更加积极的就业政策，推进大众创业、万众创新，在扩大就业规模的同时更加注重提升就业质量。全省城镇新增就业 155.5 万人，促进创业 23.5 万人、带动就业 72.1 万人，失业人员再就业 67.2 万人，就业困难人员实现就业 18.4 万人，城镇登记失业率 2.45%，就业局势总体保持稳定。

（一）规范就业创业专项资金使用。

开展就业创业专项资金使用情况督导，各市自查、实地抽查与分片定向挂钩督导相结合。开展全省就业创业政策培训工作，提高资金使用效益。2015 年全省共筹集就业专项资金 23.09 亿元，共使用 24.17 亿元，惠及 553 万人次。省财政厅、省人力资源社会保障厅出台《省级创业带动就业专项资金管理办法》，进一步扩大补贴覆盖群体，提高创业培训、租金补贴、创业带动就业补贴等标准。建设全省就业创业专项资金信息系统，对专项资金申请发放实行实名制、精细化管理和多维度统计分析。

（二）促进高校毕业生等重点群体就业。

继续实施离校未就业高校毕业生就业促进计划，组织开展“一企一岗·互济共赢”活动，共举办各类招聘会 1 491 场，帮助 13.03 万名高校毕业生达成就业意向。招募 1 400 名大学生参加“三支一扶”计划。按照 1 500 元/人发放高校毕业生求职创业补贴。实名制帮扶困难高校毕业生实现就业 1 908 人。全省新增就业见习基地（单位）440 个。广州、珠海等 9 市开展政府购买基层公共管理和社会服务岗位吸纳高校毕业生就业试点工作。实施大学生创业引领计划，高校毕业生实现创业 1.52 万名。继续实施“春运”、“春风”和“南粤春暖”专项活动，引导近 970 万名外省户籍异地务工人员有序返乡返岗。全省举办异地务工人员专场招聘活动 1 962 场，提供岗位 257.4 万个次。开展“就业援助月”、“民营企业招聘周”等专项活动，帮助就业困难人员实现就业 18.4 万人，通过公益性岗位安置 6 069 名就业困难人员，帮助 498 名零就业家庭成员实现就业、再就业。

（三）大力推动创业带动就业。

广东省政府出台《关于进一步促进创业带动就业的意见》和《关于进一步做好新形势下就业创业工作的实施意见》，2015—2018 年配套 25 亿元创业带动就业专项资金，加强公共就业创业服务体系建设。设立省级创业引导基金，推进省级综合性创业孵化（实训）示范基地建设，实施“初创企业经营者素质提升计划”。全省新发放创业担保贷款 9.26 亿元，比上年增长 23.8%。资助 38 个省级高校毕业生优秀创业项目，给予 5 万～20 万元资助资金。广东省政府和深圳市政府联合承办“发现双创之星”大型主题系列活动走进广东专场，在全省评选出具有代表性、典型性和示范性的100名“双创之星”。

（四）大力发展家庭服务业促进就业。

全力推进家庭服务业就业创业。组织开展省级家庭服务职业培训示范基地推荐工作，全省认定19个省级家庭服务职业培训示范基地。深入开展“千户百强”家庭服务企业（单位）创建工作。组织开展全国“千户百强”家庭服务企业（单位）的调查及推荐工作。广东全省34个家庭服务企业（单位）入选2015年度全国“千户百强”家庭服务企业（单位）。

（五）加强公共就业人才服务体系建设。

扩大就业失业监测覆盖面，将全省企业用工定点监测企业由1万家扩面到2万家。建立健全全省就业状况分析工作机制，完善就业统计指标体系。与国际劳工组织合作开展就业质量评估试点工作，制定广东省就业质量评估指标体系。全省共安排行政村及社区人社公共服务平台试点建设资金18 720万元，对粤东西北欠发达地区9 360个村居给予补助。推进就业服务信息化建设，全省已实现100%的街镇和90.6%的社区平台信息联网，18个地市招聘信息与全国联网。重启泛珠三角区域人才网联盟平台，涵盖泛珠三角区域9省及香港、澳门地区在内的政府人才网站。推进公共就业服务标准化、规范化建设，指导推动市县基层公共就业服务平台完善服务功能，提供更加优质、高效、便捷的服务。

（六）大力开展均等化技能晋升补贴培训。

在全省范围内开展均等化、终身制的技能晋升补贴培训，鼓励劳动者积极提升职业技能。除全日制在校生和机关、事业单位在编人员外，凡在广东务工的城乡劳动者，不分省内外和城乡户籍，按照统一政策、统一标准纳入财政补贴范围，均等享受培训项目补贴。2015年，广东省共有24万名劳动者享受技能晋升培训补贴，其中，考取中级工及以上职业资格证书的人数占比达31%。补贴政策惠及全省各行业，有效营造全民技能提升的社会氛围。

（七）完善异地务工人员积分制入户政策。

2015年，按照户籍制度改革要求，分类调整各类城市户口迁移政策，完善积分制入户政策，实行与城市综合承载能力相适应的落户制度。广州市、深圳市继续实施以参加社会保险年限、连续居住年限等为核心的积分制入户政策。

二、社会保险

健全社会保险政策体系，推进制度和人群全覆盖，稳步提高各项社保待遇水平。截至2015年年底，全省城镇职工养老、城镇职工医疗、城乡居民医疗、失业、工伤和生育保险参保人数分别达到5 086.53万人、3 711.85万人、6 424.17万人、2 930.13万人、3 122.72万人和3 081.80万人，同比分别增长5.76%、1.78%、0.88%、3.17%、0.97%和10.01%。基金总收入4 572.61亿元，同比增长18.71%；基金总支出2 959.15亿元，同比增长13.02%。

（一）完善城镇职工养老保险制度体系。

大力推进企业全员足额参保，提出用两年时间解决未参保职工参保问题的政策举措，2015年城镇职工养老保险覆盖率达97%。完善灵活就业人员参加职工养老保险办法。完善养老保险省级统筹，统一全省企业养老保险单位缴费比例至13%～15%，缴费工资下限统一为全省全口径在岗职工平均工资的60%。根据国家部署，连续第11年提高企业退休人员基本养老金，月人均养老金达2 400元，比上年年底增长10%。全年累计下拨省级调剂金121.98亿元。稳妥推进机关事业单位养老保险制度改革。

（二）提高城乡居民养老保险保障水平。

积极推进城乡居民养老保险扩面征缴，截至2015年年底，城乡居民养老保险覆盖率达99%。贯彻落实中央待遇调整政策和省政府保障底线民生工作部署，2015年7月起城乡居民养老保险基础养老金标准由每人每月95元提高到100元。加快推进征地社保资金分配工作，出台被征地农民养老保障资金分配工作方案，制定被征地农民养老保障资金分配指导意见，全省全年落实征地社保资金分配额94.3亿元。

（三）进一步完善全民医保体系。

积极推进基本医疗保险实现人群全覆盖，截至2015年年底，基本医疗保险覆盖率达98%。城乡居民医保财政补助标准提高到380元。职工医保和城乡居民医保政策规定的住院费用支付比例分别为87%和76%，最高支付限额分别为52万元和44万元。全面实施城乡居民大病保险制度。全面实现省内异地就医直接结算，省异地就医平台成功结算19.8万人次，结算金额48.2亿元。门诊特定病种范围由23种扩大到28种，免除起付标准，按住院比例报销。深化医疗保险支付制度改革，在坚持总额控制的基础上，开展按病种付费试点，推行按病种、按人头、按服务单元的复合式付费方式。研究推进医保城乡一体化工作。

（四）稳步推进失业、工伤、生育保险工作。

出台进一步降低失业保险费率意见，2016年3月1日起全省失业保险费率由2%降至1%。推进失业保险基金支出范围试点，实施失业保险稳定岗位补贴，全省人均失业保险金1 234元。出台建筑业按工程项目优先参加工伤保险政策。连续11年提高全省伤残津贴，月人均伤残津贴2 803元。2015年10月1日起全省工伤保险平均费率从0.63%下降至0.43%。出台职业病老工伤人员待遇保障处理意见。首次制定劳动能力鉴定专家管理工作规则，全面实现现场鉴定。2015年10月1日起下调生育保险费率，全省平均费率从0.77%下调至0.60%，进一步规范生育保险待遇支付范围和标准，推行生育医疗费用直接结算。

（五）实现社保基金安全完整。

修订《广东省社会保险基金监督条例》，2015年11月通过省人大常委会第一次审议，进一步健全基金监督政策体系；在全省范围内开展机关事业单位养老保险基金和企业职工退休审核审批专项检查；创新监督方式，部署实施社会保险基金安全评估试点，完成社保基金监管信息系统升级；加大社保基金案件查处和移送工作力度；开展社保基金预算执行情况、部分地市就业专项资金使用情况等17个审计项目；发挥社会保险监督委员会平台作用，推动社会监督；完成行业、企业社会保险纳入地方管理，全省社保基金安全、完整、有效运行。

（六）加强退休人员社会化管理服务工作。

截至2015年年底，广东省企业退休人员425万人，其中纳入社区管理人员363.4万人，社区管理服务率85.5%，比上年年底提高1.8个百分点；省、市两级示范点分别为108个和353个，分别增加11个和2个。

（七）进一步提升社保经办管理服务水平。

完善社保各险种业务经办规程，实现经办服务有法可依、有据可循。全面开展全民参保计划，加快建设全民参保数据库和信息管理系统。稳步推进医疗保险大数据信息平台和省内异地就医结算平台建设，大力推动县区社保经办服务大厅标准化建设，进一步提高社保经办服务标准化、信息化、专业化水平。推广网上服务，创新服务方式，基本做到足不出户办理社保业务。社保卡累计持卡人数9 805万人，常住人口覆盖率92.5%，持卡人数全国第一，全面实现人社领域66项应用，并将其拓展到社会救助、残联等公共服务领域。推进社银合作，率先实现社保卡省内跨行取现减免手续费。

（八）深入推进社保信息公开。

规范社保信息披露，将公开内容由29类增加至52类，在全国各省份率先发布社保白皮书，推动企业、村居建立社保信息公开栏。开展社保信息公开专项行动和社保宣传教育活动，共制作社保类宣传材料278万份，发送公益手机短信48万次，播放公益广告1 733天，在省内报刊刊登《社会保险政策热点知识问答》专题政策解读，在“广东人社”官方微信公众号上发布社保类微信284条，组织参加微信竞答活动81万人次。

三、劳动关系

以整治欠薪、欠保、企业关停并转劳资纠纷为重点，健全政策批量化解机制，稳妥处置群体性事件，全省劳动关系总体和谐稳定。劳动保障违法案件、30人以上群体性事件和劳动人事争议案件同比分别下降13.64%、3.55%和3.30%。

（一）健全源头预防治理劳资纠纷体系。

全面推进劳资纠纷矛盾预防化解工作，完善工资支付保证金、欠薪应急周转金制度，建立建设领域工资分账管理办法，出台劳动违法行为涉嫌犯罪案件类型及移送标准。截至2015年年底，全省共有12个地市建立工资支付保证金，11个地市建立欠薪应急周转金制度，6个地市实施建设领域工资分账管理办法。实施《广东省企业集体合同条例》，规范集体协商行为，大力推进工资集体协商和行业性、区域性集体协商。

（二）创新劳资纠纷形势分析研判机制。

建立月度研判和季度评估制度，设置两级13项评估指标，依据指标变化情况研判劳资纠纷形势。选取2万家用工定点监测企业作为监测点，实时掌握企业劳动用工、职工流失、劳动关系等情况。全省设监察网格2 625个，配备协管员3 809人，覆盖所有行政区域；县级以上劳动保障监察机构信息管理系统实现100%互联互通。

（三）加大执法力度重拳整治欠薪。

开展农民工工资支付、人力资源市场、劳动用工和社会保险等专项执法检查，为40.17万名劳动者追回工资等待遇约31.63亿元。重点整治欠薪违法行为，处理涉及工资支付的违法案件2.17万件，开展农民工工资支付情况专项检查，为14.55万名农民工追回欠薪10.24亿元。累计移送涉嫌拒不支付劳动报酬罪案件846件，公安机关立案568件。对322户涉嫌欠薪等重大违法行为的企业进行社会公布。

（四）改革劳动保障监察行政执法体制。

开展广东省劳动保障监察综合行政执法体制改革，明确省、市、县三级劳动保障监察机构执法职责，统一基层劳动保障监察机构性质和人员身份，实行综合执法，推进执法重心下移，充实基层执法力量。按照改革方案的设计，在全省总编制数略有增加的前提下，市级执法力量压缩38.28%，县（区）基层执法力量增加30.40%。

（五）完善劳动争议处理机制。

推进基层劳动人事争议调解工作规范化建设，规范基层调解组织名称、工作职责、标识徽章、调解行为和培训管理。开展劳动争议预防调解示范工作和劳动人事争议处理效能建设示范工作，广东省被选定为国家劳动人事争议处理效能建设示范省区。仲裁结案率93.9%，案外调解成功率85%。全省共受理10人以上集体争议案件7 682件，涉及劳动者25.95万人，案均涉及劳动者34人，支持劳动者劳动报酬、经济补偿等涉案金额13.42亿元。

（六）探索构建和谐劳动关系新路径。

广东省委、省政府在全国各省区率先出台《贯彻落实〈中共中央　国务院关于构建和谐劳动关系的意见〉实施意见》（粤发［2015］11号）。推荐佛山顺德区作为部省共建和谐劳动关系综合试验区试点，建立和谐劳动关系博士后创新实践基地。出台《劳务派遣调整用工方案参考样本》和《广东省企业集体合同参考样本》，加快推进集体合同制度建设。全省企业劳动合同签订率93.8%，已建工会集体协商建制率80.5%。全省各级人力资源社会保障部门接待处理群众信访事项34.09万件，初信初访办结率92%。全年全省12333电话咨询热线提供咨询服务1 232万人次。

四、人才队伍建设

突出高精尖导向，实施重大人才工程，推进技工教育内涵发展，破除人才发展体制机制障碍，实施创新型人才改革措施。全省专业技术和技能人才总量分别达到510万人和1 007

万人，高层次和高技能人才分别达到 70 万人和 283 万人。

（一）高层次人才队伍不断壮大。

新增两院院士 4 人、百千万工程国家级人选 8 人，入选人社部留学回国人员资助项目 45 项，入选国家外国专家局引进境外技术管理人才项目 21 项，入选“外专千人计划”外国专家 3 名，新增博士后科研工作站 76 个。评审引进省第五批领军人才 20 人，全年来粤工作境外专家 13.5 万人次。组织两个人才推介招聘团赴德国、意大利、奥地利、白俄罗斯、乌克兰 5 国举办人才项目推介洽谈活动 15 场次，达成合作意向 20 项。实施扬帆计划，引进紧缺拔尖人才 61 人，培养高层次人才 93 人。实施省重点高端外国专家项目、引智成果示范推广、海外名师和留学人员创业资助等 50 多个。开展第七届“海外专家南粤行”活动，首次从珠三角走进粤东西北。全省共有部省市级留学人员创业园 28 家，其中国家级 5 家，吸引 1.6 万名留学人员入园创新创业，创办企业 2 844 家。

（二）高技能人才队伍建设不断加强。

新建国家级高技能人才培训基地和国家级技能大师工作室各 4 个，新增广东省技术能手 316 人。建立职业技能鉴定指导机构与鉴定所（站）签约制度，推进鉴定所（站）和考评人员违规退出机制建设。创新建立专项职业能力分级管理制度并开展试点，全年全省参加职业技能鉴定 168.4 万人次，获得国家职业资格证书 115.7 万人次。5 所技工院校 14 名选手代表中国参加第 43 届世界技能大赛，获得 2 枚金牌、3 枚银牌、3 枚铜牌、4 个优胜奖。建立技工院校专业动态调整机制，启动全省重点专业和特色专业建设，推行校企双制办学。开展技工院校教师正高级专业技术职称评定试点。全省有 7 所技工院校进入国家中职示范学校项目。

（三）加快完善人才评价机制。

开展科技人员职称评价改革，把科技成果转化、专利创造、标准制定和论文发表作为职称评审重要条件。在全省 8 所技工院校创新开展技工院校正高级教师职称评价试点，落实技工院校职称评聘自主权。全省 11 个市 76 家企业完成技能人才自主评价试点，全年评价企业技能人才 13 308 人，其中 12 121 人取得证书。

（四）研究开展高水平大学建设人事制度改革试点。

研究开展高水平大学建设人事制度改革试点，拟向华南师范大学、华南农业大学、广东工业大学、广州中医药大学、广东外语外贸大学 5 所高校下放岗位设置、公开招聘、职称评审、薪酬分配、人员调配 5 项自主权限，完善人员考核晋升及退出机制，完善服务保障机制，加强事中事后监管。

五、人事制度改革

以全面深化改革为抓手，以激活队伍活力为核心，不断健全完善公务员和事业单位工作人员进、管、出各环节的管理制度和政策体系，使人事管理更加科学、更加规范。

（一）完善公务员管理制度。

完善公务员阳光考录制度，实现职位申报、审核、发布全程网上办理，职位上报发布时间同比减少 20%。全省考试录用公务员实施方案中首次将取得高级工和技师（高级技师）职业资格证书的技工院校毕业生纳入公务员招考对象。全部地级市实行考生异地面试，考官按 2/9 的比例交流。建立健全广东特色招警机制。全年招录公务员 13 854 名。深圳市公务员分类管理和聘任制全国试点工作取得阶段性成果。建立公务员行政处分和解除处分“一案一备”监督管理制度。深化公务员培训，全省培训公务员 100 万人次。拓展境外培训，新设广东省公务员公共管理德国慕尼黑大学专题研究班和施拜尔公共行政大学专题研究班。启动基层公务员能力提升工程，举办 8 期全省人社系统中层干部培训班，培训 1 600 多人。在全国首创全省推行新录用公务员导师制，高标准选拔导师。探索将行政机关公务员“八小时以外”活动监督管理纳入平时考核试点。全面梳理、调整公务员评比表彰项目，新形成广东省评比达标表彰活动保留项目77项。

（二）着力解决乡镇基层人才“招不进、留不住、用不好”难题。

积极实施粤东西北艰苦边远地区基层公务员招录改革，采取扩大基层招考数量、大部分职位面向本地人员招录、放宽年龄和学历要求、不设专业限制、设定5年服务年限等一系列改革措施，降低艰苦边远地区考录门槛，为粤东西北地区乡镇招录公务员2 134名。

（三）加强事业单位人事管理。

继续组织开展粤东西北地区乡镇事业单位专项公开招聘工作，广东省人社厅、省委组织部印发《关于集中时间组织开展事业单位公开招聘的通知》，规范考试命题，相对集中时间组织公开招聘。完成2万余名面试评委的建档入库工作。协助人社部开展县以下事业单位推行管理岗位职员制度试点并报送珠海市香洲区作为试点县区。开展全省机关事业单位“吃空饷”问题集中治理工作。

（四）圆满完成军转安置任务。

推进军转安置工作创新，预留军转干部编制，分类下达安置计划，落实安置重点，在国家规定时限内完成安置任务。全省安置军转干部2 469名，其中计划分配军转干部2 187名，自主择业军转干部282名，安置到公务员和参公岗位的占89.5%。

六、工资收入分配

（一）推进建立合理有序的企业工资收入分配制度。

5月1日起调整全省最低工资标准，四类地区分别为1 895元/月、1 510元/月、1 350元/月和1 210元/月，当年全省各类地区最低工资标准达到当地城镇从业人员平均工资的40%以上。建立最低工资标准评估机制。制定发布全省2015年企业工资指导线和部分重点行业工资指导线。建立企业薪酬调查和信息发布制度，首次由省级层面统一调查发布人力资源市场工资指导价位和行业人工成本信息，覆盖86个行业大类和328个职业小类。省政府出台省属企业负责人薪酬制度改革实施方案。

（二）开展机关事业单位工资福利制度改革。

全省全面实施县以下机关公务员职务与职级并行制度，9.55万人晋升职级，政策受惠面达34.1%。按时兑现机关事业单位基本工资和离退休费新标准。制定出台乡镇机关事业单位工作人员工作补贴制度实施办法，并对乡镇在任党政正职每月加发岗位补贴。推进法官、检察官工资制度改革试点。

七、基础能力建设

（一）深入推进机关党的建设、作风建设和廉政建设。

开展“三严三实”专题教育，深入学习习近平总书记系列重要讲话精神，查摆整改“不严不实”突出问题。从严监督管理干部，建立健全干部推荐、考察、监督责任制和选拔任用工作责任追究制，组织开展系统中层干部业务培训，提升干部履职尽责能力。加强作风建设，坚决反“四风”改作风，建立健全窗口作风建设长效机制，深入推进机关文化建设。加强廉政建设，出台党风廉政建设“两个责任”实施意见和责任追究办法、人社领域权力风险运行防控意见，开展廉政专项巡查。

（二）扎实推进定向挂钩指导工作。

与粤东西北15市实行“一对一”挂钩帮扶机制，在资金政策、人力物力、项目安排等方面予以倾斜支持，2015年共向粤东西北地区投入专项资金19.6亿元、社保调剂金107.8亿元，安排重点帮扶项目28个。出台人才培养引进等倾斜政策。2015年粤东西北各市人社事业发展计划指标完成率超过97%，同比提高2个百分点，约1/3的指标增长率超过全省平均水平。

（三）队伍建设和基础建设不断加强。

实施基层公务员能力提升工程，举办8期公务员管理、社会保险、劳动关系等专题全省人社部门中层干部培训班，培训市、县（区）人社部门中层干部约 1 600 名。省级创业孵化基地落户天河科技园，正式启动建设，全省创业孵化基地达 433 家。集中式一体化信息系统建设完成总体设计，各业务板块信息系统开发全面推进。建设村居、社区公共服务平台，实现群众就近就地享受服务。

（四）依法行政水平不断提高。

共处理行政复议申请 645 件。规范行政复议工作程序，提升行政复议工作效能，行政复议维持率 70%。办结的行政复议案件中，有 23.5%的案件通过协调、督促行政复议被申请人自行纠错结案。全省各级人力资源社会保障部门处理行政应诉案件 1 909 件，行政诉讼维持率 82.5%。推动落实行政机关负责人出庭应诉制度。

（五）大力推进简政放权。

开展广东省人力资源和社会保障厅职能调整衔接工作，简政放权，明确取消和下放的职能，取消"《广东省居住证》（人才引进）审核"、"劳动合同文本制定与审查"等 5 项行政职能；向地级以上市及顺德区人社部门下放"外国人在省直和中央驻穗单位就业审批"等 10 项职能。全年完成全部非行政许可审批事项清理，取消"技师、高级技师职业资格核准"行政许可事项。

广东省人力资源和社会保障厅

广 州 市

2015年，广州市人力资源和社会保障局紧紧围绕广州市委、市政府的决策部署，坚持“民生为本、人才优先”的工作主线，主动适应新常态，全面完成“十二五”各项目标任务，多个领域工作取得重要进展，多项工作走在全省全国前列，为广州加快建设国家中心城市作出了重要贡献。

一、劳动就业

（一）概况。

2015年，广州市就业局势始终保持稳定，劳动关系总体和谐稳定。城镇登记失业率为2.2%，在全国副省级城市中处于较低水平。广州生源应届高校毕业生就业率达93.37%。

（二）就业。

全年全市城镇登记新增就业人数27.47万人，城镇登记失业人数25.11万人（其中新增失业人员19.35万人），失业人员实现再就业18.04万人，就业率为71.86%。城镇登记失业率为2.2%，控制在3.5%的目标以内。农村劳动力登记求职10.46万人，成功转移就业6.22万人，新增转移就业率为59.46%。截至12月31日，2015届广州生源高校毕业生约5.01万人，已就业4.68万人。广州市纳入人力资源社会保障行政部门实名制登记就业的在职异地务工人员有521.24万人。全市人社部门共扶持成功创业2.67万人，创业带动就业14.40万人。全年共发放创业（小额）担保贷款2 042万元，扶持创业人员186人，创业带动就业359人，贴息受惠1 279人次。全市人社部门共扶持建设各级创业（孵化）基地260个，累计进驻企业数达2.34万家、带动就业人数达15.74万人。

（三）劳动关系。

广州市坚持以人为本、依法构建、共建共享、改革创新构建和谐劳动关系，从源头治理切入，总体统筹、重点推进、分类指导、稳步发展，努力实现和谐稳定劳动关系新局面。一是进一步推动和谐劳动关系企业、工业园区和示范区创建活动，共评定“广州市劳动关系和谐企业”1 132个（其中A级884个、AA级200个、AAA级48个），以及年度报告的“广州市劳动关系和谐企业”545个（其中A级380个、AA级77个、AAA级88个）、“广州市劳动关系和谐工业园区”3个、“广州市劳动关系和谐示范区”5个。二是规范劳动合同签订行为，全面提高劳动合同签订率，全市劳动合同签订率达97.63%。三是组织开展劳动保障法规政策培训和劳动人事争议调解员培训，防范用人单位劳动用工法律风险。四是严格劳务派遣和特殊工时制度审批，保障劳动者合法权益。五是加强基层劳动人事争议预防调解工作，提高劳资纠纷预防化解处置能力。

（四）劳动工资。

经市人民政府同意，2015年广州市企业工资指导线基准线、上线和下线分别为8.5%、14%和4%；自5月1日起，企业职工最低工资标准调整为1 895元/月，非全日制职工小时最低工资标准调整为18.3元/小时。积极开展企业薪酬调查工作，共计调查样本企业3 000多户。市人社局与市总工会、市工商联、市企业联合会联合开展2015年工资集体协商“春季要约”行动，推进企业工资集体协商工作。

（五）劳动保障监察。

各级劳动保障监察机构紧紧围绕“预防化解劳资矛盾，构建和谐劳动关系”的工作目标，坚持依法行政，加大劳动保障监察执法力度。一是大力开展“和风行动”等专项执法检查行动，二是落实建设领域工人工资支付分账管理，三是推进劳动保障监察综合行政执法体制改革工作，四是开展全市劳资纠纷及欠薪综合治理。全市劳动保障监察机构主动监察7.07万户用人单位，办结劳动保障监察案件9 273件，处理突发事件468件，督促用人单位与1.47万名劳动者补签劳动合同，为2.87万名劳动者追还工资等待遇2.91亿元。

（六）职业技能培训和竞赛。

积极适应产业升级和经济发展对职业能力建设工作的要求，继续加大技能人才培养力度。全面提高劳动者素质，着力解决就业结构性矛盾，优化人才结构，全面贯彻劳动力技能晋升培训补贴政策，逐步形成覆盖全体劳动者的培训政策体系和办学投入多渠道、主体多元化、模式多样化、培训多层次的劳动者终身职业培训体系。全市全年各类培训机构、技工学校和企业共计开展职业技能培训86.14万人，资助劳动力技能晋升培训5.57万人，转移劳动力技能培训5.16万人，全年发放职业技能培训券6 935张，持券参加培训4 066人，组织创业培训6 567人，技能人才总量进一步扩大。结合第43届世界技能大赛、广东省职业技能大赛，全市组织了多层次、多级别、多项目职业技能竞赛活动。广州市选手代表国家参加第43届世界技能大赛一举夺得2银、1铜和2个优胜奖，所获奖牌数占全国的1/5，获奖数量和层次均比上届有很大突破。开展了第二届产业人员职业技能竞赛在内的市级一类、二类竞赛30项，竞赛覆盖职业（工种）共计97个。

二、社会保障

（一）概况。

截至12月31日，广州市五大险种累计参保人数3 554.3万人次。包括参加基本养老保险人数1 159.4万人，其中城镇职工基本养老保险人数（含离退休）1 008.24万人、城乡居民养老保险人数129.27万人、农转居人员养老保险人数21.89万人；参加失业保险人数474.07万人；参加基本医疗保险人数1 052.61万人，其中职工医保人数607.62万人、城乡居民医保人数444.99万人；参加工伤保险人数431.4万人；参加生育保险人数436.82万人。社保卡累计持卡人数1 227.3万人，居全省首位。广州市企业退休人员共计82.32万人，纳入社区社会化管理78.22万人，社区管理率达95.02%。

（二）养老保险。

一是继续提高各类人员的养老金。2015年，企业退休人员调整后平均养老金为3 200元，增长率为8.84%。农转居人员调整后平均养老金为869元，增长率为8%。印发了《转发人力资源和社会保障部　财政部关于提高全国城乡居民基本养老保险基础养老金最低标准的通知》（穗人社发〔2015〕21号），自2014年7月1日起，广州市城乡居民基本养老保险基础养老金将月增加15元，即从165元/月调整为180元/月，全市40万名城乡老年居民受惠，城乡居保平均养老金达到608元/月。二是进一步完善养老保险政策。印发了《关于调整广州市城镇企业职工基本养老保险单位缴费比例的通知》（穗人社发〔2015〕5号），实施城镇企业职工基本养老保险单位缴费比例调整工作。自2015年1月1日起，各参保单位养老保险单位缴费比例统一调整为14%。三是稳步推进企业年金工作。印发了《广州市人力资源和社会保障局关于规范企业年金方案备案工作的函》（穗人社函〔2015〕2号），建立了企业年金方案网上备案系统，实现了企业年金方案备案“无纸化、零现场”的目标。截至

2015年年底，共有571家单位通过企业年金方案的备案。

（三）失业保险。

印发了《关于调整本市失业保险金标准的通知》（穗人社函［2015］421号），自2015年5月1日起，领取失业保险待遇的3.2万名失业人员，失业保险金标准由原来的每月1 240元调整为每月1 516元，增幅为22.26%，高于同期物价增长幅度。

（四）医疗保险。

一是出台了《广州市城乡居民社会医疗保险试行办法》和《广州市城乡居民大病医疗保险试行办法》，于2015年1月1日起正式施行城乡居民医疗保险制度和城乡居民大病保险制度。出台了《广州市社会医疗保险办法》（穗府令第123号），明确了医保多层次制度框架体系，系统整合和优化完善现行医疗保险政策。二是制定了门诊和“门慢”新政，通过职工医保普通门诊统筹定点、社区首诊和双向转诊，提高基层医院的统筹基金支付比例，加大转诊支付比例，提高了参保人员医疗待遇；通过调整门诊指定慢性病政策，提高职工社会医疗保险参保人个人门诊医疗费用待遇，扩大职工社会医疗保险门诊指定慢性病病种范围并适当提高待遇标准。三是印发了《关于调整广州市城乡居民社会医疗保险筹资标准计算方法的通知》和《关于公布2016年广州市城乡居民医保筹资标准的通知》，2015年城乡居民医保补助标准从人均320元提高到380元；印发了《关于广州市职工社会医疗保险统筹基金支付门诊指定慢性病专科药费范围及标准的通知》，门诊指定慢性病病种由16种增加到20种，职工医保月度支付限额从原来的150元提高到200元，增幅达33.3%。四是推进医疗保险结算管理服务，按照国家省市要求推进总额控制下的按病种付费、按人头付费、按服务单元付费等复合付费方式；配合建设全省医疗保险结算管理平台，推进并实现省内医疗保险异地就医联网直接结算。五是开展离开机关事业单位人员的医保衔接工作。

（五）工伤保险。

一是印发了《广州市建筑业职工参加工伤保险实施办法》（穗人社发［2015］73号），于2016年1月1日正式实施，极大地维护了建筑业职工特别是外来务工人员的工伤保险权益。印发了《广州市工伤保险专项经费管理办法》（穗人社发［2015］2号）和《广州市工伤保险专项经费使用和管理规范》（穗人社函［2015］899号），规范了工伤保险专项经费的预算、使用、管理和监督工作，印发了《广州市劳动能力鉴定实施细则》（穗劳鉴办函［2015］4号），在全市范围内全面实行劳动能力“现场鉴定”新模式。二是提高了工伤残疾退休人员的退休待遇，人均退休金达4 083.56元/月；提高了伤残生活护理费、工亡待遇和供养亲属抚恤金等待遇，人均伤残生活护理费达2 506元/月，人均供养亲属抚恤金达1 247元/月，丧葬补助金和一次性工亡补助金达57.69万元（不含供养亲属抚恤金）。三是开展工伤预防工作，与相关部门、专业技术机构合作，开展工伤预防性职业健康检查与检测工作，有效促进用人单位改善工作环境，降低职业危害；推进现场互动与持续改善式工伤预防项目；推行工伤保险浮动费率和奖励费率。

（六）生育保险。

印发了《广州市职工生育保险实施办法》（穗府办［2015］41号），于2015年10月1日正式实施。贯彻落实《广东省职工生育保险规定》（粤府令第203号），将广东省直生育保险的约41万名职工移转到广州市参加生育保险。截至2015年12月31日，广州市人均生育保险待遇达2.3万元，生育津贴占78%，位居全国前列。

三、人事人才

（一）概况。

2015年，广州市人事人才工作实现新发展，全市大专以上人才、专技人才、技能人才总量分别达到303万人、149万人、226万人。

广州地区两院院士77人，获得中国政府“友谊奖”的外国专家11人，在穗留学人员总数达6万人。公务员分类管理逐步推进，考试录用、表彰奖励、培训监督等工作更加规范有序。事业单位人事制度改革分类实施，公开招聘和岗位设置管理制度实现全覆盖。截至2015年12月，广州地区已获人力资源服务许可证的人力资源服务机构共927家，其中经营性人力资源服务机构721家、公共人力资源服务机构206家，行业年规模产值为415亿元。《广州市人力资源市场条例》已纳入市人大2015年立法正式项目。

（二）人才引进。

全年市属单位（含各区、县级市，不含广东省人社厅审批人员，下同）引进各类人才（含技能人才）1.35万人。接收非广州生源高校毕业生4.65万人。其中，按照《关于2015年度重点项目单位和重点企业使用总量控制类指标引进急需人才有关事项的通知》，严格按照总量控制类入户规范推进使用总量控制类指标引进急需人才，分两批次接收应届大专生153人，分三批次接收重点项目单位和重点企业引进的异地人才599人，接收特殊技能和特殊专业人才、特殊艰苦岗位从业人员共350人。

（三）公务员招考。

一是完成了广东省2015年考试录用公务员笔试、考生异地面试和体检、公示及录用审批等工作（其中广州市公安、司法共公布招录职位256个，计划招录573人，网上成功报名人数11 316人，报考比例19.7∶1）。完成了广州市2015年考试录用公务员的发布招考公告、组织考生网上报名、笔试、面试和体检、公示及录用审批等工作。此项招考共计566个职位，计划招录738人，网上成功报名人数44 825人，报考比例60.7∶1。二是在广州市公务员考试录用工作中首次使用手机报名系统，方便考生快捷、高效报名，进一步研究和完善面试管理系统，确保面试管理系统的安全、稳定。

（四）公务员培训。

全年全市共组织各类面授培训班147期，培训共计7 224人次。网络培训学习659 865人次，获得学分1 582 286分。开展公务员“依法行政与法治思维”专题培训班39期，共3 544人参加培训；开展“公务员英语口语提高班”专题培训班36期，共710人参加培训；开展“公务员办公自动化能力提升班”专题培训班12期，共600人参加培训；举办1期年度考核专题培训班，共39人参加培训；举办2015年新录用公务员初任培训班2期，共379人参加培训；举办行政机关副处级任职培训班3期，共141人参加培训；举办科级培训班12期，共643人参加培训。

（五）公务员职位管理。

一是修订印发了《广州市人民政府任免工作人员办法》，全年共计完成39批212名市政府任免人员人事任免事项，其中6批27人经市政府同意后提请市人大任免相关工作，共计组织5场37人市政府拟任命领导干部任前法律知识考试。二是做实公务员业务信息系统。实现机构编制备案、职数设置、职务任免网上办理全覆盖，全年共办理单位编制备案及职位设置395个次。办理政府部门处级非领导职务、科级及以下职务任免（含职务升降）审核备案2 978人次。办理局级非领导职务、处级以上领导职务备案166人次，办理公务员登记信息变更备案1 737人次。办理因公临时出国或赴港澳人员政审备案692人次。办理2014年度军转安置职数审核备案，全市71个市直单位申请军转安置职数共计97名。

（六）军转干部安置和随军家属就业安置。

全年全市实际接收安置军转干部705名，随调家属4名，接收安置随军家属256名。军转干部计划分配577名，自主择业128名。计划分配军转干部安置到公务员（含参公）单位558名，安置到事业单位17名，安置到企业2名。安置到公务员（含参公）岗位的比例、团职军转干部安排平级或低一级领导职务人数均有提升，营职军转干部避免了“一刀切”安排为科员的问题。继续推进对行政正团职军转干部进行考核赋分安置试点，整体安置质量明显好于往年。

（七）事业单位人事管理。

一是开辟事业单位引进优秀人才的绿色通道。印发了《广州市事业单位校园招聘“优才计划”方案》，于2015年10月至11月在武汉地区组织实施了首届“优才计划”，61家事业单位共计签约184名考生。会同组织部门出台了《广州市事业单位引进高层次人才和短缺专业人才办法》及实施细则，明确了人才引进对象条件，简化了程序，全年市直事业单位共引进高层次人才30人。二是推进事业单位人事制度改革。印发了《广州市属事业单位分类改革后人事和社会保险若干问题的处理意见》、《市直机关公务用车制度改革司勤人员分流安置实施办法》、《关于支持事业单位开展法人治理结构试点工作有关政策的意见》、《关于进一步加强我市乡村医生队伍建设的实施方案》、《关于进一步推进区域义务教育学校校长教师交流轮岗工作的意见》、《广州市深化中小学教师职称制度改革试点工作实施方案》。配合做好推进事业单位工作人员养老保险制度改革数据统计和测算工作。三是全面提升事业单位人事综合管理水平。全市全年共发布247个事业单位公开招聘公告，共计招聘9 643人，无一起重大公招违纪违规事件发生，在国家关于整治事业单位公开招聘突出问题专项行动中，顺利通过了人社部督查组的检查验收。将全市机关事业单位35万名财政供养人员全部纳入“吃空饷”整治范围，查实并上报“吃空饷”事业单位1家，涉及金额244 734元；个人“吃空饷”6人，涉及金额146 379.6元；退休人员“吃空饷”3人，涉及金额586 518.4元。

（八）专业技术人才管理。

一是开展中小学教师职称制度改革试点工作。自2015年3月起，市人社局会同市教育局积极开展广州市中小学教师职称制度改革试点工作，先后印发了《广州市深化中小学教师职称制度改革试点工作实施方案》（穗人社发［2015］14号）和《关于我市中小学教师职称制度改革试点工作有关评聘问题的意见》（穗人社发［2015］15号）、《关于设立广州市中小学教师职称制度改革试点工作应急领导小组的通知》（穗人社函［2015］514号）、《关于做好我市中小学教师职称制度评审工作的通知》（穗人社函［2015］564号）等配套文件。二是年度职称评定和职称考试工作。全市全年通过评审和认定方式共计有16 229人获得专业技术资格（未含送省评审数据），其中高级2 734人、中级4 380人、初级9 115人。申报高级资格2 695人，经评审通过1 747人，通过率为64.8%；申报中级资格4 847人，经评审通过3 651人，通过率为75.3%。三是2015年全年共组织各类职称政策性考试30项，报名考试人数19.3万人次、474 260科次，办理证书8.6万本。四是博士后创新平台建设工作。按照国家和省的部署，经国家人社部、全国博管委批准，新设立广州特种机电设备检测研究院等11个博士后科研工作站。经全国博管委批准，在广州市3个非公经济单位设立博士后工作站分站。组织博士后科研工作（流动）站综合评估工作，番禺节能科技园等5个博士后科研工作站获评全国优秀博士后科研工作站，获人社部通报表扬。开展第四批博士后创新实践基地评选工作，评选出12个博士后创新实践基地。五是高层次人才选拔和考核工作。按照国家和省、市的统一部署，推荐蒋义国等5人参加“国家百千万人才工程”评选。推荐33名候选人参加“广东特支计划”的评选活动。认定高层次人才57人。

（九）高校毕业生接收和就业管理。

2015年，广州生源高校毕业生5.01万人，进行实名制未就业登记共计2.35万人。截至12月31日，已就业约4.7万人，就业率达93.4%，与上年同期持平。有就业意愿的困难家庭高校毕业生就业率达100%。大力拓宽就业渠道，举办“阳光就业”校园供需见面会和网络匹配会55场，参会单位1.1万家次，招聘人数约34万人，达成就业意向约8.9万人。推进创业创新工作，精心组织南方人才杯第四届“赢在广州”大学生创业大赛，大赛覆盖全省105所高等学校和技师学院，参赛项目8 000多个，激发了大学生创业热潮。新增广州医科大学、仲恺农业工程学院2所高校为广州市大学生创业（孵化）基地。与广州番禺节能科技园合作共建“南方雏鹰”大学生创业孵化基地。

（十）技工学校教育。

2015年，广州市27所技工院校共招生37 354人（全日制），毕业3.33万人，在校生11.3万人，设有126个专业，与近3 000家企业深度合作，招收“校企双制”订单班（定向班）157个5 289人，技师班（预备技师班）114个2 423人，就业率96%以上，年社会培训鉴定10.3万人次。省市财政共投入免学费资金3.09亿元，惠及79 698名学生；国家助学金467万元，惠及2 670名学生。局研制的汽车维修、计算机网络应用两个专业的《国家技能人才培养标准》和《一体化课程规范》通过国家人社部评审并颁布实施。市轻工技师学院通过国家中等职业教育改革发展示范学校验收并被广州市文广新局评定为“广州市非物质文化遗产传承基地”，市工贸技师学院陈立准工作室成为国家级技能大师工作室，市交通技师学院教师梁登被授予“全国先进工作者”荣誉称号，市技师学院教师杨八妹被评为“国务院特殊津贴专家”。广州技工教育形成了以技师学院为龙头，以普通技校为基础，公办与民办互补，专业覆盖面广，在校生规模大，培训层次涵盖技师、高级工和中级工，学历教育与职业培训并重的技能人才培养体系。

广州市人力资源和社会保障局

深　圳　市

2015年，深圳市人力资源和社会保障部门坚决贯彻执行中央的决策部署，主动作为，开拓创新，攻坚克难，圆满完成各项工作任务。全市人力资源和社会保障系统协同作战，有效整合基本公共服务资源，形成工作合力，多个领域取得重要进展，许多工作走在全国前列，高质量地完成了“十二五”时期各项任务。

一、促进就业创业

（一）完成就业工作目标任务。

2015年，全市新增就业人数9.69万人。登记失业率2.34%，零就业家庭动态归零。

（二）完善创业带动就业政策。

围绕高校毕业生等重点群体，出台新一轮创业带动就业政策。创业担保贷款个人最高额度提高到20万元，初创企业最高可补贴5万元，创业带动就业最高可补贴3万元。

（三）统筹各类群体就业。

制定失业保险支持企业稳岗政策，失业保险缴费费率由3%下调至1.5%。完善就业困难人员就业援助政策。修订青年见习政策，提高离校未就业高校毕业生实践能力。

（四）提升公共就业服务能力。

启动基层公共就业服务平台二期建设，推行深圳市公共就业服务标准化，提升基层公共就业服务能力。成功举办“珠三角自主创业项目推介会”。开展“就业援助月”、户籍居民专场招聘等服务，为就业困难人员提供就业岗位。提供优质快捷的“四免”服务，即为异地务工人员提供免费政策咨询、就业信息、就业指导、职业介绍等公共就业服务，全方位促进异地务工人员融入城市。

二、社会保险

（一）提升社会保障水平。

启动机关事业单位养老保险制度改革。落实省城乡居民社会养老保险实施办法，提高基础养老金待遇标准。实施重特大疾病补充医疗保险制度，对符合条件的大额医疗费给予二次报销，防范“因病致贫”，惠及千万参保人。实施两定机构核准制，新增446家。

（二）扩大社会保险覆盖范围。

截至2015年年底，基本养老、基本医疗、工伤、失业、生育保险参保人数分别为954.34万人、1 213.16万人、1 032.49万人、974.68万人、1 032.90万人，全市各险种参保总人数继续位居全国前列。社保基金收入1 050.154亿元，超额完成年度预算。养老保险总支付140.82亿元，同比增长12.6%。社会医疗保险金总支付119.1亿元，同比增长13.31%。完成劳动能力鉴定2.49万人次。依法补偿工伤事故3.90万人次，补偿总金额11.08亿元，同比增长17.7%。核发失业保险金17.38万人次，同比增长90.0%。支付失业保险待遇总额2.79亿元，同比增长112.0%。

（三）完善社会保险制度。

完善定点医疗机构信用等级评定机制，构建诚信医保体系。实施职工生育保险，建立生育津贴制度。提高工伤保险住院伙食补助费、市外就医交通费和食宿费支付补助标准。下调工伤、生育保险费率。劳动能力鉴定2.49万人次。

（四）优化社保经办模式。

社保登记纳入商事登记平台，实现“一次审核、信息互认、证照同发、档案共享”。开展社保“同城通办”试点，32 项业务实现网上预约，拓展社保卡“一卡通”应用领域，委托邮政上门为 5 万名退休人员免费验证指纹，经办服务水平明显提升。

三、人才队伍建设

（一）完善人才评价方式。

修订深圳人才认定标准。首创“举荐制”方式发掘青年创新创业人才。完善市外在职人才引进评价指标体系。接收应届毕业生 7.1 万人，创历史新高。试点行业组织承接水平评价类职业资格具体认定工作，推进技能人才多元化评价。开展职业资格清理工作，落实放管结合。

（二）推进各项人才工程。

高层次专业人才、“孔雀计划”人才增长快速，高端人才总量持续壮大。出站留深博士后科研资助标准上调至 30 万元，在站博士后突破千名。成功举办第十三届中国国际人才交流大会，启动第一届中国深圳海外创新人才大赛。加快技工院校发展，推进技能振兴计划。

（三）提高人才保障水平。

取消流动人员人事档案收费，实现公益化服务。向近 4 万名新引进人才发放 1.33 亿元租房补贴，保障各行业人才扎根深圳、安居乐业。

（四）健全完善人才服务体系。

开展深圳市人力资源市场发展现状调研工作，启动人力资源服务业扶持政策研究。积极筹建人力资源服务产业园。留学人员引进业务实现“同城通办”。

四、人事制度改革

（一）继续深化公务员分类管理改革和聘任制改革。

修订行政执法类、专业技术类公务员管理办法，出台市外公务员转任规定、跨职组职类转任规定。推进职组职系细分，首创卫生监督职组，加强气象职组配套制度建设。建立招考职位规范目录，公安招警引入心理素质测评。完善公务员聘任合同文本，规范合同订立、解除、终止。

（二）推进事业单位人事制度综合配套改革。

开展事业单位人事制度综合配套改革试点，规范机关事业单位编外人员管理。审慎推进公立医院人事制度改革。在全市中小学推动实施评聘合一、校长职级制。

（三）完善机关事业单位工资福利制度。

调整机关事业单位人员基本工资标准，增加离退休费。完善机关薪级工资政策。实施县以下机关公务员职务与职级并行制度。推动区法院、检察院人员工资市级统发。完善机关事业单位人员带薪年休假制度。

（四）“阳光安置”军转干部。

2015 年，接收军转干部 392 名（含随调家属 1 名），安置接收随军家属 216 人，发放就业补贴 609.55 万元。

五、劳动关系协调

（一）参与收入分配制度改革。

2015 年，最低工资标准提至 2 030 元/月，同比增长 12.3%。开展企业薪酬调查工作，联合行业协会发布 13 个重点行业工资指导价位。

（二）维护劳动关系和谐稳定。

开展和谐劳动关系创建活动，重点推进省市共建盐田和谐劳动关系综合试验区。着力提高企业劳动合同和集体合同签订率。运用欠薪保障基金垫付企业欠薪 117 家，涉及员工 8 610 人，垫付金额 5 420 万元。

（三）强化监察执法力度。

规范劳务派遣许可。组织开展农民工工资支付、清理整顿人力资源市场秩序、社保稽核等专项执法检查活动。建立用人单位劳动保障违法信息公布制度。向社会公布恶意欠薪

"黑名单"，严打拒不支付劳动报酬犯罪行为。推进劳动监察体制改革，实现执法重心下移。

（四）提升调解仲裁效能。

畅通重大集体争议"绿色通道"。在全省率先启动劳动争议仲裁网上预约、查询功能和"裁审衔接信息共享平台"建设。强化信访维稳工作，畅通信访渠道，推进诉访分离。

深圳市人力资源和社会保障局

广西壮族自治区

2015 年，广西人力资源和社会保障部门围绕“民生为本、人才优先”工作主线，突出重点，攻克难点，全力推进广西人社事业发展，取得了一定成效。

一、积极推动大众创业、万众创新，推动就业目标任务圆满完成

全区城镇新增就业 446 219 人、城镇失业人员实现再就业 87 650 人、就业困难人员实现就业 24 760 人，分别完成全年计划的 111.55%、109.56%、123.8%。2015 年年底，全区城镇登记失业率为 2.92%，低于年度控制任务数 1.58 个百分点。全区农村劳动力转移就业新增人数 65.69 万人次，完成年度计划任务的 109.48%。全区参加职业技能培训 343 553 人。

（一）积极创新就业创业政策。

出台《广西壮族自治区人民政府关于进一步做好新形势下就业创业工作的通知》（桂政发［2015］29 号），提出 8 条政策措施，实现 4 个方面的政策创新和突破：鼓励企业开发新岗位，扩大就业容量；扶持大众创业、万众创新；鼓励高校毕业生赴基层就业；支持农民工创业，提升技能水平。目前，以桂政发［2015］29 号文件为主体，各项具体操作办法为补充的就业创业政策体系基本建立。

（二）鼓励各类企业开发就业岗位。

各地认真落实桂政发［2015］29 号文件精神，对经认定符合当地主导产业发展且开发出新就业岗位，并与新增就业人员签订 1 年以上劳动合同的企业，按其为新增就业人员实际缴纳的基本养老保险费、基本医疗保险费和失业保险费给予 1 年的社会保险补贴。截至 2015 年年末，全区已初步认定符合条件企业 262 家，申报新增就业岗位 4 052 个，人力资源社会保障部门将按规定落实社会保险补贴，减轻企业负担。

（三）积极推进众创平台建设。

对经认定的众创空间型创业孵化基地，给予 2 年的房租、宽带接入费补助。对入驻创业孵化基地的企业，每新招用 1 名就业人员并与其签订 1 年以上劳动合同的，按企业为新招用人员实际缴纳的社会保险费给予 1 年的社会保险补贴。对创业孵化基地的入孵企业，每新招用 1 名毕业年度高校毕业生就业人员，与其签订 1 年以上劳动合同并按规定缴纳社会保险费的，可按 10 万元的银行贷款额度及中国人民银行公布的贷款基准利率给予 1 年的财政贴息。据统计，2015 年全区各级人力资源社会保障部门共认定创业孵化基地 58 个，入驻孵化企业及其他组织 1 095 户，直接带动就业逾 5 400 人。

（四）鼓励和扶持农民工创业带动就业。

2015 年自治区本级财政安排 3 亿元用于农民工创业专项扶持。一是支持 14 个市创建自治区示范性农民工创业园，对经评估认定的农民工创业园建设试点县（市、区），分别给予 500 万元扶持资金。二是开展广西“优秀劳务品牌”评选活动，认定 20 家广西“优秀劳务品牌”，分别给予资金扶持，拓展劳务品牌培训工作。三是开展农民工培训实训基地评选活动，认定 14 所市级农民工定点培训机构和

25 所县级农民工定点培训机构，分类下拨补助资金，提高农民工培训实效。

（五）开展广西第二届农民工技能大赛。

根据桂政发［2015］29 号文件要求，开展第二届广西农民工技能大赛，共设置 10 个竞赛职业（工种），参赛人员达到 2 万多人，带动岗位练兵人数超过 10 万人。通过现场比赛、现场评比、现场鉴定、现场颁证的方式，选拔出初、中、高级工，大赛共颁发 300 本高级工职业资格证书、3 660 本中级工职业资格证书和 13 578 本初级工职业资格证书。

（六）着力做好高校毕业生就业工作。

一是深入实施高校毕业生就业促进计划，通过职业培训、就业见习等多种措施，积极帮助离校未就业高校毕业生及时实现就业。全区认定高校毕业生就业见习基地 349 个。二是继续实施大学生创业引领计划，指导推进大学生创业孵化基地建设，提供经营场所和政策优惠。三是做好毕业生就业服务，搭建跨省联动就业平台，开展系列就业服务专项活动。四是加大就业援助力度，将求职创业补贴政策覆盖范围扩展到已获得国家助学贷款的高校毕业生。五是鼓励高校毕业生到基层就业，扩大学费代偿和国家助学贷款代偿的范围；规定志愿到乡镇事业单位工作 5 年以上的高校毕业生可免笔试；认真组织实施“三支一扶”计划。

二、扎实推进重点改革，全面做好各项社会保障工作

（一）顺利开展社会保险扩面征缴工作。

2015 年年底，全区参加城镇职工基本养老、城镇基本医疗、失业、工伤、生育和城乡居民基本养老保险人数分别为 576.63 万人、1 073.58 万人、258.98 万人、360.48 万人、307.86 万人和 1 741.51 万人，分别完成全年计划的 100.95%、111.67%、105.47%、101.26%、109.95%和 100.67%。基金总收入 774.45 亿元，同比增加 136.81 亿元；基金总支出 692.18 亿元，同比增加 95.79 亿元。社会保障卡持卡人数达到 1 232.68 万人，新增 802.05 万人，完成年度计划的 123.27%。

（二）扎实推进各项社会保险制度改革。

研究出台《广西壮族自治区人民政府关于实行机关事业单位工作人员养老保险制度改革的实施意见》及相关配套政策，改革过程中的一些重点难点问题得到进一步明确，做好了大量的推进实施改革的基础性工作，启动并实施机关事业单位工作人员养老保险制度改革工作。制定出台《广西壮族自治区人力资源和社会保障厅　财政厅　卫生计生委关于印发广西城镇基本医疗保险异地就医医疗费用结算工作实施方案的通知》，为实现全区社保“一卡通”打下基础。经自治区人民政府批准，制定出台《广西壮族自治区人力资源和社会保障厅　财政厅关于进一步完善工伤保险制度的通知》和《广西壮族自治区人力资源和社会保障厅　财政厅关于进一步完善我区失业保险管理制度有关问题的通知》，完善全区的工伤保险和失业保险政策，积极推进失业保险和工伤保险基金自治区级统筹工作。与自治区编制办、发改委、民政厅、财政厅、卫计委联合出台了《加快推进我区社会保险经办管理体制改革指导意见》，从统一机构设置、明确职能职责、完善人员和经费保障、推进服务标准化等方面，全面深化广西社会保险经办管理体制改革，在全国具有示范引领意义。实现了城镇居民大病保险的全覆盖。农民工及进城落户农民参加基本养老保险和基本医疗保险的制度规定进一步明确，基本养老保险和基本医疗保险关系转移接续工作进一步完善，广西北部湾经济区社会保险政策同城化进一步落实，异地就医即时结算获重大突破，工伤保险“同舟计划”取得较好成效。“全民参保登记计划”试点工作有序开展。

（三）全力做好稳增长工作。

根据自治区关于稳增长的工作部署，将全区失业保险总费率暂由 3%降至 2%，2015 年降低失业保险费率后，全年给用人单位和职工减负近 10 亿元。实施失业保险援企稳岗政策，对符合条件的企业给予该企业及职工上年度缴

纳失业保险费总额的50%作为补贴。截至12月底，全区审核通过的企业达5 588家，补贴金额5.76亿元，受惠职工84.43万人。制定困难企业缓缴养老保险、医疗保险、失业保险、工伤保险和生育保险五项社会保险费政策。联合自治区财政部门给予自治区重点工业园区企业职工基本养老保险缴费补助资金8 528.52万元。

（四）着力推进社会保障“一卡通”工作。

全区1 924家定点医疗机构、3 371家定点零售药店实现互联互通，全区社会保障卡持卡人数达到1 232万人。从6月30日至12月31日，24 972人次（其中门诊8 378人次，住院9 588人次，药店7 006人次）通过“一卡通”平台结算异地就医购药费用达2.19亿元。社会保障“一卡通”工作的推进，有效解决了异地就医人员医疗费用结算难、“垫支多”、“跑断腿”等问题。

（五）稳步提高社会保险待遇水平。

连续11年提高企业退休人员基本养老金水平，2015年基本养老金人均调整增长10.68%，企业退休人员月人均基本养老金达到2 035元。对居民基本医疗保险补助提高到人均380元，居民医保在基层医疗机构政策范围内住院医疗费用支付比例普遍达到75%以上。城镇医保政策范围内统筹基金最高支付限额提高到当地职工年平均工资和居民年人均可支配收入的6倍。失业保险金标准自2015年1月起再次调整，调整后参保失业人员每月可领取的失业保险金每档提高16%～20%，最高可达1 386元/月。城乡居民基本养老保险基础养老金最低标准由原来每人每月75元提高到90元。统一调整全区工伤保险三项待遇，符合条件人员的伤残津贴、生活护理费和供养亲属抚恤金每人每月分别增加205元、110元和100元。

（六）认真抓好社保基金监督工作。

组织开展企业职工基本养老保险基金和人力资源社会保障资金检查、机关事业单位养老保险和就业专项资金检查，与自治区公安厅建立社会保险欺诈案件查处和移送工作协作机制，明确和细化了部门职责、移送流程，成立了案件查处协调机构，严肃查处危害社会保险基金安全案件。

三、实施人才强桂战略，人才队伍建设和引智工作取得新进展

设立首批12个广西博士后创新实践基地，设立第三批6个广西专家服务基地，实施10个专家服务基层项目。获批2015年国家百千万人才工程人选5名，并被授予“有突出贡献中青年专家”荣誉称号，实现历史性突破。获批设立博士后科研工作站7个。新遴选出6个第六批自治区级人才小高地，评审确定12个第二批北部湾经济区重大人才项目，遴选出30名第十八批新世纪十百千人选。继续扩大高校自主评审范围。进行卫生系列职称改革工作。开展职称交叉评审工作。全区执行引进国外技术、管理人才项目105项，获批2015年度国家级引进国外技术、管理人才普通项目63项，新评审出自治区级引进国外智力成果示范基地和单位13家。启动中越跨境劳务合作示范区试点工作。在人力资源市场建设和监管、紧缺高层次人才招聘等各项工作取得新进展。

四、加强公务员管理和事业单位人事制度改革，人才成长发展的体制机制进一步健全

制定出台《关于进一步简化自治区直属行政机关补充工作人员手续的通知》，优化审批流程，缩短用人单位的工作量和办理时间。公务员平时考核、培训等工作扎实推进。组织开展全区2015年考试录用公务员四级联考工作。制定出台《关于努力解决少数民族艰苦边远地区招人难问题做好我区艰苦边远地区基层公务员考试录用工作的通知》，明确规定艰苦边远地区招录公务员八项具体的倾斜政策，首次将乡镇机关定向招考优秀村（社区）干部等“生产一线”人员工作纳入全区四级联考。努力探索分级分类考试，采取单独招考的方式开展行政机关紧缺职位考录工作。推进实施县以下机关公务员职务与职级并行工作。扩大“广西行政机关公务员考核管理系统”的应用。规范评比达标表彰活动。开展多形式的公务员培训工作。简化区直事业单位人员公开招聘和岗位认定办理流程，研究起草机关公务用车制度改革司勤人员安置指导意见，组织全区设区市以下事业单位公开招聘统一笔试，深入开展机关事业单位“吃空饷”集中治理。不断推进“阳光安置”，加强自主择业军转干部管理服务工作，做好部分企业军转干部解困稳定工作。

五、稳步推进收入分配制度改革，收入分配秩序进一步规范

按照国家统一部署，扎实推进全区乡镇机关事业单位工作人员实行乡镇工作补贴工作、落实公务员职务与职级并行工资待遇、调整机关事业单位工作人员基本工资标准和增加离退休人员离退休费工作。研究提出2015年企业职工最低工资标准调整方案，最低工资调整幅度为16%左右。发布2015年广西企业工资指导线。以集体协商为重点健全企业工资协商机制。

六、积极构建和谐劳动关系，努力维护劳动者合法权益

牵头起草《广西壮族自治区企业工资集体协商条例（草案）》，2015年5月27日经自治区十二届人大第十六次会议审议通过，于2015年7月1日起实施。推进劳动合同和集体合同制度及劳务派遣制度的实施，开展和谐劳动关系创建活动，推进劳动标准执行工作。进一步加强仲裁院建设，全区14个设区市和98个县（市、区）已经全部成立劳动人事争议仲裁院，覆盖率为100%［全区设立仲裁委的县（市、区）为98个］。加强基层调解组织建设，至2015年年末，全区已设立劳动人事争议调解委员会的大中型企业有915家，工业园区51个，机关、事业单位1 792家，商会（协会）61个，乡镇（街道）1 127个。妥善处理劳动人事争议案件，2015年全区共处理劳动人事争议调解仲裁案件19 588件，同比上升23.64%；涉及人数23 877人，同比上升23.66%；涉案金额4.3亿多元。其中，案外调解3 611件，仲裁立案受理15 977件，与2014年同期相比上升36.33%，涉及人数同比上升45.62%。仲裁结案率96.72%。加大劳动监察办案力度，不断完善劳动保障监察建议书制度，实行重点企业集体约谈，鼓励各市县开展劳动监察交叉执法，劳动监察执法维权工作取得新突破。2015年全区劳动监察机构主动巡查用人单位9.99万户次，办结举报投诉案件13 342件（其中经调解简易程序结案5 525件，经立案调查结案7 817件）；为14.14万名劳动者追讨工资等待遇14.55亿元；责令用人单位与10.00万人补签劳动合同，督促1 440户用人单位为2.34万人登记参保，督促1 926户用人单位为3.36万人补缴社保费0.99亿元。积极创新劳动保障监察执法方式，2015年全区劳动监察“两网化”县乡级覆盖率达95%。

广西壮族自治区人力资源和社会保障厅

海 南 省

2015 年，海南省人力资源和社会保障厅（以下简称省人社厅）全面贯彻党的十八届三中、四中、五中全会和省委六届七次、八次、九次全会精神，认真落实人力资源社会保障部和省委、省政府的决策部署，牢牢抓住“改革、发展、稳定”这条主线，突出重点民生领域改革创新，大力推进重大改革项目和重点工作落实，全省人力资源社会保障事业发展取得新进步。

一、就业

面对全省经济下行压力较大的形势，省人社厅在完善政策体系、稳定就业岗位、帮扶重点人群和落实优惠措施等环节上下功夫，就业创业工作取得新的进展。全省城镇新增就业 10.08 万人，农村劳动力转移 9.62 万人，下岗失业人员再就业 3.65 万人，登记失业率为 2.29%，高校毕业生初次就业率为 88.83%。

（一）进一步完善就业创业政策措施。

密集出台做好新形势下就业创业工作的意见、促进农民工就业创业、实施省本级实训设备和创业孵化基地“以奖代补”办法等多项政策。这一系列政策措施，既是海南省就业创业政策体系的创新完善，也是与国家和省委、省政府最新部署要求的一次深入对接，对于促进和稳定就业起到了积极作用。

（二）统筹推进各重点群体就业创业。

继续实施“就业援助月”、“春风行动”等专项活动，帮助高校毕业生、农村劳动力、下岗失业人员等重点群体就业创业。“三支一扶”招募高校毕业生 77 名。实施就业见习计划，落实高校毕业生求职创业补贴政策，共有 2 000 余名毕业生参加见习，为 5 623 名困难高校毕业生发放求职创业补贴 843.45 万元。会同 8 个省直部门制定出台了加强家庭服务业规范化职业化建设的政策。

（三）大力推进以创业带动就业。

在省本级就业专项资金中安排 480 万元，专项组织开展创业培训。继续推进省大学生创业孵化基地、江东创业园、青年创业平台和各大院校等创业创新公共服务平台的创建工作，支持劳动者创业。连续 6 年举办全省创业大赛，带动就业 3 000 多人。

二、社会保障

截至 2015 年年底，全省从业人员基本养老、医疗（含城镇居民）、失业、工伤、生育保险参保人数分别达到 249.85 万人、387.66 万人、165.38 万人、131.47 万人、127.07 万人；城乡居民养老保险参保人数 281.07 万人，领取养老金人数 73.58 万人。

（一）完善城乡社保政策。

出台城镇从业人员和城镇居民基本医疗保险门诊特殊病种管理办法，切实减轻了参保人门诊治疗的费用负担。完善被征地农民参加社会养老保险政策，将原地“农转非”且保留农村集体经济组织成员身份和土地承包关系的被征地人员纳入保障范围。

（二）全面推动实施机关事业单位养老保险制度改革。

下发《海南省人民政府印发贯彻落实国务院关于机关事业单位工作人员养老保险制度改

革决定实施办法的通知》，将省直和各市县机关事业单位纳入制度实施范围，从2015年7月起预扣养老保险费和职业年金。制定《海南省机关事业单位工作人员基本养老保险经办规程（试行）》，规范经办管理服务工作；联合省财政厅下发《关于海南省机关事业单位养老保险制度改革若干问题的处理意见》，具体解决政策实施中遇到的问题。

（三）适度提高社保待遇水平。

落实2015年省委、省政府关于“提高居民基本养老保险待遇”的为民办实事任务，自2015年1月1日起，全省城镇居民（原130元）、农村居民（原120元）月基础养老金标准统一提高到145元，真正实现了城乡居民养老保险同制度、同待遇。连续11年提高企业退休人员养老保险待遇，全省企业退休（职）人员基本养老金月人均增加185元（增幅约10%），达1 964元。全面实施城镇居民医疗保险省级统筹，城镇居民基本医疗保险参保人员在一、二、三级医院住院统筹基金支付可达到90%、75%、65%，最高支付限额达到15万元。全面启动城乡居民大病保险，个人年度最高补偿金额为22万元。城镇居民基本医疗保险财政补助标准统一由每人每年320元调整到380元。

（四）减轻企业缴费负担。

会同省财政厅出台《关于做好失业保险支持企业稳定岗位工作的通知》，向符合条件的企业给予该企业及其职工上年度实际缴纳失业保险费总额45%的稳岗补贴，起到预防和调控失业风险的作用。降低生育保险费率和调整工伤保险基准费率，自2015年10月1日起，生育保险费率由0.6%降为0.5%，工伤保险基准费率细分为八个档次，费率分别为0.2%、0.4%、0.7%、0.8%、0.9%、1.0%、1.2%、1.5%，着力减轻企业缴费负担。继续执行较低的失业保险费率（国家要求自2015年起降至2%，海南省自2013年起降至1.5%），2015年共减征用人单位和个人失业保险费5.99亿元，对企业稳岗起到了积极作用。

（五）启动实施建筑业参加工伤保险工作。

紧贴建筑行业特点设计了“项目参保、一次趸缴、全员覆盖、服务全程、同命同价”的独特参保模式，广大建筑业农民工的人身健康安全得到了切实保障，2015年推动463个建筑项目参加工伤保险。

（六）强化社会保险基金监管。

联合省卫生计生委、省财政厅出台《海南省举报骗取社会保险基金行为奖励办法（试行）》。对6个市县的城镇从业人员、城乡居民基本养老保险金发放情况进行专项审计，查处了重复领取社保待遇等违规行为。

（七）加强经办管理服务。

在全省启动实施“全民参保登记”计划，三亚、洋浦两试点地区基本完成入户调查登记。推进异地就医结算，共与17个省、直辖市及新疆生产建设兵团的89个统筹地区签订异地就医结算合作协议，省内跨市县就医联网结算全面铺开，更加便利了参保群众就医。

三、人才队伍建设

（一）加强高层次专业技术人才引进培养。

围绕国际旅游岛建设及12个重点产业的人才需求，坚持效益优先、实际实用、长远发展原则，由省政府印发《海南省引进海外高层次人才实施办法》、《海南省引进科技创新团队实施办法》、《海南省高层次人才认定办法（试行）》，以及《关于开展园区人才服务管理改革试点工作的意见》、《关于推进海南生态软件园人才服务管理改革试点工作的十六项政策》等一系列人才引进、评价、使用专项政策。完成了国家百千万人才工程人选选拔推荐、留学人员回国创业及科技活动经费资助项目、博士后科研工作站申报等高层次专业技术人才服务保障工作，3人入选国家百千万人才工程，获批建立5个博士后科研工作站、资助项目9个。专业技术人员岗位培训3.7万人次。

（二）加强技能人才队伍建设。

根据全省产业发展布局，投入1 383万元，多部门联动开展职业培训，为信息技术、医药和铁路等重点产业和行业提供技能人才支持，有力推动了海南省经济社会的发展。以医药行业为例，2015年前三季度全省62家正常生产的制药工业企业完成工业总产值103.06亿元，同比增长17.5%。将国家职业资格鉴定考试权限下放市县实施，进一步规范技能鉴定管理，调动了市县根据本地需求培养技能人才的积极性和主动性。开展全省职业院校技能大赛和国际旅游岛青年服务技能竞赛等，大力培养各行业、各类型的技能人才。

四、人事制度改革

（一）加快推进事业单位人事制度改革。

出台《关于进一步规范事业单位公开招聘制度的通知》，审核27家省直事业单位32个公开招聘方案。完成机关事业单位“吃空饷”问题集中治理专项工作，共查出集体“吃空饷”单位6家、个人“吃空饷”112人，已要求相关市县及单位按规定追缴。完成全省机关公务用车制度改革配套政策——司勤人员安置政策的起草，经国家审批后印发实施。

（二）继续抓好公务员队伍建设。

完成全省2015年公务员招录工作，招录职位1 899个，报名总人数5.4万人。针对全省艰苦边远地区基层公务员“招人难”、“留人难”的问题，组织开展专题调研并出台专项政策，对合理划分全省艰苦边远地区范围、适当降低招录“门槛”、拓宽招录渠道、落实最低服务年限等问题予以了明确。以提高公务员能力素质为核心，充分利用在线学习平台开展培训，共有3.59万人注册上线学习。会同省委组织部印发了《关于深入开展公务员平时考核试点工作的通知》。开展海南省第三届“人民满意的公务员”和“人民满意的公务员集体”评选表彰工作。承办了全国第一期省部级荣誉称号获得者休假疗养活动。

（三）做好军转安置工作。

认真贯彻落实全国军转安置工作会议精神和相关政策规定，全面完成了494名军队转业干部安置任务。

五、工资收入分配

（一）机关事业单位工资制度改革。

出台了4个配套政策文件，分别是《海南省人民政府办公厅转发省人力资源和社会保障厅　省财政厅关于调整机关事业单位工作人员基本工资标准和增加机关事业单位离退休人员离退休费三个实施意见的通知》（琼府办[2015] 112号），省人力资源社会保障厅、省财政厅《关于调整海南省省直机关在职公务员津贴补贴标准的通知》、《关于调整海南省省本级事业单位在职人员基础性绩效工资标准的通知》、《关于调整海南省省直机关在职工勤人员津贴补贴的通知》，审核批复了各市县调整机关在职公务员部分津贴补贴纳入基本工资后标准。

此次调整涉及全省机关事业单位在职和离退休工作人员23万余人，于2015年7月底前全部调整到位。调整后，在职人员月人均增资956元，扣除个人缴纳的养老保险、职业年金531元后，月人均实际增资425元；离退休人员月人均增资370元。

（二）调整企业工资标准。

自2015年1月1日起，调整海南省企业最低工资标准，将现行最低工资标准提高150元，一、二、三类地区分别达到1 270元、1 170元、1 120元。发布海南省企业工资增长指导线，基准线为11.3%，上线为12.3%，下线为4%。

（三）落实国家重大改革部署。

一是县以下机关建立公务员职务与职级并行制度。经省委、省政府同意，省人社厅联合省委组织部、省编办、省财政厅联合印发了《海南省关于县以下机关建立公务员职务与职级并行制度的实施办法》。二是省属国有企业负责人薪酬制度改革。出台了4个政策文件：由省委、省政府印发《关于深化海南省省属国有企业负责人薪酬制度改革的实施意见》，制定《关于做好市县国有企业负责人薪酬制度改革工作的通知》、《关于核定2014年省属国有企业在岗职工平均工资的通知》和《关于明确11家省属企业负责人业绩考核部门的通知》等相关配套政策。

六、劳动关系

（一）加强劳动维权和争议处理。

主要开展了农民工工资支付情况专项检查、用人单位遵守劳动用工和社会保险法律法规专项检查，做好打击非法用工等违法犯罪活动工作，全省劳动保障监察机构共检查用人单位10 601家，办结劳动监察案件3 445件，参与处理突发事件501件，为5.9万名劳动者追发工资待遇11.6亿元，督促用人单位为9 697名劳动者补缴社会保险费635.14万元。省劳动监察总队向公安机关移送涉嫌“拒不支付劳动报酬罪”案件9宗。加大劳动人事仲裁案件调处力度，2015年，全省各级劳动人事争议仲裁机构共审结案件4 863件，调解和裁决用人单位支付劳动报酬、经济补偿金和赔偿金等共7 512.03万元。

（二）构建和谐劳动关系。

制定了《关于学习贯彻中共中央　国务院关于构建和谐劳动关系意见的通知》。发挥三方机制作用，多次组织协调会议，积极处置劳动关系群体性事件，引导企业依法处理劳动关系和劳动者依法维权。开展全省高温劳动保护政策执行情况、解决建设领域拖欠农民工工资问题等调研。

（三）加强劳动监察平台建设和仲裁实体化建设。

对劳动保障监察机构队伍建设、办公场所、执法装备及“两网化”建设等基础平台建设进行了规范，推进了劳动保障监察工作平台建设的升级。推进“两网化”建设，加大用人单位信息采集录入工作力度，全省共建立一级网格1个、二级网格20个、三级网格183个。加快推进仲裁机构实体化建设，已有23个市县（区）完成仲裁院设置。制定了劳动人事争议仲裁员聘任管理办法和劳动人事争议仲裁委员会办公室工作规程，有力推动了全省仲裁机构的规范化建设。

七、基础工作

（一）加快推进信息化建设。

加快社会保障卡发放和应用拓展工作，社会保障卡已具备发放退休人员养老金以及社保参保缴费记录查询等功能，并在海医附院、琼海市人民医院新增挂号、缴费、清单查询功能。全省累计发放社会保障卡约385万张，超额完成人社部下达任务。省社保局积极拓展社会保险费网上申报业务，着力打造大厅服务、互联网服务、自助服务“三位一体”服务体系。

（二）推动业务系统扩大应用。

加大全省统一的职工社会保险系统、医疗结算平台系统的推广应用力度，缓解参保单位、参保人数大幅增加而经办人员没有同比增加的矛盾。完成了劳动仲裁办案系统、外国人就业登记系统开发和12333软件升级改造。启动9个重点业务系统的安全等级保护测评工作。

（三）基层公共服务平台等基础设施建设取得阶段性成果。

自2010年起在市县开展基层就业和社会保障公共服务平台试点项目建设，计划总投资2.5亿元，建设面积97 500平方米。目前已建成12个县级劳动就业和社会保障服务中心、49个乡镇劳动就业和社会保障服务中心。省社保局社保综合服务大楼项目征地工作基本完成，新增加的嘉华经办服务大厅正式启用，省本级社保经办场所拥挤狭小的问题得到了明显改善。

海南省人力资源和社会保障厅

重 庆 市

2015 年，在人力资源社会保障部的关心指导和重庆市委、市政府的坚强领导下，重庆市人力社保局全面贯彻党的十八大，十八届三中、四中、五中全会和习近平总书记系列重要讲话精神，深入落实市委四届五次、六次、七次、八次全会精神，按照全国人社工作会议部署，坚持“民生为本、人才优先”工作主线，着力深化改革，全面依法行政，积极主动作为，各项目标任务圆满完成。

一、就业局势保持稳定

全市城镇新增就业 71.8 万人，城镇登记失业率 3.6%，比当年控制目标低 0.9 个百分点。

一是突出重点群体就业。开展就业见习、实名制登记等定制服务，高校毕业生年底就业率 95.2%，贫困高校毕业生实现全部就业或参加到就业准备活动中。对贫困人员开展培训、创业、就业分类帮扶，开发公益性岗位新安置 1.6 万人，累计安置 9.3 万人，城镇零就业家庭动态为零。回引农民工返乡就业创业 31.6 万人，全市累计转移农业富余劳动力 810.3 万人，市内外转移比例为 54∶46。

二是推进创业带动就业。出台 16 条政策措施，重点扶持高校毕业生、返乡农民工等群体创业。开展各类创业培训 6.4 万人。新培育市级创业孵化基地 17 个，总量达到 62 个。新孵化企业和个体工商户 2 299 家，累计达到 5 800 家，带动就业 4 万人。成立重庆市小微企业融资担保公司，扩大创业担保贷款发放对象范围，发放贷款 30.3 亿元，扶持 3.2 万人创业，带动 14.4 万人就业。农民工返乡创业人数累计达 48.4 万人，创办经济实体 37.8 万户，吸纳城乡劳动力就业 163.1 万人。

三是加强重点产业用工保障。依托中介常态送工、蓄水池应急送工、预备制兜底送工三条用工保障线，协助电子信息产业招工 33.3 万人。成立人力资源服务联盟，联盟成员企业扩大到 1 004 家。建立蓝领云服务，加强人力资源滚动开发利用。

四是健全公共服务体系。全面完成区县人才市场和劳动力市场整合，基层就业服务平台覆盖到所有社区、村，人力资源市场信息网络延伸到所有社区和 90%的村。建立人力资源基础台账，入库人数 2 000 多万人，逐步摸清全市人力资源配置状况。

二、社会保险制度进一步完善

全市城乡养老、医疗保险参保率分别达 95%和 96%，社会保险基金收入 1 234 亿元。

一是完善制度体系。制定出台本市机关事业单位养老保险制度改革实施办法。完善农村户籍人员、退地农转城居民参加城镇企业职工基本养老保险政策。推进医保付费方式改革，完善总额控制付费指标，单病种付费范围扩大到 50 个，开展医保短缺药品集中带量采购试点。扩大医保个人账户使用范围。出台建筑施工企业参加工伤保险实施意见。

二是减轻企业缴费负担。针对经济下行压力加大和部分行业企业困难，低费基、广覆盖，出台社保降费组合政策，全年为小微企业、困难行业企业减负 60.7 亿元。对不裁员或少裁员企业实施失业保险基金稳岗政策，为7 000户企业发放稳岗补贴近7亿元，惠及100万人。

三是稳步提高待遇水平。企业退休人员月人均基本养老金达到2 400多元，城乡居民基础养老金最低标准从80元增加到95元。城镇职工医保住院政策范围内报销比例达到83%，城乡居民医保在二级及以下医院住院政策范围内报销比例达到75%。

四是加强基金监管。提升监管能力，聘请会计师事务所等第三方力量，加大对欺诈冒领等侵害基金行为的查处。开展为期三个月的专项整治活动，严厉打击医保个人账户资金套现、购买生活用品等问题。实施工伤认定专项检查，全市认定工伤件数呈下降趋势。

五是优化经办服务。34个区县实现"五险合一"经办机构整合。全民参保登记试点工作推进到所有区县。委托商业保险公司承办居民大病保险、职工大额医疗，实现风险共担，减轻群众看病就医负担。与海南、贵州、四川等7省（区）实现异地就医联网结算，参保人员在全市"两定机构"和村卫生室就医购药实现即时结算。12333电话咨询服务热线2015年接话量350万个。

三、人才队伍建设不断加强

一是完善人才制度。出台深化职称制度改革的意见及配套政策，开展了中小学教师职称制度改革试点。开展职业资格清理整顿，取消职业资格许可和认定211项。推进技工教育一体化教学改革，推行学历与职业资格"双证书"制度。加强流动人才服务，取消人事档案管理收费。

二是加大高层次人才、高技能人才培养选拔力度。9人入选百千万人才工程国家级人选，新增5个国家级博士后科研工作站，新招博士后202人。实施专技人才知识更新工程，培养急需紧缺人才3万人。成功争取部市共建两江新区留学人员创业园，以及全国专业技术人员继续教育基地、首批国家级专家服务基地落户重庆。新增国家级技能大师工作室3个，国家级高技能人才培训基地2个。本市选手夺得第43届世界技能大赛美发项目金牌。

三是统筹推进引才引智和专家服务工作。实施紧缺优秀人才引进计划，引进各类紧缺优秀人才1 555名。"外专千人计划"人数达到10人。来渝外国专家人数1 866人次，较上年增长15%。公开招募345名"三支一扶"大学生到基层就业。组织开展院士专家走访慰问、"院士专家区县行"等活动。

四、人事制度改革稳慎推进

一是加强公务员管理。协同推进司法体制改革，启动法官、检察官职务套改实施试点。开展聘任制公务员试点并逐步扩大试点范围。降低艰苦边远地区基层公务员考试录用门槛，启用录用考试（重庆）测评基地，全年共招录公务员4 763名。规范非领导职务管理，有效控制了超配问题。公务员平时考核试点扩大到4个区县、2个市级部门。加大公务员教育培训力度，集中调训公务员3 560名。深化争做人民满意公务员活动，开展公务员职业道德示范岗和标兵创建活动。

二是完善事业单位人事管理制度。调整优化事业单位专业技术人员岗位结构比例。完善事业单位岗位管理制度和公开招聘制度。制定出台并启动实施公车改革司勤人员分流安置方案。

三是加强军转安置工作。全面完成国家下达的计划安置任务。自主择业安置比例达50%。完善企业军转干部生活困难补贴动态增长机制，保持了企业军转干部总体稳定。

五、工资收入分配秩序逐步规范

调整了机关事业单位工作人员基本工资标准，兑现落实了离退休人员增加离退休费。在县级以下机关推行公务员职务与职级并行制度。实施乡镇工作补贴，调整艰苦边远地区津贴标准，基层、艰苦边远地区待遇水平进一步提高。事业单位绩效工资稳步实施，科研院所、高校绩效工资政策进一步完善，加大了对科研人员创新、成果转化激励力度。市管企业负责人薪酬制度改革实施意见全面启动。稳慎调整本市最低工资标准，一档标准达到 1 500 元/月。工资集体协商攻坚行动深入推进。

六、劳动关系总体和谐稳定

加强协调劳动关系三方机制建设，区县三方组织实现全覆盖，镇街（园区）覆盖率达 90%。推进劳动关系和谐企业创建活动，累计创建和谐企业（园区）3 143 户，全市各类企业劳动合同签订率达到 96%。加强劳动争议预防调解，劳动争议调解委员会达 3 700 多个，劳动人事争议仲裁委员会和仲裁院实现区县全覆盖，处理劳动人事争议案件 6.7 万件，结案率达 97%。劳动保障监察“两网化”建设已覆盖所有区县。切实强化农民工工资清欠工作，推进行政执法与刑事司法相衔接，严厉打击恶意欠薪行为，全年处理拖欠案件 4 764 件、涉及人数 13.9 万人、涉及金额 20.5 亿元，案件处置率 95.8%，全市未发生因劳资纠纷引发的极端恶性事件。

重庆市人力资源和社会保障局

四 川 省

2015年，在四川省委、省政府的坚强领导下，在人力资源社会保障部、国家外专局、国家公务员局的悉心指导下，四川省人力资源和社会保障部门全面贯彻党的十八大和十八届三中、四中、五中全会及省委十届六次、七次全会精神，围绕“民生为本、人才优先”工作主线，坚持稳中求进工作总基调，突出改革创新、服务基层服务群众，扎实推进就业创业、社会保障、人才队伍、人事制度、收入分配、劳动关系等重点工作，圆满完成了全年各项目标任务，为促进四川经济社会发展、民生改善和维护社会稳定作出了积极贡献。

一、就业局势保持总体稳定

（一）超额完成各项就业目标任务。

坚持把稳定和扩大就业作为宏观调控的重要目标，继续将就业促进民生工程排在十大民生工程首位，实行目标管理，全力确保全省就业形势稳定。全年城镇新增就业101.94万人，增幅6.0%，完成目标任务的127.4%；失业人员再就业25.87万人，增幅2.4%，完成目标任务的129.4%；就业困难人员就业8.53万人，增幅3.6%，完成目标任务的142.2%；城镇登记失业率4.12%，下降0.03个百分点，控制在4.5%以内。2012级藏区“9+3”毕业生初次就业率99.3%，超额完成“初次就业率95%”的目标任务。

（二）大学生就业创业工作取得显著成效。

建成四川省大学生创新创业活动中心并投入运行，全年开展活动131场，直接服务大学生37.5万人次。组织参加“中国创翼”青年创业创新大赛，“万亩重楼”和“焊世界”两个项目分别获得全国总决赛企业组第一名和团体组优秀奖。调整完善创业补贴政策，推进创业服务窗口建设，加强创新创业园区（孵化基地）申报认定和考核管理。全年共促进1.15万名大学生创业，完成目标任务的143.2%，比上年增长70%。组织开展大学生就业服务月、民营企业招聘周、职业培训进校园、公共招聘进校园等活动，全省应届高校毕业生初次就业率达88.6%。强化离校未就业高校毕业生实名登记管理，开展个性化、精细化服务。下半年实名登记离校未就业高校毕业生5.35万人，年底实现就业4.9万人，就业率达91.6%，比上年提高0.58个百分点。实施“三支一扶”计划，印发《2015年四川省高校毕业生“三支一扶”计划实施方案》（川人社发［2015］18号），明确2015年度招募工作、管理考核、工资待遇、就业服务等政策，共招募1 267名“三支一扶”大学生志愿者到农村基层服务，通过实施系列就业服务优惠政策，服务期满大学生就业率达到90%。

（三）着力推进就业领域改革创新。

四川省政府及时出台《关于进一步做好新形势下就业创业工作的意见》（川府发［2015］38号），提出把创业和就业结合起来，以创新创业带动就业，以就业创业带动经济发展，明确了一系列鼓励创新创业、促进就业的政策措施。积极推动《四川省就业创业促进条例（草案）》立法工作。推进“在川外国留学生毕业后直接留川就业”改革试点。

（四）着力加强就业形势分析研判。

建立就业形势分析会商制度，人社、发

改、经信、工商、统计等11个省级部门定期分析就业形势，准确掌握趋势变化，并加以分析研判。扩大失业动态监测范围，全省21个市（州）19个行业的失业动态监测企业户数从2014年年末的2 297户增加到2015年年末的2 415户，岗位从2014年年末的95.30万个增加到2015年年初的104.34万个。

（五）规范人力资源市场管理。

拟定人力资源市场行政审批事项办理流程和实施标准，推进人社系统人力资源市场整合改革，推动区县一级整合设立综合性公共就业和人才服务机构，向基层延伸服务功能。加强信息系统联网贯通和信息共享，加强对人力资源服务产业园的统筹规划和引导，加强从业人员队伍建设，举办3期304人从业人员培训班，实现持证上岗。人力资源服务行业规模不断扩大，截至2015年年底，全省共有人力资源服务机构831家，从业人员1.33万人，全年营业收入55.99亿元，促进466.73万人（次）就业。

二、社会保障制度进一步健全

（一）扩面征缴等目标任务全面完成。

2015年，全省参加城镇职工基本养老保险、城乡居民基本养老保险、城镇基本医疗保险、失业保险、工伤保险和生育保险人数分别为1 939.0万人、3 020.2万人、2 655.7万人、652.2万人、753.2万人和670.3万人，分别完成全年计划的101.0%、106.0%、102.9%、106.9%、100.4%和100.0%。城镇职工基本养老保险、参加企业办法职工养老保险、城镇职工基本医疗保险、失业保险、工伤保险和生育保险征收总额分别达1 251.9亿元、1 149.9亿元、414.1亿元、73.4亿元、29.3亿元和17.1亿元，分别完成全年计划的111.6%、119.1%、118.1%、112.9%、105.8%和105.3%。

（二）启动机关事业单位养老保险制度改革。

2015年，按照国家统一部署，正式启动了机关事业单位养老保险制度改革工作，下发了《四川省人民政府关于机关事业单位工作人员养老保险制度改革的意见》（川府发［2015］16号）、《四川省机关事业单位养老保险省级统筹实施办法的通知》（川府发［2015］56号）、《关于妥善处理我省原机关事业单位养老保险试点有关问题的通知》（川府发［2015］57号）、《四川省机关事业单位工作人员养老保险制度改革实施办法》（川人社发［2015］45号）。同时，下发了参保登记和基础数据申报审核有关工作要求，开发了专门的数据采集软件，开展了机关事业单位养老保险制度改革专题培训。2015年，共计为全省616.7万名企业退休人员月人均养老金增加186元，企业退休人员月人均养老金水平达到1 828元。

（三）失业保险工作成效明显。

根据四川省最低工资标准调整情况，印发了《关于调整全省失业保险金标准的通知》（川人社办发［2015］82号），提高了失业保险金标准，全年共为36.33万名失业人员（月均19.55万人次）按时足额发放失业保险金22.33亿元。按照国家政策文件要求，制定了降低失业保险费率政策，下调了失业保险费率，全省全年共减少征收失业保险费约25.48亿元。将失业保险支持企业稳定岗位政策实施范围扩大到所有符合条件的企业，全省共为10 190户企业174.07万名职工审核通过稳岗补贴资金10.25亿元，全年兑现稳岗补贴9.44亿元，有效地支持了企业稳定职工队伍。

（四）医疗和生育保险工作取得新突破。

逐步提高医保补助，2015年城镇居民基本医保财政补助标准已提高到每人每年380元。迅速推进大病保险工作，全省21个统筹地区已经全面开展大病保险工作，大病患者医疗费用报销比例普遍在基本医保报销基础上提高了11个百分点左右。加快推进异地就医即时结算工作，截至2015年年底，四川和重庆、新疆共有230家医院顺利接入异地就医即时结算省级平台。逐步推进城乡医保制度整合工作，截至2015年年底，全省共有8个市（州）

和4个区（县）将新农合归口当地人社部门统一管理，并整合成统一的城乡居民基本医疗保险制度。全省21个市（州）全部实现医保市级统筹，实行了就医“一卡通”，统筹区域内职工和居民医保住院、门诊的医疗费用即时结算覆盖率达到100%。协同推进生育保险工作，对调整降低生育保险费率工作提出了具体要求和重点督导。

（五）工伤保险工作稳步推进。

建立部门协调工作机制，推动建筑业参加工伤保险工作落实，截至2015年年底，全省建筑业参加工伤保险1.4万户，参保人数152.7万人。认真落实工伤保险费率调整政策，结合实际提出了调整工伤保险费率贯彻实施具体意见，已有9个统筹地区出台了调整费率的正式文件。出台了《关于进一步做好工伤保险工作若干意见的通知》（川人社发［2015］22号），对工伤认定程序、工伤保险责任单位确定、退休人员工伤待遇、职业病工伤待遇计发、劳动能力鉴定等级争议处理等问题提出了处理意见，工伤救治补偿、预防、康复“三位一体”的制度框架基本确立。

（六）社会保险基金监督管理工作进一步加强。

出台了《四川省社会保险基金监督举报奖励办法》（川人社发［2015］31号），鼓励和支持社会各方面参与监督，下发了《关于切实做好我省社会保险欺诈案件查处和移送工作的通知》（川人社办发［2015］99号），明确移送情形、移送标准，推进建立基金监督行政执法与刑事司法有效衔接机制。

（七）社会保险经办管理服务和信息化水平进一步提高。

建成全省集中统一的城乡居民养老保险管理信息系统、基金监督管理信息系统，部署完成全省社会保障卡管理信息系统，城乡居民养老保险业务财务一体化的信息系统已上线应用，异地就医结算平台逐步扩大使用范围，全省养老工伤保险待遇领取资格协查认证和养老保险关系转移接续省级平台系统运行平稳。两个平台已在省本级和全省205个市、县社保机构应用，省级协查认证系统已下延至2 300个乡镇（街道）、2 800个社区（行政村），实现了省内养老保险关系转移电子化办理，养老工伤待遇人员在省内任意区域就近办理待遇资格认证。省本级“五险统征”信息系统上线运行，建成省级基金财务集中管理数据库。截至2015年年底，全省持卡人数达3 959.79万人，提前超额完成持卡人数3 800万人的目标任务。社会保障卡在就业服务、养老保险费的缴纳、待遇领取、资格认证等方面取得新进展，基本实现参保人员持卡购药、就医、挂号和异地实时结算。选择攀枝花、德阳、广元三市开展全民参保登记计划试点，通过与公安、卫计、财政、民政等部门信息共享、比对和入户采集等方式，完成参保信息比对649万人，清理系统内重复、错误数据10余万条，核查未参保人员26万人。实行社会保险费统一征收和稽核，全省21个市（州）全部明确社保局作为社会保险费统一征收机构。加快社保服务下延进程，截至2015年年底，全省开展服务延伸试点的乡镇（街道）已达4 227个，占全省4 764个乡镇（街道）的88.7%，部分地区还将业务延伸到行政村和社区，初步建立起社保业务跨区域协作办理机制。

三、人才队伍建设大力加强

（一）高层次专业技术人才队伍建设进一步加强。

深入实施《四川省专业技术人才队伍建设中长期规划（2011—2020年）》“十大工程”，统筹推进重大人才政策制定和重大人才项目实施。完成新形势下加强和改进人才工作的对策研究课题。突出领军人才培养，积极做好全省各类专家及高层次人才总体情况摸底。按照人社部部署完成百千万人才工程国家级人选选拔推荐，被评审确定7人，比上年增长60%。截至2015年年底，四川省享受政府特殊津贴人员共2 931人（不含中央在川单位），百千万人才工程国家级人选131名，省学术技术带头人 2 292 人、后备人选 4 211 人，省有突出贡献优秀专家 2 325 人。争取人社部支持，新设立博士后科研工作站 13 家，较上年度翻番。配合人社部、全国博管委积极完成中国博士后制度 30 周年纪念活动，成功举办首届“中国博士后西部服务团——绵阳行”活动，围绕“凝聚态物理最新研究进展”主题成功举办了全国博士后学术交流活动。围绕四川省战略新兴产业布局，新规划设立 25 家博士后创新实践基地，推动科研院所、高等院校和其他企事业单位联合培养博士后，促进产学研高效结合。全省设立博士后科研流动（工作）站、博士后创新实践基地 304 个，在站博士后研究人员 1 783 人，设站规模和在站人数均居全国前列。广泛吸引国内外优秀人才来川创新创业发展，通过海外留学回国人员职称评审绿色通道，积极开展高级职务任职资格评审工作。收集、整理了 2015 年度海外高层次人才和合作项目需求目录呈报省委组织部，在海科会、科博会及厅外网上进行发布，50 个单位上报了需求人数 1 667 人，比上年增长 9.5%。推进四川省深化中小学教师职称制度改革工作。加大分类推进职称制度改革力度，会同省级有关部门，重点修订完善中小学教师、自然科学研究、建筑工程、水利工程、农业技术、文化艺术、卫生技术等系列（专业）的高中级评价标准、条件。牵头推进四川省职业资格管理制度改革，开展职业资格清理工作。大力实施专家下基层行动工程，修订印发《四川省专家服务基地建设和管理办法》（川人社发〔2015〕34 号）。开展省市专家服务基地建设，全年新建各级专家服务基地 40 个，其中省级专家服务基地 5 个。组织 4 期专家服务团到巴中、阿坝、雅安、德阳等市（州）13 个老少边穷县（区）开展智力服务活动。组织 51 位专家，深入基层一线，举办专题讲座 81 场，现场技术指导 94 场，培训各类人员 7 500 余人次，开展义诊 13 场次，接诊量近 300 人。全省专家服务基层约 2 万人次，比 2014 年增长约 30%。全年举办国家级、省级高研项目 36 期以及人社部西部地区高层次人才援助项目 2 期，培训 4 万余名高层次急需紧缺专业技术人员。做好藏区“双百人才”培养工程工作，基本完成“藏区双百”培养工程 200 名专业技术人才培养任务。

（二）不断提升技能人才队伍建设水平。

进一步发展高技能人才培养平台，全年新增高级技工学校 1 所、技师学院 1 所、国家级和省级高技能人才培训基地 11 个、国家级和省级技能大师工作室 13 个。改革技能人才培养模式，选择中航工业成都飞机工业（集团）有限责任公司等 5 家企业开展“企业新型学徒制”培训试点，在技工院校扩大一体化课程教学改革试点，指导绵阳等 4 市（州）创建技能人才队伍建设综合示范区。实施技师培训项目，全省全年新增高技能人才 12 万人，其中技师、高级技师 8 515 人。大力开展岗位练兵和技能竞赛活动，全年组织省级职业技能竞赛 18 次，选派 3 名青年技能人才出征第 43 届世界技能大赛，并取得焊接、制造团队挑战两个项目的金牌，为中国队实现金牌零的突破做出贡献。

（三）引进国外智力工作取得新突破。

2015 年通过省外专局申报实施“天府高端引智计划”等各类引进国外高层次人才项目 187 项，资助用人单位引进“高精尖缺”外国专家 493 人次。实施引智成果示范推广项目 44 项，一批引智成果实现产业化。规范管理因公出国（境）培训工作，配合相关部门制定了《四川省因公临时出国经费管理办法》，全年实施因公出国（境）培训项目 40 项（不含成都市），派出培训 792 人，其中专业技术类项目 31 项，626 人，人数占比 79%。

四、人事制度改革不断深化

（一）公务员队伍建设不断加强。

深化争做人民满意公务员活动，完成第五届四川省“人民满意的公务员”和“人民满意的公务员集体”评选表彰工作。认真落实奖惩规定，各级行政机关和政府序列参公管理单位共 8 913 人获得记功奖励，39 701 人获得嘉奖，1 260 人受到政纪处分。在全省行政机关开展了“提升依法行政能力，做人民满意公务员”全员培训。加强公务员能力建设，着力抓好“四类培训”，培训人员 76.9 万人次。省公务员局直接为基层举办“送教上门”培训 14 期、基层公务员示范培训 6 期。安全平稳实施全省四级联考和专项招考，全年共公开招录公务员 12 520 人，其中招录乡镇公务员 7 293 人。完善基层公务员录用制度，出台艰苦边远地区公务员考录实施意见。探索实施人民警察招录培养制度改革工作，完善省级统一招警机制，开展公安特殊人才招录。实施县以下机关公务员职务与职级并行制度，各市（州）相继部署实施。稳步推进聘任制公务员扩面试点，遂宁市聘任制试点进入合同履行阶段。省、市（州）机关面向基层公开遴选公务员 154 人。平时考核进一步推开，省市县三级同步开展试点。落实从严管理要求，配合相关部门开展了超职数配备干部、“庸懒散浮拖”和损害群众利益问题专项整治。推进公务员申诉公正委员会建设，各市（州）均已完成组建工作。规范开展评比达标表彰工作，全年共开展省级表彰奖励 22 项，2 400 个集体、4 237 名个人受到表彰。

（二）事业单位人事制度改革有序推进。

四川省多措并举，不断深化事业单位人事制度改革。牵头开展“吃空饷”问题集中治理工作，出台《关于加强机关事业单位工作人员和编外人员管理意见》（川办发［2015］45 号）。积极开展公车改革司勤人员安置工作。做好随军家属定向招聘工作，协调形成省级事业单位定向招聘随军家属工作纪要，并顺利实施 2015 年度省属事业单位定向招聘随军家属工作。印发《关于事业单位管理岗位人员聘用有关问题的通知》（川人社［2015］35 号）、《关于规范事业单位工作人员辞聘解聘程序有关事宜的通知》（川人社办发［2015］172 号）、《关于职业院校公开招聘工程类“双师型”教师、实习（训）指导专业技术人员的通知》（川人社办发［2015］175 号）、《关于加强中小学岗位设置和聘用管理的指导意见》（川人社［2015］55 号）等文件，进一步依法依规落实高校用人自主权，推进事业单位领导人员不再担任领导职务后的岗位聘用问题逐步解决，规范全省事业单位工作人员辞聘、解聘办理程序，创新破解职业院校引进“双师型”教师和实习（训）指导专业技术人员难题，进一步拓展中小学教师职业发展空间。

（三）军转安置工作全面完成。

2015 年，中央下达四川省接收安置军队转业干部 1 834 名，其中，计划分配 1 061 名，接收安置随调家属 71 名，随迁 163 户 263 人。实际接收计划分配军转干部 1 049 名，自主择业军转干部 770 名。69 名随调家属得到妥善安置，并与转业干部一起发出报到通知。自主择业军转干部按时完成报到工作。

五、工资收入分配工作取得新进展

（一）全面完成机关事业单位调整工资兑现落实工作。

根据国务院办公厅《转发人力资源社会保障部　财政部〈关于调整机关事业单位工作人员基本工资标准和增加机关事业单位离退休人员离退休费三个实施方案〉的通知》（国办发［2015］3 号）规定和全国完善机关事业单位工资制度座谈会精神，结合四川省实际，拟定了四川省调标实施意见。截至 2015 年 6 月 30 日，四川省本级、21 个市（州）本级、183 个县（市、区）所属机关事业单位调整工资工作全部完成兑现任务，月人均工资净增资 987 元（未扣除养老保险预缴金额）。

（二）建立乡镇工作补贴制度。

根据人力资源社会保障部、财政部《关于乡镇机关事业单位工作人员实行乡镇工作补贴的通知》（人社部发［2015］7 号）规定，结合四川省实际，拟定了四川省乡镇机关事业单位工作人员实行乡镇工作补贴的意见，健全完善基层干部激励机制。

（三）加强企业工资分配工作。

国有企业负责人薪酬制度改革稳步推进，

印发了《关于深化省属国有企业负责人薪酬制度改革的实施意见》（川委发［2015］13号）。按照“居民收入增长和经济发展同步、劳动报酬增长和劳动生产率提高同步”的原则，从2015年7月1日起调整了全省最低工资标准，平均上调幅度为10.4%，非全日制用工小时最低工资标准平均上调幅度为10%。制定发布了全省2015年企业工资指导线，基准线为11%，上线（预警线）为17%，下线为4%，为企业工资集体协商提供参考依据。

六、劳动关系总体保持和谐稳定

（一）劳务开发和农民工工作不断加强。

出台《省政府关于进一步做好为农民工服务工作的实施意见》（川府发［2015］21号），为农民工就业创业、社会保障、权益维护、社会融合等进一步做好服务工作。全年全省转移输出农村劳动力2 478.9万人，同比增长0.3%，其中，省内转移1 339.7万人，省外输出1 136.2万人，外派劳务3万人，实现劳务收入3 577亿元，完成全年目标任务的102.2%，同比增长10%。全省农民人均工资性收入实现5 503.1元，同比增加500元，超额完成全年劳务经济助农增收目标任务。全年全省新增农民工返乡创业6.3万人，创办企业1.6万个，吸纳就业26.4万人，实现产值143.1亿元。开展中高级劳务品牌培训3.63万人，完成全年目标任务的103.7%，面向全省劳务培训基地举办4期师资培训班，参训人数达800余人。完成2 463.5万人转移就业农村劳动力和1 126.9万人未转移就业农村劳动力登记入库，入库率达99.4%。推进农民工公共就业信息服务平台建设，四川公共招聘网浏览点击率达6 649.4万人次，提供就业岗位58.8万个，组织专场招聘活动1 084场，免费服务农民工118.8万人。

（二）劳动关系协调工作取得新进展。

加强对产业结构调整和企业兼并重组、化解产能过剩中劳动关系处理的指导，维护社会和谐稳定。在县以上三方机制全部建立的基础上，推动三方机制逐步向基层延伸，截至2015年年底，共建立包括行业、产业园区、街道（乡镇）在内的三方机制2 524个。全省全部企业劳动合同签订率达到94%，企业集体合同签订率达到90%。推动成都市新都区开展“全国构建和谐劳动关系综合试验区”建设。加强基本劳动标准贯彻工作，推动落实带薪年休假制度，做好特殊工时、高温劳动保护、女职工和未成年工特殊劳动保护工作，促进劳动者实现体面劳动。

（三）劳动人事争议调解仲裁工作成效明显。

仲裁机构和调解组织建设有新进展，截至2015年年底，全省已建劳动人事争议仲裁院203个，省、市两级建院率达100%，县级建院率为99%，全省共建立各级各类劳动人事争议调解组织5.7万个。调解仲裁工作规范有序，印发《四川省劳动人事争议仲裁处理停产、倒闭等企业集体劳动争议案件规范指引》（川人社办发［2015］47号），及时高效处理停产、倒闭等企业集体争议案件，化解矛盾纠纷，维护社会稳定。深入新华人寿保险股份有限公司、四川煤矿基本建设工程公司等多家国有企业指导工作，帮助查找争议多发原因，防范劳动用工风险，规范调解工作程序。印发《关于加强劳动人事争议调解员证管理的通知》（川人社办发［2015］91号），明确调解员证的发放范围、申领发放程序及调解员培训，举办全省仲裁员培训班2期，参训300余人。印发《四川省劳动人事争议调解仲裁工作规范（第二版）》，规范办案程序和办案行为。调解仲裁管理服务水平进一步提升，推进调解仲裁办案系统信息化建设，截至2015年年底，已有52个办案机构上线运行。全省仲裁机构和劳动人事争议调解组织分别受理劳动人事争议45 591件和36 834件，仲裁结案率和调解结案率分别为97.4%和93.4%。

（四）劳动保障监察执法工作力度不断加大。

出台《关于落实主体责任做好保障建设领

域农民工工资支付工作的通知》(川人社发[2015] 13号),健全整合治理体系,推进农民工工资拖欠常态长效治理。组织开展用人单位遵守劳动用工和社会保险法律法规情况专项检查,检查各类单位5.8万户,涉及劳动者366.9万人,责令改正劳动用工和社会保险违法行为1.6万件,责令支付工资及补偿赔偿1.9万件,涉及金额26.7亿元,督促社会保险登记965件,督促1 316户企业缴纳社会保险费1.2亿元,行政处罚159件,行政处罚金额125万元。组织开展农民工工资支付情况专项检查,全省检查用人单位3.3万户,责令支付16.71万名农民工工资10.94亿元,移送公安机关涉嫌拒不支付劳动报酬罪案件272件,公布严重违法单位32户。推行"两金三制",维护农民工合法权益,处理农民工劳务纠纷案件2.1万件(次),帮助农民工挽回经济损失20余亿元。推进劳动保障监察信息化建设工作和行政权力公开透明运行工作,开通劳动保障监察信息化管理系统,启动行政权力公开透明运行和"两法衔接"信息平台试点工作。

四川省人力资源和社会保障厅

成 都 市

2015年，成都市人力资源和社会保障系统认真贯彻落实市委、市政府决策部署，坚持“民生为本、人才优先”工作主线，围绕收好尾、布好局，促改革、惠民生，全面深化人社领域改革，圆满完成各项任务。全市就业形势总体保持稳定，就业规模持续扩大，全年城镇新增就业26.4万人，城镇登记失业率控制在3.2%的较低水平。积极融入“双创”，主动服务全市产业转型升级企业分流职工，就业创业工作受到人社部肯定。社会保险参保人数持续增加，保障水平稳步提升，城乡居民养老保险市级统筹全面实施，运用“互联网+”推进医疗保险治理体系和治理能力现代化工作在全国推广。人才队伍建设进一步加强，人才规模持续扩大，人才质量稳步提高，国家技能振兴综合示范区——“技能成都”方案正式上报人社部。人事制度改革稳步推进，全市县以下机关公务员职务与职级并行制度持续深化，事业单位人事管理体系不断完善，军转干部安置任务顺利完成。工资收入分配改革稳慎推进，机关事业单位基本工资调标兑现落实，国有企业负责人薪酬制度改革方案制定完成。全市劳动关系保持和谐稳定，新都区创建国家级和谐劳动关系综合试验区已列入人社部全国布局规划，保障农民工工资支付工作受到人社部肯定。运用现代信息技术推进“智慧人社”建设，初步建立起经办服务、制度运行分析与监控、决策分析“三位一体”的人社信息系统体系架构，就业社保岗位廉政风险防控平台实现全域覆盖，受到人社部肯定并在全国推广。

一、健全完善更加积极的就业创业政策服务体系，就业形势保持稳定

市政府出台《关于进一步做好新形势下就业创业工作的实施意见》，加大促进就业创业工作的力度。《关于建立经济发展与扩大就业联动机制的实施意见（送审稿）》和《关于进一步做好农民工等人员返乡创业就业工作的实施意见（送审稿）》已报送市政府审议。落实“大众创业、万众创新”部署和“创业天府”行动计划安排，出台促进高校院所在蓉协同创新的若干政策措施，承办全市2015年创业大赛，成功创建1个国家级创业孵化示范基地，成功获批“国家小微企业创业创新示范基地城市”，创业工作经验做法多次在《中国劳动保障报》头版推广。与中智公司共同创建国家级人力资源服务产业园。深入实施系列培训就业行动计划，培训城乡劳动者12.47万人，培训合格率90%，培训后就业率87%。健全完善全市就业失业监测统计、就业形势分析、失业预警应急预案制度，重点抓好高校毕业生、被征地农民、淘汰落后产能企业下岗职工等重点群体就业促进工作，举办招聘会350余场，帮助18.34万人达成就业意向。加强企业转型升级过程中规模性失业的专项就业援助，积极预防和有效调控失业风险。下调失业保险费率，发放失业保险金13.47亿元、稳岗补贴0.33亿元。全年全市城镇新增就业26.65万人，城镇登记失业人员再就业7.22万人，农村富余劳动力向非农产业新增转移就业8.5万人，动态消除零就业家庭，城镇登记失业率控制在

4%以内。

二、优化提升更加公平可持续的社会保障制度，保障水平不断提高

健全完善养老保险制度体系，全面实施城乡居民养老保险市级统筹，改革城镇职工养老保险待遇计发办法，有序推进机关事业单位养老保险改革相关准备工作。为65万名城乡居民养老保险待遇领取人员调整养老金和增加基础养老金补贴，月人均养老金增加30元，达390元；为全市137.46万名城镇职工基本养老保险待遇领取人员调增养老金，调增后月人均养老金1 911.97元，其中企业退休人员达2 587.96元；政府资助重度残疾人参加养老保险惠及3.3万余人，将城市低保对象纳入城镇职工养老保险制度保障范畴惠及4 600余人。深入推进医疗保险制度改革，调整全市城镇职工基本医保个人账户划拨标准和支付范围，实施城乡居民门诊特殊疾病定限额办法，有序推进基本医保门诊血透付费方式改革，启动城乡居民医保银行代扣协议签订试点，优化预算管理总额控制体系；完善医保实时监控系统和智能辅助审核系统，运用“互联网+”推进医保治理体系和治理能力现代化的经验做法在全省推广。下调工伤保险和生育保险缴费费率，减轻企业社会保险缴费负担，惠及参加工伤保险单位13.09万户、参加生育保险单位13.72万户。预计全年全市城镇职工基本养老、基本医疗、失业、工伤、生育五项保险参保人数分别达到564.63万人、617.93万人、329.44万人、345.48万人、364万人；全市城乡居民养老保险、医疗保险参保人数分别达到325.6万人、704.67万人。

三、健全完善更加集聚优秀人才的体制机制，人才队伍建设不断加强

启动“国家技能振兴试验区·技能成都”建设。2名市级技能大师获评省级突出贡献优秀专家，2个大师工作室分别获评国家级和省级技能大师工作室，成都市推荐选手玉海龙代表中国在第43届世界技能大赛上获得金牌，实现中国代表团金牌“零突破”。市技师学院成功转设高职，被人社部确定为首批一体化教学改革试点院校。完善人才评价体系，印发做好新时期非公经济组织和民营企业人才评价工作的指导文件，在在蓉高校选拔推荐享受市政府特殊津贴专家，设立国家级博士后工作站5个。积极为来蓉外籍高层次人才提供签证及停留居留便利，在美、德建立“海外人才工作站”。全年引进急需紧缺专业技术人才2 100人、外国专家1 966人。

四、持续推进人事制度改革，管理体制机制不断健全

依法有序推进公务员考录工作，拟制成都市实施职务与职级并行制度有关具体问题的处理意见，研发完成全市公务员管理信息化平台。分类推进事业单位人事制度改革，研究制定岗位管理相关配套政策，出台加强机关事业单位工作人员和编外人员管理的实施意见，拟制机关公务用车制度改革司勤人员安置实施办法和事业单位特设岗位管理试行办法。

五、稳慎推进工资收入分配改革，收入分配格局更加合理有序

印发全市完善最低工资保障制度、完善企业工资指导线制度、建立企业薪酬调查和信息发布制度的指导文件，制定国有企业负责人薪酬制度改革方案，组织劳务派遣企业开展定期报告和诚信评价工作。将全市最低月工资标准调整为1 500元/月、1 380元/月，非全日制最低小时工资标准调整为15.7元/小时、14.4元/小时。稳妥调整机关事业单位工作人员基本工资标准和增加机关事业单位离退休人员离退休费，形成完善事业单位收入分配制度的意见。

六、积极构建和谐劳动关系，劳动关系更加和谐稳定

全市集体合同签订率90.5%，劳动合同

签订率93.5%。主动监察用人单位1.5万户，依法受理举报投诉5 235件，结案率97%。为5.25万名劳动者追发工资等待遇（含工程款）1.33亿元，处置涉劳群体性突发事件354件，保障农民工工资支付工作得到人社部肯定。受理劳动人事争议调解案件5 778件，成功调解4 821件；受理劳动人事争议仲裁案件1.3万件，结案1.15万件。

成都市人力资源和社会保障局

贵 州 省

2015年，贵州省人力资源社会保障系统认真落实中央和省委、省政府的决策部署，牢牢抓住深化改革关键一招，坚持“民生为本、人才优先”工作主线，抓住就业、社保和人才三个重点，坚持城乡统筹，坚持普惠共享，坚持协调发展，全面落实各项政策措施，着力解决好人民群众最关心、最直接、最现实的利益问题，人力资源社会保障各项工作全面推进，各项任务指标圆满完成。

一、全面深化改革开创新局面

结合省委确定省人力资源社会保障厅牵头的“深化社会保障体制改革、人才队伍建设、公务员考录和管理机制改革”三个专题组改革任务，出台全厅2015年深化改革方案，围绕7个方面117项改革任务，逐项明确时间表和路线图，全力推动落实。先后出台84个政策文件，推动各项改革任务完成，形成了国有企业负责人薪酬制度、公务员职务与职级并行制度等一批重大政策，各项改革工作纵深推进。

二、城乡就业创业工作再上新台阶

一是就业任务总体推进情况良好。全省城镇新增就业72.68万人，同比增长6.3%，其中，失业人员实现再就业14.55万人，就业困难人员实现就业7.28万人，产业园区新增就业18.2万人；全省农业劳动力转移就业84.63万人，公益性岗位安置就业困难人员8万人；年底城镇登记失业率控制在4.2%以内。

二是实施积极的就业创业政策取得突出成效。出台《关于进一步做好新形势下就业创业工作的实施意见》（黔府发［2015］29号）、《关于印发“雁归兴贵”促进农民工返乡创业就业行动计划》（黔府办发［2015］31号）。经省政府同意，省就业工作联席会议制度办公室印发《全民创业行动计划》（黔就联办通［2015］1号）。为贯彻落实好国家及省有关政策，省人社厅制定下发《精准帮扶留守儿童困境儿童家庭劳动力返乡创业就业工作方案》（黔人社厅发［2015］25号）、《关于做好“双百工程”实施工作的通知》（黔人社厅通［2015］285号）等相关文件。就业创业扶持政策体系更加健全完善，政府激励创业、社会支持创业、劳动者勇于创业的体制机制不断形成。大力实施“双百工程”，组织开展贵州青年创业创新大赛暨“中国创翼”青年创业创新（贵州赛区）大赛，深入推进创业型城市创建工作。积极落实创业担保贷款扶持政策，2015年新增发放创业担保贷款32.04亿元，新增扶持创业4.72万人，新增带动就业12.9万人。目前，全省已创建全国创业孵化示范基地1家、省级创业孵化示范基地18家、省级农民工创业示范园13家，其中，2015年新增创建省级创业孵化示范基地11家，农民工创业示范园7家。

三是统筹推进重点群体就业。大力实施“大学生就业促进计划”、“万名大学生创业计划”、“高校毕业生就业见习计划”，全力支持、引导和鼓励高校毕业生到基层就业创业，2015年年底全省高校毕业生就业率达94.91%。稳步推进农村劳动力转移就业工作示范县创建工作，坚持职业培训、就业服务、劳动维权“三位一体”工作机制，引导农民工返乡就业创业，促进农村劳动力就地就近转移就业。开展省级农村劳动力转移就业示范县创建工作，截至2015年年底，全省农村劳动力转移就业工作示范县28家，国家级6家。全省农村劳动力期末在外就业865.05万人，同比增长4.26%，其中，省内就地就近转移就业248.05万人，同比增长9.59%。

三、覆盖城乡的社会保障体系建设实现新跨越

一是推进社会保险制度不断完善。出台《关于将相关人员纳入城镇企业职工基本养老保险有关问题的通知》，将相关职业人群纳入城镇职工养老保险范围，妥善解决基本养老保险历史遗留问题。有序推进全省机关事业单位养老保险制度改革，起草贵州省机关事业单位工作人员养老保险制度改革实施办法报省人民政府审定，起草机关事业单位工作人员养老保险省级统筹管理办法、养老金计发办法、职业年金实施办法、经办指导意见、经办规程等相关配套政策。制定开展基本医疗保险付费总额控制的实施意见和实施细则，积极推进医疗保险付费方式改革。制定基本医疗保险异地就医即时结算门诊特殊疾病管理规范，完善省内异地就医即时结算，探索推进跨省异地就医即时结算工作。继续完善工伤保险省级统筹制度，规范制定工伤保险“三目录”。进一步完善失业保险制度，出台失业保险支持企业稳定岗位政策，下调失业保险费率，全省失业保险费率暂由现行的3%降至2%，其中，参保单位缴费比例由2%下降为1.5%，参保职工个人缴费比例由1%下降为0.5%，为企业和职工减轻负担，促进就业稳定。

二是提高社会保险待遇水平。连续11年调整企业退休人员基本养老金，人均增加209元，达到2 186元，惠及全省87万名企业退休人员。首次调整全省城乡居民基本养老保险基础养老金最低标准，由每人55元提高到70元，向全省440多万名60周岁以上老年居民补发基础养老金5亿元。将城镇居民医保政府补助标准由每人每年320元提高到380元。

三是社会保险扩面征缴工作取得较好成绩。截至2015年年底，全省城镇职工基本养老保险、城乡居民基本养老保险、城镇（乡）基本医疗保险、失业保险、工伤保险、生育保险参保人数分别为392.09万人、1 649.03万人、955.60万人、205.31万人、290.28万人、263.67万人，同比增长8.5%、3.9%、39.1%、7.0%、5.4%、6.0%。当年城镇职工基本养老保险、城乡居民基本养老保险、城镇（乡）基本医疗保险、失业保险、工伤保险、生育保险基金征缴分别达到241.33亿元、16.47亿元、107.28亿元、17.10亿元、14.10亿元、4.43亿元。

四、人才队伍建设实现新突破

一是人才管理机制有所创新。成立省人才服务局，与上海奥理等4家国内知名人力资源机构共同领办贵州省人才大市场，省部共建贵阳留学人员创业园顺利推进。

二是人才引进力度不断加大。举办第三届中国贵州人才博览会，现场接待人才3.5万人次，签约人才引进合作项目206个，评审签约引进人才3 417人。推进“人才＋项目”，积极引进外国专家项目，扩大引智成果，推广新西兰草地畜牧业标准化牧场、蓝莓标准化栽培、以色列设施蔬菜种植技术等引智成果应用。印发贵州省外国专家管理办法，进一步提升外国专家来黔工作许可和外国专家管理服务工作规范化、制度化水平。

三是人才培养措施不断完善。完成2014年度民营经济组织职称评审，全省民营经济组织1万余人申报，比2013年增加3 000人，7 000余人获各级别职称，其中，1 377人获高级职称，6 000余人获中、初级职称，为推动全省民营经济组织发展提供了强有力的人才支撑。组织开展全省2015年度急需紧缺人才“绿色通道”职称评审，全省共193名高层次急需紧缺人才通过“绿色通道”申报职称，其中，37人取得高级专业技术职务任职资格，48人取得中级专业技术职务任职资格。开展“百千万人才”评审认定工作，2015年评审入围34人。继续推行“人才服务绿卡”制度，累计发放人才服务绿卡2 809张。全面推进技工院校实施教育“9＋3”计划，继续推进“双挂牌”、“双证书”制度，创新职业培训政策。出台贵州省从专项合格证、初级工、高级工到技师、高级技师等6个层次的培训补贴办法。不断加大技工院校招生宣传力度，全省技工院校完成招生3.57万人，在校生人数达8.6万人。截至2015年年底，全省共完成各类职业培训30.54人，其中技能培训24.72万人，创业培训5.82万人（高校毕业生创业培训1.66万人，城乡人员创业培训4.16万人），完成全年目标任务18万人的169.67％。农村劳动培训完成21.29万人，完成目标任务的158.88％。

五、人事制度改革取得新进展

一是公务员管理不断加强。继续深化公务员考录制度改革，在2015年省、市、县、乡四级机关公务员招录工作中，继续深入推行“两个80％”政策，明确乡镇机关和派出机构计划招录5 084名，占总计划的80.4％。2015年四级联考工作结束后，贵州省乡镇机关近三年新录用公务员将占全省现有乡镇公务员总数的40％，乡镇长期空编、用人难问题得以有效解决。组织实施首次聘任制公务员试点和省级机关公务员公开遴选工作，在贵阳市、遵义市、贵安新区筛选出7个试点单位8个聘任职位进行试点。起草《贵州省县以下机关建立公务员职务与职级并行制度的实施意见》和《〈贵州省县以下机关建立公务员职务与职级并行制度的实施意见〉若干具体问题的处理意见》并印发执行，全面推进全省县以下机关建立公务员职务与职级并行制度落实。

二是事业单位人事制度改革纵深推进。稳步推进事业单位岗位管理和人员聘用工作。全省事业单位基本完成了第二轮聘用工作；全面开展全省事业单位公开招聘工作，全省招录事业单位人员3.6万人，实行政策倾斜，顺利完成基层事业单位万人招聘计划。继续深入开展机关事业单位“吃空饷”问题治理工作。

六、收入分配制度改革迈出新步伐

一是机关事业单位工资收入分配制度进一步健全。积极推进机关事业单位人员基本工资标准调整和增加离退休人员离退休费相关工作，印发《关于规范机关事业单位收入分配的实施意见》，部署全省规范收入分配工作，省直机关事业单位已完成规范工资收入的兑现工作，各市（州）、县（区）规范收入分配的实施方案报省政府报备核准后实施。

二是扎实推进深化国有企业负责人薪酬制度改革。省委、省政府印发了《深化省管国有企业负责人薪酬制度改革的意见》（黔党发［2015］15号），全面推进全省深化国有企业负责人薪酬制度改革工作。

三是发布2015年最低工资标准和企业工资指导线。建立城镇职工最低工资标准与城镇居民人均收入水平联动增长机制，发布了最低工资标准和工资指导线，2015年最低工资标准平均调整36％。

七、和谐劳动关系建设取得新成效

开展日常农民工欠薪投诉处理，开通农民工工资案件“绿色通道”，建立案件快立、快查、快处机制，确保农民工工资问题及时解决。探索建立企业免于存储务工人员工资支付保障金制度，建立健全诚信用工体制机制。不断加大劳动监察执法力度，完善欠薪入刑案件的移送制度，开展农民工工资支付情况专项检查活动，为25.87万名农民工追回工资48.18亿元。组织开展用人单位遵守劳动用工和社会保险法律法规情况专项检查，全省共检查单位2 489户，涉及劳动者6.79万人，责令补签劳动合同763人，补交社会保险费13.44万元。

八、信息化保障能力实现新飞跃

一是完成了贵州人力资源社会保障集群网站重建工作，以全新版面上线运行，使新网站更贴近网民。

二是社会保障卡发行应用积极推进，省本级和 9 个市（州）均发行了符合部颁标准的社会保障卡。目前发卡人群基本覆盖城镇居民。

三是制定《贵州省“智慧人社云”总体设计方案》，启动 2015 年一期门户集群网站等 8 个项目的建设和迁移，逐步实现人社信息向“云”迈进。

贵州省人力资源和社会保障厅

云 南 省

2015年是全面深化改革的关键之年，也是在困难复杂的经济环境中锐意创新、改革突破的一年。面对经济下行压力持续加大，多重困难和挑战相互交织的复杂局面，云南人社系统围绕中心、服务大局，抢抓机遇、主动作为，齐心协力、奋发有为，推改革、稳就业、促保障、聚人才、构和谐、抓服务，全面完成了年初预定的各项目标任务，为服务全省大局作出了积极贡献。

全省实现城镇新增就业39.03万人，帮助城镇失业人员再就业10.73万人，帮助就业困难人员就业7.65万人，城镇登记失业率为3.96%，控制在4.5%的目标以内；贷免扶补、创业担保贷款共扶持创业10.03万人，发放担保贷款75.7亿元，带动25.35万人就业；"两个10万元"共扶持小微企业3.13万户，发放贷款2.62亿元，带动就业11.33万人。全省各项社会保险累计参保人数为4 694.85万人次，完成年度目标的102.06%，除工伤保险完成年度任务的99.5%外，其余均超额完成。新增高技能人才8.14万人。各级劳动人事争议仲裁机构共立案受理争议案件1.57万件，涉及劳动者2.18万人，当期审结率100%，帮助15.48万名农民工解决被拖欠工资18.72亿元，维护了劳动者的合法权益。军转安置工作成效明显，连续22年在全国率先完成军转安置任务。

一、全力服务"稳增长、促跨越"作出新贡献

面对部分企业出现经营困难，为全力以赴服务、推动企业转型升级，按照省委、省政府的安排和部署，云南人社系统超前谋划，以服务企业为突破口，实施了一系列稳增长、促跨越举措。

（一）出台"贯彻省委促跨越发展24条"。

为贯彻落实习近平总书记重要指示精神和《中共云南省委关于深入贯彻落实习近平总书记考察云南重要讲话精神闯出跨越式发展路子的决定》，及时研究出台了服务跨越发展的24条措施，从就业创业、民生保障、人才支撑等方面全力以赴服务跨越发展。

（二）出台"人社工作服务稳增长10条"。

《云南省人民政府关于促进全省经济平稳健康发展的意见》出台后，及时制定了全省人社系统贯彻落实省政府《意见》的具体举措，从改进贷款扶持创业政策、打造实体与网上相结合的众创空间、实施援企稳岗补助政策等方面采取了10条措施，服务全省稳增长大局。特别是针对全省经济下行压力不断加大的严峻形势，为稳定就业岗位，保障失业人员基本生活，经省人民政府同意，与省财政厅联合下发《关于进一步发挥失业保险稳定岗位促进就业作用有关问题的通知》，扩大失业保险基金支出范围，进一步发挥失业保险预防失业、促进就业的作用。全年全省共减少缴纳失业保险费5.43亿元，发放失业保险金6.51亿元、稳岗补贴2.68亿元，审核同意缓缴社会保险费4.66亿元。

（三）出台"人社工作服务企业20条"。

针对全省部分企业生产经营困难的实际，年初，制定并下发了"人社工作服务企业20

条”举措，召开了全省人社工作服务企业发展座谈会，从帮助企业解决招工困难、加强企业定岗培训、加强对企业的创业服务、切实减轻企业负担、切实提高服务企业能力等五个方面服务企业发展。

（四）开展“人社工作服务百家企业专项行动”。

4 月至 6 月在全省人社系统深入开展“人社工作服务百家企业专项行动”，全省人社系统 447 名厅（局）长共计 1 483 人（次）深入到 1 204 户企业，为企业送政策、送信息、送服务，推动相关政策落实落地，以实际行动为企业排忧解难。

二、“互联网＋人社”助推事业转型创优

面对产业升级、经济发展方式转变的迫切要求，全省人社系统敢为人先、抢抓机遇，将网络信息技术与传统人社业务有机结合起来，充分发挥“互联网＋人社”的聚合创新效应，加速推动人社事业快速发展。

（一）运用“互联网＋创业创新”，着力打造“云南人社众创平台”。

运用“大数据、云服务”理念，以人力资源公共服务平台为基础，打造了集就业淘宝、人才淘宝、政策资讯、公共服务、众创资源、在线创业于一体的“一站式”网络创业平台，将线上线下的人社工作通过互联网的互动形式，为创业者提供“零”距离服务，促进供需精准对接。6 月 10 日正式上线以来，平台已设立创业课堂 59 堂，拥有在线创业导师 28 名，创业项目推介 11 个，网上商城入驻市场主体 508 家，上线创业产品达 2 439 个，促成线下创业产品销售合同 2 300 余万元。

（二）运用“互联网＋日常业务”，着力推动人社业务信息化建设。

实施就业信息化系统升级改造工程，建立完善了失业人员求职登记、离校高校毕业生就业失业实名登记、下岗失业人员求职登记和网上招聘信息系统，以及全省人力资源基本信息库和求职岗位资源库，实现了人力资源基本信息、就业失业管理信息、职业供求信息的数据共享。目前，全省就业失业登记管理系统已录入信息 181.1 万条，其中大学生实名登记达 9.2 万人。实现了全省社保业务数据的大集中并在全民参保登记等工作中发挥了重要作用，数据资源利用工作取得明显成效。启动了养老、工伤、生育保险省级大集中信息系统建设项目，开发了省集中的劳动保障监察系统、全民参保登记系统，省集中工作迈出了坚实的一步。在全国率先实现省内城镇职工、居民参保人群的省内异地就医购药持卡即时结算，为跨省异地就医互联互通奠定了坚实基础。率先实现辐射西南地区及泛珠三角等部分发达省市的跨省异地就医联网即时结算，分别与重庆、四川、贵州、广西、海南及广州 6 个省（区、市）合作开展了跨省异地就医联网结算，有效缓解了参保人因跨省异地就医不便带来的后顾之忧。

（三）运用“互联网＋益民服务”，着力打通服务群众“最后一公里”。

以人社工作服务群众“五个不出村”为目标（政策咨询信息查询不出村、就业服务不出村、社会保障事务办理不出村、权益保障不出村、金融服务不出村），在全省范围内开展了打通人社工作服务群众“最后一公里”工作，把人社部门的惠民政策、利民措施、便民服务送到村一级。10 月底，全省已有 52 个县、5 698 个社区（行政村）开展了该项工作。开展公共就业服务“四进”活动（进园区、进企业、进校园、进社区），实现人社服务延伸到末梢、联通到个体。截至目前，全省共创建高校公共就业和人才服务工作站 28 个，在 58 个产业园区设立了人社服务窗口。在昆明、楚雄、大理、玉溪、红河、德宏、怒江开始发放金融社保卡，社会保障“一卡通”工作取得实质性进展。在整合厅内网站的基础上，开通了全省统一的政务宣传门户和公共服务网站，实现“一网打尽”。将厅办公自动化系统延伸到州市，将视频会议延伸到县、乡、村，开通了 12333 人社手机报和 12333 微信订阅号，全面

提升对内信息化服务能力。在58个产业园区设立固定服务窗口，依托互联网向园区企业提供就业、社保等综合服务，依托基层人社服务平台提供“无差异”服务等方式支持园区和企业发展。

三、人社重点领域改革破题兴篇

按照中央和省委、省政府全面深化改革的总体部署要求，2015年云南省人力资源和社会保障厅共承担30项改革任务，其中机关事业单位养老保险制度改革、机关事业单位工资制度、县以下机关建立公务员职务与职级并行制度、国有企业负责人薪酬制度改革四项重点改革，中央关心、社会关注、群众关切。全省人社系统齐心协力、攻坚克难，四项重点改革任务均在人社部规定的时限内顺利上报了改革方案，部分工作在全国率先完成，其余各项改革任务均稳步推进，完成预定目标。

（一）稳慎推进机关事业单位养老保险制度改革。

根据国家的安排部署，按照省领导的批示要求，经过大量艰苦细致且卓有成效的基础工作，拟制了《云南省机关事业单位工作人员养老保险制度实施办法》，并按程序报人社、财政两部备案批复同意，经省政府第71次常务会议和省委第125次常委会议审议通过，已印发全省施行。10月14日，省政府召开了全省机关事业单位工作人员养老保险制度改革工作视频会议，对全省贯彻落实国务院要求和推进改革工作作了全面的部署安排。目前正在进行参保登记，2016年符合条件的机关事业单位将全部纳入参保。

（二）积极实施完善机关事业单位工资制度改革。

把机关事业单位收入分配改革与养老保险制度改革衔接推进，两项改革制度设计同步研究、测算标准同步衔接、实施工作同步推进，没有出现大范围增不抵缴的问题。把机关和事业单位工资调整衔接提高，将机关事业单位的基本工资、津补贴、绩效工资对比研究，增加基本工资与扣减津贴、补贴（绩效工资）相衔接，实现了工资结构进一步优化，基本工资在机关事业单位工资中的比重提高到40%。把在职人员与离退休人员的工资调整衔接兑现，同步实现在职人员与离退休人员收入水平同步提高、同时兑现，其中在职人员月人均净增资371元，离休人员月人均增加598元，退休人员月人均增加369元，确保了改革全局的稳定和政策举措的实效。另外，开展了政府奖励项目全面清理工作，针对政府奖励项目过多、过滥，部分地方奖金发放不规范的问题，近年来云南省对各级政府设立的奖励项目进行了全面梳理，将省级奖励项目从100余项压缩为4项，清理出各级政府奖励资金40余亿元，取消了除中央明文规定设立的所有奖励项目，全省各级政府逐步制定和完善绩效考核奖励政策。

（三）大力推进县以下机关建立公务员职务与职级并行制度。

根据中央和人社部的要求，云南省严格按照时间节点，按照“试点先行、以点带面、整体推进”的工作思路，制定出台了《云南省县以下机关建立公务员职务与职级并行制度的实施办法》，改革实施中强调舆论宣传和引导，为改革创造条件。根据省领导的要求，先在曲靖市麒麟区、红河州建水县开展了试点工作，并召开专题会议进行安排部署，目前全省县以下机关建立公务员职务与职级并行制度已完成全省首次实施工作，正在对实施情况进行全面摸底，对实施中各地执行政策不平衡等问题进行集中研究。

（四）积极稳妥推进国有企业负责人薪酬制度改革。

报请省委、省政府出台了《关于深化省属企业负责人薪酬制度改革的实施方案》，在基本年薪的确定上，体现国有企业规模与经营管理难度等方面的差异，给薪酬审核部门根据企业实际，在上年度省属企业在岗职工平均工资两倍以内区别确定企业年薪的权限，实现了绩效与公平的有效统一。在绩效年薪调节系数的确定上，更加体现经营业绩对绩效年薪水平确定的影响，加大利润、净利润等体现企业经营业绩考核指标在系数测算中的权重，实现了绩效与规范的有机统一。10 月 9 日，省政府召开了云南省深化国有企业负责人薪酬制度改革工作电视电话会议，目前各项工作正在稳步推进中。

四、就业创业工作齐驱并进

针对就业需求明显增大与就业岗位流失并存的问题，全省各级人社部门以创业带动就业为重点，统筹抓好重点群体就业创业工作，多措并举拓宽就业渠道，千方百计盘活用好就业资金，提升公共就业创业服务水平，确保了全年就业形势总体稳定。

（一）注重精准发力，统筹抓好重点群体就业创业工作。

坚持把高校毕业生就业放在就业工作首位，深入实施“离校未就业高校毕业生就业促进计划”和“云岭大学生创业引领计划”，开展了离校未就业高校毕业生实名制就业服务登记、公共就业服务进校园和“一对一”就业援助等活动，对在公共就业服务机构登记的 1.96 万名离校未就业高校毕业生开展了电话跟踪服务，扶持 8 789 名大学生实现成功创业。通过拓宽就业渠道、扶持创业、强化服务等举措，千方百计为高校毕业生创造更多的就业创业机会，高校毕业生初次就业率达 89.2%，高于 2014 年同期 0.3 个百分点。扎实抓好农民工就业创业工作，深入开展“农村劳动力转移就业特别行动计划”，全年全省人社系统共培训农村劳动力 28.3 万人，转移 30.1 万人，举办农村劳动力专场招聘会 430 场次。加强农民工创业指导，切实落实国家和云南省关于农民工返乡创业的各项政策，推进实施创业辅导员帮扶、优先给予创业担保贷款，支持返乡农民工创立农民合作社、家庭农场、农业产业化企业、林场等新型农业经营主体，指导各类创业园区制定有利于返乡农民工入园创业的优惠措施。同时将农村户籍的城镇个体工商从业人员纳入公共就业服务和城镇企业职工基本养老保险制度覆盖范围。全年全省共有 6.2 万名农民工实现创业，获得创业担保贷款 40.1 亿元。健全困难群体就业援助机制，加大对就业弱势群体、困难人员以及特殊群体的就业创业扶持力度，全年全省通过公益性岗位共安置就业困难人员 4.55 万人，帮助 3 048 户城镇零就业家庭实现至少一人就业，实现了城镇零就业家庭的动态清零。

（二）以创业带动就业工作为重点，着力推动“大众创业、万众创新”。

制定出台了新一轮就业创业政策，报请省政府出台了《关于进一步做好新形势下就业创业工作的实施意见》和《关于支持农民工等人员返乡创业的实施意见》，从就业创业工作总体目标、实施“创业园区建设计划”、提高创业担保贷款额度、支持农民工返乡创业、鼓励专业技术人员创业、完善高校毕业生就业创业帮扶政策、建立创业就业奖励机制和强化组织保障等 10 个方面的政策措施，云南省人社厅也及时研究制定了贯彻落实省政府文件的相关配套措施。大力扶持自主创业，通过贷免扶补、创业担保贷款等创业扶持措施，全年共扶持 9.8 万人创业，发放担保贷款 70.1 亿元，带动 24.7 万人就业；“两个 10 万元”共扶持小微企业 1.78 万户，发放贷款 2.05 亿元，带动就业 9.73 万人。积极营造扶持创业的良好氛围，目前通过人社部门的政策支持和工作指导，全省共建成 81 个各类创业园，为广大创业者提供贷款扶持、创业指导、创业培训、创业孵化、导师帮扶等系列服务。

（三）抓好就业创业培训，不断提高创业成功率和就业稳定率。

以提升就业技能为抓手，依托职业院校、技工院校和各类职业培训机构，紧盯产业发展、企业和项目需求，通过实施“春潮行动”、“两后生”培训行动计划和离校未就业高校毕业生技能就业专项行动，开展了以高校毕业生、农民工为重点的定岗、定向、订单式职业技能培训和创业培训。全省共开展职业培训

55.6万人次（职业技能培训48.2万人次，创业培训7.4万人次），其中参加职业技能鉴定44.5万人次，取得职业资格证书37.9万人。抓好在职职工培训，与省总工会携手实施“云岭企业职工职业技能提升工程”、“云岭职工素质建设工程”，开展了以企业职工为主体的岗前培训、技能提升培训和转岗培训。全省共培训企业职工10.2万人次。

（四）注重就业服务，不断提升就业创业公共服务水平。

着力降低就业创业准入门槛，认真落实国务院、省政府关于减少职业资格许可和认定事项的要求，切实降低就业创业准入门槛。全省共取消职业资格事项232项，其中云南省确定的20个技术工种就业准入职业资格已全部取消。再加上“三证合一”制度的建立和实施，助推全省新登记注册企业呈现“井喷”态势，全年全省新登记注册内资企业达8.73万户，同比增长137.2%。

五、社会保障工作惠民共享

按照更加公平可持续社会保障制度的总体要求，全省人社系统勇于担当、奋发有为，以保险待遇调整、制度机制建设、社保参保扩面、防范化解基金风险为着力点，大力统筹推进社会保障体系建设，取得明显成效。

（一）调整涉及群众切身利益的四项保险待遇，着力改善和提高参保人员的待遇水平。

提高企业退休人员基本养老金，为全省115万名企业离退休人员提高基本养老金待遇，人均增加205元，月人均基本养老金达到2 180元，接近全国平均水平（2 270元）。提高城乡居民基础养老金，中央财政支付的城乡居民基础养老金标准从原来的每人每月55元提高到70元，省财政再人均补贴5元。重度残疾人养老补助金标准也同步提高。提高工伤保险待遇，调整提高工伤职工伤残津贴、生活护理费及工亡职工供养亲属抚恤金“三项长期”待遇，每项指标人均每月提高60元。提高失业保险待遇，人均标准从每人每月803元提高到922元。

（二）降低三项保险缴费费率，切实减轻企业和个人社保缴费负担。

降低了失业保险缴费费率，自2015年3月1日起，失业保险缴费费率统一从3%下调为2%，其中用人单位缴费费率从2%下调为1.4%，个人缴费费率从1%下调为0.6%。全省自7月1日起，统一按新的缴费比例征缴失业保险费，3月至7月多征收的失业保险费，各统筹地区按抵扣或退现金的方式清退。降低生育和医疗保险费率，生育保险基金累计结余超过9个月待遇支付额度的统筹地区，生育保险费率降低到用人单位职工工资总额的0.5%以内。全省有11个州市和省本级降低生育保险费率，预计每年减少用人单位缴费2.2亿元。昆明市在充分论证确保基金安全的基础上，职工医保参保单位缴费费率由10%下调到9%，预计每年减少用人单位缴费4亿元。降低工伤保险缴费费率，自10月1日起全省工伤风险行业类别从原来的三类划分为八类，平均费率从0.93%降为0.75%，每年减轻单位缴费负担2.56亿元。

（三）健全完善社会保障制度和机制建设，着力提高社保的兜底功能。

深化医疗保险支付制度改革，严控医保支付风险，初步建立了以基金收支预算管理为基础，以总额控制为核心，总额预付、病种付费、服务单元付费、人头付费等复合支付制度。全省17个统筹区均实施了总额控制，16个统筹区采取复合付费方式，8个统筹区开展总额预付，14个统筹区开展病种付费。在全国率先推行城镇居民大病保险，截至年底，全省参保人数达670万人。提高城镇居民省属在昆大学生大病保险筹集标准，同时积极开展了大病补充医疗保险管理模式和扩展医疗保险个人账户功能探索。启动建筑等高风险领域工伤保险参保扩面专项行动“同舟计划”，建立了建筑业“实行项目参保、工伤优先参保、两证前置约束、给予竞标优惠、预防费用列支”的参保机制。进一步改革完善被征地农民养老保险制度，初步形成了改革总体方案，协调省农信社，积极探索在全省每一个村委会、居委会共同建立社保金融服务站，加强人社村级协办员队伍建设。开展了被征地农民社保历史欠费“两年清欠行动”，清缴历史欠费近2亿元。圆满完成全民参保登记试点工作，在昆明市和楚雄州开展了试点，昆明市已完成参保登记581.6万人，楚雄州已完成参保登记284.4万人，两地已初步建成以身份证号码为唯一标识的全民参保登记库。

（四）强化社保基金运行监管，着力保障基金安全。

经省政府同意，会同财政部门全力做好社保基金保值增值工作，通过优化存款结构、实行竞争性谈判争取最惠利率、开展协议存款等方式，基金收益率同比提高1个百分点，实现了社保基金每年增值10亿元以上的目标，取得了较好的效果。结合省委、省政府开展“六个严禁”专项整治的要求，开展了全省社保基金专项检查，对社会保险基金和就业创业资金管理与使用情况进行“拉网式”的全面检查。全省共抽调检查人员1 587人次，对检查中暴露出来的社保基金财务基础工作中的薄弱环节，以及基金合作中存在的收入户月末没有清零、资金没有按照规定及时上缴上级机构、不规范性存款、冒领或重复享受待遇等管理不规范问题进行了及时整改，涉及资金1.69亿元，有效防范了社保基金运行风险，全面规范了就业创业专项资金的使用和管理。

六、人才和人力资源开发工作创新突破

全省人社系统把充分释放“人才红利”作为驱动经济社会发展的重要手段，以人才开发体制机制创新为突破口，着力完善人才公共服务体系，统筹推进专业技术人才和技能人才队伍建设，注重激发人才创业创新活力，人才和人力资源开发工作取得明显突破。

（一）创新启动“技能扶贫”专项行动计划。

按照党中央、国务院和省委、省政府全力打赢扶贫攻坚战的总体要求，云南人社系统充分发挥职能优势，创新推动技能扶贫专项行动，大力实施精准扶贫，通过培训一批适应当地产业发展需要的劳动者、转移一批技能劳动力、培养一批适应云南重点产业发展的技能人才、创业扶持一批劳动者就业等“四个一批”技能扶贫行动，按照“一户一人、一人一技、一技促脱贫”的思路，通过5年左右的努力，力争使有就业愿望的贫困人口都能接受1次以上的就业技能培训，为每个有适龄人口的贫困家庭培养1名技能人才。力争到2020年，实现100万人以上贫困人口脱贫的目标。已在昭通市镇雄县、曲靖市会泽县开展技能扶贫专项行动试点，培养适应当地经济社会发展需要的技能人才，共对1 279人开展了有针对性的技能培训。

（二）创新启动“人力资源综合开发示范区”项目建设。

坚持扶智扶贫相结合，充分发挥人社扶贫优势，整合省、州、县、乡四级各方资源，以人力资源综合开发推动边疆民族贫困地区经济社会的跨越提升，选择了怒江州独龙江乡和迪庆州奔子栏镇作为试点，分别编制了人力资源综合开发实施意见，从创业帮扶、就业扶持、人才开发、干部培养、服务体系等方面实施人力资源综合精准扶贫开发工作。目前两个示范点的建设工作正在稳步推进，试点工作得到了省委、省政府主要领导的高度肯定。

（三）统筹推进专业技术人才和技能人才队伍建设。

放宽基层专业技术人员职称评聘条件，使得5 700余名基层专技人员取得高级职称。实施专技人才知识更新工程，共举办10期研修班、培训700多人。开展“万名专家服务基层行动计划”等活动，组织200多名省内外专家深入迪庆、昭通、玉溪、丽江开展送智服务。新增引进海内外高层次人才723名，对30名高层次人才给予住房补贴和工作经费补助共计605万元。实施国家及省级引智项目40个，引进项目专家200人次。评审授予了10名在

滇工作的外国专家“彩云奖”。着力抓好“云岭”品牌高技能人才培养，全省拥有高技能人才71.8万人，建成国家级高技能人才培训基地11个、省级高技能人才培训基地5个，拥有“云岭首席技师”87名、国家级技能大师工作室10个、省级技能大师工作室77个。

（四）进一步深化人才区域交流合作。

根据2015年上海和云南两省市党政主要领导互访期间提出进一步加强交流合作、深化对口帮扶的意见精神，9月20日，云南省人社厅与上海市人社局第四次签署帮扶合作工作备忘录，充分发挥两地优势互补作用，在做好沪滇人力资源开发、急需紧缺人才引进、高层次人才培训、劳务服务与培训、医保异地结算、技能人才公共实训基地建设以及互派干部培养锻炼等多个方面确立了合作项目，为云南省借助“外脑”创造了新的条件和机遇。为学习借鉴长三角、珠三角地区先进的发展经验和领先的人社工作理念与方法，进一步强化与长三角、珠三角地区的人才交流合作，云南省人社厅精心组织了全省人社系统长三角、珠三角地区跨越式培训班，全省人社系统的主要领导干部都参加了培训学习，通过培训，开阔了视野、转变了观念、扩宽了思路、加强了交流合作，为各项工作“对标一流、争先进位”提供了借鉴，激发了动力。

七、机关事业单位人事管理有序推进

按照人社部和省委、省政府的要求，全省人社系统上下一心，强规范、抓制度、激活力，不断深化人事制度改革，创新开展各项工作，机关事业单位人事管理工作迈上新台阶。

（一）公务员管理工作进一步规范。

招录工作有序推进，2015年全省普通公务员计划招录6 188名，比上年减少3 642名，同比减少37%，较好地落实了财政供养人员只减不增要求；县乡岗位占招录计划总数的79%，招考进一步向基层倾斜。进一步创新公务员招录向艰苦边远地区倾斜的政策举措，对全省83个贫困县所属乡镇招录实行倾斜政策，着力解决艰苦边远地区“招人难”问题，同时为艰苦边远地区招录公务员提供了政策依据。启动公安机关人民警察人事管理制度改革，研究制定了《关于全面深化公安改革的实施意见》。组织开展聘任制公务员管理试点工作，选择红河州、西双版纳州、德宏州和滇中产业新区承担试点任务。公务员平时考核工作不断强化，建立了公务员考核联系点制度，积极开展了行政机关公务员平时考核信息化管理系统探索工作。公务员队伍培训教育全面加强，省直行政机关共有11 800余名公务员注册学习，州、市级以下行政机关共有58 000余名公务员注册学习。实施了基层公务员培训工程，培训基层公务员近6 000人次。省院省校人才合作培训1 323人，沪滇合作人才培训183人。

（二）事业单位人事管理工作稳步深化。

根据事业单位分类改革的总体要求，研究起草了事业单位人事制度改革的总体方案和意见，以及配合事业单位分类改革有关人事管理和社会保障工作的配套实施意见。按照党政机关公务用车制度改革的要求，制定上报了《云南省党政机关公务用车制度改革司勤人员安置的实施意见》，顺利开展了公车制度改革司勤人员的安置方案审批工作。为落实“本届政府任期内在职财政供养人口只减不增”的要求，制定了2015—2017年云南省机关事业单位编制管理及人员录（聘）用措施和办法，严格控制源头，调控增长计划。认真开展机关事业单位“吃空饷”问题集中治理工作，共清理出“吃空饷”单位16家、“吃空饷”个人635人，核减“吃空饷”编制38名。针对考试风险问题，开展了公开招聘规范化建设工作，大力推进专项检查，对考试中存在的一些问题进行了重点全面排查。成立了云南省事业单位工作人员申诉公正委员会，负责指导全省事业单位工作人员申诉工作，并按规定受理和审理申诉和再申诉案件。

八、劳动关系保持总体和谐稳定

坚持“源头预防、动态监管、应急处置”

原则，积极应对各种新形势、新情况及经济下行对劳动关系领域的影响，确保全省劳动关系总体和谐稳定。

（一）认真贯彻落实《中共中央　国务院关于构建和谐劳动关系的意见》。

积极配合省总工会研究制定云南省贯彻落实的实施意见，实施和谐劳动关系构建计划，在协调劳动关系三方机制建设、规范企业用工等方面取得了新突破。目前，全省16个州市、129个县市区均建立了劳动关系三方协调机制，形成了全省上下三方齐抓共管的工作格局。

（二）强化劳动关系矛盾源头预防治理和矛盾调解。

开展了“推进小企业劳动合同制度实施专项行动”、农民工劳动合同签订“春暖行动”、“规范依法用工、全面签订合同”等一系列专项工作。推进集体合同制度“彩虹计划”、实施集体合同制度攻坚计划，不断提高集体合同覆盖面，提升集体合同签订质量和履约行为。截至年底，全省企业劳动合同签订率已达93.92%，已建工会集体合同签订率达83.88%。加强劳动人事争议调解仲裁工作，提升劳动人事争议调解仲裁效能，全省乡镇（街道）调解组织组建率达到80%，基层劳动人事争议调解组织共建立调解室4 505个，劳动争议预防调解组织网络初步形成，全省共成立152个仲裁院，建院率100%。提高仲裁效能，一裁终结率从上年的6%提升到了2015年上半年的11%。

（三）以做好为农民工服务工作为重点，着力维护劳动者的合法权益。

在全国率先制定出台了《云南省人民政府关于进一步做好为农民工服务工作的实施意见》，初步建立起服务农民工的组织保障体系。按照“预防与保障并重”原则，以招用农民工较多的建筑施工、加工制造、餐饮服务及其他中小型劳动密集型企业、个体工商户等用人单位为重点，出台了《农民工工资支付保障规定》政府规章，并制定下发了三个配套管理办法，建立了以“三金五制”，即农民工工资准备金、农民工工资保证金和应急周转金，实名管理制度、连带责任制度、支付信用制度、部门联动制度和行政问责制度为核心的农民工工资支付保障长效机制体系，有效保障了农民工工资支付。全年全省累计收取农民工工资保证金52.83亿元，共清理解决拖欠农民工工资15.31亿元。

云南省人力资源和社会保障厅

西藏自治区

2015年，西藏自治区人力资源社会保障系统认真贯彻落实党的十八大和十八届三中、四中、五中全会精神，贯彻落实中央第六次西藏工作座谈会和全国人力资源社会保障工作会议精神，贯彻落实区党委八届七次、八次全委会和全区经济工作会议精神，全区人力资源社会保障工作又迈上了一个新的台阶。

一、就业工作再上新台阶

在稳定就业形势的基础上，不断扩大就业规模，提升就业质量，增加群众收入。

（一）就业任务超额完成。

坚持劳动者自主就业、市场调节就业、政府促进就业和鼓励创业的方针，落实促进就业创业的各项优惠政策，就业局势保持总体稳定。2015年，全区城镇新增就业4.6万人（含1.5万名高校毕业生），城镇登记失业率控制在2.5%以内，转移农牧区劳动力110多万人次，实现劳务收入25.6亿元。

（二）西藏籍高校毕业生实现充分就业。

通过公开考录、市场就业、就业援藏、自主创业等途径，高校毕业生就业率达91%，其中通过公职岗位就业9 605人。加大就业援藏力度，累计提供就业岗位4 000多个，引导高校毕业生区外就业，开辟了高校毕业生就业的新渠道、新途径。及时兑现发放企业吸纳高校毕业生奖励资金、高校毕业生就业各类补贴。推进高校毕业生创业孵化基地建设，西藏民族大学作为区内首个创业孵化基地已投入运行。

（三）农牧民转移就业机制不断完善。

利用农牧民技能培训信息管理系统，加强农牧民技能培训管理，提高资金使用效率，推广订单式、定向式培训，全年共培训农牧民6万人次，农牧民转移就业的能力得到提高，劳务收入得到增加。

（四）规范了公益性岗位管理。

制定开发管理暂行办法，明确管理操作流程，规范劳动合同书格式，严格准入审核和退出机制，开展转岗引导性培训，有效发挥公益性岗位托底安置作用。目前，全区公益性岗位总量3万个，安置就业岗位2.6万余个，区内城镇零就业家庭全部动态消零，累计动态消除2 856户。

（五）就业服务质量显著提升。

扎实开展“就业援助月”、“春风行动”等公共就业服务活动。推进劳动用工备案登记。强化监督保障，抓好管理服务，外国人在藏就业管理不断加强。

二、社会保障获得新发展

西藏社会保障由制度全覆盖向人员全覆盖迈进，各项社会保险参保达278万人次。各项待遇水平有了较大提高，较好地发挥了社会保障安全网的作用。

（一）社会保障领域改革扎实推进。

实施机关事业单位工作人员养老保险制度改革。争取中央对西藏的特殊优惠政策，充分考虑“中人”平稳过渡，维护了广大干部职工的切身利益。深入推进医疗保险领域改革。完善城镇居民大病保险政策，进一步减轻了参保人员的经济负担。推进异地就医管理服务，设立了西藏基本医疗保险驻成都服务中心，实现了与西藏民族大学附属医院、成办医院的联网直接结算。进一步完善工伤、生育、失业保险制度。在高风险行业实行项目参保代替用人单位参加工伤保险的方式，覆盖项目使用的所有农牧民工，工伤事故率和工伤死亡人数在全国最低。新修订的职工生育保险办法已公布实施。调整了失业保险缴费费率，全年为企事业单位减负 7 500 万元。出台企业稳岗补助政策，将失业保险基金用于符合条件的企业单位稳岗，切实发挥了失业保险为企业减负、稳定岗位的作用。

（二）待遇水平逐步提高。

2015 年企业退休职工基本养老金月人均水平提高到 3 678 元，高出全国平均水平 1 408 元。城乡居民基本养老保险基础养老金月人均达 140 元，在中西部地区处于领先水平。城镇居民基本医疗保险财政补助年标准达 380 元。城镇职工和居民医疗保险年最高支付限额分别达到 30 万元和 20 万元（含大额医疗费商业补充保险最高支付的 22 万元和 14 万元），政策范围内住院费用支付比例分别达到 97%和 75%以上。建立工伤保险长期待遇正常调整机制，月人均伤残津贴达到 2 150 元，月人均供养亲属抚恤金达到 1 036 元。月人均失业保险金水平提高到 850 元。

（三）基金监管不断加强。

制定了《社会保险基金收支结算财务内部管理办法》等制度，加大了对欺诈社保基金行为的防范及查处力度，规范了社保基金征缴拨付流程，基金运行和监管制度逐步完善。扎实开展清理回收欠缴社会保险费专项行动，确保了社保基金应收尽收。目前，西藏社保基金收支在可控范围内，运行平稳。

（四）经办服务水平不断提升。

建立社会保险费网上申报核定征缴平台，实现了基本账务数据与银行数据自动对账。加强对医疗保险“两定”单位管理，7 地市均与定点医疗机构签订服务协议，实现了区内异地就医横向联网结算。组建医疗保险专家库，充分发挥专家在服务监管、政策调整和技术支持等方面的作用。加强社会保险档案规范管理，进一步优化业务经办流程，有效提升经办效率，打造了管理统一、经办便捷、服务贴心、运行阳光的社保经办体系。

三、人才工作呈现新气象

紧紧围绕人才强区战略部署，坚持把人才队伍建设放在重要位置，用好现有人才，稳住关键人才，吸引急需人才，培养未来人才。2015 年，全区专业技术人才达 7.3 万名，高技能人才达 2.3 万名，人才总量进一步壮大，各类人才在西藏经济社会发展中作出了积极贡献。

（一）人才政策不断完善。

调整完善职称考试和基层专业技术人员职务评定政策，修订建筑工程系列高级专业技术职务任职资格评审细则，制定专业技术人才知识更新工程项目实施办法，为加强人才队伍建设提供了政策支持。

（二）专业技术人才队伍建设步伐加快。

人才选拔培养工作有序推进，完成了第二批第二期西藏少数民族专业技术人才特殊培养工作。通过开展专业技术人员短期培训班和高研班、专家下基层服务、专业技术人才知识更新工程等活动，累计培训专业技术人员、相关管理人员及农牧民科技特派员 1 200 余人次。组织开展“万人计划”候选人、百千万人才工程国家级候选人及享受自治区政府特殊津贴人选选拔推荐工作。扎实开展职称评审，完成 13 个系列 869 名高级专业技术职务任职资格确认。

（三）技能人才建设取得新进展。

制定机关事业单位技师考聘办法，完成工人技师等级考试工作。通过开展职业技能竞赛、选拔自治区政府特殊津贴人选和全国技术能手、培养创业咨询师和创业指导师、建设技能大师工作室等活动，培养和造就了一大批具有高超技艺和精湛技能的高技能人才。西藏两所学校被评为国家级高技能人才培训基地建设单位，实现了新的突破。

（四）引才力度进一步加大。

配合区党委组织部研究出台了西藏高层次人才引进办法。加强与国家重点科研单位和有关院校的沟通联系，千方百计吸引内地人才进藏工作。2015 年，全区政府系统机关事业单位引进急需紧缺人才 685 名。

（五）引进国外智力工作成效显著。

通过引进外国专家、智力援藏、出国（境）培训等方式，引智空间不断拓展。

（六）各类人事考试工作顺利完成。

组织实施了职称外语、职称政治等 33 项人事考试任务。严肃考场纪律，确保考试的公平公正。

四、人事管理取得新成效

加强机关事业单位人事管理，是开展好各项工作的前提，也是人力资源社会保障工作的重要组成部分。

（一）公务员招录有序开展。

通过积极开展高校毕业生公开考录、基层政法机关定向招录、从驻藏部队拟退役士兵（士官）中考录乡镇公务员等方式，充实基层公务员（工作人员）队伍，夯实了基层基础。完成公务员考录制度改革。调整高校毕业生公开考录事业单位工作人员、专业技术人员与基层公务员的考试顺序和时间，适度扩大限报专业职位范围，为基层充实教育、卫生、农牧、科技、政法分类急需紧缺人才，进一步加强了基层专业技术人才力量。

（二）公务员管理力度不断加大。

推行县以下机关建立公务员职务与职级并行制度。争取国家有关部委支持，出台了《西藏自治区县以下机关建立公务员职务与职级并行制度的实施意见》，放宽了任职年限。与全国相比，在任职年限条件上缩短了半年，开辟了晋升职级的新通道，调动了基层公务员工作的积极性，改善了基层拴心留人环境。健全区、地、县三级公务员申诉公正委员会组织机构及职能。严格执行参照公务员法管理审批的标准和程序，18 家自治区级事业单位纳入参照公务员法管理。部署开展了公务员平时考核试点工作。加强全区评比达标表彰项目的指导监督，积极开展公务员表彰奖励和省部级以上荣誉获得者待遇兑现工作。加大公务员培训力度，全年培训公务员 1.8 万余人。

（三）事业单位人事制度改革扎实推进。

全区事业单位岗位设置工作全面铺开，聘用制度推行面不断扩大，实名制管理不断完善，编外用人核查全面完成。截至 2015 年年底，全区累计核准批复 500 余家事业单位岗位设置，核准岗位累计 2 万余个，已推行聘用制度的事业单位和人员分别占总数的 25%、43%。完成机关事业单位“吃空饷”问题集中治理工作。根据全国统一部署和自治区安排，对重点行业进行了深入督导检查。经认真核查，未发现单位“吃空饷”问题。

（四）军转安置工作圆满完成。

军转区域协同机制进一步强化。高效完成了计划安置和自主择业军转干部任务，完成了 2015 年自主择业军转干部退役金补发工作，及时兑现了军转干部各项待遇。加强跟踪服务，扎实开展解困维稳活动，确保企业军转干部整体稳定。

五、工资待遇水平取得新提升

2015 年，西藏与全国一道调整基本工资标准时，中央单独为西藏调整了西藏特殊津贴。在比全国提前一年建立乡镇机关事业单位工作人员生活补助制度的基础上，2015 年再次提高了标准，并继续对乡镇教师和医护人员给予了倾斜，稳定了基层教师及医生两支队伍。争取人社部支持，按照国家改革精神，西藏国有企业负责人薪酬略高于内地同类企业同等水平标准，对形成合理有序分配格局、促进国有企业持续健康发展起到了积极作用。调整了最低工资标准。2015 年 1 月 1 日起，西藏月最低工资标准调整为 1 400 元，小时最低工资标准调整为 13 元，提高了弱势群体和农牧民工收入水平。发布了劳动力市场工资指导价位，开展最低工资标准执行情况专项检查，切实保障了劳动者的合法权益。

六、劳动关系开创新局面

以学习贯彻党中央、国务院关于构建和谐

劳动关系的意见为契机，切实维护劳动者合法权益，努力构建和谐稳定的劳动关系。

（一）集体合同制度攻坚计划深入实施。

推动建立企业工资集体协商制度，积极稳妥扩大工资集体协商覆盖范围。深入贯彻落实劳动合同法及其实施条例，劳动合同管理更加规范，全区国有企业劳动合同签订率100%，农牧民工劳动合同签订率93.4%。

（二）劳动保障监察力度不断加大。

积极开展日常巡查和专项检查，加大举报投诉、违法案件查处力度。2015年，全区各级劳动保障监察机构共巡视检查用工单位1.8万余户，为劳动者追讨工资等待遇1.9亿元，督促企业缴纳社会保险费61.6万元；受理举报投诉案件1 124件，结案率100%。切实做好群体性事件的预防处置工作，共处置突发性事件90起。推进建筑领域“一金一牌”制度，累计设立劳动者维权公告牌1 644块，1 599家建设企业缴存农牧民工工资支付保证金4.1亿元。

（三）劳动人事争议调解仲裁工作扎实有效。

认真落实劳动人事争议仲裁各项规章制度，切实提升服务质量，提高办案效率。2015年，全区共受理劳动人事争议案件1 105件，涉及劳动者8 023人，涉案金额1.1亿元，结案率95%。加强基层劳动争议调解组织建设，努力发挥预防、调解作用。区地两级劳动人事争议仲裁院实体化建设步伐加快，拉萨、日喀则、林芝、昌都均已成立劳动人事争议仲裁院。国有企业及非公经济组织开展劳动争议预防调解示范工作稳步推进。

七、基础设施建设迈出新步伐

2015年，西藏人力资源社会保障系统狠抓基础设施建设，提升公共服务水平，为事业发展提供了有力支撑。

（一）信息化建设稳步推进。

初步完成城乡居民基本养老保险信息系统建设，形成覆盖区、地、县、乡四级的金保工程业务专网。全区公共就业服务管理信息系统已开工建设。完善公务员信息系统和人才信息系统，建立专业技术人员管理信息系统，为推进信息化人社进程奠定了坚实基础。

（二）重点项目建设步伐加快。

列入“十二五”规划的人力资源社会保障项目已落实资金4.6亿元，完成投资3.3亿元。目前，已完工并投入使用项目66个，续建在建项目22个。

（三）启动了基层公共就业和社会保障服务平台建设。

已建成467个基层服务平台。以平台为依托，城乡共享基本公共就业和社会保障服务的局面初步形成。

在开展好业务工作的同时，西藏人社系统按照区党委、政府的部署和要求，扎实办好利民惠民、利寺惠僧“十件实事”涉及人力资源社会保障部门的事项。切实加强党风廉政建设，落实“两个责任”，全面推进惩防体系和廉政风险防控机制建设。扎实开展“三严三实”专题教育和窗口单位改进作风专项行动。强基惠民驻村工作推向纵深。深入开展调查研究，注重成果转化，为科学决策提供重要依据和参考。深化行政审批制度改革。切实做好保留项目的规范审批与精简下放行政审批事项的承接，及时跟踪了解调整下放审批项目的承接和运行情况，巩固了简政放权成果。特别是下放了机关事业单位工人（固定工）和企业职工基本养老保险统筹范围内参保人员退休审批权限。近年来，精简和下放行政审批项目共16项，占原有行政审批项目的61.5%。大力推进依法行政和法治宣传教育，制定出台了规范性文件合法性审查办法和政务信息公开办法，编制权力清单，清理规范行政权力。圆满完成了42件人大代表建议、政协委员提案的办复工作。积极配合区方志办，完成了《劳动和社会保障志》的总编工作。狠抓重要节点维稳安保和信访工作，加强源头治理，排查矛盾隐患，确保了人力资源社会保障系统全面持续稳定。

西藏自治区人力资源和社会保障厅

陕　西　省

一、就业

2015年，陕西在就业创业工作方面实施了更加积极的就业政策，7月8日出台了《陕西省人民政府关于进一步做好新形势下就业创业工作的实施意见》（陕政发［2015］26号），以创业型城市创建和大学生创业引领计划为抓手，创新9个方面40项措施，推动大众创业和实现更高质量的就业。加大就业专项资金管理和就业援助工作力度，让劳动者从就业创业政策落实中得到更多的实惠。

全年全省城镇新增就业44.4万人，失业人员实现再就业17.1万人，困难人员实现就业7.2万人。城镇登记失业率为3.36%，低于年度控制目标0.64个百分点。

重点做好高校毕业生就业创业工作。坚持把高校毕业生就业创业放在首位，加强政策宣传，搭建就业平台，各级公共人才服务机构共举办毕业生专场招聘会704场，就业创业报告会172场，安排就业见习2.3万人，提供就业岗位43.4万个，52所高校享受校园招聘补贴900余万元，发放求职创业补贴653万元。大力实施农村基层人才队伍振兴计划，选派1 834名高校毕业生到农村基层从事医疗、教育和农技服务，全省离校未就业高校毕业生登记就业率达到89.5%。

大力促进创业带动就业。创新工作思路，坚持“政府引导、市场主导、需求向导”的“三导”原则，按照“市场主体建设＋市场运营＋政府支持＋创业者”的“四＋”模式，突出发挥市场作用，大力建设市场导向的创业孵化基地。出台《陕西省人力资源和社会保障厅关于依托创业孵化示范基地加大创业担保贷款扶持力度有关问题的通知》（陕人社函［2015］556号），引导鼓励民营经济参与创业孵化基地建设，确定4家省级创业孵化示范基地，创业培训8.1万人。与西安航天基地合作举办的大学生创业孵化园在孵企业37家，组织论证创业项目26个，召开第四届大学生创业明星座谈会，表彰了54名大学生创业明星。将小额担保贷款调整为创业担保贷款，破解制约创业担保贷款发展瓶颈，新增创业担保贷款57.7亿元。

统筹推进农村劳动力转移就业。2015年9月15日出台了《陕西省人民政府办公厅关于支持农民工等人员返乡创业的实施意见》（陕政办发［2015］88号），启动实施“农村就地就近转移就业示范工程”和“农民创业示范工程”。组织开展“2015春风行动”系列活动，举办各类专场招聘洽谈会437场次。全省农村劳动力转移就业748.9万人。

二、社会保障

2015年，陕西继续按照“全覆盖、保基本、多层次、可持续”的方针，加快完善统筹城乡的社会保障体系。进一步完善社会保障制度。

稳步推进机关事业单位养老保险制度改革。10月13日印发了《陕西省人民政府关于机关事业单位工作人员养老保险制度改革的实施意见》（陕政发［2015］46号），并于次日出台《陕西省人力资源和社会保障厅关于贯彻落实〈机关事业单位工作人员养老保险制度改革的实施意见〉有关问题的通知》（陕人社发［2015］68号）、《陕西省人力资源和社会保障厅关于核定机关事业单位养老保险统筹项目的通知》（陕人社发［2015］69号）、《陕西省人力资源和社会保障厅关于公布机关事业单位工作人员视同缴费指数表的通知》（陕人社发［2015］70号）、《陕西省人力资源和社会保障厅关于贯彻落实〈机关事业单位职业年金办法〉有关问题的通知》（陕人社发［2015］73号）等4个配套文件，启动实施机关事业单位养老保险制度改革工作。

多项社会保险制度建设取得新进展。全面开展城镇居民大病保险，全省12个市已实施，医疗费用支付比例平均在50%以上。出台了《陕西省失业保险支持企业稳定岗位实施意见》（陕人社发［2015］30号）、《关于做好新形势下失业保险促进就业创业工作的通知》（陕人社发［2015］56号）等一系列文件，为支持企业稳定岗位支出失业保险基金2.5亿元，21.2万名职工受益。出台《陕西省人力资源和社会保障厅　陕西省财政厅关于机关和参公管理单位参加工伤保险有关问题的通知》（陕人社发［2015］75号），将机关公务员和参照公务员管理单位工作人员纳入工伤保险制度范围，出台建筑施工企业参加工伤保险贯彻实施意见，工伤保险实现制度全覆盖。探索提出了陕西省被征地农民参加城镇企业职工基本养老保险的试点指导意见。

稳步提高社会保险待遇水平。完成了城镇企业退休人员基本养老金“十一连调”，涉及183.3万人，调整后月人均达到2 302元。按照相关群体社会保险待遇随同企业退休人员基本养老金同步调整机制，对农村“八大员”等7大类20个群体社保待遇一并按10%调整，惠及84.9万人。将城镇居民医保补助标准由每人每年350元提高到不低于400元。调整提高失业保险金标准和工伤保险待遇水平，调整后失业保险金最高标准达到1 110元，1～4级工伤职工月人均伤残津贴达到2 863元。统一提高了城乡居民基础养老金最低标准工作，目前陕西最高145元，最低75元。

加强社会保险经办管理服务。不断优化省市县三级经办机构职能，推进经办业务下移，开展“综合柜员制”试点，完善网上服务平台功能，制定重点业务管控、基金银行账户管理、征缴稽核等三项制度，落实经费四级预算管理。创新省级医保参保征缴经办模式，实现网上审核办理，取消基本医疗保险定点医疗机构和定点零售药店“两定”机构设立审批，实行事后备案和协议管理，修订完善“两定机构”服务协议，坚持宽进严管，健全退出机制，启用网上申报系统。做好全省异地就医结算，开通韩城市异地就医业务，开展了陕西省本级和咸阳及杨凌示范区、西安和安康双向异地即时结算，与宁夏签订了推进双向异地就医结算框架协议，全省异地就医3.5万人次，涉及医疗费用7.3亿元，基金支付4.75亿元。开通延安市工伤保险职工在西安地区就医即时结算业务，实现了陕西省工伤保险异地就医的突破。积极推进人社信息化建设，加快社会保障卡推广应用，全省累计发放2 148万张。截至2015年年底，参加基本养老、城镇基本医疗、失业、工伤、生育保险人数分别为2 474万人、1 247万人、347万人、427万人、265万人。

三、人才队伍建设

2015年，陕西统筹兼顾，加强人才队伍建设。

进一步加强专业技术人才队伍建设。深入实施专业技术人才知识更新工程，先后举办5期国家级高级研修班、1期“院士大讲堂”、10期陕西省专业技术人才高级研修班，组织53名同志参加了国家级高研班培训。优化出国（境）培训办理程序，取消办理双跨团组征求意见函和出国任务批件的审核手续，执行出国（境）培训项目23项，选派赴国（境）外培训387人次。向国家推荐3名“万人计划”哲学社会科学领军人才和12名国家百千万人才工程候选人选，获批设立在陕国家博士后科研工作站10个、陕西省博士后创新基地4个，入选百千万人才工程国家级人选10人，设立国家级专家服务基地、继续教育基地各1个。规范执业资格管理，对全省各高级职称评审委员会实行动态管理，撤销、合并了部分高级职称评审委员会，清理取消了人社部、陕西人社系统及陕西省级行业部门设立的59项职业资格考试。坚持简政放权、放管结合，调整了专业技术人员职业资格审查、考务组织、证书发放等职能，夯实行业部门主管责任，强化人社部门监管责任。重新修订卫生系列高级职称评审办法，县级以下评审权由省级统一下放到市级，深化中小学教师职称制度改革工作。

进一步加强技能人才队伍建设。积极推进实施高技能人才培养工程，培养高技能人才7.3万名，新增设立3个国家级、10个省级高技能人才培训基地和4个国家级、15个省级技能大师工作室。出台《陕西省人力资源和社会保障厅关于进一步加快推进人力资源市场整合的通知》（陕人社函［2015］470号），推动全省各市县人力资源市场整合。出台《关于转发中共中央组织部　人力资源社会保障部等五部门关于进一步加强流动人员人事档案管理服务工作的通知》（陕人社发［2015］12号），全省各级人才和职介服务机构全部取消人事档案收费。做好技工院校改革，加强技工院校基础管理。积极推进职业技能鉴定工作，鉴定考核46.3万人次，取得不同等级职业技能资格37.4万人次。

进一步加强引进国外智力工作。实施“外专千人计划”和高端外国专家项目171项，引进外国专家1 874人次，其中高层次和紧缺专家59人次，新增省级引智示范推广基地和示范单位19个，评选“三秦友谊奖”外国专家10名，“陕西省优秀外国专家”9名。成功承办第22届杨凌农高会国际合作周系列活动及现代农业引智成果展，提升了杨凌农高会国际人才交流的品牌影响力。

四、人事制度改革

2015年，陕西科学规范推进人事制度改革。严格落实财政供养人员只减不增要求，加强人事宏观管理，从严控制机关事业单位新增人员总量，保障重点领域增人需求，认真做好人事台账管理，取消省级机关事业单位增人计划卡，优化省级机关事业单位人员调动程序。集中开展了机关事业单位“吃空饷”问题专项治理行动。

坚持公务员阳光招录。印发《关于进一步做好全省基层公务员考试录用工作的通知》、《关于做好全省2015年统一考试录用公务员（选调生）和参照公务员法管理单位工作人员计划申报审核工作的通知》（陕公局发［2014］72号），调整完善公务员考录政策，提高人岗匹配度，全省共录用公务员3 777名，其中从优秀工人、农民中录用公务员221名。改进人民警察录用办法，2015年全省统一考试录用公务员共有人民警察录用计划829名，其中，专业设置为警察类及相关专业的录用计划有425名，占人民警察录用计划总数的51%，完成公安部直属两校2015年陕西籍应届毕业生按生源地录用到县（区）级以下公安机关工作。

强化公务员职位管理。推进公务员分级分类考核，印发《陕西省公务员任职备案暂行办法》和《关于进一步加强公务员登记工作的意见》（陕组通字［2015］7号），明确了任职备案的范围和工作程序，设立了晋升职务事前沟通机制，制定公务员管理职责运行全程记录和责任追究规范，初步建立了事前防控、事中监督、事后追责的工作机制。深入开展做人民满意公务员活动，严格规范评比达标表彰活动。进一步健全完善公务员申诉工作机制，完善了市县区党委、政府和公务员主管部门两级公务员申诉公正委员会工作机制。以提升公务员能力素质和深化作风建设为重点，加大公务员培训力度，全面完成5大类16项培训目标任务，全年自主培训7 537人次，网络培训59 283人次。

推进事业单位人事制度改革。认真贯彻落实《事业单位人事管理条例》，进一步规范事业单位公开招聘。为县级以下医疗机构定向招聘医学类本科毕业生 1 818 人，为省属公立医院、中小学和幼儿园等 27 个事业单位公开招聘工作人员 223 人，指导省属高校、医院自主招聘 1 846 人。进一步规范事业单位岗位设置，规范和完善了事业单位岗位设置及聘用备案制度，圆满完成事业单位专业技术二级岗位实施工作，65 名申报人员通过了专家评议。

做好军转安置工作。在 2014 年实施功绩制排名选岗安置模式的基础上，进一步完善陕西省军转干部排名选岗安置意见，2015 年完成军转计划安置 1 555 人，完成国家下达的安置任务。加大自主择业军转干部就业创业扶持力度，组织开展部分自主择业军转干部企业家进行革命传统教育、创业考察活动和专场招聘会。继续坚持大下访、部门联动与应急处置相结合，企业军转干部总体稳定。

五、收入分配和劳动关系

2015 年，陕西稳慎推进收入分配制度改革。出台《陕西省人力资源和社会保障厅关于印发调整机关事业单位工作人员基本工资标准和增加机关事业单位离退休人员离退休费三个实施办法的通知》（陕人社发［2015］37 号）和《陕西省人力资源和社会保障厅关于乡镇机关和事业单位工作人员实施乡镇工作补贴的通知》（陕人社发［2015］38 号），稳妥实施机关事业单位工资收入分配制度改革，乡镇机关事业单位工作人员享受工作补贴待遇兑现已到位。推行县以下公务员职务与职级并行、职级与待遇挂钩制度，印发《陕西省委办公厅　陕西省政府办公厅关于县以下机关建立公务员职务与职级并行制度的实施意见通知》（陕办发［2015］17 号）。出台进一步加强企业工资改革和管理工作。印发了《陕西省委　陕西省人民政府关于深化省属企业负责人薪酬制度改革的实施意见》，制定陕西省 2015 年度企业工资调控目标，提高全省最低工资标准，目前本省一类工资区全日制最低工资标准为每月 1 480 元。

依法构建和谐劳动关系。积极做好劳动关系协调工作，拟定陕西构建和谐劳动关系贯彻实施意见。加强对劳务派遣用工的监督管理，深入实施集体合同攻坚计划。贯彻实施劳动合同法若干规定，积极实施专项检查，认真落实带薪年休假制度。不断加强劳动人事争议调解仲裁工作。《陕西省劳动人事争议调解仲裁办法》经陕西省人民政府 2015 年第 11 次常务会议通过，省人民政府令第 185 号公布，自 2015 年 9 月 1 日起施行。加快推进全省劳动人事争议仲裁委员会整合及仲裁机构实体化建设，9 个市完成市本级仲裁院建设，77 个区县成立仲裁院。不断加强仲裁员队伍建设，加大办案力度，全年共立案受理劳动人事争议案件 7 620 件（含上期转入的 148 件），结案 7 486 件，结案率 98.2%。切实做好劳动保障监察执法工作，积极推进劳动保障监察“两网化”建设，出台《陕西省人力资源和社会保障厅关于进一步优化明确劳动监察管辖范围的通知》（陕人社发［2015］60 号），进一步优化全省劳动监察管辖范围。开展了清理整顿人力资源市场秩序、农民工工资支付情况等专项执法活动，全省各级劳动监察机构共检查各类用人单位 27 140 户，办结案件 4 393 件，为 9.4 万名劳动者追回工资等待遇 11.8 亿元。创新建立了建筑施工总承包企业直接支付农民工工资长效机制，明确规定陕西省所有建设项目一律由施工总承包企业代分包企业直接支付农民工工资。

稳步推进农民工工作。出台《陕西省人民政府关于做好为农民工服务工作的实施意见》（陕政发［2015］29 号），成立了省级农民工工作领导小组，完成“十二五”进城落户工作总结评估，其间累计办理有条件农村居民进城落户 615 万人，超额完成 600 万人的目标任务。

严格依法行政。坚持重大事项和重要工作通报制度。严格执行规范性文件审核和报备制度。稳步推进实施权力清单和责任清单制度，将原有近 300 项权力事项减少到 46 项。依法化解行政纠纷，全年处理行政复议案件 65 件，处理各类行政应诉 100 余件。

陕西省人力资源和社会保障厅

西 安 市

2015年，是“十二五”收官之年。西安市人力资源和社会保障系统紧密结合事业发展的现实特点和发展趋势，以“深化改革、优化服务、强化落实”为主题，从群众反映最多、社会关注度最高、工作最棘手、工作程序最复杂的问题入手，坚持问题导向，真抓实干，精准发力，找准改革突破口和工作发力点，重点推进的7个方面28项改革和突出抓好的6个方面28件大事，圆满完成各项工作任务。

一、就业局势保持基本稳定

全年城镇新增就业12.9万人，农村劳动力转移就业88.0万人，发放创业贷款10.9亿元，城镇登记失业率为3.37%。接收有条件的农村居民进城落户15.82万人。城镇新增就业总量和排名列陕西省第一。

（一）以三大群体为重点，着重激发释放政策促就业的潜力。

针对高校毕业生、农村富余劳动力、失业人员三大群体就业的不同特点和需求，不断健全完善扶持就业创业的政策措施，精准发力，为就业创业工作提供政策保障。深入实施离校未就业高校毕业生就业促进计划，开展未就业高校毕业生调查登记和就业援助工作，开辟未就业高校毕业生求职绿色通道。实施“一对一”联系帮扶，托底安置特别困难学生。为3 418名高校毕业生发放一次性求职补贴341.8万元。加大高校毕业生见习工作力度，新增见习基地300家、就业见习5 003人。开展高校毕业生就业服务系列活动，倡议发起组建“西安大学生就业创业联盟”，打造学校、学生、政府、企业等多方共同参与的信息共享和互动平台。西安市政府办公厅印发《关于做好2015年普通高等学校毕业生就业工作的通知》（市政办发［2015］44号），出台一次性求职补贴、校园招聘补贴、孵化基地管理、创业贷款、创业实训、灵活就业高校毕业生社保补贴等23项支持大学生就业创业政策。

（二）积极帮扶农村富余劳动力和困难群体实现就业。

评审认定35个乡镇（街道）为农村劳动力就地就近转移就业示范乡镇，50个企业为农村劳动力就地就近转移就业示范基地，推行定向培训、定向服务、定向输出，建立稳定的劳动力供需关系。全面落实零就业家庭动态清零援助制度，实施重点扶持，动态消除零就业家庭38户43人。城镇失业人员再就业5.8万人，就业困难人员就业2.2万人。新开发公益性岗位2 036个。

（三）以加强创业服务载体建设为抓手，推动创业带动就业。

把创业孵化基地作为扶持创业的主阵地，将创业平台的搭建作为推动创业工作的重中之重，通过确保创业孵化基地组织推动到位、孵化服务到位、创业培训到位、政策落实到位，力促创业孵化基地建设。完善创业政策支持体系，出台了降低工商登记条件、放宽市场准入、减免税收优惠以及支持小微企业发展、加强创业创新载体建设、完善创业担保贷款政策、鼓励农村劳动力创业等一系列政策措施。加快创业孵化基地建设，启动“3515”工程（即用3年时间，建成50个创业孵化基地、

100 个创业实训基地、500 个大学生就业见习基地），加强具有预孵化功能的众创空间等新型创业服务平台和多层次、多类别的创业孵化基地建设。建成创业孵化基地 37 个，在孵大学生企业 734 家，孵化面积达 157.18 万平方米，创业带动就业 127 313 人，减免各项费用 3 540 万元。建成新型创业服务平台（预孵化机构）7 家，精选 42 家优质企业作为大学生创业实训基地。调整完善小额担保贷款政策，提高贷款额度，扩大贷款范围，实现了对各类创业群体的全覆盖。西安市大学生创业基金扶持 800 多人创业，提供 8 000 余个就业岗位，累计创造产值 19.3 亿元，实现利税 6 320 万元。

（四）以丰富载体为依托，深入开展公共就业服务活动。

以服务企业用工、统筹推动各类群体就业为目标，统一组织，上下联动，实现公共服务活动全年覆盖。先后开展了“春风行动”、“民营企业招聘周”、“高校毕业生就业服务月”、“高校就业校园行”等各项公共就业服务活动，举办各类招聘会 325 场次，为各类人群提供高效的就业服务。利用广播、电视、报纸等传统媒体以及微信、微博、网站等新媒体广泛宣传和解读政策，宣传创业典型，推广先进经验做法。搭建网上对接平台，建立全市人力资源基本信息库和求职岗位资源库，实现人力资源基本信息、就业失业管理信息、职业供求信息等数据共享。开设就业人才服务微信、微博客户端。

二、社会保险体系不断健全

截至 2015 年 12 月底，西安市参加基本养老保险、城镇基本医疗保险、失业保险、工伤保险和生育保险人数分别达到 590.7 万人、419.5 万人、149.6 万人、149.2 万人和 110.0 万人，城镇基本医疗保险参保率达到 98.5%。

（一）不断扩大社会保险覆盖面。

10 月，市政府办公厅印发《西安市全民参保登记计划试点工作实施方案》（市政办函［2015］219 号），明确全民参保工作的目标任务、政策措施、实施步骤、组织保障等主要问题。11 月，市政府办公厅召开西安市全民参保登记计划试点工作专题会议，安排部署全民参保登记试点工作。同时，实施建筑行业参加工伤保险工作。根据人力资源社会保障部等部委统一安排，结合本市实际和建筑行业的特点，西安市于 2015 年 7 月启动建筑施工企业参加工伤保险工作，明确辖区内承建建设项目的所有建筑施工企业，都应按照行业风险类型以本单位职工工资总额为基数参加工伤保险。从 2015 年起，用三年时间开展建筑业参加工伤保险“同舟计划”专项扩面行动，建立按项目参保和优先办理工伤保险的长效机制，实现三年内全部建筑企业及其从业人员参加工伤保险工作目标。

（二）调整各项社会保险待遇。

连续第 11 次提高企业退休人员基本养老金，61.8 万名企业退休人员月人均增加养老金 217.5 元，月人均养老金水平达到 2 386.5 元。调整提高城镇居民基本医疗保险财政补助水平，由原来每人每年 350 元提高到 400 元。将失业保险待遇提高至 1 110 元/月・人。提高工伤保险各项待遇水平，将一次性工亡补助金调整为 576 880 元，同时普遍调整了工伤职工伤残津贴、护理费、工亡职工供养亲属抚恤金等工伤保险待遇。

（三）切实落实各项社保惠民政策。

积极落实厂长经理生活补助金和退休专家生活补贴，为 60 家企业 221 名退休厂长经理及 713 名退休专家发放生活补助金和生活补贴。落实环卫工人、出租车司机和律师等群体参加社会保险政策，环卫工人、出租车司机和律师参保人数分别达到 1.5 万人、2.6 万人和 2 200 人。进一步做好部分部队退役人员基本生活保障，为 619 名退役人员发放生活补助。做好职教幼教退休人员待遇审核和发放工作，为 80 家单位 2 403 人发放生活补贴 1 464 万元。做好城镇居民大病保险工作，赔付大病保险案件 1 160 件，赔付资金 761.1 万元。继续做好企业“老工伤”人员纳入工伤保险工作，解决企业“老工伤”遗留问题，截至2015年年底，已累计纳入“老工伤”人员12 734人。

（四）切实发挥社保保就业稳增长的作用。

继续完善失业动态监测体系，新增失业动态监测企业58户，达到120户，在陕西省名列第二。充分发挥失业保险稳岗位、促就业的作用。2015年6月，西安市贯彻落实失业保险支持企业稳定岗位政策，开始为不裁员、少裁员的企业发放稳岗补贴，用于职工生活补助、缴纳社会保险费、转岗培训、技能提升培训等相关项目支出。当年共为439家发放稳岗补贴1.5亿元，直接稳定就业岗位33.3万人。适当降低生育保险费率，从2015年7月1日起，至2016年6月30日，将生育保险费率由0.5%下浮至0.25%，预计每年可为参保单位减轻经济负担1.7亿元。

（五）强化社会保险基金监管工作。

建立社会保险基金预算执行约束机制，通过分析每季度社会保险基金预算执行情况，强化预算编制，不断加强管理和监督，保证基金安全完整，提高社会保险基金运行效率。上线运行社会保险基金监督系统，通过信息比对，发现预警信息上千条，排查核实涉嫌违法、违规操作预警信息近百条，责令纠正违规操作，挽回基金损失。健全社会保险经办管理内控体系，开展社会保险基金运行分析工作。同时，开展养老保险基金专项检查工作。

（六）取消医疗保险“两定”机构审查。

8月，西安市新增110家城镇职工医保定点零售药店、28家城镇职工和城镇居民医保定点医疗机构。至此，全市已有623家医疗保险定点医疗机构和2 072家定点零售药店。10月，按照国家和省统一安排，停止“两定”机构审查审批事项。

三、人才队伍建设

（一）大力实施人才引进工程。

深入实施“外专千人计划”和高端外国专家项目，全年引进国外技术和管理人才项目365人次。在澳大利亚、德国建立海外人才工作站，并签署合作协议，在引进国外智力、高层次人才交流等方面进行协商合作。先后于3月、10月两次组织赴外引才活动，引进各类高端博士人才500余人。4月，市委人才领导小组印发《西安市公开招聘博士研究生暂行办法》，启动实施博士招聘计划，计划用5年时间为西安市企事业单位招聘150名博士。10月，启动首次博士招聘，为40家企事业单位招聘50名博士研究生。

（二）建立西安丝绸之路经济带人力资源服务产业园。

8月7日，西安丝绸之路经济带人力资源服务产业园挂牌。西安丝绸之路经济带人力资源服务产业园建设，按照“一园多区”的布局模式和“合作共建”的运作模式、突出“服务产业”的核心，通过政府引导、社会参与、市场化运作，充分发挥市场的决定性作用和更好地发挥政府的推动作用。在碑林区和曲江新区建设西安市第一个专业的人力资源服务产业园，包含人力资源服务区、丝绸之路经济带高端人才服务区、人力资源企业孵化器等8个基本功能区，将为主导产业提供专业的人力资源服务。

（三）举行2015欧亚经济论坛——丝绸之路高端人才分会。

9月24日，由国家外国专家局、陕西省人民政府、西安市人民政府主办，西安市人力资源和社会保障局承办2015欧亚经济论坛——丝绸之路高端人才分会。西安市政府副市长方光华代表主办方致辞。国家外专局副局长张亚力，西北大学副校长陈超，亚美尼亚久姆里市副市长瓦嘉什·米希达恩，西安华芯半导体有限公司总经理、国家千人计划获得者任奇伟，中国科学院西安光学精密机械研究所信息光子器件与光子集成研究中心研究员布兰特·李特尔，美国硅谷Olixus公司总裁许育琳，以及中国人事科学研究院人才队伍建设研究专家围绕海外高层次人才引进、区域人才合作交流、创新创业人才培养、高端人才培养与科技进步、高端人才培养与产业转移等方面问题先后作主题发言。

（四）组建丝绸之路经济带人才合作联盟。

9月25日，2015欧亚经济论坛——丝绸之路经济带人才合作联盟圆桌会议在西安市召开，正式启动丝绸之路经济带人才合作联盟。该联盟由经济带沿线中国境内城市人社部门、知名高校、国内知名人力资源专业服务机构、外国政府劳工组织（相关部门）、专业人才开发组织等44家机构组成，围绕丝绸之路经济带沿线城市经贸人文合作和经济社会发展，充分发挥联盟成员资源优势和高层次人才的引领、带动作用，创新实施高层次人才交流、培养合作项目，开展跨地区人力资源政策研讨、人才资源需求预测与信息分享，共同搭建务实有效的跨区域人才资源开发、合作与交流平台，为推动经济带贸易发展、提高地区经济国际竞争力提供有力的人力资源支撑。

四、人事制度改革进一步深化

（一）公务员管理更加规范。

进一步规范完善公务员非领导职务设置、调任转任、竞争上岗、公开遴选、考核奖惩以及评比达标表彰活动等管理。通过征集计划、制定方案、发布公告、考试考察、体检公示、组织决定等程序，为市财政局等3个市级机关遴选9名公务员，为市政府办公厅所属市电子政务网络中心等5个参照管理单位遴选9名工作人员。为市行政系统部门录用公务员和参照公务员法管理单位工作人员522人（其中从优秀工人农民中录用20人、特殊招录10人）。继续开展公务员“四类培训”，举办“公务员大讲堂”及“公务员大讲堂送教下乡”活动。

（二）事业单位人事制度改革进一步深化。

认真贯彻《事业单位人事管理条例》，岗位设置管理、合同管理、竞聘上岗、聘后管理、日常管理等制度更加完善。为食品药监、教育、卫生和综合服务事业单位公开招聘工作人员2 530人。各区县进校园招聘高层次和急需紧缺人才277人。采取直接考核的方式，为西安文理学院招聘教授、博士研究生8名，为西安市艺术学校招聘2名秦腔表演专业基训课教师。进一步规范开发区的公开招聘，为经济开发区、航空基地、航天基地、国际港务区、浐灞生态区及所辖公办学校招聘292人。

（三）军转干部安置任务圆满完成。

进一步改进和完善功绩制分配等军转安置办法，在部分保留双向选择分配的基础上，参照实行考试考核积分排名选岗，将西安市军转干部安置分配办法调整为双向选择分配、积分排名选岗分配、包底分配新“三步走”的安置分配办法，圆满完成687名计划分配军转干部的安置任务。进一步提升自主择业军转干部管理服务工作水平。不断加强军转干部教育培训工作，加大企业军转干部解困政策宣传力度。

五、工资制度改革不断深化

（一）进一步加强对企业工资总额的宏观调控。

发布2015年企业工资调控目标，加强对企业建立工资正常增长机制的指导。将最低工资标准调整至1 480元/月。开展高温津贴调研，将防暑降温费和高温津贴标准分别从6元/天（室外作业10元/天）、10元/天提高到10元/天（室外作业15元/天）、25元/天。探索完善企业薪酬调查制度，完成1 900余户企业调查数据回收，涉及劳动者26.4万人，形成西安市分行业的部分职位工资指导价位及人工成本情况资料。进一步落实职工带薪年休假，通过劳动用工年检督促企业进行带薪年休假制度报备。

（二）推行县以下公务员职务与职级并行制度。

截至2015年12月底，除周至、户县、蓝田三个县以外，其他十个区全部完成职级并行的待遇审批工作，共审批晋升职级172人，其中晋升正处级18人、晋升副处级129人、晋升正科级3人、晋升副科级22人。实施市级机关事业单位基本工资标准和优化工资结构调整。集中治理机关事业单位“吃空饷”问题，共清理出“吃空饷”人员14人，其中区县7人、市级部门7人。

六、劳动关系更加和谐稳定

（一）深入实施集体合同制度攻坚计划。

截至年底，全市已建工会企业集体合同签订率92.9%，工资集体协商签约率90.63%。加强劳务派遣用工监督管理，认真做好劳务派遣许可工作，当年共颁发劳务派遣经营许可证64个，备案2个。积极创建和谐劳动关系企业和工业园区。

（二）劳动人事争议调解仲裁工作不断加强。

2015年，西安市各级劳动人事争议仲裁机构受理劳动人事争议案件5 087件，涉及5 234名劳动者，结案率达到98.9%，案件合格率达100%。按照“预防为主、基层为主、调解为主”的原则，整合资源，健全和完善基层劳动人事争议调解组织网络，加强乡镇、街道劳动争议调解组织规范化建设，逐步构建多层次、全覆盖的调解组织网络体系。截至2015年年底，全市已成立2 272个基层劳动人事争议调解组织。

（三）劳动保障监察执法围绕中心、贯穿全年。

以维护劳动者合法权益为宗旨，以规范人力资源市场秩序、查处各类违反劳动法案件为突破口，充分发挥劳动保障监察的职能作用，较好地维护了劳动关系的和谐稳定。先后组织开展了农民工工资支付、人力资源市场秩序清理整顿、禁止非法使用童工、用人单位遵守劳动保障法律法规、高温补贴等方面专项检查，主动检查各类用人单位5 015家，涉及劳动者25.8万人，督促补签劳动合同2.5万份，追发工资等待遇9 598万元。行政处罚204户存在严重违法行为的用人单位，申请强制执行案件38起。

（四）全力保障农民工工资支付。

2015年，西安市人力资源社会保障部门向公安机关移交涉嫌拒不支付劳动报酬罪案件60起，公安机关全部立案侦查，依法打击恶意拖欠农民工工资的违法犯罪行为。从9月开始，对欠薪隐患进行全面排查，排查出欠薪隐患74个。连续第12年在春节前开展七部门“一厅式”集中办公，坚持每周对农民工投诉、案件处理及突发事件等情况进行分析，研判工作形势，调整工作思路。切实执行农民工工资支付保证金制度，办理130个项目的保证金预存手续，预存金额6 530万元，全面实行农民工工资支付保证金属地化管理。“两网化”管理框架基本建立，用人单位信息初步掌握，初步实现了投诉举报案件网上办理和业务网上操作。进一步鼓励和引导开发区设立劳动保障监察机构。

西安市人力资源和社会保障局

甘 肃 省

一、就业情况

2015 年，全省城镇新增就业 43.7 万人，完成全年目标任务的 109.3%，同比增长 0.4%。省内应届高校毕业生实现就业 11.99 万人，就业率 90.6%，同比提高了 1 个百分点。全省城镇登记失业率 2.14%，低于年控制计划 1.86 个百分点，全省就业形势稳中向好。

（一）落实就业创业政策。

认真落实积极就业创业政策，报请省政府出台了《甘肃省人民政府关于进一步做好新形势下就业创业工作的实施意见》、《甘肃省人民政府关于进一步做好为农民工服务工作的实施意见》、《甘肃省人民政府办公厅关于支持农民工等人员返乡创业的实施意见》等一系列积极有效促进就业创业的措施。会同发改、工信等部门出台了《甘肃省失业保险支持企业稳定岗位实施意见》，重点对职工生活补助、缴纳社会保险费、转岗（技能）培训等方面给予补贴，全省共发放失业保险稳岗补贴 5.21 亿元，共有 1 645 户企业的 60.94 万名职工受益。会同财政、地税等部门下发了《关于调整失业保险费率有关问题的通知》，失业保险费率由原来的 3%统一降至 2%，全年用人单位少缴纳失业保险费 3.72 亿元，职工少缴纳 1.24 亿元。不断加大就业专项资金投入力度，优化资金支出结构，全省共支出就业资金 16.1 亿元，共有 79.4 万人次享受职业培训、社会保险和公益性岗位等补贴。积极开展就业援助活动，共帮助 16.8 万名失业人员和 4.8 万名就业困难人员实现就业和再就业。

（二）职业技能培训鉴定。

全省共组织开展各类职业技能培训 112.9 万人，其中，职业技能培训 44.3 万人，完成全年目标任务的 147.6%。劳务技能培训 68.6 万人，完成年计划的 105.5%。开展职业技能鉴定 38.67 万人，获证 32.9 万人，获证率 92.5%。精准扶贫劳动力培训工作扎实推进，联合省教育厅、省财政厅、省农牧厅、省扶贫办等部门研究制定了《关于精准扶贫劳动力培训支持计划的实施方案》和《2015 年甘肃省精准扶贫劳动力培训实施计划》，全省共开展精准扶贫劳动力培训 49.9 万人，完成年度目标任务 36.4 万人的 137.7%。全面完成城乡居民职业技能培训民生实事任务，完成 22 万人“两后生”职业技能学历教育培训、4 万名农民工短期技能培训和 10 万名城乡贫困妇女开展“陇原巧手”手工编织技能培训任务。认真组织开展就业创业技能省级示范性培训，省人社厅自筹资金 1 000 万元，继续在全省 75 个贫困县和卓尼县“尼江”地区组织开展省级示范性培训，引领带动市县跟进开展培训 5 期。全省共开展培训 453 期，培训农村创业和技能致富带头人 4.55 万人。深入开展职业技能培训鉴定维权上门服务，省市人社部门继续组建专门工作组赴省内外重点企业、行业和产业园区，开展职业技能培训鉴定和维权上门服务，全年开展上门培训鉴定 23.38 万人，获证 21.27 万人，获证率 91%，自 2013 年以来，已累计开展上门培训鉴定 52.65 万人，获证 47.06 万人。

（三）高校毕业生就业创业。

深入实施促进高校毕业生就业创业“五大计划”。实施校园招聘计划，通过“走出去、请进来”等多种方式和渠道，邀请各类用人单位，广泛开展校园专场招聘活动。省内各高校共举办各类招聘会188场次，提供就业岗位29.6万个。组织开展了2015年民营企业招聘周暨大学生就业创业政策宣传活动，参加招聘企业310家，提供就业岗位7 020个。实施高校毕业生基层服务计划，会同有关部门统筹实施扶持1万名高校毕业生就业民生实事工程和“大学生村官”、“三支一扶”、“进村（社区）”、“特岗教师”、“西部计划”等五个基层服务项目，共选拔17 172名高校毕业生到基层事业单位岗位和企业就业。实施大学生创业引领计划，创新《就业创业证》管理发放办法，开通营业执照的“绿色通道”，积极落实税费减免、资金扶持等各项优惠政策，鼓励支持大学生创业，累计为5 100名高校毕业生发放创业担保贷款3.55亿元。实施高校毕业生就业促进计划，2015年将高校毕业生求职补贴调整为求职创业补贴，对象范围扩展到已获得国家助学贷款的高校毕业生，共为43所高校的9 828名毕业生每人一次性发放1 000元求职补贴，其中低保家庭毕业生9 607名、家庭有残疾人的毕业生221名。实施机关事业单位聘录用计划，利用自然减员指标，公开考录高校毕业生到机关事业单位就业，2015年全省考录公务员拟招录1 723名。

（四）创业带动就业。

加快职能转变和简政放权，深入推进行政审批制度改革，大幅减少行政审批事项，深化工商登记改革，扩大税费减免范围，推动大众创业、万众创新，激发社会大众的创业热情和活力，全年新增市场主体23.78万户。强化创业资金保障，全省新发放创业担保贷款46.79亿元，完成全年任务的117%，吸纳带动就业19.18万人，其中下岗失业人员8 030人。完善创业服务体系，积极加强创业服务平台建设，新审批认定了省级创业孵化示范基地（园区）25个，全省共收集创业项目2 575个，入库专家462人。

（五）城乡富余劳动力转移就业。

深化省际劳务合作及区域协作，提高劳务输转的组织和服务保障能力，甘肃省已累计与16个省（市、区）签订了劳务合作协议，全省已有1 232个乡镇建立劳务工作站，在甘肃籍务工人员集中的15个省（市、区）和哈萨克斯坦设立了16个驻外劳务管理机构。全省共输转城乡富余劳动力528.6万人，完成目标任务的105.7%，其中就近转移就业325.7万人，完成目标任务的125.3%；创劳务收入889.7亿元，完成年计划860亿元的103.5%，同比增长10%。

二、社会保障

（一）努力扩大参保覆盖面。

全省五项社会保险参保1 432.4万人次，综合参保率96.39%。其中，城镇职工基本养老保险参保304.88万人，参保率99.96%；城镇基本医疗保险参保633.88万人，参保率98.43%；失业保险参保162.76万人，参保率90.27%；工伤保险参保178.33万人，参保率99.96%；生育保险参保152.56万人，参保率85.82%。城乡居民基本养老保险参保1 236.74万人，参保率97%。社会保险基金累计结余651.59亿元。

（二）稳步提升社会保障待遇水平。

省政府将五项社会保险提待工作列入为民办实事项目，分别调整提高了待遇水平。其中，企业退休人员基本养老金、失业保险金、工伤职工伤残标准提高10%，月人均分别达到2 226元、976元、2 251元，城乡居民基础养老金最低标准由每人每月65元提高到85元，城镇居民基本医疗保险政府补助标准由年人均320元提高到380元。

（三）完善社会保障政策体系。

制定出台了《甘肃省关于贯彻落实〈国务院关于机关事业单位工作人员养老保险制度改革的决定〉的实施办法》，拟定了机关事业单位养老保险经办规程。适当降低了社会保险费率，失业保险费率由3%降至2%，工伤保险平均费率由1%降至0.75%，生育保险费率从不超过1%降至0.5%。全面推进全民参保登记工作，在人社部确定兰州、张掖、定西市为国家试点单位的基础上，将天水、金昌市和省直列为省级试点单位，并将革命老区庆阳市和10个新型城镇化试点县市及红色教育基地两当县纳入先行试点范围，试点面达到63%，目前全民参保登记入库1 067.05万人。深化医保费结算方式、大病保险改革，积极推进省直、兰州市、张掖市深化付费方式改革试点工作，同步推进按病种、按人头等多种付费方式改革，全省有13个统筹地区城镇基本医疗保险住院医疗费实现直接结算，80%以上统筹地区门诊大病、个人账户门（急）诊等医疗费用实现直接结算，大病保险已覆盖所有城乡居民基本医保参保人群，报销比例为50%～65%，报销额度上不封顶。积极推进异地就医结算管理，统一完善省内异地就医结算政策，严格规范异地就医结算经办业务，全省各市州实现在海南省参保人员住院医疗费用直接结算。

（四）推进社会保障信息化建设。

全省“五险合一”社会保险信息系统在金昌市试点上线启动。对省直医疗保险信息管理系统征缴模块进行修改完善。完善城乡居民基本养老保险管理信息系统功能，全省86个县区系统参数已全部调整到位。积极推进社会保障卡发放工作，全省社会保障卡持卡人数1 401.2万人。

三、人事人才

（一）公务员管理。

省人社厅首次集中组织开展了省直机关及群团组织公开遴选公务员工作，25家遴选单位共遴选公务员84人。会同省委组织部出台了《关于进一步规范公务员登记和非领导职务管理工作的通知》，对办理公务员登记、非领导职务管理工作中一些具体条件、程序、办法等问题进一步明确规范。组织完成了2015年全省公务员招录工作，招录1 723人。开展了以“依法行政，建立法治政府”和“循环经济理论与实践”为主题的公务员远程网络培训，培训期5个月，培训人数7万多人。

（二）专业技术人才队伍建设。

会同有关部门研究出台了《兰白科技创新改革试验区人才发展支持办法》、《关于对战略新兴产业发展总体攻坚战骨干企业突出贡献人才奖励的决定》等政策措施，不断创新人才培养、引进、激励机制。全面完成了领军人才任期考核，启动了2015年甘肃省领军人才补充选拔工作，从全省特色优势产业、重大项目和重点学科中，补充选拔100名优秀人才进入领军人才队伍，领军人才规模达到924人。4人入选国家“新世纪百千万人才工程”，39人批准享受国务院“政府特殊津贴”。完成急需紧缺和骨干专业技术人员培训及专业技术人员素质提升，培训14.3万人。争取实施国家留学人员及博士后资助项目60项，资助金额430万元。完成了人社部“西部现代农业示范区发展海外赤子科技智力行项目”组织实施工作。举办专业技术人才高级研修班3期。中国兰州留学人员创业园新增孵化企业8家，累计入园孵化企业达到78家。引进博士以上留学回国人员15名，6人入选国家“千人计划”青年人才资格，累计入选19人。全省新增博士后科研流动站3个，累计达到82个。

（三）事业单位人事制度改革。

出台了《关于进一步完善事业单位人事管理服务工作的意见》、《甘肃省事业单位公开招聘人员面试工作规则（试行）》、《关于进一步规范事业单位公开招聘工作的通知》和《关于机关事业单位工作人员离岗创业有关问题的通知》等政策性文件。全省实施岗位管理和人员聘用制度的单位占95.2%，聘用合同签订率96.9%。实施事业单位公开招聘，全年发布省直事业单位招聘公告12期，招聘2 555人。

（四）工资制度改革。

调整提高了全省机关事业单位基本工资标准。乡镇补贴发放工作全面完成。县以下公务员职务职级并行工作基本完成。积极推进司法体制改革试点工作，制定出台了本省《司法体制改革试点工作方案》。顺利完成了全省机关事业单位工作人员正常晋升工资工作和工人技术等级考核工作。

（五）职称制度改革。

中小学教师职称制度改革全面推开，在兰州、酒泉两市开展中小学教师职称制度改革试点的基础上，将试点范围扩大至庆阳市、甘南州和省属有关单位，共有38 854名中小学教师通过审核过渡。职业技术学院“双师型”教师和乡村医生职称评审工作走在全国前列，80名职业院校教师成为“双师型”教师，9名乡村医生获得主任乡村医生（正高级）资格，113名获得副主任乡村医生（副高级）资格。研究提出了解决县区基层一线农技（含畜牧、兽医、农机、水产）人员职称评审问题的6项倾斜照顾政策。完成了2015年度全省正高级工程师评审工作，151名专家获评正高级工程师，全省正高级工程师增至675名。

（六）引进国外智力。

全省共执行引进外国专家项目121项，引进外国高层次、急需紧缺专家256人次，在省内长期工作的外国专家398人，引进短期外国专家2 200人次。执行因公出国（境）培训项目31项，派出培训452人。2015年报省政府批准，4名在甘工作的外国专家获得省政府“敦煌奖”，1名专家获得中国政府“友谊奖”。

（七）军转安置。

中央下达甘肃省安置计划570人，其中计划分配250人，自主择业320人，另有随调家属28人。实际接收安置567人，计划分配247人，自主择业320人，全部安置到位。按照国家统一安排，调整提高了2015年全省企业军转干部生活困难补助标准。

四、工资收入分配

2015年，全省城镇居民人均可支配收入23 767元，同比增长9%，增幅居全国第四位。共出台和落实城镇居民增收政策措施19项，其中落实上年年底翘尾政策两项（提高机关事业单位津补贴标准、提高机关事业单位取暖费补贴标准）；新出台措施14项（机关事业单位工作人员正常晋升工资、工会发放春节慰问品、调整提高企业离退休人员和因工伤残等人员取暖补助标准、调整提高五项社会保险待遇水平、调整提高全省最低工资标准、调整提高全省城市低保标准、调整机关事业单位工作人员基本工资和增加离退休人员离退休生活费、建立乡镇机关事业单位工作人员乡镇工作补贴、县以下机关建立公务员职务与职级并行制度、补发2014年度机关年终一次性奖金调整提高部分）；持续推进落实增收措施三项（促进城镇新增就业、增加城镇居民经营性收入、增加城镇居民财产性收入）。

五、劳动关系

出台了《关于构建和谐劳动关系的实施意见》。全省各级劳动监察机构共检查用人单位3.82万家，涉及劳动者112万人，查结投诉举报案件9 031件，结案率98%，补签劳动合同7.82万人，为9.08万名劳动者追发工资等待遇9.53亿元，其中，为7.3万名农民工追缴拖欠工资7.14亿元。劳动人事争议案件结案2 498件，结案率97.3%。调整提高了全省最低工资标准，各类地区平均上调9.4%，全省最低工资标准一至四类地区分别达到每月1 470元、1 420元、1 370元、1 320元。调整发布了全省在岗职工工资增长调控目标，企业在岗职工工资增长上线16%、基准线11%、下线5%。积极推进劳动人事仲裁实体化建设，市州劳动人事争议仲裁院组建率达到91.6%，县区组建率达到97.1%。

六、自身建设

（一）深化改革。

2015年，甘肃省委全面深化改革领导小组部署省人社厅牵头任务27项，其中制定方案类12项，推动落实类14项，开展试点类1项，目前已完成21项，其余6项属顶层设计事项，需待国家统一部署后落实。特别是根据人社部统一部署，全力推进人社领域各项重点改革任务。制定出台了《甘肃省机关事业单位工作人员养老保险制度改革实施办法》、《甘肃省深化省属国有企业负责人薪酬制度改革实施方案》、《甘肃省县以下机关建立公务员职务与职级并行制度实施意见》、《甘肃省乡镇机关事业单位工作人员乡镇工作补贴实施办法》、《甘肃省失业保险支持企业稳定岗位实施办法》等一系列政策文件。同时，加快推进行政审批制度改革，通过取消、下放、调整、合并等形式，主动将行政审批事项由原来的44项调整为11项，减幅达75%。现有的11项行政审批项目全部入驻省政府政务大厅实行集中受理、统一办结。全年共受理行政审批事项88件、政策咨询2 818件，答复网上政策咨询14件。

（二）党风廉政建设。

认真贯彻落实党风廉政“3783”主体责任体系，着力构建党组认真负责、党组书记自觉尽责、班子成员主动担责、处室单位各尽其责的工作格局。制定印发了《全省人社系统2015年党风廉政建设和反腐败工作要点》，明确了党风廉政建设和反腐败工作的34项具体任务，逐级签订了党风廉政建设目标责任书。认真落实中央“八项规定”和省委双十条规定。认真开展学习贯彻新修订的《中国共产党廉洁自律准则》和《中国共产党纪律处分条例》主题宣讲活动，领会精神实质，坚持理想信念高线，坚守纪律规矩底线。组织开展“三严三实”专题教育，定措施、抓整改，促进作风转变。

甘肃省人力资源和社会保障厅

青 海 省

2015年，青海省人力资源和社会保障工作认真贯彻落实全国人力资源社会保障工作会议精神，紧紧围绕青海省委、省政府工作大局，坚持"民生为本、人才优先"工作主线，迎难而上、主动作为，开拓创新、积极进取，促改革、补短板、兜底线、防风险，为全面建成小康社会作出了积极贡献。

一、全力促进就业创业工作

全年全省实现城镇新增就业6.2万人，完成年度目标任务的105%；农牧区富余劳动力转移就业118万人次，完成年度目标任务的112%；城镇登记失业率3.2%，较年度控制目标低0.3个百分点。

（一）就业创业政策体系日臻完善。

坚持把就业放在民生工作的首位，制定出台了《关于进一步做好新形势下就业创业工作的实施意见》（青政［2015］63号）、《关于进一步加强为农民工服务工作的通知》（青政办［2015］13号）和《关于做好农民工等人员返乡创业工作的实施意见》（青政办［2015］241号）等一系列政策措施，统筹整合各项财政税收、金融信贷、各类补贴等政策措施，形成具有青海省特色的积极的就业创业政策体系。

（二）扎实推进创业带动就业工作。

在巩固西宁、格尔木国家级创业型城市创建成果的基础上，启动了海东、德令哈、玉树市省级创业型城市创建工作，开展了"全省首届创新创业大赛"及系列活动，建成创业孵化基地24家，建设了3所高校创业孵化园，营造了全社会创业创新的良好氛围。全省就业创业贷款担保基金增加2 000万元。

（三）全力做好高校毕业生就业工作。

深入推进"大学生创业引领计划"、"大学生就业促进计划"，继续加大机关事业单位考录招聘力度，统筹实施大学生村官、特岗教师等服务基层项目，推进国有企业招聘高校毕业生的信息公开，探索政府购买基层公共管理、社会服务岗位，组织开展高校毕业生春季网络招聘、民营企业周暨高校毕业生就业招聘、央企面向青海等四省区高校毕业生网络招聘等专项服务活动，全省高校毕业生就业率达89.2%。

（四）积极开展各类公共就业服务活动。

围绕重大建设项目、新型城镇化建设、农牧业产业化等，充分发挥就业服务机构和劳务经纪人作用，组织农牧区劳动力就地就近就业、返乡创业和跨地区转移就业，不断培育壮大劳务品牌，劳务输出规模和收入稳步提高。加强对困难人员的就业援助，通过创建充分就业社区、提供公益性岗位、动态清零等措施，深入开展"就业援助月"、"春风行动"等系列就业服务活动，帮助就业困难人员实现再就业，促进城镇失业人员再就业32 771人，城镇就业困难人员就业3 973人。

（五）统筹城乡劳动力技能培训工作。

继续整合全省培训资源，统筹实施创业能力提升培训、农民工职业技能提升计划、未就业大中专毕业生专项就业培训、园区企业用工培训、失地农民及劳务经纪人技能培训、农牧区劳动力技能培训"雨露计划"等10个重点培训项目，实行培训券和培训信息实名管理制度，全年培训城乡劳动力16.78万人，其中人社部门组织培训城乡未就业劳动力8.9万人，培训合格率达到90%以上，培训后当期就业率达到75%以上。

二、稳步推进社会保障制度改革

（一）深入推进养老保险制度改革。

根据国务院和人社部的统一部署，在充分调研的基础上，制定出台了《青海省人民政府关于印发贯彻落实〈国务院关于机关事业单位工作人员养老保险制度改革的决定〉实施办法的通知》（青政［2015］67号）以及机关事业单位养老保险制度改革具体实施细则、职业年金办法、省级统筹办法、宣传提纲、经办规程等配套文件，形成了“一主八辅”的机关事业单位养老保险制度政策框架，全省机关事业单位养老保险制度改革全面启动。同时，连续第11年调整全省企业退休人员基础养老金，调整后企业退休人员养老金水平达到3 060元。调整提高了城乡居民养老保险基础养老金标准，调整后全省城乡居民基础养老金达到125元。

（二）积极推进医疗卫生综合改革试点。

建立完善了城乡居民医保的合理筹资及分担机制，将城乡居民筹资标准统一提高到550元。实施分级诊疗差别化医保支付政策，将全省城乡居民在三、二、一级及以下定点医疗机构住院费用统筹基金起付线标准统一为1 500元、600元、100元。推进医保复合型支付方式改革，在开展医保付费总额控制的基础上，开展按病种（病组）、按人头等复合型付费方式改革工作。巩固城乡居民医保“五统一”水平，全面实现市州级统筹目标。进一步规范了大病医疗保险经办服务和考核，统一了大病医疗保险药品目录、合规医疗费报销范围、大病医疗保险报销时限等相关政策。开展了城乡居民基本医疗保险普通门诊统筹制度试点，研究整合城乡居民医保诊疗项目目录。

（三）实施援企稳岗社保政策。

下调失业保险费率。印发了《关于调整失业保险费率有关问题的通知》（青人社厅发［2015］51号），将失业保险费率由3%降至2%，全年减轻企业、职工负担1.6亿元。同时，制定出台了《失业保险支持企业稳定就业岗位实施办法》（青人社厅发［2015］49号），扩大失业保险支持企业稳岗政策实施范围，全年支付企业稳岗补贴2.07亿元。调整工伤保险费率。印发了《关于调整工伤保险费率政策的通知》（青人社厅发［2015］130号），全省各行业实行8种不同的工伤保险基准费率，平均费率由0.89%下降至0.79%，全年减少参保单位缴费近3 000万元。调整生育保险费率。印发了《关于调整全省城镇职工生育保险费率的通知》（青人社厅发［2015］131号），企业和自收自支事业单位的缴费费率由原来单位职工工资总额的0.9%调整为0.5%，机关和全额、差额事业单位缴费费率由原来单位职工工资总额的0.5%调整为0.45%，全省各类参保单位、企业每年将少缴5 800多万元。

（四）加强社保基金管理。

启动实施社会保险全民登记计划，着手建立全面、完整、准确的社会保险参保基础数据库，实现全省联网和动态更新，促进、引导各类单位和符合条件的人员长期持续参保。开展了企业职工退休审核审批专项检查和重复参保缴费、重复领取社保待遇人员核查，严厉打击社保基金欺诈行为，有效维护了基金安全。

三、促进形成合理有序的分配秩序

（一）稳步推进机关事业单位工资制度改革。

根据国务院关于机关事业单位养老保险制度及配套工资制度改革的安排部署，制定出台了《青海省关于调整机关事业单位工作人员基本工资标准和增加离退休人员离退休费三个实施办法》（青政办［2015］121号），于7月底前全面完成增资工作，全省机关事业单位在职及离退休人员月人均增资433元。制定出台了

《青海省县以下机关建立公务员职务与职级并行制度的实施意见》（青办发［2015］30号），并印发了《关于印发贯彻实施〈青海省县以下机关建立公务员职务与职级并行制度的实施意见〉若干具体问题的意见的通知》（青人社厅发［2015］114号），全省有2.1万人享受相应职级待遇，月人均增资715元。同时，提高了全省机关事业单位津贴补贴水平。

（二）深化国有企业负责人薪酬制度改革。

制定出台了《青海省深化省管国有企业负责人薪酬制度改革的意见》（青政［2015］64号），合理控制国有企业负责人薪酬过快增长。同时，加强企业工资分配宏观调控，健全完善企业工资指导线、人力资源市场工资指导价位、最低工资三项制度，部署开展企业薪酬试调查工作，促进建立企业工资正常增长机制，全社会工资分配秩序进一步规范。

四、进一步提升人事人才管理水平

（一）进一步规范公务员考录和事业单位人员招聘工作。

制定印发了《关于进一步做好我省艰苦边远地区县乡公务员考试录用工作的实施意见》（青人社厅发［2015］46号），调整完善了基层公务员考录政策，从制度上保证了基层公务员队伍的稳定。修订完善了《青海省事业单位公开招聘工作人员暂行办法》和笔试、面试、考核聘用三个实施细则，促进了招聘工作的公平公正和规范有序。全年组织考录招聘10个批次，报考人数达14.3万人，实际考录招聘10 099人。

（二）进一步完善机关事业单位管理制度。

开展了公务员平时考核试点，实行周记实、月评鉴、季考核制度。制定了青海省党政干部通用基本能力标准、基本能力评价标准、基本能力测评办法及基本能力训练大纲，指导省直单位制定了46个岗位标准，在西宁等3个地区和省直7个单位开展了基本能力测评试点工作。制定出台了《关于进一步加强和规范事业单位人员流动工作的意见》（青人社厅发［2015］79号），并在全省范围内开展了机关事业单位“吃空饷”集中整治工作，查处“吃空饷”人员37人，涉及“吃空饷”金额109.45万元；开展了事业单位违规进人专项治理行动，查处3起、涉及22人的违纪违规进人事件，相关责任领导及人员给予相应处理，严肃了干部人事纪律。

（三）积极做好军转安置工作。

采取团职军转干部考核选调、营以下军转干部考试考核与双向选择相结合的安置办法，把计划分配军转干部的安置与服役期间的德才表现和贡献挂钩，确立重德才、重实绩、重公认的安置导向，使军转干部人才资源得到合理配置使用。全年完成计划安置军转干部90名，自主择业300名。

（四）继续加强人才队伍建设。

制定出台了《“昆仑英才”技术和高技能人才培养项目实施细则》（青人才字［2015］7号），发布了《2015年青海省人才需求目录》。积极争取实施高层次人才援助项目、专业技术人员知识更新工程、留学回国人员资助项目、海外赤子服务项目和专家服务项目，落实各类资助资金284万元。落实省政府与国家外专局签署的《引智援青工程合作框架协议》，争取国家外专引智经费1 009万元，实施引进国外技术、国（境）外培训项目101项，有390人次外国专家来青服务，全省1 051人出国（境）培训。组织申报博士后工作站国家级高技能人才培训基层建设项目和国家级技能大师工作室建设项目，有力促进了青海省高层次人才和高技能人才的引进与培养。年内新增博士后工作站1个，国家百千万人才3名，新增高技能人才2 650人，有390名外国专家来青服务，全省专业技术和高技能人才队伍进一步壮大。

五、积极构建和谐劳动关系

（一）规范企业劳动用工。

集中在全省范围内开展了以农民工签订劳动合同为重点的“春暖行动”，进一步提高企业劳动合同签订率，全省累计签订集体合同4 295份，覆盖职工36.56万人，全省企业劳动合同签订率达到89%。实施集体合同的攻坚计划，企业集体劳动合同签订率达82%。实施劳务派遣用工制度，依法公布劳务派遣用工单位名单，全省劳务派遣用工比例下降至12.5%。组织开展清理整顿人力资源市场秩序、用人单位遵守劳动用工和社会保险法律法规、打击非法用工等违法犯罪专项检查行动，查处劳动用工和社会保险违法案件1 300余件。

（二）加强和谐劳动关系体制机制建设。

根据中共中央、国务院《关于构建和谐劳动关系的意见》，协调劳动关系三方四家开展了专题调研，研究拟定了青海省构建和谐劳动关系贯彻意见。根据中央综治办和人社部的要求，对各地区非公经济构建和谐劳动关系工作情况进行了检查考评，将其纳入社会治安综合治理的重要内容进行考核。

（三）加大农民工工资清欠工作力度。

认真落实省政府《关于进一步做好建设工程领域清理拖欠农民工工资工作十条措施》（青人社厅发［2014］111号），联合10部门开展了农民工工资清欠专项执法检查，依法严肃查处恶意拖欠案件，移送司法机关立案16起，通报欠薪企业35家。根据中央第三巡视组整改要求，开展了玉树灾后重建拖欠农民工工资清欠专项督查，全年清欠农民工工资4.7亿元，清欠率达98%。同时，继续完善农民工工资支付保证金制度和清欠工作预报制度，健全与公检法查处拒不支付劳动报酬犯罪案件联系制度，启动创建“无欠薪市县”活动，加强欠薪预防工作，促进了源头治理。

六、全面提升人社公共服务能力

（一）加强基层服务平台建设。

积极争取国家和省委、省政府的支持，实施了15个县级就业和社保平台建设项目，较国家计划提前一年实现了全省藏区县级平台建设全覆盖。

（二）加强人社信息化建设。

完成金保工程一期建设任务，建成全省人社基础数据中心平台和网络，加快人社业务信息系统整合，推进社会保障卡发行应用，初步形成了人力资源社会保障四级信息网络架构，促进人社业务经办信息化。累计发放社会保障卡350余万张，超额完成了人社部“十二五”发行任务。

（三）加强法治人社建设。

根据省委、省政府关于依法治省和依法行政的要求，制定印发了《关于深入推进依法行政建设法治人社实施方案》（青人社厅办发［2015］9号）和《2015年依法行政工作任务台账》（青人社厅办发［2015］15号），明确人社法治建设的目标和任务。制定并公布了人社权力清单和责任清单，加强行政复议和应诉案件的办理，继续做好规范性文件清理工作，依法行政的水平稳步提高。

（四）加强干部队伍建设。

完成全省人社系统干部培训19期，培训人数超过全省人社系统干部职工总数的1/5。以“三严三实”专题教育为载体，认真落实党风廉政建设主体责任和监督责任，深入开展窗口单位作风建设专项活动，系统政风行风明显转变。

青海省人力资源和社会保障厅

宁夏回族自治区

2015年，宁夏人力资源和社会保障系统深入贯彻党的十八大和十八届三中、四中、五中全会精神，认真落实全国人力资源和社会保障工作会议及自治区党委、政府工作部署，坚持改革创新，多策化解经济下行压力给就业、社保、劳动关系等工作带来的不利影响，圆满完成了各项任务。

一、就业创业

（一）深入实施积极就业政策。

2015年城镇新增就业7.71万人，城镇登记失业率控制在4.02%以内。提请自治区人民政府出台《关于进一步做好新形势下就业创业工作的实施意见》和《关于进一步做好农民工服务工作的实施意见》，印发了调整失业保险费率、失业保险支持企业稳定就业岗位等政策文件，将失业保险费率由3%调整为2%，支付稳岗补贴2.52亿元，有效应对了经济下行带来的就业压力。

（二）创业带动就业成效显著。

提请自治区人民政府出台《关于支持农民工等人员返乡创业的实施意见》，进一步健全创业政策扶持体系。加大创业资金扶持力度，将个人创业担保贷款额度统一调高到10万元，优化贷款流程，为创业者提供高效便捷的服务。强化创业孵化园区（基地）建设，认定自治区级大学生创业孵化园（基地）7个，给予财政补贴350万元。加快培育和扩大电商创业空间，成功举办首届全区网络创业大赛。全年共发放创业担保贷款13.7亿元，培养小老板6 846个，培育小企业3 490个，创造新岗位3.08万个，开展创业能力培训1.26万人。

（三）职业技能培训方式不断完善。

深入开展城乡劳动力就业技能培训和岗位技能提升培训，在开展“订单式”培训的基础上，探索推进培训补贴直补企业、个人模式。组织城乡就业技能培训4.21万人（其中，生态移民培训1.05万人），岗位技能提升培训1.14万人。

（四）重点群体就业有效推进。

实施大学生就业促进计划、创业引领计划和“共圆就业梦”主题活动，加强困难高校毕业生就业援助，为城乡低保家庭和残疾高校毕业生发放求职补贴379.7万元，高校毕业生就业率达90.7%。全面加强农民工工作，全区农村劳动力转移就业70.97万人，实现工资收入57.83亿元。强化就业援助，自治区购买3 500个公益性岗位，带动就业困难人员实现就业6 899人。

（五）公共就业服务水平进一步提升。

改版升级了宁夏全民创业网，开通了宁夏就业创业微信公众平台，强化就业统计分析和就业失业动态监测。积极构建公共就业服务平台，开展系列就业专项服务活动，举办各类招聘会131场，提供就业岗位12万多个，达成招聘意向5.3万个。基层劳动就业和社会保障公共服务平台实现全覆盖。

二、社会保障

（一）进一步提高基本养老保障水平。

2015年全区职工五项社会保险参保总人数达到500.3万人次，其中，职工养老、医疗、工伤、生育、失业保险分别达到157.5万人、114.77万人、80.82万人、73.67万人、75.6万人；城乡居民养老、医疗保险参保分别达到183.1万人、470万人。机关事业单位养老保险制度改革有序推进。继续调整企业职工基本养老金和城乡居民基础养老金，企业退休人员养老金提高10%，人均月增加232元；城乡居民基本养老保险基础养老金最低标准在国家普调15元的基础上再调增15元，调整后基础养老金达到115元，同比增长35.3%，全区月人均养老金水平达到134元，同比增长12.6%。会同自治区党委组织部、财政厅联合印发《关于村干部参加养老保险有关问题的补充意见》，进一步拓宽了村干部自由选择参加养老保险的渠道。

（二）进一步完善基本医疗保险制度。

提请自治区人民政府印发了《关于城乡居民基本医疗保险自治区统筹管理的意见》，并及时制定相关配套政策。逐步完善基本医疗保险制度体系，出台了职工基本医疗保险普通门诊统筹的意见及经办规程、进一步完善基本医疗保险门诊大病统筹制度等文件，印发了生育医疗费用定额包干标准，制定了县域内医保支付制度改革意见，在全区转发银川市开展基本医疗保险总额控制下按病种分值付费制度。加强和规范大病保险工作，明确医疗费用监控要求和合同管理，确定了2015年城乡居民大病保险起付标准和筹资标准分别为8 400元和32元/人·年。

（三）进一步完善工伤保险制度。

会同自治区住房和城乡建设厅、安全生产监督管理局等部门和总工会联合印发了《关于进一步做好建筑业工伤保险工作实施方案》，进一步做好建筑业工伤保险工作。建立工伤事故工伤保险应急处理制度。印发了《自治区劳动能力鉴定医师管理办法》，开展了鉴定医师资格培训，进一步规范了劳动能力鉴定工作。

（四）进一步提升经办服务能力。

报请自治区政府出台了《全区社会保险“五险合一”经办体制改革方案》，推进整合市县社保经办资源，提升“五险合一”一站式经办效率，2016年年底前完成改革任务。健全完善自治区《基本医疗保险异地就医即时结算管理暂行办法》，实现了区内异地就医联网结算，推进跨省份异地就医即时结算。加快各个险种系统数据联网并轨和向自治区集中，加快推进实施社保信息系统“省集中”和“社保云”建设。

（五）进一步强化基金监督。

开展社会保险基金安全评估试点，建立基金防欺诈部门联动机制，规范司法办理程序，追回基金20.6万元。加大医保智能化监控信息系统监管力度，全面启动医保服务医师诚信管理工作，查处违规医疗机构、药店66家，追回违规医保基金415万元。

三、人事人才

（一）完善人才政策。

认真贯彻落实自治区党委、政府《关于创新体制机制促进人才与经济社会协调发展的若干意见》，制定印发了自治区院士后备人才培养办法、领军人才培养工程实施意见、青年拔尖人才培养工程实施办法、引进海外华侨华人专家暂行办法、发展人力资源服务业的实施意见等配套政策，起草了自治区高层次服务暂行办法、规范柔性引才实施意见。

（二）深入实施重大人才工程。

组织开展了享受自治区政府特殊津贴和自治区“313”人才工程人选的评选工作。会同自治区党委宣传部和区经信委、教育厅、文化厅、农牧厅等行业主管部门开展了宣传文化系统“四个一批”人选以及塞上系列名人、名师、名家等人选的评选工作。以专业技术人员知识更新工程为龙头，争取国家级高级研修项目4个，遴选确定了60个自治区高级研修项目，组织实施了高级研修班44期，培训3 864名中高级专业技术人才。会同自治区党委组织部和区经信委开展企业经营管理人才培训工程，培训非公企业经营管理人才1 000多名。

（三）积极推进职称评审制度改革。

出台了《关于深入推进职称制度改革的实施意见》，设置更加科学的职称评价标准和评审条件。实施分类分层设置职称评价标准、调整职称外语和计算机免考范围、实行职称倾斜政策。进一步完善职称评审标准，规范职称评审管理。调整了卫生计生系列评审条件，逐步解决教育卫生行业职称评审问题。授予宁夏师范学院高教系列副教授、宁东铁路股份有限公司铁路工程中级任职资格评审权。人才评价质量进一步提升。

（四）加强国外智力引进和专家服务工作。

全面落实区局引智合作框架协议，实施海外华侨华人专家引进计划，在美国、德国、西班牙等国认定15家海外引才工作站，组织4期芬兰、美国华侨华人专家团宁夏行系列活动，引进专家对解决西北盐碱地生态恢复、医药健康产品研究与开发、小微企业发展等问题提供了有益经验和技术指导。2015年共聘请国外专家435人次，组织出国（境）374人次。组织开展第六届宁夏回族自治区“六盘山友谊奖”评选表彰活动，推荐1名在宁工作外国专家荣获中国政府“友谊奖”。承办中国政府“友谊奖”获奖专家休假暨建言座谈活动。组织31名国内知名专家和506名区内各行业领域专家开展了“百名专家基层服务行”、“国内知名专家宁夏服务行”、“国家‘千人计划’专家智慧宁夏行”等系列基层服务活动，帮助基层解决经济社会发展各种难题556件次。争取人社部专家服务项目和博士后服务团项目资助经费59万元。

（五）加强技能人才培养。

争取国家级高技能人才培训基地和技能大师工作室建设项目各1个，国家补贴资金510万元。会同自治区党委组织部、人才办、财政厅开展了20名“塞上技能大师”和40名“自治区技术能手”评选推荐工作，评选建立5个自治区技能大师工作室，新批准设立1所高级技工学校、2所技工学校。新增高技能人才10 606人（其中通用工种5 850人，行业特有工种4 756人），组织农村实用人才培训600人，组织开展了全区品酒师、计算机程序员、纺织业横机工等技能大赛。

（六）推进人力资源市场整合改革。

下放行政许可，率先在全国提前完成市场整合任务，组织开展了人力资源市场专项治理和统计分析，规范人力资源市场行为。两家人力资源服务机构被人社部表彰为全国人力资源诚信企业。

四、人事制度改革和收入分配

（一）强化公务员管理。

大力实施“公务员素质能力提升工程”，抓好公务员初任培训、专题培训、对口培训和网络培训，全年举办各类培训班23期，培训1.7万人次。组织开展公务员考录工作，招考公务员1 446名。在全区机关事业单位开展了“吃空饷”问题集中治理，查处“吃空饷”21人，涉及金额48.9万元。全面推行公务员平时考核制度，公务员日常管理进一步加强。

（二）强化事业单位人事管理。

开展了专业技术二级设岗评聘工作，聘任32名专业技术二级岗位人员。加强岗位管理，规范聘用合同签订，会同教育、卫计等部门开展调研，着手对中小学校和县乡卫生机构岗位结构比例进行调整。公开招聘事业单位工作人员2 599人。

（三）加强军转安置工作。

认真贯彻中央和自治区安置政策，务实创新抓好工作落实，分批组织计划分配和自主择业军转干部集中培训，圆满完成125名计划分配、113名自主择业军转干部安置任务。加强自主择业军转干部管理服务，积极帮扶就业创业。坚持落实政策解困与跟进思想疏导工作，加强形势预警研判，落实工作责任，确保了企业退休军转干部总体稳定。

（四）深入推进工资收入分配制度改革。

完成了机关事业单位在职和离退休人员工资（退休金）标准调整工作，人均增资约300元。建立了县以下机关公务员职务与职级并行制度，全区有 7 000 多人，人均增资约 300 元。实行了乡镇工作人员补贴制度，全区有 4.21 万人，人均增资约 450 元。开展了深化自治区属国有企业负责人薪酬制度改革工作。调整了测绘地理信息系统测绘队工作人员、野外地质勘探队工作人员、执法勤务机构警员职务序列人民警察的基本工资标准。

五、劳动关系

（一）加大农民工工资清欠工作。

全年查处拖欠农民工工资案件 2 007 件，农民工维权投诉案件结案率 95.1%。为 2.1 万名农民工清欠工资 2.78 亿元，通报不诚信企业 89 家，政府投资类建设项目农民工工资支付率达到 100%，非政府投资类建设项目农民工工资清欠率达到 97.2%。

（二）扎实推进集体合同制度攻坚计划。

提请自治区人民政府颁布《宁夏回族自治区企业工资集体协商办法》，签订集体合同企业数 1.3 万家，覆盖职工 77.8 万人，集体合同签订率达 93.7%。

（三）依法推进劳动保障监察执法检查。

开展了清理整顿人力资源市场秩序专项行动，共检查人力资源服务机构 623 户，发现违反就业管理相关规定的行政违法案件 11 件，下发限期整改指令书 28 件，其中责令用人单位与劳动者签订劳动合同、缴纳社会保险费 23 件，责令用人单位改正违反就业管理规定行为 5 件，退赔劳动者中介服务费、押金或其他费用 1.2 万元。全区各级劳动保障监察机构共责令用人单位补签劳动合同 1.8 万人，督促用人单位补缴社会保险费 116.8 万元。

（四）加强劳动人事争议调解仲裁工作。

统一基层劳动人事争议调解组织名称、职责、工作规范和程序，启用劳动人事争议调解工作标识，建立调解员持证上岗制度。大力推进劳动人事争议处理效能建设工作，实现了仲裁机构实体化建设、标准化仲裁庭建设、仲裁办案信息系统建设和仲裁专项经费保障“四个全覆盖”。进一步规范仲裁办案程序，优化仲裁办案手段，各级仲裁机构办案质量明显提升。

（五）认真贯彻落实信访工作制度。

加强源头预防，对集体访、老访户以及重大信访案件快速反应、及时化解。截至 10 月底，共接待群众来信来访 245 件次，涉及 1 553 人次。

六、自身建设

紧扣“三严三实”要求，把握人力资源社会保障服务重心和群众需要，提高党员干部为基层和群众办实事、解难题的自觉性、主动性和实效性。坚持把保障和改善民生的成效作为检验“三严三实”专题教育活动的试金石，鼓励和引导党员干部特别是党员领导干部紧扣“民生为本”主线，着力加强公共就业人才服务、社保经办服务、劳动保障监察服务、仲裁信访服务，维护社会公平正义，改善基本民生。深入开展窗口单位作风建设专项活动，通过上下联动、典型带动，窗口单位工作人员服务意识和能力水平进一步提升。完善和提升 12333 电话咨询服务功能和效能，使百姓足不出户便能通过电话、微信、手机 APP 等了解人力资源社会保障政策、查询各项经办服务流程和社保缴费、挂失社保卡。深化行政审批制度改革，编制并公布权力清单和责任清单，确定行政职权 81 项，推动简政放权，厅本级行政许可事项由 43 项压减为 5 项，非许可审批事项全部清零，提前实现自治区压减 50%的目标。自治区社保局行业养老保险经办服务纳入政府政务服务中心，面向公众的行政审批、信访接待、考试服务、招聘服务全部实现“一站式”办理，并在全区 21 个县、市（区）建成基层劳动就业和社会保障服务中心，方便了群众办事。

宁夏回族自治区人力资源和社会保障厅

新疆维吾尔自治区

2015年，新疆维吾尔自治区人力资源和社会保障厅深入贯彻党的十八大和十八届三中、四中、五中全会，以及自治区党委八届十次全委（扩大）会议和自治区“两会”精神，紧紧围绕“十二五”时期各项目标任务和社会稳定、长治久安总目标，坚持实干担当负责、变化变革创新，解决了人力资源和社会保障领域长期积累的一系列体制机制和重点难点问题，实现了人力资源和社会保障工作新突破。

一、全区就业局势总体保持稳定

全年全区实现城镇新增就业46万人，完成目标任务的115%，城镇登记失业率控制在4%以内。农村富余劳动力转移就业265.5万人（次），完成全年目标任务的133%。城镇就业困难人员实现就业5.8万人，完成目标任务的116%，零就业家庭动态清零形成长效机制。应届普通高校毕业生就业率达88.6%，与上年基本持平。

（一）完善就业创业政策体系，全力推进政策落实。

制定出台《关于进一步促进就业创业工作的意见》（新党发［2015］3号），配套印发《社会保险补贴办法》、《网络创业认定办法》等6项操作性政策措施，形成覆盖城乡各类群体、惠及各类企业的新一轮更加积极、更具针对性的差别化就业创业政策框架体系。建立就业专项资金评估与拨付挂钩机制，启动就业资金使用管理实名动态信息系统建设，全年共拨付政策性补助资金25.1亿元，有122.63万人次享受各类就业扶持政策，落实各项补贴资金41.64亿元。

（二）以就地就近为主推进农村富余劳动力转移就业。

更加突出以南疆四地州为重点、以农村富余劳动力为主体的青年就业，以就地就近为主要形式，多渠道推进农村富余劳动力转移就业，稳步推进有组织、成建制转移内地就业。一是通过鼓励发展中小微企业、纺织服装产业和“短平快”项目拉动就近就地转移就业。把产业端延伸到最基层，把企业办到村一级，促进少数民族群众在“家门口”就业，解决当地农民就地就近就业2 000余人。二是推进实施村级农业产业化工程。结合民生建设年和“访惠聚”活动，实施农产品精深加工促进就业项目、村级农业发展设施项目、村级扶贫开发项目、农产品流通设施建设项目等村级农业产业化建设项目，使当地农村劳动力足不出村、足不出户实现就业。实施推进450个村级农产品精深加工促进就业项目，拨付资金2.255亿元。三是有组织、成建制推进转移内地就业。发挥对口援疆省市就业援疆作用，组织县（市）政府人社部门与援疆省市用工企业对接洽谈劳务，签订用工协议，采取政府统一组织、“带队干部＋少数民族厨师”模式，配合企业加强日常管理服务，各级党政领导定期带队走访慰问，确保少数民族群众在企业稳定就业。

（三）全力做好重点群体就业。

促进高校毕业生到企业就业、到基层就业、自主创业和灵活就业，实施高校毕业生实名制动态管理，推动实施离校未就业毕业生就业促进计划、大学生创业引领计划和高校毕业生创业培训计划，促进毕业生就业创业。全面落实就业困难人员就业帮扶政策，落实零就业家庭人员就业认定制、公示制和销号制，强化就业困难人员就业援助和零就业家庭24小时动态清零长效机制。全年共帮助5.8万名就业困难人员实现就业，消除零就业家庭654户，帮助实现就业674人，零就业家庭24小时动态为零。

（四）推动创业带动就业。

制定出台《关于发展众创空间推进大众创新创业的实施意见》、《自治区级创业孵化示范基地认定办法》等政策措施，加快推进创业型县（市）创建和创业孵化基地、创业园区及创业服务体系建设，组织开展创业大赛、创业之星、创业典型宣讲等，积极促进创业带动就业。全年拨付创业引导性资金1.375亿元。已创建3个国家级、16个自治区级创业型县（市），建成252个创业孵化基地、61个创业园区、5个自治区级孵化示范基地，入驻企业1.35万户。发放创业担保贷款1.55万人，放贷8.91亿元，带动就业4.02万人。全年扶持4.77万人成功创业，直接或间接带动就业12.38万人。

二、社会保障体系日趋完善

（一）城乡社会保障制度进一步完善。

在全区范围内建立统一的城乡居民养老保险制度，按照《关于印发自治区建立统一的城乡居民养老保险制度实施办法的通知》（新政发［2014］76号）精神，6月初，完成了96个县（市）城乡居民养老保险制度实施方案的审核工作。会同财政厅印发《关于提高自治区城乡居民基本养老保险基础养老金最低标准的通知》，年初对区本级用于提高缴费补贴和基础养老金补贴预拨资金5.1亿元全部按时拨付到位，并将各地配套资金落实情况作为检查督导的重点项目，督促落实。截至年底，全区96个县（市）应参保人数533.45万人，已参保人数530.83万人，其中，领取待遇人数105.79万人，城乡居保应缴费人数425.04万人，参保率99.51%。缴纳当年保费人数413万人，当年缴费率97.17%。

（二）社会保险参保人数和基金规模持续增长，待遇水平逐步提高。

着眼实现全面建成小康社会目标，加速推进社会保险体系建设，补齐制度短板和深化已有制度改革都取得了新的突破，覆盖城乡居民的社会保险体系基本建成。启动自治区机关事业单位养老保险制度改革。以乌鲁木齐市为试点，整合城乡居民基本医疗保险制度。全区各项社会保险参保总人数达到2 257万人次，各项社会保险覆盖率达到90%以上。同时强化基金征缴和预算约束机制，增强了全区社会保障的可持续发展能力。全区各项社会保险基金累计结存达到1 207亿元，比“十一五”末增加805亿元，增长200%。其中，职工基本养老保险基金累计结余729亿元，可支付月数为31个月，高于全国平均水平；失业、工伤、城镇职工基本医疗和生育保险基金累计结余分别达到79.8亿元、17.5亿元、224.1亿元和19.6亿元，可支付月数分别为57个月、23个月、19个月和33个月。

积极应对经济下行压力，降低失业保险、生育保险和工伤保险费率，实施缓缴失业保险费政策，减少企业缴费支出11亿元，有效降低了企业成本，稳定了企业就业岗位。继续提高企业退休职工养老保险待遇，连续11年提高企业退休人员基本养老金水平，企业退休人员养老金达到月人均2 534元，增长10.3%。城乡居民基础养老金最低标准达到每月115元，人均养老保险待遇达到每月133元。城镇居民医保财政补助标准提高到人均390元。连续5年提高失业保险待遇，失业保险待遇月平均标准达到864元，增幅10.5%。全面开展居民大病保险，各类参保人员的医疗保障水平稳步提升。一次性工亡补助金标准提高到57.7万元，增幅7%。2015年全区各项社会保险待遇支出482亿元，比“十一五”末增加340亿元，增长239%，有力保障了群众基本生活。

（三）社会保险经办能力建设进一步加强。

形成了全区统一规范的社会保险管理体制、经办管理服务体系和信息化网络体系。坚持“统一、集中、整合、优化、拓展”的发展思路，巩固完善“五险合一”模式，落实“业务—财务—档案”一体化机制，标准化建设提质增速。加强“网上社保”经办窗口建设，网上业务范围不断拓展，“社（社保）—银（银行）”、“社—医（医保协议医药机构）”全程电子化平稳运行。疆内跨区域协同经办实现整体突破。“厅对厅”、“省对省”协作模式取得应用实效，实现与吉林省、四川省和重庆市即时结算。全面推行社会保障卡“一卡通”，网上办事、手机 APP、微信等服务方式进入推广阶段。集经办、监控、分析、服务于一体的复合型经办转型初步实现。

三、人才队伍建设取得新进展

（一）专业技术人才建设进一步加强。

开展国务院特殊津贴专家选拔推荐工作，制定《自治区天山英才工程实施细则》，做好第二期培养人选选拔工作。筹备第五批少数民族科技骨干特殊培养工作，在高层次人才选拔、培养以及专业技术人员职称评审方面继续向南疆四地州倾斜。加强博士后制度建设，对2012年前建立的50家自治区国家级博士后科研流动（工作）站进行评估；对自治区 18 家新申报国家级博士后工作站的设站单位进行实地考察，向人力资源社会保障部推荐了 16 家单位作为新申报设站单位，有 6 家获批；新现场考察认定 13 家自治区博士后创新实践基地，全区国家级和自治区级博士后工作站已达到 109 家。

（二）技能人才队伍建设进一步推进。

积极推进以企业为主体、业绩评价与考核鉴定相结合的高技能人才评价试点，全年新增高技能人才 2.3 万人，有效带动了高技能人才队伍建设。高技能人才培训 1.7 万人，完成目标任务的 134.9%，比上年减少 0.4 万人。根据自治区经济社会发展实际，依托技工院校和对高技能人才有强劲需求的大型骨干企业，建设了 6 个国家级和自治区级高技能人才培训基地、12 个技能大师工作室，专业涵盖机械制造、数控技术、机电技术、餐饮技术、轨道交通、现代服务等重点发展产业领域，为企业培养骨干高技能人才提供工作基础和保障。

（三）引进国外智力工作力度加大。

积极为自治区重点产业和科研领域引进国外高层次人才和急需紧缺人才，全年执行专家项目 48 项，聘请外国专家 249 人，项目执行率达到 87.1%。帮助企业、科研单位破解技术瓶颈，提升研发能力，特变电工通过引智重点项目的实施，取得重大技术突破，打破了国外对超高压电缆附件技术的垄断。先后引进了加拿大红豆草、美国大樱桃和燕麦等现代农（林果）业新品种、新技术，进行引智成果示范推广，在杨凌全国现代农业引智成果展览会上达成合作意向 3 项。

四、公务员改革和人事制度建设不断加强

（一）公务员队伍建设进一步加强。

一是实行公务员考录向南疆和基层倾斜政策，加大当地户籍招录比例，放宽职位条件，组织专场招录，确保南疆和基层机关补充人员。面向社会公开考试录用 7 320 名公务员，县乡机关职位占总数的 83%，少数民族可选择报考职位占总数的 76.36%。二是指导全疆各地开展职业道德教育和“四类培训”，32 万人次参加了此类培训。完成了自治区级机关新考录公务员的初任培训、东西部对口培训、国家公务员局送教上门等 8 个班次近 1 400 名干部的培训任务。加大对选派南疆四地州乡镇选派干部培训期间的管理力度，完成了第 24、25 批留疆战士和第 14、15 批选派生的培训。三是完成了第 26 批留疆战士和第 15 批选派生的招录。表彰奖励、非领导职数和参公审批、公务员登记等日常工作高效准确完成。

（二）进一步深化事业单位人事制度改革。

完善人才工作机制，出台《自治区事业单位工作人员跨岗位类别转岗聘任暂行办法》（新人社发［2015］116 号），对管理、专技、

工勤三类人员跨类别转岗聘任条件作出规定，使事业单位用人实现真正意义上的由身份管理向岗位管理转变。制定出台了《关于进一步规范事业单位面向社会公开招聘工作的通知》（新人社发［2015］73号），从严格政策规定、严肃工作纪律、增强公开招聘考试的科学性三个方面提出九项具体措施。全区96%以上的事业单位完成岗位管理基本制度入轨工作，97%以上的单位实行人员聘用制度，公开招聘制度覆盖率达100%。启动了自治区新一轮4 723名5%人才储备编制的招聘工作。

（三）军转干部安置工作圆满完成。

全年全区接收安置军队转业干部1 504名。其中，计划分配196名，自主择业1 308名。始终把计划分配工作作为主要抓手，采取双向选择、考试考核、组织推荐、指令性分配相结合的安置办法，安置工作更加科学合理，76%的团职干部安置在行政单位，全部落实了相应的非领导职务。自主择业军转干部各项保险待遇落实到位，创业就业工作成效明显，举办了首届新疆自主择业军转干部就业洽谈会，56家企业参加招聘，600多名军转干部到场洽谈，260多人达成意向，41人当场签约。

五、工资收入分配制度改革稳步推进

（一）做好机关事业单位工资标准调整工作。

结合机关事业单位养老保险制度改革，从2014年10月1日起调整基本工资标准，同时将地方津贴补贴一定额度纳入基本工资，全区92.5万名在职人员和35.58万名离退休人员月人均净增资300元，2015年7月已完成审批兑现。同时按国家要求时限完成3.9万人的“增不抵缴”工作。

（二）提高地方津贴补贴（绩效工资）水平。

会同自治区财政厅印发《关于提高自治区机关事业单位津贴补贴水平的通知》（新财综字［2015］48号），从2014年1月1日起，全区按照月人均300元提高地方性津贴补贴水平，南疆四地州按月人均420元提高地方津贴补贴水平，离休人员按在职人员标准的90%发放，退休人员按在职人员标准的75%发放，已于2015年6月底全部兑现到位。

（三）贯彻落实南疆工作补贴政策。

印发《关于南疆工作补贴实施办法的通知》（新人社发［2015］38号），规定从2014年7月1日起，南疆四地州工作人员按月人均700元发放南疆工作补贴，离休人员按标准的90%发放，退休人员5年以上的按在职人员标准的70%发放。此项工作涉及南疆四地州机关事业单位在职人员和离退休人员约42万人，已于2015年6月全部兑现到位。

（四）加强对治理“吃空饷”工作的常态化监管。

印发《关于对自治区机关事业单位治理“吃空饷”回头看工作进行检查的通知》（新人社明电［2015］40号），对治理相关单位进行重点检查，对群众反映举报的“吃空饷”问题进行督查整改，按照自治区群教办的要求，自2015年6月起转为常态化业务工作。

六、构建和谐劳动关系取得新突破

（一）劳动关系协调取得新进展。

加强企业劳动关系的指导和服务，依法做好经济转型条件下的劳动关系工作。调整2015年企业最低工资标准，平均增幅达11.6%。发布2015年自治区企业工资指导线，审核发布全区14个地州市的劳动力市场工资指导价位，指导克拉玛依市发布石油石化行业工资指导价位。深入开展规范劳务派遣用工专项行动，严格劳务派遣行政许可，企业集体合同、特殊工时审核和劳务派遣行政许可管理工作公开透明。劳动合同制度在全区各类企业全面推行落实，劳动合同签订率达96.35%，全区已建工会企业集体合同签订率达86%。

（二）仲裁调解效能不断提高。

采取措施强力推进全区仲裁院建设，仲裁机构实体化建设再上新台阶。全区14个地州市均成立了劳动争议调解仲裁院，88个县

（市、区）成立了劳动争议调解仲裁院，组建率达到 91.7%，完成目标任务的 114%。全区各级仲裁机构受理劳动争议仲裁案件 8 755 件，比上年同期增长 8.2%，集体争议案件比上年同期上升 30%，结案率为 92.9%，完成了结案率 90%的目标任务，处理案件效能明显提高。劳动争议调解仲裁信息化建设有新突破，完成了在自治区仲裁院上线运行办案系统，在乌鲁木齐市、昌吉州、克拉玛依市试运行办案系统。印发了《关于完善全国仲裁员管理信息系统有关事项的通知》（新人社办发［2015］64 号）和《自治区劳动人事争议仲裁庭审程序规范》（新人社发［2015］100 号），规范了自治区仲裁员队伍的管理和仲裁庭审活动，保证当事人依法平等地行使权利，提高了仲裁规范化建设水平。

（三）劳动监察执法力度进一步加大。

2015 年，通过日常巡视检查和专项检查共对 2.88 万户用人单位进行劳动保障法律法规执行情况的检查，涉及劳动者 493.13 万人；查处各类案件 7 153 件，其中投诉案件 6 846 件、举报案件 307 件。共责令用人单位为 9.25 万人补签了劳动合同，督促 346 户用人单位为 2.97 万名劳动者缴纳社会保险费 907.44 万元，督促 68 户用人单位为 1 万名劳动者进行了社会保险登记，为劳动者追发工资等待遇 15.03 亿元，涉及劳动者 12.79 万人。处理突发事件 199 件，涉及劳动者 1.59 万人。加大欠薪治理力度，全年各级劳动保障监察机构共检查用人单位 7 585 户，涉及农民工 33.19 万人，查处拖欠工资的用人单位 1 979 户，涉及农民工 8.86 万人，拖欠金额 11.78 亿元；移送公安机关案件 62 件，为 6.51 万名农民工追讨工资 8.13 亿元。

新疆维吾尔自治区人力资源和社会保障厅

新疆生产建设兵团

2015年，新疆生产建设兵团人力资源和社会保障局（以下简称“兵团人社局”）在兵团党委的坚强领导下，在人力资源社会保障部的关心支持下，以党的十八大和十八届四中、五中全会精神为指导，紧紧围绕维护新疆社会稳定和长治久安的总目标，按照兵团党委六届十四次全委（扩大）会议部署，以全面深化改革为统揽，深入实施更加积极的就业政策，全面深化社会保障制度改革，大力加强人才队伍建设，继续深化人事制度改革，稳慎推进工资收入分配制度改革，积极构建和谐劳动关系，全面完成了年度工作任务。

一、就业目标任务全面完成

2015年，兵团人社局认真贯彻党中央、兵团党委关于创新驱动发展战略决策部署，围绕推进大众创业、万众创新，积极落实新一轮更加积极的就业创业政策，全力确保就业局势稳定。全年实现新增就业10.5万人（次），其中创业带动就业0.4万人（次），登记失业率控制在3%以内。

（一）持续深入实施就业优先战略。

兵团人社局下发了就业工作目标计划，与各师签订了《促进就业目标责任书》，制定了《兵团促进就业专项规划（2016—2020年）》，继续将新增就业作为兵团争先进位考核指标，首次明确将调查失业率纳入宏观调控重要指标。

（二）完善就业创业政策体系。

兵团出台了《兵团贯彻落实〈国务院关于进一步做好新形势下就业创业工作的意见〉的实施意见》、《兵团贯彻落实〈国务院关于进一步做好为农民工服务工作的意见〉的实施意见》和《兵团关于大力推进大众创业万众创新的实施意见》。兵团人社局会同工信委、财务局制定下发了《兵团纺织服装产业带动就业2015年行动计划》、《兵团纺织服装企业岗前培训补贴资金管理暂行办法》、《兵团纺织服装企业社会保险补贴资金管理暂行办法》等文件及相关配套政策措施。兵团人社局修改完善了《关于加强团场职工队伍管理的意见》。

（三）统筹推进重点群体就业工作。

一是积极推动少数民族群众就业工作。2015年实现少数民族就业0.72万人（次），其中14个少数民族聚居团场转移少数民族就业0.5万人（次）。

二是大力推进团场劳动力转移就业工作。组织实施了“促进转移就业”、“组织劳务创收”、“加强技能和创业培训”专项行动计划，着力推动团场劳动力在三次产业间合理有序流动，2015年转移团场劳动力2.5万人（次）。

三是扎实做好困难群体就业援助工作。深入开展了“就业援助月”、“春风行动”、“民营企业招聘周”等公共就业服务专项活动，全面落实各项就业扶持政策，2015年援助就业困难人员就业1.3万人（次），连续9年保持零就业家庭动态为零。

四是积极推动高校毕业生就业创业工作。组织实施了离校毕业生就业服务周、高校毕业生创业引领计划等专项就业促进计划，推动落实高校毕业生就业优惠政策，鼓励引导高校毕业生面向基层、南疆师团和边境师团就业。2015年共实现高校毕业生就业1.1万人（次）。

五是认真组织疆内外拾花劳动力的引进工作。2015年共引进拾花工19.78万人，其中疆内11.10万人、疆外8.68万人。

（四）职业技能培训工作进一步强化。

兵团人社局下发了《2015年兵团职业培训指导计划》，组织实施了“兵团高技能人才振兴计划”、“离校未就业高校毕业生技能就业专项活动”、“少数民族职工群众技能振兴计划”等专项行动计划。2015年完成各类职业技能培训14.4万人（次）。开展高技能人才培训1.7万人（次）、创业培训1.88万人（次）、少数民族示范性就业技能培训0.5万人（次）。完成了国家级高技能人才培训基地和技能大师工作室的申报、评审等相关工作。

（五）创新开展了职业技能竞赛。

组织开展了兵团第六届职业技能竞赛，14个师和9所职业院校（技工学校）参加竞赛。兵团人社局与兵团电视台联合制作了8集纪实类电视专题片《兵团星工匠》，并连续两次在兵团卫视频道播出。

二、社会保障体系进一步完善

（一）全面完成了各项指标任务。

2015年，兵团基本养老保险、基本医疗保险、失业保险、工伤保险、生育保险参保人数分别达到166万人、231.6万人、65.4万人、70.7万人、67.0万人，分别完成兵团计划的101.2%、100.7%、101.2%、100.6%、101.2%。兵团职工基本养老保险（不含机关事业单位养老保险）、基本医疗保险、失业保险、工伤保险、生育保险征缴收入分别达到73.8亿元、31.1亿元、4.9亿元、3.1亿元、1亿元，分别完成兵团计划的104.1%、101.9%、74.2%、100%、103%。其中，失业保险因降费率使得征缴收入减少。

（二）社会保险待遇水平进一步提高。

兵团统一调整企业退休人员、城乡居民养老金待遇。此次调整企业退休人员养老金共计57.6万人，调整后月人均养老金为2 580元；调整城乡居民养老金共计1万人，调整后月人均养老金为115元。与新疆维吾尔自治区同步提高了工伤职工伤残津贴、生活护理费和抚恤金标准。

（三）社会保险缴费补助机制进一步完善。

兵团人社局出台《兵团团场农牧职工社会保险缴费中央财政补助减负资金使用管理暂行办法》，将资金直补至农牧团场承包一线职工，减轻了农牧一线职工和团场的缴费负担。减负资金由2014年的7.8亿元增加至2015年的14.6亿元，增幅86%。

（四）机关事业单位养老保险制度改革进展顺利。

兵团出台了《兵团贯彻〈国务院关于机关事业单位工作人员养老保险制度改革的决定〉的实施办法》，制定了《兵团机关事业单位基本养老金计发办法》、《兵团机关事业单位职业年金实施办法》、《兵团机关事业单位养老保险兵团级统筹办法》、《兵团机关事业单位养老保险基金预算管理办法》、《兵团机关事业单位养老保险（职业年金）经办流程》等配套文件和兵团机关事业单位养老保险统筹方案。完成了视同缴费指数测算工作，确保了改革前后“中人”待遇的合理衔接、平稳过渡。加强了业务培训，培训范围覆盖兵、师、团三级，培训人数1 000多人，提高了工作人员的政策水平和业务能力。

（五）“全民参保登记计划”和异地就医管理取得新突破。

兵团人社局下发了兵团全民参保登记经办规程，在第八师试点后在兵团全面推开。与海南省合作，实施兵团跨省异地就医联网结算，实现了疆内异地就医管理零突破。

（六）社会保险费率动态调整机制基本建立。

兵团人社局分别建立了失业、工伤、生育保险费率动态调整机制。将失业保险费率由原来的3%降为2%（单位1.5%，个人0.5%），下调了工伤保险和生育保险费率。

（七）兵团大病医疗保险工作全面展开。

兵团人社局出台了《关于加快推进兵团大病保险工作的实施意见》，正式建立了兵团大病保险制度，下发了《关于2015年兵团大病保险费用结算有关问题的通知》，统一制定了结算业务流程。2015年，兵团大病保险累计结算4 826人次，结算资金4 166万元，当年参保人员申报的符合规定的大病保险待遇全部支付到位。

（八）建筑业农民工参加工伤保险稳步推进。

兵团人社局下发了《关于进一步做好建筑业工伤保险工作的通知》，启动了为期三年的“同舟计划——建筑业参加工伤保险专项扩面行动”，建立了参保工作定期督查机制。

三、人才工作全面加强

（一）高层次人才培养稳步推进。

兵团天业集团吴彬和石河子大学代斌、何新林等3人入选国家百千万人才工程，荣获国家“有突出贡献中青年专家”荣誉称号，石河子大学坎杂等23位高层次、高技能人才被批准享受政府特殊津贴。入选国家人社部海外留学人员择优资助项目11个。组织开展了“突发事件应对和和谐社会构建”、“城镇化进程中的社区建设与管理”等4个国家级和3个东西部合作高级研修项目，培训人员共计350人。

（二）博士后工作取得新进展。

兵团人社局首次承办了中国博士后西部服务团“新疆兵团行”活动。新疆天润生物科技股份有限公司、兵团农业技术推广总站、石河子国家农业科技园区管委会、石河子大学医学院第一附属医院等4家单位批准设立博士后科研工作站。

（三）专业技术人员继续教育得到加强。

兵团人社局严把计划标准关、学员考核关、证书管理关以及学习成效评估关，推进了1个国家级、15个兵团级继续教育基地建设。全年累计培训各类专业技术人员2万人次。

（四）技能人才师资培训得到加强。

兵团人社局先后在华北电力大学、四川大学等单位举办了林果业、火电仿真、电焊、致富带头人师资培训，在新疆农垦科学院、重庆市等地举办了企业培训师专业培训。组织46名中小非公有制企业家在中国青年政治学院开展了创业指导培训，在江苏淮安举办了两期“创办你的企业（SYB）＋电子商务培训”，培训人员200人。

（五）引进国外智力工作取得新进展。

兵团人社局首次举办了“海峡两岸休闲观光农业交流”活动，组织实施了以色列专家团“设施农业技术推广应用”讲学培训和“中以大规模灾难事件卫生防范与应对研讨会”。2015年，共执行国（境）外专家引进项目34项，引进专家135人次，使用国家引智专项资助近1 000万元，以色列专家梅厄·欧林荣获2015年度中国政府“友谊奖”。执行各类出国（境）培训项目12个，培训163人，超额完成了国家外专局下达的审批计划。新疆天业集团等13家单位分别被批准为国家级或兵团级引智成果示范推广基地和示范单位，推广示范效应进一步加大。完成外国专家来华工作许可证件办理31件次。完成外国文教专家聘请资格单位审核注册21个。

四、人事制度改革稳步推进

（一）机关事业单位“吃空饷”问题集中治理圆满完成。

兵团出台了《关于开展机关事业单位“吃空饷”问题集中治理工作的意见》，组织兵团各级共6 278家行政事业单位同步开展集中治理工作。2015年共清理清查出28家单位、56人涉及“吃空饷”问题，涉及金额175.4万元。制定了《兵团治理机关事业单位“吃空饷”问题的暂行规定》，进一步严肃了组织人事、财政（务）和机构编制纪律，规范了机关事业单位人员管理，建立健全了兵团治理“吃空饷”问题的长效机制。

（二）公务员管理工作稳中有进。

2015年共招录公务员1 424名。面向清华大学开展了引进毕业生工作。2015年9月8日，兵团公务员申诉公正委员会组建成立，畅通了兵团公务员申诉渠道，保障公务员合法权益，促进机关依法行政。印发了《兵团县级以下机关建立公务员职务与职级并行制度的实施方案》，在兵团县级以下机关建立主要依据任职年限和级别晋升职级的制度，实行职级与待遇挂钩，实现职务与职级并行。

（三）干部队伍培训力度加大。

邀请国家公务员局选派师资，举办了两期公务员考核奖励业务骨干培训班，培训学员102人。与北京市公务员局合作，举办了“依法治疆”专题培训班，培训干部207人。与上海市人社局共同举办了社会管理、就业创业、劳动监察、信访维稳专题培训班，参培人员200余人。选派干部参加人社部、山东省干部学院等单位以及在香港组织的专业培训，培训干部92人次。组织兵团初任公务员培训89人。

（四）事业单位人事管理工作迈出新步伐。

深入贯彻落实《事业单位人事管理条例》，下发了《关于做好当前兵团事业单位人事管理有关工作的通知》和《兵团事业单位公开招聘规程》，推进了兵团事业单位面向社会公开招聘工作的制度化、科学化和规范化。2015年完成了兵团党委党校、兵团二中、兵团经济研究所、兵团医院等25家事业单位岗位设置调整工作及兵团歌舞剧团“30”“50”人员有序分流，核准岗位变动1 000人次。

（五）职称评审工作更加规范。

兵团人社局出台了《关于做好当前职称工作的通知》，修订完善了相关系列（专业）评审条件和高级职称评审量化赋分标准。2015年评审通过副局以上职称2 200人。

（六）军转安置工作如期完成。

兵团人社局组织12个兵团驻乌单位参加了2015年新疆维吾尔自治区区级单位和中央驻疆单位军转安置“供需见面、双向选择”会议，兵团共接收安置军转干部9名、随调家属4名。

五、工资收入分配制度不断完善

（一）机关事业单位调资。

兵团下发了《转发兵团人力资源社会保障局　财务局关于调整机关事业单位工作人员基本工资标准和增加机关事业单位离退休人员离退休费三个实施方案的通知》，调整后的工资待遇和离退休费于2015年7月底之前全部兑现到位，共涉及兵团机关事业单位148 212人。

（二）建立南疆工作补贴。

兵团印发了《兵团人力资源社会保障局　财务局关于实行南疆工作补贴的通知》，督促指导南疆三个师、监狱系统南疆片区及塔里木大学共计21 975人兑现了南疆工作补贴，其中在职人员21 121人、离退休人员854人。

（三）事业单位收入分配改革。

兵团人社局制定印发了《关于印发兵直其他事业单位绩效工资实施办法》，对兵、师及兵团直属各事业单位实施了绩效工资管理，完成了各师（市）、院（校）和兵直除义务教育、公共医疗卫生外等86家其他事业单位的绩效工资实施方案的审核、批复、组织实施等工作。兵直其他事业单位共计审批兑现11 210人。

（四）国有企业负责人薪酬改革。

兵团印发了《深化兵团国有企业负责人薪酬制度改革的实施方案》，并于7月30日召开了深化国有企业负责人薪酬制度改革电视电话会议，对该项改革工作进行了安排部署。2015年11月25日，完成了对各师深化国有企业负责人薪酬制度改革实施方案的审核批复，后续工作正在有序展开。

六、劳动关系和谐稳定

（一）健全和谐劳动关系创建机制。

兵团人社局制定了《兵团贯彻中共中央　国务院〈关于构建和谐劳动关系的意见〉的实施意见》。2015年继续推进劳动合同制度和集体合同制度攻坚计划落实，劳动合同签订率达95%以上。

（二）加强劳动人事争议处理效能建设。

2015年继续推进劳动人事争议仲裁办案机构实体化进程，指导示范企业推动并带动团场、企业劳动争议调解工作。2015年处理劳动争议案件2 000件，结案率96%。

（三）劳动保障监察维权力度加大。

兵团开展了清理整顿人力资源市场秩序、用人单位遵守劳动用工和社会保险法律法规情况、整治非法用工打击违法犯罪、农民工工资支付情况等专项检查活动。2015 年共受理劳动保障监察案件 1 500 件，结案 1 470 件，结案率 98%。

（四）做好普法宣传、行政复议、行政应诉工作。

兵团人社局与兵团法院召开了联席工作会议。2015 年共受理行政复议案件 28 件，下达行政复议决定书 28 件，结案率 100%。参加行政应诉案件 8 件，胜诉 8 件。

（五）不断规范信访接访工作。

兵团人社局积极推进按照法定途径解决信访问题工作，落实局领导信访接访日制度，认真解决上海回沪定居人员反映的社会保险等突出问题。2015 年系统内共接待来访群众 4 800 人次，其中集体访 35 批 500 人次，信件及复核件回复率 100%。

七、固本强基，自身建设不断加强

（一）局部分事业单位内设机构整合工作全面展开。

2015 年，兵团人社局完成了兵团劳动监察总队、公共就业和人才服务局、人力资源考试院、劳动人事争议仲裁院内设机构整合方案的报批工作。兵团社会保险事业管理局、兵团人社局信息管理中心挂牌更名。

（二）师人力资源和社会保障局组建工作全面推进。

2015 年，兵团编委下发《关于组建师人力资源和社会保障局的通知》，要求各师组建人力资源和社会保障局。是年，兵团 14 个师全部批准下发了人力资源和社会保障局“三定方案”，四、五、八、十一、十二师等 5 个师完成了局领导的任命。

（三）信息化建设进一步加强。

兵团金保工程二期一体化核心平台建设加快推进。在全国率先实现了省级三版系统，兵团人社一体化在兵团 15 个统筹区上线使用，实现了一人一卡一号一库一平台，社会保障卡持卡人数达到 120.4 万人。社会保险、就业培训、劳动监察、争议仲裁初步实现了网上经办。

（四）公共服务平台建设进一步完善。

45 个基层公共服务平台和 1 个实训孵化园基地顺利开工。上报了 2016 年 4 个师、15 个团场和社区的公共服务平台建设项目及 3 个公共实训基地建设项目。

新疆生产建设兵团人力资源和社会保障局

工作卷

统 计 资 料

(一)综　合

表 1—1　**历年国内生产总值增长及构成**

年份	国内生产总值	第一产业	第二产业	第三产业
一、绝对数(亿元)				
2000	99 215	14 945	45 556	38 714
2001	109 655	15 781	49 512	44 362
2002	120 333	16 537	53 897	49 899
2003	135 823	17 382	62 436	56 005
2004	159 878	21 413	73 904	64 561
2005	184 937	22 420	87 598	74 919
2006	216 314	24 040	103 720	88 555
2007	265 810	28 627	125 831	111 352
2008	314 045	33 702	149 003	131 340
2009	340 903	35 226	157 639	148 038
2010	401 513	40 534	187 383	173 596
2011	473 104	47 486	220 413	205 205
2012	519 470	52 374	235 162	231 935
2013	568 845	56 957	249 684	262 204
2014	636 462	58 332	271 392	306 739
2015	676 708	60 863	274 278	341 567
二、比上年增长(%)				
2000	8.4	2.4	9.4	9.7
2001	8.3	2.8	8.4	10.3
2002	9.1	2.9	9.8	10.4
2003	10.0	2.5	12.7	9.5
2004	10.1	6.3	11.1	10.1
2005	11.3	5.2	12.1	12.2
2006	12.7	5.0	13.4	14.1
2007	14.2	3.7	15.1	16.0
2008	9.6	5.4	9.9	10.4
2009	9.2	4.2	9.9	9.6
2010	10.4	4.3	12.3	9.8
2011	9.3	4.3	10.3	9.4
2012	7.7	4.5	7.9	8.1
2013	7.7	4.0	7.8	8.3
2014	7.4	4.1	7.3	8.1
2015	6.9	3.9	6.0	8.3

续表

年份	国内生产总值	第一产业	第二产业	第三产业
三、构成（%）				
2000	100.0	15.1	45.9	39.0
2001	100.0	14.4	45.1	40.5
2002	100.0	13.7	44.8	41.5
2003	100.0	12.8	46.0	41.2
2004	100.0	13.4	46.2	40.4
2005	100.0	12.1	47.4	40.5
2006	100.0	11.1	47.9	40.9
2007	100.0	10.8	47.3	41.9
2008	100.0	10.7	47.4	41.8
2009	100.0	10.3	46.2	43.4
2010	100.0	10.1	46.7	43.2
2011	100.0	10.0	46.6	43.4
2012	100.0	10.1	45.3	44.6
2013	100.0	10.0	43.9	46.1
2014	100.0	9.2	42.6	48.2
2015	100.0	9.0	40.5	50.5

表 1—2　　历年分城乡就业人员年末人数及构成　　单位：万人

年份	就业人数			构成（%）		
	合计	城镇	乡村	合计	城镇	乡村
1998	70 637	21 616	49 021	100	30.6	69.4
1999	71 394	22 412	48 982	100	31.4	68.6
2000	72 085	23 151	48 934	100	32.1	67.9
2001	72 797	24 123	48 674	100	33.1	66.9
2002	73 280	25 159	48 121	100	34.3	65.7
2003	73 736	26 230	47 506	100	35.6	64.4
2004	74 264	27 293	46 971	100	36.8	63.2
2005	74 647	28 389	46 258	100	38.0	62.0
2006	74 978	29 630	45 348	100	39.5	60.5
2007	75 321	30 953	44 368	100	41.1	58.9
2008	75 564	32 103	43 461	100	42.5	57.5
2009	75 828	33 322	42 506	100	43.9	56.1
2010	76 105	34 687	41 418	100	45.6	54.4
2011	76 420	35 914	40 506	100	47.0	53.0
2012	76 704	37 102	39 602	100	48.4	51.6
2013	76 977	38 240	38 737	100	49.7	50.3
2014	77 253	39 310	37 943	100	50.9	49.1
2015	77 451	40 410	37 041	100	52.2	47.8

注：1990 年以后从业人员数字根据 2000 年、2010 年人口普查数进行了调整。

表 1—3　　历年分产业就业人员年末人数及构成　　单位：万人

年份	就业人数				构成（%）			
	合计	第一产业	第二产业	第三产业	合计	第一产业	第二产业	第三产业
1998	70 637	35 177	16 600	18 860	100	49.8	23.5	26.7
1999	71 394	35 768	16 421	19 205	100	50.1	23.0	26.9
2000	72 085	36 043	16 219	19 823	100	50.0	22.5	27.5
2001	72 797	36 399	16 234	20 165	100	50.0	22.3	27.7
2002	73 280	36 640	15 682	20 958	100	50.0	21.4	28.6
2003	73 736	36 204	15 927	21 605	100	49.1	21.6	29.3
2004	74 264	34 830	16 709	22 725	100	46.9	22.5	30.6
2005	74 647	33 442	17 766	23 439	100	44.8	23.8	31.4
2006	74 978	31 941	18 894	24 143	100	42.6	25.2	32.2
2007	75 321	30 731	20 186	24 404	100	40.8	26.8	32.4
2008	75 564	29 923	20 553	25 087	100	39.6	27.2	33.2
2009	75 828	28 890	21 080	25 857	100	38.1	27.8	34.1
2010	76 105	27 931	21 842	26 332	100	36.7	28.7	34.6
2011	76 420	26 594	22 544	27 282	100	34.8	29.5	35.7
2012	76 704	25 773	23 241	27 690	100	33.6	30.3	36.1
2013	76 977	24 171	23 170	29 636	100	31.4	30.1	38.5
2014	77 253	22 790	23 099	31 364	100	29.5	29.9	40.6
2015	77 451	21 919	22 693	32 839	100	28.3	29.3	42.4

表 1—4　　历年城镇分经济类型就业人员构成　　单位：万人

年份	合计	国有单位	集体单位	股份合作单位
1998	21 616	9 058	1 963	136
1999	22 412	8 572	1 712	144
2000	23 151	8 102	1 499	155
2001	24 123	7 640	1 291	153
2002	25 159	7 163	1 122	161
2003	26 230	6 876	1 000	173
2004	27 293	6 710	897	192
2005	28 389	6 488	810	188
2006	29 630	6 430	764	178
2007	30 953	6 424	718	170
2008	32 103	6 447	662	164
2009	33 322	6 420	618	160
2010	34 687	6 516	597	156
2011	35 914	6 704	603	149
2012	37 102	6 839	589	149
2013	38 240	6 365	566	108
2014	39 310	6 312	537	103
2015	40 410	6 208	481	92

续表

年份	联营单位	有限责任公司	股份有限公司	私营企业
1998	48	484	410	973
1999	46	603	420	1 053
2000	42	687	457	1 268
2001	45	841	483	1 527
2002	45	1 083	538	1 999
2003	44	1 261	592	2 545
2004	44	1 436	625	2 994
2005	45	1 750	699	3 458
2006	45	1 920	741	3 954
2007	43	2 075	788	4 581
2008	43	2 194	840	5 124
2009	37	2 433	956	5 544
2010	36	2 613	1 024	6 071
2011	37	3 269	1 183	6 912
2012	39	3 787	1 243	7 557
2013	25	6 069	1 721	8 242
2014	22	6 315	1 751	9 857
2015	20	6 389	1 798	11 180

年份	港澳台商投资单位	外商投资单位	个体	其他
1998	294	293	2 259	5 689
1999	306	306	2 414	6 817
2000	310	332	2 136	8 134
2001	326	345	2 131	9 299
2002	367	391	2 269	9 907
2003	409	454	2 377	10 338
2004	470	563	2 521	10 680
2005	557	688	2 778	10 749
2006	611	796	3 012	10 950
2007	680	903	3 310	11 038
2008	679	943	3 609	11 177
2009	721	978	4 245	10 960
2010	770	1 053	4 467	11 097
2011	932	1 217	5 227	9 362
2012	969	1 246	5 643	8 666
2013	1 397	1 566	6 142	5 747
2014	1 393	1 562	7 009	4 167
2015	1 344	1 446	7 800	3 368

表 1—5　　历年分经济类型单位职工人数　　单位：万人

年份	合计	在岗职工	国有单位	在岗职工
1998	14 314	12 337	10 044	8 809
1999	13 928	11 773	9 675	8 336
2000	13 468	11 259	9 260	7 878
2001	12 892	10 792	8 710	7 409
2002	12 517	10 558	8 103	6 924
2003	10 969	10 492	6 875	6 621
2004	12 182	10 576	7 383	6 438
2005	12 193	10 850	6 895	6 232
2006	12 337	11 161	6 829	6 170
2007	12 459	11 427	6 718	6 148
2008	12 369	11 515	6 592	6 126
2009	12 551	11 824	6 471	6 078
2010	12 889	12 251	6 488	6 145
2011	14 413	13 681	6 704	6 362
2012	15 236	14 403	6 839	6 467
2013	18 108	17 057	6 365	6 012
2014	18 278	17 212	6 312	5 956
2015	18 062	16 977	6 208	5 856

年份	城镇集体单位	在岗职工	其他单位	在岗职工
1998	2 458	1 900	1 812	1 628
1999	2 233	1 652	2 020	1 785
2000	2 008	1 447	2 200	1 935
2001	1 753	1 241	2 429	2 142
2002	1 527	1 071	2 887	2 563
2003	1 356	950	3 244	2 920
2004	1 210	851	3 588	3 287
2005	1 066	769	4 131	3 849
2006	988	726	4 520	4 264
2007	914	684	4 827	4 595
2008	812	623	4 965	4 766
2009	735	578	5 345	5 168
2010	693	558	5 707	5 548
2011	603	562	7 106	6 757
2012	590	549	7 808	7 387
2013	566	522	11 177	10 523
2014	537	494	11 429	10 762
2015	481	444	11 373	10 677

注：本表中职工人数包括在岗职工和离岗职工人数。

表 1—6　　历年分企业、事业、机关职工人数　　单位：万人

年份	企业				事业				机关	
	合计	国有	集体	其他	合计	国有	集体	其他	合计	国有
1998	10 524	6 394	2 320	1 810	2 729	2 595	132	2	1 061	1 055
1999	10 112	5 998	2 095	2 019	2 745	2 611	133	2	1 071	1 066
2000	9 628	5 564	1 867	2 197	2 761	2 622	136	3	1 079	1 075
2001	9 054	5 017	1 612	2 425	2 758	2 617	137	4	1 080	1 075
2002	8 713	4 446	1 388	2 879	2 731	2 588	136	7	1 073	1 069
2003	7 172	3 067	820	2 910	2 724	2 582	132	10	1 072	1 068
2004	8 321	3 660	1 088	3 573	2 753	2 621	117	15	1 107	1 103
2005	8 275	3 209	953	4 113	2 806	2 678	110	19	1 111	1 108
2006	8 377	2 996	881	4 500	2 836	2 711	104	21	1 123	1 121
2007	8 456	2 846	810	4 800	2 864	2 736	102	26	1 138	1 136
2008	8 350	2 693	719	4 938	2 871	2 752	92	27	1 149	1 147
2009	8 482	2 545	649	5 287	2 867	2 759	80	27	1 161	1 159
2010	8 734	2 482	608	5 644	2 921	2 812	80	29	1 192	1 187
2011	9 991	2 466	514	7 011	3 096	2 972	83	41	1 263	1 255
2012	10 673	2 467	499	7 707	3 193	3 067	85	42	1 303	1 296
2013	13 517	1 968	475	11 073	3 184	3 062	84	38	1 316	1 314
2014	13 592	1 830	444	11 317	3 243	3 116	85	42	1 344	1 342
2015	13 325	1 674	394	11 257	3 250	3 128	79	43	1 379	1 377

年份	机关		民间非营利组织				其他			
	集体	其他	合计	国有	集体	其他	合计	国有	集体	其他
1998	6									
1999	5									
2000	5									
2001	4									
2002	4									
2003	4									
2004	4									
2005	3									
2006	2									
2007	2									
2008	2									
2009	1	1	14	2	1	11	27	5	3	18
2010	2	3	17	2	1	13	25	4	3	18
2011	1	7	25	3	2	21	37	8	3	27
2012	1	6	29	3	2	24	39	7	3	28
2013	1	1	32	3	2	27	59	17	4	38
2014	1	1	38	3	2	33	62	21	5	36
2015	1	1	40	5	3	32	68	25	4	39

注：

1. 本表中职工人数包括在岗职工和离岗职工人数。

2. 以前年度民间非营利组织和其他单位按照登记注册情况并入了机关、事业和企业单位，从 2009 年起新增列民间非营利组织和其他两个分类。

表 1—7　　历年分行业在岗职工年末人数　　单位：万人

年份	合计	农、林、牧、渔业	采掘业	制造业	电力、燃气及水的生产和供应业	建筑业	地质勘查业、水利管理业	交通运输、仓储和邮电通信业
1978	9 499	830	652	3 595	107	623	178	669
1980	10 444	788	697	3 947	118	710	188	714
1985	12 358	777	795	4 620	142	900	197	823
1989	13 742	782	842	5 206	180	900	199	874
1990	14 059	780	882	5 304	192	896	197	895
1991	14 508	769	905	5 443	203	940	199	916
1992	14 792	758	898	5 508	215	995	202	921
1993	14 849	708	925	5 469	232	1 153	144	826
1994	14 849	680	904	5 434	244	1 072	137	835
1995	14 908	660	914	5 439	257	1 053	134	824
1996	14 845	617	886	5 293	272	1 035	128	830
1997	14 668	612	851	5 083	282	1 004	128	824
1998	12 337	546	702	3 769	281	846	115	701
1999	11 773	519	650	3 496	283	778	110	682
2000	11 259	494	581	3 240	282	744	109	659
2001	10 792	458	544	3 010	284	733	104	629
2002	10 558	430	537	2 907	285	756	96	613

年份	批发和零售贸易、餐饮业	金融、保险业	房地产业	社会服务业	卫生、体育和社会福利业	教育、文化艺术和广播电影电视业	科学研究和综合技术服务业	国家机关、政党机关和社会团体	其他
1978	1 079	65	31	166	247	736	92	430	
1980	1 239	89	37	218	287	817	105	490	
1985	1 518	126	36	271	342	962	131	718	
1989	1 675	184	43	327	382	1 117	147	885	
1990	1 715	195	44	344	392	1 143	152	929	
1991	1 786	208	48	369	410	1 181	156	974	
1992	1 844	223	54	386	421	1 212	159	996	
1993	1 796	239	66	422	416	1 205	166	1 030	55
1994	1 833	261	72	447	428	1 249	174	1 017	63
1995	1 828	273	77	449	438	1 291	178	1 027	66
1996	1 807	288	82	458	451	1 345	176	1 075	103
1997	1 774	298	84	480	464	1 403	179	1 080	125
1998	1 256	301	89	451	469	1 451	168	1 084	108
1999	1 110	300	90	453	473	1 480	165	1 088	96
2000	977	294	93	457	476	1 500	164	1 091	99
2001	840	292	97	463	481	1 512	154	1 088	104
2002	733	287	107	483	480	1 517	151	1 056	120

续表

年份	合计	农、林、牧、渔业	采矿业	制造业	电力、热力、燃气及水生产和供应业	建筑业	交通运输、仓储和邮政业	信息传输、软件和信息技术服务业	批发和零售业	住宿和餐饮业
2003	10 492	460	481	2 899	292	774	610	104	592	159
2004	10 576	438	491	2 960	294	778	598	111	551	163
2005	10 850	414	498	3 096	294	854	579	117	508	167
2006	11 161	402	518	3 250	296	910	579	125	486	170
2007	11 427	386	524	3 358	298	962	584	137	479	172
2008	11 515	362	526	3 329	297	971	583	144	487	178
2009	11 824	328	539	3 380	297	1 050	589	158	493	185
2010	12 251	328	546	3 519	299	1 133	582	168	506	191
2011	13 681	311	600	4 022	324	1 519	642	208	622	228
2012	14 334	339	631	4 262	345	2 010	668	223	712	265
2013	17 057	256	622	5 166	389	2 513	816	319	854	282
2014	17 212	252	583	5 152	389	2 518	830	327	850	268
2015	16 977	240	534	4 980	382	2 416	823	340	843	256

年份	金融业	房地产业	租赁和商务服务业	科学研究和技术服务业	水利、环境和公共设施管理业	居民服务、修理和其他服务业	教育	卫生和社会工作	文化、体育和娱乐业	公共管理、社会保障和社会组织
2003	286	108	168	206	164	47	1 402	472	122	1 146
2004	287	120	176	208	165	47	1 425	477	118	1 170
2005	295	133	199	213	170	47	1 445	491	117	1 213
2006	300	140	215	220	176	50	1 466	506	117	1 235
2007	311	151	223	228	181	51	1 484	522	119	1 260
2008	326	157	247	240	179	50	1 491	536	119	1 292
2009	347	175	263	255	184	55	1 502	564	122	1 337
2010	370	195	281	273	193	56	1 527	595	124	1 365
2011	417	233	273	282	203	57	1 563	644	128	1 406
2012	528	274	292	331	244	62	1 653	719	138	1 542
2013	447	352	399	368	226	69	1 623	727	138	1 491
2014	467	379	426	386	232	72	1 657	765	137	1 518
2015	478	394	450	389	233	70	1 665	794	140	1 550

表 1—8　历年分经济类型单位在岗职工平均工资及增长情况　单位：元/年

年份	在岗职工平均工资	国有单位	城镇集体单位	其他单位	比上年增长（%）
1997	6 470	6 747	4 512	8 789	4.2
1998	7 479	7 668	5 331	8 972	15.6
1999	8 346	8 543	5 774	9 829	11.6
2000	9 371	9 552	6 262	10 984	12.3
2001	10 870	11 178	6 867	12 140	16.0
2002	12 422	12 869	7 667	13 212	14.3
2003	14 040	14 577	8 678	14 574	13.0
2004	16 024	16 445	9 723	16 519	14.1
2005	18 364	19 313	11 283	18 244	14.6
2006	21 001	22 112	13 014	20 755	14.4
2007	24 932	26 620	15 595	24 058	18.7
2008	29 229	31 005	18 338	28 387	17.2
2009	32 736	35 053	20 958	31 319	12.0
2010	37 147	39 471	24 430	35 843	13.5
2011	42 452	44 695	29 261	41 449	14.3
2012	47 593	49 750	34 431	46 682	12.1
2013	52 388	54 225	39 669	51 972	10.1
2014	57 361	58 992	43 631	57 092	9.5
2015	63 241	67 415	47 638	61 611	10.3

表 1—9　　历年全国企业、事业、机关单位在岗职工平均工资　　单位：元/年

年份	在岗职工平均工资	企业				事业				机关	
		合计	国有	集体	其他	合计	国有	集体	其他	合计	国有
1997	6 470	6 322	6 647	4 443	8 788	6 867	6 925	5 743	9 530	6 990	6 994
1998	7 479	7 405	7 644	5 264	8 970	7 620	7 689	6 206	10 858	7 740	7 746
1999	8 346	8 168	8 350	5 670	9 828	8 665	8 748	6 970	10 913	8 925	8 930
2000	9 371	9 189	9 324	6 144	10 985	9 634	9 749	7 388	10 560	10 020	10 025
2001	10 870	10 453	10 619	6 667	12 136	11 491	11 640	8 518	14 628	12 125	12 136
2002	12 422	11 873	12 109	7 426	13 206	13 246	13 438	9 399	15 568	14 005	14 020
2003	14 040	13 578	14 028	8 401	14 575	14 564	14 770	10 448	15 147	15 736	15 757
2004	16 024	15 559	16 336	9 513	16 255	16 489	16 690	11 773	17 335	17 869	17 887
2005	18 364	17 853	19 069	10 909	18 242	18 720	18 926	13 602	18 621	20 828	20 840
2006	21 001	20 555	22 246	12 547	20 756	21 259	21 466	15 887	20 668	23 360	23 370
2007	24 932	24 046	26 284	14 882	24 053	25 805	26 029	19 828	25 048	28 763	28 773
2008	29 229	28 359	30 780	17 616	28 388	29 758	30 004	22 682	28 205	33 869	33 878
2009	32 736	31 622	34 778	20 041	31 362	34 053	34 276	26 900	31 924	37 397	37 410
2010	37 147	36 256	39 938	23 338	35 891	38 411	38 626	31 260	36 661	40 512	40 561
2011	42 452	42 020	46 288	28 115	41 550	43 254	43 522	36 378	37 218	44 303	44 388
2012	47 593	47 284	51 698	33 274	46 780	48 426	48 683	41 400	43 097	48 513	48 608
2013	52 388	52 270	56 962	38 322	52 032	53 291	53 463	47 439	51 914	51 894	51 905
2014	57 361	57 359	62 236	42 036	57 164	58 125	58 304	52 246	56 344	55 939	55 962
2015	63 241	61 904	67 303	45 857	61 655	67 828	68 197	56 629	60 720	65 829	65 853

年份	机关		民间非营利组织				其他			
	集体	其他	合计	国有	集体	其他	合计	国有	集体	其他
1997	6 338									
1998	6 675									
1999	7 827									
2000	8 718									
2001	8 960									
2002	9 302									
2003	9 742									
2004	12 101									
2005	15 365									
2006	17 897									
2007	21 803									
2008	25 298									
2009	30 394	26 434	29 529	49 985	24 868	26 439	24 249	38 003	16 991	21 532
2010	31 338	26 214	33 750	54 207	27 953	30 867	26 264	37 897	18 222	24 708
2011	39 612	30 197	37 015	57 700	29 235	34 741	30 663	42 019	24 550	28 505
2012	39 608	29 971	42 887	67 214	39 755	40 635	35 421	46 635	29 206	33 225
2013	41 020	47 424	46 849	67 401	43 004	44 792	44 167	58 328	35 120	38 828
2014	41 702	42 494	49 530	69 474	45 816	47 834	53 341	72 950	39 144	43 661
2015	49 879	50 654	53 477	60 775	53 823	52 414	58 923	64 220	43 570	57 340

注：以前年度民间非营利组织和其他单位按照登记注册情况并入了机关、事业和企业单位，从 2009 年起新增列民间非营利组织和其他两个分类。

表 1—10 **历年分行业职工平均工资** 单位：元/年

年份	合计	农、林、牧、渔业	采掘业	制造业	电力、煤气及水的生产和供应业	建筑业	地质勘查业、水利管理业	交通运输、仓储和邮电通信业
1978	615	470	676	597	850	714	708	694
1980	762	616	854	752	1 035	855	895	832
1985	1 148	878	1 324	1 112	1 239	1 362	1 406	1 275
1989	1 935	1 389	2 378	1 900	2 241	2 166	2 199	2 197
1990	2 140	1 541	2 718	2 073	2 656	2 384	2 465	2 426
1991	2 340	1 652	2 942	2 289	2 922	2 649	2 707	2 686
1992	2 711	1 828	3 209	2 635	3 392	3 066	3 222	3 114
1993	3 371	2 042	3 711	3 348	4 319	3 779	3 717	4 273
1994	4 538	2 819	4 679	4 283	6 155	4 894	5 450	5 690
1995	5 500	3 522	5 757	5 169	7 843	5 785	5 962	6 948
1996	6 210	4 050	6 482	5 642	8 816	6 249	6 581	7 870
1997	6 470	4 311	6 833	5 933	9 649	6 655	7 160	8 600
1998	7 479	4 528	7 242	7 064	10 478	7 456	7 951	9 808
1999	8 346	4 832	7 521	7 794	11 513	7 982	8 821	10 991
2000	9 371	5 184	8 340	8 750	12 830	8 735	9 622	12 319
2001	10 870	5 741	9 586	9 774	14 590	9 484	10 957	14 167
2002	12 422	6 398	11 017	11 001	16 440	10 279	12 303	16 044

年份	批发和零售贸易、餐饮业	金融、保险业	房地产业	社会服务业	卫生、体育和社会福利业	教育、文化艺术和广播电影电视业	科学研究和综合技术服务业	国家机关、政党机关和社会团体	其他
1978	551	610	548	392	573	545	669	655	
1980	692	720	694	475	718	700	851	800	
1985	1 007	1 154	1 028	777	1 124	1 166	1 272	1 127	
1989	1 660	1 867	1 925	1 926	1 959	1 883	2 118	1 874	
1990	1 818	2 097	2 243	2 170	2 209	2 117	2 403	2 113	
1991	1 981	2 255	2 507	2 431	2 370	2 243	2 573	2 275	
1992	2 204	2 829	3 106	2 844	2 812	2 715	3 115	2 768	
1993	2 679	3 740	4 320	3 588	3 413	3 278	3 904	3 505	3 371
1994	3 537	6 712	6 288	5 026	5 126	4 923	6 162	4 962	5 213
1995	4 248	7 376	7 330	5 982	5 860	5 435	6 846	5 526	6 295
1996	4 661	8 406	8 337	6 778	6 790	6 144	8 048	6 340	7 184
1997	4 845	9 734	9 190	7 553	7 599	6 759	9 049	6 981	6 838
1998	5 865	10 633	10 302	8 333	8 493	7 474	10 241	7 773	8 481
1999	6 417	12 046	11 505	9 263	9 664	8 510	11 601	8 978	10 068
2000	7 190	13 478	12 616	10 339	10 930	9 482	13 620	10 043	11 098
2001	8 192	16 277	14 096	11 869	12 933	11 452	16 437	12 142	12 590
2002	9 398	19 135	15 501	13 499	14 795	13 290	19 113	13 975	14 215

注：1998 年以后为城镇非私营单位在岗职工口径。

续表

年份	合计	农、林、牧、渔业	采矿业	制造业	电力、热力、燃气及水生产和供应业	建筑业	交通运输、仓储和邮政业	信息传输、软件和信息技术服务业	批发和零售业	住宿和餐饮业
2003	14 040	6 969	13 682	12 496	18 752	11 478	15 973	32 244	10 939	11 083
2004	16 024	7 611	16 874	14 033	21 805	12 770	18 381	34 988	12 923	12 535
2005	18 364	8 309	20 626	15 757	25 073	14 338	21 352	40 558	15 241	13 857
2006	21 001	9 430	24 335	17 966	28 765	16 406	24 623	44 763	17 736	15 206
2007	24 932	11 086	28 377	20 884	33 809	18 758	28 434	49 225	20 888	17 041
2008	29 229	12 958	34 405	24 192	39 204	21 527	32 796	56 642	25 538	19 481
2009	32 736	14 911	38 224	26 599	42 668	24 625	36 224	59 919	29 031	21 193
2010	37 147	17 345	44 496	30 700	48 323	28 127	41 536	66 598	33 520	23 812
2011	42 452	20 393	52 569	36 494	53 723	32 657	47 646	70 619	40 295	27 847
2012	47 593	23 419	57 471	41 483	59 215	37 284	53 923	80 402	46 165	31 898
2013	52 388	26 557	60 787	46 290	68 552	42 839	58 869	91 404	50 264	34 990
2014	57 361	29 058	62 172	51 225	74 893	46 661	64 376	101 434	55 870	38 232
2015	63 241	32 971	59 920	55 192	80 528	49 767	69 772	112 935	60 449	41 773

年份	金融业	房地产业	租赁和商务服务业	科学研究和技术服务业	水利、环境和公共设施管理业	居民服务、修理和其他服务业	教育	卫生和社会工作	文化、体育和娱乐业	公共管理、社会保障和社会组织
2003	22 457	17 182	16 501	20 636	12 095	12 900	14 399	16 352	17 268	15 533
2004	26 982	18 712	18 131	23 593	13 336	14 152	16 277	18 617	20 730	17 609
2005	32 228	20 581	20 992	27 434	14 753	16 642	18 470	21 048	22 885	20 505
2006	39 280	22 578	23 648	31 909	16 140	18 935	21 134	23 898	26 126	22 883
2007	49 435	26 425	26 965	38 879	19 064	21 550	26 162	28 258	30 662	28 171
2008	61 841	30 327	31 735	46 003	22 182	23 801	30 185	32 714	34 494	32 955
2009	70 265	32 591	34 318	50 866	24 551	25 704	35 042	36 380	38 319	36 268
2010	80 772	36 392	38 502	57 316	27 229	28 665	39 624	41 132	42 245	39 329
2011	91 364	43 345	45 900	65 238	30 750	33 713	43 907	47 258	48 711	43 214
2012	100 690	47 327	52 315	70 441	34 584	35 586	48 566	53 753	54 414	47 471
2013	112 330	51 887	62 260	77 921	38 595	38 888	52 882	59 371	60 486	50 723
2014	122 049	56 543	66 421	83 671	42 001	42 266	57 709	64 804	65 646	54 745
2015	132 788	61 381	71 410	90 786	47 046	45 524	68 090	73 444	74 301	64 431

表 1—11　　分地区企业、事业、机关单位在岗职工平均工资

（2015 年）

单位：元/年

地区	合计	企业	事业
	在岗职工平均工资	在岗职工平均工资	在岗职工平均工资
全国	**63 241**	**61 904**	**67 828**
北京	113 073	111 756	134 186
天津	81 486	77 252	103 334
河北	52 409	51 510	55 343
山西	52 960	52 913	53 805
内蒙古	57 870	54 366	63 217
辽宁	53 458	53 235	55 015
吉林	52 927	53 040	52 997
黑龙江	51 241	48 933	57 164
上海	109 279	109 326	109 807
江苏	67 200	64 444	81 330
浙江	67 707	60 931	99 231
安徽	56 974	55 141	61 503
福建	58 719	55 562	73 414
江西	52 137	49 859	57 418
山东	58 197	53 938	72 561
河南	45 920	45 042	48 149
湖北	55 237	54 485	56 639
湖南	53 889	53 600	56 957
广东	66 296	64 232	76 055
广西	54 983	52 508	58 456
海南	58 406	53 831	68 444
重庆	62 091	58 778	74 697
四川	60 520	57 260	67 551
贵州	62 591	58 657	67 942
云南	55 025	50 620	63 614
西藏	110 980	76 046	134 349
陕西	56 896	57 504	56 414
甘肃	54 454	50 901	59 092
青海	61 868	59 730	64 661
宁夏	62 482	61 151	64 044
新疆	60 914	59 034	66 533

注：本表为城镇非私营单位在岗职工平均工资。

续表

地区	机关	民间非营利组织	其他
	在岗职工平均工资	在岗职工平均工资	在岗职工平均工资
全国	**65 829**	**53 477**	**58 923**
北京	99 667	83 375	31 443
天津	102 321	52 567	70 756
河北	50 848	46 452	42 906
山西	51 821	29 654	31 563
内蒙古	63 557	31 390	55 112
辽宁	51 742	38 455	55 451
吉林	52 076	45 732	46 151
黑龙江	54 482	46 000	62 086
上海	108 405	83 832	83 122
江苏	88 075	56 537	70 075
浙江	101 537	60 221	61 275
安徽	60 513	36 132	59 118
福建	71 808	42 927	52 757
江西	57 074	61 000	48 084
山东	67 190	46 522	58 596
河南	44 137	44 215	97 164
湖北	60 611	18 195	41 507
湖南	49 794	43 326	51 089
广东	80 583	52 770	67 448
广西	60 239	27 565	50 144
海南	66 715	39 196	46 544
重庆	67 278	39 178	49 385
四川	66 549	46 009	46 963
贵州	67 944	40 701	57 645
云南	59 613	38 463	51 823
西藏	119 341		24 880
陕西	53 969	48 685	55 424
甘肃	59 233	41 498	38 389
青海	66 334	29 828	42 033
宁夏	66 629	39 871	54 328
新疆	60 914	35 333	37 035

注：本表为城镇非私营单位在岗职工平均工资。

表 1—12　　历年居民消费价格指数和商品零售价格指数

（以上年为100）

年份	全国居民消费价格指数	城镇	商品零售价格指数	城镇
1998	99.2	99.4	97.4	97.4
1999	98.6	98.7	97.0	97.0
2000	100.4	100.8	98.5	98.5
2001	100.7	100.7	99.2	98.9
2002	99.2	99.0	98.7	98.5
2003	101.2	100.9	99.9	99.6
2004	103.9	103.3	102.8	102.1
2005	101.8	101.6	100.8	100.5
2006	101.5	101.5	101.0	101.0
2007	104.8	104.5	103.8	103.3
2008	105.9	105.6	105.9	105.5
2009	99.3	99.1	98.8	98.7
2010	103.3	103.2	103.1	102.8
2011	105.4	105.3	104.9	104.7
2012	102.6	102.7	102.0	101.9
2013	102.6	102.6	101.4	101.3
2014	102.0	102.1	101.0	101.0
2015	101.4	101.5	100.1	100.0

表 1—13　　历年城乡居民收入及增长情况　　单位：元/年

年份	城镇居民人均可支配收入	农村居民人均纯收入	扣除物价因素比上年实际增长（%）	
			城镇居民人均可支配收入	农村居民人均纯收入
1998	5 425	2 162	5.8	4.3
1999	5 854	2 210	9.3	3.9
2000	6 280	2 253	6.4	2.0
2001	6 860	2 366	8.2	4.2
2002	7 703	2 476	13.4	4.8
2003	8 472	2 622	9.0	4.3
2004	9 422	2 936	7.7	6.8
2005	10 493	3 255	9.6	6.2
2006	11 760	3 587	10.4	7.4
2007	13 786	4 140	12.2	9.5
2008	15 781	4 761	8.4	8.0
2009	17 175	5 153	9.8	8.5
2010	19 109	5 919	7.8	10.9
2011	21 810	6 977	8.4	11.4
2012	24 565	7 917	9.6	10.7
2013	26 955	8 896	7.0	9.3
2014	28 844	9 892	6.8	9.2
2015	31 195	10 772	6.6	7.5

（二）就业与失业

表 2—1　　分地区城镇单位就业人员年末人数

（2015 年）

单位：万人

地区	合计	企业	事业	机关	民间非营利组织	其他
全国	**18 062.5**	**13 325.2**	**3 250.1**	**1 379.3**	**39.7**	**68.2**
北京	777.3	631.6	95.2	36.9	7.5	6.1
天津	294.8	243.1	35.9	14.4	0.5	0.9
河北	643.6	405.0	164.9	72.8	0.4	0.6
山西	440.3	288.7	105.3	45.2	0.2	0.9
内蒙古	298.3	180.0	78.7	39.1	0.1	0.4
辽宁	618.4	441.9	126.9	47.3	1.6	0.8
吉林	325.1	214.8	81.5	27.7	0.4	0.6
黑龙江	433.5	302.1	93.0	38.3		0.1
上海	637.2	560.9	57.6	16.6	1.5	0.6
江苏	1 552.1	1 315.8	171.3	60.1	0.5	4.3
浙江	1 083.4	880.4	131.6	57.9	6.2	7.3
安徽	513.8	356.7	110.6	43.7	1.1	1.7
福建	663.1	540.4	82.7	37.8	1.2	1.0
江西	480.5	334.5	101.3	43.9		0.7
山东	1 236.7	925.0	216.9	89.2	1.7	4.0
河南	1 125.9	820.2	217.2	78.2	3.1	7.1
湖北	712.3	509.0	150.2	48.7	1.7	2.9
湖南	579.1	376.9	131.1	59.9	2.2	9.0
广东	1 948.0	1 630.5	209.7	96.6	3.5	7.7
广西	405.4	241.1	119.6	41.0	1.0	2.6
海南	100.4	62.9	24.3	10.5	1.4	1.4
重庆	415.6	314.6	71.9	27.2	0.6	1.2
四川	795.5	533.7	174.3	85.6	0.9	1.0
贵州	307.5	172.9	90.0	42.3	0.3	1.8
云南	414.7	262.0	102.5	49.8	0.1	0.4
西藏	33.4	9.2	9.3	14.9		
陕西	511.8	349.6	109.7	49.2	1.3	2.0
甘肃	261.8	150.0	74.7	36.6		0.4
青海	62.7	36.1	16.6	9.6	0.4	
宁夏	73.1	44.5	19.7	8.7	0.1	0.2
新疆	317.2	190.8	76.2	49.6	0.1	0.5

注：本表中的城镇单位是指城镇非私营单位。

数据来源：国家统计局。

表 2—2　　分地区企业、事业、机关单位在岗职工年末人数

（2015 年）

单位：万人

地区	合计	企业	事业	机关	民间非营利组织	其他
全国	**16 977**	**12 494**	**3 076**	**1 308**	**36**	**64**
北京	724.8	589.1	89.7	34.2	6.2	5.5
天津	278.2	230.2	33.4	13.3	0.4	0.9
河北	599.8	373.2	155.7	69.9	0.3	0.6
山西	421.9	277.1	99.9	43.9	0.2	0.8
内蒙古	289.6	173.5	77.3	38.3	0.1	0.4
辽宁	583.5	414.5	121.4	45.9	1.0	0.7
吉林	308.1	204.1	76.6	26.4	0.4	0.6
黑龙江	394.1	270.3	87.6	36.2	0.001	0.1
上海	594.2	523.6	53.2	15.8	1.0	0.5
江苏	1 467.5	1 246.8	159.7	56.4	0.5	4.2
浙江	1 027.5	837.3	123.3	54.4	5.8	6.8
安徽	467.6	321.0	104.1	39.9	1.1	1.5
福建	617.7	502.6	77.7	35.4	1.2	1.0
江西	440.1	304.2	94.3	41.1	0.0	0.6
山东	1 178.0	876.9	209.4	86.2	1.6	3.9
河南	1 076.7	779.3	211.0	76.5	3.0	6.9
湖北	658.5	467.7	140.8	46.0	1.6	2.4
湖南	534.8	342.8	124.1	57.1	2.2	8.6
广东	1 883.3	1 574.7	203.0	94.9	3.4	7.3
广西	374.5	222.7	110.9	37.9	1.0	2.0
海南	97.0	60.5	23.6	10.1	1.3	1.4
重庆	385.1	289.4	67.7	26.2	0.6	1.2
四川	742.1	495.0	164.5	80.9	0.9	0.9
贵州	277.6	157.6	80.8	37.1	0.3	1.8
云南	373.7	232.4	94.4	46.5	0.1	0.3
西藏	28.5	8.2	8.3	11.9	0.0	0.008
陕西	474.1	322.0	103.4	45.5	1.3	1.9
甘肃	241.4	135.9	70.6	34.5	0.03	0.4
青海	61.0	34.8	16.4	9.4	0.4	0.04
宁夏	68.5	42.0	18.2	8.0	0.1	0.2
新疆	307.8	184.5	74.9	47.7	0.1	0.5

注：本表为城镇非私营单位在岗职工年末人数。

数据来源：国家统计局。

表 2—3　分地区城镇私营个体就业人员年末人数

（2015 年）

单位：万人

地区	合计	私营企业就业人员	个体就业人员
全国	**18 979.6**	**11 179.7**	**7 799.9**
北京	638.4	582.0	56.4
天津	158.7	105.8	52.9
河北	430.0	154.3	275.7
山西	272.2	131.6	140.6
内蒙古	416.3	168.1	248.2
辽宁	576.7	240.5	336.2
吉林	441.1	196.8	244.3
黑龙江	253.5	38.7	214.8
上海	585.7	551.1	34.6
江苏	1 977.7	1 459.4	518.3
浙江	1 495.1	1 028.5	466.6
安徽	755.2	326.9	428.3
福建	666.5	454.0	212.5
江西	517.1	261.5	255.6
山东	905.4	481.9	423.5
河南	712.7	285.9	426.8
湖北	852.6	313.3	539.3
湖南	917.6	586.6	331.0
广东	2 550.9	1 654.6	896.3
广西	380.5	168.1	212.4
海南	143.6	93.2	50.4
重庆	726.0	526.5	199.5
四川	1 126.5	743.9	382.6
贵州	192.7	87.9	104.8
云南	197.2	78.6	118.6
西藏	65.1	31.5	33.6
陕西	404.7	133.2	271.5
甘肃	210.3	100.2	110.1
青海	56.7	12.8	43.9
宁夏	93.6	51.8	41.8
新疆	259.2	130.7	128.5

表 2—4　　历年全国城镇登记失业人数及登记失业率

年份	城镇登记失业人数（万人）	登记失业率（%）
1997	577	3.1
1998	571	3.1
1999	575	3.1
2000	595	3.1
2001	681	3.6
2002	770	4.0
2003	800	4.3
2004	827	4.2
2005	839	4.2
2006	847	4.1
2007	830	4.0
2008	886	4.2
2009	921	4.3
2010	908	4.1
2011	922	4.1
2012	917	4.1
2013	926	4.05
2014	952	4.09
2015	966	4.05

表 2—5　　分地区城镇登记失业情况

（2015 年）

地区	城镇登记失业人数（万人）	城镇登记失业率（%）
北京	7.85	1.4
天津	25.08	3.5
河北	39.41	3.6
山西	25.57	3.5
内蒙古	25.87	3.7
辽宁	46.15	3.4
吉林	23.88	3.5
黑龙江	40.98	4.5

续表

地区	城镇登记失业人数（万人）	城镇登记失业率（%）
上海	24.81	4.0
江苏	36.01	3.0
浙江	33.69	2.9
安徽	30.91	3.1
福建	15.41	3.7
江西	29.95	3.4
山东	43.69	3.4
河南	42.46	3.0
湖北	33.43	2.6
湖南	45.10	4.1
广东	36.97	2.5
广西	18.13	2.9
海南	4.76	2.3
重庆	14.26	3.6
四川	54.64	4.1
贵州	14.49	3.3
云南	19.47	4.0
西藏	1.77	2.5
陕西	22.35	3.4
甘肃	9.48	2.1
青海	4.44	3.2
宁夏	4.94	4.0
新疆	10.28	2.9
新疆兵团	3.34	2.6

表 2—6　　分地区城镇登记失业基本情况

（2015 年）　　单位：万人

地区	上年年末结转登记失业人数	本年新登记失业人数			本年失业人员就业人数
			女性	就业转失业人数	
北京	7.4	16.6	6.7	12.8	15.2
天津	22.5	10.2	5.4	5.8	7.7
河北	38.3	39.4	14.3	6.8	36.6
山西	24.5	20.4	7.1	4.0	19.2
内蒙古	24.8	25.5	11.9	9.5	24.0
辽宁	41.1	98.1	41.4	52.6	83.9
吉林	23.2	33.7	16.2	13.6	32.6
黑龙江	43.9	67.6	29.2	42.1	65.1
上海	25.6	38.1	14.7	22.4	34.0
江苏	36.6	112.9	53.6	77.9	112.0
浙江	33.1	45.8	21.1	20.5	42.2
安徽	31.5	35.5	16.3	8.9	35.9
福建	14.3	28.3	13.2	10.9	23.5
江西	29.4	151.0	70.7	3.6	150.5
山东	42.2	119.9	54.2	58.1	115.8
河南	40.0	51.1	21.1	11.0	47.2
湖北	37.9	56.0	24.6	12.7	54.0
湖南	47.3	72.7	32.9	21.9	76.7
广东	36.8	65.4	32.7	22.5	62.5
广西	18.7	14.6	6.6	3.9	13.9
海南	4.3	3.5	1.4	1.3	2.8
重庆	13.4	30.1	16.6	11.1	27.7
四川	54.4	54.8	27.6	26.8	50.8
贵州	14.1	12.0	5.2	3.0	11.6
云南	19.2	36.0	15.7	9.7	34.1
西藏	1.7	1.8	0.8	0.3	1.7
陕西	22.3	20.6	10.0	3.0	20.6
甘肃	9.7	32.1	15.5	7.5	32.2
青海	4.2	6.0	2.4	2.0	5.7
宁夏	5.0	9.6	5.4	5.0	9.6
新疆	10.1	31.6	15.2	7.2	31.1
新疆兵团	3.4	16.2	7.6	3.6	16.2

续表

地区	本年年末登记失业人数			城镇登记失业率（%）
		女性	长期失业者	
北京	7.8	3.1	0.2	1.4
天津	25.1	13.2	0.1	3.5
河北	39.4	16.3	3.5	3.6
山西	25.6	7.6	3.7	3.5
内蒙古	25.9	10.9	2.1	3.7
辽宁	46.2	22.0	4.0	3.4
吉林	23.9	9.4	0.8	3.5
黑龙江	41.0	19.3	1.6	4.5
上海	24.8	8.2	6.4	4.0
江苏	36.0	15.7	1.9	3.0
浙江	33.7	14.4	3.1	2.9
安徽	30.9	9.3	1.0	3.1
福建	15.4	6.9	1.3	3.7
江西	29.9	11.0	1.2	3.4
山东	43.7	18.6	2.6	3.4
河南	42.5	18.0	2.0	3.0
湖北	33.4	14.9	2.1	2.6
湖南	45.1	16.9	0.6	4.1
广东	37.0	15.4	1.9	2.5
广西	18.1	8.1	1.1	2.9
海南	4.8	2.4	0.1	2.3
重庆	14.3	7.5	0.6	3.6
四川	54.6	27.5	1.5	4.1
贵州	14.5	6.7	0.9	3.3
云南	19.5	8.3	3.1	4.0
西藏	1.8	1.0	0.003	2.5
陕西	22.3	8.0	2.1	3.4
甘肃	9.5	4.5	1.3	2.1
青海	4.4	1.7	0.6	3.2
宁夏	4.9	2.1	0.1	4.0
新疆	10.3	4.7	0.6	2.9
新疆兵团	3.3	2.2	0.2	2.6

（三）职业培训与技能鉴定

表 3—1　　历年技工学校综合情况　　单位：万人

年份	技工学校个数（个）	招生人数	在校学生人数	毕业生人数	在职教职工人数
一、绝对数					
1998	4 362	59.5	181.3	69.5	29.0
1999	4 098	51.5	156.1	66.2	26.9
2000	3 792	50.4	140.1	64.6	24.0
2001	3 470	55.1	134.7	47.7	22.0
2002	3 075	73.3	153.0	45.4	20.3
2003	2 970	91.6	193.1	45.3	20.2
2004	2 884	109.7	234.4	53.5	20.4
2005	2 855	118.4	275.3	69.0	20.4
2006	2 880	134.8	320.8	86.4	21.5
2007	2 995	158.5	367.1	99.7	24.0
2008	3 075	161.4	397.5	109.0	24.7
2009	3 064	156.4	414.3	115.2	25.8
2010	2 998	158.6	421.0	121.3	26.5
2011	2 914	163.5	429.4	118.9	26.5
2012	2 892	156.8	422.8	120.2	26.7
2013	2 882	133.5	386.6	116.9	26.9
2014	2 818	124.4	339.0	106.8	26.5
2015	2 545	121.4	321.5	94.6	26.0
二、比上年增长（%）					
1998	−0.8	−19.0	−6.1	−0.7	−6.5
1999	−6.1	−13.3	−13.9	−4.6	−7.1
2000	−7.5	−2.3	−10.2	−2.5	−11.0
2001	−8.5	9.4	−3.8	−26.1	−8.3
2002	−11.4	33.0	13.6	−4.9	−7.4
2003	−3.4	24.9	26.2	−0.2	−0.7
2004	−2.9	19.8	21.4	18.1	1.0
2005	−1.0	7.9	17.4	29.0	0.0
2006	0.9	13.9	16.5	25.2	5.4
2007	4.0	17.6	14.4	15.4	11.6
2008	2.7	1.8	8.3	9.3	2.9
2009	−0.4	−3.1	4.2	5.7	4.6
2010	−2.2	1.4	1.6	5.4	2.6
2011	−2.8	3.1	2.0	−2.0	0.0
2012	−0.8	−4.1	−1.5	1.1	0.8
2013	−0.3	−17.4	−9.4	−2.9	0.9
2014	−2.2	−6.8	−12.3	−8.6	−1.6
2015	−9.7	−2.4	−5.2	−11.4	−1.8

续表

年份			兼职教师人数	培训社会人员人次数（万人次）	培训社会人员结业人数
	文化技术理论课教师	生产实习指导教师			
一、绝对数					
1998	11.0	3.8	2.7	165.1	
1999	11.2	3.8	2.9	149.1	144.6
2000	10.5	3.5	2.7	158.5	156.7
2001	10.0	3.4	2.6	151.7	163.9
2002	9.5	3.2	2.6	208.6	196.9
2003	9.6	3.4	3.0	226.9	223.7
2004	9.6	3.8	2.9	265.6	257.5
2005	9.7	3.8	3.2	273.3	270.1
2006	10.4	4.2	3.6	337.7	330.2
2007	11.2	5.0	3.8	380.7	369.8
2008	12.2	5.4	4.1	400.0	389.8
2009	12.5	6.0	4.3	484.1	382.9
2010	12.7	6.3	4.4	468.4	371.3
2011	12.9	6.3	4.3	527.5	416.1
2012	13.0	6.6	4.3	551.3	441.6
2013	13.4	6.5	4.1	525.3	397.1
2014	13.2	6.2	4.2	508.5	372.3
2015	13.2	6.0	4.1	476.6	378.9
二、比上年增长（%）					
1998	−4.6	−4.0	0.8	20.0	
1999	1.9	−0.1	9.5	−9.7	16.5
2000	−6.9	−6.7	−6.3	6.3	8.4
2001	−4.9	−3.7	−4.1	−4.3	4.6
2002	−5.0	−6.8	−2.4	37.6	20.2
2003	1.5	7.3	17.4	37.6	20.2
2004	0.0	11.8	−3.3	17.1	15.1
2005	1.0	0.0	10.3	2.9	4.9
2006	7.2	10.5	12.5	23.6	22.3
2007	7.7	19.0	5.6	12.7	12.0
2008	8.9	8.0	7.9	5.1	5.4
2009	2.8	11.6	5.2	21.0	−1.8
2010	1.2	4.3	1.0	−3.2	−3.0
2011	1.8	−0.4	−1.7	12.6	12.1
2012	0.3	6.1	0.6	4.5	6.1
2013	3.3	−2.2	−6.0	−4.9	−11.2
2014	−1.3	−4.3	2.8	−3.2	−6.2
2015	−0.3	−4.2	−2.5	−6.3	1.8

表 3—2 　　**分地区技工学校综合情况**

（2015 年）

地区	技工学校个数（个）	职业培训定点培训机构数	在职教职工人数（人）	女性	文化技术理论课教师	高级讲师	讲师	助理讲师
全国	**2 545**	**1 223**	**260 319**	**113 779**	**131 991**	**35 376**	**48 517**	**36 118**
北京	29	19	3 424	1 677	1 476	451	525	311
天津	29	26	2 698	1 184	1 173	369	385	272
河北	173	52	13 044	6 416	7 077	2 288	2 581	1 598
山西	98	29	8 897	4 303	3 816	1 008	1 117	1 103
内蒙古	49	40	6 247	2 767	3 425	1 223	1 186	783
辽宁	112	55	9 182	4 081	4 865	1 556	1 947	941
吉林	56	23	3 787	1 826	2 090	704	788	415
黑龙江	131	59	11 274	5 440	5 947	2 167	2 122	1 177
上海								
江苏	126	60	17 816	7 754	9 567	2 549	3 714	2 656
浙江	71	36	10 194	4 532	5 858	1 465	2 146	1 577
安徽	83	41	6 313	2 559	3 125	912	1 201	832
福建	62	26	3 932	1 762	1 926	617	568	395
江西	97	37	8 904	3 611	4 388	1 347	1 476	1 253
山东	194	95	29 228	11 843	16 349	4 503	6 440	4 578
河南	149	68	14 074	6 286	6 377	1 545	2 384	2 341
湖北	132	52	7 794	3 102	4 127	1 134	1 613	890
湖南	129	62	10 946	3 519	5 157	1 697	1 949	1 233
广东	163	54	29 439	13 005	12 919	1 991	5 131	3 849
广西	39	24	5 781	2 467	2 812	597	980	878
海南	10	5	1 544	627	934	192	282	326
重庆	51	30	4 581	2 136	1 993	480	756	549
四川	83	38	9 585	4 160	5 180	1 182	1 932	1 544
贵州	69	44	7 806	3 404	4 364	966	1 425	1 691
云南	39	28	4 732	1 967	2 808	807	788	967
陕西	145	61	8 911	3 929	3 740	1 006	1 243	1 151
甘肃	82	41	4 656	1 727	2 189	496	964	729
青海	15	15	1 938	981	694	214	229	226
宁夏	21		3 062	1 600	1 821	485	486	438
新疆	108	103	10 530	5 114	5 794	1 425	2 159	1 415

续表

地区	生产实习指导教师	高级实习指导教师	一级实习指导教师	二级实习指导教师	三级实习指导教师	技师、高级技师	一体化教师人数（人）	兼职教师人数（人）
全国	**59 648**	**7 088**	**12 129**	**10 689**	**5 246**	**18 819**	**69 564**	**40 687**
北京	613	123	144	95	15	213	1 152	1 295
天津	553	139	218	128	27	33	872	266
河北	2 379	392	491	354	150	810	2 640	1 838
山西	1 979	202	328	267	186	845	1 690	1 174
内蒙古	1 434	244	198	188	271	359	1 489	706
辽宁	1 255	156	296	258	72	380	1 599	1 195
吉林	744	99	102	150	74	230	1 116	576
黑龙江	2 107	322	345	262	223	804	3 083	1 446
上海								
江苏	4 414	442	816	804	278	1 829	6 061	2 901
浙江	2 093	323	457	341	120	639	3 381	1 114
安徽	1 315	173	243	250	129	411	1 551	1 250
福建	996	167	199	247	77	147	1 020	665
江西	2 035	191	379	340	169	717	2 154	1 979
山东	6 264	943	1 397	994	484	2 216	8 603	3 374
河南	3 781	477	833	601	285	1 028	4 246	2 333
湖北	1 870	262	534	321	162	462	1 603	1 589
湖南	3 454	437	1 000	679	314	879	2 982	2 223
广东	8 092	441	1 482	1 343	453	3 332	8 723	3 000
广西	1 576	149	360	408	117	396	1 586	649
海南	328	38	52	103	0	123	413	118
重庆	1 072	117	176	163	195	336	1 246	1 183
四川	2 112	188	379	407	255	653	2 565	1 479
贵州	2 456	193	411	699	339	438	1 741	1 583
云南	1 051	149	144	216	50	220	1 547	1 077
陕西	2 079	214	351	472	341	488	1 578	1 617
甘肃	944	123	249	191	220	161	679	900
青海	452	117	110	92	25	76	373	283
宁夏	222	20	25	32	33	58	564	599
新疆	1 978	247	410	284	182	536	3 307	2 275

表 3—3　　分地区技工学校培训情况

（2015 年）

单位：人

地区	招生学校数（个）	招生人数			在校学生人数	
			高级班学生	农业户口学生		女生
全国	**1 924**	**1 214 316**	**385 596**	**939 775**	**3 214 610**	**910 091**
北京	29	13 518	4 193	8 597	37 949	9 645
天津	26	9 208	2 218	6 842	21 374	5 382
河北	133	38 570	4 452	34 420	101 333	26 983
山西	66	37 840	9 267	28 614	106 229	30 010
内蒙古	29	7 561	1 849	4 910	18 456	4 863
辽宁	64	21 530	3 530	12 717	62 569	13 465
吉林	42	9 270	2 291	6 851	27 681	5 456
黑龙江	83	22 771	8 067	14 939	63 300	23 114
上海						
江苏	111	97 803	30 375	55 130	240 396	75 215
浙江	69	42 372	16 689	27 618	122 661	33 397
安徽	53	18 979	6 239	14 430	43 809	13 500
福建	44	24 130	6 239	17 893	54 524	16 606
江西	77	48 032	6 100	40 187	122 254	44 709
山东	171	131 550	55 744	115 685	318 182	82 741
河南	124	103 011	25 288	81 265	266 743	53 698
湖北	79	34 690	6 248	18 449	89 381	29 982
湖南	79	40 291	16 495	38 628	117 248	33 252
广东	154	199 406	83 741	158 022	588 570	177 218
广西	38	55 570	8 982	50 709	109 666	34 669
海南	10	7 634	2 217	5 151	22 077	4 786
重庆	51	32 963	6 234	23 009	125 577	31 796
四川	62	40 500	12 727	31 244	120 337	34 821
贵州	47	39 220	11 850	27 802	73 177	20 066
云南	36	44 740	21 740	39 766	113 702	28 203
陕西	110	42 893	23 916	36 916	114 526	34 595
甘肃	30	13 623	2 390	10 577	42 523	17 224
青海	11	5 658	623	2 896	19 505	6 469
宁夏	8	1 617	891	1 067	2 324	918
新疆	88	29 366	5 001	25 441	68 537	17 308

续表

地区		毕业生人数			就业人数	
	高级班学生		获得中级职业资格	获得高级职业资格		高级班学生
全国	**991 458**	**946 179**	**549 589**	**230 346**	**921 309**	**258 548**
北京	9 856	13 444	6 836	5 667	13 241	5 401
天津	6 119	6 871	4 515	1 988	6 466	2 372
河北	15 129	41 083	29 596	8 255	40 320	8 691
山西	31 702	37 306	27 184	8 749	36 808	8 902
内蒙古	5 187	5 125	1 721	1 049	4 826	1 250
辽宁	14 670	18 899	9 410	3 733	17 758	4 492
吉林	5 159	9 204	7 263	539	8 842	528
黑龙江	18 518	48 680	18 026	3 627	47 664	4 148
上海						
江苏	67 968	69 201	31 303	23 232	68 113	28 637
浙江	46 610	34 419	22 474	8 461	33 936	8 290
安徽	11 083	18 683	10 858	2 728	18 024	4 243
福建	9 991	16 948	11 746	3 262	16 214	3 304
江西	14 558	35 500	26 977	4 448	35 031	4 423
山东	137 492	98 154	36 972	40 243	95 129	46 537
河南	59 062	84 667	60 204	16 168	82 117	18 692
湖北	20 765	29 927	12 341	5 756	29 653	7 546
湖南	57 483	29 936	19 121	10 494	29 078	10 414
广东	237 336	144 631	97 461	46 556	142 010	46 094
广西	13 748	25 575	17 569	1 966	24 955	2 053
海南	6 647	5 171	3 515	1 143	5 044	1 239
重庆	17 079	26 555	15 872	2 351	26 170	2 401
四川	30 022	29 507	16 311	3 838	29 169	4 750
贵州	20 095	14 098	7 879	3 629	13 575	2 012
云南	49 768	27 710	10 810	5 444	26 846	7 162
陕西	58 324	34 076	16 763	8 822	31 046	14 672
甘肃	9 588	23 797	14 670	6 695	22 845	7 891
青海	2 078	6 244	3 723	233	5 981	491
宁夏	1 465	284	93	128	284	284
新疆	13 956	10 484	8 376	1 142	10 164	1 629

续表

地区	培训社会人员数（人次）	按培训对象分组			
		失业人员	劳动预备制学员	在职职工	农村劳动者
全国	**4 765 672**	**314 892**	**235 636**	**2 717 723**	**847 333**
北京	100 704	4 777	1 507	74 386	15 654
天津	99 902	6 505	6 309	72 571	5 616
河北	169 883	11 720	5 454	110 277	24 805
山西	115 649	2 173	4 738	92 379	6 555
内蒙古	56 044	7 362	5 332	30 020	7 372
辽宁	131 710	8 564	2 623	83 633	9 004
吉林	64 512	7 130	3 240	43 634	6 650
黑龙江	180 469	32 571	4 940	49 473	52 428
上海					
江苏	465 503	30 080	27 896	305 552	56 938
浙江	287 950	9 959	8 361	201 750	42 896
安徽	139 497	11 832	8 626	77 327	26 232
福建	81 138	5 846	1 409	41 238	16 039
江西	296 241	2 505	1 359	266 548	9 238
山东	409 515	31 024	11 476	208 380	92 814
河南	449 691	40 186	15 672	221 341	83 299
湖北	161 050	10 679	6 565	65 462	29 456
湖南	242 718	21 372	30 449	115 910	48 850
广东	251 974	9 132	12 282	177 714	39 178
广西	96 297	5 941	13 354	28 655	33 893
海南	27 309	496	3 231	19 651	1 069
重庆	118 364	11 966	4 482	72 297	19 178
四川	130 328	11 112	7 112	71 853	29 498
贵州	62 497	4 687	11 024	18 969	21 721
云南	94 511	6 738	3 880	33 872	34 663
陕西	107 778	771	4 781	71 108	15 437
甘肃	101 144	9 994	5 043	6 946	29 627
青海	34 576	676	11 907	8 556	2 725
宁夏	14 969	743	409	6 868	4 571
新疆	273 749	8 351	12 175	141 353	81 927

续表

地区	培训社会人员结业人数	按获取证书分组			
		初级职业资格	中级职业资格	高级职业资格	技师和高级技师资格
全国	**3 789 340**	**998 866**	**723 460**	**316 552**	**94 251**
北京	88 998	30 482	7 463	10 409	3 419
天津	93 536	32 713	37 386	17 020	6 347
河北	110 588	21 771	14 726	17 504	9 045
山西	114 310	11 780	28 886	6 386	2 059
内蒙古	49 372	11 418	10 026	1 649	1 226
辽宁	55 597	18 222	13 113	3 480	6 494
吉林	58 990	14 149	6 949	2 404	573
黑龙江	176 117	82 932	16 186	5 054	2 987
上海					
江苏	320 306	64 950	82 538	48 238	6 832
浙江	227 162	46 643	29 461	36 262	6 387
安徽	111 913	23 590	26 873	10 952	1 853
福建	62 830	11 550	13 109	5 292	1 327
江西	263 617	12 664	48 698	17 449	5 763
山东	265 348	104 084	48 302	26 094	11 737
河南	412 781	94 854	69 325	19 173	6 110
湖北	133 618	30 155	18 996	4 173	2 845
湖南	211 189	96 907	68 463	19 046	3 286
广东	180 818	51 632	26 071	14 988	3 901
广西	71 930	30 110	12 741	5 266	2 006
海南	6 558	1 262	752	1 265	322
重庆	116 511	42 201	10 084	2 891	707
四川	86 310	13 115	36 247	10 120	2 688
贵州	44 649	13 603	8 713	5 882	678
云南	68 674	35 894	8 518	8 978	1 847
陕西	73 950	17 071	18 549	5 188	612
甘肃	99 979	18 296	32 419	1 813	348
青海	6 953	5 473	472	881	127
宁夏	13 065	7 127	1 226	697	745
新疆	263 671	54 218	27 168	7 998	1 980

表 3—4　　分地区就业训练中心综合情况

（2015 年）

单位：人

地区	就业训练中心个数（个）	在职教职工总人数	教师	兼职教师人数	培训人数	结业人数	就业人数
全国	**2 636**	**40 580**	**24 833**	**22 566**	**4 760 349**	**4 242 993**	**3 178 178**
北京	8	224	97	209	26 993	23 903	16 952
天津	18	289	108	471	113 426	108 543	98 322
河北	352	5 286	2 514	1 486	242 540	232 813	163 295
山西	74	1 790	1 038	619	171 963	133 231	76 408
内蒙古	83	545	304	356	66 065	63 635	59 376
辽宁	87	1 571	1 136	869	110 832	106 205	79 482
吉林	58	644	379	330	79 147	72 895	35 466
黑龙江	115	1 023	702	1 328	163 974	157 576	97 378
上海							
江苏	100	2 026	1 215	1 721	732 760	614 832	431 461
浙江	60	652	305	1 385	134 333	116 619	53 705
安徽	57	1 736	1 280	460	67 870	63 989	46 120
福建	53	430	254	360	44 991	36 443	34 859
江西	188	1 433	685	856	327 417	293 875	273 097
山东	313	6 418	4 815	2 851	376 954	346 331	288 825
河南	86	1 240	684	456	245 068	225 301	161 351
湖北	117	1 710	993	898	382 431	332 722	267 364
湖南	220	2 916	2 243	1 836	295 326	278 599	243 516
广东	124	3 048	1 886	1 984	401 061	326 165	253 705
广西	34	396	203	184	48 875	36 787	23 483
海南	10	290	50	86	15 384	14 980	8 773
重庆	37	139	77	189	32 341	31 352	16 090
四川	118	977	454	661	114 546	96 213	61 240
贵州	42	235	156	384	35 242	33 646	24 970
云南							
西藏							
陕西	136	2 404	1 761	1 018	227 629	220 942	156 820
甘肃	70	1 644	621	1 014	174 460	157 084	116 527
青海	22	132	29	71	13 048	13 044	9 386
宁夏	11	778	487	181	12 239	12 200	9 743
新疆	43	604	357	303	103 434	93 068	70 464

表 3—5　　分地区民办职业培训机构综合情况

（2015 年）　　单位：人

地区	职业培训机构个数（个）	在职教职工	教师	兼职教师	培训人数	结业人数	就业人数
全国	**18 887**	**299 738**	**181 549**	**111 723**	**11 869 270**	**10 248 395**	**7 343 347**
北京	372	5 563	3 082	2 611	275 304	256 827	108 566
天津	404	7 178	4 428	4 562	332 550	329 221	107 784
河北	901	11 353	7 880	3 764	537 233	510 299	467 355
山西	407	5 082	3 219	1 749	294 328	271 003	184 096
内蒙古	399	3 982	2 484	2 245	126 859	93 842	75 284
辽宁	781	8 678	5 679	3 539	315 409	209 656	120 624
吉林	477	4 699	2 936	1 726	141 385	134 592	86 021
黑龙江	115	1 023	702	1 328	163 974	157 576	97 378
上海	426	42 238	15 342	3 033	509 251	387 146	438 968
江苏	1 089	16 707	10 742	6 376	764 804	583 810	423 606
浙江	879	7 556	4 438	4 863	430 605	363 108	214 080
安徽	1 016	11 936	8 601	3 337	304 689	274 317	215 104
福建	445	4 993	2 898	2 651	177 207	141 633	85 417
江西	306	3 195	2 043	1 376	123 478	116 827	76 444
山东	1 503	16 387	10 901	8 339	824 183	739 649	471 826
河南	996	13 573	8 990	5 626	619 548	596 565	465 552
湖北	607	9 863	6 854	2 934	308 685	276 932	178 706
湖南	685	7 652	4 199	3 487	368 013	304 571	248 712
广东	1 310	16 505	9 134	6 487	933 638	736 667	511 212
广西	336	8 254	5 500	2 946	224 899	205 467	126 819
海南	157	448	334	1 208	63 357	30 763	39 895
重庆	631	9 053	4 719	4 334	1 244 361	1 163 872	986 756
四川	1 407	18 712	12 034	7 147	621 247	542 280	358 031
贵州	257	3 982	2 748	1 279	118 927	102 853	51 048
云南	779	31 179	21 737	12 549	692 243	584 613	356 418
西藏	66	1 051	665	289	52 275	46 638	28 914
陕西	574	8 457	5 802	2 859	319 162	275 592	131 680
甘肃	550	4 058	2 978	2 010	293 493	225 482	219 490
青海	159	3 157	1 338	1 251	51 421	42 530	38 486
宁夏	283	5 779	3 979	2 284	216 422	191 945	168 051
新疆	570	7 445	5 163	3 534	420 320	352 119	261 024

表 3—6 分地区职业技能鉴定综合情况

（2015 年）

地区	年末职业技能鉴定机构数（个）	鉴定所数	鉴定站数	其他
全国	**12 156**	**5 750**	**5 578**	**828**
行业合计	**2 478**	**10**	**2 468**	
地方合计	**9 662**	**5 740**	**3 110**	**812**
企业试点单位	**16**			**16**
北京	66	53	2	11
天津	130	95	24	11
河北	34	34		
山西	166	136	30	
内蒙古	217	2	215	
辽宁	117	108	9	
吉林	11	11		
黑龙江	48	36	12	
上海	503	303	200	
江苏	1 900	690	490	720
浙江	199	77	122	
安徽	414	1	413	
福建	356	349	7	
江西	359	283	76	
山东	205	5	200	
河南	492	324	139	29
湖北	843	843		
湖南	511	501	8	2
广东	857	422	435	
广西	86	44	3	39
海南	93	87	6	
重庆	65	65		
四川	682	307	375	
贵州	236	236		
云南	241	215	26	
西藏	20	6	14	
陕西	218	99	119	
甘肃	84	84		
青海	57	28	29	
宁夏	60	59	1	
新疆	341	206	135	
新疆兵团	51	31	20	

续表

地区	年末考评人员人数（人）	本年鉴定考核人数（人）		
			初级	中级
全国	**264 237**	**18 941 156**	**7 079 392**	**6 986 241**
行业合计	**102 862**	**4 159 249**	**1 696 306**	**1 311 412**
地方合计	**154 296**	**14 530 268**	**5 301 111**	**5 581 461**
企业试点单位	**7 079**	**251 639**	**81 975**	**93 368**
北京	1 776	113 348	40 829	37 459
天津	2 523	267 368	123 200	90 489
河北	1 491	430 843	166 737	132 945
山西	8 028	364 742	88 001	165 263
内蒙古	4 099	228 209	78 189	77 304
辽宁	929	300 724	100 557	113 852
吉林	509	140 271	44 372	45 246
黑龙江	845	214 883	80 189	55 089
上海	5 369	456 950	163 846	161 596
江苏	7 452	1 234 088	328 966	576 336
浙江	2 069	947 693	344 711	298 101
安徽	628	683 601	279 347	282 314
福建	5 959	511 795	119 621	216 628
江西	601	234 992	55 766	127 425
山东	2 082	1 121 332	508 489	300 692
河南	12 381	592 217	229 310	179 951
湖北	285	636 174	168 775	191 656
湖南	498	525 081	176 561	224 936
广东	50 644	1 499 490	347 705	752 602
广西	1 628	444 099	230 496	151 013
海南	567	47 389	18 824	21 492
重庆	1 091	381 276	152 955	180 504
四川	11 645	848 493	245 596	459 155
贵州	4 102	180 309	78 904	81 055
云南	14 054	621 041	243 971	200 018
西藏	210	12 226	9 719	1 420
陕西	7 343	431 536	170 119	172 407
甘肃	737	507 513	311 374	176 406
青海	102	60 248	45 289	8 632
宁夏	2 355	62 949	38 000	19 708
新疆	901	344 329	285 762	41 611
新疆兵团	1 393	85 059	24 931	38 156

续表

地区				本年获取证书人数（人）	
	高级	技师	高级技师		初级
全国	**4 006 089**	**659 634**	**209 800**	**15 392 295**	**5 915 465**
行业合计	**914 647**	**190 191**	**46 693**	**3 132 628**	**1 175 807**
地方合计	**3 031 572**	**457 553**	**158 571**	**12 106 988**	**4 690 481**
企业试点单位	**59 870**	**11 890**	**4 536**	**152 679**	**49 177**
北京	27 972	4 466	2 622	102 558	37 436
天津	35 768	11 198	6 713	244 962	114 134
河北	92 035	20 470	18 656	385 623	157 018
山西	100 046	9 551	1 881	310 763	76 390
内蒙古	53 789	12 886	6 041	183 550	66 707
辽宁	55 454	27 827	3 034	243 410	83 213
吉林	36 858	11 029	2 766	109 870	30 660
黑龙江	66 667	11 250	1 688	198 015	75 308
上海	100 331	26 103	5 074	288 447	116 425
江苏	306 624	20 384	1 778	1 025 943	290 103
浙江	263 827	34 972	6 082	783 469	296 284
安徽	108 626	12 139	1 175	590 697	247 915
福建	134 623	33 044	7 879	379 922	101 203
江西	39 252	10 910	1 639	218 828	55 512
山东	249 215	46 617	16 319	1 000 703	481 322
河南	163 083	16 969	2 904	518 116	210 189
湖北	194 912	41 868	38 963	566 408	162 604
湖南	97 052	18 854	7 678	415 473	153 025
广东	347 783	38 223	13 177	1 005 332	249 407
广西	54 292	6 423	1 875	381 632	210 748
海南	6 811	237	25	39 162	16 050
重庆	38 564	6 759	2 494	320 387	135 008
四川	129 474	11 468	2 800	766 514	228 257
贵州	19 413	696	241	162 114	72 956
云南	163 200	12 090	1 762	530 568	229 327
西藏	1 085	2		10 200	8 085
陕西	84 846	3 239	925	357 641	138 558
甘肃	18 156	1 323	254	472 162	291 150
青海	6 019	234	74	45 160	36 035
宁夏	4 033	1 074	134	52 937	33 182
新疆	12 064	3 051	1 841	316 997	263 331
新疆兵团	19 698	2 197	77	79 425	22 939

续表

地区	中级	高级	技师	高级技师
全国	**5 831 396**	**3 092 249**	**416 439**	**136 746**
行业合计	**1 063 277**	**742 734**	**121 679**	**29 131**
地方合计	**4 712 472**	**2 310 892**	**288 376**	**104 767**
企业试点单位	**55 647**	**38 623**	**6 384**	**2 848**
北京	33 311	25 646	3 722	2 443
天津	84 304	31 945	8 612	5 967
河北	118 681	79 696	16 147	14 081
山西	143 108	83 778	6 442	1 045
内蒙古	64 708	39 400	8 745	3 990
辽宁	93 417	44 234	20 590	1 956
吉林	36 743	30 784	9 368	2 315
黑龙江	52 711	59 251	9 272	1 473
上海	108 981	52 425	8 264	2 352
江苏	491 946	232 895	9 919	1 080
浙江	252 274	209 182	22 683	3 046
安徽	247 894	88 486	5 983	419
福建	177 954	88 142	9 902	2 721
江西	122 604	32 145	7 631	936
山东	268 330	201 055	37 723	12 273
河南	166 157	128 441	11 478	1 851
湖北	177 574	167 710	31 648	26 872
湖南	181 077	66 339	10 591	4 441
广东	522 997	208 341	17 580	7 007
广西	129 915	35 659	4 217	1 093
海南	17 554	5 359	191	8
重庆	152 663	27 208	3 762	1 746
四川	418 069	111 673	6 925	1 590
贵州	71 587	16 765	582	224
云南	176 152	117 136	6 975	978
西藏	1 200	913	2	
陕西	142 385	73 642	2 411	645
甘肃	163 323	16 362	1 115	212
青海	5 357	3 520	194	54
宁夏	15 728	3 163	765	99
新疆	37 562	11 385	2 928	1 791
新疆兵团	36 206	18 212	2 009	59

（四）劳动关系与监察

表 4—1　　**历年劳动人事争议仲裁案件处理情况**　　单位：件

项目	1998 年	1999 年	2000 年	2001 年	2002 年	2003 年
上期未结案件数	3 475	3 840	6 374	8 739	12 472	16 276
案件受理情况						
当期案件受理数	93 649	120 191	135 206	154 621	184 116	226 391
集体劳动争议案件数	6 767	9 043	8 247	9 847	11 024	10 823
劳动者申诉案件数	84 829	114 152	120 043	146 781	172 253	215 512
劳动者当事人数（人）	358 531	473 957	422 617	467 150	608 396	801 042
集体劳动争议劳动者当事人数（人）	251 268	319 445	259 445	286 680	374 956	514 573
争议原因						
劳动报酬				45 172	59 144	76 774
社会保险				31 158	56 558	76 181
变更劳动合同	2 840	3 469	3 829	4 254	3 765	5 494
解除劳动合同	13 069	18 108	21 149	29 038	30 940	40 017
终止劳动合同	4 752	8 031	10 816	10 298	12 908	12 043
其他	9 515	8 626	12 549			
案件处理情况						
结案数	92 288	121 289	130 688	150 279	178 744	223 503
处理方式						
仲裁调解	31 483	39 550	41 877	42 933	50 925	67 765
仲裁裁决	25 389	34 712	54 142	77 250	77 340	95 774
其他方式	35 155	47 027	34 669	35 096	50 479	59 954
处理结果						
用人单位胜诉	11 937	15 674	13 699	31 544	27 017	34 272
劳动者胜诉	48 650	63 030	70 544	71 739	84 432	109 556
双方部分胜诉及其他	27 365	37 459	37 247	46 996	67 295	79 475
案外调解案件数				63 939	77 342	58 451

续表

项目	2004 年	2005 年	2006 年	2007 年	2008 年	2009 年
上期末结案件数	17 117	17 829	22 165	25 424	33 084	83 709
案件受理情况						
当期案件受理数	260 471	313 773	317 162	350 182	693 465	684 379
集体劳动争议案件数	19 241	16 217	13 977	12 784	21 880	13 779
劳动者申诉案件数	249 335	293 710	301 233	325 590	650 077	627 530
劳动者当事人数（人）	764 981	744 195	679 312	653 472	1 214 328	1 016 922
集体劳动争议劳动者当事人数（人）	477 992	409 819	348 714	271 777	502 713	299 601
争议原因						
劳动报酬	85 132	103 183	103 887	108 953	225 061	247 330
社会保险	88 119	97 519	100 342	97 731		
变更劳动合同	4 465	7 567	3 456	4 695		
解除劳动合同	42 881	54 858	55 502	67 565	139 702	43 876
终止劳动合同	14 140	14 015	12 366	12 696		
案件处理情况						
结案数	258 678	306 027	310 780	340 030	622 719	689 714
处理方式						
仲裁调解	83 400	104 308	104 435	119 436	221 284	251 463
仲裁裁决	110 708	131 745	141 465	149 013	274 543	290 971
其他方式	64 550	69 974	64 880	71 581	126 892	147 280
处理结果						
用人单位胜诉	35 679	39 401	39 251	49 211	80 462	95 470
劳动者胜诉	123 268	145 352	146 028	156 955	276 793	255 119
双方部分胜诉及其他	94 041	121 274	125 501	133 864	265 464	339 125
案外调解案件数	70 840	93 561	130 321	151 902	237 283	185 598

续表

项目	2010年	2011年	2012年	2013年	2014年	2015年
上期未结案件数	77 926	42 308	36 151	34 478	31 796	39 580
案件受理情况						
当期案件受理数	600 865	589 244	641 202	665 760	715 163	813 859
集体劳动争议案件数	9 314	6 592	7 252	6 783	8 041	10 466
劳动者申诉案件数	558 853	568 768	620 849	641 932	690 418	784 229
劳动者当事人数（人）	815 121	779 490	882 487	888 430	997 807	1 159 687
集体劳动争议劳动者当事人数（人）	211 755	174 785	231 894	218 521	267 165	341 588
争议原因						
劳动报酬	209 968	200 550	225 981	223 351	258 716	321 179
社会保险		149 944	159 649	165 665	160 961	158 002
变更劳动合同						
解除劳动合同	31 915	118 684	129 108	147 977	155 870	182 396
终止劳动合同						
案件处理情况						
结案数	634 041	592 823	643 292	669 062	711 044	812 461
处理方式						
仲裁调解	250 131	278 873	302 552	311 806	321 598	362 814
仲裁裁决	266 506	244 942	268 530	283 341	313 175	368 409
其他方式	117 404	69 008	72 210	73 915	76 271	81 238
处理结果						
用人单位胜诉	85 028	74 189	79 187	82 519	82 541	90 785
劳动者胜诉	229 448	195 680	213 453	217 551	250 284	287 544
双方部分胜诉及其他	319 565	322 954	350 652	368 992	378 219	434 132
案外调解案件数	163 997	194 338	212 937	215 595	227 447	258 114

注：自2011年起，将解除和终止劳动合同两项合并统计，解除劳动合同数为解除、终止劳动合同数之和。

表 4—2　**分地区劳动人事争议仲裁案件处理情况**

（2015 年）　单位：件

地区	上期未结案件数	案件受理情况				
		当期案件受理数	集体劳动争议案件	劳动申诉案件	劳动者当事人数（人）	集体劳动争议劳动者当事人数
全国	**39 580**	**813 859**	**10 466**	**784 229**	**1 159 687**	**341 588**
北京	3 362	71 303	660	70 375	71 303	13 399
天津	1 598	19 221	181	18 765	23 463	3 923
河北	1 420	16 779	218	16 129	23 333	3 637
山西	597	8 173	194	8 103	12 888	3 313
内蒙古	392	11 969	111	11 670	22 416	9 200
辽宁	3 568	38 912	355	36 002	43 848	10 322
吉林	213	6 748	128	6 176	12 010	3 780
黑龙江	492	11 364	66	11 279	13 079	1 442
上海	5 247	67 157	100	64 126	70 980	3 012
江苏	1 421	64 583	952	61 514	98 453	29 561
浙江	3 949	50 665	921	50 266	88 321	36 037
安徽	627	20 933	215	20 428	33 028	8 415
福建	1 092	21 911	745	21 630	52 218	27 896
江西	760	9 389	88	8 783	13 351	3 318
山东	1 331	50 717	334	50 479	66 478	11 756
河南	1 552	23 799	209	23 055	28 711	2 904
湖北	1 331	27 665	94	25 657	29 982	2 061
湖南	932	17 761	285	16 913	25 792	4 747
广东	5 646	108 503	3 403	106 107	232 149	127 016
广西	493	15 977	30	15 345	17 617	1 145
海南	292	4 863	42	4 812	5 064	1 034
重庆	692	40 072	98	39 122	41 136	3 021
四川	753	45 591	508	44 489	60 888	16 965
贵州	598	13 863	31	13 022	14 931	844
云南	63	13 943	243	13 558	16 137	6 245
西藏	22	295	16	291	1 571	1 157
陕西	191	10 615	15	9 716	12 060	494
甘肃	134	3 054	67	2 877	5 448	1 426
青海	48	1 263	15	1 228	1 804	236
宁夏	336	4 789	71	4 609	6 638	1 603
新疆	412	10 889	60	6 617	13 202	1 434
新疆兵团	16	1 093	11	1 086	1 388	245

续表

地区	案件受理情况			
	按争议类型分			
	劳动报酬	社会保险待遇	其中：工伤保险	解除、终止劳动合同
全国	**321 179**	**158 002**	**99 895**	**182 396**
北京	44 533	2 318	848	162
天津	9 485	1 171	1 099	4 470
河北	5 279	5 076	2 824	2 867
山西	3 005	2 136	1 260	1 361
内蒙古	6 200	1 504	1 062	3 066
辽宁	22 666	5 817	3 018	5 158
吉林	2 717	1 287	1 038	1 411
黑龙江	3 528	2 379	2 362	670
上海	27 188	4 748	3 631	24 101
江苏	23 024	14 474	12 174	17 497
浙江	18 085	15 542	11 817	9 772
安徽	7 192	8 681	3 703	2 676
福建	8 727	5 628	3 637	3 695
江西	2 830	3 109	2 005	1 920
山东	22 614	6 633	5 601	12 717
河南	7 926	6 620	2 712	4 462
湖北	5 997	9 531	2 639	8 483
湖南	4 542	5 605	3 004	4 358
广东	43 626	11 228	9 952	38 147
广西	7 481	2 597	683	3 306
海南	1 384	168	74	685
重庆	10 255	11 157	8 862	10 660
四川	17 010	10 221	6 118	10 960
贵州	2 759	5 094	3 946	2 842
云南	3 427	4 145	1 501	1 548
西藏	123	75	38	41
陕西	2 309	3 612	1 068	3 380
甘肃	1 196	757	528	445
青海	387	378	270	150
宁夏	1 405	1 735	741	561
新疆	3 868	4 193	1 429	686
新疆兵团	411	383	251	139

续表

地区	案件处理情况							案外调解案件数
	结案数	处理方式			处理结果			
		仲裁调解	仲裁裁决	其他方式	用人单位胜诉	劳动者胜诉	双方部分胜诉及其他	
全国	**812 461**	**362 814**	**368 409**	**81 238**	**90 785**	**287 544**	**434 132**	**258 114**
北京	70 933	31 677	32 301	6 955	11 792	4 887	54 254	8 357
天津	19 392	10 477	8 915		2 902	6 738	9 752	5 076
河北	16 895	8 599	7 142	1 154	1 701	8 964	6 230	4 633
山西	8 528	3 226	4 717	585	551	5 590	2 387	2 219
内蒙古	12 019	3 983	6 140	1 896	946	6 628	4 445	1 128
辽宁	39 085	12 372	23 060	3 653	4 563	19 195	15 327	20 960
吉林	6 754	2 925	3 333	496	595	4 311	1 848	3 742
黑龙江	11 437	3 572	6 092	1 773	731	5 193	5 513	1 593
上海	66 983	19 814	31 983	15 186	16 498	13 520	36 965	5 597
江苏	64 455	36 708	19 076	8 671	6 580	23 076	34 799	28 443
浙江	51 397	31 766	13 774	5 857	3 330	17 380	30 687	4 589
安徽	20 991	9 998	9 905	1 088	850	9 735	10 406	13 774
福建	21 615	10 528	8 731	2 356	1 255	8 857	11 503	6 937
江西	9 728	4 522	4 460	746	1 252	5 130	3 346	3 449
山东	50 072	27 169	20 672	2 231	4 321	17 536	28 215	11 067
河南	24 639	12 136	11 395	1 108	2 820	12 339	9 480	7 028
湖北	27 006	12 072	12 014	2 920	2 782	9 336	14 888	10 091
湖南	17 774	9 711	6 533	1 530	1 191	11 000	5 583	15 244
广东	107 128	42 564	57 487	7 077	11 309	24 253	71 566	45 335
广西	15 930	4 687	10 013	1 230	1 639	8 242	6 049	3 012
海南	5 030	869	3 112	1 049	686	1 784	2 560	168
重庆	39 614	19 024	14 769	5 821	4 804	12 094	22 716	13 322
四川	45 143	20 390	21 604	3 149	2 930	22 262	19 951	24 693
贵州	14 088	6 941	6 640	507	1 033	7 360	5 695	3 930
云南	14 000	4 353	8 032	1 615	732	7 098	6 170	5 517
西藏	293	129	134	30	13	156	124	746
陕西	10 605	3 879	6 043	683	876	4 179	5 550	830
甘肃	3 115	1 210	1 594	311	433	1 638	1 044	1 183
青海	1 262	521	527	214	117	704	441	15
宁夏	4 639	2 050	2 112	477	602	2 179	1 858	1 048
新疆	10 833	4 637	5 424	772	903	5 685	4 245	3 588
新疆兵团	1 078	305	675	98	48	495	535	800

表 4—3　　劳动保障监察情况

监察案件情况（件）	2015 年	监察执法效果情况	2015 年
结案数	388 681	**主动监察**	
案件分类		检查单位数（万户）	192.5
内部劳动保障规章制度	3 858	涉及劳动者人数（万人）	9 569.1
订立和解除劳动合同	40 079	投诉结案数（件）	323 665
女职工特殊劳动保护	374	举报结案数（件）	36 929
未成年工特殊劳动保护	275	审查用人单位报送的书面材料涉及用人单位数（万户）	219.6
工作时间和休息休假	20 685	补签劳动合同（万人）	307.1
支付工资和最低工资标准	273 180	**追发劳动者工资等待遇**	
参加社会保险和缴纳社会保险费	54 307	涉及劳动者人数（万人）	481.4
职业介绍	3 218	金额（亿元）	421.2
职业技能培训和职业技能考核	918	**督促缴纳社会保险费**	
其他	28 421	单位数（万户）	4.6
案件处理情况		金额（万元）	212 832
责令限期改正	217 016	督促办理社会保险登记单位数（户）	39 413
行政处理决定	10 895	取缔非法职业中介机构（户）	2 807
行政处罚决定	12 275	清退风险抵押金金额（万元）	1 466.9
警告	3 711	审查用人单位规章数（万件）	114.1
罚款	9 191	纠正用人单位违法规章数（万件）	25.6
其他行政处罚	128	向社会公布重大违法行为数（件）	985

（五）社会保障

表 5—1　　历年全国社会保险基金收支及累计结余　　单位：亿元

年份	合计	基本养老保险	失业保险	基本医疗保险	工伤保险	生育保险
基金收入						
1995	1 006.0	950.1	35.3	9.7	8.1	2.9
2000	2 644.9	2 278.5	160.4	170.0	24.8	11.2
2001	3 101.9	2 489.0	187.3	383.6	28.3	13.7
2002	4 048.7	3 171.5	215.6	607.8	32.0	21.8
2003	4 882.9	3 680.0	249.5	890.0	37.6	25.8
2004	5 780.3	4 258.4	290.8	1 140.5	58.3	32.1
2005	6 975.2	5 093.3	340.3	1 405.3	92.5	43.8
2006	8 643.2	6 309.8	402.4	1 747.1	121.8	62.1
2007	10 812.3	7 834.2	471.7	2 257.2	165.6	83.6
2008	13 696.1	9 740.2	585.1	3 040.4	216.7	113.7
2009	16 115.6	11 490.8	580.4	3 671.9	240.1	132.4
2010	18 822.8	13 872.9	649.8	4 308.9	284.9	159.6
2011	24 043.2	18 004.8	923.1	5 539.2	466.4	219.8
2012	28 909.5	21 830.2	1 138.9	6 938.7	526.7	304.2
2013	35 252.9	24 732.6	1 288.9	8 248.3	614.8	368.4
2014	39 827.7	27 619.9	1 379.8	9 687.2	694.8	446.1
2015	46 012.1	32 195.5	1 367.8	11 192.9	754.2	501.7
基金支出						
1995	877.1	847.6	18.9	7.3	1.8	1.6
2000	2 385.6	2 115.5	123.4	124.5	13.8	8.3
2001	2 748.0	2 321.3	156.6	244.1	16.5	9.6
2002	3 471.5	2 842.9	186.6	409.4	19.9	12.8
2003	4 016.4	3 122.1	199.8	653.9	27.1	13.5
2004	4 627.4	3 502.1	211.3	862.2	33.3	18.8
2005	5 400.8	4 040.3	206.9	1 078.7	47.5	27.4

续表

年份	合计	基本养老保险	失业保险	基本医疗保险	工伤保险	生育保险
2006	6 477.4	4 896.7	198.0	1 276.7	68.5	37.5
2007	7 887.9	5 964.9	217.7	1 561.8	87.9	55.6
2008	9 925.1	7 389.6	253.5	2 083.6	126.9	71.5
2009	12 302.6	8 894.4	366.8	2 797.4	155.7	88.3
2010	14 818.5	10 755.3	423.3	3 538.1	192.4	109.9
2011	18 054.6	13 363.2	432.8	4 431.4	286.4	139.2
2012	22 181.6	16 182.0	450.6	5 543.6	406.3	219.3
2013	27 916.3	19 818.7	531.6	6 801.0	482.1	282.8
2014	33 002.7	23 325.8	614.7	8 133.6	560.5	368.1
2015	38 988.1	27 929.4	736.4	9 312.1	598.7	411.5
累计结余						
1995	516.8	429.8	68.4	3.1	12.7	2.7
2000	1 327.5	947.1	195.9	109.8	57.9	16.8
2001	1 622.8	1 054.1	226.2	253.0	68.9	20.6
2002	2 423.4	1 608.0	253.8	450.7	81.1	29.7
2003	3 313.8	2 206.5	303.5	670.6	91.2	42.0
2004	4 493.4	2 975.0	385.8	957.9	118.6	55.9
2005	6 073.7	4 041.0	519.0	1 278.1	163.5	72.1
2006	8 255.9	5 488.9	724.8	1 752.4	192.9	96.9
2007	11 236.6	7 391.4	979.1	2 476.9	262.6	126.6
2008	15 176.0	9 931.0	1 310.1	3 431.7	335.0	168.2
2009	18 941.5	12 526.1	1 523.6	4 275.9	468.8	212.1
2010	22 902.7	15 787.8	1 749.8	5 047.1	561.4	261.4
2011	30 132.5	20 727.8	2 240.2	6 180.0	642.0	342.5
2012	35 679.2	26 243.5	2 929.0	7 644.5	736.7	427.6
2013	45 420.4	31 274.8	3 685.9	9 116.5	828.5	514.7
2014	52 462.3	35 644.5	4 451.5	10 644.8	938.8	592.7
2015	59 532.5	39 937.1	5 083.0	12 542.8	1 285.3	684.4

注：

1. 从 2010 年起，基本养老保险中含城乡居民社会养老保险。

2. 工伤保险累计结存不包括储备金。

表 5—2　　历年全国基本养老保险基金收支及累计结余　　单位：亿元

指标	1995 年	2000 年	2001 年	2002 年	2003 年	2004 年	2005 年	2006 年	2007 年
一、基金收入	950.1	2 278.1	2 489.0	3 171.5	3 680.0	4 258.4	5 093.3	6 309.7	7 834.2
（一）城镇职工	950.1	2 278.1	2 489.0	3 171.5	3 680.0	4 258.4	5 093.3	6 309.7	7 834.2
1. 企业	950.1	2 088.3	2 235.1	2 783.6	3 209.4	3 728.5	4 491.7	5 632.5	7 010.6
2. 事业、机关		189.8	253.0	387.8	470.6	529.9	601.6	677.2	823.6
（二）城乡居民									
二、基金支出	847.6	2 115.5	2 321.3	2 842.9	3 122.1	3 502.1	4 040.3	4 896.7	5 964.9
（一）城镇职工	847.6	2 115.5	2 321.3	2 842.9	3 122.1	3 502.1	4 040.3	4 896.7	5 964.9
1. 企业	847.6	1 970.0	2 116.5	2 502.8	2 716.2	3 031.2	3 495.3	4 287.3	5 153.6
2. 事业、机关		145.4	204.4	340.1	405.9	470.9	545.0	609.4	811.3
（二）城乡居民									
三、累计结余	429.8	947.1	1 054.1	1 608.0	2 206.5	2 975.0	4 041.0	5 488.9	7 391.4
（一）城镇职工	429.8	947.1	1 054.1	1 608.0	2 206.5	2 975.0	4 041.0	5 488.9	7 391.4
1. 企业	429.8	761.0	818.6	1 243.5	1 764.8	2 499.3	3 506.7	4 869.1	6 758.2
2. 事业、机关		186.1	233.2	364.5	441.7	475.7	534.3	619.8	633.2
（二）城乡居民									

指标	2008 年	2009 年	2010 年	2011 年	2012 年	2013 年	2014 年	2015 年
一、基金收入	9 740.2	11 490.8	13 872.9	18 004.8	21 830.2	24 732.6	27 619.9	32 195.5
（一）城镇职工	9 740.2	11 490.8	13 419.5	16 894.7	20 001.0	22 680.4	25 309.7	29 340.9
1. 企业	8 800.1	10 420.6	12 218.4	15 484.8	18 363.0	20 848.7	23 305.4	26 613.2
2. 事业、机关	940.1	1 070.3	1 201.1	1 409.9	1 638.0	1 831.7	2 004.2	2 727.7
（二）城乡居民			453.4	1 110.1	1 829.2	2 052.3	2 310.2	2 854.6
二、基金支出	7 389.6	8 894.4	10 755.3	13 363.2	16 182.0	19 818.7	23 325.8	27 929.4
（一）城镇职工	7 389.6	8 894.4	10 554.9	12 764.9	15 032.3	18 470.4	21 754.7	25 812.7
1. 企业	6 507.6	7 886.6	9 409.9	11 425.7	14 008.5	16 741.5	19 847.2	23 140.9
2. 事业、机关	882.0	1 007.8	1 145.0	1 339.3	1 023.8	1 729.0	1 907.4	2 671.8
（二）城乡居民			200.4	598.3	1 149.7	1 348.3	1 571.2	2 116.7
三、累计结余	9 931.0	12 526.1	15 787.8	20 727.8	26 243.5	31 274.8	35 644.5	39 937.1
（一）城镇职工	9 931.0	12 526.1	15 365.3	19 496.6	23 941.3	28 269.2	31 800.0	35 344.8
1. 企业	9 241.0	11 774.3	14 547.2	18 608.1	22 968.0	27 192.3	30 626.3	34 115.2
2. 事业、机关	690.0	751.8	818.1	888.5	973.3	1 076.9	1 173.7	1 229.6
（二）城乡居民			422.5	1 231.2	2 302.2	3 005.7	3 844.6	4 592.3

注：从 2010 年起，基本养老保险中含城乡居民社会养老保险。

表 5—3　历年全国参加城镇职工基本养老保险职工及离退休人员人数

单位：万人

年份	职工		离退休人员	
	合计	企业	合计	企业
1990	5 200.7	5 200.7	965.3	965.3
1991	5 653.7	5 653.7	1 086.6	1 086.6
1992	7 774.7	7 774.7	1 681.5	1 681.5
1993	8 008.2	8 008.2	1 839.4	1 839.4
1994	8 494.1	8 494.1	2 079.4	2 079.4
1995	8 737.8	8 737.8	2 241.2	2 241.2
1996	8 758.4	8 758.4	2 358.3	2 358.3
1997	8 670.9	8 670.9	2 533.0	2 533.0
1998	8 475.8	8 475.8	2 727.3	2 727.3
1999	9 501.8	8 859.2	2 983.6	2 863.8
2000	10 447.5	9 469.9	3 169.9	3 016.5
2001	10 801.9	9 733.0	3 380.6	3 171.3
2002	11 128.8	9 929.4	3 607.8	3 349.2
2003	11 646.5	10 324.5	3 860.2	3 556.9
2004	12 250.3	10 903.9	4 102.6	3 775.0
2005	13 120.4	11 710.6	4 367.5	4 005.2
2006	14 130.9	12 618.0	4 635.4	4 238.6
2007	15 183.2	13 690.6	4 953.7	4 544.0
2008	16 587.5	15 083.4	5 303.6	4 868.0
2009	17 743.0	16 219.0	5 806.9	5 348.0
2010	19 402.3	17 822.7	6 305.0	5 811.6
2011	21 565.0	19 970.0	6 826.2	6 314.0
2012	22 981.1	21 360.9	7 445.7	6 910.9
2013	24 177.3	22 564.7	8 041.0	7 484.8
2014	25 531.0	23 932.3	8 593.4	8 013.6
2015	26 219.2	24 586.8	9 141.9	8 536.5

表 5—4　　历年全国基本养老保险待遇水平　　单位：元/月

年份	平均离退休费							
	全部离退休人员				统筹范围内离退休人员			
	合计	企业	机关	事业	合计	企业	机关	事业
1998	495	455	656	624	413	413	—	—
1999	548	495	746	723	503	494	721	725
2000	595	526	835	827	559	544	947	871
2001	643	548	1 018	944	576	556	940	894
2002	734	636	1 147	1 068	648	618	1 077	1 031
2003	784	663	1 277	1 173	674	640	1 124	1 091
2004	810	673	1 378	1 243	705	667	1 223	1 154
2005	889	734	1 534	1 369	758	716	1 257	1 208
2006	—	—	—	—	873	832	1 364	1 290
2007	—	—	—	—	1 002	947	1 711	1 576
2008	—	—	—	—	1 168	1 121	1 822	1 663
2009	—	—	—	—	1 294	1 246	1 959	1 816
2010	—	—	—	—	1 426	1 380	2 055	1 929
2011	—	—	—	—	1 574	1 528	2 241	2 105
2012	—	—	—	—	1 750	1 700	2 352	2 380
2013	—	—	—	—	1 917	1 869	2 587	2 544
2014	—	—	—	—	2 105	2 061	2 668	2 695
2015	—	—	—	—	2 318	2 251	3 251	3 240

年份	平均退休费							
	全部退休人员				统筹范围内退休人员			
	合计	企业	机关	事业	合计	企业	机关	事业
1998	528	442	606	603	—	—	—	—
1999	606	481	707	702	—	—	—	—
2000	655	512	788	805	—	—	—	—
2001	689	531	964	921	—	—	—	—
2002	706	615	1 095	1 014	627	599	1 022	1 009
2003	757	644	1 221	1 151	654	621	1 069	1 069
2004	782	653	1 328	1 220	683	646	1 162	1 129
2005	861	714	1 469	1 346	737	698	1 196	1 180
2006	—	—	—	—	853	815	1 294	1 262
2007	—	—	—	—	977	925	1 639	1 543
2008	—	—	—	—	1 145	1 100	1 740	1 628
2009	—	—	—	—	1 270	1 225	1 876	1 778
2010	—	—	—	—	1 405	1 362	1 982	1 895
2011	—	—	—	—	1 555	1 511	2 167	2 073
2012	—	—	—	—	1 733	1 686	2 271	2 347
2013	—	—	—	—	1 902	1 856	2 514	2 514
2014	—	—	—	—	2 091	2 050	2 592	2 665
2015	—	—	—	—	2 304	2 240	3 193	3 210

表 5—5　　历年分地区城镇职工基本养老保险参保人数　　单位：万人

地区	2001年		2002年		2003年		2004年		2005年	
	合计	离退休人员	合计	离退休人员	合计	离退休人员	合计	离退休人员	合计	离退休人员
全国	**14 182.5**	**3 380.6**	**14 736.6**	**3 607.8**	**15 506.7**	**3 860.2**	**16 352.9**	**4 102.6**	**17 487.9**	**4 367.5**
北京	425.9	124.3	436.2	133.2	448.5	141.5	459.7	148.6	520.0	155.2
天津	281.4	85.2	296.0	91.4	283.3	97.6	298.1	102.9	308.3	107.7
河北	641.4	145.3	643.5	154.0	665.5	163.6	683.4	172.0	707.9	184.2
山西	365.6	81.8	361.8	85.4	364.4	88.1	376.7	93.3	383.4	98.2
内蒙古	290.6	65.3	292.9	70.8	300.9	72.6	318.8	82.0	338.9	86.1
辽宁	1 022.7	288.9	1 039.2	302.2	1 070.4	315.5	1 101.0	333.8	1 193.6	360.8
吉林	389.1	99.6	397.7	104.9	427.0	115.5	439.0	123.1	455.9	131.0
黑龙江	692.5	178.5	689.8	187.4	714.3	196.0	738.1	207.3	768.9	223.2
上海	683.5	239.9	699.8	246.9	715.6	254.6	770.9	265.3	830.0	290.7
江苏	888.1	212.7	1 063.5	252.9	1 135.2	271.4	1 214.1	288.8	1 345.6	307.9
浙江	610.4	125.1	701.1	132.6	801.2	144.2	888.0	152.4	962.3	160.9
安徽	432.7	98.5	432.3	102.8	456.6	113.6	463.9	118.8	471.7	124.8
福建	242.0	58.4	285.1	61.6	364.2	79.4	377.5	83.7	409.6	88.9
江西	328.8	78.2	339.8	82.6	355.9	93.4	371.8	99.9	387.4	105.5
山东	1 022.6	191.3	1 043.0	205.3	1 135.9	219.3	1 218.7	232.2	1 302.4	248.6
河南	736.6	141.9	757.8	161.5	751.1	171.0	781.1	181.1	814.0	194.2
湖北	612.1	137.7	628.8	147.2	732.4	177.9	780.5	195.4	804.0	206.4
湖南	603.4	148.0	616.5	157.7	636.2	167.5	691.7	185.4	718.6	195.2
广东	1 370.3	187.0	1 405.4	193.5	1 482.2	203.8	1 588.8	220.4	1 796.1	231.2
广西	248.9	58.7	257.2	63.5	264.8	66.3	279.3	70.2	288.6	73.3
海南	108.2	30.5	111.2	31.9	116.7	33.6	120.0	35.2	120.9	36.5
重庆	270.3	82.3	280.3	87.8	280.0	92.4	283.9	96.8	290.2	100.5
四川	578.9	169.4	589.2	178.1	605.5	187.5	668.0	202.7	793.4	230.7
贵州	159.0	42.4	168.9	44.9	168.0	48.0	174.9	50.0	183.7	51.7
云南	243.1	69.6	252.1	74.1	257.3	77.8	255.3	79.4	258.7	81.9
西藏	7.1	2.6	7.0	2.6	7.3	2.8	7.6	3.0	7.7	3.1
陕西	345.4	83.4	352.0	90.8	362.4	97.4	369.3	102.5	376.1	107.8
甘肃	188.4	45.3	188.0	48.1	192.0	51.2	194.5	53.5	197.3	55.1
青海	51.9	14.9	54.2	15.0	56.4	15.9	58.5	16.5	60.0	16.9
宁夏	57.9	13.2	59.0	13.7	60.7	14.3	62.5	15.2	67.5	16.1
新疆	258.4	77.6	262.1	79.6	269.3	83.0	294.8	87.3	302.1	89.0
中国人民银行	19.8	3.1	19.8	3.3	19.8	3.4	17.1	3.5	17.1	3.7
中国农业发展银行	5.4	0.2	5.5	0.3	5.6	0.4	5.8	0.4	5.7	0.5

续表

地区	2006年		2007年		2008年		2009年		2010年	
	合计	离退休人员	合计	离退休人员	合计	离退休人员	合计	离退休人员	合计	离退休人员
全国	**18 766.3**	**4 635.4**	**20 136.9**	**4 953.7**	**21 891.1**	**5 303.6**	**23 549.9**	**5 806.9**	**25 707.3**	**6 305.0**
北京	603.6	160.9	671.0	171.2	757.2	180.1	826.7	188.2	981.3	195.5
天津	328.2	112.7	344.8	119.2	376.5	129.3	401.5	136.5	431.5	143.6
河北	747.5	196.0	795.6	210.2	862.5	222.7	919.5	238.0	988.4	259.5
山西	486.9	112.7	506.7	120.2	539.4	128.0	563.8	136.6	591.0	147.3
内蒙古	356.6	91.1	370.9	96.6	389.5	102.9	410.8	112.8	430.7	119.2
辽宁	1 248.8	383.0	1 299.7	408.1	1 406.2	429.9	1 457.4	449.4	1 496.9	472.7
吉林	480.2	138.9	501.7	147.8	525.3	155.4	554.3	171.1	599.5	206.6
黑龙江	801.0	236.5	826.8	253.0	857.8	276.0	920.3	333.7	952.2	363.0
上海	891.7	314.4	932.4	340.5	967.7	357.8	1 001.1	376.0	1 049.5	392.2
江苏	1 469.8	328.1	1 602.3	353.3	1 751.6	378.6	1 883.1	415.4	2 033.0	449.1
浙江	1 052.6	170.9	1 167.1	182.3	1 386.9	194.8	1 527.4	209.6	1 702.2	223.6
安徽	495.2	133.8	530.3	144.8	578.4	158.1	628.2	169.5	669.5	177.5
福建	456.1	93.6	512.8	98.1	557.2	102.6	585.9	108.1	635.5	113.5
江西	415.0	111.6	475.0	118.5	550.3	128.5	581.9	135.9	607.6	145.5
山东	1 368.0	261.7	1 457.1	282.2	1 565.9	305.0	1 661.0	326.0	1 773.0	345.1
河南	863.8	208.2	912.9	224.7	972.0	239.1	1 019.1	254.5	1 079.3	270.3
湖北	850.8	220.5	886.8	235.3	932.3	252.0	982.0	273.6	1 039.8	301.6
湖南	751.6	209.9	784.0	227.3	829.1	235.3	879.1	246.1	938.9	265.4
广东	1 972.3	243.5	2 226.8	257.2	2 444.3	273.0	2 716.4	294.2	3 215.2	339.6
广西	302.7	77.1	325.5	82.2	368.1	95.0	411.3	118.0	449.3	138.1
海南	132.0	38.0	141.7	39.7	156.2	42.0	168.1	43.2	180.8	45.4
重庆	317.3	107.9	344.8	112.7	406.1	130.7	492.8	176.5	584.4	192.5
四川	842.7	244.9	917.4	269.4	1 017.9	306.7	1 176.2	393.5	1 300.9	439.0
贵州	193.2	54.1	205.9	56.5	215.9	59.3	235.6	63.5	257.3	67.0
云南	267.4	83.8	279.4	87.6	293.7	89.3	306.5	90.2	317.4	92.3
西藏	7.6	3.1	8.1	3.0	8.5	3.1	9.2	3.1	9.9	3.2
陕西	391.5	111.4	408.1	117.4	433.4	124.4	458.8	131.0	550.4	150.3
甘肃	201.2	57.7	208.4	60.6	221.0	64.0	230.9	67.5	242.5	71.3
青海	62.5	17.4	65.2	18.0	68.3	18.6	71.3	19.3	74.4	20.0
宁夏	72.3	16.7	77.0	17.7	82.6	18.8	89.4	20.0	107.8	30.5
新疆	313.3	90.9	327.7	93.7	346.3	97.6	356.9	100.6	393.8	119.2
中国人民银行	17.2	3.9	17.3	4.1	17.5	4.2	17.5	4.4	17.7	4.6
中国农业发展银行	5.6	0.5	5.6	0.6	5.6	0.7	5.6	0.7	5.7	0.8

续表

地区	2011年		2012年		2013年		2014年		2015年	
	合计	离退休人员	合计	离退休人员	合计	离退休人员	合计	离退休人员	合计	离退休人员
全国	**28 391.3**	**6 826.2**	**30 426.8**	**7 445.7**	**32 218.4**	**8 041.0**	**34 124.4**	**8 593.4**	**35 361.2**	**9 141.9**
北京	1 089.4	201.2	1 206.4	210.7	1 311.3	220.0	1 392.6	228.9	1 424.2	236.7
天津	458.7	148.8	490.3	156.9	520.7	168.4	545.4	175.3	565.2	180.9
河北	1 059.8	285.3	1 125.6	312.3	1 194.7	335.1	1 262.0	353.6	1 320.5	368.5
山西	623.8	158.9	648.7	168.9	672.4	180.5	692.0	190.9	714.3	201.4
内蒙古	452.4	136.6	471.9	153.0	496.5	172.7	524.9	192.7	579.0	208.1
辽宁	1 556.6	486.5	1 609.2	510.4	1 729.5	557.8	1 769.2	601.9	1 780.2	640.5
吉林	617.5	221.1	632.2	234.6	655.2	248.4	676.7	261.1	693.6	273.7
黑龙江	981.0	380.0	1 013.0	401.6	1 062.1	422.2	1 090.1	443.4	1 118.0	471.1
上海	1 382.7	406.5	1 416.9	423.8	1 429.9	437.5	1 457.4	452.4	1 493.8	465.4
江苏	2 223.9	483.1	2 427.5	547.0	2 582.1	594.3	2 691.9	637.6	2 779.9	681.1
浙江	1 919.2	253.4	2 183.3	347.8	2 375.4	398.9	2 548.0	468.8	2 504.3	570.3
安徽	729.3	191.5	783.8	205.4	811.3	219.1	829.2	232.3	857.5	246.7
福建	695.1	118.2	756.5	125.5	812.8	133.2	848.3	140.2	883.7	147.1
江西	653.0	168.7	707.4	189.1	754.2	207.0	783.9	221.1	823.1	235.2
山东	1 907.1	373.1	2 063.2	416.3	2 259.6	459.2	2 370.2	511.5	2 477.5	554.4
河南	1 168.4	287.9	1 270.6	306.0	1 350.0	325.6	1 431.6	342.3	1 508.7	359.8
湖北	1 113.4	341.7	1 171.4	367.3	1 219.4	395.9	1 266.2	419.2	1 315.5	440.6
湖南	988.2	277.9	1 048.0	300.4	1 091.7	329.5	1 118.9	349.0	1 160.1	369.0
广东	3 800.7	372.6	4 034.1	390.2	4 183.0	421.3	4 809.5	445.9	5 086.5	473.3
广西	483.8	151.5	512.7	163.6	538.4	172.6	557.6	180.3	576.6	186.9
海南	199.9	47.8	214.2	52.5	231.5	57.1	242.3	59.9	249.8	62.0
重庆	647.6	220.1	716.9	247.0	773.1	275.4	825.5	293.3	849.3	304.9
四川	1 494.2	495.4	1 615.4	541.7	1 720.3	596.2	1 839.7	648.1	1 939.0	688.9
贵州	282.1	71.3	309.4	77.7	337.3	82.6	361.5	87.1	392.1	94.8
云南	342.8	104.2	364.5	110.7	384.3	115.7	397.9	118.7	412.9	121.8
西藏	11.2	3.2	13.3	3.5	14.0	3.5	15.2	3.7	16.2	3.8
陕西	588.6	155.5	643.5	177.1	685.0	191.9	716.5	200.3	751.7	207.5
甘肃	263.0	85.1	277.4	93.7	288.4	99.9	298.8	105.0	306.2	109.2
青海	81.5	25.2	86.0	26.2	90.3	27.6	94.6	28.8	100.1	30.1
宁夏	121.4	36.4	131.2	39.9	143.8	41.9	151.4	44.2	157.5	46.4
新疆	431.5	131.9	458.8	139.0	476.3	143.8	490.8	149.1	499.4	154.8
中国人民银行	17.8	4.8	17.9	5.0	18.0	5.2	18.0	5.5	18.1	5.8
中国农业发展银行	5.8	1.0	5.9	1.0	6.0	1.1	6.5	1.3	6.7	1.4

表 5—6　　分地区城镇职工基本养老保险情况

（2015 年）

地区	参保职工年末人数（万人）	企业	参保离退休人员年末人数（万人）	基金收支情况（亿元）		
				基金收入	基金支出	累计结余
全国	**26 219.2**	**24 586.8**	**9 141.9**	**29 340.9**	**25 812.7**	**35 344.8**
北京	1 187.5	1 187.5	236.7	1 601.2	965.5	2 796.6
天津	384.2	378.5	180.9	594.3	559.5	396.4
河北	952.0	812.1	368.5	1 073.9	1 137.0	755.8
山西	512.9	426.3	201.4	688.6	657.0	1 264.4
内蒙古	370.8	330.3	208.1	567.6	565.0	474.2
辽宁	1 139.7	1 079.3	640.5	1 630.2	1 743.2	1 170.8
吉林	420.0	420.0	273.7	569.2	609.9	383.1
黑龙江	646.9	593.0	471.1	1 030.7	1 223.2	130.9
上海	1 028.4	966.4	465.4	2 226.1	2 035.2	1 451.0
江苏	2 098.8	2 013.5	681.1	2 153.9	1 844.7	3 163.7
浙江	1 934.0	1 857.4	570.3	1 958.5	1 583.7	3 070.4
安徽	610.9	600.1	246.7	765.9	605.5	1 042.4
福建	736.6	684.6	147.1	519.9	434.0	576.2
江西	587.9	568.3	235.2	605.6	537.1	498.9
山东	1 923.1	1 681.4	554.4	2 105.6	1 845.2	2 233.4
河南	1 149.0	1 043.0	359.8	1 027.1	961.0	997.5
湖北	874.9	830.7	440.6	1 132.4	1 103.6	850.4
湖南	791.1	634.5	369.0	910.1	849.4	939.3
广东	4 613.3	4 459.4	473.3	2 563.6	1 475.5	6 532.8
广西	389.8	389.8	186.9	479.1	470.9	456.5
海南	187.9	156.2	62.0	168.0	157.5	114.2
重庆	544.4	535.0	304.9	758.1	664.6	755.4
四川	1 250.1	1 146.9	688.9	1 680.6	1 527.6	2 166.4
贵州	297.3	288.3	94.8	315.4	242.2	480.4
云南	291.1	283.4	121.8	406.5	329.0	650.5
西藏	12.4	8.9	3.8	28.2	18.8	49.8
陕西	544.2	499.8	207.5	604.9	613.0	453.3
甘肃	197.0	196.6	109.2	312.2	307.6	365.8
青海	69.9	69.9	30.1	103.3	111.2	76.4
宁夏	111.1	111.1	46.4	143.9	137.1	172.2
新疆	344.7	334.3	154.8	607.0	490.4	861.4
中国人民银行	12.3		5.8			
中国农业发展银行	5.3		1.4	9.2	7.9	14.3

表 5—7　　历年全国养老金社会化发放人数　　单位：万人

年份	社会化发放人数	纳入社区管理的企业退休人数	纳入社区管理的企业退休人员比例（%）
2005	4 001.0	2 655.2	68.3
2006	4 232.0	2 832.8	68.8
2007	4 535.8	3 136.0	71.2
2008	4 829.1	3 461.0	73.2
2009	5 303.3	3 879.0	75.2
2010	5 805.8	4 344.0	76.2
2011	5 367.0	4 725.0	77.3
2012	6 865.5	5 328.0	78.3
2013	7 201.0	5 620.0	79.1
2014	8 093.2	6 038.0	80.2
2015	8 383.9	6 597.0	81.1

注：社会化发放人数是指企业、企业化管理的事业单位及其他参保人员中的离退休人员。

表 5—8

养老金社会化发放人数

（2015 年）

单位：万人

地区	社会化发放人数
全国	**8 383.9**
北京	236.7
天津	176.2
河北	317.3
山西	171.8
内蒙古	200.0
辽宁	604.6
吉林	273.7
黑龙江	445.5
上海	415.4
江苏	610.0
浙江	541.0
安徽	238.0
福建	105.0
江西	228.5
山东	457.0
河南	294.9
湖北	420.5
湖南	304.9
广东	457.5
广西	186.5
海南	50.7
重庆	302.3
四川	614.6
贵州	94.1
云南	113.8
西藏	3.8
陕西	189.0
甘肃	109.2
青海	30.1
宁夏	46.4
新疆	85.3
新疆兵团	59.6

注：社会化发放人数是指企业、企业化管理的事业单位及其他参保人员中的离退休人员。

表 5—9　　历年分地区城镇基本医疗保险参保人数　　单位：万人

地区	2001年		2002年		2003年		2004年		2005年	
	合计	退休人员	合计	退休人员	合计	退休人员	合计	退休人员	合计	退休人员
全国	**7 285.9**	**1 815.2**	**9 401.2**	**2 475.4**	**10 901.7**	**2 926.8**	**12 403.6**	**3 359.2**	**13 782.9**	**3 761.2**
北京	240.7	89.4	321.1	113.2	436.1	134.7	483.9	141.7	574.8	155.1
天津	139.6	46.8	250.2	103.8	254.7	108.5	263.0	104.8	299.1	118.3
河北	282.5	61.5	330.4	73.0	383.2	84.7	472.5	108.9	562.1	139.6
山西	157.3	34.4	216.7	49.5	245.5	51.3	295.5	63.9	324.9	73.0
内蒙古	196.9	45.5	221.7	54.2	252.3	66.1	274.2	78.1	292.0	86.0
辽宁	313.6	90.4	619.0	188.7	697.7	217.2	783.7	247.3	864.2	280.0
吉林	124.2	27.8	176.9	39.8	230.8	55.3	270.0	67.5	283.0	73.9
黑龙江	308.3	89.2	392.8	108.2	435.2	122.1	544.1	151.7	602.9	170.4
上海	680.5	238.9	694.8	245.9	709.6	250.6	714.1	260.9	728.6	275.9
江苏	456.0	113.5	690.9	183.2	815.0	227.6	976.7	261.6	1 124.1	303.0
浙江	352.7	100.0	423.4	117.0	510.3	139.5	569.2	150.3	639.6	163.1
安徽	232.8	53.6	273.4	65.6	318.2	79.8	362.2	97.7	387.1	112.7
福建	171.0	38.3	230.0	54.7	247.8	61.8	285.9	69.5	333.0	77.2
江西	71.6	12.2	106.6	22.7	188.2	45.7	250.4	65.8	276.7	75.0
山东	490.2	86.0	625.6	119.5	691.1	138.0	771.9	153.5	861.5	176.7
河南	460.3	94.8	537.4	115.2	567.9	126.9	590.0	136.8	641.5	154.1
湖北	255.4	54.5	338.1	80.6	416.6	110.1	466.8	132.5	502.0	147.2
湖南	351.6	83.7	398.1	108.3	423.5	116.1	477.0	133.9	503.4	146.6
广东	544.8	84.4	717.7	118.8	877.0	146.4	1 034.2	168.9	1 235.3	180.3
广西	150.1	33.4	201.8	54.1	235.0	66.1	272.2	77.8	285.9	82.3
海南	40.9	8.5	52.6	11.5	63.1	15.4	78.6	22.3	87.2	24.5
重庆	36.8	9.7	58.7	18.0	121.8	41.7	206.3	76.2	237.7	91.9
四川	437.6	128.3	480.6	150.1	531.2	173.8	587.6	196.5	647.0	220.2
贵州	31.1	6.9	94.6	26.6	134.1	38.2	152.6	44.0	180.5	51.5
云南	185.7	45.6	238.4	65.0	281.5	81.4	302.3	89.6	320.7	95.5
西藏					6.0	1.8	7.1	2.8	15.2	4.8
陕西	231.4	49.4	261.8	65.1	301.0	77.4	325.6	86.8	348.8	101.3
甘肃	109.9	23.6	124.1	26.0	146.0	32.8	165.8	40.6	176.6	46.2
青海	38.3	12.6	51.1	16.3	56.4	17.8	60.2	19.5	62.0	20.4
宁夏	17.2	4.0	36.8	10.1	48.1	12.7	55.6	14.6	64.5	17.2
新疆	177.0	48.1	235.7	70.6	276.7	85.3	304.4	93.2	321.1	97.5

续表

地区	2006年		2007年		2008年		2009年		2010年	
	合计	退休人员	合计	退休人员	合计	退休人员	合计	退休人员	合计	退休人员
全国	**15 731.9**	**4 151.5**	**22 311.4**	**4 600.0**	**31 821.7**	**5 007.9**	**40 147.0**	**5 526.9**	**43 262.9**	**5 943.5**
北京	679.5	163.9	929.4	172.9	1 017.1	182.4	1 083.9	191.8	1 207.3	215.1
天津	344.2	126.0	403.8	133.2	484.5	141.8	605.3	150.6	960.9	157.5
河北	615.9	158.6	746.3	183.9	1 083.1	199.5	1 421.1	219.7	1 518.1	238.0
山西	353.8	82.2	460.6	98.3	593.9	108.8	879.0	128.5	923.5	140.0
内蒙古	316.2	93.1	451.6	103.8	612.5	108.6	805.3	117.8	886.4	124.7
辽宁	959.3	307.4	1 200.2	346.5	1 507.5	386.5	1 895.6	444.5	2 056.2	464.1
吉林	376.3	101.2	767.2	118.2	937.4	131.8	1 242.8	147.4	1 333.8	179.9
黑龙江	708.2	192.9	826.7	202.3	1 056.3	216.0	1 544.3	256.5	1 560.8	278.4
上海	1 023.3	291.0	1 096.8	306.4	1 355.2	320.9	1 583.8	372.5	1 665.2	388.8
江苏	1 274.3	338.5	2 136.6	365.4	2 837.6	390.3	3 031.0	418.6	3 249.4	443.2
浙江	730.6	172.9	946.2	185.5	1 322.6	198.3	1 784.4	211.8	1 963.8	226.8
安徽	441.2	124.7	953.3	137.1	1 323.8	148.1	1 435.8	160.4	1 529.3	169.3
福建	370.1	85.2	477.4	91.0	796.5	101.4	1 137.2	114.7	1 200.6	120.7
江西	313.3	86.5	784.7	121.6	1 207.1	149.4	1 300.4	151.6	1 326.4	166.5
山东	996.1	199.9	1 292.3	227.8	1 847.0	256.2	2 540.2	287.8	2 770.6	316.7
河南	704.1	173.3	897.7	197.4	1 549.4	220.8	1 970.1	243.7	2 043.7	258.7
湖北	565.3	166.6	870.5	196.3	1 435.7	210.9	1 811.7	236.2	1 860.0	239.8
湖南	560.5	162.4	724.5	181.9	1 321.6	206.5	1 831.9	225.6	1 894.5	236.9
广东	1 421.1	197.9	2 281.6	218.0	3 551.8	240.3	4 568.5	259.4	5 043.2	314.5
广西	302.0	88.7	361.4	99.2	568.2	103.8	850.0	110.6	935.2	123.0
海南	91.0	25.6	155.3	29.9	249.7	34.0	283.8	41.5	323.3	43.2
重庆	257.5	97.4	327.5	104.7	550.6	115.1	769.5	120.8	830.8	125.6
四川	734.5	247.8	1 020.0	270.6	1 413.8	296.7	1 912.7	317.3	2 063.1	348.3
贵州	199.2	57.8	293.8	66.1	404.3	73.0	567.0	85.1	602.5	88.2
云南	331.5	98.8	400.3	101.8	618.2	103.6	762.5	118.3	820.5	121.4
西藏	16.5	5.0	19.2	5.8	32.4	5.3	36.0	6.4	38.6	6.6
陕西	377.1	111.4	459.3	123.2	717.3	132.8	890.0	145.2	947.2	151.2
甘肃	195.8	51.7	449.5	61.6	522.2	68.8	557.4	77.7	588.8	85.9
青海	64.5	22.0	95.8	23.0	93.6	24.5	104.8	24.6	140.3	25.2
宁夏	73.1	19.9	114.0	21.4	158.7	22.7	186.0	23.8	188.3	26.4
新疆	335.8	101.2	367.9	105.1	652.1	109.0	755.0	114.7	790.5	119.0

续表

地区	2011年		2012年		2013年		2014年		2015年	
	合计	退休人员	合计	退休人员	合计	退休人员	合计	退休人员	合计	退休人员
全国	**47 343.2**	**6 278.6**	**53 641.3**	**6 624.2**	**57 072.6**	**6 941.8**	**59 746.9**	**7 254.8**	**66 581.6**	**7 531.2**
北京	1 347.8	232.8	1 431.6	239.1	1 514.9	249.8	1 604.3	260.1	1 656.6	269.5
天津	972.8	162.5	981.3	168.9	1 001.5	177.3	1 023.6	183.6	1 054.1	190.4
河北	1 562.2	248.2	1 644.4	261.5	1 674.5	275.6	1 697.5	286.3	1 663.7	300.3
山西	1 005.1	150.8	1 055.9	157.2	1 086.3	166.9	1 101.2	175.5	1 113.8	179.4
内蒙古	907.3	124.3	967.7	132.4	986.2	134.5	998.1	138.6	1 008.1	141.4
辽宁	2 120.1	494.1	2 251.9	524.8	2 333.3	546.9	2 387.2	576.7	2 396.2	597.7
吉林	1 350.6	188.2	1 370.0	194.0	1 378.6	197.5	1 380.0	197.5	1 380.6	199.7
黑龙江	1 578.0	293.6	1 580.3	309.6	1 580.4	311.6	1 586.4	324.3	1 594.8	330.1
上海	1 591.8	404.1	1 638.6	421.5	1 650.5	438.4	1 678.5	453.2	1 719.2	465.8
江苏	3 500.5	470.9	3 608.8	508.9	3 427.6	543.6	3 797.5	577.0	4 014.3	610.8
浙江	2 244.1	243.3	2 806.8	277.1	4 121.1	299.5	4 847.6	324.1	4 964.1	353.7
安徽	1 612.9	181.9	1 660.0	191.5	1 660.8	203.3	1 756.4	211.9	1 737.6	221.1
福建	1 217.2	126.2	1 262.9	130.2	1 283.8	136.4	1 293.0	143.0	1 301.2	146.8
江西	1 329.7	170.9	1 438.6	180.4	1 476.6	189.8	1 494.2	197.7	1 530.4	201.3
山东	2 947.8	337.5	3 101.2	365.6	3 647.9	391.7	3 988.0	411.4	9 235.8	439.9
河南	2 122.3	272.2	2 222.2	293.2	2 297.2	313.4	2 340.0	327.2	2 344.9	336.6
湖北	1 932.5	254.6	1 960.3	264.7	1 960.6	280.7	1 968.0	286.9	1 972.1	296.3
湖南	1 941.2	242.9	2 341.9	248.8	2 316.2	257.5	2 300.7	261.8	2 662.3	267.1
广东	6 767.1	340.5	8 421.8	362.8	9 179.8	383.8	9 804.2	420.9	10 136.0	439.7
广西	981.3	128.8	1 011.5	133.6	1 031.0	137.8	1 067.3	143.8	1 077.6	148.8
海南	352.4	45.3	378.5	47.5	406.5	50.6	386.8	53.7	389.8	55.6
重庆	1 324.8	133.1	3 219.1	147.9	3 234.8	158.9	3 256.8	167.0	3 266.3	174.0
四川	2 248.4	366.0	2 383.8	381.8	2 486.0	394.5	2 576.5	407.5	2 650.7	418.8
贵州	629.0	93.3	648.3	96.3	672.1	98.1	687.1	99.9	955.5	105.2
云南	865.8	126.6	882.4	129.5	1 118.8	133.3	1 135.9	138.6	1 140.8	140.7
西藏	43.7	6.6	50.1	7.1	54.8	7.2	58.9	7.8	61.8	8.1
陕西	1 090.4	172.8	1 118.8	175.8	1 244.3	181.7	1 246.2	184.4	1 247.3	187.4
甘肃	590.8	88.2	616.5	87.7	622.8	90.2	630.6	96.2	635.0	99.8
青海	151.6	25.9	172.3	26.7	181.3	27.6	190.4	29.1	195.2	30.4
宁夏	188.8	27.1	561.8	28.5	565.5	29.5	578.6	31.0	584.8	32.2
新疆	825.2	125.2	851.9	129.6	877.1	134.3	885.1	138.2	891.0	142.6

表 5—10　**分地区城镇基本医疗保险基本情况**

（2015 年）

地区	年末参保人数（万人）	基金收支情况（亿元）		
		基金收入	基金支出	累计结余
全国	**66 581.6**	**11 192.9**	**9 312.1**	**12 542.8**
北京	1 656.6	811.3	733.9	319.5
天津	1 054.1	278.0	233.3	143.6
河北	1 663.7	337.4	261.8	490.2
山西	1 113.8	199.6	171.2	268.2
内蒙古	1 008.1	179.1	148.4	195.6
辽宁	2 396.2	414.9	394.2	395.9
吉林	1 380.6	162.0	141.8	218.4
黑龙江	1 594.8	266.6	243.6	320.9
上海	1 719.2	757.1	528.5	1 111.4
江苏	4 014.3	875.8	751.5	1 039.4
浙江	4 964.1	942.6	745.9	1 118.7
安徽	1 737.6	238.8	205.8	278.1
福建	1 301.2	266.0	204.8	426.8
江西	1 530.4	167.7	127.2	223.6
山东	9 235.8	942.6	820.2	752.4
河南	2 344.9	317.1	268.6	400.5
湖北	1 972.1	316.5	272.8	297.0
湖南	2 662.3	314.3	258.9	318.3
广东	10 136.0	1 204.5	931.5	1 831.6
广西	1 077.6	171.3	142.3	239.1
海南	389.8	58.3	47.5	74.9
重庆	3 266.3	332.7	301.9	260.6
四川	2 650.7	587.4	490.7	671.4
贵州	955.5	135.8	114.2	117.2
云南	1 140.8	214.1	188.6	220.6
西藏	61.8	21.4	17.1	34.4
陕西	1 247.3	219.7	179.6	271.7
甘肃	635.0	105.5	92.8	96.8
青海	195.2	52.7	45.3	62.1
宁夏	584.8	68.2	61.4	67.0
新疆	891.0	234.0	186.8	276.7

表 5—11　　分地区城镇职工基本医疗保险基本情况

（2015 年）

地区	年末参保人数（万人）			基金收支情况（亿元）			
	合计	职工	退休人员	基金收入	基金支出	累计结余	统筹基金
全国	**28 893**	**21 362**	**7 531**	**9 083.5**	**7 531.5**	**10 997.1**	**6 568.3**
北京	1 476	1 206	270	786.3	719.4	294.0	293.0
天津	522	332	190	235.2	203.9	111.6	18.0
河北	957	657	300	304.7	237.0	441.2	271.3
山西	650	471	179	178.5	154.0	243.5	98.8
内蒙古	477	336	141	154.1	129.2	169.3	104.1
辽宁	1 651	1 054	598	383.6	369.6	358.2	203.8
吉林	576	376	200	135.5	117.1	179.2	122.0
黑龙江	874	544	330	229.8	213.0	273.5	154.5
上海	1 446	981	466	733.1	501.9	1 107.3	569.7
江苏	2 429	1 818	611	781.9	665.7	979.6	538.3
浙江	1 993	1 639	354	687.0	503.5	1 059.6	745.6
安徽	763	542	221	193.7	168.8	226.1	135.3
福建	759	613	147	243.5	183.8	411.9	184.4
江西	585	384	201	126.7	100.7	155.2	95.2
山东	1 904	1 464	440	563.2	507.1	582.0	458.0
河南	1 201	864	337	268.0	227.5	337.8	161.9
湖北	949	653	296	265.8	236.4	222.1	81.6
湖南	819	552	267	230.7	187.0	255.5	104.4
广东	3 712	3 272	440	859.3	653.3	1 542.9	1 127.8
广西	505	357	149	147.9	127.2	195.8	89.9
海南	196	141	56	48.9	39.8	63.3	57.5
重庆	588	414	174	204.1	185.4	187.4	70.3
四川	1 379	960	419	434.8	356.1	583.2	365.0
贵州	373	267	105	112.0	97.2	88.0	29.1
云南	468	328	141	179.2	156.8	204.3	90.9
西藏	34	26	8	20.3	14.3	36.0	25.0
陕西	580	393	187	184.2	149.6	238.6	128.9
甘肃	308	208	100	91.0	80.6	82.1	49.5
青海	96	65	30	46.7	38.9	61.6	21.8
宁夏	115	83	32	40.4	35.6	50.5	34.6
新疆	506	363	143	213.6	171.1	255.8	138.1

表 5—12　　分地区城镇居民基本医疗保险基本情况

（2015 年）

地区	年末参保居民人数（万人）	基金收支情况（亿元）		
		基金收入	基金支出	累计结余
全国	**37 689**	**2 109.4**	**1 780.6**	**1 545.7**
北京	181	25.0	14.6	25.5
天津	532	42.8	29.4	32.0
河北	707	32.8	24.8	48.9
山西	463	21.1	17.1	24.7
内蒙古	531	24.9	19.3	26.3
辽宁	745	31.2	24.6	37.7
吉林	805	26.5	24.7	39.2
黑龙江	721	36.8	30.6	47.4
上海	273	24.0	26.6	4.1
江苏	1 585	93.8	85.8	59.8
浙江	2 971	255.5	242.4	59.1
安徽	974	45.1	37.1	52.0
福建	542	22.5	21.0	14.9
江西	945	41.1	26.5	68.4
山东	7 331	379.4	313.1	170.5
河南	1 144	49.1	41.1	62.7
湖北	1 023	50.7	36.4	74.9
湖南	1 844	83.6	71.9	62.8
广东	6 424	345.1	278.1	288.7
广西	572	23.4	15.1	43.4
海南	193	9.4	7.7	11.7
重庆	2 678	128.6	116.5	73.2
四川	1 272	152.6	134.6	88.2
贵州	583	23.8	17.1	29.3
云南	672	34.8	31.8	16.2
西藏	28	1.2	2.8	−1.6
陕西	667	35.5	30.0	33.1
甘肃	327	14.5	12.1	14.7
青海	100	6.1	6.4	0.6
宁夏	470	27.8	25.8	16.5
新疆	385	20.5	15.7	20.8

表 5—13　　历年分地区失业保险参保人数　　单位：万人

地区	2001年		2002年		2003年		2004年		2005年	
	年末参保人数	年末领取失业保险金人数	年末参保人数	年末领取失业保险金人数	年末参保人数	年末领取失业保险金人数	年末参保人数	年末领取失业保险金人数	年末参保人数	年末领取失业保险金人数
全国	**10 355**	**312**	**10 182**	**440**	**10 373**	**415**	**10 584**	**419**	**10 648**	**362**
北京	287.2	5.5	299.6	4.8	306.6	5.2	308.2	3.8	357.5	3.5
天津	214.3	10.8	196.3	12.4	193.5	9.4	195.1	5.1	197.5	3.8
河北	513.2	7.3	488.6	7.2	484.2	8.3	479.0	11.0	461.2	13.3
山西	286.0	5.9	278.9	4.5	284.1	5.7	286.5	5.4	288.5	4.8
内蒙古	217.7	5.4	219.7	7.1	221.6	5.7	222.3	5.8	222.2	4.9
辽宁	656.7	20.3	591.2	82.2	622.2	67.0	616.2	81.7	607.7	46.5
吉林	283.8	13.2	284.0	15.6	292.9	16.2	282.2	12.2	199.4	7.5
黑龙江	532.6	12.5	466.0	19.6	479.0	12.6	475.8	9.7	459.6	10.3
上海	430.7	13.1	436.0	14.4	441.1	14.0	487.8	15.9	466.1	17.8
江苏	766.5	39.5	735.6	49.7	761.6	48.9	797.1	43.6	838.3	30.2
浙江	391.1	33.0	390.0	27.5	396.8	17.4	428.4	11.3	444.7	7.2
安徽	375.2	11.5	378.8	17.5	380.8	23.4	371.1	26.4	360.3	24.3
福建	239.6	9.6	249.5	11.1	266.4	10.0	266.4	9.5	266.6	8.6
江西	235.9	2.1	226.7	3.9	215.5	5.9	226.6	7.2	230.7	6.0
山东	700.2	20.5	701.2	30.1	719.1	30.1	747.5	30.6	771.1	32.2
河南	676.1	10.0	670.4	16.8	680.0	18.7	681.6	22.3	681.9	29.2
湖北	420.8	26.1	416.1	25.1	390.1	18.7	391.3	17.0	391.5	14.8
湖南	352.0	4.4	326.6	7.9	347.5	10.5	380.5	9.8	382.7	11.3
广东	819.5	21.2	890.2	26.2	954.1	25.9	1 005.8	23.4	1 099.1	20.4
广西	217.7	5.0	215.5	7.6	219.1	8.9	226.4	9.8	219.9	9.4
海南	56.1	0.7	60.2	1.7	57.7	1.8	57.9	2.1	56.7	2.0
重庆	210.0	7.7	205.3	9.1	199.5	8.1	193.4	9.2	188.2	6.4
四川	412.2	11.9	402.9	14.0	400.0	12.6	398.6	12.6	380.5	15.6
贵州	136.4	1.2	132.2	1.6	128.0	1.3	129.9	1.2	129.3	1.3
云南	190.7	3.6	183.2	4.6	183.0	6.6	173.2	10.5	180.3	9.1
西藏	6.3		7.1		7.1		6.7		6.7	
陕西	304.9	3.5	315.7	7.3	323.3	8.2	325.5	7.2	326.7	8.6
甘肃	162.7	1.1	161.0	2.7	162.1	3.8	161.0	4.3	160.0	5.4
青海	35.7	1.4	32.2	1.0	33.2	1.3	33.1	1.2	33.2	1.1
宁夏	34.7	0.7	35.7	0.8	36.3	1.0	36.4	1.2	37.2	1.2
新疆	188.2	3.9	185.2	5.7	186.5	7.4	192.4	7.7	202.4	5.6

续表

地区	2006年		2007年		2008年		2009年		2010年	
	年末参保人数	年末领取失业保险金人数	年末参保人数	年末领取失业保险金人数	年末参保人数	年末领取失业保险金人数	年末参保人数	年末领取失业保险金人数	年末参保人数	年末领取失业保险金人数
全国	**11 187**	**327**	**11 645**	**286**	**12 400**	**261**	**12 715**	**235**	**13 376**	**209**
北京	482.2	3.1	535.3	3.0	614.3	2.6	675.7	1.8	774.2	1.6
天津	216.7	3.6	221.5	3.3	232.5	3.2	239.2	3.1	246.1	3.5
河北	470.8	13.4	473.3	11.6	481.7	9.8	484.4	10.4	493.4	9.0
山西	296.0	5.2	299.0	6.0	312.2	7.3	293.3	6.1	305.7	4.6
内蒙古	223.5	5.0	223.7	4.7	225.5	3.1	229.7	2.5	230.9	2.1
辽宁	614.1	25.9	622.1	19.6	622.7	15.7	625.3	13.4	626.9	11.4
吉林	224.4	10.2	228.7	13.9	233.7	16.5	241.4	14.3	245.1	7.8
黑龙江	457.5	17.8	464.1	15.3	467.6	10.3	471.3	9.3	472.9	8.8
上海	476.4	18.5	491.5	14.9	511.8	14.0	523.5	14.6	556.2	11.6
江苏	901.1	22.7	968.5	21.2	1 052.2	21.5	1 079.1	19.7	1 153.8	19.7
浙江	504.4	6.5	584.7	6.3	731.1	6.3	784.5	5.5	875.0	5.8
安徽	362.6	17.9	364.5	14.1	373.1	12.8	377.8	10.5	384.0	7.8
福建	293.1	6.8	318.2	5.7	338.7	4.6	348.1	3.6	374.2	3.2
江西	241.0	4.9	251.5	5.3	266.3	3.4	275.5	3.4	265.3	8.2
山东	789.7	30.3	814.9	27.8	864.1	24.9	899.5	23.0	931.2	20.7
河南	682.8	28.0	682.9	21.6	683.4	18.4	690.2	16.7	696.7	14.7
湖北	395.5	12.0	405.7	8.9	422.9	7.4	440.3	7.0	469.7	6.4
湖南	386.3	10.2	389.0	8.6	390.1	8.3	392.0	8.3	399.5	6.9
广东	1 208.2	16.7	1 295.5	14.3	1 471.9	13.7	1 470.7	12.8	1 627.3	10.6
广西	222.3	8.1	223.8	7.2	234.6	8.0	237.0	7.6	238.4	6.2
海南	59.1	2.3	66.2	2.5	84.7	3.3	97.5	2.8	112.5	1.6
重庆	193.0	4.8	196.7	4.1	210.1	4.4	215.9	4.7	237.4	3.7
四川	400.0	16.3	418.2	11.3	436.9	12.2	463.5	10.0	464.7	9.1
贵州	131.1	1.5	134.5	1.4	141.4	1.3	144.6	1.1	152.5	1.2
云南	183.0	6.4	185.8	4.3	191.9	3.7	198.7	3.5	209.6	3.2
西藏	7.5		7.2	0.0	7.8	0.0	8.8	0.0	9.3	0.0
陕西	326.5	14.1	327.2	13.6	329.3	9.1	331.0	9.3	331.6	7.5
甘肃	160.5	7.5	161.8	7.1	162.6	5.6	164.1	3.7	164.2	2.4
青海	34.0	1.0	34.7	2.1	35.4	2.3	36.0	1.0	36.6	0.4
宁夏	38.3	1.2	40.1	1.5	44.4	1.4	44.9	1.1	47.6	1.0
新疆	205.4	4.8	213.6	4.7	224.8	6.1	231.8	4.9	242.9	8.3

续表

地区	2011年		2012年		2013年		2014年		2015年	
	年末参保人数	年末领取失业保险金人数	年末参保人数	年末领取失业保险金人数	年末参保人数	年末领取失业保险金人数	年末参保人数	年末领取失业保险金人数	年末参保人数	年末领取失业保险金人数
全国	**14 317**	**197**	**15 225**	**204**	**16 417**	**197**	**17 043**	**207**	**17 326**	**227**
北京	881.0	2.0	1 006.7	2.3	1 025.1	2.4	1 057.1	3.0	1 082.3	3.4
天津	258.8	2.8	268.7	2.0	278.7	2.0	287.6	2.6	295.3	7.1
河北	498.7	8.4	501.7	7.9	505.0	7.1	508.7	7.1	511.0	8.0
山西	309.4	4.3	391.0	3.8	400.7	3.1	407.7	3.0	411.3	3.1
内蒙古	232.5	2.5	232.8	2.5	233.4	2.3	236.3	2.4	242.1	2.9
辽宁	632.3	9.7	660.7	7.4	663.2	7.6	664.3	8.5	665.3	9.7
吉林	247.2	5.1	251.5	4.6	258.8	6.0	258.7	2.2	261.2	2.2
黑龙江	474.5	7.1	476.2	7.7	477.4	7.1	478.4	4.8	312.8	3.7
上海	604.2	11.2	617.4	10.9	625.7	9.9	634.1	9.8	641.8	9.5
江苏	1 238.2	29.9	1 332.2	32.7	1 389.3	29.9	1 442.7	32.1	1 490.9	34.2
浙江	980.6	7.4	1 065.6	7.0	1 144.3	7.8	1 210.3	8.2	1 260.2	9.0
安徽	397.7	6.7	402.2	6.1	409.0	6.1	422.0	6.5	436.6	7.7
福建	430.9	3.6	459.1	4.6	496.7	4.2	524.1	4.5	546.3	5.0
江西	263.5	5.4	272.2	3.3	271.1	1.5	271.8	1.3	281.5	1.4
山东	964.9	19.8	1 009.8	19.1	1 089.6	17.8	1 154.3	19.9	1 203.8	21.6
河南	701.2	13.3	724.2	11.4	741.3	10.5	773.3	10.2	783.3	8.3
湖北	498.2	5.1	508.6	4.8	511.3	5.2	519.0	5.6	528.4	6.0
湖南	415.6	7.0	449.9	6.0	461.7	6.1	509.5	6.9	521.2	6.7
广东	1 875.4	10.5	2 008.7	9.8	2 702.2	8.8	2 840.2	10.9	2 930.1	13.9
广西	240.8	5.2	243.4	5.5	253.4	5.6	259.0	6.1	273.2	6.2
海南	126.0	1.8	139.5	1.8	150.8	2.1	157.5	2.0	164.8	2.0
重庆	268.6	2.9	323.5	2.8	389.7	3.4	439.1	2.8	439.5	3.5
四川	536.8	8.1	585.5	24.5	613.5	24.1	635.8	29.8	661.0	33.2
贵州	160.5	1.1	173.5	1.0	185.2	1.3	191.9	1.5	205.3	1.7
云南	216.8	3.3	224.7	3.8	232.5	4.5	236.9	5.3	243.3	5.9
西藏	9.6	0.0	10.6		11.0	0.0	12.5	0.0	11.4	0.01
陕西	332.2	4.5	339.1	3.5	339.7	3.2	344.3	2.9	347.7	3.0
甘肃	163.8	1.5	163.6	1.2	163.1	1.0	162.4	1.0	162.8	1.0
青海	37.3	0.6	37.9	0.7	38.5	0.5	39.3	0.4	40.1	0.4
宁夏	60.0	1.2	70.5	1.1	71.3	1.1	73.5	1.3	76.6	1.3
新疆	260.2	5.0	273.7	4.2	283.9	4.8	290.2	4.7	294.9	4.9

表 5—14　分地区失业保险基金情况

（2015 年）

单位：亿元

地区	基金收入	基金支出	累计结余
全国	**1 367.8**	**736.4**	**5 083.0**
北京	81.7	42.8	202.6
天津	30.1	31.6	103.3
河北	42.9	27.9	169.1
山西	30.6	13.8	150.0
内蒙古	26.2	9.8	108.5
辽宁	49.2	18.2	258.4
吉林	27.1	7.9	105.6
黑龙江	29.8	16.7	158.8
上海	98.7	85.6	170.1
江苏	130.1	76.1	437.3
浙江	98.1	61.4	379.9
安徽	36.7	22.9	106.2
福建	34.5	11.1	151.5
江西	13.6	4.2	64.5
山东	71.6	57.3	275.3
河南	43.7	18.6	159.0
湖北	40.5	13.7	166.2
湖南	29.0	12.7	115.2
广东	155.2	36.3	634.6
广西	28.9	12.8	126.5
海南	6.5	4.0	32.5
重庆	28.1	14.9	108.0
四川	102.7	59.5	321.8
贵州	17.7	8.5	74.6
云南	23.9	13.6	118.6
西藏	2.6	0.1	13.9
陕西	25.8	10.5	145.4
甘肃	15.6	5.0	72.1
青海	6.1	4.0	27.2
宁夏	9.4	5.1	31.5
新疆	31.3	29.8	94.8

表 5—15　　历年分地区工伤保险基本情况　　单位：万人

地区	2001 年		2002 年		2003 年		2004 年		2005 年	
	参保人数	享受待遇人数	参保人数	享受待遇人数	参保人数	享受待遇人数	参保人数	享受待遇人数	参保人数	享受待遇人数
全国	**4 345**	**19**	**4 406**	**27**	**4 575**	**33**	**6 845**	**52**	**8 478**	**65**
北京	204.7	0.1	221.1	0.7	242.9	1.2	258.9	2.5	303.9	3.0
天津							147.2	0.1	162.9	0.9
河北	163.1	0.8	146.7	0.4	145.7	0.4	273.9	0.9	361.4	1.3
山西	71.8	0.0	46.3	0.1	48.4	0.0	104.0	0.1	151.4	0.5
内蒙古	26.7	0.5	23.8	0.2	31.8	0.3	85.0	0.5	110.2	0.7
辽宁	390.6	5.0	390.5	6.0	345.8	7.3	404.2	8.2	474.6	9.1
吉林	30.7	1.1	36.6	1.5	37.1	1.2	114.3	3.1	136.7	2.2
黑龙江	104.4	0.1	119.0	0.9	130.9	1.1	202.7	4.3	257.5	3.8
上海							488.3	0.1	523.7	0.5
江苏	473.9	0.7	480.0	1.3	503.0	1.7	577.2	2.7	680.2	3.7
浙江	219.7	0.6	226.0	1.0	287.7	1.4	360.4	2.7	453.1	4.8
安徽	73.4	0.2	69.8	0.3	68.0	0.4	102.0	0.5	148.2	1.7
福建	159.0	0.2	170.7	0.3	172.3	0.6	205.4	0.8	239.1	1.3
江西	137.8	0.2	129.3	0.2	129.7	0.3	134.7	0.4	153.6	0.8
山东	285.5	0.6	277.7	1.1	281.8	1.5	476.7	4.7	578.7	5.7
河南	196.0	0.5	218.8	0.7	210.6	0.5	324.7	1.1	404.0	1.5
湖北	182.3	1.3	183.2	1.7	189.2	1.4	187.2	1.8	230.3	1.1
湖南					8.6	0.0	203.3	0.3	228.2	0.7
广东	990.1	5.2	1 049.9	8.0	1 120.0	9.7	1 215.1	11.3	1 605.1	12.9
广西	124.1	0.1	117.3	0.2	120.3	0.3	133.5	0.7	144.4	0.8
海南	69.5	0.0	68.9	0.1	68.2	0.1	64.5	0.1	68.9	0.1
重庆	25.0	0.1	29.7	0.1	26.5	0.2	122.6	0.4	154.1	1.2
四川	179.3	0.5	167.4	0.6	161.4	1.2	195.6	1.6	270.5	2.0
贵州	1.7	0.0	1.3	0.0	1.3	0.0	1.2	0.0	65.8	0.1
云南	97.3	0.6	89.0	0.9	84.1	1.2	150.9	1.1	166.9	1.2
西藏									1.9	
陕西	24.5	0.1	25.6	0.0	35.1	0.1	115.1	0.7	149.2	1.8
甘肃	9.5	0.0	8.7	0.0	8.0	0.0	42.0	0.1	70.1	0.4
青海	7.1	0.0	6.6	0.0	6.6	0.0	15.7	0.1	20.5	0.3
宁夏	11.4	0.0	16.0	0.0	15.2	0.1	19.1	0.3	23.5	0.3
新疆	86.3	0.1	86.0	0.1	94.6	0.5	119.5	0.7	139.1	0.9

续表

地区	2006年		2007年		2008年		2009年		2010年	
	参保人数	享受待遇人数	参保人数	享受待遇人数	参保人数	享受待遇人数	参保人数	享受待遇人数	参保人数	享受待遇人数
全国	**10 268**	**78**	**12 173**	**96**	**13 787**	**118**	**14 896**	**130**	**16 161**	**147**
北京	465.3	1.5	609.2	1.6	666.5	1.8	747.1	4.1	823.8	4.4
天津	209.7	1.7	257.2	2.3	274.9	2.7	292.2	3.1	304.5	4.1
河北	402.4	2.4	481.3	6.0	520.8	5.3	559.3	6.0	594.4	7.5
山西	201.4	3.3	229.1	3.9	261.0	4.6	280.7	4.3	292.4	4.9
内蒙古	131.6	0.8	163.6	1.3	185.4	1.4	199.1	1.6	207.5	1.8
辽宁	510.0	8.5	572.3	9.1	659.6	8.5	695.8	9.0	730.0	10.0
吉林	174.7	3.0	206.8	2.6	234.9	4.1	272.2	3.0	300.5	3.7
黑龙江	303.0	3.9	351.7	4.9	390.9	4.5	401.8	5.6	415.1	6.2
上海	817.7	0.7	884.4	0.9	950.4	1.2	934.0	1.3	961.0	1.7
江苏	812.7	5.6	921.0	6.6	1 056.6	8.4	1 118.1	9.3	1 205.5	9.8
浙江	603.9	7.4	1 002.9	11.2	1 261.8	16.9	1 331.1	18.0	1 475.1	20.2
安徽	200.2	2.0	248.7	2.2	292.9	2.9	320.6	3.9	351.1	4.4
福建	261.0	1.5	294.8	1.9	346.1	2.2	379.3	2.3	417.7	2.4
江西	207.9	1.5	251.3	1.7	313.6	2.0	340.2	1.9	371.7	2.7
山东	647.3	5.8	745.0	7.0	865.0	8.8	1 064.6	9.2	1 211.2	10.2
河南	421.0	1.7	448.3	2.6	500.2	3.1	521.0	3.2	551.7	3.0
湖北	275.5	1.5	327.5	2.0	360.9	2.4	410.7	2.7	444.0	3.1
湖南	280.1	2.0	342.4	2.6	403.5	3.9	472.1	5.3	516.0	7.4
广东	1 868.2	13.5	2 113.9	13.8	2 302.3	15.2	2 435.5	15.0	2 657.8	14.7
广西	161.1	0.8	182.4	0.9	204.9	1.1	221.7	1.2	235.7	1.4
海南	71.5	0.2	78.4	0.2	86.1	0.2	90.1	0.3	95.8	0.3
重庆	165.4	1.8	181.1	1.6	208.2	4.2	226.5	4.7	266.0	5.6
四川	304.9	2.3	397.3	3.2	464.6	4.6	515.8	6.1	583.8	6.0
贵州	90.5	0.6	110.5	0.9	129.0	1.1	143.3	1.4	162.2	1.9
云南	173.8	1.1	188.5	1.6	202.5	2.3	215.1	2.4	227.4	4.6
西藏	2.3	0.0	3.7	0.0	5.9	0.0	8.3		8.8	0.0
陕西	210.3	0.7	232.0	1.0	247.6	1.4	264.9	1.4	278.6	1.6
甘肃	86.3	0.3	98.2	0.4	108.9	0.8	119.7	0.8	130.1	1.1
青海	23.1	0.4	25.3	0.4	29.9	0.5	40.1	0.5	43.2	0.5
宁夏	24.2	0.3	30.5	0.1	37.5	0.2	42.4	0.2	48.9	0.3
新疆	161.3	1.2	194.1	1.4	214.5	1.6	232.3	1.9	249.3	2.0

续表

地区	2011 年		2012 年		2013 年		2014 年		2015 年	
	参保人数	享受待遇人数	参保人数	享受待遇人数	参保人数	享受待遇人数	参保人数	享受待遇人数	参保人数	享受待遇人数
全国	**17 696**	**163**	**19 010**	**191**	**19 917**	**195**	**20 639**	**198**	**21 432**	**202**
北京	862.4	4.7	897.2	4.8	920.3	4.8	961.0	5.0	1 020.1	4.7
天津	320.4	3.8	330.1	3.4	335.1	3.3	345.2	3.3	385.6	3.4
河北	640.4	8.6	694.8	9.1	737.0	10.5	778.7	10.4	809.7	9.6
山西	337.6	5.5	529.6	8.4	550.0	9.7	563.1	11.1	573.1	10.1
内蒙古	225.3	3.2	248.9	2.5	277.4	2.2	289.9	2.3	297.1	2.4
辽宁	779.1	11.3	819.1	14.0	856.7	13.2	903.1	13.2	918.6	13.8
吉林	331.6	3.3	359.4	4.2	392.1	5.3	415.6	4.6	435.6	11.3
黑龙江	450.0	8.2	470.6	6.8	493.1	7.2	505.5	6.3	512.0	6.5
上海	939.5	2.5	898.9	6.1	904.1	6.6	920.5	6.9	932.9	7.0
江苏	1 327.0	10.7	1 420.7	12.3	1 487.3	13.6	1 540.1	14.3	1 594.1	14.7
浙江	1 610.8	22.2	1 731.7	23.8	1 826.1	22.6	1 899.4	22.6	1 930.1	20.4
安徽	422.0	5.6	457.9	8.8	473.2	8.1	508.3	8.3	528.9	8.3
福建	496.9	2.8	540.9	3.4	607.5	3.5	627.3	3.9	691.0	3.9
江西	387.9	3.0	410.9	5.5	431.5	4.5	461.2	4.7	500.6	4.6
山东	1 276.1	10.8	1 339.6	11.9	1 371.9	11.2	1 421.5	11.8	1 473.5	11.1
河南	655.5	3.5	720.6	4.8	773.1	4.6	805.7	4.6	856.7	5.0
湖北	481.0	4.5	522.6	4.0	556.9	5.7	576.7	4.9	640.1	4.9
湖南	635.5	7.0	693.8	7.8	731.2	8.3	747.9	8.7	778.0	9.3
广东	2 847.8	15.4	2 962.8	16.7	3 057.3	16.7	3 092.6	17.1	3 122.7	16.8
广西	272.5	1.5	312.4	1.8	325.6	1.9	338.2	1.8	360.5	1.9
海南	104.0	0.3	119.5	0.4	123.4	0.3	126.1	0.3	131.5	0.3
重庆	337.1	6.2	374.9	8.0	406.8	8.0	426.1	8.1	428.5	7.5
四川	650.8	6.5	689.4	8.0	690.1	8.3	709.7	8.6	753.2	7.9
贵州	194.0	2.2	238.2	2.7	260.4	2.3	275.4	2.3	290.2	2.8
云南	243.4	3.6	295.3	4.0	334.3	4.4	341.7	4.0	368.1	4.3
西藏	11.8	0.0	14.2	0.1	14.8	0.0	24.3	0.1	26.9	0.1
陕西	326.8	1.9	350.4	2.2	378.1	3.0	404.0	2.9	427.3	3.0
甘肃	150.2	1.4	158.5	1.8	167.7	1.8	175.1	2.2	182.6	2.3
青海	45.6	0.5	49.2	0.6	52.3	0.6	54.7	0.6	58.0	0.5
宁夏	58.3	0.3	63.9	0.4	72.7	0.5	82.2	0.5	80.8	0.6
新疆	274.6	2.0	294.1	2.4	309.5	2.5	318.2	2.8	324.4	2.9

表 5—16　　分地区工伤保险基金情况

（2015 年）　　单位：亿元

地区	基金收入	基金支出	累计结余	储备金结存
全国	**754.2**	**598.7**	**1 285.3**	**209.1**
北京	32.9	26.5	42.2	30.6
天津	11.3	10.6	16.5	0.7
河北	37.8	34.1	23.9	6.2
山西	32.9	27.7	55.9	6.1
内蒙古	13.9	8.6	36.3	4.2
辽宁	27.8	30.1	32.1	9.8
吉林	18.6	10.4	27.1	6.0
黑龙江	22.3	21.3	32.5	5.8
上海	36.3	31.2	57.2	9.2
江苏	79.1	61.1	87.6	18.1
浙江	56.8	43.1	78.7	9.9
安徽	21.6	16.2	37.5	4.1
福建	19.4	13.0	54.1	9.7
江西	18.5	10.8	33.0	1.5
山东	51.0	38.4	73.1	10.6
河南	22.9	20.7	50.1	8.5
湖北	17.7	13.3	31.7	1.7
湖南	34.0	28.0	49.8	3.8
广东	68.9	44.7	241.3	35.7
广西	9.3	4.7	29.4	2.5
海南	2.8	1.4	10.5	1.1
重庆	17.6	19.8	4.0	
四川	30.6	23.3	55.4	5.3
贵州	14.2	11.5	19.5	0.2
云南	13.5	12.1	23.0	2.9
西藏	1.4	0.6	3.0	
陕西	11.9	11.8	30.6	5.7
甘肃	7.8	6.4	12.0	0.5
青海	3.4	2.3	6.3	3.2
宁夏	4.0	3.4	9.3	0.8
新疆	13.9	11.4	21.8	4.7

注：工伤保险累计结余中含储备金。

表 5—17 **分地区工伤认定情况**

（2015 年）

单位：人

地区	认定工伤数	视同工伤数	不予认定工伤人数	当期不予受理申请人数
全国	**1 067 377**	**8 529**	**14 761**	**5 894**
北京	22 375	338	161	49
天津	19 162	135	107	55
河北	43 681	418	690	63
山西	17 554	362	197	57
内蒙古	8 484	179	175	81
辽宁	32 987	474	212	139
吉林	10 508	187	74	33
黑龙江	12 450	269	61	107
上海	53 610	318	493	164
江苏	113 610	457	1 457	392
浙江	161 999	383	579	688
安徽	31 020	210	328	118
福建	30 703	165	284	145
江西	18 503	206	407	183
山东	69 011	565	639	374
河南	22 573	512	198	73
湖北	23 455	205	480	147
湖南	43 383	307	841	145
广东	158 045	862	3 632	1 654
广西	10 423	161	320	50
海南	2 690	33	63	14
重庆	48 464	180	859	321
四川	39 713	289	973	395
贵州	18 548	132	313	115
云南	15 930	291	422	63
西藏	490	29	15	3
陕西	13 678	256	95	56
甘肃	5 035	91	66	56
青海	2 658	32	51	24
宁夏	4 839	65	131	27
新疆	9 634	373	423	100
新疆兵团	2 162	45	15	3

表 5—18　　分地区劳动能力鉴定情况

（2015 年）

单位：人

地区	申请鉴定人数						评定伤残等级人数				存在生活自理障碍人数
	小计	初次申请	再次申请	改变结论	复查申请	改变结论	小计	一至四级	五至六级	七至十级	
全国	**637 031**	**609 931**	**16 680**	**4 541**	**10 420**	**2 504**	**541 722**	**19 238**	**19 174**	**503 310**	**7 617**
北京	14 597	13 909	94	10	594	462	12 073	768	1 137	10 168	149
天津	8 748	8 200	223	99	325	81	8 089	178	537	7 374	94
河北	23 321	22 661	424	143	236	141	18 138	602	656	16 880	308
山西	13 763	13 289	320	106	154	92	12 959	1 551	984	10 424	488
内蒙古	6 217	5 808	225	68	184	124	5 320	300	374	4 646	164
辽宁	21 270	20 288	502	98	480	222	18 691	767	879	17 045	422
吉林	8 423	6 802	254	74	1 367	278	6 899	269	383	6 247	146
黑龙江	10 664	9 801	529	98	334	90	9 099	425	566	8 108	265
上海	49 414	43 979	1 305	325	4 130	0	39 701	255	483	38 963	11
江苏	79 417	78 108	934	70	375	95	69 674	686	1 284	67 704	442
浙江	80 265	77 753	2 459	662	53	28	73 302	652	1 418	71 232	326
安徽	16 740	15 948	676	211	116	43	15 142	651	596	13 895	184
福建	14 724	14 034	658	211	32	11	11 561	666	502	10 393	145
江西	9 574	9 069	455	138	50	14	8 413	233	259	7 921	122
山东	35 225	34 375	639	153	211	103	29 754	1 819	1 589	26 346	447
河南	16 276	15 187	924	232	165	53	11 806	528	606	10 672	1 516
湖北	12 320	11 521	663	185	136	54	10 834	626	611	9 597	182
湖南	25 774	25 031	653	168	90	17	22 249	639	532	21 078	277
广东	72 485	71 152	1 161	219	172	79	60 353	781	1 359	58 213	289
广西	4 791	4 643	143	43	5	3	3 700	148	155	3 397	62
海南	793	748	42	3	3	1	496	98	65	333	54
重庆	27 152	25 645	1 133	317	374	163	23 990	1 362	571	22 057	289
四川	31 562	30 206	1 025	356	331	94	23 083	1 497	976	20 610	432
贵州	15 406	14 883	379	253	144	45	13 894	551	550	12 793	179
云南	9 772	9 588	155	39	29	18	7 681	917	756	6 008	167
西藏	473	464	9	3	0	0	317	36	25	256	10
陕西	8 514	8 268	80	16	166	105	8 066	799	473	6 794	169
甘肃	3 478	3 359	83	34	36	18	3 087	215	222	2 650	79
青海	1 617	1 577	31	16	9	7	1 589	78	86	1 425	29
宁夏	4 947	4 805	88	33	54	36	4 129	908	239	2 982	64
新疆	7 464	7 060	362	138	42	17	6 004	189	221	5 594	86
新疆兵团	1 845	1 770	52	20	23	10	1 629	44	80	1 505	20

表 5—19　　历年分地区生育保险基本情况　　单位：万人

地区	2001 年		2002 年		2003 年		2004 年		2005 年	
	参保人数	享受待遇人次	参保人数	享受待遇人次	参保人数	享受待遇人次	参保人数	享受待遇人次	参保人数	享受待遇人次
全国	**3 455**	**24**	**3 488**	**28**	**3 655**	**36**	**4 384**	**46**	**5 408**	**62**
北京									226.1	1.1
天津									157.4	0.6
河北	131.5	0.8	95.4	0.7	94.1	0.4	114.1	0.4	215.9	0.8
山西	108.0	0.3	84.3	0.3	84.3	0.2	93.2	0.2	95.6	0.3
内蒙古	27.9	0.3	23.4	0.1	40.3	0.2	66.7	0.4	105.8	1.5
辽宁	227.8	1.2	216.1	1.2	199.1	1.5	215.9	2.1	220.1	2.7
吉林	24.0	0.1	32.7	0.1	34.0	0.1	35.1	0.2	35.3	0.8
黑龙江	68.2	0.2	153.2	1.2	167.5	2.7	187.3	3.5	156.6	2.9
上海	443.7	0.1	452.9	3.7	461.1	4.1	505.6	4.9	539.3	5.8
江苏	483.5	4.6	486.1	4.1	504.1	7.2	552.7	9.2	630.9	11.2
浙江	187.6	1.7	193.7	1.9	215.0	2.1	239.8	3.0	284.9	3.7
安徽	23.4	0.1	23.6	0.2	23.9	0.2	37.6	0.2	53.5	0.5
福建	118.2	0.9	123.7	1.0	139.4	1.4	146.5	1.7	161.8	2.1
江西	120.2	0.8	109.4	0.7	108.7	0.6	107.6	0.5	117.8	0.8
山东	331.8	3.4	322.8	3.8	336.5	4.1	390.8	4.7	461.2	5.5
河南	196.4	1.1	205.9	1.1	199.2	1.1	201.2	1.5	228.4	1.5
湖北	182.1	1.1	182.7	0.8	182.1	0.6	179.9	0.6	175.9	0.6
湖南	3.7	0.0	3.4	0.0	3.3	0.0	212.9	0.5	250.2	3.2
广东	250.1	2.4	258.7	2.5	330.8	3.0	376.7	3.6	419.4	4.2
广西	113.5	1.2	106.8	1.1	111.1	1.2	134.8	1.6	141.4	1.9
海南	10.8	0.1	23.2	0.2	28.4	0.2	31.7	0.4	34.9	0.5
重庆	23.6	0.2	19.9	0.1	16.5	0.1	12.9	0.0		
四川	178.1	1.6	166.4	1.2	165.1	1.3	187.4	1.4	212.5	1.4
贵州	1.1	0.0	0.9	0.0	0.9	0.0	2.3	0.0	52.1	0.0
云南	96.1	1.2	86.9	1.0	82.8	1.4	142.3	2.3	156.1	2.5
西藏										
陕西	4.6	0.1	5.4	0.1	14.6	0.1	36.2	0.2	43.1	0.8
甘肃	5.0	0.0	5.1	0.0	6.8	0.0	31.0	0.1	40.0	0.3
青海	6.6	0.1	4.3	0.0	5.2	0.1	5.8	0.1	6.5	0.1
宁夏	8.7	0.1	15.0	0.2	15.1	0.2	18.4	0.2	21.6	0.2
新疆	78.9	1.0	86.4	1.0	85.7	2.0	117.4	2.5	164.1	4.7

续表

地区	2006年		2007年		2008年		2009年		2010年	
	参保人数	享受待遇人次	参保人数	享受待遇人次	参保人数	享受待遇人次	参保人数	享受待遇人次	参保人数	享受待遇人次
全国	**6 459**	**108**	**7 775**	**113**	**9 254**	**140**	**10 876**	**174**	**12 336**	**211**
北京	263.3	6.7	290.6	9.8	324.1	11.8	346.8	12.8	372.2	12.6
天津	180.1	7.7	194.0	3.9	196.5	4.7	204.6	4.8	212.0	5.6
河北	264.2	1.7	338.5	2.5	408.5	5.2	489.9	6.7	561.5	5.2
山西	98.1	0.4	104.4	0.3	148.3	0.7	185.8	0.9	211.6	1.7
内蒙古	122.1	2.1	139.1	1.7	154.6	1.6	182.9	2.0	233.9	2.2
辽宁	378.7	4.9	423.0	13.2	460.2	11.7	531.2	13.5	593.0	13.5
吉林	117.7	0.6	173.6	1.6	227.9	2.5	289.9	4.6	310.5	5.6
黑龙江	172.7	3.1	216.8	3.1	241.9	3.2	270.0	3.3	290.1	3.4
上海	555.1	16.8	592.0	7.3	609.9	7.1	625.1	6.5	657.3	7.7
江苏	711.5	12.8	794.1	14.5	907.2	19.5	962.5	23.3	1 086.4	24.4
浙江	382.7	6.9	505.0	6.1	690.0	8.1	750.7	10.4	863.7	12.4
安徽	78.6	1.0	175.6	1.9	231.0	3.5	303.6	4.6	346.9	5.0
福建	173.5	2.0	250.4	2.7	273.9	3.2	317.8	4.5	374.4	4.9
江西	123.2	1.1	137.8	0.8	156.6	0.6	163.0	0.7	170.0	1.0
山东	488.8	10.0	563.3	8.2	638.0	10.3	703.0	14.4	774.1	18.0
河南	238.4	2.0	279.1	2.2	313.4	2.8	379.8	4.0	412.9	5.3
湖北	194.5	0.8	224.6	1.1	278.0	2.9	357.1	6.5	381.8	11.0
湖南	308.5	5.2	369.3	5.6	431.5	6.2	502.4	9.0	527.1	12.1
广东	464.8	4.8	659.1	6.6	1 011.2	9.7	1 586.3	12.5	2 038.5	24.3
广西	145.2	1.9	163.5	2.3	176.5	3.0	199.0	3.2	218.5	3.6
海南	40.6	0.7	66.7	0.8	79.8	1.1	85.0	1.2	92.6	1.5
重庆	96.8	0.6	116.9	2.2	141.6	2.6	155.5	3.7	175.7	4.9
四川	274.1	1.9	323.3	3.6	373.0	4.4	426.4	5.8	484.2	5.9
贵州	72.1	0.7	89.1	1.2	135.9	1.8	152.5	1.9	164.3	2.3
云南	159.5	2.6	165.1	2.2	168.4	2.6	181.1	2.8	210.2	4.0
西藏			9.4	0.0	12.4	0.1	14.2	0.2	14.8	0.3
陕西	86.3	0.5	120.9	0.9	147.6	1.6	164.4	2.1	180.1	2.4
甘肃	47.0	0.4	53.3	0.7	59.1	0.6	71.2	0.7	82.0	1.0
青海	7.2	0.2	6.2	0.2	6.3	0.1	6.3	0.1	6.4	0.1
宁夏	18.1	0.4	19.2	0.4	25.1	0.4	30.7	0.5	39.8	0.6
新疆	195.6	7.5	211.6	5.6	225.4	6.4	236.8	6.6	249.4	8.4

续表

地区	2011年		2012年		2013年		2014年		2015年	
	参保人数	享受待遇人次	参保人数	享受待遇人次	参保人数	享受待遇人次	参保人数	享受待遇人次	参保人数	享受待遇人次
全国	**13 892**	**265**	**15 429**	**353**	**16 392**	**522**	**17 039**	**613**	**17 771**	**642**
北京	395.3	14.9	844.7	27.9	883.2	41.1	915.6	53.2	941.6	52.8
天津	234.6	6.6	242.7	8.0	249.1	24.8	260.7	22.2	269.7	19.4
河北	593.1	5.5	634.8	9.7	667.6	15.7	684.0	22.5	713.0	18.5
山西	253.7	2.1	407.6	3.1	445.6	5.2	454.2	7.4	456.5	8.0
内蒙古	263.3	4.8	274.8	4.3	285.0	6.5	293.7	8.0	302.6	7.8
辽宁	664.7	15.1	713.9	19.4	752.3	25.9	783.9	28.5	789.3	29.6
吉林	335.9	6.7	350.4	9.4	365.9	11.2	367.0	14.0	367.5	14.0
黑龙江	350.1	3.6	353.1	4.2	355.1	6.9	356.1	7.8	357.1	6.4
上海	703.1	8.8	711.5	11.7	713.9	22.0	717.5	24.0	735.4	22.9
江苏	1 199.2	44.2	1 276.2	55.5	1 355.6	78.7	1 374.6	93.6	1 471.7	95.3
浙江	979.8	14.9	1 084.8	19.4	1 173.2	39.9	1 248.9	46.1	1 285.2	51.0
安徽	400.1	6.3	430.1	9.0	458.5	10.6	482.8	13.6	499.3	15.9
福建	451.9	5.7	484.3	8.2	539.6	12.1	556.7	12.8	598.3	14.0
江西	200.1	0.8	204.2	2.0	217.8	2.5	241.1	3.3	251.3	4.7
山东	857.8	19.7	919.0	19.9	974.4	47.1	1 046.5	56.2	1 111.3	48.1
河南	460.7	6.3	520.3	12.0	569.6	13.6	590.2	15.7	609.5	16.5
湖北	420.9	13.6	452.9	18.8	465.3	18.5	480.6	19.9	500.2	22.3
湖南	538.8	15.3	546.0	14.8	536.0	14.8	537.6	17.0	544.0	20.5
广东	2 339.7	32.6	2 484.9	40.1	2 711.6	45.0	2 801.3	50.8	3 081.8	67.0
广西	243.8	3.9	254.7	5.1	270.2	7.7	280.2	8.6	307.9	9.6
海南	100.7	2.2	116.0	3.2	120.2	4.0	122.0	3.8	127.1	4.7
重庆	216.6	5.4	253.5	8.2	280.4	10.2	347.5	12.5	354.3	18.3
四川	601.7	6.8	654.4	12.5	689.1	18.0	730.4	21.7	670.3	24.8
贵州	198.1	2.6	221.6	3.1	238.7	4.4	248.8	6.4	263.6	7.5
云南	216.5	3.5	239.2	4.6	270.9	11.2	279.3	13.2	289.8	12.0
西藏	16.1	0.3	18.2	0.4	20.7	0.5	22.8	0.5	23.8	0.7
陕西	211.6	2.8	223.7	3.1	240.3	4.3	250.8	5.3	265.3	6.4
甘肃	110.1	1.7	129.5	2.5	135.1	3.2	143.7	3.9	154.1	3.5
青海	6.7	0.2	33.8	0.3	42.8	1.7	45.8	3.4	48.0	5.0
宁夏	59.3	1.0	66.4	1.9	68.4	3.7	71.3	4.9	73.7	2.6
新疆	268.1	7.0	281.6	10.3	296.1	11.1	303.0	12.7	307.9	12.4

表 5—20　　分地区生育保险基本情况

（2015 年）

地区	年末参保人数（万人）	基金收支情况（亿元）		
		基金收入	基金支出	累计结余
全国	**17 771**	**501.7**	**411.5**	**684.4**
北京	941.6	51.0	52.7	32.8
天津	269.7	11.1	10.4	20.0
河北	713.0	14.5	10.0	24.2
山西	456.5	8.6	6.2	19.6
内蒙古	302.6	8.0	5.2	14.1
辽宁	789.3	18.9	18.5	14.3
吉林	367.5	6.5	4.8	12.2
黑龙江	357.1	7.1	4.5	15.5
上海	735.4	48.7	38.2	17.2
江苏	1 471.7	34.8	43.0	66.8
浙江	1 285.2	38.7	29.8	40.3
安徽	499.3	10.8	8.9	14.9
福建	598.3	16.5	13.8	25.4
江西	251.3	5.0	2.7	10.2
山东	1 111.3	36.0	30.1	43.8
河南	609.5	15.6	12.2	29.3
湖北	500.2	11.7	8.0	23.9
湖南	544.0	11.8	8.7	23.8
广东	3 081.8	71.1	39.6	105.3
广西	307.9	9.0	5.5	17.6
海南	127.1	2.5	2.0	5.2
重庆	354.3	7.6	10.0	7.3
四川	670.3	17.5	16.7	25.6
贵州	263.6	4.6	3.4	8.6
云南	289.8	9.2	8.7	13.0
西藏	23.8	0.8	0.7	1.3
陕西	265.3	5.1	3.7	15.2
甘肃	154.1	4.3	2.7	8.3
青海	48.0	2.3	1.0	4.3
宁夏	73.7	2.3	1.7	2.9
新疆	307.9	10.0	8.2	21.6

表 5—21　　分地区城乡居民基本养老保险情况

（2015 年）

地区	参保人数（万人）	实际领取待遇人数（万人次）	基金收支情况（亿元）		
			基金收入	基金支出	累计结余
全国	**50 472.2**	**14 800.3**	**2 854.6**	**2 116.7**	**4 592.3**
北京	187.6	39.5	37.3	26.5	127.5
天津	121.1	74.9	46.5	26.9	147.3
河北	3 440.3	927.3	140.3	98.5	211.2
山西	1 540.3	371.0	67.9	44.8	122.6
内蒙古	734.1	204.9	41.4	36.8	67.3
辽宁	1 034.7	374.3	63.1	56.3	57.3
吉林	662.7	218.0	29.6	25.0	40.1
黑龙江	827.8	258.1	30.8	27.0	54.2
上海	79.5	48.7	48.1	48.4	74.0
江苏	2 339.0	1 023.0	274.8	213.5	441.2
浙江	1 285.9	550.8	148.3	143.3	144.3
安徽	3 396.6	895.1	139.6	95.7	220.6
福建	1 480.4	404.1	73.8	53.6	102.8
江西	1 829.9	441.3	69.3	49.3	109.7
山东	4 534.3	1 401.1	289.6	189.8	568.2
河南	4 855.2	1 305.2	204.7	154.0	293.9
湖北	2 215.0	653.9	103.6	73.4	165.7
湖南	3 280.1	899.6	136.4	95.9	184.1
广东	2 499.7	776.3	206.7	146.9	357.3
广西	1 741.5	538.1	87.6	66.4	88.9
海南	281.1	69.3	21.8	13.2	34.9
重庆	1 111.1	366.7	53.8	52.4	94.1
四川	3 020.4	1 095.0	192.0	144.1	303.0
贵州	1 649.0	433.0	62.2	46.1	75.8
云南	2 253.3	480.7	83.5	51.1	157.1
西藏	157.7	24.5	6.5	4.1	11.5
陕西	1 714.5	441.4	91.7	65.3	148.5
甘肃	1 236.7	300.1	54.3	36.7	95.9
青海	233.5	43.3	12.8	7.6	21.6
宁夏	183.1	37.5	10.0	6.9	19.3
新疆	546.1	103.9	26.7	17.1	52.2

（六）人才队伍建设

表 6—1　　　　公有经济企事业单位专业技术人才分职务情况

（2015 年）　　　　单位：万人

地区	专业技术人才总数	高级	中级	初级
全国	**3 087.8**	**401.0**	**1 154.9**	**1 228.5**
中央	757.6	97.1	214.2	264.4
北京	52.4	6.8	17.4	19.4
天津	30.5	5.9	12.6	9.5
河北	116.0	15.8	47.3	50.0
山西	90.2	8.3	33.3	44.3
内蒙古	54.1	10.2	20.5	22.1
辽宁	72.3	15.5	35.0	19.7
吉林	54.1	7.9	21.7	23.9
黑龙江	74.0	15.3	32.0	24.6
上海	68.1	6.3	21.1	21.1
江苏	118.4	22.0	54.7	36.4
浙江	99.0	15.6	39.4	37.8
安徽	83.6	10.2	35.3	35.2
福建	67.8	9.0	27.1	26.8
江西	73.0	9.7	28.6	32.0
山东	181.0	22.5	73.1	78.1
河南	138.0	16.5	58.3	60.3
湖北	79.7	11.2	39.4	27.3
湖南	99.5	11.0	45.4	38.9
广东	150.6	16.5	68.6	57.3
广西	79.7	6.0	35.4	34.8
海南	15.1	1.6	5.1	7.8
重庆	48.0	5.5	17.9	21.3
四川	114.5	14.2	43.1	52.3
贵州	66.3	6.4	24.8	29.5
云南	81.5	10.2	32.5	35.5
西藏	7.8	0.4	2.0	5.0
陕西	80.0	8.1	26.5	40.9
甘肃	56.9	5.4	18.6	30.7
青海	13.1	1.8	4.5	6.5
宁夏	12.9	2.1	4.6	5.6
新疆	52.3	6.1	14.9	29.6

注：专业技术人才数据中包括具有专业技术和管理双重身份的 417.0 万人。

表 6—2　　公有经济企事业单位专业技术人才分学历情况

（2015 年）

单位：万人

地区	合计	研究生	大学本科	大学专科	中专	高中及以下
全国	**3 087.8**	**242.0**	**1 591.6**	**913.9**	**262.6**	**77.6**
中央	757.6	103.7	401.4	185.9	38.9	27.7
北京	52.4	7.8	31.6	9.6	2.4	1.0
天津	30.5	3.5	18.3	6.3	2.0	0.5
河北	116.0	5.2	59.2	38.7	11.4	1.6
山西	90.2	4.3	43.8	29.9	10.0	2.3
内蒙古	54.1	2.9	28.8	16.9	4.2	1.2
辽宁	72.3	5.9	37.5	20.4	6.7	1.8
吉林	54.1	2.7	25.8	16.6	7.8	1.2
黑龙江	74.0	3.8	37.2	23.8	8.2	1.0
上海	68.1	8.8	38.7	14.8	3.4	2.4
江苏	118.4	10.4	74.1	23.7	7.7	2.6
浙江	99.0	7.6	66.2	19.4	3.8	2.0
安徽	83.6	4.0	39.5	28.6	10.2	1.3
福建	67.8	4.0	34.5	20.6	7.5	1.2
江西	73.0	3.3	31.1	26.1	10.7	1.9
山东	181.0	11.1	100.3	46.5	17.9	5.2
河南	138.0	6.9	60.8	51.1	17.8	1.4
湖北	79.7	4.3	36.9	26.8	9.3	2.4
湖南	99.5	3.4	41.7	37.4	13.6	3.3
广东	150.6	9.8	79.7	46.3	12.1	2.8
广西	79.7	4.1	35.5	29.6	9.2	1.3
海南	15.1	0.6	6.0	5.5	2.3	0.6
重庆	48.0	3.2	26.6	14.5	2.5	1.1
四川	114.5	4.9	53.4	43.1	10.3	2.8
贵州	66.3	2.3	32.7	25.0	5.3	0.9
云南	81.5	3.5	42.1	28.4	6.0	1.4
西藏	7.8	0.3	3.8	3.2	0.4	0.1
陕西	80.0	5.0	37.4	27.0	8.1	2.5
甘肃	56.9	2.1	28.9	19.5	5.0	1.3
青海	13.1	0.4	7.2	4.4	0.8	0.3
宁夏	12.9	0.7	7.4	3.9	0.8	0.2
新疆	52.3	1.8	23.4	20.3	6.3	0.5

注：专业技术人才数据中包括具有专业技术和管理双重身份的 417.0 万人。

表 6—3

事业单位管理人员分学历情况

（2015 年）

单位：万人

地区	合计	研究生	大学本科	大学专科	中专	高中及以下
全国	**376.9**	**26.1**	**179.0**	**122.9**	**30.0**	**18.9**
中央	27.7	8.0	13.6	4.4	0.6	1.1
北京	8.5	1.1	5.5	1.5	0.2	0.3
天津	4.1	0.4	2.5	0.9	0.2	0.2
河北	17.9	0.7	7.9	6.4	2.2	0.8
山西	12.9	0.4	6.4	4.6	1.1	0.4
内蒙古	11.2	0.5	5.2	3.9	0.7	0.8
辽宁	14.1	0.8	6.9	4.8	1.0	0.6
吉林	11.2	0.4	4.9	3.6	1.7	0.5
黑龙江	10.4	0.6	4.7	3.6	1.1	0.4
上海	6.0	0.6	3.7	1.3	0.2	0.3
江苏	15.8	1.4	8.3	4.0	0.8	1.3
浙江	12.2	1.0	6.9	3.1	0.4	0.9
安徽	10.1	0.5	4.4	3.9	0.9	0.4
福建	6.4	0.4	3.7	1.6	0.5	0.2
江西	11.3	0.3	4.3	4.1	1.4	1.2
山东	31.2	1.9	16.2	8.9	2.8	1.5
河南	28.6	0.9	11.3	11.7	3.8	0.9
湖北	16.7	0.7	6.4	6.5	1.6	1.5
湖南	15.1	0.5	6.0	5.9	1.9	0.9
广东	19.6	1.1	9.4	6.5	1.2	1.3
广西	6.2	0.5	2.5	2.3	0.4	0.5
海南	2.2	0.1	0.9	0.7	0.2	0.3
重庆	6.1	0.4	3.1	2.3	0.2	0.2
四川	13.6	0.6	6.3	5.1	0.9	0.7
贵州	12.7	0.4	6.2	5.1	0.7	0.4
云南	4.6	0.3	2.4	1.5	0.2	0.2
西藏	0.8	0.1	0.4	0.3	0.1	0.0
陕西	14.0	0.7	6.2	5.1	1.4	0.6
甘肃	14.9	0.4	7.7	5.6	0.9	0.4
青海	1.2	0.0	0.7	0.4	0.1	0.1
宁夏	1.9	0.1	1.0	0.6	0.1	0.1
新疆	7.5	0.3	3.7	2.8	0.5	0.2

注：2015 年事业单位统计口径不含参公管理事业单位。

表 6—4　公有经济企业经营管理人才分学历情况

（2015 年）

单位：万人

地区	合计	研究生	大学本科	大学专科	中专	高中及以下
全国	**607.6**	**40.9**	**293.7**	**180.2**	**44.1**	**48.6**
中央	363.8	28.4	195.3	100.3	18.9	20.8
北京	16.3	1.8	8.4	4.0	0.8	1.1
天津	4.0	0.2	2.0	1.1	0.3	0.4
河北	6.0	0.3	2.5	2.0	0.7	0.6
山西	23.3	0.7	8.4	8.1	2.8	3.2
内蒙古	3.8	0.2	1.2	1.4	0.4	0.6
辽宁	6.3	0.3	2.3	2.3	0.7	0.8
吉林	2.4	0.1	0.9	0.8	0.3	0.2
黑龙江	13.2	0.3	4.5	5.0	2.4	1.0
上海	17.1	1.4	8.0	4.8	1.1	1.7
江苏	8.8	0.6	3.9	2.7	0.6	1.0
浙江	6.9	0.4	3.2	2.1	0.4	0.7
安徽	7.9	0.3	2.3	2.6	1.5	1.3
福建	6.8	0.3	3.4	1.8	0.6	0.6
江西	5.0	0.2	1.9	1.6	0.6	0.8
山东	16.2	0.8	6.8	4.8	2.0	1.7
河南	9.4	0.3	3.4	3.8	1.0	0.9
湖北	4.6	0.2	1.5	1.7	0.5	0.7
湖南	6.2	0.1	1.7	2.4	0.8	1.2
广东	17.5	1.3	7.9	4.7	1.4	2.1
广西	7.3	0.4	2.9	2.7	0.8	0.5
海南	2.8	0.05	0.5	0.8	0.6	0.9
重庆	7.4	0.4	3.0	2.7	0.4	0.8
四川	9.8	0.4	3.7	3.8	0.9	1.1
贵州	6.2	0.2	2.4	2.1	0.8	0.8
云南	5.3	0.3	2.3	1.7	0.4	0.5
西藏	0.2	0.0	0.0	0.1	0.0	0.1
陕西	13.3	0.8	5.2	4.6	1.1	1.6
甘肃	6.6	0.2	2.7	2.5	0.6	0.6
青海	1.0	0.0	0.3	0.4	0.1	0.1
宁夏	0.9	0.0	0.4	0.4	0.1	0.1
新疆	1.6	0.1	0.5	0.6	0.2	0.2